PANTHÉON HISTORIQUE.

COLLECTION
D'HISTOIRES COMPLÈTES DES ÉTATS EUROPÉENS,

PUBLIÉE SOUS LES AUSPICES

De M. le baron de **Barante**, pair de France, membre de l'Institut; M. **Villemain**, pair de France, membre de l'Institut ;
M. **Augustin Thierry**, membre de l'Institut; M. **Mignet**, membre de l'Institut ;
M. **Fauriel**, conservateur-adjoint à la Bibliothèque royale; M. de **Salvandy**, député ;
M. **Saint-Marc Girardin**, député, professeur d'éloquence et d'histoire à la Faculté des lettres ;
M. **Michelet**, chef de la section historique aux Archives du royaume, professeur d'histoire à l'École normale, etc.;
M. **Ch. Nodier**, membre de l'Institut; M. **Lacroix** (Bibliophile Jacob), auteur de l'histoire du 16ᵉ siècle, etc.;
M. le baron de **Ronjoux**, ancien préfet, membre de plusieurs académies ;
M. le baron **Taylor**, auteur des Voyages pittoresques dans l'ancienne France ;

ET AVEC LA COLLABORATION

Du Dʳ John Lingard, de MM. Botta, Luden, Aschbach,

ET DE LA PLUPART

DES PLUS CÉLÈBRES HISTORIENS ÉTRANGERS,

QUI ONT REVU EUX-MÊMES LA TRADUCTION DE LEURS OUVRAGES,

Sous la direction d'un Comité historique.

HISTOIRE
DE
PORTUGAL

DEPUIS SA SÉPARATION DE LA CASTILLE JUSQU'A NOS JOURS,

PAR M. HENRI SCHOEFER
Professeur d'histoire à l'Université de Gieszen;

TRADUITE DE L'ALLEMAND PAR M. HENRI SOULANGE BODIN

Avec une note sur la chronique inédite de la conquête de la Guinée,
donnée par M. le vicomte DE SANTAREM, de l'Académie royale des sciences de Lisbonne,
et Membre correspondant de l'Institut de France.

PARIS.
IMPRIMERIE DE BÉTHUNE ET PLON,
RUE DE VAUGIRARD, 36.

HISTOIRE

DE

PORTUGAL

HISTOIRE

DE

PORTUGAL

DEPUIS SA SÉPARATION DE LA CASTILLE JUSQU'A NOS JOURS.

PAR

M. HENRI SCHOEFER

Professeur d'histoire à l'Université de Gieszen;

TRADUITE DE L'ALLEMAND PAR M. HENRI SOULANGE BODIN

Avec une note sur la chronique inédite de la conquête de la Guinée,
donnée par M. le vicomte DE SANTAREM, de l'Académie royale des sciences de Lisbonne,
et Membre correspondant de l'Institut de France.

PARIS.

IMPRIMERIE DE BÉTHUNE ET PLON,
RUE DE VAUGIRARD, 36.

1844.

HISTOIRE
DE PORTUGAL.

INTRODUCTION.

DES ANCIENNES LIMITES DU PORTUGAL, ET DU GOUVERNEMENT DE CE PAYS PEU DE TEMPS AVANT SA SÉPARATION DE LA CASTILLE.

Cette partie de la Péninsule pyrénéenne, dont se forma l'état de Portugal vers la fin du XIe et au commencement du XIIe siècle, avait jusqu'alors partagé les destinées de l'Espagne, particulièrement de ses provinces occidentales. Jusqu'à cette époque, son histoire ne serait que la répétition de ce qu'on avait déjà dit dans l'histoire d'Espagne, ou, si l'on voulait borner son récit aux événements qui se sont passés sur son territoire, ce ne serait qu'un fragment, une feuille détachée, qui n'aurait aucune signification, que l'on ne pourrait comprendre. C'est à l'histoire d'Espagne qu'il appartient de représenter le grand drame qu'ont joué les peuples nombreux et divers qui se sont succédé sur le sol péninsulaire. L'historien de Portugal, s'il voulait remonter au-delà de la fondation de l'état portugais, ne pourrait rapporter que quelques scènes mutilées de ce drame. Sans qualités particulières, cette partie de la Péninsule présente les mêmes phénomènes que le tout, parce qu'elle n'a pas eu d'organisation et d'administration spéciales, parce qu'aucun autre peuple n'y a introduit d'autres coutumes, d'autres manières de vivre et d'autres sentiments.

Seulement il paraît que les Lusitains, que l'on distinguait des Espagnols sous la domination des Carthaginois et des Romains, appartenaient exclusivement au territoire portugais. Mais les limites de leur pays, telles qu'elles sont indiquées sous Auguste (1), ne se rapportent nullement aux frontières du Portugal d'aujourd'hui, et l'historien de l'Espagne devrait comprendre les destinées de ce peuple dans son récit, quand même il voudrait ne point toucher à l'histoire primitive du Portugal. La lisière de terre qui s'étend entre le Douro et le Minho, et qui est comprise aujourd'hui dans le Portugal, faisait alors partie de la Galice. Les territoires portugais d'Olivença, de Mourâo, de Moura, de Serpa et d'autres, appartenaient à la Bétique; d'un autre côté, les frontières de la Lusitanie s'étendaient au-delà de villes et de bourgs qui sont maintenant renfermés dans la Castille, comme Avila, Salamanque, Ciudad-Rodrigo, Merida (la capitale même de la Lusitanie), Alcantara, Medellin, Truxillo, Caceres (2).

(1) Plinius, lib. III, cap. 1, et lib. IV, cap. 22.
(2) *Historia e Memorias da Academia real das Sciencias de Lisboa*, tom. IX, p. 213.

En outre les qualités particulières par lesquelles les anciens Lusitains auraient pu influer sur les siècles postérieurs, et avoir peut-être encore de l'importance pour l'histoire portugaise, disparurent jusqu'au dernier vestige, lorsque l'invasion et la domination des nations germaniques, et ensuite des Arabes, y apportèrent des langues, des mœurs, des lois et des institutions étrangères. Le récit des changements, que les Suèves, les Vandales et les Alains, les Wisigoths et enfin les Arabes introduisirent dans l'enceinte même de l'ancien Portugal, l'histoire d'Espagne ne peut se dispenser de le faire ; car ce n'était pas le Portugal, ni Léon, ni la Castille, c'était la Péninsule pyrénéenne tout entière qui servait de théâtre aux luttes dramatiques de ces peuples.

Mais ce qu'il importe de connaître, c'est l'étendue qu'avait le pays dont se forma le Portugal, lorsqu'il se sépara peu à peu de la Castille, et qu'il s'éleva au rang d'état indépendant. Il n'est pas moins intéressant de savoir quel était son mode d'administration dans les derniers temps de son union avec la Castille, pour pouvoir, autant que la pauvreté des documents et des actes le permet, comprendre le paisible et presque imperceptible passage de la dépendance à l'indépendance, et résoudre par là l'énigme d'une révolution qui se fit avec si peu de bruit.

Constantin changea la division de l'Espagne établie par Auguste; au lieu des trois provinces, de la Tarraconaise, la Lusitanie et la Bétique, il en fit sept : la Bétique, la Lusitanie, la Galice, la Tarraconaise, la Carthaginoise, les îles Baléares et la Tingitane en Afrique. La Lusitanie était bornée au nord par le Durius (Douro), à l'ouest et au sud par l'Océan, et à l'est par le *Promontorium sacrum* (cap de Saint-Vincent) jusqu'à l'embouchure de l'Anas (Guadiana). On ne connaît pas bien positivement quelle était la limite de la Lusitanie du côté de la Tarraconaise, mais dans tous les cas elle s'étendait au nord-est au-delà des frontières actuelles du Portugal. La Galice, qui ne fut érigée en province particulière que par Constantin, était bornée au sud par le Douro, à l'ouest et au nord par la mer, comprenait aussi l'Asturie et la Cantabrie (1), et à l'est elle joignait la Carthaginoise, sans que l'on puisse assigner exactement la ligne de séparation. La Galice proprement dite était beaucoup moins étendue, puisqu'on en distinguait l'Asturie et la Cantabrie. La partie du Portugal actuel située entre le Douro et le Minho appartenait donc à la Galice.

Les frontières de la Galice et de la Lusitanie changèrent sous le gouvernement des rois suèves ; la première s'augmenta de ce que les Suèves possédaient dans la seconde, des villes d'Idanha, de Coimbra, de Lamego et de Viseu avec leurs territoires, par conséquent du pays entre le Douro et le Mondego. Après que les Suèves eurent été vaincus par les Wisigoths, le roi Receswinth reporta la partie méridionale de la Galice à ses anciennes limites. Elle resta telle jusqu'à l'époque où l'invasion des Arabes fit disparaître toutes les divisions politiques et ecclésiastiques. Mais lorsque les rois chrétiens des Asturies et de Léon eurent expulsé les infidèles de la Galice et d'une portion du Portugal actuel, la frontière méridionale de la Galice fut de nouveau prolongée. Elle n'allait pas seulement au-delà du Douro, elle s'étendait jusqu'aux rives du Mondego, atteignait la cime de la Serra-da-Estrella, et la ville actuelle de Guarda ; de là elle tournait vers Freixo de Espada-Cintra, franchissait les montagnes de Chaves et aboutissait au royaume de Léon. Telles étaient les frontières de la Galice au commencement du Xe siècle (2).

---

(1) Orosius, lib. VI, cap. 21.
(2) En 933, Ramiro II dit, dans un acte de donation à l'abbé du couvent de Lorvao : « Et ad fratres, qui in ipso militant Monasterio, quod fundatum est subtus monte Lauribano, in finibus Gallæciæ. » Il est donc hors de doute que la Galice s'étendait jusqu'au territoire de Coïmbre, sur la rive droite du Mondego. *Elucidario das palavras, que em Portugal antiguamente se usarão*, por Joaquim de Santa-Rosa de Viterbo, tom. II, p. 6.

Ce n'est que sous le règne d'Alphonse VI (1072-1109) que le nom de Portucale paraît, non plus comme le nom du district de la ville de Porto, mais comme celui d'un territoire particulier séparé de la Galice ; on voit alors aussi les frontières de la Galice reculer non-seulement jusqu'à l'ancienne limite du Douro, mais même jusqu'au Minho, qui sépare aujourd'hui la Galice du Portugal. Les actes de la dernière moitié du XIᵉ siècle nous montrent Alphonse VI agissant dans le territoire de Portugal comme roi de Galice, et son gendre le comte Raymond, qui unit les deux gouvernements de Coïmbre et de Porto avec la Galice actuelle, s'appelle seigneur, comte ou prince de toute la Galice (*dominus, comes, princeps*) (1). Cependant, en août 1094, le Portucale n'est pas encore, comme il le fut bientôt après, un état séparé de la Galice, mais la ville de Portus-Cale avec son district est administrée tantôt seule, tantôt en commun avec Coïmbre, par un lieutenant du roi de Castille. Ce fut vers les trois dernières années du XIᵉ siècle, après le mariage du comte Henri avec Theresia, fille d'Alphonse VI, que l'on commença à regarder le Portugal comme un état différent et séparé de la Galice (2). Les actes de 1097 montrent que Henri de Bourgogne, gendre du roi, gouvernait le pays situé entre le Minho et le Tage, et portait le titre de comte de Portugal (3). Le Portugal se bornait donc alors à ce district : les terres que Raymond possédait en Galice peu de temps avant sa mort, il les avait conquises depuis son installation.

L'histoire nous a laissé des documents peu nombreux, mais suffisants néanmoins pour connaître en général le gouvernement de ces pays arrachés aux Maures, et l'étendue du pouvoir des fonctionnaires qui les administrèrent depuis leur conquête jusqu'à la nomination du comte Henri. Ils nous montrent ces fonctionnaires plus puissants et moins dépendants qu'on ne l'a supposé jusqu'ici. Ils prouvent que ce n'étaient pas les diverses branches d'administration qui leur étaient confiées, ni les priviléges particuliers dont ils étaient investis, mais uniquement leurs rapports personnels ou de parenté avec le roi, qui les avaient élevés plus haut que les précédents gouverneurs. Le motif et le but de leur création exigeaient déjà qu'on les revêtît de pouvoirs considérables. Déjà sous les rois wisigoths les chefs des grandes villes et de leurs territoires réunissaient dans leur personne, comme juges suprêmes et chefs naturels des troupes de leur district, les pouvoirs judiciaire et militaire, pouvoirs qui leur laissaient d'autant plus de carrière, qu'une constitution bien ordonnée n'en avait point déterminé les limites. Mais alors les fréquentes guerres des chrétiens arrachèrent de nouvelles villes et de nouveaux territoires aux Maures, et les rois de Castille se virent obligés, avant de retourner dans le centre de leur royaume, de confier les conquêtes qu'ils venaient de faire à des chefs distingués, tant pour les assurer et les défendre contre les attaques incessantes dont les Maures les menaçaient, que pour les gouverner au nom du roi, y exercer les droits royaux et y percevoir les tributs. Or, pour les garantir contre les surprises de l'ennemi, comme pour y maintenir la puissance gouvernementale dans toute sa vigueur, il était indispensable de laisser aux gouverneurs de ces nouvelles possessions des forces militaires imposantes, et surtout de les investir de pleins pouvoirs éten-

---

(1) Dans un acte de donation du comte Raymond à un habitant de Montemor o Velho, il se donne le titre de *totius Galleciæ princeps*. On lit dans un autre acte de la même année : « Regnante in Toleto et Gallecia Adfonsus rex, et genero ejus comes Raymundus dominante Colimbria et Portugale. » *Elucidario*, adv. prelim., p. VIII.

(2) La supposition que le Portugal fut séparé plutôt est peu vraisemblable. *Voy.* J. P. Ribeiro, *Dissertações chronol. e crit. sobre a Historia e Jurisprudencia eccl. e civil.*, tom. IV, parte I, p. 24—27.

(3) « Comite D. Henrico, genero supradicti regis dominante a flumine Mineo usque in Tagum. » *Monarchia Lusit.*, lib. VIII, cap. 10, tirée du *Livro Preto*, ou *das Doações* da Sé de Coimbra, fol. 197.

dus. Ces pouvoirs s'accrurent naturellement à proportion que la nouvelle conquête était importante, exposée par sa situation, et que son éloignement du centre de l'état ne permettait pas de compter sur de prompts secours. Si, en outre, lors de la prise d'une ville, un chef avait acquis par sa valeur et sa science militaire des titres au privilége de la gouverner pendant la paix, et peut-être prouvé déjà auparavant au roi son habileté dans les affaires d'administration, habileté qui, dans l'opinion du temps, le cédait de beaucoup au talent de la guerre; alors celui-ci n'hésitait guère à faire du gouvernement la récompense du vainqueur, et à l'investir d'une puissance étendue, pour lui inspirer une reconnaissance qui l'attacherait encore plus fortement à lui, et l'exciterait à de nouveaux exploits.

Nous en trouvons un bel exemple dans un homme qui, également distingué comme guerrier et comme administrateur, rendit peu de temps avant l'érection du royaume de Portugal des services vraiment royaux à une grande partie du pays. Sisnand, né à Coïmbre ou dans son territoire, où il possédait des biens patrimoniaux considérables, avait été enlevé avec beaucoup de ses compatriotes et emmené captif à Séville par le prince des Maures, Aben Abed, et là il était parvenu à s'acquérir à un haut degré l'estime des Maures. Peut-être le désir de voir ses propriétés délivrées de la domination maure, mais certainement plus encore l'espoir patriotique de rendre le pays de ses pères au christianisme et à l'indépendance (toute sa conduite postérieure autorise à lui supposer de nobles mobiles), lui firent concevoir le plan d'arracher Coïmbre au joug des infidèles. Il sut gagner le roi Ferdinand à ses vues, et l'entreprise, dans laquelle l'esprit d'audace et les talents militaires de Sisnand se montrèrent avec éclat, fut couronnée du plus beau succès. Le roi persuadé que nul ne saurait mieux conserver et défendre la conquête que celui aux talents et à la valeur duquel on la devait, nomma Sisnand gouverneur de Coïmbre et lui confia toutes les bourgades et les châteaux-forts des environs, que son épée avait enlevés aux infidèles, de manière que sa province embrassait au nord-est Lamego, qui avait été conquis dès 1057, pendant qu'elle était bornée à l'ouest par la mer, au nord par le Douro et touchait au sud aux possessions des Maures. Une obligation était imposée au nouveau gouverneur, qui portait le titre de consul, ou quelquefois d'Alvazir, c'était celle de pourvoir à la culture et à la population du pays confié à ses soins, et il fut autorisé à prendre toutes les mesures et à donner tous les ordres qu'il croirait nécessaires (1). Après la mort de Ferdinand, son successeur Alphonse VI, dont Sisnand était fort aimé, le confirma dans sa place, et à ce sujet il proposa solennellement un acte aux comtes et à tous les grands de sa cour.

Si les actes de Sisnand nous montrent combien ses talents étaient grands et variés, à quel point il méritait la confiance que lui accordèrent les deux rois, et combien sa valeur et son intégrité étaient dignes des éloges dont l'a comblé plus tard l'histoire portugaise, ils prouvent également combien sa puissance était étendue et combien de branches d'administration se trouvaient réunies dans sa personne. Il défendit non-seulement Coïmbre contre les attaques de l'ennemi, tant qu'il vécut, mais il agrandit et embellit encore la ville et lui procura une situation brillante, mérite que le roi Alphonse lui-même mentionne avec éloges dans le *Foral* qu'il donna à la ville. Il encouragea beaucoup les constructions, favorisa la population de plusieurs districts, rétablit beaucoup d'endroits et les fortifia, entre autres les villages de Cantanhede et de Tentugal, les châteaux-forts de Foy de Arouce et Penella, et le bourg important de Montemor o Velho,

---

(1) « .....Deditque supradictus rex mihi supradictam terram ad ædificandum et populandum, et faciendum cuncta quæ mihi bene visa fuerint: et ut omnia quæ ego mandavero et firmavero, sint firma et bene stabilita in omnibus sæculorum temporibus. » *Monarchia Lusit.*, lib. VIII, cap. 4.

qui sortit alors de ses débris. Quand même l'histoire ne nous dirait pas expressément qu'il fonda et dota richement plusieurs églises, et qu'il en restaura d'autres, comme celles de Coïmbre, c'est une chose que l'on pourrait raisonnablement conjecturer d'un chevalier de cette époque. Sa charge l'obligeait de commander en personne les levées et les chevaliers du district, et nous le voyons combattre à leur tête contre les Maures à la bataille de Badajoz. Mais quand même il n'eût pas été le chef naturel des troupes de son gouvernement, à l'heure du péril le roi Alphonse aurait eu de la peine à se passer d'un héros aussi éprouvé (1). Enfin, outre le pouvoir militaire, Sisnand possédait encore le droit de souveraine justice dans son gouvernement. C'est ainsi qu'on porta devant son tribunal une contestation que les moines de S. Pedro de Arouca avaient avec les héritiers de l'église de S. Estevão de Moldes (2). L'alvazir (c'est le titre que portait le gouverneur, quand il remplissait les fonctions de juge) fit prêter le serment exigé (3) aux moines sous ses yeux et entre les mains de son vicaire, Cidi Fredariz, se transporta ensuite de Coïmbre à Arouca, après avoir décidé que la cause serait exposée à un jour fixé en présence des parties et des magistrats d'Arouca. Elle fut jugée par Recesmondo, qui y était vicaire de l'alvazir, et de Cidi Fredariz. Pendant que Sisnand y remplissait les fonctions de grand-juge ordinaire, le haut clergé, reconnaissant sa prudence et son intégrité, lui confia la décision d'un procès fort important, et Alphonse lui donna une grande preuve de confiance, vu l'influence dont jouissait alors le haut clergé, en lui remettant, en présence de toute sa cour, à Froila, l'arrangement d'une contestation qui avait lieu entre Pedro, évêque de Braga, et Hefronio, évêque d'Orense (1).

Ainsi, nous voyons le gouverneur, outre l'autorité régulière et constitutionnelle qu'il possède dans presque toutes les branches de l'administration, en exercer une déléguée, étendre son pouvoir à mesure qu'il s'élève personnellement dans la faveur du monarque, et répondre par ses actes à la confiance royale. Mais même sans cette position personnelle vis-à-vis du roi, la place de gouverneur donnait à celui qui l'occupait des priviléges fort étendus. Il était le chef d'une ville importante et d'un district plus ou moins grand, convoquait les troupes en temps de guerre, et commandait le contingent de son gouvernement. Il était le premier magistrat, jugeait sans appel par l'entremise de ses vicaires, et c'était à lui qu'en appelaient les parties jugées par les tribunaux inférieurs : le roi ne s'était réservé le droit de réformer les sentences des juges locaux que dans des cas extraordinaires. Il n'est donc pas étonnant que, dans les documents de cette époque, le nom du gouverneur vienne immédiatement après celui du roi (2); que sa place et sa dignité y soient désignées par des expressions qui indiquent une autorité administrative illimitée, et mettent le gouverneur sur la même ligne que le roi (3).

Sa dignité faillit même être assurée héré-

---

(1) *Monarchia Lusit.*, l. c.
(2) « Querelantes se de ipso testamento, prevenerunt ante Alvazir, domno Sisnando, qui dominus erat in ipsa terra, in ipsis temporibus, et habuerunt ante illum cum ipsos intentores supra nominatos contentione, etc. » Voyez l'acte, qui est d'un grand intérêt, dans Ribeiro, *Dissert.*, tom. III, *Appendice de Documentos*, p. 45. Cf. aussi *Elucidario*, verb. *Alvazir*.
(3) « Sicut lex Gothorum docet. »

(1) *Monarchia Lusit.*, l. c.
(2) On lit dans le testament de Sueiro, de l'an 1094 : « Regnante Adefonso in Toleto, et comite Raymundo in Gallecia. » *España sagr.*, tom. XL, p. 189.
(3) « Imperador, imperante, regente, domino, etc. » Sisnand, qui, dans un acte de Lorvao de l'an 1086, s'appelle *consul de Coïmbra*, et dans un acte d'Arouca, tantôt *Alvazir*, tantôt *dominus* ou *dux*, porte, dans une donation qu'un prêtre fait à Lorvao en 1101, le titre d'*imperator* : « In temporibus rex Adfonsi, et Alvazir domno Sisnandi, *imperatore* nostro, etc. » Si donc, dans un acte de 1109, on donne ce titre au comte Henri, *gener ejus* (du

ditairement à sa famille ; car, à défaut d'enfants mâles, son gendre Martin Moniz lui succéda dans son gouvernement (1). Les documents sur celui-ci ne commencent qu'au 6 mars 1092 et vont jusqu'au 10 mai de l'année suivante, où il apparaît comme gouverneur d'Arouca. Devait-il uniquement cette dignité aux souvenirs qu'avait laissés son beau-père, ou fut-il chassé de Coïmbre par un homme plus influent, ou se retira-t-il de son plein gré à Arouca (2), où il possédait de grands biens ? L'histoire n'a aucune réponse à faire à ces questions. Tout ce qu'on sait, c'est que depuis avril 1094 nous voyons le comte Raymond, époux d'une fille d'Alphonse VI, Urraca, régner à Coïmbre. Si la fille d'un gouverneur pouvait élever son mari à la dignité de son père, il est naturel d'attendre quelque chose de plus encore de la fille d'un roi, et de supposer pour le comte Raymond une influence analogue, si l'on n'y veut pas voir un pur jeu du hasard. Le roi, après avoir conquis en avril et mai Santarem, Lisbonne et Cintra, confia à son gendre Raymond le gouvernement de ces importantes conquêtes (3). Sa province était, dans le fait, la plus étendue qui eût encore été accordée à un gouverneur de ces contrées. Elle embrassait toute la Galice, le pays entre le Douro et le Minho, la partie de la province de Beira, qui avait été recouvrée sur les Maures, et même un coin de l'Estramadure ; car Raymond prend dans un acte le titre de comte de Galice et de *Santarem* (1). Il administre ces pays et ces villes comme gouverneur jusqu'au mois d'août 1095.

Mais dès le mois de décembre de la même année, on trouve le comte Henri gouverneur de Coïmbre (2), et il porte le titre de *comes Portugalensis*. On ne saurait prouver par des actes que le comte Henri ait commandé plus tôt et seul à Porto, comme quelques-uns le prétendent ; mais bien qu'au mois d'août 1094 le comte Raymond était à la fois gouverneur de Coïmbre et de Porto (3). Le district de Henri s'étend du Minho jusqu'au Tage (4), pendant que Raymond, qui vécut jusqu'à 1104 (5), continue à porter le titre de comte de Galice, mais voit reculer les frontières méridionales de sa province jusqu'au Minho, c'est-à-dire jusqu'aux limites actuelles de la Galice et du Portugal (a).

---

roi Alphonse) *Enrico imperator Portugalense*, on n'en peut rien conclure pour l'indépendance du comte, d'autant moins que, dans la suite, en 1135, on donne ce même titre à un fonctionnaire subalterne : « Ante illu imperatore Ermigius Moniz, et alios bonos homines, qui ibi fuerunt in civitate Sanctæ Mariæ. » *Elucidario*, verb. *Imperator*.

(1) « Ego Martinus Preses Colimbrie, et gener consulis domni Sisnandi, qui pro eo in locum ejus successi, hoc quod domino meo imperatori complacuit. » Confirmaçao do Foral de Coimbra, dans *Livro Preto* da Sé de Coimbra, fol. 7.

(2) *Monarchia Lusit*, liv. VIII, cap. 6.

(3) *Chron. Lusit.*, era 1131, in *España sagr.*, tom. XIV, p. 406.

(1) Raymond se donne le titre de *totius Galleciæ princeps*, comme nous l'avons déjà observé.

(2) « Era 1133. XV kal. januar., regnante Adefonsus rex in Toleto, in Colimbria comes Henricus. » *Monarchia Lusit.*, lib. VIII, cap. 8, où il faut rectifier la date, et substituer l'an 1095 à l'an 1094. Cf. Ribeiro, *Dissert.*, tom. II, p. 68, et Barbosa, *Catalogo das Rainhas de Portugal*, p. 43, n. 48.

(3) « Regnante in Toleto, et Gallecia Adefonsus rex : et genero ejus comes Raymundus dominante Colimbria, et Portugale. » *Elucidario da Lingua Port.*, adv. prelim., p. 8, d'après un acte original du couvent d'Arouca.

(4) « Dominante a flumine Mineo usque in Tajum. »

(5) Risco, *Reyes de Leon*, p. 296.

(a) *V*. Appendice A. Premiers documents sur le Portugal.

PREMIÈRE ÉPOQUE.

DEPUIS L'ORIGINE DE L'ÉTAT PORTUGAIS JUSQU'A L'EXTINCTION DE LA LIGNE LÉGITIME
DE LA MAISON DE BOURGOGNE,
OU DEPUIS LE GOUVERNEMENT DU COMTE HENRI JUSQU'A LA MORT DU ROI FERDINAND.

(De 1095 à 1383.)

LIVRE PREMIER.

Depuis l'origine du royaume jusqu'à la conquête et à l'entière indépendance des Algarves, époque où le Portugal obtint des frontières permanentes; ou depuis le règne de Henri jusqu'à la fin du règne d'Alphonse III. — Temps des conquêtes. — Première culture du pays et formation des communes. — Commencement des querelles entre le haut clergé et les rois.

CHAPITRE PREMIER.

LE PORTUGAL SOUS HENRI DE BOURGOGNE.

(De 1095 à 1279.)

Henri, comte de Portugal (comes Portugalensis). — Il épouse la fille naturelle d'Alphonse VI, et obtient avec elle le pays situé entre le Minho et le Douro. — Après la mort du roi, il profite des troubles qui agitent la Castille, aspire ouvertement à l'indépendance et exerce en Portugal un pouvoir illimité. — Sa mort.

Le comte Henri était le quatrième fils de Henri de Bourgogne, petit-fils de Robert Ier, duc de la Basse-Bourgogne, et arrière-petit-fils de Robert, roi de

France (1). Les comtes bourguignons, Raymond et Henri, qui étaient parents, étaient venus en Espagne avec d'autres chevaliers de la France méridionale, on ne sait dans quelle année, pour soutenir leurs co-réligionnaires dans leur lutte contre les Sarrasins. La haute naissance et la valeur de Henri lui gagnèrent à un tel point l'estime et l'amitié d'Alphonse VI, roi de Léon et de Castille, que celui-ci lui donna en mariage sa fille Thérèse, après avoir marié sa fille cadette Urraca au comte Raymond. Alphonse avait eu celle-ci de sa seconde femme Constance; Theresia, au contraire, était fille de la noble Ximène Muñoz, à laquelle il était uni par un tendre amour, mais non point par l'Église (2). Aucun document ne nous indique l'époque où le comte épousa Theresia; nous savons seulement que ce fut avant le 13 février de l'an 1095, puisque le premier acte dans lequel le comte se dit gendre du roi est de cette date (3).

Nous croyons devoir commencer l'histoire de Portugal à cette année; en effet ce fut en recevant la main de Thérèse que le comte Henri obtint le gouvernement et la possession du pays situé entre le Minho et le Douro, que l'on avait enlevé aux infidèles, et qui portait déjà le nom de Portugal. Mais malheureusement le temps ne nous a point fait parvenir l'acte de donation (si toutefois il en a existé un), et le testament d'Alphonse VI; nous ne possédons sur ce sujet que de légères indications (1); toutefois il nous est resté de cette époque plusieurs actes, qui, mis en lumière et imprimés en partie dans ces derniers temps, nous ont permis de suivre le développement progressif de l'indépendance du Portugal (2).

Pour bien comprendre la position du Portugal vis-à-vis de l'Espagne pendant le gouvernement du comte Henri, il faut distinguer le temps qui précéda la mort du roi Alphonse du temps qui la suivit. Tant que le beau-père de Henri vécut, le comte resta toujours dans des rapports de dépendance envers le roi. Il importe peu de savoir si et comment ces rapports étaient établis et exprimés. Le beau-père et le gendre prenaient plutôt pour règle dans leurs relations leur

---

(1) Sousa, *Historia geneal. da Casa real portugueza*, l.[1], c. 1.—Anton. Pereira, de Figueiredo, dans les *Memorias da Acad. real.*; Lisboa, 1825, tom. IX, p. 270.

(2) « De non legitima, valde tamen dilecta. » *España sagr.*, tom. XXI, p. 347. Voyez des recherches judicieuses sur l'illégitimité de Thérèse, dans *Memorias da Acad.*, tom. IX, p. 274—291.

(3) On lit dans un privilége que le roi accorda au cloître de S. Servando : « Henricus gener regis cum uxore mea Tarasia. » *Monarchia Lusit.*, lib. VIII, cap. 8. Cf. aussi Ribeiro, *Dissert.*, tom. III, p. 30.

(1) Le chroniqueur d'Alphonse VI de Castille dit, en parlant du mariage de Thérèse : « Dotavit eam magnifice, in Portugalensem terram jure hereditario. » *España sagr.*, tom. XXI, p. 347. On lit dans un acte, où le comte Henri donne le territoire de Santo-Tyrso à Sueiro Mendez, 23 janvier 1097 : « Ego Comes Domnus Henrrhicus una pariter cum Conjugia mea nomine Tarasia prolis Adefonsi Principis totius Espanie..... tibi Vasallo nostro fideli..... de hereditatibus, vel de hominibus..... quos nobis dedit genitori nostro rex Domnus Adefonsus pro nostra hereditate, etc. » Tiré du registre du cloître de Santo-Tyrso. Cf. les remarques de Ribeiro sur cet acte, dans ses *Dissert.*, tom. III, part. I, p. 35, et ses *Observaçoes de Diplomatica*, p. 19 et 76.

(2) Le travail profond et consciencieux d'un Portugais de notre époque a, pour la première fois, mis en lumière les rapports du Portugal avec l'Espagne dans le premier siècle de son existence comme état séparé. J. P. Ribeiro, qui avait déjà rendu des services pour la dip!omatique et l'histoire de son pays, a (dans le troisième volume de ses *Dissertaçoes*, etc., parte I, appendice IX) placé dans un ordre chronologique des extraits d'actes imprimés et inédits, qui vont de la fin du XIe siècle jusqu'aux premières années du XIIIe ; et il les a accompagnés de remarques critiques qui répandent une nouvelle lumière sur l'histoire de Portugal à cette époque. C'est un recueil précieux, que ne peut négliger aucun historien de cet état.

parenté et leur affection qu'une ligne de subordination exactement tracée. La reconnaissance de l'homme d'honneur, tel que le comte s'était toujours montré, garantissait au roi l'obéissance du vassal ; et l'affection pour une fille chérie et son époux ne laissait germer aucun sentiment de jalousie dans le cœur du monarque(1). D'ailleurs le puissant Alphonse pouvait-il avoir quelque chose à craindre du comte d'un pays nouvellement conquis et que la guerre avait dévasté. Il n'est pas étonnant que le roi de Castille et de Léon ait accordé au comte Henri une autorité qui a paru illimitée aux Portugais modernes, parce que l'histoire ne nous en a point fait connaître les bornes. Si déjà les actes du x⁰ siècle mettent les comtes à côté des rois ; si même ils les mettent sur la même ligne (2), les expressions de ce genre doivent encore moins nous étonner du temps du gouvernement du comte Henri (3). Si dès avant son mariage il occupait déjà le même rang que les gouverneurs et les comtes, il monta certainement d'un degré plus haut en recevant la main de la fille du roi, à supposer que cette alliance ne lui ait assuré que le gouvernement et non la propriété du Portugal. L'opinion publique qui, à cette époque, tenait souvent lieu du droit politique, lui attribuait en outre d'autant plus facilement un rang et un pouvoir élevés, qu'ordinairement, aux yeux du peuple, la puissance qu'on poursuit surpasse de beaucoup celle que plus tard on possède réellement. Dans le fait les documents de l'époque lui donnent des titres et des qualités qui l'élèvent bien au-dessus des gouverneurs et des comtes ordinaires, à qui les rois de Castille et de Léon confiaient auparavant l'administration de grands districts. Jamais on ne l'appelle Alvasir, très rarement consul, titres que les plus distingués et les plus puissants de ses prédécesseurs, comme Sisnand, portaient avec celui de comtes. Le règne d'Alphonse et celui de Henri sont désignés par la même expression, *regnante* (1), tandis que dans les actes antérieurs le règne du roi et l'administration du gouverneur sont désignés par des expressions différentes. Enfin les Portugais appelaient ordinairement Henri non-seulement *prince*, mais *notre prince* (2) ; or, dans les innombrables actes de cette époque, on en trouve à peine un, dans lequel le pronom *notre*, que le langage diplomatique du temps approprie généralement au souverain, soit attribué à un simple gouverneur. Malgré ces témoignages qui semblent attester une puissance indépendante et illimitée, il est incontestable que, tant qu'Alphonse VI vécut, Henri resta vis-à-vis de lui dans une situation dépendante (3).

---

(1) « .....Benignitas, immo negligentia Adefonsi, tanquam consanguineo et affini improvide deferebat. » Roderic. Tolet., *De Reb. Hispan.*, lib. vii, cap. 5. Il serait curieux de savoir sur quoi le même écrivain base l'assertion suivante : « Cœpit (Enricus) aliquantulum rebellare, non tamen subtraxit hominium toto tempore vitæ suæ, etc. »

(2) « Secundum eas concesserunt omnes reges et comites, » dit un acte de l'an 985, des biens que Bermudo II restitua à l'église de Santa-Maria de Léon.

(3) Dans l'acte par lequel le comte Henri donne le couvent de Lorvão à la cathédrale de Coïmbre, le 29 juillet 1109, il dit en forme de menace : « Si autem quilibet rex, aut comes, etc. » Dans une charte de donation au monastère Paço de Sousa, le donateur dit : « Insuper componat a Comite, vel a Rege, qui illa terra imperaverit. »

(1) « Regnante Adefonsus rex in Toleto, in Colimbria et Portugale Comes Enrichus, Dominante Arouca Egas Godesendiz (de l'an 1098). — Regnante in Toleto et Gallecia Adefonso, in Colimbria Comes Henricus (de l'an 1100).— Regnante Adefonso Principe in Hispania, in Colimbria Comite Erricu (de l'an 1105), et dans mille autres endroits. Voy. *Memorias da Acad. real*, tom. vi, p. 7.

(2) « Ego Comes Henricus Portugalensium Patrie Princeps. » Acte de l'an 1107. — « Principe nostro Comite Domnus Anricus, » également de 1107. — « Regnante Principe nostro Adefonso Rex, et Comite nostro Enrici Portugalense, » de l'an 1102.

(3) On lit dans une charte de donation qui se trouve dans le Cartulaire du cloître de Pendo-

Alphonse VI mourut le 29 juin 1109. Avec lui, que l'*Historia Compostellana* appelle le bouclier de l'Espagne, disparut non-seulement le repos de la Castille, mais encore la puissance qui protégeait le sud du Portugal contre les invasions et les révoltes des Almoravides; à peine la nouvelle de la mort d'Alphonse fut-elle parvenue aux infidèles, qu'ils se soulevèrent (1) et s'emparèrent de plusieurs villes des frontières méridionales. Lisbonne et Santarem furent perdues pour les chrétiens; mais Henri reprit promptement Cintra, qui était également tombée en leur pouvoir. L'échec qu'éprouvèrent les Portugais dans l'attaque imprévue des infidèles à Vatalandi, et qui coûta même la vie à leur général Suarius Fromarigis, eut en partie pour cause l'absence du comte Henri, dont toute l'attention était alors absorbée par les troubles qui s'étaient élevés dans la Castille après la mort de son beau-père.

Un événement qui semblait promettre le repos des états chrétiens, le mariage d'Urraca, veuve du comte Raymond, avec Alphonse d'Aragon, fut précisément ce qui le détruisit. Une dispute conjugale, qui, dans la bourgeoisie, se serait renfermée dans le cercle domestique, prit un tout autre développement dans la maison royale, et alluma une guerre civile qui causa les maux les plus terribles au royaume (2). La Castille, déchirée par les partis, laissa au nouvel état portugais le temps de se consolider, et donna à son fondateur le désir et l'occasion de se rendre important, de prendre part aux querelles de la Castille et de faire pencher à son gré la balance pour l'un des partis. Pendant que la querelle royale et les luttes des factions épuisaient les forces de la Castille, le Portugal se fortifiait dans le repos et le silence, et Henri jouait non plus le rôle de vassal et de chef naturel des troupes royales, mais celui d'allié du parti, à qui il voulait bien prêter l'appui de son bras. Il se déclara d'abord pour Alphonse contre sa propre belle-sœur, dont l'orgueil et le désir de dominer avaient causé toute la querelle, et il tira de cette alliance des avantages de plus d'une sorte. En outre, il n'avait rien à craindre de l'Aragon; mais Alphonse était étranger, et dans ses plus brillants succès militaires il resta toujours Aragonais. Le temps affaiblit le mécontentement qu'avaient excité la hauteur d'Urraca et sa confiance obstinée dans les grands de Castille. Chaque jour le Castillan se rappelait davantage qu'Urraca était de la même nation que lui et qu'elle était issue du sang de ses rois; et lorsqu'enfin elle fut assiégée et vivement pressée dans la forteresse d'Astorga par l'armée aragonaise, la sympathie se réveilla pour la princesse malheureuse. Henri, à qui la puissance d'Alphonse inspirait des inquiétudes, passa aussi du côté d'Urraca, sans rien perdre dans l'estime des Castillans et des Portugais; par contre il gagna beaucoup dans l'esprit de la reine, qu'il obligea à la reconnaissance, en lui faisant sentir l'utilité de son appui.

Il n'est pas douteux qu'Urraca ait cédé à Henri des terres et des bourgades sur la rive droite du Minho, dans la Galice et Léon, ou plutôt qu'elle l'ait laissé en possession des conquêtes qu'il avait faites (1); seulement le temps ne nous a conservé aucun document qui nous indique d'une manière précise l'étendue de ces acquisitions et le prix auquel le comte Henri avait promis son appui à la reine. Mais dans les circonstances actuelles il ne pouvait plus guère être ques-

---

rada : « Regnante Rex Adefonsus, et *sub eo*, principe nostro Comite Domnus Anricus, etc. » Era 1145 (an 1107) kalend. Augusti.—Ribeiro, qui penche à croire avec les plus éclairés de ses compatriotes, que l'état de Portugal était indépendant dès son berceau, a été assez loyal pour insérer cet acte dans sa collection, et même pour ne pas en attaquer l'authenticité. Ribeiro, *Dissert.*, tom. III, p. 44, n. 135, tom. I, append., p. 236.

(1) *Chron. Lusit.*, era 1147. mense Jul.
(2) *Historia Compostellana*, cap. XLVII.— *España sagr.*, tom. XX.

---

(1) *Mon. Lus.*, lib. VIII, cap. XIV et XXVIII.

tion de la suzeraineté d'une reine aux abois sur le comte portugais, prince belliqueux et plein de ressources. On pouvait même croire qu'il ne serait pas impossible au gendre du roi décédé, à l'habile et audacieux comte, de réussir à se faire un parti et à prendre pied dans un pays où le droit de succession, à ce qu'il paraissait, était devenu douteux. La reine elle-même pouvait facilement craindre que le comte ne s'acquît du crédit en Castille, comme il en possédait en Portugal. Quoi qu'il en soit, il reste certain que les trois années qui s'écoulèrent depuis la mort du roi Alphonse jusqu'à celle de Henri, furent fort avantageuses à l'accroissement et à la consolidation de l'indépendance du Portugal.

Outre les indices qui ressortent de l'obscurité qui enveloppe cette période, nous trouvons des témoignages authentiques qui ne laissent presque plus de doute sur l'indépendance de Henri. Sans faire aucune mention du roi ou de la reine de Castille, Henri se dit dans les actes : *Par la grâce de Dieu, comte et seigneur de tout le Portugal* (1). Nous voyons à cette époque (dès septembre 1109) le gouverneur d'un district considérable, qu'il tient des mains du comte, grand du premier rang (*princeps*), qui a son propre *Majorinus major* (2) (juge), se reconnaître son vassal, chaîne féodale, dont le comte est évidemment le premier anneau ; il n'est nullement question d'un autre suzerain. Henri accorde enfin à plusieurs localités des chartes (foraes), telles qu'elles en avaient déjà obtenu d'Alphonse V. L'importante ville de Coïmbre entre autres, à qui Alphonse avait déjà (en avril 1093) accordé un droit local, en obtient (le 26 mai 1111) du comte Henri un nouveau dans lequel, chose extraordinaire, il n'est pas dit un mot du premier. Bien que nous ignorions le véritable motif des différends qui existaient entre cette ville et le comte Henri (1), et qui sont indiqués dans l'acte, il est évident néanmoins que le nouveau *foral* (droit) avait pour but de terminer ces différends et de sceller la réconciliation du prince et de la ville (2). Henri se montre dans cette circonstance comme souverain indépendant, entouré de tous les grands et officiers de sa cour (*omnis Schola comitis*), qui rehaussent avec le conseil de ville présent (*omne Concilium Colimbrie*) la solennité de l'octroi du foral et en fortifient la validité. Cet acte de souveraineté, qui fut répété la même année et également en présence de toute la *Schola comitis*, pour l'octroi d'un droit local à Soure, appartient aux derniers actes publics du comte. Il mourut l'année suivante (3) à Astorga.

---

(1) Moins d'un mois après la mort d'Alphonse, le comte dit déjà dans un acte, par lequel il donne le monastère de Lorvão à l'évêque Gonzalo de Coïmbre : « Ego Henricus Comes, et uxor mea Tarasia..... Ego Henricus Dei gratia Comes, et totius Portugalis Dominus. » *Voyez* encore plusieurs autres passages dans Ribeiro, *Dissert.*, tom. III, p. 52 sq.

(2) « Temporibus gloriosi Comitis Domini Enriqui, post mortem soceri sui, Domni Regis Adfonsi..... in presentia de Egas Gratia, qui tunc erat Magorinus mayor de Egas Gonsendiz, qui erat Dominator, et Princeps terre illius, et tenebat ipsa terra de Sancto Salvador, et de Tendales, cum alia multa, in suo aprestamo, de mano de illo Comite Domno Enrico, etc. » Ribeiro, *Dissert.*, tom. I, p. 237. — *Elucidario*,

Suppl., p. 47. — Brandão, *Monarch. Lusit.*, lib. IX, c. 7, cite cet Egas Gonsendez parmi les premiers fidalgos qui rendaient la justice. En 1124, il donna, de concert avec João Viegas, une charte locale à la villa Cercancelhe dans le district de Beira.

(1) *Monarch. Lusit.*, lib. VIII, cap. 24.

(2) « Promittimus (Scil. Henr. et Theres.) non tenere in mente, vel corde malam voluntatem, vel iram de hoc, quod nunc usque egistis adversum nos, sed habebimus gratum quod collegistis nos, et honorabimus vos, ut melius potuerimus, et neque in vestrare, vel vestris corporibus habebitis desonor vel perdida. *V.* Ribeiro, *Dissert.*, tom. II, p. 226, où cet important foral a été pour la première fois imprimé complétement et avec soin.

(3) Dans les derniers jours d'avril ou les pre-

Conformément à sa dernière volonté, son corps fut transporté à Braga, et enterré dans une petite chapelle de l'église épiscopale (a).

---

miers de mai. Le dernier acte authentique de Henri que l'on connaisse est du 12 avril. Cf. la savante dissertation de Ribeiro: *Sobre a Epoca da morte do senor conde D. Henrique*, dans les *Dissert.*, tom. I, dissert. IV.

(a) *Voyez* Appendice B sur le comte Henri de Bourgogne.

CHAPITRE II.

LA VEUVE DE HENRI RÉGENTE DE PORTUGAL.

(De 1112 à 1128.)

Thérèse se charge de la régence. — Elle prend le titre de reine. — Elle élève des prétentions sur des terres situées au-delà du Minho. — Guerre avec sa sœur Urraca, puis avec Alphonse VII. — Relations de Thérèse avec le comte Fernando Peres. — L'infant Affonso Henriquez (1) soutient, les armes à la main, son droit au trône contre sa mère et son favori. — Donation à l'archevêque de Braga.

Après la mort du comte Henri, Theresia saisit les rênes du gouvernement, parce que l'infant Affonso Henriquez n'avait encore que deux ou trois ans. Douée d'un esprit mâle, prudente, pleine de résolution, de courage et d'ambition, la régente sut maintenir, surtout vis-à-vis de la Castille, une puissance que son mari avait fondée par sa valeur, son audace et son habileté à profiter des circonstances. Theresia qui, avant la mort de son père et celle de son mari, portait le titre d'*infans, infantessa, cometissa*, mais qu'on appelait ordinairement la fille du roi Alfonso, porte depuis 1115 dans des actes non contestés le titre de reine, pendant que dans d'autres elle est toujours appelée *infante*, ou tout à la fois *infante* et *regina* (2). Si du vivant de son mari on lui donnait quelquefois le nom de reine, cela venait d'un usage qui régnait alors en Castille, d'appeler reines les infantes, ainsi que les sœurs du roi (1). On ne voyait toujours dans la reine que la fille du roi. Mais après la mort du comte Henri, lorsque Theresia fut devenue régente du Portugal, ce titre prit une tout autre importance; on retrancha l'addition : Épouse du comte Henri, qui l'avait toujours accompagné, et si le pays dont le comte avait assuré l'indépendance n'était pas encore un *royaume*, c'était néanmoins *l'état d'une reine*. Ce titre, qui n'était d'abord qu'un titre de cour sans valeur, avait acquis un sens très positif et exprimait une puissance à laquelle, sans cette circonstance, la veuve du comte n'aurait probablement pas donné ce nom, quand même elle l'aurait réellement possédée. Theresia n'était pas femme à négliger ce qu'il y avait de fa-

---

(1) Pour toute cette histoire, nous laisserons généralement aux noms propres l'orthographe de la langue originale. (*Note du Traducteur.*)

(2) Ribeiro, *Dissert.*, tom. III, p. 34, n. 99 : « Mortuo Enrico Comite, Portugalenses vocaverunt eam (Tarasiam) reginam. » *Chronic. Alphonsi imp.*

(1) « Cum Comes Enricus ad petitionem uxoris suæ Tarasiæ, quæ Regina, quia Regis filia, dicebatur, etc. » Roderic. Tolet., *De Rebb. Hisp.*, lib. VII, cap. 5.

vorable dans ce jeu du hasard ; elle se fit appeler reine de Portugal (1), et laissa à l'influence lente, mais efficace de l'opinion publique, d'associer le titre et la dignité.

La reine obtint alors une tout autre position, non-seulement vis-à-vis de ses sujets (2), mais vis-à-vis de l'étranger et surtout de la Castille. Dans un traité qu'elle conclut avec sa sœur Urraca, reine de Castille, les deux princesses traitent comme souveraines indépendantes, et se promettent une mutuelle amitié. La reine de Castille achète même cette amitié par la promesse de céder à sa sœur plusieurs villes et terres de son royaume, et ne donne pas le moins du monde à entendre qu'elle ait quelque droit à réclamer sur le Portugal (3). Il est bien vrai qu'Urraca se trouvait dans une situation critique, lorsqu'elle consentit à ces concessions. Une guerre opiniâtre, sanglante, que les deux sœurs se faisaient vers cette époque, paraît avoir amené ce traité.

Chacune d'elles, animée par l'amour du pouvoir, voyait plutôt dans l'autre une reine et une rivale, qu'une sœur. Faute de documents authentiques, nous ne savons pas laquelle sema le premier germe de la discorde et laquelle recula le moins devant la nécessité de répandre le sang de ses sujets et de ceux de sa sœur. Dès l'an 1116 nous voyons les deux reines en guerre l'une contre l'autre, et Thérèse, de concert avec Pedro Froilaz, gouverneur du jeune roi de Galice, assiéger la reine Urraca à Soberoso (1). La lutte devint plus vive après qu'en 1121 la reine Theresia se fut emparée de la ville de Tuy et de quelques places voisines en Galice. Urraca, appuyée de l'archevêque Diego de Compostelle, qu'elle avait gagné pour cette entreprise, s'avança avec une forte armée contre sa sœur, qui, à la nouvelle de son approche, rétrograda derrière le Minho. Plus les Portugais se croyaient en sûreté dans cette position, plus ils furent surpris, lorsque les hardis Compostellans cherchèrent à traverser le fleuve à la nage ou sur des bateaux portugais dont ils s'étaient emparés. Les soldats de Theresia prirent la fuite ; Urraca et l'archevêque passèrent le fleuve avec le reste de l'armée, s'avancèrent à travers le territoire du Portugal (2), et mirent tout à feu et à sang. Tout-à-coup l'archevêque déclare que son devoir l'oblige de rentrer dans sa patrie avec les siens. Urraca, pénétrée de l'insuffisance de ses forces, ou décidée peut-être déjà à punir une trahison prétendue ou réelle, le supplia de ne pas la priver au moins de ses conseils et de son assistance personnelle, s'il ne pouvait retenir ses soldats, qui semblaient en effet résolus à regagner leurs foyers. Ce qu'elle voulait lui fut accordé ; l'archevêque resta et ses troupes repassèrent les frontières. Une grande partie du Portugal fut soumis, l'archevêque et la reine assiégèrent Laniosa où Theresia se trouvait, et les troupes castillanes s'avancèrent jusqu'au Douro.

Cependant le plan que la haine méditait pour perdre l'odieux archevêque avait transpiré. La conduite du prélat dans cette campagne, plusieurs de ses actes antérieurs avaient rem-

---

(1) « Ego Infant. Donna Tarasia Regina de Portugal..... Ego Infant. Donna Tarasia Regina Portugalensium. » Cf. Ribeiro, *Dissert.*, tom. III, p. 59 sq. — *Memorias da Acad. real*, tom. VI, p. 8, où l'on en trouve plusieurs exemples.

(2) On lit dans un acte de 1120, dans lequel le clergé de Viseu se soumet à l'évêque de Coïmbre : « Visensis Clerici coram Regina Donna Tarasia, et suis Baronibus..... ipso permanente in fidelitate Reginæ Donnæ Tarasiæ, sicut Episcopus fidelis debet esse suo Regi et Domino Terræ. » J. Anastasio de Figueiredo, *Nova Historia da Militar Ordem de Malta em Portugal*, parte I, § 8.

(3) « .....Que sedat amica per fide..... quomodo bona germana ad bona germana.... et dat Regina ad sua germana Zamora cum suos directos, etc. » *Monarch. Lusit.*, liv. VIII, cap. 14. — J. Barbosa, *Catalogo das Rainh. de Portug.*, p. 23. On ne pourrait rapporter ce traité au temps de Henri, ni le faire conclure par Thérèse seule, ou aux nom et place de son mari.

(1) *Historia Compostell.*, lib. I, cap. 3, p. 216.
(2) « Fluvium transmeant et *Portugaliæ fines* ingrediuntur. »

pli la reine de méfiance et de haine contre lui; elle le soupçonnait d'avoir des intelligences secrètes avec ses ennemis et elle avait juré de se venger. L'archevêque n'ignorait pas les sentiments d'Urraca pour lui; Theresia elle-même, qui était en relation secrète avec le confident de sa sœur, lui fit savoir combien sa sûreté était menacée, et lui offrit ou de lui donner un asile dans une de ses forteresses, ou de lui fournir les moyens de s'enfuir dans son archevêché. Diego, qui ne croyait pas Urraca capable d'un tel forfait, ne prit aucune précaution, et fut saisi et jeté en prison avec trois de ses frères et tous ses serviteurs.

L'archevêque de Braga, Pelage, et l'évêque d'Orense, qui se trouvaient également dans le camp et se crurent menacés, prirent la fuite. L'année suivante nous voyons le premier retenu en prison par Theresia, probablement sans autre raison que parce qu'il s'était attaché au parti d'Urraca. Le pape Calixte II fit alors annoncer par son légat qu'il allait lancer l'excommunication contre la reine de Portugal et ses partisans, et mettre le pays en interdit, si elle ne relâchait pas son prisonnier dans un délai déterminé, et ne faisait pas une satisfaction à l'église romaine (1). Effrayée de cette menace, la reine rendit la liberté à l'archevêque (2); mais le ressentiment resta dans bien des cœurs, et quatre ans plus tard le prélat offensé aida à précipiter la reine du trône.

A la nouvelle de l'emprisonnement de son archevêque par la perfide reine, toute la ville de Santiago entra dans la plus vive fermentation, et son obstination à refuser de lui rendre la liberté acheva d'exaspérer les esprits. La plupart des grands de Galice se déclarèrent pour l'archevêque, et mirent sagement à leur tête le jeune roi Alfonso Raymondez. La reine effrayée fut obligée de céder et se trouva encore la même année dans la situation la plus critique. Une faction puissante se forma contre elle. L'archevêque de Santiago conclut même une alliance avec la reine Theresia (1). Il ne pouvait plus être question de punir sa sœur de Portugal, mais bien de réclamer son appui pour sortir d'embarras.

C'est probablement à cette époque que se rapporte le traité entre les deux sœurs mentionné plus haut (l'acte manque de date); car une situation presque désespérée peut seule expliquer de la part d'Urraca l'abandon volontaire de places et de terres si considérables. En même temps ce traité, qu'il ait été conclu à cette époque, ou plus tôt ou plus tard, qu'il ait été exécuté ou non, jette quelques lumières sur les entreprises postérieures de Theresia contre la Castille. Quand on en a pris connaissance, on conçoit combien il devait être pénible à la reine portugaise de renoncer à ses conquêtes d'outre-Minho, combien elle devait souhaiter d'avoir des possessions au-delà de ce fleuve, qui offrait plutôt des moyens de communication qu'une ligne de séparation, ou de conserver peut-être celles qu'avait possédées le comte Henri; comment enfin dans son esprit ce désir amena peu à peu la conviction qu'elle avait sur ces terres un droit incontestable. On conçoit comment la reine, un an et demi après la mort d'Urraca, bien loin de reconnaître le fils de celle-ci pour suzerain, osa, se reposant sur sa puissance, entrer dans la Galice à la tête d'une armée, et reprendre par la force les villes et les châteaux situés près des

---

(1) *Histor. Compostell.*, lib. II, cap. 58, p. 380.

(2) Bien que cette menace n'ait été faite qu'un an après la fuite du prélat, la faute et la punition ne sont cependant pas à un tel intervalle l'une de l'autre que l'on ne puisse croire à leur connexité, si l'on réfléchit que de la fuite à l'emprisonnement, et de l'emprisonnement à la menace de l'excommunication, il avait bien pu s'écouler une année. Du reste l'influence extraordinaire du comte Ferdinand commence en 1121. (Cf. Ribeiro, *Dissert.*, tom. I, p. 151.) Peut-être l'inflexible prélat devait-il ce dur traitement au refus d'accéder à la proposition de Thérèse de le marier au comte.

(1) *Hist. Compostell.*, lib. II, cap. 40—42.

frontières portugaises ; notamment l'importante ville de Tuy (1). Non contente d'une conquête peu sûre, elle essaya de consolider sa domination au-delà du Minho, en y faisant bâtir de nouvelles forteresses.

Tant d'audace mit en mouvement presque tous les princes de l'Espagne, qui étaient bien disposés pour le roi. Alfonso appela aux armes tous ses vassaux et ses guerriers, même le plus puissant prélat de la Galice, l'archevêque de Santiago, et s'avança à la tête d'une nombreuse armée contre la reine. Theresia n'était pas de force à résister, et elle rentra en Portugal. Mais l'armée ennemie la suivit et ravagea pendant six semaines ce malheureux pays, jusqu'à ce que l'entremise de l'archevêque de Santiago eût amené la paix entre les deux partis et mis un terme aux dévastations.

Il est doublement à regretter que l'histoire ne nous ait pas conservé le contenu de ce traité, parce que cette fois les droits réciproques de la Castille et du Portugal durent être exposés et déterminés avec la plus grande précision. L'audacieuse occupation d'une portion de la Galice par Theresia, occupation qu'Alfonso devait regarder comme une sorte de provocation insultante, et qui devait le remplir de colère lui et ses partisans, l'heureuse expulsion de la reine par les armes castillanes, le ravage de son propre royaume, tout cela dut autoriser le roi à prendre le ton le plus décidé et le plus impérieux vis-à-vis de la reine et donner à ses demandes l'expression d'une inflexible rigueur. Si les entreprises antérieures de la reine attestent sa position indépendante vis-à-vis de la Castille, les événements suivants prouvent qu'elle sut conserver cette position ; seulement, quand elle franchit hostilement les frontières de ses états, le roi Alfonso VII l'y repoussa par la force des armes, et la punit à la manière ordinaire de cette époque, en ravageant son royaume. Jamais il n'a paru avoir l'intention d'attaquer l'indépendance de sa couronne, ni de réclamer le droit de s'immiscer dans les affaires intérieures de son gouvernement. L'esprit mâle de Theresia, son caractère belliqueux, sa fermeté dans le danger et sa persévérance dans ses plans, qui égalait celle du comte Henri, auraient d'ailleurs rendu difficile une tentative de ce genre. Heureuse la reine, si son ambition ne l'avait pas entraînée au-delà des frontières de son royaume ! Ce fut encore cette même ambition, jointe au défaut du véritable caractère de la femme, qui lui fit franchir dans le sein de ses états les limites de la justice et de la morale : mais si son ambition politique ne lui fit éprouver que des pertes, bientôt oubliées, son immoralité creusa sa tombe.

Plusieurs années après la mort de son mari, Theresia avait attiré à sa cour, et honoré de sa confiance et même bientôt de son intimité le comte Fernando Perez de Transtamara et son frère Bermudo, fils du comte Pedro Froilaz, et Galiciens de naissance. Il paraît qu'elle vécut d'abord dans des liaisons intimes avec Bermudo, qui fut plus tard son gendre. Le comte Fernando abandonna sa femme légitime et forma avec la reine une union qui ne les honorait ni l'un ni l'autre. Si le favori étranger était dès auparavant vu de mauvais œil, il souleva alors une haine violente. Theresia oublia ce qu'elle se devait à elle-même, ce qu'elle devait au Portugal et à l'héritier du trône, en laissant le comte prendre sur son cœur (et dans le gouvernement) une puissance qui n'appartenait qu'à un mari, et qui n'avait probablement pas été sanctionnée par l'Église (1). Quelque douteux que soit le

---

(1) *Hist. Compostell.*, lib. II, cap. 85 : « Illa enim fastu superbiæ elata terminos justitiæ egrediebatur, et nullum Regi servitium de Regno quod ab illo tenere debebat, exhibere dignabatur : immo viris, armis, atque opibus potens, fines Galleciæ armato exercitu invadebat, et Civitates, atque Castra Portugaliæ adjacentia, Tudam scilicet, et alia suo juri atque dominio violenter subjungebat. »

(1) Le seul document qui parle expressément du mariage de la reine Theresia avec le comte Ferdinand, est une charte de donation au monastère de Monte de Ramo, en Galice, que pu-

second mariage de Theresia, toujours est-il certain qu'elle accorda au comte une puissante influence et une participation active à toutes les affaires du gouvernement. Depuis 1121, par conséquent neuf ans après la mort de Henri, nous le voyons signer dans toutes les transactions avec l'étranger, et dans plusieurs actes d'administration intérieure, gé-

---

blie Yepes (dans son *Histor. de S. Bento*, tom. VII, centur. n. 32), et qu'il a tirée de Manrique (*Annal. Cisterc.*, ad an. 1153, cap. 16). Les mots qui y ont rapport, dont aucun écrivain portugais depuis Yepes n'a confronté l'original, qui n'existe plus, à ce qu'il paraît, sont ceux-ci : « Ego Tarasia, bonæ memoriæ Alfonsi Magni Hispaniarum Regis filia, Magni Comitis Henrici quondam uxore, nunc vero Comitis Fernandi, Dei gratia Portugalis Regina.... Hanc Cartam fieri jussi, una cum viro meo Fernando Perez, et cum filio meo Alfonso Henriques propria manu roboravi..... » Il est étrange que cette union ne soit mentionnée que dans un acte relatif à un bénéfice de Galice, pendant que des cinquante actes *portugais et plus*, que l'on possède depuis 1121, où Ferdinand commence à signer, jusqu'à l'an 1128, où Thérèse et Ferdinand furent renversés (Voyez Ribeiro, *Dissert.*, tom. III, append. IX, de la p. 73 jusqu'à 92), pas un seul n'en dit un mot. Le comte Ferdinand signe assez souvent avec d'autres grands et des membres du haut clergé, dans plusieurs actes de la même année (Cf. *Monarch. Lusit.*, lib. IX, cap. 3), mais jamais comme époux de Thérèse, ainsi que le faisait régulièrement le comte Henri. En outre aucune chronique ne parle d'un mariage. L'*Histor. Compostell.* (lib. III, cap. 24) dit ouvertement : « Fernando, qui relicta sua legitima uxore, cum matre ipsius Infantis Regina Tarasia tunc temporis *adulterabatur*. Des passages les plus favorables que l'on puisse citer à l'appui de l'opinion que Thérèse avait épousé Ferdinand, il résulte bien que le comte Ferdinand exerçait une grande influence dans le gouvernement, et qu'il vivait dans l'intimité de la reine, mais nullement qu'ils aient été unis par les liens du mariage. Voyez ces passages rapprochés dans Ribeiro, *Dissert.*, tom. I, p. 151. Comparez entre autres *Monarch. Lusit.*, lib. IX, cap. 2 et 3; et Barbosa, *Catalogo das Rainhas de Port.*, p. 87.

---

néralement en qualité de gouverneur de Coïmbre.

Cependant Affonso Henriquez se développait et donnait déjà les plus belles espérances. Sa taille élevée, la beauté de sa figure, son air séduisant (1), n'étaient que l'expression extérieure des admirables qualités qui promettaient de beaux jours aux Portugais. A l'âge de quatorze ans, le jour de la Pentecôte 1124, comme c'était la coutume pour les rois, il s'était revêtu lui-même des armes de chevalier devant l'autel de S. Salvator, à Zamora, et s'était ainsi voué, suivant l'esprit chevaleresque de son siècle, à la haute vocation à laquelle sa naissance l'avait destiné (2). Pendant les cinquante ans que dura son règne, il déposa rarement les armes; guerrier infatigable, comme le voulaient son temps et son royaume entouré de dangers; comme l'exigeaient ses ennemis intérieurs et extérieurs.

La nécessité de conquérir son héritage les armes à la main, et de l'arracher à sa propre mère, était déjà un triste prélude pour un jeune prince de dix-huit ans. Non-seulement la reine partageait son pouvoir avec le comte Ferdinand, et tenait son fils éloigné de toutes les affaires, bien qu'il eût atteint sa majorité; elle cherchait même à l'exclure de la succession paternelle et à livrer la couronne à l'étranger. L'infant, dans la pleine conviction de ses droits, et rempli d'une jeune et noble ardeur, ne put supporter plus long-temps une injustice (3), que la condescendance ne faisait que fortifier, et qu'un plus long retard pouvait rendre irréparable. Il rassembla ses amis, et gagna beaucoup de nobles, qui aimaient bien mieux voir au gouvernail de l'état leur

---

(1) « ...Corpore decorus, pulcher adspectu et visu desirabilis.» *Chron. Lusit.*, p. 408.

(2) «Adeptus est Regnum Portugallis in manu forti.» *Chron. Lusit.*, l. c.

(3) « Quam injuriam valde inhonestam nullatenus ferre volens (erat enim jam grandevus ætate, et bonæ indolis) convocatis amicis, etc.» *Ibidem*.

prince légitime qu'une femme ambitieuse et un odieux étranger. Ils lui promirent de l'appuyer de leur épée et de leur fortune. Aussitôt que la reine en fut informée, elle réunit ses forces pour châtier son fils et ses partisans, et s'avança vers Guimaraens, où l'infant se trouvait avec ses alliés. Une lutte sanglante s'engagea entre la mère et le fils à Saint-Mamete, près de Guimaraens. La victoire se déclara pour le fils ; Theresia s'enfuit dans le château de Leganoso, le comte Ferdinand et Bermudo, gendre de la reine, se sauvèrent en Galice. En 1131 ce dernier échoua complètement dans une tentative qu'il fit pour exciter une insurrection contre Affonso (1).

Depuis cette défaite de Guimaraens, la reine, qu'Affonso avait mise dans l'impossibilité de nuire, tomba dans une telle obscurité, que les chroniqueurs la laissent entièrement de côté, et ne mentionnent plus que sa mort. De toutes les qualités séduisantes de la femme elle n'avait, à ce qu'il paraît, que la beauté physique, don le plus dangereux de la nature, quand elle n'est pas défendue et ennoblie par l'innocence de l'âme. Elle possédait comme son mari le courage, la résolution et l'esprit d'entreprise; mais dominées par l'ambition et la sensualité qui étouffaient le sentiment le plus naturel de la mère, l'amour pour ses enfants, ces mâles vertus ne pouvaient exciter qu'une admiration passagère, et non une estime et un attachement durables.

L'infant réussit d'autant plus facilement à augmenter le nombre des partisans et des amis, que sa mère lui avait déjà faits par sa préférence pour les étrangers. Outre ceux qui se tournaient pleins d'espoir vers le soleil levant, d'autres, en donnant leur appui, savaient arracher au jeune prince des promesses que l'homme expérimenté n'aurait pas faites. Ce fut le premier prélat de Portugal, l'archevêque Pelage de Braga (le même que la reine avait jadis si vivement offensé), qui vendit le plus cher son appui (1), et il obtint du jeune prince des priviléges et des franchises pour lui et son église, qui furent dans la suite la source de troubles bien funestes. Voici ce que porte le traité :

Tous les biens de l'église de S. Maria de Braga avec tous les paysans, libres et non libres, qui sont sujets du roi, doivent être affranchis et investis de priviléges (*cautatæ*). De même que l'aïeul de l'infant, le roi Alphonse, avait contribué à la construction de l'église de Saint-Jacques; de même le prince promet de fournir l'argent pour construire l'église de S. Maria de Braga. Les églises royales, qui sont églises de paroisse, sont soumises à l'archevêque, et aucun laïque n'a pouvoir sur elles ; les monastères royaux paient à l'archevêque les mêmes redevances qu'ils ont payées à ses prédécesseurs. L'infant renonce à toute puissance royale dans la ville de Braga ; la volonté de l'archevêque et de ses successeurs doit y être la seule loi. Il promet, s'il abandonne le gouvernement du Portugal, de laisser à l'archevêque la ville et le siége archiépiscopal avec toutes leurs dépendances. Il cède en outre à l'archevêque tout ce qui dans la cour de l'infant ressort du pouvoir ecclésiastique (*officium*), comme la nomination du premier chapelain et du secrétaire, tout ce qui réclame l'intervention du premier prélat. Il s'abandonne aux conseils de l'archevêque et de ses successeurs, de l'affection desquels il se tient assuré (2).

Ces immenses concessions, qui furent consenties sous la condition du secours promis et d'un heureux succès, furent le premier acte d'indépendance d'Affonso ; c'est à elle qu'il dut de sortir d'un état de sou-

---

(1) *Chron. Lusit.*, era 1169. Cette tentative ne pouvait avoir pour but de rendre le pouvoir à Theresia, comme le prétend un historien récent, puisque Theresia était morte une année auparavant.

(1) «.....Ut tu sis adjutor meus, » dit le traité.
(2) Voyez l'acte, imprimé pour la première fois dans *Elucid.*, tom. II, p. 351.

mission pénible, pour marcher à la liberté et au pouvoir ; car ce fut le 28 mai 1128 qu'Affonso Henriquez signa ces concessions, et dès le mois suivant nous le voyons délivré de la tutelle de sa mère, signer comme souverain, et sans la reine, les actes et lettres royales (1).

(1) Voyez l'acte dans Ribeiro, *Dissert.* tom. III, app. depuis la p. 93.

CHAPITRE III.

RÈGNE D'AFFONSO Ier.

(24 Juin 1128 jusqu'au 6 Décembre 1185.)

---

§ Ier. — *Depuis son avénement jusqu'au temps où il prit le titre de roi :*
AFFONSO INFANS, PRINCEPS, REX.

Affonso Henriquez gouverne sous le titre d'Infant. — Une trève termine la guerre avec la Castille. — Fondation de Leiria pour protéger le pays contre les invasions des Sarrasins. — Guerre contre l'empereur d'Espagne. — L'infant abandonne les places fortes de la Galice ; mais, après la guerre, il prend le titre de *Princeps*. — Il s'avance avec une armée dans l'Alemtejo. — Victoire d'Ourique. — Affonso prend le titre de Roi.

Affonso Henriquez régna par lui-même sous le titre d'*Infans* depuis le 24 juin 1128 (1). Personne ne lui contestait son pouvoir dans l'intérieur de ses états. Plein de confiance en lui-même par suite du succès qu'il avait obtenu, il jouissait de l'indépendance qu'il avait conquise dans son royaume, et n'était nullement disposé à se laisser faire la loi par l'étranger. Non-seulement il refusa de reconnaître la suzeraineté de la Castille (1), mais il renouvela même les anciennes prétentions du Portugal sur plusieurs places de la Galice, et particulièrement sur Tuy. La guerre éclata de nouveau entre le Portugal et la Castille.

Alfonso Raymondez, fortement occupé de la rébellion des grands de son royaume et de sa guerre avec le roi d'Aragon, ne put marcher en personne contre l'infant portugais, et confia la conduite de la campagne à un grand de Galice et à l'archevêque de Compostelle, qu'une maladie empêcha malheureusement d'être aussi utile qu'il l'aurait pu. La guerre fut soutenue avec d'autant plus de mollesse du côté de la Castille, que la dis-

---

(1) « Obtinuit ipse (Infans Inclitus Domnus Alfonsus) Principatum et Monarchiam Regni Portugalis. » *Chron. Lusit.*, era 1166. On lit dans un acte de donation du 6 avril 1129 : « Ego Infans Alfonsus..... Ab omni pressura alienus, et Colimbriensium, ac totius Urbium Portugalensium Dei Providentia Dominus securus effectus, etc. » *Elucidario*, tom. I, p. 3.

(1) *Histor. Compost.*, lib. III, cap. 24, dans le commencement.

position équivoque de quelques chefs galiciens paralysait l'ardeur de leurs troupes. Pour prendre un pied ferme en Galice, Affonso Henriquez fit construire le château-fort de Celmes dans la contrée de Limia, y mit une garnison d'élite et même plusieurs nobles de sa cour et le pourvut de vivres. Ce hardi début de l'infant détermina le roi Alfonso Raymondez à suspendre un moment les luttes qu'il soutenait ailleurs et à s'avancer vers la Galice avec de nombreux renforts. Pour ôter à l'ennemi son point d'appui, il attaqua et prit Celmes, et fit la garnison prisonnière. Cette perte fut d'autant plus douloureuse pour l'infant que le roi fit de nouveau fortifier la place, changea ainsi sa destination et en fit un point d'appui pour la Castille.

Cependant les invasions et les progrès des Sarrasins aux frontières méridionales de Léon et de la Castille et les projets qui se formaient en Aragon réclamaient une grande attention ; le peu d'avantages que promettait la continuation de la guerre avec le Portugal, engagèrent le roi Alfonso Raymondez à conclure une trêve avec l'infant portugais. Celui-ci en profita pour aller défendre son pays sur un autre point.

Les fréquentes invasions et les pillages des Sarrasins dans le territoire de Coïmbre avaient convaincu l'infant que pour la sûreté de cet important district il fallait y élever une nouvelle forteresse et y placer une garnison. Il choisit pour ce but le magnifique rocher de Leiria, qui forme la tête d'une chaîne de montagnes qui s'étend du sud au nord sur la route de Lisbonne à Coïmbre, et frappe tellement le regard du voyageur. Là, profitant de l'ouvrage de la nature, qu'elle-même semblait avoir élevé pour servir de boulevard au Portugal chrétien, il y ajouta les fortifications de l'art et en fit un fort redoutable. Il en confia la défense à un guerrier dont le courage n'était pas moins inébranlable que le rocher même, à Pelayo Guterriz. Dans le fait, Leiria était d'une telle importance pour ce pays, qu'un chroniqueur voit en elle la cause du découragement des Sarrasins et de la cessation de leurs attaques sur ce point (1).

Les frontières méridionales ainsi protégées, autant qu'il était possible, l'infant put concentrer sans distraction toute son attention sur le nord. Dans la même année il s'était passé de ce côté des choses qui ne pouvaient manquer de faire la plus profonde et la plus vive impression sur un jeune prince jaloux de sa puissance et de sa renommée. Le roi Alfonso Raymondez, à présent suzerain de presque tous les états chrétiens de la Péninsule, avait été proclamé empereur d'Espagne dans la cathédrale de Léon par une brillante assemblée de grands, de princes et même de têtes couronnées. Ce titre glorieux était le signe d'une autorité telle qu'on n'en avait point vue en Espagne depuis des siècles, et en même temps il annonçait implicitement des prétentions, que cette puissance lui donnait bien des moyens de faire valoir. Pouvait-on croire qu'aussitôt qu'Alfonso VII prendrait ce titre pour mesure de ses prétentions, il renoncerait à la suzeraineté sur le Portugal, qui était un annexe de la couronne de Castille? Ou s'il voulait la réclamer, qui pourrait la lui refuser? Et à supposer même qu'il y renonçât, l'étoile du Portugal ne pâlissait-elle pas devant le soleil de Castille? Assurément il dut vivement frapper Affonso Henriquez, et nous pouvons facilement nous représenter tous les sentiments qui assiégèrent le cœur d'un jeune prince fier, ambitieux, plein d'ardeur chevaleresque et enflé par un premier succès, et nous expliquer ainsi l'entreprise qu'il tenta presque immédiatement après le couronnement de l'empereur et dont l'histoire nous a transmis le récit. En même temps l'infant sentait la grandeur du péril qui le menaçait, et il eut assez de prudence pour ne point vouloir se risquer seul contre la supériorité de son rival. Il eut soin de chercher à réparer autant que possible la disparité des forces par des alliances au-dehors et par des

---

(1) *Chron. Lusit.*, era 1173, et *Monarch. Lusit.*, lib. IX, cap. 25.

auxiliaires, politique que le peu de relations entre les peuples rendait alors peu commune. Il s'allia avec le prince d'un royaume situé au côté opposé de la Castille, avec Garsias, roi de Navarre (1). C'est ainsi que la guerre contre l'ennemi éclata presque en même temps sur le Minho et sur l'Èbre.

Pendant que le roi Garsias occupait l'empereur sur les frontières de Navarre, Affonso Henriquez entrait en Galice et prenait Tuy avec plusieurs autres places fortes. En même temps les comtes galiciens Gomez Nuñez, qui commandait dans le domaine de Torogno, et Roderigo Perez Villoso, qui était gouverneur du château-fort de Limia, abandonnèrent le parti de l'empereur, livrèrent à l'infant de Portugal les places qui leur étaient confiées et lui firent hommage. Mais le commandant d'Allariz, Fernando Joannis, guerrier distingué, resta fidèle à l'empereur et se prépara à résister avec ses frères et ses amis. Mais l'infant, après avoir fait fortifier les lieux qu'il avait pris, retourna à la hâte dans ses états, où sans doute les incursions des Maures le rappelaient. Lorsqu'il arriva avec ses troupes à Limia, il trouva les comtes Fernando Perez, Roderigo Vele et tous les commandants de la Galice réunis et en marche avec tous leurs guerriers. Les armées se joignirent près de Cernesa et il s'ensuivit une lutte fort vive. Le comte Roderigo Vele fut fait prisonnier avec beaucoup d'autres, mais ses deux écuyers le délivrèrent. Enfin la victoire se déclara pour les Portugais ; les Galiciens furent mis en fuite. L'infant n'eut pas le temps de recueillir les fruits de cette victoire. Les siens l'appelèrent à leur secours vers les frontières de son royaume, où les Sarrasins avaient pénétré, pris d'assaut le fort d'Erena, le premier rempart de Santarem, Lisbonne et Cintra, et massacré plus de deux cent cinquante hommes et plusieurs grands personnages. Affonso Henriquez arriva trop tard pour châtier l'ennemi qui s'était retiré, et il se reporta sur-le-champ vers la Galice, où le gouverneur de Limia, Fernando Joannis, poursuivait la guerre sans relâche. L'infant, que son ardeur guerrière poussait toujours là où la lutte était le plus acharnée, et le danger le plus menaçant, fut blessé dans une mêlée par un Galicien, et l'art des médecins ne parvint à le guérir qu'au bout d'un certain temps.

Cependant l'empereur avait conquis plusieurs places fortes de la Navarre, saccagé le pays plat, soumis l'un des seigneurs les plus puissants de la contrée, et tellement affaibli par là le pouvoir du roi Garsias, que sa présence personnelle ne semblait plus nécessaire. Après avoir confié la garde des frontières de la Castille de ce côté à quelques seigneurs, il tira une forte armée de Léon, tomba sur le Portugal qu'il ravagea, et s'empara de quelques châteaux. Affonso Henriquez reconnut la supériorité de l'ennemi et ne songea par conséquent qu'à compenser le petit nombre de ses troupes par la prudence ; il évitait toute action générale avec l'armée castillane, et choisissait de petits détachements isolés pour les attaquer avec toutes ses forces. Il parvint ainsi à battre une division commandée par le comte Radimir, et à le faire lui-même prisonnier. Le plan d'Affonso n'échappa point à son adversaire, qui sut bien juger aussi le danger de sa propre situation dans le pays ennemi. Il réunit donc ses troupes et prit une forte position sur les hauteurs de Portella de Vice, en vue du château de Penna de Regina. L'infant établit son camp en face de lui, mais dans un lieu élevé et difficile à escalader. Une vallée séparait les deux armées et devint le théâtre de luttes singulières et le tombeau de bien des guerriers, que l'amour des combats et de la gloire (1) poussait à faire briller leur valeur en présence de leurs amis et de leurs ennemis.

Ces combats étaient trop sérieux pour des jeux, mais ils n'amenèrent et ne pouvaient amener aucun résultat décisif : beaucoup de chevaliers succombèrent des deux côtés ;

---

(1) *Histor. Compost.*, lib. III, cap. 54, p. 585.

(¹) « Quod populares dicunt Bufurdium. »

plusieurs seigneurs du premier rang, entre autres le frère même de l'empereur, Fernando Furtado, furent faits prisonniers. Les deux armées sentaient le désavantage de leur position. Les grands Portugais exposèrent alors à leur prince comment leurs guerriers n'étaient pas en état de résister plus long-temps à la supériorité des troupes de l'empereur, et comment le sort, qui leur souriait aujourd'hui, pouvait leur être défavorable le lendemain ; quels dangers les menaçaient en même temps du côté des Sarrasins et comment le massacre de leurs frères à Erena, qui n'aurait pas eu lieu si l'on avait été en paix avec la Castille, pouvait facilement n'être que l'avant-coureur d'un plus grand malheur, que les infidèles pouvaient leur préparer chaque jour. Ils lui conseillaient donc de conclure la paix. L'infant sentit la vérité de leurs représentations, et envoya des parlementaires à l'empereur (1), qui, de son côté, n'avait pas moins de motifs de désirer la paix. Il ne pouvait se dissimuler que la fortune s'était déclarée pour son adversaire; que depuis son entrée en Portugal son armée avait essuyé plusieurs échecs et que de plus grands la menaçaient encore (2). Alfonso VII se montra donc disposé à traiter. Toutefois, on ne conclut provisoirement qu'une trêve de quelques années, qui fut garantie par les grands de Castille et de Portugal ; après quoi les deux princes se retirèrent dans une tente, célébrèrent leur réconciliation dans un festin, et burent à la même coupe en signe de parfaite amitié.

Les Portugais rendirent les places fortes qu'ils occupaient en Galice, les Castillans celles qu'ils avaient conquises dans le Portugal. Le comte Radimir recouvra la liberté, et les prisonniers de guerre furent échangés. L'infant éloigna les comtes Roderigo et Gomez Nuñez comme les auteurs de la querelle survenue entre lui et l'empereur. Gomez, qui ne se croyait en sûreté dans aucun endroit de l'Espagne, se sauva au-delà des Pyrénées, et se fit moine au couvent de Clugny; Roderigo au contraire obtint son pardon de l'empereur et fut admis parmi les grands de sa cour (1).

L'acte public du traité de paix ne fait pas la plus légère mention du point capital de la querelle, de la suzeraineté de la Castille sur le Portugal. Mais il est fort probable qu'il fut discuté dans l'entretien secret que les deux princes eurent sous la tente et dont le chroniqueur n'a rien pu nous apprendre (2). Nous devons croire que le sage Affonso Henriquez n'oublia ni ses avantages ni ses droits et que, tout en rassurant l'empereur sur ce point, il ne se lia point les mains pour l'avenir. Non-seulement les événements qui suivirent immédiatement cette paix, et la tolérance de la Castille à l'égard des prétentions toujours croissantes du prince portugais et la position de plus en plus indépendante qu'il prenait, semblent en offrir des témoignages ; Affonso Henriquez s'élève encore lui-même d'un degré plus haut qu'il n'était, en ajoutant un titre nouveau à ceux qu'il avait déjà. Jusque vers la fin de l'an 1136 il prend si constamment celui d'*infans* dans les nombreux actes qui nous restent de lui, que l'on est tenté de supposer une erreur de date dans le petit nombre de ceux dans lesquels il se nomme *princeps* avant cette époque. Mais depuis le milieu de l'an 1137 il

---

(1) D'après la *Chr. Lusit.*, ce fut l'empereur qui, le premier, fit faire des propositions de paix.

(2) « Videns imperator, quod omnia prospera eveniebant regi de Portugal, et bona fortuna regebat eum, et quod Deus adjuvabat eum, sibi autem omnia contingebant adversa, et quod si amplius cum eo in malum voluisset contendere, majora interim consequerentur detrimenta. » *Chron. Lusit.*, p. 411.

(1) *Chron. Alphons. Imp.*, p. 351. — *Chron. Lusit.*, p. 411, où la date de cette guerre est avancée de deux ans. La paix fut bien certainement conclue avant l'année 1139, puisque l'*Histor. Compostell.*, qui finit à l'an 1138, en fait déjà mention.

(2) « Et locuti sunt *soli secretus*. » *Chron. Lusit.*, p. 411.

signe régulièrement *prince de Portugal* (1);
d'où il semble résulter que le traité de paix
avait réglé les rapports politiques de la Castille et du Portugal d'une manière plutôt
avantageuse que préjudiciable pour ce dernier royaume. Si après avoir été attaquer le
puissant empereur au sein de ses états, et lui
avoir vigoureusement résisté dans les siens,
le faible infant avait forcé enfin son adversaire à laisser les choses dans leur ancien
état, n'était-ce point là déjà une victoire du
Portugal sur la Castille? Quel orgueil, quelle
confiance dans sa fortune et dans la force de
ses armes cette guerre et cette paix ne devaient-elles pas inspirer au jeune prince!

Tranquille du côté de la Castille et maître
absolu à l'intérieur, Affonso Henriquez put
alors tourner toutes ses forces contre les
Sarrasins. Outre les motifs généraux de haine
contre les infidèles qu'il partageait avec les
autres princes et chevaliers, il en avait encore
de particuliers : des victoires sur les Sarrasins, des conquêtes qui étendraient les frontières du Portugal, lui soumettraient des contrées qui ne seraient sujettes qu'à lui et qui
pourraient faire disparaître jusqu'aux dernières traces de son indépendance. Aux yeux
de ses sujets comme des états voisins, elles
augmenteraient son crédit et sa puissance; car
pour les Espagnols et les Portugais, depuis
le roi jusqu'au serf, combattre les infidèles
était une œuvre qui méritait au plus haut
point la reconnaissance des hommes et les
bénédictions du ciel. En outre les Sarrasins
s'étaient attiré le ressentiment d'Affonso par
les invasions qu'ils avaient faites en Portugal pendant la guerre contre la Castille.

La route était ouverte jusqu'au Tage.
Dès 1111 le comte Henri avait obtenu
Soure comme lieu de séjour; et en 1128 la
reine Theresia l'avait donné aux templiers,
défenseurs des frontières méridionales du
royaume, et ces chevaliers avaient déjà construit Ega, Redihna et Pombal. Affonso Henriquez avait soumis Leiria et son territoire
en 1135, Ourem en 1136, et l'année suivante
il avait donné un *foral* au village de Penella.
Les châteaux d'Almourol, Zezere et Cera
avaient été relevés de leurs ruines par Gualdim Paës, et le dernier avait pris le nom de
château de Thomar (1).

Ses derrières, ainsi couverts par des châteaux et des bourgs chrétiens, Affonso Henriquez entra, à la tête d'une armée, sur le
territoire des Maures, le ravagea, et s'enfonça bientôt dans l'Alemtejo. A la nouvelle
de cette agression, le wali Ismar rassembla
toutes les troupes qu'il avait amenées avec
lui d'Afrique, et tous les guerriers des territoires de Séville, Badajoz, Elvas, Evora,
Beja, de toutes les places fortes jusqu'à Santarem, armée innombrable, dans laquelle
se trouvaient même des femmes sous des
costumes d'hommes, comme on l'apprit plus
tard, lorsqu'on en eut découvert plusieurs
parmi les tués. Les Sarrasins s'avancèrent
pleins de confiance dans la supériorité de
leurs forces, et en entonnant de chants
joyeux. Suivant sa coutume, Affonso Henriquez s'était porté sur une hauteur, près
d'Ourique, avec sa petite armée, et y avait
assis son camp. Bientôt on vit les immenses
hordes sarrasines déboucher de tous côtés,
depuis le matin jusqu'au soir. Au moment où
les Sarrasins attaquaient le camp des chrétiens, et cherchaient à le prendre d'assaut,
une troupe de chevaliers d'élite fondit sur la
première colonne, la sépara du reste de
l'armée, et la massacra. A la vue du ravage
que les chevaliers chrétiens faisaient autour
d'eux, et de leur résolution évidente d'obtenir la victoire à tout prix, et de préférer la
mort à la défaite, Ismar prit la fuite avec
les siens. L'armée le suivit et se débanda
aussitôt; une partie périt sous le fer des
vainqueurs, l'autre s'égara dans sa fuite. Ismar parvint à se sauver, mais un neveu du
souverain almoravide, nommé Homar Atogar, fut fait prisonnier (2).

---

(1) Cf. Ribeiro, *Dissert.*, tom. III, actes
n. 270 jusqu'à 338, et n. 339 jusqu'à 358, où
Affonso Henriquez prend ce titre.

(1) *Elucidario*, tom. II, p. 77, verb. *Ladera.*
(2) Voyez l'Appendice E.

Cette victoire célèbre des Portugais sur les Sarrasins a pris son nom d'Ourique, bourg le plus considérable de la contrée où elle fut gagnée. La bataille fut réellement livrée au-dessous du village de Castro-Verde, dans une vallée comprise entre les fleuves Crobe et Terge, qui se réunissent, à quelque distance, et se jettent dans la Guadiana (1).

Plus un pareil triomphe avait d'éclat et d'importance, et plus les documents qui nous en ont été laissés sont peu satisfaisants, plus l'imagination des écrivains postérieurs s'est occupée de remplir les lacunes et de revêtir des plus vives couleurs les faibles et incertains rapports des contemporains. Suivant les anciens documents, l'armée sarrasine était fort nombreuse; celle d'Affonso, au contraire, fort petite, différence que rendent très croyable l'étendue et la grande population de l'Espagne arabique, que des essaims d'Africains venaient encore d'augmenter, comparée au petit état de Portugal, mal peuplé, et épuisé par ses longues luttes avec la Castille. Non content de cette donnée générale, le patriotisme des Portugais modernes a imaginé un nombre exact pour les deux armées, et donné 13,000 hommes à celle de leurs ancêtres, et 300,000 et même 400,000 à celle des Arabes. Suivant une ancienne tradition, les Sarrasins auraient été cent contre un, et le prince de Portugal aurait remporté la victoire sur cinq rois maures (gouverneurs). Enfin, on a voulu élever encore davantage le héros de cette bataille, en le mettant en rapport immédiat avec le Christ. Celui-ci, ayant vu qu'Affonso s'abandonnait au découragement la veille de la bataille, à cause de la mollesse de son armée, lui apparut suspendu sur la croix, et lui promit de lui faire obtenir la victoire, et de prendre son royaume sous sa protection particulière. La fourberie s'est servie de cette tradition pour forger, vers la fin du XVIe siècle, un acte destiné à en imposer à la crédulité et à l'orgueil d'une nation superstitieuse; d'après cet acte (1), Affonso Henriquez aurait lui-même juré solennellement la vérité de cette apparition avec toutes les circonstances accessoires. Bien qu'on ait démontré plusieurs fois la fausseté de cet acte, il reste néanmoins digne de remarque qu'une tradition qui remonte jusqu'aux premiers temps de la monarchie, atteste ce prodige et cite des circonstances qui ne diffèrent pas essentiellement de celles indiquées dans l'acte (2).

Quoi qu'il en soit du miracle et des traditions, dont le théâtre fut la bataille d'Ourique, un fait important reste certain, c'est qu'à dater de cette époque Affonso Henriquez porta toujours le titre de roi; qu'il l'ait pris quelque temps avant la bataille, ce qui est peu vraisemblable, ou, comme le prétend une tradition fort répandue, avec laquelle s'accordent les actes des cortès de Lamégo, qu'il l'ait pris sur le champ de bataille même, ou peu de temps après la victoire; toujours est-il qu'Affonso, depuis l'heureux succès qui couronna son audacieuse entreprise contre l'ennemi des chrétiens, se donna constamment dans les actes le titre de roi (3).

---

(1) *Monarch. Lusit.*, livr. x, cap. I.—*Memorias da Academ real.*, tom x, p. 308.

(1) *Memoria sobre os Codices manuscritos e Cartorio do Real Mosteiro de Alcobaça*, por Joaquim de S. Agostinho, dans les *Memorias de Litter. portug.*, tom. v, p. 337; *Elucidario*, tom. I, p. 327, verb. *Cruz*. Le critique Ribeiro s'accorde avec nous dans ses *Observações de Diplomatica portug.*, p. 142, et dans ses *Dissertações*, tom. III, p. 64. Aucun Portugais éclairé ne croit plus maintenant à la vérité de cet acte.

(2) Antonio Pereira de Figueiredo, *Novos Testemunhos da milagrosa Apparição de Christo a el rei Affonso Henriques*. Lisboa, 1786. *Ciudados litterarios*, 1791, p. 336, de l'évêque de Beja.

(3) Voyez Ribeiro, *Dissert.*, tom. III, p. 117 sq. Dans les actes on donne quelquefois le titre de roi à Affonso. On lit dans une charte de donation au monastère Pedroso, de l'an 1131, par conséquent huit ans avant la bataille d'Ourique: « Si contigerit me (Suario

§ II. — *Affonso convoque les Cortès, et s'oblige lui et ses descendants à payer un tribut annuel au saint-siége.*

La confiance et l'orgueil que la victoire d'Ourique inspira au prince et à son peuple expliquent suffisamment la prise du titre de roi par Affonso. Toutefois, le nouveau roi était trop habile et trop prévoyant pour ne pas voir clairement que ce n'était là qu'un premier pas, et qu'il lui en restait encore d'autres à faire pour sa sûreté. Il prévoyait avec certitude l'opposition de la Castille, et il lui fallait chercher d'avance à gagner une puissance qui fût en état et dans la disposition de lutter contre le redoutable empereur. En conséquence, peu de temps après cette victoire, il se tourna, à ce qu'il paraît, vers la seule puissance de la terre qui fût au-dessus des empereurs, et qui, dominant l'opinion publique, commandait, par la parole, avec bien plus d'autorité que les puissances temporelles par le glaive. Il est probable que l'empereur Alfonso fit en secret des démarches pour contre-carrer celles de son adversaire, ou que, du moins, s'il ne le fit pas, son pouvoir et son crédit imposèrent une grande prudence au siège apostolique. Ce motif, joint au prompt changement des papes vers le milieu du XIIe siècle, qui changeait souvent d'une manière essentielle la position du Saint-Siége envers les princes, pouvait faire traîner les négociations en longueur. En outre, l'attention d'Affonso fut attirée par les hostilités, que les Maures renouvelèrent bientôt, et dont la destruction de Leiria (1140), que le roi fit toutefois rebâtir l'année suivante (1), fut la conséquence la plus douloureuse ; pendant que, de son côté, l'empereur était aussi fortement occupé par les mêmes ennemis. Enfin, après que les Maures eurent été repoussés derrière leurs frontières, Affonso jouit de quelques loisirs, et se hâta de les consacrer aux affaires intérieures de son royaume (2). Il paraît que les négociations avec le pape n'étaient pas encore arrivées à leur fin ; seulement on avait de lui une lettre qui faisait espérer une issue favorable (3).

Ce fut alors que le roi se décida à une mesure qui devait le mener au but, par une autre voie, et l'y mena en effet. Il s'assura sagement d'une autre puissance, qu'il fût toujours en son pouvoir de s'attacher, et dont la fidélité et le dévouement ne devaient jamais lui manquer. En même temps, il donna à cette puissance une base plus solide, et les premiers principes d'une organisation régulière en Portugal.

Pendant que le roi, en convoquant les cortès, réunissait autour de lui la force de la nation, il se fit solennellement conférer la dignité royale, que lui avaient déjà donnée ses frères d'armes et l'élite de la nation ; et leur attachement à sa personne se prononça hautement. En fixant les conditions de successibilité au trône, il lui donna une base inébranlable, et se mit, ainsi que sa postérité, à l'abri des changements qui menacent trop souvent les dynasties. Il éleva la

---

Telliz) mori in hac via, in qua domnus meus Alfonsus rex jubet ire, scilicet ad Campus : eatis pro me, etc. » Ribeiro indique aussi ce passage ; mais il rejette les documents ou les dates dans lesquels Affonso porte le nom de roi avant la bataille d'Ourique, et en cela il paraît aller trop loin. Déjà Brandão avait remarqué : « El rey D. Afonso Henriques antes da batalla de Ourique se nomeava ja Rey posto que raramente ; depois della se intitula Rey em todas as escrituras. » *Monarch. Lusit.*, liv. x, cap. 1.

(1) *Chron. Lusit.*, p. 411, et *Monarch. Lusit.*
(2) « .....Habemus aliquantam respirationem, ne forte nos tempus non habeamus postea, etc. »
(3) *Bonæ litteræ*.

noblesse, mais aussi il mit un frein à son ambition par des lois fixes, qui assurèrent à celle-ci sa dignité, et l'indemnisèrent de ce qu'elle avait perdu. Enfin, les députés de la nation répondirent aux besoins les plus pressants du royaume, en jetant les premiers fondements d'une législation générale appropriée au temps.

§ III. — *Les Cortés de Lamego.*

Objets de leurs délibérations et de leurs décisions. — Successibilité au trône. — Conditions de la perte et de l'acquisition de la noblesse. — Lois pénales.

La première assemblée des états eut lieu à Lamego en 1443; elle se composait du haut clergé, c'est-à-dire l'archevêque de Braga, des évêques de Viseu, Porto, Coïmbre et Lamego; des nobles de la cour (1) et des députés des villes de Coïmbre, Guimaraes, Lamego, Viseu, Porto et autres. Il y avait, en outre, beaucoup de moines et de clercs.

Dès que le roi fut assis sur son trône, dans l'église de S. Maria Almacave, le procureur royal se leva de son siège et dit :

« Le roi Affonso, que vous avez nommé roi sur le champ de bataille d'Ourique, vous a réunis ici, afin qu'après avoir pris connaissance de la lettre du pape, vous déclariez si vous consentez à l'avoir pour roi. »

Tous crièrent : « Oui ! » — « Comment l'entendez-vous? demanda-t-il de nouveau. Est-ce Affonso seul, ou ses fils après lui? » — « Il doit régner pendant sa vie, et ses fils lui succéder, » répondirent-ils unanimement. Le procureur donna alors au roi le signe convenu; puis l'archevêque de Braga se leva, et prenant des mains de l'abbé de Lorvâo la grande couronne d'or que les rois wisigoths ont, dit la tradition, laissée en héritage à ce couvent, il la posa sur la tête d'Affonso. Celui-ci, tenant son épée nue à la main, épée qu'il avait portée dans tant de batailles, parla ainsi :

(1) Comme dans les documents des cortès les noms manquent, on ne peut les désigner plus exactement : « Viros nostræ curiæ infrà positos. » Ils étaient nommés dans d'autres documents : « Viri nobiles. »

« Béni soit Dieu qui m'a donné la force de vous délivrer avec cette épée, et de vaincre nos ennemis ! Vous avez fait roi votre compagnon d'armes; faisons maintenant des lois pour gouverner le pays en paix. »

L'assemblée approuva et prêta serment de fidélité au roi et à ses descendants. Immédiatement après les cortès s'occupèrent de remplir les vœux du roi.

Les cortès avaient à délibérer sur la *successibilité au trône*, sur la *noblesse* et sur les *lois pénales.*

Quant à la *successibilité au trône,* voici ce que l'on décida :

L'hérédité passe de père en fils; si le fils aîné meurt pendant la vie de son père, celui qui le suit lui succède. Si le roi meurt sans laisser d'héritier mâle, son frère monte sur le trône; mais le fils de celui-ci ne peut lui succéder sans le consentement des états du royaume.

La question soumise par le procureur royal sur les droits de successibilité au trône des filles du roi fut très animée; enfin, il fut décidé que :

Si le roi mourait sans héritiers mâles, et laissait une fille, celle-ci serait reine, mais ne pourrait épouser qu'un noble Portugais, qui ne pourrait être roi s'il ne naissait un héritier mâle de ce mariage. Que celui-ci, dans les cérémonies publiques, siégerait à côté de la reine, mais toujours sans être couronné; que jamais la reine ne pourrait épouser un étranger, et que la fille d'un roi qui épouserait un prince étranger perdrait ses droits au trône (1).

(1) « Quia nunquam volumus nostrum reg-

Relativement à la *noblesse*, voici les dispositions qui furent adoptées :

La haute noblesse (nobilissimi) comprend les membres de la famille royale; sont membres de la simple noblesse les Portugais qui ne sont pas d'origine maure ou juive, qui, dans une bataille, ont sauvé le roi, son fils ou l'étendard royal ; les fils de ceux qui ont été martyrisés dans les prisons des infidèles ; ceux qui, pendant la guerre, auront tué le roi ennemi, ou son fils, ou pris son étendard; tous ceux qui sont à la cour, et qui sont nobles depuis les anciens temps, et enfin ceux qui ont assisté à la bataille d'Ourique. Tous les nobles seront, eux et leur postérité, vassaux du roi. Seront dégradés de noblesse ceux qui auront fui dans une bataille, qui auront frappé une femme de la lame ou de l'épée; qui, l'ayant pu, n'auront pas sauvé le roi, ou son fils, ou l'étendard royal ; ceux qui auront fait un faux serment, qui auront menti au roi, calomnié la reine ou ses filles, qui se seront réfugiés chez les Maures, auront volé, n'honoreront pas le nom de J.-C., et attenteront à la vie du roi.

Les dispositions *pénales* votées par les cortès étaient ainsi conçues :

Tous les Portugais doivent obéissance au roi et aux alvasils (alguazils), qui rendent en son nom la justice dans les provinces.

Celui qui aura volé une première ou une deuxième fois, sera exposé, demi-nu, sur une place publique ; s'il récidive, il sera marqué au front d'un fer rouge, et pendu s'il vole une quatrième fois. La peine de mort ne peut s'exécuter sans le consentement du roi.

La femme adultère, si son mari porte plainte et prouve le crime, sera brûlée vive avec son complice; si le mari veut l'arracher à la mort, l'amant ne périra pas, car la loi ne veut pas que l'un soit châtié et que l'autre vive.

L'assassin, quel que soit son rang, sera puni de mort. Quiconque fait violence à une femme noble périra, et sa fortune sera confisquée au profit de cette femme; si celle-ci n'est pas noble, le coupable devra l'épouser, noble ou non.

Celui qui s'empare avec violence du bien d'autrui, devra le restituer.

Celui qui aura blessé quelqu'un, l'indemnisera suivant la taxation de l'alvasil, et paiera en outre dix maravedis.

Celui qui aura insulté un alvasil, un alcade, un fonctionnaire royal, un huissier, s'il l'a battu, sera marqué d'un fer chaud ; il paiera cinquante maravedis dans l'autre cas.

Après que le chancelier du roi, Albert, eut lu ces lois à l'assemblée, elles furent approuvées, et elle promit de les observer, ainsi que celles qui avaient réglé l'ordre de successibilité au trône, et les conditions d'acquisition et de déchéance de la noblesse.

Quand le procureur du roi, prenant la parole de nouveau, demanda si les états exigeaient que le roi allât à la cour de Léon, et payât un tribut à ceux qui, le pape excepté, l'avaient élu roi, tous se levèrent, et tenant leur épée nue à la main, s'écrièrent : « Nous sommes libres, et notre roi est libre comme nous ! Nos bras nous ont délivrés, et celui qui permettrait une semblable chose mourra, et si même il était roi, il cesserait de régner. » Affonso, la couronne en tête et l'épée à la main, dit : « Vous savez combien de batailles j'ai livrées pour votre liberté ; vous êtes témoins, et mon bras et mon épée le sont également, que celui qui permettra de telles choses mourra, et fût-il mon fils ou mon petit-fils, il ne régnera pas. » Tous crièrent : « Il mourra, et le roi qui souffrira la domination étrangère perdra sa couronne ! » Encore une fois le roi dit : « Qu'il en soit ainsi (1). »

_____

num ire fora de Porugalensibus, qui nos sua fortitudine Reges fecerunt, sine adjutorio alieno per suam fortitudinem et cum sanguine nostro. »

(1) Sousa, *Hist. gen.*, *provas*, tom. I, p. 9. — J. Anast. de Figueredo, *Synopsis Chronol. de Subsidios ainda os mais raros para a historia e legislação Portug.*, tom. I, p. 2 : « Les Portugais n'avaient, il est vrai, comme le dit Figueredo, aucun indice certain de la véracité des documents qui rapportent les discussions des cortès de Lamego; mais cela n'est pas nécessaire : l'accord unanime de la nation, qui, en tout temps, regarda ces lois comme lois fondamentales de l'état, suffit et au-delà. D'ailleurs ces documents ne contiennent rien en eux-mêmes qui puisse faire douter de leur authenti-

§ IV. — *Affonso I*er *et ses successeurs s'obligent à payer un tribut au pape.*

Les cortès de Lamego devaient certainement affermir au-dedans le pouvoir d'Affonso Ier, et avoir même une grande influence à l'extérieur. Cependant le patronage du saint-siége était très souhaitable. Affonso n'atteignit son but que sous le pape Lucius II, en 1144; du moins ce n'est que sous ce pape que les relations du royaume de Portugal avec le saint-siége furent établies d'une manière sûre et hors de doute; les documents sur lesquels on a voulu fonder des relations antérieures, s'ils ne sont pas douteux, sont au moins très faux (1).

D'après l'événement constaté par des documents (2) qui fixent la position des rois de Portugal vis-à-vis du pape, on peut adopter le système suivant :

D'après les registres du pape Lucius II, le roi s'obligea à payer, ainsi que ses successeurs, au saint-siége apostolique, une redevance annuelle de quatre onces d'or. Plus tard, Affonso Ier demanda de nouveau au pape Alexandre III d'être reconnu par lui et confirmé dans la dignité royale. Le pape, en considération des grands services rendus par Affonso en chassant les infidèles et en propageant la religion chrétienne, le prit sous sa protection, lui et sa dignité royale, le royaume et les provinces conquises sur les Maures, sur lesquelles aucun prince chrétien n'aurait droit d'élever des prétentions, excommuniant d'avance tous ceux qui oseraient troubler le roi, diminuer ses possessions, ou ne lui restitueraient pas ce qu'ils auraient conquis. Le roi, de son côté, s'obligea à payer annuellement un tribut de deux livres d'or, que l'archevêque de Braga eut commission de recevoir pour le pape. Il donna en outre en présent au saint-père la somme de mille *aureos* (1); mais les quatre onces, ni les deux livres d'or, ne furent payés ni par Affonso, ni par son fils et successeur Sancho Ier. Le légat papal Michele reçut l'ordre de Célestin III de demander au roi le paiement de l'arriéré dû, mais Sancho déclara que cette réclamation n'était pas admissible; que son père avait payé par anticipation mille pièces

---

cité. Les lois sur la noblesse et sur la pénalité n'ont jamais été contestées, et les attaques contre celles qui règlent l'ordre de successibilité au trône n'ont été faites que par des écrivains espagnols, et dans l'intérêt de leurs souverains. Ce qui confirme aux yeux des Portugais l'authenticité de ces documents, c'est que les plus anciens rois, Sancho Ier par exemple, se sont, dans leurs testaments, conformés aux dispositions de ces lois des cortès de Lamego.

(1) Les documents sont : la lettre d'Affonso au pape Innocent II, imprimée dans *Monarch. Lusit.*, lib. x, cap. 10, et dans Baluz., *Miscell.*, tom. II, p. 220; la réponse d'Innocent II, ou, d'après d'autres, de Lucius II. Quant à ce qu'on dit de l'authenticité de ces documents, voyez Ribeiro, *Dissert.*, tom. I, p. 65 sq.

(2) 1° La bulle d'Alexandre III, *Manifestis probatum*, etc., de l'année 1179, 23 mai, imprimée dans *Provas da Hist. gen.*, tom. I, p. 7; c'est le document le plus ancien où on parle du tribut. Les passages sont : « Ad indicium quod præscriptum regnum Beati Petri juris existat, pro amplioris reverentiæ argumento, statuisti duas marcas auri annis singulis nobis nostrisque successoribus persolvendas, quemcumque censum ad utilitatem nostram successorumque nostrorum Bracarensi archiepiscopo, qui pro tempore fuerit, tu et successores tui curabitis assignare. » Cette phrase était adoptée par les papes pour leur formule usitée. 2° La lettre d'Innocent III au roi Sancho Ier, qui commence par ces mots : *Serenitatem regiam*, du 8 mai 1198 (dans Baluz., lib. I, epist. 99); 3° une autre lettre du même pape au roi (Baluz., lib. I, ep. 441); 4° une lettre papale au même (Baluz., lib. I, ep. 448); 5° une lettre du pape au nonce Reiner (*ib.*, ep. 449); 6° une lettre du même à Affonso II, du 16 mai 1212 (*ibid.*, lib. II, ep. 24).

(1) Les Cruzados d'aujourd'hui.

d'or pour dix années, et que ces dix années, depuis 1179, n'étaient pas écoulées. Cette affaire resta en suspens jusqu'à ce qu'Innocent III, dans une lettre au roi Sancho, lui fit observer que la somme payée par son père était un présent libre, qui ne pouvait être imputé sur le tribut, et qu'il fallait payer tout ce qui était dû depuis tant d'années. Il ordonna en outre à son légat, le cardinal Reiner, de recevoir cette somme. Celui-ci fit tant de démarches qu'il obtint du roi cinq cent quatre maravedis, comme paiement pour quatre onces d'or qui, depuis 1179, n'avaient pas été payées. Quant au tribut de cent pièces d'or, il en référa au pape. Innocent III envoya en réponse à Sancho Ier copie de la lettre du roi son père, extraite des registres d'Alexandre III, par laquelle on voyait que les mille pièces d'or étaient un don séparé. Il demanda le paiement du tribut; il ordonna au cardinal de poursuivre cette affaire. Enfin, Innocent III parle, dans la bulle où il met le roi Affonso II sous son patronage, du paiement annuel de deux livres d'or (1), auquel il était astreint.

Au milieu de l'obscurité qui règne sur les premières négociations du roi avec le saint-siège, pour obtenir son patronage et la confirmation de la dignité royale, les demandes postérieures des papes peuvent seules nous éclairer. C'est ainsi que nous trouvons l'origine des tributs des rois de Portugal envers le saint-siège. Mais pendant que nous jetons ainsi un regard sur l'avenir, pour éclairer le passé, le principe reste cependant obscur, et pour mieux nous instruire, nous sommes obligés de nous adresser à l'esprit et aux vues dominantes de cette époque.

Comme la lettre d'Affonso au pape n'a pas été conservée, ce que l'on croit vrai paraît au moins douteux. Nous ne savons ni dans quel esprit, ni à quelles conditions ce roi s'est engagé au paiement de ce tribut envers le saint-siège. Il faut aussi observer que, dans les lettres et bulles du pape, le tribut n'est désigné que sous le nom de *census*, et non sous celui de *feudo*. On s'est donc trop hâté de conclure à une généralité, aux dépens des faits particuliers, et de s'appuyer sur les opinions dominantes de ce siècle, pour faire croire que cette promesse d'un roi de Portugal de payer au saint-siège une redevance, en retour d'un service rendu, pouvait avoir eu pour suite de faire considérer ce royaume comme un fief de l'Église. Dans des questions si graves, l'analogie ne suffit pas, le document seul peut donner la solution, mais l'historien doit aussi, de son côté, se garder de les décider à la légère. Il n'en est pas moins étonnant qu'Affonso, pendant son long règne, n'ait pas acquitté ces tributs; et, si on veut même l'expliquer par l'oubli et la négligence, comment alors les papes sont-ils restés si tranquilles? Comment n'ont-ils commencé à élever des réclamations que sous le règne du successeur d'Affonso Ier? Quoi qu'il en soit, le fait existe; il n'est pas contraire à la situation et au caractère d'Affonso, qui donna les preuves les plus éclatantes de sa piété et de sa soumission au pape, piété qui, à cette époque, était placée au rang des vertus cardinales. Les conséquences que les papes pouvaient tirer plus tard, et qu'ils tirèrent effectivement de cette soumission à leurs ordres, sont connues. Les princes dont les vues étaient supérieures à celles de leur siècle, comprenaient que leur pouvoir avait besoin d'être étayé de celui des papes, et que le bon accord avec le saint-siège les rendait invincibles. L'ignorance complète où l'on était de la délimitation du pouvoir temporel et du pouvoir spirituel, profitait davantage à l'église de Rome qu'aux princes, car elle savait adroitement en tirer parti; la manière heureuse avec laquelle elle parvint à s'immiscer dans les limites du pouvoir royal, le démontre suffisamment (1).

---

(1) Ribeiro, *Dissert.*, tom. I, p. 75.

(1) Pour ce qui concerne l'impôt dû par le Portugal au saint-siége, on peut citer des documents authentiques; il n'en est pas de même pour la redevance de ce royaume envers le monastère de Clairvaux, dont le célèbre abbé Ber-

§ V. — *Conquêtes d'Affonso Ier sur les Sarrasins.*

Prise de Santarem. — Siége et prise de Lisbonne. — Priviléges accordés aux chrétiens. — Situation des Maures à Lisbonne. — Essor donné à la marine. — La prise importante de Lisbonne est suivie de celle d'Alcacer do Sal et de Beja. — Prise adroite d'Evora, capitale de l'Alemtejo.

Aussitôt qu'Affonso eut affermi au-dedans sa domination, et l'eut aussi assurée au-dehors par l'engagement qu'il prit de payer un tribut au saint-siége, il déploya une grande activité pour augmenter ses domaines aux dépens des Sarrasins. Ce n'était que par une puissance croissante, une autorité et une renommée agrandies, qu'il avait pu se soustraire au patronage étranger; mais l'habileté de ses plans de conquête, la hardiesse, la prudence et l'expérience militaire qu'il déploya dans leur exécution, lui méritèrent l'admiration de ses voisins, et contraignirent les autres princes et le pape lui-même à l'estimer comme un roi qui savait manier l'épée et conserver avec adresse et fermeté le sceptre qu'il devait à sa valeur.

La conquête de Santarem fut son premier trophée. Cette ville est ainsi nommée du martyre qu'y souffrit saint Irène. C'est l'ancienne Scalabris des Romains; elle était la plus grande et la plus peuplée des trois capitales de la Lusitanie (*conventus juridici*). Les Sarrasins la regardaient comme un des plus forts boulevards de leur puissance dans la Péninsule. Cette place, défendue, à l'est par le Tage; au nord et au sud par les montagnes, avait été fortifiée par eux du côté de l'ouest, où elle était accessible. L'art et la nature la protégeaient donc contre le formidable ennemi qui la menaçait. Lorsque Santarem appartenait aux chrétiens, ceux-ci avaient été engagés à prendre possession des vallées fertiles arrosées par le Tage, et qui sont célèbres par la promptitude incroyable avec laquelle toutes les productions de la nature y croissent et y mûrissent. Alphonse VI avait déjà conduit une armée contre cette ville, mais en vain. La situation de Santarem, ses fortifications, le nombre de ses habitants et ses riches magasins, firent comprendre au roi tout ce qu'un siége en

---

nard paraît avoir acquis des droits à un pareil tribut par sa médiation en faveur d'Affonso auprès du pape. Cette redevance ne s'appuie que sur un document dont l'authenticité est très contestée. C'est une lettre que Brite (*Chron. de Cister.*, cap. 5) publie, et qui était conservée dans les archives du couvent d'Alcobaça. Ribeiro a le mérite d'avoir fait de cette question l'objet d'une dissertation particulière : « E sobre a genuidade da Carta de Feudo ao Mosteiro de Claraval, attribuida ao senor D. Affonso Henriquez » (*Dissert.*, tom. I, p. 54 sq.), et il l'a résolue avec la science et la sagacité nécessaires pour pouvoir lire dans les hiéroglyphes des diplômes de ce temps. Nous ne citons pas ce que l'on a dit contre l'authenticité de ce document, que le roi Jean IV, dans une dotation au couvent d'Alcobaça en 1642 (Sousa, *Provas*, tom. IV, p. 781) a confirmé, en ordonnant par un décret du 17 avril 1646, de payer cette redevance à l'abbaye de Clairvaux; d'ailleurs, le fait du paiement continuel de ce tribut prouve que les Portugais ne mettaient pas en doute la véracité du document qui en faisait le titre. Ribeiro ne dit pas sans raison : « Mas quem, póde ignorar, quando huma cautelosa politica, nascida das circumstancias daquelles tempos, nao desse motivo a este facto, poderia ainda ter outro; pois que atè parece escuzado o lembrar, que a piedade, a boa fé, e a rectidaó de hum Soberano póde alguma vez ser illudida, expedindo se em seu nome Diplomas, que melhor informados tem revogado. Tanto se reconhece expressamente no Preambalo do Alvara de 20 septembro 1768. — Comparez aussi *Elucidario*, t. I, verbo *Alcobaça*.

règle offrirait de peines et de dangers, et surtout peu de chances de succès. Il résolut de tâcher de s'en rendre maître par un coup de main.

Cet acte téméraire réussit au-delà de son espoir. Il rassembla une petite armée, composée de guerriers d'élite, et s'approcha de Santarem du côté de Coïmbre. Des émissaires sûrs lui avaient rendu compte de la situation intérieure de la ville. L'ennemi ne soupçonnait pas sa présence. Dans l'obscurité de la nuit, quelques chevaliers, s'aidant avec des échelles, escaladèrent les remparts, entrèrent dans la ville et en ouvrirent les portes à l'armée portugaise. Cet audacieux coup de main jeta le trouble et la consternation dans les rangs ennemis. Le carnage que firent les chrétiens répandit la terreur et empêcha les Maures de s'apercevoir du petit nombre des assaillants; la multitude se mit à fuir, d'autres se soumirent. Partout où la résistance était forte, où le danger se montrait, où la victoire exigeait plus d'efforts, le roi y courait en personne, malgré les remontrances et les prières de sa suite. La fortune couronna son audace; son entreprise réussit et dépassa son espérance. Ses mesures étaient, à la vérité, bien prises, et le silence qu'il avait prescrit, sous peine de mort, lui assura un secret qui contribua beaucoup à son succès. Le nom d'Affonso retentit dans toute la chrétienté, et elle regarda cet exploit comme couronnant dignement ses précédentes actions guerrières (1).

La consternation fut grande et soudaine chez les Maures, et l'enthousiasme des Portugais fut sans bornes. Le roi résolut d'en profiter pour remporter de nouvelles victoires sur les infidèles. Plus d'une fois son regard s'était porté sur les tours de Lisbonne. C'était la ville la plus importante, le boulevard des Sarrasins; de cet abri, ils avaient souvent porté des coups mortels aux chrétiens, et dévasté les contrées voisines. Dès 1140, il avait déjà osé tenter un siége; mais la faiblesse de son armée avait échoué devant la résistance des assiégés. Maintenant qu'il se trouvait, par la prise de Santarem, couvert sur ses derrières, et que l'enthousiasme de sa dernière victoire avait renforcé son armée, il crut pouvoir espérer une issue plus heureuse. Santarem fut mise en état de défense, autant que le permirent les circonstances, et une armée aussi nombreuse que ses ressources le comportaient fut rassemblée. Le mois d'avril et une partie du mois de mai, s'écoulèrent dans ces préparatifs. Cependant les forces du roi n'étaient pas proportionnées à l'importance de la ville qu'il menaçait; mais comptant sur lui-même et sur sa fortune, il marcha sur Lisbonne avec l'élite de ses troupes. Le ciel lui envoya un secours qu'il n'attendait pas.

Une flotte de croisés approchait des côtes du Portugal. Cinquante vaisseaux, faisant partie d'une flotte de deux cents bâtiments anglais et flamands, auxquels s'étaient joints des navires de Cologne et d'autres villes du Rhin et du Weser, avaient été, à la suite d'une tempête, séparés du gros de l'armée, et jetés, le jour de l'Ascension, sur les côtes de Galice; l'équipage avait célébré la Pentecôte à Sant-Iago. De là, suivant les côtes, ils étaient arrivés à l'embouchure du Douro, et avaient touché à Porto, où, d'après l'ordre du roi, ils avaient été reçus avec la plus généreuse hospitalité, et où ils attendirent le reste de la flotte commandée par le comte Arnolf d'Aerschot. L'évêque de Porto commença des négociations avec eux pour les engager à prendre part au siége de Lisbonne. L'entreprise leur sourit, elle leur offrait sur-le-champ la gloire qu'ils allaient chercher dans une contrée lointaine, ils pouvaient montrer leur pieuse ardeur dans un combat méritoire. Là aussi était offert un théâtre de gloire aux âmes ambitieuses. Il fallait combattre en présence d'un peuple héroïque dont on obtiendrait l'estime et la reconnaissance; l'avarice et l'amour du butin laissaient, de leur côté, entrevoir dans la prise de Lisbonne, de ses trésors et de

---

(1) *Chron. Lus.*, era 1185. — *Mon. Lus.*, parte III, liv. VIII, cap. 26; liv. X, cap. 22—2½, et append. *escrit.*, I, 20.

ses richesses orientales un appât bien tentant; son beau port offrait pour l'avenir un refuge assuré aux flottes croisées, et si leurs frères chrétiens y règnaient, une station bien approvisionnée; tous les intérêts concoururent donc à déterminer les croisés à prendre part au siége de Lisbonne (1).

Aussitôt que le comte d'Aerschot et le reste de la flotte fut réunie, les croisés quittèrent Porto, entrèrent dans le Tage, et jetèrent l'ancre devant Lisbonne, la veille du jour anniversaire de Saint-Pierre et Saint-Paul. Les assiégeants mirent sur-le-champ la main à l'œuvre (2); ils posèrent leurs tentes auprès de la ville, et dès le 1er juillet, ils étaient maîtres des faubourgs. Plusieurs attaques contre les remparts furent cependant repoussées avec une grande perte pour les assiégeants. On fut obligé d'employer beaucoup de temps à la construction des machines de guerre, on y consacra le mois de juillet. Deux tours d'une grandeur immense furent élevées sur les rives du Tage, l'une vers l'orient où se trouvaient les Flamands, l'autre vers l'occident où campaient les Anglais (3). On fit bâtir quatre ponts au moyen de sept vaisseaux, afin de pouvoir pénétrer dans la ville le jour de la Saint-Pierre. On fit avancer les machines vers les murailles; mais les assiégeants furent encore repoussés avec perte, et les Sarrasins renversèrent les machines, et incendièrent la tour des Anglais. Les travaux préparés pour protéger les mineurs furent aussi détruits, leur constructeur tué.

Un nombre immense de chrétiens furent tués par les flèches et les frondes des infidèles, qui, à la vérité, essuyèrent, de leur côté, une perte non moins considérable. Les chrétiens ne se laissèrent décourager, ni par le nombre des morts, ni par la destruction de leurs machines. Ils en construisirent de nouvelles et continuèrent les travaux du siége. Leurs espérances s'accrurent quand le manque de vivres se fit sentir dans la ville, où les mets les plus rebutants n'inspiraient aucun dégoût. Beaucoup de Sarrasins vinrent se réfugier dans le camp chrétien, où quelques-uns furent baptisés, et d'autres tués ou renvoyés à Lisbonne mutilés, où leurs frères les firent périr et les lapidèrent.

Pendant le siége, un Pisan s'était signalé par son art et son intelligence; il avait déployé une grande activité dans la construction d'une tour de bois d'une hauteur extraordinaire, et placée au même endroit où celle des Anglais avait été brûlée. Cette œuvre de l'art à laquelle le roi avait contribué en mettant à la disposition du Pisan tous les moyens qui étaient en son pouvoir, fut achevée au milieu du mois d'octobre. A la même époque, plusieurs croisés avaient pratiqué de profondes excavations sous les murs de la ville, et, malgré les efforts des Sarrasins, dans la nuit qui précéda le jour de la S.-Gall, ils les remplirent de bois et de matières combustibles, auxquelles ils mirent le feu. Les remparts s'écroulèrent sur une longueur de plus de deux cents pieds. Les croisés à ce bruit s'armèrent et marchèrent en toute hâte en poussant des cris effrayants, croyant en escaladant la brèche entrer facilement dans la ville. Mais les Sarrasins, quoique un peu effrayés de la chute de leurs remparts, se défendirent si vaillamment, que tous les assauts furent sans succès, et que les chrétiens durent se retirer. Pendant la même nuit, les assiégés comblèrent la brèche en élevant un rempart de terre et de pierres à la hauteur d'un homme, et en plaçant au-dessus une plate-forme qu'ils construisirent avec les portes des maisons. En vain les chrétiens cherchèrent à re-

---

(1) Nunez de Liaô, *Chron. de Affonso*, p. 115.
(2) Ceci rend très invraisemblable l'assertion des historiens portugais que le roi n'invita les croisés, qu'après leur arrivée devant cette ville, à prendre part au siége de Lisbonne. Je me conforme ici à l'opinion du témoin oculaire Dodekin.
(3) La pauvreté des renseignements donnés par les Portugais sur les événements de ce siége rend précieux l'accord d'un document portugais avec le moine allemand. Cf. *Relatorio da Fundação do Mosteiro de S. Vicente de Fora*, dans Brandão, *Mon. Lus.*, liv. X, cap. 25, append. escrit. 21.

pousser les travailleurs. Dès le point du jour, ils se réunirent de nouveau, et s'avancèrent en masses serrées pour détruire ce nouveau rempart ; ils furent repoussés, et laissèrent les fossés encombrés de morts et de blessés. Enfin, tout-à-fait épuisés et découragés, les croisés implorèrent la miséricorde de Jésus-Christ (1). Ils mirent leurs dernières espérances dans cette tour construite par l'architecte pisan ; celle-ci, par son élévation, dominait les maisons et les tours des Sarrasins, et inspirait aux assiégés de tristes pressentiments. Pendant qu'une troupe de Lorrains attaquait la brèche avec acharnement, les Portugais, du haut de cette tour, frappaient les ennemis au moyen de leurs frondes. Cette énorme machine ne répondait pas cependant à l'attente des croisés ; les Sarrasins firent une sortie, et ils l'auraient incendiée, si heureusement une troupe de Flamands n'était accourue pour la défendre. Le danger appela sur ce point les plus braves des croisés. Quand les Sarrasins virent avec quelle ardeur les Flamands et les Lorrains montaient dans cette tour, la défendaient, et avec quelle audace les chrétiens escaladaient les murs (2), ils désespérèrent de pouvoir résister plus long-temps, et demandèrent une capitulation.

Lisbonne se rendit donc aux vainqueurs après un siége de cinq mois. Les Sarrasins obtinrent la liberté de se retirer après avoir déposé les armes. Tous leurs biens meubles furent livrés aux croisés. Le roi voulait leur céder la moitié de la ville, conformément à sa promesse ; mais les chrétiens (3) refusèrent, se contentant des trésors des infidèles. Ils mirent à la voile, après avoir hiverné à Lisbonne, pendant le mois de février, pour se rendre à la Terre-Sainte, et conquérir le Saint-Sépulcre.

La possession de Lisbonne rendit facile la prise des places fortes voisines qui étaient encore au pouvoir des Maures. En peu de temps, Affonso soumit Cintra, Almada, Palmela, et autres places voisines. A Lisbonne il régla, suivant l'esprit du temps, les affaires intérieures et celles du clergé. Le manque de clercs portugais instruits, justifié par la situation de ce pays, qui ne vivait qu'au milieu des combats, le força à conférer à des étrangers les hautes dignités ecclésiastiques. C'est ainsi qu'un Anglais, nommé Gilbert, homme distingué par sa science et par ses vertus, monta le premier sur le siége épiscopal de Lisbonne, qui était soumis à l'archevêché de Braga. Un noble portugais, Pedro Viegas, fut le premier alcade de Lisbonne après la conquête.

Les Maures, qui étaient restés en grand nombre à Lisbonne, sans être contraints au baptême, jouirent d'une certaine liberté personnelle (*Mouros forros*). Le roi Affonso publia plus tard une charte de liberté et de sûreté, qui défendait à tous chrétiens ou juifs de leur faire injure et dommage et leur accordait le droit d'élire parmi eux un alcade pour l'administration de la justice. En même temps cette ordonnance fixait les impôts dûs par les Maures. Ils étaient au nombre de quatre : 1° la capitation ; chaque personne en âge de gagner sa vie devait payer annuellement, le 1er janvier, un maravédi ; 2° l'alfitra, qui se payait sur les propriétés ; 3° l'alsaqui, qui était une dîme de tous les fruits recueillis ; 4° et la quarantena, qui était le paiement de la quarantième partie de ce que possédaient les Maures. Ceux-ci furent en outre astreints à un service personnel ; ils

---

(1) « Tandem nostri suis viribus et fere omni consilio destituti invocati lacrimabiliter Christi clementia, etc. »

(2) Nous ne connaissons que les faits des Flamands et des Lorrains au siége de Lisbonne, parce qu'il n'y a que leurs historiens qui en donnent une relation détaillée.

(3) Voyez les relations de deux témoins oculaires, la lettre du moine Dodekin et celle d'Oberlahnstein, dans les *Voyages de Gerkens* en Souabe tom. IV, p. 386 et 391, et la lettre d'Arnulf, dans Martene, et U. Durand, *Collect. ampliss.*,

---

tom. I, p. 800—802. Sur ces lettres et leurs auteurs, Compez Wilken, tom. III, cap. 1, p. 264 ; les *Chron. Lusit.* et *Chron. Coimb.* ne font que très brièvement mention du siége de Lisbonne.

devaient cultiver les vignes de la couronne, vendre les figues et l'huile provenant des domaines royaux (1). Les mêmes lois furent appliquées aux Maures d'Almada, de Palmela et d'Alcacer.

Le foral que le roi promulgua au mois de mai 1175 régularisa les affaires civiles des chrétiens à Lisbonne. Coïmbre et Santarem obtinrent la même institution. La marine fut relevée, on accorda aux marins un rang et des priviléges. Un capitaine de vaisseau, un pilote et un charpentier, reçurent le rang de cavalleiros et les priviléges des citoyens de Lisbonne (2). Un vaste champ fut ouvert à leur activité et à leurs travaux. De nouveaux besoins créèrent de nouvelles branches de production; des arts nouveaux prirent naissance, et le commerce un grand développement. Les étrangers, invités par le roi, et séduits par la beauté du climat et l'espoir d'une vie plus heureuse, se fixèrent à Lisbonne. Un grand nombre des premiers croisés suivirent cet exemple; et comme en général c'étaient des hommes entreprenants et actifs, qui se confiaient à la mer pour aller dans l'Orient chercher un théâtre plus vaste à leur ambition, ils trouvèrent à Lisbonne ce qu'ils croyaient ne rencontrer que beaucoup plus loin. C'est ainsi que cette ville, peu après la conquête, s'accrut d'une manière étonnante. Sa superbe situation à l'embouchure du Tage, presque au centre du Portugal, son port excellent sur l'Océan, pouvaient faire prévoir que bientôt elle deviendrait la capitale du royaume et le centre du commerce de l'Orient et de l'Occident. Affonso avait trop de sagacité pour ne pas le comprendre, aussi favorisait-il ce développement de tous ses moyens.

De toutes les conquêtes d'Affonso, celle de Lisbonne était la plus importante; elle fut le point de départ des acquisitions futures. En 1158, Affonso prit Alcacer, et fut aidé dans cette expédition par une flotte de croisés français et flamands. Quatre ans plus tard, il prit Beja par un coup de main. La prise d'Evora, place principale de l'Alentejo, fut aussi importante que remarquable par l'événement qui la fit passer sous la domination d'Affonso (1).

Girald, surnommé le chevalier Sans-Peur (Sempavor), doué d'une vigueur peu commune et d'une rare témérité, avait commis un crime qui le força à se réfugier dans l'Alentejo, qui, à cette époque, était l'asile des criminels. Pendant les guerres continuelles qui désolaient le pays, des brigands se réunirent à lui, et il se livra avec eux à des actes de violence sans distinction de Maures ou de chrétiens. Sa retraite était sur le mont de Muro, près d'Evora. Cependant Girald se lassa bientôt de cette vie criminelle, et jugea que s'il y persévérait, il finirait tôt ou tard par perdre la tête, et par déshonorer son nom et celui de sa famille. Il résolut d'éviter ce sort par quelque grande action qui pût lui mériter la grâce du roi, et rien ne lui parut plus propre à atteindre ce but que la prise d'Evora.

Mais Girald manquait de moyens suffisants pour hasarder une attaque ouverte, et la situation d'Evora était trop forte pour qu'il pût espérer de l'enlever de cette manière. Cette ville occupe le sommet d'une hauteur entourée d'une plaine unie qui n'offre aucun moyen de se cacher, à l'exception d'un léger monticule à l'ouest, sur lequel existait une tour où les Maures avaient un gardien. Là se dirigea la tentative de Girald, et ce fut sur la prise de cette tour qu'il forma le plan de se rendre maître d'Evora. Pendant une nuit obscure, il s'approcha avec ses compagnons et escalada le rempart avec beaucoup de peine; il trouva la fille du gardien endormie, la jeta dans l'abîme, et tua le Maure qui ne s'était pas encore éveillé. Ce premier succès l'encouragea; il partagea sa troupe en deux corps, garda l'un auprès de lui, et envoya l'autre vers un point qu'il indiqua. Au

---

(1) *Monarch. lusit.* liv. XI. cap. 32. *Ordenac. Affons.* liv. II, tit. 99. João de Sousa. *Vestigios da Lingua Arabica em Portugal.* verb. *Azaqui.*

(2) « De navigio vero mando ut alcaide, et duo spadalarii et unus petintal, habeant forum militum. » Foral de Lisboa.

(1) *Chron. Lusit.* et *Chron. Conimb.*

point du jour, il fit connaître par des signaux aux habitants d'Evora qu'une troupe armée s'avançait du côté où il avait envoyé la moitié de ses soldats; ces signaux furent compris, les habitants s'armèrent et sortirent en désordre par des portes où Girald était sûr de ne pas les rencontrer. Aussitôt profitant de l'occasion il entra avec les siens par la porte restée ouverte, tua tout ce qui fit résistance, et resta maître de la place qu'il avait prise avec autant de témérité que d'intelligence. Les Maures, à la poursuite desquels l'autre moitié de la troupe de Girald s'était adroitement soustraite, furent consternés quand ils virent les portes de la ville occupées par les chrétiens. Cet événement inouï, les cris et les gémissements des habitants, leur terreur, frappèrent tellement les Sarrasins, qu'ils attaquèrent les portes en désespérés, mais ils rencontrèrent une résistance invincible. Bientôt ils furent attaqués par derrière par le corps d'armée de Girald, qu'ils avaient vainement poursuivi auparavant, et désespérant de pouvoir reprendre la ville, ils durent chercher leur salut dans la fuite.

Girald annonça cette conquête au roi, et le pria d'en prendre possession et de s'en assurer la conservation. Le roi accorda la grâce de Girald et de ses compagnons; ce chevalier fut chargé de la défense de la ville qu'il avait si courageusement enlevée aux infidèles. On accorda la sûreté civile aux Maures qui voulurent continuer à y demeurer. Leur postérité ne la quitta que lors de l'ordre du roi Emmanuel, qui expulsa du Portugal tous les Sarrasins (1).

Ainsi tomba au pouvoir d'Affonso la capitale de l'Alentejo, une ville à laquelle se rattachaient de grands souvenirs du temps des Romains, ceux de Viriate et de Sertorius, qui avait été un des points les plus éclairés et les plus anciens de la chrétienté, la résidence d'un évêque sous la domination des Goths. Affonso rétablit cet évêché là où depuis quatre cents ans on n'avait prêché que l'islamisme. D. Sueiro fut le premier évêque d'Evora. Le roi donna à l'église et au chapitre des revenus suffisants. Les priviléges qu'il accorda l'année suivante à cette ville régularisèrent l'état des bourgeois et servirent en même temps de lois générales pour toutes les villes de l'Alentejo (1).

Dans la même année, Affonso conquit Moura, Serpa, Alconchel et l'importante place d'Elvas. Le vainqueur passa même la Guadiana, ancienne frontière de la Lusitanie, occupa une partie de la Bétique, et arrêta là ses conquêtes.

On ne sait pas positivement s'il mit lui-même des bornes à ses victoires, ou si ce fut la puissance des Maures qui l'arrêta. Sans aucun doute les Sarrasins, encore forts et braves, opposèrent une vigoureuse résistance à son esprit entreprenant, car ce ne fut qu'au bout de plusieurs années, et après bien des combats, qu'il parvint à reprendre ce que les Arabes avaient jadis conquis en une année. Mais nous devons cependant regarder comme certain, qu'Affonso avait compris que son royaume ne pouvait avoir de chances de stabilité qu'autant qu'il aurait recouvré ses frontières naturelles; que sa position le forçait à une guerre continuelle contre des ennemis implacables, et que le jour où il s'arrêterait, il serait assailli par eux. Ceci nous explique comment nous le voyons chaque année commencer une nouvelle croisade contre les Maures (2). Comme roi, il devait combattre; comme chevalier, il le devait encore, car, membre de l'ordre des Templiers, l'opinion du siècle lui en faisait une loi. La part importante que prirent les ordres chevaleresques aux expéditions guerrières d'Affonso, et les services qu'ils rendirent, l'engagèrent à favoriser la fondation d'ordres nouveaux, qui bientôt rivalisèrent de dévouement avec ceux dont ils n'étaient que l'imitation.

_____

(1) Ribeiro, *Diss.*, t. III, append. IX, p. 152, num. 479.

(1) *Nova Malta Portugueza*, parte I, p. 444.
(2) « Collegit exercitum suum, ut *annis singulis solitus est,* ad versùs Sarracenos, *Libro da Fundaçao de S. Vincente de Fóra.*» Mon. Lus., part. III, app. escrit. 21.

§ VI. — *Adoption des anciens ordres de chevalerie en Portugal et fondation d'ordres nouveaux.*

On ne peut contester que les ordres chevaleresques n'aient été créés par les besoins du moment et des localités, et qu'ils n'aient répondu partout au but de leur fondation. En Portugal il en fut de même des chevaliers qui mirent toute leur vocation dans les combats, toute leur gloire dans la victoire. Le pays avait alors grand besoin de chevaliers chrétiens qui vissent dans l'ennemi du Christ leur ennemi personnel. Sa faiblesse, les guerres continuelles qu'il avait à soutenir contre les Sarrasins, faisaient voir aux Portugais les dangers qui les menaçaient en face d'un ennemi avec lequel il ne pouvait exister aucune paix, aucune conciliation. Ils devaient placer, pour la défense de leur pays, un avant-poste toujours prêt à combattre ; car quand même l'ennemi n'attaquait pas, sa présence enflammait toujours l'ardeur religieuse et le désir de propager la religion de Jésus-Christ. Les chevaliers portugais, pour satisfaire à l'esprit du siècle, n'avaient pas besoin d'aller chercher des aventures en Orient ; la patrie était souillée du contact des infidèles, et leur devoir les y tenait attachés. Le chevalier chrétien pouvait ici, comme en Orient, gagner le ciel et conquérir une glorieuse renommée : l'amour de la patrie, l'ardeur religieuse concouraient donc à fixer les chevaliers portugais dans leurs foyers, qu'ils devaient purifier de la présence des Sarrasins.

On vit avec faveur les nouveaux ordres de chevaliers qui avaient leur origine en pays étranger, s'introduire en Portugal et y former des ordres analogues. D'un côté nous voyons les templiers et les chevaliers de Saint-Jean, de l'autre les chevaliers d'Avis et de Saint-Michel. Nous allons exposer ici ce qui concerne l'introduction des premiers et la fondation des derniers en Portugal sous le règne du roi Affonso Ier.

Les Templiers.

Quelques années après la fondation de l'ordre du Temple, et avant le règne d'Affonso, nous trouvons des templiers en Portugal. Ils s'y présentèrent pour la première fois au printemps de l'an 1148, dans l'année même où l'ordonnance du pape Honorius II fut confirmée par le concile de Troyes. Quoique ce concile ait été tenu le 14 janvier, il ne paraît avoir contribué en rien à l'introduction des templiers en Portugal. L'acquisition d'une propriété importante, telle que celle du château de Soure, qui leur fut donné en 1111 par le comte Henri, prouve que ces chevaliers avaient déjà rendu quelques services, ou du moins que l'on était persuadé de leur utilité. En outre, l'acte du mois d'avril 1128, dans lequel les templiers sont cités pour la première fois, renferme la confirmation d'un don à eux fait antérieurement (1). Thérèse reconnaît l'importance et l'utilité de l'ordre du Temple pour le Portugal ; elle enflamma leur ardeur et les anima en leur donnant, indépendamment de Soure, toute la contrée située entre Coïmbre et Leiria, qui était inculte et encore

---

(1) Era 1166 4 kal. aprilis. Ego Regina Tarasia Magni Regis Alfonsi filia,...... Ego comes Fernandus Donum, quod domina mea Regina militibus Templi donat, laudo et concedo.» Ribeiro, *Diss.*, tom. III, app., p. 89, num. 263.

au pouvoir des Sarrasins (1). Les templiers y fondèrent les châteaux de Pombal, Ega et Redinha; bâtirent les premières églises dans ces contrées, et commencèrent les premiers travaux de culture, propageant l'étendard de la croix, protégeant et fertilisant le pays.

Dans la même année où la reine Thérèse avait donné ou confirmé la donation de ces importantes possessions à l'ordre du Temple, Affonso Henriquez s'empara du trône. L'ordre ne perdit cependant rien à la chute de sa bienfaitrice; il y gagna, au contraire, et sous le règne d'Affonso et de son successeur il parvint au comble de la prospérité. Affonso était si persuadé de l'importance de l'ordre du Temple, qu'avant de prendre les rênes du gouvernement, il avait cherché à se les concilier pour obtenir leur appui dans ce qu'il méditait. Le grand-maître Bernaldus signa l'acte par lequel le prince promit de céder à l'archevêque de Braga cette ville pour récompense de son secours; le grand-maître prit rang, dans cette occasion, parmi les grands de la cour, les évêques et les prélats, qui signèrent le même acte. Ceci nous prouve déjà qu'elle position occupait l'ordre à cette époque (2). Ce qui accrut encore son importance, c'est lorsque Affonso lui-même y entra comme chevalier (3). Tous deux alors, l'ordre et le prince, cherchèrent à se témoigner leur affection, l'un par ses expéditions guerrières, l'autre par de riches dotations, et le long règne d'Affonso Ier n'est qu'une suite continuelle de services de la part des chevaliers du Temple pour l'agrandissement et la défense des frontières, et de donations et récompenses de la part du roi.

Après la prise de Santarem (le 15 mars 1147), le roi se hâta d'exécuter la promesse qu'il avait faite de donner aux templiers toutes les possessions et revenus de l'Église de cette ville (1). Comme cependant Santarem dépendait du diocèse de Lisbonne, et que celle-ci était encore au pouvoir des Maures, il fut convenu que l'évêque, aussitôt que Lisbonne serait délivrée, s'entendrait à cet égard avec les templiers sous la direction du roi. Après la prise de Lisbonne, les templiers cherchèrent en effet à s'accorder avec le nouvel évêque; mais ils trouvèrent en lui si peu de bonne volonté, que le roi dut renvoyer la décision de cette affaire au saint-siège. Le pape décida en 1159 que le roi donnerait aux templiers la terre de Cera (aujourd'hui Thomar) (2), qui n'appartenait à personne, car on ne pouvait déterminer si elle avait anciennement dépendu d'Idanha, de Coïmbre ou de Lisbonne. L'ordre du Temple dut renoncer aux églises de Santarem, à l'exception de celle de Saint-Jacques, qu'il conserva. L'évêque Gilbert abandonna toutes ses prétentions sur les églises fondées sur la terre de Cera, ou qui pourraient y être fondées à l'avenir (3). Pour la culture et la population de leur nouvelle propriété, il n'était pas permis aux templiers de recevoir aucun habitant des possessions royales situées entre le Mondego et le Tage, sans l'autorisation du roi; et dans le cas où il en viendrait sur leur terre, à leur insu, ils devaient l'éloigner aussitôt qu'ils en avaient connaissance. Enfin les habitants de Cera devaient avoir les mêmes droits et priviléges que ceux de Santarem (4).

---

(1) *Elucid.*, verb. *Ladera*, tom. II, p. 76 et 348.
(2) Elucid., tom. II, p. 351.
(3) Il fut admis dans l'année 1129.... « Et pro amor cordis mei, quem erga vos habeo, et quoniam in vestrâ fraternitate et beneficio omnisum frater. » Era 1167, 2 ed. mart.

(1) « ....Facimus Kartam militibus Templi de omni ecclesiastico Sanctæ-Herenæ, ut habeant; et possideant inde, et omnes successores eorum jure perpetuo. » *Elucid.*, tom. II, p. 353.
(2) *Elucid.*, tom. II, p. 10, verb. *Garda*.
(3) *Elucid.*, tom. II, p. 358. — *Nova Malta*, part. 21—22, n. 25.—L'église de Saint-Jacques était administrée par un frère spirituel de l'ordre du Temple, appelé d'abord chapelain et ensuite prieur, et regardé comme évêque de cette église, qui d'abord n'était qu'une collégiale, et devint une commanderie en 1585.
(4) Elucid., tom. II, p. 357.

Aussitôt que les Templiers eurent pris possession de Cera, ils pensèrent à trouver un emplacement convenable pour établir une résidence de l'ordre. Ils crurent l'avoir trouvé sur la rive droite du petit fleuve Thomar, presque sur les ruines de l'ancienne Nabantium. A l'endroit où, d'après la tradition, avait existé un couvent, ils bâtirent l'église de Santa-Maria do Olival, et non loin de là le monastère qui subsista jusqu'à l'anéantissement de l'ordre (1). Ils résolurent aussi de construire un château pour la défense du pays et pour leurs exercices chevaleresques. Il ne reste que le nom du château de Cera, et il est impossible de connaître sa situation exacte. Le 1er mars 1160 (2) ils posèrent la première pierre du château de Thomar, sur la montagne qui est à l'ouest du couvent (3). Pendant que le château s'élevait, le village prenait naissance, et dès 1162 il comptait un nombre assez considérable d'habitants pour que le grand-maître jugeât convenable de lui donner un foral particulier (4). A la fondation de Thomar succédèrent sans interruption des donations royales, ainsi que la construction de villages nouveaux, ou la réédification de ceux qui étaient en ruines. En 1165 le roi donna à l'ordre du Temple Idanha velha et Monsanto. La première qui, en 1170, était bien peuplée et entourée de murs, fut saccagée par les Sarrasins, et ne fut rendue à l'ordre par le roi Sancho qu'en 1193 (5). A Monsanto ils furent plus heureux (6); elle fut relevée de ses ruines par le grand-maître, et reçut un foral (1). Le château de Pombal, que les templiers fondèrent dans une contrée déserte, et même sur le territoire des Sarrasins, reçut également, en 1176, les droits de ville. En outre, ils firent bâtir, sous le gouvernement d'Affonso, des maisons à Evora, Cintra, Lisbonne, Leiria et Santarem.

Ces donations et acquisitions répétées de châteaux, villages et terres, furent confirmées par la bulle du pape Urbain III en 1186; cette bulle fait un résumé des derniers événements du règne d'Affonso, et énumère ses libéralités et les services rendus par les templiers pour la culture du pays et sa population. Sous leur patronage, des bourgs et des villages s'élevèrent et fleurirent, là où la guerre et la misère des temps avaient tout détruit (2). Beaucoup de villes en ruines furent rebâties; les débris de châteaux détruits servirent à la construction de châteaux plus grands et plus forts; la population éparse se réunit et s'accrut en peu de temps, et à peine vingt années s'étaient écoulées, qu'elle réclamait par son nombre des lois et des institutions civiles pour les communes.

Les frontières du Portugal étaient trop étroites pour l'esprit aventureux des chevaliers du Temple; ce n'était pas assez pour eux d'avoir à défendre leurs foyers contre les Sarrasins, et de les attaquer sur leur territoire; ils s'emparèrent de Pombal (3), placé au centre des contrées occupées par les Maures, et ils en firent une résidence fortifiée. Il suffisait de faire entrevoir à l'ordre une conquête séduisante, on était sûr qu'il ne tarderait pas à l'effectuer. Affonso connaissait bien ses frères d'armes et savait les employer à peu de frais; car s'il leur ac-

---

(1) Quand l'ordre du Christ établit sa résidence à Castro-Marim, chaque maison abandonnée tomba en ruines; peu après l'église fut changée en église paroissiale et desservie par un vicaire qui était frère spirituel de l'ordre.
(2) Vid. Elucid., tom. II, p. 359.
(3) *Ibid.*, l. c.
(4) *Mém. de l'Acad. roy.*, tom. VIII, p. 109.
(5) Eluc., tom. II, verb. *Garda*, p. 12.
(6) Eluc., tom. II, p. 300.

---

(1) Ribeiro, *Diss.*, tom. III, p. 160.
(2) Comme dans le désert de Penna : « Ubi oppidum, ad illius terræ custodiam, construxistis. » La bulle d'Urbain III, de 1186, confirme la participation des chevaliers.
(3) Elucid., tom. II, p. 360. — *Nova Malta Port.*, part. I, p. 53.

cordait un tiers de toutes les conquêtes qu'ils faisaient sur les infidèles, les revenus de ce tiers devaient, pendant la guerre, être exclusivement consacrés aux frais d'expéditions nouvelles.

Affonso était cependant bien éloigné de renoncer à la souveraineté sur les terres qu'il donnait à l'ordre. Les enquêtes faites par Affonso III, et plus rigoureusement par Dinis (Denis), sur les droits des templiers et sur leurs priviléges, ne permettent pas de douter qu'Affonso Ier et ses successeurs n'aient su maintenir les droits de la couronne contre les templiers, et que pendant qu'ils augmentaient leur puissance, ils ne négligeaient pas de leur prescrire les devoirs de vassaux fidèles.

Nous voyons cependant le roi, en 1157, donner aux templiers des priviléges tellement étendus, qu'on a peine à se les expliquer de la part d'un prince si jaloux de son autorité. Cet étonnement ne peut cesser qu'en pensant que ce document n'a été arraché à Affonso (1) que par l'influence du grand-maître et par celle du pape. En effet, par ce document, le roi donne à l'ordre tous les villages, églises, biens et sujets, qu'il possède ou possèdera, libres de toutes charges et immunités et promet de les défendre de tout dommage et de toute injustice. Tous ceux qui habitent sur les domaines de l'ordre sont libérés de tout service et de tout impôt envers le roi; ils ne paieront aucun droit ni pour leurs achats, ni pour leurs ventes, ni droit de passage; personne n'osera entrer dans leurs biens ou maisons, ni les opprimer, ni les arrêter; l'ordre du Temple seul pourra les punir des crimes qu'ils commettront (2). Les chevaliers ne pourront jamais être emprisonnés, ni leurs biens séquestrés. En l'absence du roi, leurs controverses seront jugées par des arbitres (*boni viri*) (1). Cette charte de priviléges est immense, il est vrai; mais probablement elle était contraire à la volonté du roi; elle n'augmentait pas les richesses de l'ordre; mais elle les en faisait jouir pleinement, et couronnait dignement les donations qui lui avaient été faites.

Les acquisitions qui vinrent des donations faites par les particuliers furent moins brillantes et moins étendues; cependant elles sont encore assez importantes pour ne pas être oubliées. Ainsi que tous les ordres religieux, l'ordre du Temple eut ses *familiares* (2). On a conservé dans les archives de Thomar un grand nombre de documents qui sont relatifs aux réceptions des templiers jusqu'à la fin du XIII° siècle; ils nous prouvent que des hommes et des femmes mariés ou non mariés (*confrades*, *familiares* ou *donatos*) étaient reçus dans l'ordre. Tantôt ils s'appelaient *frades*, tantôt *confrades*, tantôt *quasi-frades*. Beaucoup de veuves de nobles entrèrent aussi dans l'ordre; elles portaient le titre de *fradas* ou *fratrissas*.

Ceux qui y entraient de cette manière donnaient, pour subvenir à leur entretien, une partie de leurs biens, qui étaient placés sous l'inspection du grand-maître ou des principaux de l'ordre, et qui ne pouvaient être ni changés, ni vendus, ni aliénés, sans permission (3). Si les affiliés mouraient, leurs

---

(1) « A summo Pontifice per apostolica scripta sum coactus, ut vobis..... » Dans un autre endroit..... « Quam apostolica præceptione confirmare ac roborare compellor. »

(2) « Nec de calumpnià quam vestri homines fecerunt quicquam audeat aliquis exigere. »

(1) Voyez *Nov. Malta Port.*, part. I, p. 111. — Elucid., tom. I, p. 326, et tom. II, p. 266. On trouve aussi ce document dans Ribeiro, *Dissert.*, t. III, p. 142, num. 448. L'ordre de Saint-Jean avait obtenu de semblables priviléges.

(2) « Era cousa muy ordinaria naquelle tempo, dit Brandão, tomarem as pessoas nobres a Cruz dás religiões do Hospital, ou do Templo; alguns somente como Confrades, e oatros com voto de profissão, apartandose de suas mulheres, que tanbem recebião a Cruz, e restevão seus bens a estas Ordens. A mesma devação tiverão muitos oom as outras Ordens de S. Tiago, Calatrava, Aviz, e Alcantara. » *Mem. Lus.*, tom. v, liþ. 16, cap. 65.

(3) Elucid., tom. I, p. 433.

biens appartenaient à l'ordre. S'ils laissaient des enfants, l'ordre ne recevait qu'une part de l'héritage. Personne n'entrait comme affilié les mains vides. Déjà, en 1129, Affonso, par son affiliation, avait donné à l'ordre une grande importance (1). Les vassaux qui, sans être chevaliers, voulaient, comme *Frades*, prendre part aux bienfaits de l'ordre, et suivaient l'exemple d'Affonso, donnaient proportionnellement beaucoup plus que celui-ci, car le roi demandait le secours de l'ordre dans ses entreprises guerrières, tandis qu'eux ne réclamaient pas le patronage puissant des chevaliers pour obtenir sûreté dans leurs biens et dans leurs personnes, patronage que, dans ce temps, personne ne pouvait leur donner avec plus d'efficacité. La coutume était de donner à l'ordre le tiers de ses biens, et la totalité après la mort, si le donateur ne laissait ni enfants, ni cousins. Souvent même on convenait que l'ordre partagerait, de manière que chacune des parties reçût le tiers de l'héritage. D'autres fois le Temple avait en partage tous les biens meubles, tandis que les héritiers conservaient les immeubles. Quelquefois aussi le donateur faisait abandon entier de toutes ses propriétés, et ne s'en réservait que l'usufruit pendant sa vie (2).

Autant il y avait de variété dans les dispositions de ceux qui entraient dans l'ordre, au sujet de leurs propriétés, autant il y en avait dans les conditions de leur admission. Cependant, en général, ils demandaient à être reçus comme *confrères des chevaliers à la vie et à la mort*, à être défendus par eux contre toute oppression. D'autres demandaient que l'ordre pourvût à leur entretien, habillement et nourriture, donnât à leurs fils l'éducation nécessaire pour être reçus plus tard chevaliers (3). Les relations des confrères avec l'ordre ressemblaient, sous beaucoup de rapports, à celles des vassaux vis-à-vis de leurs seigneurs, et cela résulte clairement des termes même des actes (1). Cependant ces relations différaient du vasselage en ce qu'il régnait entre les confrères et les chevaliers une union plus intime, plus amicale; ils habitaient une maison de l'ordre (2), mangeaient à la même table et priaient dans le même oratoire. Il y avait de semblables maisons dans beaucoup de villes et de villages du royaume; chacune d'elles avait un oratoire et un chapelain pour le desservir.

Il est évident que le nombre des acquisitions que dut faire l'ordre du Temple par ces affiliations, augmentèrent considérablement ses richesses; et quand, plus tard, ses membres furent exemptés du paiement des dîmes sur les terres qu'ils cultivaient, et même sur celles qu'ils affermaient, la culture des chevaliers prit un grand accroissement et leur produisit des trésors considérables. Mais plus l'ordre devenait riche, plus il acquérait la conscience de ses ressources et de sa puissance, plus aussi il sentait le désir de secouer toute dépendance (3). Il manifesta ce désir la première fois sous le règne d'Af-

---

(1) *Elucid.*, tom. I, p. 433.

(2) Voy. *Nov. Malta Port.*, part. I, p. 114—116.

(3) « Ut vestiat nos ambos de brunetis, aut de verdis, mantos et sayas et calcias; et dent nobis porziones, velud aliis fratribus, quando voluerimus; et recipiant nos, quasi alios fratres; et doceant et faciant nostros filios esse milites, qui aucti fuerint ad faciendum; et dent nobis de aliis pecuniis, quibus indignerimus, etc. » Telles sont les expressions d'un document de 1211, dans lequel deux personnes mariées stipulent les conditions de leur entrée dans l'ordre, en abandonnant à ce dernier la moitié de leurs biens.

(1) « .....In tale que vos mihi bene faciatis, et me defendatis de male ubi vos potueritis, et responder ego pro vestra vasala, et vos pro meos seniores. » *Nov. Malt. Port.*, part. I, p. 115, not.

(2) « Et sint nobiscum in nostra oratione, et in domibus templi, » dirent les quatre chevaliers templiers du château Amoriol, quand ils reçurent, moyennant une grande dot, Dias et sa femme, et les admirent comme *familiares.*— Eluc., tom. III, p. 350.

(3) « Summarium privelegiorum, quæ Pon-

fonso Henriquez, quand il obtint de soustraire ses églises à la domination épiscopale, pour les soumettre au patronage du saint-siége (1).

§ VII. — *Chevaliers de Saint-Jean.*

Les chevaliers de Saint-Jean furent admis de bonne heure en Portugal. Dès l'année 1130 il en est fait mention dans des actes. Peu de temps après la fondation de cet ordre, on en trouve des vestiges en Portugal (1). Affonso les accueillit comme les templiers, leur fit plusieurs donations et leur accorda des priviléges. Aux premières possessions de l'ordre de Saint-Jean appartient Leça, près de Porto, où il avait un hôpital, et où fut construit le monastère dans lequel les frères vivaient d'après la règle de leur ordre. Leça posséda la première maison conventuelle, et fut considérée comme le siége de l'ordre en Portugal (2). Ces chevaliers étaient soumis aux mêmes obligations et avaient les mêmes droits que les templiers; ils devaient défendre par les armes l'étendard de la croix, secourir le royaume contre les princes des infidèles, ne jamais paraître sans armes et sans cheval, ne jamais fuir devant trois ennemis, prêter toujours assistance à leurs frères d'armes; enfin être en tout temps fidèles au roi (2). Au nombre des priviléges de l'ordre de Saint-Jean est aussi cette grande charte de libertés accordée aux templiers en 1157, et dont nous connaissons le contenu.

L'intime connexion qui existe entre les devoirs religieux, militaires et civils, des chevaliers de Saint-Jean et des templiers, nous dispense de détails plus circonstanciés, que du reste nous avons déjà, en parlant de ces derniers, suffisamment exposés (3).

§ VIII. — *Chevaliers d'Avis.*

Le premier ordre de chevaliers que fonda le roi de Portugal, et dont un des grands-maîtres monta jadis sur le trône, fut formé en 1162. Long-temps déjà avant cette époque, d'après quelques historiens, et immédiatement après la bataille d'Ourique, suivant d'autres en 1147, quand on se décida à la conquête de Santarem et de Lisbonne, plusieurs chevaliers s'associèrent pour se vouer en commun à la guerre contre les Maures; ils s'imposèrent des statuts et une règle. Le roi les protégea, et leur accorda des revenus pour favoriser leur entreprise. D'après la tradition, Coïmbre fut leur première résidence. Après la prise d'Evora en 1166, cette ville devint le centre de leur association, et on les nomma chevaliers d'Evora (4). La grande réputation de l'ordre de

---

tifices Sumi militibus templi concessere, in Henriquez regula const. Ord. Cister., p. 379.

(1) *Nova Malta*, part. I, p. 59.
(2) « Regibus Portugalliæ fidelis ero. »

(1) *Esp. sagr.*, tom. XXI, append. III, p. 300, et *Nov. Malt. Port.*, part. I, § XV, et part. II, § XVI, ed. Seg.
(2) Brito, *Chronica de Cister.*, lib. II, cap. 27.
(3) *Nova Malta*, part. I, p. 439.
(4) « Vobis Magistro D. Gonsalvo Venegas, et omnibus fratribus ordinem vestram in Elbora observantibus. » Ainsi parle Affonso Ier à l'ordre en 1181. Sous Sancho Ier, Pelagio dit dans un foral de Benevente : « Mestre da orden de Evora. » Il en existe plusieurs exemples dans *Additamentos e Reloques a's Memorias para a*

Calatrava détermina les nouveaux chevaliers à former une confraternité avec lui, et à adopter plusieurs de ses institutions (1). C'est de là que les chevaliers d'Evora furent souvent appelés chevaliers de Calatrava. Plus tard l'ordre fut transféré d'Evora à Avis, aussitôt que ce village fut délivré de la domination maure. Mais il était peu en état par son importance de devenir la résidence de l'ordre; Affonso II, aussitôt après son avénement, et en récompense des services rendus par les chevaliers à son père et à son aïeul, leur donna Avis, sous condition d'y placer le siége de l'ordre, d'y construire un château, de le peupler et de rester soumis au roi et à ses successeurs (2). Même alors les chevaliers d'Avis s'appelaient encore souvent chevaliers de Calatrava, appellation qui était assez usitée depuis le règne de Sancho Ier jusqu'à celui d'Affonso III (3).

D'après leurs règles, ces chevaliers devaient défendre la religion par les armes, se consacrer à des œuvres de charité, garder la fidélité conjugale (4), et porter continuellement la dévastation sur les terres des infidèles.

En paix, ils devaient, en se levant, dire leurs prières, entendre la messe, garder le silence pendant les repas, observer l'abstinence le vendredi, donner l'hospitalité aux étrangers, respecter les vieillards, regarder le grand-maître comme leur père et leur chef; en tout enfin avoir devant les yeux les règles de l'ordre de Saint-Benoît.

En guerre, ils portaient la cuirasse, la lance et l'épée; ils devaient, de tout ce qu'ils gagnaient sur les infidèles, en consacrer un tiers pour les pauvres, pour les veuves et pour l'Église. Ils étaient obligés d'engager, par leurs exhortations, les prisonniers sarrasins à embrasser la foi chrétienne. Aussitôt qu'ils avaient pris une ville ou un château, ils devaient en informer le roi, y établir l'ordre conformément aux ordonnances royales, et rester soumis à sa souveraineté.

Le grand-maître est leur chef; il doit les guider par ses discours et son exemple, en paix comme en guerre. Si un chevalier a sujet de se plaindre de lui, il doit s'adresser à l'abbé que le général de l'ordre de Cîteaux lui désignera, et ne peut appeler de sa décision qu'au pape, ou à son légat, ou au père abbé de l'ordre.

Pour l'élection du grand-maître ou de tout autre dignitaire, on suit la même règle qui est en usage dans l'ordre de Cîteaux. L'élu reçoit les insignes de sa dignité des mains d'un abbé de l'ordre, et prête serment d'obéir au pape, au roi de Portugal et aux abbés, comme supérieurs de son ordre; de ne jamais rien vendre ou donner des propriétés de l'ordre, de ne jamais abandonner ses frères dans le combat ou dans le danger, de ne jamais livrer de villes ou de villages sans la permission du roi, de repousser les ennemis de celui-ci, de ravager les terres des infidèles, et d'être toujours prêt à suivre le roi dans ses expéditions guerrières.

Le grand-maître revêt des insignes les chevaliers profès; si le roi ou son successeur, ou un abbé de l'ordre de Cîteaux est présent, c'est à lui qu'appartient cette prérogative (1).

---

historia das Inquirições dos primeiros Reinados, impressas en 1815, p. 2 et 3.

(1) Par exemple, à l'élection du grand-maître ou d'un dignitaire de l'ordre, les chevaliers des deux ordres donnaient leurs voix. Les chevaliers d'Evora se soumirent à la juridiction du grand-maître de Calatrava.

(2) V. les actes de donations dans Souza, *Provas*, tom. I, p. 12.

(3) « Do que tudo se evidencia, que o mesmo titulo de Calatrava dado a ordem (hoje de Aviz), naõ he estranho desde os Reinados de D. Sancho I. atè o de D. Affonso III. » *Additamentos a's Memor. para a hist. das Inquir.*, p. 3, et *Mon. Lus.*, lib. XI, cap. 1.

(4) Le mariage des chevaliers était d'abord prohibé; il fut permis plus tard.

(1) « Regula Ordinis militaris Avisii A. B.

Les frères de l'ordre d'Avis étaient en même temps moines et chevaliers, et au commencement les frères clercs se considéraient comme aussi obligés que les frères laïques à combattre les infidèles. Ces devoirs réunis dans une même personne étaient graves. Dans l'enceinte du couvent, la sévérité de la discipline monastique, la claustration, l'abstinence, le silence, la fatigante monotonie des pratiques religieuses; hors des murs, l'intempérie des saisons, les fatigues et les périls de la guerre, la mutilation, souvent la mort des martyrs, ou une prison encore plus douloureuse : voilà ce que les chevaliers avaient à pratiquer et à supporter. Chaque victoire remportée sur les ennemis des chrétiens paraissait les rapprocher du ciel; et le guerrier, rentré dans sa cellule silencieuse, s'y réjouissait de l'espoir d'une meilleure vie. Ce rare mélange des devoirs de chevalier, de chrétien et de moine, ce passage de la vie et de la paix monastiques au tumulte des camps, ce commerce alternatif avec l'isolement et le monde devaient former sans aucun doute des hommes d'un courage et d'une témérité peu communes. « Le son de la trompette fait de vos chevaliers des lions, et celui de la cloche en fait des moutons. » Ainsi parlait le roi Sancho de Castille à l'abbé Raymond, fondateur de l'ordre de Calatrava, après avoir vu combattre les chevaliers lors d'une révolte des Sarrasins. Ce ne fut que plus tard que le nombre des membres de l'ordre étant de beaucoup augmenté, on les divisa en clercs ou serviteurs de l'Église, et en chevaliers combattants (1).

Les chevaliers d'Avis ne rendirent pas moins de services à l'état que les templiers et les chevaliers de Saint-Jean. L'acte que nous avons déjà cité, par lequel le roi Affonso leur donne le village d'Avis en fait foi. Les trois ordres rivalisaient de bravoure et d'ardeur pour la cause de la chrétienté et pour la défense du pays. Cependant beaucoup de leurs actions glorieuses sont perdues pour nous, parce qu'à cette époque les Portugais combattaient beaucoup mieux qu'ils n'écrivaient. Chaque année le roi Affonso se mettait en campagne avec ses chevaliers (2). Il est impossible de mentionner les innombrables combats qu'il livra; nous n'avons pu citer que ceux dont parlent les chroniques; il nous reste maintenant à résumer les derniers actes de ce roi, ainsi que les malheurs qui vinrent affliger sa vieillesse.

Joanne Cirita edita an. 1162 in Henriques, regula et const. Ord. Cister, p. 481. — Cæt. de Sousa, *Provas da Hist. gener.*, tom. I, p. 13. Les deux éditeurs ont emprunté les statuts de l'ordre d'Avis, à la *Chron. de Cister. de Brito*, liv. V, cap. II. Il faut remarquer que Brito, qui, suivant son dire, les publie d'après un vieux parchemin, est le seul qui ait vu ce document ; la signature : « Petrus Proles regis par Francorum et magister novæ militiæ, » forme un nœud gordien qu'il est plus facile de découvrir, que l'authenticité du document. — Sousa, *Hist. gen.*, tom. I, p. 42.

(1) *Mon. Lus.*, lib. XI, cap. I.
(2) «...Nam prælia, quæ gessit, nemo poterat annotare ; fuerunt namque multa et innumerabilia, non solum cum Paganis, sed etiam cum Christianis, qui nimium invidentes ei volebant diripere, et invadere regnum ejus, etc. » *Chron. Lus.*, æra 1168.

§ IX. — *Derniers temps du règne d'Affonso Ier.*

Guerre malheureuse avec le roi de Léon. — Affonso est fait prisonnier. — Il est obligé de restituer les villes de Galice. — Nouvelles guerres contre les Sarrasins. — Grande victoire remportée sur eux à Santarem. — Fondation de l'ordre des chevaliers de Saint-Michel. — Au lieu du vieux roi, le jeune et vigoureux Sancho prend le commandement. — Il conduit les chevaliers portugais contre Séville. — Les Sarrasins attaquent le Portugal par mer et par terre. — Première victoire navale des Portugais sous le commandement de Fuas Roupinho. — Marche du Miramulim avec une nombreuse armée de Maures d'Afrique et d'Espagne. — Siége de Santarem. — Affonso se hâte de secourir cette ville et se réunit à son fils. — Dernière victoire du roi ; il meurt le 6 décembre 1185.

Après la conquête d'Evora, il paraît que les armes du roi restèrent dans l'inaction pendant quelques années, ou que, du moins, elles ne firent rien qui fût digne d'être raconté par les chroniqueurs. C'est seulement en 1169 (1) que nous voyons Affonso combattre de nouveau les Maures à Badajos, et entrer dans cette ville en vainqueur. Les Maures se retirèrent dans la forteresse. A peine le roi de Léon eut-il connaissance de ces hostilités des Portugais, qu'il rassembla une armée pour secourir Badajos, sur laquelle il croyait avoir non-seulement des droits plus fondés qu'Affonso, mais qui même d'après quelques auteurs, était sous son patronage et lui payait un tribut. D'un autre côté le roi de Portugal lui avait donné de justes motifs de mécontentement, en élevant des prétentions sur Limia et autres villes de Galice, qu'il réclamait comme dot de la reine Thérèse ; peu auparavant même Affonso avait occupé Limia et Turon, en 1167. Le roi de Léon, qui appréhendait de nouvelles attaques, surtout depuis la reconstruction de Ciudad-Rodrigo, marcha avec une armée sur Badajos pour mettre un frein aux empiétements d'Affonso, et pour profiter de l'avantage que lui procurerait la nécessité où celui-ci allait se trouver de partager ses forces pour tenir tête à deux ennemis. L'armée portugaise était déjà engagée avec l'avant-garde des Léonais, lorsqu'Affonso, en courant au secours des siens, et passant sous la porte de Badajos, eut le malheur de se blesser au genou contre un des verrous. Cependant il poussa sans s'arrêter jusqu'au milieu du combat ; mais son coursier, déjà blessé, s'abattit, et le roi eut le pied fracassé. Ne pouvant se dégager, il fut pris et conduit au camp du roi de Léon.

Ferdinand traita son beau-père avec magnanimité, lui rendit les honneurs dûs à sa dignité et à son mérite personnel, fit guérir sa blessure, en l'entourant des soins les plus empressés. Affonso voulait, de son côté, tout sacrifier ; il voulait abandonner son royaume et sa personne (1) pour prix de la paix. Le vieux roi, toujours vainqueur jusqu'alors, en ce moment vaincu et prisonnier, fut surpassé en magnanimité par le jeune Ferdinand. Avec une noblesse bien rare, le roi de Léon, victorieux, ne demanda au vaincu que ce qu'il avait demandé avant la victoire, c'est-à-dire la restitution de ce qui lui appartenait, de Limia, de Tu-

---

(1) *Chron. Lus.* Il faut ici corriger d'après *Livro de Noa de Santa-Cruz de Coimbra* ; et au lieu de l'an 1206, placer cet événement dans l'an 2307. — *Esp. sagr.*, tom. XXII, p. 95.

(1) « Sed rex Portugalliæ, dit l'archevêque Rodrigue, gravis discriminis attendens statum, confessus est se Regem Fernandum indebite offendisse, et pro satisfactione Regnum obtulit, et personam. Sed Rex Fernandus pietate solida mansuetus, suis contentus regis Portugalliæ sua remisit. »

ron, et la renonciation à toutes prétentions sur la Galice. Affonso s'y engagea, et put rentrer en Portugal. Mais, à dater de ce moment, la vie fut pour lui pleine d'amertume; le souvenir de son malheur, l'impossibilité où il était de monter son cheval de bataille et de remplir les devoirs les plus chers d'un chevalier, lui rendaient la vie à charge.

Quoique dans un âge avancé, Affonso avait toute l'ardeur d'un jeune homme, et son goût pour les expéditions guerrières était toujours aussi vif; il lui en coûtait donc d'abandonner à d'autres le soin de lutter contre ces ennemis qu'il avait combattus pendant toute sa vie, et de céder la place aux chevaliers qu'il avait enflammés de son exemple.

Pour qu'on ne crût pas que son séjour aux eaux de Lafoes (1) le tenait éloigné des frontières des Sarrasins, dès le mois de septembre de la même année il ordonna aux templiers, qu'il avait toujours prêts à le seconder, de défendre la province d'Alemtejo, et de faire de nouvelles conquêtes au-delà du Tage, leur en abandonnant le tiers sous certaines conditions (2). Il envoya l'année suivante Gonçalo Mendez da Maya, surnommé le Champion (o Lidador), à la tête d'une troupe d'élite pour combattre les Maures. Ces deux expéditions furent couronnées de succès. La joie des chrétiens fut cependant troublée par le chagrin qu'ils ressentirent de la mort de leur chef, qui expira à quatre-vingt-quinze ans criblé de blessures (3).

Pour se venger de ce double échec, Jusuf, souverain des Almohades d'Afrique et d'Espagne, rassembla une puissante armée et débarqua dans la Péninsule. Pendant que lui-même faisait une expédition infructueuse en Castille, il envoya une partie de son armée contre le Portugal. Affonso était à Santarem, quand il reçut la nouvelle de cette invasion dans l'Alentejo, et le dessein du général maure Abaraquès de l'attaquer à Santarem. Il prit aussitôt les mesures convenables, fortifia la place, et rassembla ses troupes, en sorte que tout était préparé pour la résistance quand l'ennemi parut. Comme Affonso craignait que les Sarrasins ne s'approchassent tellement des murs, qu'il ne lui restât pas d'espace pour livrer bataille, il envoya au-devant d'eux les plus braves de ses guerriers, qui forcèrent l'ennemi à reculer. Mais le général maure fut aussi peu troublé de cet échec que de la diminution d'hommes qu'entraînait insensiblement un long siège; il se fiait sur le nombre de ses soldats. Affonso au contraire voyait avec peine le siège traîner en longueur : cela faisait violence à sa fougue naturelle et mettait en danger sa gloire, lui qui jusqu'alors avait toujours assiégé les autres. En outre, il craignait aussi quelques hostilités de la part du roi de Léon, qui s'avançait avec une forte armée, et que d'anciennes mésintelligences pouvaient porter à l'attaquer. Malgré la faiblesse de sa petite troupe, malgré les remontrances de ses serviteurs, il se décida à hasarder la bataille. Retiré la nuit dans sa tente, il pria Dieu, et se recommanda à lui ainsi que ses soldats. Au point du jour le combat commença, et l'issue en paraissait douteuse, quand, par la mort d'Alferès Mor, l'étendard royal tomba entre les mains des Sarrasins, et redoubla leur ardeur. Affonso vit le péril, descendit de son char, et se jeta à pied au milieu des combattants. Les Portugais, entraînés par ce noble exemple, le suivirent, et bientôt l'étendard royal fut repris, l'ennemi repoussé et contraint de chercher son salut dans la fuite. Il abandonna le butin à ses soldats, et surtout à ceux qui avaient concouru à la prise de l'étendard, ne gardant pour lui que l'honneur de cette journée.

La nouvelle de cette victoire parvint au roi de Léon, qui n'était qu'à trois journées de Santarem; ce prince envoya aussitôt des députés à Affonso, pour le féliciter et lui donner l'assurance que le but de ses armements n'avait été que de venir le

---

(1) Ribeiro, *Diss.*, tom. III, p. 156.
(2) Voyez le traité déjà cité dans l'histoire des Templiers.
(3) *Mon. Lus.*, lib. II, cap. 16 et 17.

secourir contre les infidèles. Cette assurance fut agréable à Affonso, qui, par reconnaissance, donna aux députés léonais, pour les offrir à leur roi, les plus riches pièces du butin fait à la journée de Santarem.

A la suite de cette victoire, le roi de Portugal institua un nouvel ordre de chevalerie. Pendant la lutte acharnée qui avait eu lieu autour de l'étendard royal, il avait vu un bras ailé et armé combattre pour sa cause. Il crut y reconnaître l'intervention de l'archange saint Michel, dont il avait imploré le secours, et fonda en son honneur l'ordre des chevaliers de Saint-Michel. L'abbé d'Alcobaça, sous la juridiction duquel ils étaient, fut leur supérieur et leur chef. Le roi fixa le nombre des chevaliers, qui devaient être de bonne famille. Leur principale obligation consistait à être toujours autour du roi pendant la bataille, et à défendre l'étendard royal (1). Comme Affonso ne donna au nouvel ordre ni propriétés, ni revenus, il ne put se développer, et s'éteignit même sous son règne.

La bataille de Santarem fut la dernière à laquelle assista Affonso. Une fois seulement avant sa mort, nous le voyons encore marcher avec une armée contre les Sarrasins, mais il ne combattit pas lui-même. Ses souffrances, son grand âge, le privaient sinon de courage, au moins de forces. Il regardait avec des yeux brillants d'ardeur, combattre son fils, jeune homme plein de qualités nobles et d'un bouillant courage (2).

Sancho était né le 11 novembre 1154, jour de la Saint-Martin; ce qui lui fit donner le nom de Martin au baptême. Il reçut l'accolade des mains de son père le jour de l'Assomption, à Coïmbre (1), et fut ainsi voué aux combats et aux devoirs de la chevalerie. L'exemple paternel développa son ardeur guerrière, et prépara tout ce qu'il montra de valeur et de fermeté pendant son règne glorieux.

La plus brillante expédition de Sancho fut son entreprise contre Séville. Depuis que les Arabes avaient enlevé cette place aux Goths, jamais les chrétiens n'avaient vu la riche contrée qui l'entoure; aussi l'étonnement des Sarrasins fut-il extrême quand ils apprirent l'arrivée des Portugais, et les virent maîtres de Triana, faubourg de Séville (2). Les Sarrasins se levèrent en masse; le héros chrétien remporta la victoire et revint dans son royaume avec un riche butin.

Cette expédition fut cependant plus glorieuse qu'utile; elle éleva la renommée de Sancho sans rien faire pour l'avantage du Portugal, et redoubla l'acharnement des Maures. L'année suivante, Aben Jacub, fils du roi des Almohades, rassembla une armée pour effacer la honte de cette défaite, entra en Portugal, dévastant tout sur son passage, et assiégea Abrantès (3), sur les bords du Tage, mais sans succès. L'infant se hâta de secourir la place, et contraignit l'ennemi à se retirer après une grande perte. La honte de cet échec irrita le souverain de Maroc, Aben Jusuf; il leva une grande armée, et équipa une flotte considérable pour attaquer le Portugal par terre et par mer. Il débarqua sur les côtes d'Espagne, rassembla de nouveaux renforts. C'est probablement à l'époque de cette expédition qu'on doit rapporter la destruction du fort de Coruche (4). Il se dirigea ensuite contre

---

(1) « *Constitutiones militum S. Michælis, sive de Ala, in Henriquez regula, constit. ord. Cister.*, p. 483. Henriquez a copié ce document dans l'ouvrage de Brito. Ici on peut dire ce qu'on a dit des statuts de l'ordre d'Avis; la critique peut concevoir des doutes sans être à même de les éclaircir. Ribeiro, *Diss.*, tom. III, p. 158. Brandão lui-même ne s'explique pas clairement: « Reconhecido el Rey D. Affonso disto (c'est-à-dire l'apparition du bras armé) dizem que instituio huma cavallaria com a insignia da Aza.» En tout cas, la date de ce document, 1167, est fausse.

(2) « Ao forte filho manda o lasso velho. »
  Os Lusiadas, canto III, 75.

(1) *Chron. Lus.*, æra 1192.
(2) *Chron. Lus.*, æra 1208.
(3) *Ibid.*, æra 1216, et *Chron. Coimb.*
(4) *Ibid.*, æra 1217. Abrantès fut assiégée en octobre; en décembre, elle reçut des priviléges, deux ans après la destruction de Coru-

Ponte de Mois, afin de l'assiéger; mais Fuas Roupinho, fronteiro mor (commandant de la frontière dans ce district), vint à sa rencontre, et répondit aux espérances qu'on avait placées dans son courage et dans son audace. Il battit complètement les Sarrasins, en tua un grand nombre et dispersa les autres.

Cependant la flotte sarrasine était devant Sétubal et Lisbonne; les Portugais n'avaient à lui opposer qu'un petit nombre de vaisseaux. On les arma, et on en confia le commandement au brave Fuas Roupinho. Celui-ci quitta le port de Lisbonne, livra bataille aux ennemis, qu'il rencontra près du cap Espichel, le 29 juillet 1180. Ce qui pouvait manquer en expérience aux Portugais dans ce nouveau genre de combat, fut suppléé par le courage. Les Sarrasins furent vaincus, leur chef tué, et plusieurs vaisseaux tombèrent au pouvoir des Portugais. Cette victoire enflamma leur ardeur; le courageux Fuas, dit Brandâo (1), mit à la voile, côtoya les Algarves, et attaqua Ceuta, ville importante dont les Portugais désiraient vivement la possession. Il parvint à entrer dans le port, et y enleva plusieurs vaisseaux sarrasins, qui payèrent amplement les frais de l'expédition. Il retourna heureusement à Lisbonne. Une nouvelle expédition contre Ceuta, tentée en 1182, n'eut pas une issue aussi favorable : Fuas y perdit la vie, et peu de vaisseaux portugais parvinrent à rentrer dans Lisbonne.

La guerre sur terre continuait avec peu d'interruption; mais tous les événements n'étaient que le prélude de la grande entreprise que préparaient les Sarrasins, et qui n'allait pas moins qu'à projeter l'anéantissement du petit royaume de Portugal. Une armée nombreuse, comprenant toutes les forces des Maures d'Afrique et d'Espagne, se proposait de soumettre toute la Péninsule (1). Un bruit sourd parcourait et enflammait toute la Mauritanie, et le souverain Jusuf, de la famille des Almohades, ne négligeait rien pour exciter l'ardeur de ses sujets (2). Ce prince, plein de l'antique simplicité et de la grandeur arabe, qui était regardé comme un saint par son peuple, doué d'un brillant courage et d'une grande habileté militaire, ne supportait qu'avec une profonde douleur les fréquentes défaites qui avaient récemment frappé les Maures, et le peu de succès qu'avaient obtenu ses propres campagnes contre les chrétiens de la Péninsule.

Ce furent surtout les Portugais qui l'excitèrent à la vengeance par leurs empiètements audacieux sur le territoire des Sarrasins, et par leurs victoires réitérées. Non-seulement ils enlevèrent successivement l'Estramadure et l'Alentejo, ils osèrent faire des incursions dans les Algarves et en Andalousie, et en vinrent même au point de franchir les frontières que la nature semblait leur avoir assignées, pour inquiéter les côtes d'Afrique; et tout cela était exécuté avec une poignée de combattants, et au moyen des faibles ressources d'un petit état.

Les vastes contrées de Miramolim (*Emir el mumenim*, prince des croyants), qu'il avait encore étendues par des conquêtes, offraient, au contraire, d'abondants moyens d'attaque ou de défense. Des troupes innombrables n'attendaient qu'un signe de leur maître, à qui son habileté et l'opinion publique permettaient de rassembler toutes ces forces et de les conduire vers le but de ses désirs et de ses espérances, la nouvelle conquête de l'Espagne. Un appel pour une guerre sainte contre les chrétiens de la Péninsule, qui s'adressait à tous les princes et gouverneurs maures qui lui étaient alliés ou soumis, ou qui étaient en partie ses propres fils, mit en mouvement une masse d'hommes incalculable.

---

che; le 25 mai 1182, elle reçut un foral où il est dit : «Volumus instaurare atque populare Coruche, quæ a Saracenis abstulimus.»

(1) *Mon. Lus.*, lib. xi, cap. 31 et 33.

(1) *Chron. Lus.*, æra 1222.

(2) «....Dictus Rex asini, proptereà quod semper asino veheretur, et propheta sanctus a populo omni Saracenorum haberetur.» L. c.

Une multitude de vaisseaux de guerre, de transports chargés de vivres, d'armes et d'instruments de siège furent équipés, et Séville fut indiquée comme lieu de réunion. Lorsque tout fut prêt et que tout le monde se trouva rassemblé, Miramulim s'embarqua en Afrique, traversa le détroit et se réunit à la grande armée des Sarrasins d'Espagne. Jussuf s'assura, d'après les annales des souverains maures, que son armée était bien plus nombreuse que toutes celles que ses prédécesseurs avaient jamais fait passer en Espagne pour combattre contre les chrétiens (1). Treize rois maures qui lui étaient soumis ou alliés, se joignirent au Miramulin suivant Brandaõ.

On s'arrêta peu à Séville, afin de ne pas laisser aux chrétiens le temps de faire leurs préparatifs de défense (2). L'armée pénétra bientôt en Portugal en y répandant la dévastation. Ce fut Torres Novas, qui la première, arrêta sa marche; mais elle paya de sa ruine sa résistance contre cette attaque formidable. L'armée se dirigea ensuite contre Santarem, où l'infant avec la fleur de ses guerriers attendait l'ennemi. Sancho, informé des intentions de Jussuf sur Santarem, avait mis cette place en aussi bon état de défense, que le permettaient le peu de temps qu'il avait devant lui et le manque de connaissances en fait de fortifications. Les ennemis parurent le 10 juillet devant Santarem, et attaquèrent le lendemain la forteresse; l'impétuosité désordonnée des assiégeants échoua devant la résistance vigoureuse et la tenue ferme et digne des Portugais. Ceux-ci combattaient pour des biens d'un ordre plus élevé que leurs adversaires; et la présence de Sancho redoublait leur ardeur. D'un autre côté, les Sarrasins étaient si nombreux, qu'ils avaient promptement rempli les vides qui se faisaient dans leurs rangs, et remplacé ceux qui tombaient. Pendant cinq jours l'assaut recommença sans cesse avec une nouvelle ardeur; les Portugais épuisés succombaient à la fatigue, un grand nombre et Sancho lui-même étaient blessés; les murs menaçaient de s'écrouler, la position des chrétiens semblait désespérée.

Dans ce moment critique on voit tout-à-coup paraître Affonso', le vieux roi, à la tête des troupes qu'il a rassemblées des provinces d'entre Douro, Minho et de Beira, à la nouvelle des apprêts de Jussuf, et qu'il conduit maintenant avec la rapidité d'un jeune homme au secours de son fils en péril. Lui seul vaut une armée, une armée habituée à vaincre. Les Portugais reprennent courage et les Maures se retirent dans leurs camps. Sancho sort de la ville avec ses troupes, et accourt plein de joie rejoindre le héros bien aimé. On décide qu'on profitera de l'exaltation du moment et du trouble de l'ennemi pour livrer bataille. Elle commença à leur préjudice, parce qu'on ne leur laissa point l'occasion d'attaquer les premiers, avantage qui était ordinairement pour eux l'avant-coureur de la victoire. Beaucoup succombèrent; néanmoins beaucoup aussi survécurent; mais lorsqu'ils virent Miramulim, leur chef, leur saint, blessé par la main d'un ennemi, ou par une chute de cheval, une terreur panique s'empara d'eux; ils prirent la fuite et abandonnèrent aux chrétiens le riche butin de leur camp. Miramulim mourut en traversant le Tage, ou suivant d'autres auteurs, d'une blessure grave qu'il avait reçue dans la mêlée. La conservation de

---

(1) *Chron. Lus.*, æra 1222, p. 418.
(2) Les détails que donne la *Chron. Lus.*, sur les apprêts de Jussuf, nous font vivement regretter qu'elle s'en tienne là, et que nous en soyons réduits aux renseignements incomplets et contradictoires que donnent des auteurs plus récents sur le siège de Santarem et la victoire des Portugais. Nous ne chercherons point à donner plus de détails, parce qu'il n'y a plus moyen de découvrir la vérité dans les divers récits qu'en font les auteurs. C'est bien sans doute dans ces récits même que se trouvent les motifs et l'explication de cette victoire mémorable; mais nous aimons mieux les laisser dans l'obscurité que de nous exposer à en donner de peu véridiques.

Santarem, de ce boulevard du royaume sauva le Portugal et peut-être toute l'Europe, du danger qui les menaçait.

La victoire de Santarem, l'une des plus brillantes qui aient été remportées sur les infidèles dans la Péninsule, fut le plus beau fleuron de la couronne du royal héros. La gloire de cette journée fut la plus solennelle et la dernière strophe du chant guerrier de sa vie. Il mourut l'année suivante (le 6 décembre 1185), à Coïmbre, qui était alors la résidence ordinaire du roi, et fut inhumé dans le couvent de Santa-Cruz, fondation due à sa piété.

§ X. — *Coup-d'œil sur le règne et les qualités du roi Affonso Ier.*

Si l'on ne veut pas avouer qu'Affonso ait fait pour le Portugal plus qu'aucun autre roi après lui, on conviendra du moins sans difficulté qu'aucun d'eux ne fit plus que lui. Sans doute les circonstances lui furent favorables, mais on ne saurait lui contester le mérite d'en avoir tiré un excellent parti. Les Portugais doivent considérer comme un bienfait de la providence, d'avoir accordé à leur premier monarque une vie et un règne assez longs, pour lui permettre de mûrir et d'achever les projets les plus vastes et les entreprises les plus pénibles. Mais en même temps ils ne pourront se dissimuler que leur Affonso Henriquez (1) n'ait dignement rempli les longs jours que le ciel lui avait accordés. Il défendit, dit la chronique, tout le Portugal de son glaive, étendit avec le secours du Seigneur les frontières des chrétiens et agrandit leur domaine, depuis le Mondego, qui coule au pied des murs de Coïmbre, jusqu'au Guadalquivir qui traverse Séville, et même jusqu'au grand Océan et la mer Méditerranée (2). Le premier, il établit si solidement la pierre fondamentale de l'état, que la Castille perdit l'envie de menacer son indépendance. Par l'attitude imposante qu'il sut donner au Portugal, il procura à sa nation le sentiment de sa propre force, réveilla l'esprit national et inspira aux Portugais une noble fierté, et des idées de dignité et d'indépendance. Ce n'est que depuis cette époque qu'ils eurent à l'intérieur un caractère noble et ferme, et à l'extérieur une attitude digne de leur caractère. En un mot, en élevant le Portugal au rang de nation indépendante, Affonso Ier fit de ses habitants de vrais Portugais. Depuis le moment où, le glaive en main, il avait conquis à dix-huit ans avec une énergie qui prouvait le développement précoce de son activité et de sa sagesse, le trône qui lui était dû, jusqu'à son dernier soupir, c'est-à-dire pendant cinquante-sept ans, il poursuivit un seul et même but, l'indépendance de son royaume et de son peuple. Si l'esprit belliqueux qui régnait dans son siècle ne permet pas de démontrer jusqu'à quel point il lui obéissait, il est cependant incontestable que le glaive seul pouvait assurer le bien-être du Portugal, et que les circonstances exigeaient beaucoup plus impérieusement un capitaine qu'un souverain. Affonso ne négligea pas davantage l'art des négociations, et se montra aussi habile en politique que grand sur le champ de bataille. Il sentait bien quel était le pouvoir des armes spirituelles dans son siècle, et il sut gagner le pape et lui faire embrasser ses plans. Il rassembla sagement autour de lui la noblesse et les députés des villes (dans les cortès de Lamego), admit ces états à son conseil, et les attacha à sa personne en ayant l'air de leur laisser le choix de leur roi et de leur gouvernement. Assez éclairé pour apprécier l'influence de la chevalerie dans ses entreprises, il favorisa l'introduction de nouveaux ordres et en fonda lui-même. En organisant ainsi régu-

---

(1) Henriquez, fils de Henri.
(2) *Chron. Lus.*, æra 1165.

lièrement les hommes les plus braves, les plus audacieux et les plus nobles, et tirant parti de leur esprit aventureux et guerrier, de leur ambition et de leur enthousiasme religieux, il centralisa des forces dispersées jusqu'alors, les poussa vers un seul but et éleva de cette manière sur les frontières menacées une défense invincible et un rempart infranchissable. Lui seul sut se maintenir ainsi entre la puissance toujours menaçante des Sarrasins et la Castille jalouse, méfiante et supérieure en force, et même s'agrandit aux dépens de toutes deux. Lui seul parvint, par un heureux hasard et après avoir obtenu des renforts, à enlever aux Sarrasins cette ville, qui devait être plus tard le centre du royaume, la résidence des rois, l'entrepôt des trésors de l'Inde et l'intermédiaire entre le commerce d'Orient et celui d'Occident. C'est par la prise de Lisbonne qu'il couronna toutes ses conquêtes.

Si souvent nous avons à regretter que les chroniqueurs n'aient décrit pour la plupart du temps que des conquêtes de villes et des batailles livrées, c'est bien à l'occasion d'Affonso Ier. Nous n'apprenons à connaître que le capitaine et le roi, et non point l'homme. Nous ne pouvons, faute de renseignements, le suivre dans l'appartement, où il recevait ceux de ses sujets qui venaient implorer son secours, ou les personnes qui lui offraient leurs conseils; ni dans le cercle de sa vie privée, où nous aurions aimé voir le roi comme époux et père; ni dans le sanctuaire de sa pensée, pour y découvrir ses penchants, le mobile de ses actions, en un mot le fond de son ame. Aussi manquera-t-il toujours à l'image que nous nous formons de ce roi l'expression et la physionomie, qualités que la plus belle figure de roi ne doit point laisser désirer.

Mais c'est plutôt nous qui nous apercevons de ce qui manque au portrait d'Affonso Henriquez, que les Portugais. Long-temps après sa mort, ce prince magnanime vécut dans le souvenir de son peuple, et les Portugais ne voyaient sur les trônes de ce monde rien à mettre au-dessus de leur premier roi. Il servit de modèle à ses successeurs, qui s'efforçaient de l'atteindre en perfection. C'est ainsi que le premier roi du Portugal, qui avait fait de si grandes choses dans sa vie, en produisit encore de grandes au-delà du tombeau par la douce influence que son noble souvenir exerça sur les cœurs de son peuple et de ses successeurs.

CHAPITRE IV.

RÈGNE DE SANCHO Ier.

(Du 6 décembre 1185 jusqu'au 27 mars 1211.)

§ Ier. — *Conquêtes de Sancho.*

Quoique brave, habile à la guerre et victorieux, le roi s'occupe surtout de procurer à son pays les bienfaits de la paix. — Il profite cependant de l'arrivée d'une flotte de croisés à Lisbonne, pour assiéger Silvès avec leur secours. — Conquête de cette ville et d'autres villes des Algarves, en 1189. — Il ajoute au titre de *rex Portugaliæ : et Algarbii*, mais retranche ce mot après la perte de cette ville en 1191.

Sancho avait trente-sept ans, lorsqu'il monta sur le trône de Portugal. A l'âge de vingt ans il avait épousé Dulcé, fille du comte de Barcelone, Raymond Bérenger XII, et sœur du roi Alphonse d'Aragon (1). Sous le règne de son père, il ne s'était montré que guerrier ; son propre règne prouva que ce n'était pas aux dépens des qualités plus douces qu'il avait formé ses talents militaires. La tâche du fils ne ressemblait point à celle du père, et Sancho la conçut et s'en acquitta à merveille. Le règne d'Affonso avait été plus guerrier que ne le fut depuis celui de tout autre prince portugais. Depuis le moment où il avait tiré l'épée pour conquérir son trône, jusqu'à celui où il la déposa après sa dernière victoire à Santarem, pour descendre en paix dans la tombe, la lutte avec les ennemis du Portugal n'avait subi que de rares interruptions ; on ne se reposait que pour reprendre de nouvelles forces. Dans les courts intervalles de la guerre, le roi satisfaisait à sa piété et à son zèle pour la religion, en fondant et dotant une quantité innombrable d'églises et de couvents (1), parmi lesquels Santa-Maria d'Alcobaça, Santa-Cruz de Coïmbre, et S.-Vincent à Lisbonne devinrent par la suite les plus célèbres ; ou bien il encourageait la culture du pays et la con-

---

(1) *Chron. Lus.*, æra 1212 : « Nupsit rex Sancius..... anno regni D. Alfonsi 48. » L'année du règne du roi Affonso indiquée ici doit être changée en l'année 46. Une chronique de 1174, qui désignait déjà Dulcia comme épouse de Sancho, contredit l'assertion que Sancho ne se soit marié que vers l'an 1175. Ribeiro, *Dissert.*, tom. III, p. 160.

(1) Quelques uns disent 150 ; mais il est probable qu'ils exagèrent.

struction des villes en accordant, surtout dans les dernières années de son règne, un grand nombre de priviléges (foraes) (1), ou franchises locales. Mais ce qui avait été fondé et construit pacifiquement pendant une courte trêve, était souvent détruit et ravagé pendant la campagne suivante. Vers la fin de son règne, le Portugal offrait un triste tableau dont nous abandonnerons la composition à l'imagination de nos lecteurs ; car les chroniques portugaises ne nous représentent que les pillages et les dévastations, telles qu'elles se reproduisent partout alors parmi les nations, dont la fureur barbare et sans frein se trouvait encore augmentée par l'aveugle fanatisme des religions. Le peintre ne saurait trouver alors d'autres couleurs que le sang répandu pendant une guerre de plus de cinq ans, et qui couvrait de sa teinte empourprée chaque localité, parce que chaque localité était le prix d'une lutte et qu'il fallait combattre à plusieurs reprises pour la défendre.

Affonso Iᵉʳ avait enfin rempli sa destinée ; le sol était conquis. Il dut abandonner à ses successeurs et à des temps plus paisibles le soin de le cultiver. Ce fut un bonheur pour le Portugal, qu'il eût pour successeur immédiat un prince, qui possédait assez de modération pour ne pas se laisser entraîner par la gloire et les victoires de sa jeunesse à de nouveaux combats et à de nouveaux projets de conquêtes, et assez de sagesse pour préférer la charrue au glaive et pour réédifier les murs des villes et des villages qui avaient été renversés pendant la guerre. Sancho ne saisissait les armes, que lorsqu'il voyait la sûreté de l'état menacée, ou lorsqu'il espérait obtenir par de petits moyens de grands avantages pour le Portugal, ou bien encore lorsqu'il pouvait prendre des troupes étrangères à son service sans exposer son indépendance ou celle de son royaume. Ce dernier cas se présenta peu d'années avant son avénement au trône, par suite d'un incident favorable qu'il sut tourner très sagement à son profit.

La terrible nouvelle de la chute de Jérusalem (3 octobre 1187) avait mis toute l'Europe en émoi. L'enthousiasme pour les croisades se réveilla de plus belle, et des troupes innombrables de pélerins accouraient par terre et par mer en Orient. Une flotte de croisés du Danemark, des Flandres, de la Hollande et de la Frise, qui était composée de cinquante-trois, d'autres disent de cinquante-huit bâtiments, éprouva près des côtes du Portugal un grand coup de vent et se réfugia dans le port de Lisbonne. Lorsque le roi en fut instruit, il s'y rendit aussitôt de Santarem, où il résidait, et donna à ses sujets l'ordre d'accueillir avec hospitalité les étrangers, et de leur fournir des vivres. Comme les vents contraires ne leur permettaient pas de quitter le port, Sancho en profita pour entamer avec eux des négociations. Depuis son avénement, les Maures s'étaient de nouveau emparés de quelques places fortes, d'où ils faisaient journellement des sorties pour inquiéter la contrée environnante et les villes-frontières. Afin d'avoir du repos, le roi conçut l'idée d'armer des bras étrangers contre un ennemi, contre lequel il n'aurait pu lutter seul, même en réunissant toutes ses forces. Ses propositions trouvèrent accès auprès des chevaliers étrangers, et bientôt toute la question fut de savoir sur quel point on dirigerait les premières attaques. Les motifs les plus puissants parlaient pour Silves, ville située sur le Portimâo, navigable à cet endroit, qui était un riche entrepôt de vivres et servait à la fois d'arsenal aux Sarrasins et de refuge aux pirates. On convint, en cas de réussite, que le roi aurait la ville, et les croisés les trésors qui s'y trouveraient.

---

(1) Nous ne nommerons de ce temps-là que les suivants : les priviléges de Lisbonne, Coïmbre et Santarem (tous trois du mois de mai 1179), d'Abrantès, Melgaço, Coruche, Caldas d'Aregos, Palmela, Aguiar, Barcellos, Celorico, Marialva, Moreira, Trancozo, etc., etc. Ils étaient signés ainsi dans les derniers temps : « Ego rex Alfonsus..... una cum filio meo, rege Sancio. »

Sancho envoya aussitôt contre la ville une troupe sous le commandement du comte Mendo de Sousa (ou Sousâo, comme on disait dans ce temps-là); la flotte entra dans un port près de Silves et mit l'équipage à terre. Grâce à une attaque simultanée contre la ville, qu'on exécuta aussitôt après l'avoir conçue, les faubourgs sans murs tombèrent au pouvoir des chrétiens, et l'ennemi après une perte considérable se retira dans la forteresse. Il eût été facile aux chrétiens d'y pénétrer aussi, si l'avidité et le désir du pillage ne les eussent trop occupés.

Cependant le roi avait rassemblé de nouvelles troupes, et il s'avança avec elles contre la ville, tandis qu'une flotte de quarante galiotes et beaucoup d'autres bâtiments chargés de vivres et de munitions de guerre, qu'il avait équipés, s'approchaient d'un autre côté. Les masses de combattants furent distribuées autour de la ville, les machines de siège dressées, et l'assaut commença. Les Sarrasins, quoique sans espoir de secours, se défendirent avec opiniâtreté; les flèches des ennemis tombaient en foule sur les chrétiens, de telle sorte que Sancho donna aux siens l'ordre de s'éloigner des murs. On résolut alors de détruire ceux-ci en creusant des mines; mais l'ennemi habile établit des contremines. Toutes les tentatives échouèrent devant la vigilance et le courage des assiégés. Le roi voyait avec douleur tomber un si grand nombre de ses braves et traîner en longueur presque sans résultats le siège qui durait déjà depuis trois semaines; il ne voulut cependant pas y renoncer sans avoir essayé tous les moyens. Les Sarrasins possédaient un puits, qui leur fournissait de la bonne eau en abondance et qui leur était devenu indispensable. Comme les chrétiens désiraient s'en rendre maîtres, et qu'il se trouvait dans un bastion fortement défendu par des tours, le roi dirigea ses meilleures forces sur ce point et il s'y engagea une lutte qui coûta beaucoup de monde aux deux parties. Les chrétiens restèrent enfin maîtres du bastion et continuèrent de là le siège; mais ils étaient découragés par leur peu de succès, et ils eussent renoncé à leur entreprise, si leur enthousiasme n'avait été ranimé par les exhortations de leurs prêtres (ils en avaient trente-six avec eux), et s'ils n'avaient été entraînés par eux à un nouvel assaut. Dans l'intervalle le manque d'eau s'était fait sentir dans la ville; la disette croissait de jour en jour, et l'espoir de voir arriver du secours était évanoui. Quelques Sarrasins vinrent alors dans le camp du roi implorer sa grâce; Sancho apprit d'eux combien leurs coreligionnaires étaient tourmentés par la soif, et combien il en périssait. Mais les Portugais, après avoir passé six semaines à combattre en vain devant la ville, commencèrent aussi à murmurer; enfin ils demandèrent la levée du siège. Les Croisés, au contraire, représentèrent au roi qu'il serait imprudent et honteux de renoncer à une entreprise qui avait coûté tant de sang et qui était maintenant si près de son accomplissement; ils lui rappelèrent en même temps les obligations qu'il avait contractées envers eux par son traité. Mais Sancho n'avait pas besoin de ces représentations; il se réjouit au contraire de trouver un soutien dans la persévérance des étrangers, qui ranimerait le courage chancelant de son armée, et il promit de continuer le siège jusqu'à ce que lui ou l'ennemi eût succombé. On résolut donc de tenter un nouvel assaut avec toutes les forces réunies, et l'on éloigna du camp les femmes et les malades. Ce mouvement des chrétiens fit renaître encore une fois l'espérance des assiégés, mais le renouvellement des attaques ne tarda pas à les détromper; ils étaient réduits à la position la plus affreuse. L'odeur pestilentielle des cadavres de leurs frères morts de faim et de soif leur était plus insupportable que la mort. En méditant sur les moyens de salut qui leur restaient, ils virent qu'il n'y en avait plus pour eux que dans l'humanité de Sancho. Ils se décidèrent donc à l'implorer. Deux des Maures les plus distingués et l'alcaïde de la ville se rendirent au camp du roi pour le prier de permettre à leurs coreligionnaires de sortir librement avec leurs effets. Sancho, touché de la misère qui régnait dans leur ville, aurait saisi avec joie l'occasion d'y mettre fin, d'autant plus qu'il atteignait en même temps le but de ses efforts; mais il lui fallait pour cela le consentement des croisés, qui poussés par la cupidité, le désir de la vengeance et la haine de religion, demandèrent la mort de tous les assiégés. Les représentations conciliatrices, les prières instantes du roi philantrope purent seules les faire renoncer à leur demande, et obtenir qu'on fît grâce de la vie à ces infortunés, et qu'on leur permît de partir avec leurs plus mauvais vêtements. Il en fut ainsi. Les étrangers eurent pour leur part tous les biens et trésors qui se trouvèrent dans la ville et quittèrent la côte de Portugal. Le roi prit possession de Silves, alors capitale des Algarves (en 1189) (1), et en fit le siége d'un évêché (2). Outre Silves, Sancho conquit encore dans les Algarves Alvor, dont il fit présent au couvent de Santa Cruz de Coïmbre (décembre 1189), Lagos, que l'évêque de Silves céda, d'après le désir du roi, à S. Vincent de Fora (1190), et le château d'Abenemeci, qu'il donna au couvent d'Alcobaça (février 1191) (3). Ce fut depuis ce temps que Sancho ajouta dans les actes (depuis décembre de la même année) au titre *rex Portugalliæ*, celui *Algarvii* et quelquefois *Silvii* (4);

mais depuis la perte de cette ville (avril 1191), il retrancha cette addition, scrupule devenu rare dans les temps modernes.

Le roi ne jouit que peu de temps de la possession de Silves. Jakub Aben Jussuf partit de Maroc à la tête d'une puissante armée pour aller venger la mort de son frère (le malheureux Miramulim tombé près de Santarem), et la honte de sa défaite, mais surtout la perte de Silves. Il divisa ses troupes en trois corps, dont l'un, commandé par son frère, le gouverneur de Séville, entra dans les Algarves et assiégea Silves; l'autre sous les ordres du Miramulim lui-même, passa au-dessus de la Guadiana, traversa le Tage et occupa Torres Novas, qui avait été reconstruite par le Miramulim Jussuf. Le gouverneur de Cordoue conduisit le troisième par l'Alentejo sur Evora, dévasta et brûla les moissons et les vignobles des environs et se réunit au Miramulim qui avait établi son camp près du Tage. Les trois chefs et leurs hordes désordonnées avaient pillé et ravagé à l'envi les villages et les campagnes qu'ils avaient traversés; la prise des forteresses et des villes allait élever cette invasions de brigands au rang d'une guerre de conquête, lorsque le Miramulin tomba subitement malade. Il espérait encore s'emparer de Thomar et d'Abrantès, mais ses souffrances croissantes accélérèrent son retour à Séville, où le gouverneur de Cordoue l'accompagna. Le frère du Miramulin continua encore quelque temps la guerre ou plutôt les dévastations dans les Algarves et dans l'Alentejo ; mais aussitôt qu'il apprit leur retraite, il les suivit sans délai.

A la nouvelle des forces redoutables qui marchaient contre lui, Sancho avait sagement évité une bataille et cherché à affaiblir l'ennemi par le long siége auquel il l'obligea.

---

(1) *Chron. Conimb.*, an 1190. Pour l'année de la conquête de Silves, comp. Ribeiro, tom. III, p. 184, remarque B, et p. 186, remarque C.

(2) «Consentiente et confirmante hoc Domno Nicolao ejusdem provinciæ et regionis tunc temporis pontifice,» dit le diplôme de donation. Sancho fit présent à l'évêque Nicolas de Silves Mafra et d'autres biens hors des Algarves, et lui assigna même les revenus des autres évêchés du Portugal. *Mon. Lusit.*, tom. V, escrit. 16 (diplôme de la donation de Mafra).

(3) *Mon. Lusit.*, lib. XII, cap. 9.

(4) Ribeiro se fie trop sans doute à l'uniformité et à la constance de la formule de signature, lorsqu'il représente comme suspects les actes

dans lesquels on ajoute : *et Silvii*, parce que la simple addition *Algarbii* est plus ordinaire. Cf. Ribeiro, tom. III, p. 184, remarque C.

§ II. — Services de Sancho envers sa patrie.

Des épidémies et des disettes ravagent et dépeuplent le Portugal. — Les Sarrasins profitent de la malheureuse situation du pays pour y faire une invasion. — Silves est de nouveau perdu. — Un grand nombre de Portugais sont emmenés en esclavage par les infidèles. — Au milieu de cette misère, Sancho Ier acquiert, par les encouragements qu'il donne à l'agriculture, le surnom d'*el Lavrador*, et celui d'*el Poblador* par le soin qu'il porte à la construction et à la population des bourgs et villages, comme par les droits qu'il accorde à une foule de communes. — Il fait des donations aux ordres de chevalerie, et les attache ainsi à sa cause.

Il s'était contenté de porter de prompts secours partout où sa présence était nécessaire et de suppléer par la prudence et la rapidité à ce qui lui manquait en puissance et en ressource. Le résultat avait récompensé son habileté.

Après le départ des ennemis, Sancho vit avec douleur les champs d'une grande partie de ses états foulés, le cultivateur privé de ses moyens d'existence et livré à la plus affreuse misère. Comme si la nature voulait agrandir le théâtre sur lequel les vertus de Sancho se déployaient, et placer celles-ci dans un jour plus brillant, aux dévastations que les hommes avaient exercées dans une partie du Portugal, elle fit succéder ses propres ravages qu'elle étendit dans tout le royaume. Des pluies incessantes et qui tombèrent par torrents gâtèrent les récoltes du blé, comme celles des vignes et des oliviers; ce qui resta intact fut dévoré par une multitude de vers, engendrés par l'humidité; arriva ensuite une sécheresse, qui rendit la culture des champs impossible. A ces phénomènes extraordinaires de la nature succéda une maladie pestilentielle, qui enleva une foule innombrable d'habitants et se manifesta dans plusieurs contrées sous l'aspect le plus horrible. De grands bourgs dans l'évêché de Porto se dépeuplèrent entièrement. Dans le territoire de Braga les hommes et les femmes, atteints de cette maladie éprouvaient la plus terrible inflammation dans les intestins, et rendus fous par la douleur, ils rongeaient eux-mêmes leurs membres, jusqu'à ce qu'ils rendissent l'ame. Ceux qu'épargnait la maladie étaient livrés aux tourments de la faim, et il en mourait beaucoup; car une série de mauvaises années avaient tari la source des aliments, et les hommes ramassaient péniblement pour leur nourriture un peu d'herbe, seul produit de la nature avare (1).

La sollicitude pleine de sagesse et de douceur, avec laquelle le roi veillait au soulagement des classes inférieures de ses peuples dans des temps plus calmes, ne se démentit sans doute point dans ces temps de désolation; mais ses ressources étaient aussi insuffisantes pour faire disparaître une pareille misère et pour satisfaire à de pareils besoins, que pour contenter son cœur paternel et plein de patriotisme. Elles furent d'ailleurs encore une fois diminuées par les ennemis de la patrie.

Les infidèles se levèrent pour tirer parti des infortunes auxquelles le Portugal était en proie; ils croyaient pouvoir compter sur une résistance peu vigoureuse. Ils attaquèrent ce malheureux pays avec les forces considérables que possédait alors le gouverneur de Séville. L'attaque était soutenue par une flotte. Après avoir horriblement dévasté les contrées qu'elle parcourut, l'armée assiégea et prit d'assaut Alcacer do Sal. Voyant qu'Alcacer l'importante et la forte s'était

(1) Nunez do Liao, *Chron.*, l. c., p. 169. — *Mon. Lus.*, lib. xii, cap. 20.

rendue presque sans résistance, les habitants de Palmella, Cezimbra et Almada désespérèrent presque de pouvoir se défendre eux-mêmes, abandonnèrent leurs habitations, et se réfugièrent dans d'autres villes, qui semblaient leur promettre plus de sécurité. Le gouverneur fit alors détruire de fond en comble les villes délaissées, puis il se dirigea vers Silves et la pressa tellement, que les chrétiens livrèrent la ville pour sauver leur vie et leurs biens (1). C'est ainsi que les Maures se rendirent de nouveau maîtres de Silves par leur grande supériorité numérique, et ce ne fut qu'Affonso III, qui la leur reprit pour toujours, ainsi que d'autres lieux des Algarves. Il paraît que pendant ce temps, des querelles avec le roi de Léon occupaient Sancho vers les frontières septentrionales de son royaume (2). Aussitôt qu'elles furent apaisées ou même plutôt, Sancho conclut avec le gouverneur de Séville une trêve de cinq ans, afin de procurer à son peuple le calme si désiré. Ce ne fut qu'alors que ce bon roi put suivre les impulsions de son cœur.

La dernière invasion des Maures avait été très préjudiciable au Portugal. Ils ne s'étaient pas contentés de piller les chrétiens et de dévaster leurs champs, ils les avaient enlevés eux-mêmes en grand nombre à leurs foyers domestiques et les avaient traînés en esclavage au-delà des mers. Outre trois cents guerriers chrétiens faits prisonniers, le gouverneur de Cordoue emmena dans cette ville après la prise de Silves quinze mille esclaves, qui étaient enchaînés les uns aux autres (3) par troupes de cinquante. Après les vides que la famine et la misère, les maladies et la guerre avaient faits dans la population, il était bien pénible de voir enlever par la captivité tant de bras laborieux. Les villes et villages étaient en partie abandonnés, déserts et démolis, les champs ravagés et privés de culture. Repeupler les uns et cultiver les autres était un problème difficile ! Le roi Sancho le résolut et s'acquit le beau surnom d'*el Poblador* et d'*el Lavrador*.

Un grand nombre de contrées désertes, qu'il donna à de pauvres cultivateurs, furent défrichées, les champs négligés furent de nouveau labourés et ensemencés. Des présents et des marques de faveur, qu'il accordait aux agriculteurs les plus actifs et les plus industrieux, récompensaient le travail et encourageaient à de nouveaux efforts. Le paysan portugais se réjouissait de voir en la personne de son roi un ami et un protecteur de sa profession et le nommait avec orgueil *el Lavrador*. Sancho voua une égale sollicitude aux villes et aux bourgades qui avaient été détruites en partie ou en entier par les guerres des Maures. Il encourageait avec empressement la réparation de celles qui tombaient en ruine et la reconstruction de celles qui étaient démolies. C'est ainsi que Covilhâo et Torres Novas se relevèrent de leurs ruines ; que la ville de Viseu et le bourg de Pinhel furent embellis, que Monte Moro Novo (1201) (1) et le bourg de Valença furent fondés. Les droits et franchises qu'il accorda dans les *Foraes* à beaucoup de communes engagèrent les hommes isolés et dispersés à revenir dans leurs murs, ranimèrent leur zèle en leur assurant le fruit de leur travail, et fournirent aux habitants non-seulement les moyens de vivre en agglomérations, mais leur rendit aussi cette vie agréable et par la suite nécessaire (2). En accordant la liberté à un serf qui avait demeuré pendant un an dans un endroit (3), il détruisit les obstacles qui lui

---

(1) Conde, *Historia de la Dominacion de los Arabes en España*, tom. III, cap. 54.

(2) Il soumit alors, d'autres disent quelques années plus tard, les villes de la Galice, Tuy, Penhevedra et S.-Payo de Lombe, que, par suite de traités, ses successeurs restituèrent néanmoins à la couronne de Léon.

(3) Conde, *ibid*.

(1) « Montem majorem volumus populare. » *Mon. Lus.*, lib. XII, cap. 28.

(2) Pour plus de détails, voyez le chapitre sur la formation des communes, et la concession des privilèges des communes.

(3) « Concedimus et omnis christianus, quam vis sit servus, ex quo Covillianam habitaverit per unum annum, sit liber et ingenuus, tam

avaient jusqu'alors paralysé le bras, créa de nouveaux motifs d'activité et d'industrie, et fit déployer des forces assoupies jusqu'alors. Plus les obligations des habitants d'un endroit étaient pénibles, plus leur situation les exposait à des périls, et plus le roi leur assurait de priviléges et d'avantages pour les attacher à leur foyer domestique et au trône national. C'est ainsi qu'il donna au fort de Pinhel, situé à la frontière du royaume et qui pouvait être considéré comme un de ses boulevards, le foral d'Evora, que le roi Affonso lui avait déjà accordé pour récompenser des services rendus, affranchit les habitants de l'obligation de construire les murs du château, de payer au roi la Pedida et la Colheita, et leur fit grâce du péage des rentes (portagem) dans tout le Portugal, franchises extraordinaires, dont les habitants se rendirent plus tard parfaitement dignes (1). Une série de bourgades obtinrent de Sancho des forals, telles que Valhelhas, Penamocor (1209), Sortelha, Bragança, Sea, Gouvea, Penella en 1198, Figueiro, Covilhão en 1186, Folgosinho en 1187, et la ville de Guarda en 1199(2). Celui qui fonda et releva tant de bourgs, de villes et de villages, le tendre père de tant de communes florissantes mérita bien aux yeux de la postérité le surnom honorifique de *el Poblador* qui lui fut donné par le peuple portugais.

Tout en portant ainsi une sollicitude paternelle aux intérêts des villes et des campagnes, et en satisfaisant par là aux impérieuses exigences de son époque, il ne négligea pas d'accorder aussi son attention à l'armée et à la chevalerie. Les services que ces deux professions avaient rendus à l'état demandaient des récompenses. Les témoignages de reconnaissance pouvaient faire espérer à leur tour de nouveaux services. Sancho chercha donc à s'attacher de plus en plus par de riches dotations les ordres de chevalerie, cette fleur de l'état militaire. Il favorisa l'ordre de Santiago, qui commençait à se répandre de la Castille en Portugal et lui donna les bourgs et villages d'Alcacer do Sal, Palmella, Almada, Arrada (28 octobre 1186). Il gagna la confrérie d'Evora, plus tard chevaliers de l'ordre d'Avis, et leur maître Gonçalo Viegas par la donation de Valhelhas, Alcanhede, Alpedriz et Jurumenha (janvier 1187). Il leur accorda ce dernier village « en cas que Dieu le lui fît conquérir. » C'est ainsi qu'à l'imitation de son père, il excita les chevaliers à en tenter la conquête, en leur en promettant la possession. Les Templiers, déjà riches en biens fonds, et leur maître Lopo Fernandez, pour lequel Sancho avait beaucoup de bienveillance, reçurent Idanha Velha (1197) qui était une place très importante, et pour laquelle ils cédèrent au roi les bourgs de Mougadouro et Penasroyas, et neuf ans plus tard Idanha Neva (1). Mais quoique Sancho leur abandonnât ces villages à titre héréditaire (2), il était cependant peu disposé à renoncer aux droits de souveraineté royale

---

ipse, quam progenies ejus. » Foral de Covilhão. « Com estes e outros privilegios, dit Brandão, creceo notavelmente a villa, e he hoje huma das boas povoações, que ha neste Reyno, etc. » *Mon. Lus.*, lib. xii, cap. 3.

(1) *Mon. Lus.*, lib. xii, cap. 11.

(2) A ces villes mentionnées par Nunez de Liâo, j'ajouterai encore les suivantes : Vizeu, en 1187; Penacoca, en 1192; Marmelar, en 1194; Penadono, en 1195; Leiria, en 1195; Souto, en 1196; Souto-Major, en 1196; Soverosa, en 1196; Castaicion (eod. an.), S. João da Pesqueira, Paredes, Linhares et Anciães, en 1198; Sisimbria, en 1201; Guyanes, en 1202; Taboadelo, Fontes, Crastello, en 1202; Monte Mer-Novo, en 1203; Ucovou, en 1204; Reguengo de S. Julião et Reguengo de S. Cypriano, en 1205; Reguengo de Villa-Nova, en 1205; Ranalde, en 1208; Andranes, en 1208; Villa-Franca, que le roi donne en 1200 au chevalier flamand Rollin et ses compagnons.

---

(1) *Elucidario*, ii, verb. *Garda*, p. 12, et verb. *Tempreiros*, p. 362.

(2) « Jure hœreditario in perpetuum habendam. »

qui lui étaient dûs ; et il n'oubliait jamais d'indiquer dans les actes de donations la position des chevaliers vis-à-vis de leur roi et de leur recommander de remplir fidèlement leurs obligations envers le trône (1). Sûr de la pureté de ses intentions et de la sagesse de ses mesures, Sancho ne voulait pas voir ses droits et ses ressources entravés dans sa sphère d'activité ni son bras vigoureux et bienfaisant paralysé dans ses actes.

§ III. — *Querelles de Sancho I*er *avec les évêques de Coïmbre et de Porto.* — *Empiètements du pape Innocent II.* — *Mort du roi, le 27 mars 1211.*

Il se trouvait néanmoins en Portugal des villes et des contrées entières qui n'étaient point soumises au sceptre royal ; des hommes puissants qui n'obéissaient qu'à eux-mêmes pour les affaires temporelles, mais qui, dans les affaires spirituelles, rendaient hommage à un maître étranger; un état dans l'état, qui, nourri et élevé en grande partie par la grâce du roi, se croyait maintenant affranchi et ne voyait plus dans la personne du prince qu'un administrateur bénévole des terres et des revenus, qui ne méritait et ne devait recueillir que du blâme en guise de remerciments, s'il lui arrivait de retirer ses bienfaits. Sancho veillait avec un soin paternel aux affaires des autres classes. Il paraît qu'à ses yeux l'état ecclésiastique soignait lui-même suffisamment les siennes. Nous verrons ailleurs combien les ancêtres de Sancho s'étaient conduits avec prodigalité envers le clergé, et comment celui-ci s'était trouvé de bonne heure en état de gouverner et de défendre ses propres intérêts.

Le roi était sans doute pénétré de cette vérité et préférait répandre ses bienfaits sur les laïques, qui avaient bien mérité de lui et de son peuple (1). Tout en sacrifiant à l'esprit de son siècle, qui avait aussi de l'influence sur lui, en dotant un grand nombre d'églises et de monastères (2), en continuant la construction du couvent d'Alcobaça, à laquelle chaque nouveau roi se croyait obligé d'ajouter une pierre monumentale et qu'il enrichit de la terre d'Otta (3), il était néanmoins très éloigné d'élever par des possessions héréditaires plus étendues le clergé au rang de pouvoir rival, et d'agrandir les droits de l'Église aux dépens des droits royaux. Les efforts de Sancho tendaient au contraire évidemment à préserver aussi de ce côté l'indépendance de son trône. Ce n'est qu'avec une certaine répugnance qu'il supportait les obligations feudataires du Portugal envers le siège papal, et il avait, comme nous le voyons dans l'histoire du premier roi, forcé Innocent III, lorsque celui-ci lui demanda la redevance promise par Affonso, d'exhiber les pièces justificatives à l'appui de sa demande. La parole de ce pape trouvait cependant partout une foi volontaire. Le roi

---

(1) « .....Tali videlicet conditione, » est-il dit dans le diplôme de donation aux chevaliers d'Evora, ut mihi et universo semini meo in regno succedenti cum eis fideliter serviatis.» De même dans la donation à l'ordre de Sant-Iago: « Tali conditione, ut mihi et nostris successoribus cum eis obediendo serviatis. » On lit dans l'acte de donation aux templiers : « Vos vero nos, et cunctos, qui de genere nostro nobis in regno successerint, quando cumque voluerimus, tamquam reges et dominos vestros in ipso loco recipiatis. » *Nova Malta*, parte I, p. 55, remarque 33.

(1) Nous avons déjà rapporté plus haut les riches donations qu'il fit aux ordres de chevalerie. Des donations à des individus laïques sont beaucoup plus fréquentes sous son règne que sous ceux de ses prédécesseurs. Cf. les actes du règne de Sancho dans Ribeiro, *Dissert.*, t. III, p. 176.
(2) Cf. *Mon. Lus.*, lib. XII, cap. 31.
(3) Sousa, *Provas*, tom. I, p. 16, annale n. 9.

ÉPOQUE I, LIV. I, CHAP. IV.

pouvait encore moins souffrir que le clergé fît tort à la dignité du pays, ou que les prélats de l'église portugaise prissent pour mesure de leurs prétentions et de leurs nouvelles exigences les riches émanations de la bonté royale et la puissance princière fondée sur cette bonté même. C'était là aussi la plaie sensible du portugal, plaie à laquelle le contact ou le coup le plus léger faisait éprouver de vives douleurs et des convulsions prolongées. La ville épiscopale, qui avait donné son nom au royaume, devint le centre d'une lutte qui dura pendant plusieurs règnes et ébranla plus d'une fois le royaume entier.

En 1120, la reine Theresia avait donné à Hugues, évêque de Porto, Français de naissance, auquel elle voulait beaucoup de bien, le château de Porto (1) avec toutes ses dépendances et tous ses revenus, ainsi que plusieurs églises (2). Trois ans après, l'évêque accorda au château un droit de bourgeoisie ou *foral* (3), dans lequel il spécifiait les redevances des habitants envers leur nouveau maître. Pendant le règne de Sancho Ier, les évêques de Porto (Martin Ier, Perez depuis 1185-89, Martin II, Rodriguez depuis 1191-1227) furent long-temps en bonne harmonie avec le roi. Lorsque les bourgeois de Porto se révoltèrent contre l'évêque et tentèrent de se soustraire à sa souveraineté, Sancho décida en faveur de l'évêque, et signifia aux bourgeois qu'ils eussent à lui obéir comme à leur maître et à celui de la ville (4). Lui-même il confirma de nouveau, sans doute à la suite de cette révolte, la donation de la reine Theresia en 1200 ; mais ni cette confirmation, ni l'arrêt favorable du roi ne purent empêcher les divisions entre l'arbitre lui-même et l'évêque. L'incertitude sur les limites de la puissance royale et ecclésiastique aurait rendu nécessaire une certaine clarté dans les termes qui concernaient les rapports entre le roi et l'évêque, et une fixation exacte de ces rapports dans le diplôme de donation. Mais une telle clarté manquait au siècle tant pour la forme que pour le fond. L'ambition et l'esprit dominateur des évêques trouvaient là un champ vaste et libre, et la lutte d'Affonso contre les Sarrazins, qui avait duré près d'un demi-siècle, avait donné le plus beau loisir à leur activité persévérante. Du reste, ils n'avaient à redouter ni rival épiscopal, ni supérieur incommode ; car dès l'année 1115, l'évêque de Porto s'était soustrait à toute espèce de surveillance métropolitaine, et n'était soumis qu'au pape (1). La possession héréditaire de la ville était une base solide de la puissance épiscopale, un point d'appui ferme pour briguer des objets plus élevés. Ce que des évêques se permettaient isolément et fréquemment, le temps le consacra, et ce qui ne se faisait dans l'origine qu'à la dérobée ou par des usurpations violentes, les évêques parvinrent à le faire considérer comme un droit.

Tout cela devait apparaître sous un jour bien différent aux yeux d'un roi, dont le coup-d'œil ne se bornait pas à envisager un seul état, mais qui embrassait toutes les classes, la nation réunie, qui estimait la classe la moins élevée et le pauvre cultivateur, qui lui avait donné et assuré ses droits, et qui était d'autant plus jaloux de sa puissance royale et des droits de sa couronne, qu'ils lui servaient de moyens pour atteindre un plus noble but. Il ne faut point s'étonner d'après

---

(1) C'est-à-dire le *nouveau château*, ainsi nommé pour le distinguer du *vieux*, c'est-à-dire de la ville de Porto, plus tard Villa-Nova di Porto. *Elucidario*, l. c., p. 216, col. 2.

(2) Voy. l'annale du 18 avril 1120, ou *Esp. sagr.*, tom. XXI, p. 299. Voyez aussi *Nova Malta*, part. I, p. 12, not. 5.

(3) Ribeiro, *Dissert.*, tom. III, p. 79.

(4) Rodr. da Cunha, Catalogo dos Bispos da Porto, parte I, p. 53.

---

(1) «Personam siquidem tuam, et Ecclesiam ipsam Dei gratia restitutam sub nostram decrevimus tutelam specialiter conferendam, ea te libertate donantes, ut nullius metropolitani nisi romani pontificis, aut legati, qui ab ejus latere missus fuerit, subjectioni teneatis obnoxius, etc.» Cf. *Esp. sagr.*, tom. XXI, p. 297.

cela qu'il y ait eu un rude choc entre les deux pouvoirs sous Sancho, et que ce désaccord se soit renouvelé si souvent.

La première cause de la querelle entre le roi et l'évêque de Porto nous est malheureusement inconnue, mais un traité qui eut lieu entre eux par l'intervention du pape et qui mit fin à la discussion, peut nous la faire conjecturer.

Le roi prend l'engagement d'accorder à l'évêque et aux siens sa grâce pleine et entière ; de restituer à l'évêque son diocèse et toutes ses propriétés intactes, ainsi que tout ce qui avait été pris à lui et aux siens ; de ne point se mêler des affaires des ecclésiastiques de l'évêché, ni par lui-même, ni par intermédiaire, à moins que l'évêque ne l'en prie ; de ne point se faire justice à lui-même, mais de prendre conseil de l'évêque, lorsqu'il aurait à se plaindre d'un ecclésiastique de son diocèse ; à l'occasion de griefs contre l'évêque lui-même, d'attendre l'arrêt de l'archevêque ou du pape, si on en appelait à celui-ci ; de ne pas prendre sous sa protection des sujets de l'évêque, ni mettre des entraves d'aucune manière aux choses concernant sa personne, les fonctions ou les droits de l'évêque (1).

Nous aurions de la peine à faire accorder toutes ces concessions avec le caractère et la manière de voir de Sancho, et elles resteraient pour nous une énigme, vu notre ignorance complète des négociations précédentes, si nous n'en cherchions pas la clef dans l'adresse diplomatique et dans la haute intervention du pape. Il manquait à cette alliance la première condition, la première garantie de tout traité, la modération. Les cordes étaient trop tendues pour ne pas se rompre. L'évêque trouva bientôt une occasion de faire éclater son orgueil blessé que le traité avait encore augmenté et sa vieille rancune que les concessions royales eussent dû étouffer.

Lorsqu'en 1208, le prince royal Affonso se maria avec Urraca, fille du roi de Castille, Alfonso VIII, l'évêque de Porto, seul d'entre tous les prélats portugais, refusa d'assister à la cérémonie nuptiale, sous prétexte que les fiancés étaient parents, quoique très éloignés, et déclara même le mariage illégitime. Ce qui fut encore plus sensible au roi, l'évêque ne vint pas au-devant de lui avec son clergé, comme il était d'usage, lorsqu'il passa par la ville de Porto. Sancho devait être doublement indigné d'essuyer de tels affronts précisément de la part de cet évêque auquel il avait fait tant de sacrifices et en faveur duquel il avait renoncé à des droits si importants. De même qu'il avait dépassé les limites de la condescendance, de même cette fois il dépassa celles de la vengeance. Il ordonna d'arrêter l'évêque, le doyen et plusieurs de ses partisans, et les fit strictement surveiller par les bourgeois de Porto. On démolit les maisons de quelques chanoines qui avaient pris parti pour l'évêque et on leur enleva leurs prébendes, et même leurs chevaux de selle. Ce fut en vain que l'évêque en appela au pape, ce fut en vain

---

(1) Voyez l'acte dans Epist. Innocentii III, lib. XIII, ep. 76, p. 449. La lettre de Sancho à l'évêque Martin, supprimée en partie dans *Memorias da Academia Real das Sciencias de Lisboa*, tom. VI, parte II, p. 78, not. 6, n'est pas tout-à-fait d'accord avec cet acte. Il n'est pas facile de découvrir le rapport qui se trouve entre les deux actes dans les fragments de la lettre de Sancho. Que ce traité entre le roi et l'évêque précéda les querelles qui sont mentionnées après, cela est démontré par la lettre 75 du pape Innocent III : « Cum enim super variis gravaminibus, quæ..... Rex exercuerat in eundem, dudum compositio inter eos mediantibus delegatis nostris celebrato fuisset, quam idem rex, sicut patet ex authentico suo scripto, promisit se fideliter servaturum, ipse de mane super articulis contentis in ea veniens contra ipsam, adversus memoratum episcopum graviores innovavit calumnias, et sævioris angustias instauravit. » Gebauer, *Portug. Geschichte*, p. 60, place à tort le traité après les discussions, et suppose qu'il les a fait cesser. C'est une nouvelle preuve que le prédécesseur de Gebauer, le vieux Schmauss, qui donne au traité sa véritable place, voyait mieux et plus soigneusement.

qu'il interdit le service divin et qu'il lança l'anathème. Les portes des églises furent enfoncées, des excommuniés y entrèrent et furent inhumés après leur mort ; un grand nombre de chanoines, dévoués au roi, méprisèrent l'interdit fréquemment réitéré, et célébrèrent solennellement le service divin. L'évêque resta pendant cinq mois strictement incarcéré ; étant tombé malade, il ne voulut d'aucun prêtre pour lui offrir les consolations des saints sacrements. Il promit enfin de se soumettre à la volonté du roi et fut remis en liberté. Prévoyant ce qu'il avait à espérer ou à craindre du roi, et que celui-ci exigerait avant toutes choses le désistement de l'appel fait au Saint-Siége, il s'enfuit secrètement du Portugal pendant la nuit et se sauva à Rome où il arriva presque nu (1).

Le pape prit le fugitif sous sa protection et chargea l'archidiacre de Zamora et l'abbé de Morerola de demander au roi la restitution de ce qu'on lui avait pris, ainsi que l'observation des traités précédents. Si le roi ne se conformait pas à ces injonctions dans un certain délai, l'entrée de toute église et la jouissance des saints sacrements lui seraient interdites, et le service divin cesserait partout aussitôt qu'il paraîtrait. Et si les deux prélats ne parvenaient à faire plier aussi son obstination, ils devaient en instruire le pape, afin que celui-ci, si le mal empirait, pût prescrire un remède plus efficace. L'anathème devait être lancé contre les serviteurs du roi et tous ceux qui l'avaient soutenu contre l'évêque. Innocent ordonna que cette sentence fût lue solennellement chaque jour de fête ou de dimanche au son des cloches et à la lueur des torches dans tout le diocèse de Porto (2).

Quelques sévères que pussent paraître ces mesures, une telle conduite envers le roi peut cependant passer pour modérée, lorsqu'on se rappelle le caractère d'Innocent, et l'esprit de la hiérarchie de cette époque. Le roi était assez malade aux yeux du pape pour justifier l'application des remèdes les plus forts. Mais Innocent connaissait sans doute le tempérament impressionnable de Sancho, et pensait qu'une gradation de rigueurs serait plus salutaire que des moyens violents et impérieux. Son prédécesseur avait déjà essayé une fois de lancer l'anathème contre ce roi lorsqu'en 1190 Alfonso IX, roi de Léon, avait épousé Theresia, fille de Sancho Ier ; le pape avait chargé son légat de séparer les mariés à cause de leur proche parenté, et, voyant qu'ils ne se soumettaient pas à son ordre, il avait lancé un interdit sur les royaumes de Léon et de Portugal. Cette mesure ne put faire céder les deux rois : ce ne fut qu'au bout de cinq ans, après que cet heureux mariage eut été béni par la naissance de trois enfants, qu'Alfonso convint avec son beau-père, de rompre son mariage, mais plutôt à la prière de leurs peuples que par obéissance envers le pape. La résistance avait cependant duré trop long-temps, pour que son triomphe tardif pût donner au pape un plaisir bien grand. Innocent n'était pas très désireux d'une pareille victoire, qui d'ailleurs était encore douteuse.

Le roi pouvait compter sur l'amour de ses sujets et sur le dévouement de presque tous les états. Le cultivateur et l'artisan commençaient à se sentir quelque chose, et ils n'ignoraient pas que c'était à Sancho qu'ils le devaient. Les dons du roi aux chevaliers des divers ordres étaient encore trop récents dans leur souvenir, pour que cette vigoureuse corporation, cette garde du trône, ce rempart du royaume ne fût pas bien disposé envers son bienfaiteur ; et le châtiment infligé par un prélat orgueilleux ne l'avait sans doute point éloigné de lui. Il pouvait même compter sur plusieurs évêques, mais surtout sur l'archevêque de Braga, Martin, qui avait déjà été son ami comme évêque de Porto, et qui lui conservait les mêmes senti-

---

(1) « Quasi nudus, » dit le pape.
(2) Innocentii III, *Epist.*, lib. XIII, ep. 75, et 57.

ments comme archevêque (1) (nommé depuis 1189) (2). Sancho trouvait enfin dans son propre cœur la force et le courage nécessaire pour tenir tête au pouvoir qu'inspirait le plus d'effroi à ses contemporains. Si Innocent rehaussait la puissance du siége papal par son caractère, celui de Sancho donnait au trône de Portugal, quoique dans une proportion inférieure, un très grand crédit, et les moyens d'attaque étaient suffisamment balancés, au moins pour cette affaire, par les moyens de défense.

Il serait difficile d'affirmer avec certitude si le pape avait été porté à sa conduite mesurée envers le roi par ces considérations ou d'autres semblables ; mais il est certain qu'elles influèrent sur le roi, car il persista dans sa manière d'agir, et ne craignit pas d'exciter de nouveau l'indignation du pape. L'évêque de Coïmbre s'était permis d'interpeller le roi sur ses procédés envers quelques ecclésiastiques, et même sur des circonstances de sa vie privée (3). Comme il continuait à lui adresser ses reproches sans égard à son rang, et que Sancho ne laissait pas passer d'offense impunie, et ne souffrait pas qu'on lui manquât de respect, l'irritation mutuelle monta à son plus haut degré. L'évêque prononça dans son diocèse l'anathème contre le roi, et en appela, afin que l'archevêque de Braga ne pût le suspendre, au pouvoir papal. Il ne lui fut pas permis de porter ses plaintes lui-même, car le roi s'était emparé de sa personne. Les griefs et les accusations que l'évêque trouva moyen de faire parvenir au pape en furent d'autant plus vifs. Il lui fit savoir que le roi accordait des prébendes à qui lui plaisait, et les enlevait à ceux auxquels l'évêque les avait données dans son diocèse ; qu'il envoyait à des couvents qui n'avaient que peu ou point

de revenus, des chasseurs, des chevaux, des chiens et des oiseaux à nourrir et à entretenir ; qu'il faisait arrêter des ecclésiastiques, et qu'il les obligeait de vider leurs querelles devant lui ou devant des juges temporels ; qu'il protégeait des personnes excommuniées ; qu'il empêchait des ecclésiastiques d'entrer ou de sortir librement du royaume, et qu'il ne le leur permettait qu'après qu'ils avaient prêté serment de ne point se rendre à la cour papale ; sans quoi on les dépouillait et les jetait dans les prisons publiques.

Ces accusations pouvaient, si elles étaient fondées, être considérées d'une part comme empiétements injustes sur des droits réels ou supposés ; mais aux yeux du pape elles suffisaient pour justifier les mesures les plus sévères. Innocent ne put manquer d'y ajouter foi et de se trouver, qui plus est, très blessé, lorsqu'il reçut du roi des lettres pleines d'arrogance et de prétentions exagérées. Sancho y reproche au pape sans détours, « qu'il prêtait volontiers l'oreille à toute personne qui lui faisait des rapports au préjudice du roi, et qu'il ne rougissait pas de proférer devant tous les hommes des paroles inconvenantes contre lui ; » il lui dit des choses qu'Innocent aime mieux passer sous silence. « En vérité, dit le pape, nul prince, quelque grand qu'il fût, n'a jamais osé nous écrire à nous ou à nos prédécesseurs d'une manière aussi peu respectueuse et aussi audacieuse, à moins que ce ne fût un hérétique ou un tyran. »

Nous serions autorisés à concevoir la plus mauvaise opinion de Sancho, d'après de pareilles expressions. Mais c'est Innocent lui-même qui nous empêche de tomber dans l'erreur à l'égard de ce prince ; car, même dans le blâme le plus sévère qu'il prononce contre lui, il nous montre le souverain éclairé, tel que nous avons appris à le connaître dans ses rapports avec son peuple. Innocent relève en particulier comme preuve d'*une perfidie pleine d'hérésie*, les paroles suivantes que Sancho s'était permises envers lui : «Que chez ceux dont la religion est pleine d'hy-

---

(1) *Esp. sagr.*, tom. XXI, p. 86.
(2) Innocentii, *Epist.*, lib. XIV, epist. 8, p. 510.
(3) Le roi avait auprès de lui une devineresse qu'il consultait journellement. L'évêque exigea de lui qu'il l'éloignât de sa personne.

pocrisie, et surtout chez les prélats et gens d'église, on ne pouvait anéantir et détruire l'orgueil et la mollesse qu'en leur enlevant le superflu des biens temporels qu'ils avaient obtenus de lui et de son père, au grand détriment du royaume et de ses successeurs, et en les donnant à ses fils et aux défenseurs de la patrie, qui étaient dans le dénuement. » Il est étonnant qu'une lettre aussi pleine d'hérésie et aussi outrageuse pour le pape, n'ait pas été suivie d'une bulle d'excommunication, et cette omission devait passer aux yeux d'Innocent et de bien d'autres, pour de la modération et de l'indulgence. On put même admettre une parfaite réconciliation entre eux, lorsque ce pape, qui se posait dans d'autres pays comme tuteur de toutes puissances temporelles et comme juge suprême des rois, tendit, pour ainsi dire, la main en signe de paix au roi de ce petit royaume de Portugal, qui lui avait écrit en termes plus arrogants et plus irrespectueux que jamais aucun des plus grands princes ne l'eût fait, et le pria instamment : « De se contenter du lot que Dieu lui avait accordé, et de ne point briguer les droits spirituels, de même que lui ne rechercherait pas les droits royaux; de lui laisser sa suprématie sur les ecclésiastiques comme il lui laissait la sienne sur les laïques (1). » Ces mots si simples pouvaient devenir, si l'esprit d'un Innocent les fécondait, une suite de résultats imprévus et de résolutions audacieuses ; mais d'après les idées du siècle, ils avaient l'apparence de la modération, de l'équité et d'une solution définitive de toute désunion.

Nous ne saurions dire s'ils modifièrent dans l'esprit de Sancho ses idées de la puissance royale et papale et de leurs limites respectives; nous ignorons même si la lettre du pape, qui porte la date du 7 mars 1211, trouva encore le roi en vie, puisqu'il mourut le 27 du même mois. Mais s'il en fut ainsi, elle le trouva dans une disposition d'esprit où l'influence d'une première éducation, d'impressions habituelles, des préjugés et des idées du siècle se fait sentir avec le plus de force, et où l'approche d'un monde inconnu et enveloppé de ténèbres, inspire l'indulgence et la bonté.

On dit que des prêtres entourèrent son lit de mort, et cherchèrent à agiter sa conscience par les horreurs d'une mort prochaine et de châtiments éternels, afin de lui inspirer du repentir, et de lui arracher des donations à l'Église offensée qu'il devait tâcher de se réconcilier, et au clergé. On cite pour preuve de la vérité de cette assertion les sommes considérables qu'il légua par son testament aux évêchés et aux cloîtres (1). Mais ce testament, il l'avait fait en présence de plusieurs évêques et grands du royaume, et du consentement du prince royal, dès le mois d'octobre de l'année 1209 (2), par conséquent à une époque où il jouissait de toutes ses forces physiques, et où il tenait orgueilleusement tête à l'évêque de Coïmbre et au pape, avec lesquels il était brouillé. Toutefois peu de temps avant sa mort Sancho se fit absoudre de l'excommunication par l'archevêque de Braga, son ancien et fidèle ami, en comptant sur la ratification du pape. Dans son testament il avait également exprimé le vœu que le pape, auquel il laissait un legs de 100 marcs d'or, employât tout son crédit pour faire exécuter ses dernières volontés. Innocent se montra digne de cette noble confiance par laquelle Sancho s'honorait lui-même et honorait encore plus son adversaire, en y répondant, en

---

(1) Innocentii III, *Epist.*, lib. XIV, ep. 8.

(1) Il ne faut pas oublier de faire observer que les legs que le roi fit aux églises et aux couvents, consistaient tous en argent, et point du tout en biens fonds. Cette circonstance explique la contradiction apparente que ses legs présentent avec les principes, qui avaient guidé le roi pendant sa vie. Elle nous permet de tirer des conclusions sur le genre de propriété qui, selon ses idées, convenait à l'Église et au clergé.

(2) Sousa, provas I, num. 10, p. 17. Sancho avait déjà fait en 1188 et en 1189 un testament que Ribeiro a fait imprimer le premier (*Diss.*, tom. III, p. 116), et sur lequel nous reviendrons plus tard.

approuvant la conduite de l'archevêque qui, disait-il, avait sagement choisi le moment, en confirmant le testament, et en s'engageant à le faire maintenir (1). La joie de voir qu'il ne s'était pas trompé dans son idée du saint père n'était point réservée à Sancho ; car ce ne fut que le 6 et le 7 juin que les lettres du pape furent écrites, et le roi était mort dès le 27 mars, la cinquante-septième année de sa vie ; et, chose étrange, deux mois après, la nouvelle n'en était pas encore parvenue à Rome.

§ IV. — *Testament de Sancho.*

Ce ne fut qu'après sa mort et dans son testament que Sancho fit connaître les trésors qu'il avait amassés pendant un règne de vingt-six ans. Car son père ne lui avait laissé que de bien petites propriétés dont les revenus avaient été épuisés par une guerre d'un demi-siècle, et cette guerre, en brisant ou livrant à la rouille la charrue, avait tari la source unique d'aisance de ces temps-là. L'amour de Sancho pour son peuple lui enseigna les moyens d'augmenter son zèle pour le travail. Il en résulta bientôt un certain bien-être national, qui ne laissa pas la maison royale dans le besoin. Sa caisse s'emplit, et Sancho obtint la récompense qu'il avait méritée, mais qu'il n'avait probablement pas recherchée par cette voie.

L'esprit actif de Sancho avait trouvé et exercé, plusieurs siècles avant la naissance de l'économie politique, le secret de relever la prospérité publique en stimulant et en protégeant l'industrie, et de tirer de cette source ce qu'il fallait aux besoins de l'état, secret qui échappe souvent à la sagesse de nos jours. Il amassa peu à peu, et sans opprimer son peuple, des sommes considérables, les déposa dans les tours de Coïmbre, d'Evora et de Belver, qui étaient à cette époque les trésoreries royales, et les augmenta par une sage économie et une administration sévère.

Nous en trouvons les preuves dans ses deux testaments que l'histoire nous a conservés. Dans le premier qui fut fait par le roi, trois ou quatre ans après son avénement au trône (1), il légua au prince héréditaire Alfonso 60,000 maravédis, qui se trouvaient dans la tour de Coïmbre, et 10,000 déposés dans la tour d'Evora. Après la mort du roi, les tuteurs de l'infant devaient laisser cet argent intact jusqu'à ce que celui-ci eût atteint sa majorité, et défendre, en attendant, le royaume avec les revenus du pays. Il destina à chacun des infants, Ferdinand et Pierre, 10,000 maravédis ; et à chacune des infantes, Theresia et Sanita, une somme égale, et de plus 100 marcs d'argent. C'étaient là tous les legs que le roi fit en argent comptant, et probablement tout ce que contenait le trésor royal ; du moins dans la tour d'Evora il ne se trouvait que les 10,000 maravédis destinés au prince royal (2). Les legs que Sancho institua vingt ans plus tard dans son testament de l'année 1209 (3) sont bien différents de ceux-ci. Il y lègue au prince héréditaire 200,000 maravédis déposés à Coïmbre et 6000 à Evora. Il n'y aurait rien à redire, si ses autres enfants avaient été aussi bien rétribués. Au reste leur nombre s'était beaucoup augmenté ; outre ceux que lui avait donnés son épouse Dulce (cinq fils et six filles)(4), il comptait encore une nombreuse postérité illégitime qu'il avait eue de Marie-Anne de Fornellos, et de la belle Marie Paès Ribeira. Outre les

---

(1) *Epist.* Innocentii III, lib. XIV, ep. 58, 59.

(1) Ribeiro', *Dissert.*, t. III, append., p. 116.
(2) Nous tirons cette conclusion des paroles suivantes du testament : « Et illos decem mille morabitinos, qui sunt in Elbora. »
(3) Sousa, *Privas*, tom. III, p. 17.
(4) Sousa, *Hist. general*, tom. III, p. 87.

propriétés foncières, qu'il leur donna, chacun de ses fils naturels eut 8000 maravédis, chaque fille naturelle 7000. Il légua de bien plus grandes sommes aux évêchés du royaume, à la plupart des églises et des couvents, et aux divers ordres de chevalerie ; il en destina d'autres à l'entretien d'institutions de bienfaisance et d'utilité publique, fondées en partie par lui-même, tels que des hospices pour les pauvres, les malades et les étrangers (*Albergarias*), et à la construction d'un pont sur le Mondego près de Coïmbre.

Si le roi fut prodigue de son argent envers les églises et les couvents, il se réservait strictement la propriété des terres ; il n'en légua pas un pouce au clergé. Mais il donna ses territoires entiers comme bien héréditaire à ses filles. On a supposé que connaissant l'avarice de son fils et son peu d'amitié pour ses sœurs, Sancho avait voulu rendre celles-ci indépendantes de leur frère, en leur assurant des propriétés inaliénables. Si l'on tire cette supposition simplement du testament (et il n'existe pas d'autre preuve à notre connaissance), on fait tort au père ainsi qu'au fils. Déjà par le testament de 1188 ou 1189, le roi avait donné aux sœurs de l'héritier présomptif du trône plusieurs bourgades, et c'était dans un temps où celui-ci n'avait que trois ou quatre ans, et où le père eut montré par ce motif peu de confiance en son propre sang et dans son talent d'éducation. On aurait au contraire pu accuser le roi de parcimonie envers ses filles, s'il n'avait pas remplacé le peu d'argent qu'il leur laissait, proportion gardée, par la donation de propriétés immeubles. Tandis qu'il élevait la somme de 70,000 maravédis, qu'il avait laissée par son premier testament au prince royal, à la somme de 206,000, il n'augmenta les sommes fixées pour chaque infante, malgré l'accroissement du trésor, que de 100 marcs d'argent. Il lui eût été facile d'assigner au prince les ressources de l'état, quoiqu'il ne considérât pas l'état comme un moyen d'entretien personnel ; mais les biens qu'il laissait aux infantes n'étaient point suffisants pour leur assurer une existence convenable et indépendante. D'après les idées du siècle, qui voyait dans les propriétés foncières les moyens d'existence les plus sûrs et les plus honorables, et qui laissait au roi la libre disposition de certaines portions de son royaume en faveur de sa famille, Sancho légua à ses filles plusieurs territoires. Il trouvait des legs de cette nature si convenables, qu'il avait soutenu ouvertement au chef suprême de l'Eglise, contrairement à la manière de voir d'alors que prêchait le clergé, « qu'il valait mieux donner les biens temporels à *ses enfants* et aux défenseurs du royaume, qui étaient dans le besoin, qu'aux ecclésiastiques qui ne manquaient de rien (1). »

Ce ne fut donc point la défiance en son fils qui inspira au roi les dispositions de ses dernières volontés ; mais bien sa solicitude paternelle, qui s'étendait sur tous ses enfants ; et tout en nous séparant du père avec des sentiments d'estime et d'affection, nous pouvons passer sans appréhension au règne du fils.

---

(1) « ....Prælatis et Clericis..... subtrahantur, et filiis tuis ac regni defensoribus in multis patientibus indigentiam assignentur. » *Epist.* Innocentii III, lib. xiv, epist. 8, p. 511.

CHAPITRE V.

RÈGNE D'AFFONSO II (1).

(Du 27 mars 1211 jusqu'au 25 mars 1223.)

§ Ier. — *Querelles d'Affonso II avec ses sœurs.*

Elles prennent possession des terres que Sancho leur a assignées dans son testament.—Le roi de Léon les soutient de ses armes. — Elles implorent les secours d'Innocent III. — Conduite des juges commissaires du pape. — Continuation de la guerre. — Arrêt définitif du pape.

Le testament de Sancho, qui devait assurer la paix de la famille en fixant un entretien stable à chacun, devint une source de divisions et la cause d'une guerre sanglante et contre nature entre les membres de la famille. Le roi avait assuré dans son testament à sa fille Theresia, épouse divorcée du roi de Léon, la possession héréditaire de Montemort o Velho et Esgueira ; après leur mort, les deux endroits devaient revenir à l'infante Blanca. Le bourg d'Alemguer avait été destiné à l'infante Sancha, après la mort de laquelle il devait passer à l'infante Berenguela. Le prince royal Affonso avait prêté serment entre les mains de son père, lorsque celui-ci avait fait son testament, et puis entre celles de l'archevêque de Braga, de l'évêque de Coïmbre, et de l'abbé d'Alcobaça, « qu'il s'y conformerait, et que non-seulement il ne mettrait pas obstacle à l'accomplissement de ces dispositions, mais qu'il ne souffrirait pas que d'autres y en missent. »

Mais à peine le roi eut-il fermé les yeux, que des querelles eurent lieu entre Affonso et ses sœurs. Celles-ci avaient aussitôt pris possession des territoires en question ; le roi demanda qu'elles les lui rendissent. Les annales de l'époque ne nous apprennent pas,

---

(1) Affonso, premier fils du roi Sancho Ier et de son épouse Dulce, né le 23 avril 1185, épousa en 1208 Urraca, fille d'Alfonso IX, roi de Castille. Barbosa, dans le *Catal. das Rainhas*, dit que ce mariage avait eu lieu dès l'an 1201 ; mais les signatures des diplômes royaux le contredisent. Le premier, dans lequel on parle d'Affonso et de son épouse Urraca, est du 5 mars 1209 : « Ego Sancius, Dei gratia, Portugal, rex, una cum filiis meis, rege D. Alfonso, et uxore ejus regina D. Urraca, et ceteris filiis, et filiabus meis. » Depuis ce temps, on fait toujours mention de la *regina D. Urraca* dans les signatures. Ribeiro, *Diss.*, tom. III, p. 210, etc.

s'il les voulait tout-à-fait pour lui, ou s'il désirait seulement y être reconnu comme chef suprême, et s'il ne prétendait qu'aux droits de souveraineté, à l'hommage des habitants et à la nomination des alcaides. Des écrivains plus modernes nous disent bien ce que le roi exigeait et ce qu'il présentait à l'appui de ses prétentions, mais ils ne nous disent en réalité, que ce qu'il pouvait exiger et présenter. Tous leurs rapports s'accordent à nous apprendre qu'Affonso, afin de renverser les dispositions de son père et d'arracher à ses sœurs leurs possessions, s'était efforcé de faire taire par des motifs politiques le souvenir du serment qu'il avait prêté. Nous ne sommes pas disposés à charger la conscience d'Affonso d'accusations aussi graves. Le testateur avait eu tort de négliger de prescrire expressément, que la suprématie souveraine sur ces endroits resterait comme par le passé un droit de la couronne, bien qu'à la vérité ce droit fût si solidement fondé dans l'esprit du siècle et des institutions du pays, qu'il était presque inutile d'en faire une mention particulière. Il paraît que c'est dans cette supposition qu'Affonso avait juré la stricte observance des dernières volontés de son père, et il n'agissait pas contre son serment, en faisant valoir des prétentions qu'approuvait sa conviction. Mais les sœurs, qui n'admettaient pas cette supposition préalable, s'y opposèrent et invoquèrent l'appui du Pape.

Innocent III, sur la demande du roi Sancho, avait non-seulement confirmé le testament en général, et ordonné son exécution (1), mais il avait même, à la prière des infantes, « *qui redoutaient des désagréments de la part de certaines gens,* » peu de temps après la mort du roi, placé sous sa protection et celle de saint Pierre (1), toutes les terres que leur avait léguées leur père. L'archevêque de Compostelle, et deux évêques espagnols avaient été chargés par le pape de maintenir ces dispositions. La sécurité qu'offrait aux infantes la protection promise du saint père ne semblait cependant pas les délivrer de toute inquiétude; un secours plus prompt et plus rapproché leur parut nécessaire. Elles le cherchèrent et le trouvèrent chez leur parent le roi de Léon, tandis qu'elles se retranchaient elles-mêmes avec leurs guerriers et leurs partisans dans Montemor, château fort par sa position et presqu'imprenable à cette époque, et qu'elles se préparaient à repousser toute attaque violente. Irrité de l'insulte que ses sœurs lui faisaient par cet appel à des étrangers et de l'entrée de troupes étrangères dans le royaume, le roi se hâta de marcher vers Montemor, accompagné d'un certain nombre de guerriers, qui suffisaient pour sa garde personnelle, sans faire craindre qu'il s'en servît pour attaquer ou assiéger le château. Il proposa aux infantes de confier la défense des châteaux en litige à des chevaliers sûrs et dévoués, de prendre tous les revenus de ces endroits pour elles, mais d'y faire rendre hommage au roi. La dignité de la couronne et l'unité de l'état lui semblaient ainsi sauvées, et les dernières volontés du roi décédé, qui avaient pour but d'assurer à ses filles une existence sûre et convenable, remplies (2). Mais les infantes comptant sur des secours spirituels et temporels refusèrent la proposition. Quelques uns des soldats de Montemor (Affonso s'en plaignit plus tard auprès du pape), profé-

---

(1) A l'exception de ce que le roi s'était permis de fixer à l'égard de quelques couvents : « Cum juxta canonicas sanctiones nulla sit laicis de rebus ecclesiasticis attributa facultas disponendi. » Innocentii III, *Epist.*, lib. XIV, epist. 58.

(1) Innocent., *Epist.*, lib. XIV, epist. 115, 116, 117.

(2) Brandão remarque judicieusement : « Não procedia el rey D. Affonso nesta materia uno tao pouco fondamento, como se tem comumente, pois pedia reconhecimento, e conservação dos direitos Rheaes, e outras cousas que os summos pontifices approvarão, e despois se vierão a conceder. » *Mon. Lus.*; lib. XII, cap. 5.

rèrent des invectives contre le roi et sa suite, élevèrent en sa présence leurs bannières et crièrent à plusieurs reprises : «Léon, Léon ! » Indigné de ce procédé et de la résistance de ses sœurs, Affonso retourna à Coïmbre et il crut alors qu'il serait en son plein droit s'il s'opposait la puissance royale à cette puissance hostile dans le sein du royaume, et les armes de la patrie à celles de l'étranger.

Il prit sur-le-champ le fort d'Aveyras, qui appartenait à l'infante Sancha, assiégea Montemor et Alemguer, tandis que des troupes de Léon s'avançaient sous le commandement de l'infant Ferdinand. Celles-ci tentèrent en vain de débloquer ces châteaux; mais elles se dédommagèrent en pillant et brûlant diverses villes ouvertes des environs et en occupèrent d'autres (1). Onze châteaux forts tombèrent au pouvoir du roi de Léon. Tout le royaume fut ébranlé, et la lutte poussée des deux parts avec le plus grand acharnement. De même que ses sœurs, le beaufrère, son propre frère (l'infant Pierre), étaient opposés au roi, de même le chevalier de Léon se battait contre le chevalier portugais, frère contre frère, ou peut-être fils contre père. Néanmoins Affonso eût triomphé de ses adversaires, tant indigènes qu'étrangers, et le repos eût été rendu au pays, s'il n'avait pas eu à lutter contre d'autres ennemis. Bien que maint Portugais, qui croyait voir dans le roi un frère dénaturé, se détournât de lui ; que l'intérêt qu'inspirent toujours les faibles et les opprimés et que l'on ne refuse jamais à la femme accablée par la force supérieure de l'homme, attirât aux infantes des partisans ; le roi possédait cependant le pouvoir, il défendait l'unité et l'indépendance menacées de l'état, et soutenait la dignité et les droits de la couronne à l'intérieur du royaume et contre une intervention étrangère. L'approbation et le dévouement des amis de la patrie ne pouvaient lui manquer.

Un motif religieux, qui n'avait pas le moins d'influence dans ce siècle, se joignit encore aux motifs moraux et politiques qui avaient divisé les Portugais en partie et qui les avaient excités à des querelles sanglantes. Le pape avait chargé l'archevêque de Strigonia et l'évêque de Zamora d'examiner la discussion qui divisait la famille royale. Comme Affonso ne levait pas le siège des châteaux en litige, les commissaires du pape le mirent lui et son royaume sous l'interdit, jusqu'à ce qu'il déposât les armes et se soumît à l'arrêt du saint-père. Mais le roi n'en tint aucun compte ; il en appela au pape et marcha l'année suivante de nouveau contre les châteaux. Ils tombèrent enfin en son pouvoir. Il fit alors dire au pape, qu'il était disposé à se réconcilier. Ce fut sans doute à l'instigation du roi qu'Innocent nomma d'autres plénipotentiaires, les abbés des couvents de l'ordre de Cîteaux, Espina et Osseira, qui se rendirent aussitôt à Coïmbre pour examiner les griefs et les justifications des deux parties. Sur le serment que fit le roi de se soumettre au décret du pape, l'excommunication fut aussitôt levée (1). En attendant la décision, on confia les châteaux aux Templiers. Mais les commissaires du pape déclarèrent contre toute attente « que le roi devait payer à ses sœurs 150,000 écus d'or pour les dommages qui leur avaient été faits. » Et comme Affonso n'exécutait pas cette injonction, il fut de nouveau frappé d'anathème. La grandeur de la somme lui rendait le paiement impossible ; il le fit remarquer comme une injustice criante à son égard, lui qui avait éprouvé tout autant de dommages de la part de ses sœurs et du roi de Léon. Son avocat Léonardo, juriscon-

---

(1) « Pluribus villis campestribus incendio devastatis, quædam castra etiam occupavisse quorum unum dicto fratri ejusdem regis Portugaliæ (l'infant Pierre, qui avait été placé auprès de l'infant Ferdinand encore très jeune, en qualité de chef de l'armée de Léon) commiserit; cætera per se, et per filium suum contra justitiam detineret. » Tiré de la lettre du roi Affonso II au pape, dans Brandão, *Mon. Lus.*, lib. XIII, pap. 5.

(1) Voyez l'absolution du pape dans la *Mon. Lus.*, lib. XIII, cap. 4.

sulte distingué de Milan, put bien dire avec raison « qu'on avait lancé contre un homme hors d'état de payer, un anathème qui n'aurait dû frapper que le récalcitrant. » Mais ce n'était pas seulement un jugement inique et inexécutable que les arbitres avaient prononcé; ils n'étaient pas du tout compétents dans cette affaire. Le pape leur avait enjoint, « s'ils ne pouvaient effectuer un accommodement à l'amiable entre les deux parties, de chercher à apaiser la dispute et de lui laisser le soin d'examiner et de décider. En ce cas ils devaient assigner aux parties un certain délai, pendant lequel ils feraient porter l'affaire par de bons procureurs devant le pape, pour avoir son avis (1). »

Sans savoir combien ses juges avaient dépassé les bornes de leur plein pouvoir, le roi en appela encore une fois au pape. Celui-ci nomma alors de nouveaux plénipotentiaires, l'évêque de Burgos, et le doyen de Compostella, en leur marquant soigneusement la conduite qu'ils devaient tenir et l'arrêt qu'ils devaient prononcer en son nom (2). On ne peut s'empêcher de trouver étrange qu'Innocent, si versé dans la jurisprudence, après que le jugement avait été prononcé plus d'une fois dans le procès qui se trouvait porté devant son tribunal et que le châtiment (le plus fort que l'Église puisse infliger à un roi et à son royaume) avait été reconnu, chargeât au bout de cinq ans, ses plénipotentiaires d'examiner : « si c'était avec bon droit que le roi avait pris les armes contre ses sœurs; » et qu'il finît ainsi par où il aurait dû commencer. Mais comme il fait observer dans la même instruction, « qu'il n'est nullement dit dans le testament paternel, que les endroits en litige devaient être affranchis de la juridiction royale (3), » il est à croire que le roi avait fini par avoir raison auprès du pape au moyen de cette assertion; qu'il avait soutenue ainsi que tout nous porte à le croire dès le commencement de la discussion.

Voici en substance la décision du pape :

L'excommunication prononcée contre le roi et le royaume est déclarée nulle. Les châteaux seront confiés aux Templiers, sans préjudice des droits du roi, de sorte que le roi en aura la souveraineté, mais que ses sœurs en retireront les revenus. Le dommage occasioné aux deux parties sera évalué par des personnes non intéressées dans l'affaire, et réparé réciproquement autant que faire se pourra.

Ce dommage se trouva être très considérable. La reine Theresia assura qu'elle avait dépensé, rien que pour solde de guerriers, pour messages et avocats à Rome 50,000 cruzados, mais que la perte qu'elle avait éprouvée en troupeaux, récoltes et même en cargaisons sur mer, était incalculable. L'infante Sancha, qui n'évalue pas non plus cette perte, fait monter ses frais pécuniaires dans la première guerre à 14,626 maravédis d'or, dans la seconde à 15,607 (1); ce qui faisait effectivement de très fortes sommes pour l'époque. Ce que le roi Sancho avait amassé péniblement et peut-être en partie avec des scrupules de conscience (2), ce qu'il avait partagé entre ses enfants, pour assurer leur indépendance, leur repos et leur union, fut dévoré par les hostilités réciproques des frère et sœurs à leur propre détriment et au préjudice du malheureux pays, devenu le théâtre des divisions de famille les plus déplorables.

C'est ainsi que fut apaisée pour le moment une querelle de famille, dans laquelle notre intérêt n'est excité ni par la pré-

---

(1) Innocentii, *Epist.*, lib. XVI, epist. 52.
(2) *Mon. Lus.*, tom. IV, append., escrit. 8.
(3) « Nobiles quoque prædictæ pro Castris ipsis exhiberent sine difficultatis obstaculo jura regalia dicto regi, cum per patris testamentum nullatenus appareret, quod eadem a jurisdictione regia exempta fuissent. »

(1) *Mon. Lus.*, tom. IV, escrit. 6.
(2) C'est à cela que se rapporte peut-être la disposition suivante du testament : « Et de mea arca XCC morabit, de quibus faciant pacari, quantum invenerint *quod accepi cum torto*. »

voyance du père, ni par la tendresse du frère, ni par la délicatesse des sœurs, ni par l'équité du juge. La décision juste mais trop tardive, puisqu'elle n'arriva qu'au bout de cinq ans, ne put réconcilier ceux dont le cœur était blessé par le scandale d'une lutte sanglante entre les membres de la maison royale, qui y avaient versé leur sang, et avaient vu leurs foyers et leurs champs détruits et ravagés. L'insouciance du juge-arbitre ne pouvait trouver d'excuse que dans l'immensité de sa juridiction, qui embrassait presque toute la chrétienté et qui cherchait encore à s'étendre vers l'Orient, et dans la multitude et l'importance des procès en litige devant son tribunal.

Innocent mourut le 16 juillet 1216, peu de mois après avoir, par son arrêt du 7 avril, rétabli le calme intérieur du Portugal. Son successeur au saint-siége, Honorius III, débuta dans sa carrière par une entreprise qui par un effet du hasard eut une certaine importance pour le Portugal, par l'organisation et l'expédition d'une nouvelle croisade.

§ II. — *Des croisés allemands et flamands aident le Portugal à conquérir Alcacer do Sal.*

On avait acquis par des expériences précédentes la conviction exprimée dans un rescrit du pape lui-même, qu'on ne devait aspirer à atteindre le grand but, la reprise du Saint-Sépulcre, qu'en grandes masses et avec des moyens bien en harmonie entre eux. C'est dans l'Allemagne occidentale, parmi les habitants du Bas-Rhin, que se montra le zèle le plus ardent pour une nouvelle croisade. Les habitants de Cologne et de sa banlieue témoignèrent surtout un enthousiasme qu'Honorius ne négligea pas de vanter et d'enflammer encore plus par une bulle particulière. Des pèlerins venant des Pays-Bas et de la Frise se joignirent à eux. Pas moins de trois cents vaisseaux furent équipés, pour transporter ces troupes dans la terre sainte. Elles se réunirent à Vlardingen sur la Meuse et s'embarquèrent le 29 mai 1217 sous le commandement des comtes Guillaume de Hollande et Georges de Wied. Après beaucoup d'événements et de tempêtes, qui assaillirent la flotte, elle aborda dans le port de Lisbonne (21 juillet), afin de faire réparer les vaisseaux endommagés.

Pendant que l'équipage se reposait là, l'évêque de la ville, Sueiro, accompagné de l'évêque d'Evora, de l'abbé Pierre d'Alcoaça et des grands-maîtres du Temple, de l'ordre de Saint-Jean et de l'ordre de Santiago se rendit auprès des chefs de l'expédition, et chercha à les décider à faire en commun avec les Portugais le siége du fort d'Alcacer do Sal, d'où les Sarrasins faisaient sans cesse des sorties pour inquiéter le territoire portugais. Aux motifs qu'on avait déjà mis en avant dans des circonstances semblables, l'évêque joignit encore l'exemple des autres croisés qui s'étaient déjà acquis en Portugal une gloire durable et avaient gagné le ciel; la saison avancée, qui les forcerait également d'hiverner dans les ports d'Italie, les hésitations des rois et princes portant la croix, dont il faudrait attendre l'arrivée en Palestine, et enfin la perspective d'un riche butin et d'abondantes ressources, que leur offrirait la possession d'Alcacer pour la conquête du Saint-Sépulcre.

Les comtes Guillaume de Hollande et Georges de Wied tinrent aussitôt un conseil de guerre avec les autres chefs et disposèrent ceux-ci en faveur de la proposition, ainsi que le discours de l'évêque les y avait disposés eux-mêmes. Les Frisons seuls ne voulurent pas se laisser détourner de l'exécution stricte et aussi prompte que possible de leur vœu. Ils se séparèrent des autres, quittèrent le port de Lisbonne avec plus de quatre-vingts vaisseaux et continuèrent leur route vers le Saint-Sépulcre (le 27 juillet). Ceux qui restaient au contraire résolurent de se réunir aux Portugais pour le siége d'Alcacer do Sal, se rendirent sur de petits bâtiments jusqu'à Sétuval, petit endroit sans murs, habité encore dans ce temps-là par des pêcheurs, et de là devant Alcacer, où ils mirent pied à terre sans rencontrer de résistance. Quelques jours après (3 août), plusieurs grands de Portugal se joignirent à eux avec des troupes nombreuses, la chevalerie de S. Jacques du glaive, conduite par le commandeur Martin, évêque de Lisbonne, aussi vaillant et entreprenant à la tête d'une troupe de vigoureux combattants qu'il avait été éloquent dans son discours.

On espérait et l'on tenta de s'emparer de la place par un assaut, mais elle était trop bien fortifiée de remparts, de tours et de fossés; et la nombreuse garnison avait un chef trop intrépide (1). L'attaque des chrétiens fut repoussée et afin de pouvoir tenir tête au siége qu'ils s'apprêtaient à livrer, on fit un appel aux gouverneurs maures de l'Andalousie pour leur demander aide et secours. La position critique dans laquelle se trouvait ce château connu au loin pour son importance mit toute l'Espagne mauresque en émoi. Des troupes nombreuses conduites par les gouverneurs de Séville, de Cordoue, de Jaen et de Badajoz se mirent en marche et se trouvèrent le 9 septembre en face des chrétiens. Ceux-ci, dont le nombre égalait à peine la moitié de l'armée des Sarrasins, qui se montait à quarante mille fantassins et dix mille cavaliers (d'après d'autres à près de cent mille hommes), furent découragés par l'aspect d'une pareille masse de combattants, dont la vue ranima en même temps le courage des assiégés. Les chrétiens ne tardèrent cependant pas à reprendre confiance en eux-mêmes. Un renfort considérable de Portugais, de Léonais, de chevaliers de Saint-Jean et de Templiers, qui se joignirent à eux pendant la nuit suivante, augmentèrent leurs forces numériques. Un étendard avec la croix, qu'on vit flotter le soir dans les airs, annonça la victoire aux fidèles (1). Les pèlerins, qui s'étaient voués à la grande lutte contre les ennemis du Christ, ne pouvaient la commencer ici sans gloire. Les Portugais étaient habitués à cet aspect et se rappelaient plus d'un triomphe remporté sur des Maures malgré la supériorité de leurs forces. On se prépara donc pleins de confiance à la bataille le matin du 10 septembre.

Élevant un petit drapeau de la main droite, tenant son bouclier de la main gauche, et faisant sentir vivement l'éperon à son coursier, le commandeur Martin s'élança le premier au milieu des ennemis. Pierre Alvitis, grand-maître des Templiers, se précipita courageusement à la suite du commandeur, qui portait dans un petit corps un cœur de lion (2). D'autres, qui ne sont point nommés, mais qui auraient mérité de l'être, les suivirent; la bataille devint bientôt générale; elle resta néanmoins long-temps indécise. Les chrétiens attribuaient le succès qui couronna enfin leur héroïsme à une troupe d'anges qui avaient combattu pour eux du haut des cieux sous la forme de chevaliers vêtus de blanc. La victoire fut complète. Quatorze mille Sarrasins jonchèrent le champ de bataille, entre autres les gouverneurs de Cordoue et de Jaen. Un nombre immense de prisonniers tomba au pouvoir des chrétiens, et la quantité d'objets précieux qu'on trouva dans les tentes fut incalculable.

Quelque complète que fût cette victoire, Alcacer do Sal résista cependant encore un mois. Enfin, le 21 octobre cette forteresse se vit obligée d'ouvrir ses portes. On y trouva encore environ deux mille cinquante

---

(1) Conde l'appelle Abdallah Ebn Mohammed Ebn Wasir. *Historia de la Dominacion de los Arabes en España*, tom. II, cap. 56.

(1) « .....Quod in ære apparuit vexillum crucis gloriosum exercitui in victoriæ signum, » disent les évêques et grands-maîtres des ordres dans leurs rapports au pape. Manrique, *Annal. Cisterci*, ad an. 1217, cap. 4.

(2) « Parvus corpore, corde leo. »

hommes (1), et l'on abandonna la place au grand-maître de Santiago ou de Palmella, à qui on l'avait promise, et qui s'était distingué pendant le siége et la bataille.

Les évêques de Lisbonne et d'Evora, l'abbé d'Alcobaça et les grands-maîtres des divers ordres rendirent compte au pape du succès de cette entreprise, et le prièrent de permettre aux croisés de rester encore une année en Portugal, afin de chasser entièrement les infidèles de toute la Péninsule, et de faire participer les pélerins étrangers et les Portugais portant la croix aux faveurs de l'Eglise, comme s'ils avaient combattu en personne pour la délivrance du Saint-Sépulcre (2). Honorius répondit « que si cet heureux résultat inspirait une nouvelle activité aux Portugais et aux Espagnols, la conquête de la Palestine restait cependant toujours l'affaire principale ; qu'il ne pouvait affranchir de leur vœu que ceux qui manquaient de tous les moyens de continuer leur voyage, ou qui avaient sacrifié leurs vaisseaux au siége d'Alcacer pour en faire des instruments de guerre (3). » En conséquence, après avoir passé joyeusement l'hiver à Lisbonne (4), les croisés quittèrent le port au printemps de 1218, et firent voile pour la terre sainte.

Affonso II n'avait pris personnellement part ni à cette conquête glorieuse, ni à la victoire de Novas de Tolosa, qui avait illustré quinze ans auparavant le nom chrétien. Le roi était alors en querelle avec ses sœurs et occupé au siége d'Alemquer et de Montemor; les incursions des Léonais rendaient en outre sa présence nécessaire dans les contrées d'entre Minho et Douro. Mais beaucoup de chevaliers portugais et de nombreux détachements de fantassins, qui n'avaient pu se joindre à l'armée chrétienne sans le consentement ou l'ordre du roi, partagèrent la gloire de cette journée (1). Affonso, suivant Brandão, tomba malade pendant le siége d'Alcacer do Sal (2). C'est donc à tort qu'on a reproché au roi son absence des deux entreprises, et son inaction dans la guerre. Le pape Honorius le juge différemment, lorsqu'il cite avec de grands éloges les exploits d'Affonso dans la lutte contre les infidèles (3); et la prise de Veiros, Monforte, Borba et Villa Viçosa, peut servir de pièce justificative à l'appui de l'assertion du pape (4). Au surplus l'histoire de

---

(1) D'après Conde, les chrétiens firent décapiter plus de mille chevaliers maures.
(2) Voyez la lettre dans Manrique, *Annal. Cisterci*, an. 1217, cap. 4.
(3) Raynaldus, in *Confini Bacon.*, ad an 1217, n. 37, p. 414.
(4) « Tota hyeme ibidem bonam ducens vitam. » Godefr., *Mon.*, p. 386. Cf. pour le tout, par Wilkens, *Gesch. der Kreuzzüge*, vol. VI, p. 166 et sq.

(1) « Convenerunt etiam ad eamdem urbem plerique milites (i. e. cavalleiros) de partibus Portugalliæ, peditum vero copiosa multitudo, qui mira agilitate expeditionis onera facile sustinebant et audaci impetu impetebant. » Roder. Tul.
(2) *Mon. Lus.*, lib. XIII, cap. 10.
(3) « Manifestis probatum ut argumentis, » dit le pape dans sa bulle de 1218, par laquelle il confirma, selon l'usage, le roi sur son trône: « Quod per sudores bellicos, et certamina militaria inimicorum christiani nominis intrepidus extirpator et propagator, etc. »
(4) On fit aussi l'acquisition de Moura à cette époque, non point par un coup d'éclat chevaleresque, mais par une ruse peu honorable de quelques chevaliers portugais. Un Maure, nommé Buaçon, possesseur de beaucoup de terres dans l'Alemtejo, avait donné à sa fille Saluquia, qui était fiancée au Maure Brafoma, propriétaire du château d'Arouche; le bourg d'Arucia a Nova, nommé plus tard Moura, qui en était éloigné de dix lieues. Lorsque le fiancé se rendit pour le mariage à Moura, il fut attaqué à une lieue du bourg par un nombre de chevaliers et de soldats portugais, et mis à mort avec ses compagnons. Les chrétiens revêtirent alors les habits des Maures, et marchèrent avec des signes de joie vers Moura, où Saluquia attendait à une fenêtre l'arrivée de son fiancé. Les étrangers travestis furent introduits; mais les cris des Sarrasins annoncèrent bientôt que l'erreur était découverte. Saluquia se précipita d'une tour, afin de ne pas tomber entre

5*

cette époque, qui aimait mieux raconter des faits d'armes que l'influence pacifique du sceptre, nous a laissés dans l'incertitude sur les événements militaires de ce règne, et sur la bravoure personnelle du roi, et nous ne connaissons que quelques traits isolés du courage d'Affonso. C'est ainsi que nous savons que les siens, dans un combat avec les Sarrazins, le retirèrent une fois, à moitié mort et couvert d'armes d'entre les cadavres. Plus tard son embonpoint extraordinaire, qui lui valut aussi le surnom de *o gordo*, fut un obstacle au déploiement de sa bravoure personnelle.

Mais on n'avait pas besoin de cela pour placer Affonso II au rang des meilleurs souverains de Portugal; les services qu'il a rendus à ce pays sont d'un autre genre.

§ III. — *Services que le roi Affonso II a rendus à la législation du Portugal.*

Il accorde des franchises à plusieurs communes. — Cortès de Coïmbre en 1211. — Premières lois générales depuis les cortès de Lamégo. — Leur contenu. — Réglements pour les fonctionnaires de la maison royale.

Ainsi que son père, Affonso II comprit les exigences de son siècle et encouragea avec autant de zèle que de sagesse le système communal dans son royaume, en faisant fonder et peupler un grand nombre de nouveaux bourgs, ou en réglant et en fixant l'organisation des communes déjà existantes. Il ne se contenta pas de confirmer beaucoup d'anciens priviléges, que ses ancêtres avaient accordés aux communes (1), il donna encore de nouveaux *foraes* à beaucoup de villages, tels qu'à Contrasta (nommé plus tard Valença do Minho) le 15 août 1217, à Ponteure et à d'autres encore.

Si en cela le roi ne faisait que marcher sur les traces de son vertueux père, il s'éleva au-dessus de lui par une mesure d'une portée immense; il remplaça la législation municipale par la législation politique, et l'attention qu'il avait d'abord concentrée sur des communes isolées, il la porta sur l'état tout entier, et sur toutes les classes de citoyens. Dès la première année de son règne, Affonso rassembla les cortès à Coïmbre (1), et là, après avoir consulté l'archevêque de Braga et tous les évêques, les *ricoshomens* (hommes riches) et vassaux du royaume, et obtenu leur assentiment, il promulga plusieurs lois et réglements qui ont passé plus tard dans le code qui porte son nom; «*lois peu nombreuses, mais pleines de sagesse et d'humanité* (2).» Ne point parler de ces lois, serait refuser à Affonso II sa plus belle part de gloire. Elles nous fournissent les moyens, non-seulement d'apprécier le roi comme législateur, mais encore de juger du degré de civilisation politique, auquel les Portugais étaient alors parvenus. Leur but était d'assurer la liberté individuelle, la propriété, d'abolir les impôts trop lourds,

---

les mains des chrétiens. Ceux-ci eurent bientôt triomphé des habitants consternés, et se maintinrent dans le château, qu'on appela depuis ce temps-là le château de la Mauresse, ou Moura. Voyez un acte de donation de la reine Brite, dans Brandão, lib. XIII, cap. 15.

(1) Par exemple, le Foral de Pedrogão, celui de Palmella et autres. Voyez *Memoria para a Historia das confirmaçoes Regias*. Lisbonne, 1816, p. 17. *Nova Malta Portug.*, part. I, p. 161.

(1) Pour les cortès de Coïmbre, Cf. Brandão, *Mon. Lus.*, parte IV, lib. XIII, cap. 21. Mello Freire, *Hist. Jur. civ. Lusit.*, p. 47; ejusdem, *Institut. Jur. civ. Lus.*, lib. IV, tit. 7, § 7. *Memorias da Acad. real.*, tom. VI, parte II, p. 37. Les lois de ces cortès sont presque toutes contenues dans l'ancien Foral de Santarem.

(2) *Ordenaçoes do senh. rey D. Affonso V.* Coïmbre, 1792, prefação, p. 4.

de régler les droits civils des citoyens, d'éviter des jugements précipités dans les affaires contentieuses, de fixer les droits de l'Église et du clergé, et de prévenir les abus, ainsi que de prendre des mesures pour la conversion des juifs au christianisme.

Tout homme libre peut se choisir, dans tout le royaume, le maître qu'il voudra; ne seront privés de ce droit que ceux qui sont attachés à des biens étrangers, et qui ne peuvent, par conséquent, avoir d'autre maître que le propriétaire de ces biens.

Ce réglement est institué :

En faveur de la *liberté*, afin que tout homme *libre* puisse disposer de lui-même comme bon lui semblera (1). Quiconque agira contre cette loi perdra son bien, s'il ne s'est pas amendé après avoir payé trois fois une amende de 500 soldos, et sera expulsé du pays.

Chacun peut vendre ou mettre en gage ses propriétés; cependant tout frère ou parent qui voudra les acheter ou les dégager aura la préférence sur l'étranger (2).

Toutes les maisons des nobles, comme des roturiers (*peoens*) jouiront du droit qu'aucun meurtre ne pourra y être commis (3).

Personne ne peut être forcé au mariage par le roi, car les mariages doivent être libres (4).

L'ancienne coutume de prélever sur tous les vivres qui se vendent un tiers pour le roi, ou les *ricoshomens*, sera abrogée. Les fonctionnaires du roi sont tenus, s'ils ont besoin de ces objets, d'en payer le prix (5).

Si un vaisseau portugais ou étranger vient à échouer sur une côte ou dans un fort portugais, les biens du maître du vaisseau resteront intacts, car il serait injuste que l'infortuné éprouvât encore des dommages de la part des hommes (1).

Des arbitres royaux seront nommés pour décider les discussions de droit.

Afin de mettre un frein aux appels sans motif, on ajouta :

En cas qu'une des deux parties en appelle au roi du jugement de l'arbitre royal, et que ce jugement soit trouvé équitable, l'appelant paiera, s'il est chevalier ou prélat, 10 maravédis d'or; si c'est un roturier ou un simple ecclésiastique, 5 maravédis d'or (2).

Si le roi condamne, peut-être dans une irritation momentanée, quelqu'un à la mort ou à la mutilation, cet arrêt ne sera exécuté qu'au bout de vingt jours, si toutefois le roi ne l'a pas retiré dans cet intervalle (3).

Tous les biens des traîtres et des parjures, condamnés à la mort ou à toute autre peine, passent à leurs héritiers, et l'*almuxarife* royal n'en prendra rien; ce n'est que dans le cas où ils auraient attenté à la vie du roi ou d'un membre de la famille royale, ou qu'ils auraient été, par un jugement des évêques, déclarés hérétiques, que leurs biens passent au roi. S'ils laissent une femme après eux, celle-ci conserve la moitié des biens (4).

Les lois et les droits de l'Église de Rome doivent être respectés. Les ordonnances faites contre l'Église seront nulles.

Le roi et les fonctionnaires royaux sont tenus de défendre les églises, les couvents et les moines, contre les laïques.

Les églises et les couvents ne sont pas obligés

---

(1) « .....E esto estabelecemos em favor da liberdade por tal que o homem livre livremente possa fazer de sy o que lhe aprouver. » *Ordenaç. Affons.*, liv. IV, tit. 37.
(2) *Ord. Affons.*, liv. IV, tit. 37.
(3) *Mon. Lus.*, lib. XIII, cap. 21.
(4) « E os que som per prema non ham boa cima. » *Ord. Affons.*, liv. IV, tit. 10.
(5) *Ibid.*, liv. II, tit. 31.

(1) *Ord. Aff.*, liv. II, tit. 32.
(2) *Ibid.*, liv. III, tit. 108.
(3) C'est avec raison que Brandão dit : « Ce serait un crime de passer sous silence une loi que le roi fit contre lui-même :—Porque a sanha soe embargar o corazão que nom pode ver direitamente as cousas, por ende estabelecemos, que se por ventura no movimento de nosso corazão a alguem julgarmos morte, ou que lhe cortem algum nembro, tal sentenza a execuzão, se nos en este comenos não revogarmos. » La loi fut insérée dans le *Code d'Affonso V*, liv. V, tit. 70; dans la *Manoelina*, liv. V, tit. 60, et dans la *Filippina*, liv. V, tit. 138.
(4) *Ord. Aff.*, liv. V, tit. 2.

de payer au roi ou à ceux qui ont des propriétés du roi, les *colheitas* (1), ou de contribuer dans les communes aux constructions des murs et des tours (2).

Afin que les propriétés foncières des couvents et églises ne s'augmentent pas trop au préjudice de l'état, ils ne doivent plus en acquérir, excepté celles qui leur sont données pour célébrer les anniversaires et remplir d'autres obligations envers des personnes décédées. Néanmoins il est permis à tout ecclésiastique d'acquérir des propriétés et d'en disposer à sa guise.

Les patrons des églises choisiront pour prélats des indigènes, et prendront les étrangers les plus distingués, en cas qu'il n'y ait pas de sujets convenables parmi les premiers (4).

Le juif qui s'est converti au christianisme ne retournera pas au judaïsme, sous peine de perdre la vie (5). Un juif ne pourra déshériter son fils ou sa fille, qui seront faits chrétiens; loin de là il devra leur donner aussitôt ce qui leur revient, d'après la loi, et ils ne vivront plus sous son autorité (6).

Affonso II régla les détails de son intérieur avec autant de sollicitude et de sagesse, qu'il en avait mis à organiser les institutions de l'état. Une ordonnance qu'il publia en juin 1222 fixa les rapports de service et les obligations des employés de sa maison (7).

Les plus élevés en grade (*oventiales majores*) doivent répondre au roi de tout ce qui est confié à leur garde, et remplacer ce qu'ils pourraient en perdre et en dérober. Le roi peut en outre leur infliger des peines corporelles ou des amendes.

Les fonctionnaires subalternes (*oventiales minores*) seront choisis ou destitués par le roi, et non par les employés supérieurs; ils ne seront jamais pris parmi les serviteurs de ceux-ci, mais parmi ceux du roi.

Si le fonctionnaire subalterne perd ou dérobe quelque chose à l'insu de son supérieur, il sera puni par le roi.

Si le roi se fait payer par les employés supérieurs ce que les subalternes ont perdu ou dérobé, il prélèvera ce paiement lui-même, et les supérieurs ne pourront plus faire aucun tort aux inférieurs. Les premiers feront connaître les fautes des derniers contre le service, mais la punition est réservée au roi.

Lorsque les fonctionnaires supérieurs auront des empêchements personnels, ils pourront envoyer à leur place, avec l'assentiment du roi, des remplaçants capables; mais si ceux-ci ne conviennent pas au roi, il en nommera d'autres, jusqu'à ce que les titulaires puissent reprendre leurs fonctions.

C'est l'avant dernière année de sa vie qu'Affonso fit cette ordonnance, et ce fut la première de son règne qu'il promulgua les lois politiques. Elles peuvent toutes servir de témoignage qu'il cherchait à établir le bien de son royaume sur des bases solides, et que son zèle ne se refroidit pas même dans les dernières années de sa vie. Les peines qu'il se donnait pour la législation étaient d'autant plus louables, que le commencement et la fin de son règne furent troublés par des événements qui exigeaient toute son attention et toute sa sollicitude. Ses malheureuses querelles avec ses sœurs occupèrent plus du tiers de son règne. Elles furent suivies de quelques années de calme; le Portugal jouit de la paix intérieure et Affonso put porter tranquillement sa sollicitude sur l'administration du royaume. Mais des orages s'élevèrent bientôt d'un autre côté, le poursuivirent jusqu'à son tombeau et continuèrent encore après sa mort à répandre la dévastation et le trouble.

---

(1) Voyez plus bas tout ce qui est dit du système des impôts en général.

(2) *Memorias da Acad. real*, tom. VI, p. 38.

(3) Nous donnerons plus bas de plus amples détails sur cette loi importante.

(4) *Mon. Lus.*, lib. XIII, cap. 21.

(5) *Orden. Affons.*, liv. II, tit. 95.

(6) *Orden. Affons.*, liv. II, tit. 79.

(7) Voyez l'ordonnance dans la *Mon. Lus.*, liv. XIII, cap. 16, datum apud Santarem, mense junio, er. 1266.

§ IV. — *Querelles d'Affonso avec le clergé.*

Plaintes de l'archevêque de Braga contre le roi.—Il lance l'anathème contre lui.—Le prélat s'enfuit du royaume. — Intervention du pape Honorius III et renouvellement de l'excommunication. — Le roi emporte son anathème au tombeau en 1223.

Les derniers jours d'Affonso furent troublés par des luttes avec un ordre, qui en sa qualité d'enfant gâté du siècle, développait son pouvoir avec beaucoup plus de sûreté et de rapidité, que le pouvoir royal ne pouvait le faire, et qui parvenait beaucoup plus facilement à son but par l'unité qui régnait parmi ses membres, que les rois, dont les efforts tendaient vers des objets divers par des moyens peu en harmonie entre eux. Ce n'étaient encore que des démêlés avec des prélats isolés, pour ainsi dire des combats singuliers, des préludes de la grande lutte, à laquelle sous le règne suivant tout le haut clergé de Portugal prit part, et qui ne se termina pas même lorsque le roi fut renversé du trône de ses pères. Mais ces luttes préliminaires devinrent assez sérieuses, puisqu'elles attirèrent à tout le pays l'anathème du pape et que les foudres de l'excommunication poursuivirent le roi jusques au tombeau. Nous raconterons plus tard et plus en détail la résistance d'Affonso contre l'introduction de nouveaux principes et de nouvelles institutions, que le prieur des Dominicains, Sueiro Gomez, voulait faire pénétrer en Portugal. Mais c'est ici le lieu de parler de la querelle du roi avec le prélat le plus puissant de l'église portugaise sur des sujets qui fournirent, non-seulement sous le règne d'Affonso, mais encore pendant des siècles après lui, des aliments à la guerre entre le trône et l'autel.

L'archevêque de Braga, Etienne Soares da Silva, se déclara en 1220 le défenseur des droits du clergé et de l'Église, qui selon lui avaient été lésés par le roi. Il engagea celui-ci à ne plus obliger à l'avenir les ecclésiastiques de comparaître devant un tribunal temporel, à ne plus les mener à la guerre ou les faire contribuer aux frais qu'elle entraînait. Il le conjura de ne plus toucher aux revenus de l'Église, et de ne pas souffrir les excès que commettaient les fidalgos sous le titre de patrons. « Le roi laissa passer, eu égard à leur générosité, ces plaintes, qui, outre les droits légaux du clergé, embrassaient des exemptions qui ne dépendaient que de la volonté du chef de l'état; il ne témoigna de mécontentement qu'au sujet des formes un peu rudes de ce blâme (1). » On répondit aux procédés violents du prélat par des procédés encore plus violents. Des attaques vigoureuses furent faites avec autorisation royale sur les biens héréditaires de l'archevêque. Celui-ci se servit aussitôt de ses armes spirituelles, l'excommunication et l'interdit, et comme elles étaient bonnes pour blesser, mais non pour défendre, il prit la fuite. Lorsque l'affaire fut portée devant le pape, celui-ci voulut d'abord tenter les voies de la douceur. Dans une bulle qu'il adressa le 4 janvier 1221 à ses plénipotentiaires, les évêques de Tuy, de Palencia et d'Astorga, il exhortait le roi à s'amender, et dans une autre du 16 juin à l'archevêque, il conseillait à ce dernier de décharger le roi de l'excommunication. Mais l'archevêque ne se conforma pas au conseil du pape, et ni son anathème, ni l'exhortation du pape n'amenèrent de changement dans

---

(1) Paroles de Ant. Caetano do Amaral, dans les *Memorias da Acad.*, tom. VI, p. 85.

la conduite du roi. Alors Honorius III, contrairement à l'exemple que son prédécesseur avait donné à l'égard du père du roi, eut recours à un moyen extrême, qui dépassait de beaucoup ses attributions. Il lance une seconde bulle (le 22 décembre 1221), y débute en refusant au roi le salut accoutumé, le lui fait expressément remarquer, afin qu'il ne manque pas de s'en apercevoir, dépeint son crime avec les couleurs brillantes du langage biblique, lui déclare qu'il a ordonné à ses plénipotentiaires d'étendre l'excommunication et l'interdit sur tout le royaume, et termine par annoncer avec menace, que si le roi ne donne pas satisfaction dans le délai qui lui a été prescrit par les commissaires, il déliera ses sujets de leur serment de fidélité et abandonnera le royaume à quiconque aura envie de s'en rendre maître! Toutes ces menaces furent inutiles; le roi persista dans sa conduite, et dans sa répugnance à accorder à l'archevêque la satisfaction qu'il demandait. Honorius lui écrivit encore une fois, le conjura de s'ouvrir par de la condescendance le retour dans le sein de l'Église, et joignit aux plus pressantes exhortations la menace « qu'il ne se contenterait pas de faire proclamer plus fréquemment son excommunication jusqu'à ce qu'il eût accordé à l'archevêque et aux autres personnes offensées une satisfaction convenable, ainsi qu'il l'en avait menacé dans son écrit précédent, mais que s'il persistait dans son entêtement, il délierait les Portugais de leur serment de fidélité, lancerait l'anathème contre tous ses partisans, et abandonnerait son pays aux rois et princes qui voudraient s'en emparer. » Honorius comptait, à ce qu'il paraît, si fermement sur l'effet de cet écrit, qu'il autorisa l'archevêque à lever aussitôt l'excommunication, si le roi et ses complices revenaient à l'obéissance. Mais il se vit trompé encore cette fois dans son attente. Affonso mourut (le 25 mars 1223), et emporta son excommunication dans la tombe.

On ne saurait affirmer que le roi ait voulu sur son lit de mort se réconcilier encore par ses dernières dispositions le pape, qu'il n'avait pas craint dans la force de l'âge. En recommandant dans son testament son royaume et ses enfants à la protection du pape (1), en nommant celui-ci exécuteur testamentaire (2) et en lui léguant 3,000 maravédis, il ne pouvait avoir l'intention de décider, par cette marque de confiance, et par ce présent le pape à lever l'interdit. Le testament avait été fait dès le mois de novembre 1221, et la bulle d'excommunication du pape n'avait été lancée que le 22 décembre de la même année. On ne pourrait prêter cette intention au roi que parce qu'il ne changea pas les dispositions concernant le pape, mais les maintint au contraire lorsque celui-ci l'eut chargé de son anathème. Mais les ecclésiastiques ne pouvaient se vanter que le roi eût eu l'intention de se délivrer de l'excommunication par les nombreux présents qu'il leur faisait à eux et aux couvents dans ses dernières dispositions; car si le roi avait seulement pu concevoir une telle pensée, ce n'eût pas été à leur gloire.

Affonso II transmit à son fils Sancho, âgé de vingt ans, cette funeste lutte avec l'archevêque et le pape, et une malédiction qu'il n'avait point emportée avec l'excommunication dans la tombe. Ce prince plein de mérite fut inhumé sans pompe royale dans le couvent d'Alcobaça, et ce n'est pas sans crainte que nous voyons monter ce jeune homme sur un trône, au-dessus duquel avait plané si long-temps, comme une sombre nue qui laisse fréquemment échapper des éclairs, le courroux du saint-père. La nue s'était à la vérité dissipée, lorsque le chef de l'état était

---

(1) « Et si ego mortuus fuero, rogo summum pontificem tanquam patrem et dominum, et terram coram pedibus ejus osculor, ut ipse recipiat in sua commenda et sub protectione sua filios meos et regnum. » Voyez le testament d'Affonso II dans Sousa, *provas* I, p. 34.

(2) « Et rogo et deprecor dominum Papam, et osculor terram coram pedibus ejus, quod ipse per suam sanctam pietatem faciat istam meam mandam impleri et observari, ita quod nullus contra eam venire possit. » L. c.

descendu dans la tombe, mais l'atmosphère resta chargée de vapeurs, et l'on pouvait s'attendre à une nouvelle tempête. Ce fut en vain que Sancho s'empressa de se concilier l'archevêque et le clergé par un traité de paix, afin de ne pas commencer son règne comme son père l'avait terminé, ce n'était qu'une trêve qui n'était faite que pour donner à l'ennemi le loisir et l'envie de faire ses apprêts, de compter ses forces, de rassembler ses troupes, de commencer avec une nouvelle puissance une lutte plus violente et remporter une victoire plus importante.

Il faut que nous apprenions d'abord à connaître cette puissance; que nous sachions quel a été son accroissement progressif, ses ressources et sa manière de procéder, afin de suivre avec intérêt cette lutte de l'autel contre le trône, qui s'étend avec quelques interruptions pendant plusieurs règnes.

Les petites choses ne sauraient nous être indifférentes, car cette puissance ne dédaignait pas de tirer parti des petites choses, dès qu'elles pouvaient servir à ses desseins. C'est par des circonstances insignifiantes en apparence que se dessine l'aspect caractéristique d'un peuple; c'est là ce qui montre à l'observateur l'organisation intérieure de l'état, et lui offre des points nombreux et solides de comparaison avec les autres nations.

§ V. — *Comment l'Église et le clergé portugais sont devenus riches et puissants.*

Il y a peu d'églises diocésaines en Portugal jusque vers le milieu du VIe siècle. — Fondation d'une quantité de petites églises et de couvents du temps des Wisigoths. — Le nombre s'en multiplie après l'éloignement des Sarrasins. — Les fondations pieuses restent biens temporels. — Dons fréquents faits à l'Église. — Motifs, nature et valeur de ces dons sous les rois de Léon et dans les premiers temps du royaume de Portugal. — Confusion dans l'état des propriétés. — La vie religieuse devient de plus en plus à l'ordre du jour. — *Deo-Votæ.* — *Emparedadæ.* — Rapport des *Familiares* envers les couvents. — Exigence des *Herdeiros* et commencement de leurs persécutions. — Accroissement constant des propriétés de l'Église. — Introduction de la dime ecclésiastique à la fin du XIe siècle. — Extension des priviléges personnels du clergé.

Jusque vers le milieu du VIe siècle le nombre des églises paroissiales appartenant à des diocèses épiscopaux était très peu considérable. La cathédrale de Lugo n'avait dans sa dépendance que vingt-sept églises diocésaines, dont onze étaient des églises de district (*pagenses* ou *pagos*), qui avaient en partie leurs succursales (*anexas* ou *ruraes*). La cathédrale de Porto comptait dix-sept églises diocésaines et sept *pagos*, celle de Lamego cinq églises, celle de Viseu sept, celle de Coïmbre cinq, celle d'Idanha trois. Par la suite le christianisme fit de grands progrès : une foule d'églises paroissiales furent élevées non-seulement dans les grandes villes, mais même dans les petites *aldeas*. On distingue depuis lors, ici comme dans le reste de l'Espagne des églises diocésaines et d'autres qui furent données plus tard aux évêques (*Igrejas ofercionaes*). Les églises fondées plus tôt, et même du temps des Romains, et qui avaient toujours appartenu à leurs évêques respectifs, conservèrent leur premier nom. On appelait *igrejas ofercionaes* les églises qui furent ensuite annexées aux cathédrales, soit par les rois qui les avaient conquises, soit par leurs fondateurs, qui les avaient aussi dotées, ou par les propriétaires qui les avaient acquises par échange ou par vente.

De même que les rois des Wisigoths partagèrent les pays conquis entre leurs fidèles, avec l'obligation de mener à la guerre leurs gens à leurs propres frais, de même ceux-ci partagèrent les vastes propriétés qu'ils avaient obtenues entre leurs arrière-vassaux. Sur chacune de ces propriétés ou bien sur la plus grande, on érigea une petite église, une chapelle ou un couvent confié aux soins de leurs *colonos* ou *collaços* qui demeuraient quelquefois à une lieue de distance de leur métropole. La plupart de ces églises étaient si petites, qu'on les appelait plus justement chapelles, et les couvents méritaient d'être appelés plutôt ermitages (*hermidas*), puisqu'ils n'étaient habités que par peu de moines, et souvent par un seul (1). Le propriétaire des terres fondait l'église pour y suivre le service divin, lui, ses domestiques, ses commensaux et ses serfs, et il choisissait ordinairement un emplacement tout près de son manoir, avec lequel les habitations voisines et les hameaux nommés *decanias*, où demeuraient les pasteurs et surveillants des troupeaux et de l'agriculture, étaient réunies et formaient ensemble une bourgade qui empruntait son nom de l'église ou du saint auquel elle était vouée. L'ecclésiastique chargé des fonctions du service divin dans l'église, entraîné par le penchant dominant du siècle pour la vie ascétique, revêtait quelquefois l'habit de moine ou d'ermite et inspirait à quelques personnes le désir de partager les douceurs de sa vie contemplative. Alors l'église prenait le nom de couvent (*mosteiro*). Le propriétaire devenait souvent le desservant de son église; mais il en restait toujours le possesseur : l'église ou le couvent était considéré comme une partie intégrante de son domaine. Ils restaient dans la famille du propriétaire des terres par hérédité légale ou dispositions testamentaires. On partageait souvent la même église en plusieurs parts entre divers héritiers, de sorte que lorsqu'un propriétaire voulait désigner ses biens, il se servait de l'expression : « Les parties temporelles aussi bien que spirituelles (les églises et les couvents) de mon bien et de mon patrimoine. » On échangeait, vendait, donnait, léguait les églises comme les biens temporels et avec les biens temporels (1). Comme ces biens prenaient leurs noms des églises, les divers actes dont les documents nous sont restés, et par lesquels les églises et les couvents passaient, selon toute apparence, légalement d'une main dans l'autre, ne concernent pas seulement ces églises, mais toute la propriété avec ses droits et ses dépendances.

Déjà, bien avant l'invasion et la souveraineté des Arabes, un grand nombre d'églises et de couvents de ce genre avaient été fondés; il y en avait incontestablement plus que les armes des chrétiens n'en pouvaient protéger. On rebâtit celles qui avaient été détruites par les infidèles, et on en construisit beaucoup de nouvelles. Vu la pauvreté de l'époque, ces constructions étaient peu considérables et leur revenu minime ; mais bientôt ce ne fut plus seulement la quantité d'églises et de couvents qui donna aux éléments ecclésiastiques de l'état plus de poids et d'influence : c'étaient les grandes et importantes donations que le roi et les particuliers faisaient aux églises et aux couvents, et particulièrement aux plus considérables. On ne se contentait pas de leur donner beaucoup de terres, on y joignait même les petites églises, quoique cela se fît avec des conditions, qui, comme nous le verrons par la suite, furent très à charge aux églises et aux couvents.

Loin de mettre des entraves légales aux acquisitions de terres par les églises pendant tout le temps où une partie du Portugal appartint aux rois des Asturies et de

---

(1) *Elucidario*, tom. II, p. 46. *Memor. de Litterat. Port.*, tom. VII, p. 183. Le travail consciencieux de Caetano do Amaral, et la multitude de pièces justificatives qu'il y joint, nous dispensent de toutes autres preuves.

(1) Dans les archives de Pedroso, Paço de Souza, Pendorada, Vairam, Braga, Pôrto, Coïmbre, Lorvão, etc., etc., on trouve une infinité d'actes, du IXe au XIIe siècle, concernant des traités de ce genre. *Elucid.*, tom. II, p. 46.

Léon, les rois ouvraient eux-mêmes la carrière à leurs sujets, et les engageaient à continuer, en assurant aux actes de générosité envers l'Église, auxquels leurs vassaux se décidaient, un effet durable, et en faisant ressortir dans les actes le mérite de ces donations (1). Ce ne furent donc pas les grands vassaux seuls, maitres absolus dans leurs terres, qui fondèrent des églises et des couvents, et qui les enrichirent; tout individu assez riche pour les doter se conformait à ce trait du siècle. On a même des exemples de pareilles fondations faites par des Maures convertis et fixés en Portugal, et les rois avaient accordé aux serfs du fisc la faculté de donner à l'Église un cinquième de leur avoir (2).

Les motifs de ces donations s'expliquent par l'esprit du siècle. L'idée dominante qu'on avait du clergé, c'est que par son commerce intime avec Dieu et les saints, il pouvait en obtenir l'absolution des péchés et le salut de l'âme, et cette idée portait beaucoup de gens à tâcher de se le rendre propice par des présents et des aumônes, et à briguer la grâce de Dieu, en comblant sa maison et ses serviteurs de présents (3). D'autres pensaient qu'ils étaient obligés par des prescriptions divines d'enrichir l'Église, et il n'était pas difficile aux auteurs des diplômes, qui étaient en grande partie des ecclésiastiques, d'interpréter ou de dénaturer en leur faveur des passages de l'Écriture sainte (1). A cela se joignaient les inquiétudes que faisaient naître les maladies, la crainte de la mort et du jugement dernier, telles que les imaginations frappées et les superstitions de ce temps-là les dépeignaient (2). D'ailleurs des motifs religieux ne poussaient pas seuls à ces donations; on y voyait encore des avantages temporels : on se mettait par là sous la protection de l'Église, et l'on pouvait s'assurer son entretien et ses aises pour l'avenir (3).

Ces motifs, qui étaient les plus habituels avant l'existence du royaume de Portugal, multiplièrent encore beaucoup depuis les donations aux églises. D'autres motifs, qui n'étaient pas moins fondés vu les circonstances, s'y joignirent; il devint d'usage de les indiquer plus expressément et de les faire mieux ressortir dans les actes. On ne cessait de faire des donations soit pour obtenir l'absolution de ses péchés, soit pour expier des crimes com-

---

(1) Le roi Ordogno Ier dit dans le diplôme de la grande donation qu'il fit à la cathédrale d'Oviédo : « Et Mandamus, ut omnes concessiones, quas a qualicumque persona ingenua concessæ fuerint usque in finem mundi Ovitensi ecclesiæ, talem roborem, et cotum habeant, quales habent et nostræ concessiones. » *Esp. sagr.*, tom. XVI, p. 467.

(2) « Et quicunque servorum nostrorum voluerit, » dit le diplôme du roi Ordogno Ier en faveur de la cathédrale d'Oviédo, de 857 ; « licentiam habeat dandi ecclesiæ quintam partem suæ hæreditatis. » D'autres rois confirmèrent ce droit, après Affonso VI, dans l'année 1086.

(3) « Pro animæ meæ, et parentum meorum remedio. » Diplôme de 926. «.....Ut pro hec minima collata pro tuorum sanctorum nobis copiosa eveniat indulgentia, etc., etc. » Donation de l'année 1033. « Pro remissione delictorum meorum, » est la déclaration la plus fréquente.

(1) « Et iterum David : vovete et reddite Domino Deo nostro. Et iterum : tua sunt enim omnia, Domine, que de manu tua accepimus, damus tibi. »

(2) « Mecum assidue meditatus sum magni judicii terribilem adventum secundum prophete vaticinium : ignis (inquit) in conspectu ejus ardevit, et in circuitu ejus tempestas valida advocavit celos sursum. Item per Sofoniam de eo dicitur : Dies ire, dies illa, dies tenebrarum et caliginis. His et similibus conturbatus comminationibus, recordor peccasse me super numerum astrorum olimphi, etc. » Diplôme de 1087.

(3) « Facio plazum ad monasterium S. Johannis de corpus meum, et de omnia mea hereditate....., tali pacto, ut me contineatis in vita mea de victum et vestitum, et ego faciam vestram operam, quam mihi jusseritis. Et accepi de vobis in beneficia una moura, que serviat me in vita mea, et post obitum meum : veniat ista moura et mea hereditate..... quantum habuerim ad monasterio Sancti Johannis. » Donation de l'an 1078.

mis (1), et nous voyons un *cavalleiro* léguer dans son testament 500 maravédis à une église, afin de chanter des messes devant l'autel pour le repos des âmes de ceux qu'il a tués lui-même ou qu'il a fait ou laissé tuer, ou qu'il avait conseillé et ordonné de tuer (2). On faisait aussi des donations à l'occasion de pèlerinages, par exemple au saint sépulcre ; puis, afin d'être admis comme confrère et commensal (*familiaris*) dans un couvent, afin d'obtenir de celui qu'on avait doté, pour soi et sa famille, logement, vêtements et nourriture, afin de se procurer un tombeau dans un couvent, et de prononcer solennellement les vœux et vivre d'après la règle de l'ordre.

Les premiers rois avaient encore des motifs particuliers pour faire des présents au clergé, motifs qui naissaient de la position du royaume. Il était un champ de bataille presque constant, et le roi était plus souvent au camp que sur le trône. Quiconque pouvait porter les armes devait combattre, ecclésiastiques comme laïques. De même que les maîtres temporels armaient leurs vassaux, les évêques devaient armer les leurs. L'évêque ceignait souvent l'épée et menait lui-même sa troupe sur le champ de bataille. Et lorsque Sancho permit que les abbés, prieurs et autres ecclésiastiques ne le suivissent pas à la guerre, il déclara que cette permission devenait nulle, en cas que les Sarrasins fissent une invasion et qu'il devînt nécessaire de marcher contre eux (3). Il semblait donc juste et conforme aux idées du siècle que les rois payassent les services des prélats par des terres et divers droits. D'ailleurs comment le roi aurait-il pu, après une victoire remportée sur les ennemis des chrétiens, exprimer et témoigner sa reconnaissance envers le Tout-Puissant, sinon en déposant sur ses autels ses offrandes en donations de biens, seul don possible dans ces temps de pénurie, et en comblant les serviteurs de Dieu, ses favoris, de priviléges et de préférences?

Nous apprenons à connaître la nature et la valeur des donations royales à l'Église par celles des premiers rois de Léon. Elles consistent non-seulement en biens patrimoniaux des princes, mais encore en biens de la couronne et de l'État, distinction qui avait déjà été faite dans le royaume de Léon (1). Elles jouissent des droits royaux, de l'affranchissement des impôts et d'obligations personnelles, et ont une juridiction civile et correctionnelle (2). Ces biens ne sont pas inamovibles et irrévocables (*de jure e herdade*, comme disent les Portugais modernes), mais sont inaliénables, d'après les termes exprès du donateur (3). Chaque roi suivant doit cependant les confirmer (*de rei a rei*), parce que la nature particulière des biens de la couronne l'exigeait, et que la piété des rois et leur bienveillance envers l'Église s'y prêtaient.

Comme les premiers rois de Portugal étaient tout aussi généreux envers l'Église que ceux de Léon, leurs donations avaient un caractère semblable. Le présent que fit Affonso Henriquez, avant d'être roi, à l'archevêque de Braga en

---

(1) « Pro nota calumnia, que feci in vestro cauto, scilicet duos omicidios. » Diplôme de donation de l'année 1123.

(2) Diplôme de l'an 1288.

(3) « Concedo omnibus abbatibus et prioribus et clericis totius regni mei, ut nunquam mecum veniant in exercitum neque cum filio meo, nisi contra Sarracenos, si intraverint in terram nostram. » Lettre du roi Sancho Ier à l'évêque de Porto.

(1) « Donamus atque concedimus loca, quod est ex nostra proprietate, » dit Ordogno dans un diplôme de l'année 816. *Esp. sagr.*, tom. 34.

(2) « Sine omni calumnia regiæ vocis, et sine omni servitio et censu fisci regis, vobis eos condonamus, et nullam nobis reddant censuram seu servitium ab hodierno die, sed sint liberi et absoluti a parte regis homines in eodem commorantes. » Diplôme d'Affonso II, de 841. *Esp. sagr.*, tom. 40.

(3) « Nec donandi, nec vendendi, nec mutandi licentiam do, intus sit integram, et in convulsibilem per omnia secula, etc., etc. » Diplôme de l'année 632. *Esp. sagr.*, tom. 18.

1128, fut un présent vraiment royal. Sa mère, la reine Theresia, avait fait une grande donation semblable à l'évêque de Porto, en lui cédant le château de Porto avec ses dépendances et ses revenus. La pieuse générosité des rois portugais ne se borna cependant pas à la distribution de terres et à l'affranchissement des impôts ; elle étendit bientôt les priviléges attachés aux donations sur un objet plus grave et plus important, sur la juridiction civile et correctionnelle, et sur le droit de nommer des fonctionnaires qui devaient juger les procès entre les habitants des territoires ecclésiastiques(1). Tantôt cette juridiction était comprise dans la suprématie que le roi accordait à un prélat sur une bourgade ; tantôt on en faisait une mention particulière dans les diverses dispositions secondaires qui rétrécissaient ou étendaient le pouvoir. Les souverains accordaient, soit en général, soit en particulier, le privilége de nommer un juge, dont on pouvait appeler au roi, ou de choisir un *meirinho*, qui était chargé de faire payer les créanciers, de saisir et d'incarcérer les criminels. Enfin on étendit l'affranchissement de la justice royale dont jouissaient les gens de l'Église jusque sur les habitations (2).

Il ne faut pas s'étonner qu'après un pareil antécédent de la part du roi, des particuliers aient donné à de grandes églises et à de grands monastères toute espèce de biens meubles et immeubles, des familles entières de serfs, une foule de droits, particulièrement des droits de patronage (qu'on appelait alors et même plus tard *heranças*) sur de petites églises et de petits monastères (*asceteria*), puisque les biens et les priviléges royaux qui avaient été donnés par les rois eux-mêmes, étaient déclarés irrévocablement acquis au clergé. En prononçant dans l'acte de donation des malédictions contre ceux qui voudraient usurper ou revendiquer ces donations, les bienfaiteurs de l'Église appelaient à son secours la première puissance de l'époque ; si plus tard cet appel ne fut plus enfin qu'une vaine formule (1), il n'en était pas de même alors.

La richesse des monastères et des églises s'accrut ainsi au moyen des dons de toute espèce et aussi par l'acquisition de propriétés voisines (2). Les revenus des couvents et des églises n'avaient pas les donations et les testaments pour unique source d'accroissement ; les communautés religieuses faisaient fréquemment des achats, des échanges et prenaient des propriétés à ferme et en usufruit (3).

L'évaluation que l'on a souvent faite de l'immense valeur des terres possédées de cette manière par les couvents et les églises est cependant beaucoup exagérée ; une grande partie des terres achetées ou données ne venaient en la possession des couvents qu'à la charge de remplir des conditions parfois onéreuses, et de payer des sommes annuelles, à tel point que plus d'une fois on vit les communautés religieuses les plus riches en propriétés territoriales se trouver dans la pénurie et dans le besoin le plus urgent.

La cause de ce mal est très-ancienne :

---

(1) C'est ainsi qu'Affonso Ier donna, en 1141, à l'abbesse de Paderne, la juridiction civile. Dans un diplôme de donation du roi Affonso II au couvent de Saint-Vincent, il est dit : «.....Et prædicto monasterio concedimus omnem jurisdictionem civilem et criminalem, salvo homicidio, rauso et stercore in ore, et in his tribus habeatis illud jus, sicut semper habuistis a tempore primo donationis sub certo modo, etc. »

(2) *Memorias da Acad. real*, tom. VI, p. 40, où se trouvent aussi une foule de pièces justificatives.

(1) Voyez *Memorias da Acad. real*, tom. VII, p. 25.

(2) Dans un acte de donation d'un canonicat de Coïmbre à l'église de Santa-Maria, en 1186, on lit : « De illa mea vinea, quam habeo..... ut bibant semper vinum in capitulo, et ad manus abluendas.»

(3) Voyez les *Mém. de l'Acad. royale*, tom. VII, p. 25.

les petits couvents, ainsi que les églises de campagne, étaient, comme nous l'avons déjà dit, la propriété des laïques; les clercs ne vivaient que des offrandes des fidèles et du revenu de petites pièces de terre, nommées *passaes*, qui consistaient en un petit champ clos de murs à proximité de l'église paroissiale, et qui était destiné à subvenir, comme jardin potager et fruitier, aux besoins des clercs et des serviteurs de l'Église; on avait même soin de détacher de ce champ la portion nécessaire pour le cimetière destiné aux fidèles (plus tard on les appela *adro* (1). Ces *passaes*, que l'on nomme aussi *dextros*, étaient anciennement plus bornés. D'après la décision du concile de Valladolid de 1144, ils devaient s'étendre autour de l'église dans une largeur de *trente pas géométriques*; ils servaient en même temps d'asile pour les criminels, qui ne pouvaient y être ni poursuivis ni arrêtés. Cette limitation ne concernait du reste que les églises de campagne et les chapelles; car les *passaes* des églises plus importantes étaient d'une plus grande étendue, et malgré les décisions canoniques on tolérait que le fondateur de l'église agrandit le jardin y annexé, suivant l'utilité des clercs (2).

La domination des Maures et leur expulsion postérieure par les chrétiens amenèrent beaucoup de désordre et de confusion dans les biens des communautés religieuses. Les propriétés et les redevances destinées à l'entretien des églises, du clergé et des pauvres, furent usurpées par un grand nombre de personnes, et annexées à leur patrimoine. C'est ainsi que beaucoup de domaines de l'Église devinrent des propriétés laïques (3). Les abus avec lesquels les nouveaux possesseurs administraient, d'après leur bon plaisir, le spirituel et le temporel des églises, furent bientôt à leur comble. A l'époque des dévastations d'Almanzor dans le royaume de Léon et en Portugal, vers la fin du xe siècle, tout était dans le plus grand désordre, et quand, dans l'année 1001, on commença à repeupler le pays et à relever les églises de leurs ruines, chacun s'empara de ce qui était à sa convenance (1). Les anciennes propriétés de l'Église tombèrent ainsi dans les mains des laïques; le manque d'évêques et de clercs distingués, le malheur des temps et la nécessité de reconstituer le culte divin engagèrent le roi de Léon à permettre à chacun de construire des églises qui pourraient être partagées, ainsi que toute autre propriété (2).

A cette époque, la vie monastique était de plus en plus en honneur; beaucoup de personnes se vouaient à l'Église, et on regardait comme très-méritoire de se consacrer à la vie religieuse, de donner au couvent où l'on se retirait une partie de sa fortune, et de s'occuper ainsi exclusivement du salut de son âme (3). Les pénitents vivaient sous les auspices d'un supérieur spirituel, mais ne prononçaient de vœux ni de claustration ni de pauvreté; seulement ils se soumettaient à des privations. C'est surtout depuis le xe siècle qu'un grand nombre de femmes se soumirent à une vie religieuse; on les appela *Deo votæ* (vouées à Dieu); elles travaillaient avec ardeur à leur salut éternel; mariées, vierges ou veuves, elles adoptaient cette résolution; les unes se cloîtraient, d'autres continuaient à habiter leurs maisons, d'autres

---

(1) « Concedimus..... ad ipsum locum Sanctum, atque Sancto Altare jam supra nominato XII m. passales pro corpora sepeliendo et 2 XXII° passales pro tolerantia fratrum. Donation au cloître d'Arouca, an. 951. *Eluc.*, t. II, p. 204.

(2) *Elucidario*, verbo *Passaes*.

(3) « Alii autem e contrario in Villulis, et quibusdam Laicalibus locis novas ecclesias, et monasteriola constituentes, tradiderunt illis ecclesias olim præclaras, et celeberrima monasteria servituti manciparunt. » *Livro Fidei*, in *Elucid.*, tom. II, p. 45.

(1) « Et cum venit tempus ista populatione, que est in E. 1039 populavit omnis populus quisque suam vel alienam hereditatem. *Eluc.*, t. I, p. 409.

(2) D'après l'auteur. *Eluc.*, tom. II, p. 49.

(3) *Elucid.*, tom. I, p. 302.

enfin se réfugiaient dans des ermitages ou dans des communautés particulières, sous le patronage d'une supérieure. Les rapports de ces femmes avec les couvents auxquels elles appartenaient étaient très-variés ; souvent elles étaient assimilées à celles qui appartenaient à des ordres religieux, souvent aussi elles n'étaient que *familiares* (affiliées). A Arouça, une *servante de Dieu* (*famula de Deo*) fut pendant longtemps à la tête d'une communauté religieuse et la gouverna comme abbesse sans avoir prononcé de vœux; enfin, en 1156, elle donna au couvent sa fortune, qui était considérable, et tout ce qu'elle avait gagné pendant tout le temps qu'elle avait administré la maison (1).

Indépendamment de ces femmes *vouées à Dieu*, il y en avait beaucoup d'autres qui rivalisaient d'extravagances et d'exaltation dans les pratiques du culte, à un point tel que l'ardeur du soleil d'Afrique avait pu seul jadis en donner des exemples semblables. Quelques-unes, pour obtenir la rémission de leurs péchés ou assurer leur salut éternel, s'infligeaient des tortures corporelles ; d'autres s'enfermaient, de leur propre volonté, dans une cellule étroite dont les portes étaient murées ; à cause de cette réclusion, elles s'appelaient *emperedadæ*. On ne laissait à la cellule qu'une ouverture très-étroite, par où on passait à la recluse sa nourriture journalière, ordinairement du pain et de l'eau, et par où elle s'entretenait avec son confesseur et en recevait la communion. La porte murée ne s'ouvrait qu'à la mort de la recluse, pour la porter d'un tombeau dans un autre (2).

Les femmes *vouées à Dieu*, ne faisant pas vœu de pauvreté, apportaient probablement peu de fortune aux couvents; on peut en dire autant des recluses (*emperedadæ*); toutes cependant font foi de l'esprit du siècle. Ce penchant à la vie religieuse indique quelle était l'autorité de l'Église et de tous ceux qui lui étaient attachés, autorité qui s'augmentait de toutes les fondations religieuses, ainsi que de l'affiliation des diverses personnes qui se réunissaient pour défendre tout ce qui tenait à elles. L'ignorance et la supersition, qui trouvaient ainsi à se satisfaire, et aussi le besoin de chercher, dans ces temps de barbarie et de désordres, un appui auprès d'un corps respecté et tout-puissant, tout cela contribuait à procurer à l'Église des partisans et une influence très-étendue.

Depuis le Xe siècle, et surtout pendant le XIe, l'usage de donner à des couvents, tout ou partie de ses biens, et même de se soumettre en personne au pouvoir spirituel, devint de plus en plus en faveur. Ceux qui s'affiliaient de cette manière aux communautés religieuses s'appelaient *oblati, offerti, donati, condonati, confrades* ou *familiares*; ils n'étaient ni clercs ni laïques; s'ils vivaient dans l'intérieur du couvent, on les nommait *convives perpétuels;* et *membres de la famille spirituelle,* s'ils continuaient à vivre dans leur maison. Il n'y eut bientôt aucun monastère qui n'eût de semblables *familiers* (familiares); le nombre pour chacun était de six, trois hommes et trois femmes; ces dernières étaient nommées *donatæ* ou *oblatæ*: on les désignait collectivement sous le titre de *familiares do numero.* Quand ce nombre était dépassé, les nouveaux venus portaient la qualification de *surnuméraires* (*supernumerarii*); les premiers recevaient du couvent les vivres, l'habillement et la chaussure; en général ils cultivaient eux-mêmes leurs terres, qui après leur mort appartenaient au couvent; les autres ne prenaient part qu'à quelques bonnes œuvres, et en mourant laissaient aux communautés leurs corps et quelques legs (1). Anciennement personne n'était reçu comme *familiaris* sans faire au couvent une dona-

---

(1) « Ea quæ comparavi, dum illi monasterio præfui. » *Elucid.*, tom. I, p. 436.
(2) *Elucid.*, tom. I, p. 395.

(1) « Offero ibi..... meam vineam, cum domibus et arboribus suis, quæ est in Burgo de

tion plus ou moins considérable. Chacun comptait recevoir en proportion de ce qu'il donnait, et nul ne faisait de dons trop mesquins.

Le grand nombre des *familiares*, ce qu'ils exigeaient en retour de leurs legs; le modique revenu des terres, leurs fréquentes variations à cette époque, durent certainement être une lourde charge pour les couvents. Ils eurent encore plus à souffrir de la part des héritiers (*herdeiros*) des fondateurs, qui regardaient les couvents et les églises comme faisant partie du patrimoine de leurs aïeux; ils commencèrent à n'être pas satisfaits ni du temporel ni du spirituel de ces legs, et voulurent s'en emparer et en user suivant leur convenance : tous demandèrent aux communautés de reconnaître leurs droits et exigèrent des redevances considérables (1). Ces réclamations occasionnèrent des abus et devinrent même oppressives. Les couvents implorèrent le secours de l'autorité pour les garantir de ces exactions; mais ce ne fut qu'après beaucoup de démarches qu'ils obtinrent, comme nous le verrons plus tard, un appui contre leurs oppresseurs. A l'époque qui nous occupe le mal n'était pas encore arrivé à ce point; mais comme c'est alors qu'il commença à se faire sentir, nous avons cru convenable d'en donner une idée (2).

Pendant ce temps, les richesses de l'Eglise s'accrurent visiblement, même au milieu des dévastations que la guerre traîne à sa suite; le produit des terres, il est vrai, pouvait en souffrir, mais les terres elles-mêmes restaient à l'Église. Celles-ci s'augmentèrent d'autant plus dans ces temps orageux, que la propriété était peu sûre, diminuait de prix pour les laïques, et que ceux-ci ne trouvaient de sûreté que sous la protection du clergé. Bien plus le roi et les chevaliers, qui n'avaient pas besoin d'un tel appui, trouvaient cependant juste de consacrer à Dieu, à son Église et à ses serviteurs au moins une grande partie des conquêtes arrachées aux ennemis de Dieu.

Bientôt à ces richesses territoriales vinrent se joindre des revenus d'une autre nature. A la fin du XIe siècle on commençait déjà, en Portugal, à reconnaître l'obligation des dîmes (decimas ou dizimos (1); au XIIe siècle, cette redevance était généralement répandue. Le tiers de ces dîmes était abandonné à l'église paroissiale et à la cathédrale; les deux autres tiers restaient aux abbés et aux clercs, qui devaient entretenir les églises et

---

Meigion-Frio..... Tali conditione mando hæc, ut fructum eorum in vitam meam retineam, et serviam monasterio ut *amicus* et *familiaris* et post mortem meam libera remaneant monasterio.» Vid. 1185, in *Elucid.*, tom. I, p. 431, et *Mém. de l'Acad. roy.*, tom. VI, p. 57.

(1) Au sujet de ces redevances, voyez le chapitre sur les impôts.

(2) Jean Nuniz, abbé du couvent de Reffoio de Basto, voulut, en 1172, à cause des persécutions des *Herdeiros*, quitter son couvent et reprendre tous ses biens. Sa mère, Maria Nuniz, en éprouva beaucoup de chagrin; elle vivait aussi dans ce couvent, et lui avait donné beaucoup de terres et d'esclaves maures. Elle chercha, par des remontrances, à détourner son fils de sa résolution : « Pourquoi, disait-elle en pleurant, pourquoi me quittes-tu, mon fils, quand je suis prête à descendre au tombeau? Il faut d'abord me fermer les yeux, et puis tu iras où tu voudras. » Jean, ému de ces paroles et des larmes de sa mère, lui répondit : « Que dois-je faire, quand on agit de cette manière avec nous, pendant votre vie? après votre mort, ils me chasseront. » — « S'ils te chassent, lui dit-elle alors, je te donne toute ma fortune, et tout ce que je possède dans la ville de Nuni, de manière que tu en reçoives les revenus, et qu'ils n'appartiennent au couvent de S.-Miguel qu'à ta mort. » Le fils promit alors à sa mère de ne pas la quitter et de se faire inhumer à ses côtés. *Dissert.*, tom. I, append., p. 253. Un fait semblable eut lieu en 1196. *Mém. de l'Acad. roy.*, t. VI, p. 69.

(1) Elles différaient des dîmes royales, *dizima semlar*, d'où sont venus les *octavos*. *Elucid.*, suppl., p. 35. *Mém. de l'Acad. roy.*, tom. VI, p. 56.

secourir les pauvres (1). Dans la loi promulguée par le roi Sancho I*er*, en 1209, pour le district de Penamacor (ainsi que pour les communes de Proença a Velha et Calvaterra do Estremo), il est statué que les dîmes et prémices doivent être payées aux églises; qu'un tiers sera remis à l'évêque, un tiers aux clercs et le reste consacré aux enfants des paroisses, aux dépenses de leur entretien, aux ornements de l'église, le tout suivant la décision des évêques et des prêtres (2).

S'il est facile de reconnaître l'influence que le clergé obtint sur les *choses*, par l'accroissement de ses propriétés et de ses revenus, et surtout par l'application des principes de la cour de Rome, son influence sur les *personnes* est encore plus remarquable.

---

(1) *Elucid.*, tom. I, p. 345; tom. II, p. 376, supplemento, p. 35.

(2) « Ecclesiæ de Penamacor accipiant primicias singulas faogas de omni pane, et decimam de pane, et de vino et de omnibus fructibus et pecoribus. Et episcopus habeat tertiam partem, et clerici tertiam partem, et parocchiani aliam tertiam et expendant illam per episcopum et per clericos ecclesiarum : ubi rectum fuerit.....» *Elucid.*, tom. II, p. 14.

Non-seulement sous le règne d'Affonso II, dans le XIII*e* siècle, le clergé fut exempté de tous les impôts royaux et communaux, et placé sous la protection du roi et des magistrats, mais encore les prélats ayant des possessions territoriales eurent droit de haute, moyenne et basse justice, privilége que garantit plus tard l'opinion du siècle, qui considérait le pouvoir judiciaire comme inséparable de la grande propriété. Le clergé réclamait et défendait ses droits; ses tribunaux connaissaient des crimes et délits de leurs frères; ils firent même des tentatives pour soumettre à leur juridiction les laïques, pour les délits commis dans leur ressort.

Tout cela fut d'abord bien insignifiant, mais peu à peu ces conquêtes de l'Église se régularisèrent et s'affermirent; toutefois elles ne purent avoir lieu sans exciter des luttes entre les clercs et les laïques, entre le clergé et l'État. L'irritation s'en mêla bientôt et acquit une violence difficile à maîtriser. Combien d'ailleurs le clergé ne dut-il pas se sentir puissant, quand il osa braver le roi lui-même? La longue durée de ces dissensions atteste à la fois le pouvoir de l'Église à cette époque et la fermeté des rois portugais.

CHAPITRE VI.

RÈGNE DU ROI SANCHO II.

(Depuis le 25 mars 1223 jusqu'au 21 septembre 1245.)

§ Ier. — *Conduite de Sancho pour obtenir la paix et pendant la paix.*

Il termine les différends avec le clergé. — Il fait un arrangement avec l'archevêque de Braga. — Traité du roi avec ses tantes. — Il donne à plusieurs provinces des *foraes*.

Après la mort de son père, Sancho II se hâta de mettre fin aux différends avec le clergé; le troisième mois de son avénement au trône (1), il convoqua une assemblée de clercs et de laïques à Coïmbre, dans laquelle tous les points en litige furent examinés, et enfin un arrangement conclu (2), qu'on nomma sans raison *concordia* ou *concordata* (3). Il renfermait dix articles ; des bornes furent mises aux abus qui s'étaient introduits dans l'exercice de l'hospitalité ainsi que dans les ventes, la perception des impôts royaux, la prise de possession des biens vacants de l'Église, et la juridiction usurpée sur les clercs, au préjudice des priviléges canoniques. Le roi s'engagea à ne plus charger à l'avenir les couvents de l'entretien de ses domestiques, de ses chiens, de ses oiseaux et autres animaux (art. 7); à ne plus permettre qu'un vassal prît en location une église, à quelque prix que ce fût (art. 2). Le roi ne pourra, suivant l'usage de ses ancêtres, recevoir des églises et des couvents l'impôt connu sous le nom de *colheitas*; il devra seulement, dans ses voyages, veiller à ce que sa suite ne commette pas d'exactions (art. 1er); il promet en outre, à la mort des évêques, de ne pas s'approprier les revenus de leur diocèse (art. 6), et de ne pas s'immiscer dans les discussions entre les clercs et les moines soumis aux évêques, si elles sont étrangères à ce qui est temporel (1) (art. 8).

Dans d'autres conditions de ce traité nous trouvons les idées premières des ordonnances qui sont renfermées dans la collection des lois Philippiques, où du reste elles

---

(1) *Synopsis Chronol. de Subsid. para a. Histor. da Legislaç. portug.*, por An. de Figueiredo, tom. I, p. 4.

(2) Cette dénomination n'est pas juste. Voyez a. p. 3.

(3) Bereira, *De Manu regia*, tom. I, p. 313.

(1) « Nisi in quantum fuerit laicale. »

sont plus développées au sujet du pouvoir des juges laïques, et fixent les relations des tribunaux canoniques avec la couronne (1). Dans les villes épiscopales et dans les domaines des églises et des couvents où se trouvent des juges, ceux-ci connaîtront des procès, l'évêque jouira du même droit; le roi ne pourra intervenir qu'au cas où la justice ne serait pas rendue. Dans les causes où la juridiction appartient à l'évêque, l'appel au roi ne pourra avoir lieu (2).

Indépendamment de ce traité avec le clergé, le roi fit une convention particulière avec l'archevêque de Braga, dans laquelle il s'engagea à lui payer la somme de 6,000 cruzades, et à l'indemniser de toutes les pertes supportées sous le règne du roi son père par la cathédrale de Braga, les églises et les couvents de son diocèse; trois commissaires clercs furent chargés d'en faire l'estimation, et 50,000 cruzades furent mises par le roi à la disposition de l'archevêque pour cet objet. Ce dernier promit de son côté de lever la sentence d'excommunication prononcée contre le roi, aussitôt qu'il aurait accompli ses engagements; il promit aussi d'enterrer les morts en terre sainte, de faire exhumer ceux qui avaient été enterrés pendant l'interdit, et de procéder à leur sépulture suivant les formes religieuses (3).

Quelques jours après la conclusion de cette convention, le roi entra en arrangement avec ses tantes au sujet des différends qui pendant le précédent règne avaient donné lieu à tant de combats sanglants. Il fut convenu que la reine Theresia et l'infante Sancha resteraient, leur vie durant, en possession des places fortes d'Alemquer, Montemor et de la ville d'Esgueira. Ces places devaient après la mort des princesses revenir à la couronne, à l'exception d'Esgueira qui appartiendrait au couvent de Lorvão. En outre le roi assigna à ses parentes, pour leur vie, une rente annuelle de 4,000 maravédis sur les revenus de Torre Vedra; il promit de conserver les priviléges accordés par ces princesses aux habitants d'Alemquer et de Montemor, et de ne les molester en rien pour les secours qu'ils avaient donnés à celles-ci. Les princesses s'engagèrent à mettre sur pied le nombre de soldats dus à l'armée du roi par ces apanages, et de recevoir les monnaies royales dans leurs provinces. Cette convention fut jurée de part et d'autre avec solennité et garantie par plusieurs chevaliers portugais et léonais (1).

C'est ainsi qu'une querelle de famille, causée involontairement par son aïeul, comprimée sans être conduite à bonne fin par son père, fut arrangée à l'amiable par Sancho II. L'inimitié entre le roi et le clergé disparut également. Sancho s'occupa alors de l'administration de ses États; suivant la coutume de ses ancêtres, il parcourut les provinces pour s'assurer par lui-même de leur situation, pour contribuer en personne au bien, et réprimer les abus. C'est ainsi que nous le voyons, dès la première année de son règne, voyager dans les contrées entre le Douro et le Minho; la ville de Sanguinhedo, dans la province de Panoyas, obtint un *foral* (2). Dans un autre voyage qu'il fit l'année suivante, le roi accorda des *foraes* aux bourgs de Corva, Noura et Muça. En 1225 il concéda aux colons de Santa-Cruz de grands priviléges, et l'année suivante les villes d'Aureiro, Ligoo et autres obtinrent des franchises municipales (3).

---

(1) Art. 4, *Orden. Phil.*, liv. II, tit. VIII.
(2) Art. 3, *Orden. Phil.*, liv. I, tit. IX, § 12.
(3) *Mon. Lus.*, Part. IV, append., escrit. 15.

(1) *Mon. Lus.*, part. V, append., escr. 14. Après une entrevue du roi de Portugal avec le roi Ferdinand de Castille, en 1231, celui-ci restitua enfin le château fort de San-Estevas, dont il s'était emparé pour la sûreté de la reine Theresia. *Mon. Lus.*, lib. XIV, cap. 12.
(2) F. N. Franklin, *Memoria para servir de Indice dos foraes das terras do Reino de Portugal* (Lisboa, 1816), p. 243, 277, 236 et 237.
(3) *Mon. Lus.*, lib. XIV, cap. 4.

ÉPOQUE I, LIV. I, CHAP. VI.

§ II. — *Conquêtes de Sancho.*

Elvas, Serpa, Jurumenha, Aljuster, Aronchès, Mertola, Cacella, Ayamonte et Tavira, se soumettent au roi. — Services rendus par les chevaliers de Saint-Jacques et notamment par le commandeur d'Alcacer, Payo Perez Correa. — Le commandeur conquiert avec des Portugais, et pour le compte du Portugal, plusieurs places dans les Algarves. — Sancho justifié du reproche d'inactivité et d'inexpérience militaires.

L'activité que venait de déployer Sancho pendant la paix se dirigea bientôt vers des entreprises guerrières, ainsi que cela devait être de la part du roi d'un pays toujours menacé. Nous le voyons dès la première année de son règne en guerre avec les Sarrasins, et ravageant les environs d'Elvas(1). L'année suivante cette place importante fut prise d'assaut, et resta depuis cette époque au pouvoir du roi Sancho, qui, pour favoriser l'agriculture et la population, lui accorda un foral, celui d'Evora, trois ans plus tard (2). Le roi continua la guerre contre les infidèles presque sans interruption et se rendit maître de Jurumenha et d'autres places; ces conquêtes, surtout celles des Algarves, lui valurent même l'approbation du pape, qui, dans un bref, recommanda expressément de ne pas l'entraver sans l'autorisation du saint-siége, dans ses entreprises contre les Sarrasins, sous peine d'encourir la colère de l'Église. Les dissentiments qui s'élevèrent bientôt entre le roi et l'évêque de Porto n'empêchèrent pas Grégoire IX de faire publier une bulle par laquelle, plein de joie des progrès des armes chrétiennes, et animé par les nouvelles conquêtes du roi Sancho, il promet à tous ceux qui s'enrôleront sous ses drapeaux et combattront les infidèles la ré-

mission de leurs péchés et des indulgences plénières semblables à celles que le concile général avait accordées aux croisés (1). L'année suivante Aljuster fut prise. De là le roi se dirigea vers la province d'Alentejo et s'empara d'Aronchès. Les habitants d'Alva, qui avaient mal défendu leur ville contre l'ennemi, en furent expulsés, et Sancho y établit les habitants du village de Freixo, qui au contraire avaient courageusement résisté à l'attaque des Sarrasins (2). La conquête de Mertola fut plus importante; cette ville, bâtie sur le plateau d'une montagne élevée, entourée d'une vallée riche et fertile, était une des places les plus fortes du Portugal.

Autrefois sa situation sur les frontières de la Lusitanie et de la Bétique, et l'importance de son commerce l'avaient fait élever par les Romains au rang de *municipe*. Déjà forte par sa position, l'art avait ajouté à ses moyens de résistance par le canal venant de la Guadiana, qui faisait de cette ville située sur les limites des Algarves et de l'Andalousie, une place facile à défendre et propre à servir de boulevard aux provinces du sud-est du Portugal. Sancho comprit l'importance de Mertola, et pour être assuré de sa possession, il la donna aux chevaliers de Saint-Jacques, qui durent y établir un couvent pour la défendre et pour la sûreté du royaume (3). Aussitôt après la

---

(1) Bzovio, *Ann. eccles.*, an. 1225, num. 3. Sous Sancho II, l'histoire de Portugal n'est pour ainsi dire que l'histoire de l'Église et des affaires du clergé, en sorte que l'on ne trouve que dans les historiens ecclésiastiques le détail des événements et des guerres de cette époque.

(2) *Mon. Lus.*, lib. xiv, cap. 17.

(1) *Mon. Lus.*, part. iv, append., escrit. 16.
(2) In *Mon. Lus.*, lib. xiv, cap. 16.
(3) «.....Et ipsi debent ibi tenere conventum suum ad defensionem et tuitionem, et quisitio-

prise de Mertola, les chrétiens étendirent leurs conquêtes de plus en plus dans le sud, et les forteresses des Algarves furent enlevées. En 1240, Cacella et Ayamonte se rendirent. Ces succès engagèrent le roi Sancho à se préparer à des expéditions plus importantes et, à cet effet, il mit sur pied toutes ses forces de terre et de mer. Une nouvelle bulle du pape (1) accorda indulgence plénière à tous ceux qui s'armeraient pour la cause de Sancho, ou qui, suivant leur fortune, contribueraient aux frais de la guerre. La conquête de Tavira et d'autres places des Algarves fut le prix de ces efforts. Il n'est cependant pas vraisemblable, comme le prétendent quelques auteurs, que Silves ait été prise à cette époque.

Ces conquêtes étaient de la plus haute importance pour le Portugal, et sous un certain rapport elles ne sont pas dépourvues d'intérêt pour nous; car elles servent à expliquer des choses qui sans cela resteraient obscures, ou se présenteraient sous un faux jour.

Après le roi, qui prit part en personne à ces expéditions, ce furent les chevaliers de Saint-Jacques, et surtout le commandeur d'Alcacer, qui rendirent les services les plus signalés. Pour les récompenser et exciter encore leur bravoure, le roi leur céda la majeure partie de ses conquêtes : Aljuster en 1232, Mertola et Alfajar de Pena en 1239, Cacella et Ayamonte en 1240, et Tavira le 9 janvier 1242 (2). Le pape Innocent IV confirma la donation de cette dernière ville (3). Mais le commandeur d'Alcacer ayant été nommé grand maître et s'étant rendu en Castille, qui était la première résidence de l'ordre, les écrivains castillans en ont conclu que les conquêtes faites dans les Algarves par Perez Correa l'avaient été pour le compte de la Castille ; or à cette époque Correa n'était que commandeur d'Alcacer do Sal, résidence des chevaliers portugais de Saint-Jacques, et il ne fut élu qu'en 1242 grand maître de l'ordre, lorsque Tavira, dernière conquête des Portugais, était déjà soumise; son rôle se borna donc à commander les chevaliers *portugais* dans la guerre contre les Sarrasins, et presque toujours sous les yeux du roi Sancho. Celui-ci considéra les places conquises comme sa propriété, et c'est de sa propre volonté et de l'aveu des grands du royaume, qu'il les céda aux chevaliers de Saint-Jacques (1). Il compte sur leur attachement et leur fidélité, et leur prescrit de le reconnaître comme leur suzerain naturel (2). En un mot ces donations suffisent pour démontrer clairement que ces places n'avaient été prises que pour le compte du Portugal, et nullement pour celui de la Castille.

Les conquêtes du roi Sancho servent aussi à réfuter le reproche qui lui a été fait de vivre dans l'oubli de ses devoirs et dans une apathie qui lui avait fait négliger de défendre le royaume contre les aggressions des Sarrasins. Dans le fait une mauvaise étoile sembla s'attacher aux exploits de ce monarque; aucun clerc (peu de laïques écrivaient à cette époque) n'a raconté les conquêtes de Sancho, et nous sommes obligés d'en chercher les indices dans les divers actes de donation par lesquels il les céda aux chevaliers de Saint-Jacques.

Brandâo avait déjà senti l'injustice avec laquelle on cherchait à flétrir la mémoire de Sancho II. «Je sais, dit-il, que bien des gens trouveront étrange de voir re-

---

nem regni mei, et quærere mihi bonum sicut domino naturali.» M. L., lib. xiv, cap. 19.
(1) V. *Mon. Lus.*, lib. xiv, cap. 19.
(2) V. l'acte de donation in *Mon. Lus.*, part. iv, append., escrit. 14, 19, 20, 22.
(3) L'acte de donation et la charte de ratificaion. *Mon. Lus.*, escrit. 22.

(1) «De mea spontana voluntate et de assensu meorum Ricorum hominum..... cum omni jure regali, quod ibi habeo et habere debeo, et cum omni jure Patronatus ecclesiarum,» dit le roi dans l'acte de donation à l'ordre.
(2) «Ut me diligant, et faciant sicut domino naturali;» et de même dans les autres actes de donation.

présenter ce prince comme plus occupé d'expéditions guerrières que d'entretiens avec les clercs, et de le montrer coiffé d'un casque au lieu d'un capuchon monacal ; mais il faut être équitable en toutes choses et nous allons rendre à ce roi la justice qu'il mérite. »
Les expéditions guerrières et les conquêtes que Brandão indique comme clairement prouvées par les documents, et que nous avons brièvement racontées, mettent hors de doute qu'aucun des ancêtres de Sancho, depuis Alphonse Ier, n'a fait plus que lui pour l'accroissement du Portugal. Il rapporte également (1) que la reine-mère, pendant une maladie de son fils, fit vœu, s'il survivait, de le consacrer à la vie monastique en l'honneur de saint Augustin ; mais ce vœu ne put prévaloir sur les inclinations belliqueuses du jeune prince. Sancho, devenu grand, le montra bien ; mais chose bien plus rare, il fit aussi preuve d'une grande prévoyance et de beaucoup de sagesse dans ses entreprises. C'est ainsi qu'après l'importante occupation d'Elvas, il en fait le point central de ses expéditions ; il pousse ses conquêtes en s'éloignant des rives de la Guadiana, s'empare des villes principales, de Serpa, de Mertola, et se rend maître de l'embouchure de cette rivière par la prise d'Ayamonte et de Cacella, et enfin par celle de Tavira. Il tient alors en main la clef du pays des Algarves. Il cerne ainsi complétement le reste de ces contrées encore au pouvoir des Maures, mine leur puissance et prépare à son successeur la conquête entière des Algarves.

Un reproche également grave et injuste lui fut fait par Innocent IV dans sa bulle de 1245, consacrée à énumérer les fautes du roi qui rendent nécessaire son abdication. Il lui reproche surtout de n'avoir pas défendu les contrées chrétiennes voisines des Sarrasins, de les avoir, par sa lâcheté, laissé dévaster et occuper par les infidèles (1). Cette accusation était d'autant plus grave et d'autant plus déshonorante, qu'à cette époque chaque Portugais faisait consister la gloire de son roi dans le courage avec lequel il combattait les infidèles. Pourquoi Innocent IV n'a-t-il pas compulsé les archives de son prédécesseur Grégoire IX? Il eût pu y lire, écrit de la main d'un pape, l'éloge de Sancho II comme s'étant montré le champion vaillant de la chrétienté contre les Sarrasins. Comment ne voyait-il pas que la donation de Tavira aux chevaliers de Saint-Jacques, qu'il avait lui-même ratifiée, n'était que la conséquence d'une importante extension des frontières portugaises sur les contrées appartenant aux Maures, et mettait une barrière à leurs excursions ? Grégoire IX n'avait-il pas ordonné, dans un bref de 1232, de ne pas entraver le roi Sancho dans ses expéditions contre les infidèles, sous peine d'encourir les censures ecclésiastiques (2) ? Ce fut un prélat puissant, l'évêque de Porto, qui provoqua l'envoi de ce bref ; ce fut lui qui renouvela les dissensions avec le roi, et prépara ces controverses qui ne pouvaient acquérir de gravité qu'en accumulant les accusations contre le trône, qui mirent fin aux expéditions de Sancho et préparèrent même sa chute.

---

(1) *Mon. Lus.*, lib. XIV, cap. 6, 7, 11, 14—16, 18—21.

(1) Sousa, *Hist. gener.*, provas, tom. I, p. 47.
(2) « .....Ne a quoquam sine Sedis Apostolicæ expressa voluntate censuris ecclesiasticis gravaretur quamdiu sanctum bellum expugnant. »

§ III. — *Discussions de Sancho avec le clergé.*

Plaintes de l'évêque de Porto. — Convention avec lui. — Violente accusation de l'archevêque de Braga, qui se plaint au pape. — Menaces de celui-ci, qui obligent le roi à céder.

Déjà en 1227, l'évêque de Porto Julien Ier (1227-1231) s'était plaint des empiétements du roi sur les droits et priviléges de son diocèse; il avait adressé ses plaintes au pape Honorius, et celui-ci avait chargé l'évêque de Zamora et d'autres prélats d'admonester le roi, et, en cas de refus, de donner satisfaction, de fulminer contre lui une sentence d'excommunication. La même année, Grégoire IX renouvela cette menace, mais on n'en connaît pas les suites (1). La discussion devint encore plus vive avec l'évêque successeur de Julien, Pedro Salvador (1231-1247). Celui-ci était un chaud défenseur des droits et immunités de son diocèse, et à peine eut-il reçu la mitre, qu'il partit pour Rome, en 1233, pour soumettre au pape ses plaintes contre les envahissements du roi sur ses droits et ses priviléges. A l'entendre, Sancho s'emparait violemment du pouvoir judiciaire que ses ancêtres avaient concédé aux évêques de Porto, en s'arrogeant la décision des procès civils et des controverses du clergé; il contraignait en outre les clercs à comparaître devant son tribunal, enfin il forçait les vassaux de l'évêché à le suivre à la guerre. Le pape, dans un bref de 1233, ordonna à l'évêque de Zamora et à deux autres prélats de faire une enquête sur cette affaire, et de prescrire au roi de s'abstenir à l'avenir de tout acte d'oppression envers le clergé de Porto; s'il refusait d'écouter cette admonition, il devait être excommunié partout où il se trouverait; Grégoire même écrivit à cette occasion au roi Sancho II.

Ces mesures amenèrent une convention dans laquelle le roi promit de respecter tous les droits et priviléges de l'évêché de Porto; en cas d'invasion des Maures, il s'engagea à marcher en personne contre eux, mais à condition d'être suivi par tous les évêques du royaume; toutes les affaires purement spirituelles, telles que les dîmes, l'usure, les mariages, etc., seraient du ressort de la juridiction de l'évêque, mais aussi les procès entre des clercs et des laïques devaient être soumis au juge royal statuant comme vicaire général de l'évêché. Le roi accorda à l'évêque et à son église le droit de patronage sur Soalhaes et Bedoido, ainsi que la dixième partie de toutes les denrées qu'il introduirait dans la ville. L'évêque et le chapitre soumirent cette convention au saint-père, qui la ratifia, à l'exception de la clause qui réservait la juridiction au vicaire général, et qui fut rejetée comme contraire aux droits et immunités de l'Église (1). La querelle paraissait ainsi apaisée. L'année suivante (1242), Grégoire IX publia la bulle dont nous avons déjà fait mention, et par laquelle il accordait une indulgence plénière à tous ceux qui combattraient sous les drapeaux de Sancho. Ce fut ainsi qu'il donna au roi des preuves de sa satisfaction.

L'évêque de Porto aurait dû aussi se montrer satisfait, mais il fit comme un de ses prédécesseurs; non content des immenses concessions du roi, il garda sa haine contre lui et ne mit aucune borne à ses prétentions toujours renaissantes. Malgré cette récon-

---

(1) Raynald., ad an. 1227. Bzovio, an. 1227, num. 9.

(1) *Catalogo dos Bispos do Porto*, parte II, cap. 10. *Mon. Lus.*, lib. XIV, cap. 14.

ciliation, qui était si favorable à l'évêque, malgré les libres présents du roi, qui n'entraient point dans les conditions du traité, bien qu'il lui ait encore, en 1245, donné le village de Marachil dans les Algarves (nouvelle conquête faite sur les Maures), l'évêque de Porto n'en fut pas moins le premier, ainsi que nous le verrons plus tard, à envoyer des plaintes au pape, qui amenèrent enfin la chute du roi (1).

Mais la querelle de l'évêque de Porto n'était que le prélude de la tempête qui devenait chaque jour plus imminente. Bientôt une nouvelle controverse, plus violente et plus à craindre s'éleva entre le roi et l'archevêque de Braga; une première convention n'amena qu'une pacification dérisoire. Elle éclata de nouveau plus terrible et plus acharnée. Nous ne pouvons cependant en donner les détails, car aucun des historiens du temps ne nous en a laissé le récit; son existence ne nous est révélée que par les résultats et les événements qu'elle amena. La querelle avait son origine dans des actes reprochés aux laïques; mais la fermentation qui vint à la suite fut l'œuvre du clergé.

Des discussions entre les magistrats royaux et le clergé du diocèse de Braga provoquèrent une lettre de l'archevêque, dans laquelle il invita le roi à défendre à ses magistrats et à ses serviteurs de s'immiscer dans les affaires de l'Église. Sancho n'ayant pas assez promptement satisfait à cette réclamation, l'archevêque lança une sentence d'excommunication contre les magistrats, et adressa ses plaintes au pape. Elles portent sur huit points principaux :

1. Les magistrats royaux calomnient les ecclésiastiques et violent leur domicile, sous le prétexte d'y arrêter les femmes qui pourraient s'y trouver (2).

2. Ils empêchent l'archevêque de punir les clercs qui se rendent coupables de quelque délit.

3. Ils astreignent les ecclésiastiques à un service militaire; ils les forcent à recevoir et nourrir les gens du roi et ses chevaux.

4. Ils exigent que les clercs obéissent aux ordres des laïques. Si quelque donation entre-vifs ou par testament est faite à l'Église ou à un couvent, ils empêchent ceux-ci de les accepter; ils s'opposent même à ce qu'ils les acquièrent par d'autres moyens.

5. Si les clercs sont cités devant un tribunal laïque pour des questions purement spirituelles, et élèvent l'exception d'incompétence, le demandeur est aussitôt mis en possession de l'objet en litige; les clercs sont ainsi placés dans l'alternative ou de perdre leurs biens, ou de consentir à reconnaître la compétence des tribunaux profanes.

6. Quand le roi traverse des contrées où se trouvent des biens du clergé ou des couvents qui ne doivent aucuns droits régaliens, il en exige de l'argent et les met à contribution.

7. Il s'arroge la décision dans les affaires de l'Église; il s'attribue les revenus des bénéfices vacants, les fait administrer par des laïques, s'arroge les droits de patronage sur quelques-uns qui étaient libres, et les confère à des personnes étrangères, inconnues et indignes.

8. Il met les églises et les couvents dans l'impossibilité de pouvoir à l'avenir payer leurs serviteurs et leurs fermiers, et enfin de pourvoir à leur propre entretien (1).

On ne peut nier, comme l'a observé avec justice un écrivain portugais très-distingué, Caetano do Amaral, qu'il ne se soit glissé beaucoup d'abus dans la conduite des laïques, que ceux-ci ne se soient abandonnés à d'injustes violences, et que, d'un autre côté, la querelle ne se soit envenimée par l'exagération et la rancune des clercs. Nous ne sommes pas en état de discerner bien clairement le vrai du faux; car tout ce qui nous est parvenu sur ces déplorables querelles nous a été transmis par ceux qui étaient à la fois juges et parties. Mais écoutons le langage

---

(1) *España sagr.*, tom. XXI, p. 101.
(2) D'après une loi de Sancho Ier, les magistrats royaux avaient droit de faire des perquisitions dans les maisons à cet effet.

(1) *Mon. Lus.*, parte IV, append., escrit. 18. — *Mém. de l'Acad. roy.*, tom. VI, p. 88.

d'un de leurs compatriotes, d'un homme impartial, du sage Brandão, qui ne se dissimulait pas que sa manière de voir serait considérée comme une innovation et pourrait même déplaire à quelques-uns, mais qui croyait que son devoir d'historien ne lui permettait pas de s'écarter de la vérité. Il n'y a rien de choquant, dit-il, que le roi reçoive les revenus des bénéfices vacants, encore moins qu'il empêche les donations faites aux couvents. Si les nobles prennent les revenus de l'Église, ils s'appuient sur les dépenses énormes que la guerre leur occasionne, et auxquelles leur fortune personnelle ne peut subvenir. Ils demandent donc que le clergé contribue à ces dépenses par le sacrifice d'une partie de ses biens, demande, dit Brandão, qui n'est pas tout à fait injuste, si toutefois elle est faite avec la modération et les formes convenables, et si le pape consent aux subsides réclamés. Quand plus tard les affaires eurent acquis plus de stabilité et d'ordre, il fut décidé que les couvents devaient, à des époques fixées, vendre les propriétés qu'ils avaient acquises, afin que celles-ci revinssent dans les mains des laïques et que les revenus du clergé n'augmentassent pas de manière à reproduire les abus qu'on avait vu s'élever précédemment; mais à l'époque dont il s'agit on n'avait pas encore trouvé de moyens convenables; l'expérience seule les indiqua plus tard (1).

Les plaintes de l'archevêque furent suivies d'une bulle du pape dans laquelle il exprime son mécontement sur les abus qui lui sont signalés, et ordonne leur prompte répression. Elle prescrit à l'archevêque de mettre le roi en interdit, s'il refuse de faire droit à ses plaintes, et dans le cas où ce moyen ne l'amènerait pas au repentir, des menaces font pressentir que la cour de Rome pourrait recourir à d'autres moyens (1). Le roi écrivit à l'archevêque et lui promit entière satisfaction; il s'obligea à exécuter tout ce que la bulle prescrivait au sujet de la liberté des églises (2).

Pendant les années suivantes, Sancho continua ses expéditions contre les Sarrasins, pour augmenter ses conquêtes, et aussi pour les affermir; il fit de grands armements par terre et par mer. Le pape publia alors sa bulle, qui accordait une indulgence plénière à ceux qui combattraient sous les ordres de Sancho; les juifs furent assujettis à contribuer pour leur part aux frais de la guerre, ils durent fournir à chaque vaisseau de la flotte une voile et une ancre (3). De si puissants préparatifs faisaient présager de grands succès, aussi Sancho multiplia-t-il ses conquêtes sur les infidèles; mais pendant qu'il cherchait ainsi à agrandir son royaume, il ne voyait pas que le sol tremblait sous ses pas et menaçait de l'engloutir, et que pendant qu'il combattait sur la frontière, ses ennemis, ses vassaux et ses propres parents ébranlaient son trône à l'intérieur.

---

(1) Brandão, *Mon. Lus.*, lib. xiv, cap. 17.

(1) « Romana ecclesia super iis aliter auctoritate domini providebit. » *Mon. Lus.*, parte iv, append., escrit. 18. Sousa, *Hist. geneal.*, provas, tom. i, p. 40.

(2) La lettre était datée du 25 novembre 1238. Elle se trouve dans les archives de l'archevêché à Braga; le commencement est traduit par Brandão. *Mon. Lus.*, lib. xiv, cap. 17.

(3) Voyez l'acte dans les *Chron. crit.*, por J.-P. Ribeiro, tom. iii, app., p. 87, n. 35.

ÉPOQUE I, LIV. I, CHAP. VI.

§ IV. — *Déchéance du roi.*

La noblesse portugaise. — Les princes de la famille royale Affonso et Ferdinand. — Vie chevaleresque de l'infant don Pedro, oncle du roi. — Influence de Mecia sur le roi; est-elle réellement son épouse? — Mécontentement général exploité par les grands et les prélats pour amener la chute du roi. — Leurs plaintes au saint-siége. — Bulle menaçante du pape. — Les prélats et les députés partent pour Lyon. — Innocent IV déclare Sancho déchu du trône, et donne la couronne à Affonso, comte de Boulogne. — Comment ce prince s'est recommandé au pape, et le serment qu'il dut prêter à Paris avant son avénement. — Son arrivée en Portugal. — Fuite de Sancho en Castille. — Sage conduite d'Affonso pour se concilier les esprits. — Sancho, quoique secouru par une armée castillane, est obligé de céder aux armes spirituelles du comte. — Quelques commandants des places fortes combattent encore pour Sancho, entre autres l'énergique et rusé Pacheco, gouverneur de Celorico, et Freitas, gouverneur de Coimbre, dont la fidélité suit le roi jusqu'au tombeau.

Les nobles Portugais de ce temps ne connaissaient d'autre plaisir que ceux des combats, et souvent ils apportaient dans la vie civile toute la rudesse des champs de bataille. L'épée leur paraissait le plus sûr moyen de trancher toute difficulté; il y avait peu de lois et elles étaient mal conçues, mal exécutées et presque sans force. Nous ne devons donc pas nous étonner de les voir guerroyer entre eux (1); il faudrait bien plutôt nous étonner du contraire, et cependant on fit un crime au roi Sancho des violences des grands et des guerres particulières auxquelles ils se livraient, comme si c'eût été chose tout à fait neuve et inouïe; comme si, dans d'autres pays, on avait songé à rendre les rois responsables des désordres des seigneurs. La puissance du roi n'a-t-elle pas reçu les plus rudes coups de ces désordres mêmes? Celui-ci ne fut-il pas souvent attaqué comme un ennemi commun? Il n'était pas difficile de donner un but fixe à l'inquiète activité des nobles, d'imprimer à leur sauvage turbulence une direction déterminée. Des esprits rusés et entreprenants pouvaient facilement diriger à leur gré des forces tournées l'une contre l'autre, jouer un ennemi commun et le pousser à sa perte.

Les séditieux s'émurent bientôt en Portugal; des meneurs rusés, sortis de la noblesse, et soutenus par cette puissance cléricale forte de son intelligence et plus forte encore de son empire sur l'opinion publique, s'employèrent à exciter les masses pour les conduire contre celui qui serait déclaré coupable, et le coupable était tout trouvé.

Sancho II n'avait pas d'enfants. La succession au trône, s'il survenait un changement, allait être ouverte. Plusieurs princes de la maison royale convoitaient la couronne; les premiers prétendants étaient l'infant Affonso, frère du roi, né le 5 mai 1296 et marié avec Mathilde, héritière du comté de Boulogne; le frère cadet du roi (né probablement après 1217), l'infant Ferdinand, propriétaire de Serpa, et généralement désigné sous le titre de seigneur de Serpa. Les violences qu'il avait exercées contre les couvents et les clercs le forcèrent d'aller à Rome faire personnellement amende honorable aux pieds du saint-père et lui demander l'absolution, qu'il ne reçut que sous condition de ne plus

---

(1) Ces querelles ont toutes le même caractère; mais un fait plus remarquable ayant signalé l'une d'elles, nous croyons à propos de le raconter. Un combat s'était engagé à Porto entre plusieurs nobles et leur suite, Ruy Fafès, l'un d'eux, ayant perdu son cheval, et n'ayant pas l'habitude de combattre à pied, demanda celui de Gonçalo Rodriguez; celui-ci le lui donna, mais sous condition qu'il obtiendrait la main de la fille de Fafès, dona Maria : la promesse en fut faite et exécutée après le combat. *Mon. Lus.*, lib. XIV, cap. 4.

violer à l'avenir les priviléges de l'Église ; mais il n'est pas probable qu'il se soit, à cette époque, recommandé au pape pour la succession au trône. Il alla ensuite en Castille, où il put satisfaire ses penchants guerriers et expier, en combattant contre les Sarrasins, ses péchés envers l'Église (1). Enfin il y avait encore un oncle de Sancho II, l'infant Pedro, né en 1187 ; prince qui ne cherchait le bonheur de sa vie que dans des changements de situation et dans un mouvement perpétuel, et qui toujours était poursuivi par une ambition inquiète que rien ne pouvait apaiser. Des querelles avec son frère l'avaient fait exiler du Portugal ; à dater de ce moment, il devint la vivante image de la vie du chevalier errant : il se rendit d'abord auprès du roi de Léon et combattit à la tête d'une armée de Léonais pour la cause de ses sœurs, les infantes Theresia et Sancha, contre leur frère Affonso II ; il s'embarqua ensuite pour l'Afrique, et resta au service de l'empereur de Maroc (2). De là il rapporta en Portugal les reliques de cinq martyrs de l'ordre des minorites : on les conserva dans le couvent de Santa-Cruz à Coïmbre. Il retourna ensuite à la cour de Léon, prit part à plusieurs expéditions, et s'acquit une grande gloire pour avoir presque seul contribué à la victoire de Merida. Puis il se rendit en Aragon, et prêta son appui à son neveu Jacques Ier dans toutes ses entreprises contre les Maures ; là il épousa la fille et l'héritière d'Armengol VIII, comte d'Urgel et Aurembaur ; celle-ci, à sa mort, en 1231, lui laissa par son testament le comté d'Urgel et ses droits sur Valladolid et plusieurs possessions en Galice. Comme on lui contestait ces dernières, il les céda à son neveu, le roi Jacques, en échange de Majorque et des îles qui en dépendent (3). Il y résida quelque temps, y fonda un État et un siège épiscopal. Plus tard il les changea pour Segorbe, Morella, et se rendit plusieurs fois en Castille, où il semblait se multiplier en combattant sur tous les champs de bataille où les armes de la Castille furent victorieuses.

A l'époque où les trames contre Sancho II prirent un caractère plus audacieux, en 1244, l'infant Pedro quitta Majorque et entretint en Portugal un parti qu'il avait su s'y concilier. Comment un parti eût-il pu manquer à un prince qui s'était fait le coryphée de la chevalerie, et qui personnifiait ainsi les idées de son temps ? Lui qui, en vrai chevalier, avait secouru ses sœurs persécutées, qui jouissait à la cour du Miramulin de la renommée d'un guerrier chrétien plein d'ardeur et de courage, qui avait enrichi son pays des reliques sacrées de cinq martyrs, qui à Léon, en Aragon, en Castille, partout enfin, avait fait des actes d'héroïsme contre les infidèles ; qui par un heureux mariage était possesseur de grandes contrées, fondateur d'un État et d'un évêché ; certes à un tel homme un parti ne pouvait manquer. Il ne pouvait, il est vrai, avoir de droits du vivant des frères de Sancho ; aussi, il paraît qu'il ne demanda que la régence ; mais qui peut pénétrer les plans et les secrets désirs d'un ambitieux ? S'il avait un parti en Portugal, il pouvait également compter sur l'assistance de Jacques d'Aragon. Mais le pape se prononça en faveur d'Affonso qui, d'après les lois du royaume, avait les premiers droits à la couronne, et dans un bref qu'il écrivit lui-même à Pedro, il paraît qu'il le convainquit de la justice de sa décision, et l'engagea à aider Affonso de ses conseils et de son bras. Innocent IV le détourna ainsi de toutes ses espérances et de ses plans, peut-être pour le bonheur du Portugal ; car il est douteux que ce chevalier, qui avait acquis tant de renommée par la force de son épée, eût pu gouverner son peuple avec ce calme et cette fermeté tranquille qui font le bonheur des nations. Quoique satisfait de voir Pedro éloigné du trône, nous ne voulons pas cependant encore le quitter. En véritable chevalier, il secourut lui-même

---

(1) Raynald, ad an. 1239, num. 59 ess.

(2) C'est une chose remarquable, mais qui n'était cependant pas rare, de voir un prince chrétien dans une cour mahométane.

(3) *Mon. Lus.*, tom. v, app., escrituras 2—4, et *provas Hist. gen.* de Sousa, tom. I, num. 12.

son neveu Affonso en 1247 et 1248 pendant la guerre civile, et le servit de sa tête et de son bras jusqu'à ce que tous les Portugais lui eussent juré fidélité et obéissance. Puis, comme s'il eût craint de voir son épée se rouiller dans le fourreau, il alla en Andalousie pour prêter assistance au roi Ferdinand qui assiégeait Séville. Il ne tarda pas à faire une entrée solennelle dans cette ville avec le roi, et reçut des possessions considérables en récompense de ses services. Ce ne fut qu'au tombeau où il descendit en 1258, qu'il trouva enfin le repos qu'il avait paru fuir, comme s'il l'eût eu en horreur.

De même que l'infant Pedro, chaque frère du roi avait un parti en Portugal, et s'ils n'agirent pas eux-mêmes, d'autres agirent en leur nom. Pour tenir tête à toutes ces intrigues qui, malgré la diversité de leurs vues, marchaient toutes au même but, un roi plus ferme que Sancho n'eût peut-être pas eu des chances de succès.

La nature avait refusé à ce prince le talent de combattre l'intrigue, et la ruse n'en avait que plus libre carrière. On trouva, ou l'on feignit d'avoir trouvé de justes motifs de plaintes, car nous n'avons pas assez d'indices pour prononcer sur leur plus ou moins de fondement. Nous n'avons pour nous éclairer que les actes d'accusation dont les auteurs ont cru pouvoir se dispenser d'apporter des preuves, ne publiant que ce qui pouvait servir leur cause et s'abstenant de parler de ce qui eût pu lui nuire. Or, quand l'histoire ne peut énumérer d'actes positifs, elle ne doit pas prononcer son arrêt. Si, dans la vie privée, l'homme qui s'honore lui-même et qui honore l'humanité, s'abstient de juger son semblable, sans preuves et sans faits positifs, de même, et à plus forte raison, l'historien, pour ne pas violer la vérité qui a tant de prix pour lui, doit se garder de juger les morts avec légèreté. La mémoire des morts doit être aussi sacrée au burin de l'histoire, que la bonne renommée des vivants l'est aux juges de nos jours.

La cause principale du mécontentement contre le roi était une femme à laquelle la voix publique attribuait une grande influence sur son esprit, influence préjudiciable aux intérêts de l'État. Dona Mecia, fille de Lopès Dias de Haro, seigneur de Biscaye, était l'objet de cette animadversion du peuple. Elle était d'une rare beauté, et elle avait fasciné le roi au point que la superstition du temps voulait voir quelque chose de surnaturel dans une influence qui n'était que le fruit d'une passion exagérée. Sa naissance et son rang lui donnaient droit de partager la couronne avec Sancho; mais on n'a jamais pu prouver la réalité de son mariage.

Aucun acte émané du roi, quoiqu'il en existe encore plusieurs de ce temps, ne fait mention de Mecia comme reine de Portugal, et cependant, avant et après le règne de Sancho, c'était l'usage de nommer la reine dans le protocole, et aussi de lui faire signer les actes royaux. En sorte qu'il est impossible de déterminer l'époque de son mariage avec le roi, ni même celle de sa mort. Une autre preuve contre l'existence de cette union, c'est que, dans les deux testaments de Sancho, dont le dernier fut rédigé la veille de sa mort, à Tolède, il n'est fait aucune mention de la reine, à qui il avait cependant voué un si grand amour. Leur contemporain, l'archevêque Ximenès, dont l'ouvrage va jusqu'en 1243, nomme toutes les femmes des frères du roi de Portugal, et ne dit pas un mot de celle de Sancho II; enfin le pape, dans sa bulle d'exhortation du 20 mars 1244 et dans celle de déchéance ne fait aucunement allusion à la reine qui, d'après ce qu'on a dit, avait excité tant de mécontentement dans le royaume et motivé les plaintes soumises au saint-siége. Cet objet cependant n'était pas étranger à la bulle; car le pape se plaint de ce que plusieurs nobles ont contracté des mariages à des degrés prohibés par les canons.

Or, si le roi eût donné un semblable exemple, pourquoi le pape ne l'eût-il pas dit ouvertement? Mecia était parente du roi au quatrième degré (1). L'Église romaine, si sévère sur ce point, pouvait aussi peu permettre de contracter cette union sans dispense du pape, que laisser tomber dans l'obscurité les autres usages habituels du mariage. De tout cela il résulte qu'on peut expliquer l'ancienne tradition qui prétend que Mecia fut l'épouse de Sancho, en disant qu'elle vint en Portugal à cette intention, et que c'est ainsi qu'elle s'intitulait elle-même reine dans les actes qui émanaient d'elle (2). Nous avouerons aussi que Sancho, dans les dernières années de son règne, se laissa aller à une négligence et à une lassitude qu'il ne connaissait pas à son début, et même que Mecia tira avantage des fautes du roi au détriment du pays (3).

Cette négligence du roi à la fin de son règne, l'influence nuisible de Mecia sur lui, les plans ambitieux des infants, les guerres particulières des chevaliers et des grands entre eux, tout cela réuni pouvait sans doute causer du mécontentement dans le royaume, exciter même quelques révoltes partielles, mais non renverser Sancho du trône, comme nous allons le voir bientôt. A ce but concourut surtout un ordre puissant, qui sut exploiter à son profit la négligence du roi, mais qui exigeait de lui activité et sévérité contre tous les autres ordres de la nation. Avec les prélats s'unirent plusieurs nobles qui cachaient leur haine contre la favorite, et leurs desseins ambitieux sous le masque du dévouement à la patrie, au salut du royaume et à la dignité de la couronne; tous contribuèrent à la chute du roi.

On porta les plaintes contre lui devant le pape, et Innocent IV envoya de Lyon une bulle au roi, dans laquelle il énumère les griefs qui lui sont reprochés, l'invite à y faire droit, en ajoutant : « Si tu te montres négligent, ce que nous ne croyons pas, dans la répression de ces abus, le saint-siége apostolique saura prendre des mesures convenables à ton salut et à celui du royaume (1). » Quelques prélats, l'archevêque Jean de Braga, l'évêque Pedro de Porto, et l'évêque Tiburce de Coïmbre, se rendirent à Lyon, où Innocent IV présidait le concile, pour lui renouveler leurs plaintes et leurs vœux. Ils étaient assurés qu'ils pourraient, en personne et verbalement, obtenir ce qu'ils désiraient. Plusieurs seigneurs laïques, entre autres Ruy Gomes de Britteiros et Gomes Viegas accompagnèrent les prélats, en qualité d'ambassadeurs du roi. Le premier, qui à cette époque n'était que *infancão*, fut dans la suite nommé *ricohome* par Affonso III ; ce qui ne prouve pas que ces légats aient déployé une grande activité pour la défense des intérêts de Sancho.

L'ardeur et l'autorité des accusateurs du roi pouvaient facilement se faire écouter à Lyon; Innocent, qui était alors absorbé par de plus graves intérêts, ne pouvait accorder que bien peu d'égards au petit roi de Portugal. Dans le fait la bulle du 30 mars 1245 avait à peine produit son effet comme remède ou comme menace, que le coup de mort la suivit : le 24 juillet de la même année, Sancho fut déclaré déchu de ses droits au trône (2), le sceptre fut donné à son

---

(1) Affonso Henriquez Ier, roi de Portugal.

Sancho Ier, roi de Portugal. — Urraca, première épouse de Ferdinand II, roi de Léon.

Affonso II, roi de Portugal. — Alfonso IX, roi de Léon.

Sancho II, roi de Portugal. — Urraca, épouse de Lopès de Dias de Haro.

Mecia Lopès de Haco.

(2) *Mon. Lus.*, tom. V, append., escrit. 38.
(3) Brandão, *Mon. Lus.*, lib. XIV, cap. 31, et lib. XVII, cap. 14. Comparez aussi tout ce que dit du mariage de Mecia avec Sancho II, Barbosa, *Catalogo das Rainhas de Portugal*, p. 161, etc.

(1) Raynald, ad an. 1245, num. 6. Sousa, provas, tom. I, num. 23.
(2) D'après les termes de la bulle, l'intention du pape n'était pas que le roi Sancho, ou son fils, s'il en avait un, fussent privés de la couronne :

frère Affonso, comte de Boulogne, qui était tout à fait recommandable par sa soumission, sa bonne foi, sa circonspection et qui *devait lui succéder, en cas qu'il mourût sans héritier mâle*. Les faits que le pape signale comme causes de cette mesure rigoureuse sont les mêmes que ceux renfermés (1) dans la bulle de Grégoire IX, à laquelle Innocent se réfère. Entre autres choses le pape insiste surtout sur l'occupation violente des biens de l'Église. Il ajoute que les nobles doivent s'abstenir de contracter mariage à des degrés prohibés. Il blâme en outre les désordres qui se sont glissés dans l'administration, et l'impunité accordée aux criminels (2).

« Per hoc autem non intendimus memorato regi, vel ipsius legitimo filio, si quem habuerit, prædictum regnum adimere, sed potius sibi et eidem regno destructioni exposito, ac vobis ipsis in vita ejusdem regis, per sollicitudinem et prudentiam Comitis consulere supradicti. » La bulle de déchéance, datée de Lyon, 24 juillet 1245, est réimprimée d'après l'original qui se trouve dans les archives de l'archevêché de Braga, dans *Mon. Lus.*, parte IV, append., escrit. 23. Une partie se trouve dans le *Corp. Juris can.*, cap. Grandi *de supl. neglig. Prælat.* in-6.

(1) « Não ha duvida, dit Brandão à l'occasion de la déchéance de Sancho, que forão muy urgentes as causas que obrigarão ao Summo Pontifice privar a el Rey D. Sancho do Governo do reyno, e a mandar em seu lugar o infante D. Affonso. Mal se pode disculpar el Rey D. Sancho, nem nos o queremos livrar, nem ainda podemos, pois ainda inserta no corpo do direito Canonico a Bulla de sua deposição em que vem apontadas as causas que moverão ao Papa a fazer hum estremo tão grande como foi excluir a hum Rey do governo, e administração de seu Reyno. » Ce moine, qui aime la vérité, avait aussi quelque finesse.

(2) Nous n'en citerons ici qu'un paragraphe : Cœterum castra, villas, possessiones et alia jura Regalia idem Rex propter ipsius desidiam suique cordis imbecillitatem deperire permittens, ac passim, ac illicite malignorum acquiescens consiliis alienans, tam personarum ecclesiasticarum quam secularium, nobilium et ig-

---

L'infant Affonso s'était déjà rendu recommandable auprès du saint-père, et avait obtenu un appui très-influent à la cour de Rome. En 1235 il avait épousé Mathilde, fille et héritière du comte Regnault de Dammartin et de la comtesse Ida de Boulogne (1). Ce mariage avait été arrangé par Blanche de Castille, mère de Louis IX, roi de France, et n'avait pas peu contribué à augmenter le crédit d'Affonso à la cour. Blanche, la plus belle et la plus habile femme de son temps, douée d'une volonté ferme et d'une activité peu commune, avait, de concert avec Louis IX, son fils, sur lequel elle exerçait une grande influence, fait connaître au pape les talents distingués du comte de Boulogne. Une occasion ne tarda pas à s'offrir de mettre ces talents en œuvre; la marche progressive des Mongols vers l'Europe jetait à cette époque la terreur dans toute la chrétienté; Innocent IV appela aux armes tous les princes chrétiens, et le courage connu d'Affonso détermina le pape à lui adresser de Lyon une lettre particulière, dans laquelle il l'invite à tirer l'épée pour la défense de la religion contre les barbares (2). Cette croisade n'ayant pas eu lieu, l'infant résolut de faire usage contre les Maures d'Espagne des armements qu'il avait préparés, il reçut à cette occasion d'Innocent IV une bulle qui accordait une indulgence plénière à ceux qui prendraient part à cette petite

---

nobilium, occisiones nefarias, dum religioni non parcitur, nec sexui, nec ætati, rapinas, incestus, raptusque monialium, et secularium mulierum, rusticorum negociatorum tormenta gravia, quæ ipsis a nonnullis regni præfati pro extorquenda ab ipsis pecunia infliguntur, ecclesiarum et cœmeteriorum violationes, et incendia, fractiones treugarum, et alia enormia quæ a sibi subditis libere committuntur, scienter tolerat, quin potius tot tantisque malis, dum ea præstiterint impunita, consentire videtur, et pandit aditum ad pejora.

(1) Sousa, *Hist. gen.*, tom. I, p. 165 et 169.
(2) Voyez la bulle.

croisade (1). Toutefois l'entreprise n'eut également pas de suite, et nous croyons même qu'il est assez vraisemblable qu'Affonso, prévoyant la complication prochaine des affaires en Portugal, voulut se mettre en mesure d'y intervenir et cacher son intention sous l'apparence de projets hostiles aux infidèles; toujours est-il qu'il s'était montré dévoué à la défense de la chrétienté et avait ainsi capté la bienveillance du pape. Celui-ci se montra d'autant plus favorable pour lui, que les prélats les plus vénérés du Portugal l'appuyaient avec ardeur.

Aussitôt que la bulle de déchéance contre Sancho eut été publiée, les prélats se rendirent à Paris où se trouvait le comte de Boulogne, et si l'on pouvait conserver quelques doutes sur les causes et les motifs secrets de cette déchéance, ces doutes disparaîtraient en présence du serment qu'Affonso fut obligé de prêter avant son avénement. On est tenté de croire en vérité que l'État était tout entier dans l'Église, quand on lit les articles de ce serment solennellement juré par l'infant le 21 septembre 1245, dans la maison du chancelier à Paris. Les intérêts du gouvernement et du pays n'y figurent que comme un supplément à ceux de l'Église largement stipulés; les demandes insignifiantes des prélats à cet égard diffèrent totalement de ce que devait réclamer la situation du royaume, telle que la bulle du pape l'avait dépeinte (2); le tableau que renferme cette bulle de la confusion qui règne en Portugal, et de l'affaiblissement de l'État par la faute de Sancho est tel, que nous ne savons si nous devons douter de sa véracité ou du patriotisme des représentants de la patrie.

Le comte de Boulogne promit par serment : 1º de conserver aux communes et à la noblesse, au pays en général, aux moines et aux clercs, la jouissance de toutes les coutumes du royaume, et de tous les droits écrits ou non écrits; d'abolir tous les abus qui s'étaient introduits sous le règne de son père et de son frère, notamment celui qui consiste à forcer les voisins d'un lieu où un assassinat a été commis de payer une somme d'argent, même lorsque le meurtrier est connu; 2º de nommer de bons juges dans les provinces, et d'ordonner une enquête annuelle afin de punir ceux qui auraient été négligents; 3º de faire punir tout criminel, notamment ceux qui, par eux-mêmes ou par d'autres, auraient emprisonné, volé, blessé ou tué un clerc, et d'augmenter le châtiment de semblables crimes, afin qu'il serve d'exemple à tous (1); 4º de protéger les églises et les couvents, les clercs et les moines, dans leurs personnes et dans leurs biens, de leur restituer ce qui leur a été enlevé, ou les indemniser, suivant l'estimation des prélats, des moines ou des communautés religieuses (*homens bons*); 5º de faire démolir les châteaux et les maisons qui ont été construits au détriment des tiers, surtout des églises et des couvents; 6º de protéger ceux-ci contre ceux qui auraient perdu leurs droits au patronat, à cause de leurs crimes ou de ceux de leurs proches, aussitôt qu'il en aura reçu avis de l'évêque du diocèse; 7º de fuir les excommuniés qui lui seront indiqués; de les priver, s'ils persistent dans leur impénitence, des bienfaits qu'ils peuvent avoir reçus du roi, et enfin d'aggraver leur châtiment suivant l'avis des prélats (2); 8º de punir de concert avec les chefs de l'Église ceux qui se permettront d'attaquer les clercs qui les auront excommuniés, le tout sans égard pour les personnes (3); 9º de ne pas percevoir les *coleithas* en argent et jamais au delà du taux fixé par son aïeul; s'il est possible de ne les exiger qu'une fois

---

(1) Voyez ce que nous avons dit précédemment de cette bulle.

(2) La lettre du pape se trouve dans *Mon. Lus.*, lib. xiv, cap. 26.

---

(1) Voilà l'origine des lettres de sûreté, dont parle l'ordonnance, liv. I, tit. III, § 6.

(2) Voyez Orden., liv. II, tit. VIII, § 5, 6 et 7.

(3) « Cum contra novos morbos nova opportect antidota præparari. »

dans l'année, d'accélérer son passage dans les provinces astreintes à ce tribut, en général de respecter et faire respecter tous les articles relatifs à la liberté de l'Église; 10° de réprimer tous les abus qui se sont introduits en Portugal, suivant ses forces, et d'après ce que les prélats jugeront utile au bien de l'État; 11° de gouverner avec fidélité et rendre justice à chacun, grand ou petit, riche ou pauvre; 12° d'être toujours soumis et obéissant à l'Église romaine, comme doit l'être un prince chrétien, et de faire prévaloir la gloire et l'autorité de celle-ci, suivant ses forces; 13° d'agir toujours d'après les conseils des prélats qui par leur expérience et leur connaissance du droit et du temps peuvent être consultés (1).

« Si les prélats se montraient trop exigeants dans leurs demandes, l'infant ne se montrait pas moins libéral dans ses promesses, dit Brandão; mais plus cette libéralité était grande, moins on devait avoir foi dans sa sincérité, et effectivement Affonso avait toujours une porte ouverte par cette clause : qu'il consentait à tout ce qui ne pouvait être préjudiciable ni nuisible au royaume. Il voulut par une autre locution tranquilliser ceux qui auraient pu voir dans cette formule un subterfuge; il ajouta que tout ce qui avait été dit devait être valable et invariable (2). » L'avenir prouva qu'il ne s'était aucunement fermé l'issue qu'il se réservait contre l'avidité du clergé.

Dès que le comte de Boulogne eut solennellement juré d'exécuter ces articles, il laissa à son épouse l'administration de ses domaines et se rendit en Portugal, accompagné des prélats et d'autres seigneurs portugais qui se trouvaient en France; il arriva à la fin de l'année à Lisbonne qui lui fit serment de fidélité, et à laquelle il accorda au commencement de l'année suivante la confirmation de ses droits et priviléges (1).

A la nouvelle de l'arrivée d'Affonso, et surtout à la réception de la bulle du pape, le roi fut consterné; il ne s'attendait pas à voir le saint-siège sortir aussitôt de la voie des exhortations pour entrer dans celle de la plus grande rigueur, et certes il n'aurait jamais laissé les choses venir à une telle extrémité. Toute mesure de conciliation était impossible. Appuyé sur une arme aussi puissante que l'était la bulle du pape, qui enjoignait aux Portugais l'obéissance la plus entière au comte de Boulogne et autorisait l'archevêque de Braga et l'évêque de Coïmbre à excommunier les récalcitrants, Affonso commença l'attaque, tout en se servant de cette bulle comme d'un bouclier protecteur. Le roi fut d'abord tenté d'opposer la force à la force; mais l'aspect du parti imposant qui entourait Affonso et les conseils de ses confidents le décidèrent à céder, et il se réfugia en Castille et de là à Tolède, où le roi Ferdinand, son parent, le reçut avec une noble hospitalité; il lui donna même une nombreuse armée qui le ramena en Portugal; elle était commandée par l'infant Alphonse de Castille, qu'accompagnaient plusieurs nobles chevaliers castillans et léonais, ainsi que Diego Lopès de Haro, seigneur de Biscaye, suivi des principaux capitaines de ce pays.

Sancho avait quitté le Portugal dans l'espoir qu'une courte absence ne nuirait pas à sa cause; mais cette absence même décida de son sort; elle découragea ses partisans

---

(1) « Item quod omnibus negotiis contingentibus statum bonum Regni procedam consilio Prælatorum, vel aliquorum eorum qui convenienter vocari potuerint secundum tempus et locum bona fide. » Le vague de cet article ne peut s'expliquer que par les articles suivants : « Per hoc autem sacramentum non intelligunt dicti Archiepiscopus et Episcopi Comitem esse obligatum, et in dando et tollendo terras Regni, et in pecuniis suis dandis teneatur sequi consilium Prælatorum, si melius sibi apparuerit, et hoc concedunt eidem. »

(2) «Hæc omnia supradicta ego præfatus Gomes servabo salvo jure meo et regni Portugalliæ, ita tamen quod omnia supradicta semper rata et firma permaneant, et in omnibus et per omnia observantur.» Sousa, provas, tom. I, p. 53.

---

(1) Voyez *Mon. Lus.*, liv, XIV, cap. 27.

et les priva d'un point de ralliement. Quelques-uns crurent que l'on pouvait quitter le parti d'un prince qui paraissait y avoir lui-même renoncé ; ceux dont la fidélité était chancelante se virent ainsi encouragés dans leur défection. Le point central de l'administration du royaume, qui seul pouvait imprimer quelque efficacité aux efforts communs, avait disparu. Le trône vacant semblait être livré à un autre ; Sancho paraissait avoir donné à ses sujets le droit de pourvoir à leurs intérêts ; un régent devenait indispensable, un prince se présentait, il était de la famille royale, appuyé par le saint-siége et le plus rapproché des degrés du trône par sa naissance et par la fuite du roi.

Affonso connaissait ses droits et il sut les faire valoir par sa conduite sage, ses manières séduisantes et affables ; sa bonté lui concilia les cœurs de tous ceux qui l'approchaient. Il sut aussi effrayer par sa sévérité ceux qui osèrent résister. En confirmant les droits et les priviléges des villes et villages, il s'acquit leur attachement, et l'équité dont il fit preuve en mettant fin par de justes décisions à de vieilles querelles, lui gagna la considération de tous ses sujets. Tandis que les clercs se berçaient de joyeuses espérances en pensant aux promesses qu'il avait faites, et attendaient leur accomplissement, il eut soin de prescrire aux commandants des forteresses éloignées de la capitale de veiller à l'exécution de l'ordonnance du saint-siége, leur faisant sentir que le bien de l'État exigeait leur obéissance et leur soumission. C'est ainsi qu'en employant à propos l'amour et la crainte, la confiance et la considération, l'espoir et le sentiment du devoir, Affonso parvint à conquérir tous les suffrages. Il était intelligent, souple et d'une infatigable activité.

La célérité avec laquelle il rassembla une armée, à la nouvelle des armements hostiles de la Castille, prouve suffisamment qu'il s'était acquis de nombreux partisans. Cependant il paraît qu'il préféra avant tout recourir à des négociations et employer des voies pacifiques pour éviter une rupture avec la Castille et éloigner des dangers qui pouvaient même amener sa chute. Le prudent Affonso recourut d'abord à l'arme spirituelle que le pape lui avait confiée, pour attaquer et pour se défendre, et quoique ne versant jamais le sang, cette arme n'en portait pas moins des coups mortels. Il présenta à l'infant de Castille et aux chevaliers ennemis la bulle du pape qui lui avait conféré la régence ; l'archevêque de Braga le seconda par l'entremise de ses émissaires, les gardiens de l'ordre des franciscains à Guarda et à Covilhão (1) ; il menaça d'excommunier ceux qui combattraient pour Sancho II et oseraient désobéir à la bulle du saint-siége. Tout cela eut son effet ; l'infant connaissait le tranchant et la force de l'épée spirituelle ; il représenta au malheureux roi que dans sa position l'emploi des armes temporelles ne pouvait le servir, et que son seul refuge était d'en référer au jugement du pape. Sancho, qui aimait mieux vivre en simple particulier en pays étranger que de rester au milieu de ses anciens sujets dépouillé de sa dignité royale, se retira en Castille (2).

Plusieurs capitaines portugais continuèrent cependant à défendre les forteresses qui leur avaient été confiées, et refusèrent de les rendre sans un ordre exprès de Sancho, à qui ils avaient juré fidélité. Le comte de Boulogne voulut les réduire par la force ; Obidos fût prise la première, on ne sait si ce fut d'assaut ou par capitulation ; dans l'évêché de Coïmbre, Montemor était la seule forteresse soumise au comte, toutes les autres étaient restées fidèles au roi. L'opinion publique regardait comme traîtres quelques alcades, en petit nombre du reste, qui avaient capitulé, et estimait hautement ceux qui résistaient aux attaques du comte et qui opposaient le courage, la persévérance et une fidélité inébranlable à toutes les tentatives et aux offres les plus séduisantes.

---

(1) Le plein pouvoir de l'archevêque se trouve dans *Mon. Lus.*, lib. XIV, cap. 29.
(2) *Mon. Lus.*, l. c.

Quand Fernâo Rodriguès Pacheco, commandant de la forteresse de Celorico, fut sommé par le comte de rendre son château, il répondit qu'il ne devait d'obéissance qu'au roi, tant que celui-ci vivrait, parce que c'était de lui qu'il avait reçu le commandement. Le comte se décida à recourir à la force; Pacheco se mit en défense et les opérations du siége commencèrent avec vigueur. Bientôt cependant on acquit la certitude que l'on ne parviendrait jamais à vaincre par les armes la persévérance et le courage de Pacheco et des assiégés, et Affonso prit le parti de chercher à obtenir par la famine ce qu'il ne pouvait enlever par l'épée. Bientôt le manque de vivres se fit vivement sentir dans la place, qui dut son salut à une ruse adroite et à l'intelligence avec laquelle Pacheco sut en tirer parti. Celui-ci s'étant, au point du jour, levé pour visiter les postes, aperçut un oiseau pêcheur sortant des eaux du Mondego qui arrose les murs de Celorico, et qui tenait dans ses serres un poisson; cet oiseau s'étant envolé au dessus du château laissa tomber sa proie, et Pacheco s'en empara avec joie; il le fit apprêter d'une manière recherchée et l'envoya avec du pain très-blanc et des liqueurs, comme un présent au comte Affonso. L'envoyé de Pacheco dit en faisant son offrande : « Que le comte ne devait pas lui reprocher sa résistance et la fermeté avec laquelle il défendait la cause du roi, que son seul motif était son désir de rester fidèle à son serment; qu'il persisterait dans sa résolution jusqu'à ce qu'il reçût l'ordre de Sancho de capituler ou la nouvelle de sa mort. Que si le comte voulait continuer le siége, rien ne l'en empêchait, mais que la défense serait la même, parce que le château était bien approvisionné de vivres et de liqueurs semblables à ce qu'il envoyait et qu'il le priait d'accepter comme un don de bon voisinage. » Affonso fut consterné; il eut soupçon qu'il existait entre l'extérieur et la place un commerce clandestin; il accueillit cependant l'envoyé avec bonté et accepta le cadeau de Pacheco avec une affabilité amicale; mais il pensa aussi aux difficultés que présenterait la prise d'un château si bien approvisionné, aux pertes nombreuses qu'entraînerait un siége prolongé, et il se décida à le lever. Il conduisit alors toutes ses forces devant Coïmbre.

Là il trouva le même courage et la même fidélité. A Celorico la ruse l'avait vaincu, à Coïmbre une piété touchante sut lui résister. Martin de Freytas, alcade du château de Coïmbre, soutint, comme un vassal fidèle à son roi, non-seulement un siége opiniâtre et les attaques les plus acharnées de l'ennemi, mais même il contint un ennemi bien plus dangereux dans l'intérieur de la place, les murmures et les révoltes des soldats que torturaient la faim et une soif intolérable, au point de leur faire méconnaître la voix de leurs chefs. Le noble exemple donné par Freytas d'un courage inébranlable, d'une constance et d'une fidélité que rien ne put émouvoir, suffit pour ranimer ses compagnons d'armes. Cependant la nouvelle de la mort de Sancho étant arrivée à Coïmbre, chacun pensa que Freytas allait renoncer à une plus longue résistance, mais lui ne crut pas à cette nouvelle; il demanda à Affonso un sauf-conduit pour se rendre à Tolède et s'y convaincre de la réalité de la mort du roi; il demanda en outre une suspension d'armes pendant son absence. Tout lui fut accordé, et Freytas, à son arrivée à Tolède, reçut d'un témoin oculaire la confirmation du décès de Sancho. Il se fit conduire alors auprès du cercueil de son maître, le fit ouvrir, et s'agenouillant devant lui, après avoir placé les clefs de Coïmbre dans ses mains glacées, il lui adressa cette touchante allocution : « O mon seigneur et roi, tant que j'ai su que vous étiez vivant, j'ai tout supporté pour votre cause; tantôt pour cacher la faiblesse de mes compagnons d'armes, tantôt pour les encourager par mon exemple à ne pas s'écarter du chemin de l'honneur; je crois avoir ponctuellement rempli tous les devoirs d'un vassal fidèle et dévoué. Puisque vous n'êtes plus, et que je ne puis vous livrer la ville, je veux au moins remettre les clefs en vos mains, afin d'être dégagé de mes obligations, et pour que la capitulation de la ville puisse être regardée comme une concession émanée de vous et non comme un triomphe des armes de l'ennemi. » Freytas fit faire un procès-verbal de tout ce qui s'était passé et revint à Coïmbre; tous admirèrent la fidélité chevaleresque de l'alcade, et il ne tarda pas à livrer le château et la ville au comte qui y fit son entrée solennelle, entouré des grands et chevaliers portugais (1).

Ainsi des vassaux fidèles, s'oubliant eux-mêmes, combattirent pour un roi sur les degrés du trône qu'il avait lui-même abandonné. Mais celui-là ne pouvait être un mauvais prince qui inspirait un dévouement qui le suivit jusqu'au tombeau.

Les derniers jours de Sancho s'écoulèrent à Tolède dans des œuvres de piété et des actes de repentir.

Ainsi se réalisa le vœu que sa mère avait fait pour obtenir sa guérison dans son enfance.

---

(1) *Mon. Lus.*, lib. XIV, cap. 28—30.

CHAPITRE VII.

RÈGNE D'AFFONSO III.

Règne d'Affonso considéré sous trois points de vue : sa conquête des Algarves, son administration et ses querelles avec les prélats.

---

§ Ier. — *Conquête des Algarves.*

Anciennes limites du pays. — Sancho Ier s'intitule roi des Algarves. — Conquêtes de Sancho II. — Affonso III prend Faro et d'autres places des Algarves. — Les Portugais passent la Guadiana. — Guerre de la Castille avec le Portugal. — Celui-ci obtient la propriété des Algarves ; la Castille en a la jouissance. — Une des conditions du traité entre les deux rois est le mariage d'Affonso III avec Brites, fille naturelle d'Alphonse le Sage. — Les enfants issus de ce mariage ne sont reconnus par le pape qu'après la mort de la comtesse Mathilde. — Nouveau traité entre les deux rois au sujet des Algarves. — Le roi de Portugal promet de fournir cinquante lances pour l'armée de Castille. — Le petit Diniz chez son aïeul à Séville. — Le roi de Castille renonce à toutes ses prétentions sur les Algarves. — Institutions d'Affonso III dans ces contrées.

Aussitôt que la nouvelle de la mort de Sancho II fut arrivée en Portugal, l'accord fut unanime pour placer la couronne sur la tête du frère aîné du feu roi, ainsi que le voulaient du reste les lois fondamentales du royaume, le pape, et même le testament de Sancho II (1). Jusqu'alors Affonso avait administré le royaume en qualité de régent, comme l'avait prescrit la bulle du saint-siége (1). Il ne s'était servi que du sceau de comte de Boulogne. Aussitôt après la mort de Sancho (2), il convoqua les trois états du royaume à Lisbonne, où il fut solennellement proclamé roi.

---

(1) Dans son premier testament, dont nous ignorons la date, Sancho le nomme son successeur : « Et si filium legitimum, vel filiam legitimam non habuero, mando quod frater meus infans D. Alphonsus habeat meum regnum integre et in pace. » Sousa, provas, tom. I, p. 48.

(1) Il prit le titre de : « Comes Boloniensis, Procurator regni Portugaliæ per summum pontificem, et defensor, et visitator regni per dominum papam, procurator fratris sui, et comes Boloniensis. » Ribeiro, *Dissert.*, tom. II, p. 20.

(2) Cela résulte d'un acte de 1258, dans lequel

Affonso continua les conquêtes de son prédécesseur; il accorda des droits à plus de communes, donna au pays plus de lois générales, et eut, de même que Sancho, à soutenir des luttes contre le clergé. S'il montra plus d'activité, de force et de sagesse que son frère, il est juste d'ajouter que la fortune lui fut plus favorable. Ses contemporains ont célébré ses succès, l'histoire les a transmis à la postérité, tandis qu'une ombre épaisse couvre la vie de Sancho et cache même ses vertus. Si l'historien parle de lui, ce n'est que dans de courts fragments et souvent d'une manière énigmatique.

Ce qu'il y eut de plus glorieux dans le règne d'Affonso, ce fut la conquête des Algarves; elle ouvre l'histoire de son gouvernement, qui s'acheva dans une carrière plus tranquille. Nous le voyons occupé avec ardeur du bonheur de son peuple, et du désir de favoriser la civilisation et l'établissement des communes, améliorations pour lesquelles la sagesse de son père lui avait dignement donné l'exemple. Il est moins louable par la publication de quelques ordonnances relatives au commerce et à la monnaie, dans lesquelles il paya sa dette à l'ignorance de son temps. Les dernières années de sa vie furent troublées par des querelles avec le clergé, aux exigences duquel il opposa une adresse, un courage et une droiture fort rares à cette époque. Mais il dut aussi céder à l'omnipotence de l'Église, à l'approche de sa dernière heure, qui dispose plus à la réconciliation qu'à la résistance.

Sous le nom d'Algarves, *le pays vers l'ouest*, on comprenait, du temps de la domination des Maures, des contrées beaucoup plus étendues que ne l'est la province ainsi appelée de nos jours; ce nom désignait des pays de l'Afrique et de l'Espagne; ici elle s'étendait depuis le cap Saint-Vincent, fort au loin dans les terres, jusqu'à Almeira, et renfermait dans ses limites beaucoup de villes et de districts de la Lusitanie et de l'Andalousie; sur la côte d'Afrique elle se prolongeait depuis le détroit jusqu'à Tremecen, et contenait Fez, Ceuta et Tanger, qui jadis avaient appartenu au royaume de Benamarim. Cette grande étendue des Algarves explique comment les rois de Castille et de Portugal pouvaient porter tous deux le titre de rois des Algarves, puisque chacun d'eux possédait des parties de cette contrée, et comment les rois de Portugal, après avoir fait des conquêtes sur les côtes d'Afrique, prirent le titre de *roi des Algarves d'au delà et d'en deçà la mer* (rey dos Algarves da quem e dalem mar em Africa (1).

Sancho Ier fut le premier roi de Portugal qui prit le titre de roi des Algarves, après s'être emparé en 1189 de Silves et de plusieurs autres villes; mais il quitta ce titre quand les Maures, en 1191, lui eurent repris ces contrées (2). Sous le règne de Sancho II, plusieurs villes et plusieurs districts furent conquis dans les Algarves, quelques-uns par lui, quelques autres par le commandeur d'Alcacer Payo Perez Correa, qui conduisait les chevaliers portugais à la victoire. Mais depuis que Perez Correa avait été élu grand maître de l'ordre de Saint-Jacques en 1242, et avait fixé sa résidence en Castille, les Portugais n'avaient pas cessé de continuer la guerre dans les Algarves. Dans les dernières années du règne de Sancho II, le village de Marachil fut enlevé aux Sarrasins et donné à l'évêque de Porto. Le roi de Portugal disposa de toutes ses conquêtes dans les Algarves comme seigneur et souverain, et le roi de Castille n'éleva pas alors la moindre réclamation; il n'avait pas encore porté ses armes dans ces contrées.

Aussitôt qu'Affonso se vit consolidé sur

---

il est dit que le prêtre de Santa-Maria de Barcellos avait écrit la lettre de présentation (carta appresentaçao): « Alfonsi comitis Boloniæ, tunc procuratoris regni Portugaliæ, nunc regis, sigillata sigillo comitatus Boloniæ. » Ribeiro, *Diss.*, tom. IV, add.; p. 128.

(1) Brandão, *Mon. Lus.*, lib. XV, cap. 5.
(2) Voyez plus haut l'histoire de Sancho Ier.

le trône, il fit des préparatifs pour enlever aux Maures ce qu'ils possédaient encore dans les Algarves. Il ouvrit la campagne par le siége de Faro; il était soutenu par une flotte portugaise qui croisait sur les côtes. Quand les Sarrasins se virent ainsi bloqués du côté de la mer et sans espoir de secours, le nombre des défenseurs diminuant chaque jour, et exposés à toutes les horreurs d'un siége, l'alcade et l'almoxarife de la ville vinrent trouver Affonso et convinrent d'une capitulation aux conditions suivantes :

Il sera permis aux Sarrasins de se retirer avec leurs biens; ceux qui voudront rester le pourront; ils payeront les mêmes impôts qu'ils ont payés jusqu'à ce jour au Miramulin; ils conserveront leur fortune et leurs maisons, et seront vassaux du roi de Portugal, qui les défendra, et qu'ils seront obligés de suivre à la guerre comme tous ses autres sujets.

Faro fut réuni au Portugal à la fin de 1249; elle fut en même temps le point de départ d'Affonso pour ses conquêtes ultérieures dans les Algarves. Au siége d'Albufeira le grand maître Martin Fernandès rendit tant de services avec ses chevaliers, que le roi crut devoir leur donner cette ville pour récompense et pour les animer à d'autres entreprises (1). Affonso conduisit ensuite son armée contre Loulé; les Sarrasins acceptèrent la bataille, mais ils furent vaincus; les chrétins entrèrent dans Loulé et s'en emparèrent ainsi que d'Aliezur, du château de Porchès et de toutes les places fortes, qui avaient jusqu'alors appartenu aux Maures. Après ces conquêtes,

qui eurent lieu en 1249, le roi resta quelque temps dans les Algarves pour y établir l'ordre. Au mois d'août 1250 nous le retrouvons à Coïmbre.

L'année suivante, et plus tard en 1252, il enleva aux Sarrasins Aroucha et Arracena en Andalousie (1). Ce n'était pas la première fois que les Portugais victorieux avaient traversé la Guadiana; Sancho II avait fait plusieurs conquêtes sur la rive gauche et avait soumis à la domination portugaise Mura, Serpa et Ajamunte. La Castille ne pensait pas alors à contester au Portugal ces acquisitions, encore moins à prendre la Guadiana pour limite entre la Castille et le Portugal. La supposition que cette limite était adoptée n'est qu'une invention des auteurs modernes. C'était au contraire une opinion dominante que toutes les contrées conquises sur les infidèles appartenaient au prince chrétien de la Péninsule qui s'en rendait maître. C'est dans cette pensée que les Castillans, les Léonais et les Portugais combattaient le même ennemi sur des points différents et bien distants l'un de l'autre. Mais à la fin, quand les conquêtes des princes chrétiens se touchèrent, surtout depuis la prise de Séville, quand, après la mort de Ferdinand, Alphonse le Sage monta sur les trônes de Castille et de Léon en 1252, les rapports entre lui et Affonso III se compliquèrent. Les conquêtes du roi de Portugal firent craindre à Alphonse le Sage qu'il n'étendît trop ses frontières, surtout en Andalousie. La puissance des Sarrasins s'affaiblissait de jour en jour, pendant que celle d'Affonso III s'accroissait à leurs dépens. On ne doit donc pas s'étonner si des motifs aussi graves, auxquels vinrent s'en joindre d'autres qui nous sont inconnus (2), amenèrent entre ces deux princes un conflit qui devint bientôt une rupture complète.

---

(1) « ......Pro bono et fideli servitio, quod nobis fecistis, et dante domino facietis. Damus et concedimus vobis...... castellum de Albofeira in Algarbio cum omnibus suis terminis et directis quos habuit, quando erat in potestate Sarracenorum, et illud habeatis jure hereditario...... exceptis juribus et directis, quæ reges consueverunt habere...... et quod de prædicto castello nobis et nostris successoribus faciatis illud quod debetis nobis facere de Avis et de aliis possessionibus quas prædecessores nostri...... vestro ordini in regno Portug. contulerunt. » Voyez l'acte de donation, *Mon. Lus.*,

parte IV, app., escrit. 26, daté de Faro, en mars 1250.

(1) *Mon. Lusit.*, lib. XV, cap. 12.
(2) Les auteurs castillans avancent, sans en fournir la preuve, que les prétentions de la

Le pape vit avec déplaisir cette rupture et s'offrit comme médiateur; il exhorta les deux rois à déposer les armes et à lui abandonner la décision des questions qui les divisaient, ajoutant dans sa lettre qu'il n'avait aucunement l'intention de porter préjudice au roi de Portugal (1). La guerre ne dura qu'une année; une paix intervint en 1253, assura au roi de Castille les revenus des Algarves pendant sa vie, et au Portugal la possession de ces contrées (2).

Cependant le roi de Castille, malgré la supériorité de ses forces, ne put par aucun acte indiquer que sa domination sur les Algarves fût bien établie, et à peine le traité était-il conclu que le grand maître d'Avis se hâta de soustraire son château d'Albufeira à la dépendance de la Castille. Le roi Alphonse le Sage s'adressa à cette occasion au roi de Portugal; mais celui-ci confirma par une lettre la donation qu'il avait faite depuis dix ans (3). Une autre fois le roi de Castille s'arrogea un droit de souveraineté en conférant à un de ses vassaux l'évêché de Silves. Mais quand ce dernier vint en Portugal pour obtenir la sanction royale, Affonso III fit une protestation publique le 22 janvier 1254 dans la cathédrale de Lisbonne; cette protestation fut rédigée en présence de témoins, et revêtue de leurs signatures; elle portait que le roi de Portugal, étant seigneur suzerain de la ville et du diocèse de Silves, il n'appartenait qu'à lui d'en nommer l'évêque, que le roi de Castille n'ayant que l'usufruit des Algarves ne pouvait exercer aucun acte de souveraineté (1). Le pape lui-même, en sa qualité de médiateur, prescrivit par un bref que l'on ne troublât en aucune manière le roi de Portugal dans ses droits sur les Algarves. Innocent IV envoya au roi de Castille un autre bref, dans lequel il lui recommanda d'employer ses bons offices en faveur de quelques fidalgos portugais, et d'appuyer leurs réclamations auprès d'Affonso III. Il est probable que ces fidalgos étaient du nombre de ceux qui étaient restés fidèles à Sancho II, et qui depuis sa mort n'avaient pas quitté la Castille. Le pape cependant, sachant que les Portugais pourraient craindre que ce bref n'autorisât le roi de Castille à exercer quel-

---

Castille sur les Algarves remontent aux promesses faites par Sancho II au roi Ferdinand en retour des secours qu'il lui avait donnés.

(1) Neque tamen esse aut fuisse intentionis suæ per litteras hac in re quidquam præjudicare velle Portugaliæ Regi significavit atque declaravit. Bzovio, t. XIII, an. 1253.

(2) L'acte du traité entre les deux rois ne se trouve plus, il est vrai, dans les archives royales du Portugal; mais des actes postérieurs qui s'y réfèrent nous font connaître la substance de ce qu'il contenait.

(3) La lettre d'Affonso III au roi de Castille, du 24 avril 1260, a été imprimé dans Brandão, *Mon. Lus.*, liv. XV, chap. 5, et plus récemment d'après l'original tiré des archives royales, dans Ribeiro, *Dissert.*, tom. I, p. 284. Nous la citons à cause de son importance : « E avendo este castello, eu pusi meus pleytos, e myas convenenas convosco, e assi como vos sabedes, de guysa, que ouvestes de tener ou Algarve en vossos dias, assi como jaz en nas cartas dos preitos, quæ sunt entre vos e my...... E rey sabede que my plaz de vos delivrardes, e mandardes entregar ao Maestre, et ao Convento d'Avyz esse castello do Albofeyra, se a vos praz, salvas nossas convenenzas en nos preytos, que sunt entre vos e my, que esto nom possa em-

preser a nossos preytos, nim a las convenenzas, que sunt entre vos e my. »

(1) D'après les documents des archives royales qui se trouvent dans *Mon. Lus.*, partie IV, nous citons ce qu'il y a de plus essentiel ; « Dominus Alphonsus rex Portugalliæ protestatus fuit coram fratre Roberto...... Episcopo Sylvensi, quem dominus rex Castelæ miserat ad eundem regem Portugalliæ pro requirendo consensu creationis suæ, tamquam a vero patrono, quod licet placeret ei de bono et honore suo, non tamen placebat ei de modo creationis et suæ consecrationis, cum ipse rex Portugalliæ, verus dominus, et verus patronus civitatis, et diocesis Silvensis eumdem deberet præsentare, et donare ad ecclesiam Silvensem. Et inhibuit eidem episcopo...... Quod non reciperet possessiones ecclesiasticas, vel mundanas, ad regnum Silvensem pertinentes, cum rex Castellæ tan-

ques actes de suzeraineté sur le Portugal, il publia une seconde bulle pour déclarer que le but du bref en question n'était aucunement de porter atteinte à l'indépendance du roi de Portugal (1).

Une des conditions du traité de 1253 entre la Castille et le Portugal avait été le mariage d'Affonso III avec Brites, qu'Alphonse le Sage avait eue de dona Mayor Gilhem, de la noble famille des Gusman. Quoique Brites ne fût pas nubile, Affonso III l'emmena en Portugal, où elle prit le titre et les droits de reine; car lors de la protestation dont nous venons de parler contre la nomination de l'évêque de Silves, le 22 janvier 1254, elle signa le document qui en fut dressé, ainsi que le foral de Beja, qui fut donné peu de temps après, le 16 février de la même année. Cette union conclue par la politique était cependant criminelle; car le mariage d'Affonso avec la comtesse Mathilde de Boulogne n'était pas rompu (2). Sans aucun doute la stérilité de cette dernière union (une seule fille nommée Joanna en avait été le fruit) fut la cause principale qui détermina Affonso à contracter un nouveau mariage. L'épouse délaissée porta ses plaintes devant le saint-siége; Affonso ayant refusé de répudier Brites et de reprendre sa première femme, une sentence d'excommunication fut lancée contre lui, sous le poids de laquelle il resta pendant deux ans. Enfin la comtesse Mathilde mourut en 1262, et les prélats portugais, qui avaient à cœur le bien du roi et celui du pays, se réunirent à Braga sous l'inspiration de l'archevêque, et décidèrent qu'une humble supplique serait présentée au saint-père pour le prier de lever la sentence d'excommunication, et de permettre au roi et à la reine de continuer à cohabiter ensemble, bien que leur mariage eût été contracté du vivant de la comtesse Mathilde, que la reine ne fût pas nubile et fût parente d'Affonso (1) au quatrième degré; ils insistaient auprès du saint-père sur ce qu'une telle grâce de sa part pouvait seule éloigner du royaume les malheurs qui semblaient le menacer; ils suppliaient enfin que les enfants d'Affonso et de Brites fussent reconnus comme héritiers légitimes (2). Le pape donna son assentiment à toutes ces réclamations.

La lettre des prélats au pape prouve évidemment que ce n'est que dans des vues politiques qu'Affonso III abandonna sa première femme pour épouser Brites; mais elle se borne à parler des dangers qui menaçaient le Portugal lors de la guerre qu'il avait soutenue contre la Castille (3), et ne fait aucune mention des avantages que le pays avait retirés de cette union. Cependant quelques auteurs castillans ont prétendu que Brites avait apporté en dot l'usufruit des Algarves, et si la chose eût été vraie, elle était assez importante pour que les prélats s'en fussent occupés dans leur lettre au pape. Les autres documents de la même époque ne font du reste aucune allusion à cette prétendue donation, et les événements subséquents viennent également la démentir. La conquête des Algarves par Affonso III était, ainsi que nous l'avons dit, presque ter-

---

quam usufructuarius, et non dominus eas sibi non posset dare, etc. »

(1) « Nos por respeito do proprio rei queremos que saiba Vossa serenidade, e o declaramos pelo teor das presentes, que nossa intençâo nao foi, nem he, que vos pela authoritate das sobreditas letras exerciteis jurisdicção alguma sobre o dito rei, ou reino; ou que pelas taes letras se siga algum prejuizo ao dito rei, ou reino. » Voy. la bulle du 1er oct. 1254, dans Brandão, *Mon. Lus.*, lib. xv, cap. 17.

(2) Voyez le chapitre: « O infante D. Affonso conde de Bolonha não tere filhos de sua primeira mulher a condessa Mathilde, » in Joge Barbosa's, *Catalogo das Reinhas de Portugal*, p. 204.

(1) « De facto duxit uxorem, ex qua jam geminam prolem noscitur suspisse : » l'infant Diniz, né le 9 octobre 1261, et l'infante Bianca.

(2) Voyez la lettre des prélats, datée de Braga, mai 1272, dans *Mon. Lus.*, lib. xv, cap. 27.

(3) « Propter gravia et evidentia quæ sibi imminebant et regno pericula. » Telles sont les expressions de la même lettre.

minée en 1250 ; ce ne fut qu'en 1252 qu'Alphonse le Sage monta sur le trône de Castille et qu'il commença la guerre contre le Portugal, qui se termina à la fin de l'année par le traité de paix dont le mariage d'Affonso III avec Britès fut une des conditions, mariage qui fut célébré au mois de juin 1253. L'avenir, du reste, nous éclairera sur la portée des événements antérieurs et sur les actes auxquels ils ont donné lieu relativement à la propriété des Algarves.

Le traité de 1253 n'avait nullement fait disparaître les causes de dissentiments; c'était plutôt un armistice qu'un véritable traité de paix, ainsi que l'observe Brandâo avec beaucoup de justesse. Les relations politiques des Algarves, telles qu'elles sont déterminées dans ce traité, étaient de leur nature très-difficiles à préciser et donnaient lieu à d'éternelles mésintelligences. Régler d'une manière invariable ces relations politiques aurait été même pour un publiciste et un diplomate de nos jours une question ardue, et dont la solution eût été un vrai titre de gloire. Ce qui prouve que ce traité était mal conçu, c'est que ses clauses étaient sujettes à être souvent mal interprétées ; et il portait l'empreinte du peu d'expérience, dans ces siècles d'enfance, des publicistes et des diplomates qui n'avaient pas su, par une rédaction convenable, prévenir de mutuelles agressions, et assurer les garanties réciproques à l'observation du traité. Les deux princes contractants ne faisaient pas consister le bonheur de leurs peuples dans la paisible jouissance de leurs possessions ; les deux tentatives du roi de Castille prouvent qu'il s'efforçait toujours de marcher au delà des limites de ses droits, et qu'il ne donnait de bornes à ces derniers que là où s'arrêtait sa prépondérance. Affonso III, de son côté, ne se voyait qu'avec peine entravé dans la possession d'un pays qu'il avait conquis au prix de son sang et de celui de ses sujets. On ne doit donc pas s'étonner si les Algarves devinrent l'objet et la cause de nouveaux dissentiments entre la Castille et le Portugal, mais plutôt de ce que ces dissentiments n'amenèrent pas des hostilités nouvelles. Il est probable que l'intervention de Britès contribua à empêcher cette rupture ; en elle l'un des rois ennemis aimait sa fille, l'autre son épouse, et tout fait présumer que c'est son influence qui fit rentrer les épées déjà sorties du fourreau. Les liens de famille amenèrent pour les Algarves de nouvelles conventions. La légitimation par le pape des enfants d'Affonso et de Britès, qui les avaient fait reconnaître comme héritiers directs de la couronne de Portugal, eut une influence favorable sur les décisions d'Alphonse de Castille, leur aïeul.

Peu de temps après que le pape eut accédé à la demande des prélats, Alphonse le Sage, par un décret daté de Séville le 20 avril 1263, choisit le grand maître de l'ordre de Saint-Jacques, Payo Correa, le grand maître des templiers dans les royaumes de Léon, de Portugal et de Castille, Martim Nuñez, et autres fidalgos pour ses plénipotentiaires, chargés de conclure en son nom, avec le roi de Portugal, un traité qui réglerait leurs prétentions respectives au territoire et aux châteaux des Algarves, fixerait les frontières des royaumes de Léon et de Portugal, et d'autres points en litige (1). Les négociations ultérieures ne nous sont pas connues; mais l'année suivante 1264, on échangea à Séville les ratifications de la délimitation des frontières de Léon et de Portugal (2). Aronches et Allegrete restèrent à cette dernière puissance; Marvan et Valence, ainsi que les places plus rapprochées du royaume de Léon, échurent en

---

(1) « Avenienza, paz, e amor, assi sobre los Castillos, y sobre la tierra de Algarbe, como sobre lo partimento de los reinos de Leon y de Portugal, como sobre las otras contiendas e quexumes, etc. » *Mon. Lus.*, lib. xv, cap. 14 et 30.

(2) L'acte porte pour titre : « Litera super partitione regnorum Portugalliæ et Legionis propter contendam quæ erat in aliquibus locis. » *Mon. Lus.*, lib. xv, cap. 30.

partage à celui-ci (1). Les deux rois se jurèrent une amitié et un secours mutuel; le commerce entre les deux pays fut déclaré libre pour toute espèce de denrées (2).

Il y eut aussi des conventions pour l'avenir, qui nous éclairent sur les anciennes relations de ces deux royaumes. Dans un décret d'Alphonse le Sage, daté de Séville du 20 septembre 1264, il déclara que le roi de Portugal disposerait des terres des Algarves comme il le jugerait convenable, qu'il aurait le droit de donner aux habitants un *fuero* quand cela lui paraîtrait opportun, qu'il administrerait suivant son bon plaisir les donations faites par lui, roi de Castille, en Algarve, et que tous ceux qui se croiraient molestés par quelque jugement auraient droit d'en appeler au seul roi de Portugal. Je vous cède ainsi, dit Alphonse de Castille, ces quatre priviléges que je m'étais réservés pendant mon vivant (3). Le roi de Portugal est de son coté obligé de fournir au roi de Léon, sur sa demande, cinquante lances ou chevaliers pour l'assister dans les guerres qu'il aura à soutenir, et ce, pendant toute la vie d'Alphonse le Sage. Comme garantie de l'exécution de cette clause, les châteaux forts des Algarves restèrent sous le commandement des chevaliers João d'Avoym et Pedro Cannes Portel son fils; le roi de Léon conservait, comme antérieurement, l'usufruit des revenus des Algarves.

Trois ans s'étaient à peine écoulés que le pays fut délivré de cette dernière sujétion. En 1267 Affonso III envoya l'infant Diniz, âgé de sept ans, en Castille pour recevoir l'accolade de chevalier des mains de son aïeul; le but secret de ce voyage était probablement de prier Alphonse le Sage de délivrer les Algarves de la dépendance où elles étaient encore. D'après Lopez, la reine Brites accompagna l'infant Diniz à Séville, où celui-ci reçut de son aïeul l'accueil le plus affectueux et fut traité pendant son séjour avec les égards les plus distingués. Sans aucun doute l'amabilité de l'enfant, et ses qualités précoces ne contribuèrent pas peu à gagner le cœur du roi de Castille; il reçut l'accolade, et malgré les représentations de quelques grands castillans, l'obligation de fournir les cinquante lances fut levée. Les chevaliers à qui Alphonse le Sage avait confié les châteaux des Algarves furent dégagés de leurs serments et de leurs obligations (1), et l'ordre leur fut donné de livrer au roi de Portugal les châteaux de Tavira, Loulé, S.-Maria de Faro, Paterna, Silves et Aliazur, avec leurs dépendances. Le même jour et au même endroit, Alphonse de Castile annula tous les anciens traités contractés avec le roi de Portugal, et fit don à son petit-fils Diniz de ses droits sur les Algarves, en renonçant à toute prétention ultérieure (2). Un second acte de la même année confirma tout ce qui précède (3). C'est ainsi que le roi de Portugal reprit le titre de ro des Algarves; on peut voir par les documents que

---

(1) On voit, par la convention, que les frontières du Portugal ne touchaient pas à celles de la Castille, mais à celles du royaume de Léon, dont le nom se perdit peu à peu par son incorporation à la Castille.

(2) Voyez *Mon. Lus.*, parte IV, app., escrit. 29.

(3) « E quito a vos para seempre estas quatro cosas davan dichas, que yo retenia *por vuestro otorgamiento* para my en el Algarve en my vida por las cartas, que ende son fechas entre my e vos. » Voyez les actes dans les archives royales, liv. d'el rey D. Affonzo III, p. 14.

(1) Voyez l'acte daté de Badajoz, le 16 février 1267. *Mon. Lus.*, lib. xv, cap. 35.

(2) « ...... sobre razom del Algarve, que nos tenemos de vos en nuestros dias, e nos nas, el qual nos Demos a D. Dinis, *assi como vos teniemos por vuestro otorgamiento* que nos fiziesse ende ayuda en nuestra vida con sincoenta cavallos contra todos los reyes de Espanha, sino contra nos, etc. » *Mon. Lus.*, lib. xv, cap. 33.

(3) Sur les mots qui se trouvent dans la traduction de *Quarte Nunes*, et que ne représentent aucune copie authentique, *quæ vos Dei*, voyez Brandão, in *Mon. Lus.*, lib. xv, cap. 34, et *Mem. da Acad. real*, tom. VI, p. 20.

les armes du Portugal, à dater de cette époque, furent de nouveau ornées des tours qu'y avait ajoutées Sancho Iᵉʳ; les vassaux, toujours jaloux de leur indépendance, veillèrent attentivement de leur coté à ce que par aucun acte le roi de Castille ne fît voir qu'il conservait le moindre droit sur eux. La protestation de l'évêque de Silves, Bartholomeo, est un exemple de cette tendance de l'esprit national (1); aussitôt que celui-ci eut pris possession de son évêché, il fit, de concert avec son chapitre, une protestation écrite, dans laquelle il reconnut solennellement le roi de Portugal comme seigneur souverain des Algarves et patron de son diocèse; en même temps il déclara nuls et non avenus les droits concédés à ses prédécesseurs Roberto et Garcia par le roi Alphonse de Castille (2).

Ainsi nous voyons, si nous voulons jeter un coup d'œil sur la marche de la conquête, les Algarves conquises d'abord par Sancho Iᵉʳ, perdues peu d'années après en 1191, reconquises pour la seconde fois par Sancho II et par son frère Alphonse III, concédées par ce dernier, en 1253, au roi de Castille qui en a l'usufruit, dix ans après, en 1264, restituées au Portugal, à charge d'entretenir cinquante lances dans les armées du roi castillan, et enfin, en 1267, affranchies de cette dernière dépendance, et appartenant au Portugal sans restrictions (1).

Aussitôt qu'Affonso III se vit en pleine possession des Algarves, il donna tous ses soins à l'administration de cette contrée; il chercha à en augmenter la prospérité en concédant des *foraes*, des priviléges et des libertés nouvelles, en encourageant la colonisation. Il fut obligé de faire des concessions plus larges aux villes et aux villages plus éloignés du centre du royaume et plus rapprochés des contrées encore occupées par les Sarrasins, de même qu'à celles situées près des côtes; son but était de les encourager ainsi à résister aux attaques plus fréquentes auxquelles elles étaient exposées par terre et par mer. Pendant son séjour à Lisbonne, en août 1266, le roi accorda des *foraes* aux villages des Algarves; Silves reçut les priviléges d'une ville du rang de Lisbonne, et même plus étendus

---

(1) Les mots *Caetano's do Amaral*, se trouvent dans les *Mémoires* ci-dessus cités, p. 20.
(2) « Considerantes D. Alfonsum Portugalliæ regem totius Algarbii dominum verum esse, et ipsum totum Algarbium ad jus, et proprietatem, ac dominium ejus dum..... quantum ad usum fructum ac proprietatem integre ac plenarie pertinere...... et a nullo alio posse possessiones, vel jura regalia, ecclesias, seu ecclesiarum jure patronatus conferri, seu donari, nisi ab eodem solo domino rege Portugalliæ, qui ipsius Algarbii, et omnium ipsius Algarbii ecclesiarum est verus dominus ac patronus. Si igitur a quocumque rege Castellæ, ac Legionis...... de facto (cum de jure non possint subsistere) donationes quocumque tempore aparuerint, eas omnino frivolas, et inutiles, atque invalidas reputamus...... nec non litteris, confirmationibus, seu indulgentis apostolicis, si quæ nuper hoc quocumque tempore aparuerint, in perpetuum renuntiamus.» *Mon. Lus.*, tom. IV, app., escrit. 32.

(1) Le récit de l'acquisition des Algarves est très-difficile à tracer, faute de documents authentiques, et surtout à cause de la partialité des auteurs, qui ayant tous écrit dans un système formé d'avance, n'ont cité que les faits utiles à leur plan, et ont soigneusement écarté ceux qui pouvaient lui nuire. Nous ne contestons pas sans doute que plusieurs points peuvent être incertains, que bien des questions doivent rester sans réponse. La cause de cette incertitude est claire et hors de doute lorsqu'on fait parler les documents qui sont entre nos mains; alors on peut suivre de l'œil les divers événements. C'est avec raison que Brandão a dit : « Pareu tudo isto, tão claro, tão certo, e tão palpavel, que quem oje em diante quizer pod em duvida estas pontos, se deve ter por contumaz e indigno de se persuadir con razoés, ou admittir a disputas. » Ce que nous dit, comme en passant, Condé de la perte des Algarves est contraire à la chronologie, et ne mérite pas qu'on y attache une grande importance. On ne pouvait préférer cet auteur non chrétien aux documents fournis par des chrétiens.

encore (1). A la même époque, et de la même manière, Affonso concéda des *foraes* à Faro, à Loulé et à Tavira; il s'appropria, pour lui et ses descendants, les possessions particulières que les conquérants maures avaient eues dans ces villes (1).

§ II. — *Administration d'Affonso III.*

Attention qu'il accorde à l'agriculture, à la construction des villages, à leur population et aux lois. — Beja Melgaço. — Les cortès de Leiria en 1254. — Réclamations des villes de Santarem et de Porto. — Lois nouvelles relatives à la sûreté des personnes et des propriétés. — Fondation des foires annuelles. — Fixation du prix des marchandises et des biens. — Funestes variations dans le cours des monnaies. — Donations du roi aux ordres chevaleresques, — Sa mésintelligence avec eux.

Affonso III développa en Algarve, comme dans tout le royaume, une grande activité dans les encouragements qu'il accorda à l'agriculture. « Le roi Affonso, dit Brandâo, fut un des princes qui s'occupèrent le plus de la culture et de la prospérité du pays. » Quelques contrées furent pour la première fois défrichées; d'autres, que la guerre avait dévastées, furent rendues à la culture. Plusieurs villages furent reconstruits, un grand nombre furent agrandis et mieux fortifiés, la plus grande partie des communes qui n'avaient pas de *foraes* en obtinrent (2). Les anciens priviléges furent confirmés, surtout lors de la réunion des cortès qui eut lieu à Leiria au mois de mars 1254.

L'importante ville de Beja attira surtout l'attention du roi. Quoique cette place eût beaucoup souffert pendant la guerre, elle n'en était pas moins considérée comme un des plus forts boulevards du royaume. Le roi la fit fortifier de nouveau, les murs furent relevés, des édifices publics construits. L'évêque Martin d'Evora abandonna à cet effet les deux tiers des dîmes de toutes les églises de Beja pendant dix ans (2). Un an auparavant, Affonso lui avait donné un foral (3). L'importance de cette place faisait désirer qu'elle fût dans une dépendance plus directe de la couronne, et, d'après la loi de Beja, l'alcade devait être citoyen de la ville, mais nommé par le gouverneur général (4). Alphonse confirma à la forteresse de Melgaço, située sur la frontière, les priviléges que lui avait accordés le roi Sancho II, et aux habitants, dont le nombre devait être de trois cent cinquante, l'important avantage de pouvoir nommer un chevalier portugais au commandement de leur place, sous condition que celui-ci prêterait serment de

---

(1) « Facio cartam de foro vobis populatoribus de Sylves, forum, usus et consuetudines civitatis Ulixbon, excepta jugada de pane, quod vobis in perpetuum quito. » *Mon. Lus.*, lib. xv, cap. 31.

(2) On ne peut énumérer le nombre de foraes concédés par Affonso III; on peut jeter un regard sur l'ouvrage de Franklin, *Memoria para servir de indice dos foraes das terras do reino de Portugal*, relaçam III.

(1) Le Foral de Faro : « Item retineo mihi et successoribus meis omnes tendas quas reges Sarraceni solebant tenere tempore Sarracenorum. »

(2) Voyez le document de l'an 1255, *Mon. Lus.*, lib. xv, cap. 18.

(3) « Movudo pela spiraçom de Deus. » (!) Le foral dans *Collecçao de ineditos de Historia portugueza*, tom. v, p. 456. Ainsi Affonso III donna, dans l'année suivante, un foral à Odemira : « Motus inspiratione divina. »

(4) « E o meu nobre homem, que beia de min tever, non meta hy outro alcayde, se nom de Beia. »

fidélité au roi et à l'alcade de la forteresse (1). Sans doute, par cette faveur dont ne jouissaient pas beaucoup de places frontières, Affonso voulut attacher les habitants à ses intérêts, leur position près de la Galice rendant leur fidélité d'une haute importance. Le motif de cette faveur reposait probablement dans la position où se trouvait Affonso III vis-à-vis de la Castille. En général le principe d'après lequel étaient nommés les commandants des forteresses n'était pas le même partout, et Alphonse le modifiait suivant les localités et les circonstances, ainsi que nous le voyons même dans l'ordonnance relative à Beja. Le roi donna de nouveaux priviléges aux villages qui avaient été détruits et qui furent reconstruits; c'est ainsi que Contrasta, qui avait été, sous le règne de Sancho II, complétement ruiné par les Léonais, reçut le nom de Valença da Minho. D'autres villages furent bâtis par le roi, tels que Bianca Fos de Lima et Monzon.

Après la fondation des villages nouveaux, l'amélioration de ceux qui avaient été ruinés et la distribution de nombreux *foraes*, les affaires de quelques grandes villes qui se plaignaient d'être entravées dans l'exercice de leurs droits, ou qui luttaient entre elles pour des questions d'intérêt, attirèrent l'attention d'Alphonse III. Il convoqua les cortès à Leiria, au mois de mars 1254, en partie pour faire droit aux réclamations de ces villes après avoir entendu leurs députés, en partie pour assurer aux décisions royales et à ses ordonnances une sanction plus imposante. Les cortès eurent d'abord à s'occuper des affaires de Santarem et de Porto; les habitants de la première de ces villes se plaignaient de différentes mesures oppressives de la part des magistrats royaux; on les calma par la promesse qu'à l'avenir leurs *foraes* seraient scrupuleusement observés, et que toute ordonnance, toute disposition contraire à leur contenu seraient par le fait considérées comme nulles et non avenues. Les abus introduits devaient être réprimés, leurs libertés et leurs priviléges confirmés, et enfin la ville rétablie dans son état primitif (1).

Les affaires de Porto étaient beaucoup plus difficiles à arranger; c'était en majeure partie pour y arriver qu'on avait convoqué les cortès de Leiria. Il existait à Porto une cause permanente de mésintelligence entre les évêques et le roi; celui-ci ne pouvait souffrir le pouvoir exorbitant des évêques sur cette ville importante et sur son territoire, par suite de l'accumulation entre leurs mains du pouvoir spirituel et temporel, grâce aux excessives libéralités de la reine Theresia. « Les rois, dit Brandâo, voyaient avec peine cette domination cléricale, et ils ne négligèrent rien pour la diminuer, jusqu'au moment où ils parvinrent enfin à s'emparer entièrement du pouvoir temporel (2). » Depuis les développements qu'avait pris la pêche dans le Douro (3), et surtout depuis que la navigation sur ce fleuve avait acquis une grande activité, et que l'on voyait arriver dans la rade de Porto des vaisseaux étrangers, cette ville maritime avait acquis une importance qui rendait plus vifs les désirs du roi, qui croissaient toujours en proportion de l'extension des avantages que retirait l'évêque.

Affonso III fit élever vis-à-vis de Porto une ville nouvelle, qu'il appela *Villa-Nova de Gaya* (afin qu'elle ne fût pas confondue avec Villa-Velha (4). En 1255, il lui accorda un foral pour y amener la prospérité, ainsi que d'autres priviléges. Les cortès de Leiria, d'accord avec le roi, décidèrent que le tiers des vaisseaux chargés qui passeraient le Douro, et la moitié des vaisseaux étrangers qui entreraient dans le fleuve déposeraient

---

(1) *Mon. Lus.*, l. c.

---

(1) *Mon. Lus.*, l. c.
(2) Vid. Brandâo, *Mon. Lus.*, lib. xv, cap. 18.
(3) L'évêque de Porto avait adressé des plaintes au pape sur ce que le roi s'était arrogé une part dans le revenu de la pêche du Douro.
(4) *Espanha sagr.*, tom. xxi, p. 105.

leurs cargaisons à Villa-Nova de Gaya. Plus tard encore, le roi réduisit de plus en plus les prérogatives de l'évêque, ce qui amena de nouvelles querelles (1).

Trois ans avant la convocation des cortès de Leiria, qui régularisèrent particulièrement les relations des différentes communes et adoptèrent diverses résolutions sur les intérêts locaux, le roi avait promulgué, de concert avec les riccos homens et les fidalgos, plusieurs lois générales relatives à la sûreté des personnes et des biens. S'il faut reconnaître que la première de ces lois, qui condamnait à une amende de 300 maravédis quiconque s'introduirait avec mauvaise intention dans le domicile d'un fidalgo, était exclusivement consacrée à la sécurité de ces derniers, il faut remarquer aussi que toutes les autres avaient en vue le bien général. Quelques-unes ont pour objet la répression du vol des vêtements et surtout des bestiaux, qui étaient alors la plus importante propriété; les amendes infligées au coupable étaient fixées en proportion de la valeur de l'objet dérobé, et remises en partie au roi, en partie à celui qui avait été volé. Le travailleur doit vivre en paix, nul ne peut le blesser ou le tuer à cause d'un homicide dont son seigneur peut s'être rendu coupable; celui qui assassine son ennemi ne peut lui dérober les valeurs qu'il peut avoir sur lui. L'Église ne pouvait être oubliée à cette époque; aussi est-il dit à la fin de ce code criminel : « Toutes les églises doivent être protégées par le roi, comme elles l'ont été sous le règne de son père et de son aïeul. » Les laïques rédacteurs de ces lois ignoraient que le clergé était peu satisfait de cette protection. Des clercs n'au-

raient pas cité au roi ses prédécesseurs comme des exemples à suivre pour la défense de l'Église (1).

Au milieu de ces lois criminelles, il se trouve une loi politique qui plus tard divisa la Castille et le Portugal : « Les voyageurs, dans les lieux où l'on refuse de leur vendre des vivres, ont le droit de réclamer que deux experts fixent ce qui leur est nécessaire et en taxent le prix, et alors les vivres doivent leur être fournis; si les experts refusent d'accéder à cette demande, les voyageurs pourront faire eux-mêmes cette taxation. » Quelque imparfaite que soit cette ordonnance, elle prouve cependant que les relations commerciales entre les peuples étrangers commençaient à prendre quelque activité, et que le législateur avait en vue de les régulariser.

Cette dernière conclusion ressort plus évidemment de l'établissement des foires périodiques accordées par le roi à certaines localités. Une foire annuelle, qui devait se tenir huit jours avant la fête de l'Assomption, au mois d'août, fut autorisée dans la ville de Covilhão. Tous ceux, acheteurs ou vendeurs, qui visitaient cette foire recevaient une garantie pour leur sûreté personnelle pendant le voyage; huit jours avant l'ouverture de la foire et trente jours après, ils ne pouvaient être arrêtés pour dettes, à moins que celles-ci n'eussent été contractées pendant la foire même. Celui qui faisait préjudice à un marchand forain ou à un acheteur devait payer au roi une amende de 6,000 solidi, et à la partie lésée une amende double de celle-ci (2).

Ces ordonnances eurent une heureuse influence sur le commerce et par là sur l'agriculture et l'industrie; mais il en est une autre qui, si elle eût pu être exécutée, aurait eu de désastreux effets : c'est celle qui taxa les prix des vivres, des matières premières

---

(1) *Catalogo dos Bisp. de Porto*, p. II, p. 94 et 98. Les lois et ordonnances qui furent faites dans les cortès de Leiria se trouvent dans *Livro de Leis antigas*, et pour les foraes de Santarem et Beya, vid. *Foro antigo e de Santarem*, in *Collecção de ineditos*, etc., tom. IV, p. 531 (surtout les coutumes de 541); de Beja, tom. V, p. 456.

(1) *Mon. Lus.*, tom. IV, app., escrit. 27. Souza, provas, tom. I, p. 53.
(2) Voyez l'acte du mois d'août 1260, dans Ribeiro, *Diss.*, tom. III, append., p. 73.

et des produits manufacturés de l'intérieur et de l'extérieur. Cette loi voulait donner de la stabilité à des choses qui n'acquièrent d'importance que par les chances et les variations auxquelles elles sont assujetties; elle voulut tracer une ligne droite où devrait se maintenir une chose que l'activité de l'homme et la nature elle-même rendent essentiellement variable. Les craintes qu'inspirait l'appréhension d'une altération dans le taux des monnaies avaient, comme cela devait être, élevé le prix des marchandises à un point énorme dans le pays d'entre Minho et Douro (1).

Les marchands étrangers, exposés à des pertes considérables par l'altération des monnaies, ou craignaient de visiter les foires, ou, s'ils y venaient, augmentaient le prix de leurs marchandises pour se couvrir de leurs pertes. Pour remédier à cet inconvénient, le roi, après avoir consulté son conseil, composé de prélats et de grands du royaume, de marchands, de bourgeois et d'hommes distingués des communes, rendit une ordonnance qui tarifait le prix de tous les objets mis dans le commerce dans le pays entre le Duero et le Minho (2). Il fut statué que celui qui violerait cette ordonnance payerait une amende double de la différence du tarif. Cette amende était payée aux magistrats royaux réunis à deux députés des communes. Celui qui dénonçait la fraude recevait le tiers de l'amende; le reste appartenait au roi.

Que les conseillers consultés par le roi n'aient pas hésité à approuver un remède qui était pire que le mal, on a moins à s'en étonner que de ne pas voir cette même ordonnance immédiatement rapportée, par suite de l'impossibilité où l'on fut de l'exécuter. Quant au roi, la faute est moins grave; l'exemple du roi de Castille, Alfonso le Sage, qui avait adopté la même mesure, et qui en avait été loué généralement, avait pu le persuader d'y avoir recours (1).

Ces inconvénients paraissaient causés par une coutume dangereuse, qui était en quelque sorte passée en usage dans le pays, et que le roi devait considérer comme inévitable. Depuis longtemps les anciens rois de Portugal avaient usé du droit, conféré à la couronne, de fondre les anciennes monnaies (2) et de les remplacer par d'autres d'une valeur moindre et d'un prix plus élevé, et les vassaux n'avaient opposé aucune résistance, sauf dans les cas où cette hausse ou cette altération était trop considérable ou trop fréquente; ils s'étaient même déjà, pour éviter cette altération des monnaies, soumis à un impôt nommé *monetagio*, qui était payé au roi. Sancho Ier fit refondre les monnaies de son père et frapper des maravédis neufs; Affonso II et Sancho II avaient imité cet exemple. Affonso III annonça la nécessité de changer les monnaies, ainsi que l'avaient fait ses ancêtres. Une grande partie du clergé et du peuple le supplia d'ajourner la mesure projetée à la fin de l'année (3), en disant qu'ils se soumettraient à un impôt en argent pour obtenir la conservation des monnaies. Le roi accepta ces propositions, et prouva ainsi la réalité de ses projets. Déjà une grande partie de cet impôt était payée, quand les mêmes clercs et laïques qui for-

---

(1) « ......Et ego scio pro certo, quod res venales et vendebantur multo carius quam solebant vendi et debebant, pro eo quod timebant, quod ego frangerem monetam, et quia dicebant, quod tempus britandi monetam apropinquabat. »

(2) L'ordonnance copiée des archives se trouve dans Ribeiro, *Dissert.*, tom. IV, app., p. 57—72. L'intérêt que ce document présente pour faire connaître dans quelles ténèbres était encore l'économie politique, est moins puissant que celui qu'offre l'ordonnance relative à l'agriculture, aux fabriques, à l'industrie et au commerce. Il est fâcheux qu'il s'y trouve tant de termes et d'expressions qui sont pour nous de véritables hiéroglyphes.

---

(1) *Mon. Lus.*, lib. XVI, cap. 3.
(2) « Quebrar a sua moeda. » C'est l'expression « monetam frangere. »
(3) « Usque ad proximum septennium. » Ceci paraît être le terme de la coutume.

maient son conseil lui représentèrent que cet impôt était très-onéreux au pays et désavantageux pour lui, et le prièrent, à cet effet, de maintenir les anciennes monnaies (1), sans exiger aucun impôt de ses sujets, excepté celui que ses ancêtres avaient coutume de recevoir à l'occasion d'un semblable changement (2). Il le promit pour conserver la justice, et par égard pour les anciennes coutumes du royaume. Il prêta serment sur les saints Évangiles, entre les mains de l'évêque d'Evora, que jamais il ne permettrait d'altérer les monnaies du royaume, et n'exigerait aucun impôt autre que l'impôt accoutumé. Par ce serment il engagea lui et ses successeurs (3). Les choses restèrent sur ce pied jusqu'en avril 1261, époque à laquelle Affonso publia une nouvelle loi sur les monnaies, et où il en fit frapper de nouvelles, comme il en avait le droit, dit-il, suivant les lois et coutumes du royaume. Les prélats, les barons et le peuple se trouvèrent lésés par ces mesures, et déclarèrent qu'elles étaient contraires à leurs droits et à leurs priviléges. Ils le prièrent de convoquer les cortès pour déterminer avec eux tout ce qui se rattachait à cette importante question. Les cortès furent rassemblés à Coïmbre. Après une longue controverse, il fut enfin décidé que les anciennes monnaies reprendraient leur valeur primitive, sous condition cependant que, pour les opérations commerciales, douze deniers en vaudraient seize de monnaies anciennes (*sexdecim denarii de veteribus denariis*). La loi stipulait en outre que ceux qui possédaient de dix à vingt livres payeraient au roi un impôt d'une demi-livre; de vingt à cent livres, une livre; de deux cents à mille, deux livres; tous ceux qui auraient mille livres et au delà, trois livres (1). Cet impôt pesait sur tous; l'archevêque et trois de ses serviteurs, les évêques et deux de leurs serviteurs, le prieur de l'ordre de Saint-Jean, les grands maîtres des templiers et d'Avis et deux de leurs serviteurs, en étaient seuls exempts (2). Cet impôt ne devait durer qu'un an. Au bout de quatre ans, il était permis au roi de faire un nouveau changement de monnaies; mais ce serait le dernier qui pût avoir lieu pendant son règne. Il devait en être de même pour ses successeurs (3).

Affonso III laissa écouler huit ans avant d'user de la faculté qui lui était accordée par les cortès de Coïmbre. Le premier changement de monnaies eut lieu le 1er avril 1270, après avoir été solennellement annoncé à son peuple (4).

Quoique Affonso, à son avénement au trône, eût des sommes d'argent considérables, il ne paraît pas que ce soit la pénurie qui le força, dans les dernières années de son règne, à recourir à la déplorable ressource de l'altération des monnaies, ainsi qu'il en avait été pour ses ancêtres; s'il en eût été ainsi, il eût usé, au bout de quatre ans, du droit que lui avaient concédé les cortès. Il se servit alors, comme précédemment, de l'altération des monnaies comme d'une ressource financière; il trouva du

---

(1) « Pro conservatione ipsius monetæ. »
(2) « Nisi quod in fractione monetæ prædecessores mei recipere consueverint. »
(3) La lettre au grand maître des templiers dans les trois royaumes se trouve dans Sousa, *provas*, tom. VI, p. 347, comme supplément du premier volume des *provas*. Les lettres écrites aux grands maîtres des autres ordres, à l'abbé d'Albocaça (*Malta Portug.*, parte II, p. 25), et même au pape, avec appendice : « Quo circa sanctitati vestræ supplico humiliter et devote: quatenus hoc factum pro libertate et utilitate regni juramento firmatum dignemini confirmare. »

(1) Quelle puissance n'exerçaient pas dans les cortès les nobles et le clergé!
(2) Ainsi les plus riches ne payaient pas même trois livres!
(3) Vid. *Carta de Lei*, en abrégé dans *Malta Portug.*, parte II, p. 183. Vid. *Elucid.*, suppl., p. 49.
(4) « E faço-vo-lo antè saber por seerdes certos de dia, que mando Acrezentar, e fazer essa moeda. » Vid. *Eluc.*, tom. II, p. 117.

reste, pour ne pas chercher d'autre cause, une excuse dans l'exiguité des revenus de la couronne. Il ne pouvait et n'osait prélever de droits que sur les petites rivières, les grands cours d'eau appartenant aux évêques. Les grands étaient exempts d'impôts; ce qui diminuait beaucoup les revenus de l'État, et le forçait de recourir à une ressource aussi dangereuse et aussi nuisible. Ceux-là surtout doivent lui pardonner qui, à des époques où l'économie politique avait pris rang parmi les sciences positives, ont employé le même moyen qu'Affonso et son conseil mirent en œuvre dans un siècle où l'on ne prévoyait pas encore l'existence de cette science, et dans lequel les hommes d'État réputés les plus éclairés ne marchaient qu'environnés de ténèbres épaisses. Du reste, ce n'était pas l'avarice qui le poussait à ces abus, la preuve en existe dans les nombreuses dotations qu'il fit aux ordres religieux et militaires ainsi qu'aux prélats; et si l'on prétendait attribuer ces donations à une prudence qui aurait dominé son avarice présumée, il suffira, pour réfuter cette objection, de rappeler que Brandão dit qu'il était si généreux et si bienfaisant, qu'il mit un jour son mobilier en gage pour secourir les pauvres.

Cependant la sagesse d'Affonso mit des bornes à sa libéralité. L'exemple si récent de son frère Sancho II, qui, malgré ses nombreuses donations, avait trouvé peu de reconnaissance tout en affaiblissant son pouvoir, ne devait pas être perdu pour lui, d'autant plus qu'il se sentait la volonté et la force de faire restituer à la couronne ses domaines et ses droits. Affonso ordonna une enquête dans tout le royaume pour rechercher les droits que pouvait avoir la couronne sur les grandes propriétés. Nous ferons ici quelques citations rapides, afin de ne laisser en oubli aucun des actes les plus importants du gouvernement d'Affonso. L'histoire plus développée et plus positive de ces mesures doit être renvoyée en un autre endroit. Le roi Sancho II s'était surtout montré très-libéral lors de la conquête des Algarves, en donnant, comme nous l'avons dit, plusieurs contrées conquises aux chevaliers de Saint-Jacques, et surtout au grand maître Payo Correa, alors commandeur d'Alcazer. Affonso III, qui estimait aussi beaucoup ce dernier, confirma en 1265 les donations de Sancho; dès l'an 1255 (1), il lui avait donné des preuves de sa propre libéralité. Mais le roi, qui suivant les circonstances changeait son but et sa manière d'agir, ne demandait à celles-là rien qui pût être utile à ces derniers. Il se repentit de ses dons (2) dès qu'il se vit tranquille possesseur des Algarves; il s'ensuivit une mésintelligence entre la couronne et l'ordre, que des arbitres, élus par les deux parties, terminèrent par un acte conciliatoire (3), par lequel le roi conserva Castro Marim, Sacela et Tavira (4). Le patronage sur plusieurs églises de cette contrée fut maintenu à l'ordre de Saint-Jacques, qui conserva en outre Aveiras et plusieurs autres districts. Les vaisseaux chargés qui naviguaient sur la Guadiana jusqu'à Mertolo, devaient payer des droits au roi. Les différends des chevaliers d'Avis avec le roi avaient déjà été pacifiés antérieurement. Une querelle s'étant élevée aussi avec les templiers au sujet des frontières en 1272, elle fut terminée par un jugement arbitral en 1274.

Mais les différends d'Affonso III avec une classe bien plus puissante, avec le clergé, ne se calmèrent ni si vite ni avec autant de facilité; ils ne prirent fin que quand le roi, à son lit de mort, eut déclaré qu'il se soumettait sans conditions au pouvoir de l'Église.

---

(1) *Mon. Lus.*, lib. xv, cap. 19.
(2) Brandão, *Mon. Lus.*, lib. xv, cap. 38.
(3) Le traité.
(4) Le 7 janvier 1272, le grand maître renonça solennellement à toutes ces villes.

§ III.—*Discussions d'Affonso avec le haut clergé.*

Espérances des prélats trompées. — Ils se plaignent des empiétements du roi sur leurs droits et priviléges. — Sept évêques portent à Rome leurs doléances aux pieds du pape. — Grégoire X publie une bulle d'exhortations au roi. — Affonso en élude l'effet, rassemble les cortès et promet des améliorations ; mais le pape les attend vainement. — Bulle remarquable du 4 septembre 1275. — Grégoire X meurt, et la courte durée du pontificat de ses successeurs sauve le roi, qui en profite pour gagner du temps. — Jean XXI monte sur le trône pontifical ; il envoie un légat en Portugal, qu'Affonso amuse par de vaines audiences.—Le légat Nicolas, frère franciscain, publie enfin devant une nombreuse assemblée la bulle d'excommunication, en 1277. — Dans la même année Jean XXI meurt. — Le roi, sur son lit de mort, promet d'exécuter les ordres du saint-siége sans conditions. — L'excommunication est levée. — Affonso III meurt le 16 février 1277.

Les promesses qu'avait faites Affonso aux prélats étaient, il est vrai, immenses ; autant elles furent faciles à faire au comte de Boulogne, autant il fut difficile au roi de les exécuter dans toute leur étendue. Cependant la même cause qui lui avait rendu ces promesses faciles lui allégeait aussi le fardeau des obligations et des devoirs qu'il avait contractés. Pour Affonso, tel qu'il s'est fait connaître à nous, un serment n'était pas un obstacle lorsqu'il s'agissait d'arriver à son but. Peu lui importait d'avoir obtenu le trône par le secours du clergé ; il ne pouvait lui convenir d'y rester pour ses seuls intérêts, et de faire taire son esprit dominateur au point de livrer à l'Église toute la puissance royale. Tout ce qu'il avait fait pour l'agrandissement du royaume, pour la dignité de la couronne et le bien de son peuple, n'échappait à personne. Il connaissait ses forces, et chaque limite imposée à sa puissance royale humiliait sa fierté de plus en plus. Le peuple, dans les progrès de ses institutions civiques, ne méconnaissait pas la volonté à la fois énergique et bienfaisante du roi. Il est vrai que le clergé attendait toute autre chose de lui ; il avait espéré des merveilles pour l'Église et l'État ; et quand le roi, qu'il regardait comme sa créature, manqua à sa parole et ne répondit pas à ses espérances, son mécontentement n'en fut que plus violent, sa haine plus exaltée.

Les premières années du règne d'Affonso III s'écoulèrent en expéditions guerrières et en actes de gouvernement intérieur, ainsi qu'en discussions et négociations avec le roi de Castille. Il était clair que le roi devait chercher à s'asseoir solidement sur le trône, et y employer toute son activité. Le clergé paraît avoir usé d'une assez longue tolérance ; mais c'est justement l'affermissement d'Affonso sur le trône qui le disposa moins que jamais à n'agir que d'après les volontés de l'Église. En cherchant à consolider et à accroître la puissance royale, il se permit beaucoup d'actes contraires aux intérêts ou seulement aux espérances des clercs. Ceux-ci commencèrent à se plaindre de ce qu'on empiétait sur leurs droits et priviléges. Ils s'adressèrent d'abord au roi lui-même ; des prières ils passèrent aux exhortations, et des exhortations aux menaces, mais sans résultat. Suivant leurs habitudes, ils recoururent aux peines canoniques. Des prélats portèrent les plaintes du clergé portugais devant le pape Clément IV, qui envoya son chapelain Falquini à Lisbonne, pour s'y enquérir des causes du mécontentement, et en outre pour agir sur l'esprit du roi. Cet envoyé était porteur d'un bref d'exhortations, qui n'eut aucune suite, le pape étant mort subitement en 1268. La complication des affaires en Portugal s'en accrut encore. Les évêques prirent un parti désespéré, comme le dit Brandão ; sept d'entre eux vinrent à Rome, au grand étonnement du pape et de la cour pontificale, et exposèrent leurs sujets de plaintes. La décision cependant se fit attendre; l'archevêque de Braga et les évêques de Coïmbre et de Guarda moururent à Rome. Sur les instantes prières des autres prélats, Grégoire X n'hésita plus, et écrivit au roi un bref d'exhortations le 28 mai 1272 (1). Le même jour il chargea deux clercs d'une haute distinction, le prieur des dominicains et le gardien des franciscains à Lisbonne, de communiquer ce bref au roi, et de lui demander sa réponse. Les plaintes élevées contre Affonso se bornaient à deux points principaux : la prise de possession ou l'envahissement des biens de l'Église, et l'obligation imposée aux clercs de comparaître devant les tribunaux royaux pour des causes qui n'appartenaient qu'à la juridiction ecclésiastique (2). Quand les plénipotentiaires du pape voulurent s'acquitter de leur mission, le roi sut gagner encore du temps en leur refusant l'audience qu'ils sollicitaient, tantôt sous prétexte de maladie, tantôt sous celui d'occupations importantes (3). Son but était, par ces refus, d'adoucir le ton qu'ils pourraient prendre vis-à-vis de lui. Enfin ils furent admis. Le roi, à la suite de cette audience, par une lettre du 18 décembre 1273, convoqua les cortès à Santarem. Il leur promit de faire cesser les abus et les motifs de plaintes, et autorisa les prélats, les grands et ses conseillers à réparer tout le mal qu'il avait pu faire par lui-même ou par ses agents contre le vœu des lois (1) ; mais, cette fois encore, les promesses furent sans résultat (2). L'année 1274 et une partie de l'année suivante s'écoulèrent sans que le pape, qui attendait l'amendement du roi, le vît se réaliser.

Enfin il crut devoir recourir à la sévérité ; il publia une bulle remarquable le 4 septembre 1275. Après avoir passé en revue toutes les controverses que les papes ont eues avec les rois de Portugal depuis Sancho Ier, tout ce que les papes ont fait pour remédier au mal, tout ce que luimême avait recommandé à Affonso III, les promesses de celui-ci lors de son avénement, le pape demande qu'il tienne enfin ces dernières comme un fils obéissant de l'Église, et que tous ses successeurs soient obligés, dans l'année de leur couronnement, de faire un acte semblable et de le déposer entre les mains des évêques du royaume. Les magistrats et les juges devaient aussi en entrant en fonctions, faire le même serment. Trois mois sont accordés au roi, et, en cas de mort, un an à son héritier, pour remplir ces conditions. S'il n'obéit pas dans ce délai, des punitions graduées, suivant les époques du retard qu'il mettra à obéir, lui seront infligées : un mois après l'expiration du délai accordé, si Affonso n'a pas obtempéré aux ordres du saint-siége, il encourra l'excommunication locale ; s'il persiste un second mois, l'excommunication majeure, et tout le royaume sera mis en interdit s'il ne renonce à sa désobéissance avant la fin du troisième mois. Si

---

(1) L'acte se trouve en manuscrit dans les archives de l'archevêché de Braga; on en voit le commencement dans *Mon. Lus.*, partie IV, lib. XV, p. 39.

(2) « Super judex in clericos et personnas ecclesiasticas dicti regni indebitam sibi jurisdictionem usurpat in causis ad ecclesiarum Forum spectantibus cognoscere, aut de rebus ecclesiasticis judicari præsumit. »

(3) Le pape dit lui-même dans la deuxième bulle : « Tanquam male sibi conscius per diversas excusationes nunc infirmitatem nunc alia impedimenta prætendendo, etc. »

---

(1) « E deie lhes compridamente poder, que elles corregão, e façáo corregar todalao causas, que acharem, e virem que forão feitas per mim, e pelos meus de meu reino sem razão, que se devem a correger, etc. » Ainsi parle la lettre royale le 18 décembre 1273, dans Brandão, l. c.

(2) « ......Parum tamen de iis quæ tantum verbaliter prætendebat, realiter adimplevit, eo magis suæ inobedientiæ vitium detegens, quo amplius illud obtegere satagebat. » Voyez la bulle.

l'obstination du roi se prolonge encore, alors le pape ordonne à ses sujets de ne plus lui obéir, et les délie de leurs serments de fidélité. A dater de l'excommunication, Affonso ne sera plus le patron de l'Église. Les mêmes peines le frapperont si, après le repentir promis, il viole de nouveau ses promesses et tarde à les accomplir. Le saint-siége se réserve avant tout l'absolution. L'excommunication majeure frappe aussi les conseillers perfides du roi; s'ils sont clercs, ils sont déchus de leurs bénéfices (1).

Le ciel ne voulut pas sans doute d'une paix si dure. Grégoire X mourut le 10 janvier 1276; Innocent V, élu le 21 du même mois, ne garda la tiare que cinq mois; Adrien V, son successeur, élu le 12 juillet, mourut le 18 août suivant. Ces changements successifs de papes mirent des retards à l'exécution de la bulle. Le roi avait de jour en jour reculé l'audience que les légats du saint-siége demandaient pour la lui communiquer, et il avait ainsi temporisé jusqu'à la mort d'Adrien V.

Enfin Jean XXI, né en Portugal, monta sur le trône apostolique le 13 septembre. L'intérêt plus vif qu'il prit probablement aux intérêts de l'Église de son pays le détermina aussitôt, au commencement de l'année suivante, à envoyer en Portugal le franciscain Nicolas comme son légat. Le roi chercha encore à temporiser; il espérait survivre à tous les papes. Dans la première audience, au commencement de février 1277, il se borna à demander des copies de tous les documents. La seconde audience, le 18 mars, eut lieu en présence de tous les grands du royaume, et ne fut pas plus significative. Dans la troisième, le 28 mars, le roi déclara qu'il était décidé à satisfaire aux demandes du pape, mais qu'il voulait avant lui envoyer un ambassadeur. Le légat ne comprit pas que l'appel au pape dût avoir pour effet de suspendre les peines ecclésiastiques; le roi soutint l'opinion opposée. A la dernière audience enfin le roi s'emporta : « Gil Rebolo (doyen de l'évêché de Lisbonne et parent du pape) m'a écrit, dit-il, de Rome, que le saint-père a déclaré qu'il voulait anéantir cette ordonnance diabolique. » Alors le légat, ayant pris toute l'assistance à témoin, proclama la bulle pontificale et se retira sur-le-champ (1). Le 16 mai 1277 Jean XXI mourut, et cette mort fut encore favorable au roi.

Au commencement de l'an 1279, Affonso tomba lui-même malade. Dès qu'il sentit l'approche de la mort, il fit appeler quelques clercs et quelques fidalgos devant son lit, et promit en leur présence qu'il voulait exécuter verbalement et sans conditions (2) tout ce que le pape avait ordonné; que son fils, qui était présent, et qui s'y engagea, ferait ce que lui n'aurait pas eu le temps de faire. Sur cette promesse, son aumônier Estevao, auparavant abbé d'Alcobaça, leva l'excommunication le 17 janvier. Peu après Affonso mourut, le 16 février 1279 (3). Son corps fut porté de Lisbonne à Alcobaça, et inhumé auprès des sépultures de son père et de sa mère, ainsi qu'il l'avait demandé dans son testament.

---

(1) Raynald, ad an. 1275, n. 21—27.

(1) Caetano do Amaral, d'après un document dans les archives de Braga. *Mem. da Acad. real*, tom. VI, p. 95.

(2) « Alphonsus rex Portugalliæ et Algarbii in mortis articulo constitutus dixit, quod jam dudum intentionis suæ fuerat jurare et stare mandatis ecclesiæ romanæ, sub conditione videlicet salvo jure regni sui et filiorum et vasallorum suorum; modo vero volebat jurare simpliciter et sine aliqua conditione. » On peut le voir dans un document dans les archives de l'archevêché de Lisbonne, impr. dans *Mon. Lus.*, part. IV, lib. XV, cap. 47.

(3) D'après *Livro dos Obitos de S.-Cruz*.

CHAPITRE VIII.

LES COMMUNES DANS LES PREMIERS SIÈCLES DU ROYAUME.

OBSERVATIONS PRÉLIMINAIRES.

Les luttes du haut clergé avec le roi, ainsi que l'origine et la formation des communes, apparaissent comme éléments principaux dans l'histoire des premiers siècles du Portugal. Ces deux objets, sans être dans un rapport plus intime entre eux, se présentent d'une manière si saillante à l'observateur, et sont tellement particuliers à cette époque, qu'on peut la désigner sous le nom de *Période du développement des communes et de la lutte cléricale.* Seulement celle-ci commence aux premiers jours de la fondation de l'État et cesse avec le règne de Diniz, tandis que le développement des communes ne commence qu'après Affonso Henriquez, et se continue jusqu'aux trente premières années du XVᵉ siècle. Malgré ce rapprochement, leur nature particulière et leurs rapports avec l'histoire politique leur assignent une place différente. La lutte des prélats avec les rois est causée par la prépondérance déjà développée du clergé, et par la défense des droits de l'Église, qu'il faut avant tout connaître pour bien saisir tout ce qui se rattache à cette lutte. Ces querelles, sans cesse renouvelées, ne sont que les transformations et les gradations d'un mal qui font désirer plus vivement au spectateur d'en connaître l'origine et les causes premières. C'est par ce motif qu'avant de décrire le progrès du mal il importe d'en scruter soigneusement les racines.

Il en est tout autrement du système communal. Le sujet en lui-même n'est pas difficile à comprendre. Pour rendre justice à chaque roi, il suffit à l'historien de dire combien et quelles communes il a fondées, confirmées ou régularisées; mais l'histoire serait infidèle à la mission qu'elle s'est tracée dans ces derniers temps, si elle se bornait à donner ces indications. Ce furent les communes qui imprimèrent à la vie du peuple ses diverses directions, qui formèrent ses institutions, son esprit et ses mœurs. Elles étaient les membres intermédiaires entre les individus et l'État; c'était sur les communes que reposait l'existence de l'État dans les premiers siècles de la monarchie; elles en étaient les supports; car à cette époque l'État était une réunion de communes vivant pour elles-mêmes, qui n'étaient liées entre elles que par la reconnaissance du chef commun, plutôt que des agrégations se soumettant à la loi et à la volonté d'un seul. Il est non-seulement important, mais indispensable, de pénétrer plus profondément dans le système des communes, leur origine, leurs conditions, leurs rapports intérieurs et extérieurs. Mais cette investigation ne peut être tentée qu'à cette époque, où le rapprochement des temps nous permet encore d'embrasser d'un coup d'œil l'origine et le développement des communes, et elle ne peut être différée plus longtemps, de peur que quelque élément étranger ne vienne nuire au tableau ou en altérer la fidélité.

§ Ier. — *La population dispersée se réunit en communes.*

Le pays dévasté par les guerres avec les Maures. — Premiers vestiges de défrichement — Propriétés dispersées. — Magasins de blé et maisons isolées. — Les Herdades, Aldeas, Selleiros, etc. — Le Coireleiros et le Pobrador du roi. — Des hameaux et des villages s'élèvent près des fleuves, des forteresses, des couvents et des villes. — Les bourgs, les villages et les villes ceints de murailles. — Les communes des campagnes, comme celles des villes, sentent le besoin des lois écrites et d'institutions fixes.

Le Portugal, dans son origine, était un pays conquis et s'agrandissant continuellement, jusqu'au jour où il obtint ses frontières actuelles par la force des armes. Cette marche a visiblement influé sur le développement de la population et sur les institutions de l'État dans les premiers siècles. Cette influence s'est surtout fait sentir sur l'agriculture et sur l'origine positive des communes. Les luttes longues et sanglantes contre les Sarrasins avaient laissé partout les traces les plus tristes. Beaucoup de villes étaient en ruine, les villages incendiés, de nombreux travailleurs et cultivateurs avaient péri par le fer de l'ennemi ou par la famine, les champs étaient dévastés ou déserts; car le but commun des deux partis était de se nuire mutuellement en ravageant les moissons. Il résulta de là qu'en beaucoup de provinces, après la conquête, la terre et les hommes furent rejetés à l'état primitif, et que ceux-ci se virent contraints de cultiver la terre sur nouveaux frais. Nous devons nous croire presque reportés aux premiers temps de la création, quand, dans les documents particuliers aux premiers siècles, nous entendons parler de la terre *vierge* (1), et nous ne regardons plus comme imaginaire ce que les savants nous racontent de l'*état de nature*, quand nous lisons sur le droit du *feu mort* (fogo morto) qu'il est défendu à chacun de troubler dans sa possession et dans sa jouissance le cultivateur qui a travaillé la terre en friche et qui a déjà brûlé la bruyère (1). La terre ainsi rendue à la culture n'était, en général, pas meilleure que celle qui n'avait jamais été travaillée par la main des hommes, et le paysan, privé de tout secours, réduit à lui-même, ne pouvait retirer que de bien minces avantages des expériences agricoles qui lui restaient des temps antérieurs; car, dans sa triste situation, il n'avait pas les moyens d'en faire usage. Il ne pouvait penser qu'à obtenir de quoi subvenir à ses besoins et à ceux de sa famille, et il fut longtemps contraint de se mouvoir dans ce cercle étroit. C'est ainsi que la culture, si florissante peu de temps auparavant dans ces

---

(1) Les documents, en parlant de la culture de la terre vierge, se servent de l'expression *deviginare* (dépuceler)......: « mais chantedes, e *eyviguedes*, e façades hi quanto bem puderdes. — E se arromperdes em monte virgem dés ende a quarta parte do pam e do vinho. » Doc. de Arnoia. Dans un autre document il est dit: « Frater meus qui in illa habitat, de plantatura, quam sibi plantaverit, de terra etiam, quam deviginaverit, quintam partem redat ipsis Canonicis. » Doc. de Grijo, in *Elucid.*, tom. I, p. 374, et supplemento, p. 40.

(1) *Elucidario*, verbo *Fogo morto*.

contrées sous la domination des Arabes, retomba de nouveau dans l'enfance, et que la population, à l'exception de quelques villes et villages, se trouva divisée et dispersée sur divers points.

Cette dispersion de la population ne permettait pas à l'agriculture de faire de grands progrès, et son peu de succès réagissait lui-même d'une manière nuisible sur l'accroissement de la population et sur l'établissement d'un ordre social régulier. Dans quelques provinces, les seuls indices de la présence et de l'activité humaines se bornaient à quelques terres cultivées qui, à la vérité, formaient un tout par elles-mêmes, mais étaient rarement en relation avec d'autres. Elles étaient en général dispersées dans un cercle plus ou moins étendu, et jointes à une maison d'abord destinée à emmagasiner les récoltes, au logement des bestiaux, indépendamment d'une misérable habitation pour le cultivateur et pour sa famille. Tantôt les actes de cette époque nomment un tel domaine *herdade* (par suite aussi *herdamento*), tantôt *casal, coirella, quinta, predio rustico, villa, granja, cellerio, propriedade, aldea, alquaria;* et l'on retrouve ici cette circonstance, déjà souvent observée, qu'un objet qui est d'une grande importance et d'un fréquent usage chez un peuple, se trouve désigné par une multitude d'expressions analogues.

Aldea ou *aldeola*, aujourd'hui petit village, ne désignait dans les premiers siècles qu'une maison isolée avec quelques terres, et même encore une telle maison s'appelle *aldea* (1). La même habitation s'appela *villa* jusqu'à la fin du XIIe siècle. Ce n'est que depuis le règne d'Affonso III qu'on commença à donner ce nom à un endroit plus considérable, ayant un officier municipal et un juge qui décidait en première instance. *Herdade*, qui signifie maintenant un grand domaine, servait à désigner, depuis le IXe jusqu'au XVe siècle, un grenier à blé ou une maison de campagne avec quelques terres, qui ne consistait pas toujours en un tout réuni, mais était souvent composé de morceaux de terrain dispersés. On ne saurait donc s'étonner si un tel bien change de nom à différentes époques, sans changer de nature ni même d'étendue. On appelait les *herdade* tantôt *granja* tantôt *cellarium* (1).

Quoique toutes ces dénominations fussent employées dans l'ancien temps comme exprimant la même chose, chacune avait une origine distincte et son caractère particulier. Ainsi l'on n'appelait d'abord *herdade* que les propriétés qui avaient été acquises par héritage de père en fils ou bien par legs. La dénomination de *granja* devint commune, surtout depuis que les moines de l'ordre de Cîteaux étaient venus en Portugal, et qu'ils cultivaient eux-mêmes ces terres ou les faisaient cultiver par leurs domestiques, quoiqu'elle ne fût pas inconnue déjà auparavant en Portugal.

Après ces maisons de cultivateurs, les premiers rois portugais divisèrent les terres en plus grands rayons, et on se servit alors du mot *coirella* ou *quairella* pour désigner une métairie qui embrassait assez de terrain pour entretenir un cultivateur avec sa famille et les domestiques indispensables. C'est ainsi qu'Affonso Ier, lorsqu'il afferma les granges et les terres de Panoyas, les divisa en huit *coirellas*, dont chacune devait fournir comme intérêt trois *quarteiros* de grains de diverses espèces. Le roi Sancho Ier partagea, par un *foral* de l'an 1188, tout le territoire de Folgosa en dix *quairellas*. Pour partager les contrées désertes et sans culture en *coirellas* ou *casaes* entre les cultivateurs qui devaient les défricher, on nommait des hommes sûrs et d'une bonne réputation, les *coireleiros* ou *quaireleros*, qui étaient choisis parmi les hommes les plus estimables de

---

(1) *Elucidario*, verbo *Aldea*.

(1) Voyez les pièces justificatives dans *Elucidario*, l. c.

la commune (1). Il faut les distinguer du *pobrador d'el rei*, fonctionnaire du roi, chargé de veiller à l'entretien et aux réparations des places fortes, comme à tout ce qui concernait la population, surtout dans la province de Traz dos Montes, qui dès les premiers temps du royaume avait été mal cultivée et mal peuplée. Quoique ses attributions s'étendissent aussi sur les terres, il paraît que le soin des villages entourés de murailles et leur population formaient ses principales fonctions. Aussi ne paraît-il dans toute son activité et toute son importance que sous les rois qui précédèrent immédiatement Affonso IV, quoiqu'il en eût déjà été fait mention sous Sancho Ier.

C'est à cette époque, et particulièrement sous Affonso III, que les bourgades se multiplièrent et s'agrandirent à vue d'œil. On éprouvait de plus en plus le besoin de bras étrangers pour aider à cultiver les champs et à défendre la propriété. Une petite rivière, qui rafraîchissait la contrée, abreuvait les troupeaux et satisfaisait commodément aux besoins de la vie journalière, attirait plusieurs cultivateurs; leurs habitations se rangeaient peu à peu le long de ses rives, et cette agglomération produisait bientôt une existence sociale, une vie de communauté. C'est ainsi que, pour ne citer qu'un exemple, dix maisons formèrent, sur la rive droite du Duero, la commune de Barqueiros, à laquelle Sancho II donna un *foral* dans l'année 1223. Ce n'était pas seulement la carte du pays, qui dans les actes de ce temps indique si souvent les ruisseaux et rivières comme limites des territoires, qui possédait ce pouvoir d'attraction. La nature avait doué le terrain çà et là d'une plus grande fertilité; le travail de l'homme y était récompensé par des moissons plus abondantes, et c'était sans éprouver de jalousie que le cultivateur voyait l'étranger se fixer près de lui. Leur généreuse nourrice, la terre, pouvait en entretenir encore beaucoup d'autres; ils vinrent, et le sol fut d'autant plus productif qu'on l'y forçait par le travail. Les habitations s'élevèrent à des distances plus rapprochées, formèrent des hameaux qui ne tardèrent pas à devenir villages. Ici, comme ailleurs, c'étaient des ruisseaux et des rivières, un meilleur terrain et une position favorable, qui invitaient à s'y fixer, qui encourageaient la population et réunissaient les habitants de la campagne en grandes ou en petites communes.

Le débit facile et lucratif du superflu, produit du labeur, de l'ordre et du soin, qu'on trouvait dans les murs d'un bourg, d'une ville ou d'un couvent, engageait à s'établir dans sa proximité, et l'on y trouvait également, en cas de persécution ou de guerre, protection et asile.

C'est de cette façon que naquirent sans nul doute les *burgos* en Portugal. Différent des autres pays, de l'Allemagne par exemple, on entend par le terme de *burgo*, tel qu'on l'employait dans les annales portugaises de ces temps-là, un faubourg ou petit endroit à côté d'une ville, d'un bourg ou d'un couvent dont le *burgo* dépendait, quoiqu'il possédât quelquefois des lois particulières, d'après lesquelles il était gouverné. Guimarâes peut servir d'exemple. Les habitants de la ville de Guimarâes, qui venait d'être entourée de murailles, se distinguaient des habitants du burgo, auxquels le comte Henri donna un *foral*, en ce que ceux-ci demeuraient dans le faubourg, qui, quoique réuni à la ville, se trouvait *extra-muros*. L'habitant du burgo s'appelait *burgel, burgez*. Lorsque les moines de Cîteaux s'étendirent de France en Portugal, ils nommèrent les bourgades qui se formèrent sous leur protection, à côté de leurs couvents, *burgos*: Arouca, Lorvão, Salzedas et Tarouca sont de ce nombre. Le pape Célestin III, lorsqu'il confirma les bulles de ses prédécesseurs en faveur de ce couvent, en 1193, décréta: « Qu'à la distance d'une lieue de ce couvent, on ne pourrait bâtir ni maison ni manoir dont le voisinage pourrait troubler le repos et

---

(1) Santa-Rosa di Viterbo, d'après des Annales à Garda. *Elucid.*, tom. I, p. 290.

la tranquillité des moines (1). » On ne pouvait savoir mauvais gré aux couvents de chercher à tenir éloignés d'eux et de leurs enfants d'adoption les nobles puissants qui auraient pu les opprimer.

Après avoir erré péniblement à travers des contrées étendues, qui ne nous offrent comme points de repos que quelques champs isolés et quelques misérables maisons, prémices d'une culture renaissante, qui avaient été d'abord destinées à servir de granges et d'étables, et qui n'offraient à l'homme qu'un asile précaire analogue en tous points à sa misérable existence; après avoir ainsi erré, dis-je, nous voilà devant les murs de bourgs et de villes fermées et fortifiées, et nous espérons y jouir du calme qu'il nous faudra pour répondre aux questions diverses qui nous y attendent.

Leur extérieur indique une origine et des destinations diverses, et fait supposer d'avance une variété dans leurs relations intérieures et dans la position de leurs habitants. Les vieux murs dégradés de quelques villes (Beja, Evora, Lisbonne, Braga, etc.) et leur construction témoignent que des mains romaines ont passé par là, et que les dévastations des peuples qui les suivirent ont été réparées dans des temps plus modernes. Mais, comme les fondateurs étaient Romains, et que par la suite les Suèves, les Wisigoths, les Sarrasins et les Portugais y apportèrent de leur côté des pierres, afin de réparer ce qu'ils avaient sans doute détruit eux-mêmes, toutes ces nations ont laissé dans ces villes des vestiges de leur présence, des institutions, des usages et même des rejetons de leur postérité. La flèche élancée de la cathédrale de tel autre endroit entouré de murs ou de cloîtres, qui s'élève orgueilleusement au-dessus des modestes maisons bourgeoises, fait supposer que les besoins du peuple et les ressources des fondations pieuses ont attiré des habitations temporelles autour des églises et des couvents de ces fondations, et que la commune s'est ressentie de cette influence pour son organisation.

Les travaux de fortification de tel autre endroit à la frontière du royaume, ou l'architecture audacieuse d'un château sur une montagne avec ses remparts et ses tourelles prouve que c'est le besoin de la défense contre un ennemi extérieur qui les a fait fonder, et le danger qui les a fait s'étendre et se peupler (1). De grands avantages pourront seuls récompenser des obligations aussi pénibles, et de grands priviléges et de grandes franchises pourront seuls attacher à ces avant-postes, toujours menacés, l'habitant qui se verra souvent forcé d'échanger la charrue pour le glaive.

Quelque diverses qu'eussent été du reste l'origine et la destination de ces bourgs et villes entourées de murs, et quelque variés qu'eussent aussi été les relations, les droits et les obligations de leur population, comme nous le voyons en effet par la suite, ce qu'il y a de certain c'est qu'elles éprouvaient toutes le besoin d'une organisation bourgeoise bien réglée dans le sein de leur commune. Chaque commune devait tenir à ce qu'un document solennellement publié lui assurât la protection de son seigneur légal ou du roi, que les rapports de la commune envers lui, ses impôts et ses obligations fussent fixés, que la position réciproque des diverses classes de bourgeois fût réglée, mais avant toute chose à ce que, dans ces temps de luttes sauvages et de passions sans frein, les outrages faits à la propriété et à la vie des citoyens fussent punis et restreints, et enfin à voir les priviléges et franchises que telle ou telle commune s'était acquis dans des circonstances particulières conservés par des diplômes.

---

(1) *Elucidario*, tom. I, p. 216.

(1) Soure, Thomar, Cea et autres.

§ II. — *Franchises locales appelées* foraes.

Qui les accordait. — Les lois des Wisigoths tombent de plus en plus en désuétude. — Quel en est le motif. — Formation et composition de ce code. — Son but et sa tendance. — Différences des *foraes* à cet égard.

Ce besoin qu'on vient de décrire, et qui se faisait sentir généralement dans les communes, fut satisfait par la suite des temps. Depuis le commencement du XIIe siècle jusqu'au commencement du XIVe, depuis les dernières années du comte Henri jusqu'à la fin du règne de Diniz, surtout sous Affonso III, la plupart des communes de Portugal obtinrent des priviléges ou *foraes*, de sorte que ceux-ci forment une particularité saillante de cette époque, et que le système communal s'y développe et y devient florissant. Ce n'étaient pas seulement les rois et les princes soit légitimes soit illégitimes qui donnaient des *foraes* aux bourgades ; les grands du royaume, les grands maîtres des ordres et les prélats en distribuaient aussi un grand nombre aux communes qui leur étaient soumises (1). Le roi confirmait communément les priviléges de ces derniers. Quelquefois le roi donnait un *foral* en commun avec un seigneur de village (2). Si un foral paraissait convenable au roi, ou si on le demandait de plusieurs parts, plusieurs endroits, quelquefois même la plupart des endroits de toute une province qui se trouvaient dans des circonstances semblables, obtenaient un seul et même foral. C'est ainsi que le roi Affonso renouvela le *forum* que Ferdinand le Grand avait déjà donné aux communes de Pesqueira, Penella, Paredes, Souto, Linhares, Anciaens, et qui avait pour but la culture et la population de toute l'Estramadure (1). Le *fuero* d'Avila, en Castille, après avoir été introduit et naturalisé à Evora, de cette ville passa dans la plupart des grandes bourgades de l'Alentejo, tandis que le *fuero* de Salamanque, qui en différait essentiellement, s'introduisait dans un grand nombre d'endroits et de territoires des provinces septentrionales du Portugal (2).

La prédilection prononcée qu'on avait pour ces priviléges, et la rapidité avec laquelle ils se répandirent dans tout le royaume, prouvent clairement qu'ils étaient un besoin de l'époque, et que les lois et les règlements devenus superflus tombaient tout naturellement en désuétude. Lorsque le Portugal se détacha de la Castille, il partagea encore longtemps les lois de ce royaume. Le code des Wisigoths fut longtemps en vigueur en Portugal comme en Castille, et on le cite souvent dans des diplômes de donations, des testaments, des traités et des jugements juridiques des premiers temps de

---

(1) Une foule de foraes, accordés par de grands dignitaires spirituels et temporels à des bourgades isolées, depuis 1102 jusqu'en 1347, sont mentionnés dans l'ordre chronologique dans les *Memor. da Acad. real*, p. VII, p. 351.

(2) Dans le foral qu'Affonso Ier accorda en 1183 aux habitants de Caldas d'Aregos, où Nuño Sanchez était seigneur, on dit : « Ego rex Alfonsus..... placuit mihi..... una cum Nuno Sanchez, qui tenet de me Aregos, ut faceremus cartam. »

(1) «.....Regis Ferdinandi, et Alfonsi filii ejus, quos scimus..... Extrematuras amplificare, et cum bono foro fiducialiter populare. » Voyez le foral dans *Memoria para a Historia das confirmações regias*..... colleggidas pelos discipulos da Aula de Diplomatica no anno de 1816, para 1816, documento n° 35, p. 101.

(2) Joze Anastasio de Figueiro, in *Nova Historia da militar ordem de Malta em Portugal*, parte I, p. 444.

l'existence du royaume (1). Mais ces citations deviennent peu à peu plus rares, jusqu'à ce qu'elles disparaissent entièrement. Les frais qu'occasionnait dans ce temps-là aux communes une copie de ce code considérable, la difficulté de trouver des juges et des fonctionnaires auxquels cette législation si complète, et son langage dont la connaissance se perdait de plus en plus, fussent assez familiers, tout cela n'était que des circonstances extérieures, mais qui pouvaient agir défavorablement sur l'usage de cette collection. Le code en lui-même, son esprit destiné à régler et ordonner une grande monarchie, convenaient peu à ces petites communes, qui formaient autant de réunions bourgeoises indépendantes. Ce code était né sous des circonstances toutes différentes ; il avait été composé et publié dans un tout autre but. Le législateur des communes naissantes se faisait au contraire un devoir de consulter les divers principes de leur origine, ainsi que leur position actuelle, leurs besoins divers et leurs ressources, et de prêter de bonne grâce sa plume à ce qu'exigeaient les anciens usages et les nouveaux besoins de l'époque. Aussi le *fuero juzgo* et les *foraes* étaient-ils formés d'éléments bien divers entre eux.

L'influence puissante du haut clergé n'est point à méconnaître dans les lois des Visigoths. Les mêmes assemblées ecclésiastiques qui mirent le roi sur le trône donnèrent aussi des lois au royaume ; ce ne furent à la vérité d'abord que des lois spirituelles, mais qui, vu le pouvoir suprême du clergé espagnol, embrassèrent de bien des manières l'état, l'existence bourgeoise et même la vie privée ; souvent aussi elles étaient purement politiques, concernaient également les intérêts du trône, du château et de la chaumière. Les seigneurs laïques n'avaient qu'une petite part à toutes ces lois, et l'assentiment du peuple n'avait peut-être pas plus de valeur que le *fiat !* répété trois fois, par lequel le peuple francfortois confirmait, encore dans les derniers temps des empereurs d'Allemagne, le choix du chef suprême de l'État. Le code des Wisigoths est composé en partie de ces décrets des conciles. Et leurs autres lois ne sortirent-elles pas aussi en grande partie de la plume des ecclésiastiques ? Les rois n'eurent pendant des siècles que des ecclésiastiques pour confesseurs, conseillers, secrétaires intimes et secrétaires d'État. Il se passa partout beaucoup de temps, avant que les chevaliers se décidassent à échanger le glaive qu'ils maniaient d'une façon si habile et si brillante, pour une plume souvent ingrate, et à disputer aux prélats, qui possédaient seuls, selon leurs idées et celles du siècle, le privilége de savoir écrire, des fonctions rigoureusement défendues. C'est donc sous les rois visigoths que le clergé espagnol jouit d'un âge d'or si complet, qu'il semble qu'il ne pouvait souhaiter rien au delà.

Mais ces temps furent suivis de temps malheureux. Des mosquées s'élevèrent à côté des cathédrales, ou bien celles-ci se transformèrent en mosquées, les demeures magnifiques des prélats tombèrent en ruine, les pasteurs s'enfuirent, et les richesses qu'ils avaient amassées devinrent la proie des vain-

---

(1) Dans un écrit de vente du 13 février 1099, il est dit : « Magnum est enim titulum donationis, et venditionis, et contramutationis actu largitatisque nemo potest e neq. foris lex proicere, sed tenendum, et habendum sicut fuit ordinatum..... In lex codice in libro v et titulo VII, etc., etc. » Dans un traité d'échange de l'année 1115 : « Sicut dicit in lex Gotorum, ut valent contramutatio sicut et hemptio, etc. » Déjà dans l'année 1162 les mots suivants se trouvent dans le foral de Ceras : « Lex canit Gotorum, ut rem donatam, si presentibus tradita fuerit, nullo modo repetatur a donatore, sed per testes, et per scripturam convincit. » Cet exemple peut en même temps servir, s'il en est besoin, de pièces justificatives, et prouver que les foraes admettaient aussi des applications légales du code des Visigoths. Une foule de citations de ce code se trouvent dans *Elucidario*, t. II, p. 67, dans les *Mem. da Acad. real das Sciencias de Lisboa*, t. VII, p. 357, et dans la *Nova Hist. da militar ordem de Malta en Portug.*, parte I, p. 16.

queurs. Les abbayes, évêchés et archevêchés n'existaient plus que dans le souvenir des hommes (1). Dès qu'il se fut formé de nouveau peu à peu une cour chrétienne, qui se regardait comme destinée à régner sur des contrées encore à conquérir, on créa une foule d'évêques *in partibus infidelium*. Oviedo fut surnommé *la Ville des évêques*. Le nom de leur ancienne puissance était resté ; mais la puissance elle-même avait disparu depuis qu'on en avait coupé le nerf, la propriété foncière. Le clergé espagnol se vit obligé, lorsqu'on eut repris aux infidèles les pays et les villes, de recommencer son organisation sur de nouveaux frais ; il dut se laisser doter. Heureusement pour lui il trouva ouverts les cœurs et les mains des rois et des seigneurs, et il remplaça en partie ce qu'il avait perdu avec ce que les pauvres conquérants pouvaient seuls lui donner.

Mais à quoi servaient au clergé ces espaces de terrains dévastés par le pas pesant de la guerre, et que le Sarrasin n'avait abandonnés qu'après une lutte à vie et à mort ? Les plus grandes communes étaient appauvries, et, dans la plaine on apercevait à peine çà et là dans un espace désert une misérable hutte habitée par un cultivateur, dont le petit champ ne le nourrissait que médiocrement lui et sa famille, et qui ne fournissait pas de quoi nourrir un tiers. Des bras nombreux et actifs eussent été nécessaires pour cultiver de nouveau le sol devenu inculte, pour en retirer les trésors de l'abondance ; qui seuls pouvaient inspirer aux prélats mécontents du présent, et ne pouvant oublier les douleurs du passé, l'espoir d'un meilleur avenir. Il n'était pas besoin d'autant de politique que le clergé en avait montré de tout temps, pour sentir qu'il fallait renoncer à tous les autres plans et prétentions, et ne fixer son attention que sur l'objet le plus urgent. Il fallait réunir les cultivateurs dispersés en communautés, afin que, par des secours mutuels et une sage répartition de travail, leur activité produisît de meilleurs résultats. Il fallait améliorer leur sort, leur accorder une série de priviléges et de franchises, qui leur fissent désirer la vie sociale et comprendre ses avantages ; il fallait leur donner une protection qui assurât leur gain et leur libre jouissance des produits de leurs peines, et les encourageât à une nouvelle activité. Telle était la position des choses, lorsque les premières lois communales furent promulguées, et l'on peut comprendre que le haut clergé ne devait exercer qu'une influence insignifiante sur ces *foraes*, et que la nécessité et la prudence même ne permettaient aux prélats qu'une intervention bienfaisante.

Le motif et le but de ces *foraes*, les époques et les fondateurs de cette institution, formèrent entre les priviléges et les lois des Wisigoths des différences marquées, et donnèrent à ceux-là des caractères particuliers. Unité de l'Église, tel était le principe d'où ressortait la législation des conciles et vers lequel tout la ramenait. Une idée plus ou moins claire était le but et la règle de conduite du clergé dans la composition des lois de l'Église, auxquelles les hommes et les choses devaient être soumises. Les événements réels de la vie ne fournissaient ordinairement que le prétexte pour délibérer ; les motifs et le but des lois se trouvaient dans une tout autre région. Malgré la variété d'idées et de vœux individuels, qui auraient pu diviser les ecclésiastiques entre eux, ils se

---

(1) « Nunc igitur, » est-il dit dans le concile d'Oviedo en 811, » quicumque in præfatis sedibus (c'est-à-dire Braga, Dume, Tuy, Iria, Coïmbre, Viseu, Lamego, etc., etc.) inventi fuerint episcopi, ad comitium vocentur, eisque, sicuti et nobis, in Asturiis, mansiones singulæ dentur, quibus quisque sua necessaria teneat, ne, dum ad concilium tempore statuto venerit, victus supplementum ei deficiat. Asturiarum enim patria tanto temporum spatio est distenta, ut non solum viginti episcopis in ea singulæ mansiones possint attribui, verum etiam... triginta præsulibus ad vitæ subsidia valeant impendi singula loca... Infra quorum montium (Asturiarum) ambitum... possint viginti episcopi mansiones singulas obtinere, suisque sedibus extra honeste providere. »

réunissaient cependant dans de certains points vis-à-vis du monde et des laïques; une certaine unité régnait aussi dans la partie de la législation des Visigoths qui n'avait pas pris son origine dans les assemblées ecclésiastiques, et qui ne touchait que faiblement ou point du tout à la hiérarchie. Ainsi que l'Église, la monarchie tendait aussi vers l'unité. Quelque indépendant que le roi fût du clergé et quelque opposés que fussent en partie les efforts de celui-ci au principe monarchique, le roi passait pourtant pour le point central des pouvoirs et de la législation, et le principe ecclésiastique se liait souvent au principe monarchique vis-à-vis du peuple et des grands du monde. La législation de la monarchie et celle de l'Église d'Occident, qu'elles se montrassent isolées ou réunies, prenaient toujours leur origine dans une théorie à laquelle elles cherchaient à soumettre les exigences et relations de la vie civile. On songeait peu à l'individualité et à la pratique. Quand même la force des choses inspirait au législateur une manière de voir plus juste, la loi qui en était le résultat perdait par l'influence de ce système sa simplicité et sa valeur.

Il n'en était pas ainsi des lois communales. La législation avait trouvé les matériaux tout prêts, elle ne les créa pas, elle n'eut qu'à les régler et à exprimer les exigences qu'elles contenaient. Les éléments ecclésiastiques étaient d'ailleurs étrangers aux *foraes*. Ils n'avaient été faits que pour des laïques, et ne provenaient pour ainsi dire que de laïques. Dans le cas assez rare où un évêque accordait un privilége à une commune qui lui était soumise, il était tout simplement son seigneur justicier, ni plus ni moins que les seigneurs temporels d'autres endroits (1). Le but et la destination des *foraes* étaient trop patents pour qu'un seigneur temporel ou spirituel eût pu introduire clandestinement ses plans dans les *foraes*, et qu'il eût voulu confier à l'avenir ces résultats de son égoïsme, même quand nous voudrions admettre une profondeur de prévoyance tout à fait étrangère au siècle. On n'avait d'ailleurs pas besoin de la science et de la plume exercée des ecclésiastiques pour confectionner ces lois. Tel usage était devenu si sacré par sa fréquente répétition, il avait été si clairement exprimé, et était si présent à l'esprit du juge et de la partie, qu'on ne l'eût pas imprimé plus fortement dans la mémoire des contemporains en l'écrivant, que les droits d'habitude non écrits, auxquels les anciens et nouveaux *foraes* se rapportent, et dont l'insertion était aussi superflue pour les contemporains, qu'elle eût été désirable pour nous. Plus d'une disposition des priviléges pouvait être écrite dans les mêmes termes dans lesquels elle avait passé longtemps auparavant de bouche en bouche. L'écrivain le plus simple était ici le meilleur, et toute personne qui a étudié pendant quelque temps le langage des *foraes* sait très-bien qu'ils n'étaient pas rédigés dans un style très-recherché.

Ces lois et d'autres plus anciennes, restées jusqu'alors traditionnelles, et qui demanderaient à être plus scrupuleusement définies si on les écrivait, avaient été jadis le produit de besoins et de circonstances locales et temporaires. Elles s'étaient transformées par l'influence de l'habitude, d'usages réitérés en précédents faisant foi, d'exigences et de prétentions passagères et accidentelles en droits permanents, d'actes volontaires et gratuits en obligations forcées. Les dispositions des *foraes* empruntées au code des Wisigoths, et qui survécurent à la domination de ce peuple, avaient par la suite des temps passé si complètement dans la langue nationale, et s'étaient tellement fondues dans la vie civile, qu'elles semblaient en être nées plutôt que lui avoir été imposées. Quant aux autres lois qui n'avaient pas pris leur origine dans un passé éloigné, elles nais-

---

(1) Le privilége que donnèrent en 1229 au bourg d'Alcoçoras, qui appartenait au premier, l'évêque et le chapitre d'Evora, n'était autre que le foral si connu d'Evora. *Monarch. Lus.*, t. v, app., escrit. 7.

saient vraiment de la vie et de l'expérience journalières, et étaient le résultat de la vie sociale et des habitudes populaires telles que les formait l'époque et la localité. Les priviléges eux-mêmes, que nous devons considérer comme des émanations de la faveur royale ou seigneuriale, prenaient leur source dans les circonstances existantes, et étaient des sacrifices imposés au seigneur justicier par les besoins et les exigences de l'époque.

Les lois des *foraes* sont donc l'empreinte fidèle des idées, des mœurs et des usages de la nation qui les a produites, les enfants de l'époque, qui la peignent fidèlement dans un langage souvent presque inintelligible pour nous, mais toujours naïf et véridique. Elles seules peuvent nous faire apprécier le degré de civilisation des Portugais dans ces siècles, et par nul autre côté il ne nous est donné de pénétrer si avant dans le sanctuaire de l'ordre social et de la vie du citoyen. Ces priviléges nous montrent *la position des communes en général*, ainsi que les rapports réciproques entre les *diverses classes de citoyens*, *leurs droits* et *leurs devoirs*. Ils nous font connaître les troupes de *convocation*, les *bureaux de péage*, les *chambres de justice*; et, dans les *crimes* les plus fréquents et les *châtiments* les plus usités, ils nous offrent un miroir fidèle des habitudes du peuple portugais à cette époque.

§ III. — *Organisation extérieure des communes.*

Leur position vis-à-vis du roi ou des seigneurs. — Classes de citoyens des bourgs et d'hommes des communes. — Peões. — Cavalleiros. — Fidalgos et villaos. — Leurs droits. — Infançoens. — Visinhos.

D'après les idées du temps, le pays appartenait en propriété au roi; il l'avait conquis. Il pouvait donc aussi en disposer, et nous voyons qu'en effet il donnait aux communes des territoires entiers à perpétuité (1). Les forêts, sources et rivières dans le finage, appartenaient habituellement à la commune (2). Les *foraes* donnés par les prélats ou les grands maîtres des ordres à leurs bourgades, et d'autres diplômes par lesquels le roi se réservait expressément ses droits royaux, nous apprennent que le roi ne renonçait pas pour cela à ses droits de souveraineté sur ces communes et sur leurs propriétés (1). Ces droits, en quelque sorte inséparables de la couronne, étaient ordinairement passés sous silence dans les donations royales et dans les ventes de terres et de bourgs; ou si l'on en faisait mention, ce n'était que d'une manière assez vague (2).

---

(1) « Damus civitati Bragantiæ et populatoribus ejus totam Bragantiam et Lampazas, cum suis terminis, ad possidendum in perpetuum. » Foral de Bragance, dans la *Memoria para a histo. das confirmaçoes regias*, p. 106.

(2) « Montes, fontes et flumina sint concilii. » Foral de Penamocor.

(1) « .....Ut populetis illam (civitatem Egitaniensem) cum populo et clero; salvo mihi et successoribus meis jure regali, » dit le roi Sancho II à Vicenzio, élu évêque de Lisbonne, en le chargeant de peupler Idanha.

(2) Dans la donation que Sancho II fit aux templiers en 1244 avec les droits royaux sur Salvaterra et Johanna, il dit expressément : « Quod recipiant monetam meam : et quod dent inde mihi collectas : et quod eant in exercitum meum et in meam anuduvam ; et alia jura, secundum quod habeo, et illa habere debeo in aliis castellis et villis, quæ prædictus ordo Templi in regno meo habet. »

Dans un diplôme d'Affonso III, de l'année 1259, sont cependant spécifiés les droits suivants : *annadua*, *collecta*, *moeda*, *hoste*, *apellido*, *fossado*, *justiça*, *serviço*, *adjuda* (1).

Dans chaque commune il y avait un fonctionnaire royal chargé de défendre les droits royaux, de préparer les convois de guerre, de faire les appels à la défense de l'endroit, de prélever les impôts et amendes pour la couronne. Il résidait dans un édifice royal élevé exprès dans la commune, et dont on parle dans presque tous les *foraes*. Cet édifice, appelé aujourd'hui *casa da camara*, se nommait alors le *palacio*, et se distinguait par les insignes royaux qu'on y voyait briller. C'est dans ce *palacio*, que les rentes et les contributions dues à la couronne étaient déposées, et c'est de là que partaient les décrets et les faveurs royales. Dans les endroits épiscopaux ou seigneuriaux, à côté du *palacio* royal, se trouvait aussi le *palacio* épiscopal ou seigneurial, destiné aux employés des évêques ou des seigneurs justiciers. Le *palacio* n'était pas soumis aux lois des *foraes* (2). En face de cet édifice se trouvait la maison de la commune, *concilium*, point central de l'administration communale et siége de la juridiction. L'endroit où se tenaient, au moins vers la fin du moyen âge, les assemblées des communes, s'appelait *foral* (3). Le roi nommait les fonctionnaires du *palacio*, la commune nommait ceux du *concilium*, même le juge, et les tirait de son sein.

(1) *Monarch. Lusit.*, liv. xv, cap. 24. Ces expressions seront expliquées plus bas. Relativement au droit de justice (*justiça*), des changements s'étaient déjà introduits sous le règne d'Affonso II, qui permirent à ce prince de comprendre la *justiça* dans le cercle des droits royaux.
(2) « Venarii, et bararii domus de Penamocor habeant unum forum, exceptis domibus regis et episcopi. » Foral de Penamocor.
(3) «No Carvalho de sese pedras, foral ond. se fazem as Audiendas do Ingaldo de Penafiell.» Doc. de Rostello de 1431, 1451 et 1481.

Le noyau de la commune était formé par les laboureurs, les artisans et les commerçants. On les nommait tous *tributarii*, parce qu'ils étaient les contribuables de la commune ; on les appelait aussi ordinairement *pedites* (*peoes*) par suite des fonctions guerrières qu'ils ne pouvaient remplir qu'à pied, vu leur manque de ressources pécuniaires. Tout homme qui possédait une *aldea*, un attelage de bœufs, quarante moutons, un âne et deux lits, devait se procurer et entretenir un cheval (1). Le *tributarius*, aussitôt qu'il pouvait monter un cheval à lui pour le service de la guerre, s'élevait par là dans la société civile, à un grade beaucoup plus élevé ; car il paraît qu'il suffisait d'être monté pour devenir *miles*. Dès lors le citoyen contractait de nouveaux devoirs, accompagnés, il est vrai, de nombreux priviléges. (2). Ce partage des citoyens en *pedites* et *milites*, d'où ressortait même leur état civil, prouvait combien était grande la sollicitude pour le service de guerre et de défense. On considérait le bourgeois plutôt comme guerrier que comme bourgeois, et il n'avait de valeur dans la commune qu'autant qu'il rendait des services sur le champ de bataille.

Les *cavalleiros*, comme on nommait les *milites* en langue populaire, se subdivisaient encore en *cavalleiros* ou *escudeiros fidalgos*, qu'on appelait ordinairement *milites* tout court, et en *cavalleiros* ou *escudeiros villaos* (*caballarii* ou *milites vilani*, roturiers). Les premiers avaient droit comme *fidalgos* de Linhagen, d'après les anciennes lois, à cinq cents solidi en deniers de défense, et jouissaient de la faculté de changer leurs *solares* (terres) en *honras* (biens francs) (3).

(1) Foraes de Penamocor, Montemor, Gravão.
(2) « Et tributarius si potuerit esse habeat morem militum. » Foraes de Coïmbre et Thomar. Dans la traduction de ce dernier, il est dit : « E se opeom poder seer cavaleiro, aia fero de cavaleiro. »
(3) On donnera les détails là-dessus plus bas.

Les derniers n'étaient que de simples agriculteurs sans noblesse ; on leur donnait moins d'argent pour subvenir aux frais de défense, et ils étaient privés du privilége des *fidalgos* concernant les *solares*. Cependant ils jouissaient encore d'assez grands priviléges. Le *cavalleiro peom* ou *villao* est affranchi de l'impôt de la *jugada* comme le *fidalgo*. S'il achète d'un *peom* (ou *tributarius*) un vignoble, celui-ci se trouve libéré de tout impôt ; il en est de même du bien de la femme qu'il prendra parmi les contribuables. Devant les tribunaux, il partage les droits des *fidalgos* ou *infançoens* d'un territoire étranger (1), et a sur le *peom* l'avantage de deux témoins assermentés en cas de prestation de serment (2). Nul *sayom* (valet de justice) ne pourra venir faire une sommation à la maison du *cavalleiro*. Si celui-ci a commis une action contraire aux lois, il comparaîtra devant le tribunal, et recevra son arrêt d'après la loi (3). Si le *cavalleiro* perd son cheval, et s'il n'a pas les moyens de s'en procurer un autre, le roi lui en donne un. Si son cheval tarde à être remplacé, le *cavalleiro* n'en reste pas moins honoré, et n'en conserve pas moins ses droits, jusqu'à ce qu'il ait gagné de quoi en acheter un. Il conserve le rang de *miles*, même lorsque son âge avancé ne lui permet plus de remplir ses fonctions guerrières. Sa veuve jouit des mêmes honneurs et des mêmes droits que du vivant de son époux. Elle ni sa fille ne pourront être forcées à contracter un mariage sans le consentement de leurs parents (1). Les *foraes* appellent communément l'ensemble des priviléges et franchises des *milites*, *morem militum*, quelquefois aussi *consuetudinem* (2).

Quoiqu'une distinction exacte entre les deux classes soit difficile à établir, puisque les *cavalleiros villaos* étaient compris dans les *milites* aussi bien que les *cavalleiros fidalgos*, il n'est cependant pas douteux que la séparation en chevaliers de naissance et en roturiers non montés n'eût lieu depuis longtemps à l'époque dont nous parlons, et qu'il n'en eût été fait mention particulière (3). Au temps d'Affonso III, on commence en Portugal à se servir de la dénomination de *fidalgo* ou *filho d'algo* pour distinguer les *cavalleiros* et *escudeiros* de Linhagem. Le roi décréta ainsi dans le *foral* qu'il donna aux habitants de Villa-Real, que l'alcaide Mor du château, serait toujours un *cavalleiro* « *filium de algo*, » auquel il revenait huit cents solidi d'argent de défense. Les *escudeiros* de naissance se rapportaient aux *cavalleiros* de naissance (4). Ils ne se distinguaient des autres que parce qu'ils n'avaient pas encore atteint le rang de la *cavalleiria*,

---

(1) C'était l'ordinaire. Dans le foral de Braganza le *peom* était mis, devant la justice, entièrement au niveau du cavalleiro : « Si pedon vestré ville percusserit cavallerium, aut cavallarius pedonem, equaliter pectent ad invicem, et equale judicium habeant pedones et cavallarii de vestra civitate. » Foral de Bragance.

(2) « ...Et in juramento maneant super illos cum duos juratores. »

(3) « E se algum cavaleiro fezer algua cousa desconvenhavel, venha ao concelho, e seia julgado direitamente. » Foral de Thomar.

(1) Foraes de Coïmbre, Thomar, Villa de Moz, Gravão.

(2) « Vos, qui estis cives milites, istam consuetudinem firmiter dono, » dit la reine Theresia dans le foral de Viseu de l'an 1223.

(3) Dans le foral que le roi Affonso Henriquez donna en 1135 au bourg de Leiria, il est dit : « Quod si fuerit miles, cujus domus fuerit discupta, detur inde medietas illi, et alia medietas regi. Si vero fuerit *peon*, duplet ille quod rapuerit, et det quingentos solidos regi. Si miles per naturam ibi perdiderit equum suum, et recuperare non potuerit, semper stet in foro *militis*. Alius vero *miles*, qui non fuerit per naturam, si perdiderit equum, stet in foro duos annos... *Peon* si habuerit equum, stet *miles* si vult. »

(4) D'après le foral que le roi Dinizio donna au bourg Celorico de Barto, l'alcaide Mor en sera toujours un fidalgo : « Quendam militem, vel quendam scutiferum filium de algo. »

et par conséquent il arriva souvent que le père était *cavalleiro* et le fils *escudeiro*.

La dignité de chevalier ne pouvait être conférée que par le roi, ou d'après son ordre par les *ricoshomens*. Lorsque ceux-ci voulurent, sous le règne du roi Dinizio, s'emparer de ce droit royal, et que les *cavalleiros* cherchèrent en foule, et au grand préjudice des cultivateurs et des artisans, à se soustraire aux obligations et contributions publiques, le roi s'y opposa et défendit, en 1305, aux *ricoshomens*, par une loi particulière, de conférer la dignité de chevalier. (1). Si le roi autorisait quelqu'un à cet acte, on suivait ici comme en Espagne (2) la règle qu'un chevalier seul pouvait faire un chevalier.

Les *infaçoens* se trouvaient sur un échelon plus élevé que les classes dont on vient de parler. Santa-Rosa de Viterbo a suffisamment prouvé que les neveux du roi, ou les frères du prince royal n'y étaient pas compris (3). Le seul passage dans les priviléges de Coïmbre et de Thomar, selon lequel « l'*infançom* ne pourra posséder de maison ni de vignoble dans ces endroits s'il n'y demeure avec les autres habitants, et s'il ne partage avec eux leurs charges et obligations (4), » pourrait servir de contradiction à cette assertion. Il est cependant difficile d'obtenir des renseignements très-précis à ce sujet; mais ce qu'il y a de certain, c'est que les *infaçoens* étaient en Portugal des *fidalgos* d'un rang plus élevé, et ayant des propriétés plus vastes, et qu'ils étaient au-dessus des *cavalleiros*, mais bien au-dessous des *ricoshomens*. Les registres de frais d'entretien que les églises et les couvents devaient leur payer désignent aux *infançoens* leur position. D'après ces registres, les classes de nobles se suivent en général dans cette gra-

dation : *ricohomem*, *infaçom*, *cavalleiro*, *escudeiro* (1).

On fait mention de toutes ces classes de nobles, à l'exception des *ricoshomens*, dans les *foraes* comme des membres de la commune. Plusieurs bourgades comptaient encore parmi leurs dépendants une espèce particulière de citoyens, qu'on appelait *visinhos* (voisins). Il leur était permis d'avoir des biens et des terres dans les territoires de certaines villes et de certains bourgs qu'on repeuplait. Les *visinhos*, en grande partie d'une haute noblesse, et appartenant d'assez près au roi, étaient les patrons de ces communes à la cour, y soignaient leurs affaires contentieuses, et appuyaient leurs suppliques (2). Mais la justice ne gagnait pas beaucoup à cet arrangement, et les avantages que les communes en tirèrent ne semblent pas avoir dépassé ceux que se firent les *visinhos* aux dépens de leurs clients. Le roi Pierre Ier, très-scrupuleux observateur des droits de chacun, ne permettait pas qu'une personne attachée aux communes, ou qu'un de leurs

---

(1) Dans un *inquiriçao* que le *merinho mor* du roi, Estevão Soares, établit concernant l'église Santa-Marinha de Villar de Nércos, en 1311, il est dit : « Achei que essa Eigreja era a mea sofragânha da Mosteiro de Moreira, e a outra mea touseya nerta maneira; que demende ao ricomen oito soldos, e ao infançons quatto soldo; e ao cavalleiro dizi soldos; e ao escudeiro hum soldo; e os filhos nom levarem mais que a terça meutras, que os padres forea vivos, e sisto ser huma vez no anno. » Cf. aussi *Cod. Affons.*, liv. I, tit. 44, § 23 et 26, où l'on attribue aux *condes* vingt *homes de bertas*, aux *ticashomes* douze, aux *infançoes* sept, aux *cavalleiros* et *escudeiros* seulement quatre.

(2) C'est ainsi que sous Affonso II plusieurs grands de sa cour furent admis dans les communes d'Evora, de Reja et autres, comme Visinhos, et jouirent de tous les priviléges accordés à ces communes. Dans l'année 1211, la commune Meijone Frio vendit à Affonso Perez un bien, et le nomma en même temps son *visinho*, afin qu'il pût le soutenir et le défendre contre tous ceux qui oseraient le troubler. *Docum. de Taronca*, dans *Elucid.*, t. II, p. 405.

---

(1) *Memor. da Acad. real*, t. VI, p. 172, d'après le *Liv. Antig. das Leis*, fol. 66.
(2) Partida II, tit. 21, ley 11.
(3) *Elucidario*, t. II, p. 57. Cf. aussi Ribeiro, dans les *Observações de diplom. Portug.*, p. 86.
(4) « Et servire sicuti vos. »

voisins séjournât à sa cour (1), de peur que leur influence ou leur crédit n'ébranlât l'impartialité des juges. De puissants *visinhos* pouvaient abuser à leur profit de l'influence qu'ils exerçaient à la cour, sous le prétexte du bien de leurs communes, et nous voyons, par la fermeté avec laquelle plusieurs d'entre celles-ci se défendirent contre les *visinhos* et leurs empiétements illégaux, qu'elles sentirent, au moins plus tard, combien cette espèce de secours étranger leur était nuisible au fond (2).

Même en restant dans les limites prescrites par la loi, les *visinhos* jouissaient de tous les avantages et priviléges des citoyens des bourgs sans supporter les mêmes charges. Leurs propriétés, en qualité de biens de *cavalleiros*, étaient franches de tailles, et comme ils étaient le plus souvent absents, et qu'ils ne résidaient pas même dans la commune, ils ne pouvaient être convoqués par elle pour le service de la guerre. Leur position vis-à-vis de leurs compatriotes les affranchissait donc d'une des premières obligations du citoyen, de la défense du foyer domestique.

§ IV. — *Obligations des membres des communes.*

Fonctions imposées par la guerre.—Défense des bourgs.—Apellido, azaria, fossado.

Au nombre des premières et des plus impérieuses obligations des citoyens des bourgs était le rassemblement de troupes pour l'armée royale (*hir em hoste*), la répulsion des attaques tentées par les Sarrasins contre les frontières, la défense des compatriotes pendant les travaux d'une utilité publique, auxquels ils se livraient en commun hors des murs. Ces obligations avaient pris naissance dans la manière toute particulière dont s'était formé le royaume de Portugal, et restaient toujours une nécessité par la situation où se trouvait ce royaume. De continuelles conquêtes avaient considérablement étendu ses limites. Ce n'était plus une contrée étroite avec quelques villes isolées servant de points de sortie. Les armes

---

(1) « Pessoa algune obrigada, eu visimha dos conselhos. »

(2) La commune Pinhel, par exemple, ne donna jamais de lettres de voisin et de donations à des *visinhos*. Lorsque dans l'année 1374 le roi Ferdinand confirma tous les droits et franchises que les rois lui avaient accordés, il homologua en particulier le privilége : « Qu'aucun *cavalleiro*, qu'aucune dame noble (*donas*), aucun *fidalgo*, chevalier ou autre personnage puissant, ne pourrait acquérir des terres dans cet endroit ou dans son territoire; car, lorsqu'ils en avaient acquis, la commune les avait repoussés chaque fois par une décision juridique, de sorte que ce privilége était toujours resté en vigueur. » Le roi Jean Ier le confirma également en 1386, et défendit aux tabellions de rédiger de pareils actes de vente, sous peine de nullité ou de perte de leur place. Néanmoins un *fidalgo* considéré, Gonçalo Vasquez Continho, fit en cachette l'acquisition de plusieurs maisons sous les murs de Pinhel, et se fit donner par quelques membres de la commune une lettre de voisinage (*carta de visinhança*); mais la commune détruisit ces maisons à main armée, en les rasant, de sorte qu'aucun grand ne se trouvait en rapport de voisinage avec Pinhel (*não visinharem com Pinhel nen huns poderosos*). Lorsque ce *fidalgo* fut nommé par le roi, dans la guerre contre la Castille, maréchal et gouverneur des frontières de la comarca de Beira, et qu'il vint muni de ces pouvoirs à Pinhel, la peur empêcha pendant quelque temps les habitants de se rendre justice; mais, après la guerre, le jugement fut prononcé en dernière instance en faveur de la commune, qui se réjouit de pouvoir éloigner un aussi méchant voisin. D'après *Elucidar.*, verb. *Visinho*.

victorieuses des rois avaient conquis château après château, et ville après ville. Il n'y avait presque pas de bourgs qui n'eussent été pendant quelque temps bourgs frontières, et des forteresses qui avaient été autrefois les avant-postes du royaume se trouvaient maintenant au milieu du pays. Cette circonstance avait eu sur l'organisation des bourgs, sur les droits et les devoirs de leurs habitants, une influence si puissante, qu'elle subsistait dans leurs institutions civiles, même à présent que leur position était changée. Ces institutions s'étaient si intimement fondues avec leur système communal, que le péril qui les avait fait naître, et qui les avait conservées si longtemps en vigueur, était depuis longtemps évanoui, avant que l'on songeât à renoncer à ce qui était ainsi devenu superflu. Pendant le siècle et demi dans lequel on distribua le plus de *foraes*, le péril se montra toujours imminent, et aussi longtemps que le pouvoir des Maures ne fut pas entièrement détruit, et que ces ennemis ne furent pas chassés pour toujours du Portugal et de ses frontières, des mesures contre eux étaient indispensables.

Afin de pouvoir résister aux invasions aussi subites que dévastatrices des Sarrasins, non-seulement on plaçait de jour des gardiens (*atalayas*) sur des endroits élevés, mais on organisait aussi de nuit des gardes (*sculcas*, dans le langage des *foraes* (1),

qui au moindre bruit suspect appelaient leurs concitoyens aux armes, en criant : *Les Maures sont dans le pays* (1). A cet appel tous ceux qui étaient en état de porter les armes se levaient en masse. On appelait *apellidar a terra* cet appel subit à une commune entière pour marcher en masse contre l'ennemi qui parcourait le pays en pillant, dévastant, égorgeant tout sur son passage. Le soulèvement lui-même se nommait *apellido* (2). Tout citoyen supérieur comme inférieur était obligé d'y prendre part; chacun devait prendre les armes pour la patrie et le foyer domestique menacé. Le *cavalleiro* qui voulait se soustraire à ce devoir devait payer dix solidi, dans le même cas le *peom* payait la moitié de cette somme (3). Celui qui était au service d'un autre (il n'avait pas de foyer à défendre) était seul affranchi de ce devoir. Comme il ne s'agissait pas ici de la défense de la patrie, mais seulement de celle de la ville natale, et qu'une absence prolongée de la population capable de porter les armes aurait pu devenir dangereuse, on ne poursuivait ordinairement l'ennemi qu'à une distance de laquelle on pouvait revenir le même jour chez soi (4).

La position des habitants dont le territoire touchait immédiatement à celui des Sarrasins était beaucoup plus pénible. Ils ne pouvaient risquer de quitter isolément leurs murs, puisque les Sarrasins parcouraient sans cesse les champs, s'emparaient des imprudents et des faibles, et les traînaient en prison. Ce n'est qu'escortés par des troupes d'hommes bien armés qu'ils allaient sur les montagnes afin d'abattre les

---

(1) Dans le foral qu'Affonso Henriquez donna en 1137 à Peuella, près de Coïmbre, on distingue les *atalayas* des champs des *vigias* ou *arrocovas* du mur : « De illa *atalaya* rex (titre que l'infant prend ici par anticipation) media, et habitatores alia media; de vigilia de Muco rex media, et habitatores alia media. » Les gardiens dans les *atalayas*, tours d'observation (car ce mot a aussi cette signification) sur les hauteurs environnantes qui dominaient toute la contrée, les gardiens donnaient, à l'approche de l'ennemi, aux bourgades voisines, des signaux consistant, de jour en fumée, de nuit en feu. Il se trouva des *atalayas* de ce genre et de ce temps en Portugal. La garde de nuit proprement dite se trouvait sur le mur du château ou de la ville. *Elucid.*, t. I, p. 139–146.

(1) *Mouros na terra! Mouros na terra! Moradores as armas!*

(2) *Elucid.*, t. I, p. 122.

(3) Foraes de Monte-Mor, Gravão, Penamocor, Castello-Branco, etc., etc.

(4) « Burgeses tam longe vadant in appellido, quomodo in ipso die possint revertere in domos suas. » Foral de Const. de Panoyas.

arbres dont ils avaient besoin, et tandis que les uns abattaient, chargeaient et emmenaient le bois, les autres étaient quelquefois obligés de défendre les travailleurs en livrant un combat acharné. On appelait une pareille opération *azaria* (1). Il était dur pour ces hommes de devoir donner au roi un cinquième du bois acquis ainsi non-seulement à la sueur de leur front mais souvent au prix de leur sang (2).

Si ces entreprises faites en commun, les *azaria* comme les *apellido*, étaient nécessitées par l'obligation de la défense personnelle, il y en avait d'un autre genre qui n'étaient fondées que sur le droit du plus fort, et qui, quoique permises par la loi, n'en étaient pas moins un trait de la rudesse de ce siècle. Dans le mois où les moissons approchent de leur maturité, des troupes entières se mettaient en marche, afin de couper et de récolter les blés que l'ennemi avait semés et cultivés. On s'emparait à cet effet des plaines ennemies, on se retranchait légèrement dans des ravins et des fossés (*fossos*) afin de pouvoir protéger ceux qui étaient occupés à couper et emmener les blés et les fourrages. On appelait cette sortie en commun, exécutée rapidement et d'une manière inopinée, *fossado* (3). Aux *cavalleiros*, *escudeiros* et guerriers proprement dits se joignaient des *peoes*, des campagnards et des ouvriers qui étaient chargés de ramasser et d'enlever le butin. Le roi lui-même et les évêques ne se faisaient pas scrupule d'assister à ces rapines sanctionnées par la loi (4). Un tiers des *ca-*

valleiros restait dans le bourg; les autres étaient tenus, d'après la plupart des *foraes*, à suivre le *fossado*, qui ne se faisait d'après la règle qu'une fois par an. Quiconque s'en dispensait payait dix solidi d'amende (1). Là où il était trop dangereux de dégarnir le bourg de *cavalleiros*, le tiers seulement se mettait en marche. Il en était ainsi dans le fort de Moz, situé sur la frontière souvent menacée de Léon; muni de pain frais dans sa gibecière, le *cavalleiro* de Moz était tenu à revenir le même jour dans le fort (2).

Il arrivait souvent que les *cavalleiros* prenaient des chevaux aux Maures dans leurs combats, à un *fossado* ou à une *azaria*. Le premier cheval que le Portugais prenait à l'ennemi était à lui; le seigneur du territoire avait la cinquième part de la valeur de tous les autres qui lui tombaient entre les mains; c'est ainsi que le voulaient plusieurs *foraes* (3).

Au premier coup d'œil que nous jetons sur les usages et coutumes des communes, nous rencontrons des impôts et des tailles qu'on devait payer au roi ou au seigneur justicier, des impôts sur le bois nécessaire à la commune, ainsi que sur le butin et le vol

---

(1) De l'ancien mot *aza*, en espagnol *hacha*, hache, cognée. On appelle encore aujourd'hui en Portugal *achas* des morceaux de bois fendus avec la hache.

(2) «De azaria nobis quintam partem, vobis quatuor sine ulla alcaidaria.» Foral de Soure; de même à Thomar, Cea, Alcanede et autres endroits frontières.

(3) *Elucidario*, t. I, p. 476.

(4) «E de roubo, e de foçado non dedes senez áo Adail as duas partes, ea vos fiquem as duas.» C'est ainsi que la traduction du foral de Thomar, qui avait été faite au commencement du XIVe siècle, rend les paroles du foral originairement latin: «De preda de fossado non detis nisi ad Zagam duas partes, vobis remaneant duæ.»

(1) Foraes de Monte-Mòr, Gravão, Penamocor, etc., etc.

(2) «Et non faciatis fossado, nisi cum vestro seniore una vice in anno; ita ut levetis panem calidum in alforges, et ipso die revertatis ad vestrum castellum.» Foral de Moz, donné en 1162 par le roi Affonso Henriquez. Cf. sur Alforges, João de Souza, *Vestigios da lingua arabica em Portugal*; verb. *Alforges*.

(3) «Milites qui fuerint in fossado, vel in guardia, omnes caballos qui se perdiderint, in algara, vel in lite, primum erectetis eas sine quinta, et postea detur nobis quinta directa.» Foral de Penamocor; semblable aux foraes d'Evora, de Castello-Branco, Monte-Mòr, etc., etc.

légal. A chaque pas que nous faisons dans le système communal, notre attention est arrêtée par des charges et des obligations de ce genre, et comme nous les retrouvons mêlées à toutes les relations de la vie civile, elles nous apprennent aussi à connaître presque toutes ces relations. Le coup d'œil que nous avons jeté sur la commune, sur les diverses classes de citoyens qui la composaient, ainsi que sur leurs devoirs et entreprises, nous a fourni une introduction indispensable et une transition naturelle à la connaissance du système des impôts.

§ V. — *Système des impôts. — Tailles.*

Tandis que la plupart des relations civiles nous apparaissent en Portugal sous un aspect très-simple, le système des impositions se présente sous des formes extrêmement embrouillées; mais aussi, en l'examinant à fond, on peut en tirer une foule de conclusions intéressantes. Il ne forme pas à lui seul un côté de l'administration et des institutions de l'État, une partie de cet État; il embrasse pour ainsi dire tous les côtés et toutes les parties; s'y engrène, et jette sur toutes une vive clarté. Il parcourt la longue échelle de toutes les professions, depuis le serf, qui, dénué de tous moyens, ne peut offrir pour redevance que le travail de ses bras, jusqu'au roi; il ne saute aucun échelon, mais forme au contraire les liens qui unissent ensemble tous les échelons. Il accompagne le contribuable dans toutes les phases de sa vie, ne l'abandonne pas même au cercueil, et redouble par sa dureté les douleurs de ceux qui survivent (*loitosa*). Il ne permet au contribuable de se racheter du travail pénible des fortifications et des retranchements (*anuda*) que moyennant des maravédis péniblement acquis, et prend même, dans la lutte qui s'engage pour la défense contre l'ennemi, sa part du butin. Le receveur des tailles pénètre jusque dans la salle de justice pour demander au criminel la seule punition qui l'intéresse, l'amende en argent (*cosina*). Il se tient partout près des routes et des sentiers (*partagem*), et quelque misérable que soit le gain qu'on tire du commerce dans ce temps-là, le péage le ronge et poursuit les marchandises dans toutes les mains par lesquelles elles passent (*passagem*). Mais c'est sur les produits de l'agriculture et du bétail (*jugada, montada*) que le système des impositions pèse le plus lourdement; il paralyse le bras et le courage du pauvre agriculteur et du nourrisseur; tout cela au profit du roi et des seigneurs. L'homme du peuple ne voit enfin dans le clergé qu'un second maître, qui n'est pas plus modéré dans ses exigences que le premier (*dizimia*); et dans aucune de ces obligations et de ces charges il ne règne une règle générale, une loi uniforme. Des restrictions, des priviléges et des dispenses se succèdent dans toutes les classes de la société. L'impôt change de nature et de taux presque dans chaque endroit; dans chaque ville; nulle part il n'y a un système régulier; nulle part il n'y a de légalité.

La quantité d'impôts et de tailles dont il est fait mention dans les priviléges et diplômes des premiers siècles de l'État est incalculable (1). Afin d'en faciliter l'examen;

---

(1) Dans l'*Elucidario* seul, il y a les noms de plus de deux cents (parmi lesquels il se trouve sans doute quelques synonymes). Une description complète des impositions et tailles, si toutefois elle était possible, car bien des dénominations et des expressions sont devenues douteuses et incompréhensibles même pour les Portugais, dépasserait les limites de l'espace qui nous est accordé, et sans doute aussi la patience de la plupart des lecteurs. Nous nous bornerons donc à nommer les plus usités et les plus importants, et prendrons également en

nous les partagerons en trois classes : 1° les corvées personnelles, ou contributions en argent pour y suppléer ; 2° les amendes provenant des condamnations pour crimes commis ; 3° les impôts placés immédiatement sur les biens, ou qui formaient une partie du produit des terres, ou qu'on prélevait comme signes de reconnaissance de la seigneurie justicière, ou qu'on tirait du commerce. Outre ces impôts établis et ordinaires, les rois exigeaient encore dans des occasions particulières ou à des époques de besoins urgents des secours extraordinaires et volontaires (*pedidos*).

Nous comptons dans la première classe les *fossadeira* et *adua*, les *castellatico*, les *lobos*, les *carreira*, et sous un certain rapport les *emtruriscada* (1).

L'obligation où étaient les habitants des communes de se rendre au *fossado* ou à l'*apellido*, ayant rapport à leur propre sûreté et à leur bien-être, ne trouverait point sa place ici, sans la faculté qui leur était laissée de s'en affranchir moyennant une rétribution en argent. Cette rétribution, destinée dans le principe à subvenir aux frais du *fossado* ou de l'*opellido*, finit, selon toute apparence, par tomber dans le trésor royal. On appelait la redevance que le contribuable payait pour s'exempter de cette corvée personnelle *fossadeira* (2). Toutefois cet impôt n'était pas toujours reçu comme un simple dédommagement pour les services qu'on aurait dû rendre ; mais il était souvent imposé comme punition de l'omission de ce devoir (3). Du reste les rois affranchirent plusieurs communes de la *fossadeira* comme du *fossado*, parce qu'elles étaient situées sur les frontières ennemies, ou qu'elles avaient rendu des services particuliers à la couronne ou à l'État (1).

On nommait *adua* (2) un certain impôt en argent qu'on payait pour la réédification ou la construction des murs, des tours, des fossés et des fortifications nécessaires à la défense du pays. Quelquefois on désignait aussi par ce nom une troupe de gens du peuple forcés de travailler à ces fortifications. Dans quelques contrées les habitants étaient obligés à entreprendre eux-mêmes tous les travaux nécessaires à la défense des bourgs qu'ils habitaient. Comme ces travaux étaient souvent très-étendus et très-fatigants, on y faisait venir encore les habitants de contrées voisines ou même éloignées. Le droit d'exiger l'*adua* était un de ceux que le roi s'était réservés comme inaliénables et inséparables de la couronne. Les *anudivas*, soit qu'on y satisfît par des travaux personnels ou par de l'argent, étaient souvent très-pénibles, et excitaient le mécontentement du peuple, comme on le voit par un édit du roi Affonso III de l'an 1265, qui fut cité dans les cortès de Santarem en 1284. En réponse aux plaintes qui s'élevaient, Affonso III ordonna que le roi ne pourrait jamais demander de l'argent au lieu de l'*adua* ; que ceux qui demeuraient sur des biens étrangers et qui payaient un certain impôt à leurs maîtres (les *jugarii*), les malades et les malingres, les pèlerins, les jeunes mariés pendant la première année de leur union, les domestiques, certains artisans, tels que meuniers, boulangers, etc., etc., les pauvres n'ayant pas de quoi vivre, les ecclésiastiques et les écuyers des nobles en seraient affranchis : le sont également ceux qui y étaient soumis d'après les *foraes* et les coutumes du pays. Ceux qui sont tenus à s'acquitter de cette obligation ne le sont que pendant la guerre,

---

considération celles qui jettent de la lumière sur les rapports du peuple et de l'État.

(1) Comme Caetano do Amaral, dans les *Mem. da Acad. real*, t. VI, p. 146.

(2) « E qui non fuerit ad fossado, pecte pro foro v ff pro fossadeira. » Foral de Castello-Branco, de 1213.

(3) « Et omem de Sancta-Cruce, qui non fuerit in appellido cum suos vicinos, pectet uno morabitino. Et si dixit : Non lo ori ; juret cum duos vicinos. » Foral de Santa-Cruz de Villiriça, de 1225.

---

(1) *Elucidario*, t. I, p. 475.

(2) Annudura, Annadura, Anuda, Aduba, Anuba, Anuguera, Anudiva et Annadura.

et dans les temps d'urgence. Ils ne peuvent être forcés au travail que par les *prætores*, les *alvaziles* et les juges de l'endroit (1).

Par le *castellatico* (impôt de construction de châteaux) on entendait une certaine contribution que les vassaux étaient obligés de payer annuellement pour la construction ou la réparation du château de l'endroit ou des châteaux d'un certain district. Dans les premiers temps de l'existence du Portugal, il y avait peu de communes qui n'eussent pas leur château. Mais après l'expulsion des Maures, lorsque ces innombrables forteresses furent devenues inutiles, on employa cet impôt, auquel les moines mêmes et les ecclésiastiques étaient soumis, à la construction ou à la réédification des places fortes situées sur la frontière du royaume. Les communes convinrent enfin de payer le tiers de leur revenu à la couronne, et de recommander à celle-ci le soin de fortifier le pays. C'est ainsi que finit le *castellatico*, et il fut remplacé par les *terças* des communes (2).

La multitude de loups qui se montraient dans plusieurs contrées de Portugal, surtout à la côte et sur le rivage des grands fleuves, devenait quelquefois une terrible calamité publique. Ils dévoraient les troupeaux et attaquaient même les bergers. On fit en conséquence, tous les dimanches, des chasses dont les matelots des *galeotes* étaient seuls affranchis, à moins que le péril ne devînt trop grand (3). Cette corvée, qui pouvait aussi être convertie en une taxe, se nommait *lobos* (4).

La *carreira* était une course que le corvéable devait faire à pied ou dans son chariot, une fois par an, pour le roi ou pour son seigneur. Comme on n'avait ni messagers publics ni poste, une telle corvée était très-ordinaire dans ces temps-là (5).

Enfin, au nombre des corvées les plus usitées se trouvait l'*emtraviscada* (1), qui forçait l'*emphyteute*, colon ou vassal, lorsque le roi ou le seigneur voulait jouir du plaisir de la pêche, de s'y rendre utile une fois par an, et de contribuer en même temps à une collation pour le maître et sa suite. Par la suite cette contribution fut exigée aussi quand le roi n'était pas présent à la pêche, ou même quand la pêche n'avait pas lieu du tout. Toutes les habitations situées dans le voisinage d'eaux poissonneuses étaient soumises à l'*emtraviscada* (2).

Une autre source de revenu public, c'étaient les amendes en argent avec lesquelles on punissait les crimes. L'argent étant excessivement rare dans ce siècle, cette punition paraissait très-sensible, et c'est pourquoi nous voyons les plus grands crimes, qu'on punit dans des temps plus récents par des peines corporelles, châtiés alors par des amendes. On les désignait par les mots *voz*, *voze cosina*, *carriter*, *calumnia*, dont l'explication trouvera sa place dans la juridiction pénale.

La troisième classe embrassait les impositions les plus productives et les plus nombreuses. Dans l'état misérable où se trouvaient alors l'industrie et le commerce, l'agriculture et l'entretien du bétail étaient la source principale des revenus publics. L'agriculteur et le nourrisseur supportaient donc les taxes les plus lourdes. Nous remarquerons surtout les *jugadas*, *montalcio* et *ferros*.

La *jugada* était un impôt sur chaque attelage de bœufs, outre lequel il fallait aussi donner dans les terres soumises à cette contribution (*terra jugadeira*) une certaine mesure (*moio*) de froment ou de maïs. On appelait aussi *jugada* l'impôt que certains territoires payaient pour le blé qu'on y semait et les divers produits qu'on y récoltait. Il

---

(1) Voyez le document dans *Elucid.*, t. II, p. 57.
(2) *Elucidario*, t. I, p. 247; t. II, p. 376.
(3) *Cod. Affons.*, liv. I, tit. 69, § 4.
(4) *Elucid.*, t. II, p. 97.
(5) Voyez des exemples dans *Elucid.*, t. I, 241.

---

(1) Entorviseada, Introviscada et Proviscada.
(2) Dans les *Inquiriçaes* du roi Affonso III, de 1258, il est souvent dit que les propriétaires de maisons : « Vadant ad introviscadam regis. »

y avait des *jugadas* de pain, de vin, de lin (1).

Outre cela on distinguait les *jugada nova* des *jugada velha*. Celles-ci étaient payées par les *milites* ou *cavalleiros* qui restaient sans cheval pendant une année; ceux qui cultivèrent et peuplèrent de nouveau le territoire de Viseu s'acquittaient de la première (2). Nous n'avons pu savoir si la *jugada nova* n'existait que dans Viseu.

Le *montalcio* (aussi *montadego* et *montado*) faisait partie des impôts sur le bétail qu'on était obligé de payer pour faire paître les troupeaux dans le finage d'une commune étrangère. Affonso III adressa, en 1261, au grand maître de l'ordre des templiers et à son commandeur en Portugal, un écrit par lequel il leur apprend qu'il avait pris le *montado* qu'ils avaient élevé dans les bourgades et districts de l'ordre, au détriment et préjudice de ses vassaux, à un taux excessif, pour sujet d'une consultation avec les grands de sa cour. Il ordonnait en conséquence qu'ils eussent à choisir l'une de leurs bourgades dans laquelle seulement il leur serait permis à l'avenir de prélever le *montado*, et où cet impôt ne devrait pas y rapporter plus que dans les endroits appartenant au roi, c'est-à-dire une vache sur un troupeau de vaches, quatre moutons sur un troupeau de moutons, rien sur les cochons, juments ou autres bestiaux. On défendit en même temps aux chevaliers de prendre le *partagem* des personnes et des marchandises qui traverseraient leurs terres (3).

On appelait *ferras* ou *ferraduras* l'impôt que l'*emphyteute* ou colon devait payer pour les fers à cheval. On le livrait ordinairement en nature (1). Mais quelquefois on le payait aussi en argent comptant, en proportion du prix du fer. L'impôt était pénible; car le contribuable était communément obligé de fournir un grand nombre de fers (2).

On donnait sur les produits et fruits de la terre tantôt un quart (*quartos*), tantôt un huitième (*outavos*), tantôt un trentième (*trintena* (3). Il régnait dans ce genre de taxes la plus grande diversité.

Le *condado* (*jure domini*) était du nombre des impôts que les vassaux payaient à leur seigneur en signe de leur soumission au droit seigneurial. Il se composait ordinairement d'un poisson ou d'une pièce de gibier, selon ce qui était le plus agréable au seigneur (4). On fait très-fréquente mention du *condado* dans les anciens priviléges. On appelait les *emphyteutes*, tenus à ce payement de l'impôt de gibier (*foro de montaria* ou *foro do monte*), habituellement *foramontaos*, et plus d'une bourgade qui porte actuellement le nom de *Foramontaos* ou *Fermontoens*, a pris ce nom avec le temps des maisons qui payaient le *foro do monte*. Cet impôt ne se composait toutefois pas toujours de gibier. On entendait quelquefois sous le nom de *condado do monte*, comme s'appelait encore le *foro do monte*, l'obligation de parcourir les montagnes avec des armes et des chiens à la suite du seigneur ou de ses *mordomo*. Cette obligation du vassal fit naître celle du maître, qui consistait à donner à ceux qui l'accompagnaient ainsi à la chasse,

---

(1) *Elucid.*, t. II, p. 62.
(2) « Completo anno, si cavallum non habuerit, det sua jugada. Et illos jugarios, qui venerint populare meam terram, veniant ad forum de jugada nova. » Foral que la reine Theresia donna à Viseu en 1123.
(3) *Elucid.*, t. II, p. 151. Supplemento, p. 53.

(1) « Quando illo senior dederit ferum, quo faciant ferraduras et clavas pro ad illum. » Foral de Cea, de 1136.
(2) *Elucid.*, t. I, p. 446.
(3) Voyez des exemples dans *Memor. da Acad. real*, t. VI, p. 151, not. a.
(4) D'après le foral qu'Affonso Henriquez donna aux habitants de Baldigem, chaque maison devait payer : « Condado do monto et non do rivulo. »
(5) *Elucid.*, Suppl., p. 43.

une fois par jour, copieusement à manger (*conductar* (1).

Le manque d'auberges suffisamment fournies de provisions pour l'entretien des personnes de la cour souvent en voyage, et les idées que concevaient alors les rois et les seigneurs de leurs droits et des obligations de leurs sujets, durent nécessairement faire naître les *colheita*, que les vassaux devaient payer une fois l'an au roi ou au seigneur lorsqu'il venait dans la contrée. S'il ne venait pas, on ne payait rien. Par la suite on exigea le payement de cet impôt lors même qu'il n'y avait point voyage du roi. La *colheita* se payait originairement en nature, mais fut transformée plus tard en argent. C'est ainsi que le roi Dinizio recevait annuellement de la commune de Lamego cent *livras* au lieu de la *colheita* que la commune avait jusqu'alors livrée en nature (2).

Les mots *comedura*, *procuraçao*, *vida*, *visitaçao*, *pareda* et *jantar*, désignent des impôts à peu près semblables. La dernière dénomination revient surtout fréquemment. On entendait par *jantar* une certaine contribution en vivres, que devaient fournir les villes, bourgs, couvents, chapitres et ordres militaires, pour l'entretien du souverain et de sa suite, lorsqu'il parcourait le royaume comme fonctionnaire suprême pour l'administration et la surveillance de la justice. Lorsque les circonstances changèrent, et que les rois cessèrent peu à peu de voyager, l'impôt du *jantar* cessa aussi, ou devint un revenu pour les simples particuliers. Les prélats eurent aussi leur *jantar* lorsqu'ils visitaient leurs églises, et les seigneurs justiciers lorsqu'ils se rendaient à leurs propriétés. Les églises et les couvents étaient tenus à payer une fois par an le *jantar* à leur évêque (1). Les églises succursales ou *anexas*, ou celles qui avaient été fondées par des couvents, étaient ordinairement affranchies de cet impôt. Les évêques l'exigeaient cependant et le prélevaient quelquefois par des moyens violents. L'évêque Pierre II de Coïmbre mit un curé au ban de l'Église pour avoir refusé le *jantar* (2).

Aucun des motifs qui militaient en faveur du *jantar* ne pouvait être mis en avant pour l'*almeitiga*, déjeuner auquel prétendait le *mordomo* ou *prestameiro*, chargé de prélever les revenus de la couronne. Les abus qui se glissaient dans cette espèce de taxe forcèrent les rois à mettre un frein à l'avidité des *mordomo*. On leur fixa strictement ce qu'ils pouvaient exiger. Ce fut Affonso III qui, aussi appliqué à découvrir les abus qu'empressé de les faire disparaître, examina attentivement les plaintes de la commune de Lamego contre des extorsions de ce genre, et fixa, après une délibération avec ses conseillers, les obligations réciproques des parties intéressées. Il rendit le *ricohomen* qu'il avait placé à la tête du district de Lamego responsable, sur ses biens et sur sa tête, de toutes les transgressions et extorsions du *mordomo* ou *prestameiro* (3). La *loitosa* était une autre taxe aussi peu fondée sur la justice que l'*almeitiga*, et vu les circonstances dans lesquelles on la demandait, beaucoup plus odieuse et plus dure (*luctosa, luctuosa*): on devait la payer à la mort des personnes, et cela pendant l'intervalle

---

(1) D'après le foral donné par le roi Ferdinand à l'Estramadure, adopté plus tard par Affonso Henriquez, et confirmé en 1218 par Affonso II, il était ordonné: « Et cum ipso rege, vel cum vicario suo, una vice in anno currere montem; et quantumcunque invenerint, sive carnes, sive peiles, totum erit de rege, aut de suo vicario. Et ipsa die, quande currerint ad montem, ipse rex, vel vicarius ejus, debet una vice in die conductare ipsos homines, qui cum eo currerint ad montem. » *Elucid.*, t. I, p. 301.
(2) *Elucid.*, t. I, p. 291.

(1) « Per singulos annos prandium in cenobio supradicto episcopo detur, uti mos est, episcoporum, » dit l'évêque Gonçalo de Coïmbre dans l'acte de rétablissement du couvent de Lorvão, I, p. 1116.
(2) « Pro prandio, qui non dedit ei, unde nunquam dederunt. » Doc. de Lorvão, dans *Elucid.*, t. II, p. 39.
(3) Voyez ce document dans *Elucid.*, t. I, p. 97.

qui s'écoulait entre le décès et l'enterrement. Ceci prenait sans doute son origine dans les coutumes féodales : comme il était d'usage que les vassaux du roi ne pouvaient disposer dans leur testament de leurs chevaux ou de leurs armes, parce que ces objets restaient comme *luctosa* au souverain, et qu'il en faisait présent à celui qui remplaçait le décédé ; comme aussi, d'après une ancienne coutume, les veuves payaient les *luctuosa* afin de pouvoir se remarier; de même on avait établi, dans quelques contrées du Portugal, l'usage qu'à la mort de l'*emphyteute* la *luctuosa* serait payée comme un impôt au souverain. Elle consistait en une pièce quelconque de la succession en meubles (1).

Il paraît que ce n'était que sur le droit du plus fort que reposait le *maninhadego* (*maninhado* ou *maneria*), impôt perçu seulement dans certaines parties du pays, telles que le territoire de Bragance et de Miranda, et dans la province Traz-os-Montes. Ce fut le couvent Castro de Avelano qui d'abord le demanda et l'établit sur divers cantons qu'il avait acquis par des donations ou même par des actes illégaux. Le *maninhadego* d'Avelano consistait dans le droit accordé au couvent d'hériter du tiers de tous les biens que ses sujets mariés et mourant sans enfants (quand même d'ailleurs ils en auraient eu) laisseraient après eux. Quoique cela fût contraire aux *foraes* de Bragance et d'autres villes de la contrée (2), l'abus n'en subsista pas moins, et ce n'est que dans la période suivante que les plaintes des communes parvinrent à se faire entendre, et que fut abolie cette mauvaise coutume (*man costume*) (3).

Quant aux impôts sur le commun, ceux dont on fait le plus souvent mention sont le *portadigo* et le *passagem*.

Le *portadigo* (*portatico* et *portagem*) était un impôt sur tous les biens et vivres qu'on apportait et vendait dans les bourgs, villes et *contos* qui avaient leur juridiction particulière. Dès les premiers temps du Portugal, il y avait beaucoup d'endroits qui, ainsi que leurs territoires, étaient affranchis dans tout le royaume du payement du *partagem;* ils jouissaient de ce privilége par les *foraes* que le roi leur accordait (1). D'autres étaient seuls affranchis du *partagem* dans leur territoire, dans lequel une certaine corporation ou un seigneur particulier commandait (2). Le produit de l'impôt était très-différent selon les endroits (3). Ce n'est que sous le roi Manoel qu'on chercha à mettre de l'uniformité dans le *partagem*.

Le *passagem* pesait non sur l'apport et la vente des marchandises, mais sur leur simple transfert (4). On le supprima entièrement par la suite, à cause des abus extraordinaires qui se glissaient dans sa perception.

Les juifs payaient le *juderega* (aussi *judenga*), imposition personnelle ou capitation de trente *dinheiros*, qu'ils devaient payer comme souvenir et pénitence d'avoir vendu le Christ pour la même somme (5).

Outre ces impositions fixes et ordinaires, les rois, dans des temps d'urgence ou dans des occasions particulières, en exigeaient

---

(1) *Elucid.*, t. II, p. 98.

(2) « Damos a vos, e outorgamos por foro : que todo morador da Cibidade de Bragança, que fillos ouver, non seia maneiro ; quer seia o fillo morto, que vivo... E os que mollerens non ouverem, non seiam maneiros. » Foral de Braganza.

(3) *Elucid.*, t. II, p. 112.

---

(1) « Nengum pobrador da Cibidade de Bragança en todo mea regno nom di partage, » dit le roi Sancho dans le foral de Braganza.

(2) Par exemple dans le foral que les templiers donnèrent à Thomar : « Non dedes partagen, non alcavala, non de comes as guardas da cidade ou da porta. »

(3) Voyez dans les *Ineditos*, t. v, p. 375, un tarif pour les diverses propriétés dans le foral de Gravão; un autre dans le foral de Castello-Branco, dans l'*Elucid.*, t. II, p. 230.

(4) On l'appelait aussi, comme on ne le payait qu'en mettant le pied sur un territoire étranger, « *pedagio, quasi a pedibus.* » *Elucid.*, t. II, p. 229.

(5) *Elucid.*, t. II, p. 61.

encore d'extraordinaires : les *fintas*, *talhas*, *servicos*, *peitas* et *pedidas*, c'est-à-dire secours volontaires, qu'on imposait en sommes fixes sur les communes, et qu'on établissait et prélevait par tête. Les seigneurs justiciers se permettaient aussi de créer des impôts de cette sorte. Mais les rois ne tardèrent pas à déclarer que ce droit leur revenait à eux seuls, et défendirent aux prélats et aux seigneurs temporels d'exiger des secours pareils de leurs sujets. On ne doit pas oublier de remarquer que ce ne fut que dans la deuxième moitié de cette période que ces impositions furent mises en usage, et que les *foraes* en faisaient par conséquent peu ou point mention (1).

§ VI. *Administration juridique.*

Quelques dispositions dans les *foraes* sur des discussions de droit entre des bourgeois. — Personnel de la juridiction. — Tribunal. — Actes juridiques. — Administration pénale. — Crimes et châtiments.

Les discussions qui s'élevaient sur le *mien* et le *tien*, et les formes d'après lesquelles on les aplanissait, étaient communément aussi simples que les rapports civils de ce temps-là. Un sens droit, quoique non cultivé, découvrait et jugeait facilement ce que les passions grossières avaient inspiré, et discernait ce que les parties poussées par l'égoïsme et l'avidité demandaient de contraire à leur droit. A moins que le juge ne se trouvât en quelque sorte impliqué dans la discussion par sa sympathie ou son aversion pour ou contre l'une des deux parties, son coup d'œil était assez lucide et assez pénétrant pour envisager l'état véritable des choses, et pour prononcer un jugement conforme à la justice. Un petit nombre de lois suffisait, et les formules qui fixaient la marche de la procédure étaient tout aussi simples et aussi peu nombreuses. Quoique la plupart ne fussent pas écrites (les *foraes* nous apprennent fort peu de chose à ce sujet), ces formules ne pouvaient échapper à la mémoire du juge. Comme elles se renouvelaient journellement dans les assemblées publiques, elles se gravaient plus profondément dans les esprits que les caractères tracés, et en étaient d'autant plus applicables à la vie et aux besoins journaliers. La facilité de la procédure offrait des garanties suffisantes contre les falsifications et les transgressions, ainsi que le libre choix du juge, que la commune prenait dans son sein, et la majorité des *hommes estimables* (*boni homines*). Nous trouvons ainsi dans ces siècles reculés une sagesse que nous n'admirons pas, parce que la simple raison, guidée par la nécessité, l'a plutôt découverte qu'inventée. Au reste n'oublions pas qu'en contemplant la législation portugaise à ce moment de son enfance nous devons nous dégager de toutes les idées de notre époque, et descendre des hauteurs de notre siècle ; sinon nous l'envisagerions infailliblement sous un faux jour, nous risquerions de proclamer comme l'œuvre d'une haute sagesse ce qui ne serait peut-être que le produit de nos interprétations erronées, et de rejeter, comme l'œuvre de l'ignorance et de la déraison, ce qui ne nous paraîtrait tel que par notre peu de connaissance des choses.

N'oublions donc pas surtout que nous ne connaissons qu'imparfaitement la juridiction si imparfaite de ces temps-là. Car l'art d'écrire, si rare dans ces siècles, les ravages du temps, et le triste sort du Portugal, qui s'oppose si fortement aux efforts des amis de l'histoire pour découvrir les vestiges encore existants de son ancienne juridiction, ne nous ont laissé que de misérables débris, que des fragments énigmatiques (2).

(1) *Ordenaç.*, liv. II, tit. 49.
(2) Il ne sera pas superflu de faire observer

Officiers de justice.

Leur nombre était petit. Il est question, dans les plus anciennes *comarcas*, de *maiorinos*, juges suprêmes royaux. Il y en avait d'après la règle autant que le royaume comptait de *comarcas* ou provinces. Leurs fonctions étaient désignées par le mot *tenens*, qui répond au *lugartenente* d'aujourd'hui.

Sous Affonso III, on comptait sept *tenentes* (1). Le roi nommait les *maiorinos* ou *meirinhos*; leur juridiction était très-vaste, et s'étendait jusque sur les nobles et les *fidalgos*. Ils prenaient connaissance de tout ce qui se passait dans les endroits soumis à leur juridiction, et siégeaient aux procédures importantes. On ne pouvait en appeler de leurs jugements qu'au roi (2). Il faut distinguer des *marinos mores*, les *maiorinos minores*, que ceux-là nommaient, et qui ne rendaient de sentences que dans certains cas (3).

Mais il faut considérer les tribunaux des bourgades comme le centre de l'activité juridique, comme le siége de la jurisprudence bourgeoise et pénale dans ces siècles-là. La commune choisissait elle-même dans son sein les juges proprement dits, qu'on appelait tantôt *judices*, tantôt *alcaides*, tantôt *alrazilés* (1). Ils ne devaient être ni nobles, ni patrons de couvents et d'églises(*herdeiros*). Les *homines boni* aidaient aux juges à juger. Ils devaient faire partie des hommes francs (2), et paraissent avoir composé en même temps la municipalité (3).

Il n'est pas facile de découvrir d'une manière satisfaisante dans quels rapports les *hommes estimables* se trouvaient avec le juge, quelles questions leur revenaient, quelles autres dépendaient du juge. Si l'on pouvait attacher de l'importance à l'expression de *juratos*, par laquelle le *foral* du bourg Boa-Jejua les désigne, elle nous indiquerait leurs attributions. Ce qu'on en peut dire après un mûr examen, c'est qu'elles ne semblent point avoir eu d'autre but ni d'autre effet que d'établir leur conviction, la vérité ou la fausseté des faits, auxquels le juge était chargé d'appliquer la loi; de les mettre en état de dire, dans les accusations de crime, si le prévenu avait ou non commis l'action dont on le chargeait, et, dans le premier cas, de déclarer si cette action portait ou non l'em-

---

ici que l'auteur s'en est tenu dans le tableau suivant exclusivement aux détails que les foraes des premiers siècles nous donnent sur la juridiction. Il a résolu de les représenter d'après les foraes dans leur intégrité et dans leur originalité, avant que des influences étrangères, telles que le droit romain, les progrès du pouvoir royal, etc., etc., les eussent modifiées. Les changements qui furent produits dans la juridiction et dans les procédures par l'introduction du droit romain et canonique ne pourront être décrits que dans le tome suivant.

(1) Le foral d'Aguiar da Beira, qu'Affonso III donna en 1258 à ce bourg, fut signé par sept *maiorinos*, en qualité de *tenentes* des districts suivants : « Braganciam, Ripiam-Minii, Sausam, Lamecum, Trans-Serram, Pannoyas, Bayam. »

(2) Il en était de même à Léon et en Castille. Voyez *Partidas*, pars II, tit. 9, lei 23.

(3) Ainsi qu'on commença déjà dans le premier tiers du XIVe siècle à donner aux *murinhos* le nom de corrégidors. Pour les attributions des derniers, voyez le tome suivant.

(1) « Judex et alcaide sint vobis ex naturalibus Colimbriæ. » Foral de Coïmbre. De même le foral de Thomar : « Mittantur per beneplacitum concilii, » est-il dit dans le foral de Penamocor. « Ille alcaide quem vos amardes et que quesieritis ponite illum, » dans le foral de Cernancelhe, etc., etc.

(2) *Senioribus*. Foral de Cernancelhe.

(3) « Ante presentiam bonorum hominum, per quos civitas Colimbria regebatur, » est-il dit dans une sentence en faveur du couvent S.-Jorge, de l'année 1179. Ribeiro, *Diss.*, t. III, p. 166.

preinte du crime. Dans des procès importants qui étaient mis sous la présidence du *maiorino* appuyé de ses instructeurs (*suis judicibus et suis saionibus*), ils semblent avoir joué surtout le rôle de témoins et de gardiens de la légalité et de l'équité de la procédure juridique (1).

Outre les juges ordinaires et les *hommes estimables*, on nomme dans les *foraes*, parmi les officiers de la justice, des *sayones* choisis par la commune soit comme valets de justice, soit comme exécuteurs des sentences pénales. Le *sayone* était un vrai Protée dans le domaine de la justice; il apparaît dans les annales du XIIe au XIVe siècle avec les attributions et sous les formes les plus variées. Tout en paraissant d'un côté sous l'aspect d'un aide honorable dans les procédures, on le voit d'un autre côté, exempt et valet de bourreau, et son nom devient en quelque sorte une invective (1).

Les *foraes* font mention, mais moins fréquemment que d'autres documents de l'époque, des *assertores, rectores*, et *exquisitores*, comme procureurs, mandataires et avocats. Pour toutes les affaires qui concernaient le souverain (*querelœ de palatios*), le juge était lui-même avocat (*rozeiro* (2). Celui qui se déclarait l'avocat du sujet d'un territoire étranger contre un concitoyen devait payer dix solidi, dont un septième revenait au seigneur de l'endroit.

Lieu du jugement.

L'accusé était obligé de suivre le plaignant, lorsque celui-ci était d'un autre district. Dans les *foraes* des XIIe et XIIIe siècles, il est presque toujours dit que les habitants des endroits auxquels ces *foraes* ont été donnés ne sont pas tenus de dépasser les limites de leur banlieue dans des litiges avec des étrangers. Le lieu de discussion est en pareil cas, d'après la règle, à l'extrême frontière de la banlieue (3), quelquefois aussi, lorsque celle-ci est ceinte d'une rivière, sur le pont qui la traverse (4).

Procédure.

Toute procédure devait être précédée d'une plainte, et en l'absence du plaignant personne n'avait à rendre compte de ses actions au juge (2). Il paraît qu'une sommation extrajudiciaire du plaignant à l'accusé de lui accorder son droit, faite en présence de témoins, précédait l'invitation juridique; la procédure ne pouvait être entamée avant que

---

(1) « Defendit ipse domnus Didacus (prieur du couvent Palacioli) ipsam hereditatem... per suum testimonium et suum juramentum, et per judicium rectum testimonio bonorum multorum hominum, ibi adsistentium et jur istum plazum; et fuerunt ipsi juratores (suivent leurs noms). » Voyez tout le diplôme de 1109 dans Ribeiro, *Diss.*, t. I, p. 238.

(2) « Homines de Penamocor non respondeant sine rancuroso. » Foral de Penamocor. « Ad judicem nulli respondeat nodi sine rancuroso. » Foral de S.-Cruz.

(1) « ...Igualmente fei chamado *Sayão*, o insolente, petulante, e disposto a commetter insultos, com desattenção, orgulho, e desaforo, » dit Santa-Rosa de Viterbo, dans l'*Elucid.*, verb. *Sayoe*.

(2) Foraes de Montemor et Gravão.

(3) « In capite suorum terminorum (in Cabos). » Foral de Touro.

(4) « Et si habitor de Lirena habuerit intentionem cum extraneo, habeat judicium in ponte de Lirena. » Foral de Leiria, de 1180.

ceci n'eût eu lieu (1). La sommation juridique se faisait par écrit (*carta*) ou par un *signe* juridique (*sello de juir*). Comme il n'y avait dans ce temps-là que peu de juges qui sussent manier la plume, ils donnaient au valet de justice chargé de faire la sommation (appelé *sayone* ou *porteiro*) un signe quelconque, une croix, un chiffre, ou un trait qu'ils traçaient avec la plume, et sur lequel ils imprimaient leur sceau (2). Celui qui après ce signe d'invitation, que le valet de justice donnait devant témoins à l'accusé ou attachait à sa maison, ne comparaissait pas ou détruisait le signe, devait payer cent solidi au juge (3). On avait recours à la contrainte envers celui qui se refusait encore après un délai de trois jours à comparaître en justice, et à venir chercher le jugement (4).

L'enquête et la confirmation des preuves se faisaient directement (*per exquisam directam*) ou indirectement (*per judicium*, c'est-à-dire par jugement divin). On a plusieurs exemples de la dernière manière de procéder. On conserva longtemps sur le tombeau du vénérable commandeur de Lessa, Garcia Maisius, un soc de charrue que la femme d'un forgeron, accusée injustement d'adultère, avait porté rougi au feu sur ses bras jusqu'à cet endroit sacré.

Tareja Soares, née de parents très-considérés à Ripa-Douro, mariée à un noble, et déjà mère de trois filles et d'un fils, fut accusée par son époux d'avoir trahi la foi conjugale. Ses parents voulaient prouver son innocence par un combat singulier (*desaffio*); mais elle n'y consentit pas, et se chargea elle-même de sa défense en portant, sans se brûler, dans la ville de Braga, un fer rougi (ou en marchant dessus). Son époux, saisi d'admiration, reconnut son erreur, se jeta à ses genoux et lui demanda pardon. Mais Tareja se détourna de lui, et ses parents la conduisirent dans le couvent d'Arouc, où elle s'ensevelit afin que sa grande beauté ne pût donner de nouveaux motifs à d'injurieux soupçons (1).

Dans toutes les discussions de droit où une enquête par témoins était possible, elle devait être exécutée par le juge et les *hommes estimables*; le jugement de Dieu n'était pas suffisant (2). La confirmation se faisait, d'après la règle, par témoins, et rarement par témoignage écrit. Dans quelques territoires, les *boni homines* pouvaient seuls être témoins; dans d'autres, la valeur du témoignage dépendait du rang du témoin. Selon le *foral* du bourg de Touro, le témoignage d'un *cavalleiro* avait autant de valeur que celui de l'*infançom*, et celui des *peons* autant que celui des *cavalleiros villaos*. Le nombre des témoins, d'après une loi d'Affonso III, ne devait pas dépasser celui de trente. On n'admettait les femmes comme témoins que dans certains cas.

Quiconque se refusait à dire la vérité devait payer autant que ce refus faisait perdre (3). Celui qui rendait un faux témoi-

---

(1) « Domus alicujus non sigilletur, nisi antea vocetur ad directum, » est-il dit dans plusieurs foraes. Si l'on ne veut pas admettre ici ce sens, ces mots signifieraient : Le *sayon* ne fera pas la marque de la saisie sur une maison avant que l'affaire ne soit jugée par une décision juridique. » Mais on fera attention au passage suivant dans le foral de Soure : « Sagion non est domum alicujus sigillare : sed si aliquis fecerit aliquod illicitum, veniat in concilium, et judicetur recte. »

(2) « Sigillare, sigillum, sello do Juiz, » d'après le *fuero juzgo. Elucid.*, t. II, p. 324 et 311. Dans une loi d'Affonso II, ce signe s'appelle *fuste* : « Se o nosso porteiro, ques com tetras, ques com fuste, ques per si, for fazer eixecuçom contra aliquem, etc., etc. »

(3) Foraes de Montemor et Castello-Branco.

(4) « Si noluerit gratis recipere judicium, recipiat invitus. »

(1) Santa-Rosa de Viterbo, d'après une donation de Tareja au couvent d'Arouca en 1254. *Elucid.*, t. I, p. 447.

(2) « Omnes intentiones tum nostri mordomi quam nostrorum hominum sint per inquisitionem bonorum hominum, de illis rebus unde potuerit habere esquisam (directam, ajoute le foral de Pombal) et non per judicium. » Foral de Zesere.

(3) Foral de Pombal.

LES COMMUNES DANS LES PREMIERS SIÈCLES.

gnage était soumis à une amende de soixante solidi, dont la septième partie revenait au souverain ; le parjure était en outre expulsé de la commune (1).

Les parties entendues et les témoins examinés, le juge prononçait son arrêt en présence des *boni homines* et des parties (2). Les lois et dispositions qui se trouvaient dans les *foraes*, et quand celles-ci se taisaient les anciennes lois des Wisigoths (3), dont il était plus souvent fait mention dans les *foraes* que dans les lois et règlements émanés de la cour royale, lui servaient de règle de conduite. Si aucune d'elles ne contenait les renseignements et les règles nécessaires, le juge, remontant à la source première de toute loi, au sentiment du juste et de l'injuste, prononçait un jugement dicté par sa conscience (1). La partie mécontente du jugement pouvait en appeler au seigneur, ou, dans un territoire royal, au souverain. Ces griefs sont désignés dans les *foraes* sous le nom de *querimoniæ* ou *querimonas*, et firent naître, lorsque le système judiciaire se fut mieux établi, les *aggravos* (appels). Les seigneurs interdisaient quelquefois l'appel au roi. Quiconque se refusait, dans leur territoire, à accepter la décision du tribunal de l'endroit, et s'avisait de s'adresser au roi, était soumis à une amende de dix maravédis, et devait quitter la contrée ; ses biens tombaient en partage à la commune (2).

Lois pénales. — Crimes et châtiments.

Les lois et dispositions concernant les crimes et leurs châtiments sont plus nombreuses dans les *foraes* que celles qui concernent les difficultés survenues dans la vie civile. Les passions vives et grossières d'un peuple belliqueux, ne trouvant de frein suffisant ni dans les mœurs ni dans les lumières de l'époque, s'enflammaient rapidement, et saisissaient avec impétuosité les moyens les plus violents pour se satisfaire. Ce qui aurait pu être doucement aplani par la décision du juge devenait souvent le motif d'un crime.

La parole de paix, pleine de charme et de gravité, qui, prononcée entre le premier mouvement de la passion et les voies de fait, aurait pu prévenir celles-ci, était souvent étouffée, et le juge se voyait forcé de punir, là où il aurait pu exercer les belles fonctions de conciliateur et de médiateur. C'est ainsi que s'entassaient crimes sur crimes, et que les châtiments devenaient nécessaires.

Mais, si les crimes étaient fréquents, leurs espèces étaient peu nombreuses. La vengeance, l'avidité, la sensualité dominaient parmi les passions de l'époque (3), et mettaient

---

(1) Foraes de Penamocor et Gravão.
(2) « Et devenimus inde Cresconi ante domino Egas Moniz, et ibi Sesuando Odori, et alii filii benenatorum, et exquisierunt ut ego Froila non habebat ibi in illas hereditates nulla causa, nisi herentia in sancto Petro de Arauca. Et viderunt homines bonos, et domino Egas, ut ipsa cambiatione firmiter extitisset pro hac sententia, et ideo placuit mihi. » *Mon. Lus.*, lib. IX, cap. 12 et 13, où l'on donne encore plusieurs procédures avec leurs jugements.
(3) « Qui vocem vestram pulsaverit, illud castrum pariat in quadruplum, et regiæ quomodo liber judicum præcipiat. » Foral de Soure.

(1) « Totas intentiones judicent alcaide de villa vestra per suam cartam, et alias intentiones judicent secundum suum sensum sicut melius poterit. » Foral de Touro.
(2) « Qui fuerit cum *querimonia* de suo vicino a rege, et non quesierit recipere judicium de vestros juratos, p. x mes, et exeat de villa, et remaneat hereditate in manu de vestro concilio. » Foral de Boa de Jejua, donné par Martinho Perez en 1252.
(3) « Non sit inter vos calumnia, nisi rausum, et homicidium, et stercus in ore, et casa disrupta cum armis, et furtum. » Foral d'Abuil, 1175.

leur empreinte à toutes les actions dont elle était souillée.

Les *foraes* désignent comme crimes ordinaires le meurtre et l'assassinat, le rapt et le viol, l'acte de remplir la bouche de boue, le vol et l'effraction dans une maison (1).

Le meurtre (*omezio*) était puni de diverses manières. D'après l'ancien *foral* de Lourinhac, qui fut confirmé par Affonso II en 1218, « le meurtrier (*matador*), si l'on pouvait s'en emparer, devait être enterré vif, et la personne tuée placée sur lui. Si l'on ne pouvait l'arrêter, il payerait au *prætor* (ici *alcaide*) trois cents solidi, et se mettrait aux mains des parents de la personne qu'il avait tuée (2). » La punition le plus en usage pour ce crime était l'amende de trois cents, quelquefois seulement de cent solidi (3), peine dans laquelle on distinguait si le coupable était de la commune de la victime ou non. L'étranger qui tuait un citoyen d'un bourg payait trois cents solidi ; mais si celui-ci tuait l'étranger, il ne payait rien (4). Cette faveur accordée à l'indigène ne saurait étonner à une époque où chaque commune était isolée, où elle voyait dans tout membre d'une autre commune un ennemi, et s'arrogeait des droits qu'elle refusait à ses voisins. Longtemps après, un roi de Portugal laissa tomber ces paroles du haut de son trône : « On ne peut nier que le *foro* concerne de plus près ceux qui l'ont demandé que l'étranger ; car ils l'ont demandé pour eux-mêmes plutôt que pour d'autres (5) ».

La question de savoir quel était le coupable devenait d'autant plus importante d'a-

---

(1) Voyez les pièces justificatives dans *Elucid.*, t. II, p. 96—97.

(2) *Elucid.*, ibidem.

(3) Foraes de Montemor et Gravão.

(4) « Se o morador da vossa villa mater a outro que nom for de vossa villa, nom peyte por el ne migalla : e se matar o de fora ao da vossa villa, peyte por el CCC assoldos. » Foral de Bragance, de 1187.

(5) Le roi Affonso IV, dans une loi pénitentiaire dans les *Ordenaç. Affons.*, liv. v, tit. 65, p. 263.

près une telle coutume. C'est de là qu'était sans doute venu l'usage singulier qui existait dans le territoire de Lamego : lorsqu'on y trouvait le cadavre d'un homme assassiné, et que l'on ne parvenait pas à trouver le coupable, le territoire était obligé de payer au *mordomo* royal trente maravédis. Le roi Affonso IV abolit cet usage dans ses premiers cortès.

Le bourgeois qui tuait un étranger parce que celui-ci lui avait pris des vivres ou d'autres biens était si peu considéré comme coupable, que celui qui portait plainte de ce meurtre auprès du seigneur ou du souverain était forcé de payer cinquante maravédis au roi et cinquante à la commune.

Le meurtrier (1) étranger au contraire, outre l'amende qu'il encourait, était chassé du territoire dans lequel il avait commis le crime, comme traître, parjure et ennemi mortel des parents de l'homme assassiné. Abandonné à la vengeance de la famille, il était partout poursuivi par la terreur. D'autres crimes qui n'encouraient nullement la peine de mort étaient cependant punis de cette même peine du *meurtrier*, qui devenait une grande ignominie pour lui, puisque le coupable était obligé de quitter sa patrie, et de passer le reste de ses jours dans la proscription (2).

Le second crime principal était le *ranzo* (3), par lequel on n'entendait pas seulement l'enlèvement ou le rapt d'une jeune fille qui demeurait avec ses parents, et que le ravisseur emmenait dans un autre endroit pour assouvir sur elle ses désirs brutaux, mais encore toute violence exercée, contre sa volonté, sur une personne du sexe féminin, qu'elle fût fille, veuve ou mariée. On distinguait les femmes et les filles dans les diverses professions et relations de la vie par leur coif-

---

(1) Foraes de Montemor et Gravão.

(2) Orniziero, homeziam, homizial, homicida.

(3) « Et qui in termino de Molas filia aliena rouxaverit extra sua voluntate, pectet CCC soldos ad rancurosum et exeat Orniziero. » Foral de Moz. De même dans Castello-Branco et S.-Cruz da Villariça.

fure. Il y avait une grande différence entre la femme qui portait bonnet (*andar com touca*) et celle qui allait tête nue (*em cabello*). Les veuves se couvraient la tête, les femmes mariées avaient la tête découverte, mais leurs cheveux étaient attachés. Les filles qui étaient encore sous la puissance paternelle, et en général toutes celles qui n'étaient pas mariées, allaient tête nue et cheveux flottants. On disait d'elles : *rester ou être en cheveux* (*remanere, aut esse in capillo*). Si une veuve portant cheveux courts et bonnet, ou une fille tête nue et cheveux flottants était violemment attaquée par un homme, et si elle criait pendant trois jours contre lui, celui-ci était obligé de se défendre contre cette accusation en produisant douze témoins de son innocence. S'il ne pouvait les trouver, il devait payer trente maravédis, vingt-trois à la plaignante et sept à la chambre (*palacio*). Mais, si elle ne se plaignait pas pendant les trois jours qui suivaient immédiatement le délit, le coupable était exempt de toute peine s'il jurait seulement qu'il n'avait pas commis le crime (1). Du reste il était dit que quiconque enlevait une fille contre son gré avait à payer trois cents solidi, dont la moitié ou la septième part était pour le seigneur de l'endroit, et la moitié ou le reste à la plaignante ; le coupable devait de plus passer à l'étranger comme homicide (2).

Plusieurs communes déclaraient au contraire exempt de la peine l'étranger qui venait se fixer dans la commune avec une fille enlevée ; mais il en était autrement s'il amenait une femme légitimement mariée (1). Dans ce cas, l'union était considérée comme adultère (*adulterio*), et punie en conséquence.

La femme qui abandonnait l'homme (2) auquel elle avait été légitimement mariée devant l'autel devait lui payer trois cents solidi dont la *camera* avait la septième part. Le mari qui abandonnait sa femme payait un *denar*. Celui qui surprenait sa femme en flagrant délit la quittait et gardait tout son bien (3) en payant un *denar* au juge. Si quelqu'un faisait pour cela du mal au mari, il devait payer cinquante solidi à la commune et quitter le bourg comme traître (4).

D'après le *foral* de S.-Cruz da Ponte de Saver, lorsqu'un homme s'était oublié avec la femme d'un autre, on devait les prendre tous les deux et les amener auprès de celui-ci, pour qu'il prononçât arbitrairement sur leur sort (5).

Le troisième crime capital était *lixo em bocca* (6). Il consistait à mettre ou à menacer de mettre dans la bouche de quelqu'un, par vengeance, et comme outrage, des excréments, et surtout des excréments d'homme.

---

(1) « Si fuerit maucipia in capillo, aut cum touca et venerit rascando per illa cal et dixerit : folam (i. e. rem mecum violenter habuit) pro nomine solvet secum duodecim ; et si non potuerit solvere, pectet triginta morabitinos, et septima a palatio. Et si non venerit rascando usque tertium diem, juret, sive tertium exeat de calumnia. » Foral de S.-Cruz da Ponte do Sabor, donné par Sancho II en 1225 ; pareillement dans les *foraes* de Castello-Branco, Penamocor, Gravão.

(2) Foraes de S.-Cruz, Lourinhão, Aguiar da Beira, Moz.

(1) « Et omnes, qui de sua terra exierint... cum muliere rouzada vel cum alia calumpnia qualibet, sedeat (nisi quod non adducat mulier aliena de benedictione) et tornet se ad seniore de Sancta Cruce et sedeat soltum, et defendi per foro de Sancta Cruce. » Foral de S.-Cruz da Villariça.

(2) « Virum suum de benedictione, » ou comme on disait communément dans la langue du pays, de *recabdo*, pour distinguer du *marido conucudo*, qui était un acte de mariage contracté publiquement devant les parents des époux et les voisins, sans recevoir la bénédiction du prêtre. *Elucid.*, t. II, p. 119.

(3) L'époux partageait en pareil cas le bien de la femme avec le *mordomo* du roi en parts égales.

(4) Foraes de Penamocor, Montemor, Gravão, Castello-Branco.

(5) « Et faciat illis inde sua voluntate. »

(6) Les autres termes pour cela étaient : « Merda in bucca, stercus in ore. »

Cet attentat était très-commun dans ce temps-là, et donne une mesure de la fange dans laquelle se vautrait le bas peuple. La plupart des *foraes* s'élèvent contre cette *abomination* (*nefando*), comme ils la nommaient, sans pouvoir l'abolir. Le roi Dinizio se vit forcé d'instituer la peine de mort pour un attentat qui défiait les lois et les châtiments, et qui subsistait toujours malgré le progrès des bienséances (1).

Quiconque se rendait coupable du quatrième crime capital, le vol (*furtum*), devait payer neuf fois la valeur de l'objet volé. On rendait d'abord à la personne volée ce qui lui avait été pris, ou sa valeur; le reste était également partagé entre elle et le juge (2). D'après le *foral* de S.-Cruz da Villariça, on coupait en outre les oreilles au voleur, et lorsqu'il tombait dans la récidive, les *alcaide* le faisaient mettre à mort (3).

Enfin on joignait dans la plupart des *foraes* un cinquième méfait à ces crimes capitaux; c'était l'effraction à main armée dans une maison (4); la punition ordinaire était une amende de cinq cents solidi.

Les blessures et mutilations corporelles étaient regardées comme des crimes moins importants. On y prenait tout en considération, l'instrument qui avait servi à faire la blessure, le membre ou la partie du corps qu'on avait blessé, afin de fixer en conséquence le montant de l'amende. Celui qui avait frappé avec le poing fermé payait douze *denare*; cinq solidi, s'il se servait de la main ouverte, et si le sang coulait douze solidi et demi, etc., etc. Un coup de lance ou de pique était expié par cent solidi; s'il traversait le corps, par deux cents solidi (1). Quiconque cassait le bras à un autre, lui crevait un œil ou lui enfonçait une dent, devait payer au blessé pour chaque membre cent solidi, dont la septième part revenait au seigneur de l'endroit (2). Le privilége de Cernancelhe entre encore dans plus de détails (3), et fixe de plus petites amendes; pour une oreille quinze *modios* (4), pour le nez cinquante, pour un œil cinquante, pour les deux yeux cent, pour une main cinquante, pour les deux mains cent, pour une dent cinq, pour un doigt cinq, pour un doigt de pied cinq; toutes ces amendes devaient être payées moitié au roi et moitié au blessé ou à ses parents. Toutes autres considérations mises de côté, que de changements ont été opérés par les progrès des lumières dans les idées sur la valeur des membres isolés du corps humain! Que de réflexions cette observation ne fait-elle pas naître!

Des insultes et invectives publiques (à l'exception du *lixo em bocca* mentionné plus haut), étaient également rangées au nombre de crimes de moindre importance; cependant on les punissait avec une grande sévérité (5). D'après le *foral* de Lourinha, l'accusé devait payer, pour chaque parole insultante qu'il aurait proférée, trois solidi à l'offensé et autant

---

(1) « Estabelciemos e poemos por ley, que todo homem, on molher, que a outrem meter merda em boca, on mandar meter, moira porem. » *Ordenaç. Affons.*, liv. v, tit. 32, § 1, p. 127. Cet abominable usage n'a pas encore entièrement cessé parmi la lie du peuple portugais.

(2) Foral de Penamocor; ou bien c'était la *camera* qui avait la septième part, comme il est dit dans le foral de Gravão.

(3) *Elucid.*, t. II, p. 185.

(4) «...Casa disrupta cum armis aut cum feridas, aut fregerit portas et intraverit domum per vim. » Foral donné par le couvent de Lorvão au bourg d'Abial en 1775: « Si aliquis disrumperit casam, qui passet liminare cum armis, scil. cum scutis, cum lanceis, aut cum spatis, aut cum cultellis, vel cum porris, vel cum petris, pectet quingentos solidos rancuroso et septima palacio. » Foral de Penamocor.

(1) Foral de Constantin de Panoyas. Pour des blessures, contusions, etc., etc., comparez *Elucid.*, t. I, p. 443, verb. *Feridas chaus* ou *negras*, et le même, t. II, p. 210, verb. *Pena de sangue*.

(2) Foral de Castello-Branco.

(3) Foraes de Montemor et Gravão.

(4) Imprimé dans les *Memor. da Acad. real*, t. VII, p. 7.

(5) Sur *modio*, comparez *Elucid.*, t. II, p. 141.

au *prætor* (1). Une femme qui insultait sans raison une femme honnête recevait par punition cinq coups de verges (*varangadas*) sur sa chemise; et l'homme qui attaquait la bonne renommée d'un honnête homme ou d'une honnête femme en recevait le double. Si un homme en accusait un autre de paillardise, ou s'il lui disait en face qu'il était *zegalo de fulana*, ou à une femme qu'elle *zegoniaz com fulano* (2), et s'il ne pouvait prouver par témoins la vérité de ses paroles lors de l'enquête, il était condamné à une amende de trente solidi, qui revenaient à la *camera*, et chassé de l'endroit comme s'il avait attaqué la vie même de son concitoyen ou de sa concitoyenne en détruisant son honneur et sa bonne renommée. Le moine qui traitait un autre moine de sodomite (*fodid incul*), de traître, de galeux ou de voleur, devait payer cinq solidi à la communauté, et subissait la peine du fouet (3). Comme la grossièreté de ces temps s'épanchait en invectives, et que la langue la mieux déliée se montrait la plus coupable, on imagina de faire un frein en fer pour retenir cet organe calomniateur. Dans la maison commune du bourg de Sanceriz, près de Bragance, se voyait encore dans les temps modernes un mors qu'on mettait jadis aux femmes dont la mauvaise langue s'était exercée aux dépens de la réputation d'autres femmes. Cet instrument se composait d'une langue de fer qui couvrait la bouche, d'un anneau très-fort qui entourait le menton, d'un fer qui remontait le long du nez, et d'une espèce de bonnet qui y tenait; le tout était attaché derrière la tête par des courroies et une boucle (4). Les siècles suivants abolirent cette peine: était-elle devenue insuffisante ou superflue?

Comme on le voit par ce qu'on vient de lire, les punitions se réglaient d'après le rang du coupable, ou d'après les circonstances dans lesquelles la faute avait été commise. On croyait alors, et longtemps après encore, qu'il y avait des positions élevées au-dessus des châtiments, ou dans lesquelles du moins toute leur sévérité n'atteignait pas le coupable (1). On voit d'un autre côté, par les amendes pour blessures et mutilations corporelles mentionnées plus haut, que la première était strictement mesurée au délit, toute abstraction faite de l'état du coupable. Le lieu et les circonstances modifiaient aussi la peine. Celui qui attaquait quelqu'un à l'église, dans la maison de la commune, ou sur la place du marché, devait donner soixante solidi (2); celui qui battait une femme en présence de son mari expiait sa faute par trente solidi (3).

L'argent des amendes (*calumnias, comias, multas*) revenait en partie, comme on l'a vu ci-dessus, à la *camera* royale, qu'on désignait dans ce temps-là sous le nom de *palacio*, et formait une des sources principales des revenus de la couronne. Les amendes pour les crimes capitaux nommés plus haut étaient sans doute les plus productives. Le roi se réservait le droit de les infliger ou de gracier le coupable (4), quoiqu'il eût renoncé, dans les donations de terres et de bourgades avec la juridiction qui y était attachée, à la condamnation et à la punition des fautes moins graves. Il arrivait cependant souvent que le roi cédait tous ses droits sur ce point (5). La part qu'avait la *camera*

---

(1) « Si aliquis dehonestaverit aliquem, quantos deostos ei dixerit, tantos tres solidos ei pectet, et prætori alios tantos. »
(2) Foral d'Atonguia.
(3) *Elucid.*, t. I, p. 468.
(4) *Ibid.*, t. II, p. 416.

---

(1) Pour les priviléges du *cavalleiro* devant la justice, voyez plus haut p. 90.
(2) Foraes de Penamocor et Gravão.
(3) Foraes de Moz et Gravão.
(4) « Voz et coima. » *Vox* signifie dans ce sens, lorsque ces deux mots sont réunis dans les documents, autant que *carritel*, et *coima* autant que *calumnia*: « La compétence du jugement et la peine. »
(5) C'est ainsi qu'Affonso Ier renonce, dans la donation du *conto* de Barra au couvent Ceiça en 1175, à tous les droits royaux qu'il y possédait, c'est-à-dire à la *herdade*, *voz* et *calumnia*, et

10*

royale aux amendes se montait ordinairement à un septième, quelquefois à la moitié.

L'*alcaide*, qui avait à fixer le montant de l'amende, était aussi chargé de faire restituer à la personne volée ce qui lui avait été pris, ou la valeur entière du vol (*cabdal*), et de répartir le reste de la somme que le voleur était condamné à payer, de telle sorte que le plaignant reçût six parts (*rancuroso*) et le souverain la septième (1).

Du reste c'était le *sayom* ou le *meirinho* qui exécutait le jugement. C'était aussi lui qui entamait les poursuites contre les coupables ; car le *sayom* ou le *meirinho* seul avait le droit de saisir celui contre lequel on avait imploré hautement le secours du roi (*aqui d'el rei* (2), ou contre la violence duquel on portait plainte (*vox de carrielto*, ou simplement *vox* (1). Mais le *sayom* ne devait procéder à l'incarcération que lorsqu'un plaignant apparaissait, et qu'il y avait des témoins. Il fallait aussi que l'objet de la plainte se montât à peu près à cinq maravédis (2). Le criminel devait, d'après le *foral* de Barcelos, être arrêté le jour même où il avait commis le crime ; les jours suivants on ne pouvait plus rien contre lui (3).

---

menace de peines sévères quiconque dans ce *cónto* « calumpniam aliquam fecerit. »

(1) « De quocunque furto colligat suo domino suo cabdal et partat illa calumpnia, et det septima a palacio, per manu de alcaldes. » Foral de Moz, donné par Affonso Henriquez en 1162.

(2) Ce que l'on désigne aussi dans quelques foraes par le mot *rascas*.

(1) *Elucid.*, t. I, p. 240.

(2) « Sagion et majordomus non ponant caritel, nisi cum auctore et testibus : et non sit illud caritel, nisi de v maravedis. » Foral de Viseu. « Et istas calumpnias non respondeat sine rancuroso, et rancuroso non valeat sua cherimonia sine testimonium bonorum hominum. » Foral de Constantin de Panoyas.

(3) « Non pectent caritel de nasum (c'est-à-dire lorsque le sang coulait du nez, on ne pouvait implorer le secours du roi), et si fecerint calumpniam in alia parte, et ipso die apprehenderint eos, pectent eam per forum suæ villæ : et si in ipso die non apprehenderint eos, in alio nihil respondeant. »

LIVRE II.

DEPUIS LE RÈGNE DU ROI DINIZIO JUSQU'A LA MORT DE FERNANDO.

(De 1279 à 1383.)

Le royaume, qui dans la période précédente a étendu ses limites, et est arrivé à une indépendance complète, s'en tient désormais à ces limites, et conserve son indépendance, qui n'est plus attaquée. Une seule fois encore l'existence du Portugal se trouve menacée, ainsi que celle de la Castille, par une innombrable armée de Sarrasins; mais le Portugal, grâce à son roi, se tire glorieusement de ce danger. La Castille ne songe plus à contester au Portugal son indépendance. Les forces de ce royaume se tournent désormais vers le développement intérieur. Sous la protection de plusieurs rois pleins de vigueur et de sollicitude pour le bien de leur peuple, le tiers état se relève pendant cette période par l'agriculture, le commerce et la navigation. Querelles incessantes entre le roi et le clergé ; l'influence des papes, déjà affaiblie, continue à diminuer à mesure que le pouvoir royal se fortifie. Les querelles avec le clergé éclatent justement sous deux rois doués de hautes qualités (Dinizio et Pedro). On met des bornes aux acquisitions de terres par l'Église. Les rois sont moins heureux dans leur lutte contre les abus introduits par les nobles à la faveur de leurs priviléges seigneuriaux. La juridiction tombe, par contre, toujours de plus en plus entre les mains des rois, qui, favorisés d'abord par le droit romain, qui s'introduisait peu à peu, prennent à leur tour ce droit sous leur protection. L'influence royale, fondée chez Affonso III sur l'énergie et la prudence, chez Dinizio sur l'équité et le droit romain, l'humanité et l'amour du peuple, chez Affonso IV sur l'audace, chez Pedro sur une sévérité menaçante, est très-affaiblie par l'irrésolution méprisable de Fernando.

CHAPITRE PREMIER.

RÈGNE DU ROI DINIZIO.

(Depuis 1279 jusqu'à 1325.)

§ Ier. *Dinizio jusqu'à son avénement.*

Naissance et éducation de Dinizio. — Il a, comme prince royal, une cour particulière. — Son avénement. — Sa mère est éloignée des affaires. — Son mariage avec Isabelle d'Aragon.

Dinizio naquit le 9 octobre 1261 à Lisbonne. Il prit son nom du jour de sa naissance, consacré par l'Église à saint Denis l'Aréopagite. Conformément aux idées du temps, il fonda par la suite, en l'honneur de ce saint, en qui il vénérait son patron et son intercesseur auprès de Dieu (1), plusieurs églises dans l'évêché de Lisbonne, et nommément le couvent magnifique de S.-Dinizio de Odivellas pour des cisterciennes (2). Sa ville natale, Lisbonne, avait été la résidence habituelle d'Affonso III, qui, la trouvant toujours fidèle à sa cause dans ses querelles avec son frère Sancho II, lui accordait une protection spéciale et une prédilection particulière. Elle devint pour Dinizio, ainsi que son jour de naissance et de fête, l'objet d'une sollicitude aussi pieuse que tendre; il exprima hautement lui-même, à l'âge de vingt-quatre ans, dans une assemblée solennelle et publique, ses sentiments pour la ville dans laquelle il était né et avait été baptisé, élevé et couronné (1).

En voyant les dispositions excellentes d'esprit et de cœur que le prince montrait dès son enfance, son père fut désireux d'en confier le développement aux mains les plus habiles. Il choisit pour son précepteur Lourenço Gonsalvez Magro, descendant du

---

(1) «...A honra de Deos e da Virgem Maria, e de são Dinis em cujo dia naci, e que tenhor per meo padrum para com Deos, » dit Dinizio lui-même en parlant de sa fondation de piété. *Mon. Lus.*, liv. XVI, cap. 1.

(2) Sousa, *Provas*, t. I, num. 12, p. 105.

(1) « E disse mais em todo seu reyno com que ouvesse maiores dividas de bem, ça com o conselho de Lisboa, hy nacera, e hy fora criado e bautizado, e hy fera rey. » *Mon. Lus.*, t. V, append., escrit. 18.

grand Egas Monis, premier précepteur du roi Affonso Henriquez. Le souvenir de cet homme dont les services rendus au Portugal et à son premier roi vivaient encore dans la mémoire des Portugais, et les qualités du précepteur qu'on avait choisi, faisaient oublier qu'il était fils illégitime de Gonçalo Viegas Magro. Une telle circonstance ne pouvait arrêter un Affonso III dans son choix. On doit faire remarquer, comme un beau trait du caractère de Dinizio, que la reconnaissance, cette vertu qui en annonce tant d'autres, se manifesta en lui jusque sur le trône. Il fit présent au guide de sa jeunesse du bourg d'Arega, et fit en faveur de Magro une exception lorsqu'il révoqua et reprit toutes les donations et autorisations auxquelles il s'était laissé entraîner au commencement de son règne (1). Ce que ce gouverneur avait commencé fut continué avec la même sollicitude par un autre précepteur, Nuño Martins de Chacien, que Dinizio nomma, à son avénement au trône, *mordomo mor*, et désigna sans doute, par cette promotion à l'une des dignités les plus importantes de l'État, comme l'homme qui l'avait préparé aux affaires du gouvernement.

C'étaient donc des hommes du pays qui avaient la tâche de diriger son éducation morale, et qui étaient chargés d'élever un roi portugais dans le sens des idées et des besoins de son peuple. Pour l'instruction du prince, Affonso choisit des maîtres en France, pays dans lequel les sciences et les lumières avaient déjà fait de grands progrès. Son séjour dans ce royaume lui rendait sans doute facile le choix de maîtres convenables. Ce sont vraisemblablement eux qui allumèrent chez ce jeune prince si impressionable l'amour de la poésie. Ce qu'ils lui apprirent du reste pouvait l'éclairer, et ne pouvait dénaturer un caractère qui tenait aux principes de ses précepteurs, hommes de sa nation, et qui aimait à s'appuyer sur eux. La force du prince, comme celle de tout autre homme, gît dans son caractère; il est essentiel que ce soit les hommes les plus distingués et les plus nobles de leur pays qui soignent ce caractère et le fortifient. L'éducation scientifique faite par des étrangers offre moins d'inconvénients que l'éducation morale, qu'il est presque toujours dangereux de confier à des personnes auxquelles les intérêts du pays sont indifférents.

On se flattait de retrouver dans le jeune prince, qui faisait des progrès si rapides dans les sciences, l'image de son grand-père (1), Affonso le Sage, que son siècle avait admiré comme un oracle de science et d'instruction. Mais Dinizio était destiné à quelque chose de mieux encore; il devait mériter le surnom de *Sage* dans la vraie signification du mot. Son destin fournit un contre-poids bienfaisant à la tendance savante trop prononcée que ses maîtres lui avaient peut-être communiquée; il ne permit pas qu'il devînt infidèle à sa vocation, il ne le laissa pas devenir savant aux dépens de ses qualités de prince. Le roi Affonso III étant resté pendant quatre ans livré à des souffrances physiques, l'héritier présomptif du trône dut se tenir prêt à saisir d'un instant à l'autre le gouvernail de l'État. L'attention de l'infant fut dirigée de bonne heure là-dessus (2), et comme il avait appris, dès ses plus jeunes années, à considérer le trône comme lui étant destiné, et à faire tendre vers lui les efforts de son esprit, ses précepteurs et ses maîtres s'étaient aussi habitués à ne point négliger ce point de vue.

Le père avait aussi le mérite d'avoir donné au jeune prince, dont les facultés se développaient si rapidement, une indépendance précoce, puisqu'il fut le premier des rois portugais qui permit au prince royal de se créer une maison à lui. Lorsque Dinizio eut atteint sa seizième année, le roi lui accorda quarante mille *libras* de revenu annuel, lui

---

(1) « ...Men amo por criança e por servi o que me fez... nem he que en lhe revagasse desta doçam. » *Mon. Lus.*, liv. XVI, cap. 3.

(1) *Mon. Lus.*, t. V, lib. 16, cap. 3.
(2) *Mon. Lus.*, lib. 16, cap. 14.

donna un certain nombre de *fidalgos* pour sa suite, et fixa leur solde (1). Ce furent l'état de maladie constant du père et la précocité du fils qui motivèrent sans doute cette résolution d'Affonso. Il paraîtrait même qu'il avait l'intention de prendre l'infant Dinizio pour aide et conseiller dans les querelles avec le clergé, qui absorbèrent au moins autant que les affaires du gouvernement la sollicitude du roi dans ses dernières années. L'esprit pénétrant d'Affonso avait compris que c'était là le seul moyen d'obvier aux inconvénients du passage subit de la solitude et de l'inexpérience de la vie privée aux pénibles fonctions du souverain. Il avait sans doute voulu préparer le prince royal à franchir plus aisément ce pas en lui organisant une maison à lui. Affonso III avait encore un autre motif pour agir ainsi. Il tenait à ce que son fils Dinizio parût aux yeux des Portugais comme leur futur souverain, et cette espèce d'émancipation l'annonçait à la nation comme le légitime successeur de son trône. Affonso III, qui avait commencé une branche collatérale, et s'était écarté du droit de succession jusqu'alors en vigueur, avait cependant succédé sur le trône à son frère Sancho II d'après les lois du royaume auxquelles la bulle du pape se rapportait (2). D'après les mêmes lois on devait, à la mort d'Affonso, procéder à une nouvelle élection, et ce n'était que par cette voie que son fils pouvait arriver au trône. Mais, quand même l'élection eût paru dans ce cas superflue aux Portugais, et que ceux-ci n'eussent point été jaloux, ne fût-ce que pour le conserver en vigueur, d'exercer un pouvoir qui leur appartenait, le droit de succession pouvait cependant devenir matière à litige entre les fils d'Affonso, et la suite prouva qu'un plus jeune frère de l'infant Dinizio avait aussi des prétentions fondées au trône.

Afin de prévenir de semblables discussions, et d'épargner peut-être au Portugal une guerre civile, Affonso montra le fils qu'il destinait à être son successeur sur le trône, déjà de son vivant, comme tel, et le fit agir en conséquence. Affonso alla encore plus loin : il nomma Dinizio, dans un diplôme, « *son premier-né et son héritier* (1) ». Il fut depuis d'usage de désigner ainsi l'héritier présomptif, après avoir nommé tous les fils du roi sans distinction infants ou même rois, ainsi que les filles infantes ou reines.

Le roi mourut huit mois après l'organisation de la cour princière. On rendit aussitôt hommage à son successeur avec la solennité ordinaire (2). Pendant la première année, Dinizio partagea la royauté avec sa mère ; nous la voyons vaquer aux affaires de l'État avec les conseillers du roi, Durão, l'évêque d'Evora, João de Avein, et Fray Affonso Peses Farinha (3). Mais cette souveraineté exercée en commun ne dura pas longtemps. Dinizio saisit la première occasion pour se délivrer d'une co-régente dont le cœur était peut-être plus attaché à la Castille et à la maison royale dont elle était parente, que la jalousie des Portugais pour leur indépendance, surtout à l'égard de la Castille, n'eût pu l'endurer. Afin de rétablir l'union entre sa fille et son petit-fils, Alfonso, roi de Cas-

---

(1) Liste des personnes qui doivent composer la maison de l'héritier présomptif, et état des sommes que coûtait cette maison. *Mon. Lus.*, t. v, app., escrit. 5.

(2) « Qui eidem regi, si absque legitimo decederet filio, jure regni succederet. » Les mots *jure regni*, dit Brandão (*Mon. Lus.*, liv. 16, cap. 10), ne se sont pas glissés par erreur dans le texte, mais se trouvent dans le document original, ainsi que dans toutes les copies.

(1) « Filius primogenitus et hæres. » Voyez le document dans *Mon. Lus.*, t. v, liv. 16, cap. 5, et append., escrit. 1.

(2) *Mon. Lus.*, liv. 16, cap. 18.

(3) Dans un diplôme du 18 mars 1279, par lequel les priviléges du couvent Bouro se trouvaient confirmés, il est dit à la fin : « Rege mandante per dominam reginam et per dominum episc. Elborens... tenentem vicem reginæ in corrigimentis. » *Mon. Lus.*, liv. 16, cap. 26.

tille, se rendit à Badajos, et invita le jeune roi à une entrevue sur la frontière du Portugal. Celui-ci alla jusqu'à Elvas, mais ne se rendit pas à Badajos, et éluda l'entrevue. Il sentait qu'un refus positif de sa part eût offensé son grand-père, et qu'en cédant il eût compromis sa propre indépendance. Son grand-père fut déjà suffisamment blessé de ne le pas voir arriver ; il comprit qu'il devait prendre cela pour un signe tacite de la ferme volonté qu'avait le jeune prince de régner seul. Ainsi mis hors de doute sur les intentions de Dinizio, il s'en retourna à Séville. La reine Britès donna par la suite la préférence au séjour de la Castille sur celui du Portugal.

Une autre femme appelée à régner sur le cœur, mais non sur les États de Dinizio, entra bientôt dans le cercle de la famille royale. Peu de temps après l'avènement au trône du jeune roi, plusieurs grands lui avaient fait remarquer combien son mariage serait chose désirable. L'ardeur et l'impétuosité de son caractère semblaient le menacer de périls contre lesquels l'hymen ne put même le préserver par la suite. Le roi fit alors demander par trois hommes considérés la main de l'infante d'Aragon, Isabelle, fille de Pierre III d'Aragon et de Constance de Naples, fille elle-même de Manfred, et petite-fille de l'empereur Frédéric II. Deux ans après on célébra son mariage avec Isabelle, qui se distinguait également par sa beauté, son esprit et ses vertus.

§ II. *Relations extérieures.*

Le roi est entraîné par sa querelle avec son frère Affonso dans les dissensions qui troublent la Castille. — Part que prend Dinizio aux discussions touchant les droits au trône dans ce pays. — Il fait conclure, en qualité de médiateur et d'arbitre, la paix entre la Castille et l'Aragon, et contribue à rétablir la tranquillité dans ce royaume.

Malgré ce malentendu avec Alfonso de Castille, Dinizio eut le bonheur de vivre pendant les premières années de son règne en bonne intelligence avec les États voisins ; mais il était facile de prévoir que les troubles qui éclatèrent bientôt après en Castille porteraient préjudice à la bonne harmonie entre le Portugal et la Castille. Lorsque la mort d'Alfonso ouvrit une plus vaste carrière aux passions et aux ruses des divers prétendants à la couronne, que le royaume se trouva déchiré par l'esprit de parti, et ébranlé par la guerre civile, le Portugal pouvait-il rester parfaitement calme ? la maison royale, alliée à celle de Castille, pouvait-elle ne pas se prononcer pour l'un ou pour l'autre parti(1) ? Ce fut le propre frère de Dinizio qui l'entraîna imperceptiblement dans les dissensions castillanes.

L'infant Affonso était né le 8 février 1263, après la mort de la comtesse Mathilde de Boulogne, première épouse d'Affonso III ; Dinizio au contraire était né de son vivant. C'est pourquoi l'infant prétendait que la couronne lui revenait, et que Dinizio, né d'un mariage illégitime, était incapable de succéder au trône. Il soutenait cette prétention publiquement, et sans prendre aucun détour. Dinizio n'eût pas fait attention à des discours pareils dans la bouche d'un homme sans puissance et sans crédit ; mais la position d'Affonso en Portugal et ses relations avec la Castille leur donnaient une valeur dangereuse. L'infant était seigneur de Portalègre, de Castello de Vide, d'Arronches, de Marvâo, de Lourinhâo, et d'autres endroits que son père lui avait lais-

---

(1) *Mon. Lus.*, t. v, lib. 16, cap. 20.

ses (1), et qui étaient pour lui, par leurs fortifications et plus encore par leur position dans le voisinage de la frontière castillane, des points d'appui importants. Il était lié par son épouse Violante, fille de l'infant Manuel, fils de Ferdinand III de Castille, avec un grand nombre de grands de Castille. Ces propriétés et ces alliances lui fournissaient des moyens suffisants pour se faire un parti dans ce royaume. Sa cour fut bientôt le point de réunion des grands mécontents, qui, forcés de fuir de Castille, se lièrent avec l'infant, et firent avec lui une invasion dans leur propre pays. Lorsque Sancho s'en plaignit à Dinizio, celui-ci ne crut plus devoir ménager un frère qui menaçait de transporter aussi en Portugal la guerre civile qui déchirait la Castille. Le roi se mit en marche avec une armée, assiégea l'infant à Portalègre, et le força de confier Portalègre et Marvão avec leurs châteaux à un chevalier portugais jusqu'à ce que leur différend fût apaisé. La querelle put enfin se terminer, grâce à l'intervention de la reine Isabelle. Le roi promit de payer annuellement une certaine somme à l'infant, et de lui abandonner, pour les bourgs qu'il avait repris, les domaines de Sintra, Ourem et autres dans la *comara* de Lisbonne. C'est ainsi que l'infant fut éloigné de la frontière séduisante de la Castille.

Cependant Dinizio avait été entraîné par sa querelle avec son frère dans la dispute de la succession au trône de la Castille, et malgré tout son amour pour la paix il ne put éviter de prendre part à la guerre qui en fut la suite. Pour apprécier convenablement le rôle qu'il y joua, il faudrait pouvoir donner ici l'histoire politique de la Castille pendant le règne de Sancho IV, et la minorité et le règne de Ferdinand IV, avec tous ses détails; détails qui n'amèneraient d'autres résultats sinon la conviction chez le lecteur que cette coopération du roi Dinizio eut plus d'importance pour la Castille que pour le Portugal, et fournit peu de renseignements essentiels pour les destinées de ce dernier royaume. L'effet le plus important de la part que prit Dinizio aux événements de Castille fut incontestablement le traité conclu, en 1297, entre le Portugal et la Castille. Afin de consolider la paix entre les deux royaumes et d'assurer au jeune Ferdinand la protection de Dinizio, on décida que Ferdinand (né le 6 décembre 1285) épouserait la fille du roi de Portugal, Constance (née le 3 février 1290), aussitôt qu'elle aurait atteint l'âge convenable, et après avoir obtenu le consentement du pape. L'infante de Castille, Britès, fut en même temps destinée au fils de Dinizio, héritier présomptif du trône (né le 8 février 1291). La cession faite au Portugal, d'après ce traité, des bourgs d'Olivenza, Conjucles, Campo-Majar et S.-Felix, prouvait à quel point la reine Marie estimait le secours du roi de Portugal.

L'arbitrage donné à Dinizio par les parties contendantes en Castille prouve que sa conduite dans cette lutte avait montré son caractère sous le jour le plus favorable. On ne se soumet pas volontiers à un arbitre, lorsqu'on ne le croit pas capable de jeter un regard lucide et pénétrant sur le véritable état des choses, lorsqu'on ne lui suppose pas des idées d'équité et de droit justes et incorruptibles. Dinizio eut la gloire d'amener la paix par son intervention entre la Castille et l'Aragon, et bientôt après, d'effectuer un traité entre le roi Ferdinand de Castille et Alfonso de Lacerda, qui rétablit entièrement le calme. Les services qu'il rendait à ce royaume étaient évidents; la Castille devait les apprécier, si même elle ne les reconnaissait pas hautement. A la vérité le Portugal n'en tirait pas de grands avantages; mais il dut se réjouir de la gloire que son roi s'était acquise parmi les princes de la Péninsule. Le Portugal n'avait du reste pas besoin de cela pour nommer son roi avec orgueil. Les services que Dinizio avait rendus à sa patrie valaient encore mieux, et furent, pour bien dire, la cause de son crédit auprès des princes, le principal nerf de

---

(1) Voyez les diplômes dans Sousa, *Provas*, t. I, num. 30 et 31.

son influence extérieure. C'est ici, au sein de sa patrie, dans cette paisible gloire d'une sollicitude modeste mais active et sage pour le bien de sa nation, que nous devons chercher ce qui le distingua des princes de son siècle, et le plaça au rang des hommes d'élite qui ont orné les trônes dans tous les temps.

Nous quittons donc avec plaisir le théâtre des événements de la guerre et des traités de paix pour retourner en Portugal rendre hommage au jeune roi, et le suivre dans ses mouvements et son action au milieu de son peuple.

§ III. *Affaires intérieures.* — *Administration de Dinizio.*

Il parcourt plusieurs fois le royaume.—Culture du pays, travaux des mines, commerce, navigation, puissance maritime.

Après que la mère de Dinizio eut partagé pendant quelque temps avec lui les soins des affaires du gouvernement, le jeune roi, âgé de dix-neuf ans, se déroba à cette influence, comme s'il eût voulu faciliter à ses contemporains et à la postérité les moyens de porter un jugement sur lui, puisque tout ce qui émanerait désormais du trône passerait pour son œuvre. La manière dont Dinizio profita de l'indépendance qu'il venait d'acquérir, prouvait de reste qu'il ne l'avait pas recherchée, afin de pouvoir suivre sans gêne ses caprices, et, libre d'un frein importun, s'abandonner aux mouvements d'une volonté arbitraire et sans but. L'activité régulière et prévoyante qu'il déploya aussitôt après son avènement au trône, les peines qu'il se donna pour améliorer toutes les branches de l'administration, nous éclairent sur ses motifs et sur ses intentions. Il ne voulait pas être paralysé dans son action, ni entravé dans la conception et l'exécution de ses plans d'administration par une volonté étrangère, même par celle de sa mère. En outre le besoin qu'éprouvait son esprit actif et ardent de se mouvoir librement dans une carrière plus étendue, détermina sans doute le roi à prononcer lui-même son émancipation.

Dinizio se conforma dès le commencement de son règne aux anciennes coutumes de ses prédécesseurs, voyageant dans son royaume afin de voir tout par soi-même, afin d'examiner de près les besoins et les griefs, pour les satisfaire et les redresser de la manière la plus sûre. Après avoir pris les mesures les plus urgentes pour l'organisation de sa cour et l'administration du pays, il commença, dès le commencement d'avril, son premier voyage, d'abord dans l'Alemtejo, puis dans d'autres *comarcas*. Le premier endroit qui fut l'objet de sa sollicitude paternelle fut le bourg d'Alcaçovas; la fertilité du sol, l'abondance du gibier et du poisson, l'agrément et la salubrité de la position attiraient l'attention du roi. Il fit bâtir un palais royal près du vieux château de cet endroit, et résolut d'entourer le bourg d'une muraille. Le roi confirma le *foral* que l'évêque d'Évora avait donné en 1259 à Alcaçovas (c'était celui d'Évora). Il se dirigea alors vers d'autres endroits de l'Alemtejo. Dinizio voua une sollicitude particulière à cette province, parce qu'elle en avait besoin entre toutes les autres. Elle était peu peuplée en proportion de son étendue considérable, et sa fertilité naturelle semblait cependant faite pour nourrir une population nombreuse. Déjà l'aïeul de Dinizio, Affonso II, avait reconnu cela, et avait songé à l'encouragement de la culture et à la population de la province. Les contrées mal cultivées ou tout à fait incultes avaient été partagées entre des personnages puissants, qui les avaient confiées à des colons chargés de les faire valoir. Depuis ce temps on avait rebâti plus d'un bourg tombé en ruines, on en avait construit de nouveaux. La fertilité du sol et la population toujours croissante, l'étendue considérable et la position voisine de l'Estramadure et de l'Andalousie donnaient à l'Alemtejo une importance que Dinizio ne pouvait manquer d'apprécier. Il chercha donc toutes les manières d'encourager la culture de cette province, et resserra les liens qui l'attachaient au trône. Plusieurs bourgs et territoires qui avaient été enlevés à la couronne, ou avaient passé en d'autres mains, lui furent de nouveau rattachés, et l'on dédommagea les propriétaires par des domaines dans d'autres *comarcas* (1). Lorsque Dinizio prit, ainsi que nous l'avons dit plus haut, Arronches, Portalègre et Marvâo à l'infant Affonso, et lui céda en échange les bourgades dans le district de Lisbonne, outre le désir d'éloigner son frère de la frontière de Castille, où sa présence était si dangereuse, il avait le dessein de posséder plus de terres, et de prendre pied plus solidement dans l'Alemtejo.

Le roi employa presque toute la première année de son règne à visiter les villes et communes, à fortifier sur les lieux leurs droits et priviléges, à veiller à ce que la justice fût rendue d'une manière prompte, équitable, et à organiser la défense la mieux entendue des frontières du royaume dans toutes les *comarcas* (2). La présence du jeune roi lui gagna les cœurs de ses sujets, et lorsqu'ils le virent plus tard revenir de temps en temps au milieu d'eux, et leur témoigner son amour par ses soins vraiment paternels, ils reconnurent en lui le Père de la patrie (*Pai da patria*) ; ils lui donnèrent ce titre du fond de leur cœur. L'agriculteur, intimement convaincu de la sollicitude qu'éprouvait le roi pour son bien-être, et de l'intérêt qu'il portait à sa profession, lui donna avec un noble orgueil son propre titre (*Lavrador*), et s'honora par là lui-même autant que le roi. Dinizio parcourut son royaume beaucoup plus fréquemment que n'avaient fait ses ancêtres, et nous devons regretter que l'histoire ne nous ait transmis que d'incomplets détails sur ces voyages. Là, au sein de la nation, et en face de son peuple, les habitudes et la manière d'agir de Dinizio comme homme et comme roi se seraient manifestées alors de la façon la plus claire et la plus instructive. Quel bel éloge l'historien ne pourrait-il pas fonder sur ces douces et affectueuses relations du prince avec ses sujets, si le souvenir de toutes ses actions et de toutes ses paroles eût été conservé ? Mais nous devons nous contenter de parcourir de courtes pages que le temps a laissées subsister.

Aucune circonstance, lorsque le bien du pays s'y trouvait intéressé, ne restait étrangère aux regards et à la sollicitude de Dinizio, et le dernier de ses sujets, s'il se trouvait blessé dans ses droits, trouvait secours et appui près de lui. Il en fut ainsi de ces pauvres auxquels la bienfaisance du premier roi de Portugal avait cru assurer pour toujours une aumône, en la proportionnant au zèle de celui qui la recevait. Lorsque Affonso Henriquez conquit Lisbonne sur les Maures, et partagea le territoire de cette ville aux chevaliers et aux guerriers qui l'accompagnèrent dans cette entreprise, il ordonna que l'officier municipal répartît tous les ans le champ de Valada, qui appartenait au finage de Lisbonne, entre les habitants qui ne possédaient pas de terres. Dès lors, et aussi longtemps que régna Affonso Ier, les fonctionnaires des communes dressaient tous les ans une liste des pauvres, et partageaient le champ entre eux. Mais les nobles et les puissants de la contrée, séduits par la fertilité extraordinaire de ce champ (1), cherchèrent

---

(1) *Mon. Lus.*, t. VI, liv. XVIII, cap. 7 et 21.
(2) *Mon. Lus.*, t. V, liv. XVI, cap. 27.

(1) «...Balata dictus, in quo frumentum ut a Lisbonæ incolis et plerisque populis Algarbi fertur, quadragesimo ab jactis seminibus colligi-

à en expulser peu à peu les pauvres, et à s'emparer de ces propriétés. Déjà sous Sancho Ier, des plaintes s'élevèrent contre les injustices faites aux pauvres ; une ordonnance du roi, du 6 décembre 1180, y mit pourtant ordre, et rétablit les anciennes dispositions.

Sous Affonso II, la rapacité des nobles amena des plaintes du même genre, et la justice du roi accorda la même réparation. En dépit des ordonnances réitérées des rois à ce sujet, des nobles usurpèrent de nouveau, sous le gouvernement de Dinizio, les possessions des pauvres de Lisbonne. Mais le roi rendit une ordonnance positive (janvier 1284) pour conserver les dispositions originaires de cette pieuse fondation (1). Il y avait sans doute été décidé d'abord par son respect pour l'institution d'un aïeul vénéré, par son esprit équitable et sa sollicitude paternelle pour les pauvres, opprimés ; mais il fut probablement inspiré par la pensée que les bras laborieux, qui étaient occupés à se procurer leur subsistance, tiraient du sol un produit d'autant plus grand, qu'ils travaillaient pour eux-mêmes, et rendaient ainsi service à l'État en même temps qu'ils assuraient leur bien-être, tandis que ces terres, une fois au pouvoir des nobles, confiées à des bras étrangers par des maîtres étrangers, ne seraient cultivées qu'avec négligence. Diverses ordonnances du roi attestent l'attention qu'il portait à la culture du pays. Nous ne citerons ici que l'ordre de partager aux habitants de Leiria le terrain inculte et marécageux d'Ulmar (2). Il transporta dans l'endroit qu'il occupe maintenant le bourg de Mirandola, situé auparavant dans une position très-défavorable (3), et son nouvel emplacement témoigne encore, dit-on, de la prévoyance du roi Dinizio. Il voua une grande sollicitude à la culture et à la réparation de bourgs ruinés, à la fortification et à l'embellissement des villes. Il fonda un grand nombre de bourgs, et plus de cinquante châteaux (1). Lisbonne lui fut redevable de beaucoup de nouveaux édifices, et de la Rua-Nova dos Ferros.

Certaines parties de l'administration, qui étaient restées jusqu'alors négligées, occupèrent l'activité de Dinizio. Afin de relever l'exploitation des mines, le roi accorda, en 1290, un privilége à ceux qui travaillaient dans les mines d'or d'Adiça, entre Almada et Cezimbra, qu'on avait découvertes au temps de Sancho Ier (2). L'importance des mines d'Adiça fut cause que tous ceux qui étaient occupés aux mines d'or de toute la Riba Tejo, furent appelés *adiceiros* (3). Le roi accorda à Sancius Petri, son collègue et son successeur dans cette administration, l'autorisation à perpétuité de tirer le fer des mines du Portugal et des Algarves, avec la condition qu'il livrerait un cinquième du minerai, et un dixième du fer pur, au roi, et qu'il acquitterait les droits et impôts.

Ces mesures pleines de sollicitude (4) pour des branches de travail jusqu'alors négligées, en même temps qu'elles témoignaient des efforts du roi pour porter son activité sur tout ce qui intéressait le bien public, prouvent en même temps que l'industrie était née en Portugal, et qu'on y songeait à de nouveaux moyens de faire fortune. Des relations commerciales s'établirent plus animées et plus étendues ; elles étaient à la fois cause et effet. Elles se développèrent d'elles-même, et Dinizio n'eut qu'à étendre l'égide

---

tur die, et quidem mensura centumplicata. » *Geogr. Nub.*

(1) Elle était entièrement tombée en désuétude du temps de Brandão : « Tanto prevalece contra a piedade o interesse ! » *Mon. Lus.*, liv. XVI, cap. 36.

(2) *Mon. Lus.*, liv. XVII, cap. 9.

(3) *Mon. Lus.*, liv. XVI, cap. 28.

(1) Voyez les pièces justificatives dans Duarte Nuñez do Lião, *Cronica del rei D. Dinis.*, p. 74 et 75.

(2) *Mon. Lus.*, liv. XVI, cap. 31.

(3) *Elucid.*, t. I, p. 84.

(4) Voyez le document dans Ribeiro, *Diss.*, t. III, p. 85.

de sa protection royale au-dessus du libre essor de cette branche florissante. C'est ainsi qu'il confirma, en 1293, le règlement commercial que les marchands de tout le royaume avaient consenti entre eux. Selon ce règlement, toutes les barques contenant plus de cent tonnes, et chargées dans les ports portugais pour la Flandre, l'Angleterre, la Normandie, la Bretagne et la Rochelle, payent vingt soldos, et celles qui portent moins de cent tonnes, dix soldos de port. Si la barque est frétée par des marchands indigènes, pour aller par mer à l'un des pays nommés ci-dessus, elle n'en paye pas moins. Les marchands intéressés dans l'endroit pour lequel la cargaison est destinée en reçoivent cent marcs d'argent; le reste demeure dans le pays, et là où il leur plaît. Ce règlement eut dans l'origine pour but de procurer à celui qui avait des affaires dans ce pays, et qui voulait entreprendre quelque chose pour le bien et la gloire du Portugal, les ressources d'argent qui lui étaient nécessaires (1). Il existait déjà depuis longtemps, entre les marchands anglais et portugais, un traité d'alliance et de commerce (2), qui était favorisé par les rois de ces deux nations. Dinizio et Édouard le renouvelèrent; on convint qu'il serait donné des saufs-conduits aux marchands portugais, et l'entrée et la sortie, ainsi que le commerce des marchandises, furent autorisées en Angleterre, sous la condition que les Portugais payeraient les impôts usités, et observeraient les lois du pays (3).

----

(1) Voyez le document dans Ribeiro, *Diss.*, t. III, p. 170, num. 62.

(2) «...Quod nos de fœdere unionis et amoris, quod inter vestros et nostros mercatores hactenus extitit,» dit le roi d'Angleterre dans une lettre au roi Dinizio en 1308. Rymer, *Fœdera*, liv. IV, p. 129.

(3) «Mercatoribus vestris literas nostras de salvo et seguro conductu veniendi in regnum nostrum, morandi et redeundi cum rebus et mercimoniis suis ac negotiandi de eisdem,

Il nous serait difficile de remonter à l'origine, pour suivre les progrès de la marine, qui devaient illustrer le nom portugais sur toutes les mers et dans les quatre parties du monde; car les temps passés ne nous ont transmis que des fragments insuffisants, de rares détails sur des croisières et de petites batailles navales. Les Portugais eux-mêmes ont négligé jusqu'à présent d'approfondir les sources, et de suivre les développements de la gloire qu'ils se sont acquise sur mer. Ils ont dédaigné une jouissance de l'âme, que l'indigène, l'héritier de cette gloire, doit éprouver cependant bien plus vivement que l'étranger. Celui-ci ne recueille que péniblement les renseignements qu'un chroniqueur semble laisser échapper par hasard de sa plume, où les mots à moitié intelligibles d'un diplôme qui a été rédigé dans un tout autre but, et le lecteur est bien moins satisfait encore de ce qui a été ainsi recueilli péniblement, que celui qui a fait ces recherches sans résultat.

Au milieu des ténèbres qui couvrent le premier siècle de la monarchie brille la gloire de Fuas Roupinho, commandant un certain nombre de bâtiments, auquel l'exagération de l'enthousiasme, inspiré par des idées de gloire nationale, donna le nom de flotte. C'est cet enthousiasme qui a environné ce héros maritime d'une auréole si éblouissante, qu'on ne peut plus découvrir la véritable forme de l'homme. Son héroïsme est dépeint avec des traits tellement exagérés, que la puissance maritime, à la tête de laquelle il combattit les Maures, s'efface et disparaît derrière son ombre.

Ces prétendues flottes mettaient à la voile aussi longtemps que la cour eut son siège à Coïmbre, dans l'embouchure du Mondego; on y établit, après la conquête de Lisbonne, des magasins publics de marine, et on y construisit des vaisseaux. Toute la marine

----

prout sibi utile fore perspexerint, favorabiliter duximus concedendas. » *Ibid.*

s'y porta par la suite, et l'*armada* était transportée dans cette ville, du temps de Sancho Ier. Un règlement de ce roi, dans le *foral* qu'il donna à cette ville, et qu'il confirma, déclare qu'on ne pouvait employer les *peoes* de Lisbonne au service de la marine contre leur gré (1). On ne sait si ce règlement fut motivé par une certaine aversion de cette classe de citoyens contre le service de la marine, ou s'il fut le résultat d'une contrainte d'abord imposée par le roi, et blâmée par la voix publique; en tout cas, il prouve que la marine réclamait alors un bien plus grand nombre d'hommes. On a déjà dit plus haut que, sous Sancho Ier, les juifs étaient aussi tenus à fournir leur contingent à la marine, puisqu'ils étaient forcés de livrer pour chaque vaisseau qu'armait le roi une ancre et un câble. Il est question d'un arsenal royal dans la paroisse de S.-Magdalena, à Lisbonne (2).

La marine devint plus importante sous e règne d'Affonso III. Il entretint une flotte plus considérable, avec laquelle il marcha contre la flotte des Maures, porta secours par mer au roi de Castille, et fut même invité par le pape, à cause de sa puissance maritime, à prendre part à la croisade (3). Enfin le successeur d'Affonso III, le roi Dinizio, qui saisit avec le coup d'œil du génie l'importance d'une marine pour le Portugal, et la situation favorable de ce pays pour le commerce par mer et les relations avec les pays étrangers, lui voua une sollicitude à laquelle rien n'échappa de ce qui pouvait tendre au but désiré. La côte, qui était dans ce temps-là encore très-exposée aux attaques des Maures d'Afrique et de Grenade, fut mieux peuplée. Parèdes, si bien située pour le commerce et la pêche, et doublement chère au roi par la proximité de Leiria, dans la *comarca* de laquelle Dinizio se livrait si volontiers aux plaisirs de la chasse, obtint de lui un *foral* en 1282, et fut relevée de toutes façons. Cet endroit ne comptait dans le principe que trente habitants; leur nombre alla sans cesse en croissant jusqu'au temps de Manoel. Mais la nature hostile triompha des efforts humains. Les vents, qui ne rencontraient ici aucun obstacle, chassèrent peu à peu de la plaine sablonneuse qui se trouvait dans le voisinage le sable vers Parèdes, en couvrirent les maisons, et comblèrent le port, qu'on finit par abandonner entièrement. Un ermitage indiqua par la suite l'endroit vers lequel les vaisseaux faisaient voile du temps de Dinizio; dans des temps plus récents, les habitants de Leiria s'y rendaient par terre en pèlerinage, tous les ans, le jour de la Nativité. Ce que Dinizio n'avait pu prévoir de Parèdes, il le pressentit pour Leiria; il craignit que ses plaines fertiles ne fussent un jour couvertes par les collines de sable voisines, qu'un vent violent mettait souvent en mouvement. Afin de fixer le sol mouvant de ces hauteurs, et de défendre les environs de Leiria contre les ouragans du côté de la mer, ce souverain judicieux fit planter des pins sur les collines (1), et devint ainsi le créateur de ces belles forêts, qui fournirent plus tard les bois de construction, source de la grandeur du Portugal. Tout en faisant des efforts pour peupler davantage la côte, il mit la flotte dans un état si florissant, qu'il put non-seulement repousser avec succès les attaques des Maures du côté de la mer, mais qu'il osa même entreprendre des descentes sur la côte d'Afrique. Sa marine protégeait et vivifiait en outre le commerce qui commençait à s'établir avec l'Angleterre, la Flandre et la France du nord.

---

(1) « Nunquam intrent in navigium meum pedites contra suam voluntatem; sed in eorum sit beneplacito venire per terram aut mare in obsequium meum. » *Foral* de Lisbonne.

(2) Dans un diplôme de 1237, sous le même roi, il est dit des maisons de Lisbonne: « Quas habemus in parochia S. Mariæ Magdalenæ circa palatium navigiorum regis. »

(3) *Mon. Lus.*, liv. XVI, cap. 12.

(1) *Mon. Lus.*, liv. XVI. cap. 51.

Plus la flotte royale était importante pour le commerce maritime et la défense de la côte, plus le roi devait s'occuper de placer à la tête de la puissance maritime un homme qui réunît en lui sous ce rapport toutes les connaissances et l'expérience de son siècle. C'est ce qu'il fit en effet; lorsque la place d'*almirante mor* se trouva vacante par la mort de Nuño Fernandez Cogominho, il tourna les yeux vers la patrie de tant de marins distingués, la ville de Gênes, et il chargea deux chevaliers de sa cour, qui résidaient à Avignon en qualité d'ambassadeurs, de tâcher de découvrir un Génois capable de remplir ce poste important. Leur choix tomba sur Micer Manoel, de la noble race des Pezagno, qui partit bientôt pour le Portugal, et convint aisément avec le roi des conditions auxquelles il voulait accepter la place d'amiral (1):

Le Génois promet d'être vassal du roi, lui prête serment de fidélité, commande sa flotte et la conduit, d'après les ordres du roi, contre ses ennemis, qu'ils soient Maures ou chrétiens. Il doit se mettre en mer pour le service royal avec trois galères au moins. Il veillera partout, selon ses moyens, au salut et à la gloire du roi, et gardera fidèlement les secrets qui lui seront confiés. Vingt Génois, versés dans l'art de la marine sont employés comme *alcaides de gales* et *araizes* dans la marine portugaise, et reçoivent une solde du roi tant qu'ils sont employés à son service. Si l'on n'en a pas besoin, l'amiral peut s'en servir pour des expéditions commerciales en les entretenant à ses frais. S'il en meurt ou s'il en déserte quelques-uns, l'amiral doit les remplacer. La haute juridiction sur tout l'équipage de la marine royale dans les ports du Portugal comme partout où se trouve la flotte, appartient de droit à l'amiral. L'amiral garde pour lui la cinquième part de tout ce qu'il gagne ou prend à l'ennemi avec la flotte royale; il obtient certains biens-fonds en Portugal comme propriétés héréditaires. Son fils aîné rend hommage, après la mort de son père, au roi ou à son successeur, contracte les mêmes obligations, hérite des mêmes prérogatives et propriétés. Il faut que ce fils soit né d'une union légitime. Si l'amiral ne laisse pas d'héritier, ses biens retourneront à la couronne.

Manoel Pezagno, qui fut employé par le roi, à cause de sa fidélité et de son habileté diplomatique, dans plusieurs autres missions importantes, exerça les fonctions d'amiral longtemps encore sous le successeur de Dinizio, Affonso IV.

§ IV. *Rapports du roi Dinizio avec les deux hautes classes, le clergé et la noblesse.*

C'est ainsi que le roi Dinizio savait à la fois donner ses soins à la culture et à la population du pays, à la construction et à la réédification d'innombrables bourgs et châteaux, à la fortification et à l'embellissement des villes, à l'exploitation des mines, au commerce, enfin à la navigation et à la marine; dans toutes ces diverses branches de l'administration, Dinizio exerça une influence non contestée; il n'eut, dans quelques-unes d'elles, qu'à marcher de concert avec le libre développement de l'activité populaire, et le peuple, habitué à le trouver occupé de son bien-être, avait confiance en lui, lors même qu'il ne comprenait pas parfaitement ses intentions. Cela explique ce qui fut dit de Dinizio pendant son règne: « Le roi Dinizio peut tout ce qu'il veut (1). »

---

(1) Voyez le diplome du traité dans *Mon. Lus.*, liv. XVIII, cap. 56.

(1) « El rey D. Diniz fez tudo o que quiz. »

Mais il n'en fut pas de même lorsqu'il se trouva en opposition avec le clergé et la noblesse, et qu'il prit des mesures qui blessèrent les intérêts de ces hautes classes. Un Dinizio ne pouvait avoir la pensée d'ajouter aux prérogatives de ces hommes déjà trop favorisés par l'esprit du siècle; c'eût été agir directement contre l'idée qu'il avait des droits de la couronne, du bien de son royaume, et surtout des besoins du tiers état, dont le roi avait reconnu toute l'importance. Mais la multitude des privilèges et des franchises dont la noblesse et le clergé jouissaient faisait naître dans ces castes, conformément à la nature des hommes et des choses, une tendance vers l'agrandissement et l'extension de leurs droits véritables et supposés, tendance qui se manifestait chaque jour plus forte et plus audacieuse par des exagérations, des prétentions folles et des abus. Leurs différentes influences se manifestèrent dans les oppositions diverses que le roi rencontra chez les prélats et les nobles. Les prélats, qui avaient une fois renversé un roi portugais du trône, et l'avaient remplacé par un autre, ou avaient du moins contribué à l'élévation de celui-ci, et qui s'avançaient en rangs serrés, conduits ou au moins protégés au delà des Pyrénées par une main puissante, commencèrent une lutte décidée ou plutôt continuèrent celle qui était engagée depuis longtemps. Quant à la noblesse, moins forte par l'unité, elle ne se hasardait point au combat à découvert, et se contentait de semer des obstacles et des entraves sur le chemin du roi.

La description de cette lutte, que le clergé entama avec le roi aussitôt après son avénement au trône, parce que les promesses d'Affonso et de Dinizio ne furent pas suivies d'une prompte exécution, ainsi que le détail des mesures que prit Dinizio pour extirper les abus de l'Église, doivent précéder la peinture des efforts du roi pour ramener les deux classes orgueilleuses dans les bornes d'une juste obéissance; les moyens qu'il employa pour remédier aux désordres et aux prétentions exagérées de la noblesse, seront décrits après que l'on aura montré les froissements entre le trône et l'autel. Mais il ne faut pas non plus oublier de dire, combien Dinizio fut aussi disposé à protéger ces mêmes classes contre d'injustes oppressions. L'appui que le roi accorda au clergé contre les exactions des *herdeiros* aurait dû suffire pour réconcilier le clergé avec lui. La main protectrice que Dinizio tendit aux ordres de chevalerie, véritable noyau de la noblesse, lorsque les chevaliers portugais de Calatrava cherchèrent leur salut dans leur séparation de ceux de Castille, et lorsque les orages qui avaient détruit en France l'ordre des templiers les menacèrent aussi en Portugal; cette main devait prouver à la noblesse que Dinizio savait honorer des droits bien acquis, apprécier partout le mérite, et qu'il n'avait en vue dans tous ses actes que le bien général de ses Portugais.

A. Le Clergé.

Débats et traités du roi avec le clergé.—Les quatre *concordias* du roi Dinizio.—Histoire des lois d'amortissement.—Tandis que Dinizio met d'une part des limites aux empiétements du clergé, il accorde, de l'autre, aux églises et couvents sa protection contre les oppressions des héritiers de leurs patrons (*herdeiros*).

Dinizio avait promis à son père de travailler après sa mort à ce que celui-ci n'aurait pu exécuter pour le bien de l'Église et du clergé. Il envoya en conséquence, aussitôt qu'il fut monté sur le trône, des ambassadeurs au pape; mais Nicolas III mourut le 22 août 1280, avant que les négociations du roi et des prélats, qui avaient également envoyé des ambassadeurs à Rome, eussent été amenées à leur fin. Le haut clergé tint alors une assemblée à Guarda, à laquelle quelques *ricoshomens* assistèrent de la part du roi, et dressèrent, après une discussion assez animée de cinq semaines, les articles d'un traité qu'on résolut d'envoyer pour la confirmation au pape nouvellement élu, Martin IV (22 février 1281). L'assemblée se rendit d'abord à Évora, où le roi résidait alors, et obtint son assentiment. Les deux partis adressèrent aussitôt des écrits au pape, au sujet des articles du traité et des négociations préalables (24 avril 1282 (1).

Le roi fit d'abord entendre avec adresse au pape, qu'il lui reconnaissait dans cette affaire plutôt la qualité de médiateur que celle de juge suprême : « Car, lui écrivait-il, tu remplaces sur terre complétement celui qui nous donne la paix, qui unit le ciel à la terre, l'intermédiaire entre Dieu et les hommes, Jésus-Christ. » Le roi rendait ensuite compte au pape de la manière dont les articles du traité avaient été convenus, exprimait son assentiment, et priait le pape « de les confirmer, afin qu'ils acquissent une solidité durable. » Mais ils rencontrèrent de l'opposition à Rome, et Martin IV ne voulut les adopter qu'avec certains changements et certaines additions. Le roi, peu disposé à les accepter dans cette forme en pleines cortès, comme on l'avait espéré, s'en plaignit auprès d'Honorius IV, qui sur ces entrefaites était monté sur le siége papal (2 avril 1285). Mais celui-ci mourut aussi avant la décision de la dispute, et ce fut seulement sous Nicolas IV (depuis le 22 février 1288), qui prit l'affaire à cœur d'après les instigations de l'archevêque de Braga et des évêques de Coïmbre, Silves et Lamego, alors en personne à Rome, qu'un traité se conclut (7 mars 1289). Aussitôt que ce traité eut été juré par l'un des *procuratores* royaux

(l'autre était malade), au nom du roi à Rome, le pape affranchit le roi des peines de l'Église, et leva l'interdit, mais à condition que ces peines seraient de nouveau infligées à Dinizio *ipso facto*, s'il ne satisfaisait pas à sa promesse dans le délai de quatre mois; le pape menaça même le roi portugais, s'il prolongeait sa résistance, de délier ses sujets de leur serment de fidélité (1). Dinizio promit dans les cortès, qu'il assembla à cet effet à Lisbonne, et dans lesquelles il donna aux quarante articles du traité son adhésion solennelle, de se soumettre aux demandes du pape. Il nia la plupart des faits dont le clergé se plaignait, et nous sommes forcés de considérer les griefs produits contre Dinizio comme dénués de fondement, puisque celui-ci répéta si souvent et si positivement qu'il n'y avait pas donné le moindre sujet. La forme sous laquelle ces plaintes sont présentées (2) ne témoigne pas non plus de la justice parfaite et de l'exactitude des dénonciations du clergé (3). Le roi promit néanmoins de ne point se rendre coupable à l'avenir de choses pareilles, et de porter remède aux griefs existants autant que faire se pourrait. Nous ne devons pas passer sous silence les points sur lesquels on soutenait une lutte aussi prolongée, et qu'on fixa enfin par des

---

(1) Ils se trouvent traduits dans la *Mon. Lus.*, parte v, liv. xvi, cap 36 des archives royales, liv. 1, *De Diniz*, fol. 54.

(1) « E se por ventura cousa que Deos nom manda, algun rey de Portugal em tal maneira amoestado desprezar as ditas cousas... podera temer, que nom tam soomente a Eygreja de Roma ira contra elle poendo geeral, antre dicto em todo o dito, e em toda a terra, mas ainda ira contra elle absolvendo es vassallos d'omenage, e do juramento, que lhi sem contendos de guardar; e ira contra elle, que lhi pora antredicom, que nom possa husar do padroada, que ha em has Eygrejas desse reyno, etc. »

(2) Cette promesse par diplôme du roi est incorporée à la bulle du pape Nicolas du 17 novembre 1289. *Mon. Lus.*, liv. xvi, cap. 63. Sur les cortès de Lisbonne en 1289, voyez *Memorias de Litter. Port.*, t. II, p. 59.

(3) Par exemple : « Nous avons entendu dire, etc. Nous avons appris entre autres choses, etc., etc. » Art. 30, 81.

dispositions qui servirent ensuite de règles, et furent insérées dans le premier code général.

Les prélats élevaient surtout des plaintes amères à propos de violences et d'extorsions, qu'ils avaient subies dans leurs personnes et dans leurs biens. « Tu as, disaient-ils au roi, jeté un regard de convoitise sur les propriétés des églises ; tu as pris et gardé les biens des églises de Braga, de Coïmbre, de Visen et de Lamego ; tu as placé de ton propre chef un alcaïde à Braga, dont la possession et la souveraineté n'appartiennent qu'à l'église de Braga. » Le roi répondit qu'il n'avait rien pris à ces églises, et qu'il leur avait rendu ce qui leur avait été enlevé par son père. Il ajouta qu'il était prêt à leur restituer ce qui restait encore, qu'il n'y avait pas placé, et ne comptait pas y placer d'alcaïde (1). On accusa ensuite le roi d'avoir attiré à lui un grand nombre d'églises paroissiales avec leurs revenus, et de les avoir données arbitrairement à des laïques et à des ecclésiastiques (2); d'obliger, afin de parvenir à ses fins, les prieurs et abbés de renoncer à leurs prieurés et à leurs abbayes, surtout dans les couvents dont il prétendait être le patron ; de faire faire, au grand préjudice de l'Église, dans tout le royaume des enquêtes sur les patronats et biens des églises, et lorsqu'il trouvait que le patronat d'une église lui appartenait, de s'emparer de tout, quand même cette église aurait été de temps immémorial la propriété des seigneurs (3); de mettre sur les églises dont il était patron des impôts nouveaux et extraordinaires (4); d'obliger les ecclésiastiques et les églises, à payer comme les laïques la taille (*talha*) pour la construction et la réparation des villes et des bourgs (5), et de susciter des obstacles lorsqu'une église voulait échanger un morceau de terrain avec une autre église (1). Le roi contredit tout cela, et nia surtout vivement d'avoir laissé maltraiter les personnes des ecclésiastiques ; d'avoir menacé l'archevêque et les évêques de mort ; de les avoir fait retenir captifs dans les églises et dans les couvents, par des juifs et des Maures ou par ses fonctionnaires ; d'avoir fait tuer les valets (*sergentes*) des évêques sous leurs yeux, ou de leur avoir fait couper les oreilles (2) ; d'avoir arrêté des ecclésiastiques, lui et ses fonctionnaires, et de ne pas les avoir livrés aux évêques lorsque ceux-ci les réclamaient; d'avoir laissé mourir ces prisonniers en leur refusant des vivres, ou d'une autre manière (3). On prétendait enfin que le roi, ses gens et les *ricoshomens* insultaient les ecclésiastiques et les moines par paroles et par actions, et que parfois même ils les dépouillaient entièrement de leurs vêtements (4). Le roi soutenait qu'il n'avait jamais fait ou souffert la moindre de ces choses et promit de sévir rigoureusement contre les nobles, qui se les permettraient.

En repoussant tous ces reproches des prélats qui l'accusaient d'avoir attenté à leurs biens et à leurs personnes, il se défendit d'une manière non moins absolue contre toutes les inculpations d'empiétement illégal dans la distribution des places ecclésiastiques, et en général sur la juridiction de l'Église. Le clergé se plaignait de ce que le roi forçait les ecclésiastiques à accepter et à confirmer ceux qu'il leur présentait pour occuper des places dans l'Église, et de ce que, en cas de refus, il envoyait ses gens pour prendre possession de ces églises, et pour en toucher les revenus (5). Ils prétendaient que le roi, lorsqu'une église avait plusieurs patrons, que ceux-ci présentaient des personnes diffé-

---

(1) Art. 30.
(2) Art. 32.
(3) Art. 18.
(4) Art. 22.
(5) Art. 11.

(1) Art. 26.
(2) Art. 15.
(3) Art. 14.
(4) Art. 17.
(5) Art. 19.

rentes, et que l'évêque confirmait l'un des deux candidats selon sa conviction en invoquant le bras temporel du roi contre l'autre prétendant qui voulait s'introduire de force, celui-ci avait l'habitude de favoriser et de protéger le candidat repoussé par l'Eglise contre le titulaire qu'elle avait admis (1). Les prélats ajoutaient que, lorsque des cathédrales étaient vacantes, le roi envoyait des écrits publics aux chapitres et des lettres particulières aux chanoines, pour leur recommander des ecclésiastiques de sa cour ou d'autres dont il attendait plus de docilité à ses volontés et moins de zèle pour les droits de l'Eglise, et qu'il joignait des menaces à ses prières. Le roi nia la dernière inculpation, et promit de ne plus exiger, dans ses lettres de recommandation, qu'on ne nommât pas d'autres ecclésiastiques que ceux choisis par lui (2).

En se montrant ainsi disposé à réparer ses anciens torts, le roi promit aussi, à l'occasion des plaintes que les prélats portaient contre les empiétements sur la juridiction de l'Eglise, de se renfermer dans les limites du droit commun et des règlements anciens; mais il nia tout net d'autres empiétements dont on l'accusait. Ainsi l'on se plaignait que le roi attirât à sa cour royale des procédures, particulièrement les causes relatives aux successions, qui devaient aller devant le tribunal ecclésiastique, et qu'il s'emparât ainsi du bien d'ecclésiastiques décédés (3); que le *sobrejuiz*, lorsque des prélats et d'autres ecclésiastiques se refusaient à paraître à la cour dans des discussions concernant les revenus de l'Eglise ou d'autres sujets de ce genre, décidât la question, quoiqu'il n'eût aucun droit sur cette juridiction, et qu'il déclarât les ecclésiastiques qui en appelaient à Rome des rebelles (*por revees*) privés de leurs droits (4). Le roi repoussa comme non fondé ce reproche, et celui que lui faisait le clergé,

de forcer les prélats, les chapitres ou couvents auxquels il avait l'intention d'enlever un droit ou un bien depuis longtemps acquis, de se soumettre avec lui à l'arrêt des arbitres, et de les faire condamner en cas de refus, pour cause de désobéissance (1), par le juge suprême de la cour (*sobrejuiz da corte* (2). Il en fut de même de l'inculpation qu'on faisait peser sur le roi, que, lorsqu'un tribunal ecclésiastique rendait une décision définitive, il ne l'exécutait pas, mais s'emparait pour lui-même de l'objet adjugé au plaignant (3). Si l'archevêque ou évêque, disaient encore les prélats, mettait, lorsque l'équité l'exigeait, un sujet, une église ou un bourg du roi au ban de l'Eglise, ce prélat se trouvait forcé par des menaces de révoquer la peine qu'il avait prononcée, ou, s'il s'y refusait, il était emprisonné et dépouillé de ses biens (4). Les excommuniés avaient coutume de se réunir en pareil cas, et de décider entre eux qu'aucun d'eux ne payerait la dîme à l'Eglise, et ne lui léguerait la moindre chose (5). On soutint aussi que le roi chassait du pays et dépouillait de leurs biens les évêques et syndics qui punissaient leurs ouailles de l'excommunication pour refus de la dîme et des impôts (6). Si une commune du roi était frappée d'interdit par des juges du pape ou des évêques, cette commune ou le roi défendait à chacun, sous peine d'un châtiment sévère, de vendre des marchandises à un ecclésiastique, de le recevoir dans aucune maison, et de lui donner *le feu et l'eau*. Et cette défense était publiée dans l'endroit même, et partout ailleurs (7), par des crieurs publics.

Les empiétements sur la juridiction de l'Eglise, les atteintes des droits véritables

---

(1) Art. 20.
(2) Art. 28.
(3) Art. 29.
(4) Art. 35.

---

(1) « Per razom da reveria. »
(2) Art. 34.
(3) Art. 4.
(4) Art. 5.
(5) Art. 7.
(6) Art. 2.
(7) Art. 6.

ou supposés dont les prélats accusaient le roi, mais dont celui-ci ne convenait nullement, semblaient justifier le reproche que le clergé adressait au roi, de travailler à détruire les franchises de l'Eglise en opprimant le haut et bas clergé, les villes et les bourgades des évêques, en les chargeant d'impôts insupportables, en oubliant et en rompant enfin le serment qu'il avait prêté de conserver la liberté de l'Eglise (1). « Garde-toi, » disent les prélats avec le ton solennel de l'exhortation sacerdotale et d'un saint enthousiasme, « Garde-toi d'attenter à la liberté ! Celui qui outrage la liberté attaque la grande forteresse dans laquelle réside la foi catholique, et qui sert de parure au pays du roi. Garde-toi de ravir les objets sacrés pour la défense desquels le dispensateur des royaumes t'a ceint du glaive temporel ! Garde-toi de maltraiter et de persécuter les personnes que Dieu t'a recommandées, et qui, comme son peuple élu, doivent honorer son nom, et ne te contente pas de te garder de toutes ces choses, mais oblige aussi tes sujets à s'en garder ! »

Le roi promit à la fin du traité de n'observer ni laisser observer les règlements et coutumes du pays qui avaient été introduites en opposition avec la tranquillité du royaume, mais de conserver la pleine liberté de l'Eglise et du clergé. Le roi ajoute cependant que, si on institue quelque chose avec l'autorisation des prélats pour le bien du pays, les prélats n'y mettront point ensuite d'entraves, pourvu que ce soit une institution conforme au droit et à la raison, et point contraire à la liberté de l'Eglise (3).

Aussitôt que l'interdit mis sur le royaume fut levé, et que le trône et l'Eglise semblèrent réconciliés, le pape confirma par une bulle du 13 août 1290, l'université fondée à Lisbonne, qui fut transportée plus tard à Coïmbre (en 1308) (1).

La paix que ce traité devait amener ne dura pas longtemps. De nouvelles dissensions naquirent bientôt entre le clergé et le roi, dissensions dont les motifs nous sont toutefois inconnus. Il y avait partout des aliments de discorde. Le clergé avait trop obtenu pour qu'il ne cherchât pas à obtenir encore davantage, et Dinizio était trop convaincu de cette vérité et trop jaloux de ses droits, pour regarder avec calme les empiétements du clergé et de l'Eglise. La généralité des termes dans lesquels était conçu le dernier article du traité dont on vient de faire mention ouvrait un vaste champ à l'arbitraire; loin de prévenir des malentendus, elle leur en fournissait l'occasion. Il s'éleva de nouveaux débats, et pour les apaiser on dressa encore onze articles (2), qu'on ajouta aux autres. Par quelques-uns d'entre eux, on met des bornes à l'extension excessive que les ecclésiastiques donnaient à leurs exemptions; par d'autres, on leur assure et confirme la protection et la défense du roi contre les violences et les exactions dont ils se plaignaient.

Mais la tranquillité qu'on espérait obtenir par ces articles fut encore de courte durée. Deux années s'étaient à peine écoulées, que plusieurs évêques élevaient de nouvelles plaintes, qu'on essaya d'apaiser par de nouvelles explications. Dans les dix articles dressés à cette occasion, le roi désigna de nouveau des circonstances où les ecclésiastiques doivent jouir du privilège d'une juri-

---

(1) « ...Nom sendo membrador, mais britador do juramento. » Art. 31.

(2) Art. 38.

(3) « E se algua cousa foi hordenada de consentimento dos prelados por boo pacifico estado do regno, e per costume a fortellazado, consentirom os prelados, que se guarde, a tanto que seja costume com razom, e com direito, e que nom seja contra a livridooem da Igreja. » Art. 40.

(1) *Noticias chronologicas da Universade de Coimbra*, p. 41 et 93, dans la *Collecçam dos Documentos e Memor. da Acad. real da historia Portug.*, anno de 1729. Voyez plus loin les détails sur cet objet.

(2) Gabriel Pereira la nomme la deuxième *concordia* du roi Dinizio. On la trouve dans les *Ordenaç. Affons.*, liv. II, tit. 2.

diction à eux; il y abolit encore des abus qui avaient lieu à l'occasion de l'acquisition des biens, et confirma quelques articles du traité précédent (1). Après avoir fixé au moyen de ces dix articles les rapports publics entre le clergé et le roi, on conclut le même jour avec les évêques et leurs chapitres des traités particuliers, par lesquels on espérait régler les affaires des chapitres épiscopaux sans faire tort aux relations de l'Eglise en général (2).

Seize années s'écoulèrent, à ce qu'il paraît, sans que les relations amicales entre le roi et les prélats fussent de nouveau troublées. En 1309 (3), les ecclésiastiques recommencèrent leurs plaintes. Ils disaient que les juges temporels avaient encore enfreint les immunités cléricales, et rendu des arrêts non conformes aux décisions et dispositions apostoliques. « Presque tout ce qui est rapporté dans ces griefs, dit Brandão, avait déjà été dit, et semblait être plutôt une répétition des plaintes auxquelles on avait remédié, que de nouvelles accusations d'illégalités que personne n'avait remarquées. Lorsqu'une récidive avait lieu, ce que les ecclésiastiques s'efforçaient de prouver, le roi leur accordait satisfaction, en leur répondant favorablement sur tout, sans toutefois porter préjudice aux droits de la couronne (4). » Dans les vingt-deux articles dont se composait la nouvelle déclaration du roi, il confirmait les anciens traités, les expliquait et les éclaircissait, particulièrement en ce qui concernait la juridiction privilégiée, que le clergé étendait d'une manière excessive.

L'article le plus remarquable et le point le plus important dans les derniers traités du roi avec le clergé concernaient l'acquisition de biens-fonds par l'Église. Dinizio fut le premier roi qui parvint à y mettre des bornes; l'excès des abus amena cet effort de sa part, et le décida à établir une digue contre la rapacité de l'Eglise, qui voulait tout absorber. On a déjà dit plus haut comment cet abus s'était enraciné dans ces contrées, même avant la naissance du royaume de Portugal, et comme il s'étendit rapidement sous les premiers rois (2). Ces donations si fréquentes à des églises et à des couvents menaçaient d'atteindre avec le temps la presque totalité des terres en biens de mainmorte, et de soumettre la plus grande partie du royaume à la crosse (3). Les premiers rois portugais faisaient en outre souvent, par une générosité et une piété malentendues, remise des impôts aux églises, et laissaient en même temps s'introduire l'opinion que les prêtres n'étaient point redevables de cet affranchissement à la faveur du souverain, mais qu'ils en jouissaient de droit divin, et qu'il y aurait impiété à attaquer, de quelque façon que ce fût, ce privilége. Sancho Ier céda enfin aux prières instantes ou plutôt aux menaces de quelques évêques, et déclara les ecclésiastiques libres du payement des *calheitas* et du service militaire (hormis lors des invasions des Sarrasins). Pouvait-on s'étonner si des prêtres, favorisés à ce point, nourrissaient et cher-

---

(1) L'ordonnance royale, qui a pour but de porter remède aux griefs des quatre évêques, et que Pereira appelle la troisième *concordia* du roi Dinizio, fut publiée le 23 août 1292 à Porto, et forme le 3e titre du II e livre des *Ordenaç. Affons.*, avec cette inscription : « *Carta del rey D. Diniz, sobre os Capitulos.* »

(2) *Mon. Lus.*, liv. XVII, cap. 16.

(3) *Mon. Lus.*, parte VI, liv. XIII, cap. 34.

(4) « E porque, « ajoute le chroniqueur, » esta materia de queixas ordinariamente pecca por excesso, me parece, que assim succeden na presente, etc., etc. »

(1) Pereira de Castro (*De manu reg.*, part. I, n° 117) appelle ces articles, qui furent signés le 1er août 1309 à Lisbonne, la quatrième *concordia* du roi Dinizio. Ils forment le 4e tit., liv. II, des *Ordenaç. Affons.*

(2) Dans la VIe division de cet ouvrage.

(3) « ...Sabendo por verdade, que as hordées aviam a major parte do meu regno, » dit le roi Dinizio lui-même dans la loi de 1391. *Ordenaç. Affons.*, liv. II, tit. 15.

chaient à répandre l'idée qu'ils étaient affranchis, eux et leurs biens, du pouvoir suprême du roi? Cette opinion aurait dû naître et se soutenir d'elle-même, quand même elle n'eût pas été inspirée par une puissance d'au delà des Pyrénées.

Les choses arrivées à ce point, la puissance temporelle sentit la nécessité d'y remédier. Les ténèbres qui environnaient à cette époque les principes du droit de la couronne, n'étaient pas assez épaisses, pour qu'un rayon de lumière ne les perçât quelquefois, et n'éclairât les yeux des rois sur leurs prérogatives immuables. Affonso II fut le premier qui prit des mesures pour obvier aux abus qui avaient pris naissance sous son père et par son père, qui rappela d'anciens règlements oubliés, et les fit publier de nouveau dans l'assemblée solennelle des États (1). C'est dans la propriété foncière que consistait le nerf du crédit et du pouvoir des ecclésiastiques. Il s'affaiblissait en proportion des bornes qu'on mettait à la propriété. Affonso II attaqua donc le mal dans sa racine, lorsqu'il promulgua dans les cortès, tenues dans la première année de son règne à Coïmbre, une loi, qui ordonnait que l'Eglise mît des bornes plus rigoureuses à ces acquisitions de propriétés foncières.(1). Mais cette loi ne fut ni générale ni sans restrictions, et ne se montra pas assez puissante. Elle ne défendait expressément que l'achat des terres (2), exceptait elle-même certains ecclésiastiques (c'est-à-dire, les *canonici*), et autorisait des donations pour anniversaires. Elle échoua contre le pouvoir croissant des idées et des principes canoniques et romains, auxquels les rois rendaient hommage malgré eux, contre les règlements d'évêques isolés en faveur des acquisitions foncières de l'Église (3), contre la manière obscure et douteuse dont les rois envisageaient les droits

---

(1) Il paraîtrait effectivement qu'il y avait eu déjà antérieurement un règlement sur cet objet. Il est dit dans la traduction d'un privilége que le roi Affonso Ier accorda dès le commencement de son règne, et qui est incorporé dans un diplôme de confirmation des priviléges du roi Jean II que le roi : « Fez couto... aos presentes freyres, e seus socessores de todas aquellas cousas, que até aquelle dia delle dito reu, ou doutros tevessem aqueridas, ou possoyssem, e daquellas cousas, que daquelle dia por diante per sua conseçam, ou per conselho de boons varooes aquerisse, etc., etc. » Dans une donation que ce même roi Affonso fait à l'abbé Jean de S.-Salvador de Crasto, il lui accorde la permission d'acquérir des biens-fonds, et de continuer à en posséder d'autres qui lui étaient échus par donations et legs. *Memor. da Acad. real* t. VI, p. 75, not. b.

(1) Vu leur importance, et parce qu'ils sont imprimés d'une manière erronée dans Brandão (*Mon. Lus.*, p. v, liv. XVII, cap. 3), et dans Gabriel Pereira (*De manu regia*, t. I, p. 344), nous allons insérer ici les détails les plus importants : « ...Stabelcçemos, que daqui adeante nêhūa cousa (ou, comme la traduction dit avec plus de justesse, *cassa*) de religio no conpre nehua possissom, tirãdo pera universsayro de nosso padre, ou nosso. E damos a elles lecença daverem possissoēs, ou outras cousas pera outra maneyra aguisada. Pero nontolhemos a nenhūa clerigo poder de comprar possissoēs, e de fazerem dellas o que quiserem. E se per ventuyra alguem contra esta nossa côstetiçõ quiser hir, perca quanto der pola possissom por pea. » Imprimé d'après le *Livro das Leis antigas*, dans les *Memor. da Acad. real*, t. III, p. 57, appendice 54.

(2) C'est dans ce sens que le roi Dinizio comprit cette loi : « Que não somente não quer elrei que comprem heranças, mas que ainda por força lhes occupa as que de muito tempo a esta parte possuem. Respondem : consentem os prelados e procuradores d'el rey, que nesta parte se guarde a lei d'el rey D. Affonso seu avò, que he nesta. » Art. II de la seconde *concordia* du roi Dinizio.

(3) Par exemple le règlement d'un synode tenu à Lisbonne en 1271 sous l'évêque Matthieu : Que chaque fois que quelqu'un de ce diocèse ferait un testament sans l'assistance du curé ou d'une personne nommée par lui, la paroisse héritait de la troisième partie des biens du testateur.

et les limites de la puissance ecclésiastique et de la puissance royale, enfin contre les préjugés des laïques, qui ne comprenaient pas pourquoi ils devraient renoncer à la liberté de disposer de leurs biens en faveur de l'Eglise, et de s'assurer ainsi la bénédiction du ciel. Il n'est donc pas étonnant que la loi d'Affonso soit restée sans résultat, et que pendant tout son règne et sous ses successeurs Sancho II et Affonso III, les églises et couvents aient acquis des terres par donation et même par achat (1).

Il était réservé au roi Dinizio d'exécuter avec prudence et fermeté ce que d'autres avant lui avaient voulu et n'avaient pu accomplir. Il ne se contenta pas d'ordonner que la loi d'Affonso II, tombée en désuétude, fût renouvelée et remise en vigueur; mais il voulut que tous les biens-fonds achetés par les ordres monastiques et les ecclésiastiques depuis son avénement au trône, fussent revendus dans le délai d'un an (2). De cette manière il arrêta court tous les achats supposés par lesquels les ecclésiastiques éludaient souvent la loi. Mais la loi la plus décisive fut celle que le roi publia, sur les représentations d'un grand nombre de laïques distingués, et après de longues consultations avec les grands et avec ses conseillers, à Coïmbre; en 1291. Conformément à cette loi, ceux qui entraient dans les ordres religieux ne devaient vendre ni donner leurs propriétés d'aucune manière. Si quelqu'un en voulait faire un sacrifice pour le salut de son âme, il pouvait vendre un tiers de son bien, et deux tiers restaient aux héritiers. Mais ce premier tiers ne pouvait être vendu qu'à des personnes qui ne les transmettraient pas à des ordres religieux; les deux autres tiers ne pouvaient passer qu'à des personnes qui n'appartenaient à aucun ordre. Ceux qui n'avaient pas d'héritiers légitimes pouvaient disposer librement de leurs biens, pourvu que ce ne fût pas en faveur de fondations religieuses (1).

Un grand nombre de documents contemporains, qui se trouvent encore aujourd'hui dans les archives portugaises, prouvent que ces lois du roi Dinizio furent observées dans toute leur étendue pendant son règne (2). Plusieurs rois des temps suivants, Fernando, Affonso IV, Manoel, Philippe II et III, José, renouvelèrent et confirmèrent les lois d'amortissement de Dinizio.

Ces lois étaient faites pour irriter le clergé; mais il ne pouvait accuser pour cela le roi d'injustice; les prélats devaient au contraire honorer l'impartialité et les sentiments vraiment royaux de Dinizio, et se sentir pénétrés de reconnaissance en le voyant défendre les églises et les couvents contre les violences et les exactions que se permettaient les descendants nombreux des fondateurs et des patrons de ces fondations.

Ainsi que les seigneurs fonciers qui avaient fondé ou doté des églises et des

---

(1) Affonso II ajouta lui-même à la loi destinée à remédier à l'acquisition des biens-fonds et des empiétements de la puissance cléricale, ces dispositions: « Que as sas leys seiam guardadas, e os dereitos da santa egreia de Roma; convem a saber, que se forem feitas ou estabeleçudas contra elles, ou contra a santa egreia, que non valhâ, né teñhâ, etc., etc. »

(2) Par une loi publiée en 1286, et par un écrit royal de la même année à Vasco Peres, et au juge et tabellion d'Aronia; puis par la seconde *concordia* de 1289, par la troisième de 1290, et lo quatrième de 1309.

(1) *Ordenaç. Affons.*, liv. II, tit. 15, § 3, aussi imprimé dans *Sousa's Provas*, t. I, p. 65. *Mell. Freirii Hist. juris civil. Lusit.*, p. 60.

(2) De plusieurs, que donnent les *Mem. da Acad. real*, t. VII, p. 60, nous n'en citerons qu'une seule, par laquelle le roi Dinizio permet à l'abbesse de Tarouquella de garder pour ses couvents un morceau de terre qu'elle avait acquis, afin de pouvoir acheter des chaussures chaudes à ses religieuses pour aller aux matines, puisque l'église était très-froide. » Le roi dit dans le diplome que l'achat s'est fait avec la permission royale, à condition que le morceau de terre passerait à un laïque après la mort de l'acquéreur.

couvents, les descendants de ces seigneurs, qui s'appelaient *herdeiros* (héritiers) ou *naturaes*, de ces fondations religieuses, exigeaient aussi, en signe de reconnaissance de leurs droits de patrons, des impositions, *comedorias*, *pousadias*, *casamentos* et *cavallarias*. Pour *comedoria* (ou *comedura*), on se servait aussi des expressions plus connues, et expliquées plus haut (1), de *colheita* et de *jantar*. Par *pousadia*, on entendait le droit d'être hébergé, la prérogative d'exiger l'hospitalité. On appelait *cavallaria* la part d'impôts qui se payait aux hommes, *casamento* celle que recevaient les femmes, soit qu'elle fût destinée à l'augmentation de leur dot, soit qu'elle servît comme secours dans leur mariage déjà consommé (2). Les *naturaes* attachaient dès le commencement un grand prix à ces impositions et obligations, parce qu'elles conservaient le souvenir honorable de la piété de leurs ancêtres, des fondateurs d'églises et de couvents, et qu'elles marquaient le rang et la dignité du seigneur foncier. Mais le produit de ces fondations étouffa de plus en plus ces nobles sentiments, lorsque par la suite des temps les héritiers et les descendants se multiplièrent dans une proportion toujours croissante, et que l'égoïsme fit naître parmi eux plus d'abus que la vanité n'en avait produit jusqu'alors. Les *herdeiros* s'étaient tellement accrus, que le couvent de Grijo en comptait, par exemple, jusqu'à deux cent huit; le couvent de S.-Gens de Montelongo, qui se réunit par la suite à l'église de collége de Guimaraès, deux cent soixante-treize; le couvent de Pedroso, jusqu'à trois cent soixante-quatorze. La multitude de ces héritiers n'était cependant pas la seule charge pénible que les couvents eussent à supporter : un grand nombre de ces *herdeiros* faisaient encore tort aux couvents par une fraude aussi audacieuse que préjudiciable, en exigeant d'avance des impôts qui ne devaient se payer que lorsque leurs fils revêtaient l'armure de chevaliers, ou que leurs filles se mariaient, sans même alléguer les motifs et faits qui leur donnaient un droit à cette exigence. D'autres ne craignirent pas d'avoir recours à la violence, soit pour s'emparer des biens des églises vacantes qui appartenaient aux couvents, soit pour aller s'installer dans les couvents avec une famille nombreuse, et les forcer par là à des dépenses exorbitantes, de sorte qu'il leur restait à peine de quoi subvenir à leur propre entretien (1).

Les couvents firent des plaintes fréquentes aux rois, et obtinrent d'eux diverses ordonnances pour mettre un terme à ces désordres. Dans les cortès de Guimaraès, en 1261, Affonso III prit des mesures contre ces abus invétérés (2), mais avec peu de succès. Le scandale grandit encore sous le successeur d'Affonso, surtout dans la province entre Douro et Minho, et les plaintes des couvents contre les exactions des nobles eurent de la peine à se faire entendre au milieu du bruit de la guerre que le roi faisait à cette époque. Mais Dinizio prêtait l'oreille aux soupirs des opprimés. Il assembla les cortès à Guimaraès, point central de la province, et résidence principale de la noblesse, afin de détruire le mal sur les lieux mêmes (3). Là il ordonna, le 4 août 1387, que les lois de son père à ce sujet fussent strictement observées; et, afin d'éviter les occasions d'injustices, il fit régler, par son *merinhomor* du pays entre Douro et Minho, combien chaque couvent était tenu à payer en proportion de ses revenus, du nombre et du rang de ses patrons (4). Les plaintes des

---

(1) 1er livre, IXe division.
(2) *Elucidario*, t. I, p. 245.

(1) *Memor. da Acad. real*, t. VI, p. 66.
(2) « Degredos do Sur, rei D. Affonso III sobre as comedorias, e pousadias dos fidalgos nos Mosteiros, e Igrejas, etc. » Se trouvent encore dans les archives royales.
(3) *Mon. Lus.*, t. VII, lib. III, cap. 2.
(4) C'est-à-dire : au *ricohomen* douze *miches*, pour deux *dinheiros*, comme *jantar*, et six pour le souper; à l'*infançao* six, comme *jantar*, et

couvents contre leurs *herdeiros* n'en continuèrent pas moins (1), et ces plaintes n'étaient ni dénuées de fondement ni exagérées. Dans l'enquête occasionnée par les plaintes de l'abbé de Tibaes contre les exactions que les nobles exerçaient dans son couvent, il fut établi que, malgré l'ordonnance royale, ce couvent n'avait que cent soixante maravédis de revenu, et qu'il ne retirait que soixante *moios* de pain et de vin ; mais que les *herdeiros* auxquels il devait payer des pensions étaient plus de quarante familles, ce qui faisait près de deux cents personnes. Le roi Dinizio ordonna enfin, en 1315, de réduire ces impôts de moitié. Il ne pouvait que diminuer de tels abus ; il lui était impossible de les abolir entièrement. Son successeur en fit l'expérience lorsqu'il voulut affranchir complètement les couvents de ces charges dans la première année de son règne. Elles subsistèrent sous les gouvernements d'Affonso IV et de Pedro (1). Aucun des remèdes que les rois y appliquaient n'avait de résultat. On invoqua même le secours des papes, et l'on fit lancer l'anathème et l'interdit contre ce scandale, qui semblait tomber dans le domaine du pouvoir spirituel. Mais celui-ci ne fut pas plus heureux alors que le pouvoir temporel pour étouffer le mal, qui ne fut complétement détruit que dans la période suivante, sous le règne du roi João II.

Les prétentions des nobles pour leurs biens féodaux, l'abus de leurs priviléges et de leurs franchises dans leurs relations avec le souverain n'étaient pas moins exagérés que leurs prétentions sur les propriétés des églises et des couvents.

B. La noblesse considérée sous le rapport de la propriété foncière.—Les ordres de chevalerie.

Les *Inquiriçoes* (2).

La noblesse étendit et agrandit, sous les premiers rois de Portugal, ses possessions territoriales, qu'elle avait déjà acquises en partie sous les rois de Léon.—Divers genres de propriétés nobles et priviléges, qui y sont attachés. *Solares, coutos, honras, behetrias.*—Extension excessive des droits seigneuriaux, et mesures des rois pour y mettre des bornes.—Histoire des premières *inquiriçoes.*—Enquêtes que Dinizio fait faire.—Abus découverts.—Le roi abolit tous les *honras* qui avaient été fondés ou étendus depuis 1290.

Les fondateurs du royaume de Portugal trouvèrent un grand nombre de nobles déjà en possession de propriétés foncières considérables, qu'ils avaient acquises sous les rois de Léon. Il était juste que les vassaux du roi, dont le glaive avait repris le pays aux Maures, et qui étaient souvent obligés de conquérir chaque pouce de terrain au prix de leur sang, fussent récompensés ; les dons de terres étaient dans ce temps la seule

---

trois pour souper ; au *cavalleiro* quatre, comme *jantar*, et deux pour souper.

(1) Voyez les placets de l'abbesse du couvent Vairam dans l'année 1311, dans Ribeiro, *Dissert.*, t. I, p. 298.

(2) « A historia economica do nostro reino daquelle periodo nunca se podera dicer exacta se não tirar o seu fundo, igualmente dos foraes primitivos, que destas inquiriçoes, » disent avec raison les auteurs des *Memorias para a hist. das inquiriçôes*, introdução, p. 5.

(1) *Mem. da Acad. real*, t. VI, p. 67.

REGNE DU ROI DINIZIO.

manière de payer de grands services. Il était d'ailleurs conforme à la politique de revêtir les vassaux d'un pouvoir et d'un crédit qui les missent en état de conserver leur autorité sur la classe inférieure, même en temps de paix; la rudesse sans frein d'un peuple belliqueux, l'indépendance généralement répandue, l'impuissance des lois ou leur absence totale, l'éloignement du roi, semblaient l'exiger. Ce qui avait été prudent et équitable sous les rois de Léon, ne l'était pas moins sous les fondateurs du royaume de Portugal. Ils avaient encore un motif de plus pour s'attacher leurs vassaux par des récompenses et des honneurs. Pour leur trône mal affermi, cet appui était non-seulement désirable, mais encore indispensable. Ils se servaient de ces vassaux pour poursuivre les conquêtes qui étaient nécessaires à l'agrandissement et à l'établissement plus solide d'un État si faible à son origine. Plus les nobles montraient de valeur, plus on enlevait de terres aux Maures, moins le roi pouvait être avare de ses dons et de ses récompenses. C'est ainsi que des seigneurs fonciers obtenaient de plus grands biens ou des droits plus étendus, et que tel aventurier, maître seulement d'une vaillante épée, devenait un riche propriétaire foncier.

Des droits et des priviléges étaient nécessairement attachés à ces propriétés; ils naissaient pour ainsi dire du sol. La faveur royale, qui récompensait le guerrier zélé par des biens-fonds, avait à peine besoin d'y joindre des droits déterminés; ils étaient la qualité inhérente de la propriété agrandie. Le pouvoir suprême suffisait au roi. La cour et l'État avaient peu de besoins; ces besoins ne s'augmentaient que dans la guerre; le seigneur propriétaire servait alors de son corps et de ses biens, et devait déployer toutes ses forces.

Les *solares*, les *honras*, les *coutos* naquirent de ces acquisitions de biens-fonds, auxquels étaient attachés certains droits et priviléges.

Les *solares*, qui, d'après les *foraes* et les vieux diplômes, étaient les résidences fortifiées (1) des seigneurs fonciers, devinrent pour les grands la base de leur pouvoir et de leur crédit. Sur ces *solares*, pour leur propre défense, et surtout en cas d'attaques subites des Maures, ils bâtirent des tours et des forteresses dont on voit encore çà et là quelques vestiges dans les provinces (2). En temps de paix les seigneurs de haut rang obtenaient seuls la permission d'élever de tels châteaux, et le roi ne la leur donnait que dans de certaines circonstances et par une faveur spéciale (3); cela arrivait souvent lorsque l'on n'était plus menacé par les ennemis extérieurs ou les Sarrasins, et que les nobles turbulents cherchaient à satisfaire contre leurs égaux leur humeur belliqueuse au sein de leur patrie. Dans ces guerres, les seigneurs les plus puissants étaient opposés les uns aux autres, et il en était de même des châteaux. Il est à remarquer que ces luttes eurent précisément lieu sous Dinizio, roi si énergique et d'une grande autorité. Mais il fut le premier, il est vrai, qui ne conduisît plus, et qui n'eut plus besoin de conduire la noblesse belliqueuse contre les Maures; et vers la fin de son règne, de fatales dissensions dans la maison royale produisirent dans le royaume de funestes factions, et entretinrent l'ardeur des luttes intestines. Le roi fut bientôt obligé d'ordonner que plusieurs de ces tours fussent abattues, et de prévenir les abus par des lois. Affonso IV eut cependant encore à combattre la discorde toujours croissante, et il fut contraint de pren-

---

(1) « Et homines de Aquilari, qui honores tenuerint in suas hæreditates, aut in suos solares, et non fuerit ibi suo senior..., Et non serviat ad nullo homine, nisi a suo senior in cujus solar sederit. » *Foral d'Aguiar*, de 1258.

(2) Nommément dans la province entre Douro et Minho.

(3) *Mon. Lus.*, t. VI, lib. 19, cap. 27, où le roi Dinizio, pendant la guerre avec son fils, permit à Mem Rodrigue de Vasconcellos, partisan du roi, de se bâtir une forteresse dans son *couto* de Penagate, pour sa propre défense et pour celle de sa famille.

dre de sévères mesures contre les alliances entre les seigneurs, dans le temps où ses anciennes attaques contre son père semblaient être vengées par celles qu'il avait maintenant à soutenir de la part de son propre fils (1). On ne s'attendait certainement pas à ce que les *solares*, ces résidences des nobles, que les rois un jour avaient données aux zélés défenseurs du trône et de la patrie, fussent en partie changées par leurs descendants en moyens d'attaque contre ces mêmes souverains.

Les dénominations de *couto* et *honra* sont plus significatives que le mot *solar*, et elles expriment mieux l'état des choses. Avant la naissance de l'Etat portugais, on nommait déjà la cession et l'établissement d'un bienfonds avec droits et priviléges, *coutar*, et la possession même, *coutos*. Les premiers régents portugais (2) se servaient des mêmes expressions, tantôt en expliquant simplement qu'ils accordaient un bien privilégié (*faziao couto*, afin que chacun sût ce que cela signifiait), tantôt en citant seulement les priviléges et les droits qui prouvaient l'existence de la propriété privilégiée. Les priviléges et les exemptions des *coutos* consistaient principalement en ce qu'ils étaient affranchis de beaucoup d'impôts royaux, en ce que le majordome du roi, ou le percepteur des impôts royaux, ne pouvait mettre le pied sur leur territoire (3). Le mot *coutos*, dans sa signification plus étendue, renfer-

mait aussi ce que l'on entendait dans ce temps par *honras*. Ces *honras* étaient aussi établies de la même manière que les *coutos*, en ce que leur fondation était désignée, tantôt par des bornes auxquelles on donnait souvent le nom de *coutos*, tantôt par un diplôme du roi (*carta*), tantôt encore par le drapeau royal qu'on arborait sur le *honra* (1). Il résulta de cette conformité, que les deux dénominations furent souvent échangées et confondues dans les actes de ce temps (2). On ne peut cependant pas nier qu'il faut souvent les distinguer (3), et qu'il est question parfois des *honras* contenues dans les *coutos* (4). Les Portugais ne sont point parvenus jusqu'ici à désigner avec certitude et à prouver authentiquement les différences qui leur étaient propres et qui les distinguaient; l'obscurité et l'incertitude des actes de ce temps présenteront toujours de grandes difficultés.

Outre les *honras* et les *coutos*, on fait encore mention d'une autre espèce de biens privilégiés, les *behetrias* (5). Les prérogatives sur lesquelles reposait la nature particulière des *behetrias* concernaient moins les seigneurs fonciers que les localités et leurs habitants; le roi ou les justiciers les accor-

---

(1) Les *Mem. da Acad. real*, t. VI, p. 116, le prouvent. Les *seguranças reas* sòrtaient de ces ordonnances royales, dont traite le tit. 122, liv. 3 des *Ordenaç. Affons*.

(2) Il est dit dans la *Carta de Couto* que la reine Thérèse donna au couvent S.-Joao de Pendorada, en 1123 : «Facio, atque concedo... cartas de Cauto... Hoc autem cautum facio tibi...... Cauto igitur tibi illud...... monasterium, etc. »

(3) « Coutar huma terra, » dit le roi Dinizio dans un diplôme, « he escusar os seus moradores de hoste e de fossado, e de foro e de toda a peita. »

(1) Il est dit dans le premier *inquiriçao* du roi Affonso III : « Interrogatus si est honorata per pendonem, per cautum, vel per cartam D. regis, dixit quod non, sed est honorata per dominum sueire Reymondo. »

(2) On trouve *couto e honra*, même *honra do couto*.

(3) Il est dit, dans un *inquiriçao* de 1258, que le roi de Portugal et le comte de Boulogne : « Mandavit inquirere totam terram de inter Cadavum, et Barossum et Chavias... omnia jura, quæ ibi habet et debet habere. Nova et vetera tam de regalengis, quam de foris, quam de forariis, quam de jure patronatus ecclesiarum, quam de honoribus, quam de cautis, etc. » *Nova Malta*, part. 2, § 118.

(4) Exemples dans *Memorias da Acad. real*, t. VI, p. 124.

(5) Aussi *beatria, byatria* et *bestria*

daient ordinairement pour récompenser des services signalés dans les guerres, et pour encourager une culture plus régulière et plus étendue. La faveur consistait en ce qu'il ne serait imposé aux cantons par le roi aucun autre seigneur, que le candidat élu par la commune, avec ses juges, ses officiers et ses *homens bons* (1) assemblés. Ce choix n'était valable que pour la vie de l'élu, ou tant que celui-ci remplirait les conditions prescrites pour l'élection (2).

Des priviléges tels que ceux qui furent accordés et attachés aux *coutos, honras* et *behetrias,* ne pouvaient subsister sans abus; les abus toujours croissants amenèrent la recherche du remède. L'étendue des concessions donnait aux privilégiés un sentiment de l'importance qu'ils devaient avoir aux yeux du roi, et ce sentiment devint facilement pour eux le sujet de nouvelles requêtes pleines d'arrogance. L'incertitude qui résultait des formes et du contenu des diplômes d'établissement et de donation, le manque de limites rigoureuses posées aux différents pouvoirs de l'État, le peu de considération et la dépendance où vivait encore une classe nombreuse, ouvraient un vaste champ à l'amour de la liberté et au désir du pouvoir absolu. Les rois sentirent et remarquèrent de bonne heure l'abus qui se glissait peu à peu; mais tantôt ils ne savaient comment y remédier, tantôt ils ne le pouvaient pas, obligés de ménager celui qui se rendait coupable de ces abus, faute de pouvoir s'en passer; d'autres fois encore ils étaient trop impuissants pour soutenir les mesures prises avec la vigueur convenable. Lorsque les rois virent enfin leur pouvoir plus affermi et plus étendu, et les grands désavantages qui résultaient de cette foule de biens-fonds privilégiés, lorsqu'ils virent les abus croissants porter une si funeste atteinte à l'autorité, et devenir toujours plus forts et plus manifestes, ils s'occupèrent alors avec plus d'ardeur de les prévenir et d'y remédier. Mais ces abus s'étaient si profondément enracinés avec le temps, et les possesseurs des priviléges s'appuyaient si fortement sur leurs droits, que les mesures auxquelles l'on avait eu plusieurs fois recours pour détruire les uns, et faire rentrer les autres dans les limites de justes prétentions, ces mesures prouvaient trop combien une pareille entreprise était difficile et même impraticable.

Bien qu'il n'y ait pas eu d'enquête générale sur les biens privilégiés avant le règne d'Affonso II, on signale cependant quelques *inquiriçoes* particulières dans les temps antérieurs. L'acte le plus ancien qui existe encore, et qui ordonna une pareille perquisition, fut publié en l'an 1127 par la reine Theresia et par le comte Fernando (1). Le roi Sancho Ier en fit entreprendre une semblable (2). La première perquisition ou enquête générale fut ordonnée en 1220 par Affonso II, qui fit soumettre à un rigoureux examen tout ce qui avait eu rapport aux *honras* et *coutos* depuis son bisaïeul, le comte Henri. Par ses actes, on voit que la plupart des terres possédées comme *honras* étaient entièrement exemptes d'impôt (3). Peu d'entre elles payaient encore le *quart* ou le *dixième*. Malgré ces me-

---

(1) « Et tu, aut quicumque istam hæreditatem habuerit, sitis vassali cujuscumque volueritis, » dit le comte Henri dans un acte de donation de 1110, dans lequel il accorde à une *behetria* cinq maisons à Villa-Boa de Satan. On dit ordinairement : « Ut non demus vobis seniorem, nisi quale vos laudaveritis. »

(2) José Anastasio de Figuareido, *Memoria para dar huma idea justa do que erao as behetrias,* dans les *Memor. de Litter. port.,* t. I, p. 114.

(1) *Memorias para a historia das inquiriçoes dos primeiros reinados de Portugal colligedas pelos discipulos da aula de diplomatica no anno de 1814 para 1815,* documento I.

(2) « Rex dominus sancius senex mandavit inquirire ipsum casale. »

(3) Ce qui était exprimé par ces mots : « Non faciunt ullum forum domino reg.»

sures, les résistances aux lois, les désordres recommencèrent sous le règne de Sancho; et ce roi ne leur opposant qu'une faible digue, ils continuèrent encore longtemps sous le comte de Boulogne (1). Affonso III se vit obligé de les endurer jusqu'à ce que son trône se trouvât suffisamment consolidé. L'enquête générale qu'il ordonna enfin en 1258 s'étendit sur divers territoires, dans lesquels on envoya des inspecteurs spéciaux. Mais cette perquisition ne détruisit pas le mal; il alla au contraire toujours en croissant (2).

Le fils et le successeur d'Affonso III n'eut pas plutôt pris les rênes du gouvernement, qu'il consacra tous ses soins à cet objet. Dinizio, qui possédait la force et la volonté, pouvait en effet entreprendre de soutenir les droits du trône et de le préserver de toute atteinte. D'un autre côté, son amour sévère de la justice lui interdisait tout empiétement sur le bien d'autrui, toute lésion des droits acquis de ses vassaux et de ses sujets. On avait coutume de dire de son temps : « Pour assurer son bien, on n'a pas besoin d'autre procureur que le roi (2). » Il parcourut plusieurs fois les *comarcas* du royaume, afin d'acquérir une exacte connaissance de l'état des choses dans chaque domaine; il voyait tout de ses propres yeux, entendait les plaintes, en recherchait les causes, comme le moyen le plus sûr d'y apporter remède. Connaissant bien l'état des choses par son propre examen, il réfléchit d'autant plus mûrement avant de confier à d'autres ce qu'il ne pouvait effectuer lui-même. Dinizio ordonna d'abord, en 1284, des perquisitions sur les patronats, les possessions (*reguengos*) et les impôts (*foros*) royaux (1). Les prières des cortès de Guimaraens, qui répétaient les supplications de l'assemblée des états de Lisbonne (1285) (2), le poussèrent à établir une commission pour faire des perquisitions générales sur les *honras* et les abus qui s'y étaient introduits. A cette première commission succédèrent une seconde en 1301, une troisième en 1303, une quatrième en 1307 (3). Outre les perquisitions générales, on en faisait encore de particulières. Ces commissions ne s'occupaient pas seulement de la restriction et de l'abolition (*devassâo*) des *honras*, qui avaient été fondées dans les temps antérieurs. Les travaux de la seconde commission montrent bien davantage combien, depuis la première qui avait ordonné l'abolition de plusieurs *honras*, les évêques, les *ricos homens* et les clercs avaient fondé de nouvelles *honras*, malgré les mesures prises, et au grand détriment des droits et des revenus royaux (4). La dispense royale qui supprime la dernière commission redoubla les mêmes plaintes sur l'établissement de nouvelles *honras*, et sur l'agrandissement illégal des anciens (5). La nécessité toujours renaissante de combattre ces abus sous le règne d'un roi aussi prudent, aussi vigoureux, aussi honoré que l'était Dinizio, prouve combien le mal était profondément enraciné; il montre aussi combien les classes élevées étaient fortes et puissantes, et combien leurs prétentions s'étaient accrues. L'écrit du roi, où il ordonna la dernière

---

(1) Les *Mem. da Acad. real*, t. VI, p. 130, le prouvent.
(2) *Mem. das inquiriçoes*, p. 41. Les perquisitions faites sur des districts isolés se nomment *alçadas*.
(3) *Mon. Lus.*, lib. 16, cap. 52.

(1) *Mem. das inquir.*, p. 73.
(2) *Ibid.*, documento 14.
(3) *Ibid.*, documento 14, p. 78, 96, 99, 104.
(4) « Que essa enquiriço filhada, e aberta e poblicada per dante sua corte porque achara que as faziam novamente e sen razò per juizo deytou muytas dessas honras en devasso, etc. » *Carta de Diniz.*, 1301.
(5) « ...Tinham feito houras agora novamente e accrescentarò nas velhas que tragiam dante, etc. » *Carta de Diniz.*, 1307.

perquisition dans son royaume, nous dépeint les abus multipliés (1) qu'on se permettait à la faveur des *honras*.

Les nobles défendaient au *porteiro* (percepteur des impôts) du roi d'entrer dans leurs *honras*, ou de demander justice auprès du juge de l'endroit, comme cela s'était pratiqué jusqu'alors. Ils déclaraient tout endroit dont le cultivateur avait une prestation quelconque à leur servir une *honra*, et s'affranchissaient par là de tout impôt, ou de toute charge envers le roi. Ils prétendaient au même privilége pour l'endroit dans lequel ils faisaient allaiter ou élever un fils, d'où ces endroits étaient appelés *amadigos* et *paramos* (2). Si un cultivateur voulait affranchir sa maison ou son bien, il priait un *fidalgo*, seigneur d'une *honra* voisine, de lui donner son fils et de le laisser nourrir dans sa maison par sa femme. La maison de cette nourrice était alors protégée par les parents de l'enfant et déclarée *honra*, et elle étendait ses franchises et ses droits sur tout l'endroit et même sur son voisinage (3). Le privilége ne se bornait pas seulement à la vie de celui qui l'obtenait; les nobles prétendaient qu'il devait passer à perpétuité à ses descendants. Non contents de ce privilége attaché à l'endroit, des nobles en demandèrent encore un personnel qui s'étendit sur tous les biens qu'ils possédaient dans d'autres districts. Ce désordre s'était déjà introduit du temps du roi Affonso II; sous Dinizio, l'usage de faire élever des fils de *fidalgos* dans des territoires royaux (*reguengos*), et d'enlever ainsi à ces territoirs les droits et revenus que le roi y possédait, devint plus commun. Mais cela ne suffisait point encore; l'autorisation d'allaiter un fils qu'un *fidalgo* aurait eu d'une concubine (*filho de barregaan*) donnait aussi ces priviléges extraordinaires, et amoindrissait encore les revenus de la couronne, et portait atteinte aux droits et à l'honneur du trône. Afin de mettre un terme à cet abus scandaleux, le roi défendit, en 1290, de faire élever des fils de *fidalgos* dans les *reguengos*, et de donner les priviléges de la *honra* à un endroit, par le seul motif que le fils naturel d'un noble y était élevé (1). Les *fidalgos* et *ricos homens* déclaraient en outre comme *honras* des biens royaux qu'ils acquéraient, afin de les affranchir des impôts prélevés jusqu'alors par le roi; il en était de même des maisons qu'ils avaient reçues à vie des églises et des couvents (2), ainsi que des habitations de leurs ouvriers, qui leur payaient des redevances, et qui se croyaient par là délivrés des impôts qu'ils devaient à la chambre royale. Il suffisait même que le fils d'un noble eût demeuré huit ou quinze jours dans la maison d'un cultivateur pour que celui-ci jouît de ce privilége, et plusieurs de ces gens prétendaient pouvoir y prétendre aussi en qualité de descendants des seigneurs de la *honra*, quoiqu'on ne les traitât pas comme tels, vu leur pauvreté et les métiers, incompatibles avec la noblesse, qu'ils exerçaient (3).

Le roi Dinizio résolut de couper court, tout d'une fois, à tous ces abus produits par les *honras*, en abolissant et détruisant, par une ordonnance du 2 octobre 1307, toutes

---

(1) *Ordenaçoes Affons.*, lib. II, tit. 65.

(2) *Paramo, paranho* : « Emparom o amo em quanto he viro, o desse os amos som mortos, emparom o lugar, pondo lhe o nome *paranho*, isto he, emparado ou defendido por houra, » est-il dit dans un *inquiriçao* sous le roi Dinizio.

(3) *Elucidario*, t. I, p. 110, verb. *Amadigo*.

(1) « Outro sy julgou, que en nenhuum logar hu criarem filho de barregaa non seja honrado por razom da criança. » Voyez cette ordonnance dans Ribeiro, *Dissert.*, t. III, p. 166. Comp. aussi *Elucid.*, suppl., p. 45.

(2) « Tinhao em prestimo. »

(3) *Ordenaç. Affons.*, lib. II, tit. 65. *Mon. Lus.*, t. V, lib. 16, cap. 69 et 70. *Memor. da Acad. real*, t. VI, p. 136-139. *Memor. para hist. das inquiriçoes*, documentos, nos 25 et 26.

les *honras* fondées ou étendues depuis l'année 1290 (1). L'ordonnance fut exécutée, et paraît avoir eu l'effet désiré aussi longtemps que régna Dinizio (1).

Les ordres de chevalerie.

La même main royale qui abolissait les abus de l'Eglise, et protégeait cette Eglise contre les exactions, sut arrêter aussi les prétentions exagérées de la noblesse, et en même temps garantir cette noblesse dans son action bienfaisante et légitime. Le roi accorda son appui aux chevaliers portugais de l'ordre de Santiago, lorsqu'ils se séparèrent de leur grand maître castillan pour leur propre bien et celui de leur patrie, et lorsqu'ils cherchèrent à se donner un autre chef. Il sauva l'ordre des templiers en Portugal en le faisant disparaître à l'heure du danger, et en l'exhumant, le péril une fois passé, et lui donnant, sous un autre nom, une nouvelle existence florissante.

L'ordre de chevalerie de Santiago en Portugal obtient un maître particulier.

Des chevaliers de cet ordre avaient déjà trouvé, sous Affonso, moyen de s'introduire en Portugal, sans y avoir, à ce qu'il paraît, été reçus formellement, et sans y avoir été consacrés légalement. Le crédit dont l'ordre jouissait dans Léon et en Castille, et l'esprit du temps, étaient des recommandations en leur faveur; les besoins de l'Etat leur donnèrent droit de bourgeoisie; Affonso I*er* leur accorda des propriétés foncières, et les rois suivants imitèrent son exemple. Sancho I*er* donna aux chevaliers, ainsi que nous l'avons vu dans l'histoire de son règne, Alcacer, Palmella, Almuda et Arruda (2). Pendant et après la conquête des Algarves, Sancho II leur donna, pour prix de leurs services, plusieurs bourgades dans ce pays; les chevaliers y acquirent les premiers des droits et des terres (2). Leur ordre avait son siége dans le couvent Santos o Vilho à Lisbonne, qui leur resta aussi toujours pour recevoir les femmes et les filles des commandeurs, lorsque ceux-ci allaient en campagne. Après la conquête d'Alcacer do Sal, sous Affonso II, ils s'y établirent, mais transportèrent leur résidence, sous Sancho II, à Mestola, qu'ils venaient de conquérir, et enfin à Palmella (3). Les membres de l'ordre étaient toujours sous l'autorité du grand maître de Castille, et devaient se soumettre à ses règlements et à ses visites.

Cette dépendance d'un maître étranger

---

(1) « Mandou que todalas honras que forom feitas de novo, ou acrecentadas as velhas que nom valham, e que sejam todas em devaso des o tempo da dita era de mil e trezentos e vinte e octo annos des a dita inquiriçom. » *Ordenaç. Affons.*, lib. II, tit. 65, § 19.
(2) *Nova Malta*, part. I, p. 55.

(1) Déjà sous le successeur de Dinizio, Affonso IV, on crut nécessaire de faire de nouveaux *inquiriçoes*. Ils eurent alors pour principal objet la juridiction des seigneurs fonciers, et par ce motif seulement, et quand même la suite des époques ne l'exigerait point, ils seraient mieux placés ailleurs.
(2) *Ib.*, p. 146.
(3) *Mon. Lus.*, lib. II, cap. 25.

avait déjà depuis longtemps déplu aux rois de Portugal; elle blessait leur dignité, et portait préjudice au royaume comme à l'ordre. La grande étendue des propriétés, et les rapports si variés de l'ordre en Castille et en Léon, réclamaient l'attention et l'activité du chef suprême, d'autant plus qu'ils étaient plus rapprochés de lui; l'éloignement considérable, au contraire, où ce même chef se trouvait des membres portugais, rendait sa négligence si naturelle, que nous avons à peine besoin des plaintes qu'une bulle papale nous a conservées, pour nous en convaincre (1). Mais cette négligence avait entraîné la décadence de l'ordre en Portugal, ainsi que la dissipation de ses biens dans ce pays, au grand préjudice du corps et du royaume. Les abus et les inconvénients résultant d'une telle dépendance étaient des plus funestes. Les rois ne pouvaient compter en cas de besoin sur le grand maître, qui était presque toujours occupé en Castille ou dans le royaume de Léon, ou dans les guerres pour les rois de Castille; il retirait même les chevaliers du Portugal, et privait ainsi le royaume de ses plus braves défenseurs. Les revenus des propriétés de l'ordre passaient à l'étranger; des désordres s'introduisaient à la faveur des absences prolongées et fréquentes des chevaliers; leurs biens devaient nécessairement être dissipés et se perdre. Ce n'était pas tout. Dès Affonso Ier, les rois de Portugal avaient livré un grand nombre de châteaux et de bourgs au grand maître et aux chevaliers de l'ordre, avec la condition qu'ils seraient tenus de soutenir le roi de Portugal comme leur seigneur dans la guerre contre les Maures. Plusieurs de ces châteaux étaient situés sur la frontière de Léon et de Castille, et servaient de remparts contre ses Etats. Et dans les guerres avec leurs voisins chrétiens, les rois de Portugal avaient eu le chagrin de voir non-seulement le grand maître, mais encore des chevaliers portugais, d'après les ordres de leur chef, se mettre du côté de l'ennemi, c'est-à-dire leurs propres vassaux se ranger sous une bannière opposée. Des forces considérables et des ressources appartenant au Portugal étaient ainsi enlevées à ce royaume et livrées à l'ennemi, qui les dirigeait contre ce pays même d'où elles avaient été tirées. Mais ce mal, si nuisible qu'il fût dans ce moment, n'était que passager; d'autres maux durèrent davantage, et causèrent des pertes irréparables. Nous ne citerons qu'en passant, et comme un tort peu important fait à l'ordre et au royaume, l'habitude que le grand maître avait de s'approprier les armes et les chevaux ainsi que les biens des chevaliers portugais qui venaient à mourir. Les nombreuses ventes de terres et de propriétés de l'ordre à des laïques avaient des résultats plus importants, étaient plus préjudiciables à l'ordre. Si ces laïques étaient des indigènes, les aliénations étaient sans doute peu nuisibles à l'Etat; elles pouvaient même dans certaines circonstances, lui devenir avantageuses. Mais elles devenaient funestes lorsque l'on enlevait au Portugal les propriétés de l'ordre pour les faire passer entre les mains du roi de Castille. C'est ainsi qu'un grand maître de Castille échangea deux bourgades sur la frontière d'Andalousie, Aiamonte et Alfaiar de Pena, que le roi de Portugal, Affonso III, avait conquises et données à l'ordre, avec le roi Alfonso le Sa-

---

(1) « Ad nostrum si quidem pervenit audi-,um quod cum magister vestri ordinis, ob multa, et ardua, quæ sibi ratione commissi officii frequentius imminent, exequenda reddatur quam plurimum occupatus, ipsumque propter multitudinem locorum ejusdem ordinis, quæ extra Portugaliæ, et Algarbi regna consistunt, oporteat persæpe discurrere, ac in locis moram contrahere supradictis, præfatus ordo in regnis ipsis non modicum in spiritualibus et temporalibus sustinet detrimentum, cum occasione hujusmodi castra, possessiones, ac bona mobilia et immobilia ordinis memorati adeo destructa et dissipata gnoscautur, quod, nisi per apostolicæ sedis salubre celerque remedium obvietur, verendum occurrit, prout jam lucidis innotescit indiciis, ne totalis subsecuatur. » Sousa, *Fréras*, t. I, p. 92.

vant, contre deux autres endroits, Estepa et Castro de la Reyna, et enrichit ainsi les chevaliers et le roi de Castille aux dépens des chevaliers et de la couronne de Portugal (1).

Tous ces abus étaient trop grands et trop évidents pour que les rois de Portugal n'en fussent pas choqués. Ils avaient déjà exigé leur abolition du grand maître, et travaillé à la séparation de l'ordre, mais sans succès. Le roi Dinizio, d'autant mieux convaincu de l'utilité et de la nécessité de cette séparation, qu'il voyait ce que ses prédécesseurs avaient souffert; jaloux en outre de son indépendance, de l'honneur de la nation et de la dignité de l'État; assez prudent pour attendre le moment favorable, et aussi ferme que résolu pour le saisir, reprit le plan de ses prédécesseurs, et le mit heureusement à exécution. Il obtint l'assentiment du pape Nicolas IV, par les ambassadeurs qu'il avait envoyés à Rome pour terminer ses discussions avec le clergé portugais. A ce moment les dispositions du pape semblaient précisément très-favorables au roi concernant les affaires de l'Église. Les ambassadeurs royaux s'acquittèrent si adroitement de leur mission, qu'ils obtinrent, même avant que le traité ne fût conclu avec le clergé, une bulle du pape (le 16 septembre 1288), qui permettait aux chevaliers portugais d'élire un maître particulier pour le Portugal, lequel demeurerait cependant subordonné au grand maître de Castille (2). Après que cette ordonnance eut été confirmée en 1290 par une seconde bulle (3), treize chevaliers de l'ordre portugais, qui avaient droit d'élection, nommèrent le premier grand maître de l'ordre de Portugal. Le choix unanime tomba sur Joao Fernandès comme sur le plus digne. Il porta tout de suite remède à plusieurs plaintes élevées contre le grand maître castillan.

Quoique la séparation fût confirmée encore par deux bulles du pape Célestin V, en 1290 (1), elle rencontra la plus vive résistance chez le grand maître. Celui-ci obtint même de Boniface VIII qu'il abolît les ordonnances de ses prédécesseurs, Nicolas IV et Célestin V, et qu'il ordonnât aux chevaliers de l'ordre de Portugal, sous peine d'excommunication, de supprimer leur nouveau grand maître, de se réunir aux chevaliers castillans, et de se soumettre comme auparavant au grand maître de Castille. Mais Boniface fut à peine dans la tombe, que les Portugais se choisirent de nouveau un maître à eux. Le pape Jean XXII ordonna alors, à l'instigation des Castillans, au roi Dinizio, de destituer le grand maître portugais, et d'obliger les chevaliers à revenir à l'obéissance du grand maître castillan. Les Portugais adressèrent tout de suite leurs réclamations à Rome, et Dinizio prit l'affaire très à cœur. Ses ambassadeurs, parmi lesquels se trouvait l'amiral dont il a été question plus haut, le Génois Manoel Pezagno, furent encore une fois chargés de représenter au pape tous les motifs qui militaient en faveur de la séparation de l'ordre et de la nomination d'un nouveau grand maître en Portugal. A l'objection réitérée des Castillans, que nul état, nul ordre civil ne pouvait subsister avec deux chefs, le roi répondit que, d'après la bulle de séparation, le maître en Portugal restait soumis à la visitation et à la juridiction du grand maître, et cita l'ordre d'Avis, dont le maître se trouvait depuis si longtemps sous le grand maître de Calatrava, sans qu'il y eût jamais eu dans cet ordre de discussion à cet égard (2). Le troisième

---

(1) *Mon. Lus.*, lib. XVI, cap. 39.

(2) « Et dicti ordinis provincialem in ejusdem regni magistrum assumere libere valeatis, qui præfati ordinis, et personarum, ac bonorum ejus in spiritualibus et temporalibus curam, et administrationem libere in Portugaliæ, et Algarbi regnis habeat, et exerceat supradicti magistro ejusdem ordinis visitatione et correctione duntaxat legitimis per eum faciendis tantummodo reservatis, etc., etc. »

(3) Sousa, *Provas*, t. I, p. 91.

---

(1) *Ib.*, 92, 93.

(2) « ... Sunt provinciales magistri, qui in visitatione et correctione tantummodo sunt

maître en Portugal, Pedro Escacho, qui avait été élu en 1316, se maintint dans sa dignité, malgré l'opposition constante des Castillans, ainsi que le second Lourenço Annes, qui resta en charge jusqu'à sa mort; et Jean XXII, convaincu par les raisons du roi, se prononça enfin (dans une bulle de 1320) en faveur du Portugal. Pedro Escacho, fut confirmé par le siége apostolique (1).

Ce maître travailla dès lors avec sollicitude et activité à faire disparaître les abus qui s'étaient introduits pendant l'administration pleine de négligence du grand maître castillan, prit des mesures pour d'utiles améliorations, tacha de faire rentrer les biens vendus sous les pouvoirs de l'ordre, et lui acquit un grand nombre de priviléges. Tout cela se fit avec la coopération de deux chapitres qu'il fit assembler à Alcacer do Sal (1322), où l'on transporta le couvent de Mertola, et dans la maison de l'ordre à Lisbonne, où un grand commandeur (*commandadore mor*) fut élu par les treize (*dos treze*). L'ordre fut partagé en soixante commanderies, et organisé d'après de nouveaux statuts. Il se releva en peu de temps, acquit de la puissance à l'extérieur et de la solidité à l'intérieur, et dès la première assemblée du chapitre, dans laquelle on élut le premier maître d'ordre, il affecta des prétentions à l'indépendance, en adoptant un seing et une bannière propres (1), et en prenant une attitude énergique.

Vers la même époque où l'ordre de Santiago dut son indépendance au roi Dinizio, les templiers lui rendirent grâces de leur salut et de la conservation de leurs biens.

Les templiers et les chevaliers de l'ordre du Christ.

Accroissement des propriétés des templiers depuis Affonso Ier. — Exemptions et priviléges accordés à l'ordre par les papes. — Obligations des chevaliers envers les rois de Portugal. — Conduite sage de ceux-ci à l'égard des chevaliers. — Conduite exemplaire de l'ordre. — Le roi Dinizio est invité par le pape à se rendre à Vienne. — Il y envoie quelques plénipotentiaires. — Les templiers portugais se dérobent au danger par la fuite, et le roi séquestre toutes leurs propriétés. — Union de Dinizio avec les rois de Castille et d'Aragon. — Le pape proclame la suppression de l'ordre des templiers en faveur des rois de Castille, de Portugal et d'Aragon. — Dinizio adresse des reproches au frère Stéphane, administrateur des biens de l'ordre. — Les chevaliers reparaissent en Portugal. — Fondation de l'ordre des chevaliers du Christ, ou plutôt rétablissement de l'ordre du Temple sous ce nom. — Dinizio rend à l'ordre les propriétés séquestrées, et lui donne en outre Castromarim, comme devant être la résidence de l'ordre. — Nouvelles ordonnances et institutions.

Ainsi que nous l'avons dit, l'ordre du Temple avait déjà, sous le règne d'Affonso Ier, pris une grande extension; indépendamment de la possession de terres considérables, il avait obtenu des droits et des priviléges importants. Si même les successeurs d'Affonso Ier se montrèrent moins généreux envers cet ordre, c'est que d'autres ordres religieux et militaires, qui s'élevèrent à côté du Temple, rendant des services égaux, avaient droit aux mêmes récompenses, et surtout c'est que les rois se sentaient chaque jour moins de penchant à multiplier les dotations aux dépens des domaines de la couronne.

---

dicto generali magistro de Calatrava subjecti : cum tantum horum ordinum eadem sit cum ordine de Calatravia professio, idem habitus, eadem observantia regularis,» fit dire le roi par ses ambassadeurs. *Mon. Lus.*, lib. 16, cap. 60.

(1) *Mon. Lus.*, lib. 19, cap. 20.

(1) *Mon. Lus.*, lib. 19, cap. 20.

Cependant l'accroissement des richesses des templiers, et la grandeur des priviléges de l'ordre, devinrent d'année en année plus visibles pour tous. Il faut dire aussi que la moindre terre donnée à l'ordre par un simple particulier, ou par le roi lui-même, acquérait en peu de temps une plus grande valeur, par suite d'une culture plus soignée et de l'accroissement de la population. Cependant les priviléges et exemptions accordés à l'ordre du Temple par les papes, à des époques différentes, avaient plus d'importance encore que ces richesses territoriales. La longue suite de ces concessions faites à l'ordre, jusqu'à sa suppression, par le saint-siége, montre quelle reconnaissance les chevaliers devaient avoir pour les papes, bien que ces libéralités ne coûtassent à ceux-ci qu'un trait de plume, sans aucun sacrifice onéreux.

Le droit accordé aux templiers de ne pas payer les dîmes sur les terres qu'ils cultivaient eux-mêmes, ou faisaient cultiver pour leur compte, et dont nous avons parlé dans l'histoire du premier roi du Portugal, leur avait été conféré par le pape Alexandre IV, et fut confirmé par plusieurs de ses successeurs. Clément IV ordonna même de traduire devant les tribunaux ceux qui oseraient réclamer le payement de ces dîmes. Urbain III (1185-1187) permit aux chevaliers de construire des églises dans les contrées dont ils chasseraient les infidèles, et de les consacrer immédiatement au siége apostolique. Les religieux de l'ordre, d'après une bulle d'Innocent III (1198-1216), n'étaient obligés à payer pour leurs vivres aucun impôt, pas même le *portagom*, et Clément IV défendit par la suite aux chevaliers de lever aucun impôt, sous quelque nom que ce fût, sans le consentement et l'ordre positif du saint-siége. Le pape Innocent III statua que les prélats n'auraient pas le droit d'excommunier aucun des affiliés de l'ordre du Temple, d'interdire aucune de ses églises, ajoutant que les templiers pouvaient se refuser d'obéir à des injonctions contraires à leurs priviléges; si les templiers ne sont pas expressément nommés dans les ordonnances, elles ne les concernent nullement. Honorius III (1216-1226) ordonna aux prélats de frapper d'excommunication tous ceux qui lèveraient la main sur un templier, et de ne suspendre cette peine que dans le cas où les coupables auraient donné pleine satisfaction aux chevaliers et feraient le voyage de Rome. Tous ceux qui dépouilleraient un templier de son cheval, ou de toute autre propriété, devaient également être excommuniés. D'après une autre bulle d'Alexandre IV (1254-1261), les évêques étaient obligés d'accepter les clercs présentés par les chevaliers pour desservir les églises de l'ordre, et ne pouvaient contraindre les chevaliers à fixer les appointements de ces clercs. Clément IV (1265-1268) imposa aux évêques l'obligation de mettre en jugement tous ceux qui se permettraient quelque acte de violence contre les maisons ou les terres des templiers, et leur enlèveraient les legs faits par testament, qui porteraient atteinte à leurs priviléges, exigeraient le payement des dîmes. Il autorisa les chevaliers à nommer les prêtres pour l'exercice du culte dans leurs domaines, et à témoigner en justice dans les affaires de leur ordre, sans qu'on pût les y contraindre par aucune violence. Grégoire X (1271-1276) déclara les chevaliers affranchis de toute obligation relative aux subsides qui seraient levés sur les revenus ecclésiastiques pour la délivrance du saint sépulcre. Bénoît XI, en 1304 et 1305, confirma tous les priviléges et toutes les exemptions accordés à cet ordre par ses prédécesseurs ainsi que par les rois (1).

Des priviléges aussi étendus et aussi importants étaient dangereux pour le trône, ou du moins très-nuisibles. Mais la sagesse des rois de Portugal sut imposer à l'ordre

---

(1) « Summarium privilegiorum quæ pontifices summi militibus Templi concessere; ex manuscripto libro Lusitaniæ desumptum : in quo eadem privilegia integra sunt descripta in Henriquez, *Regula Const. ordinis Cisterl.*, p. 479—481. »

du Temple des obligations qui purent balancer cette puissance excessive. 1° La guerre contre les Maures et les secours à donner au roi contre les infidèles étaient un devoir pour les chevaliers du Temple, quand le roi et même de simples particuliers leur donnaient des terres (1). 2° Entrent-ils en campagne, ils doivent en supporter les frais, et n'ont rien à réclamer du roi pour cette cause; au contraire, quand le roi, ses fils ou les *ricos homens* viennent dans les domaines de l'ordre, celui-ci leur doit l'hospitalité (2); 3° Les chevaliers ne peuvent, sans une permission expresse du roi, rien envoyer de leurs biens au grand maître de l'ordre en Palestine (3). 4° Il leur est défendu de vendre aucune portion de leurs terres; mais le roi se réserve la faculté d'en disposer pour les donner, soit à ses fils, soit à d'autres chevaliers du royaume qui en sont plus dignes. 5° Le grand maître portugais ne peut être élu qu'avec l'approbation du roi; il ne peut, sans la permission expresse de celui-ci, sortir du royaume, même pour une croisade en Palestine, ou pour secourir le roi de Castille en Andalousie ou dans le royaume de Grenade. Si une semblable permission est accordée, le grand maître, en s'absentant, doit laisser un suppléant que le roi a le droit de nommer (1). 6° Si un grand maître pour le Portugal est élu en Palestine, il ne peut entrer en fonctions que s'il est confirmé par le roi (2). 7° Le grand maître élu doit prêter serment non-seulement au roi, mais aussi au prince royal, promettant de reconnaître celui-ci après la mort de son père. 8° Les grands maîtres en Portugal ne peuvent admettre dans l'ordre, comme chevaliers, que des Portugais. 9° Les chevaliers ne peuvent tenir des chapitres que dans des localités fixées par le roi, et en présence d'un plénipotentiaire laïque de la couronne (3).

Les rois du Portugal eurent la sagesse de se servir pour leurs conquêtes, pour défendre et reculer les frontières du royaume, des bras vigoureux et du courage entreprenant des chevaliers du Temple, tandis que les autres souverains les avaient laissés se vouer exclusivement conquête et à la défense du saint sépulcre. De cette manière ils donnèrent à l'esprit du siècle une direction bienfaisante pour le Portugal. Ils veillèrent avec la même attention à ce que la noblesse portugaise, destinée à soutenir le trône et le pays, ne se transformât pas en une caste hostile, et que cette colonne de l'Etat n'obtînt pas une prépondérance qui pût la rendre dangereuse. Ils eurent soin que les conditions auxquelles ils avaient accueilli les templiers et leur avaient donné des terres fussent toujours en vigueur; et, pour que la mémoire ne s'en perdît pas, ils firent un usage fréquent des droits seigneuriaux

---

(1) «Que era certo que os templeyros servia el rey cotra mouros, et cotra to doutro defendimeto do seu reyno... e que sempre forom teudos a servir fielmete polas dictas cousas os reis de Portugal co cavallos e co armas e con todolos seus en ssas proprias despesas. E en quanto aos dictos reis prouguesse no lhis de terminhando tepo per quanto devessem servir mays serviriã el rey quanto forse ssa voontade, et tevesse por be.» *Inqveriçao* de l'an 1314, dans *Nov. Malta Portug.*, part. I, p. 56.

(2) Artigo 14. Voyez *inquiriçao* imprimé à la même pag. 440, obs. 167.

(3) «...Et era certo que nehuas rendas de vilas nè de castelos que os dictos templeyros ouvessè no reyno de Port' que no ousariã ende levar nèhuà cousa ao maestre da alen marseno per le ceça del rey de Portugal, ca dizia os reis de Port'... que queria que as dictas Bendas et averes se despendessem na ssa terra de Port' et a defendessem a mouros. Et que assy o faziã.» *Ibid.*, art. 4. *Nov. Malt. Port.*, part. I, p. 57.

(1) «...No leyxava seno qual el rey madava et tijnha por bé.» Art. 8, *inquiriçao* de 1314, in *Nov. Malta Port.*, part. I, p. 83.

(2) «Que se algu maestre vijnha pera seer maestre en Port' q no entraria no reyno de Portugal se no per madado dee rey de Portugal. E no seeria maestre se nõ per ssa voontade.» *Ibid.*

(3) *Mon. Lus.*, lib. 18, p. 50.

qu'ils s'étaient réservés, réprimèrent sévèrement chaque violation ; en sorte que cet exercice continuel et vigilant ne laissât pas tomber en désuétude les droits de la couronne. Plus d'une fois les rois de Portugal, mécontents des chevaliers du Temple, retirèrent à ceux-ci la défense des châteaux forts qu'ils leur avaient confiés, et la donnèrent à d'autres. Le roi Affonso III ôta à un templier, qui le tenait du grand maître, le commandement du château de Castel-Bramo, et le confie à un autre chevalier. Le roi Dinizio agit plusieurs fois de la même manière, mais seulement, à ce qu'il paraît, pour que le droit ne tombât pas en désuétude faute d'exercice (1).

Une surveillance si continue et si inquiète de la part des rois, qui toutefois ne mettaient point obstacle au libre développement de l'activité des chevaliers, nous explique en partie la circonstance fort remarquable que l'enquête faite sur la conduite et la vie des templiers portugais, pendant deux siècles entiers, ne put procurer aucune charge contre eux, si ce n'est d'avoir une seule fois admis dans leur ordre un chevalier étranger, neveu du dernier grand maître. Jamais les templiers portugais ne manquèrent à leur fidélité envers le roi ; et, pendant que leurs frères de Castille et de Léon se révoltaient contre leur souverain, s'armaient même contre lui, ceux-là ne cessèrent de se montrer sincèrement attachés à leur prince et à leur patrie.

Telle était l'existence des templiers en Portugal quand l'évêque de Lisbonne, Jean, ainsi que plusieurs autres prélats, furent chargés par Clément V de soumettre la vie des chevaliers du Temple à une enquête sévère. Le résultat de celle-ci ne fut pas tel que le désirait le pape. Un an auparavant, le 12 août 1307, Clément avait par une bulle invité le roi Dinizio à se trouver en personne (2) au concile qu'il voulait réunir à Vienne, pour décider du sort de l'ordre du Temple. Il avait fait un tableau effrayant des crimes des templiers, et ordonné aux évêques portugais d'assister à ce concile pour y donner des renseignements sur la conduite des chevaliers de leur nation. Dinizio vit approcher la tempête ; il se prépara à supporter le choc quand elle viendrait à éclater sur le Portugal. La sagesse des idées et la prudence des plans suivis par le roi, tant que dura le grand procès contre les templiers, portent à croire que depuis longtemps il s'était préparé, et que sa résolution était toute formée sur la conduite qu'il tiendrait à leur égard. Dinizio connaissait la puissance du pape et celle du haut clergé, et leur action sur le peuple ; il connaissait trop son siècle pour songer à combattre de front les volontés du saint-siége ; il ne voulait résister qu'à l'aide d'une sage et prévoyante prudence. Son opinion sur le compte des chevaliers du Temple était fixée ; leur dévouement au trône et au pays, leur manière de vivre, tout enfin les lui faisait juger utiles et salutaires. Il trouvait aussi injuste qu'impolitique la persécution à laquelle ils étaient en butte. Il se montra d'autant moins empressé à quitter son pays et à s'éloigner de son peuple pour aller en quelque sorte ratifier, par sa présence à Vienne, un jugement prononcé d'avance et qui répugnait à sa sagesse et à son équité, comme il le trouvait contraire à son autorité souveraine. Il envoya cependant à Vienne quelques évêques, qui reçurent probablement des instructions dont nous devons déplorer la perte.

Le roi resta donc en Portugal, mais non dans l'inaction. Il fit commencer une instruction contre les templiers, non cependant telle que le pape l'eût voulue ; et Clément V fut amusé jusqu'au moment où le jugement à intervenir ne pouvait plus nuire ni au roi ni à l'ordre du Temple. Les chevaliers por-

---

(1) *Mon. Lus.*, ibid.
(2) « Serenitatem tuam rogamus et hortamur, quatenus studeas personaliter interesse. » *Mon. Lus.*, lib. 18, cap. 25.

tugais, sinon par le conseil de Dinizio, au moins avec son agrément, s'étaient réfugiés à l'étranger; aucun ne fut emprisonné. Les agents du roi firent tout de suite connaître les prétentions de la couronne sur la plus grande partie des biens de l'ordre, disant qu'ils avaient été distraits des domaines de l'Etat, et sans droit; ils introduisirent une instance contre les chevaliers. C'est ainsi que, le 27 novembre 1309, Pombal, Soure, Ega et Redinha furent rendus à la couronne. En cette occurrence, l'évêque de Lisbonne, le prieur des franciscains et maître Jean jouèrent le rôle de juges. En 1310, les bourgs et châteaux de Idanha à Velha, Salvaterra do Estremo et autres (1), eurent le même sort que les places ci-dessus citées. Le procès fut décidé avec beaucoup de hâte et d'une manière tout opposée aux habitudes judiciaires du Portugal. Indépendamment du roi, le haut clergé et les couvents firent valoir des prétentions sous différents prétextes; mais le roi ordonna d'en ajourner la solution pendant l'absence du grand maître des templiers, et fit séquestrer les biens en litige jusqu'au moment où les templiers auraient défendu leur cause devant le pape et auraient été jugés par lui (2).

De cette manière, la presque totalité des biens de l'ordre du Temple vint dans les mains du roi, et un grand point était obtenu. Mais Dinizio ne se dissimulait pas qu'il était trop faible pour résister aux exigences du saint-siège, dans le cas où celui-ci voudrait disposer des biens de l'ordre et empiéter ainsi sur les droits de la couronne, dont il était si jaloux. Quelle perte si les bourgs et châteaux étaient enlevés à l'Etat et rattachés à un intérêt étranger! Le roi fut forcé de chercher un appui au dehors, et il le trouva en Castille, où les mêmes dangers et les mêmes besoins facilitèrent des négociations avec le roi Ferdinand, son gendre; commencées déjà en 1309, ces négociations amenèrent un traité le 21 janvier 1310, par lequel les deux rois s'obligèrent respectivement, en cas de dissolution de l'ordre du Temple, de s'emparer de ses biens et de se prêter un mutuel appui (1). Un synode national fut, par ordre du pape, rassemblé dans la même année à Salamanque, pour y rechercher quelle avait été la conduite des templiers dans les royaumes de Castille, Léon et Portugal; cette mesure avait suscité de nouveaux embarras aux deux rois; mais l'issue de ce synode fut telle, qu'elle affermit Dinizio dans l'opinion qu'il s'était formée des templiers; car, après une longue instruction, ceux-ci furent déclarés unanimement innocents par les prélats, au nombre desquels se trouvaient les évêques de Lisbonne et de Garda. Le renvoi de la décision au pape par le synode ne pouvait changer en rien la détermination de Dinizio (2).

Le roi de Castille avait engagé le roi d'Aragon à entrer dans leur alliance. Jayme II, qui était dans la même position, conforma en tout point sa conduite à la leur; et tous

---

(1) « Que nos e vos que nos paremos a lo emparar e a lo defender contra todos aquellos que lo demandar quisieren, etc. » *Mon. Lus.*, lib. 18, cap. 26.

(2) « De vinctis atque supplicibus quæstione habita, caussaque cognita, pro eorum innocentia pronunciatum communi patrum suffragio : ad pontificem tamen Romanum rejecta totius rei summa deliberatio. » Mariana, lib. 15, cap. 10. Aguirre, *Collect. max. Conc. Hisp.*, t. v, p. 230. Ce document, qui est probablement perdu, est bien remarquable. Il était conservé dans l'église d'Orta, et contenait la décision du synode de Salamanque. « Eneste instrumento, » dit Pineda qui donne cette notice, « se contenia, como por mandado del papa havian hecho pesquisa por toda Espana, sobre la vida e costumbre de los templarios, y testificaron los alli afirmados, que no hallaron contra ellos causa que se les pudiesse acusar en juicio, sino de lcable conversacion, y exemplo ; y que assi lo daban jurado, y firmado de sus nombres, en Salamanca. » *Vid.* Rodrigues Campomanes, *Dissertaciones hist. del. orden. y cavalleria de los templarios*, p. 107.

---

(1) *Mon. Lus.*, lib. 18, cap. 25.
(2) *Ibid.*, lib. 18, cap. 25.

trois s'unirent pour défendre leurs droits (1). Jayme promit d'ordonner à son envoyé à la cour papale de se conformer aux démarches des plénipotentiaires de Castille et de Portugal dans toutes ces négociations, et de donner au roi sur cette affaire des informations telles qu'il les voulait recevoir (2). Le roi Jayme II avait déjà auparavant fait entrevoir les mêmes pensées au roi de Castille, et il lui promit quand, de concert avec Dinizio, celui-ci envoya l'archevêque de Braga à Vienne, de donner à son député les mêmes instructions, en sorte que le pape et la cour de Rome pussent reconnaître que dans cette affaire les rois de Castille, de Portugal et d'Aragon, avaient la même manière de voir (3).

Cette résistance des trois rois ne fut pas sans résultats; car, lorsque Clément V, en 1310, supprima l'ordre des templiers, et donna tous leurs biens aux chevaliers de Saint-Jean (4), les trois princes de la Péninsule ne furent point obligés de se conformer à ces mesures. Cependant le pape stipula que ceux-ci devaient s'entendre avec lui sur l'emploi des propriétés de l'ordre du Temple. Le saint-père nomma comme administrateur des possessions des chevaliers templiers portugais Stephan, évêque de Porto, que Dinizio repoussa comme un homme dans lequel il ne pouvait avoir confiance. Quand ce moine, ainsi l'appelait le roi, faisait ses pèlerinages la besace sur le dos, et demandait l'aumône, Dinizio l'avait protégé; d'abord il l'avait nommé son aumônier, puis en 1310 évêque de Porto. Comptant sur un sujet qui lui devait son élévation, il l'envoya comme plénipotentiaire au concile de Vienne, et lui confia la conduite de l'importante affaire des templiers. Il lui avait remis quarante mille *libras* pour les frais de son voyage et pour donner du poids à ses négociations. Mais l'orgueil du prélat s'était accru en même temps que sa fortune; sa vanité avait étouffé en lui tout sentiment de reconnaissance. Maintenant hors de la présence du roi, éloigné du jugement de ses concitoyens, il travailla sans relâche et sans distraction au but qu'il avait en vue, et fit servir à l'accomplissement de ses projets ce que le roi lui avait donné pour un autre usage. Il avait conçu l'espoir de monter sur le siége épiscopal de Lisbonne, et s'occupa de tout préparer pour faire conférer à son neveu celui de Porto, quand la mort de l'évêque de Braga, survenue à Vienne, sembla lui faciliter l'obtention de ce diocèse. Le roi lui destinait l'évêché de Braga, mais celui de Lisbonne offrait à l'ambitieux prélat un théâtre plus grand et plus favorable. Stephan sut tirer parti de sa position auprès du pape; il obtint que l'évêque de Lisbonne fût appelé au siége de Braga, et lui-même nommé

---

(1) « Como todos tres fuessemos unos a catar nuestro drecho. »

(2) *Carta del rey de Arago D. Jayme a D. Dionis, rey de Portugal.* Barcelona, 12 jul. 1312, des *Arch. R. Barein regestr. templariorum,* fol. 318. Réimprimés dans J. L. Villanueva, *Viage literario a las Iglesias de España,* t. v, p. 225.

(3) « En guissa quel papa et toda la corte conoscha que en esto, et en todas cosas el fecho de vos et del rey de Portugal et nuestro es todo uño. » *Carta del rey Jayme a Fernando VI, rey de Castillo.* Barcelona, 17 août 1311, in *Viage liter.,* t. v, p. 206. Comme le roi d'Aragon avait pour plénipotentiaires un *ríchombre* et un *caballero*, il recommanda aussi au roi de Castille d'employer plutôt des laïques que des clercs, « por que nos pareçe que seria bien que los vuestros mandaderos otrossi fuesen legos et personas tales que fuesen pora razonar et defender tal fecho com este ; por que mas cumple razonar lo legos que clerigos. »

(4) « Hospitali seu hospitalis ordini supradictis præfata bona concedenda duximus et etiam unienda, bonis ejusdem ordinis militiæ Templi in regnis et terris... Castellæ, Arago-
num, Portugalliæ et majoricarum regum illustrium extra regnum Franciæ consistentibus duntaxat exceptis, quæ ab unione, concessione et applicatione hujusmodi ex certis causis excipienda duximus et etiam excludenda. » La bulle du pape à Vienne, le 2 mai 1312. *Mon. Lus.,* lib. 18, cap. 44.

à la place de celui-ci; plus tard son neveu obtint l'évêché de Porto (1). Nous le retrouvons ensuite à Lisbonne, lors de la fatale mésintelligence entre le père et le fils, ennemi déclaré du roi, et s'occupant à envenimer la querelle. Exilé par la suite, il se retira à Rome, où il calomnia son prince et son bienfaiteur.

Voilà l'homme que le pape avait nommé administrateur des biens des templiers, mais que le roi rejeta. C'est lui encore qui, au lieu d'accélérer les négociations avec le saint-siège et de les amener au but désiré par le roi, sacrifia tout à son propre avantage, et par ses ruses chercha à traîner en longueur l'exécution des projets de Dinizio. Le prieur des chevaliers de Saint-Jean, Estevao Vasquès Pimentel, contribua aussi, il est vrai, à ces lenteurs; car, pendant sa résidence auprès du pape, il ne s'occupa que des intérêts de son ordre, espérant toujours procurer à celui-ci l'acquisition des biens des templiers espagnols et portugais. Cependant il paraît que Dinizio le jugea moins coupable, puisqu'il lui donna plus tard sa confiance (2). Cependant les négociations ne se seraient pas en tout cas prolongées au delà de six ans, si les désirs du roi n'eussent pas rencontré la plus forte opposition à la cour de Rome; mais, malgré cet obstacle, malgré les efforts du prieur et les ruses de l'évêque de Lisbonne, le roi l'emporta auprès du saint-siège, et obtint ainsi la réalisation de ce qu'il avait préparé avec une volonté ferme et inébranlable et avec une prudente persévérance.

En Portugal, Dinizio avait tout disposé en silence, quand la bulle de suppression de l'ordre des templiers fut promulguée; ce coup frappa dans le vide, car les templiers avaient disparu, et leurs biens étaient au pouvoir du roi. Celui-ci avait repoussé l'administrateur papal, les chevaliers de Saint-Jean n'osaient rien entreprendre pour s'approprier, comme ailleurs, les possessions de l'ordre du Temple. Une tentative du pape pour disposer de ces biens fut même déjouée par la fermeté du roi. Jean XXI, qui avait succédé à Clément V, avait disposé en faveur du cardinal Bertrand, son confident, du bourg et du château de Tomar, avec son district et ses revenus, une des possessions les plus importantes de l'ordre du Temple (1317). Cette affaire fit du bruit; le roi cependant se montra parfaitement tranquille, mais il prépara en secret une résistance formelle et décisive de la part du prince royal et de plusieurs grands du royaume. Sur ces entrefaites, le cardinal n'osa prendre possession du don qui lui avait été fait par la bulle pontificale, et il n'en fut plus question (1). Le pape avait compris qu'il ne pouvait compter sur aucune assistance du prince royal, ni des grands portugais, là où ses prédécesseurs avaient tant de fois cherché et trouvé de l'appui; il se convainquit aussi que le roi de Portugal agissait dans le sens de l'opinion de son peuple, en protégeant les templiers; et bientôt, dès que la tempête fut éloignée, les chevaliers revinrent l'un après l'autre en Portugal, et le roi leur assigna des pensions de retraite, prélevées sur les revenus des biens de l'ordre séquestrés; ils furent traités avec beaucoup de distinction, et il leur fut permis dans les documents et actes publics de se désigner sous le titre d'*anciens templiers* (quondam milites (2).

Telle était la situation des choses en Portugal, quand Jean XXII publia une bulle (15 mars 1319 (3), qui ordonnait la fondation d'un nouvel ordre de chevaliers dans ce royaume. Cet ordre n'était que l'ancien ordre du Temple, ressuscité par le pape sous le nom d'ordre du Christ (*ordo militiæ Jesu Christi*). Les chevaliers du Christ (*milites Christi*), tel était le titre qu'on avait jadis

---

(1) *España sagr.*, t. XXI, p. 114 ess.
(2) *Mon. Lus.*, lib. 18, cap. 50.

(1) *Mon. Lus.*, part. VII, lib. 4, cap. 3, num. 3.
(2) Voyez Brandão, lib. 18, cap. 24.
(3) Sousa, *Provas*, t. I, p. 80.

donné aux templiers dans des actes publics, et eux-mêmes s'en étaient souvent revêtus (1). Les chevaliers du Christ devaient se soumettre à la règle de claustration; c'est aussi celle qu'avaient suivie les templiers; l'abbé d'Alcobaça fut, d'après la bulle, chef spirituel de l'ordre du Christ, et investi du droit d'inspecter et réformer les chefs et les membres de l'ordre quand il le jugerait nécessaire; telles avaient été aussi ses attributions vis-à-vis des templiers. Chez ceux-ci, comme chez les chevaliers du Christ, le grand maître et les autres chefs de l'ordre étaient obligés avant d'entrer en fonctions, de prêter serment de fidélité au roi; et de même qu'il était défendu aux templiers de vendre les biens de leur ordre, de même les chevaliers du Christ ne pouvaient aliéner les leurs; nous nous abstenons de signaler les autres points de ressemblance.

Il ne faut pas s'étonner si le pape nomma à la grande maîtrise de l'ordre du Christ, Gil Martins, maître d'Avys; les chevaliers d'Avys observaient la même règle de claustration que les templiers, et on voyait souvent un religieux d'une abbaye envoyé dans une autre soumise aux mêmes règles et aux mêmes devoirs, pour relever celle-ci tombée dans l'opinion et la remettre en honneur. Aussi le pape ne nomma-t-il qu'un grand maître, et le prit-il dans l'ordre d'Avys. C'était un homme recommandable par ses vertus et ses grands talents (2). Après sa mort la bulle prescrivait aux frères du nouvel ordre d'élire un grand maître, qui devait nécessairement être chevalier du Christ.

Tous les biens meubles et immeubles que les templiers avaient possédés en Portugal et en Algarve, tous leurs droits et tous leurs priviléges furent attribués à l'ordre du Christ. Le roi Dinizio, qui dans cette affaire s'était acquis jusqu'alors une réputation de sagesse, avait cependant encouru le reproche de convoitise et d'injustice envers les templiers. Libre en ce moment il fit preuve d'une impartialité et d'une bonne foi d'autant plus méritoires que sa prudence l'avait contraint longtemps à cacher ses sentiments, tout en exposant sa personne à d'injustes soupçons, et cela pendant plusieurs années. Il ordonna, le 26 novembre 1319, non-seulement de rendre à l'ordre du Christ tous les biens de l'ordre du Temple qu'il avait séquestrés (1), et de déclarer nuls et non avenus tous les jugements rendus à cette occasion; mais il fit payer et rembourser aux chevaliers du Christ tous les arrérages des revenus que les *almoxarifes* royaux avaient perçus depuis la suppression de l'ordre du Temple (2). Pour couronner son œuvre, il donna enfin Castromarim en Algarve à l'ordre du Christ, à l'effet d'y établir sa résidence; c'est une place que la nature a rendue forte et imprenable, et que les templiers n'avaient jamais possédée (3).

L'ordre du Christ eut d'abord son couvent à Castromarim; là vécurent les premiers novices qui entrèrent dans l'ordre. Il résulte des registres qui se trouvent dans les archives de Tomar, devenu plus tard la résidence des chevaliers du Christ, que les premiers chevaliers reçus par le grand maître à Castromarim étaient tous des anciens templiers, et, chose plus remarquable encore, c'est que les templiers qui vou-

_____

(1) Comme suppl., le document du règne d'Affonso Ier. *Eluc.*, t. II, p. 357.
(2) *Mon. Lus.*, lib. 18, cap. 4.

_____

(1) Dans la lettre par laquelle le roi ordonne de donner à l'ordre du Christ les bourgs, châteaux et districts de Soure, Pombal, Ega, Redinha, situés dans l'Estramadure et dans l'évêché de Coïmbre, et Idanha Nova e Velha, Salvaterra, Segura, Proença et Rosmaninbal, tous dans l'évêché de Guarda, il dit : « Que a ordem de Christo se tinho feito em reformaçao da ordem do Templo, que se des fez.» *Eluc.*, t. II, p. 374.
(2) *Mon. Lus.*, lib. 19, cap. 4.
(3) Le roi, avant la publication de la bulle, avait informé le pape de son intention; c'est ce qui explique cette stipulation de la bulle.

laient jouir plus longtemps de la liberté, et tardaient à déclarer leur intention d'entrer dans l'ordre du Christ dans un délai de trois mois, y furent contraints par des peines canoniques (1). L'ancien grand maître des templiers, Vasco Fernandès, mourut en **1223**, commandeur de Monte-Alveo et profès de l'ordre du Christ (2).

Aussitôt que le nombre des chevaliers fut complet, le nouveau grand maître pensa à donner à l'ordre force et stabilité par des lois et ordonnances nouvelles, à renouveler sa constitution et à régulariser son administration. A cet effet il rassembla à Lisbonne, dans l'ancienne maison du Temple, un chapitre qui en grande partie était composé d'anciens chevaliers de cet ordre. La constitution des chevaliers de Calatrava fut adoptée comme base. D'après les revenus de l'ordre, il fut établi que le nombre de ses membres serait de quatre-vingt-quatre, dont soixante-neuf chevaliers (*freires cavaleiros*), et les autres frères spirituels (*freires clerigos*). Indépendamment de ceux-là, il y avait en outre dix chevaliers qui devaient toujours entourer le grand maître et le suivre en tous lieux ; ils ne pouvaient être investis d'aucun commandement, et étaient nourris à la table du grand maître (*meza mestral*), pour l'entretien de laquelle étaient employés les revenus des possessions de l'ordre dans les districts de Lisbonne, d'Alemquer et de Santarem (à l'exception des commanderies de Pinheiro et de Casevel (3). Peu de temps après la tenue de ce chapitre, Gil Martins mourut, alors que l'ordre était dans une situation honorable et florissante ; et il laissa la réputation d'un grand maître actif et loyal, défenseur dévoué des intérêts de son ordre.

Ce n'est donc pas sans une satisfaction intérieure, que Dinizio à la fin de son règne vit s'élever une institution qu'il avait sauvée, et à laquelle il avait donné une vie nouvelle. Quelle douce récompense pour ce prince magnanime et généreux, s'il eût pu voir les suites glorieuses de ses bienfaits, s'il eût pu pressentir qu'un siècle plus tard un grand maître de cet ordre, l'immortel infant Henri, partant du cap Saint-Vincent, concevrait la grande pensée, avec les seules ressources de l'ordre (1), d'effectuer la découverte des îles et des contrées dont il avait deviné l'existence, et comment les chevaliers trouvant le Portugal trop borné pour leur esprit aventureux, traverseraient des mers inconnues, jetteraient les fondements de la grandeur portugaise dans une autre partie du monde, et lui assureraient un rang distingué dans les annales des peuples ! Dinizio ne pouvait pressentir de telles choses, pas plus qu'il ne pouvait deviner que ces sapins, semés par ses soins sur les hauteurs de Leiria, afin que la violence de la brise de mer ne chassât pas des monceaux de sable sur les plaines fertiles de *sa plus chère résidence* (2), deviendraient un jour de hautes et immenses forêts, d'où seraient tirées les flottes sur lesquelles les chevaliers et les audacieux marins devaient un jour s'élancer pour aller agrandir les domaines du Portugal, et préparer les bases d'un commerce qui devait unir deux parties du monde. Quels fruits l'avenir ne réserve-t-il pas à toutes les institutions bienfaisantes d'un prince sage et prudent !

---

(1) *Mon. Lus.*, lib. 19.
(2) *Elucid.*, t. II, p. 374.
(3) *Mon. Lus.*, part. VI, lib. 19, cap. 25-27.

(1) *Mon. Lus.*, part. VI, lib. 19, cap. 14
(2) Il existe encore des ruines du château que le roi avait fait bâtir à Leiria, sa résidence favorite.

§ V. *Les dernières années du roi.*

Mésintelligence avec l'infant Affonso. — Renouvellement des hostilités entre le père et le fils. — Médiation de la reine Isabelle. — Réconciliation. — Maladie de Dinizio. — Ses dernières ordonnances et ses dernières paroles.

Il ne fut pas accordé à Dinizio de pouvoir, à la fin de sa vie, se reposer de tant de travaux, et jouir en paix du fruit de ses bienfaits. Des erreurs et des fautes de sa vie privée eurent pour suites d'empêcher le roi de partager le bonheur qu'il avait si glorieusement préparé à son peuple; elles amenèrent dans l'intérieur de la famille des mésintelligences, et bientôt des luttes armées qui menacèrent d'anéantir tous les fruits de son gouvernement, et qui empoisonnèrent ses derniers jours.

L'infant Affonso, héritier du trône, avait à peine six ans quand le roi lui fit construire un palais séparé, plus splendide qu'il ne l'avait eu lui-même quand il était prince royal. « Cette faveur, dit le roi dans une assemblée publique, n'avait jusqu'alors été accordée à aucun infant; lui-même n'en avait pas joui ; son aïeul Affonso II, quoique marié et père de plusieurs enfants, n'avait jamais cessé de vivre dans le palais de son père (1) ». A un âge auquel nulle main étrangère ne peut remplacer la main paternelle, Dinizio avait eu le tort de ne pas surveiller directement l'éducation de son fils; il ne put empêcher que d'autres prissent sa place et ne tirassent parti pour leurs propres intérêts, plutôt que pour ceux du prince, de la position qu'il leur laissait prendre. Ils purent donc à loisir préparer leurs machinations perfides ; et l'infant, qui se sentait étranger à son père, n'en fut que plus disposé à recevoir les impressions qu'on voulut lui donner, à concevoir les soupçons qu'on chercha à lui inspirer. Il paraît que le roi lui-même favorisa ces sourdes menées par sa prédilection pour son fils naturel, Affonso Sanchès; les mécontents surent en tirer parti pour répandre le bruit que le roi voulait faire légitimer Affonso Sanchès, et le reconnaître comme héritier du trône. A partir de ce moment, la jalousie s'empara de l'infant, et ses confidents ne négligèrent rien pour l'alimenter. Son palais devint le point de ralliement de tous les mécontents, l'asile de tous les turbulents que poursuivait la justice ou qui craignaient la vengeance du roi. Bientôt les grands et le peuple prirent part à cette mésintelligence; car les querelles de famille ne peuvent se cacher sous les murs des palais des rois. Dinizio se vit obligé de publier une ordonnance dans laquelle il défendit, sous les peines les plus sévères, de troubler la paix publique. Les représentations du roi à l'infant restèrent sans résultats; les efforts du pape, qui avait chargé l'évêque d'Evora d'une mission conciliatrice ne furent pas plus heureux. L'infant continua de persécuter ceux qui étaient connus par leur attachement au roi; il suffisait d'être dans la disgrâce du père pour se trouver en faveur auprès du fils. L'infant osa même, en présence du roi, menacer de son épée le chevalier Ramon de Cardona, parce qu'il avait accusé les serviteurs du prince d'être entrés dans une conspiration tendant à attenter à la vie du roi, et à compromettre la sûreté de l'État; et puis, lorsque plus tard le même Ramon, accusé de haute trahison, s'enfuit du royaume, Affonso prit sa défense, corres-

---

(1) *Mon. Lus.*, part. v, lib. 16, cap. 14; part. vii, lib. 4, cap. 4; lib. i, cap. 2.

pondit avec lui, et n'eut pas honte de protéger un sujet devenu traître à la patrie, le même qu'il avait voulu assassiner à cause de sa fidélité première envers le roi.

La reine Marie de Castille, belle-mère de l'infant, avait sur lui une funeste influence ; celui-ci entretenait avec elle des relations secrètes, dont le but était de le rendre maître du gouvernement. Le roi n'ignorait pas ces intrigues; aussi, quand Marie de Castille lui écrivit à l'effet d'obtenir pour l'infant Affonso, la permission de venir la voir à Fonte Grimaldo, Dinizio répondit par un refus comme père, et par une défense comme roi. Cette défense n'empêcha cependant pas la conférence; Affonso et sa belle-mère se virent sur les frontières des deux royaumes. La reine de Castille osa demander au roi de céder à son fils les rênes du gouvernement, le laissant ainsi dans l'incertitude s'il recevait une plus grande injure d'un enfant ingrat, ou de la belle-mère médiatrice (1). Cependant le roi était persuadé que ces actes odieux de l'infant étaient plutôt le fruit des mauvais conseils de son entourage que de la perversité de son cœur (2).

Les favoris de l'infant et ceux qui n'avaient d'autre pensée que d'entretenir ses soupçons et sa jalousie, lui affirmèrent que le roi, afin d'assurer la couronne à son fils naturel, avait demandé au pape de le légitimer. Ils interprétèrent dans ce sens le départ d'une ambassade envoyée à Rome, et cependant pour des motifs tout différents. Les partisans de l'infant ne négligèrent rien pour répandre ces bruits mensongers, pour justifier en même temps la conduite et les demandes d'Affonso. Celui-ci, sur ces entrefaites, rassembla une armée, et chercha à grossir son parti et à se concilier des adhérents dans le peuple. Pour répondre à ces accusations et aux insultes de son fils, le roi démentit solennellement les bruits que l'on faisait courir ; il pria le pape de vouloir intervenir par des lettres particulières auprès des prélats et des grands du royaume, et leur donner l'assurance que jamais la demande de légitimation n'avait été adressée ni à lui, ni à ses prédécesseurs. Enfin Dinizio publia un manifeste dans lequel il se plaignit de la conduite de l'infant; mais en cette occasion encore celui-ci et ses partisans trouvèrent à envenimer les intentions du roi, en prétendant qu'il ne cherchait qu'à rendre son fils odieux au peuple, et à préparer les voies à la succession du trône pour son fils naturel.

La rupture entre le père et le fils devint inévitable, et l'infant ne tarda pas à commencer les hostilités. Il entra avec ses troupes dans le pays situé entre le Douro et le Minho, dont les habitants s'étaient en tous temps signalés par leur fidélité au roi. L'infant fit accabler de mauvais traitements tous ceux qui ne se déclarèrent pas pour lui. Il s'approcha ensuite de Coïmbre, après s'être rendu maître de Leiria par des intelligences secrètes qu'il avait dans l'intérieur de la place. Le roi fut donc obligé de repousser la force par la force; il rassembla une armée, et marcha contre Leiria. A son approche, Affonso laissa la défense de la place à un de ses généraux, et se dirigea sur Santarem, que le roi venait de quitter, et qu'il voulait soumettre. Dinizio reprit Leiria, et punit sévèrement tous ceux qui avaient secouru le prince ; il marcha ensuite sur Santarem pour la réduire à l'obéissance, mais Affonso n'était plus là.

Sur ces entrefaites et sur les instances du roi, l'évêque d'Evora, Gerardo, autorisé par le pape, excommunia tous ceux qui troublaient la paix publique. Mais ce fut en vain; Affonso Monoes et Bugno Barreto, partisans de l'infant, entrèrent à Estremos, résidence du respectable prélat, et l'assassinèrent le 5 mars 1321. A la même époque,

---

(1) *Mon. Lus.*, part. VII, lib. 4, cap. 4.
(2) « Não são, » dit Dinizio aux grands, aux chevaliers et aux grands maîtres des ordres religieux : « estas barbaridades naturaes partos de sua inclinação, são influencias das ruins companhias, que o rodeão. » L. c.

le roi d'Aragon tâcha, par l'entremise d'un envoyé confidentiel, d'amener une réconciliation entre le père et le fils; mais ses efforts n'eurent pas plus de succès. La haine de l'infant sembla au contraire s'en accroître, excitée par la présence de son frère naturel, qui ne quittait pas le roi. De nouvelles hostilités s'ensuivirent; Affonso s'était déjà rendu maître de plusieurs places fortes, il occupa Coïmbre par le secours des principaux habitants. Guimaraens, qu'il espérait enlever par escalade, ne lui résista que par la force de ses remparts et le courage de son commandant. Quand le roi reçut la nouvelle de la prise de Coïmbre, et vit grossir de jour en jour le parti de l'infant, il rassembla de suite une armée, et marcha contre Coïmbre. Affonso leva le siège de Guimaraens, et se hâta de venir au secours de la ville menacée. Un combat sanglant entre le père et le fils devenait imminent.

La reine Isabelle voyait, le cœur plein d'amertume, ces hostilités monstrueuses entre son fils et son époux; elle quitta subitement sa résidence, et vola pour empêcher un si odieux combat. Elle arriva au moment où les deux armées en présence étaient sur le point d'en venir aux mains. Elle courut avec plusieurs prélats dans le camp de son époux, et là lui représenta les suites déplorables d'une bataille, quelle que fût son issue, puisque dans tous les cas le sang des plus fidèles sujets devait couler. Mais le père courroucé ne voulut rien entendre. Elle se rendit alors auprès de son fils, et le conjura de s'abstenir d'un projet qui l'exposait à porter une main parricide sur l'auteur de ses jours. Elle lui rappela le respect qu'il devait à son roi, et l'obéissance qu'avait droit d'attendre de lui une mère chérie, le suppliant de consentir à la paix, et de se prêter à une réconciliation entre son père et lui. Elle fit valoir les avantages qui résulteraient pour le royaume de la fin de ces malheureuses hostilités, affirmant que la succession au trône lui était assurée en dépit de tous les propos des malveillants, contre lesquels il devait se prémunir. Les prières de cette mère désolée émurent l'infant; mais Dinizio ne paraissait pas disposé à la paix, et ce fut seulement à la suite d'une nouvelle entrevue que la reine, secondée par l'infant Pedro, obtint une suspension d'armes de quatre jours, pour confier à des plénipotentiaires le soin d'amener une réconciliation; on échoua. Les troupes, rangées en bataille, étaient prêtes, à l'expiration de l'armistice, à attaquer Coïmbre; la garnison fit une sortie, et il en résulta un combat sanglant, dont les avantages furent balancés.

Dans la chaleur du combat, ni le père ni le fils n'avaient senti la douleur que devait leur inspirer la perte du sang le plus précieux qui coulait pour leur cause. La reine n'en ressentit que plus profondément cette douleur légitime. Son activité parut s'en augmenter. Comme un ange de paix, elle allait du roi à l'infant, priant, exhortant et menaçant, fondant en larmes, avec cette puissance irrésistible d'une épouse tendre et sage, et d'une mère dévouée; elle parvint enfin à réconcilier ces esprits irrités et haineux.

Pour conclure cette réconciliation, il fut convenu avant tout que le roi se retirerait à Leiria avec son armée, et l'infant Affonso à Pombal. Des plénipotentiaires furent nommés de part et d'autre pour la conclusion du traité; mais il fut surtout décidé que la reine assisterait comme médiatrice à toutes les conférences. La paix fut enfin signée aux conditions suivantes:

Le roi donne à son fils Coïmbre, lui cède Montemor o Velho et le bourg de Porto, seul endroit de cette ville qui fût fortifié à cette époque;

Il lui accorde une augmentation de revenus, assignée sur les recettes de la couronne, et s'engage à faire réparer et orner son palais et ses habitations d'une manière décente et royale.

Il promet de recevoir en grâce le comte de Barcellos, et de lui rendre ses biens et revenus séquestrés; enfin, de pardonner à tous les partisans du prince.

L'infant s'obligea de son côté à renvoyer de ses domaines tous les malveillants, à ne plus les soustraire aux poursuites des tribunaux, et même à les livrer à la justice partout où il pourrait les saisir; il s'engagea, à l'égard des provinces et terres dont le traité lui assurait la propriété, à prêter serment de fidélité entre les mains du roi et à tenir toujours ses possessions à la disposition de la couronne, à ne jamais entreprendre de guerre ni conclure de paix sans l'agrément du roi, et surtout à rester à l'avenir fils obéissant et vassal fidèle, à pardonner à tous les serviteurs du roi les violences qu'ils pouvaient avoir commises contre lui, et à regarder le passé comme non avenu. A la satisfaction générale, ces conditions furent acceptées du roi et de l'infant; le premier en jura solennellement l'exécution devant l'autel de San-Simao à Leiria, en présence des principaux seigneurs et officiers de la cour; l'infant prononça le même serment devant l'autel de San-Martino, serment qui fut ratifié par les principaux *fidalgos* de son parti, et, sur sa prière, par la reine et son frère consanguin (1). Les armées furent licenciées, et Affonso, cédant aux supplications de sa mère, vint à Leiria pour protester à son père de son respect et de son affection filiale. La réconciliation du roi et de l'infant fut solennellement célébrée dans toutes les villes du royaume. Lors d'une maladie dangereuse du roi peu après, et pendant laquelle il fit un second testament (le 20 juin 1322) (2), il pria son fils naturel, Affonso Sanchès, pour écarter les soupçons de l'infant, de prendre congé de lui et de se retirer à Albuquerque qui lui appartenait.

Cette paix dura à peine une annnée; Affonso Sanchès, appuyé par l'infant de Castille, Philippe, revint en Portugal, et obtint du roi la permission d'y résider. L'infant cacha son ressentiment sous de nouvelles exigences; il demanda au roi une augmentation de revenus pour soutenir sa maison. Craignant qu'Affonso ne devînt trop puissant si ses revenus étaient augmentés, le roi n'accéda pas à sa demande, lui répondant que cela ne pouvait avoir lieu sans l'assentiment des cortès et il les convoqua à la fin d'octobre. L'assemblée répondit par un refus à la demande de l'infant, qui, mécontent, se retira à Santarem, où ses favoris n'eurent pas de peine à réveiller sa jalousie; ils lui persuadèrent de partir pour Lisbonne, dont le roi s'était aliéné la population par sa sévérité. Dès que la nouvelle de la marche du prince parvint au roi, il lui ordonna sur-le-champ de se retirer; mais Affonso n'obéit pas, et continua de s'avancer enseignes déployées. Dinizio alla à sa rencontre à la tête de ses troupes; mais cette fois encore intervint la pieuse Isabelle. Elle trouva les deux princes près de Lumiar et sur le point d'en venir aux mains. Elle réussit encore, avec l'aide du digne évêque de Lisbonne, à empêcher une sanglante lutte entre le père et le fils, et les réconcilia. Le roi se retira à Santarem, qui avait toujours été pour lui une résidence favorite, et qui depuis quelque temps était habitée par le prince héréditaire et par sa famille. Quoique Dinizio eût annoncé son arrivée en assurant Affonso qu'il ne voulait le troubler en aucune manière, celui-ci conçut des soupçons, surtout quand il vit que son frère naturel accompagnait le roi. Bientôt des rixes sanglantes survinrent entre les serviteurs du roi et ceux de l'infant, et tous deux furent obligés d'interposer leur autorité pour les faire cesser. On appréhendait une nouvelle rupture, et on pensa aux moyens de la prévenir. Il fut proposé au roi de donner à l'infant un revenu annuel de dix mille livras et de supprimer la charge de grand-maître de la cour, dont Affonso Sanchès était revêtu, et d'éloigner celui-ci de sa personne. Il fut difficile à Dinizio d'accorder ces concessions;

---

(1) *Mon. Lus.*, t. VII, lib. 4, cap. 10.
(2) Un testament plus ancien avait été fait le 8 avril 1299, quand Dinizio marcha contre son frère Affonso. *Mon. Lus.*, t. V, escrit. 35. Le second, qui ressemble au dernier, daté du 31 décembre 1324, peut se lire dans *Mon. Lus.*, t. VI, escrit. ultima. Sousa (*Provas*, t. I, num. 11) nous en donne une copie.

cependant pour la tranquillité du pays il céda aux prières de ses conseillers et des seigneurs de sa cour, et afin d'éloigner tout prétexte de mécontentement il quitta lui-même Santarem, et vint résider à Lisbonne.

Là Dinizio tomba malade, le voyage qu'il entreprit accrut son mal, et l'âge le rendit bientôt très-grave. Ici apparut de nouveau la reine Isabelle, comme elle en avait la coutume, pour montrer sa bonté et sa bienfaisance. Elle appela l'infant, et l'invita à venir au lit de mort de son père, espérant que la voix impérieuse de la nature reprendrait son empire dans ce moment solennel et aux approches de l'éternité, et que toutes les passions mauvaises se tairaient devant la sublimité d'une réconciliation parfaite. Aussitôt qu'Affonso connut le danger de son père, il se rendit de suite avec peu de monde à Lisbonne ; il était profondément ému, et pendant le voyage il dit à plusieurs reprises combien il ressentait de douleur de ce que le temps lui manquerait pour prouver à son père son repentir des chagrins qu'il lui avait causés. Le vieillard malade reçut son fils qui revenait à lui avec toutes les expressions de l'amour paternel ; plusieurs fois il lui donna ses mains à baiser, plusieurs fois il le bénit. Pour procurer au roi plus de secours, l'infant le fit transporter dans une litière à Santarem, où le roi, sentant approcher sa dernière heure, publia ses dernières ordonnances et fit connaître sa dernière volonté, à la fin de décembre.

Le jugement sage et l'esprit éclairé dont le roi avait fait preuve dans sa jeunesse ne l'abandonnèrent pas pendant sa maladie ; il chercha à se distraire de ses douleurs en s'occupant du bien du royaume et du salut de son âme. Dès la fin de novembre, Dinizio, cédant aux prières de l'évêque de Lisbonne, Gonzalès, qui était son conseiller spirituel, avait publié une ordonnance dans laquelle il prescrivait à tous les fonctionnaires de l'État de veiller à l'observation du traité qu'il avait conclu avec la cour de Rome et de l'inexécution duquel se plaignaient plusieurs prélats. Dans le courant de novembre et de décembre, il fit rendre des comptes à tous les magistrats ; il décida tous les débats, et se montra très-préoccupé de laisser sa maison et le royaume dans un état satisfaisant. Pendant que Dinizio s'occupait ainsi des devoirs d'un roi, il n'était pas moins pénétré des sentiments d'une âme chrétienne ; jamais il ne s'était écarté de la piété, qui lui était naturelle, dans les agitations d'un règne laborieux et fécond en événements. Dans les derniers moments de sa vie, le roi s'entretint avec des clercs, connus par la pureté de leurs mœurs et la profondeur de leur science, sur les choses qui intéressaient le plus son salut. L'affection que, comme père de son peuple, il inspirait généralement, attira, pendant sa longue maladie, une grande affluence de nobles et de membres du haut clergé à Santarem. Le moindre de ses sujets désirait entrevoir encore une fois les traits chéris de son roi bien-aimé. On semblait, maintenant que cette perte était inévitable, en comprendre toute l'étendue. Cependant chacun oubliait sa propre affliction à l'aspect de celle de la reine et des soins de cette princesse pour son époux souffrant. Après lui, ce fut elle qui inspira l'intérêt le plus vif par sa tendresse, sa patience et sa pieuse persévérance ; tous l'aimèrent et l'admirèrent en voyant que sa douleur si profonde ne l'empêchait pas d'être toujours auprès de son époux ; car elle pensait que nul autre ne pouvait le soigner comme elle ; elle lui rendait les services les plus minutieux. Ses attentions pleines d'amour l'attachaient jour et nuit au lit du roi, et si elle le quittait, à l'arrivée des magistrats qui venaient conférer avec lui, c'était pour se retirer dans son oratoire et adresser au ciel de ferventes prières pour son époux.

Dans les premiers jours de janvier 1325, la dernière heure du roi s'approcha et il le sentit ; il fit appeler son fils Affonso, son petit fils Pedro, l'infante Brites et sa belle-fille, ainsi que plusieurs prélats et seigneurs de sa cour ; ils se rangèrent autour de son lit, et il leur adressa son dernier adieu en ces termes : « Les preuves de bonté que m'a données mon Créateur sont si grandes, et ce que j'ai pu faire pour lui exprimer ma reconnaissance est si peu de chose, que cette seule pensée me fait comprendre combien est grave l'heure qui s'approche. Hors de là je n'ai lieu ni de craindre la mort ni de m'en affliger ; car ma vie a été heureuse, puisque Dieu m'avait fait roi de Portugal, et je vois en mourant que ma vie n'a pas été inutile. Rien ne s'oppose donc à une mort tranquille, et si quelque regret me restait, ce serait de n'avoir pas assez de temps pour vous donner à tous des preuves de mon amour. Car cet amour est si grand, que je jure sur ma parole royale que le père de chacun de vous n'en peut ressentir un plus vif, un plus profond. Mais si je n'ai pu le prouver à tous comme je l'ai souhaité ou comme je le devais, il ne faut s'en prendre qu'aux troubles qui ont agité mes dernières années, et qui m'ont fait négliger ce devoir. Je te lègue ces souvenirs, mon fils, continua-t-il en se tournant vers l'infant, afin que tu t'acquittes de mes obligations à ma place ; je te recommande d'aimer ton peuple, car tu seras le roi du peuple le plus brave et le plus fidèle sur lequel ait jamais régné un roi chrétien ou infidèle. Exerce ton pouvoir royal avec amour et avec douceur, et ne règne pas en maître absolu. L'administration te sera facile si tu n'emploies que des hommes probes et de bons conseillers. Éloigne de toi les flatteurs et les aventuriers, qui ne vivent que de troubles ou aux dépens des revenus de l'État. Rends la justice, et observe-la rigoureusement, sans considérer tes propres avantages ; car la justice que tu auras rendue à tes sujets, tu la trouveras au tribunal de Dieu. Que ta parole soit aussi sacrée qu'un serment, nulle crainte, nul préjugé ne doivent la rompre. Reçois cet exemple comme un héritage de ton père, qui n'a jamais manqué à une parole donnée ; un roi qui manque à sa parole est indigne de posséder un royaume. En rendant la justice, montre-toi plus enclin à la miséricorde qu'à la sévérité ; car il vaut mieux être aimé comme ami des hommes, que haï comme exécuteur de la justice. Voilà ce qui est nécessaire pour bien gouverner l'État. Mais vous, mes chers vassaux, je vous recommande l'obéissance au roi que Dieu vous a donné, et je supplie Dieu de lui accorder des sentiments royaux, afin que son règne soit prospère, et que vous soyez heureux par lui. Je laisse les affaires de l'État dans une situation qui me réconcilie avec moi-même, j'ai toujours agi de manière que cette situation fût la meilleure dont le Portugal ait joui depuis qu'il a des rois ; et je vous prie d'observer les lois que je vous ai données, car la loi mal exécutée ressemble à une planète sans influence. Dans la persuasion que vous observerez toutes ces recommandations, comme je dois l'attendre de votre loyauté et de votre noble pensée, dans le sentiment de la faiblesse toujours croissante qui menace de rompre le fil de mon existence, je finis en vous priant de veiller sur la reine, mon épouse, qui est ici, et dont l'amour pour moi vous est connu. Mon amour pour vous n'a pas été peut-être assez grand à une autre époque ; puisse-t-il être maintenant assez puissant ! lorsque je vous recommande cet objet chéri, j'ai la confiance que par elle mon nom sera connu et le royaume honoré (1). »

Le roi prononça ces paroles avec tant de calme, que chacun espéra qu'il se rétablirait. Cette noble sévérité unie à une confiance entraînante, qui l'avait toujours distingué, ne le quitta pas au lit de mort. Peu de jours après, la dernière lueur d'espérance s'éteignit, la fin de Dinizio approcha visiblement ; il demanda les sacrements, et les reçut avec componction. Jusqu'au dernier moment, il eut pleine connaissance de tout ce qui l'entourait ; voici ses derniers mots à son fils : « Je meurs, mon fils, mais une seule pensée me trouble, c'est le chagrin que j'ai pu causer à ta mère dans ma jeunesse ; tout ce que tu proposais encore à ta piété pour moi dans la considé-

---

(1) *Mon. Lus.*, part. VI, lib. 19, cap. 41.

ration du passé, fais-le pour ta mère, ouvre-lui des trésors d'amour, tu auras ma bénédiction et la sienne. » Se tournant vers la reine, il lui fit ses derniers adieux, et rendit l'âme en tenant un crucifix dans sa main (7 janvier 1325).

CHAPITRE II.

REGNE D'AFFONSO IV.

(Depuis 1325 jusqu'à 1357.)

§ Ier. Affonso IV convoque les cortès.

Les cortès d'Evora, 1325. — Mésintelligence et réconciliation entre le roi et son frère naturel. — Union entre les familles de Portugal et de Castille.

Affonso IV débuta par la convocation des cortès à Evora. Il jugea qu'un serment solennel de fidélité prêté par les états du royaume était d'autant plus convenable, que les discordes dans la famille royale avaient donné naissance à des partis divers ; Affonso Sanchès pouvait avoir des partisans, et les anciens adversaires du roi pouvaient douter de ses intentions. Il fit entendre qu'il était convenu avec son père mourant de réclamer des cortès ce serment de fidélité ; cependant les documents de ce temps ne s'expliquent pas très-clairement sur ce fait (1).

Après ce serment, les cortès s'occupèrent des devoirs des couvents envers leurs patrons, et des priviléges que les possesseurs de terres demandaient pour leurs biens. Ces objets dans les chapitres précédents avaient, pendant plusieurs règnes, occasionné bien des plaintes ; on avait essayé bien souvent d'arriver à des accommodements. L'assemblée eut ensuite à délibérer sur les relations avec les Maures et avec les juifs. Ces étrangers ne pouvaient demeurer que dans certains quartiers, qui leur étaient assignés dans chaque ville, pratiquer leurs cultes que dans ces quartiers, et seulement à des jours fixés ; il leur était défendu de sortir sans être revêtus d'un costume bien distinct. Cependant avec le temps le commerce avait abaissé ces barrières, et la répugnance des chrétiens pour les infidèles avait diminué ; peu à peu les Maures et les juifs avaient changé leur costume, et ainsi toute distinction avait disparu. On craignit de graves inconvénients pour l'état moral et civil de la société chrétienne, et les cortès donnèrent des ordres sévères, pour qu'à l'avenir aucun Maure ou juif ne se montrât en public sans porter un signe certain qui

---

(1) « En fazendo cortes en Evora... pera me receberem por rey, e por senhor, e me fazerem menagem, e me conhocerem senhorio, e devido natural, como a rey et a senhor... e pera livrar com des Algumas outeas coussas, que eram meu serviço, e prol dos meus reynos, etc., » dit Aff. IV. Voyez dans Ribeiro, *Diss.*, t. II, p. 249.

pût faire connaître son origine et son culte (1). Une affaire plus importante pour le roi, c'était la confiscation des biens de son frère naturel, et l'exil de ce prince comme perturbateur de la paix publique, et seul auteur des maux qui avaient troublé le dernier règne. Si les cortès adoptaient ce parti, le roi paraissait déchargé, au moins en partie, de l'odieux d'une telle résolution ; il affaiblissait dans l'opinion publique l'effet d'un acte si violent, et en assurait l'exécution. Les états, consternés et mécontents, s'abstinrent de se prononcer sur une pareille prétention. Il paraît qu'on laissa tomber la chose dans l'oubli, et nous ne pouvons l'en tirer pour être en état d'apprécier avec certitude le degré de culpabilité de chaque partie.

Il est cependant certain qu'Affonso ne déposa pas sur le trône la méfiance et la haine qu'il avait nourries contre son frère naturel, quand il n'était que prince royal, et qu'après l'assemblée dont il vient d'être parlé, il poursuivit ses manœuvres hostiles contre Affonso Sanchès. En vain celui-ci lui écrivit-il une lettre pleine de soumission, dans laquelle il promettait de faire preuve de la même fidélité envers Affonso IV qu'il avait montrée envers son père, le roi persévéra dans ses sentiments. Alors Affonso Sanchès, secouru par l'infant Philippe de Castille, entra avec ses compagnons d'armes en Portugal, dévastant tout sur son passage. La reine Isabelle, qui voulait continuer sous ce règne son rôle de conciliatrice de toutes les discordes qui s'élevaient au sein de la famille royale, parvint par sa médiation à rapprocher les deux frères. Affonso Sanchès obtint la permission de rentrer en Portugal, où on lui restitua ses biens de Médelin et d'Albuquerque. Ce prince mourut probablement en 1329 (2).

Indépendamment des secours qu'Affonso Sanchès avait trouvés en Castille, d'autres complications vinrent multiplier les causes d'agitation entre ce royaume et le Portugal. Le roi Alfonso XI de Castille, pour lutter avec avantage contre les factions qui troublaient les premières années de son règne, avait cherché à attirer dans son parti le puissant et turbulent duc Juan Manuel de Villena; à cet effet, il avait offert d'épouser Constanza, fille de ce seigneur. Juan plein de joie et d'orgueil, à la pensée de voir sa fille monter sur le trône, et animé de l'espérance d'acquérir ainsi une grande influence, avait accepté cette proposition. Les fiançailles furent célébrées à Valladolid au mois de novembre 1325; mais le mariage avait été ajourné jusqu'à ce que Constanza eût atteint l'âge nubile. Le duc Juan embrassa sans retard le parti du roi de Castille; mais bientôt de nouvelles discordes s'élevèrent entre eux. Le duc abandonna, sans en prévenir le roi, la place qui lui avait été donnée de commandant de la frontière (*adelantamiento de la frontera*), et se retira à Chinchilla en Murcie, refusant en outre d'obéir à l'ordre qu'il avait reçu de marcher contre les Maures. Constanza fut éloignée de la cour. Le roi de Portugal sut tirer parti de ces mésintelligences, et mit à exécution le plan favori de la reine Béatrix, son épouse, de marier leur fille Marie avec Alfonso XI. Les avantages d'une semblable alliance étaient évidents pour la Castille; le mécontentement du roi sur la conduite de Juan, et les appréhensions qu'il devait avoir de cet esprit turbulent, lui firent accepter avec d'autant plus de plaisir les propositions du roi de Portugal. Cette union devait être suivie d'une autre non moins avantageuse, celle du prince héréditaire de Portugal avec Blanche, fille de l'infant Pierre de Castille ; de cette manière, les domaines qui faisaient partie de l'héritage du dernier, n'étaient pas exposés à tomber dans la main d'une puissance ennemie de la Castille. Le roi de Portugal s'obligeait à donner à l'infante Blanche des possessions égales en Portugal. Alfonso XI ne tarda pas à se fiancer avec

---

(1) *Mon. Lus.*, t. VII, lib. 6, cap. 2.
(2) Sousa, *Hist. gen.*, t. I, p. 239.

l'infante Marie; le contrat de mariage fut signé dans l'année 1328 (1), et l'on fixa l'époque et le lieu où la fiancée serait reçue par son époux. Cependant la guerre que la Castille fut obligée de faire au duc Juan, retarda cette dernière cérémonie. Pendant la durée de ces négociations, Constanza avait été envoyée dans le mois d'octobre 1327 à Toro, où elle était en quelque sorte gardée comme prisonnière par l'alcalde de cette ville. Ce ne fut qu'après la conclusion du mariage d'Alfonso XI, au mois de septembre 1328 qu'elle fut renvoyée à son père (2). Peu après se conclut le mariage de l'infant Pedro de Portugal avec Blanche de Castille (3).

Aucune de ces deux unions contractées par la politique ne fut heureuse. Le mariage d'Alfonso XI resta longtemps stérile, et bientôt ce roi perdit tout espoir d'avoir de Marie de Portugal un héritier de sa couronne. Il crut trouver dans cette certitude une excuse à l'amour qu'il éprouva pour Éléonore de Guzman, dont il eut un fils en 1330. Mais cet enfant, exclu par sa naissance de la succession au trône, ne pouvait satisfaire les désirs du roi; il n'était qu'une preuve vivante de sa passion criminelle et de l'injure faite à la reine. Enfin, suivant les souhaits d'Alfonso et de la nation entière, Marie accoucha d'un fils, sans cependant que le roi renonçât à ses liaisons avec Eléonore, dont la beauté, les grâces et l'amabilité avaient acquis un grand empire sur son cœur (4). Les chagrins que la reine ressentait eurent du retentissement en Portugal.

Mais là aussi l'union de l'infant Pedro avec Blanche de Castille n'était pas heureuse; la santé faible et chancelante de celle-ci rendait improbable la naissance d'un fils; déjà l'on songeait à un divorce. Des démarches du chancelier de la reine Marie, Fernando Rodriguès de Balboa, ami intime du duc Juan Manuel, firent naître le projet de marier l'infant Pedro avec Constanza. Ce projet fut soumis en 1334 aux cortès de Santarem, qui l'approuvèrent (1). Plus l'orgueil du duc avait été blessé, quand il avait dû renoncer à l'espoir de voir sa fille monter sur le trône de Castille, plus il se montra satisfait, à la pensée que, par cette alliance nouvelle, Constanza porterait la couronne de Portugal. Une dot de trois cent mille *dobras* qu'il donna à sa fille, somme énorme à cette époque, suffit pour attester son contentement; peu de filles de roi pouvaient apporter à leur époux d'aussi grands avantages. Les autres conditions de ce mariage furent telles que devaient les dicter la prudence et l'expérience acquise par les mariages précédents, des deux parties contractantes. Le duc promet alliance et amitié à la couronne de Portugal, et s'engage à la secourir de sa personne et de ses biens, partout où cela serait nécessaire, excepté contre l'Église et contre le roi de Castille, son seigneur suzerain; le roi de Portugal s'engage à donner au duc une semblable assistance. Constanza doit être maîtresse absolue dans les possessions dont les revenus étaient assignés à son entretien, ainsi qu'il avait été établi pour la reine Brites et d'autres reines de Portugal. Il sera permis au duc de voir sa fille, et conséquemment de rester en Portugal aussi souvent et aussi longtemps qu'il le désirera (2). Lorsque Constanza aura atteint l'âge nubile, si elle n'est point stérile, il ne sera point permis au prince de fréquenter d'autre femme. Si le second fruit de ce mariage est un fils (l'on espère que le

---

(1) Sousa, *Provas*, t. I, p. 238.
(2) Florez, *Memor. de las Reynas catholicas*, secunda'edit., t. II, p. 605.
(3) *Mon. Lus.*, t. VII, lib. 7, cap. 3.
(4) Florez, l. c., p. 628.

(1) *Mon. Lus.*, t. VII, lib. 7, cap. 6-7. *Mem. da litter. Port.*, t. II, p. 63.
(2) Cet article était humiliant pour le roi de Castille.

premier sera un prince), et si le duc le demande pour hériter de ses domaines, il lui sera remis sans contestation ; dans le cas contraire, l'infant Pedro, époux de Constanza, ou son fils aîné, héritera des propriétés du duc, qui ne pourront jamais être dans aucun cas réunies à la couronne de Castille (1). Si le divorce de Blanche devait irriter Alfonso XI, le mariage projeté ne pouvait qu'accroître son ressentiment; car l'alliance qui en était la suite entre le Portugal et le duc Juan était préjudiciable à ses intérêts. Les relations peu amicales qui régnaient entre lui et sa femme n'étaient pas de nature à lui persuader d'agir dans cette circonstance avec prudence et circonspection. Alfonso XI montra de suite sa colère en retenant Constanza, fiancée de l'infant Pedro, en Castille. Alors le roi de Portugal assembla une armée. On en vint plusieurs fois aux mains sur mer ; mais la flotte castillane, plus forte et mieux exercée, eut chaque fois l'avantage. Enfin, par la médiation du pape et du roi d'Aragon, la paix fut rétablie entre la Castille et le Portugal.

On promet de part et d'autre l'oubli du passé, on s'engage à la restitution des conquêtes faites pendant la guerre; Constanza doit se rendre en Portugal pour la célébration de son mariage, quand et comme elle voudra; Blanche de Castille, au contraire, est répudiée comme stérile, et revient en Castille; toutefois elle conserve son douaire, ainsi que la propriété de tout ce qu'elle a reçu postérieurement. Le roi Alfonso XI s'oblige à éloigner Éléonore, et à montrer à sa femme l'amour et la considération qui lui sont dus. Les deux rois se jurent de se secourir mutuellement, et offrent au roi d'Aragon la faculté d'entrer dans cette alliance offensive et défensive. Il est convenu enfin qu'aucun d'eux ne pourra sans le consentement de son allié faire la paix avec les Maures (1).

§ II. *Participation d'Affonso IV dans la victoire de Salado remportée sur les Sarrasins.*

Grand armement du roi de Maroc pour faire une invasion dans l'Espagne chrétienne. — Les rois de Castille et de Portugal se réunissent pour leur défense mutuelle.—Siége de Tarifa.—Une tempête détruit la flotte castillane.- Les rois chrétiens marchent avec leur armée contre les forces réunies de Maroc et de Grenade. — Victoire de Salado.—Pertes énormes des Sarrasins.—Le roi de Portugal refuse sa part du butin.

Le dernier article de la conclusion de la paix entre le Portugal et la Castille ne tarda pas à en être le plus important pour les deux rois, ou plutôt il l'était au moment même des conventions. Sans la crainte qu'inspiraient les Maures, Alfonso XI n'eût jamais consenti aussi promptement à un tel traité. La tempête qui grondait dans le Sud, et qui menaçait de ravager l'Espagne chrétienne, mit un terme à toute dissension intérieure, et contraignit à une alliance pour la défense commune. Les armements que préparait le sultan de Maroc, Abul Hassan, inspiraient de vives craintes au roi de Castille ; il avait trop peu de vaisseaux pour oser attaquer la flotte formidable des Maures; par la témérité de son amiral Tenorio, qui avec quelques bâtiments castillans avait attaqué la puissante escadre maure, et avait péri dans un malheureux combat, entraînant la perte de ses vaisseaux, les forces maritimes de Castille, qui déjà avaient peu d'importance, s'étaient trouvées presque anéanties. Dans

---

(1) *Mon. Lus.*, t. VII. lib. 8. cap. 1.

(1) *Mon. Lus.*, t. VII, lib. 8, cap. 18. **Cronica del rey D. Alonso XI**, cap. 216.

cette position, Alfonso XI avait prié son épouse d'intervenir auprès de son père, pour obtenir qu'il envoyât sa flotte au secours de la Castille (1). Le roi de Portugal y consentit, et à la grande joie d'Alfonso XI, la flotte parut bientôt devant Séville. Cependant le commandant Pezagno refusa d'obéir au roi de Castille et d'aller défendre le détroit, alléguant qu'il n'était pas assez fort pour attaquer la flotte des Sarrasins, et qu'il devait se borner à croiser devant Cadix. Probablement il n'agissait que d'après les instructions secrètes de son roi.

Pendant ce temps, et comme le détroit n'était gardé par aucuns vaisseaux chrétiens, Abul Hassan en cinq mois fit transporter des côtes d'Afrique sur celles d'Espagne, soixante mille hommes. Les Maures amenaient avec eux leurs femmes et leurs enfants, dans la persuasion que le roi de Maroc allait soumettre toute la Péninsule. Une masse considérable d'infidèles refluait sur les belles contrées de l'Andalousie encore sous la domination chrétienne. Le roi de Castille, au milieu de ces dangers, envoya un député à son beau-père, en le priant de nommer de son côté des plénipotentiaires pour arranger à l'amiable toutes les contestations qui divisaient les deux maisons de Castille et de Portugal, et amener l'unité si longtemps désirée. C'est ainsi que fut conclue la paix entre ces deux royaumes; Constanza, conduite par son père, fut reçue à la frontière par des seigneurs portugais, qui la conduisirent à Lisbonne, où le mariage fut célébré avec une grande pompe. Blanche retourna en Castille, et prit le voile dans le couvent de Las Huelgas à Burgos.

Aussitôt qu'Abul Hassan apprit l'alliance des rois de Castille et de Portugal, il ordonna au roi de Grenade de tenir ses forces prêtes et de se réunir à lui. Cette jonction s'opéra. De son côté le roi de Portugal rassembla ses guerriers, et informa le roi de Castille de ces mouvements. Bientôt on sut que le roi de Maroc avait l'intention d'assiéger Tarifa, dont la garnison avait été depuis peu renforcée; de plus un corps considérable de Castillans fut jeté dans la place. Dix jours après, les rois de Maroc et de Grenade parurent devant Tarifa, et se préparèrent à l'assaut. La garnison en donna avis aux rois de Castille et de Portugal, et fit de continuelles sorties pour inquiéter l'ennemi, et retarder ou détruire ses préparatifs. Cependant Alfonso XI avait équipé une petite flotte de quinze galères, douze vaisseaux et quatre autres bâtiments, et l'envoya dans le détroit; l'escadre portugaise, qui stationnait devant Cadix, reçut ordre de se joindre à elle, mais elle n'opéra point ce mouvement, et on en ignore les motifs. Lorsque la flotte castillane parut à la hauteur de Tarifa, les assiégés firent éclater leur joie; au contraire Abul Hassan craignit avec raison, si les Portugais se joignaient à l'escadre castillane, de voir couper ses communications avec l'Afrique, et en effet bientôt les petits bâtiments sarrasins qui amenaient des vivres au camp des assiégeans n'osèrent plus s'approcher, de crainte d'être enlevés ou coulés bas. La famine se fit sentir dans l'armée maure. Alors Abul Hassan chercha à ouvrir des négociations pour obtenir la cession de Tarifa (1). Mais une tempête violente, s'étant élevée tout à coup, dispersa la flotte castillane; l'amiral prieur de Saint-Jean, parvint seul à se sauver avec trois galères; les autres furent poussées vers Carthagène, ou jetées sur les côtes de Valence (2); un grand nombre de chrétiens périrent au milieu des flots, d'autres tombèrent au pouvoir des Sarrasins.

Après cette catastrophe, le roi de Castille tint un conseil de guerre, et il fut décidé d'aller à tout prix au secours de Tarifa. Les rois de Portugal et d'Aragon furent invités à prendre part à cette périlleuse expédition; la reine Marie se chargea de prier

---

(1) Florez, *Mem. de las Reynas*, t. II, p. 621.

(1) *Cronica del rey.*
(2) *Ibid.*, cap. 248.

Affonso IV de se mettre aussitôt en mouvement avec son armée, se dirigeant par Badajoz. Les assiégés de Tarifa furent encouragés par la promesse d'un prompt secours; on leur donna les instructions nécessaires. Le roi de Portugal parut tout à coup avec son armée devant Séville; il y fut reçu par le monarque castillan avec les plus grands honneurs. Après un court séjour, les deux rois, suivis de leur armée, quittèrent Séville, et se dirigèrent sur Tarifa à petites journées, afin de laisser aux corps isolés le temps de rejoindre. Sur ces entrefaites on apprit que douze galères aragonaises, commandées par Pedro Moncada, s'approchaient; on leur envoya l'ordre de stationner à la hauteur de Tarifa. Enfin les rois chrétiens arrivèrent en présence de l'armée ennemie. Le roi de Grenade était campé auprès du roi de Maroc. Aussitôt que l'on eut des informations certaines sur la situation de l'armée ennemie et sur l'état des assiégés, il fut convenu, dans le conseil de guerre, que le roi de Castille attaquerait d'abord Abul Hassan, et Affonso de Portugal, le roi de Grenade; la garnison de Tarifa fut renforcée afin qu'elle pût tomber sur les derrières de l'ennemi. Enfin, au lever du soleil, le roi de Castille, et tous les chrétiens à son exemple, reçurent la communion, et l'on s'avança en ordre contre l'ennemi. Le premier choc eut lieu non loin du fleuve Salado; les Maures y étaient postés pour s'opposer au passage de ce fleuve. Une attaque des Castillans fut le prélude de cette bataille, qui reçut son nom de celui du fleuve aux bords duquel elle fut livrée. Après avoir forcé ce passage, les Castillans s'emparèrent d'une hauteur; et secourus par une sortie des assiégés, qui se réunirent à eux, ils s'emparèrent du camp du roi de Maroc, après avoir taillé en pièces trois mille cavaliers et huit mille fantassins maures. Dès qu'Affonso de Castille vit le combat engagé, il traversa le Salado ec le corps principal, et tandis qu'une division se hâtait d'occuper un monticule qui dominait le champ de bataille, il fut exposé à un danger imminent, qui fut pour lui l'occasion de déployer un grand courage personnel; on courut à son secours, et alors le combat devint général et sanglant. La joie des Castillans qui avaient sauvé leur valeureux roi redoubla leur ardeur; les Sarrasins au contraire commencèrent à faiblir, et à la nouvelle que la garnison de Tarifa avait fait une heureuse sortie, et que leur camp était au pouvoir des chrétiens, se découragèrent et prirent bientôt la fuite. Les chrétiens firent un grand carnage parmi les fuyards. Le roi de Portugal de son côté avait aussi franchi le Salado, et, avec ses Portugais et les Castillans que lui avait confiés son beau-fils, avait attaqué non moins vivement le roi de Grenade. La première résistance fut opiniâtre; mais Affonso IV, étant parvenu à couper la ligne ennemie, mit enfin les Maures en fuite avec leur roi; ces fuyards se rencontrèrent avec les troupes du roi de Maroc, qu'Affonso de Castille chassait devant lui. Tout ceux que l'on put atteindre furent immolés. Le roi de Grenade, quoique vivement poursuivi, s'échappa dans la nuit à Marbella; Abul Hassan parvint à gagner Algésiras et de là Ceuta.

De quatre cent mille fantassins et soixante mille cavaliers qui composaient l'armée des infidèles, deux cent mille perdirent la vie dans la bataille. Les rois chrétiens n'avaient que quarante mille fantassins et dix-huit mille cavaliers : il ne tomba de leur côté que vingt hommes; les Espagnols considérèrent cette victoire comme un miracle. La perte des Sarrasins est difficile à évaluer; elle fut cependant énorme. Aussitôt que le roi de Maroc fut rentré dans ses États, dit un Génois qu'Abul Hassan envoya dans la Péninsule pour connaître le sort de ses femmes, de ses fils et de plusieurs grands du royaume qui avaient été tués ou pris, il se fit apporter les listes de tous ceux qui avaient franchi le détroit, et trouva qu'il manquait quatre cent mille personnes; en outre, plusieurs Maures dirent au roi, que soixante galères avaient été employées durant cinq mois, du matin au soir, pour transporter leurs frères qui entrerent en campagne contre les chrétiens, et que les survivants avaient été ramenés en quinze jours sur douze galères (1).

Des richesses immenses furent trouvées dans le camp des Sarrasins; les estimer fut impossible, car un grand nombre de soldats cachèrent leur butin et se hâtèrent de rentrer dans leur pays pour n'être pas contraints à des restitutions. Les trésors qui se répandirent à l'étranger furent dans une si grande proportion qu'à Paris, à Valence, à Barcelone, à Pampelune et autres villes, le prix de l'or et de l'argent baissa d'un sixième (2). Le roi de Castille ordonna de porter du château toute sa part du butin et d'y conduire les prisonniers; il invita alors le roi de Portugal à vouloir bien choisir et prendre tout ce qui lui conviendrait. Affonso IV refusa, et se contenta de la gloire qu'il avait acquise; cependant, sur les pressantes instances de son beau-fils, il choisit parmi les prisonniers, les neveux d'Abul Hassan et quelques autres nobles sarrasins, et parmi tous les objets précieux, quelques sabres ornés de pierreries, seul trophée qu'il remporta de cette victoire éclatante.

Si la journée de Salado acquit peu d'avantages temporels au roi de Portugal et à son peuple, cette victoire leur procura cependant des biens d'un haut prix : au roi, elle assura la gloire d'avoir contribué pour beaucoup et avec un noble désintéressement au succès d'une bataille qui retentissait dans toutes les cours chrétiennes. Au peuple, elle inspira un juste sentiment d'orgueil d'avoir pris une part brillante dans une grande journée que célébrait la chrétienté. D'ailleurs cet exploit ne profita-t-il qu'à la gloire des Portugais, et ne contribua-t-il pas à la sûreté, aux progrès de l'État? Si Abul Hassan eût triomphé des Castillans, il aurait indubitablement tourné ses armes contre le Portugal, qui eût alors, seul, été trop faible pour résister à un si puissant ennemi. Le roi de Castille se montra reconnaissant du service signalé que venait de lui rendre son beau-père, malgré les torts dont il s'était rendu coupable envers la reine Marie, fille de celui-ci. Il accompagna Affonso IV jusqu'à Cazalla de la Sierra en le comblant d'honneurs, et en lui réitérant l'assurance de son admiration et de sa gratitude. Il cessa toute relation avec Éléonore de Guzman, et à partir de ce jour se montra envers la reine plein d'amour et d'égards. Le péril suspendu sur son trône et son royaume, et la noblesse avec laquelle Affonso de Portugal avait aidé à son salut, avaient dû faire sur lui une trop profonde impression pour ne pas laisser de traces dans son esprit; avec le retour de la paix conjugale à la cour de son gendre, il vit aussi rentrer dans son palais le bonheur domestique, dont il était privé depuis si longtemps. Mais cette satisfaction fut de courte durée; une destinée sombre et mystérieuse semblait planer sur la maison royale; et Affonso, qui avait jadis violé les devoirs de la nature, parut devoir ressentir à son tour les douleurs qu'il avait causées, en provoquatn son propre fils par une hor-

---

(1) *Cronica del rey Alonzo XI*, cap. 254.
(2) *Ibid.*, cap. 256.

§ III. *Assassinat d'Inès de Castro.*

Mort d'Affonso IV.—Regard jeté sur lui comme homme et comme roi.

Inès de Castro, fille de Pedro Fernandès de Castro, avait accompagné l'infante Constanza en Portugal, comme parente et comme dame d'honneur. Sa rare beauté, ses manières séduisantes enflammèrent et fixèrent le cœur de l'infant Pedro, qui s'abandonna à l'amour avec tout l'emportement de son caractère. Cet amour acquit de nouvelles forces par le secret dont il dut être entouré pour rester caché à Constanza. Celle-ci cependant ne put l'ignorer longtemps; elle chercha par des moyens pleins de douceur et de prudence à ramener le cœur de son époux; mais en vain. Elle se fit remplacer par Inès de Castro pour présenter au baptême, comme marraine, l'infant Luiz, espérant que la parenté spirituelle qui en résulterait suffirait pour combattre l'amour déjà criminel de Pedro. Mais cet amour grandissait devant les obstacles. Constanza mourut le 13 novembre 1345 après avoir donné le jour, le 18 octobre à l'infant Ferdinand, héritier de Pedro (1). Suivant toute probabilité, le chagrin qu'elle ressentit de la passion de son époux précipita sa mort.

L'infant qui avait toujours traité sa femme avec dignité, se trouva débarrassé des liens qui lui pesaient et que dans son cœur il avait déjà depuis longtemps brisés. Il mit moins de réserve dans sa conduite, et refusa toutes les alliances nouvelles que lui proposa son père. Quatre gages de l'amour d'Inès et de Pedro firent croire qu'après la mort de Constanza, il avait contracté un mariage secret; mais Pedro le nia avec obstination. Les chroniques ne nous disent pas quels motifs le dirigeaient; elles ne pourraient d'ailleurs nous apprendre ce qui se passait dans l'âme de Pedro, et dont il ne se rendait peut-être pas complétement compte. Il ne pressentait pas qu'un jour la perte d'une maîtresse chérie lui arracherait un aveu qui, maintenant fait au roi, aurait probablement empêché le crime. Il fut cependant averti par la reine sa mère, par l'archevêque de Braga, Gonçalo Pereira; mais ces avertissements lui parurent de vaines menaces, et son audace naturelle, son amour pour Inès et sa confiance dans l'honneur du roi son père, le maintinrent sans soupçon dans sa ligne de conduite. Cependant le crime se préparait en silence et cherchait à se servir de la main du roi.

Les grands de la cour et les favoris du roi voyaient avec envie la faveur dont jouissaient les frères d'Inès, Fernando et Alvaro Perez de Castro, auprès de l'infant Pedro. Leur qualité d'étrangers suffisait déjà pour les rendre odieux. Constanza avait amené avec elle un grand nombre de Castillans qui étaient restés en Portugal; leur nombre s'accrut de tous ceux qui vinrent y chercher un refuge contre les cruautés du tyran Pedro, monté sur le trône de Castille; tous furent traités comme compatriotes d'Inès, de la manière la plus amicale, par l'infant ainsi que par les Castro. L'acharnement et la haine des grands portugais s'en augmentèrent d'autant plus qu'ils redoutaient cette influence étrangère, qui menaçait leurs intérêts sous le règne du successeur d'Affonso IV. Inès fut à leurs yeux le point central de cette faveur injurieuse pour eux accordée aux Castillans, et ils jurèrent sa perte. Sous prétexte du salut et de la tranquillité du royaume ainsi que de l'honneur de la maison royale,

---

(1) Barbosa, *Catalogo das Reinhas de Portugal*, p. 292.

ils représentèrent à Affonso, que le bien de l'État exigeait que l'infant se remariât, que sa passion pour Inès et sa tendresse pour les enfants de cette dame s'y opposaient, que les frères de celle-ci, déjà puissants en Castille le devenaient toujours davantage en Portugal, et mettraient tôt ou tard en danger l'infant Ferdinand afin d'assurer le trône à leur neveu, et qu'enfin la mort seule d'Inès pouvait écarter tous ces périls qui planaient sur la tête de l'héritier légitime. Cette mort fut résolue.

De Montemor, où cette fatale résolution fut adoptée, le roi, accompagné d'un grand nombre de nobles et de chevaliers, entre autres de Alvaro Gonçalves, meirinho-mor du royaume, de Pedro Coelho et Diego Lopez Pacheco, seigneurs de Ferreira, qui furent les principaux conseillers du roi dans cette circonstance, vint à Coïmbre. Là, dans le couvent de Santa-Clara, vivait Inès avec ses trois enfants dans la retraite et l'innocence. Dès qu'elle apprit l'arrivée du roi avec une suite aussi nombreuse, elle eut un pressentiment du sort qui la menaçait; toute voie de salut lui était fermée, l'infant étant absent pour plusieurs jours, comme le roi le savait. Pâle comme la mort qui l'attendait, chancelant sous le poids de son émotion, et portant ses enfants dans ses bras, elle se jeta aux genoux du roi quand il entra dans le couvent. « Sire, lui dit-elle, pourquoi voulez-vous me tuer sans motifs ? votre fils est prince, et je n'ai pu lui résister. Soyez miséricordieux envers une femme, ne me tuez pas, ou du moins épargnez ces enfants, épargnez votre sang. » Ces paroles, que le péril dictait à cette mère alarmée, la vue des enfants d'une beauté touchante, émurent le roi. Il se retira et parut entendre la voix de l'humanité, qui plaidait pour l'innocence. Mais ses conseillers, qui appréhendaient les suites d'une entreprise manquée et la vengeance de l'infant, déterminèrent de nouveau le roi, en lui représentant les dangers que cette femme de malheur attirerait sur le trône et sur la patrie; ils allèrent même jusqu'à insulter à la pitié du roi (1), et enfin Affonso, pressé de tous côtés, laissa échapper ces mots : « Faites ce que vous voudrez, » et ils le firent.

Coupable seulement d'avoir rendu amour pour amour, Inès succomba victime d'une haine longtemps amassée (2). Ceux qui avaient conseillé le crime s'en firent les exécuteurs. Ils souillèrent leurs mains comme ils avaient souillé leur âme. Ils entraînèrent le roi à une mauvaise action qui rejaillit sur toute sa vie et y laissa une tache ineffaçable.

C'est là le jugement de Dieu, dit un pieux chroniqueur. Affonso s'était levé contre son père, son fils devait se lever contre lui (3); mais l'infant jusqu'à cette époque s'était montré respectueux et obéissant, Dieu a voulu que ce fût son père qui, par un crime, le poussât à la désobéissance et à la révolte.

Une douleur atroce déchira le cœur de l'infant quand à son retour il ne trouva que le cadavre sanglant de son Inès; mais bientôt ce sentiment naturel fut remplacé par un autre moins honorable et non moins violent, le désir de la vengeance. Sourde à tout conseil, à toute exhortation, cette passion n'aspira plus qu'à se satisfaire. Réuni aux frères de la victime et à ses parents, Pedro rassembla un corps d'armée et ravagea toute la contrée entre le Douro et le Minho, jeta la terreur dans les villes royales, et, aveuglé par sa passion, il frappa du fer et du feu les sujets de son père qui un jour devaient être les siens. Une expédition tentée sur Porto échoua;

---

(1) « A! senhor, disaient les assistants, a ese escarnio vimos nos ça : que se perça Portugal por esta molher. » Acenheiro, *Cronicas*, p. 109.

(2) . . . . . So por ter sujeito
   O coraçao aquem soube vencella.
     Lusiad., canto III, v. 127.

(3) « ...E porque este houve letijos e voltas com ell rei dom Deniz seu pai, cujo sabedor da culpa Deosque lhe direita Juiz, fezque este rei seu filho o ynfamte don Pedro fose, contra elle. » Azenheiro *Cron.*, p. 109.

cette ville fut défendue avec vigueur par l'archevêque de Braga. Enfin, les instances de ce prélat, pour lequel l'infant avait toujours beaucoup de respect, et les exhortations plus tendres de sa mère parvinrent à le remettre dans la route du devoir, et une réconciliation s'opéra entre le père et le fils.

Un traité en forme fut conclu à Canaveses. L'infant promit oubli et pardon à tous ceux qui, par conseils ou actions, avaient contribué à la mort d'Inès ; le roi accorda de son côté une amnistie à tous ceux qui avaient pris parti pour l'infant dans la dernière guerre. Pedro promit d'être toujours vassal fidèle et fils obéissant, d'éloigner de sa personne et de ses domaines tous les turbulents et agents de révolte. Il fut en outre déterminé quelle part l'infant prendrait aux affaires du gouvernement. L'exécution de ce traité fut jurée solennellement par l'infant à Canaveses, par Affonso à Guimaraes, et par la reine à Porto ; elle fut en outre garantie par un grand nombre de chevaliers des deux partis (1).

Le roi ne survécut pas deux ans à cette réconciliation. Il avait compris que toutes les promesses d'oubli et de pardon de l'infant ne sauveraient pas les complices de l'assassinat d'Inès, de sa vengeance ; aussi dès qu'il sentit sa fin approcher, il fit venir Diego Lopez Pacheco, Alvaro Gonçalves et Pedro Coelho, leur fit comprendre les dangers qui les menaçaient, et leur donna le conseil, au risque même de perdre leur fortune, de chercher sans retard à l'étranger une sûreté qu'ils ne trouveraient point en Portugal après sa mort. Ils suivirent ce conseil et se retirèrent en Castille. Affonso mourut bientôt après le 28 mai 1357 ; ses derniers jours furent attristés par le souvenir de la mort d'Inès. Ce fut la seule faute de son âge mûr, comme sa révolte contre son père et sa haine pour son frère avaient été les seuls torts de sa jeunesse (1).

On a dit d'Affonso IV qu'il avait été fils ingrat, frère injuste et père cruel. Il est difficile de le défendre contre toutes ces accusations, et même de l'excuser, car il s'agit ici des sentiments les plus tendres du cœur humain. Cependant c'est surtout comme fils qu'on ne peut entreprendre de le justifier, car les détails fournis par l'histoire sont tellement incomplets, qu'il est impossible de connaître les événements, causes de cette fatale révolte contre son père ; au reste l'accusation serait aussi difficile à établir que la défense. Il en est de même des motifs de sa haine contre son frère. Quant à son fils il règne sur sa conduite en cette occasion moins d'obscurité. Affonso était trop habitué à considérer en lui-même le roi de son peuple, pour écouter la voix de l'humanité. Quand il fut dur, cruel même envers son fils et envers son frère, c'est qu'alors les principes politiques parlaient et faisaient taire les sentiments de l'honneur. Il se crut obligé à plus de sévérité encore envers son fils qui était appelé à lui succéder, qu'envers son frère qui ne pouvait lui contester ses droits. Il était fortifié dans cette opinion par la politique dominante du siècle. L'intérêt d'état formait et déliait les mariages avec la même facilité, sans que l'on tînt compte des rapports d'affection et d'humanité. Si le cœur de Pedro saigna toujours au souvenir d'Inès arrachée à son amour et immolée, ce meurtre fut aux yeux du père, un acte de gouvernement rigoureux mais indispensable. Au reste, Affonso IV maintint dans sa maison l'ordre et les bonnes mœurs, et son union avec Brites fut constamment heureuse. Sans doute nous n'éprouvons aucune sympathie pour ce

---

(1) Nunez de Liâo, *Cron. del rei D. Afonso IV*, p. 187. *Mon. Lus.*, parte IV, lib. 10, cap. 20.

(1) « Nao havia em el rey dom Afonso que reprehender, senao maculata sua mocidade com as desobediencias contra seu pai, e velhice com o sangue da innocente D. Inès. » Nun. de Liâo, p. 190.

prince, comme fils, comme frère et comme père; mais nous lui devons notre estime comme souverain. Sur le trône, il pensa en roi; et il savait remplir noblement ce qu'il regardait comme sa mission ; il montra qu'il était capable de sacrifier ses inclinations à une grande action, lorsqu'il alla secourir le roi de Castille qui l'avait profondément offensé. Ses sujets se ressentirent surtout de son gouvernement sage et éclairé. Ils prospérèrent sous son administration vigoureuse, et le développement des forces du pays, l'accroissement des habitants, ne furent arrêtés que par des calamités en dehors du pouvoir du roi; le tremblement de terre qui dévasta Lisbonne en 1344, et la peste de 1348, qui moissonna une grande partie de la population. Si les traces de ces deux fléaux disparurent bientôt, ce fut grâce à la sage protection accordée par le roi au libre développement de l'activité nationale. Il écouta toujours et satisfit avec bonté les vœux que son peuple lui transmit par l'organe des cortès (1). Il publia sur différents objets de l'administration un grand nombre de lois qui furent réunies dans les derniers codes (2).

---

(1) Cortès d'Evora, 1325; de Santarem, 1331; de Coïmbre, 1335; de Santarem, 1340; de Lisbonne, 1352. Les lois votées par les cortès sont imprimées dans *Ordenaç. Affons.*, et peuvent se voir dans *Memor. de Litter. Port.*, t. II, p. 61.

(2) Elles doivent être renvoyées à une autre partie.

CHAPITRE III.

RÈGNE DU ROI PEDRO Ier.

(Depuis 1357 jusqu'en 1367.)

§ Ier. *Conduite du roi au sujet d'Inès de Castro*

Traité entre les rois de Castille et de Portugal.—Le roi de Castille livre les assassins d'Inès.—Pedro en fait exécuter deux d'une manière cruelle. — Aventures de Pacheco. —Le roi jure qu'il était marié par l'Église avec Inès. — Deux témoins l'attestent par serment.—Annonce solennelle et publique du mariage.—Doutes des contemporains. —Le corps d'Inès, paré des insignes de la dignité royale, est conduit avec un cortége nombreux de Coïmbre à Alcobaça.

Quand Pedro, né le 8 avril 1320, monta sur le trône, il était âgé de trente-sept ans. Il trouva le royaume jouissant de la tranquillité intérieure et de la paix avec ses voisins; il n'y avait pas même prétexte de rupture avec l'Espagne ou avec un État éloigné (1). C'était l'ouvrage d'Affonso IV, c'était l'héritage qu'il légua à son fils et que Pedro sut apprécier; car pendant tout son règne il veilla au maintien de la paix.

Pour resserrer encore les liens avec la Castille, Pedro de Portugal, aussitôt après son avénement au trône, envoya Gomez da Silva et Gonçalo Annes de Beja, comme plénipotentiaires à la cour du roi Pedro de Castille. Celui-ci fut d'autant plus satisfait de ces rapports avec un voisin puissant, qu'il existait dans l'intérieur de ses États beaucoup de germes de mécontentement qu'il voulait étouffer. Il accueillit l'ambassade avec une grâce particulière, et dépêcha de son côté Fernando Lopez de Stunigna au roi de Portugal. L'année suivante les ambassadeurs envoyés de Castille, le grand trésorier du roi, Samuel Levi, l'alguazil mayor de Sevilla, Gutierez Tello et Gomez Fernandez de Soria, vinrent à Evora, où se trouvait alors le roi, et conclurent avec lui une nouvelle alliance. Chaque partie s'engagea à être l'ami des amis, et l'ennemi des ennemis de l'autre; et toutes les fois que cela serait réclamé, à l'assister avec toutes ses forces

---

(1) « El (D. Pedro) per morte del rey achou o regno sem nenhuma briga, per que ouvesse daver contenda com nenhum rei da Espanha, nem doutra provencia mais alomjada. » Lopez, *Chron. del rei D. Pedro*, p. 37, dans *Collecçâo de livros ineditos de Historia Portug.*, t. IV.

de terre et de mer. On avait ainsi en vue le roi d'Aragon. Le roi de Portugal promit en outre expressément de soutenir le Castillan dans sa guerre contre l'Aragon, et fut ainsi infidèle à l'alliance que ses prédécesseurs avaient faite avec cette couronne, pour eux et leurs successeurs; alliance plusieurs fois confirmée (1). Des mariages entre les deux familles royales de Portugal et de Castille durent sceller la ligue des souverains. L'infante Béatrix, fille aînée de Pedro de Castille, fut destinée à l'infant Ferdinand de Portugal, les infants Joao et Dinizio, fils d'Inès, furent fiancés aux infantes Constanza et Isabelle, filles de Maria de Padilla.

On ne sait pas positivement si dans ce traité l'on convint de l'extradition mutuelle des fugitifs des deux pays, ou ce qui est plus vraisemblable, si Pedro de Portugal fit quelque temps après de cet article la condition d'un secours que lui demanda le roi de Castille vivement pressé par les Aragonais. Quoi qu'il en soit, une telle convention répandit une terreur universelle et indigna les deux nations contre leurs souverains (2). Le roi de Portugal s'obligea à livrer les nobles et chevaliers castillans qui, pour échapper à la cruauté de Pedro, s'étaient réfugiés dans ses États, Rodriguez Tenorio, Ferrand Gudiel de Tolède et Fortun Sanchez Calderon. En échange il réclama les assassins d'Inès de Castro, Alvaro Gonçalves, Pedro Coelho et Diego Lopez Pacheco (3).

L'extradition eut lieu : les chevaliers castillans furent décapités à Séville. Gonçalves et Coelho furent emprisonnés à Santarem où les attendait la peine capitale. Mais la sévérité du juge ne pouvait satisfaire la vengeance de Pedro; il se souilla lui-même par une barbarie atroce: il ordonna d'arracher le cœur de la poitrine des deux victimes. Gonçalves, un instant avant, dit au bourreau en plaçant la main sur son cœur : « Tu trouveras un cœur qui a toute la force de celui du taureau, et toute la fidélité de celui du cheval (1). » Ensuite les deux criminels furent brûlés sur la place en face du château, en présence du roi qui était à table.

Pacheco était parvenu à s'enfuir. Un mendiant, à qui il avait souvent fait l'aumône, apprit le danger qui menaçait son bienfaiteur; il se fit ouvrir sans peine les portes de la ville où demeurait Pacheco et l'avertit de ce qui se passait. Pacheco suivant ce conseil, se couvrit des vêtements du mendiant et parvint à se sauver en Aragon, et gagna la France où il fut accueilli auprès du comte Henri de Transtamarre. La Providence, en sauvant ainsi Pacheco, voulut épargner un crime au roi. Pedro, sur son lit de mort reconnut l'innocence de Pacheco, ordonna de casser le jugement qui l'avait condamné, et de lui rendre tous ses biens. Le fils de Pedro, le roi Ferdinand, exécuta les dernières volontés de son père (2).

Après avoir ainsi sacrifié aux mânes d'Inès et satisfait à une ardeur de vengeance implacable, Pedro résolut de sauver même au delà du tombeau l'honneur de cette victime de la haine des partis. Il déclara devant la noblesse du royaume et devant son peuple, son mariage avec Inès. En présence du comte de Barcellos son majordome, de Joao Affonso son chancelier, de Vasco Martins de Sousa, du Mestre Affonso das Leys et de Joao Steves ses conseillers, devant un grand nombre de chevaliers et de grands, et le *tabelliao* Gonçalo Pires, qu'il

---

(1) Lopez, *Cron.*, p. 38.
(2) « Muito perdeo el rei de sua boa fama por tal escambo como este, o qual foi avudo em Portugal e em Castella por muj grande mal. » Lopez, *Cron.*, p. 85.
(3) Comparez avec les chroniques portugaises P. Lopez de Ayala *Cronica del rey D. Pedro*, p. 311.

---

(1) Ch. Rodr. Acenheiro, *Cronicas dos reis de Portugal*, p. 126, dans *Collecçao de livros ineditos, de Hist. Port.*, t. v.
(2) Lopez, *Cron. del rei Pedro*, p. 114.

avait convoqués à cet effet à Cantanhède, le roi jura sur les saints Évangiles qu'il avait épousé depuis sept ans Inès de Castro à Bragance, et qu'il avait vécu avec elle comme avec une épouse légitime jusqu'à sa mort; qu'il n'avait pas voulu publier cette union du vivant de son père, dans la crainte que celui-ci refusât de la reconnaître (1), mais que cette considération n'existant plus, il se trouvait obligé, pour réparer le mal, et pour le repos de sa conscience, de faire cette déclaration solennellement. Il ordonna alors au *tabelliao* d'en dresser acte, et d'en délivrer des copies à tous ceux qui en demanderaient.

Trois jours après se réunirent à Coïmbre, dans la salle où se faisaient les lectures sur les décrétales, le comte de Barcellos, Vasco Martins de Sousa et Mestre Affonso das Leys, avec le *tabelliao* général du royaume, et l'évêque de Guarda, Gil, et le *guadaroupa* du roi, Estevao Lobato, jurèrent sur les saints Évangiles de dire toute la vérité sur cette affaire. Après cela ils furent interrogés séparément. L'évêque affirma qu'étant, il y a sept ans, doyen de l'évêché, il avait été appelé à Bragance et conduit dans le palais devant l'infant, auprès duquel se trouvait alors D. Inès de Castro, et que sur la déclaration du prince qu'il voulait épouser celle-ci, il les avait unis par les liens du mariage suivant les rites de l'Église ; que du reste il ne se rappelait ni le jour ni l'heure. Estevao Lobato jura la même chose, ayant assisté comme seul témoin à cette cérémonie ; il ajouta qu'il croyait être certain qu'elle avait eu lieu le 1er janvier (2).

Tandis que ces témoignages étaient recueillis et rédigés, aux trois personnes ci-dessus désignées se réunirent les évêques de Lisbonne, de Porto et de Viseu, le prieur de Santa-Cruz à Coïmbre, ainsi que beaucoup d'autres membres du haut et bas clergé, des grands, des chevaliers et une foule de peuple. Aussitôt que l'assemblée eut reçu ordre de garder le silence, le comte de Barcellos exposa tous les points relatifs au mariage de Pedro et de D. Inès de Castro, de quelle manière il avait été contracté, comment il avait été déclaré et juré par le roi et par ces deux témoins (1). Enfin pour le cas où l'on voudrait élever quelques contestations sur la légitimité de cette union, à cause des liens de parenté qui existaient entre Pedro et Inès (2), le comte produisit une bulle du pape Jean XXII, du 18 février 1325, qui accordait les dispenses nécessaires (3).

Cependant, au dire des chroniqueurs, en dépit de toutes ces déclarations, de ces serments et de ces témoignages, des doutes s'élevèrent parmi les contemporains sur l'exactitude et la vérité du fait; les opinions furent partagées même parmi les personnes qui assistèrent à l'assemblée. Un grand nombre, il est vrai, crurent à la parole royale, d'autres regardèrent ce mariage comme supposé. S'il avait été contracté, disaient ces derniers, et en admettant qu'il eût été tenu secret pendant la vie d'Affonso IV, pourquoi le roi avait-il attendu quatre ans pour faire cette déclaration ? Il était enfin difficile de croire qu'on eût oublié le jour, le mois où une si importante cérémonie avait eu lieu, pendant qu'un des témoins affirmait que c'était le premier janvier, date difficile à oublier.

---

(1) D'après l'original : « Por receio e temor que del avia. »

(2) « Instrumento, porque el rey D. Pedro recebeo por palavras de presente a D. Ignez de Castro », tiré de Torre do Tombo, et imprimé dans Sousa, *Provas*, t. I, p. 275. *Vid.* Lopez, *Cron.*, p. 72 css.

(1) Lopez, *Cron.*, p. 74, donne la déposition textuelle.

(2) « Em ser a dita D. Enez sobrinha do rey D. Pedro que ora he filha de seo primo com Irmao. »

(3) La bulle qui légitime les fils d'Inès, les infants Joao et Dinizio, et l'infante Béatrix, se trouve dans Sousa, *Provas*, t. I, p. 278.

D'autres trouvaient au contraire dans cette dernière circonstance une preuve de la véracité des témoins qui, s'ils eussent été faux, auraient pu facilement avant l'interrogatoire s'entendre et s'accorder sur ce point (1).

Les même passions qui jadis avaient frappé Inès s'acharnèrent contre sa mémoire. L'odieuse Inès n'était plus à craindre, mais ses fils vivaient encore ; et sur eux se tournèrent maintenant les craintes et les espérances, la haine et l'amour. Ces passions enflammaient alors et divisaient deux partis en Portugal, et la haine supposait ou démentait tous les faits. Mais dix-huit ans plus tard, la politique s'agita plus fortement que la haine pour ébranler la croyance au mariage de Pedro avec Inès ; car il fut question alors du trône et du pays. A cette époque se leva publiquement, comme adversaire déclaré du mariage de Pedro et d'Inès, un homme qui était regardé comme l'organe des lois en Portugal. Joao das Regras, à l'esprit duquel Joao Ier ne dut pas moins qu'à l'épée victorieuse du connétable Alvares Pereira, au moment décisif où dans les cortès de Coïmbre (2), il s'agissait de décider sur l'ordre du succession au trône, combattit avec toutes les armes que lui donnaient son adresse éprouvée, sa pénétration et son éloquence naturelle, un fait qui s'opposait à son but, l'élévation du grand-maître d'Avis sur le trône de Portugal (3). L'assemblée s'étonna des questions qui furent élevées dans cette discussion, et auxquelles elle n'était pas préparée ; elle s'abstint de toute décision, et nous devons imiter sa prudence. Cependant nous ne pouvons nous empêcher d'avoir foi aux paroles de celui qui avait dû garder les faits bien gravés dans son cœur, lorsque surtout six ans plus tard il les répéta sur son lit de mort à l'heure où les illusions se dissipent, où la vérité réclame ses droits imprescriptibles.

Pedro dans son testament, la veille de sa mort, nomma l'infante Inès son épouse (1). Là, près du cercueil qui devait recevoir son cadavre le lendemain, il renouvela la déclaration qu'il avait jurée six ans auparavant.

Après cette assemblée, le roi ordonna de transporter solennellement le corps de son épouse à Alcobaça ; il lui fit élever dans ce couvent, où reposent tous les rois de Portugal, un magnifique mausolée en marbre blanc. Sur un piédestal se trouvait la statue d'Inès couronnée ; monument éternel de son amour et de ses regrets. Les restes d'Inès furent retirés du couvent de Santa-Clara, où ils étaient déposés, ornés des insignes de la dignité royale, et richement revêtus. Devant eux, les chevaliers et les grands du royaume s'inclinèrent en signe de respect et de soumission (2). Ensuite le corps renfermé dans un riche cercueil recouvert de draperies d'or fut porté de Coïmbre à Alcobaça par des chevaliers. Un long cortége de grands du royaume, de femmes nobles, de prélats et de clercs le

---

(1) Lopez, *Cron.*, p. 76 ess. Nunez de Liào, *Cron. del rei D. Pedro*, p. 218.

(2) Ces paroles sur le mariage de Pedro et d'Inès sont réfutées par Barbosa. *Catal. das Reinhas*, p. 313-332.

(3) « Foral todos muy espantados por ouvir taes cousas de que antes parte nāo sabiao. » Fern. Lopez, *Cron. del rei D. Joāo I*, p. 1, cap. 191.

(1) « Item mandamos, que entregnem aos filhos da infante D. Ignez, que outro si foy nossa mulher, a quinta de canidelo, que era sua, e todo aquello, que della ouvemos, como no deviamos pera o darem por sa alma, como ella mandou em seu testamento. » Sousa, *Provas*, t. I, p. 279. Non-seulement la reine Brites, mère de Pedro, eut connaissance de son mariage, mais déjà plusieurs années auparavant elle avait reconnu la légitimité des enfants d'Inès. D'après ses principes sévères, elle n'eût pas dans son testament, en 1348, nommé ceux-ci infants, si elle n'eût été convaincue de leurs droits.

(2) Tous ces détails ne nous sont connus que par les auteurs portugais modernes, les anciens chroniqueurs, comme Lopez, Nunez de Liao et Azenheiro n'en disent rien.

suivait. Des milliers d'hommes se tenaient des deux côtés de la route, portant des torches allumées pour éclairer cette marche funèbre, en sorte que toute la route d'Alcobaça, à Coïmbre était illuminée. Arrivée à Alcobaça la dépouille mortelle fut confiée solennellement à un mausolée, auprès duquel le roi en fit construire un semblable pour lui-même, afin que dans la mort il pût reposer à côté d'Inès. Ainsi D. Inès fut conduite comme entre deux rangs d'étoiles dans l'asile de l'éternel repos. Mais son souvenir se conservera éternellement par la sympathie de tous les cœurs.

§ II. *Les cortès d'Elvas*, en 1361.

Plaintes et réclamations des cortès. — Résolutions du roi. — Règlements pour les hauts fonctionnaires.

Dans la même année où Pedro rendait l'honneur à la mémoire d'Inès, et l'intronisant solennellement comme reine, satisfaisait aux besoins de son cœur, il prouva par des actes qu'il s'occupait également du bien de son peuple. Il rassembla les états du royaume pour connaître des plaintes qui s'élevaient de toutes parts sur des mesures oppressives des magistrats (1). Les états se rassemblèrent le 23 mai 1361, les infants, l'archevêque de Braga et les évêques du royaume, les abbés et prieurs, les *ricos homens* et *fidalgos*, et les députés des villes et communes. Ces derniers présentèrent verbalement ou par écrit leurs plaintes. Le roi répondit à chacune d'elles après avoir pris l'avis de ses conseillers et des hommes les plus sages du royaume ; il agit de la même manière avec le clergé. Voilà l'origine des quatre-vingt-dix articles généraux qui contiennent les demandes du tiers état et les résolutions royales, ainsi que des trente-trois articles qui renferment les plaintes du clergé (2). Plusieurs des griefs du tiers état reposaient sur des questions déjà résolues par des lois antérieures et même des ordonnances d'Affonso IV, mais qui étaient ou inexécutées ou violées. Ce sont surtout les résolutions des cortès de Lisbonne de 1352 que l'on rappela à cet égard ; il est donc difficile de décider si les motifs de plainte ont été donnés pendant les dernières années du règne d'Affonso IV, durant les premières de celui de Pedro, ou bien s'il faut les rechercher sous l'administration de ces deux princes.

La plupart des articles des cortès d'Elvas concernent des plaintes contre des magistrats, tant sur l'inexécution des devoirs de leur emploi, que sur des abus de pouvoir et des empiétements sur les droits et priviléges des communes. Nous trouvons dans ce fait une explication, sinon une justification, de la sévérité presque cruelle que déploya le roi envers les coupables. Les états demandèrent en outre l'éloignement des obstacles qui nuisaient au développement de l'agriculture et du commerce. Ils exposèrent avec beaucoup de franchise et de liberté leurs plaintes, même sur ce qui regardait la personne et la cour du roi.

---

(1) Elles présentent de l'intérêt par les discussions des cortès. *Memorias para a historia, e theoria das Cortes geraes, que em Portugal se celebrarão... pelo* 2º *Visconde de Santarem*, p. 11, documentos, p. 3.

(2) Celles-ci sont réunies dans le premier livre général des lois et des *Ordenaçoens do rei* D. *Affonso V*, et forment le cinquième titre du livre deux, portant la suscription : *Dos artigos, que forom accordados em Elvas antre el rey D. Pedro, e a clerezia*. Il se trouve dans cette collection vingt et un des articles du tiers état.

Enfin l'administration de la justice fut aussi l'objet des délibérations de cette assemblée.

La promptitude avec laquelle le roi chercha à réprimer les abus qu'on lui signalait prouve le fondement et la justice des plaintes générales. Ce soin du roi de faire droit aux réclamations de son peuple, et les mesures qu'il adopta, jettent du jour sur la constitution intérieure des communes, en nous montrant leurs vœux et leurs besoins.

Quant à la demande des communes, que le roi confirmât leurs droits et priviléges (1), ce n'était là qu'une formule habituelle par laquelle elles aimaient à faire reconnaître par chaque roi les anciennes chartes des libertés dont elles jouissaient. Les plaintes des communes se portèrent d'abord sur les *almoxarives* et autres magistrats pour atteintes portées à leurs droits et priviléges (2), mais elles ne font connaître, du moins par écrit, les motifs de plaintes que d'une manière générale, et les promesses du roi sur ce point ne sont pas plus explicites. Les griefs produits contre les corrégidors sont mieux spécifiés. On reprochait à ceux-ci de rapporter souvent des ordonnances que des communes rendaient dans leur intérêt ou pour se préserver d'un dommage; le roi promit de veiller à ce que de tels abus ne se reproduisissent pas et de châtier les coupables. Les communes conservent le droit de publier des ordonnances spéciales pour elles, sous condition cependant qu'elles ne seront pas contraires à celles adoptées par les cortès (3). Elles réclamèrent aussi le droit, dont elles jouissaient depuis longtemps, de nommer elles-mêmes leurs juges locaux (Juizes et Alvazis), parce qu'en plusieurs localités l'usage s'était introduit de la nomination royale pour les magistrats jouissant de gros appointements que les communes devaient payer, tandis qu'elles avaient pour remplir ces fonctions des hommes aussi capables. Le roi fut obligé de rétablir les anciens priviléges et de s'abstenir à l'avenir de semblables empiétements (1).

Les communes se plaignirent encore de ce que le roi accordait à plusieurs de leurs habitants l'exemption des emplois publics, des tutelles et curatelles, en sorte qu'il en résultait une pénurie d'hommes capables, et que tout le fardeau des affaires retombait sur un très-petit nombre; que d'ailleurs ceux-là même qui étaient le plus aptes à remplir ces fonctions publiques étaient ceux qui s'en faisaient exempter au grand détriment de l'intérêt communal; le roi fit encore droit à cette réclamation (2). Sur la plainte que présentèrent les communes de ce que, quand le roi voyageait, les *ricos homens* et les seigneurs de sa suite se logeaient chez des dames veuves ou dont les maris étaient absents et nuisaient ainsi à leur bonne renommée, Pedro ordonna qu'à l'avenir les logements ne seraient distribués et occupés que sur ses ordres exprès (3). Il promit en outre aux communes son assistance royale dans le cas où des hommes puissants se refuseraient, comme cela était arrivé, à obéir aux ordres des magistrats communaux, et que ceux-ci par crainte de la vengeance de ces hommes puissants, n'oseraient les contraindre à remplir leurs obligations envers la commune (4). Le roi promit de forcer, par le moyen des corrégidors, les évêques, abbés et grands maîtres, à réparer leurs maisons dans les villes et villages, à mettre en culture les terres en friche, et à soigner les vignobles qu'ils possèdent sur

---

(1) Art. 14.
(2) Art. 29.
(3) Art. 21.

(1) Art. 9. Nous ne pouvons omettre les paroles du roi : « E façam direito e justiça de guiza que nom ajamos razom de tornar a ello pera lhis seer tranhado, » ainsi que nous les trouvons dans *Orden. Affons.* (liv. III, tit. 125). Aucun magistrat ne pouvait être réélu par les communes qu'au bout d'un intervalle de trois ans.
(2) « E os logares ficavam por hy peior regudos. » Art. 45.
(3) Art. 56.
(4) Art. 72.

le territoire des communes (1). Tandis que les communes devaient exciter et même contraindre les grands propriétaires ecclésiastiques et laïques à exploiter leurs domaines, elles se voyaient arrêtées dans leur activité agricole, et se plaignaient de ce qu'un ennemi mortel des campagnes dévorait les fruits de leurs travaux, les plongeait dans la misère, et transformait bien des villages et même des domaines royaux en vastes solitudes ; c'était le gibier qu'il leur était défendu de tuer (2). Le roi permit à tout paysan de tuer le gibier, hormis dans les cas réservés par les ordonnances d'Affonso IV, et par les siennes (3). Enfin, Pedro se montra empressé à écarter tous les empêchements qui pouvaient nuire à la libre action de l'agriculture, du nourrisseur de bétail, du navigateur et du commerçant, sur les intérêts desquels on avait attiré son attention (4).

L'administration de la justice occupa aussi beaucoup les cortès d'Elvas ; elle avait donné lieu à de nombreuses plaintes, et faisait sentir la nécessité de lois nouvelles et d'une meilleure distribution.

Déjà dans des assemblées des cortès sous le règne d'Alfonso IV, il avait été décidé que les corrégidors des *comarcas* ne prononceraient pas dans les causes qui appartenaient à la juridiction des juges des villes. Malgré cela les états se crurent en droit de se plaindre des empiétements des corrégidors, d'autant plus que les communes, craignant le pouvoir de ces magistrats, n'osaient se plaindre directement. Le roi ordonna de suivre sévèrement les lois de son père, et il avait tant d'ardeur pour le bien, qu'il prescrivit aux corrégidors de transmettre à chaque commune de leurs *comarcas* une copie des commissions qu'il leur avait données, afin que celles-ci pussent juger si le corrégidor agissait légitimement envers elles (1). Il ordonna en outre, que les corrégidors et les *ouvidors* ne s'immisçassent en rien dans les affaires qui depuis longtemps regardaient la police (*almotaçaria*) des communes, et de la décision desquelles on ne pouvait appeler qu'aux juges des villes (*juizes ordinarios*). Il ne se trouve plus ensuite appel des jugements de ces derniers (2). On détermina en outre les cas dans lesquels un procès et un prévenu devaient être renvoyés devant la cour royale (3). Ceux qui étaient accusés d'un crime devaient recevoir des lettres de sûreté (*cartas de segurança*); et quand il s'agissait d'un assassinat, l'accusé devait être conduit de suite devant les *ouvidors;* devant les juges de ville pour des délits moins graves, jusqu'à ce qu'on eût reconnu le fondement de l'accusation. Etaient seuls exceptés de cette disposition les crimes de haute trahison et de parjure (4). Le majordome royal ne peut à l'avenir sous aucun prétexte empêcher que les personnes emprisonnées soient traduites devant le juge compétent aussitôt que ce magistrat les réclame. Il lui est plutôt prescrit de le faire conduire devant les juges avant de les envoyer en prison (5). Les plaintes faites par les états, que souvent des *fidalgos* et des hommes d'un rang distingué étaient emprisonnés par les corrégidors avec de grands criminels, enchaînés et conduits avec eux devant le juge, furent écoutées par le roi, et le retour de sembla-

---

(5) Art. 1 et 2.
(2) « Emygos mortaes dos homens da noša terra. »
(3) « ...E que parecia muy sem razom veer dampnar a vinha ou a la voira porque se aviam de mantar e que lhi custava grande algo à lavrar e a fruytar e nom ouzar de tornar hy e que ja por direito se fosse homen que he melhor e de mays nobre condiçom e lho fezess poderia hi tornad. » Art. 85.
(4) Art. 77, 13, 12 et autres.

(1) Art. 11, *Ordenaç. Affons.*, liv. I, tit. 23, § 7.
(2) Art. 6.
(3) Art. 82, *Ordenaç. Affons.*, liv. v, tit. 56, § 8 et 9.
(4) Art. 34, *ib.*, liv. v, tit. 57.
(5) Art. 11.

bles abus fût prévenu par des mesures convenables (1). Quant aux plaintes des *fidalgos* et chevaliers sur la violation de leurs priviléges, le roi ordonna que la torture ne fût plus infligée que dans les cas prescrits par la loi ; il promit de ne rien entreprendre contre les lois existantes et contre les priviléges de la noblesse (2). En général la torture avait été souvent employée, contre le vœu des lois, par les corrégidors et les juges ; ceux-ci refusaient en outre de consentir aux appels interjetés, et alors il arrivait souvent que l'accusation était trouvée sans fondement, et cependant l'accusé avait souffert et était flétri par la main du bourreau. Pedro limita les cas où la torture pouvait être appliquée, et ordonna que l'appel fût toujours admis (3).

Pendant que les états élevaient ces plaintes contre les magistrats royaux, et sur l'emploi illégal des moyens d'enquête, ils se plaignirent aussi d'être privés devant les tribunaux d'assistance légale. Avant l'avénement au trône de Pedro Ier, déjà l'on avait accusé les avocats d'éterniser sans besoin les procès, de pressurer les parties. Les mesures prises d'abord contre ces abus avaient été infructueuses, et Pedro dans son ardeur un peu irréfléchie donna l'ordre de ne souffrir d'avocat ni à la cour ni dans le royaume (4). Mais les cortès d'Elvas lui représentèrent combien le peuple se sentait opprimé par cette loi, selon laquelle il était interdit à chacun, sous peine de la vie et de la confiscation de ses biens au profit de la couronne, d'être publiquement ou en secret l'avocat, le procureur, le défenseur et le conseiller d'un autre dans les débats judiciaires, sinon lorsqu'il aurait été nommé expressément par le roi ; qu'il semblait étonnant que des pères, des fils, des parents et des amis, des commensaux et des serviteurs, des ouvriers entièrement étrangers aux lois dussent être privés d'une assistance plus habile ; que si l'on se trouvait ainsi exposé à perdre sa fortune sans être défendu, personne ne s'efforcerait plus d'acquérir des connaissances dont on ne pourrait tirer parti, et que le manque de jurisconsultes deviendrait chaque jour plus sensible. L'on pria donc le roi d'ordonner qu'il fût permis à chacun dans ses débats judiciaires de chercher conseil et assistance auprès des jurisconsultes, comme bon lui semblerait. Les communes demandèrent que suivant un vieil usage, elles fussent autorisées à nommer elles-mêmes des avocats sans être soumises à l'approbation d'un secrétaire royal, et le roi dut consentir aux deux réclamations. Il fut seulement stipulé que les personnes d'un rang élevé, et influentes ne pourraient exercer les fonctions d'avocat, comme cela avait été jadis décidé par les cortès de Santarem, du temps d'Affonso IV (1).

Enfin le tiers état se plaignit des empiétements des tribunaux spirituels sur les attributions des juges laïques, et des mesures oppressives employées par les collecteurs des impôts du clergé (2).

Ces derniers griefs se rattachent, ainsi que les trente-trois articles relatifs au clergé, aux droits et priviléges de ce corps, et il sera plus convenable de nous en occuper dans le chapitre consacré à l'exposition de ces droits et priviléges.

Le clergé et les laïques se rencontrèrent sur un point pour se plaindre de la manière d'agir du roi, et pour demander une plus grande facilité à lui adresser des requêtes

---

(1) Art. 79.
(2) Art. 88. *Orden. Affons.*, liv. v, tit. 87. On lit... : « Que por esto ficavam defamados em tanto que ja se dhi em deante nom aviao por homens pera praça nem pera conversar antre boas companhas que ao nosso serviço e emperamento da nossa terra fazia mester. »
(3) Art. 71, *Ord. Affons.*, liv. v, tit. 88.
(4) Lopez, *Cron. d'el rei D. Pedro I.*

(1) Art. 36 et 37.
(2) Art. 49, 58, 60, 75.

mais les deux ordres différaient en ce que le premier se plaignait surtout du temps que Pedro consacrait à la chasse, et le dernier de la défense faite par lui de reproduire une seconde fois une demande qu'il avait repoussée par un refus (1). Cette dernière plainte avait surtout rapport à une ordonnance toute récente et qui mérite une mention particulière (2).

Toutes les demandes adressées au roi devaient être remises au *scribao da puridade*. Celui-ci les transmettait de suite à un secrétaire, qui en faisait la distribution aux *desembargadores*, suivant qu'elles entraient dans leurs attributions. Ces derniers, quand les demandes le comportaient, devaient donner une solution, en sorte que la réponse pût être remise au pétitionnaire dans le jour même. Les lettres de grâces, ou les demandes qui regardaient le trésor royal, étaient inscrites par le *vereador*, ou son secrétaire, dans la *Ementa* (c'était un livre où on enregistrait les principaux décrets du roi relatifs à des grâces). Le *scribao* annotait le contenu des pétitions. Un livre devait rester entre les mains des *desembargadores* pour qu'ils y enregistrassent la solution des pétitions insérées dans la *Ementa*. Pour contrôler ce travail, le roi examinait les deux livres avec le *desembargador*, et s'ils n'étaient pas d'accord, le coupable était sévèrement puni. Aussitôt que la décision était prise, le *desembargador* devait la publier dans le jour même, ou au plus tard le lendemain. Ceux qui adressaient une seconde demande au roi (1), et qui séjournaient à la cour après avoir reçu réponse, étaient condamnés, si le coupable était noble, à une amende ; s'il était roturier, à recevoir vingt coups de fouet sur la place publique.

Pour éviter au roi le désagrément de voir se reproduire plusieurs fois les mêmes demandes, l'on arrêta les dispositions suivantes : Si le roi accueille une pétition, le *desembargador* chargé de l'expédition enregistrera de suite dans l'*Ementa*, en présence du roi, de quelle manière il y sera répondu ; le roi signera le travail à l'instant ; cela devra se faire en présence du chancelier : mais s'il n'y est pas, le *desembargador* lui enverra de suite la décision royale pour qu'il la signe, y appose le sceau de l'État et la publie ; ceci devait être exécuté dans le jour même ou le lendemain avant midi.

Dans le cas où le roi étant à la chasse sera absent plus de quatre jours, tous ceux à qui appartiennent les attributions auxquelles se rapportent les pétitions se rassembleront pour tenir un conseil commun. S'ils croient qu'il y a lieu à refuser, ils en exposeront les motifs au roi par écrit ; s'ils pensent au contraire qu'il y a lieu à faire droit, ils dépêcheront un *desembargador*, qui devra développer au roi les raisons de leurs opinions, en sorte que le souverain, même pendant ses absences, puisse avoir connaissance de toutes les affaires du gouvernement (2).

---

(1) Art. 83. Les demandes du tiers état et les trente-trois articles de plaintes du clergé.

(2) L'ordonnance est sans date ; mais Ribeiro, qui, d'après ce que nous croyons, l'a insérée dans ses ***Dissertacoes sobre a Historia***, etc.. t. I, app., p. 309, l'a trouvée entre les documents des 14 et 15 avril 1399. Nous trouvons les principales dispositions de cette ordonnance dans Lopez, ***Cron. d'el rei D. Pedro***, cap. 4. Avec le soin qu'il y a mis, nous avons une garantie de sa bonne foi et de l'exactitude du reste de son ouvrage.

---

(1) Le tiers état se plaignit surtout de cela à Elvas, et le roi ordonna que les demandes fussent examinées avec le plus grand soin.

(2) « E peçesta guisa vera el rei todo o que se livra na sua corte, e averá a terra dembargo, e sera el rey partido de muito nojo e de muito aficamento. »

§ III. *La conduite de Pedro Ier présentée par des traits particuliers.*

L'ordonnance dont nous venons de parler, ainsi que les lois par lesquelles il fut fait droit aux plaintes des cortès, prouve avec quelle ardeur Pedro voulait satisfaire aux vœux et aux besoins de son peuple, et régulariser la marche du gouvernement. Son caractère, et ce que nous disent les chroniques, suffisent pour démontrer que ce fut là sa pensée dominante (1). Sa sévère inflexibilité contre les violateurs des lois lui valut les louanges de ses contemporains et en même temps un surnom caractéristique (2). Sa rigueur impitoyable contre les gardiens indolents des lois, les fonctionnaires oublieux de leurs devoirs, contre les prêtres d'une vie scandaleuse, comparés à la douceur habituelle de ses manières, s'explique par l'indignation que provoquaient en lui les attentats aux lois. Dans son ardeur, Pedro ne connut ni bornes ni mesures, et comme le dit Munès do Liao, le jugement, la peine et la faute, n'étaient pour lui qu'une seule et même chose. Dans un voyage qu'il fit à Porto, le roi apprit que l'évêque, prélat riche et puissant, avait fait violence à la femme d'un bourgeois honorable, et que celui-ci n'osait se plaindre, car l'évêque l'avait menacé de mort. A son arrivée, Pedro fit inviter le prélat à venir le trouver au palais, comme s'il avait à l'entretenir d'affaires importantes. Les gardes avaient été placés par le roi lui-même de manière que tous les domestiques et les fonctionnaires de la cour fussent soigneusement éloignés. Aussitôt qu'il fut seul avec l'évêque, il le déshabilla de ses propres mains et lui ordonna d'avouer son crime, tout en agitant avec menace le fouet qu'il portait habituellement. Les personnes attachées à la cour, qui avaient ordre de ne pas entrer, connaissant trop bien le caractère du roi, soupçonnèrent quelque vilaine affaire, et coururent chez le vieux comte de Barcellos, chez le grand maître de l'ordre du Christ, et autres conseillers du roi, pour les prier d'interposer leur médiation. Mais ceux-ci n'osaient violer la consigne, lorsque le *scribao da puridade* Gonçalo Vasquez de Goes se hasarda à entrer, sous prétexte de remettre une dépêche très-pressée du roi de Castille; et il fallut les remontrances les plus vives sur l'inconvenance, l'indignité et le danger d'une telle conduite, pour que les conseillers pussent adoucir la colère du roi et le décider à lâcher le prélat (1).

Les clercs qui avaient commis quelque crime invoquaient en vain leurs priviléges et leurs droits; vainement ils prétendaient ne pouvoir être traduits devant un tribunal laïque; Pedro, irrité du crime, ne voyait que la faute et le châtiment; il ne reconnaissait sur ce point aucun ordre privilégié, ne respectait aucun rang; il se croyait appelé à juger les décisions des tribunaux spirituels sur les délits civils des membres du clergé, et s'arrogeait le droit de modifier les châtiments, s'ils lui semblaient trop doux (2). On conçoit

---

(1) « Foi mujto manteedor de suas leis e grande executor da sentenças iulgadas. Lopez, *Cron. d'el rei Pedro I*, cap. I.

(2) « O Justiceiro. » « O Cru » 'le Justicier le Cruel). »

(1) Lopez, *Cron.*, cap. 7.

(2) « Mas assi ardia o coraçom delle de fazer justiça dos maoos, que nom queria sua jurdiçom, aos clerigos tanbem dordeens pequenas como de majores; e se lhe pediam que o mandasse entregar a seu vigairo, dizia que o posessem na força, e que assi o entregassem a Jesus Christo que era seu vigairo, que fezesse delle direito no outro mondo ; e el per seu corpo os

qu'en agissant ainsi, il devait s'écarter des dispositions légales qui avaient été adoptées dans les cortès d'Elvas (1); mais Pedro ne cédait que trop souvent à l'impression du moment et à la violente irritation qu'excitait en lui tout acte illégal ou criminel. Pendant que le roi se trouvait à Evora, une femme de Santarem se plaignit à lui de ce qu'un membre du haut clergé de cette ville avait assassiné son mari sans cause. Pedro la calma en lui promettant qu'il s'occuperait d'elle à son premier voyage à Santarem, et il tint parole. Quand il vint quelque temps après à Santarem, il appela un tailleur de pierre très-vigoureux qu'il rencontra, et le chargea de tuer le prêtre accusé par cette femme. Celui-ci exécuta les ordres du roi; mais il fut arrêté et emprisonné. Pedro ordonna qu'on laissât à lui-même la dernière décision dans cette affaire, et enjoignit à la veuve de porter tous les jours à manger au prisonnier et d'aller en recevoir le payement chez son trésorier. Aussitôt que le procès fut arrivé au terme du jugement, les parents du prêtre demandèrent au roi une dernière décision; et il se fit présenter toutes les pièces, se les fit lire par les *desembargadors* rassemblés; mais ne trouvant nulle part mention de l'homme que le prêtre avait tué, il feignit de ne pas connaître le fait, et demanda aux juges si le prêtre n'avait pas commis quelque crime qui eût pu motiver sa mort; on lui répondit qu'il avait précédemment assassiné un laïque, mais qu'il était déchargé de la peine. Pedro demanda de nouveau quel châtiment on lui avait infligé; on lui dit que le tribunal ecclésiastique l'avait interdit de ses fonctions cléricales. Alors le roi dit : Si un tribunal spirituel a suspendu de ses fonctions un clerc pour avoir assassiné un laïque, je ne vois pas pourquoi un tribunal laïque ne condamnerait pas à la même peine un laïque coupable d'avoir assassiné un clerc; ainsi fut fait. Le tailleur de pierre, auquel il fut défendu, sous peine de mort, de reprendre son ancien métier, fut marié avec la veuve, et le roi leur assura des revenus suffisants pour tenir lieu du produit que l'ouvrier eût retiré de son travail (1).

Ce n'était point par haine pour le clergé que Pedro agissait ainsi; il punissait avec la même rigueur tout crime commis par un noble contre un homme du peuple, et n'épargna jamais le coupable, tînt-il même par des liens anciens à la cour, et pût-il ainsi compter sur la grâce royale (2). C'est ainsi qu'il condamna à mort deux jeunes nobles qui avaient volé et assassiné un marchand juif dans la campagne; les coupables avaient été longtemps à son service. Le roi les fit amener devant lui : « Vous avez bien fait, leur dit-il avec un sourire amer, d'adopter un métier de brigands et d'assassins de grande route; vous avez commencé par un juif pour finir par frapper des chrétiens. » En parlant ainsi, il se promenait à grands pas et paraissait penser avec émotion aux services que lui avaient rendus les coupables; des larmes roulaient dans ses yeux. Mais tout à coup il se tourna vers eux d'un air sévère, et leur reprocha durement leur crime. Chacun se taisait, et semblait attendre les prières des assistants qui imploreraient sa clémence. Mais ce fut en vain qu'on voulut le fléchir. « Non, disait-il ; car s'ils ont commencé par un juif, c'était pour se faire la main et pour mieux frapper ensuite des

---

queria puniz e atormentar. » Lopez, l. c., cap. 7.

(1) « ...E façam (c'est-à-dire les évêques ou leurs vicaires) direito, justiça per tal guisa, que nos nom ajamos razom de tornar a ello; mandamos que as nossas justiças nom metam a tormento nenhum clerigo, nem o degradem sem razom. Voyez l'art. dans *Cod. Affons.*, liv. II, tit. 5, art. 5.

(1) Nunez de Liâo, *Cron. del. rei D. Pedro,* p. 205.

(2) « ...Teendo tal igualdade em fazer direito, que a nenhuum perdoava os erros que fazia, por criaçom nem bem querença que com el ouvesse. » Lopez, l. c., cap. 6.

chrétiens (1). » Les jeunes hommes furent décapités. Quand le chroniqueur de ce roi nous dit qu'il faisait venir des contrées les plus éloignées, et amener devant lui les criminels; que s'ils venaient aux heures de son repas, il quittait aussitôt la table pour arracher leur aveu par la torture, et que s'ils s'obstinaient à nier, il les déshabillait et les frappait lui-même jusqu'à ce qu'ils eussent confessé leur crime; qu'il portait en tous lieux à sa ceinture un fouet, afin d'avoir toujours sous la main un instrument de torture; quand Lopez nous dit cela, il faut détourner la vue d'un tel prince qui semblait goûter de la joie dans le châtiment en rabaissant la dignité royale jusqu'aux fonctions de bourreau (2). Mais aussi les larmes qu'il versa devant ces deux nobles condamnés par lui, la lutte qu'il soutint entre son désir d'indulgence et son amour pour la justice, nous portent à considérer les cruautés qu'on lui reproche, comme les effets d'une ardeur désordonnée pour l'équité d'un juge, et qui l'entraînèrent à des écarts que ses conseillers blâmèrent autant que nous-mêmes (3). Souvent on disait à Pedro qu'il frappait des fautes légères de punitions graves; il répondait : « La peine que les hommes redoutent le plus, c'est la mort; si cette crainte ne les empêche pas de commettre un crime, toute autre peine sera inefficace; il vaut mieux pendre deux ou trois coupables, afin par cet exemple d'avertir et de sauver ceux qui seraient tentés de les imiter ». Pedro lui-même pourrait-il nous dire si cette pensée était la cause ou l'effet de sa manière d'agir?

Cette inflexible sévérité, parfois cruelle, frappait seulement en général les grands et les puissants; les magistrats qui s'étaient laissés corrompre, ou qui opprimaient le peuple, les clercs qui donnaient de mauvais exemples, les nobles criminels; car leur impunité eût fait penser aux bourgeois et aux paysans que les lois n'étaient forgées que contre eux. Une semblable sévérité ne pouvait que profiter au peuple, car il devait toujours espérer dans la présence royale, tandis que les autres devaient toujours trembler comme devant leur juge. Pedro parcourait sans cesse ses états et rarement séjournait un mois dans un endroit (1).

On ne peut attribuer la sévérité du roi à quelque sentiment haineux contre les hommes; il est défendu contre une telle accusation par ses manières affectueuses, même à l'égard du plus pauvre de ses sujets, par sa confiance facile, qui aux yeux de certains hommes pouvait affaiblir son autorité (2), et surtout par sa gaieté naturelle, qui jamais ne s'est rencontrée dans le cœur humain avec une cruauté innée. Il aimait les fêtes, les exercices du corps et principalement la danse à laquelle il se livrait avec un ardeur que Lopez ne peut comprendre. Un jour que venant d'Almada il traversait le Tage, il trouva les bourgeois de Lisbonne qui étaient venus, suivant la coutume, à sa rencontre et en formant des danses; il s'élança hors du vaisseau, se mêla à la danse populaire, et continua ainsi jusqu'à ce qu'il fût arrivé à son palais. Une nuit qu'il était tourmenté d'insomnie, il fit appeler ses gens, leur fit prendre leurs trompettes d'argent, instrument qu'il affectionnait beaucoup, fit allumer des flambeaux, et parcourut avec eux toute la ville en dansant. Les bourgeois éveillés virent avec plaisir leur roi si joyeux; la nuit s'écoula ainsi, et il rentra fatigué dans son palais, où le sommeil ne tarda pas à le gagner (3). La chasse

---

(1) Lopez, l. c.
(2) Fazer nos maos cruezas, fero e iroso,
Eram os seus mais certos refrigerios.
O Lusiades, c. III, 137.
(3) « E pero que dello mujto prasmaron seus conselheiros e outros alguns. »

(1) Lopez, *Cron.*, cap. I.
(2) Nunez de Liāo, l. c., p. 211.
(3) Lopez, l. c., cap. 14.

était aussi un de ses amusements favoris, en sorte que Lopez disait de lui, que trois choses occupaient tout son temps : la justice et l'administration du gouvernement, la chasse, la danse et les fêtes.

Sa libéralité était excessive, c'était un besoin de son cœur. On l'entendait dire souvent que, le jour où un roi ne donnait rien il était indigne de son titre. Afin de pouvoir donner beaucoup et faire beaucoup d'heureux, il avait fait frapper une grande quantité de petites monnaies d'or et d'argent qu'il distribuait autour de lui. Faites-moi, disait-il souvent à ses serviteurs, des ceintures bien larges, afin que je puisse me tourner librement et tendre facilement la main pour répandre des dons autour de moi. Quand sa libéralité se joignait à sa reconnaissance pour des services rendus à lui ou à son père, il donnait plus encore ; il récompensait en roi, et loin de réduire les cadeaux faits par Affonso, il y ajoutait plus souvent de nouvelles libéralités (1).

Tel se présente à nous Pedro Ier avec une si étrange opposition, que tantôt on est porté à l'aimer (2), tantôt à le détester. La même main qui en une heure répandait tant de bienfaits, s'armait dans l'heure suivante d'un fouet pour châtier les criminels, ou pour les contraindre à un aveu. Il ne faut pas cependant se hâter de prononcer un jugement défavorable sur un prince qui disait aux coupables : « Vous me seriez bien chers si vous ne vous étiez pas mis en dehors des lois ; et qui en parlant ainsi se regardait comme l'homme de la loi ; qui comprenait les mots loi et roi dans une seule et même idée. Un tel prince mérite bien que nous le jugions de ce point de vue où il s'est placé lui-même.

Quoi qu'il en soit, son peuple comprit ses fautes comme ses vertus. Nous avons vu que sa sévérité ne fut pas nuisible à ses sujets ; au contraire, en frappant quelques arbres trop élevés, la tempête épargna le reste de la forêt. La libéralité qui est aussi un défaut chez un prince, quand les richesses qu'il donne à l'un sont arrachées à ses sujets, ne peut être reprochée à Pedro sous ce rapport. Jamais sa libéralité ne nécessita de nouveaux impôts. Il fit au contraire de grandes économies et augmenta le trésor que ses ancêtres lui avaient légué (1). Ce point est assez remarquable pour arrêter notre attention.

§ IV. *Pedro, à l'exemple de ses ancêtres, augmente le trésor royal.*

Le roi suivit la même ligne de conduite que ses prédécesseurs, qui chaque année se faisaient remettre par les chefs du trésor (*veedores de sua fazenda*) un état du montant des revenus de la couronne, et un état des diverses dépenses occasionnées par des ambassades ou par d'autres besoins de l'É- tat, ainsi que de tous les revenus royaux, afin d'établir les rapports entre ces deux sommes. L'excédant des recettes sur les dépenses était consacré à acheter de l'or et de l'argent. A cet effet le roi entretenait dans toutes les villes des changeurs qui avaient le privilége d'acheter des habitants les monnaies d'or et d'argent ; chacun d'eux à la fin de l'année était obligé de livrer au gouvernement ce qu'il avait acheté, et re-

---

(1) Lopez, l. c., cap. I. Nun. de Liāo, p. 211.

(2) Déjà Nunez de Liāo le sentait : « Estas tam desvairadas maneiras e costumes de rei se contrarão, porque raramente se acharião em hummesmo homen e muito menos sendo rei. » *Cron.*, p. 21

(1) Ce sont les paroles d'un écrivain qui n'a jamais été soupçonné de lui être trop favorable. » Num. de Liāo, l. c., p. 313.

cevait en récompense une certaine remise proportionnée à la somme versée par lui. Cet or et cet argent étaient portés dans le château de Lisbonne, et déposés dans une tour construite à cet effet (*a torre Alvarraa*). Cette tour était fermée par trois serrures ; une des clefs était remise au gardien des franciscains, une au prieur des dominicains, et la troisième à l'évêque. Des tours semblables, destinées au même usage, existaient à Santarem, Porto, Coïmbre et autres villes. On regardait l'accroissement de ces trésors comme un devoir pour les rois, et comme un des plus grands services qu'ils pussent rendre. A la mort du souverain, lors du deuil public, on proclamait tout ce qu'il avait fait de bonnes et grandes choses, et on n'oubliait jamais de dire qu'il avait augmenté le trésor royal ; plus forte était la somme, plus grande était la gloire.

Dans les premiers temps de son règne, Pedro parut avoir peu de souci d'imiter en cela la conduite de ses prédécesseurs ; un de ses confidents, João Estevez, lui en fit des reproches, et comme ce prince accueillait avec reconnaissance toute remontrance qui avait le bien public en vue, il se conforma aux avis de João. Il se fit remettre des états des recettes et dépenses de la couronne, et décida qu'il pouvait chaque année verser dans le trésor de la tour un excédant de quinze mille *dobras* (1). Le roi fit cependant l'observation que celui-là est déjà bien louable, qui conserve son héritage, et se contente des revenus ordinaires sans opprimer le peuple par de nouveaux impôts (2).

§ V. *Conduite de Pedro Ier envers la Castille.*

Il conserve la paix avec ce royaume malgré les discordes auxquelles donne lieu la succession au trône de Castille. — Mort du roi.

C'est ainsi que gouverna Pedro Ier, également éloigné de l'avarice et de la prodigalité, gracieux dans ses libéralités, inexorable dans ses châtiments. Le royaume était dans une paix profonde quand, dans la dernière année de son règne, la cruauté implacable du roi de Castille lui aliéna tous les cœurs et lui enleva tous ses partisans. Alors son frère Enrique se fit couronner à Burgos, et Pedro tomba sans pouvoir se soutenir. Dans sa détresse il se tourna vers le roi de Portgal, lui demanda du secours, et envoya l'infante Béatrix avec de grandes sommes d'argent, afin de hâter la conclusion de son mariage avec l'infant Fernando. Cependant la nouvelle de l'approche d'Enrique arriva à Séville, où se trouvait Pedro de Castille ; là aussi ce prince était haï, et une sédition populaire était imminente. Pedro quitta Séville avec une petite troupe d'amis fidèles, et se rendit en toute hâte par Serpa à Coruche en Portugal. Il fit annoncer son arrivée à son neveu Pedro Ier, qui se trouvait à son château de Vallada près Santarem. Le roi de Portugal sentit tout l'embarras de la position où le mettait la démarche de son oncle, et ne lui permit pas d'aller en avant jusqu'à nouvel ordre.

Alors Pedro réunit dans un conseil général, auquel fut aussi appelé l'infant Fernando, tous ses conseillers et les grands du

---

(1) La *dobra* portugaise, telle qu'elle était frappée sous Pierre Ier, valait cent quarante-sept *reis*, contenait quatre *libras* et deux *soldos* d'or.

(2) Lopez, l. c., cap. 12.

royaume. Les avis y étaient partagés ; ceux qui opinaient pour secourir Pedro de Castille et pour accueillir ce roi exilé, avec lequel le roi de Portugal était lié par des traités, ne pouvaient se dissimuler que leurs moyens étaient insuffisants pour replacer sur le trône un prince que la haine de ses sujets en avait chassé; et en même temps il paraissait impossible de renverser Enrique, qui se trouvait déjà en possession de la Castille, et que protégeait l'amour de son peuple. Le roi de Portugal, incapable de pouvoir imposer de force aux Castillans le roi qu'ils avaient expulsé, devait craindre pour son propre trône s'il embrassait la cause d'un prince détesté. En outre l'infant Fernando était allié de l'épouse du roi Enrique, sœur de sa mère Constanza. Enfin la prudence l'emporta; l'on convint de refuser dans les termes les plus modérés à Pedro de Castille les secours qu'il demandait, et de renvoyer à son père l'infante Béatrix, que Fernando se refusait à épouser.

Pedro de Castille, irrité, marcha avec ses soldats contre Albuquerque ; mais cette ville lui ferma ses portes ; alors il fut contraint de demander au roi de Portugal un sauf-conduit pour se rendre en Galice, où il avait des partisans. Le roi lui envoya quelques chevaliers pour l'accompagner jusqu'à la mer, où Pedro les récompensa richement. De là ce prince entra en Galice avec deux cents hommes de pied.

Cependant le roi Enrique était arrivé à Séville, où avait été reçu avec amour par le peuple. Malgré cet accueil favorable qu'il avait rencontré dans tout son royaume, il comprit pourtant qu'une alliance avec le Portugal lui était nécessaire. De son côté Pedro Ier montra des sentiments pacifiques, et un traité d'amitié fut conclu sur les frontières des deux États par des plénipotentiaires portugais et castillans. Enrique employa aussi sa médiation pour opérer un rapprochement entre les rois de Portugal et d'Aragon, et les anciens traités qui avaient uni ces deux princes furent renouvelés.

A peine Pedro de Portugal avait-il conclu cette paix avec les rois voisins, et jouissait-il du bonheur de son peuple, qu'il mourut après un règne de dix ans (1). L'état florissant dans lequel il laissa le royaume suffit pour prouver la sagesse de son gouvernement et assurer sa gloire.

---

(1) « E Diziam as gentes, que taaes dez annos numca ouve em Portugal, como estes que reinara el rei dom Pedro. » Lopez, *Cronica d'el rei D Pedro* cap. 44.

CHAPITRE IV.

RÈGNE DE FERNANDO.

(Depuis 1367 jusqu'à 1383.)

§ Ier. Situation florissante du Portugal à l'avénement de Fernando. — Caractère de ce prince.

Depuis Affonso III le Portugal avait marché progressivement par des voies diverses, mais qui conduisaient au même but. Les rois de Portugal avaient travaillé au développement des forces de l'État et de l'industrie nationale. Affonso III avait été le créateur et le soutien des communes; il avait ainsi préparé à son fils le chemin où il devait s'engager pour constituer le tiers état. Diniz, qui appelait l'agriculture le nerf du pays, consacra un règne de quarante-six ans à l'accroissement des richesses du paysan; en sorte que celui-ci, acquérant par sa fortune une certaine valeur et une certaine importance, demanda des droits plus étendus, et les obtint de la sagesse du roi. L'augmentation des salaires amena de nouveaux besoins et avec eux l'activité nouvelle de l'homme industrieux; avec le cultivateur et l'artisan parut le commerçant, dont les deux premiers encouragèrent le trafic, et tous trois réunis formèrent un état qui, il est vrai, existait déjà sous Diniz, mais qui, par la protection du prince, se développa et acquit de l'importance; ainsi se trouva balancée la prépondérance de la noblesse et du clergé.

Diniz d'ailleurs enleva aux priviléges tout ce qu'ils pouvaient avoir de dangereux dans leurs abus. Affonso IV étendit une ferme protection sur la propriété et les richesses sociales; malgré plusieurs fléaux, et surtout malgré la peste qui dévasta le Portugal, partout s'étendit et se développa sa sévère administration. Pedro Ier sut conserver les biens acquis, et ses libéralités ne sortirent pas du pays. Les criminels seuls le nommèrent cruel; les bourgeois et les paysans se réjouirent de la sûreté dont ils jouissaient, et de la certitude où ils étaient de ne pas perdre le fruit de leurs travaux. C'est ainsi qu'une paix de dix années put répandre ses bienfaits sur le pays. L'excédant des produits fut envoyé à l'étranger, et l'on importa de grandes richesses. Il est vrai que l'arrivée des marchandises étrangères fit naître de nouveaux besoins, mais ces besoins excitèrent à des efforts plus grands, à redoubler d'activité et à augmenter ainsi la production. Le peuple s'enrichit, le roi ne pouvait être pauvre.

Quand Fernando monta sur le trône, il fut le roi le plus riche qui eût jamais existé en

Portugal. Il trouva un trésor considérable dans la tour du château de Lisbonne ; il s'élevait à huit cent mille pièces d'or (*peças douro*) et quatre cent mille pièces d'argent (*marcos de prata*), sans compter d'autres objets précieux. Des sommes pareilles se trouvaient déposées en plusieurs autres endroits du royaume. En outre les revenus de l'État s'élevaient annuellement à huit cent mille *livras*, environ deux cent mille *dobras*. Les revenus de l'*alfandega* à Lisbonne et à Porto étaient si importants, que Lopez paraît avoir peine à croire qu'ils se soient élevés dans la première de ces villes, avant l'avénement de Fernando, à la somme, évaluée au terme moyen, de trente-cinq à quarante mille *dobras* par année. Une grande quantité d'étrangers étaient attirés à Lisbonne à cause du commerce ; c'étaient des Génois, des Lombards, des Milanais, des Corses, des Majorcains, des Biscayens et autres. Chaque peuple avait dans cette ville une grande quantité de maisons pour y loger et y établir ses entrepôts ; le roi leur accorda beaucoup de priviléges, qui étaient une branche de revenus importants pour la couronne. L'échange s'établit bientôt, et des exportations et des importations considérables activèrent la circulation. Les principaux objets d'exportation étaient le vin, l'huile et le sel. On trouve que dans une année il se vendit à Lisbonne douze mille barriques de vin en automne, sans compter une seconde expédition qui eut lieu au mois de mars. Dans le port de cette ville, on comptait souvent quatre cent cinquante vaisseaux marchands, étrangers et portugais. L'affluence de tant d'étrangers parut même inquiétante pour la sécurité publique d'une ville à cette époque sans murailles, et l'on établit, pour le cas où un plus grand nombre de bâtiments étrangers se trouveraient à l'ancre devant la ville, un guet à pied et à cheval, chargé de veiller pendant la nuit à la sûreté des rues (1).

Ce que quatre rois avaient amassé avec tant de peine et de soin fut dissipé par Fernando. Il épuisa le trésor royal, et ruina un grand nombre de ses sujets. Les quatre rois précédents avaient mérité par leur caractère le surnom de pères du peuple. Le manque de caractère ne permit pas à Fernando, malgré toutes ses autres bonnes qualités, d'être un roi excellent ou tout à fait mauvais. Affonso III avait montré un esprit ferme et désireux du bien du peuple et de la dignité de l'État. Diniz avait fait preuve d'une clémence et d'une loyauté telle qu'il put dire de lui-même, sur son lit de mort, que jamais il n'avait manqué à sa parole, jamais violé un serment ; l'esprit de son gouvernement était la justice et l'indulgence sans faiblesse. Affonso IV n'avait pas eu la clémence de son père ; du moins son énergie inspira le respect, quoiqu'il y eût dans ses manières une certaine âpreté qui n'attirait point l'affection. Dans Pedro enfin, la nature parut avoir mis un amour exagéré pour la justice, qui dégénéra souvent en cruauté ; mais aussi la nature parut épuisée, car on ne retrouva dans son fils aucune des grandes qualités qui l'avaient distingué (1). Elle avait donné à Fernando beaucoup de qualités de l'esprit et du cœur ; mais elle lui refusa la force d'âme, l'esprit de conduite, le caractère enfin si indispensable dans un roi pour la splendeur du trône et le bonheur du peuple.

Fernando était né le 31 octobre 1345, il avait vingt-deux ans quand il monta sur le trône. Sa belle figure, sa tournure noble et la grâce de ses manières paraissaient l'avoir appelé à la dignité royale ; celui qui ne le connaissait pas, le rencontrant au milieu

---

(1) Fernao Lopez *Cron. d'el rei Fernando*, dans *Collec. de Livros ineditos de Hist. Port.*, t. IV, p. 125.

(1) Do justo, e duro Pedro nasce o brando
(Vede da natureza o desconcerto !)
Remisso, e sem cuidado algum, Fernando.

Os Lus. c. III, 138.

d'une foule de chevaliers, n'avait aucune peine à distinguer le roi (1); ses formes étaient parfaites, ses traits pleins de douceur; on le regardait comme le plus bel homme de son temps (2); la nature l'avait doué d'une force extraordinaire et d'une rare souplesse, qu'il avait encore développées en se livrant aux ercices du corps, aux combats singuliers, aux tournois et aux joûtes, enfin à tous les exercices de la chevalerie; personne ne pouvait lui disputer un prix que lui assuraient la force de son bras (3), son habileté à conduire son cheval et à manier l'épée. Il aimait aussi la chasse avec passion; il ne se livrait à ce plaisir que suivi de quarante-cinq fauconniers à cheval et d'une quantité de piqueurs. Aucun oiseau, aucun gibier ne pouvait échapper à l'ardeur de sa poursuite, à celle de ses faucons et de ses limiers (4).

Quand Fernando se détournait de la chasse pour s'occuper des travaux du gouvernement, il y montrait beaucoup d'intelligence et de vivacité; mais son esprit était beaucoup plus actif que profond, et l'imagination plus vive que forte. Il pouvait ainsi concevoir des plans avec facilité, et son intelligence trouvait bientôt des moyens d'exécution. Cette faculté d'invention pouvait lui faire présumer qu'il pourrait également se mettre à l'œuvre; les obstacles l'embarrassaient peu, et il était peu scrupuleux sur la moralité des moyens. Il ne demandait à ceux-ci que de le conduire à son but. Aussi ses plans n'échouèrent-ils pas en général par les difficultés d'exécution, mais bien par son inconstance, par le peu de persévérance de sa volonté. N'ayant pas effectué ses plans, il ne put profiter de l'expérience qu'auraient dû lui donner des échecs, et il perdit ainsi les leçons du plus grand maître que l'homme puisse écouter. Sa vanité lui faisait mépriser les sages avis de ses conseillers; il avait plus de confiance dans son intelligence et sa pénétration que dans celles de tous ceux qui l'entouraient. Il comptait par son adresse et ses négociations pouvoir tromper longtemps les rois voisins, d'autant plus facilement qu'il s'embarrassait peu de la moralité des moyens auxquels il avait recours. Il rompait brusquement ses alliances, en contractait de nouvelles avec ses ennemis, et se trouvait toujours prêt à faire les serments les plus solennels et à les violer, parce qu'il ne voyait dans ses serments qu'une obligation pour les autres, et pour lui un bien faible lien, facile à briser du moment où il nuisait à ses plans. Il aimait les femmes, mais seulement pour les plaisirs qu'elles lui procuraient; il leur laissait cependant prendre un grand empire sur ses volontés et sur ses décisions; il montra lui-même combien il faisait peu de cas de l'honneur et de la dignité de ce sexe, en se servant du nom de ses filles pour arriver à l'accomplissement de ses desseins politiques. Cinq fois la main de l'infante Béatrix fut promise, cinq fois elle fut sacrifiée à de nouvelles combinaisons. Avec une telle manière d'agir, comment pouvait-il être estimé et honoré dans les cours étrangères?

Fernando, à l'étranger, où il était bien connu, jouissait de peu de considération; dans ses États, ses qualités aimables lui attirèrent l'attachement des grands et du peuple. Sa libéralité excessive lui gagnait les cœurs, et jamais aucun roi avant lui n'avait doté aussi richement les *fidalgos*. Il éleva beaucoup l'ordre de la noblesse, et recherca sa société. La mort du moindre écuyer lui causait une douleur égale à celle d'un père qui vient de perdre son fils (1). Son affabilité envers le peuple, sa douceur et sa clémence le faisaient aimer. C'est ce qui nous explique comment Fernando, ce prince doué de qualités qui le rendaient populaire, faisait oublier ainsi ses mauvaises actions, et

---

(1) Lopez, l. c., p. 123.
(2) Nunez de Liào, p. 370.
(3) « Era mujto braceiro, dit Lopez. »
(4) Voyez la description de l'équipage de chasse du roi dans Lopez, p. 124.

---

(1) « Foi gram criador de fidalgos, e muito companheiro com elles, etc. » Lopez, l. c

fut plus cher à ses sujets qu'on ne serait en droit de le penser d'un prince dont les fautes furent si fatales au pays (1). On lui doit cependant quelques lois et ordonnances utiles (2). La source des malheurs qui accablèrent le Portugal sous son règne vient de son caractère personnel ; ce caractère explique son gouvernement, comme l'histoire de son règne est le commentaire du tableau que nous avons fait de son caractère.

§ II. *Prétentions de Fernando à la couronne de Castille.*

Son alliance avec les rois d'Aragon et de Grénade pour combattre le roi Enrique. — Quoique secouru par ses alliés, Fernando conduit la guerre avec mollesse et sans intelligence. — Traité subit avec son ennemi. — Il repousse l'infante Léonor d'Aragon, sa fiancée, et s'engage à épouser l'infante Léonor de Castille. — Il perd des sommes considérables qui étaient placées en Aragon. — Épuisement du trésor après la guerre. — Altération des monnaies et autres mesures nuisibles.

Aussitôt après son avénement et sur l'invitation du roi d'Aragon, Fernando renouvela les anciens traités qui avaient uni les deux royaumes. Les envoyés aragonais n'étaient pas encore partis, quand arriva un ambassadeur du roi Enrique de Castille pour obtenir également le renouvellement des traités. Pendant la vie de son père, Fernando s'était montré opposé au tyran Pedro; aussi une fois monté sur le trône, il se montra disposé en faveur des propositions d'Enrique de Transtamare (3). Cependant ayant bientôt observé que les affaires de ce dernier étaient en Castille dans une situation désavantageuse, et qu'après avoir perdu la bataille de Najera, Enrique était contraint de quitter la Castille, alors Fernando ne fit rien pour le secourir, et contracta même une alliance avec le tyran (4). Cependant peu de temps après Enrique revint en Castille, et remonta sur le trône après avoir immolé son concurrent de sa propre main.

On devait attendre de la politique de Fernando qu'il allait se déclarer l'ami d'Enrique ; mais, au contraire, il prit ouvertement la défense de la cause perdue de Pedro. Il affecta de vouloir le venger ; mais en réalité ce n'était qu'un prétexte pour faire valoir les droits qu'il prétendait avoir à la couronne de Castille. Il fit de grands armements sur terre et sur mer pour défendre les villes et villages de ce royaume et de la Galice qui s'étaient déclarés pour lui, et qui s'étaient placés sous sa protection (1). Il annonça l'intention de chasser Enrique, qu'il regardait comme un usurpateur, et prit même le titre de roi de Castille. Comme Enrique avait séquestré tous les biens des partisans de Fernando, celui-ci usa de représailles, donna aux villes et villages de Castille de grands priviléges, et distribua aux nobles et aux grands castillans beaucoup de domaines importants en Portugal. Quand ses conseillers lui en firent des reproches : « Les miens, dit-il, ont assez de domaines et de propriétés pour vivre ; mais ces Castillans, qui sont dénués de tout, ont besoin de secours, et doivent en obtenir au moyen de

---

(1) Nunez de Liâo, p. 371.
(2) Elles trouveront place dans le volume suivant.
(3) Lopez, *Cron.*, cap. 1.
(4) Lopez, l. c., cap. 13.

---

(1) Ciudad-Rodrigo, Ledesma, Alcantara, Valencia d'Alcantara, Zamora, Tuy, Coruña, Santiago, Lugo, Orense, Padron, Salvatierra.

ces dotations.» Il exigea même que les Portugais usassent d'hospitalité envers ces étrangers, et faisait dépendre de cette générosité l'honneur d'un bon *fidalgo*. Cette manière d'agir attira à la cour de Portugal un grand nombre de Castillans, qui y étaient même plus considérés que les indigènes (1).

Cependant le nombre des partisans que se fit ainsi en Castille le roi Fernando fut loin d'égaler celui des mécontents en Portugal. Le roi comprit qu'il ne pouvait atteindre son but sans secours étrangers, et il parvint d'abord à faire une alliance avec le roi maure de Grenade. Il chercha ensuite à gagner à son parti le roi Pedro d'Aragon, en demandant la main de sa fille Léonor, qui avait été fiancée à l'infant Juan de Castille. Fernando réussit, et un traité fut conclu, par lequel le roi d'Aragon s'obligeait à combattre pendant deux ans avec toutes ses forces Enrique de Transtamare, et à reconnaître Fernando comme roi de Castille, sous condition que le royaume de Murcie, la seigneurie de Molina, la ville et le territoire de Requena, Utiel, Mora, Canete, Medinaceli, Cuença, Almazan, Soria et Agreda appartiendraient à la couronne d'Aragon. Le roi de Portugal s'engagea à armer quinze cents lances à ses frais, et à les envoyer pour seconder le roi d'Aragon, ainsi que la somme en or et en argent nécessaire à l'entretien et à la paie de ces soldats. En garantie de l'exécution de ce traité, quelques nobles portugais restèrent à la cour du roi d'Aragon, et celui-ci de son côté confia le château d'Alicante (2) au roi de Portugal. Appuyé par les rois d'Aragon et de Grenade, Fernando, à la tête d'une petite armée, envahit la Galice, la dévasta, prit la Corogne et quelques autres places. Mais la nécessité de mettre partout des garnisons réduisit tellement son armée, qu'il dut se retirer devant les troupes castillanes, et revenir à Porto sur une galère. Enrique ne s'arrêta pas à reprendre les villes occupées par l'ennemi, il envahit le Portugal, prit Braga, ravagea toute la contrée, et mit le siége devant Guimaraes. Cependant Fernando avait rassemblé de nouvelles forces; il appela Enrique en combat singulier, mais celui-ci répondit en lui offrant la bataille. Fernando temporisa, et bientôt le roi de Castille fut obligé de se retirer en toute hâte pour aller défendre ses Etats.

Le roi de Grenade, Mohammed, avait suivant sa promesse fait une puissante diversion en Castille; il s'était rendu maître d'Algésiras et l'avait démolie. La perte de cette place importante pour l'Andalousie et pour toute la Castille affecta douloureusement le roi, dont le père l'avait conquise avec tant de peine. Il leva le siége de Guimaraes, et revint dans ses Etats pour les défendre, mais en se retirant il s'empara de plusieurs villes. Quoique si bien secondé par son allié maure, et encouragé à des mouvements rapides par cet heureux retour des affaires, Fernando congédia en partie les Portugais qui demandaient à combattre, ou les dispersa sur les frontières. Les uns se retirèrent en murmurant; d'autres, méprisant sa faiblesse, l'expièrent par l'audace de leurs irruptions (1) en Castille. Après cette campagne manquée par terre, le roi arma une flotte pour attaquer la Castille; mais, tandis qu'elle était encore dans le port de Lisbonne, elle fût fortement endommagée par une tempête violente. Aussitôt que les avaries furent réparées, l'escadre, forte de vingt-trois galères et de vingt-quatre autres bâtiments, mit à la voile et se dirigea vers le Guadalquivir. Mais elle revint après avoir essuyé de grandes pertes, sans avoir fait autre chose que de dévaster les environs de Séville. Le roi dissipa encore en cette occasion ses trésors, et perdit ses

---

(1) Lopez, l. c., cap. 27. Nunez de Liâo, p. 233.
(2) Lopez, l. c., cap. 29. Zurita, *Anal.*, liv. 10, cap. 10.

---

(1) Pedro Lopez de Ayala, *Cronica del rey D. Enrique segundo*, an. 1369, cap. 15.

troupes, avec peu d'avantage pour son Etat et son honneur (1). La conduite de Fernando n'était pas propre à encourager ses alliés; aussi le roi de Grenade, qui s'était d'abord montré si actif, accorda un armistice à la Castille. Pedro d'Aragon, qui peut-être n'avait jamais eu la volonté bien arrêtée de faire de grands sacrifices pour le roi de Portugal, semblait attendre les événements. Fernando, qui avait eu plus d'espoir dans les secours étrangers qu'en lui-même, incliné d'ailleurs vers les négociations pour lesquelles il se croyait plus de talents, envoya de nouveau une ambassade splendide et coûteuse en Aragon, à l'effet de presser Pedro d'agir plus activement et d'envoyer l'infante Léonor en Portugal pour la conclusion du mariage projeté. Mais Pedro garda sa fille auprès de lui, prétextant que la dispense du saint-siége n'était pas arrivée, et quant au secours demandé il convint avec les envoyés portugais que cela nécessitait de nouveaux articles subsidiaires, sans cependant rien préciser ou conclure à cet égard. Mais Fernando parut peu s'inquiéter de ce résultat; car déjà il avait changé de vues: il fit de suite un traité de paix et d'alliance avec Enrique son ennemi; et au mépris de tous ses engagements d'amitié et de famille avec le roi d'Aragon, sans égard enfin pour les traités existants, il changea subitement de politique. Ce traité avec la Castille fut l'œuvre des deux légats envoyés par le pape Grégoire XI pour opérer une réconciliation (2). Les deux rois se promirent alliance et amitié, et de se secourir mutuellement. Les conquêtes faites de part et d'autre furent restituées; Fernando s'engagea à épouser l'infante Léonor de Castille; et, pour garantie de l'exécution de ce traité, chacun des deux rois laissa à l'autre un certain nombre de châteaux sous sa garde (1).

Aussitôt que le roi d'Aragon eut connaissance de cette perfidie, il s'en vengea en séquestrant une somme d'argent considérable, que Fernando avait placée dans le pays. Cette perte fut très-sensible au roi de Portugal. Ses guerres contre la Castille, ses ambassades splendides et sa libéralité excessive avaient épuisé le trésor que ses prédécesseurs lui avaient légué.

Le peuple voyait avec chagrin se tarir cette source, que depuis, tant d'années on s'était habitué à considérer comme le signe de la richesse et de la force de l'Etat. Le roi fut obligé de recourir à des mesures financières dont les suites étaient funestes, et qui jadis avaient vivement irrité le peuple: il se décida à altérer les monnaies. Affonso III, ainsi que nous l'avons vu, s'était permis une semblable mesure, qui lui avait nui à lui-même, et qui l'avait conduit à d'autres mesures plus pernicieuses encore (2). Diniz avait frappé des monnaies nouvelles, mais il n'avait rien changé aux anciennes. Affonso IV mit en circulation des deniers affonsins (*dinheiros affonsins*), et ordonna que chacune de ces pièces vaudrait douze deniers anciens; il retira de grands avantages de cette décision, car pour chaque once d'argent il gagna quatre *libras* et quatre *soldos*. Il doit avoir dit à cette occasion que, s'il lui était permis de changer une seconde fois les monnaies, il serait le plus riche des rois chrétiens (3). Pedro frappa non-seulement des grands et petits *tornezes*, mais aussi des affonsins; et les bénéfices qu'il retira de cette opération l'avaient aidé à grossir son trésor (4); cependant il faut dire à sa louange qu'il fonda bien plus sa richesse

---

(1) Lopez, l. c., cap. 44.
(2) « Aesta concordia veo el rei com mao conselho, sem primeiro teer comprimento com el rei de Aragão, com que stava concertado, como parente, e amigo, e sogro, e em cujo poder tinha tanto thesouro, que por isso perdeo. » N. do Lião, l. c., p. 259.

(1) Ayala, an. 1371, cap. 6. Lopez, cap. 53.
(2) Les *fortes* d'argent valaient quarante *reis*.
(3) Lopez, l. c., cap. 55.
(4) *Elucid.*, suppl., p. 49.

sur la prospérité de son peuple que sur de semblables mesures. Mais Fernando, après avoir épuisé ses ressources par une guerre inutile, eut recours à des moyens désastreux : il changea toutes les espèces de monnaie d'or et d'argent; il éleva arbitrairement le titre des nouvelles beaucoup au-dessus de leur valeur et de leur poids (1). Les grands, le peuple et même les commerçants furent d'abord dupes de cette spéculation (2). Mais, quand cet argent faible de poids et d'un titre élevé entra en circulation, il servit à la fraude, facilita l'usure, et occasionna au change des pertes considérables. Des plaintes amères furent adressées au roi; on lui représenta que cette grande variété de monnaies de différente espèce ayant des cours opposés, qui avaient été frappées suivant son bon plaisir, faisait hausser le prix des denrées beaucoup au-dessus de leur valeur véritable, que le peuple était par ignorance exposé à une infinité de fraudes, que beaucoup de gens faisaient fabriquer à l'étranger de la fausse monnaie, l'introduisaient en Portugal. Ces plaintes étaient trop graves, le roi dut chercher à y faire droit, mais infructueusement; car il voulut remédier à ces abus par une nouvelle altération de monnaie, et en abaissant leur valeur de près de moitié (1). Cette diminution fut telle, que le *barbuda* fut réduit de vingt *soldos* à quatorze, et même enfin à deux *soldos* ou quatre deniers ; tout cela fut inutile. Le roi vit alors monter à une hauteur excessive le prix des denrées ; il chercha à y remédier en les taxant (2). Chaque province reçut un tarif proportionné à sa fertilité et à sa situation (3); les magistrats royaux reçurent l'ordre de le faire observer, et de taxer eux-mêmes les objets qui ne l'avaient pas été, lorsqu'ils le croiraient utile. C'est ainsi que même la main-d'œuvre fut tarifée. Mais, afin que le roi pût juger de la conduite des magistrats dans cette affaire, ils furent obligés de lui envoyer copie de leurs ordonnances. Cependant toutes ces mesures portaient atteinte à la propriété. S'autorisant d'une loi ancienne, qui contraignait dans les temps de disette chacun à vendre à un prix déterminé ce qui lui appartenait, pour secourir ses concitoyens, le roi ordonna que tous les blés emmagasinés chez les propriétaires ou fermiers seraient vendus; si cela ne suffisait pas, que ceux qui moissonnaient seraient obligés de vendre leur récolte, et, si la pénurie l'exigeait, que l'on ferait un partage des fruits. L'exécution de cette mesure fut confiée à deux magistrats. Aucun magasin appartenant à des comtes, à des *fidalgos*, à des évêques ou abbés, ne fut exempté de cette disposition. La confiscation punissait les receleurs (4). L'histoire nous présente le tableau des funestes conséquences de ces

---

(1) On trouve chez Lopez, l. c., cap. 55, les valeurs et les variations des monnaies.

(2) « E era espamto da simprizidade das gentes, nom soomente do poboomeudo, mas dos privados del rei e de seu conselho, que mandavom rogar com prata aa moeda que lha compressem, emtemdemdo que faziam mujto de seu proveito, por que a comprarom a dezooito livras de dinheiros affonsys e davamlhe por ella vijmte e sete livras que eram vijmte e sete barvudas, non paramdo mentes aa fraqueza da moeda, mas aa multiplicacom das livras. E mujtos mercadores que aviam dhir ao Algarve e a outras partes do reino, hiam aa moeda, a davom vijmte e huum soldo de dinheiros meudos por a barvuda, por levar seus dinheiros em mais pequeno logar, nom sabemdo nem esguardamdo a gram perda que se lhe daquello sequia. » Lopez, l. c.

---

(1) Le *barbuda* qui valait vingt *soldos* à quatorze; le *pillortes* de cinq *soldos* à trois; le *reaes* de *prata* à huit *soldos*.

(2) « Hordenou Almotaçaria em todallas cousas. » Lopez, l. c.

(3) Voyez les prix chez Lopez. Ils sont remarquables à cause de la quantité d'espèces de blé, et des produits divers de chaque province.

(4) Lopez, l. c.

lois et ordonnances. Ce tableau est inutile; car les suites désastreuses d'un semblable système sont manifestes, et se démontrent d'elles-mêmes.

§ III. *Mariage de Fernando et de Léonor Telles.*

Le roi arrache Léonor Telles à son mari pour l'épouser. — Sédition à Lisbonne. — Léonor monte sur le trône. — Comment elle se forme un grand parti.

Quand bien même le roi fût parvenu par ces moyens à remédier aux maux dont souffrait le Portugal, il n'eût jamais pu ôter à son peuple l'opinion qu'il était aussi mauvais économe que mauvais guerrier; il n'eût pu lui faire oublier que par sa faute le trésor royal était épuisé et la fortune du pays anéantie. On ne pouvait aimer un roi qui se montrait si peu soucieux du bonheur de son peuple. Une autre faute commise par Fernando acheva de lui ôter toute considération, et provoqua un mécontentement général.

Le dernier traité avec la Castille avait fixé à cinq mois l'exécution de la clause relative au mariage de Fernando avec l'infante Léonor; mais pendant ce temps il conçut de l'amour pour la femme de Joao Lourenço da Cunha, dona Léonor Telles de Menezes, et celle-ci lui fit oublier aussi vite Léonor de Castille, qu'il avait auparavant oublié Léonor d'Aragon. L'infante dona Béatrix, sœur du roi, habitait le palais à Lisbonne, et comme elle était la seule princesse de la famille royale, pour augmenter la splendeur de sa cour, elle s'entourait d'un grand nombre de dames nobles (1). Léonor Telles vint de Beira à Lisbonne pour visiter sa sœur dona Maria Telles, dame d'honneur de l'infante. Sa beauté frappa le roi, qui en devint éperdument amoureux. Il cacha longtemps sa passion, mais enfin il ouvrit d'abord son cœur à dona Maria. Celle-ci, qui était au moins aussi belle que sa sœur, mais qui était d'une vertu intacte, représenta au roi que cette passion ne répondait ni à son honneur ni à celui de Léonor; que celle-ci était mariée à un *fidalgo* honorable, vassal considéré et parent du roi; que lui, il avait promis d'épouser l'infante de Castille, qui à tous égards était digne de la couronne; que ce mariage avait été une des conditions de la paix, et que son inexécution amènerait infailliblement la guerre. Ces remontrances furent sans effet, le roi répondit que le mariage de Léonor était nul, parce qu'il avait été contracté sans dispense du pape; qu'il ne doutait pas de pouvoir se soustraire facilement à ses obligations envers l'infante de Castille et sans conséquences dangereuses. La voix de sa propre conscience et la voix publique ne purent ébranler le roi. Les représentations de l'oncle de Léonor ne furent pas plus efficaces que celles de dona Maria. Au reste l'amour du roi était partagé : Léonor Telles, oubliant les nœuds sacrés qui l'unissaient à Gonçalo, et qui avaient été resserrés par la naissance d'un fils, indifférente à la honte qu'elle devait porter sur le trône, entretenait la passion de Fernando, qui bientôt lui fit oublier tous ses devoirs.

Il ordonna de procéder au divorce, et Lourenço, comprenant les dangers auxquels il était exposé, se réfugia en Castille, où il emporta sa haine et ses désirs de ven-

---

(1) Le roi s'était exposé à voir interpréter de la manière la plus sévère ses relations avec sa sœur Béatrix.

geance (1). Fernando fit prier le roi de Castille de le dispenser de l'exécution de la clause relative à son union avec l'infante, promettant du reste la scrupuleuse observation des autres articles. Enrique consentit à tout par amour de la paix, pensant aussi qu'il ne devait pas regretter vivement une telle alliance (2).

Le roi de Portugal se réjouit beaucoup de ce succès; c'était un nouveau triomphe de sa politique. Cependant les Portugais se montraient plus intéressés à la gloire du roi que lui-même; les grands exprimèrent leur déplaisir, le peuple son mécontentement. Il se rassembla, et désapprouva hautement la conduite du roi. Ce sentiment se déclara surtout à Lisbonne, où résidait la cour, et où le roi avait fait venir Léonor Telles. Alors plus de trois mille hommes de tous métiers se rassemblèrent en armes, élurent pour leur chef un tailleur, nommé Fernao Vasquez, homme sage, éloquent et audacieux, et s'avancèrent en tumulte vers le palais. Fernando, effrayé, demanda ce qu'on voulait; Vasquez lui fit comprendre que son projet de mariage nuisait à son honneur et au bien de l'État, que le peuple n'en souffrirait jamais l'accomplissement, et le priait de choisir une épouse digne de lui et du trône. Quoique Vasquez eût parlé dans le sens du peuple, celui-ci poussa des clameurs, et fit entendre sa volonté avec plus d'énergie; alors Fernando, épouvanté, répondit qu'il n'avait jamais voulu épouser Léonor Telles, et qu'il prétendait le lendemain en faire la déclaration solennelle dans le couvent de San-Domingo. Mais lorsque le peuple, assemblé le lendemain à la porte de ce couvent, ne vit point paraître le roi, et apprit que celui-ci était parti pendant la nuit avec Léonor pour Santarem, sa colère n'eut plus de bornes, et il se répandit en imprécations contre Fernando et contre sa maîtresse. Bientôt on pensa à châtier cette sédition.

Vasquez et le plus grand nombre de ses complices furent arrêtés; on coupa aux uns les pieds, aux autres les mains, plusieurs parvinrent à s'enfuir. La reine obtint de son époux que toutes les expressions nuisibles à son honneur seraient sévèrement punies. Le peuple se tut; mais, si sa haine se cacha, elle n'en fut que plus forte. Avec ces dispositions pénales et ces ordres, il apprit aussi l'accomplissement du mariage de Fernando avec Léonor (1). Fernando et Léonor furent unis dans le couvent de Leça, en présence de prélats et de grands. Léonor prit alors le titre de reine. D'après les ordres du roi, tous les grands du royaume et leurs épouses, ainsi que les *procuratores* des villes baisèrent la main de la reine. L'infant Diniz seul s'y refusa, en disant que c'était plutôt à Léonor à baiser la sienne. Si le roi ne le frappa point de son poignard, c'est qu'il en fut empêché par le grand maître de la cour, qui se jeta entre eux.

D'autres grands pensaient comme Diniz; la reine ne put l'ignorer; elle savait aussi que le peuple la détestait, elle l'avait vu avec douleur à Lisbonne; elle ne négligea rien pour reconquérir l'estime publique. Sa rare beauté, les grâces de ses manières, son esprit séduisant la servirent beaucoup. Elle se montra affable et libérale envers ceux qui l'imploraient, et personne ne la quitta sans avoir contracté envers elle la dette de la reconnaissance. Elle se concilia les nobles en leur faisant obtenir des dotations, ou des emplois et des dignités, ou enfin en s'occupant à les marier avantageusement (2). Elle éleva surtout ses parents, les femmes par des alliances, les hommes en leur faisant confier des commandements. Son frère Joao Affonso Tello fut *alcaide mor* de Lisbonne, poste d'une grande importance dans la première ville du royaume, et qui assurait plus d'autorité que n'en avaient même les

---

(1) Lopez, cap. 57. N. do Liào, p. 262.
(2) Ayala, an. 1371, cap. 7.

(1) Lopez, cap. 60, 61. Liào, p. 264 ess.
(2) Voyez les exemples dans Lopez, cap. 65

infants (1). Ceux-ci dissimulèrent leur ressentiment. Diniz seul se montra bientôt ouvertement ennemi de la cour et du nouvel ordre de choses.

§ IV. *Nouvelle guerre avec Enrique de Castille.*

Fernando s'allie avec le duc de Lancastre contre le roi de Castille.—Celui-ci, irrité, cherche cependant d'abord à conserver la paix; puis, voyant l'inutilité de ses efforts, il envahit le Portugal avec une armée.—Fernando va au-devant de l'ennemi.—Incendie d'une partie de Lisbonne.—Le légat du pape offre sa médiation, et parvient à faire conclure une paix dont le roi de Castille dicte les conditions.—Entrevue des deux rois sur le Tage.—Leurs relations avec le roi d'Aragon.—L'infante Béatrix est fiancée au fils naturel du roi de Castille.

Jean, duc de Lancastre, fils du roi Édouard III d'Angleterre, avait é l'infante Constanza, fille aînée de Pedro de Castille, et fondait sur cette alliance des prétentions à la couronne de ce pays; il avait même pris le titre de roi de Castille. Afin de donner plus de poids à ses efforts, il invita le roi de Portugal, quoique celui-ci eût également des prétentions à cette couronne, à contracter une alliance contre Enrique. Fernando y consentit de suite, et promit, dans le traité qui fut conclu à Braga au mois de juillet 1372, et confirmé peu après en Angleterre, de secourir avec toutes ses forces le duc de Lancastre dans la guerre qu'il était sur le point de déclarer aux rois de Castille et d'Aragon. L'on stipula ce que le roi de Portugal pourrait occuper en Castille; quant aux conquêtes faites en Aragon, elles devaient appartenir à celui qui s'en rendrait maître.

Il fallait l'humeur mobile et inconsidérée de Fernando pour être entraîné à une semblable alliance. On ne peut chercher ni lui trouver d'excuse. Ce traité était imprudent, impolitique et perfide; il était si contraire à la volonté du peuple, que Fernando dut envoyer ses plénipotentiaires secrètement en Angleterre. Ce mystère ne put cependant tarder à être percé. Les Castillans qui se trouvaient en Portugal commencèrent à s'agiter, et firent des incursions en Galice. En face de Lisbonne, Fernando laissa prendre quelques vaisseaux biscayens sans motifs raisonnables (1).

Ces hostilités ne pouvaient être ignorées du roi de Castille. Moins pour s'assurer de la vérité qui ne pouvait être contestée, qu'afin de connaître la pensée du roi et l'opinion des Portugais, d'examiner ses forces et de tâcher aussi de conserver la paix, il envoya à Lisbonne Diego Lopez Pacheco, Portugais réfugié en Castille depuis l'assassinat d'Inès de Castro, et qui avait acquis dans la vie agitée qu'il avait menée depuis cette époque une grande intelligence des faits, et une profonde connaissance des hommes (1). Pacheco pénétra bientôt les secrètes pensées de Fernando, la situation intérieure de sa cour et du royaume; il gagna secrètement l'infant Diniz et plusieurs Portugais mécontents, et

---

(1) Nunez de Liâo, p. 269.

(1) Ayala, an. 1372, cap. 3.
(2) Pacheco avait d'abord trouvé un refuge chez Enrique de Castille. Après la mort de Pedro Ier, il revint en Portugal, où Fernando lui rendit ses biens. Il fut *ricohombre* et membre du conseil du roi; mais, comme il se déclara contre le mariage de Ferdinand avec Léonor, il fut disgracié, et se retira de nouveau avec ses fils à la cour d'Enrique de Castille, où il trouva sûreté et confiance.» Lopez, cap. 81.

lorsqu'il revint en Castille il déclara au roi que Fernando n'était pas en état de se défendre à cause de l'opposition prononcée qui existait contre lui dans la noblesse et dans le peuple; il conseilla de l'attaquer immédiatement. Cependant Enrique, dans son désir de conserver la paix, se décida à une nouvelle tentative; il envoya l'évêque de Siguensa, homme sage et résolu, dont on pouvait tout attendre, pour insister auprès du roi de Portugal sur l'exécution des traités. Tous ses efforts furent inutiles, comme le furent aussi ceux de Fernando pour dissimuler ses projets (1). Dieu, dit alors Enrique de Castille, en présence des grands du royaume, Dieu sait que je n'ai jamais voulu la guerre avec Fernando, que j'ai plutôt désiré conserver la paix avec lui; mais aujourd'hui que la guerre est inévitable, je jure que je ne l'attendrai pas.

Tous les nobles présents étaient pour la guerre, mais ils conseillaient d'attendre jusqu'au printemps. Le roi, persuadé qu'il y avait beaucoup d'avantages dans une attaque imprévue, se décida à se mettre en marche avec une armée au mois de décembre 1372. Il entra en Portugal, prit Almeida, Pinhel, Linharès, Selourico et Viseu, dans le district de laquelle vint se réunir à lui l'infant Diniz. Enrique ordonna à son amiral à Séville de mettre à la voile avec douze galères pour le seconder dans son expédition contre Lisbonne. Il marcha ensuite sur Coïmbre, où il se réunit aux grands maîtres de Santiago et de Calatrava avec toutes leurs forces et avec les chevaliers d'Andalousie. Il campa ainsi avec une grande armée près de Coïmbre, et se prépara à l'assiéger. Le roi Fernando, à son approche, avait quitté cette ville et s'était retiré à Santarem; mais la reine y était restée, et venait d'y accoucher de l'infante Béatrix. Par égards pour la reine, Enrique leva le siège et marcha droit sur Lisbonne. Quand il apprit à Torres Novas que Fernando était à Santarem, il se décida à lui livrer bataille; mais il le trouva si mal armé, si peu en état de combattre, qu'il jugea qu'il n'y avait aucune gloire à le vaincre, et résolut de continuer sa marche sur Lisbonne. Fernando, du haut des murs de Santarem, put voir l'armée castillane qui se dirigeait contre sa capitale. Si l'attaque du roi Enrique avait été inattendue, on fut bien plus étonné encore de le voir arriver du côté où se trouvait le roi de Portugal, et où il pouvait rencontrer de la résistance. Personne ne pouvait croire que Fernando permettrait à l'ennemi de pénétrer ainsi au cœur du royaume, et que celui-ci continuerait sa marche sans avoir l'air de s'occuper le moins du monde de la présence du roi de Portugal. Personne donc à Lisbonne ne s'attendait à cette attaque, et rien n'était préparé pour y résister, quand l'armée castillane se montra dans les environs de la ville (1).

Quand le peuple de Lisbonne apprit que les Castillans avaient passé devant Santarem, et que le roi n'avait rien fait pour les arrêter, la consternation fut générale. La ville basse était entièrement ouverte; les habitants n'avaient d'autre abri que les vieilles murailles de la ville haute; on y porta en toute hâte ce qu'on avait de plus précieux. Cependant l'ennemi était devant les portes; il avait placé son camp sur la hauteur où se trouve le monastère des franciscains. La flotte castillane était dans le voisinage; pour la repousser, on arma quatre galères et quelques autres vaisseaux; mais cette expédition fut si mal conduite, que la flotte ennemie entra dans le Tage, qu'elle prit plusieurs vaisseaux portugais, et chassa les autres devant elle dans le fleuve. L'escadre castillane s'empara ainsi du port et tint la mer. L'armée qui était dans la ville basse pillait et livrait aux Portugais plusieurs combats sanglants, mais sans résultats. Ceux-ci, qui s'étaient réfugiés dans la ville haute, remarquèrent que plusieurs maisons les gênaient

---

(1) Lopez, cap. 69.

(1) Lopez, cap. 73.

et servaient d'abri aux Castillans ; ils y mirent le feu ; alors ces derniers répandirent l'incendie partout pour aider, disaient-ils, les Portugais. La *rua nova*, les paroisses de S.-Joao et S.-Magdelena et le quartier des Juifs furent la proie des flammes (1). D'un autre côté, les grands de la Galice avaient fait une invasion en Portugal, et dévastaient tout sur leur passage. Les secours qu'on attendait d'Angleterre n'arrivaient pas, et Fernando se repentit bientôt d'une guerre qu'il avait commencée contre tout droit et toute sagesse, et conduite avec la plus impardonnable faiblesse.

L'on accueillit d'autant mieux les propositions de paix apportées par le cardinal-légat, que le pape avait envoyé à cet effet. Mais, s'il fut facile à celui-ci de persuader Fernando, il eut beaucoup plus de peine auprès d'Enrique, qui déclarait ne pas vouloir la guerre, mais une paix solide et à l'abri de la légèreté et de l'inconstance du roi de Portugal. Le légat réussit enfin, les conditions furent dictées par le roi de Castille et acceptées par Fernando. Celui-ci s'engagea à vivre toujours en paix avec la Castille, à s'unir avec Enrique comme avec le roi de France contre le roi d'Angleterre et le duc de Lancastre; à secourir le roi de Castille pendant trois années aussi souvent et comme le demanderait celui-ci ; à ne donner aux Anglais qui viendraient dans ses ports ni vivres, ni armes, ni secours d'aucune espèce; à les chasser du royaume, et, s'il n'était pas assez fort, à demander assistance au roi de Castille ; à expulser de sa cour dans un délai de trente jours, vingt-huit seigneurs castillans qui y étaient réfugiés ; à comprendre dans une amnistie l'infant Diniz et tous les Portugais qui s'étaient déclarés pour Enrique, et à leur rendre leurs biens. Le mariage de Béatrix, sœur dé Fernando avec le frère du roi de Castille, Sanche, fils d'Alphonse et de Léonor de Gusman, fut destiné à cimenter cette alliance. Tous les prélats, seigneurs et principaux habitants de vingt villes, au choix du roi de Castille, devaient jurer le maintien de la paix. Une amende de trente mille marcs et des punitions temporelles et spirituelles devaient être le châtiment de celui qui romprait la paix. Comme garantie, le roi de Castille reçut quelques villages ; plusieurs nobles portugais et six fils des principaux bourgeois de Lisbonne, et quatre de Porto et de Santarem, devaient rester comme otages pendant trois ans à la cour de Castille (1).

Après cette paix, les deux rois se rencontrèrent sur le Tage, dans deux barques magnifiquement pavoisées. Entre eux se trouvait le cardinal-légat, qui avait rempli une véritable mission de paix et de conciliation (2). Les deux princes se saluèrent avec cordialité, jurèrent le maintien de la paix, et s'unirent par des articles secrets (3).

Deux jours après fut célébré le mariage de Sanche et de Béatrix à Velada. A la grande douleur du roi de Castille, ce prince périt un an après dans une émeute à Burgos. Sa veuve donna le jour à une fille qui monta plus tard sur le trône d'Aragon.

Aussitôt que la paix fut signée, Fernando ne chercha plus qu'à se venger sur le roi d'Aragon de l'affront qu'il venait de recevoir, et dont il espérait un dédommagement. Il alléguait surtout les sommes d'argent que Pedro avait séquestrées. L'occasion paraissait favorable, car Enrique de Castille semblait avoir des motifs de mécontentement contre le roi d'Aragon; et celui-ci, pressé par Gênes et Jayme de Majorca, promettait aux rois de Portugal et de Cas-

---

(1) Ayala, an. 1373, cao. 3, 4, 5. Lopez, cap. 77.

(1) Ayala, an. 1373, cap. 6. Lopez, cap. 82. Nun. do Liâo, p. 286.

(2) « ...Prazemdolhe muito da boa aveemza que vija antrelles. » Lopez, l. c.

(3) « Quanto eu Henricado Venho ! » C'est l'expression de Fernando aux siens quand il mit pied à terre, disant par là qu'Enrique avait fait sur lui une impression favorable.

tille une facile victoire. Tous deux s'unirent par un traité particulier (1). Cependant, suivant toute apparence, le roi de Castille désirait peu la guerre, et il cherchait à faire la paix, sans offenser Fernando, disant qu'il se chargerait de la médiation entre le Portugal et l'Aragon, promettant de faire restituer l'argent séquestré (2). Effectivement Enrique de Castille se réconcilia avec le roi d'Aragon, par amour de la paix et afin de pouvoir secourir le roi de France; le mariage déjà projeté entre l'infant Juan et Léonor d'Aragon (3) fut une des conditions de cette paix; mais Fernando attendit en vain les sommes qu'il réclamait. Le roi de Castille voulut le dédommager en demandant pour son fils naturel Fadrique la main de la fille du roi de Portugal, l'infante Béatrix.

A cause de son importance, cette proposition fut soumise aux cortès, alors rassemblées à Leiria; elles y consentirent, et le jour suivant elles prêtèrent serment à l'infante comme héritière de la couronne, dans le cas où Fernando mourrait sans descendants mâles.

Cependant le roi de Portugal ne pouvait oublier la perte qu'il avait essuyée en Aragon, ni ses désirs de vengeance. Ne devant plus compter sur l'appui de la Castille, il se tourna vers le fils du roi de France, le duc d'Anjou, et fit avec lui à Paris un traité défensif et offensif pour attaquer le roi d'Aragon. Mais ici encore tout s'arrêta au traité qui n'eut pas de suites (1). Chacun concluait avec Fernando des conventions, et, connaissant son inconstance et sa légèreté, s'inquiétait peu de son côté de leur exécution; d'ailleurs le roi de Portugal était lui-même incapable de passions fortes, et ne déployait jamais d'énergique persévérance pour les satisfaire. Bientôt il oublia ses désirs de vengeance devant les intrigues qui troublèrent l'intérieur de sa cour.

§ V. *Intrigues de la reine.*

La reine amène l'infant João à immoler sa femme et propre sœur de Léonor Telles.—Horribles illusions de l'infant.

A cette époque le frère du roi, l'infant João, devint amoureux de dona Maria Telles, sœur de la reine; elle était veuve de Alvaro Dias de Souza, *fidalgo* riche et considéré, et du sang royal. Dona Maria était encore à la fleur de l'âge et dans tout l'éclat de sa beauté; elle jouissait de l'estime générale, justement acquise par une vie pure et sans tache. Sa maison, ornée d'un grand nombre de dames nobles et honorables, était tenue sur un grand pied; et cette existence princière était soutenue par les revenus de son fils, grand maître de l'ordre du Christ et par ceux de ses nombreuses et riches propriétés. Vertueuse et sage, dona Maria repoussa toutes les prières de l'infant, et lui déclara qu'elle ne pourrait lui donner son amour qu'au pied des autels. L'infant, maîtrisé par sa passion, l'épousa secrètement, mais pas assez pour le cacher à la reine. Celle-ci eût préféré

---

(1) Voyez chez Lopez, cap. 92
(2) Nunez do Liāo, p. 295.
(3) Ayala, an. 1375, cap. 1.

(1) « Mas se esta guerra ouve algum começo, ou que se fez sobreste negocio, nos per livros, nem scripturas, nenhuma cousa podemos achar que mais posessemos em escripto; mas porem emtemdemos que nom. » Lopez, cap. 97.

voir sa sœur mariée à un *fidalgo* qu'à l'infant ; elle connaissait l'amour général du peuple pour dona Maria, et ceci ne pouvait qu'exciter une haine violente dans le cœur d'une femme envieuse; et qui n'avait pas oublié qu'autrefois sa sœur s'était opposée à son mariage avec le roi. D'une telle femme on peut tout attendre, lorsque surtout à sa haine vient se joindre son ambition alarmée. Léonor ne pouvait ignorer que l'infant João, à cause de ses brillantes qualités et de son caractère chevaleresque, était aimé du peuple, et qu'on le jugeait digne du trône ; maintenant qu'il venait d'épouser une femme dont le front pur ne déparerait pas la couronne, elle pouvait craindre, si le roi mourait, une concurrence dangereuse pour les droits de sa fille et pour sa propre influence. Comme Léonor était montée sur le trône par un crime, elle crut sans doute qu'un crime seul pouvait l'y maintenir.

Dans une conférence secrète qu'eut avec l'infant le comte João Affonso Tello, frère de la reine et tout dévoué à ses intérêts, il fit entendre au prince que celle-ci désirait son alliance avec sa fille Béatrix, et la préférait de beaucoup à celle du duc de Benavente, prince d'origine castillane, odieuse aux Portugais, qui ne pouvaient oublier d'anciennes inimitiés et de récentes injures; qu'elle voyait avec douleur que son mariage secret venait de ruiner ses plus chères espérances.

Cette perfide insinuation eut tout le succès qu'on en attendait. L'infant fut dès ce moment en proie à de violents combats intérieurs ; d'une part l'ambition lui montrait une couronne à conquérir, de l'autre, l'amour pour sa femme le ramenait à des pensées plus sages. Ce combat intérieur se serait cependant terminé par une résolution vertueuse, lorsqu'un infame conseiller, dont l'histoire nous a caché le nom, parvint à jeter des doutes dans l'esprit de l'infant sur la fidélité de son épouse, et peu après parvint à changer ces doutes en une croyance aveugle par la plus odieuse et la plus fausse calomnie.

L'infant, dupe de cette infernale machination, partit en toute hâte pour Coïmbre, où demeurait dona Maria Telles, et ne s'arrêta pas, comme il en avait coutume, à Thomar, résidence du grand maître de l'ordre du Christ. Celui-ci conçut des soupçons, et fit avertir sa mère, qui déjà auparavant avait reçu des avis secrets de Lisbonne, mais n'y ajoutait aucune croyance, confiante en sa vertu et dans l'amour de son mari. Au lever du soleil, l'infant arriva avec une petite suite devant Coïmbre, laissa quelques-uns des siens aux portes de la ville, et se rendit avec les autres au palais de sa femme. Celle-ci dormait encore ; João fit enfoncer les portes, et arriva auprès de dona Maria épouvantée. Il lui reprocha amèrement d'avoir dévoilé le secret de leur union, de l'avoir ainsi jeté au milieu de périls de toute espèce, et enfin d'avoir souillé son honneur en profanant le lit conjugal. Forte de son innocence facile à prouver, dona Maria pria son époux de faire retirer sa suite afin qu'elle pût lui répondre et se justifier ; mais João lui répondit brutalement qu'il n'était pas venu pour échanger avec elle de vaines paroles, puis il arracha avec violence la couverture dont Maria s'était chastement enveloppée en présence de tant de témoins. Les assistants, émus de pitié et de respect, se détournèrent pour ne pas voir cette infortunée ainsi jetée nue, exposée aux regards. João la frappa d'abord d'un coup de poignard dans le sein, près du cœur, et d'un autre coup dans le bas-ventre, qui ne laissa à la victime que le temps d'implorer la miséricorde divine avant de rendre le dernier soupir. Alors un cri lamentable s'éleva dans la maison et dans toute la ville ; un si horrible attentat, dont la cause était inconnue, excita une pitié et une colère universelles, qui témoignèrent de l'attachement du peuple pour l'infortunée victime de ce complot abominable.

Aussitôt après son crime, l'infant João se retira avec les siens à Sampaio, dans le district de Coïmbre, où il attendit ses autres compagnons; de là, il se rendit avec eux à Beira, errant dans les contrées de Riba de de Coa. Informé que la première impression produite par le meurtre de dona Maria était effacée, il demanda au roi et à la reine grâce pour lui et pour ses compagnons, ajoutant que si elle lui était refusée, il devrait quitter le royaume. Et en effet la haute naissance de dona Maria, et sa parenté avec un grand nombre des premières familles portugaises, pouvaient faire craindre à l'infant la vengeance des nobles du royaume. On lui avait en outre annoncé que le grand maître de l'ordre du Christ et les comtes João Affonso et Gonçalo avaient juré de punir l'assassin de leur mère et de leur sœur; pour le préserver, la grâce du roi et la faveur de la cour lui étaient d'autant plus nécessaires. La reine, quand elle apprit la mort de sa sœur, dissimula la joie qu'elle ressentait sous l'apparence du chagrin le plus vif; cependant elle plaida auprès du roi la cause de João, à qui on envoya une escorte de cent cinquante cavaliers, pour l'amener à Lisbonne, où il fut bien accueilli par le roi, par la reine et par les frères de celle-ci.

Cette bonne réception, l'amitié avec laquelle on le traita, firent croire à l'infant qu'il touchait au but de ses désirs, et qu'il allait voir se réaliser le mariage projeté avec la fille du roi. Mais la reine était bien éloignée d'un pareil dessein; voulant conserver aussi longtemps que possible son influence, elle pensait que l'union de Béatrix avec un prince castillan la servirait beaucoup plus dans ses desseins qu'une union avec un prince portugais. Enfin l'infant, se voyant joué par Léonor, quitta la cour et s'enfuit dans les provinces, entre le Douro et Minho, et de là à Beira. Il menait la vie la plus triste, se voyait souvent avec les siens dans le plus pressant besoin; abandonné de la cour, haï de la plus grande partie de la noblesse, objet du mépris du peuple, quand il jetait un regard dans son cœur, il ne trouvait que regrets et remords de l'assassinat dont il s'était souillé inutilement. Mais le châtiment mérité qui l'attendait devint plus grave, lorsque plus tard, après la mort de son frère, il vit qu'il avait perdu toutes chances de monter sur le trône, qui, suivant toute apparence, lui eût été assuré sans son crime. Bientôt il apprit que le grand maître de l'ordre du Christ et le comte Gonçalo étaient à sa poursuite; il dut se rapprocher des frontières et se renfermer dans le château de Villar, où il ne croyait pas être poursuivi. Mais il se trompait, car il connut bientôt l'approche de ses ennemis et n'eut que le temps de se sauver lui sixième, et de se réfugier à San-Felice de Gallegos en Castille, où vivait sa sœur Béatrix, veuve du comte Sancho. Il y resta jusqu'au moment où Enrique l'appela à Séville. Là, il trouva sûreté et protection, et il épousa l'infante Constanza, fille du roi (1). Mais il ne jouit pas longtemps de ce repos, car Enrique mourut le 29 mai 1379, et l'avénement au trône de Juan Ier changea entièrement les relations entre les deux familles royales de Castille et de Portugal.

---

(1) Lopez, cap. 100-106. N. do Lião, p. 299 et suiv. Sousa, *Hist. general.*, t. XI, p. 615.

§ VI. *Guerre de Fernando avec le roi Juan Ier de Castille.*

Le roi de Portugal promet la main de sa fille Béatrix au fils de Juan Ier, et déclare cependant la guerre à celui-ci peu de temps après.—L'exilé Andeiro négocie secrètement un traité entre Fernando et le duc de Lancastre. — Conférences d'Andeiro avec le roi dans la tour d'Estremos.—Juan Ier et Fernando arment sur terre et sur mer.—La flotte portugaise est battue par celle de Castille.—Arrivée des Anglais à Lisbonne.—L'infante Béatrix est fiancée au fils du comte de Cambridge.—Conduite des Anglais en Portugal.—Conduite coupable de la reine avec Andeiro, et emprisonnement d'Azevedo et du grand maître de l'ordre d'Avis par ordre de Léonor.

La naissance du prince Enrique, héritier futur de Juan Ier, fit naître dans la pensée de celui-ci le désir de fiancer son fils avec l'infante Béatrix de Portugal, âgée de huit ans, bien qu'elle fût déjà promise au duc de Benavente. Le roi de Castille en fit donc la demande au roi de Portugal qui, habitué à regarder la main de sa fille comme un jouet, et aussi comme un moyen utile à l'exécution de ses plans, y donna son consentement, et un traité fut conclu à cet effet entre les deux rois. Il fut décidé, à cause de la parenté qui unissait les deux enfants (1), que si l'un d'eux mourait sans descendants légitimes, le survivant hériterait des états et de la couronne du défunt. Pour donner à ce traité et à ces conditions une garantie plus solide, Fernando demanda qu'il fût ratifié par les cortès de Castille. Juan les rassembla à Soria, et là, les états, en sa présence, confirmèrent le traité et ses dispositions relatives à la succession au trône; des plénipotentiaires portugais assistaient à cette séance. La même chose devait avoir lieu en Portugal, et Juan Ier ordonna même à des plénipotentiaires de partir pour Lisbonne; mais il paraît que les cortès portugaises ne furent pas convoquées, car nous n'en trouvons aucune trace dans les documents de cette époque.

---

(1) Le roi de Castille était fils de Juana et d'Enrique II, le roi de Portugal de Constanza et de Pedro; ces deux princesses étaient sœur et fille du duc Juan Manuel.

Cependant, que cette cérémonie se fît ou non en Portugal, que ce traité fût ou non confirmé par les états du royaume, peu importait à Fernando, qui ne se laissait pas plus lier par les résolutions des cortès que par les serments et les traités; il brisait ceux-ci avec autant de légèreté qu'il en mettait à les conclure. Jamais la moralité d'un fait ne l'inquiétait; la crainte ou la force pouvait seule agir sur lui; le jour où il en était délivré, ni devoir, ni honneur n'avaient pouvoir de le contenir. Les conseillers de Fernando, l'histoire nous l'atteste, avaient fait une fâcheuse expérience de la versatilité et de la perfidie de leur maître; cependant, quels ne durent pas être leur étonnement et leur mépris pour lui quand, peu de temps après la conclusion de ce traité avec le roi de Castille, il les rassembla pour avoir leur avis sur son projet de déclarer la guerre à Juan Ier. Frappés de stupéfaction, ils ne pouvaient décider s'il fallait attribuer une telle résolution à l'esprit malade du roi ou à son cœur corrompu; car, en vérité, l'un était aussi fou que l'autre était perfide. Il signifia à ses conseillers qu'il voulait se venger des injures qu'il avait reçues d'Enrique, et surtout de l'incendie d'une partie de Lisbonne; que Juan avait, il est vrai, hérité de la couronne de son père, mais probablement pas de son bonheur. Tout ce qu'un esprit sage et juste peut inspirer, lui fut dit par ses conseillers (1);

---

(1) « E ora pois a Deos prougue de vos poer

mais le roi n'avait pas demandé sincèrement leur avis pour les écouter loyalement. Je vous ai demandé, dit-il en riant au vieux comte, qui au nom de ses collègues lui faisait des représentations, je vous ai demandé votre avis sur la manière de conduire la guerre contre la Castille, et nullement pour savoir si cette guerre devait être faite, car je l'ai résolue.

Le roi Fernando n'avait donc consulté ses conseillers que pour la forme; car, sur la question de l'opportunité de la guerre comme sur celle de la direction à lui donner, il avait pris les avis de personnes qu'il ne voulait pas nommer. La reine avait vu avec déplaisir le traité conclu avec la Castille, et qui devait diminuer son influence après la mort du roi; mais, comme elle ne pouvait s'y opposer, elle avait caché adroitement son ressentiment, et s'était confiée au temps pour y apporter les modifications qu'elle désirait; son espoir ne fut pas trompé.

Juan Fernandez de Andeiro, né en Galice et sujet castillan, était du nombre de ceux qui, à la suite du traité entre Enrique et Fernando, avaient été expulsés du Portugal. Il s'était réfugié en Angleterre, où il avait trouvé un bon accueil auprès du duc de Lancastre et auprès du comte de Cambridge, son frère. Le roi de Portugal entretint avec Andeiro une correspondance secrète, et le chargea de proposer au duc de Lancastre de l'appuyer dans ses prétentions à la couronne de Castille. Ces négociations réussirent, et quand on fut d'accord sur les forces qu'armerait l'Angleterre et sur l'époque de cet armement, Andeiro quitta Londres et débarqua à Porto, d'où il vint dans le plus grand secret à Estremos. Là le roi et la reine habitaient une chambre de la grande tour du château, où ils avaient coutume de se réunir pendant la nuit et de s'entretenir longuement loin des yeux de la cour.

Fernando et Léonor purent ainsi, aussitôt que les courtisans étaient retirés, recevoir à toute heure de la nuit et même de jour le Galicien, et se concerter avec lui sans éveiller la jalousie des gens de leur suite sur la faveur accordée à cet exilé. Souvent le roi, se confiant aveuglément dans la sagesse de la reine, la laissait seule avec Andeiro, et bientôt ces conversations particulières dégénérèrent en une intimité qui plus tard devint le principe d'événements et de complications ultérieures et qui dès lors excitèrent des soupçons dans le petit nombre de ceux qui les observaient.

Le roi voulait à tout prix que la présence d'Andeiro fût tenue cachée. Enfin celui-ci se rendit secrètement à Leira, et là se fit connaître, et feignit d'arriver d'un long voyage; le roi, avec qui toute cette comédie avait été convenue, donna des signes d'un grand courroux, fit jeter en prison l'exilé, mais ordonna peu après de le remettre en liberté en lui prescrivant de quitter le royaume sous peine de mort (1).

Cependant les entrevues de la tour d'Estremos portèrent leurs fruits, et c'est alors que le roi, assuré du secours des Anglais et tout à fait gagné par la reine, déclara sa volonté à ses conseillers. Il fit cette dernière démarche, pour avoir réellement leur avis, ou bien, comme le dit Lopez, ne voulut qu'éviter le reproche d'avoir agi à leur insu : c'est ce que l'on ne peut décider. Malgré toutes les précautions du roi, ses projets ne purent rester longtemps cachés, et bientôt même le bruit des conférences secrètes d'Estremos et de leurs suites se répandit en Castille. Quand Juan Ier apprit que le comte de Cambridge se préparait à venir en Portugal avec deux mille hommes, et que Fernando faisait de grands armements, il ne put se faire illusion plus longtemps sur la perfidie de son

---

com el rei dom Hemrique em paz, e el he ja morto, e vossa terra esta dassessego, pareçe nos que nom he razom nem dereito, que vos demovaaes a fazer tal guerra, moormente com taaes juramentos e promessas, quaaes vos e nos todos sobrello teemos feitas. » Lopez, cap. 114.

(1) Lopez, cap. 115.

allié. Il arma de suite et assigna les frontières de Portugal pour lieu de rassemblement à ses soldats; il ordonna à son amiral de préparer la flotte. La guerre fut cependant un peu retardée par les troubles qu'excita en Castille le comte de Gijon, frère du roi et allié de Fernando, mais ils furent bientôt réprimés (1).

Cependant le roi de Portugal avait rassemblé une armée formidable, équipé une flotte plus nombreuse que celle de Castille; comme il manquait de marins, on contraignit les paysans et autres ouvriers à prendre du service sur les vaisseaux de l'Etat, mesure qui souleva un mécontentement général. Le 11 juillet 1381, la flotte portugaise, forte de vingt et une galères, de quatre vaisseaux et d'une galiote, sous les ordres du comte Joâo Affonso, frère de la reine, mit à la voile et quitta le port de Lisbonne; le 17 elle livra bataille aux Castillans à Saltes; mais, par l'imprudence de son amiral, elle fut coupée et complétement battue par l'amiral castillan, Fernando Sanchez de Tobar, qui prit vingt galères, et le comte de Tello lui-même, ainsi que tout l'équipage qui avait survécu au combat (2).

Pendant que l'amiral de Castille conduisait ses prisonniers à Séville, ce qui lui fut reproché plus tard, la flotte anglaise parut devant Lisbonne, et fit entrer dans le port trois mille soldats; plusieurs Castillans réfugiés en Angleterre y débarquèrent. A leur tête était Edmond, comte de Cambridge, fils du roi Édouard, avec sa femme et son fils, qui reçurent à la cour de Portugal l'accueil le plus amical. Peu après, un traité fut conclu entre Fernando et les Anglais, et, suivant la coutume, l'infante Béatrix fit les frais de la nouvelle alliance; sa main fut promise à Édouard, fils du comte, alors âgé de huit ans. Le roi de Portugal s'obligea à payer la solde des troupes anglaises, et à leur fournir les chevaux nécessaires. Dans cette occasion, comme dans celle du recrutement de sa marine, Fernando usa d'arbitraire; il ordonna que tous les propriétaires du royaume lui livreraient leurs chevaux, moyennant un prix convenu, qui du reste ne fut jamais payé. Les plus beaux furent donnés aux seigneurs anglais, et le roi se montra tellement libéral envers eux, qu'il insultait à la misère de son peuple, et se mettait dans l'impossibilité de subvenir aux dépenses de la guerre (1). Sa joie de l'arrivée de ces étrangers était telle, qu'ils pouvaient tout se permettre en Portugal. Le comte de Cambridge lui persuada même d'abandonner le parti du pape Clément VII, pour Urbain VI, que l'Angleterre avait reconnu. Enfin, dans l'assemblée des prélats et des seigneurs convoqués pour confirmer solennellement cette reconnaissance d'Urbain VI, le comte de Cambridge obtint du roi et de la reine que les fiançailles de son fils et de l'infante Béatrix seraient célébrées suivant la coutume anglaise.

Le jeune couple fut, en présence de l'assemblée, placé dans un lit richement orné, et au-dessus d'eux on étendit une couverture sur laquelle étaient brodées les images du roi et de la reine; ce lit avait été béni par un évêque anglais et par l'évêque de Lisbonne.

Cet étrange spectacle, par l'attrait de sa nouveauté, empêcha probablement les Portugais de penser à ce qu'avait de peu convenable cette substitution des coutumes anglaises aux coutumes nationales. Mais ceci n'était rien en comparaison des plaintes fondées du peuple sur la conduite des soldats anglais. Ceux-ci se répandaient dans le pays, pillaient, outrageaient les femmes et assassinaient ceux qui faisaient la moindre résistance. Personne n'osait se plaindre au roi, car il avait prescrit sous les peines les plus sévères de ne pas causer de déplaisir à ses hôtes étrangers; seulement, quand des faits trop révoltants lui étaient rapportés, il en rendait compte au comte de Cambridge.

---

(1) Ayala, *Cronica del rei D. Juan Ier*, an. 1381, cap. 4.
(2) Ayala, an. 1381, cap. 4.

(1) Lopez, cap. 129.

C'est ainsi qu'une malheureuse femme, après l'assassinat de son mari, s'était vu arracher des bras son enfant encore au maillot, et son cadavre sanglant fut apporté par elle au roi. Fernando en fit des reproches au comte de Cambridge, qui promit une réparation et n'en fit rien. Le peuple, se voyant ainsi abandonné, résolut de ne s'en rapporter qu'à lui-même du soin de sa vengeance, et en effet il parvint secrètement à frapper les Anglais, et avec tant de succès, que tout au plus deux tiers de ces étrangers rentrèrent dans leur patrie (1).

Une partie de l'irritation excitée contre les Anglais retomba sur ceux qui les avaient appelés, et principalement sur la reine qui, avec raison, était regardée par le peuple comme ayant pour beaucoup contribué à cette réunion. Alors la haine devint aussi clairvoyante, et ne tarda pas à connaître ce qui s'était passé à Estremos, en voyant les suites honteuses de ces scènes mystérieuses.

Pendant que la cour était à Évora, le comte Gonçalo, frère de Léonor, et Juan Fernandez de Andeiro, entrèrent un jour couverts de sueur dans la chambre de la reine. Comme ils n'avaient pas de mouchoir pour s'essuyer, celle-ci saisit un voile, le partagea en deux et leur en donna à chacun un morceau pour en tenir lieu. Cette conduite envers Andeiro parut inconvenante; on trouva plus inconvenantes encore les paroles que le favori adressa tout bas à la reine à cette occasion (1). Ces paroles avaient été entendues par une dame de la cour, qui les répéta à son mari Gonçalo Vasquez de Azevedo. Celui-ci, *fidalgo* considéré, parent de la reine, crut de son devoir de lui en parler et de lui montrer toute l'indécence d'une semblable familiarité avec un seigneur de la cour. A dater de ce jour, la perte d'Azevedo fut résolue dans l'âme de Léonor. Elle pensait que celui qui avait osé lui parler ainsi en face ne se tairait pas devant d'autres; elle comprit dans le même arrêt de proscription le grand maître de l'ordre d'Avis, frère naturel du roi, qui seul aurait cru devoir venger Azevedo. Elle parvint à force de ruse à rendre suspecte l'intimité qui existait entre ces deux seigneurs, et elle eut assez d'empire sur l'esprit du roi, pour obtenir de lui qu'il ordonnât au commandant d'Évora d'arrêter ses deux ennemis, ce qui fut exécuté. Le grand maître et Azevedo, dès qu'ils se virent emprisonnés, ignorant le délit dont on les accusait, sollicitèrent le comte de Cambridge, qui était à Villa Viciosa, de prier le roi de les mettre en liberté, ou du moins de leur faire connaître les motifs de leur arrestation. Le comte répondit que cette affaire ne le regardait pas, que s'ils s'étaient rendus coupables de quelque crime, le roi avait raison de les punir. Cette réponse fit comprendre aux prisonniers qu'ils

---

(1) Voici ce que dit Nunez de Lião des excès auxquels se livrèrent les Anglais : « Isto se contou tam meudamente para se entender quanto devem fugir os principes, e as republicas, de trazer a seus reinos e casas ajudas de estrangeiros, pois a guerra que cuidavao fazer aos imigos fazem primeiro aos seus. Porque como a gente que se poem a soldo para a guerra, he pola mood parte mal costumada, e de pouca consciencia, pois se alougao para matar homees, e sao homees necessitados, que nao tum officios, nem remedio de vida, ou se o teem, seguem aquella vida por mais ociosa, nao podem onde stao deixar de fazer semelhantes insultos e violencias, moormente se os capitaes com severidade, e boa disciplina os nao enfreão. Achegase a isto starem juntos em hum corpo, que nem podem ser castigados, e teem atrevimento hus com outros para tudo, e serem pola major parte homees de baxa maneira, e da fez do povo, cuja natureza propria he exercitarem crueldade. A qual com menos dano e perigo seu executao nos amigos que os recolhem, que nos imigos que lhes resistem. »

(1) « Senhora, mais chegado e mais husado queria eu de vos o pano, quamdo mo vos ouvessees de dar, que este que me vos daees : « E a » rainha começou de rijar desto. » Lopez, cap. 139.

avaient tout à craindre. Le peuple, à qui l'arrestation d'aussi grands personnages n'avait pu rester cachée, commença aussi à concevoir de graves inquiétudes sur leur sort.

Cependant on ne pouvait comprendre quels crimes avaient pu commettre deux hommes qui jouissaient d'une aussi bonne renommée. On devinait bien que tout cela n'était que le fruit des intrigues d'une femme qui avait souillé sa vie pour monter sur le trône, et qui au lieu de chercher à effacer par de bonnes œuvres ses souillures, semblait prendre à cœur de compléter sa vie par de nouvelles infamies. Pour cacher son intimité avec Andeiro, en vain accablait-elle le roi d'attentions et de soins, personne n'en était dupe; tout d'ailleurs venait confirmer les soupçons. Récemment encore, à la mort du comte de Ourem, oncle du roi, ce comté avait été donné, à la sollicitation de la reine, au Galicien Andeiro. Quand le commandant d'Evora reçut l'ordre de faire décapiter ses deux prisonniers, il eut la prudence d'attendre, et en dépit d'un second ordre plus sévère, et dans lequel le roi exprimait son mécontentement, ce loyal officier se décida à venir pour la dernière fois faire des représentations au roi; mais Fernando montra le plus grand étonnement, et assura qu'il n'avait aucune connaissance des ordres dont il parlait; il recommanda à cet égard la plus grande discrétion au commandant d'Evora. Alors tous les seigneurs de la cour visitèrent les prisonniers à l'exception d'Andeiro, qui dévoila ainsi lui-même qu'il était l'auteur de cette odieuse trame. Quand la reine vit que son plan avait échoué, pour cacher la part qu'elle y avait prise, elle supplia le roi de mettre en liberté le grand maître d'Avis et Azevedo; le comte de Cambridge se joignit à elle, et Fernando donna son consentement. Après vingt jours de détention, ces deux seigneurs furent élargis et admis à baiser la main de la reine pour la remercier du service qu'elle leur avait rendu. Cependant ils ne se faisaient pas illusion sur la vérité; mais ils furent contraints de dissimuler; quant à Léonor, l'opinion sur elle était formée, et rien ne pouvait la changer (1).

§ VII. *Issue de la guerre avec la Castille, et mort du roi.*

Les rois de Portugal et de Castille sont en présence avec leur armée; mais ils concluent la paix sans en venir aux mains.—Conditions de la paix.—L'infante Béatrix est fiancée à l'infant Fernando de Castille.—Bientôt le roi offre la main de Béatrix, promise au fils, au roi Juan Ier, qui l'accepte. — Célébration solennelle du mariage de Juan avec l'infante.—Mort de Fernando.

De semblables événements ne pouvaient qu'avoir une influence funeste sur la marche de la guerre contre la Castille. Pendant que d'un côté les passions qui avaient amené le commencement de cette lutte se refroidissaient, de l'autre la misère générale nuisait aux préparatifs et les retardait. La destruction de la flotte portugaise avait été suivie de la prise d'Almeida, que le roi de Castille avait assiégée sans se laisser intimider par l'arrivée des Anglais. Après avoir mis dans cette place une forte garnison, Juan s'était retiré dans l'intérieur du royaume, laissant ses troupes sur la frontière; il avait fait de nouvelles levées, augmenté son armée, et avait ordonné à ses vaisseaux de Galice et de Biscaye de se tenir prêts à mettre à la voile, afin de croiser devant Lisbonne, et d'intercepter

---

(1) Lopez, cap. 139-148. Nun. de Liāo, p. 325, 329-339.

tout secours venant d'Angleterre. Fernando, de son côté, n'avait rien négligé pour se mettre en état d'entrer en campagne. A l'instigation des Anglais, il avait institué deux nouvelles dignités, celle de connétable, dont fut revêtu le comte de Arraiolos, Alvaros Pirez de Castro, et celle de grand maréchal, dont il investit Gonçalo Vasquez de Azevedo. Le roi de Castille, croyant que Fernando avait dessein de faire une invasion en Estramadoure, conduisit son armée à Badajoz; elle était forte de cinq mille lances, de quinze cents cavaliers armés à la légère, et d'un grand nombre d'archers (1). Le roi de Portugal plaça son armée, qui, réunie aux Anglais, comptait six mille lances et beaucoup d'archers et d'arbalétriers, dans la plaine de Caya, sur la limite des deux royaumes, et la rangea en bataille entre Elvas et Badajoz. Le roi de Castille suivit son exemple; les deux armées restèrent ainsi longtemps en présence sans en venir aux mains, à l'exception de quelques chevaliers des deux partis qui, jaloux de faire des prouesses, rompirent quelques lances.

Cependant il y avait des deux côtés des hommes, amis de la paix, qui firent de communs efforts pour éviter la guerre; tous les grands chevaliers portugais désiraient éloigner les Anglais, dont on n'avait pas besoin, et qui s'étaient rendus odieux. Afin que ces derniers ne soupçonnassent pas ce qui se préparait, les envoyés des deux rois mirent le plus grand secret dans leurs démarches, et ne se virent que la nuit. Leurs efforts furent enfin couronnés de succès, et un traité fut conclu. L'infante Béatrix, héritière de la couronne, si souvent promise et cependant destinée encore à un nouveau changement, fut fiancée à l'infant Fernando, second fils du roi de Castille. Le roi de Portugal avait désiré ce résultat; car par cette alliance l'infant Fernando devait monter un jour sur le trône de Portugal sans réunir ce royaume à la Castille, dont la couronne serait le par-

tage de l'infant Enrique, fils aîné de Juan Ier. Celui-ci s'obligea à rendre les vingt galères qui avaient été enlevées dans le dernier combat naval, et à renvoyer tous les prisonniers sans rançon; il s'engagea en outre à faire embarquer sur sa flotte le comte de Cambridge et ses troupes, et à les transporter jusqu'en Angleterre. Les Anglais n'eurent plus qu'à quitter un pays où ils avaient fait beaucoup de mal et n'avaient acquis aucune gloire; ils furent les seuls mécontents. Les deux armées retentirent de cris de joie unanime lorsque le son des trompettes annonça la conclusion de la paix; on vit des deux côtés un grand nombre de soldats se jeter à genoux et remercier Dieu (1). Le pape Clément VII n'en fut pas moins satisfait; le roi de Portugal le reconnut de nouveau, renonçant à Urbain VI, auquel il ne s'était soumis que par condescendance pour les Anglais.

Les fiançailles de l'infante et du prince Fernando furent célébrées aussitôt après la conclusion de la paix; mais ce fut encore pour s'arrêter à une vaine cérémonie. A son retour en Castille, le roi Juan apprit la mort de son épouse; le peuple en était profondément affligé, car la reine Léonor avait été l'ornement de son sexe et du trône. Fernando de Portugal, peu sensible à ces regrets, ne vit dans cette mort qu'une occasion de projeter pour Béatrix un nouveau mariage, et faire preuve de la sagesse de sa politique. Il offrit la main de l'infante (2) au roi de Castille.

L'infant Fernando, dernier fiancé de Béatrix, était encore très-jeune; le roi de Portugal sentait à son affaiblissement que la mort ne tarderait pas à l'atteindre, et il désirait avant cette heure suprême assurer la couronne à sa fille. C'est le seul motif raisonnable qu'on puisse trouver à cette nou-

---

(1) Ayala, an. 1383.

(1) Lopez, cap. 154.
(2) « E se podia, » dit Nunez de Liâo, « bem verificar nelle (Fernando) o proverbio de casar a filha cum muitos genros. »

velle combinaison matrimoniale. Le favori, le comte de Ourem, fut envoyé en Castille, où il se rendit avec une suite nombreuse. Il trouva Juan à Pinto, et s'acquitta de sa mission auprès de lui. Sans doute le roi de Castille avait peu de confiance en Fernando, mais la main de Béatrix avec une couronne avait aussi beaucoup d'attrait pour lui; il rejeta donc ses soupçons, ou peut-être se crut-il assez fort pour contraindre le roi de Portugal à exécuter ses promesses. Dans le conseil qu'il rassembla, il n'eut aucun égard aux objections que lui firent quelques grands, et il envoya l'archevêque de Santiago, son grand chancelier, en Portugal pour y convenir avec le roi et la reine des autres conditions du traité.

Suivant ce traité, l'infante Béatrix devait hériter de la couronne de Portugal si Fernando mourait sans héritiers légitimes, et son époux dans ce cas prendrait le titre de roi de Portugal; cependant cette couronne devait appartenir au fils ou à la fille qui pourrait naître de ce mariage; en cas de mort du roi, Béatrix devait être régente jusqu'à la majorité de son fils ou de sa fille, à quatorze ans. Dans le cas où Béatrix mourrait sans enfants, la couronne devait revenir à la seconde fille du roi Fernando, s'il en naissait une de son union avec la reine Léonor ou avec toute autre femme légitime; mais, si Fernando n'avait pas d'autre héritier, alors la couronne de Portugal appartiendrait au roi Juan. Les mêmes stipulations furent adoptées pour la couronne de Castille (1).

Juan accepta toutes les conditions qu'avait consenties son grand chancelier; il fit des préparatifs pour recevoir sa future épouse à la frontière. A cet effet tous les grands castillans furent invités à se rendre à Badajoz, où le roi vint aussi. La reine de Portugal conduisit avec une suite nombreuse sa fille à Estremos, où l'archevêque de Compostelle, comme grand chancelier de Castille, vint à sa rencontre. Là les fiançailles furent célébrées au nom du roi. A dater de ce moment, Béatrix fut nommée reine de Castille. Le mariage eut lieu le même jour à Elvas, où l'infante prit congé de Léonor sa mère; elle arriva à Badajoz, où la cérémonie du mariage fut renouvelée dans la cathédrale par l'archevêque de Séville, et donna lieu à des fêtes brillantes (1). Dans les deux royaumes les cortès furent assemblées, et ratifièrent cette union ainsi que toutes les conditions du traité auquel il avait donné lieu (2). Les princes pouvaient s'entendre, mais les peuples pouvaient concevoir des soupçons, et les Portugais, qui devaient craindre la réunion à la Castille, avaient-ils tort de se croire vendus ou trahis (3)?

Le roi malade n'avait pu assister au mariage de sa fille; ses souffrances ne le quittaient plus, et il comprit que sa fin approchait. A la fin du mois d'octobre 1383, dans la nuit, il se fit transporter d'Almada à Lisbonne. Quand il reçut les derniers sacrements, et que, suivant l'usage, il fut interrogé sur les articles de foi, il répondit : Je crois, comme fidèle chrétien, à tout ce que professe la religion, et de plus c'est Dieu qui m'a donné ce royaume pour y maintenir les lois et la justice ; mais ma conduite a été telle, qu'il aura un terrible compte à me demander. Alors il fondit en larmes, et implora

---

(1) « ... Que en est caso los dichos regnos de Portugual fiquen al dicho rey de Castilla, e por esta misma manera sobceda al dicho rey de Portugal, en los regnos de Castilla, falecicudo el dicho rey de Castilla, e la iffante su ermana sin sobcesores legitimas de linea derecha. » Voyez Sousa, *Provas*, t. I, p. 296 et suiv., et Ayala, cap. 5. Lopez, cap. 158.

(1) Lopez, cap. 167.
(2) « Este foi, » dit Nunez de Lião, « o mais jurado contrato que se vio, e o mais acautelado, mas o peor guardado, como adiante se diraa. »
(3) « E pesava mujto a todollos Portugueses, assi fidalingos come comuun poboo, com taaes comveenças da sucessom do regno, por aazo da doemça del rei, teemdo que per taaes trautos se Portugal vemdia. » Lopez, cap. 171.

son pardon. Il mourut le 22 octobre, couvert d'un habit de franciscain. La reine, contre la coutume, n'assista pas aux funérailles du roi; elle prétexta une maladie et l'impossibilité où elle était de marcher. Le peuple blâma beaucoup une telle inconvenance, et à cette occasion rappela toutes les fautes de cette femme égoïste et coupable. Il ne pouvait pardonner à Léonor d'avoir refusé à son époux cette dernière marque d'amour et de respect. S'il l'avait vue inclinée sur le cercueil, le blâme n'aurait pas éclaté auprès d'un cadavre; et cette piété, même affectée, aurait jeté un voile sur le passé, ou du moins aurait adouci la rigueur du jugement qu'on en portait.

CHAPITRE V.

COUP D'OEIL RÉTROSPECTIF SUR LA CONSTITUTION POLITIQUE DU PORTUGAL DEPUIS L'AVÉNEMENT DU ROI DINIZ, JUSQU'A L'EXTINCTION DE LA BRANCHE LÉGITIME DE BOURGOGNE.

Éléments prédominants dans l'Etat, leurs rapports. — Les *ricos homens*. — Le roi, ses conseillers et les dignitaires de sa cour. — Le roi et les états du royaume. — Le pouvoir religieux en lutte avec le pouvoir royal. — Action plus grande de la royauté sur le droit civil. — Influences qui favorisent l'extension du pouvoir royal.

L'Etat de Portugal, appelé à l'existence par un prince, et régi monarchiquement dès son origine, fut néanmoins dans les premiers temps une réunion de communautés grandes et petites, rattachées au trône par quelques faibles fils, plutôt qu'une monarchie suivant l'idée des temps modernes. Comme ces associations dans les premiers siècles furent les éléments et les soutiens de l'Etat, le système communal dans son ensemble comprenait la plupart des positions civiles et politiques ; le décrire, c'est faire connaître en même temps ces situations diverses. Les communes se formèrent et se développèrent du dedans au dehors plutôt qu'elles ne furent ordonnées de haut en bas. Les plus importantes parmi elles ne se montrèrent pas bien puissantes ; elles étaient arrêtées dans leurs mouvements par diverses causes, et surtout par leur isolement et leur séparation. Elles servaient d'appui au roi, sans pouvoir être un empêchement à son action. Au-dessus d'elles, en face du roi, et souvent contre lui, s'élevèrent les prélats et les grands séculiers ; et la vigueur, l'énergie personnelle de plusieurs souverains parut seule empêcher que le Portugal devînt un Etat théocratique avec l'aspect d'une royauté, ou une aristocratie sous la forme monarchique. Mais il en coûta de pénibles luttes avec les deux corps, avec le haut clergé surtout, qui, recourant souvent à l'excommunication et à l'interdit, dirigeait ces armes comme de la grosse artillerie contre l'ennemi, jusqu'à ce qu'enfin la royauté triomphât, jusqu'à ce que Diniz, l'un des rois les plus sincèrement pieux du Portugal, imposât au clergé ses limites, et donnât au trône la dignité qui lui appartenait. Dès la première période, les rois tentèrent tous les moyens pour fortifier et affermir leur pouvoir dans l'intérieur du royaume ; mais la longue lutte soutenue pour l'existence et l'agrandissement du Portugal ne permit pas de songer d'une manière continue à autre chose : d'ailleurs, en face des ennemis de la patrie, nul prélat, nul seigneur ne disputait au roi, appelé par la naissance à commander les Portugais, le rang suprême et les prérogatives du premier chef de l'Etat. La paix, qui seule pouvait mettre en danger la puissance royale, ne durait pas longtemps.

Dans la seconde période, où régna plus de repos, se fit sentir la nécessité de contenir la noblesse, qui, en campagne et dans les camps, étant devenue puissante et orgueilleuse, trahit durant la prolongation de la paix son ambition et sa convoitise en se livrant à des usurpations trop blessantes ; on vit aussi qu'il fallait opposer des barrières au clergé, qui, pendant que le roi courait la campagne, guerroyant contre les Maures, s'était occupé activement des intérêts temporels de l'Eglise, et avait poussé l'esprit d'envahissement au delà de toutes limites. Tout en repoussant les efforts de sujets trop orgueilleux, et réprimant les atteintes journalières portées à l'ordre civil, les rois ne négligèrent pas non plus de mettre à profit toutes les ressources que pouvaient offrir la tendance et la force de l'esprit du temps et la marche générale de la civilisation, pour favoriser le pouvoir suprême et accroître l'autorité de la couronne. Ils fondèrent des institutions, ou donnèrent aux principes déjà reconnus des développements qui étendirent le cercle de la puissance royale, et lui assurèrent une influence multipliée et plus pénétrante sur toutes les relations politiques. Cette direction peut être signalée particulièrement dans la conduite de Diniz, et plus ou moins dans celle de chacun de ses successeurs de cette époque. Ces influences pénétrèrent dans tous les membres du corps politique, lui firent concentrer son existence, lui donnèrent une activité plus mesurée, et le poussèrent vers un but mieux déterminé. Elles agirent et se manifestèrent davantage dans les hautes régions, devinrent les leviers du gouvernement, en même temps que les instruments au moyen desquels le roi put faire sentir dès lors son action avec plus de rapidité et d'assurance jusque dans les dernières classes et dans toutes les voies où elle se portait. Si, dans la première période, les communes furent élevées en importance, et devinrent la base de l'économie politique ; si elles furent considérées comme le centre de toutes les institutions relatives à l'ordre social, sur lequel devaient se diriger tous les mouvements de la vie politique ; il faut nous élever de quelques degrés plus haut pour embrasser les nouvelles institutions qui se formèrent au-dessus des communes, ou les développements ultérieurs que prirent certains éléments, considérer la classe supérieure des bourgeois politiques, qui n'appartiennent plus à la commune, cessent d'en être sujets pour la régir par leur autorité judiciaire ; les conseillers du roi, les personnages qui l'entourent, les premiers dignitaires de l'Etat et de la couronne, comme les derniers employés de la cour ; le roi lui-même ; puis les états du royaume, membres de la souveraineté, et en même temps limites légitimes opposées à la puissance royale ; la situation du roi en face de l'Eglise et du clergé, son influence plus grande sur l'administration de la justice, et ce qui seconda cette influence.

Si nous pouvions nous représenter ces pouvoirs dans leurs mouvements relatifs et leurs influences réciproques, nous aurions ainsi un tableau instructif de la nature et de l'action du pouvoir politique dans cette époque. Mais, de quelque désir que l'on soit animé d'observer un tel spectacle, il est impossible de le présenter d'une manière satisfaisante en se tenant sur le terrain de l'histoire. Souvent on ne trouve que quelques lois et quelques actes imprimés ; à peine on rencontre des passages d'écrivains contemporains pour offrir des renseignements, une lettre morte pour nous initier à une existence qui a disparu, nous donner l'explication de rapports effacés ; et nous tenons souvent un fil qui ne peut nous guider dans notre marche. Les résultats produits par les mœurs, la coutume, l'opinion dominante, les relations du temps, tout cela est devenu insaisissable, ou n'a pas laissé de traces. Il faut donc se contenter de dessiner des traits généraux, de donner de légères indications ; la fantaisie pourrait bien remplir ce cadre, et l'animer de vives couleurs ; mais la crainte des illusions auxquelles il serait impossible d'échapper fait tomber le pinceau du peintre d'histoire. Si le lecteur, voulant entreprendre une tâche trop séduisante, se laisse entraîner à de brillantes erreurs, il ne pourra demander compte qu'à lui-même des écarts de son imagination.

Les *ricos homens.*

Leurs privilèges quant à l'affranchissement d'impôts. — Fréquentes inquiriçóes *qui sont dirigées de plus en plus contre la juridiction seigneuriale. — Conflit entre la justice des seigneurs et la juridiction royale. — Dernières dispositions prises à ce sujet par le roi Fernando. — Autres privilèges et caractères particuliers des* ricos homens.

On connaît la place et les droits, dans les communes, des classes nobiliaires, jusques aux *cavalleiros fidalgos* et aux *infançoens.* Tandis que ces classes appartenaient encore à la commune, étaient soumises à ses lois et à ses règlements, les *ricos homens* se trouvaient en dehors du lien communal. C'étaient de riches propriétaires du sol; ils possédaient leurs *solaregos*, *honras* et *coutos*, des villages, des bourgs, des localités entières, avec des droits et des privilèges importants. C'est même de cette grande possession territoriale, de cette richesse qu'ils tiraient leur nom (1); c'était la base de leur pouvoir et de leur influence; les privilèges attachés à ces vastes possessions composaient, avec la valeur personnelle, la dignité de la haute noblesse que formaient les *ricos homens.*

Déjà l'on a vu en quoi consistaient ces privilèges des biens nobles, quels abus se glissaient dans leur exercice par le cours du temps, et quelles mesures adopta surtout Diniz, à l'exemple de ses prédécesseurs, pour y remédier; nous allons reprendre ici le fil que nous avions quitté.

Diniz avait bien rendu le 2 octobre 1307 une ordonnance, en vertu de laquelle étaient supprimés ou réduits tous les *honras* fondés ou trop développés depuis 1290; mais il ne put en assurer l'exécution au delà de son règne; et son fils et successeur Affonso IV, dix années à peine après la mort de son père, se vit dans la nécessité d'établir de nouvelles inquiriçóes, et de reprendre la lutte contre des abus qui prétendaient s'enraciner de nouveau. Il donna le *chamamento general*, édit dont il est fait mention dans le code affonsin (2), sans que l'on puisse jusqu'à présent préciser ni la teneur de l'édit, ni le moment de sa publication, faute d'avoir rencontré l'acte lui-même. Toutefois, d'après des indications sûres données par divers autres actes, on doit induire que la proclamation ne saurait être fixée avant l'année 1334, et que ce fut un appel général à tous les *donatarios* ecclésiastiques ou séculiers d'exposer et de prouver à un jour déterminé, à des *ouvidores* nommés par le roi à cet effet, les privilèges judiciaires attachés aux villages et bourgs, aux *coutos et honras* qu'ils auraient acquis ou qu'ils posséderaient (1), les prévenant que, faute de se soumettre à cette justification, ils devaient s'attendre à perdre ces privilèges (2). Mais cet *édit général* n'eut pas le résultat que l'on s'était proposé. En conséquence, Affonso IV ordonna en 1336 une nouvelle inquirição. « Son père, remarque-t-il dans son exposé, avait prescrit diverses inquiriçóes et ordonné d'annuler ou de restreindre les *honras* nouvellement fondés, ou les anciens qui avaient pris trop d'extension. L'archevêque, les évêques, les ordres, les fidalgos et autres membres de son royaume auraient depuis ce temps établi de nouveaux *honras*, ou agrandi ceux qui existaient, ou rétabli les mêmes *honras*, dont son père avait prononcé l'abolition, sans respect pour la volonté et les prescriptions de son père; il avait à cause de cela adressé la *sommation générale*, dont il a déjà

---

(1) *Elucid.*, II, p. 289.
(2) Liv. II, tit. 63, § 9.

---

(1) « Mostrar, em como as (honras) havião o tragião, » est-il dit dans un arrêté postérieur du roi Affonso IV, de l'an 1340, imprimé dans les *Memorias para a historia das inquiriçóes das primeiros reinados de Portugal*, Lisboa 1815, pag. 126. Voyez en outre *Documento*, num. 42, pag. 120.

(2) *Doc.*, num. 43 et pag. 128; *Doc.*, num. 45: « Se nom que as perdessem. »

cté question, mais plusieurs n'y auraient pas non plus obtempéré; en conséquence, lui Affonso IV envoyait maintenant Giraldo Estevez dans ses *comarcas* de Beira et de Tras-los-Montes, afin de supprimer tous les *honras* fondés ou agrandis depuis la dernière *inquirição* (1). » Si nous laissons de côté une *inquirição* de l'année 1343, qui vraisemblablement ne s'appliquait qu'à un petit canton dans la *comarca* Entre-Douro-e-Minho, celle de 1335 fut la dernière mesure générale de ce genre dans l'époque dont nous nous occupons (2).

Les *inquirições* précédentes, à peu près jusqu'à la mort du roi Diniz, concernaient principalement l'affranchissement, pour la noblesse, des impôts et prestations; ce qui peut être signalé ici comme le premier privilége des nobles propriétaires fonciers. Non-seulement ces seigneurs étaient libres de toute contribution envers le roi, mais encore ils levaient eux-mêmes la plupart des impôts auxquels étaient soumis leurs domaines. Ils devaient cette situation à la libéralité irréfléchie des rois précédents. Ces monarques, dans leurs lettres de donation, et dans les chartes des droits locaux, n'avaient pas tardé à déclarer d'une manière générale qu'ils cédaient tout ce qui appartenait aux attributions royales (*direitos reaes*) (3). Bientôt ils firent une distinction entre ces diverses espèces de droits (*direitos reaes, fiscaes* et *servis* — secours volontaires) (1); puis ils énumérèrent les impôts ou prestations qu'ils cédaient aux *donatarios* (2). Mais les nobles n'étant pas encore satisfaits de ces revenus si divers et de la libéralité des souverains, cherchèrent, au mépris de toute raison, à multiplier et augmenter les produits dont ils jouissaient, à étendre et agrandir les effets de la générosité royale; et les monarques se virent réduits à combattre de tels abus. Ainsi se produisit une suite d'*inquirições* que les rois ordonnèrent jusqu'à l'avénement d'Affonso IV, contre l'exercice scandaleux que les nobles prétendaient faire de leurs priviléges.

Vers ce temps, après la mort du roi Diniz, les *inquirições* changèrent insensiblement d'objet; elles furent dirigées contre des abus dont les nobles se rendaient coupables dans l'exercice d'un autre attribut non moins important, celui de la juridiction. Ce privilége leur avait été aussi conféré inconsidérément par les rois précédents dans la concession de propriétés territoriales et la distribution de droits locaux, et souvent de la manière la plus indéterminée. Dans les expressions toutes générales par lesquelles les souverains cédaient tous leurs droits, se trouvait toujours comprise la juridiction. Ils abandonnent *tous leurs droits fiscaux et royaux*. Ils consentent que le *district territorial investi de priviléges soit entièrement soustrait au pouvoir royal, et soit franc et libre pour le donatario; que personne ne puisse mettre le pied dans ce district pour y réclamer quelque chose ou y exercer une action judiciaire* (3). Dans d'autres concessions royales, il est question d'une manière plus précise du transport d'une branche de la juridiction; l'on accorde aux *donatarios*,

---

(1) « ..... Que lance todo en devasso. Peroo, querendo lhis fazer graça em quanto for minha merce, ten ho por bem, e mando, que todas las honras, que nos ditos logares, e comarcas avia ao tempo, que as ditas enquirições forem feitas, que as leixe estar honrradas pela guisa, que fay achado que o eram do tempo, que as ditas enquirições forom feitas. » *Memorias para a historia das inquirições das primeiros reinados de Portugal*, Lisboa 1815. *Documento*, num. 42.

(2) Sur une *inquirição* toute particulière sous le règne de Fernando, voyez *Memorias das inquirições*, etc., p. 137.

(3) Voyez des exemples dans les *Memor. da Acad. real*, t. VI, p. 143, not. b; et *Monarch. Lusit.* t. V, escrit. 36.

---

(1) *Memorias da Acad. r., ibid.*, p. 144, not. a.

(2) Les rois avaient coutume de se réserver certains impôts, la *adua* par exemple, comme revenus inaliénables de la couronne.

(3) *Memorias da Acad. real*, t. VII, p. 157.

voze, calumnia ou *carritel*, c'est-à-dire le droit d'appliquer des peines aux délits. Mais, dès le commencement du royaume, il ne manque pas de donations royales dans lesquelles est conférée expressément aux *donatarios* la faculté d'instituer des juges et des alcaides en leur nom (1). Il paraîtrait même qu'ils furent autorisés à nommer des tabelliães (notaires) (2). Dès les premiers temps du royaume, on pourrait trouver des exemples du droit d'exercer la correiçâo, autant qu'il peut être transporté à des vassaux (3), sur des sentences émanées de juges qui avaient été institués par des *donatarios*.

En général les dispositions des premiers rois sur la totalité ou partie de la juridiction qu'ils cédaient aux nobles avec les domaines, étaient vagues et indécises : à une époque de simplicité dans les rapports civils, alors que l'on manquait de lois ou qu'elles étaient défectueuses, que la jurisprudence était encore incomplète, l'expérience toute nouvelle et incertaine, l'on ne saisit pas l'importance de l'objet, ni les conséquences graves que cette négligence et cette incertitude devaient entraîner après elles. Dans les derniers temps de cette période au contraire, dans les concessions de la couronne, chaque partie et l'ensemble de la juridiction conférée sont désignés avec d'autant plus de précision, qu'avec les progrès des relations civiles les complications et les actions judiciaires devenaient plus nombreuses ; que le droit romain pénétrant dans le code, dans la salle du conseil royal et dans les cours de justice, réclamait une séparation plus tranchée entre les questions et les ressorts, une gradation déterminée dans les tribunaux, une procédure formelle et rigoureusement réglée ; que les rois, instruits et en même temps favorisés par un concours de circonstances, veillaient avec plus d'attention et un zèle plus jaloux sur les droits de leur couronne ; que des abus et des anomalies de toute espèce dans les domaines soumis à l'autorité des seigneurs investis du droit de rendre la justice semblaient rendre nécessaires une intervention du pouvoir royal et une limitation de la juridiction seigneuriale, et peut-être même fournissaient un prétexte désiré pour restituer à la couronne ce qui jadis en avait été détaché sans réflexion, ou que les nobles avaient usurpé. Dans les actes de concession des derniers rois de cette époque, particulièrement de Fernando, on en voit un seul accorder la juridiction civile, d'autres abandonnent la juridiction criminelle. Dans quelques-uns, l'appel est réservé en général ; dans d'autres, seulement pour les affaires criminelles et pour la correiçâo ; dans d'autres encore, la juridiction royale dans son ensemble est conférée avec le *mero e mixto imperio*, avec le *senhorio alto e baijo* (1).

La plupart des concessions les plus éten-

---

(1) Add. aux *Mem. da Acad. real*, t. VI, 2, p. 158.

(2) En répondant à quelques propositions faites dans les cortès de Santarem de 1340, le roi Affonso IV dit : « Ouve sobre esto seu convelho com doutores, e com letrados, e com outros; e achou que de direito os senhores das ditas cidades, e villas, e lugares nom podiam poer tabellioens em esses lugares; e que elle tam solemente os podia poer em seus reinos, em cada cidade, e villas, e lugares : e diz que como quer que elle esto podia fazer, ouve por bem de se sofrer disto em quanto sà merce fosse, e a quem fosse sà merce; e ordinhou, e mandou aos senhores das ditas villas quando ouvessem de poer tabellioens em esses lugares, que escolhessem taaes, que fossem pare esse officio, e que os enviassem hu el fosse, para seerem hi examinados, pelo seu chanceller se eram taaes, que fossem para esse officio, e para jurarem em sa chancellaria artigos, que o dito senhor fez em razô dos tabellioens do seu senhorio. »

(3) Sur la correiçâo, voyez plus bas.

(1) C'est ainsi que le roi Fernando, en 1373, confère au maître de l'ordre du Christ, Nuno Rodriguez, la juridiction royale avec l'*imperium merum et mixtum* dans tous les domaines et toutes les localités de l'ordre, et déclare que les corregedores ne doivent pas y mettre les pieds, et que les tabelliães doivent être institués par le maître de l'ordre et non par le roi. *Memor. da Acad. real*, t. VI, 2, p. 164.

ducs de ce genre se rencontrent sous un règne où la mollesse d'un roi énervé, les passions capricieuses et l'ambition d'une reine impudique amenèrent de grands maux sur le pays. Nous verrons bientôt comment le roi Fernando se trouva réduit lui-même à prendre des mesures contre ses propres fautes. Déjà antérieurement Affonso IV s'était trouvé poussé à intervenir contre la juridiction abusive des *donatarios*. Dans les cortès de Santarem en mai 1331, les communes se plaignirent que les prélats, les ordres et les fidalgos, au mépris de la défense de son père, eussent fondé de nouveaux *honras*, ou agrandi les anciens, accueillissent dans leurs circonscriptions des bannis et des malfaiteurs, se refusassent à livrer les coupables, à les produire devant les tribunaux, et repoussassent les suppôts de la justice royale qui voulaient les saisir. Les communes prièrent le roi de mettre un terme à un abus qui leur causait tant de mal. Affonso IV répondit qu'il avait déjà arrêté des dispositions contre la fondation de nouveaux *honras* et l'extension donnée à ceux qui existaient, qu'il avait défendu d'y accueillir des malfaiteurs, ordonné que ces gens fussent saisis par des hommes de la justice royale et livrés aux tribunaux (1). En effet, au mois de février de cette même année, des plaintes s'étant élevées parce que divers sujets établis sur des *honras* n'avaient pu appeler au roi de leurs juges locaux, et que des criminels avaient été reçus dans l'étendue de ces domaines, le roi Affonso IV avait chargé ses corregedores au delà du Douro, en vertu de son droit arbitral, de signifier aux seigneurs des coutos qu'il avait toujours été d'usage de livrer aux juges royaux les criminels, ou de permettre qu'ils les saisissent eux-mêmes. Lui-même enjoignit aux officiers royaux, en cas de refus, de pénétrer dans les *honras*, d'appréhender les coupables et de les châtier. Il menaçait les sei-

gneurs justiciers indociles de la perte de leurs honras (1) ; il ordonnait aux juges dans les *coutos*, sous des peines corporelles et pécuniaires, de laisser arriver à lui les appels ainsi qu'il était d'usage pour les autres lieux du royaume ; car, suivant la coutume, on devait d'abord appeler aux seigneurs. Dix ans plus tard (14 décembre 1341), sur l'opposition des fidalgos aux principes posés par le procureur royal dans les inquirições, Affonso IV rendit un décret de conciliation, en vertu duquel les fidalgos qui fourniraient la preuve qu'au temps de la *sommation générale*, ils possédaient leur juridiction depuis soixante-dix ans, la conserveraient selon les termes bien fixés, pourvu que du côté du roi le contraire ne fût pas mieux démontré encore. D'ailleurs cette disposition ne pouvait s'appliquer aux juridictions sur lesquelles il y avait déjà eu décision, ni à celles qui n'auraient pas été bien établies à l'époque de la sommation générale (2). Enfin en 1343 (3) parut une loi d'Affonso IV qui réglait en général les rapports de juridiction dans les *coutos* et les *honras*, et déclarait la suppression de tous les *honras* qui avaient été fondés ou étendus, à partir de vingt années avant la mort du roi Diniz jusqu'à la publication de ladite loi (4). Il paraît qu'Affonso IV

---

(1) Agradamento 43 des cortès de Santarem, dans les *Ordenações do rey Affonso*, liv. II, tit. 5°, § 1, 2.

(1) « Ça devem elles saber, que razom e dereito he, que pois elles non uzam como devem das graças e merces, que lhes o reys fezeram em esses coutos, e honras, que devem perder as ditas graças e merces, que elles sobresto ham : e que lho estranharees nos corpos, e nos averes, assy como aquelles, que fazem embargo, e defeza por se nom comprir direyto, e justiça. » Voyez l'acte dans les *Memor. para a hist. das inquir. Doc.*, num. 44, p. 127.

(2) Voyez l'acte dans les *Memor. para a hist. das inquir. Doc.*, 45, p. 128.

(3) 1344, d'après une autre leçon.

(4) La loi fut insérée dans le code affonsin (liv. III, tit. 50), d'où elle fut transportée dans le code de Manoel (liv. II, tit. 40), puis dans le code de Felipe (liv. II, tit. 48). La modification qui se trouve dans le code de Manoel : « E aguellas que novamente foram feitas, ou acrecentadas,

réussit enfin, par sa persistance et son énergie, à opposer pour le reste de son règne des barrières aux usurpations de la puissance judiciaire des seigneurs territoriaux.

Son successeur Fernando ne possédait pas assez de force pour maintenir ces limites; il augmenta même encore le mal par de nombreuses concessions; la plupart des plus étendues des derniers temps viennent de son règne, ainsi qu'on l'a déjà remarqué. Déjà, dans les cortès de Lisbonne de 1371, dans la quatrième année de son règne, les communes élevèrent des plaintes sur les monstrueux abus de la justice des grands; le roi promit d'y remédier (1). Des plaintes produites par les hommes recommandables des villes et des bourgs du royaume sur les oppressions qu'ils supportaient par les abus de la juridiction civile et criminelle de quelques comtes, ricos homens et fidalgos, auxquels le roi avait concédé des localités, déterminèrent, dans l'année suivante (17 août 1372), un rescrit royal (2), qui se proposait de redresser les griefs, et doit être considéré comme l'avant-coureur de la loi dont il va être question, par laquelle furent réglés pour longtemps et bien fixés les rapports de juridiction des donatarios, et leurs relations avec la justice royale; les dispositions les plus essentielles de cette loi se trouvent déjà dans ledit rescrit. Cependant elle n'eut pas le résultat espéré. Ce fut là l'objet principal des travaux et des résolutions des cortès d'Atougia en 1375; ce fut la cause qui détermina même la loi du 13 septembre 1375, insérée dans le recueil postérieur (3), autorité décisive durant des siècles dans ces matières; aussi peut-on ici s'occuper de sa substance et de son esprit.

Le roi déclare d'abord qu'en conférant des domaines avec la juridiction et le mero y mixto imperio, il s'est réservé expressément ce qui appartient à la haute souveraineté royale, et qu'il n'a jamais eu d'autre intention, sinon que chacun exerce la juridiction à lui concédée selon son état et le degré de sa dignité.

Les dispositions dans les chartes de concession doivent être expliquées selon les personnes auxquelles elles sont adressées; dans les concessions aux infants, à l'almirante, à l'alferes mor (leurs noms sont rappelés) et au cloître d'Alcobaça, les concessionnaires, en vertu de la disposition qui leur donne la juridiction civile et pénale, peuvent prononcer eux-mêmes ou par leurs ouvidores sur les questions civiles ou criminelles qui sont portées des juges locaux devant eux par voie d'appel; puis l'appel ou la plainte est porté de ce degré au roi. Mais, dans une affaire criminelle, ils ne peuvent prononcer sur une plainte ou une simple dénonciation, ni par correição, ni en vertu de leur charge, ni d'aucune autre manière. Ils n'ont pas davantage la faculté de rendre des arrêtés contenant des dispositions pénales. Ils ne peuvent connaître des cas concernant la levée d'impôts au profit du roi, ou les sujets élus et appelés au service royal (les acontiados), ou enfin les biens des églises et des prébendes. Cette interdiction s'étend à des personnes de tout état et de tout rang, qui possèdent la juridiction temporelle dans quelque partie du royaume que ce soit.

Outre les personnes nominativement désignées, puis le prieur de Crato (1), le maître de l'ordre de Calatrava, nul n'est investi de la juridiction temporelle, civile ou criminelle,

---

des a era de Cesar de mil e trezentos e cincoenta e tres annos, quesam de Christo mil e trezentos e quinze pera ça, mandamos que sejam de todo devassas, » ne s'accorde pas toutefois avec les vingt années en question précédant la mort du roi Diniz.

(1) *Ordenaç. Aff.*, liv. v, tit. 50, § 2, 3; et tit. 100, § 5.
(2) *Memor.* p. a *hist. inquir. Doc.*, 48, p. 133.
(3) *Ordenações Affons.*, liv. II, tit. 63; *Orden. Manoel*, liv. II, tit. 26; *Orden. Felip.*, liv. II, tit. 45.

(1) « Pascoal Jose de Mello Freire, *Dissertação historico juridica sobre os direitos e jurisdicção de grão-prior do Crato, e de seu provisor*. Obra posthuma. Primeira edição, Lisboa, 1809, p. 72, § 151 css.

qu'il ne prouve qu'il la possédait au temps de l'édit général d'Affonso IV, ou dans la suite, ou qu'elle lui a été conférée par ce roi, et que depuis il n'a pas franchi dans son exercice les limites de la concession. Car sans doute, continue le roi, il paraît conforme au bon sens, au droit naturel et civil, que la juridiction, dont la possession et la manifestation font éclater surtout le pouvoir et la souveraineté de notre principat, que les rois tiennent de Dieu de la loi religieuse et de la loi des hommes comme le signe de la domination suprême, ne soit départie à aucun autre dans notre royaume, ne puisse être exercée par nul autre que nous ou ceux auxquels nous la confions, ou que nous élevons au plus haut rang après nous, comme les susnommés, qu'il peut nous plaire d'en investir (1).

Quiconque manque aux prescriptions établies ici perd toute la juridiction qu'il possède; elle retourne à la couronne; s'il n'en possède aucune, il voit tomber en forfaiture tout ce que le roi lui a concédé.

Et la correição, dit le roi, étant au-dessus de toute juridiction, comme quelque chose concernant la haute et suprême souveraineté territoriale (senhorio), à laquelle tous sont soumis, étant liée au principat du roi, qui ne peut en aucune façon s'en dépouiller; il est défendu à qui que ce soit d'exercer la correição ou d'instituer un corregedor. Car le pouvoir et l'autorité des corregedores ne peuvent passer d'un sujet qui en a été investi par le roi, au moyen de concession ou de priviléges, ou en vertu de la succession ou de la coutume, à un autre qui, justement, est lui-même soumis à cette correição (2). Les meirinhos et corregedores doivent, sous peine de perdre leur charge, exercer la correição au moins deux fois par an dans les districts où la juridiction est possédée par un particulier, ainsi que l'on a coutume de le faire dans tous les domaines du roi. Quiconque empêche ou s'efforce d'empêcher cette action, perd par le fait même le district et la juridiction, ainsi que toute autre concession.

Il n'est permis à personne, dans quelque district que ce soit, d'instituer un tabellião; faculté qui appartient au roi seul. Pour honorer les personnes ci-dessus désignées, qui par leur rang s'approcheraient de très-près du roi, et auxquelles les faveurs dont est question ont été accordées, il leur fut permis de choisir pour lesdites places les sujets par elles jugés capables, et de les envoyer au roi, afin qu'ils fussent examinés, et reçussent l'attestation nécessaire pour le service. Quiconque exerce les fonctions de tabellião sans l'autorisation du roi, a encouru la peine de mort (1).

Tout sujet, de quelque état et de quelque rang qu'il soit, qui n'observe pas les prescriptions de la loi, ou s'y oppose, est puni par la perte de toute juridiction, haute et basse.

Ainsi le roi Fernando fut obligé de limiter

---

(1) Nous avons cru devoir rapporter textuellement ce passage caractéristique.

(2) On trouve également dans un acte du 18 mai 1379 (moins de deux ans après la publication de la loi) : « De mim o infante D. Joham, filho do... reg D. Pedro, a vos Affonso Fernandes de figueiredo men corregedor..... villa nova das infantes, que he na minha terra de Saa, riba de Visella. » *Memor. da Acad. real*, t. VI, 2, p. 167.

(1) Par la disposition sur les tabelliães, comparée avec la déclaration ci-dessus d'Affonso IV, dans les cortès de Santarem en 1340, on voit que Fernando fit des restrictions essentielles quant à ces fonctionnaires. Non-seulement il n'accorde qu'aux infants et aux grands désignés la faculté d'instituer des tabelliães, qu'Affonso IV avait attribuée au roi seul, mais en se montrant disposé ensuite à laisser ce droit aux donatarios qui en sont en possession; mais ces grands priviligiés doivent envoyer au roi les tabelliães par eux choisis, non pas afin qu'ils soient seulement examinés par le chancelier royal, comme Affonso IV l'avait déjà ordonné, mais à l'effet de recevoir l'autorisation royale pour exercer leur charge au nom du roi et pour le roi. L'histoire des tabelliães de ce temps est intimement unie à celle de la souveraineté territoriale : elles marchent toutes deux du même pas. Elles marquent en quelque sorte la situation du pouvoir royal.

ses propres concessions, et de reprendre d'une main plus encore qu'il n'avait donné de l'autre. Si précédemment des rois, pour arrêter les abus des donatarios, et préserver les droits de la couronne, de leur propre mouvement opposèrent des digues à l'envahissement, Fernando fut poussé, par les plaintes hautement exprimées du peuple, à rectifier ses propres erreurs, à repousser des attaques et réprimer des désordres que lui-même avait causés par sa faiblesse et sa folle prodigalité. Le peuple s'accoutuma de plus en plus à voir dans la royauté un pouvoir protecteur; et instruit par l'oppression que lui faisaient subir les seigneurs justiciers, s'il voyait ce pouvoir menacé par les nobles orgueilleux, il regardait comme un devoir pour lui de le défendre et de le conserver. Il aimait mieux voir la juridiction entre les mains du roi que dans celles des seigneurs; et, à une époque où ce privilége commençait à devenir important, ceux-ci le perdirent peu à peu, et le virent passer à mesure du côté du souverain suprême.

Si les ricos homens jouissaient de droits, de franchises, d'immunités et du pouvoir judiciaire, ils avaient des devoirs pénibles à remplir en temps de guerre; et, dans la confusion où se trouvait l'Etat lorsqu'ils acquirent à l'origine leur autorité et leur influence, ils avaient en grande partie mérité leurs priviléges et leurs libertés. Ces devoirs, à la vérité, entraînaient des distinctions qui faisaient paraître légères dans ce siècle, aux yeux des classes supérieures, les charges auxquelles elles étaient attachées; ces devoirs semblaient même des espèces de priviléges.

De même que le roi avait des vassaux en campagne, le rico homen avait aussi les siens; et, comme celui-ci se rendait à l'appel du roi pour la défense du pays, lui-même voyait ses gens obéir à sa convocation. Toutefois, le rico homen n'était obligé de se trouver en campagne sous les drapeaux que si le roi marchait en personne à la guerre (1).

La bannière et la marmite (pendão e caldeira) étaient les insignes particuliers de la puissance et de la dignité des ricos homens. C'est par ces emblèmes qu'ils indiquaient la faculté de mener leurs vassaux à la guerre; la marmite, représentée même sur l'étendard, annonçait leurs richesses et les ressources dont ils disposaient pour entretenir leurs vassaux (1). C'était une grande distinction, dans les premiers siècles, d'être *vasallo d'el rei;* car, jusqu'au temps de Pedro, le fils, petit-fils ou arrière-petit-fils d'un fidalgo de naissance (de linhagem), pouvait seul être vassal du roi (2) : la situation du rico homen n'était pas moins recommandable; car parmi ses vassaux il comptait même des cavalleiros (3).

De même que les ricos homens, en qualité de chefs et de commandants de troupes, formaient le conseil de guerre du roi, en temps de paix ils étaient aussi ses conseillers naturels. Dans toutes les affaires importantes de l'Etat et du gouvernement, ils étaient consultés par le roi qui, en profitant de leurs

---

(1) Le rico homen pouvait bien marcher au secours d'un roi étranger, si la patrie n'avait pas besoin de ses troupes.

(1) De là la locution *dresser la marmite* (guisar caldeira), pour donner l'entretien aux soldats. Dans la très-ancienne église de Santa-Maria Saboraso se trouvaient encore tout récemment des pierres tumulaires sur lesquelles étaient sculptés des insignes militaires, parmi lesquels on remarquait des marmites suspendues à des lances, et dans les couvents de Batalha et d'Alcobaça sont conservées depuis la bataille d'Aljubarrota des marmites d'une dimension extraordinaire. *Monarch. Lus.*, liv. 8, cap. 21. *Elucidario*, verbo *Caldeira;* et *Memor. da Acad. r.*, t. VI, 2, p. 176, not. c.

(2) « ..... Porque naquelle tempo se não costumava ser vasallo senão filho, neto, o bisneto de fidalgo de linhagem. » Lopes, *Chron. d'el rei D. Pedro.*

(3) *Memor. da Acad. real,* t. VI, 2, p. 175, not. a. Les femmes des ricos homens s'appelaient ricas-donas, et jouissaient des distinctions des condeças et baronezas; on donnait également aux femmes des vassaux nobles le titre de vasallas.

idées et de leurs avis, donnait un plus grand poids à ses résolutions dans l'opinion publique; car la déclaration solennelle que les choses se faisaient avec le concours de ses conseillers, ajoutait à sa propre décision l'autorité de la volonté générale des grands du royaume (1).

Malgré la pénurie de renseignements sur ce corps de conseillers, le vague et l'incertitude de son organisation intérieure, il est impossible de méconnaître les caractères fondamentaux et la grande importance de ce conseil. Ses membres sont en partie des prélats, en partie de hauts fonctionnaires séculiers de l'Etat, des chefs des diverses branches de l'administration, de la justice et de la guerre, en partie des officiers de la cour et de la couronne (2). Des lettrés se trouvent parmi eux dès les premiers temps, seulement en petit nombre ; mais il y a des hommes d'une expérience consommée à la guerre, des ricos homens indépendants, qui dans leurs domaines étaient eux-mêmes en quelque sorte des souverains, et jouissaient d'une autorité trop grande dans le royaume, pour que le roi dans les graves affaires de l'Etat se permît d'agir sans les consulter. Si souvent ces derniers vivaient la plus grande partie du temps dans leurs seigneuries, si les chefs des provinces s'y tenaient ordinairement, néanmoins pour des délibérations et des mesures d'une haute importance, ils se rassemblaient, à ce qu'il paraît, à la cour. En temps de paix, la cour était le centre du gouvernement et de l'administration ; dans la guerre, c'était le point d'où partaient les ordres pour les opérations militaires; en tout temps s'y préparaient les instructions pour les employés de la cour et de l'Etat (1). Un nombre assez considérable de jeunes nobles y étaient élevés (criados) (2), y achevaient leur éducation militaire et chevaleresque, se formaient aux belles manières; se préparaient pour les carrières élevées, pour les missions diplomatiques. Durant des siècles, la cour fut la haute école de la noblesse.

Officiers de l'Etat et de la couronne. — Homens d'el rei. — Clericos e fysicos d'el rei.

Parmi les personnages qui entourent le roi se présentent d'abord à nous, dans ces siècles de guerre, l'alcaide mor ou les alcaides mores et l'alferes mor. Le premier avait le commandement supérieur des places fortes et des forteresses, ainsi que des districts indépendants ; il était obligé de les pourvoir d'hommes, d'armes et de vivres, et en temps de guerre de les défendre par

---

(1) Dans une concession du roi Sanche au chapitre d'Alcacer, il est dit : « De consensu et auctoritate meorum procerum. » Dans la concession de Tavira à l'ordre de Santiago, il est dit : « De mea spontanea voluntate et de assensu meorum ricorum hominum. » Dans des actes du roi Affonso III : « Cum consilio suorum ricorum hominum, et suorum filiorum-d'Algo, etc.» Memor. da Acad. real, t. VII, p. 366, not. c. Elucidario, t. II, p. 289.

(2) Ainsi le roi Diniz dit dans une loi de 1282 : « E en sobre estas cousas ouve conselho com o iffante D. Affonso meu irmão, e com o conde D. Gonçalo, e com..... meu moardomo, e com..... meu chanceller, e com D. Duram bispo de Evora, e com..... bispo do Porto, e com..... bispo de Tuy..... e com..... alcaide de Santarem (la loi fut donnée à Guarda) e com..... meu porteiro mayor, e com.... meus sobrejuizes, e com outros do me conselho, etc. » Il y a plus d'exemples encore dans les Memor. da Acad. real, t. VII, p. 366, not. c.

(1) L'expression scola pour désigner le haut entourage du roi, comme on la trouve dans des actes des premiers temps, serait plus significative dans ce sens qu'elle ne doit avoir été prise et entendue ensuite. Au reste il est déjà question de la scola sous le comte Henrique. Dans le foral de Coïmbre donné par lui, on lit : « Qui presentes fuerunt : omnis scola comitis, e omne concilium de Colimbria. » Elucid., II, p. 307.

(2) Voyez Elucidar., t. I, p. 318.

tous les moyens. Il prêtait serment de fidélité entre les mains du roi, et la moindre négligence dans la défense des places à lui confiées était punie sur lui comme un crime de lèse-majesté. Il est excessivement rare de rencontrer dans les fonctionnaires des exemples de fautes dignes de châtiment; au contraire, nos yeux sont fréquemment frappés par de magnifiques images de fidélité touchante et de dévouement passionné. En raison de l'importance des postes dont nous nous occupons, on ne les confiait qu'à des hommes sur lesquels on pouvait compter, d'une grande autorité et de noble naissance (1). Dans les premiers temps, les alcaides mores qui s'étaient élevés avec le royaume sont souvent nommés prætores, en ce sens qu'ils présidaient en même temps à la justice civile et à la justice criminelle dans leurs ressorts; mais on reconnut bientôt les inconvénients d'une telle réunion de la force militaire avec l'administration de la justice (2); et déjà le roi Diniz, dans plusieurs foraes, interdit à l'alcaide mor la participation aux actes judiciaires (3). Pour le cas de l'absence du souverain, il fut permis à l'alcaide mor de nommer, dans une place ou un château à lui soumis, un alcaide menor ou pequeno, qui devait lui prêter serment d'obéissance comme son lieutenant (lugar-tenente) (1).

En campagne et à l'armée, l'alferes mor se tenait le plus près du roi (2). Il recevait de lui les ordres, et les transmettait aux chefs et commandants; sa charge réunissait primitivement toutes les fonctions qui furent ensuite attribuées au connétable et au maréchal, après que le roi Fernando eut institué ces dignitaires (3). A partir de ce moment, il perdit le droit de rendre la justice dans le camp, qui passa aux deux emplois de création nouvelle, et il dut bientôt se borner à porter la grande bannière royale, dont les autres porte-drapeaux devaient suivre les mouvements (4).

Dans l'ordre civil du gouvernement, le chancelier, dont l'existence nous est prouvée par des actes dès le règne de la reine Thérèse (5), occupait la première et la plus haute magistrature à la cour. Il avait à rédiger les arrêtés royaux et les chartes des foraes. Son autorité était aussi grande en Portugal qu'en Espagne, et les fonctions qu'il remplissait dans ce dernier royaume paraissent avoir servi de modèle pour fixer ses attributions dans la partie la plus occidentale de la Péninsule (6). Comme le roi,

---

(1) Quelques foraes exigent que l'alcaide mor soit cavalleiro fidalgo, « Que vingasse 500 soldos. » *Elucidario*, I, p. 73.

(2) « Porem era de opressão muitas vezes este governo dos alcaides mores; porque tendo os presidios, e outras jurisdicções de alcaidaria mor, fazião algumas vexações aos concelhos; a de ordinario havia contendas sobre as jurisdicções, etc. » Francisco Brandão, *Monarch. Lusit.*, t. v, liv. 16, cap. 62.

(3) Dans le foral que le roi Diniz donna à la villa real de Panoias, il dit : « E se el rei quizer fazer alcacer, deve hy metter se alcaide, que o guarde, e sique a justiça nos juizes, e nom haver a alcaide hy parte, salvo em guardar seu castello. » *Memor. da Acad. r.*, t. VI, 2, p. 191, additamentos.

(1) *Ibid.*, p. 178, not. a. *Elucidario*, I, p. 73.

(2) La place qu'occupe sa signature dans les actes royaux indique suffisamment son haut rang. Voyez les appendices dans les *Mem. da Acad. real*, t. VI, 2, p. 179, not. a. Il signe tantôt simplement signifer, tantôt signifer regis, signifer curiæ, regis vexillifer.

(3) *Ordenações Affons.*, liv. I, tit. 52 et 53.

(4) *Ordenações Affons.*, liv. I, tit. 26, § 3 et 4.

(5) Dans la carta de couto que Thérèse donna au couvent de Pandorada en janvier 1123, il est dit : « Menendus cancellarius reginæ notavit. » Dans beaucoup d'actes tirés du règne d'Affonso Henriques, dès le moment où il s'intitule infant, son chancelier signe Pedro Moniz.

(6) « Chanceller es el segundo official de casa del rey de aquellos, que tienem officios de poridade. Ca bien assicomo el capella es medianerô entre dios, el rey, etc. » *Partida* II, tit. 9,

les infants avaient aussi leurs chanceliers.

Parmi les officiers de la maison royale, le mordomo mor est toujours considéré comme le premier. Semblable pour les fonctions et la dignité aux majores domus d'autres pays, on les voit paraître au commencement de la monarchie (1), et il est appelé tantôt mayordomus, tantôt dapifer, dispensator domus regiæ, même princeps curiæ, comes palatii.

Immédiatement après ce premier officier de la maison royale s'en présentent dans cette époque d'autres qui se sont conservés jusqu'aux temps modernes. Ainsi l'esmoler mor (grand aumônier) au temps du roi Fernando, Fr. João d'Ornelas, depuis abbé d'Alcobaça. Dès lors les abbés d'Alcobaça furent revêtus de cette charge, et prirent ensuite, d'après Francisco Brandão (2), le titre d'esmoler mor. Ils avaient la faculté qu'ils exerçaient ordinairement de nommer esmoler un moine qui, en cette qualité, remplissait leurs fonctions (3). Le reposteiro mor, nommé pour la première fois sous Affonso II, avait l'inspection de la vaisselle d'argent, etc., jusqu'à ce que ces soins fussent confiés plus tard au camareiro mor (4); le porteiro mor (portarius mayor, le receveur principal des revenus de la couronne), dont il est question à partir d'Affonso II; le meirinho mor du royaume, qu'il ne faut pas confondre avec les meirinhos mores des comarcas, officier d'un grand pouvoir (5); le monteiro mor, qui avait la haute direction de la chasse aux bêtes sauvages (casa de montaria), et le falcoeiro mor (grand fauconnier), qui inspectait la fauconnerie (volateria) (deux places qui furent réunies plus tard); le copeiro mor (grand échanson), etc.

Quant à d'autres charges de cour, le titre ou les fonctions sont tombés par la suite dans l'oubli. A ces titulaires appartiennent le covilheiro de la reine et des infants, dont l'emploi, à partir du temps du roi Diniz, répondait plus ou moins à celui de la dona da camaras d'aujourd'hui (1); le parceiro mor, inspecteur des châteaux et bâtiments royaux dans le royaume, plus tard appelé veador mor das obras, et récemment provedor das obras. Dans chaque édifice royal habitait un parceiro menor, qui en avait l'intendance. Pour d'autres places, l'affixe mor n'était pas en usage. Dans les voyages des rois, le caminheiro et le pousadeiro veillaient à procurer les objets dont on avait besoin et à faire préparer les logements ; l'eychão, l'escansão et le saguiteiro s'occupaient des vivres et de la table (2).

---

liv. 3. Ces désignations sont passées textuellement dans l'*Ordenação Affonsina*, liv. I, tit. 2.

(1) Le premier mayordomus qui est nommé dans un acte de 1112 s'appelle Gomizo Nunes. *Elucid.*, II, p. 152.

(2) *Monarch. Lusit.*, t. v, liv. 17, cap. 19.

(3) *Memor. da Acad. real*, t. VI, 2, p. 131.

(4) *Ibid.*, p. 132. *Elucid.*, II, 285.

(5) « ..... Homen poderoso, que possa fazer razoadamente as cousas notavees, e de grande peso, quando lhe pelo rey forem encomendadas. E especialmente perteence a seu officio prender algũs fidalgos, e homẽes de grende estado, ou alevantar forças, e desaguisados feitos per homẽes de semelhante maneira, quando lhe pelo dito senhor, ou seu conselho specialmente he mandado, ou for reguerido per algũa official de justiça nos casos, onde el per sy nom for poderoso pera a fazer. » *Ordenaç. Affons.*, liv. I, tit. 60.

(1) « Il entretenait, dit l'auteur de la *Chronique du roi João Ier*, des femmes qui nettoyaient les habits de la reine et des infants, et les parfumaient, et pour cela s'appelaient covilheiras. » Les covilheiras (de cubiculum, comme cubicularias ou camareiras) gardaient les vêtements, et avaient soin de faire tenir en état de propreté tout ce qui appartenait aux personnes de la famille royale. Le roi João supprima les covilheiras auprès des infants.

(2) Ces trois charges sont désignées par les signatures d'un acte de l'an 1222. L'eychão (écrit aussi ychão et uchão) avait soin de tout ce qui concernait la salle à manger; l'escansão devait verser le vin dans le verre et le présenter, au roi. Ses fonctions répondaient à celles du grand échanson établi plus tard (copeiro mor) et du comes sanciarum des Wisigoths. Les traces du scancius ou scancionarius et scancio se retrou-

Les employés inférieurs de la cour étaient compris sous l'expression générale de *homens* d'el rei (1) ; parmi les serviteurs de la cour, ceux qui étaient chargés de procurer, de surveiller et de conserver les vivres s'appelaient *ovençaes* (2); ils étaient divisés en supérieurs et inférieurs, et dès le règne d'Affonso II leurs rapports et leurs fonctions étaient réglés.

Pour les besoins religieux du roi et de la cour était institué le *capellão mor*, qui, dans les premiers temps du royaume, lorsque les souverains tenaient ordinairement leur cour à Guimarães, était en même temps prieur de l'église collégiale de ce lieu, alors *capella real* (3). Le roi Diniz établit le premier que dans le château royal les *horæ canonicæ* seraient lues régulièrement, et à cet effet il entretint une chapelle spéciale (4).

Il y avait une différence entre ces ecclésiastiques qui s'acquittaient du service divin dans la chapelle de la cour, et les *clerigos d'el rei*, les *clerigos da rainha*, ou les *frades d'el rei*, *frades da rainha*. Supérieurs aux laïques par diverses connaissances et par les travaux de la plume, ces clercs étaient employés par les souverains à la rédaction des arrêtés royaux, des actes de concessions, des lettres de grâce, etc. (1). Ils fournissaient leurs services aux rois pour l'expédition de diverses affaires de gouvernement et d'administration (2) ; ils servaient même assez ordinairement de notaires publics. Afin que ces *clerigos* pussent se consacrer sans partage à de telles occupations étrangères à leur véritable vocation, les rois leur obtenaient du pape une permission spéciale. Ainsi le pape Clément V accorda au roi Diniz pour cinq années que dix *clerigos letrados* qui étaient à son service pussent toucher les produits de leurs prébendes et de leurs cures, à l'exception des distributions quotidiennes. Son successeur, Jean XXII étendit cette faculté à cinq autres années par une bulle du 8 juillet 1317. Enfin une bulle de 1325 abandonna ces dix clercs au roi Affonso IV pour un temps illimité (3).

Les médecins personnels du roi, *medicos* ou *fysicos d'el rei*, étaient aussi ordinairement des ecclésiastiques qui avaient étudié l'art de guérir à de hautes écoles étrangères (4). Assez souvent ils étaient

---

vent encore aujourd'hui dans Beira et Minho, où l'on appelle celui qui verse le vin *escançao*, et l'action de verser *escanciar* ou *escanziar*. *Elucid.*, I, p. 412. Le *saguiteiro* ou *zaquiteiro* avait l'inspection des boulangeries (*saguitaria*), et se trouve dès 1225 sous Sancho II.

(1) De même que, dans les actes de ce temps, on trouve les serviteurs d'un évêque, d'une abbesse, désignés sous le nom de *homens de bispo*, *homens da abadessa*. *Memor. da Acad.*, t. VI, 2, p. 186.

(2) D'*ovença*. D'après l'*Elucid.*, II, p. 191 : « Officina destinada para os particulares usos de huma casa. »

(3) Le comte Henrique présenta pour premier prieur de cette chapelle son premier médecin (*fysico mor*) Pedro Amarelo.

(4) Dans les châteaux de plaisance que les rois firent construire dans le royaume, furent érigées de ces sortes de chapelles.

(1) Dans une charte du roi Diniz de 1305 : « El rey o mandou por Domingos Martins seu clerigo, ouvidor dos seus feitos. » Ribeiro, *Dissert. chronolog.*, t. I, p. 297.

(2) Parmi ceux qui confirmèrent le *foral* de Vilarinho que le roi Diniz donna en 1287, se trouve au nombre des *clerigos d'el rei* Vicente Martins thesoureiro d'el rei. Très-ordinairement ils étaient *ouvidores dos seus feitos*. A un interrogatoire ordonné par Affonso IV en 1339 assistait du côté du roi, entre autres : F. Affonso frade de S. Francisco, *escrivão d'el rei*. *Memor. da Acad.*, t. VI, 2, p. 106, not. a.

(3) Sousa, *Provas da Hist. geneal.*, t. II, p. 752.

(4) Le chanoine régulier D. Mendo Dias fut le premier qui, au temps de Sancho Ier, enseigna publiquement l'art de guérir en Portugal. Pendant que Gonsalo Dias était prieur de Santa-Cruz, il ordonna que l'un de ses *canonici* qui étudiaient à Paris se fît graduer en médecine pour professer ensuite à Santa-Cruz. Mendo Dias résolut de se rendre aux désirs du prieur, et se consacra à cette tâche.

en outre investis des emplois les plus importants à la cour, comme le témoignent beaucoup de signatures, et ils étaient récompensés de leurs services par les meilleures abbayes et les plus riches prébendes (1).

Le roi. — La succession au trône.

Parvenus de degrés en degrés jusqu'au sommet de l'édifice politique, ce serait maintenant le lieu d'exposer les droits de la couronne et les attributions de la puissance royale, telles qu'elles se développèrent à cette époque. Mais alors elles n'étaient pas encore légalement déterminées et fixées. Leur accroissement est bien sensible; mais cet accroissement même ne permet pas d'en mesurer la hauteur et l'étendue. Le progrès ne fut nullement régulier; tantôt lent, tantôt rapide, parfois même il semble arrêter sa marche; l'arbre de la royauté est comprimé, flétri ou favorisé par les circonstances, la personnalité des souverains fait qu'il est négligé ou cultivé avec soin. Il est de la dernière évidence que la puissance royale se manifestera selon sa nature et son action, sa mesure et son étendue, si, à côté d'autres forces dans l'Etat, avec lesquelles elle entre souvent en conflit, elle peut se mettre librement en mouvement, et déployer la vigueur qui est en elle. Comme les tableaux suivants ont pour but de montrer ce jeu et cette action, ils doivent reproduire en même temps les dispositions et les tendances du temps qui ont contribué à fortifier et accroître la puissance royale, comme à concentrer l'unité de l'administration publique. Mais ici l'attention doit se fixer au moins un instant sur la base de la royauté, qui à cette époque paraît avoir été suffisamment fixée et réglée, la succession au trône.

L'Etat portugais doit son origine au comte Henri de Bourgogne; sans ce seigneur, probablement il n'y aurait jamais eu un royaume de Portugal. Comme la naissance de l'Etat était attachée à sa personne, son développement immédiat pour arriver à une existence réelle et indépendante fut l'œuvre du comte. Chaque pas que fit Henri vers ce but marquait un progrès du pays dans la carrière. Dans la première division de cet ouvrage, nous avons suivi le fil de cette indépendance se déroulant peu à peu selon les vues de la prudence humaine, mais dirigée par une main supérieure que certains esprits appellent le hasard, avançant ainsi autant que les ténèbres des temps et la courte pénétration des hommes le permettaient; nous avons atteint la dernière marche touchant au trône royal, sur laquelle Henri se dresse en s'intitulant, par la grâce de Dieu, *comte et seigneur de tout le Portugal*. Après la mort de Henri, sa veuve, *la reine du Portugal*, ainsi qu'elle se nomme elle-même, se charge de gouverner, parce que son fils Affonso Henriques est encore mineur. En face de la Castille, elle se maintint avec un esprit viril; mais envers son fils et sa propre maison, elle montra une faiblesse plus que féminine. Ses rapports coupables avec le comte Fernando furent sur le point de faire perdre au jeune Affonso Henriques son bon droit à la succession. Cette crainte détermina le jeune homme, âgé de dix-huit ans, à se déclarer majeur. La coutume et l'opinion de ses contemporains paraissaient se prononcer pour cet âge de majorité (2), et vraisemblablement une prolongation de régence aurait été fatale au nouvel Etat. L'é-

---

(1) « ..... He muito vulgar serem naquella epoca os medicos, ou fisicos d'el rey clerigos, e encontraremse remunerados com as melhores abbadias, prebendas, e beneficios, ainda sem serem do padroada real, porcartas de recomendação de seus amos..... continuando no mesmo exercicio. » *Nov. Hist. de Malta*, p. 11, § 223.

(2) « Erat jam grandævus ætate, » dit la *Chron. Lusit.*, æra 1166.

nergie personnelle d'Affonso, soutenue par de bons conseillers et des grands puissants, donna du poids et une force exécutive à cette déclaration. Dès lors la majorité fixée à dix-huit ans resta comme un point de fait. Le personnage ainsi appelé à l'activité politique et les motifs de la détermination le recommandaient également. Ce que fit ensuite Affonso Henriques durant le règne de cinquante-sept ans qu'il avait ouvert par un acte d'une si haute signification, dans lequel étaient contenues tant de promesses, ce qu'il exécuta pour donner à son peuple et à son État cette même indépendance qu'il s'attribua dès sa première jeunesse, tout cela a été déjà exposé dans l'histoire de son règne avec les circonstances qui pouvaient le mieux faire ressortir l'importance et l'élévation d'un tel but. Sous ce monarque, le Portugais lutta dans des guerres incessantes pour sa nationalité, pour l'indépendance de son pays et de ses princes, et le Portugal devint assez grand et assez fort pour parer de la couronne royale celui qui s'en était rendu digne.

Dès lors il parut absolument nécessaire, et ce fut un objet recommandé de bonne heure par l'expérience à Affonso Ier, de régler la succession au trône; l'incertitude de cette succession pouvait facilement mettre en danger l'œuvre accomplie avec tant d'efforts et avec une si grande effusion du sang le plus généreux. La succession au trône fut déterminée dans les cortès de Lamego. Les dispositions fondamentales qui furent arrêtées sur cet objet se reproduisirent dans les actes de dernière volonté des rois suivants (1). On n'a conservé aucune disposition testamentaire du comté Henri; il n'en reste pas davantage de sa veuve. Affonso Ier a laissé un codicille (1) qui ne contient rien sur la succession au trône. Le plus ancien testament que l'on ait conservé est de Sancho; il y établit que son fils aîné Affonso doit recueillir le royaume (2). Affonso II s'exprime absolument de même dans ses dernières volontés, et fixe en même temps d'une manière toute spéciale l'hérédité dans la ligne masculine jusqu'à l'extinction de toutes ses branches; après quoi la succession au trône doit passer à la ligne féminine. Il règle même la régence pendant la minorité de l'héritier du trône (3). Sancho II déclara

---

(1) Caetano do Amaral dit avec raison: « He improprio, e inutil a todo o Portuguez entrar na averiguação da veracidade de hum monumento, cujo contendo esta autenticamente recebido como a nossa lei fundamental. A qualquer estranho, que pertenda dar valor aos argumentos de supposição deste documento, bastara responder, que não depende delle a prova da successão hereditaria de nosso throno; havendo autras tão irrefragaveis, que bem poderião servir de norma a quem forjasse tal monumento, a ser forjado. » *Mem. da Acad.*, t. VIII, p. 363. P. Jos. de Mello Freire a recueilli les points principaux relatifs à la succession du trône dans ses *Institut. Jur. civ. Lusit.*, lib. III, tit. 9, § 3, not. Il fait d'abord cette remarque: « Ex Lamœcensi lege tota fere quanta est de regni successione quæstio pendet, cui omnino conjungendæ regni traditiones, et usus, et regum quoque testamenta, quamvis hæc non eadem, sed multo minore auctoritate valeant, cetera, quæ hæc facere videntur. »

(1) Sousa, *Provas da Histor. geneal.*, t. VI, p. 573, addicçoes. *Prova* para o tom. I, liv. 1, cap. 2.

(2) « Imprimis mando, ut filius meus rex donnus Alfonsus habeat regnum meum, etc. » Tiré des archives royales et inséré dans les *Mem. da Acad.*, t. VII, p. 344.

(3) « Imprimis mando quod filius meus infans D. Sancius, quem habeo de regina D. Urraca, habeat regnum integre et in pace. Et si iste mortuus fuerit sine semine legitimo, major filius, quemcumque habuero de regina Urraca, habeat regnum meum integre et in pace. Et si filium masculum non habuero de regina D. Urraca, filia mea infans D. Lianor, quam de ipsa regina habeo, habeat regnum. Et si in tempore mortis meæ filius meus vel filia, qui vel quæ debuerit habere regnum, non habuerit roboram, sit ipse, vel ipsa, et regnum in potestate vassalorum meorum, quousque habeat roboram. Et si in die mortis meæ, filius meus, vel filia, qui vel quæ loco meo regnaverit, roboram habuerit, mando ad meos ricos homines, qui de me tenent, vel tenuerint meos cas-

qu'à défaut, ou après la disparition de descendants légitimes mâles et femelles issus de lui, ses frères, et après ceux-ci ses sœurs seront habiles à succéder au trône selon le droit de primogéniture; il s'occupe, comme Affonso II, de la régence pendant la minorité de l'héritier du trône (1). On sait déjà comment ce prince sans enfant eut pour successeur son frère aîné, qui n'attendit pas la fin de la vie de ce roi. Ce même Affonso III (2), et plus tard le roi Diniz, nommèrent, en prenant les mêmes précautions que leurs devanciers (1), leurs fils aînés pour successeurs. Il nous suffit ici de rappeler seulement que le roi Affonso III, en citant son fils Diniz, à la dénomination de *premier-né* ajoute ordinairement l'expression *héritier* (2), tandis que sous les premiers rois et pendant leur vie leurs fils se nommaient rois, et leurs filles reines (3), et que le roi Affonso II introduisit l'usage d'appeler les princes infants, et les princesses infantes (4).

Le roi et les cortès.

Si nous rassemblons maintenant les points les plus importants sur l'origine des cortès, leur formation, leurs rapports avec le roi, et la valeur de leurs résolutions, après avoir déjà fait mention de plusieurs de leurs réunions, de leurs actes et de leurs décisions, nous ne faisons que suivre la marche naturelle du développement des choses humaines, qui toujours laisse la pratique précéder la théorie, les faits marcher avant l'observation. Si nous n'avions voulu emprunter aux temps postérieurs les traits les plus caractéristiques et les meilleurs éclaircissements, nous aurions été si peu en état d'exposer une théorie un peu satisfaisante de cette institution, que maintenant même, à la fin de

---

tellos, quod dent ipsos castellos filio meo, vel filiæ, qui vel quæ loco meo regnaverit, quando roboram habuerint, sicut darent illos mihi. » *Ibid.*

(1) « Imprimis mando quod si ego habuero filios de muliere legitima, major eorum habeat meum regnum integre, et in pace, et si filios masculos non habuero de muliere legitima, et habuero inde filias, major earum habeat meum regnum integre, et in pace, et si filium legitimum vel filiam legitimam non habuero, mando quod frater meus D. Alfonsus habeat meum regnum integre et in pace; et si ipse mortuus fuerit sine filio legitimo, vel sine filia legitima, mando quod frater meus infans D. Fernandus habeat meum regnum integre et in pace; et si ipse mortuus fuerit sine filio legitimo vel sine filia legitima, mando quod soror mea infans D. Lianor habeat meum regnum integre et in pace. Et si tempore mortis meæ filius meus, vel filia, vel frater, vel soror, qui vel quæ debuit habere regnum non habuerit roboram, sit ipse, vel ipsa, et regnum in potestate meorum vassalorum, quousque habeat roboram. Et si in mortis meæ filius meus, vel filia, vel frater, vel soror, qui vel quæ loco meo regnaverit, roboram non habuerit, mando ad meos ricos homines, qui de me tenent vel tenuerint meos castellos, quod dent ipsos castellos filio meo, vel filiæ meæ, vel fratri, vel sorori, qui vel quæ loco meo regnaverit, quando roboram habuerit, sicut darent eos mihi. » *Ibid.*

(2) « Mando regna mea, scilicet Portugaliæ et Algarbii dono Dionysio meo filio, quod habeat illa post mortem meam. » *Ibid.*

(1) « Mando ao infante D. Affonso meu filho, e meu hereo, e aos seus successores, que depois el virem..... rogo, e mando ao infante D. Affonso, meu filho, ou aquel, que depois mim herdar nos ditos regnos de Portugal, e do Algarve.....» *Ibid.*

(2) Cette dénomination resta en usage jusqu'au temps du roi Duarte.

(3) Voyez dans *Nova Malta Port.*, P. I, p. 152, not. 79. Francisco de Berganza signale le même usage en Castille, dans ses *Antiguidades de Espana*, liv. v, cap. 17, n. 226, p. 458; et cap. 36, n. 412, p. 559 et 560.

(4) Voyez *Nova Malta Port.*, P. I, l. c.

cette époque, nous sommes obligés de nous avancer dans la suivante et d'y prendre des faits pour composer notre tableau. Ce qui nous jette en partie dans cet embarras, c'est que d'abord il n'y avait pas d'états pour ainsi dire, leur existence était incertaine et chancelante ; et puis nous n'avons que des renseignements bien incomplets, laissés par les contemporains et mis en lumière par les hommes de nos jours. Pour conduire cet être fictif de la représentation nationale jusqu'au temps de son plus grand développement, jusqu'au moment où ses traits se dessinent de la manière la plus nette, il est essentiel avant tout de reprendre la constitution et l'administration primitive de l'Etat. Car il ne faut pas négliger un rouage moteur principal de la machine politique.

Les premiers germes des assemblées d'états en Portugal doivent être cherchés, à quelques égards, sur le sol étranger, et aussi dans les temps antérieurs à l'histoire du Portugal. A cette extrémité occidentale de la Péninsule, nous trouvons les cortès comme un fait, peu de temps après la naissance du royaume. L'Espagne en général, en y comprenant la portion de territoire qui s'en détacha sous le nom de Portugal, est la terre d'où elles sont sorties ; c'est à l'Espagne qu'appartient donc l'histoire de leur premier développement, autant que l'on peut attribuer à un seul pays ce qui fut le produit commun de l'esprit et du mouvement de la civilisation de plusieurs peuples. Seulement, pour ne pas laisser entièrement ce fait sans explication quant au Portugal, on peut ici se livrer à un certain examen à ce sujet.

Nous trouvons les germes des réunions des états dans les conciles nationaux et provinciaux du temps des Wisigoths ; car d'assemblées générales telles qu'elles apparaissent chez d'autres populations germaniques, on ne saisit nulle trace certaine ; et ce n'est pas ici le lieu d'exposer la cause de cette différence. Nous les trouvons bien encore en partie dans la réunion du conseil des grands ecclésiastiques et séculiers à la cour du roi, assemblée qui forme moins un conseil de cour qu'un conseil d'Etat. Ici encore c'étaient les plus hautes classes qui fournissaient les éléments des assemblées ; seulement dans les conciles les prélats soutenaient principalement les intérêts du clergé en masse et de l'Eglise, tandis que les membres du conseil royal n'exerçaient que des droits individuels, et ne cherchaient à protéger les droits des diverses classes de la noblesse, qu'autant qu'ils y étaient personnellement intéressés. Dans ces assemblées, le roi ordinairement était présent, sans pourtant que les délibérations affectassent les droits de la couronne ; les votes des grands assistants pouvaient encore rappeler le souvenir de ces temps où les rois n'étaient que les premiers parmi leurs égaux.

Les conciles nationaux étaient convoqués par le roi, et la convocation même des synodes provinciaux, qui suivant les règles devait se faire par le métropolitain, émanait en partie aussi du roi. Souvent il assistait en personne aux assemblées, leur posait les objets de délibération, et laissait à leur décision ce qu'il avait proposé, ou ce qu'il songeait à établir, ou demandait leur adhésion ou confirmation. Ce n'étaient pas exclusivement les affaires de l'Eglise qui déterminaient la réunion ou qui occupaient l'assemblée. Avec les règles canoniques les lois fondamentales de la succession au trône étaient fixées, les prétentions à la couronne examinées sous le point de vue de leur légitimité, la déposition et le détrônement d'un roi consacrés ; des lois civiles nouvelles étaient données, d'anciennes modifiées, confirmées ou abolies ; des peines étaient prononcées sur de graves délits, des dispositions adoptées sur des sujets qui rentraient dans le droit public et le droit privé. Ordinairement les grands de la cour étaient tous présents dans ces assemblées, surtout depuis le septième siècle ; et ils signaient les délibérations adoptées, non plus comme simples témoins. Le concile publiait ses résolutions tantôt comme des ordres du chef suprême de l'Etat, tantôt comme des décisions que le roi confirmait chaque fois, ou par sa simple signature, ou par une loi spéciale qu'il rendait à cet effet (1). Néanmoins nous devons tenir ces assemblées pour religieuses; le but de leur convocation, l'objet et la destination de leurs délibérations étaient surtout de nature religieuse.

Toutefois il s'y mêla de bonne heure des éléments séculiers, et dans l'indécision des vues et des idées sur les limites des puissances spirituelles et temporelles, il ne fallait pas s'attendre à une fixation précise des attributions de l'assemblée, du cercle de ses délibérations, de la valeur de ses résolutions, quand bien même le clergé, alors dans la plénitude de son pouvoir, n'aurait pas franchi les limites de son autorité. Sous les yeux mêmes du roi et des grands laïques, peut-être même à cause de leur présence, qui facilitait et assurait ses mouvements, il étendait son action sur des affaires temporelles comme sur les spirituelles, et ses décisions dans de pures questions civiles, qui étaient agitées et résolues avec d'autant plus de force, grâce au concours de la puissance temporelle, devenaient les sources du droit civil, et pour le cas où il s'agissait du pouvoir épiscopal, les sources du droit canon (2).

A partir de l'invasion et des conquêtes des Arabes, l'élément séculier tendit chaque jour à se fortifier. L'autorité resta bien au clergé; mais sa puissance réelle fut brisée, l'Église opprimée, son action dispersée. Les Arabes étaient des conquérants doux; mais c'étaient toujours des vainqueurs, et de plus des infidèles. Si le clergé avait dominé précédemment, maintenant ce fut la noblesse qui, dans les luttes sanglantes avec les Arabes,

acquit la haute importance et se rendit nécessaire. Son autorité grandit dans les camps, où souvent le prélat, sans appui, se réfugiait sous la protection des armes. Les assemblées qui portaient le nom de conciles devinrent plus rares, furent convoquées ordinairement par le roi et tenues sous sa présidence. Des prélats et des grands séculiers les composèrent; et si les derniers n'y paraissaient pas en plus grand nombre qu'autrefois, néanmoins, au milieu de telles circonstances, ils y étaient bien plus influents. Le roi et les grands durent s'apercevoir de cet état de choses; les évêques s'en ressentirent. En outre, la nécessité des temps ordonnait de songer davantage aux choses de la terre, de délibérer souvent sur les objets temporels et de les régler. Un sentiment confus du juste, un plus haut respect, la force de la coutume plaçaient bien au premier rang tout ce qui tenait au spirituel et à l'Eglise; mais les besoins de chaque jour, la force des choses et l'empire des circonstances imposaient l'obligation de s'occuper d'une infinité de dispositions temporelles. On commençait dans les assemblées par traiter les objets religieux, puis on faisait suivre les affaires concernant le roi, et l'on terminait par les questions où il s'agissait du peuple (1). Peu à peu le peuple lui-même s'approcha pour être témoin de ce qui était agité et réglé pour son bien (2). La dénomination de conciles resta à ces as-

---

(1) Les preuves à l'appui de chacune de ces données se trouvent dans les travaux et les résolutions des conciles de cette époque, dans les notes au § 12 du traité *Sobre o estado civil da Lusitania*, etc., por Ant. Caetano do Amaral, dans les *Memor. de Litter. Port.*, t. VI, p. 167 et suiv.

(2) Ant. Caetano do Amaral, l. c., p. 181, not. 91.

(1) Dans le concile bien connu de Léon, en 1020, il est dit au second chapitre : « Ut in omnibus conciliis, quæ deinceps celebrantur, causæ Ecclesiæ prius judicentur, etc. » Cet ordre fut suivi aussitôt. Après que les questions religieuses ont été vidées dans les cinq premiers chapitres, le sixième commence par ces mots : « Judicato ergo Ecclesiæ judicio adeptaque justitia, agitur causa regis, deinde causa populorum. » Avant le huitième chapitre se trouve ce titre : « Alia decreta ejusdem concilii ad regimen populorum spectantia. » Ce sont les quarante-deux suivants : le tout contient quarante-neuf chapitres. *Esp. Sagr.*, t. XXXV, p. 342.

(2) Ant. Caetano do Amaral, dans les *Memor. de Litter. Port.*, t. VII, p. 135, § 35.

somblées ; mais leur nature était devenue toute autre.

Telle était la situation des choses, lorsque la petite contrée qui fut appelée dès l'origine Portugal se sépara de l'Espagne, pour arriver peu à peu à former un royaume indépendant. Il était né sous les armes, il grandit sous les armes. L'existence du nouvel Etat dépendait du courage et de la valeur de la noblesse, ainsi que son extension et la défense de ses frontières toujours menacées. Si la noblesse espagnole avait déjà grandi par la lutte contre les Maures, la noblesse portugaise devait encore acquérir une plus grande importance ; car sa mission de protéger et d'étendre un Etat naissant, faible et incertain, était plus difficile et plus glorieuse. Et avec cette noblesse le roi forma sa suite, sa cour et son conseil, concentrant sur un point ce qui jadis était dispersé, isolé, en suivant une bannière éloignée, lorsque la contrée appartenait encore à la Castille. De plus, l'entourage du roi ne se régla pas sur la mesure étroite du pays. Il prit pour modèle la cour de Castille. Maintenant que la noblesse mettait un si grand poids dans la balance, combien devait changer dans les conciles le rapport des voix temporelles aux spirituelles ! Toutefois, dans les premiers temps du royaume, il ne put guère être question de concile, suivant le sens primitif de ce mot. Il n'y avait que peu d'évêchés et de chapitres ; encore étaient-ils fort pauvres ; il fallait d'abord conquérir les circonscriptions des diocèses. Dans les assemblées générales, exigées par les besoins du temps, du peuple et de l'Etat, et convoquées par le roi, parurent les prélats, prenant en main les intérêts de l'Eglise et de ses serviteurs, et agissant aussi en partie comme conseillers royaux ; mais les grands nobles et séculiers s'y trouvèrent également, comme défenseurs indépendants des droits de leur ordre ; on y vit également la nombreuse cour composée en grande partie des nobles laïques, et le roi avec son autorité souveraine sur le territoire.

Cependant un troisième ordre s'étant élevé insensiblement, et acquérant chaque jour de nouvelles forces, s'était formé en communes. D'abord on n'y prêta nulle attention dans les assemblées publiques ; plus tard les prélats, en présence du roi et des grands, traitèrent de ses intérêts ; puis on regarda comme une sorte de faveur qu'une partie du peuple écoutât ces délibérations. Plus d'un siècle encore s'écoula avant que le troisième ordre envoyât des députés tirés de son sein aux états du royaume, pour y exposer ses désirs et ses besoins, maintenir ses intérêts et les défendre contre l'avidité des ordres supérieurs. Mais le développement complet du troisième ordre n'a provoqué rien de plus que l'existence communale. Aussitôt que les habitants des localités plus grandes se furent formés en corporations, ils sentirent et comprirent la force que leur donnait cette union. Et une telle union devint encore plus intime et plus vigoureuse, lorsque les droits locaux qui leur furent conférés par leur seigneur territorial ou justicier les enveloppèrent d'un lien plus fortement tissu, leur procurèrent des priviléges et des libertés qui les élevèrent à une situation où ils présentaient l'aspect d'une individualité complexe. Le droit d'élire dans leur sein leurs fonctionnaires, leurs juges, était en même temps l'expression et la garantie d'une existence qui sous beaucoup de rapports pouvait passer pour indépendante. Le sentiment d'orgueil qui dut sortir de ces formes publiques acquit une certaine consistance, lorsque sous la protection de la constitution communale une activité plus ardente et plus assurée, une ardeur industrielle plus multipliée, des relations animées et fréquentes étendirent le bien-être, et accumulèrent des capitaux dans une population plus pressée. Ces ressources pécuniaires fondèrent tout d'abord des besoins mutuels et une certaine dépendance réciproque, qui s'accrurent de plus en plus par le cours du temps entre le roi et les communes. Tandis que les prestations et les impôts qu'elles devaient fournir au roi rappelaient plus puissamment aux communes leurs obligations envers le monarque, qui seul était en état de les protéger contre les oppressions de nobles puissants, le roi, en raison de l'insuffisance de ses revenus pour les besoins croissants de la cour et de l'État, pouvait à peine se dissimuler les rapports de dépendance dans lesquels il se trouvait à l'égard des grandes communes, qui seules lui offraient de l'argent comptant. Plus les communes avaient la conscience de leur valeur, plus elles se voyaient en état d'exécuter de grandes choses avec leurs ressources, plus leur désir était vif et pressant d'avoir accès et voix dans ces assemblées où se traitaient des choses qui les intéressaient si fortement. D'un autre côté, le roi devait souhaiter, dans ces réunions où étaient résolues des entreprises ou des établissements qui ne pouvaient s'exécuter sans moyens pécuniaires, de voir assister ceux-là mêmes qui seuls pouvaient fournir et procurer de telles ressources. Des députés de villes comme Porto, qui étaient en état d'équiper un certain nombre de vaisseaux, dans un temps où il n'y avait pas encore de flotte royale, durent être extrêmement bien accueillis, dès que l'établissement d'une force maritime parut nécessaire. En outre, le roi, dont les intérêts étaient si souvent d'accord avec ceux du troisième ordre, trouvait un appui auprès des villes, quand il s'agissait de repousser les demandes insolentes et les prétentions orgueilleuses de la noblesse ou du clergé. Enfin, tant qu'il n'y eut pas d'autorités publiques pour les diverses branches d'administration à la tête des provinces, et qu'il y eut peu ou point de fonctionnaires proprement dits, on manquait d'organes pour porter à la connaissance du chef suprême de l'État les maux et les abus qui réclamaient des remèdes, les besoins dont la satisfaction était grave et pressante; il n'y avait qu'à faire entrer dans les assemblées ceux qui connaissaient ces maux et ces besoins, et les prendre dans l'ordre qui était le plus intéressé au redressement des griefs, et dont on ne pouvait méconnaître plus longtemps l'importance toujours croissante (1). Ainsi il arriva que des fondés de pouvoirs des principales communes prirent place dans les cortès à côté des deux ordres supérieurs. Ils se présentent dès les premières assemblées en Portugal, et ne disparaissent plus ensuite.

En dépit de ces formes représentatives, les premières cortès sont si peu distinctes des réunions des conseillers du roi, des évêques et des grands de la cour, que l'on ne saisit pas la différence au premier coup d'œil. Une même dénomination désigne assez souvent les cortès (curiam), qui étaient appelées aussi concelhos ou ajuntamentos (1), et l'assemblée des grands et des conseillers de la cour. Les premières étaient consultatives comme celle-ci; et de même que dans les décisions et les ordonnances rendues par le roi, après avoir délibéré avec les évêques et les grands de la cour rassemblés, sont employées les expressions, « sur l'avis et avec l'agrément (2), » ainsi dans les premières cortès, lorsqu'il est question de leur concours, on trouve ces mots : « *concelho, consulta, consenso*, etc...; le roi, au contraire, se sert des termes : *ordenaçâo, determinaçâo, vontade.* » Si, relativement aux cortès, il existe une différence dans les expressions, dit Caetano do Amaral, elle est toute en faveur du pouvoir royal; car, si les besoins et les circonstances déterminaient la convocation des états, et que l'on recueillit les votes des communes, leur opinion se produisait dans des *representaçôes* et *supplicas*, tandis que dans les réunions spéciales et les délibérations il n'est question que de *pareceres* (avis) (3). Nous ne voulons pas donner trop de gravité à de tels traits; toutefois la concordance de tous les termes s'appliquant à ces rapports des états avec le roi ne peut manquer

---

(1) *Deducçâo chronol.*, pelo doutor José de Seabra da Sylva, t. I, div. 12, § 669 et 674. *Memor. da Acad. real das scienc.*, t. VII, p. 371.

(1) Voyez dans les *Mem. da Acad. real*, t. VII, p. 371.

(2) *Ibidem*, p. 366, not. c.

(3) Tandis que les communes, lorsqu'elles poursuivent le redressement d'abus, se servent ordinairement de la locution : *Pedir por merce*,

d'être signalée, surtout dans un siècle où l'éloquence diplomatique ne s'était point encore raffinée et réduite en locutions creuses et en vaines formules de courtoisie.

Dès les premiers temps, la convocation, l'ajournement ou la dissolution des cortès dépendirent de la volonté du roi; il les réunissait quand il lui plaisait. Avant la proclamation du code Affonsin, il n'y avait aucune époque fixée pour la convocation régulière des états. Dans les cortès de 1371, les états demandèrent bien au roi Fernando qu'il les réunit tous les trois ans; mais le roi répondit qu'il les convoquerait quand cela lui paraîtrait convenable pour le bien et le salut du pays. Dans l'année suivante (1372), elles furent rassemblées deux fois.

Les cortès étaient convoquées par lettres royales (cartas convocatorias) qui étaient expédiées dans une seule et même forme, et adressées aux grands et aux possesseurs des domaines avec juridiction, aux alcaides mores, aux conseillers royaux titulaires, en général à tous ceux qui avaient siège et voix dans les assemblées (1).

A côté de la noblesse et du clergé, les communes se présentent dans les cortès, non pas toutes, mais seulement celles qui par leur foral ou un privilége particulier avaient droit d'y siéger et d'y voter. Chaque commune instituée élisait ses procureurs, deux pour l'ordinaire; il se trouve aussi des exemples de quatre procureurs (cortès d'Evora 1325), de deux et un tabellião (cortès de Santarem, 1331 (2).

Une revue rapide des objets mis en discussion, et sur lesquels il était pris des résolutions dans les diverses assemblées des cortès de cette époque, pourrait montrer de la manière la plus claire et la plus sûre ce qui entrait dans le cercle de leurs attributions. Affonso Ier convoqua les cortès à Lamego pour se faire reconnaître par elles et rendre hommage en qualité de roi, et avec leur concours rédiger et proclamer des lois sur la succession au trône, l'acquisition et la perte de la noblesse, le châtiment des crimes. Affonso II réunit les états du royaume à Coïmbre en 1211, à l'effet de rendre des lois générales. Les cortès de

---

Le roi emploie communément la formule : *Qual nossa merce fosse* et *Fazer graça*, et comme ces expressions sont en usage dans les suppliques et les concessions, on les retrouve aussi dans les travaux législatifs, toutes les fois que le roi et les états s'expriment en face l'un des autres. Des exemples produits par Caet. do Amaral, un seul ici pourra suffire. Dans une ordonnance de 1261, Affonso III s'exprima ainsi envers les cortès de Coïmbra : « Cum ego Affonsus III incepissem facere monetam meam, prout mihi de jure et de consuetudine licere credebam, prelati, barones, religiosi et populus regni mei, sentientes inde se gravari, et dicentes quod ego nec de jure nec de consuetudine hoc facere poteram nec debebam, *petierunt humiliter* super hoc curiam convocari, et quid inde fieri et servari debeat, in ipsa curia definiri. Et ego ad eorum *instantiam* feci archiepiscopum, et omnes episcopos et barones, religiosos et communitates regni mei apud Colimbriam convenire : ubi cum inter me et eos super premissis fuisset in ipsa curia diutius disceptatum ; ego post multos et varios tractatus hinc inde habitos, super eis de communi et voluntario consensu meo, et omnium predictorum... de consilio totius curiæ meæ, una cum uxore mea regina dona Beatrice... et filia nostra infantissa doña Blanca, taliter *declaro*, *ordeno*, *statuo*, et *firmiter concedo* per hanc meam cartam in perpetuum valituram, etc. » L'avis du conseil royal et l'agrément des cortès sont encore mentionnés dans les états du siècle postérieur. Dans les capitulos des cortès de Guarda de 1465, il est dit : « E mas quaaes cortes geraaes — dettreminamos com acordo do nosso consselho, e das ditas cortes alguas cousas, etc.» *Collecção de ineditos de Histor. Port.*, t. III, p. 393.

(1) La plus ancienne *carta convocatoria* se trouve dans les chapitres spéciaux de la *camara* de Santarem, qui furent présentés dans les cortès que tint dans cette ville le roi Affonso IV en 1331. *Memor. para a hist. das cortes que em Portugal se celebrarão*, pelo visconde de Santarem, Lisb. 1828, Part. I, p. 7.

(2) J. Pedro Ribeiro, dans les *Memor. de Litter. Port.*, t. II, p. 50.

Leiria en 1254, sous Affonso III, furent tenues à l'effet de prendre des mesures pour le commerce et d'autres objets intéressant la prospérité publique; celles de Santarem en 1273 pour des affaires religieuses, d'autres à Lisbonne en 1285; au même lieu en 1301, et à Porto en 1328, sur les inquirições des honras; d'autres à Guimaraens en 1308 sur les honras, les patronats et d'autres objets; à Evora en 1325, sous Affonso IV, pour rendre hommage à ce monarque, à son avénement au trône, et adopter diverses mesures d'utilité commune; à Santarem en 1334, pour délibérer sur le mariage du prince; dans le même lieu en 1340, à l'effet de redresser les griefs des communes sur certains actes des ecclésiastiques; à Elvas sous Pedro, pour établir des règlements tendant à l'amélioration de l'agriculture, de la navigation, du commerce, etc.; à Lisbonne en 1372 sous Fernando, pour agiter des questions importantes de finance et de justice; à Atougia en 1376, afin de prendre de nouveaux arrêtés pour le développement et la sécurité de la navigation et du commerce maritime (1).

Les propositions écrites que les députés des villes et des bourgs appelés en cortès présentèrent dans l'assemblée des états, furent appelées d'abord aggravamentos. Elles portèrent encore ce nom dans l'introduction aux actes des cortès d'Evora en 1325. Depuis les dernières cortès sous le règne d'Affonso IV jusqu'aux cortès que tint João 1ᵉʳ à Guimaraens en 1401, on les appela artigos; depuis les cortès de Santarem en 1401, capitulos (2).

Si ces articles étaient d'un intérêt général pour tout le royaume, ou s'ils étaient produits au nom de tous les procureurs du troisième ordre, on les appelait *généraux*, et *particuliers* s'ils ne concernaient qu'une province ou une commune, ou étaient présentés au nom de cette province ou de cette commune.

Les réponses et décisions sur les articles généraux et particuliers que présentaient les états étaient signées tantôt par le roi, tantôt par les ministres de sa maison et ses conseillers; parfois leur proclamation se faisait au nom du roi, et alors les propositions elles-mêmes étaient répétées; il arrivait aussi que le roi les faisait connaître par l'organe de ses ministres.

Les rescrits royaux aux propositions générales et particulières faites par les états avaient toujours force entière de lois, sans qu'ils eussent été publiés suivant les formes affectées aux dispositions législatives. On ne pouvait leur opposer aucune carta ou alvara dont le roi n'aurait pas été informé, et il fallait pour prévaloir sur eux une *carta de graça* expédiée par les ministres de la maison royale, et contenant la suppression expresse de ces rescrits du roi (1). Les rois confirmaient souvent leurs premières réponses sur les plaintes élevées dans les cortès mêmes par les communes contre des fonctionnaires qui osaient enfreindre ces résolutions royales (2).

Des décisions que le roi rendait sur les articles des cortès, il fallait donner des copies

---

(1) Santarem, *Mem. para a hist. das cortès*, P. I, p. 3.
(2) Santarem, P. II, p. 7.

(1) Cortès de Lisbonne en 1352.
(2) Cortès d'Elvas en 1361, de Lisbonne en 1372. Ribeiro, dans les *Mem. de Litter. Port.*, t. II, p. 53. Dans les cortès de Lisbonne de 1352, le roi Affonso IV dit : « Item ao que dizem no 23 art: que recibiao agravamento dos navos almoxarifes, e escrivaaes, e dos outros nossos officiales, que lhes nom queriam guardar as merces; que lhes nos fezemos nas primeiras cortes, que fezemos em Santarem; e que outro si saaem cartas da nossa chancellaria em contrario dellas. Respondemos; que nos praz que' lhes sejao guardadas, e mandamos aos nossos almoxarifes escrivaes, e officiaes, que lhas guardem, e nom lhos vaom contrellas, e nom valha carta, que contra ellas for dada, salvo de graça, e dada por os nossos paaçose, fazendo em ella menςom daquello que far ordenhado nas ditas cortes. » *Mem. da Acad. real*, t. VII, p. 377.

aux procureurs des villes et des bourgs; car c'était alors le moyen par lequel les lois et les prescriptions royales étaient publiées par tout le royaume (1).

Outre ces articles des communes, on a conservé encore des plus anciennes cortès quelques articles de la noblesse et du clergé, généraux ou concernant simplement un district ou un diocèse, ayant rapport à l'intérêt particulier de l'un de ces deux ordres. Les articles particuliers des ecclésiastiques ou des prélats sont appelés improprement par des écrivains portugais concordats du clergé et du roi, quoiqu'ils ne diffèrent pas essentiellement des articles que présentaient les deux autres ordres (2).

Encore bien que des actes et des résolutions des cortès de cette époque, qui attendent encore la publication dans les archives du Portugal (3), on pût tirer des faits pour préciser certains renseignements, combler certaines lacunes, compléter certaines formes indécises, et jeter de la lumière sur certaines parties de l'institution enveloppées encore de ténèbres, les cortès de cette première période nous paraissent toujours très-défectueuses dans leur constitution, et d'une allure chancelante. Ce fut peut-être à cause de la rare apparition de gouvernants énergiques dans cette époque que les cortès n'arrivèrent point à un développement régulier, à une situation bien nettement dessinée. La majorité des rois ne laissant voir que de l'irrésolution dans leurs volontés et leurs efforts, les états du royaume furent rarement appelés à seconder le pouvoir législatif, à censurer des abus négligés, à presser des réformes trop longtemps ajournées, à développer et fonder leurs attributions, à établir et régler leur mode d'action. Dans un siècle où des expériences et non des théories provoquaient l'activité des états, dirigeaient leurs vues et leurs mesures, des actes de faiblesse ou des erreurs saisissantes pouvaient seuls réclamer une intervention plus décidée des cortès et leur faire gagner une position qui donnait un point d'appui à leur impulsion et une empreinte plus caractérisée à leur conduite.

On ne trouve en quantité des marques de cette intervention que dans des temps bien postérieurs; toutefois la période actuelle ne nous laisse pas sans enseignements. La plupart des assemblées des cortès tenues sous le roi Diniz, sous Affonso IV et Fernando, ont des vues et une attitude bien différentes. Diniz et Affonso IV, doués tous deux d'une force active, et animés de sentiments paternels pour leur pays, réunissent les états afin de détruire avec leur concours des abus fortement enracinés, par exemple les désordres des honras, et discuter des lois propres à favoriser la prospérité publique. Fernando, malgré ses bonnes intentions, dépourvu de constance et de fermeté, esclave de ses caprices et de ses emportements, donne bientôt occasion à des inquiétudes et à des plaintes; la funeste influence de la reine et de ses favoris, certains événements scandaleux à la cour laissent redouter un plus sombre avenir encore, et le caractère du roi ne donne aucun motif de tranquillité, aucune garantie. Si dans les réunions des cortès sous Diniz les volontés des états et du roi avaient concouru au même but, sous Fernando, cortès et roi se montrèrent comme des puissances en lutte, et tandis que celui-ci (comme on l'a vu plus haut) parle de la souveraineté et de la plénitude du pouvoir royal, et prétend que les réponses royales aux propositions des cortès doivent être considérées purement comme des émanations de sa grâce (1), les communes de leur

---

(1) Ainsi Affonso IV, à la fin des cortès de Santarem en 1331, dit : « Das quaes graças e merces mandei dar o traslado ao concelho da cidade de silves, scelado com seu scelo de chumbo. » *Memor. da Acad. real*, t. VII, p. 377.

(2) Ribeiro, dans les *Memor. da Litt. Port.*, t. II, p. 51 et 52.

(3) Ribeiro, l. c., p. 55.

(1) « A este artigo respondemos, e mandamos, querendo fazer graça e merce ao nosso poboo, etc. » Cortès de Lisboa, 1371, art. 75.

côté adressent au roi des demandes telles qu'on n'en avait pas encore entendu de pareilles dans la salle d'assemblée des états, font entrer des objets entièrement nouveaux dans le cercle de leurs attributions, cherchent à limiter les prérogatives de la couronne, et se déclarent fréquemment contre la restriction et l'infraction de leurs propres droits toujours plus étendus.

Nous pensons ne pouvoir donner une idée plus nette et plus fidèle de la situation des cortès et nommément du troisième ordre envers le roi à la fin de cette époque qu'en présentant dans un résumé aussi rapide que possible les propositions les plus importantes qui furent faites par les communes dans les cortès de Lisbonne en 1372, c'est-à-dire trois ans après l'avénement de Fernando. Outre qu'elles marquent l'attitude du troisième ordre en face du roi, autant qu'elle se manifeste par ses demandes, les propositions peuvent en même temps servir à jeter quelques lumières sur les principales branches de l'administration, sur l'économie publique et l'état du peuple à cette époque.

Propositions générales des communes du royaume.

Sans l'agrément des états ne faire aucune guerre, ne frapper aucune monnaie. Veiller à ce que les dépenses de la maison royale soient modérées et déterminées d'une manière fixe et permanente. Observer ce qui a été résolu et établi dans les dernières cortès et les précédentes, et déclarer nulles les *cartas* adressées en opposition à ces prescriptions. Convoquer les cortès tous les trois ans, maintenir aux cortès le droit d'élire des procureurs, encore bien que le roi en choisisse quelques-uns. Que nul alcaide mor, nul cavalleiro, en général aucun grand n'assiste aux élections des communes. Que, pour les charges à donner par les communes, le roi à l'avenir n'adresse aucune lettre d'installation. Que dans les localités les fidalgos ne puissent être meirinhos ; que, dans les endroits où il manque de sujets pour des places d'administration, les fonctionnaires puissent être réélus après l'expiration d'une année (1). Les communes doivent faire un traitement à leurs employés. Ne laisser occuper aucun emploi public par des Juifs, ne confier aucune forteresse à des étrangers, entreprendre une réforme relativement aux professeurs de l'université. Limiter la durée du temps que les grands et les fidalgos doivent passer à la suite du roi, et fixer la suite qu'eux-mêmes doivent emmener. Ne donner à des ecclésiastiques aucun plein pouvoir (carta) à l'effet d'acheter ou de vendre des biens en leur nom ou pour d'autres. Faire payer aux fidalgos et aux ecclésiastiques les droits sur ce qu'ils achètent pour le revendre. Observer ce qui a été établi relativement à la participation des fidalgos, des ecclésiastiques et des églises aux impôts pour des ponts, etc. Les donatarios doivent maintenir les foros aux localités, et les autorités judiciaires ne doivent pas souffrir que ces donatarios agissent contre les droits locaux. Personne ne doit se servir de poids et de mesures différents de ceux de la commune, et les ecclésiastiques ainsi que les fidalgos seront tenus à payer les *sisas* introduites dans les communes. Ne pas contraindre les *cavalleiros* à servir comme *besteiros*. Ne pas prendre pour la flotte des personnes jouissant de droits bien garantis. Ne pas forcer des veuves et des filles d'*homens bons* à se marier contre leurs volontés. Ne pas prendre de force pour le service militaire des habitants des campagnes qui cultivent leurs propres fonds de terre, ni les gens qui possèdent une fortune de trois cents libras, nouvelle monnaie. oficiers judiciaires doivent être ca-

---

(1) D'après une résolution des cortès d'Elvas sous le roi Pedro, ils ne pouvaient être réélus qu'après l'expiration de trois années.

pables de remplir leurs fonctions, et se montrer prompts à satisfaire les parties ; les corregedores et les meirinhos doivent être exacts dans l'administration de la justice.

Si les corregedores en sont requis par les juges, ils doivent procéder contre les grands. A l'avenir ne laisser donner aucune assignation devant des juges incompétents (1).

Le roi et le clergé.

Débats du roi avec l'évêque de Porto. — Plaintes des cortès contre le clergé. — Adresse d'Affonso à ce corps. — Dernier accommodement dans cette époque entre le roi Pedro et les prélats.

Les rois se heurtèrent d'abord contre l'ordre envers lequel ils avaient montré le plus de libéralité. Les chocs se répétèrent avec de très-courtes interruptions, agitant le pays de secousses violentes ou faibles durant toute la première période, parce que les dernières causes de cet ébranlement, les efforts des prétentions rivales et inconciliables de la hiérarchie et de la puissance royale, se reproduisirent toujours pour donner une impulsion plus ou moins active. Les accommodements et les traités apparents ne furent que des trêves. La question dont il s'agissait n'était pas résolue, et ne pouvait l'être au point de vue opposé d'où chaque parti considérait les choses, et où chacun se tint après comme avant. Il n'y avait de repos à espérer que d'une défaite, de laquelle un des adversaires ne pût se relever. Le vaincu ne se regardait pas comme étant dépouillé de ses droits, et n'y renonçait pas ; il attendait au contraire un instant favorable pour les faire valoir de nouveau.

Ainsi les rapports polico-religieux entre le roi et le clergé restèrent pendant des siècles dans un état de fluctuation, et il fallut un concours de circonstances qui n'avaient pas leurs causes seulement en Portugal, pour favoriser la prédominance du pouvoir royal, avant qu'il pût mettre ses droits à l'abri des atteintes et imposer l'obéissance à ses ordres.

Jusque-là, si un seul évêque voulait tenir tête au roi, il savait toujours où trouver assistance et appui. Un duel avec un seul prélat avait été souvent aussi redoutable et aussi funeste pour les rois de Portugal, qu'une campagne contre les forces réunies de tout le clergé. Tantôt des engagements isolés avaient lieu dans l'intervalle qui séparait les luttes générales, tantôt ils les provoquaient ou au moins leur fournissaient des aliments ; de toute façon ils ébranlaient l'édifice social, et jetaient la perturbation dans la vie de la nation ; car, dans ces temps, l'Église enveloppant de son pouvoir presque tous les membres du corps politique, pénétrant tous les rapports de la vie, chaque secousse qu'elle donnait ou qu'elle subissait dans son sein devait se faire sentir dans toutes les parties de la société. Nous allons reprendre le fil que nous avons laissé tomber dans la première partie, pour rendre au temps ce qui lui appartient, sans trop nous inquiéter de savoir si le tableau que nous offrons aura maintenant l'importance que la réalité offrait aux contemporains vivant au milieu de ses influences, et si le temps présent est disposé pour de tels enseignements.

D'abord, ce fut encore un évêque de Porto qui reprit l'ancienne querelle avec le roi. Plus grandes étaient les concessions faites à ce siège épiscopal par les premiers rois, plus haut s'élevèrent les prétentions des prélats suivants. D'un autre côté, les rois postérieurs s'appliquèrent avec d'autant

---

(1) Capitulos geraes offerecidos pelos povos do reino nas cortes que o senhor Fernando convocou em Lisboa, e Porto, e respondidos a 8 ae agosto, dans les *Memor. para a hist. das cortes*, p. visc. de Sentarém, Part. II, p. 8-16.

plus d'ardeur à reprendre pied sur ce point, à regagner les droits aliénés, qu'ils ressentaient plus vivement cette perte, en considérant le pouvoir et la dignité du trône qui avaient grandi d'ailleurs.

Les dispositions prises par Affonso III, relativement à Porto dans la villa nova de Gaya, aux cortès de Leiria en 1254, excitèrent des plaintes de la part de l'évêque Vicente, auprès du successeur d'Affonso, du roi Diniz en 1282; le prélat regardait les ordonnances comme attentatoires aux droits de l'Eglise. Diniz se montra condescendant, permit que les marchands déchargeassent leurs marchandises où il leur plairait, et que les vaisseaux jetassent l'ancre à Gaya ou devant la ville. Lorsque plus tard l'évêque Etienne monta sur le siège de Lisbonne malgré la volonté du roi, et sut porter son neveu Fernando Ramirez sur celui de Porto, Diniz dut se trouver moins disposé à la complaisance. Les bourgeois de Porto, également mécontents du nouveau prélat, se soulevèrent contre lui, et tentèrent de se soustraire à sa domination temporelle. Ils se plaignirent auprès du roi de ne pouvoir obtenir aucune justice des officiers épiscopaux, le prièrent de leur donner des juges royaux, et de leur faire garantir leurs droits, ou de citer pour cela l'évêque à la cour royale. Diniz adopta ce dernier parti. Personne n'ayant comparu pour défendre la cause de l'évêque, la cour condamna les officiers épiscopaux pour défaut de comparution, et reconnut en outre que le roi pouvait instituer un juge à Porto. Cependant l'évêque avait porté ses plaintes au saint-siège (1317), et Jean XXII rendit une bulle, dans laquelle il dit au roi au sujet de Ramirez : « Il m'a représenté qu'il ne veut pas comparaître devant toi (et en effet il n'y est pas obligé), mais bien devant nous ou devant un autre juge compétent ; car il est en possession de cette grande liberté dont jouissaient ses devanciers les évêques de Porto, qui n'auraient jamais reconnu de supérieur que le pape, et ni lui ni ses successeurs n'en reconnaîtraient un autre... » Les évêques de Lisbonne et de Porto se réfugièrent à la cour pontificale, et dans la suite, ne pouvant obtenir du roi la permission de rentrer dans leurs diocèses, ils se rendirent en Castille (1323), dont le pape avait demandé vainement la médiation. Ce ne fut que sous l'évêque suivant, João Gomes (1323-27), « bon homme sans malice (1), » que le différend fut accommodé. Diniz accorda que l'évêque pût installer des juges à Porto ; mais, dans les cas criminels, les appels devaient être portés de ces magistrats au roi et à la cour royale (2).

Bientôt l'évêché de Porto fut le théâtre de nouveaux troubles. Le successeur de Gomes, Vasco Martins, s'était formé à l'école d'Avignon, et avait gagné la faveur de Jean XXII, qui le porta au siège de Porto devenu vacant (1328). Le roi Affonso IV, qui n'avait pas été informé de la candidature de Vasco Martins, dissimula son ressentiment à la nouvelle de cette nomination ; mais, en voyant que le nouveau prélat continuait de vivre à Avignon, il le pria de venir résider dans son diocèse. L'évêque ne tint nul compte de cet avis, et s'appuya sur l'agrément du saint-père, quand le roi renouvela son invitation. Alors Affonso fit séquestrer les revenus épiscopaux pour les empêcher de sortir du royaume et d'aller alimenter un pasteur qui se souciait si peu du salut de son troupeau. Mais cette mesure du roi n'eut pas non plus le résultat qu'il se proposait. L'évêque se tint à Avignon, tant que vécut Jean XXII, à côté du souverain pontife, et fit administrer son diocèse par un vicaire. Le successeur de Jean, Benoît XII (depuis le 20 décembre 1334), ne tolérait pas l'absence des évêques de leurs diocèses, et Vasco se vit contraint à se rendre en Por-

---

(1) « Erat bonus homo, » dit de lui son successeur, « et simplex et sine aliqua malitia, et jura aliqua non audiverat, immo nec et grammaticalia, quod est plus. » *Catalogo e Historia dos bispos do Porto*, por Rodre da Cunha, Porto, 1623, P. II, p. 135.

(2) Voyez l'acte, *ibid.*, P. II, cap. 17.

tugal. Là, non-seulement il perçut les revenus courants; mais encore, sur l'ordre d'Affonso, il recouvra tous ceux des années antérieures qui avaient été mis sous le séquestre. Le roi se montra tout prêt à redresser les griefs de l'évêque sur de prétendues usurpations des officiers royaux dans la juridiction épiscopale, preuve de son équité et de son amour de la paix. Au contraire, la population de Porto devint de jour en jour plus mécontente et plus irritée. Dans un soulèvement qui éclata enfin, une masse sauvage envahit à main armée le palais épiscopal, d'où l'évêque s'échappa à grand'peine pour gagner la forteresse voisine; plusieurs de ses serviteurs furent tués dans le palais. Lorsque l'orage fut passé, l'évêque quitta la ville, de crainte de nouvelles attaques, et n'y revint plus. Porto fut par lui frappée d'interdit, et l'affaire portée à Avignon. Le roi et la ville s'empressèrent aussi d'envoyer des députés à la cour pontificale, où les débats se poursuivirent jusqu'en 1342. Dans cette année, pour mettre fin à tant de complications, le pape transporta Vasco Martins sur le siége de Lisbonne devenu vacant. Néanmoins en 1343, sous le successeur de Vasco, Pedro Affonso, éclatèrent de plus violents désordres encore, causés par le corregedor royal d'Entre-Douro-e-Minho, qui avait fait arrêter l'alcaide de Porto, parce que celui-ci refusait de lui remettre tous ses prisonniers. Des querelles entre l'évêque et les bourgeois envenimèrent encore le mal. Le prélat, ne pouvant s'unir avec le roi, tint un synode dans le cloître de Cedofeita de Porto, et fit appliquer un monitoire menaçant, rédigé dans ce lieu, contre les portes de la cathédrale, par lequel il déclarait tombés dans l'excommunicatio major latæ sententiæ le roi et le corregedor, pour le cas où ils ne renonceraient pas à leurs violences dans l'espace de quatre mois. Ensuite l'évêque s'enfuit en Galice; de là il publia une déclaration en forme contre le roi, et frappa d'interdit la ville et l'évêché. Le pape Clément VI, auquel le roi s'adressa, ainsi que l'évêque, par des députés, écrivit au premier, le 3 août 1344, et encore le 3 septembre 1350, en blâmant sa conduite. Enfin l'évêque revint dans son diocèse; mais la discorde se ralluma, et Pedro Affonso lança l'excommunication contre le roi. Afin que celui-ci ne pût prétexter cause d'ignorance, il lui fit signifier la sentence par un clerc, qui la lut devant la reine Brites et l'infant Pedro, s'enfuit une seconde fois en Castille, et déclara durant la grand'messe célébrée par lui dans la cathédrale de Salamanca, en présence de la noblesse de la ville, du clergé et de la corporation de l'université, le roi de Portugal et tous ses complices pour excommuniés. De là il se rendit à Avignon pour accuser le roi. Innocent VI détermina le prélat à retourner en Portugal, où déjà les envoyés royaux étaient revenus, afin d'y attendre la décision des juges, qui, d'après l'accord du pape avec Affonso VI, devaient être nommés des deux côtés pour examiner les objets de la dispute. Voici la sentence des juges réunis dans le couvent de S.-Jorge le 28 octobre 1354 : « L'évêque, sur dix homens bons proposés pour juges par la municipalité de la ville, devra en choisir deux qui rempliront leurs fonctions un an. De ces magistrats, les appels dans les cas criminels, comme dans les affaires civiles d'une importance au-dessus de trente libras, iront à l'évêque, et de celui-ci au roi. L'évêque nomme l'alcaide qui maintient la justice, et à l'évêque appartient la perception de l'alcaidaria. Toutes les maisons et tous les magasins que le roi a fait construire dans la ville lui appartiennent; l'évêque devrait donc les lui racheter. Les débats entre les marins sont décidés par un juge royal, les droits du roi sont levés par un officier royal. Les coupables qui sont saisis dans la ville et qui s'enfuient doivent être livrés aux juges épiscopaux. Le roi peut séjourner dans la ville avec les infants, aussi souvent et aussi longtemps qu'il lui plaît, pourvu toutefois qu'il n'y ait point de plaintes de la part de la ville; mais le corregedor ne peut rester que le nombre de jours nécessaires pour remplir ses fonctions et entendre les parties. Les habitants de la ville sont vassaux de l'évêque, et comme tels lui prêtent obéissance, mais sous la réserve de ce qu'ils doivent au roi, etc. » Après cette décision, l'évêque revint à Porto, l'excommunication et l'interdit furent levés (1).

Cette paix ne fut pas non plus de longue durée ; il s'éleva même encore de nouvelles difficultés entre le roi et l'évêque, au sujet de la juridiction sur Porto. Depuis le temps de l'évêque Pedro Affonso, la ville resta presque constamment sous l'interdit. L'importance de Porto, comme place de commerce et port maritime, ne laissait pas refroidir les désirs des rois ; et les évêques s'étaient trop longtemps attachés aux agréments et aux avantages de la possession, pour y renoncer facilement. Enfin, après bien des peines, le roi João Ier (13 avril 1406) réussit à déterminer l'évêque à l'abandon de la juridiction sur la ville, moyennant une somme annuelle de trois cent mille libras (2). Aussitôt l'interdit fut levé, et la pleine et entière souveraineté et juridiction sur Porto furent abandonnées au roi. Ainsi se terminèrent des luttes sanglantes et périlleuses ; mais les plaintes ne cessèrent point pour cela ; car ce fut seulement en 1503, près d'un siècle plus tard, à la suite des réclamations souvent répétées de l'évêque et du chapitre, que la somme se paya entièrement (3).

Pendant ces débats avec un seul prélat, le roi Affonso IV fut appelé à prendre en considération l'état du clergé portugais en général, l'immoralité des prêtres inférieurs, et les abus des tribunaux ecclésiastiques. Les plaintes des députés du troisième ordre dans les cortès de Santarem, en 1340, sur la corruption des ecclésiastiques, comme sur l'impunité dont ils jouissaient, déterminèrent le roi à l'adoption de mesures sérieuses et énergiques. Cependant il n'adressa qu'en 1352, le 7 décembre, aux prélats, une instruction telle qu'on n'en voyait d'ailleurs émaner dans ces temps que du chef suprême de l'Église, ou très-rarement d'un prince séculier. L'on ne sait pas, dans le fait, en lisant cette pièce, si l'on doit d'abord s'étonner le plus de la corruption du clergé, ainsi que de l'insouciance des juges ecclésiastiques, et de la partialité criante de leur conduite ; ou de la circonstance étrange qui fait que le peuple se porte comme accusateur du clergé dans des assemblées publiques ; ou du courage d'un petit prince de ce temps, qui, sans attendre l'intervention trop lente du pape, se charge de son rôle, et, dans le langage le plus décidé, représente aux prélats leurs devoirs ; ou bien enfin de l'habileté avec laquelle le roi manie ces armes, dont le clergé faisait si fréquemment usage.

« Sachez, dit le roi dans la lettre adressée aux évêques et aux prélats, que, dans les dernières cortès de Santarem, les procureurs des villes et des bourgs m'ont représenté que, dans le royaume, beaucoup de délits, des vols, des blessures, des meurtres sont commis par des ecclésiastiques et des gens engagés dans les ordres. S'ils sont accusés auprès des tribunaux ecclésiastiques, et convaincus d'avoir commis des vols dans des églises et des couvents, avec des Maures et des Juifs, comme avec des chrétiens ; que les laïques, pour leur complicité, soient condamnés à mort par les juges royaux, après avoir avoué leur crime, et attesté en même temps la complicité des ecclésiastiques au vol, le recèlement des objets dérobés dans leurs maisons, et même leur surprise en flagrant délit : néanmoins les juges ecclésiastiques n'appliquent aucune peine à ces clercs coupables ; ils ne dirigent même pas de poursuites contre eux, malgré toute la force des soupçons pesant sur leur conduite, ou les laissent exempts de tout châtiment, parce qu'il n'aurait pas été démontré par des clercs qu'ils sont coupables de vols ou d'autres délits. S'il arrive que ces

---

(1) *Catalogo dos bisp. do Porto*, Part. II, cap. 19. *Espagn. Sagr.*, t. XXI, p. 131. *Memor. da Acad. real*, t. VI, p. 82.

(2) Voyez la pièce, dans le *Catalogo dos bisp. do Porto*, P. II, cap. 24.

(3) *Esp. Sagr.*, t. XXI, p. 154 et 171.

délinquants soient punis pour de telles fautes, alors ils appellent à leurs autorités supérieures, aux archevêques ou à leurs vicaires, qui ordonnent de les relâcher, et prononcent contre ceux qui les auraient condamnés, contre ces évêques ou leurs vicaires, de grosses amendes pécuniaires, sous le prétexte que dans les cours ecclésiastiques il n'y avait pas de promovedores (1) pour suivre l'affaire, et en appeler des évêques ou de leurs vicaires. Ainsi les prêtres coupables seraient toujours plus effrontés dans le crime, et s'avanceraient à grands pas dans cette route. D'autres ecclésiastiques suivraient leur exemple, en voyant leur impunité. De tout cela résulterait pour le pays beaucoup de soupçons, de dommage et de ruine. »

D'après ces représentations des députés des communes, le roi avait fait déclarer au saint-père, par un envoyé, qu'il lui fallait prendre des mesures à ce sujet, afin que la négligence de la justice de l'Eglise ne fournît pas au roi, à ses tribunaux ou à d'autres sujets du royaume, qui se plaignaient des excès commis par ces prêtres, des motifs pour agir contre eux d'une autre manière ; que, dans le cas où il se montrerait insoucieux à cet égard, et n'imposerait aucun frein à ces clercs coupables, afin de les arrêter dans cette odieuse carrière, alors le roi serait dégagé de toute responsabilité, si, en considération du déni de justice des tribunaux religieux, il avait recours à d'autres moyens. Le saint-père avait répondu qu'il avait enjoint aux prélats du royaume de punir de tels ecclésiastiques selon la raison et les convenances. Si le pape avait en effet donné de tels ordres, ce que le roi ne savait pas, les prélats pouvaient agir avec pleine autorité et en toute sécurité pour leur conscience. Si des instructions n'étaient pas venues de Rome, lui, le roi, les tenait pour obligés, par le droit et la raison (2), à cause de leur position et de leurs charges, à poursuivre les délits en question.

Parmi les diverses prescriptions que le roi adressa aux prélats relativement aux ecclésiastiques, en se référant toujours aux Décrétales pontificales et aux dispositions du droit canonique, voici les plus importantes :

Les prélats doivent, à raison de leurs charges, et suivant les formes de la procédure, poursuivre et châtier les délits commis par des ecclésiastiques, et ne point souffrir que des appels soient interjetés de telles sentences.

Ils doivent veiller à ce que nul clerc n'exerce la profession de boucher, attendu qu'alors il tue sur la place publique et vend de la chair ; ne concède un cabaret, car alors il vend du vin. Si tous les avertissements sont inutiles, le coupable perd le privilége de la cléricature.

Il appartient aux prélats de recommander aux ecclésiastiques de ne point porter les armes, de ne faire aucun trafic, de ne commettre aucun vol, aucun meurtre, de ne porter aucun faux témoignage, etc. Si, pour de tels délits, des clercs ne sont pas punis par les juges ecclésiastiques, alors ils tombent sous la juridiction des tribunaux séculiers, et doivent encourir les peines comme les laïques.

Les évêques doivent faire savoir aux prêtres que, s'ils sont blessés ou tués ayant les armes à la main, l'excommunication n'atteindra pas ceux qui les auront frappés. S'ils ne portent la tonsure et le costume de clerc, s'ils se mêlent des affaires séculières, et agissent en tout comme des laïques, ils ne doivent pas non plus être traités en clercs. Ils doivent être bien assurés que notre volonté est d'user contre eux de notre puissance judiciaire dans les cas ci-dessus énoncés.

Beaucoup de clercs se mariant, les uns avec des jeunes filles, d'autres avec des femmes immorales, et niant ensuite cette union, il en résulte beaucoup de mal ; car des femmes jusqu'alors dans une situation honnête sont livrées au mépris public, et leurs

---

(1) Promovedor, c'est comme promotor. *Elucid.*, II, p. 241.
(2) Per dereito e daguisado.

enfants ne sont pas légitimes. En outre, le roi ne peut lever les impôts auxquels ces femmes seraient soumises, parce que les clercs soutiennent que les biens possédés en commun par ces couples appartiennent à eux seuls, et non pas aux femmes. Les clercs déclarent également, s'ils sont accusés pour quelque délit, ou cités par quelqu'un pour une dette, qu'ils ne sont pas soumis à la juridiction royale, quoiqu'ils soient mariés avec des femmes décriées, ou même qu'ils aient épousé deux jeunes filles à la fois, et que dans ces cas, d'après les lois religieuses, ils retombent sous la juridiction royale. Afin de pouvoir acquérir la certitude nécessaire sur de telles unions, le roi prescrit certaines dispositions qui doivent être introduites et observées dans chaque paroisse. Les évêques doivent aussi défendre que tout sujet, célibataire ou marié, puisse avoir notoirement une concubine (barregâa).

Enfin les prélats doivent placer dans leurs cours de justice de bons *promovedores*, pour suivre à leurs frais les affaires contentieuses, et entretenir à la cour de l'archevêque et de ses vicaires un *procurador* qui défende les sentences des évêques et de leurs vicaires, et en appelle au roi de celles de l'archevêque et de ses vicaires, si elles sont contraires aux premières (1).

Le roi termine par ces paroles : « Soyez assurés que si vous négligez de faire ce que nous vous avons ordonné ci-dessus, ainsi que vous y oblige votre devoir, nous vous dénoncerons au saint-père, afin d'être déchargé de toute responsabilité, si nous avons recours à d'autres procédés, et si nous vous frappons de châtiments qu'il appartient à Sa Sainteté de vous infliger (2).

Ces circonstances ne pouvaient manquer, sous le règne d'Affonso IV, de faire une vive impression sur l'héritier du trône, l'infant Pedro. Il avait vu de ses propres yeux comment un évêque du royaume avait osé affronter le roi luttant pour les droits du trône, le frapper d'interdit, et faire dénoncer la sentence en présence même du souverain et de sa famille. Il avait entendu les plaintes publiques du peuple sur la corruption des mœurs du clergé et les injustices criantes des tribunaux ecclésiastiques ; il avait été frappé des sentiments d'indignation de son entourage ; il avait entendu exprimer à côté de lui ce que la crainte et des considérations de diverse nature avaient pu dérober à la connaissance du public, et il lui en était resté d'amers souvenirs. Ainsi s'explique, d'après le caractère bien connu de Pedro, la rigueur impitoyable avec laquelle, après son avénement, il traita les prélats qui avaient flétri leur dignité par le déréglement de leurs mœurs. Voilà pourquoi, pénétré de la conviction de son père à cet égard, il fit insérer les prescriptions d'Affonso, pour la conduite à tenir contre les clercs coupables de délits, dans l'instruction donnée aux corregedores, par laquelle i était enjoint à ceux-ci de sommer l'archevêque, les évêques et leurs vicaires de châtier ces prêtres, et, en cas de négligence, de la dénoncer au roi pour des mesures ultérieures (1). D'un autre côté, l'on ne peut

---

(1) «..... Porque somos certo que por mingua de procuradores e promovedores que vos e os outros non avedes na vossa corte e na corte do arcebispo eran ssoltos ssen penas algũas os que merceiam penas de justiça. »

(2) Le contenu de la carta fut notifié selon les formes aux évêques et prélats du royaume, par des officiers royaux ; elle est imprimée dans la

Synopsis chronol. de subsidios para a hist., por J. Anast. de Figueiredo, t. I, p. 10-16. D'après le manuscrit qui se trouve dans le cartulaire des chambres de Coïmbre, probablement le seul qui subsiste outre celui de la Torre do Tombo : « Concorrendo a ma vontade, comque foi ouvida ; para não ser por muito tempo conservada, » remarque J. de Santa-Rosa de Viterbo, dans l'*Elucid.*, t. II, p. 288.

(1) « Manda el rey aos seus corregedores que ffrontem ao arcebispo e bispos e sseus vigayros que castiguem esses clerigos e lhis dem as penas contheudas no direito e que os metam a tormento quando ouverem presunções contra elles, etc... e sse esses corregedores em ssas correyções

s'étonner que le clergé aussi produisît ses plaintes ; elles avaient été plus pressantes sous les rois qui avaient été animés surtout du désir de maintenir leur dignité. Sous Diniz IV, il y avait eu seulement quatre *concordias*.

Dans les cortès que Pedro tint à Elvas en 1361, les prélats produisirent plusieurs griefs qui déterminèrent le roi à des déclarations et résolutions. Ainsi naquirent les trente-trois articles qui, dans cette période, forment le dernier accommodement entre le roi et le clergé (1).

De même que ses prédécesseurs, le roi Pedro s'efforça, dans ces articles, d'arrêter l'extension que le clergé voulait donner à l'exemption de la juridiction séculière, comme des impôts et prestations au roi. Ainsi les clercs mariés, qui sont soumis à la juridiction du roi, doivent, comme les laïques, le service personnel pour la garde des places et des ports, pour la force armée sur terre et sur mer ; quant au reste du clergé, l'on doit observer ce que prescrit la loi (2).

Pedro se montra néanmoins favorable au droit d'asile des temples (3), ainsi qu'aux privilèges personnels du clergé (4) ; il promit sur tous ces points de maintenir les prérogatives de l'Eglise, qu'il tint pour légales, sans toutefois rien abandonner de la juridiction royale (1) ; se montra disposé à soutenir l'exécution des décisions et sentences pénales prononcées par les juges ecclésiastiques (2), et à protéger les prêtres contre toutes violences et oppressions (3).

En revanche, il renouvelle la défense aux ordres monastiques d'acquérir des biens territoriaux (4), et fortifie la loi rendue par le roi Diniz ; il insiste sur la nécessité du consentement royal pour l'exécution des brefs pontificaux (5).

Ces déclarations du roi sur les griefs et les demandes produites par les prélats, déclarations qui avaient à peu près force de lois, forment, comme on l'a dit, dans cette époque, la dernière fixation des rapports politico-religieux entre le roi et le clergé. Les fluctuations dans ces relations avaient toujours duré plus longtemps à cause des trêves résultant d'accords pacifiques. Les réclamations étaient élevées plus ou moins haut ; les concessions

---

acharem alguuns clerigos malffeitores e sses maleficios nom lhe ffossem estranhados como o direito quer ffeitas as ditas ffrontas a sseus mayores que envie dizer a el rey toda a verdade do ffeito per lhy el rey mandar como ffaça. » *Regimento dos corregedores das commarcas in Ribeiro, Dissertações chronol.*, t. III, p. 2. *Doc.*, 37, 111 et 112.

(1) *Ordenações do rey Affonso V*, lib. II, tit. 5, dos artigos, que forom acordados em Elvas antre el rey D. Pedro, e a clerizia. » Pereira nomme également cet article concordia. *De manu regia*, p. 356-364. *Memor. da Acad. r.*, t. VI, p. 101 et suiv.

(2) Art. 2, 3, 16.

(3) Art. 5.

(4) Art. 5, 6, 8, 9 et 12. Là est établie une différence entre ce qui est considéré comme le droit du clergé, et ce qui provient purement de la grâce du roi. L'art. 9 est de cette dernière espèce : « Nos querendo fazer graça e mercee ao arcebispo, e prelas e conegos em nas igrejas cathedraes, mandamos, e defendemos que nenhun nom pouse em nas casas de suas moradas, sem nosso especial mandado. »

(1) Les juges et les employés royaux doivent observer les lettres de sûreté (cartas de segurança) des clercs ; mais, en cas de meurtre ou d'un autre crime grave commis par ces prêtres, ils doivent procéder selon qu'il leur a été recommandé.

(2) Art. 14, 21, 23, 24, 28 et 29.

(3) Art. 12, 17, 18, 19, 25, 26, 27, 31 et 33.

(4) Art. 22.

(5) « Que nenhûu nom fosse ousado de publicar le teras do papa, quaaesquer que fossem, sem nosso mandado, pola qual razom diziam, que o papa estava agravado contra os prelados do nosso senhorio teendo que polo seu aazo se embargarom, e embargam suas leteras, que se nom publicam, como deviào, o que se nom fazia em todolos outros regnos ; e pediam nos por merce, que quizessemos revogar a dita hordenaçom, ca nom era nosso serviço, nem prol do nosso regno, e que tirariamos os prelados do nosso senhorio da culpa, que lhes o papa pooem por esta razom. » Arteigo 32.

alternaient avec les refus, selon que le temps et les circonstances étaient favorables au roi ou au clergé, selon que le caractère du roi, ou la consistance personnelle d'un meneur parmi les prélats mettait un poids dans la balance, et que le pape de Rome ou d'Avignon offrait un bras plus ou moins puissant aux prélats portugais. Les oscillations dont témoignent les chocs entre le pouvoir royal et la puissance de l'Eglise se continuèrent jusque-là, quoique avec moins d'amplitude que par le passé; car elles avaient été réduites par des lois plus précises, par l'effet de la marche du temps et du progrès des idées.

Cependant, au milieu de toutes ces agitations, de toutes ces modifications, il est impossible de méconnaître un effort constant, quoique variable dans ses mouvements, de la part du clergé pour étendre son influence et rehausser sa puissance; et cet effort est toujours dirigé du même point de vue, tend toujours vers un but fixe, même lorsqu'il n'est pas bien distinct. C'est le droit canon qui s'étendait plus loin à mesure qu'il se formait, sur lequel le clergé portugais s'accoutumait à s'appuyer de plus en plus, d'où il tirait des armes pour couvrir ses prétentions, pour façonner ses avantages et ses distinctions en priviléges exclusifs, et dont la domination absolue fut l'objet perpétuel de ses travaux.

Introduction du droit canon.

Avant la séparation du Portugal de l'Espagne, déjà dans la première contrée il avait été fait un fréquent usage dans des lettres de concessions, des traités et des décisions judiciaires, de dispositions du droit canon, mêlées ordinairement à des prescriptions du code wisigoth (1). Dans les premiers temps qui suivirent la séparation, il se trouve également un grand nombre d'actes d'où ressortent la connaissance et l'usage du droit de l'Eglise (2).

Sous le règne de Sancho, l'influence de ce droit ne peut être méconnue. Le divorce des filles du roi pour cause de parenté au degré prohibé, la lettre connue de Sancho à l'évêque Martin de Porto, dans laquelle il promet aux prélats et aux clercs de son royaume des priviléges et des franchises, ainsi que le demande la doctrine de l'Eglise, et comme l'influence dominante du clergé le commandait au roi, en dépit de son opposition (1), tout cela indique suffisamment que les vues et les principes canoniques pénétraient dans la vie civile et dans le système politique, et se faisaient reconnaître partout. Depuis qu'un pape, savant légiste, Innocent III, adressa des brefs nombreux aux évêques de Portugal, pour décider en général sur leurs débats et leurs erreurs (2), le clergé portugais se

---

(1) On peut trouver une infinité de documents dans les *Memor. de Litt. Port.*, t. VI, p. 28; et t. VII, p. 156 et suiv.

(2) Er. 1106. In liber godorum doctores sanserunt et in canoniga sententia demonstraverunt. — Er. 1116. Sicut in decretis sacrorum canonum de ecclesiasticis ordinibus et de ecclesiarum libertatibus perfixa manet authoritas. — Er. 1179. Sicut in decretis pontificum continetur, etc... *Memor. de Litter. Port.*, t. VI, p. 7.

(1) « ..... Et si ego causam aliquam adversus aliquem clericorum Portugalensis episcopatus, per episcopum habeam ab illo jus meum : et si aliqua causa inter me et episcopum exercuerit, per Bracharensem archiepiscopum terminetur, nisi ad dominum papam fuerit appellatum... et mando firmiter praetori, et alvazilis Colimbric, ut integrent homines episcopi de suis hereditatibus, et de totis suis causis, sicut eas habuit episcopus donus Fernandus.» *Memor. da Acad. real*, t. VI, p. 87, not. b.

(2) Voyez leur instruction avec les dispositions canoniques s'y rapportant, dans J. P. Ribeiro, *Indice dos textos de direito canonico que dizem respeito de algum modo a Igreja Portugueza*,

mit plus fréquemment en contact plus intime avec le juge suprême et le souverain législateur, et le droit canonique, plus souvent appliqué, parvint en grand honneur.

Dans les cortès qu'Affonso II tint à Coïmbre la première année de son règne, l'Eglise et le droit ecclésiastique parurent célébrer leur triomphe. D'après le premier article de ces cortès, les lois et les droits de l'Eglise de Rome doivent être observés, et ce qui est introduit contre ces lois où la sainte Eglise doit être de nulle valeur. Ensuite l'immunité ecclésiastique, quant aux choses et aux personnes, doit être fixée d'après la forme du droit canonique (art. 13). La liberté du mariage est soumise à certaines mesures de précaution (art. 21); l'observation des restrictions prescrites par le droit canon, quant aux Maures et aux Juifs, est impérative (art. 25), et enfin le forum des clercs est déterminé d'une manière qui s'écarte fort peu des usages fixés dans le droit ecclésiastique (art. 12).

Après des augures si favorables pour une domination décidée des principes hiérarchiques durant le règne d'Affonso II, on est d'autant plus surpris d'une circonstance qui se produisit sous ce gouvernement, comme une énigme. Elle est assez importante pour fixer l'attention quelques instants.

Au temps d'Affonso II, un prêtre, Sueiro Gomes, prieur de l'ordre des dominicains, publia, de concert avec ses moines, des ordonnances séculières relatives à des peines pécuniaires (1). Le roi, dans une lettre à la chambre de Coïmbre, déclara ces ordonnances de nulle valeur, attendu qu'elles portaient atteinte aux droits de sa cour et de ses ancêtres royaux, de ses fidalgos, en général de toutes les personnes de son royaume, religieuses et laïques; se trouvaient en contradiction avec le recueil (*livro*) des foros, d'après lesquels les fidalgos de Portugal étaient jugés, et dans lesquels il était dit expressément que, dans ce royaume, aucune loi nouvelle ne pouvait être admise; et surtout attendu que ces décrets n'avaient jamais été en usage, ni au temps du comte Henriques, ni au temps d'Affonso, que le pape Alexandre avait, par un privilège, confirmé en qualité de roi, ni au temps du roi Sancho, qui avait reçu un bref de protection du pape Clément, ni dans le présent règne qui pouvait invoquer deux brefs de ce genre, l'un du pape Innocent III, un autre d'Honorius III. D'après ces motifs, le roi Affonso II menace quiconque accéderait ouvertement à ces décrets, outre la peine à laquelle le tribunal le condamnerait, d'une amende énorme de 1,000 maravédis; lo rico homen, dans les domaines duquel paraîtraient lesdites ordonnances, de la perte de ses possessions territoriales qu'il tiendrait du roi; tous les fonctionnaires, de la déposition et de fortes peines corporelles et pécuniaires. La vente secrète d'une chose pour échapper aux effets de ces dispositions doit entraîner des peines corporelles et pécuniaires, et de plus la perte du prix de la vente et de l'objet acheté.

Cette révocation si énergique des décrets en question, les peines sévères prononcées contre toute tentative pour leur introduction, le mécontentement profond, l'indignation véritable même avec laquelle le roi rappelle les prescriptions et leur publication, tout cela nous inspire un désir plus vif de les connaître. Malheureusement le temps ou l'irritation qu'elles provoquèrent ne les a point laissées subsister (1), et le rescrit royal qui

---

dans les *Memor. de Litt. Port.*, t. VI, p. 24 et 25.

(1) Brandão, *Monarch. Lusit.*, liv. XII, cap. 22. *Memor. da Acad. real*, t. IX, 2, p. 1. D'après le tom. VI, p. 77 desdits *Memor.*, dans la lettre royale qui s'y trouve, ces ordonnances sont signalées comme : « Decretos seculares sobre a materia de penas pecuniarias e castigos corporaes dos delinquentes. »

(1) Brandão ne put rien trouver de plus précis : « Não pusa alcançar mais noticia destas leis que el rei tanto encontrava. Nem he de creer como forão tão contrariadas ficasse della memoria no archivo real. » *Monarch. Lusit.*, Parte IV, liv. XII, cap. 22.

les cassa nous est seul resté. Un sujet engagé dans les ordres, qui ose rendre des lois, et menace les infracteurs de peines corporelles et pécuniaires, le tout en face et contrairement à la volonté d'un roi qui avait bien la conscience de son pouvoir et de sa dignité; un tel phénomène devait bien attirer l'attention de l'observateur, et pousser à des interprétations très-diverses, puisque les moyens d'explications manquèrent absolument (1).

L'histoire du temps peut aider un esprit net à percer ce mystère. A côté de la lettre d'Affonso, elle nous montre dans les décrets du prieur des dominicains la tentative de proclamer et faire exécuter le troisième canon du quatrième concile de Latran de 1215, le premier canon du concile de Toulouse en 1220, la bulle du pape Honorius III de la même année, et la lettre encyclique de ce même pontife aux évêques d'Italie, d'Allemagne, de France et d'Espagne, pour confirmer et répandre les décisions de ces conciles. En un mot, les décrets contenaient les principes et les instructions de l'inquisition nouvellement fondée en 1209 contre les hérétiques albigeois; dispositions qui furent étendues en Espagne contre les Maures et les Juifs convertis, soupçonnés ou accusés d'être relaps. Par l'ordre des dominicains tout récemment institué, furent envoyés les membres les plus propres à de telles fonctions, avec les pleins pouvoirs nécessaires pour convertir les hérétiques par la prédication, ou, selon les circonstances, les ramener violemment à la foi, ou même les exterminer. Le Portugais F. Sueiro Gomes fut nommé pour l'Espagne, et le Portugal appartint à la province apostolique d'Espagne. Les évêques de Portugal avaient été informés préalablement de cette mission, et l'évêque de Coïmbre, dans un bref de l'année 1219, donna pouvoir au père Sueiro Gomes et à ses collègues de prêcher dans son diocèse, et de châtier toutes les infractions à la foi (1). Arrivé enfin en Portugal, le prieur des dominicains publia les décrets en question, ses pleins pouvoirs ou une proclamation s'y rapportant, dont le contenu, d'après ce que l'on vient de voir, ne peut être douteux.

D'après les décisions des conciles, les bulles et les brefs des papes qui furent rendus pour la conversion et la destruction des hérétiques, « sous quelque nom qu'ils se couvrissent, » à l'Eglise était attribué le droit, non-seulement de procéder contre le crime d'hérésie, et de le frapper de peines spirituelles, mais encore de condamner les hérétiques à la confiscation de leurs biens, au bannissement et à d'autres châtiments temporels; de juger ceux qui favoriseraient, accueilleraient ou défendraient les hérétiques; d'empêcher les princes et les seigneurs justiciers de souffrir dans leurs domaines des gens accusés d'hérésie, et de les obliger à les expulser; d'excommunier tous ceux qui prennent des mesures pouvant en général porter atteinte aux libertés de l'Eglise, et enfin de notifier aux princes et aux seigneurs dont les actes contrarieraient ces décrets, que leurs vassaux seraient dégagés de leurs serments, et leurs Etats abandonnés aux armes des princes catholiques.

Probablement, c'était d'après ces principes et ces prescriptions qu'étaient rédigés les décrets auxquels s'appliquait la lettre d'Affonso, dont on a vu les points principaux. Nous tenons maintenant la clef du rescrit royal, et nous nous expliquons son esprit et son but. Le mécontentement d'Affonso est maintenant aussi naturel que son opposition énergique et ses rigoureuses menaces de châtiment nous paraissent justifiées (2).

---

(1) João da Cunha neves e carvalho a le mérite d'avoir le premier éclairé cet objet du point de vue adopté plus haut. *Memor. da Acad. real*, t. IX, 2, p. 1 et suiv.

(1) « Et potestatem compellendi et corrigendi omnes excessus, » est-il dit dans le bref de l'évêque, que Pedro Monteiro cite dans son *Historia da inquisição em Portugal*, p. 35.

(2) Nous n'avons pas assez d'espace ici pour

Vers le temps même où Affonso II adressait sa fameuse lettre, ou du moins bientôt après, nous le voyons en débats violents avec l'archevêque de Braga, puis tomber sous l'interdit de l'Eglise. Il descend dans la tombe encore frappé de cet anathème. Il s'était montré rigoureux envers l'Eglise.

On connaît le destin de son fils et successeur sur le trône. Incapable d'opposer une digue aux principes et aux attaques de la hiérarchie, il fut dompté et frappé comme son père; au moins l'énergique Affonso II, quoique sous l'excommunication, conserva le trône; il n'eut affaire qu'au clergé; mais Sancho II ne fut pas assez fort pour résister à la tempête que soulevèrent les prélats d'accord avec les grands laïques. Sur ce sol ainsi ébranlé devait s'enfoncer le droit canonique. Dans une lettre du pape Grégoire IX à l'évêque de Lisbonne relativement aux Juifs, on voit que les lois canoniques furent appliquées à ces religionnaires (1); le chapitre, « de Judæis, » dans le recueil des Décrétales de ce pape semble avoir été tiré d'une lettre adressée à l'évêque d'Astorga et de Lugo sur le même sujet; tout cela prouve peut-être que le but poursuivi vainement par le prieur des dominicains, Gomes, sous Affonso II, fut atteint par une autre voie sous Sancho II (2).

Si Affonso III avait tenu scrupuleusement les promesses qui lui avaient été arrachées avant son avénement au trône, et comme condition de cette élévation par les prélats, et qu'il fit sous certaines réserves mentales pour tromper ces puissants protecteurs, le sceptre des rois n'aurait plus été qu'un instrument dirigé d'après les signes de la crosse pastorale. Mais, de même qu'il avait joué les évêques avant de monter sur le trône, une fois qu'il y fut assis il sut encore contenir la colère que leur inspirait sa désobéissance, en retardant durant des années, par toutes sortes de moyens évasifs, l'accomplissement des châtiments de l'Eglise dont il était menacé; ce fut seulement sur son lit de mort qu'il promit d'exécuter sans condition ce qui lui avait été ordonné par le pape. En dépit de toute cette résistance d'Affonso III, sous son règne s'accomplirent encore des choses qu'il ne put empêcher. Nous voyons l'évêque Mattheus de Lisbonne établir par une disposition du 1er décembre 1271 : « Toutes les fois qu'un sujet fait un testament hors de son diocèse sans l'assistance de son curé ou d'une personne nommée par ce pasteur, la paroisse à laquelle il appartient doit hériter le tiers des biens du testateur (1). » Et, pour ne pas laisser de doutes sur les principes qui le dirigent, l'évêque exprime solennellement son adhésion aux constitutions et aux prescriptions du pape Clément (2). On sentit de plus en plus le besoin de posséder le recueil des Décrétales; et ce ne fut point par une manie de bibliophile que l'évêque Julien II de Porto (mort en 1260), dans son testament, légua 50 maravédis à son neveu pour acheter un *codex legum*, et autant à son neveu pour faire emplette du recueil des Décrétales (3). Avec ces livres à la main, on

---

comparer en détail la teneur de la lettre royale avec les dispositions des conciles et des brefs pontificaux dont il a été question, pour démontrer la justesse de l'explication ci-dessus, pour faire ressortir les déplorables effets que devait avoir pour le Portugal l'exécution de pareils décrets, à cause de sa nombreuse population mauresque et juive, et montrer quels justes motifs avait le roi pour s'opposer énergiquement à leur accomplissement. D'ailleurs, les citations produites offrent au lecteur des moyens suffisants pour comparer les points les plus essentiels.

(1) Cunha, *Histor. eccl. de Lisboa*, Part. II, cap. 26 et 28.

(2) Il y eut d'autres cas auxquels fut appliqué dans ce règne le droit canon. Voyez dans les *Memor. de Litter. Port.*, t. VI, p. 10.

(1) « Tanquam ab intestato. » Voyez le passage qui s'y rapporte, dans les *Memor. da Acad. real*, t. VI, 2, p. 77, not. b.

(2) « Ut summi domini nostri papæ Clementis constitutionibus et exemplis adhæreamus. » Cunha, *Histor. eccl. de Lisboa*, Part. II, cap. 52.

(3) *Esp. Sagr.*, t. XX, p. 103.

pouvait se placer à côté du roi sur le trône; avec le dernier même, il était possible de s'élever au-dessus de lui.

Le règne de Diniz fut le temps des *concordias*, comme les écrivains portugais ont coutume de nommer les déclarations du roi sur les griefs et les demandes du clergé, dénomination qui semble un peu ironique, si l'on songe que de telles concordias se reproduisirent quatre fois sous le roi Diniz. Si Brandão a raison de dire « que presque tout l'objet de ces griefs des prélats était plutôt une répétition de ce qui avait été déjà exposé, que des plaintes nouvelles sur des violations de la loi que personne n'avait remarquées, » la patience du roi, sa prudence et sa fermeté étaient certainement plus grandes que la condescendance et la modération du clergé. Cependant, à force de conférences, de discussions et de débats sur les points contestés entre la puissance royale et le pouvoir religieux, les idées et les principes du droit spirituel devenaient toujours plus clairs et plus précis dans les têtes des ecclésiastiques portugais; ils s'étendaient et s'avançaient dans la voie de la domination; leur partie théorique paraissait d'autant plus importante, que le côté pratique acquérait plus d'influence. La connaissance approfondie du droit canon devint un objet indispensable, un moyen de s'élever aux dignités supérieures, l'orgueil et la gloire des savants prélats. Au milieu de ces circonstances, des prélats proposèrent au roi Diniz l'érection d'une université, et se trouvèrent secondés par un esprit à vues larges, dominé par un goût décidé pour la science et pour les travaux de l'intelligence. Il institua les hautes écoles, fonda deux chaires pour l'enseignement du droit canon, une pour les décrets, l'autre pour les Décrétales; et, sans bien s'en rendre compte, il favorisa ainsi puissamment l'autorité, l'extension et la domination de cette législation. Dès ce moment se multiplient autour des rois de Portugal les bacheliers, les licenciés, les docteurs en décrets et en Décrétales; nous les voyons remplir les plus hautes fonctions, occuper les premières dignités. La collection des lois canoniques se trouve dans les mains d'un grand nombre de ces sujets, par leur impulsion les copies s'en multiplient : on en voit dans les inventaires et les testaments de ces temps; l'intelligence des Décrétales est facilitée même pour les gens non lettrés; car, dès l'année 1397, il est question d'une traduction en langue vulgaire (1). Ainsi le droit sacerdotal gagnait chaque jour en autorité auprès de tous les hommes attachés à l'Etat à l'extérieur comme à l'intérieur. Dans les communes, depuis longtemps les priviléges et les libertés qui étaient assurés aux clercs par les foraes (2) avaient préparé le sol à recevoir cette plante; et le successeur de Diniz, Affonso IV, ainsi que nous l'avons vu, fortifia chacune des prescriptions insérées dans son adresse aux prélats, par une disposition légale tirée des Décrétales pontificales; mais cette fois à la vérité les prélats n'eurent pas à se féliciter du savoir du roi en cette matière.

Il est encore un fait du règne de Pedro, avant-dernier roi de cette période, qui provoque notre attention; c'est une plainte que, parmi d'autres griefs, les prélats produisirent aux cortès d'Elvas en 1361. « Souvent, disent-ils, les cours de justice royales ne veulent pas pratiquer le droit canon, que tout chrétien doit suivre parce qu'il a été donné par le saint-père, qui occupe la place du Christ; et il y a d'autant plus

---

(1) Parmi les livres d'un bourgeois de Porto, on cite : « Humas degretaes em lingoagem. » *Memor. da Litt. Port.*, t. VI, p. 13.

(2) Déjà dans le foral de Coïmbre de 1111, il est dit : « Clerici Colimbriæ habeant morem et honorem militum in vineis et terris et domibus. » Dans le droit local de Penamocor de 1199 : « Clerici de Penamocor sint liberi ab omni fisco laicali, et habeant honorem et hæreditates sicut milites; et non respondeant, nisi per archidiaconum ab hora prima usque ad tertiam. » *Elucidar.*, t. I, p. 254.

de raison de le pratiquer dans tout le royaume, que les *siete Partidas* sont émanées du roi de Castille, auquel le Portugal n'est pas soumis, et dont il est même absolument indépendant (1). » Il était naturel que les prélats insistassent sur l'observation du droit canon ; il pouvait paraître même louable et prudent qu'ils se déclarassent contre le code castillan ; car l'indépendance du Portugal à l'égard de la Castille n'était pas établie sur des bases tellement inébranlables, que le Portugal pût être indifférent pour une législation dont l'introduction aurait abattu l'une des barrières élevées entre les deux États. Cependant c'était peut-être moins le droit castillan qui poussait les prélats portugais contre les *siete Partidas*, que le droit romain, dont l'esprit se manifeste si hautement dans ce code. Car « l'on peut dire, remarque l'un des plus savants légistes de la Péninsule (2), que la partie civile des *siete Partidas* est un extrait du code Justinien, et, dans beaucoup de passages, n'en est même qu'une traduction. » Mais le droit romain, contre lequel s'étaient déjà prononcés des papes antérieurs, depuis l'érection de l'université de Coïmbre, et par d'autres circonstances favorables, acquit visiblement de l'influence et de l'autorité, arrêta l'extension et réduisit la valeur du droit canon. Cela ne pouvait échapper aux prélats, et quoique la partie du droit spirituel des *Partidas* fût tirée des Décrétales, et qu'ainsi le droit canon fût recommandé par le code castillan, néanmoins cette circonstance ne put les réconcilier avec une telle législation. Une semblable fusion en un seul corps de deux systèmes d'enseignement si divers dans leurs bases fondamentales et leurs buts était toujours une chose grave, et un œil exercé pouvait facilement prévoir, en cas de lutte entre ces droits, de quel côté se déclarerait la victoire.

---

(1) *Ordenações do r. Affonso V*, liv. II, tit. 5, art. 24.
(2) Campomanes, dans son *Alegacion fiscal* de 1783.

Pour terminer cet exposé, nous allons consacrer quelques lignes aux élections des évêques.

Dans les premiers temps de la monarchie, les évêques étaient assez fréquemment nommés par les rois (1), surtout pour les sièges érigés ou rétablis dans les pays nouvellement conquis. Plus tard, les choix furent confirmés par les papes. Les nécessités des circonstances, le vif désir de voir les nouvelles fondations régularisées et affermies le plus tôt possible imposaient cette conduite. Le soin scrupuleux de l'élection était garanti par la piété et le zèle fervent des rois, qui consacraient leur épée en même temps à étendre le christianisme ; et les papes qui voyaient avec complaisance ces vaillants fils de l'Eglise reculer les limites de l'empire du Christ en Occident, limites qui étaient en même temps celles de la domination romaine, ne refusaient guère leur adhésion à des mesures dictées par un esprit religieux, et presque toujours adoptées selon l'esprit de l'Eglise. Où le roi ne nommait pas lui-même l'évêque, le chapitre l'élisait selon les formes canoniques (2) ; et bientôt ce fut la règle ; la confirmation fut réservée au roi, à cause du patronat et de la régale. Ainsi furent élus, par exemple, l'évêque Vicente de Porto (3), l'archevêque Mar-

(1) *Pasch. Jos. Mellii Freirii Institutiones juris civil. Lusit.*, lib. I, tit. 5, § 3, où se trouvent en même temps quelques exemples.
(2) Dans une inquirição sous Affonso III, il est dit : « Inquisitio villæ quæ vocatur Portus, et parrochianorum sedis Portucalensis. Dominicus faber ejusdem villæ juratus et interrogatus, quid scit de episcopo Portucalensi, cujus modi forum debet facere domino regi de jure, et de foro, dixit, etc... Interrogatus, si quando episcopus moritur, si dominus rex debet eligere episcopum, dixit quod non ; sed capitulum canonicorum sedis Portugalensis debent eligere, et debent ire cum eo ad dominum regem, et erogare eum quod placeat ei, et quod concedat eum capitulum. » *Memorias para a hist. das inquirições*, p. 45, not. 2.
(3) Cunha, *Hist. eccl. de Braga*, Part. II, cap. 31, num. 2.

tinho Pirez de Braga, et d'autres (1). Une installation faite immédiatement par le pape était extraordinaire, et paraît avoir été considérée comme un envahissement sur un droit que le temps et la légitimité avaient rendu respectable.

Extension et affermissement de la juridiction royale. — *Juizes da fora*.

D'après le droit qui, dans la plupart des foraes, fut accordé aux communes, elles élisaient elles-mêmes dans leur sein leurs juges ordinaires, qui dans la règle rendaient la justice à la commune avec l'assistance des *hommes honorables*. Il paraît que longtemps les communes se trouvèrent bien de cette institution, et qu'elles la considérèrent comme le palladium de leurs libertés civiles et une garantie de leur existence communale. Lors même que les inconvénients et les désavantages prétendus ou réels de cette institution encoururent un blâme public, ce ne furent pas les communes qui se trouvèrent affectées immédiatement par ces inconvénients, ce ne fut pas non plus des bourgeois des localités que partit le blâme. Vers le milieu du quatorzième siècle seulement apparurent ces nuages, ou du moins les rois les signalèrent, et eurent recours à des préservatifs. Des juges qui étaient élus par leurs concitoyens et tirés de leurs rangs, pouvaient difficilement se défendre contre des influences nuisibles exercées sur leurs fonctions par des parents et des amis ou par des adversaires (2) ; et, s'ils résistaient à ces influences, ils n'échappaient pas encore au soupçon d'avoir prêté l'oreille aux murmures de la fureur et de la crainte. D'ailleurs, souvent ils n'avaient pas assez de pouvoir pour faire prêter obéissance à leurs décisions, et aussitôt qu'ils rentraient, après l'expiration de leur année de charge, dans la vie privée, ils se trouvaient exposés à la vengeance des grands et des puissants auxquels ils avaient déplu. Ces raisons, fortifiées encore par le désir d'étendre l'autorité royale sur le système judiciaire, purent bien déterminer le roi Affonso VI à établir dans beaucoup de villes, de bourgs et de localités, *juizes da fora (de fora parte*, des juges du dehors) (1) ; il devait supposer que ces juges du dehors, sur lesquels toutes les considérations et les motifs d'intérêts de famille, de personnes, de crainte et de vengeances particulières, ne devaient point avoir de puissance, rendraient la justice avec plus d'impartialité et d'indépendance que les gens du lieu. Néanmoins les communes se déclarèrent contre cette innovation. Elles se plaignirent, nommément dans les cortès de Lisbonne de 1352, que le roi installât des juges de *fora parte* dans les villes et les localités, quoique leurs foros leur assurassent le droit d'élire chaque année leurs juges, qui devaient être confirmés par le roi ; elles avaient d'ailleurs, disaient-elles, beaucoup de charges, et maintenant il leur était ordonné de payer le traitement de ces juges des deniers communaux ; elles de-

―――――

(1) *Memor. de Litt. Port.*, t. VI, p. 12.

(2) « ..... Porque as juyzes naturaes da terra de derecto e de razõ am moytos aazos pera nõ fazere compridamente justiça que nõ hã os estranhos que hi som postos de ffora parte porque as naturaes da terra teem hy moytos parêtes e amigos e outros que cõ elles hã divîdos de colaçia e doutros semelhavys e alguos cõ outros hy malquerêças e de samor. Ou hã receyça deles por os quaes o derecto presume que tã compridamente nõ ffará derecto como os estranhos e que nõ hã logar as dictas razoès. » Cortès de Lisboa 1352, artigo 7, dans les *Memorias de Litt. Portug.*, t. I, p. 46. *Documentos*, n. 1.

(1) Dans certaines localités, par exemple à Cotta, Ferreira, les juges avaient toujours été placés par les rois, nommément par Affonso II. *Malta Portug.*, Part. I, p. 464. *Elucidario*, t. I, p. 450.

mandaient donc qu'on les laissât en possession de leur droit. Le roi répondit à cela qu'en instituant ces juges il n'avait nullement l'intention de leur imposer un fardeau, et qu'il n'avait en vue que leur bien. Il était convaincu que les avantages qui résulteraient pour les communes de cette innovation surpasseraient de beaucoup le payement des honoraires, et néanmoins il voulait bien consentir à ce qu'elles élussent à l'avenir leurs juges et leurs alvazis, conformément aux foraes, puisque tous les bourgeois le sollicitaient à ce sujet. Mais il recommandait expressément aux communes de choisir des hommes fermes et capables, et il terminait par ces mots : « S'il n'en est pas ainsi, soyez assurés que nos corregedores appliqueront des châtiments comme il conviendra. »

D'après les plaintes qu'élevèrent les communes neuf ans plus tard dans les cortès d'Elvas en 1361, nous voyons que, malgré les circonstances dont il vient d'être parlé, le successeur d'Affonso IV avait de nouveau installé dans quelques villes et localités des *juizes da fora*, à la place des juges ordinaires. Les députés des communes rappelèrent au roi la promesse de son père, se plaignirent avec insistance du poids accablant des énormes traitements qu'il fallait payer, déclarèrent qu'ils trouveraient parmi leurs concitoyens des hommes aussi capables que ceux qu'on leur avait envoyés, et demandèrent qu'on leur conservât leurs droits. Le roi Pedro assura aussi qu'il n'était jamais entré dans ses vues de porter atteinte à leurs foros mais qu'il s'était proposé par ces mesures de contribuer au bien du pays. Il leur accorda de nouveau pour l'avenir l'exercice de leur droit d'élection, en ajoutant toutefois que les juges élus par eux devaient rendre la justice de manière à ne lui fournir aucun motif de revenir aux dispositions dont on se plaignait (1). Comme certains hommes étaient revêtus continuellement des mêmes charges, sans que d'autres dignes citoyens pussent les obtenir, désormais nul fonctionnaire ne pouvait être élu de nouveau par la commune avant l'expiration de trois années (2).

Les corregedores.

Les tentatives d'Affonso et de Pedro pour instituer partout des *iuizes da fora* royaux à la place des juges locaux élus par les communes, assurer ainsi davantage la pratique de la justice, et en même temps procurer à la couronne une plus grande influence sur cette branche; ces tentatives avaient à la vérité échoué, mais ces deux rois parurent d'autant plus préoccupés du soin de donner aux fonctionnaires qu'ils eurent à nommer une situation officielle et un pouvoir par lesquels ils fussent en état de faire sentir plus fortement leur action sur cette partie de l'administration. Ils ne créèrent pas de nouvelles charges, ils agrandirent seulement le cercle d'attributions de celles qui existaient, en les déterminant et les fixant avec une précision rigoureuse. Ils réglèrent les actes officiels qui entreraient dans les pouvoirs des titulaires, leur donnèrent plus de force coercitive, et se réservèrent pour eux-mêmes la faculté de donner une impulsion plus générale. Ils consultèrent pour cela les rapports et les besoins du temps et de l'Etat, et surent ainsi activer les progrès de l'autorité et du pouvoir de la couronne; car partout les relations étaient favorables à un tel accroissement.

On commença, dans le premier tiers du quatorzième siècle, à nommer corregedores (3)

---

(1) Art. 9 des cortès d'Elvas. *Memorias para a historia e theoria das cortes geraes*; pelo visconde de Santarem. Parte II, *Doc.*, p. 3.

(2) *Ordenaçoens do rey Affonso V*, liv. III, tit. 125.

(3) « Nen huū corregedor non perdera nada

les meirinhos dont les attributions et le pouvoir judiciaire, tout en n'étant pas bien déterminés, doivent être connus ; ou bien l'on employa alternativement ou simultanément ces deux dénominations, ainsi que cela se fait dans de telles époques de transition, sans que les contemporains se laissassent égarer jusqu'à voir entre elles de l'identité (1), comme l'on appela *meirinhado* la circonscription où s'exerçait le pouvoir des meirinhos ; lorsque l'on se mit à donner le nom de corregedores aux meirinhos, le cercle où s'étendirent leurs fonctions fut nommé correctoria (2).

Le pouvoir légal des corregedores appelé correição, et précédemment corregimento (3), était dirigé sur des objets d'espèces les plus diverses, et s'exerçait de la manière la plus variée : tantôt il frappait des juges prévaricateurs, ou bien il avait pour mission de rendre la justice lui-même dans certains cas particuliers, tantôt il était appelé à s'occuper d'affaires d'administration et de police : ici il dirigeait des enquêtes judiciaires, là il adressait des dénonciations au roi, ou faisait des propositions d'améliorations (4).

Toutefois, voici des instructions qui indiquent ce qu'il y a de plus caractéristique dans les fonctions du corregedor : « Après son arrivée dans le lieu, il fera proclamer que tous ceux qui ont des plaintes à porter contre des alcaides, des juges, des grands ou autres, paraissent devant lui afin qu'il *corrige* les accusés (1), et qu'en outre tous ceux qui ont des réclamations à produire se rendent aussi en sa présence, afin qu'il puisse y donner satisfaction (2). » C'est une véritable charge royale ! dans la personne du corregedor, le roi s'avance au milieu de son peuple, prête l'oreille aux justes plaintes, accorde sa protection à l'innocent opprimé, et lui fait obtenir la justice refusée ou retardée ; source de la justice, il châtie ceux qui doivent la distribuer, qui la troublent ou l'altèrent. Ainsi devient pour nous clair et bien saisissable le sens complet des termes, cités

---

da sua jurdiçom, » est-il dit dans les cortès de Santarem en 1331. [*Codigo Affons.*, liv. v, tit. 50.

(1) Ainsi l'on trouve dans ces mêmes cortès : « Que os alcaides, meirinhos e corregedores não levem majores carceragés, que as do costume. » *Memorias de Litter. Port.*, t. II, p. 212.

(2) *Memorias da Acad. real das sciencias*, t. VI, Part. II, p. 161.

(3) Dans une loi du roi Diniz, il est dit : « Se o leigo ferir o clerigo, e demandar corregimento seja diante de juiz. » Correger pour emendar ; redresser une procédure ou une sentence. Il y a encore d'autres significations de correição, voyez dans les *Memor. de Litt. Port.*, t. II, p. 186 ; et *Elucidario*, t. I, p. 374.

(4) Jose Antonio de Sa désigne très-bien les devoirs des corregedores, l'étendue et l'importance de leurs attributions : « O officio de corregedor he pela sua preeminencia, e pelo seu regimento a mais importante magistratura deste reino ; pois que presidindo os corregedores as comarcas, são nellas os chefes da justiça ; representão mais immediatamente os seus principes, curão de preservar da corrupção, e abuso as suas leis : fazem entrar nos seus deveres as justiças ordinarias ; obstão aos excessos de jurisdicção dos donatarios ecclesiasticos e seculares : vigião sobre a vassallagem devida à primeira soberania : superintendem nos tributos, e contribuções reaes : tem inspecção na policia, e no socego publico ; obstão as violencias e excessos dos poderosos : promovem a agricultura e commercio, a facilidade de transportos, e vigião sobre a povoação e industria. » *Memoria sobre a origem, e jurisdicção dos corregedores das comarcas*, por J. Ant. de Sa, dans les *Memor. de Litt. Port.*, t. VII, p. 297. L'auteur établit ensuite une comparaison entre les corregedores et des magistrats analogues chez les Romains, en France, en Italie, etc... et l'on voit combien à un certain degré de civilisation d'un peuple et de formation d'un État une telle charge était nécessaire. Il est à peine utile de rappeler que le nom des corregedores espagnols et portugais vient des correctores romains.

(1) Ou, comme s'expriment les *Ordenações Filip.*, liv. I, tit. 58, § 6 : « Que lhes fara comprimento de dereito. »

(2) *Regimento dos corregedores das comarcas*, § 4.

plus haut (1), d'une loi de Fernando : « parce que la correição est au-dessus de toute juridiction, un je ne sais quoi concernant la souveraineté suprême à laquelle tous sont soumis, et inhérente au principat du roi, qui ne peut en aucune façon s'en dessaisir, etc. » Et ce je ne sais quoi si intimement uni au pouvoir du roi, qu'il ne peut nullement en être détaché, c'était ce que le roi confiait au corregedor.

Là encore ce fut Affonso IV qui, à force de prudence et d'énergie, parvint le premier à donner à cette partie de l'ordre judiciaire une situation plus régulière et plus certaine; car au temps de son règne, très-vraisemblablement vers le milieu du quatorzième siècle, appartient pour la plus grande partie la composition du *regimento dos corregedores das comarcas*, qui est restée comme la base des instructions postérieures et des prescriptions plus récentes (2). Il indique « ce que doit faire le corregedor dans le district où il est autorisé à *corriger* aussi bien en ce qui concerne la justice que dans les affaires d'administration. » Les dispositions les plus importantes relatives à ces deux branches, plus graves pour la première que pour la seconde, peuvent trouver place ici.

Afin que le corregedor puisse remplir toutes les obligations de sa charge, et reconnaître par lui-même si les juges et les autres fonctionnaires s'acquittent des devoirs de leurs emplois, il faut qu'il visite chaque endroit de sa comarca deux ou trois fois, une pour le moins, dans le cours de l'année, mais il ne doit pas rester dans les localités plus longtemps que ne le demande l'affaire qui l'appelle ou la mission particulière qui lui a été donnée par le roi (§ 30). Les tabelliães de l'endroit que le corregedor se propose de visiter doivent sur son ordre rédiger et lui adresser des états des affaires en litige, aussi bien que des objets concernant l'administration (§ 2) (1). Déjà l'on a dit comment le corregedor doit faire appeler par une proclamation devant lui tous ceux qui auraient des plaintes à porter contre des fonctionnaires ou des grands. Après cette proclamation publique, il rassemble les juges du lieu, leur fait prendre place auprès de lui et décider tous les débats des parties qui comparaissent devant le tribunal (§ 4). Mais le corregedor ne peut s'attribuer la décision d'aucune affaire civile ou criminelle, excepté lorsqu'il s'agit de prononcer sur l'alcaide ou le juge, sur des tabelliães ou des grands. Dans ces derniers cas il doit décider, si les juges déclarent que par des motifs tirés de la loi ils ne peuvent rendre de sentence, ou s'ils paraissent avoir de la partialité. Si le corregedor ne peut vider ces sortes de débats durant son séjour, il doit les remettre à un ancien juge à l'abri de tout soupçon, ou à un *homem boom* de l'endroit; le corregedor doit laisser décider tous les autres procès par les juges locaux (§ 5). Mais en revanche il faut qu'il appelle devant son tribunal les discussions que peuvent avoir, entre eux ou avec d'autres, des fidalgos, abbés et prieurs de son district (§ 7). Il ne peut recevoir des plaintes sur une sentence rendue par un juge local; il doit plutôt les renvoyer aux sobrejuizes ou ouvidores (2) qui ont à en déci-

---

(1) Dans l'exposé de la juridiction des *ricos homens*.

(2) A la vérité nous ne pouvons préciser le moment où le *regimento* fut rédigé et publié. Mais il résulte, de plusieurs passages, que sa rédaction appartient en grande partie au règne d'Affonso IV; les dispositions ultérieures qui s'y trouvent ne passent pas le règne de Pedro. Ribeiro a le premier livré ce *regimento* à l'impression, dans ses *Dissertações chronolog. e críticas sobre a historia e jurisprudencia de Portugal*, t. III. Append. de Documentos, num. 37, p. 93-112. Il servit pour l'ordonnance sur les corregedores, telle qu'elle est contenue dans les *Ordenações Affons.*, liv. I, tit. 23, et fut modifié, agrandi par des dispositions ultérieures des rois Fernando et João Ier.

---

(1) Et cela, ajoute le *Codigo Affons. V*, seulement dans les cas où la juridiction appartient au roi.

(2) D'après le *Cod. Affons. V*, aux desembargadores.

der (§ 7). Le corregedor doit rechercher si les juges institués par les communes et confirmés par le roi écoutent les affaires civiles et criminelles portées devant eux et les décident sans retard ; il doit veiller également à ce que les juges installés par le roi dans les localités décident les procès. Dans le cas d'une conduite contraire, il doit punir les juges et redresser les erreurs (§ 35).

Dans l'administration et la police, le magistrat exerce sa correição, en visitant les forts et les châteaux du roi comme ceux des ordres de chevalerie, afin de vérifier s'ils sont bien pourvus d'armes et de tous les objets nécessaires ; en faisant maintenir les murs et les fortifications des villes dans l'état convenable (§ 20) : il a en outre l'inspection sur les prisons (§ 22), prend connaissance du nombre des vassaux royaux de chaque endroit, de leur fortune, de leurs ressources pour le service militaire, afin de rendre au roi un compte exact sur tout cela (§ 29). Il est chargé de rappeler à leur devoir les almuxarifes, porteiros et autres employés qui lèvent les impôts pour le roi, dans les cas où les sujets porteraient contre eux des plaintes fondées, de les corriger s'ils ne suivaient pas ses remontrances, et d'en informer le roi (§ 14) ; de punir les vereadores des communes tombés dans l'oubli de leurs devoirs, et de les remplacer d'accord avec les *homens bons* du lieu (§ 32) ; de surveiller les tabelliães, et, s'il trouve des sujets incapables parmi eux, d'en proposer d'autres au roi (§ 26) ; d'accommoder les différends entre les communes selon ses moyens ; ou, s'il n'y réussit pas, de soumettre au roi les mesures à prendre (§ 19). En général, d'après cette instruction et toutes les autres données postérieurement, les corregedores avaient à rendre compte au roi de tout ce qu'ils faisaient et ordonnaient pour le bien de la population, de la justice, de l'administration, et pour l'intérêt public (1).

Tous les actes officiels du corregedor concernant la justice ou l'administration doivent être inscrits par un tabellião ou un escribão, afin que le roi soit au courant de tout ce que fait le corregedor, et de la manière dont il le fait. Ces fonctionnaires doivent aussi tenir note du moment où le corregedor est arrivé dans une localité, du temps qu'il s'y est arrêté, du nombre des cas qu'il a décidés (§ 31). Car, pour un pouvoir aussi grand que celui dont le corregedor était investi, il fallait aussi des moyens de surveillance.

Introduction du droit romain.

Après la séparation du Portugal de la Castille, les lois wisigothes conservèrent encore assez longtemps leur autorité ; mais peu à peu elles furent plus rarement consultées et citées, jusqu'à ce qu'enfin elles tombassent entièrement en désuétude. Des lois municipales étaient plus appropriées à des communes florissantes et croissant en puissance ; bientôt ces lois furent recherchées avec d'autant plus d'ardeur qu'elles se montrèrent plus bienfaisantes, et comme l'État tombait alors dans les communes, ainsi le code wisigoth se perdit dans les législations locales. Toutefois, avant que les foraes arrivassent à cette domination, il y eut un moment où, à ce qu'il paraît, régna une véritable confusion dans les lois. De cette époque est sorti un acte dans lequel l'infant Affonso Henriques, faisant une concession de deux bourgs, se réfère aux législations romaine, française et gothique (2). A dé-

---

(1) Dans les archives royales de la *Torre do Tombo* se trouvent encore des lettres de corregedores aux rois, qui servent de documents pour montrer comment ils remplissaient les devoirs de cette charge importante: *Memor. de Litter. Port.*, t. VII, p. 302.

(2) C'est la concession (du 6 avril 1129) des bourgs de Sala et de Saela dans la vallée d'A-

faut de lois indigènes générales qui repondissent aux exigences du temps et aux besoins du peuple, on avait recours à des législations étrangères. Si l'infant ou son chargé d'affaires invoque les lois françaises, cela ne doit pas étonner ceux qui se rappellent la descendance de la maison régnante et les relations qui vraisemblablement se continuaient entre l'infant et le pays d'où il tirait son origine. L'autorité des lois romaines paraîtra plus étrange ; néanmoins on peut présumer que le souvenir de ce droit s'était perpétué en Portugal, ou que la connaissance en avait été introduite par les comtes bourguignons ou leurs compatriotes. Cependant cet écho de la jurisprudence romaine resta solitaire, et ne fut plus entendu lorsque les foraes nationaux expulsèrent peu à peu toutes les parties de législations étrangères. Les premières lois générales que les rois portugais donnèrent dans les cortès furent longtemps avant de pouvoir être mises en vigueur parce qu'elles ne concernaient encore que certaines portions isolées et sans ensemble de la vie politique, et d'ailleurs, en raison de l'isolement et de la séparation des communes, de la division du pays entre l'autorité du roi, des seigneurs territoriaux, des ecclésiastiques, des chevaliers et d'autres, enfin en raison de la faiblesse de la couronne, cette vie politique elle-même arrivait à peine à ses premières manifestations, et le royaume ne pouvait atteindre l'unité, aussi nécessaire pour préparer l'introduction des lois générales, que ces lois sont efficaces pour fortifier l'unité qui se forme et lui donner de la durée. Lorsque, par un concours d'heureuses influences, le pouvoir royal grandit en force et fut en état de changer les tendances contraires et d'abattre les résistances, alors seulement les lois générales qui se multipliaient gagnèrent plus d'autorité, pénétrèrent plus profondément dans la vie civile et politique, et disposèrent le sol à recevoir une législation qui avait coutume de prendre racine là seulement où elle trouvait un certain degré de développement intellectuel et social, l'uniformité et l'unité dans une certaine mesure. Ainsi donc il ne peut être question de l'autorité du droit romain en Portugal que vers la fin de cette époque. Mais la connaissance de ce droit se répandit avant son adoption, et l'on trouve çà et là des indices et des traces de cette étude dès le commencement de l'époque dont nous nous occupons.

Anastasio de Figueiredo (1) place l'introduction du code Justinien sous le règne du premier Affonso, et dès le commencement. Il appuie cette opinion, sur l'expression *« mestre, »* qui se présente dans des actes de ce temps, et qui selon son opinion désigne un légiste versé surtout dans le droit romain. Le seul doute est de savoir si ces *mestres* avaient pénétré aussi en Portugal comme professeurs du droit romain. Mais, dans les actes du treizième siècle, ce terme désigne confusément un directeur de conscience, un père spirituel (2) ; et les confesseurs sont appelés *mestres*, ce qui a la même signification que *abbades* (3). S'il n'y avait pas de désignations plus précises, le simple mot *mestres*, dans ces siècles au moins, ne ferait rien préjuger sur la question qui nous occupe.

D'après Figueiredo, deux hommes surtout auraient introduit sous Affonso Henriques le code Justinien en Portugal, João Peculiar

---

rouca, où il est dit : « Ego infans Adefonsus, secundum auctoritatem donationum legum Romanorum atque Francorum, seu Gotorum de hac hæreditate, quam tibi Monio Roderici libera, et irrevocabili voluntate concessi, et cartam fieri jussi manibus meis illam robor-†-o. » *Doc. de Arouca in Elucidario*, t. II, p. 47.

(1) Dans sa *Memoria sobre qual foi a epoca certa de introducção do direito de Justiniano em Portugal, e modo da sua introducção*, etc. Dans les *Memorias de Litter. Port.*, t. I, p. 272.

(2) Dans l'année 1112, une jeune fille nommée Goldregodo donna à l'abbé de Sancto-Thyrso une pièce de terre avec ces paroles : « Ad magistrum meum dominum Gaudemirum abbatem monasterii Sancti-Tirsi. » *Elucidario*, II, p. 131.

(3) *Elucidario, ibid.*

et le maître Albertus. Florez (1) a prouvé que le premier n'était pas Français, qu'il naquit à Coïmbre, où il possédait des biens-fonds. Peculiar alla en France pour se perfectionner dans les sciences, et il en revint avec le renom *d'un lettré savant dans les deux droits*, ainsi que s'exprime Figueiredo, en se servant des paroles de Rodrigo da Cunha (2). Toutefois, de retour en Portugal, il n'exerça nullement son action comme légiste. Il fonda immédiatement un couvent dans le district de Lafoens, contribua à l'érection du couvent de Santa-Cruz, dirigea la scolastique près de la cathédrale de Coïmbre, où certes il n'enseigna pas le droit romain, devint en 1136 évêque de Porto, et en 1138 archevêque de Braga. Tous ses soins, toute son autorité tendirent à servir les progrès de la vie religieuse et les intérêts de l'Eglise (3). Le maître Albertus était chancelier mor (4) sous Affonso Ier, et signa en cette qualité les actes publics (5). En accordant même qu'il fût maître de droit romain (ce qui est incertain), il ne résulterait de cela ni de sa place rien de plus concluant sur le point en discussion.

Mais des conséquences plus applicables peuvent déjà se tirer de l'apparition d'un légiste qui vint en Portugal sous Affonso II. Leonardo, natif de Milan, dans les longs débats que soutint le roi contre ses sœurs, et que ces princesses portèrent devant le saint-siège, plaida la cause d'Affonso II, comme son fondé de pouvoir. A un docteur consommé comme le pape Innocent III, qui intervint personnellement dans cette affaire, le roi ne pouvait opposer qu'un champion sachant combattre avec des armes égales; et il ne pouvait mieux le choisir que dans un pays où l'étude du droit avait déjà pris un grand essor, comptait de nombreux adeptes, et parmi les partisans d'un système qui était très-favorable aux prérogatives de la couronne et à la souveraineté territoriale. La supériorité notoire que donnait à l'étranger la connaissance et la pratique d'un code dont les vues hautes frappent même les esprits peu éclairés, et dont la facile application dans un cas difficile et grave devait saisir tous les observateurs, ne pouvait rester sans effet et sans résultat (1). Toutefois cela ne se fit sentir que plus tard, sous le règne d'Affonso II. Sur son code de la première année de son gouvernement dans les cortès de Coïmbre de 1211, l'impulsion de Leonardo ne put encore exercer aucune influence. Jusque-là, les traces d'une connaissance du droit romain en Portugal sont obscures et incertaines; quand bien même elles seraient plus distinctes, les signes d'une telle connaissance différent encore beaucoup de l'introduction et de l'adoption de ce droit

---

(1) *Espagna Sagr.*, t. XXI, p. 69.
(2) *Hist. eccles. de Braga*, Part. II, cap. 14, num. 4. C'est un témoignage beaucoup trop nouveau pour pouvoir décider ici sans être appuyé d'autres preuves.
(3) *Esp. Sagr., ibid.*
(4) Relativement au magister Albertus, l'auteur du mémoire sur l'autorité du droit romain en Portugal jusqu'à l'année 1791, dit dans ce journal critique pour la science du droit et de la législation de l'étranger (t. VII, 3e cahier, n. 17, p. 332), « qui s'éleva jusqu'à l'oficio de justiça, et a signé comme le grand chancelier divers actes et plusieurs lois, etc... » L'auteur songeait peut-être à quelque chose comme la dignité du justiça d'Aragon. L'étrange erreur vient d'un passage mal interprété (p. 272) du mémoire déjà cité de Figueiredo, qui, traduit littéralement, dit : « Attendu qu'il (Albertus) occupa le premier et le plus ancien emploi de la justice (oficio de justiça) de la monarchie, comme celui du chancelier mor, lequel toujours se chargeait de commenter les lois et les ordonnances royales, etc... »
(5) Entre autres le foral de Leiria de l'année 1142. *Monarch. Lusit.*, Part. III, escr. 18.

(1) « ..... Verosimile autem est, eum (Leonardum) idem jus, quod Italiæ didicit, ad Lusitaniam traduxisse et in regia aula, et in foro, et ubique commendase. » *P. Job. Mellii Freirii Hist. jur. civil. Lusitani*, ed. IV. Olisip. 1804, § 52.

dans le code ; et supposer avec Figueiredo (1) qu'Affonso II avait emprunté ou dû emprunter au droit romain la loi rendue dans lesdites cortès de 1211, d'après laquelle « une sentence du roi ne doit être mise à exécution qu'au bout de vingt jours, si jusque-là elle n'a été révoquée par le roi, » c'est faire preuve d'un sentiment trop faible, d'une intelligence trop étroite de tout droit en dehors des institutions romaines.

Au temps d'Affonso II appartient un court Compendium de droit, qui fut rédigé, sur la demande (2) d'Alfonso Fernandez, l'un des fils du roi Alfonso X de Castille, par le mestre Jacobe das Leis, surnom que les légistes se donnaient volontiers. Il est écrit en langue portugaise, puisé entièrement dans le Digeste et les Institutes de Justinien, et disposé d'après le même système. Comme ce compendium se trouve dans les archives royales au milieu de lois nationales et même dans l'ancien foral de Guarda, on en conclut qu'il était en usage en Portugal.

Le règne du roi Diniz doit être considéré comme le moment où le droit romain jeta ses premières racines en Portugal, pour s'étendre aussitôt, largement favorisé par le sol et la pratique. Jusque-là le nombre des adeptes dans la science de la jurisprudence romaine devait être très-faible. La nécessité d'étudier ce droit en pays étranger, les frais énormes et les dangers attachés aux voyages dans ces temps (3) devaient effrayer bien des sujets. Mais plus rares étaient les docteurs en droit romain, plus grande était la considération dont ils jouissaient auprès des autres, et qu'ils avaient pour eux-mêmes. Les fonctions publiques ne pouvaient leur manquer ; ils devaient être appelés aux plus hautes dignités. Aussi avaient-ils les yeux toujours fixés sur la base de leur élévation, et, pour servir cette cause de leur grandeur, ils cherchaient à répandre partout la connaissance du droit romain, à l'introduire dans les cours de justice et dans la salle où se confectionnaient les lois. D'autres qui s'étaient initiés au droit romain sans quitter le Portugal, ne se sentaient pas disposés à faire usage de leur science. Lorsque enfin une université fut fondée dans le pays même, et qu'une chaire spéciale fut érigée pour l'enseignement des lois de Rome (1), l'empressement fut manifeste pour cette étude, et le triomphe d'une telle législation fut décidé. Un nouveau monde dut s'ouvrir pour les esprits sérieux, instruits et avides de travaux judiciaires, lorsque des lois nationales, simples à la vérité, mais toujours incomplètes et défectueuses pour des relations d'un développement récent et pénible, ils passèrent à l'étude d'un système, qui par la pensée lucide qui en ressort, par l'union et la cohésion de ses parties, et par son application aux rapports les plus compliqués d'une vie sociale poussée à un haut degré de civilisation, formait le contraste le plus frappant avec ces dispositions législatives nées dans leur pays, où l'idée même la plus complète semblait encore rester à l'état d'enveloppement. Pour l'adoption d'instituts venus de l'étranger, le droit canon précédemment introduit et appliqué avait abattu les obstacles et préparé les esprits. Déjà il avait tracé de si profonds sillons dans les relations du temps, que la législation portugaise et surtout la procédure ne pouvaient plus se soustraire à sa puissante influence (2). Pour

---

(1) *Memoria*, l. c., p. 275.
(2) L'infant avait demandé à ce légiste : « Lhe escolhesse algunas flores de direito brevemente, para que podesse ter alguma carreira ordenada para entender, e para delivrar os preitos segundo as leis dos sabedores. »
(3) « ..... Propter expensarum defectum, viarum discrimina et pericula personarum non audeant, timeant, nec commode possint ad partes longinquas ratione studii se transferre, etc., » disent les prélats dans l'adresse au roi Diniz pour l'érection d'une université. *Monarch. Lusit.*, t. v, escrit. 21.

(1) Voyez le chapitre suivant.
(2) « Majorem certe in foro a sæculo XII usum et auctoritatem habuit ordo juris canonici in

des êtres enfin sur lesquels le besoin de pensées plus travaillées et plus fortement nourries, de conceptions plus hautes ne se faisait pas sentir, la perspective d'une carrière commode, plus assurée, brillante peut-être, pouvait être un puissant aiguillon à l'étude du droit romain. Dès lors il descendit des cours du haut enseignement dans les salles des tribunaux, des cahiers et des livres dans la vie civile et dans le système politique. Il se développa et éleva une classe qui, sachant bien ce qu'elle devait au droit romain, ne le laissa pas faiblir. Le nombre de ceux qui en vivaient s'augmenta; les autorités judiciaires se multiplièrent, ainsi que les formalités de la procédure, d'où naquit un véritable dédale. Le roi Diniz en dut subir l'épreuve.

D'un autre côté, ce monarque seconda directement l'extension et l'application du droit romain, en faisant traduire en portugais les siete Partidas (1). Déjà l'on a remarqué combien la partie civile de ce recueil présente l'aspect d'un extrait du code Justinien; dont certains passages sont la traduction littérale; une étude plus générale et plus approfondie ne pourrait que faire donner encore une plus large part au droit romain. D'après la grande analogie entre l'état du droit et la marche de la législation en Portugal et en Espagne, il était à prévoir que le recueil des lois d'un monarque hautement apprécié comme législateur, et attaché par des liens étroits à la famille royale de Portugal, trouverait de la faveur à l'extrémité occidentale de la Péninsule; et, si Alfonso X ne la rechercha pas directement, il dut au moins la désirer. A partir de la publication des siete Partidas, on vit donc des passages entiers passer de ce code dans les lois portugaises. Il se manifesta bientôt que la traduction en portugais n'était pas seulement une œuvre de loisir, le résultat d'un exercice scientifique et philologique, mais que c'était un témoignage d'une pratique antérieure de ce code, bien plus qu'un moyen de faciliter et de satisfaire des besoins ultérieurs. Sans faire ressortir la concordance frappante de plusieurs lois postérieures, nommément d'Affonso VI et de Fernando, avec les dispositions de la Partida comprenant l'administration de la justice, pour démontrer l'usage subsidiaire du code espagnol en Portugal, on peut ici reproduire la plainte élevée par les prélats dans les cortès d'Elvas en 1361 : « que souvent les tribunaux ne suivaient pas le droit canon, et que pourtant il y avait plus de raison de l'observer dans tout le royaume, que les siete Partidas, composées par le roi de Castille, auquel le Portugal n'était pas soumis, et dont il était au contraire entièrement libre et indépendant. »

Dans la même année, les étudiants de Coïmbre se plaignirent auprès du roi Pedro, que le conservateur de l'université décidât les débats entre eux et d'autres personnes, non point selon le droit tel qu'ils l'apprenaient dans leurs classes et leurs livres, quoiqu'ils en tirassent toutes les citations et démonstration, en faveur de leurs causes. Le roi ordonna là-dessus au conservateur et à chacun de ses successeurs, si les étudiants plaidaient leurs causes d'après des autorités tirées de leurs livres, de reconnaître ces autorités, après en avoir préalablement conféré avec les lettrés versés dans ces matières (1).

---

decretalibus contentu quem nostræ antiquæ et novæ leges fere omnino imitatæ sunt. » *P. Jos. Mellii Freirii Instit. jur. civil. Lusit.*, lib. IV, tit. 7, § 6. Olisipone 1840.

(1) Par la réunion de plusieurs fragments de cette traduction, qui se trouvent plus tard en divers lieux du Portugal, la translation effective de ce code espagnol en portugais est maintenant hors de doute. Voyez *J. Anastasio Figueiredo*, dans les *Memor. de Litter. Portug.*, t. I, p. 283; et le même, dans la *Synopsis chronol.*, t. I, p. 39.

(1) *Noticias chronologicas da universidade de Coimbra...* pelo beneficiado Francisco Leitão

Sous les rois Affonso IV et Pedro, les lettrés et les docteurs en droit (*literatos e entendudos*) furent appelés aux plus hauts emplois (1). Ces savants jurisconsultes étaient en très-grande considération, et occupaient en partie les premières dignités de l'Etat. Des mestres das leis sont membres du conseil royal, honorés par le roi d'un titre, « vassaux du roi, » qui alors n'était conféré qu'aux premiers personnages de la cour, par exemple, aux comtes de Barcellos et d'Ourem (2).

Vers les derniers temps du règne de Fernando, à la fin de cette époque, paraît en Portugal un homme, João das Negras, élève de Bartolo, qui fut considéré par ses compatriotes comme une colonne de la jurisprudence, et qui mit à profit la place par lui occupée à côté de João Ier, pour exercer sur l'état du droit, comme sur les affaires de son pays, une grave influence. Cependant, comme sa première apparition tombe dans l'époque présente, et que son action efficace appartient à la suivante, on peut se contenter de l'indiquer ici, pour en montrer plus loin le développement.

Procédures.

Nulle part en Portugal l'influence du droit romain ne se manifesta plus tôt et plus visiblement que dans la procédure. Voici à quoi se bornaient les formes judiciaires sous Affonso III : le plaignant portait sa plainte; après la comparution des deux parties devant le tribunal suivaient les débats et la prestation du serment contre toute fraude. Si, relativement aux faits, il existait encore un point douteux, alors commençait l'administration des preuves (3). On se servait, entre autres moyens, de témoins et d'actes. Les témoins ne pouvaient dépasser le nombre de trente; ils devaient être de sexe masculin; les femmes n'étaient admises à déposer que dans certains cas (1). Parfois la preuve par acte avait lieu à l'exclusion de toute autre; par exemple, d'après une loi de Fernando, des réclamations de créances, atteignant certaines sommes, ne pouvaient être appuyées que sur des actes authentiques (2). Après l'administration de la preuve, on s'occupait de sa valeur; et, sur le procès-verbal qui en était dressé aussitôt, le juge rendait sa sentence. Si une partie se trouvait lésée par la décision, sous certaines suppositions, il avait à sa disposition divers moyens de droit, l'appel, la révision et la supplique. L'appel aux sobre-juizes près la cour royale (dont on comptait six au temps du roi Diniz (3)) était soumis pour son application et son introduction à l'observation de certains délais empruntés à l'ancien droit romain ; la révision donnée plutôt comme un moyen surérogatoire, était restreinte par le dépôt de sommes à payer en cas d'échec, et n'était appliquée que contre des sentences

---

Ferreira in *Collecçam dos documentos e memorias da Academia real da historia Portug.* Lisboa, 1727, p. 151 et 152.

(1) Comme aux places des deux sobre-juizes en affaires civiles, des deux ouvidores pour les cas criminels, et des deux ouvidores pour les cas du roi, qu'Affonso IV introduisit le premier, afin de remplacer les avocats et les procureurs bannis de la cour. *M. de Litt. Port.*, t. I, p. 286.

(2) A la fin des lois et ordonnances du temps d'Affonso IV se trouve souvent : « El rey o mandou per mestre Pedro e mestre Gonçallo das Leis seus vassallos e privados. » Il en est de même des actes officiels du règne de Pedro. *Ibid.*, p. 287.

(3) Voyez dans les foros da Guarda les « Posturas as quaes forom feytas en Coimbra e en Leyrea e en Lisboa para prol de todo o regno, » dans la *Collecção de ineditos de hist. Portug.*, t. V, p. 448-453.

---

(1) *Memor. de Litt. Port.*, t. VI, p. 57.
(2) *Orden. Aff. V*, liv. III, tit. 44. Dans les *Ordenaç. Filipp.*, liv. III, tit. 49.
(3) *Memor. de Litter. Port.*, t. V, p. 384.

oppressives des juges royaux. Enfin la supplique était dirigée contre des griefs nés de sentences de tribunaux supérieurs, et elle était adressée au roi lui-même (1). Aux moyens d'exécution du jugement appartenait principalement la saisie, et pour la vente des biens saisis, selon qu'ils étaient meubles ou immeubles, on avait coutume de fixer des délais très-différents (2).

Toute cette procédure était donc très-simple et très-naturelle. Pour l'abréger, on n'avait encore fait que peu de chose sous Affonso III : ce prince n'essaya d'agir qu'à l'encontre de la désobéissance des parties et de la prolongation de la procédure en résultant, par des dispositions pénales qu'il emprunta au droit romain.

Le roi Diniz donna bien plus d'importance et d'étendue à ses prescriptions en cette matière, telles qu'elles sont contenues dans une loi du 15 septembre 1272; d'abord l'intimé doit présenter à la fois tous ses moyens dilatoires, et aussitôt répondre à la plainte; secondement, le plaignant est obligé de produire d'ensemble toutes ses répliques; en troisième lieu, l'appel interjeté contre les décisions interlocutoires du juge n'a aucun effet suspensif; et enfin, pour que les avocats soient excités à faire marcher vite les procès, avant la conclusion définitive (1), ils ne peuvent toucher d'honoraires (2), ou du moins la totalité de ce qui leur serait dû (3)

Des exagérations dans les demandes des avocats pour l'emploi de leur ministère, et la confusion qu'ils jetaient à dessein dans les procès, les longueurs auxquelles ils se livraient, déterminèrent le roi Diniz à fixer les droits de leur intervention, et à recommander aux sobre-juizes de punir les avocats et procureurs qui se permettaient des écarts. Affonso IV supprima tous les procureurs et avocats existant près la cour (4), et le roi Pedro ordonna, nous dit son chroniqueur (5), que l'on ne souffrît d'avocats ni à la cour ni dans le royaume. Les représentations que les communes firent au roi à ce sujet dans les cortès d'Elvas, leur insistance pour que ces agents d'affaires contentieuses leur fussent rendus, purent faire paraître aux yeux du sévère Pedro les organes des plaideurs comme un mal nécessaire; il céda, quoique avec répugnance.

Fondation de l'université de Coïmbre.

Jusqu'au temps de Diniz, il n'y avait en Portugal que des établissements isolés pour l'instruction et la formation des prêtres futurs, dans des couvents particuliers et auprès des cathédrales; mais nulle part ne se trouvent des traces d'une institution pour un développement scientifique ayant un caractère général, un *studium generale* (3). Les changements opérés silencieusement dans

---

(1) Voyez dans les *Orden. Aff. V,* liv. III, tit. 73, § 2, 3 et 7, tit. 10, § 1, 3, 5, 7. *Memor. de Litt. Port.,* t. VI, p. 68 et suiv.
(2) *Ordenaç. Aff.,* liv. III, tit. 106. § 1, 2.
(3) *Noticias chronol. da universidade da Coïmbra,* escritas pelo benef. Francisco Leitão Ferreira, dans la Collecçam dos documentos e memorias da academia real da histor. Port. Lisboa 1729, p. 7.

(1) Par une loi du 23 avril 1303.
(2) Seulement la moitié au commencement du procès, d'après une disposition du 17 août 1321.
(3) *P. J. Mellii Freirii Inst. jur. civ. Lus.,* lib. IV, tit. 7, § 3.
(4) Pour empêcher : « Que por causa das mutas delongas, que tinham as demandas, os homens, que se mettiam nos preitos deixavam perder sua prol, » le roi ordonna que « Nom houvesse vogados na corte, nem em parte alguũa procuradores residentes : e que os juizes fizessem jurar os vogados, que as partes tinham boons preitos; e que se nom pozessem as razoens, que se devião poer, non tevessem salario, e fossem privados do officio, e que os juizes fezessem aas partes as perguntas, que bem lhes parecesse para decisão do feito. »
(5) « Asi como este rei era amador de trigosa

les relations, les exigences croissantes d'un service politique, la civilisation plus avancée, la pensée éveillée pour des occupations intellectuelles provoquaient le besoin d'un établissement de ce genre. Si des contrées lointaines offraient les moyens de satisfaire ce besoin, on le ressentait d'autant plus vivement, et la privation que l'on éprouvait dans la patrie était plus pénible. La source était trop éloignée pour que beaucoup de sujets pussent aller y puiser, et le petit nombre de ceux qui avaient le bonheur de s'y désaltérer étaient honorés, enviés de ceux qui restaient. Maintenant le trône était occupé par un roi qui savait apprécier les avantages de l'instruction; déjà le précepteur de l'infant Diniz, Aymeric, né en France, très-versé dans les choses de l'ordre spirituel et temporel, avait inspiré à son élève l'amour de l'étude et de la science (1); cet amour devait s'enraciner fortement dans un noble esprit que la poésie chérie d'abord et cultivée par lui avait rendu sensible aux travaux de l'intelligence. Diniz, une fois monté sur le trône, ayant placé son précepteur sur le siége épiscopal de Coïmbre, ne pouvait manquer de servir d'excitation et d'exemple dans cette carrière, et le goût des sciences qui l'animait descendit du trône pour se répandre de tous côtés et vivifier les esprits. Ce besoin d'étude, déjà très-sensible, devint maintenant plus général et plus pressant, s'exprima hautement; il trouva des interprètes dans les cercles élevés; et, si le roi ne présenta pas lui-même le moyen de le satisfaire, son goût et sa manière de penser bien connue donnèrent à d'autres le courage de le proposer. Le désir de fonder une haute école nationale lui fut exprimé par beaucoup d'hommes haut placés dans l'ordre ecclésiastique et séculier, et trouva chez lui une vive sympathie (1). Il approuva les mesures qu'on lui soumit pour l'entretien de l'établissement à créer.

Vers la fin de l'année 1288, un certain nombre d'ecclésiastiques de haut rang, parmi lesquels l'abbé d'Alcobaça, les prieurs de Santa-Cruz à Coïmbre, de S.-Vicente à Lisbonne, de S.-Maria de Guimaraens, de S.-Maria de Alcaçova de Santarem, adressèrent au pape une lettre rédigée à Monte Mor o Novo, pour le prier de confirmer la fondation d'une université à Coïmbre. Ils rapportent au saint-père comment ils ont avec beaucoup d'autres prêtres et laïques, après de mûres réflexions, acquis la conviction que la fondation d'un haut enseignement serait d'un grand avantage au royaume; car un grand nombre de sujets qui désiraient étudier et se consacrer à l'ordre religieux renonçaient à ce projet, et s'adonnaient contre leur inclination à des occupations temporelles, parce que leurs ressources ne suffisaient pas pour les conduire et les soutenir à une université étrangère, et qu'ils étaient effrayés des fatigues, des peines, même des périls mortels des voyages lointains; par ces motifs et d'autres non moins graves qui avaient été exposés au roi, mais qu'il serait trop long de rappeler ici, ils l'avaient prié d'instituer et de faire ériger à Lisbonne un *studium generale* (2); quo

---

justiça naquelles que achado era que o mercciam : assi trabalhava que os feitos çivees non fossem per longados, guardando a cada hum seu direito compridamente, e per que achou, que os procuradores per longavam os feitos como nom deviam, e davam aazo (motivo) daver hi maliciosas demandas, e opeor, e mujto destranhar, que levavom dambalas partes ajudando huum contra o outro, mandou, que em sua casa, e todo seu regno, nom ouvesse vogadòs nenhuuns. » Fernão Lopes, *Chron. d'el rey D. Pedro*, c. 5.

(1) *Memor. da Acad. real da hist. Port.* Lisbôa 1829, p. 7.

(1) « ..... Dionysio regi nostro seriatim retulimus... quibus precibus nostris ab eodem benigius admissis, atque etiam exauditis, etc..., » disent les prélats dans leur adresse au pape.

(2) « ..... Ordinare studium generale quod apud nobilissimam civitatem suam Olyssiponensem ad Dei servitium et honorem beatissimi martyris Vincentii, in cujus loco Dominus Jesus Christus elegit ipsius corporis sepulturam. »

le monarque avait accueilli leur prière, et qu'ensuite avec l'agrément du roi, véritable patron des couvents et des églises, désignés dans leur supplique, ils étaient convenus que les appointements des docteurs et maîtres seraient fournis par les revenus de ces couvents et de ces églises, et avaient déjà fixé entre eux combien chaque église devait être obligée à payer, après le prélèvement de ses frais nécessaires d'entretien (1). La réponse du pape à cette requête fut longtemps retardée par les débats dans lesquels le roi se trouva engagé avec le clergé et le siége pontifical lui-même. Dans l'année 1290 seulement, après que l'interdit qui pesait sur le royaume eut été levé, et le différend entre les puissances spirituelle et temporelle accommodé (2), le pape donna sa confirmation. Les règlements relatifs à l'université, contenus dans la bulle du pape Nicolas IV du 13 août 1290, et les priviléges qu'elle lui confère, forment la base de la constitution de cet établissement, comme l'année de l'expédition de la bulle fixe la date de la fondation. Les dispositions essentielles de la bulle peuvent se réduire à quatre points. 1° Le pape approuve le *studium generale* à Lisbonne, avec le salaire promis pour les professeurs de l'université. 2° Il recommande au roi Diniz d'obliger les bourgeois de Lisbonne à louer aux étudiants des logements pour le prix qui serait fixé par deux clercs élus de l'université et de la ville, et par deux laïques choisis de la même manière, et de faire prêter aux fonctionnaires de Lisbonne le serment de garantir la sûreté des étudiants, de leurs biens et de leurs serviteurs. 3° Il accorde aux professeurs en charge de pouvoir jouir entièrement désormais de leurs bénéfices, et de leurs dignités, même sans résider, sous la seule déduction des produits éventuels et quotidiens devant appartenir à ceux qui s'acquitteraient du service divin. 4° Il ordonne que les professeurs, les étudiants et leurs serviteurs, s'ils se rendent coupables d'un délit, ne soient pas jugés et condamnés par la justice séculière; car ils doivent être condamnés par les tribunaux religieux, puis livrés au bras séculier. 5° Il donne son agrément à ce que les étudiants de chaque faculté (à l'exception de la faculté de théologie), qui auraient été trouvés capables, puissent recevoir la licence de l'évêque de Lisbonne, où, en cas de vacances du siége épiscopal, de la main du vicaire général du chapitre; le maître qui aurait été approuvé par les autorités compétentes peut aussitôt enseigner dans chaque branche de la même faculté (1).

Le pape adressant cette bulle aux maîtres et aux étudiants, cela fait supposer déjà la formation de l'université; ce que l'on pourrait conclure aussi des mots « *nouvellement fondée,* » qui se trouvent au commencement de la bulle (2). Malheureusement nous avons aussi peu de détails précis sur ce point que sur les premiers statuts de l'université (s' d'ailleurs il y en eut), sur son érection primitive et son administration, sur les professeurs établis d'abord à Lisbonne, etc., attendu que tous les actes et les écrits qui pourraient s'y rapporter ont été perdus dans les diverses translations de l'université de Lisbonne à Coïmbre, et de ce dernier lieu encore dans la capitale (3).

Des débats entre les bourgeois de Lisbonne et des sujets appartenant à l'université poussèrent le roi Diniz à la résolution de transporter la haute école à Coïmbre, qui, par sa beauté et la salubrité de sa situation, comme par l'abondance et le bon marché des moyens de subsistance, paraissait particulièrement propre à recevoir un tel établissement. Le pape, dont Diniz fit solliciter l'agrément, approuva la translation,

---

(1) *Monarch. Lusit.*, t. v. *App. escr.* 21. *Noticias chron. da universidade*, p. 9.
(2) « Submotis quibusdam obstaculis, » dit la bulle avec raison.

(1) *Noticias*, etc., p. 68.
(2) Raynald. ad an. 1308.
(3) Ribeiro, *Dissert. sobre a hist. e jurispr. de Port.* t. II, p. 241.

accorda pour l'université les mêmes priviléges dont elle avait été jadis dotée par le saint-siége lorsqu'elle était fixée à Lisbonne, et chargea l'archevêque de Braga d'en diriger la surveillance. Les revenus de six églises à Lisbonne furent affectés à l'entretien de l'établissement (1). La translation se fit au commencement de l'année 1307, sinon dès la fin de 1306. Deux ans plus tard le roi Diniz, par un arrêté du 15 février 1309, régla plus rigoureusement les rapports de l'université, et la dota de nouveaux droits. La *carta* royale, que l'on a improprement nommée les statuts de l'université, contient les dispositions suivantes :

1º Le studium generale est établi à Coïmbre, et là sont enseignés le droit ecclésiastique et civil, la médecine, la *dialectique* et la grammaire : la théologie doit être professée dans les couvents des dominicains et des Français. 2º Le roi prend les étudiants avec leurs biens et leurs dépendants sous sa protection spéciale. 3º Il ordonne sous des peines sévères à toutes les autorités judiciaires du royaume de défendre les étudiants, leurs biens et leurs serviteurs contre toute atteinte. 4º Il défend à tout habitant de Coïmbre de faire le moindre tort aux étudiants ou à leurs serviteurs. 5º Si quelqu'un veut les citer de manière ou d'autre devant la justice, ils n'ont à comparaître que devant leurs juges ordinaires, c'est-à-dire devant l'évêque ou son vicaire, ou devant le *mestre escola*, si l'affaire ressort de ce tribunal. 6º Il est interdit aux autorités judiciaires de Coïmbre de traîner jamais violemment les étudiants au pied des tribunaux, excepté s'ils étaient surpris en flagrant délit de meurtre, de coups, de vol, de rapt ou de fabrication de fausse monnaie. Dans ces cas, quoique lesdites autorités puissent saisir les délinquants, elles doivent les livrer aussitôt à l'évêque ou à son vicaire ou au *mestre escola*, quand bien même elles n'en seraient pas requises, afin que les écoliers coupables reçoivent leur punition de ce supérieur. 7º Les étudiants élisent les recteurs, les conseillers, le massier et d'autres employés nécessaires de l'université. 8º L'université possède une caisse commune et un sceau. 9º Les étudiants peuvent faire par eux-mêmes ou par d'autres les statuts nécessaires. 10º Chaque année seront choisis deux membres distingués du conseil de la commune et deux étudiants à l'effet de taxer les logements des étudiants, au cas où ceux-ci ne s'entendraient pas sur le prix du loyer avec les propriétaires. 11º Des étudiants ne peuvent être expulsés de leurs demeures s'ils payent le loyer ; car les propriétaires eux-mêmes doivent occuper ces logements ou les vendre, ou les céder à un fils, à une fille ou à un parent en cas de mariage. 12º A l'occasion de la concession des priviléges et franchises à l'université, il ne doit être rien payé à la chancellerie royale pour les actes, la régale, ou pour quelque chose de ce genre. 13º Il est expressément interdit à toute personne de la cour, guerrier, acteur, de loger chez des étudiants ou des professeurs, de leur être à charge, ou de leur demander quoi que ce soit. 14º Il est accordé aux étudiants de se rendre à l'université ou d'en revenir avec leurs chevaux, leurs serviteurs, livres, effets, par terre ou par eau, sans jamais payer une taxe en aucun lieu du royaume. 15º Les étudiants peuvent emporter librement avec eux tous les objets dont ils ont besoin à l'université, et traverser ainsi le royaume en dépit de toute défense ou de tout usage contraire. 16º Deux homens bons de la ville de Coïmbre doivent être *conservadores*, non-seulement pour garantir les priviléges de l'école supérieure, des étudiants et des autres personnes qui s'y trouvent attachées, mais encore pour veiller sur l'honneur et les intérêts de l'établissement comme des étudiants, et donner au roi connaissance de ce qui, suivant leurs vues, pourrait leur importer.

Dans la même année encore, les recteurs, employés et étudiants à Coïmbre usèrent du privilége qui leur avait été accordé par

---

(1) Imprimés dans les *Noticias*, etc., p. 94-99.

cet arrêté royal. Dans une réunion générale ils résolurent, entre autres choses (1), que les docteurs et maîtres, dans les choses permises et convenables, obéissent aux recteurs, et qu'ils cessassent l'enseignement si cela était demandé par lesdits recteurs sur des motifs raisonnables, mais toutefois après une délibération préalable avec les employés et une publication officielle dans une assemblée générale, etc. Ils prirent ensuite cet arrêté: « Comme il est écrit qu'une seule brebis corrompue peut gâter tout un troupeau, celui qui, oubliant le but pour lequel il doit être venu à l'université, déshonore sa classe par des actes coupables ou indécents (2), et met l'université en mauvais renom, faute de se rendre aux remontrances du recteur, doit être banni honteusement de l'établissement et de la société des étudiants. » Ces règlements et quelques autres furent confirmés par le roi Diniz, après qu'il en eut conféré avec des lettrés et autres, et qu'il les eut trouvés conformes au but proposé (3).

Dans une suite de prescriptions royales que Diniz publia particulièrement à partir de la translation de l'université à Coïmbre, il combla l'établissement récent de faveurs de toute espèce, de franchises et de priviléges (4). Il parut considérer sa création avec toute l'affection d'un père, provoquant les développements avec une tendre sollicitude.

Fortifiée par tant de soins, cette plante vigoureuse ne pouvait pas beaucoup souffrir de sa translation subite sur un autre terrain. Mais elle dut être affectée d'une manière plus funeste et plus durable, lorsque le successeur de Diniz, prenant sa résidence à Coïmbre, manquant de logements et voulant éviter des dérangements incommodes, transporta de nouveau la haute école à Lisbonne en 1338. Mais dès l'année 1354 Affonso IV, on ne sait pourquoi, la fit retourner à Coïmbre (1). Enfin le roi Fernando la renvoya encore à Lisbonne en 1377, parce que l'on trouvait en cette ville plus de professeurs que dans Coïmbre, attendu que divers docteurs qu'il avait appelés d'États étrangers ne voulaient point donner leur enseignement ailleurs qu'à Lisbonne (2).

Cependant les successeurs de Diniz, Affonso IV, Pedro et Fernando, rivalisèrent de zèle avec le fondateur de l'université, répandant toujours sur elle d'une main libérale les immunités et les franchises. La juridiction de la haute école surtout fut agrandie de plus en plus. En vertu d'une ordonnance du roi Affonso IV, le conservador de l'université non-seulement peut décider sur tous les cas civils et criminels entre des habitants de Coïmbre et de sa banlieue et les étudiants ou leurs serviteurs, que ceux-ci soient plaignants ou défendeurs; il doit encore poursuivre judiciairement tous les délits commis contre les étudiants qui se rendent à l'université ou en reviennent; il peut même mander devant son siége, par des citations écrites ou par l'intermédiaire de son porteiro, des personnes accusées de ces sortes de faits se trouvant dans les coutos et honras des grands, afin de prononcer une sentence sur elles. Toutes les autorités judiciaires du royaume sont obligées d'exécuter et de laisser exécuter les jugements des conservadores en de tels cas (3). Pour le soin des affaires de l'université près la cour royale, Diniz y institua des procureurs et un escrivão (4), places qui se conservèrent sous les rois suivants.

---

(1) « Ad regimen sui studii, etc. »
(2) « ..... Facinoribus et inhonestis artibus, nt vulnerando, vituperando, percutiendo, aliena hostia frangendo, in publico lugendo, etc... »
(3) Voyez l'acte du 27 janvier 1307, dans les *Dissert.* de Ribeiro, t. II, p. 241-243.
(4) Nous ne pouvons ici qu'indiquer la suite des ordonnances royales que F. Leitão Ferreira cite dans les *Noticias*, p. 104 et suiv.

---

(1) *Noticias*, p. 145.
(2) *Ibid.*, p. 191.
(3) Provisão dada em Coïmbra 5 jan. da era 1393 (1355), dans les *Noticias*, p. 146.
(4) Provisão dada em Lisboa 16 set. da er 1348 (1310), *ibid.*, p. 106.

Les traitements pécuniaires, comme le nombre des professeurs ordinaires et les objets de l'enseignement, paraissent aussi être restés longtemps les mêmes. D'un acte de 1383 (1), il résulte que le maître de l'ordre du Christ était obligé de payer annuellement les appointements des professeurs de l'université sur les revenus de certaines églises; par exemple, au professeur de droit civil (romain), *mestre das leis*, six cents libras; au professeur de Décrétales, *mestre das degretaes*, cinq cents libras aussi; au professeur de médecine, *mestre da fisica*, deux cents libras; au professeur de grammaire, deux cents; au professeur de logique, cent libras; au professeur de musique (1), soixante-cinq libras, et à chacun des conservadores, quarante libras. Il ne se trouve aucune indication que ces relations, dans lesquelles le lecteur peut rencontrer matière à réflexions, aient subi des changements essentiels dans cette époque.

Transition à la seconde époque. — Etat du royaume après la mort de Fernando, quant à l'agriculture, le commerce maritime et la navigation. — Législation de Fernando sur ces branches. — Première assurance maritime.

Le mode de gouvernement de Fernando annonce suffisamment qu'il dut laisser dans la misère et l'épuisement le royaume qu'il avait reçu dans un état florissant. Manquant de consistance, de résolution et de fermeté, malgré son intelligence et tout son bon vouloir, il ne put empêcher que le trésor de la couronne ne se dissipât, que la couronne ne tombât dans le mépris et les sujets dans la pauvreté. Fernando ne le céda peut-être à aucun de ses prédécesseurs en activité législative ; et cette activité s'appliqua aux principaux objets de l'économie sociale ; mais ses lois, au lieu d'être mises vivement en pratique, furent en partie paralysées dans leurs effets par les fausses mesures qu'il prenait d'ailleurs. Elles appartiennent donc plutôt au temps où, appelées à la vie et à l'application, elles manifestèrent leurs avantages et leurs inconvénients, qu'à son règne dont les oscillations ne laissaient pas le repos indispensable pour l'exécution même des lois et des ordonnances les plus sages ; et l'on ne peut s'en prendre qu'à Fernando lui-même si les efforts qu'il tenta dans cette carrière n'attirent et ne fixent l'attention qu'après sa mort.

Toutefois, parmi les dispositions arrêtées par lui, la loi sur les terrains vagues et abandonnés (*lei de semaria*) est la plus connue, et la plus importante ; elle fut provoquée par le triste état du pays, qui pouvait être en partie attribué au roi lui-même. Les guerres ruineuses et inutiles de Fernando, le gaspillage du trésor de la couronne, ses altérations si fréquentes des monnaies durent exercer une funeste influence sur l'agriculture, et, avec le concours d'autres causes, amener cette grande disette de grains, de laquelle on se plaignit hautement et publiquement (2). Les charges pesantes qui d'ailleurs accablaient le laboureur devinrent encore plus écrasantes par tant de bouleversements et l'action de tant d'éléments destructeurs ; et des bras qui jusqu'alors avaient prêté leurs forces à l'agriculture, purent être ainsi poussés à s'appliquer à d'autres travaux, à d'autres industries qui trouvaient plus d'encouragement. Mainte-

(1) Cette chaire avait été nouvellement ajoutée.

(2) « Considerando como per todas as partes de nossos regnos ha desfalicimento de mantimento de trigo, e de ce vada, de que antre toda las terras, e provincias do mundo soyam seer muy abastadas, e estas cousas som postas em tamanha carestia, que aquelles, que ham de manteer fazenda ou estado de qualquer graao de honra nom podem chegar a aver essas cousas, sem muy grande desbarato do que ham. » *Ordenaçoens do S. rey D. Affonso V*, liv. IV, t. 81, 1

(1) Dans les *Noticias*, p. 114.

nant que les relations avec le dehors se multipliaient, que de nouvelles sources de bénéfices s'ouvraient çà et là, que de nouveaux besoins s'éveillaient, qu'une vive impulsion était donnée aux forces diverses, que la navigation était plus active, que l'esprit progressif du siècle excitait et entretenait une agitation générale, bien des gens devaient céder au désir d'échanger l'agriculture contre d'autres occupations ; et l'on pourrait regarder le manque de laboureurs, l'abandon de la charrue et l'empressement à saisir d'autres instruments de production comme la principale cause de la disette en grains et en fruits des champs (1). Mais n'est-ce pas le gouvernement lui-même qui avait tout récemment provoqué le mal qu'il voulait maintenant guérir, en arrachant violemment les sujets aux travaux de l'économie rurale, pour les attacher à d'autres ? en effet quatre années à peine avant la publication de la *lei de sesmaria*, les communes, dans les cortès de Lisbonne de 1371, demandèrent « que les laboureurs travaillant avec deux bœufs leur appartenant, ne pussent être forcés d'aller servir sur les galions (2). » Il paraît donc que les besoins du royaume, plus que l'amour de l'agriculture et les progrès de l'économie sociale amenèrent la loi. La nécessité où l'on se trouvait est attestée par la rigueur des mesures choisies par le législateur ; si l'on avait réellement aimé l'agriculture, on aurait attaché le laboureur à la charrue par des liens plus doux.

La loi rendue par Fernando le 26 mai 1375 (1) peut se réduire aux points suivants :

1° Tous ceux qui jouissent de biens-fonds, comme propriétaires ou comme locataires, sont tenus de les labourer et ensemencer. S'ils prouvent qu'ils ne sont pas en état de cultiver, alors il leur est permis de céder une partie de ces champs à un autre laboureur, qui doit les mettre en état et les ensemencer, moyennant une certaine redevance.

2° Si les propriétaires de biens-fonds ne les cultivent point par eux-mêmes, ou ne les font cultiver par d'autres dans le terme à eux fixé, alors ces biens doivent être donnés à d'autres laboureurs, qui les mettront en état et en jouiront, moyennant une certaine redevance, sans que le propriétaire puisse les leur prendre. La redevance en question profite à la commune sur le terroir de laquelle sont situés les biens.

3° Dans chaque comarca sont nommés deux « hommes honorables » pour rechercher tous les biens-fonds qui doivent être cultivés ou rendus productifs, obliger les propriétaires à les faire valoir, fixer la redevance qu'ils peuvent exiger, au cas où ils ne les exploiteraient pas eux-mêmes, et remettre les biens à d'autres, si les propriétaires ne remplissent pas leurs obligations (2).

Ces dispositions paraissent en avoir rendu d'autres nécessaires.

Afin que les cultivateurs puissent acheter les bêtes de trait nécessaires, d'autres, qui en possèdent, sont tenus de les leur vendre pour un certain prix, tel qu'il est fixé par les autorités judiciaires des localités, ou par les *veedores* nommés à cet effet. Toutes les

---

(1) « ..... Esguardando como antre todalas razooes, per que este desfalicimento, e carestia vem, mais certa e especial he per mingua das livras, que os homees leixam, e se partem dellas, entendendo em outras obras, e em outros mesteres, que nom somtam proveitosos do bem comuum ; e as terras e herdades, que soyam a seer lavradas e semeadas, e que som convinhavees pera o pam, e outros fruitos, per que se os povoos ham de manter, som desamparadas, e deitadas em ressios, sem prol, e com grande danno de povo. » *Ibid.*

(2) *Memorias para a historia e theoria das cortes geraes, que em Portugal se celebrarão; ordenadas pelo 2e visconde de Santarem.* Lisboa 1828, Parte II, p. 14; dans les *Capitulos geraes offerecidos pelos Povos do Reino.*

(1) Elle fut dans la suite incorporée au recueil d'Affonso V, liv. IV, tit. 81.

(2) *Memorias da Academia real das sciencias de Lisboa*, t. VIII, p. 224.

personnes qui n'exercent pas un métier d'utilité publique, tous ceux qui, sous les noms de serviteurs du roi, des infants, des ricos homens ou des fidalgos, errent de côté et d'autre sans être reconnus comme tels par leurs maîtres; les vagabonds et les mendiants; enfin tous ceux qui circulent sous le costume de moines, sans être reçus dans un ordre religieux, tous sont obligés de se livrer à la culture des champs, ou de travailler et servir chez des laboureurs pour un certain salaire déterminé. Enfin nul ne peut avoir des troupeaux ou entretenir ceux d'un autre, s'il n'est laboureur ou valet de laboureur (1). C'est ainsi que l'on pensait remédier au mal, là où il venait à paraître; mais on ne portait pas la main où il avait son siége, où il prenait sa source. Des lois qui portaient de si graves atteintes à la propriété et aux droits des particuliers, introduisaient une contrainte oppressive, violaient en partie les principes salutaires de l'économie rurale et politique, ne pouvaient atteindre le but proposé. A peine pouvait-on avoir l'espérance de les voir jamais exécuter dans toute leur rigueur; aussi, comme la suite le montrera, ne furent-elles jamais complétement mises en pratique (2).

Le roi Fernando fut plus heureux dans ses lois de navigation; il est vrai que, pour cette partie de la législation, la tendance de son peuple et de son temps alla au-devant de ses volontés. De toutes ces mains qui, selon les plaintes de la *sesmaria*, avaient été arrachées à la charrue, beaucoup avaient saisi spontanément la rame ou le gouvernail; d'autres y avaient été forcées. L'activité des Portugais se tourna de plus en plus vers un élément qui leur promettait gloire et richesse, et qui dans la suite leur en donna une moisson abondante. Une fois adonné à la vie maritime, livré à ses agitations et à ses charmes, emporté par son alternative perpétuelle de crainte et d'espérance, le Portugais ne put facilement se décider à revenir à ses foyers, et à reprendre sa marche lente et mesurée derrière la charrue. L'amour des voyages sur l'Océan était éveillé, les profits du commerce maritime brillaient aux regards et les séduisaient; Fernando ne put qu'entrer dans le mouvement volontaire de l'activité nationale, en le réglant et le favorisant.

Son impulsion fut sage, les effets furent heureux; car, d'un côté, il assura de grands avantages aux maîtres de navires signalés par leur goût pour les constructions; de l'autre, il fonda le premier un établissement d'assurance maritime.

Les droits considérables qui étaient levés sur les marchandises exportées au dehors, les bénéfices que les vaisseaux étrangers tiraient du fret, et que le roi désirait faire obtenir aux nationaux; l'inconvénient d'être obligé d'acheter ou de louer des bâtiments étrangers nécessaires pour le service royal (1), tout cela détermina le roi à rendre l'ordonnance par laquelle il était permis à ceux qui voulaient construire de nouveaux vaisseaux, de tirer gratuitement les bois de charpente des forêts royales; qui leur accordait de ne payer aucune acciso sur les fers et les autres objets nécessaires aux constructions navales, qu'ils tiraient de l'étranger, et qui déclarait affranchis des impôts en usage ceux qui achetaient ou vendaient des vaisseaux neufs. Aux propriétaires de ces vaisseaux il fit remise, lorsqu'ils entreprenaient leur premier voyage, de tous les droits (*sisa*, *portagem* et autres) sur les marchandises qu'ils exportaient, qu'elles appartinssent aux maîtres des navires ou à d'autres marchands. En outre, il leur accorda la moitié de l'accise sur tous les draps et sur les autres marchandises qu'ils rapportaient à leur retour de Flandre

---

(1) *Orden. de S. rey Affonso V*, liv. IV, tit. 81, 18.

(2) *Memorias da Acad. real*, t. VIII, 1, 227. L'objet qui n'obtient que plus tard une importance particulière doit être cherché ailleurs et plus loin.

(1) *Chronica d'el rey D. Fernando per Fernão Lopes*, cap. 90, dans la *Collecçaõ de livros ineditos de hist. Port.*, t. IV.

et autres pays, sans parler d'autres avantages (1).

Ces encouragements animèrent de nouveau le zèle et l'activité dans les constructions navales; et les grands avantages retirés du fret des bâtiments devinrent toujours plus visibles et plus attrayants (2). Le commerce maritime, poussé de cette manière, donna des gains considérables, tout en subissant aussi parfois de grandes pertes. Le maître de navire, qui était exposé à tous les dangers et à toutes les vicissitudes d'un élément trompeur, et assez souvent même aux déprédations des pirates, pouvait facilement tomber tout à coup du faîte de la fortune dans la plus profonde misère. Par ces motifs, on songea ensuite à se délivrer des soucis de l'incertitude; et le roi Fernando, de l'avis de la société des maîtres de navires, ordonna que tous les vaisseaux de son royaume, de cinquante tonneaux et au-dessus, seraient inscrits à l'avenir par des hommes entendant ces matières, et institués à cet effet, avec l'indication de leur prix d'achat ou de construction et de leur valeur, ainsi que du jour où ils prenaient la mer. Ce que les propriétaires des navires gagneraient avec eux devait leur appartenir comme précédemment; mais surtout ce qu'ils pourraient acquérir par l'importation et l'exportation, il leur faudrait verser deux *coroas* (3) pour cent dans une des bourses de la société,

dont l'une serait établie à Lisbonne et l'autre à Porto. Le roi nommerait des hommes pour administrer ces caisses, veiller à l'estimation des bâtiments, à cause des avaries éprouvées; avec les fonds des bourses acheter d'autres vaisseaux en remplacement de ceux qui auraient été perdus, et prendre des dispositions convenables dans l'intérêt de tous. S'il arrivait qu'un bâtiment ou plusieurs, durant une expédition commerciale, périssent par l'effet de la tempête ou d'une autre cause de force majeure, tous les maîtres de navires devaient supporter la perte. Le dommage serait déterminé par ces hommes, et réparé par les propriétaires de bâtiments, individuellement, en tant que les sommes encaissées ne suffiraient pas. Il n'était rien spécifié de plus sur la contribution de ces délégués. En revanche, dans les lois sont fixés avec beaucoup de précision les cas où les membres de la société, si les désastres ont été causés par les fautes de ceux qui les ont subis, ne peuvent admettre aucune demande en indemnité. Les vaisseaux royaux, au nombre de douze, sont compris dans la compagnie, et jouissent des mêmes avantages que ceux des particuliers, mais sans aucune préférence. « Si le roi veut agir autrement en cette matière, et aller contre cette disposition, alors la société n'est plus engagée à rien quant aux bâtiments royaux; et, relativement aux autres navires, la compagnie demeure, dans tout le reste, fixe et assurée pour jamais. » Tous les ans, les deux délégués établis par le roi, en présence de « deux hommes honorables » non suspects, devaient rendre compte des rentrées et des dépenses. Le scribe avait un traitement annuel de trente libras, et chacun des deux inspecteurs, cinquante libras, qui étaient payées de la caisse commune. Il était enjoint à toutes les autorités publiques d'exécuter ponctuellement ce qui leur serait ordonné par ces délégués (1).

---

(1) « ..... E aconteçemdo que os navios assi feitos ou comprados, pereçessem da primeira viagem, mandava que estes privillegios durassem ao que os perdessem tres anos seguimtes, fazem do ou comprando outros, e assi per quamtas vezes os fecessem ou comprassem; e se dous em companhia faziam ou compravam alguma naao, ambos aviam estos meesmas graças. » *Ibid.*, p. 320.

(2) « Trabalhamdosse mujtos de fazerem naos, e outros de as comprarem per aazo de taaes privillegios. » *Ibid.*, cap. 91.

(3) La valeur de la couronne d'or de ce temps est inconnue. Au temps du roi Affonso V une dobra (qui comprend deux couronnes) valait 230 reis. *Elucid.*, t. I, p. 310.

(1) Fernão Lopes, l. c., cap. 91.

Si, par une loi pleine d'humanité, Affonso II avait assuré la propriété au maître de navire dont la cargaison échouait sur la côte de Portugal, qu'il fût Portugais ou étranger, maintenant Fernando garantit, par l'introduction d'une assurance maritime, le propriétaire de vaisseau de toute perte non causée par sa faute, fonda ainsi un établissement qui exerça l'influence la plus bienfaisante sur la navigation et le commerce maritime des Portugais, et servit à préparer un plus brillant avenir, sur le nouvel élement, à leur activité nationale.

Ainsi, même dans un gouvernement qui ne fut nullement prospère, était déposé un germe qui, plus tard, devait prendre de magnifiques développements. Un roi dont tous les actes portaient une empreinte de faiblesse agit puissamment sur son peuple, en lui donnant des lois qui encourageaient un goût nouvellement éveillé, et faisant déployer les ailes à cet esprit qui poussait les Portugais sur une route indiquée par une main supérieure. Il fallait encore une tation vigoureuse, à ce qu'il parut, pour amener la force extraordinaire qui vivait en eux à établir complétement son empire; puis une intelligence directrice, pour conduire la masse, avec autant de sagesse que d'énergie, vers le but auquel tendaient tous ses désirs. Cette excitation se manifesta lorsque, après la mort de Fernando, le trône de Portugal parut comme laissé dans le vide, et que l'Etat, privé de chef, était ébranlé, prêt à retourner à la Castille; et cette étoile conductrice se montra quand les citoyens de Lisbonne, jetant autour d'eux leurs regards consternés pour chercher un appui et un sauveur, l'aperçurent dans le maître d'Avis.

DEUXIÈME ÉPOQUE.

DEPUIS L'EXTINCTION DE LA BRANCHE LÉGITIME DE BOURGOGNE JUSQU'A LA CLOTURE
DU MOYEN AGE,
OU DEPUIS LA MORT DU ROI FERNANDO JUSQU'A LA FIN DE JOAO II.

(De 1383 à 1495.)

LIVRE PREMIER.

DEPUIS LA MORT DE FERNANDO JUSQU'A LA FIN DE JOAO Ier.

Les temps de l'interrègne et de la régence. — Elévation de João au trône, guerre et paix avec la Castille. — Premières conquêtes et découvertes sur la côte d'Afrique.

(De 1383 à 1433.)

Nous sommes en présence d'une masse de faits et d'événements qui offrent la matière d'un riche tableau. Le fils naturel d'un roi, sans prétention fondée à l'héritage de la couronne, au milieu d'une violente opposition, appelé par le peuple à la dignité suprême, bientôt élevé sur le trône, puis réduit à défendre avec l'épée son droit contesté, abandonné de la noblesse, alors élément principal de la force militaire, soutenu seulement par les bourgeois et par un ami d'une haute élévation de pensées; un peuple qui dans le roi considère son œuvre et sa gloire, se livrant dans la plénitude de sa force aux aspirations les plus hautes, après le triomphe sur un ennemi de beaucoup supérieur, capable des plans les plus audacieux et des plus vastes entreprises; doté par le roi de princes qui par leur ardeur et leurs exploits continuent leur père vieillissant, mais conservant toujours une âme haute et fière, et poussant le Portugal dans cette carrière, qui devait le conduire à une grande place dans l'histoire du monde : certes il y a là de quoi former une vaste et magnifique composition. Elle serait confuse et insaisissable, resserrée dans un trop faible espace. Le regard ne pourrait l'embrasser, si les groupes, bien détachés, n'étaient tenus l'un de l'autre à une distance favorable pour la perspective. Sur le premier plan, le choc et la mêlée des partis, d'où se détache la figure imposante du maître de l'ordre, attirant sur lui l'attention, qui s'y fixe et le suit jusques au trône. Le centre est occupé par la lutte sanglante avec la Castille; au milieu même, la bataille d'Aljubarotta; un peu plus à l'écart, les envoyés qui traitent de la paix. Sur l'arrière-plan, dans le lointain s'élève Ceuta, avec ses hautes murailles et ses tours orgueilleuses; à droite, l'œil se perd dans une mer sans bornes, qui cache les découvertes du Portugal et masque sa grandeur.

CHAPITRE PREMIER.

LES TEMPS DE L'INTERRÈGNE ET DE LA RÉGENCE JUSQU'A L'ÉLÉVATION DE JOÃO Ier AU TRONE.

(D'octobre 1383 à mars 1385.)

§ I. *Depuis la mort de Fernando jusqu'à la nomination du maître de l'ordre d'Avis comme defensor et regedor du royaume.*

La reine Leonor administratrice du royaume. — Malheureuses tentatives pour procurer la couronne de Portugal à la reine de Castille Beatriz. — Meurtre du comte d'Ourem à Lisbonne. — Soulèvement de cette ville en faveur du maître de l'ordre d'Avis. — Eloignement de la reine à Alemquer. — João nommé defensor et regedor du royaume par suite d'un violent mouvement populaire. — Ses premières ordonnances, ses ressources et ses mesures financières.

Le roi Fernando était mort sans descendance mâle ; sa fille unique, née de son union avec Leonor, qu'il avait mariée au roi Juan 1er de Castille, à la mort du souverain portugais était encore stérile. Le droit le plus proche au trône appartenait aux frères de Fernando, João, duc de Viseu, puis à l'infant Diniz, tous deux fils d'Ignez de Castro. Chassés de leur patrie par les intrigues de la reine Leonor, ils vivaient en Castille. Là le roi Juan 1er, au premier avis de la mort de Fernando, fit saisir et garder dans l'alcazar de Tolède l'infant João, « non pas que ce prince eût entrepris quelque chose contre le roi, mais parce que celui-ci craignait que quelques portugais ne proclamassent João roi de Portugal, plutôt que de porter leur choix sur la reine Beatriz de Castille, et parce qu'il voulut d'abord prendre possession du royaume (1). » Au milieu de ces conjonctures, la reine veuve Leonor saisit les rênes du gouvernement, comme administratrice et gouvernante, ainsi que cela avait été réglé dans le traité conclu par le roi Fernando avec le roi de Castille (2), lorsque ce prince épousa Beatriz. Elle exerça aussitôt tout le pouvoir royal (3) ; du temps de son époux,

(1) *Chronica del rey D. Juan I*, por D. Pedro Lopes de Ayala. Madrid 1780, an. 1383, cap. 8. Le chroniqueur castillan ajoute : « E que fasta que todo esto fuese asosegado, que lo queria tener preso, porque non le ficiesse bellicio. E asi lo fizo decir al dicho infante don Juan. »

(2) Sousa, *Provas*, t. I, p. 296 et suiv.

(3) « ..... Husando de toda jurdiçom e senhorio, em quitar menageens, e apresentar egreias, confirmando seus boons husos, e costu-

dans les lettres officielles, elle s'était nommée : « *dona Lionor pella graça de samta Maria, rainha de Portugal e do Algarve ;* » maintenant, avec l'agrément des seigneurs et des lettrés de son conseil, elle s'intitula : « *dona Lionor pella graça de Deos, rainha, governador, e regedor dos regnos de Portugal e do Algarve.* » Immédiatement après que le roi eut fermé les yeux, Leonor se retira dans une habitation au centre de la ville, et dans un appartement sombre et tendu de noir elle reçut de tous les compliments de condoléance accoutumés. Baignée de larmes et suffoquée de sanglots (1), à chaque nouvelle visite, elle recommençait à pousser des gémissements en déplorant son abandon désespéré ; et, comme elle n'ignorait pas la mauvaise opinion que l'on avait d'elle, elle affectait un profond accablement, et annonçait avec des plaintes déchirantes une douleur éternelle, si l'on n'oubliait pas maintenant les propos méchants qui l'avaient atteinte pendant la vie de son époux (2).

Dans ces jours, les délégués de la ville de Lisbonne parurent aussi devant la reine, et lui présentèrent leurs vœux. Ils signalèrent des abus de diverses sortes qui s'étaient enracinés sous le dernier règne, les dommages que les sujets avaient subis par des impôts extraordinaires, et tout cela faute de bons conseillers ; car les choses se menaient sans que fussent appelés les nationaux, et seulement selon le bon plaisir d'étrangers, « qui, en donnant leurs avis, en toutes circonstances avaient plus en vue leur propre avantage et leur profit que l'intérêt et l'honneur du royaume. » Ils demandèrent que l'on prît dans le conseil de la reine quelques prélats nés dans le pays, mais nul Galicien ni Castillan ; que l'on tirât en outre de chaque comarca, deux hommes honorables (*homens bons*), bourgeois éclairés ; qu'avec ces personnages et le conseil on dirigeât les affaires du gouvernement ; qu'une fois ou deux par semaine la reine vînt siéger avec eux dans la *relação*, afin de satisfaire aux requêtes, et d'entendre ce que les conseillers avaient fait et résolu les autres jours ; que l'on ne confiât point d'emplois publics à des Juifs et à des Maures, ainsi que cela était arrivé sous le règne précédent, contrairement aux lois et au grand dommage de l'État, etc. (1). La reine intérieurement joyeuse de l'occasion tant désirée de se montrer bienveillante devant tous les chefs de la capitale, et de pouvoir exciter des espérances, promit de remédier à tout (2), et les bons hommes de la ville (*os bons da cidade*) revinrent aussi contents de la réponse de la reine, que des paroles qu'ils lui avaient adressées. Comme les membres du conseil municipal exprimèrent l'espoir « de commencer avec elle une nouvelle existence, » tout le royaume parut concevoir les mêmes idées : grands et petits obéirent à la reine ; mais bientôt tout changea, et absolument par la propre faute de Leonor.

Aussitôt que le roi de Castille eut appris la mort de son beau-père, il pria la reine Leonor de le faire proclamer, ainsi que Beatriz, comme souverains. Sans songer que cela était contre le traité, elle se laissa en-

---

mes aas villas e çidades, que lho requerir em viavom como tem husamça de fazer huum rei, quamdo novamente comeca de regnar ; obedeçemdolhe os fidalgos e comuum poboo, como a sua rainha e senhora, em todallas cousas, » Fernão Lopes, *Chron. d'el rei D. Fernando*, cap. 173.

(1) « Que as mulheres não faltão quanto lhes servem, » ajoute grossièrement Nunes de Liāo. *Cronica dão rey D. Joel*, cap. 1.

(2) Fernão Lopes, l. c., cap. 173.

(1) D'autres demandes se trouvent dans Lopes, *Chron. d'el rei D. Fernando*, cap. 173, p. 502 et 503.

(2) Quant aux Juifs, elle dit qu'au temps du roi elle avait fait déjà de grands efforts pour les éloigner des emplois publics, et que n'y ayant point réussi, aussitôt après la mort de son époux elle s'était empressée de destituer, ainsi qu'ils le savaient, le tesoareiro et almoxarife de cette ville, et tous les collecteurs et employés juifs. Lopes, l. c., cap. 174.

traîner à cette première erreur de sa régence ; elle fit notifier cette demande aux grands du royaume, et somma les villes et les bourgades de lever les bannières pour sa fille la reine de Castille. Aucun peuple existant par lui-même ne se courbe volontiers sous le sceptre d'un souverain étranger ; bien moins encore le Portugais s'abaisserait-il devant le Castillan, dont les dédains, fondés sur l'étendue plus grande et l'antiquité plus haute de la patrie, insultait à chaque instant au sentiment d'orgueil qu'inspire au premier son indépendance glorieusement conquise, quoique sur un étroit espace. Les vieilles rancunes se réveillèrent; les dernières guerres et leurs excès vivaient en souvenirs tout récents, les blessures saignaient encore, et les esprits même les plus froids furent blessés de la rupture déloyale du traité.

Lorsque sur l'ordre de Leonor, à un jour fixé, tous les fidalgos montèrent à cheval, afin de parcourir les rues en pompeuse cavalcade, selon la coutume en cas de changement de trône, et que Henrique Manoel de Villena, comte de Cea et alcaide mor de Cintra, Castillan d'origine et oncle des rois de Castille, à la tête d'une suite nombreuse, sortit à cheval du palais, et, agitant la bannière, commença la proclamation : *Real, real, pe la rainha D. Brites de Portugal* (1), du sein du peuple s'éleva un si violent murmure, que le comte ne put pénétrer plus loin que la cathédrale avec la bannière. Vainement ne fit-il crier que les mots *Real, real*, sans qu'il fût dit pourquoi, le peuple, résolu dans ses agitations passionnées, voulut du décisif. « Nos ancêtres, se disaient-ils l'un à l'autre, ont-ils arraché le Portugal des mains des Maures, au prix de tant de sang et de morts, pour que nous le livrions aux Castillans ? » Dans la haute noblesse

même se faisaient entendre des voix contraires à la Castille ; et Alvaro Perez de Castro, comte d'Arrayolos et alcaide mor do Lisbonne, frère d'Ignez de Castro, cria : « Royal, royal, si le royaume doit appartenir à quelqu'un, que celui-là le prenne ! » voulant indiquer ainsi les fils de sa sœur, les infants João et Diniz qui vivaient en Castille, particulièrement l'aîné, fort aimé du peuple. On comprit l'allusion, et bien des voix prononcèrent ce nom. Le comte de Cea, en voulant s'avancer, se vit menacé do plus grands périls, abandonna son entreprise et revint à son palais.

A Santarem et Elvas, il y eut des scènes du même genre, et plus violentes encore. Dans la première ville, l'alcaide de la forteresse, avec ses soixante cavaliers, lorsqu'il leva la bannière pour la reine Beatriz, ne put échapper que par une fuite rapide à la fureur du peuple. Toutes les voix crièrent vivat pour l'infant João. Sans doute il serait devenu roi, s'il avait pu revenir en co moment dans sa patrie. A Elvas, le peuple assaillit la citadelle, après que l'alcaide Alvaro Pereira eut parcouru à cheval les rues de la cité, agitant la bannière et criant pour la reine de Castille ; et quand parurent les troupes auxiliaires qu'il appela de la Castille, la citadelle était déjà rendue ; les Castillans durent se retirer sans avoir rien fait. Ainsi la reine Beatriz, et avec elle la domination de la Castille (1), furent repoussées dans beaucoup de villes du Portugal ; ce fut la première défaite de la Castille.

Cependant cet échec ne détourna pas le roi Juan de nouvelles tentatives. Sachant que tous les principaux personnages et les grands du royaume se rassemblaient à Lisbonne pour les funérailles qui, selon l'usage, devaient être célébrées un mois après la mort du roi, il profita de l'occasion pour leur adresser des lettres et les gagner à sa cause.

---

(1) La traduction littérale : « Royal, royal pour la reine D. Brites de Portugal ! » ne donne pas complètement l'idée de la proclamation.

(1) « ..... Pois em consequencia vinha el rey de Castilla su marido. » Nun. de Lião, cap. 2, p. 9.

En même temps, par des missives qu'il fit porter aux principales villes et aux bourgs les plus importants du royaume, il les exhortait à reconnaître ses droits et ceux de son épouse à la couronne de Portugal, conformément au contrat de mariage solennellement arrêté ; et, afin de s'assurer du résultat désiré de ces démarches, il envoya un très-beau, très-sage et très-élégant chevalier de Santiago, comme ambassadeur à Lisbonne, sous le prétexte de faire porter ses compliments de condoléance à la reine sa belle-mère. Mais toute l'adresse et toute l'éloquence du chevalier, qui reçut l'accueil le plus amical de la reine, de ses adhérents et de la majorité de la noblesse, échoua contre les soupçons et le mécontentement du peuple.

Cette assemblée fut plutôt l'occasion des démarches qui renversèrent toutes les espérances de Leonor et du roi de Castille, attirèrent les regards des Portugais sur un homme, gagnèrent les voix à un prétendant au trône, qui, peu considéré de ses ennemis, bientôt élevé par la faveur populaire, finit par s'élancer de lui-même au premier degré. Le meurtre d'un favori de la reine Leonor, odieux à juste titre, donna le sanglant signal de la révolution inattendue. Un étrange lien unit ici la faute de deux êtres avec leur châtiment. L'instrument de ce châtiment est couronné ; il devient l'orgueil et l'objet des bénédictions d'un peuple qui, sous le sceptre ferme et juste de ce souverain, devait se sentir indépendant, puissant et heureux. Quiconque recherche ici la chaîne cachée qui rattache les événements terrestres à un ordre supérieur, voit le fait humain se continuer sans cesse. Après une impulsion active et bienfaisante d'un demi-siècle, la mort de João lui-même ne mit pas un terme à ce mouvement ; l'un de ses excellents fils, l'infant royal, prépare la grandeur du Portugal dans les quatre parties du monde ; le fils du maître de l'ordre d'Avis, sans autre moyen qu'un esprit semblable à celui de son père, n'aurait point franchi peut-être les barrières d'un tournois chevaleresque ; il aurait difficilement pris le monde pour sa carrière.

Aux funérailles à Lisbonne vint, entre autres, le comte d'Ourem, João Fernandes Andeiro, ce favori de la reine, dont le lecteur doit avoir conservé le souvenir, du temps de Fernando, objet de la haine et du mépris, comme étranger d'abord, puis à cause de son influence sans bornes sur le roi, plus étendue encore sur la reine, et de ses rapports scandaleux avec cette princesse. La crainte de la vengeance de Leonor, et une certaine terreur relativement au roi, quoique dans un moment où, discernant ses outrages à travers le voile qui lui couvrait les yeux, il ordonnât de tuer ce traître, et ne fût ramené à d'autres sentiments que par les représentations trompeuses de son secrétaire intime (1) ; ces considérations arrêtèrent bien des mains prêtes à frapper le coupable ; et lorsque le comte de Barcellos, João Affonso Telles de Menezes, frère de la reine, profondément irrité de la honte que le comte préparait à sa sœur, par les marques choquantes de son intimité avec elle, se prépara, de concert avec plusieurs autres, à punir de mort l'auteur de tant d'affronts, le regard perçant de la reine, qui veillait sur son amant, put seul le sauver. Averti par Leonor, il échappa au danger. Cependant s'accroissait toujours le nombre de ceux qui voulaient se défaire de l'odieux étranger, et cherchaient une occasion favorable ; mais le comte paraissait, en toute circonstance, si bien entouré et protégé par sa suite et ses serviteurs, qu'il déjoua les projets de ses ennemis. Après la mort de Fernando, bien des considérations qui durant sa vie pouvaient encore retenir, parurent alors ne plus exister ; et un champ plus libre était ouvert à la vengeance. L'accomplissement était réservé à un homme auquel cet acte (tenu pour méritoire) devait gagner

---

(1) *Memorias para a historia de Portugal, que comprehendem o governo del D. rey João I,* por Joseph Soares da Sylva. Lisboa 1730, t. I, p. 95.

les cœurs des Portugais, lui servir d'épouvantail contre ses ennemis et de premier degré pour s'élever au trône.

Nul des fidalgos ne souhaitait la mort du comte, par des motifs patriotiques, plus vivement que Nuno Alvares Pereira. Déjà sous le règne précédent, avec son frère le prieur de Crato et le comte de Barcellos, il avait juré la ruine d'Andeiro, sans pouvoir accomplir ses desseins. Maintenant la solennité des funérailles l'appela aussi à Lisbonne, et il y parut seul sous le harnais de guerre, avec une suite de trente escudeiros bien armés et quelques gens à pied. Comme la cérémonie tirait à sa fin, et que cette occasion paraissait encore devoir passer sans avoir été mise à profit, Alvares se consulta avec son frère. Tous deux jugèrent prudent d'en parler au maître de l'ordre d'Avis, parce que, en sa qualité de frère du roi, il partageait ses affronts, se trouvait en état mieux que tout autre de les venger, et que d'ailleurs, par sa naissance (1) et sa valeur, il était le seul qui pût être choisi pour défenseur du royaume menacé par la Castille. Préoccupé de ces pensées, Alvares alla trouver dans le château royal son oncle Ruy Pereira, chevalier qui nourrissait les mêmes sentiments, et lui découvrit ses plans. Celui-ci, confident du maître de l'ordre, se chargea de lui communiquer leurs projets. Il fut écouté avec beaucoup de sympathie, et le maître de l'ordre fit à l'instant appeler Alvares auprès de lui, le remercia de ses bonnes intentions et de son zèle pour la défense du royaume, auquel lui-même, si on le trouvait capable, n'hésiterait point à sacrifier sa vie. Relativement au comte, il promit de faire ce que l'on désirait; ajoutant : « Maintenant il ne faut pas encore en dire tant sur ce point dans cette conférence. » Là-dessus, Ruy Pereira fit la réponse reproduite par tous les historiens de João : « O seigneur, vous ne savez pas ce qui en est. Lorsque je m'occupais de mon mariage avec ma femme, tout le monde en parlait, et se demandait comment j'avais l'intention d'épouser Violante Lopes; et, après que nous fûmes mariés, personne ne parla plus de notre mariage. Ces seigneurs sont maintenant dans la même situation, et jouissent d'autant plus de leurs actions honteuses; aussi n'en parle-t-on déjà plus autant qu'auparavant. » Le grand maître accueillit ces paroles avec un *léger sourire*, recommanda à Nuno Alvares de se disposer, et de tenir prêts tous ses gens pour tuer le comte le lendemain. Tandis qu'Alvares ordonnait avec zèle ce qui lui paraissait nécessaire, il reçut du grand maître l'injonction de suspendre les préparatifs jusqu'à un avis ultérieur. Mécontent de ce qu'un juste châtiment était encore ajourné, il courut aussitôt trouver le grand maître; mais toutes les représentations furent inutiles, parce que le moment paraissait inopportun au grand maître, qui voulut attendre une occasion plus favorable. Là-dessus Alvares prit congé tout irrité, et se rendit à Santarem où demeurait son frère. Ainsi l'orage ne frappa point encore le comte. Mais la résolution était dans l'âme du grand maître; seulement il devait recevoir l'impulsion décisive d'un autre côté.

A Lisbonne vivait alors un bourgeois hautement estimé et possesseur de grands biens, Alvaro Paes, jadis chancelier mor du roi Pedro, puis de Fernando, si grandement apprécié et honoré par ce dernier souverain, qu'il passait presque tout son temps dans le palais royal; et, quand l'âge et la maladie le retinrent chez lui, le roi, pour continuer à profiter des lumières et de l'expérience du vieillard mis à la retraite, ordonna que les fonctionnaires de la ville ne fissent rien d'important sans prendre ses avis. Souvent des séances furent tenues dans sa demeure. L'un des principaux personnages qui le visitaient régulièrement

---

(1) Le maître de l'ordre, né le 11 avril 1375 (Soares da Sylva, t. I, p. 4 et suiv., et *Noticias chron. da Univers.*, p. 274 et suiv.), était fils naturel du roi Pedro, qui l'avait eu d'une Gallicienne Theresa Lourenço (Sousa, *Hist. gen.*, t. II, p. 3), après la mort d'Ignez.

était le comte de Barcellos, frère de la reine. Paes sachant avec quelle vivacité le comte ressentait la honte de sa sœur, et détestait le complice de cette princesse, lui dit un jour : « Votre sœur, oubliant d'où elle descend, ce qu'elle se doit à elle-même, à son époux, ainsi qu'à vous et à vos parents, est la cause du mépris dans lequel elle est tombée, et dont vous avez quelque part, en raison de ses rapports, maintenant plus libres et plus scandaleux que jamais, avec le comte d'Ourem. Je dis : ses rapports maintenant plus libres, parce que, le roi étant mort, elle se persuade que désormais il n'y a plus personne à qui elle en doive compte ; et, sans souci de sa renommée, elle se laisse entièrement dominer par ses passions, comme si elle croyait que nul ne puisse lui donner des lois. Ces plaintes, cette indignation ne viennent pas de moi seul ; elles s'échappent de la noblesse entière, de tout le peuple, de tout le royaume, et, plût à Dieu qu'il en fût autrement! de tout le monde. A vous, seigneur, à vous, il appartient de venger un tel outrage, d'effacer une souillure qui ne peut être lavée qu'avec du sang. Le moment de la vengeance, qui paraît justifiée devant le tribunal de Dieu, est arrivé, dit en terminant Alvaro Paes ; n'hésitez pas, seigneur ; consultez votre honneur, et aussi le bien du royaume. » Le comte de Barcellos se montra disposé à frapper : « Mais, reprit-il, personne ne me paraît plus propre à porter le coup que le maître de l'ordre d'Avis ; comme frère du roi, cette insulte l'atteint encore plus que moi, et il est d'un esprit si résolu, que ce qu'il décide, certainement il l'exécute. » Aussitôt, avec l'approbation de Paes, il courut chercher le grand maître, lui communiqua les déclarations du vieillard et ses propres idées, lui fit voir combien sa vie était peu assurée, tant que subsistait le comte, et lui rappela son arrestation dans Evora, à l'instigation du favori. « Si votre innocence, dit-il en terminant, n'a pu vous préserver du danger, elle ne suffira pas non plus pour empêcher votre assassinat. Vous ne voulez pas devoir si souvent votre vie à un miracle, une vie qui appartient, non pas à vous seul, mais à tout le royaume ; sur laquelle maintenant, plus que jamais, sont appuyées toutes les espérances, et dont l'envie, l'ambition, la haine et la cruauté aspirent à trancher le cours. » Le grand maître trouva ces raisons fondées, et l'entreprise justifiée ; mais il ne se dissimula pas, ni au comte, les grandes difficultés de l'exécution, et les funestes conséquences qu'il y aurait à subir si elle échouait. « Que le coup manque, remarqua-t-il, et l'épée menace vos propres têtes ; chaque acte de violence et même do cruauté paraît ensuite justifié, pour le malheur de tout le royaume. D'ailleurs une telle tentative est grave, dans une ville où le soulèvement du peuple serait un nouveau danger, et dont la faveur est douteuse. » Relativement au peuple, Alvaro Paes dissipa toutes les craintes du grand maître ; assuré de son autorité et de son influence dans la ville, il promit même l'assistance du peuple. Enfin le grand maître, laissant là tous les doutes et toutes les considérations, prit sa résolution : « Qu'Alvaro règle tout, je vais agir. » Le vieillard sentit ses yeux se mouiller de larmes ; il revint sur ses pas, et d'une voix émue, attendrie : « Est-il bien vrai, mon fils, que vous soyez décidé à une telle entreprise ? » Et le maître d'Avis ayant répondu : « Oui, je le suis, et rien ne me retiendra ; » Alvaro alla joyeusement à lui, l'embrassa, et prononça ces paroles : « Maintenant, fils et seigneur, je vois la différence qui existe entre des fils de rois et d'autres hommes. » Ensuite tous deux se concertèrent sur le moyen d'exécuter leur projet, et sur ce qui devait se faire après.

Le grand maître se hâta de communiquer sa résolution au comte de Barcellos, à Ruy Pereira, et à d'autres fidalgos dévoués d'un courage égal. Tous promirent leur assistance. Le point principal était toujours le concours du peuple ; et là-dessus le grand maître continua ses délibérations avec Alvaro Paes, qui, comptant sur la haine générale contre Leonor et le comte, s'efforçait d'amener les bourgeois à favoriser l'entreprise. On convint de la marche suivante : pendant que le grand maître arriverait au palais pour tuer le comte, un page, Gomes Freire, qui avait coutume de l'accompagner toujours, devait parcourir à cheval les rues de la ville, en criant : « Courez au palais au secours du grand maître, on l'assassine ! » Le page une fois parvenu à la maison d'Alvaro Paes, celui-ci en devait sortir brusquement avec ses amis et ses serviteurs, comme s'il voulait se précipiter au secours du grand maître, entraîner avec lui, pour le seconder, tous ceux qu'il verrait sur son chemin, et mettre ainsi la ville en mouvement et le grand maître hors de danger. L'appui du peuple paraissait indispensable, à cause des nombreux adhérents et de la quantité de chevaliers importants qui étaient inséparables de la personne du tout-puissant favori et toujours prêts à le protéger, et surtout à cause des trente escudeiros qu'il avait amenés du comté d'Ourem à la cérémonie des funérailles.

Car un sombre pressentiment de ce qui le menaçait dans Lisbonne le poussait à se tenir sur ses gardes. Dans la nuit où le roi mourut, il fut conduit par son bon ou son mauvais génie à se rendre en toute hâte dans son comté d'Ourem. Bientôt après, invité comme les autres fidalgos par la reine aux funérailles, en dépit des prières et des avertissements de son épouse qui était agitée de lugubres idées, il quitta son asile, passa par Santarem, où son beau-père partageant les mêmes inquiétudes, le détourna de son voyage, et gagna Lisbonne où il fut reçu à la cour avec toute la considération obséquieuse que la flatterie et la crainte ont coutume de payer à un puissant favori, et par la reine avec la tendresse d'une amante empressée. Aussitôt elle s'occupa de concert avec lui de toutes les affaires du gouvernement.

D'après l'attitude menaçante que le roi de Castille avait prise après la mort de Fernando, la défense des frontières de Portugal paraissait être la première et la plus pressante mesure à prendre. A cette fin on nomma aussitôt des commandants des frontières (fronteiros), en assignant à chacun d'eux un certain nombre de lances. Au grand maître João fut confiée la protection des terres de son ordre et du reste de la comarca entre le Tejo et la Guadiana, et il reçut aussitôt les pleins pouvoirs et les instructions nécessaires. Il partit de suite de Lisbonne et passa la nuit à Santo-Antonio do Tojal, trois lieues de la capitale. De là il dépêcha son *veador*, chevalier de son ordre, pour dire à la reine « que par suite de son départ précipité il lui manquait encore quelques autorisations, et qu'avec la permission de la reine il irait les chercher auprès d'elle le lendemain. » La reine répondit en présence du comte (la nuit était déjà très-avancée) « qu'il pouvait venir quand il lui plairait, que l'expédition des ordres se ferait aussitôt. » Avec un calme bien composé le grand maître revint le lendemain, découvrit l'objet de son retour de Juramenha, à Lourenço Martins qui l'avait élevé, à Vasco Lourenço, Lopo Vasques, depuis commendador mor d'Aviz, à Ruy Pereira, qui l'attendaient en chemin, et à Fernando Alvares qui lui avait rapporté la réponse de la reine ; il ordonna au dernier de courir bien vite en avant, pour dire à Alvaro Paes « qu'il allait exécuter ce dont ils étaient convenus, et qu'il ne pouvait oublier ce qu'il avait promis. » Le chevalier remplit sa mission si rapidement qu'il put encore se réunir à la suite du grand maître avant l'arrivée de celui-ci au palais. Parvenus à ce point, tous mirent pied à terre, le grand maître avec ses compagnons et vingt-cinq escudeiros, pris comme pour un voyage, ou plutôt pour une expédition militaire. Lorsque le concierge les aperçut, il voulut en informer la reine ; et comme il avait laissé la porte ouverte le grand maître se présenta ; les autres voulurent suivre ; mais ils furent retenus par le portier. « Qu'as-tu à dire ? » s'écria le grand maître, et le poussant il pénétra aussitôt, entraînant sa suite avec lui. La reine et ses femmes étaient assises sur l'estrade; sur un banc étaient le comte de Barcellos, son frère, le comte d'Arrayolos, Alvaro Pires de Castro, Fernando Affonso de Zamora, fidalgo distingué de Castille, Vasco Peres et d'autres fidalgos; le comte d'Ourem, qui jusqu'alors avait occupé la première place sur le banc, se mit à genoux devant la reine, et parla si bas avec elle que les autres ne pouvaient entendre. Après les devoirs et les courtoisies d'usage, les arrivants prirent place. Le grand maître, interrogé par la reine sur le motif de son retour, montra comment pour la défense d'une province comme Alemtejo les forces militaires dont il disposait n'étaient nullement suffisantes, et il le prouva si clairement que tous les soupçons provoqués par sa démarche disparurent. La reine fit aussitôt appeler l'escrivão da puridade, qui dut présenter les listes des vassaux, afin que l'on marquât ceux que demanderait le grand maître. Pendant ce temps les comtes de Barcellos et d'Arrayolos, et surtout le comte d'Ourem, invitèrent le grand maître à dîner; il les remercia tous, et, prenant à part le comte de Barcellos, il lui dit tout bas : « Comte, sortez d'ici, car je vais tuer le comte d'Ourem. » Barcellos répondit que justement à cause de cela il ne s'en irait pas, et qu'il était là pour le soutenir. Mais le grand maître le pria avec instance de s'éloigner, et d'aller l'attendre à sa demeure, où, son œuvre accomplie, il irait le trouver pour souper avec lui. Cependant le comte d'Ourem, qui en voyant le retour du grand maître et son attitude ne pouvait se défendre de certaines craintes, enjoignit secrètement à ses gens, qui après le départ de João, avaient déposé négligemment leurs armes, de les reprendre et de se tenir devant le palais en dehors, préparés à l'escorter lorsqu'il sortirait. Ceux-ci s'éloignèrent donc, et le comte se trouva seul confiant dans la sécurité qu'offrait le palais royal. La reine aussi, en voyant tous ces hommes armés dans son appartement, fut inquiète et ne put réprimer cette remarque : « C'est une bonne coutume des Anglais de ne point porter d'armes en temps de paix, et de se parer alors comme les dames; dans la guerre seulement, ils portent des armes et les manient vaillamment, comme chacun le sait. — C'est vrai, senhora, répondit le grand maître; mais cet usage s'explique; les Anglais, faisant presque toujours la guerre, ont la plupart du temps les armes à la main : nous au contraire, presque toujours en paix, si nous ne portions pas alors nos armes, nous finirions par ne savoir plus nous en servir en cas de nécessité. » Au milieu de ces propos arriva l'heure du dîner. Les fidalgos de la reine prirent congé; le comte de Barcellos se retira le premier. Le grand maître resta avec ses compagnons. Le comte d'Ourem en ayant fait la remarque, il se tourna vers lui en disant: « Ils doivent toujours manger avec moi. » Une nouvelle invitation du comte fut accueillie encore par des remerciements, et le comte se disposant à sortir le grand maître, sans changer de voix ou de visage, lui dit : « Ne vous en allez pas; c'est moi qui vais me retirer d'abord; mais auparavant j'ai à vous parler. » Ensuite il prit congé de la reine sans donner aucun signe d'agitation intérieure, prit le comte par la main, et passa avec lui dans l'antichambre. Ses compagnons suivirent; tout près se tenaient Ruy Pereira et Lourenço Martins. Le grand maître et le comte allèrent seuls contre une fenêtre, et João adressa au favori quelques paroles inintelligibles pour d'autres. A l'instant le grand maître tira son épée, en porta au comte un coup sur la tête, qui toutefois n'eût pas été dangereux, si Ruy Pereira, alors tout près du comte, n'eût frappé à son tour; le comte, qui voulait se sauver dans l'appartement de la reine, tomba roide mort. Le grand maître, voyant les siens tourner leurs épées contre le favori à terre, leur défendit de lui porter d'autres coups, « afin que ce qui est justice ne paraisse pas cruauté, et que la vengeance ne survive pas après la mort. » Mais il ordonna aussitôt à deux chevaliers de fermer les portes du palais, et à son page Gomes Freire de parcourir les rues à cheval, selon que cela avait été arrêté.

Le tumulte causé par le meurtre fut si grand qu'on l'entendit dans la chambre de la reine. Quelques-uns pensèrent que c'étaient des gens de cantons éloignés du royaume qui voulaient témoigner leurs condoléances à la reine par des plaintes bruyantes, comme c'était la coutume; mais elle que la crainte et l'amour rendaient plus pénétrante, pressentit quelque chose de sinistre, et fit demander la cause du bruit. Lorsqu'on lui apprit la mort du comte, saisie d'horreur, elle s'écria : « O sainte Marie, assistez-moi ! Ils m'ont tué en lui le meilleur serviteur. Son innocence ne put le sauver. Ce dont ils m'accusent à cause de lui, je m'engage à le démontrer faux devant Dieu et devant le monde, et demain j'irai à S.-Francisco, où, au pied d'un grand bûcher, je donnerai de mon innocence des preuves telles qu'on n'en a jamais vu de semblables dans le monde ! » Toutefois elle se ravisa et se garda de cette démarche. Voyant que le grand maître avait fait fermer les portes du palais, elle lui envoya demander : « Si elle aussi devait mourir ? — Dites à la reine, ma souveraine, répondit celui-ci avec calme, que je ne suis pas venu ici pour attenter à sa personne, mais seulement pour infliger un châtiment à celui qui l'avait si bien mérité, et qu'elle bannisse toute inquiétude. — S'il en est ainsi, fit-elle répliquer, qu'il quitte donc ma demeure et s'éloigne ! » Le grand maître garda le silence.

Pendant qu'au bruit du meurtre du comte les gens du palais prenaient la fuite, le page du grand maître parcourait à cheval les rues de la ville. A son appel tout fut en agitation, et chacun courut aux armes. Le page parvint ainsi jusqu'à la demeure d'Alvaro, qui à l'instant, montant à cheval, se fit suivre de ses gens, et traversa les rues. Cet aspect inaccoutumé, car depuis longtemps le vieillard avait renoncé à l'équitation, et un cri d'alarme poussé par le grand maître et les siens remplirent les rues de monde. Chacun se pressait tout ému pour être le premier à sauver la vie du grand maître ou à venger sa mort; car beaucoup le croyaient déjà tué. Plus la masse tumultueuse se grossissait, plus s'enflammaient le zèle et l'ardeur de la vengeance; et lorsque, arrivée devant le palais, elle trouva les portes fermées, sa fureur ne connut plus de bornes. Poussant des cris sauvages, les uns demandaient des échelles pour s'élancer par les fenêtres, d'autres des haches pour briser les portes, d'autres du feu pour les brûler. Des femmes furent les premières à se procurer des instruments de destruction; elles éclataient en injures et en imprécations contre la reine. Vainement, redoutant les effets de cette colère désastreuse, les compagnons du grand maître crièrent du palais, « que l'on pouvait se tranquilliser, que le grand maître vivait, et que c'était le comte Andeiro qui avait été tué. » La foule, plus impétueuse encore, répondit : « Eh bien ! s'il vit, montrez-nous-le ! » L'orage devenant toujours plus menaçant, le grand maître se laissa déterminer à paraître à la fenêtre contre laquelle la foule était plus pressée, poussant en avant Alvaro Paes. « Amis, dit-il, apaisez-vous, Dieu soit loué, je suis encore en vie. » Mais la fureur était si aveugle, les plaintes sur sa mort si assourdissantes, que, même en le voyant, ces gens doutaient encore. Enfin il fut reconnu, et le peuple éclata en transports de joie. Plusieurs versaient des larmes d'attendrissement, et toute haine, toute vengeance paraissaient oubliées; chez d'autres, ces sentiments étaient les plus puissants. « Pourquoi, disaient-ils, pourquoi avoir immolé seulement le comte, pourquoi n'avoir pas frappé en même temps la reine, l'adultère, l'artisan de trahisons ? » D'autres s'adressaient au grand maître pour lui exprimer les alarmes de leur amour : « Seigneur, quittez ce palais dans lequel nous ne vous croyons pas en sûreté. Fuyez les cruels; quoique vous leur ayiez accordé la vie, ils voudraient vous enlever la vôtre ! » Ainsi la meilleure partie du peuple se sentait de plus en plus attachée au grand maître, et veillait à la conservation de l'objet de ses affections; et ces prétendus dangers de mort auxquels il paraissait avoir échappé le servaient plus que les plus brillants triomphes sur ses ennemis. João apaisa la foule agitée; sa présence garantit la vie de la reine et des adhérents de cette princesse; puis, entraîné par des marques non douteuses du dévouement du peuple, il quitta le palais royal; et, au milieu des transports de la multitude, il parcourut les rues à cheval. Le peuple l'entourait : « Commandez-nous, seigneur !... criaient mille voix à la fois ; que voulez-vous que nous fassions? » Le grand maître, à diverses reprises, exprima sa reconnaissance pour ce dévouement; ajoutant « qu'il désirait seulement qu'ils lui conservassent l'amour dont ils lui donnaient tant de témoignages; que maintenant il suffisait de le laisser en compagnie du comte de Barcellos et de ses amis. » Il gagna ainsi la demeure du comte, dont il avait, avant la mort d'Andeiro, promis d'être le convive.

On allait se mettre à table, lorsqu'arriva l'avis que l'évêque de la ville était en danger, que le peuple voulait le tuer, qu'il fallait de prompts secours. Le grand maître était prêt à courir; mais il fut retenu par le comte. Ce n'était point là sa mission; il lui fallait achever ce qu'il avait commencé, sans compromettre son autorité par une démarche qui, dictée par la pitié, n'en serait pas moins inutile; car il arriverait trop tard, ou ne pourrait réprimer le peuple. Par ces représentations et d'autres analogues, João se laissa détourner de suivre l'impulsion de son cœur; l'évêque tomba victime innocente de l'effroyable fureur de la populace.

Martin, d'un esprit étendu, orné par l'étude, d'une grande fermeté de conscience dans l'accomplissement de ses devoirs religieux, mais odieux au peuple en sa qualité de Castillan (il était né à Zamora), avait été, à cause de son mérite, appelé, en 1379, du siège épiscopal de Silves à celui de Lisbonne, et habitait un bâtiment touchant au cloître épiscopal, pour être plus en état de s'acquitter ponctuellement de toutes les fonctions du service divin. Il était assis à table avec deux hôtes, un tabellião de Silves et le prince de Guimaraens, qui étaient venus le voir, quand les clameurs du peuple dans la rue éveillèrent leur attention, et les déterminèrent à se rendre dans le cloître; puis, après que les portes de cet établissement eurent été fermées, à monter au clocher, afin de voir de là ce qui se passait dans la ville; car la cause du tumulte leur était inconnue. Dans ce moment s'avançait Alvaro Paes, entouré de la foule qui avait accompagné le grand maître. L'on cria à ceux du clocher de tirer les cloches. L'évêque, ignorant ce qui provoquait toute cette agitation populaire, et craignant de l'augmenter, s'abstint de faire sonner. La foule s'agita, et sa colère s'irrita lorsque l'on trouva les portes de l'église fermées. En quelques instants une échelle fut apportée, une fenêtre forcée et la porte ouverte. Comme les flots se pressaient pour entrer, on cria qu'il fallait monter au clocher, pour voir qui se refusait à sonner, et si c'était l'évêque, pour le précipiter en bas. Le prélat, confiant dans son innocence, laissa venir plusieurs bourgeois recommandables de la ville, un procurador et un alcaide, auprès desquels il parvint à se justifier suffisamment. Mais le peuple, qui n'entendait pas cette justification, qui n'apercevait que la victime demandée, et qui dans l'évêque, dans le Castillan, considérait un partisan de la reine, un complice de la conjuration tramée contre la vie du grand maître, bondit de fureur, et proféra d'effroyables menaces. « Que tardez-vous, » cria-t-on à ceux qui était en haut, et qui, livrés à des transes mortelles, hésitaient entre la crainte de la colère de la population et une exécution abominable; « êtes-vous aussi devenus des traîtres? Bon! soyez assurés que, si nous allons là-haut, ceux-là ne seront pas les seuls à être précipités. » Alors les bourgeois jetèrent en bas du clocher le malheureux évêque avec ses hôtes également innocents. La populace assouvit sa rage sur le cadavre du prélat. On lui arracha ses vêtements; les membres furent attachés à une corde, et le corps nu fut traîné par les rues au milieu d'affreux outrages et d'abominables imprécations. Ces misérables restes, rongés par les chiens, ne furent ensevelis que le lendemain. Les deux amis de l'évêque subirent le même destin.

Cet acte révoltant était consommé lorsque le maître de l'ordre d'Avis et le comte de Barcellos, à la suite du repas, se mirent à conférer avec le comte Alvaro Pires de Castro et Ruy de Pereira sur ce qu'il y avait maintenant à faire dans le palais royal. On résolut, avec l'approbation unanime des autres hôtes, que le grand maître retournerait au château, et solliciterait son pardon de la reine à cause du meurtre du comte. On ne pouvait se flatter de produire ainsi une heureuse impression sur la reine comme sur le peuple. Entouré des mêmes amis, et salué par les mêmes vœux que le matin, le grand maître se dirigea vers le palais, et entra dans la chambre de la reine avec une escorte armée. A son aspect, elle fut violemment émue. « Quelle audace! s'écria-t-elle. Entre-t-on ainsi dans l'appartement de la reine sans sa permission, et avec des armes? Seriez-vous tous du complot? » Tous les arrivants gardèrent le silence; la reine reprit : « Qu'il en soit ce qui plaît à Dieu! » Elle s'assit, et ordonna aux autres de prendre place. Le grand maître, ayant à ses côtés les deux comtes, se mit sur un genou devant elle, et implora son pardon, non point pour avoir immolé le comte, qui méritait si bien la mort, mais parce que cet acte s'était exécuté dans la demeure sacrée de sa souveraine : car son intention n'avait pas été de l'offenser, mais de délivrer le royaume d'un instrument de ruine, qui déjà sous le roi, et favorisé par lui, avait commencé son action funeste, et naguère, non moins encouragé par elle, avait exercé une si grande influence. S'il n'avait point porté ce coup, le peuple se serait précipité à d'effroyables excès, et n'aurait épargné ni la dignité ni la vie de la souveraine. Il se rappelait bien que le comte avait souvent menacé sa vie, et qu'il avait travaillé à obtenir sa condamnation à la décapitation dans la prison d'Evora; néanmoins,

ce n'était pas la vengeance qui lui avait fait tirer l'épée, mais son zèle et son amour pour un royaume dans lequel il était né, et que son frère avait été sur le point de perdre par sa fatale complaisance pour le comte : car ce favori, libre de toute entrave, en possession d'un pouvoir illimité, possédait les moyens, et comme Castillan nourrissait le désir de livrer l'Etat au roi de Castille; et l'on savait que déjà il avait gagné beaucoup de Portugais. Si donc elle prenait en considération au moins ce juste motif, elle devait lui pardonner sa faute; et il ferait en sorte par ses services à l'avenir de mériter cette grâce (1). La reine se tut; elle ne laissa point encore échapper une parole, lorsque le comte d'Arrayolos parla pour le grand maître, et fit sentir à Leonor ce que son silence avait de blessant, ni quand le comte de Barcellos, exaltant la naissance et les services du grand maître, ainsi que les mobiles de sa conduite, blâma rudement le sombre dédain et le silence obstiné de la reine. Lorsque enfin elle vit qu'elle ne pouvait rester plus longtemps sans faire de réponse, elle dit avec un sourire forcé : « Où tendent, mon frère, ces soins inutiles et affectés? pourquoi faut-il que j'accorde au grand maître un pardon que déjà il s'est donné lui-même? nul ne recherche ce qu'il possède déjà. Qu'il lui soit donc pardonné! parlons d'autre chose. » João lui baisa la main en reconnaissance. « Que dit-on, reprit-elle, de ce que le roi de Castille aurait résolu de fondre sur le Portugal? je ne le crois pas; mais, si cela arrivait, que pensez-vous que nous dussions faire? — Pour le moment, répondit João, vous devriez, ce me semble, le détourner d'un tel projet, et lui faire les représentations convenables dans une lettre. — Et en supposant, interrompit la reine, que je lui écrive ainsi, et qu'il ne se conforme pas à mes recommandations, je demande encore ce que nous ferons en-

---

(1) Voyez l'allocution tout entière dans Sylva, *Memor.*, t. 1, p. 134.

suite ? — Je ne puis me persuader, répliqua le grand maître, que le roi, si vous lui exposez les raisons qui s'opposent à son entreprise, et s'il sait qu'elle serait contraire à vos désirs, ne cède pas à vos conseils ; mais, s'il agit autrement, alors vous avez des vassaux et des armes avec lesquels vous pouvez le contraindre à renoncer à ses desseins. — Ce n'est pas un mauvais conseil, reprit la reine avec une ironie amère. Lorsque le roi mon seigneur vivait encore, et que toutes les forces du royaume étaient réunies, on ne put arrêter la marche triomphante des armes castillanes, et maintenant que toutes nos espérances sont descendues avec lui dans la tombe, que le royaume est déchiré par les partis, dépourvu, non-seulement de ressources pécuniaires, mais encore de chefs, qu'il s'agit en outre d'une lutte contre une si puissante armée, soutenant la juste cause du roi de Castille, qui, par son mariage avec ma fille, est incontestablement héritier et souverain de ce royaume, maintenant le Portugal pourrait opposer de la résistance si le roi mon gendre voulait l'attaquer ? Cette idée ressemble à un rêve, si l'on pouvait rêver dans des choses si palpables. » A ces dernières expressions de la reine, qui trahissaient si visiblement ses sentiments et ses vues, le comte Alvaro Pires se leva, et dit aux deux autres : « Allons-nous-en, car la reine notre souveraine ne trouve aucun attrait à cet entretien, ou du moins pour le moment ne désire pas que l'on s'occupe de ces choses. » Aussitôt tous s'inclinèrent et sortirent. Ce départ fit laisser la porte ouverte, et Leonor aperçut le cadavre du comte. Profondément émue à cet aspect, elle s'écria derrière le grand maître et ses compagnons : « Quelle cruauté ! n'était-ce pas assez de lui arracher la vie ? La simple pitié, qui est commune à tous les hommes, ne put-elle vous pousser à donner un tombeau à ce corps, à un fidalgo aussi noble que vous ? » Elle rentra suffoquée par les larmes ; les conjurés se retirèrent sans l'écouter. Le cadavre, couvert d'un vieux tapis, resta étendu là tout le jour, personne n'osant s'employer pour l'ensevelir. A l'arrivée de la nuit, Leonor le fit déposer silencieusement dans l'église de S.-Martinho, qui touchait au château. Le comte avait environ quarante ans lorsqu'il mourut. C'était un homme d'une beauté extraordinaire, et doué de facultés peu communes. Après ces manifestations menaçantes, le séjour du palais était odieux à la reine ; elle le changea donc dans la même nuit pour celui d'Alcaçova, dans la forteresse où elle se regardait comme plus assurée.

Revenu de ses transports furieux, le peuple avait renoncé à ses violences sanguinaires, et, se distribuant en petits groupes, il passa le reste du jour à s'entretenir des événements. Il agit encore ainsi le lendemain ; seulement, de temps en temps, sa colère se rallumait contre ceux qui osaient blâmer ce qui était arrivé, ou prétendaient qu'il ne fallait donner aucune suite aux nouvelles résolutions. Puis, passant à des idées d'avenir et de prudence, on se réunit pour délibérer sur les moyens de défense, dans le cas où le roi de Castille voudrait pénétrer en Portugal à main armée. On reconnut la nécessité d'un chef, et l'on nomma l'infant João comme héritier du royaume ; mais en exprimant en même temps l'inquiétude que le roi de Castille ne le délivrât point de ses fers, et même le mît à mort ainsi que son frère Diniz. Après de longs débats, tout le monde s'accorda sur ce point, que personne n'était plus propre à défendre le royaume que le maître d'Avis ; qu'il fallait l'élever sur le trône, attendu qu'il était fils du roi Pedro comme l'autre. Une décision adoptée le lendemain devait assurer au roi proposé les moyens de se maintenir sur le trône ; mais les mesures, aussi étranges qu'injustes, étaient en même temps extrêmement dangereuses pour le repos de la capitale. Pour conserver au roi son autorité, disait-on, il fallait non-seulement des troupes, mais aussi de l'argent. Afin de s'en procurer, on résolut de piller tous les Juifs de la ville. L'attention se porta d'abord sur deux des plus riches : Judas, jadis grand trésorier (the-

INTERRÈGNE ET RÉGENCE JUSQU'A JOAO 1ᵉʳ.

sourero mor) du roi Fernando, et son ami David. Déjà des masses se formaient dans les rues pour mettre en pratique les nouveaux moyens financiers. Trop de monde était dans le secret, pour que ce complot pût rester caché aux Juifs, et les membres de cette race menacée s'adressèrent au grand maître, réclamant son assistance dans ce moment de persécution ; car déjà l'on s'accoutumait à ne chercher de l'appui qu'auprès de lui. Mais João, songeant à sa situation, les renvoya à la reine. Alors ils l'implorèrent dans une attitude si pitoyable, que les comtes de Barcellos et d'Arrayolos, qui étaient présents, intercédèrent pour eux auprès du grand maître. Tous trois montèrent à cheval et coururent vers le palais, où déjà beaucoup de gens étaient rassemblés et en attendaient d'autres, pour exécuter le pillage des Juifs au profit du grand maître. Il eut peine à détourner la multitude d'un projet dans lequel elle voyait une preuve de son zèle et de son amour pour le futur souverain appelé par ses vœux. Néanmoins les saillies, les caprices des passions, comme les sages combinaisons, portaient toujours celui-ci plus près de son but ; il était maintenant en marche, et chaque circonstance tournait en sa faveur. Rencontrant sur son chemin le juiz do crime (le juge criminel) de la ville, il lui dit « qu'il pouvait faire proclamer de la part de la reine, que, sous des peines graves, personne n'eût à offenser les Juifs. » Le juge répondit « qu'il le ferait, non point de la part de la reine, mais au nom du grand maître ; » et, quoique celui-ci s'en défendît, le juge n'en fit pas moins proclamer tous les arrêtés émanés de lui au nom du grand maître. L'espèce de prudent refus de João fut vanté par la multitude comme modestie et désintéressement, et lui gagna complètement les cœurs. « Pourquoi hésiter à proclamer un tel homme pour notre roi? » dit une voix ; et ces propos, d'autres du même genre, venaient aux oreilles de João, tandis que la foule l'accompagnait à la cathédrale, où il mit pied à terre avec les comtes pour assister à la messe. Le peuple se dispersa, et les Juifs furent sauvés. Le grand maître avait acquis de l'autorité des deux côtés.

La reine ne put se dissimuler combien son adversaire grandissait chaque jour dans la faveur du peuple, et se fortifiait de plus en plus ; mais elle cacha son ressentiment envers celui qui l'offensait sous le masque de la bienveillance. Exercée à l'art de feindre, et douée d'une grande souplesse d'esprit, par l'éclat de sa beauté et par ses grâces, elle savait répandre un certain charme sur tout ce qu'elle disait, et donner à ses paroles toute la puissance de la séduction. Aussitôt après l'assassinat du comte, les premières tempêtes de son cœur avaient passé, les sentiments de haine et de vengeance, si naturels à sa situation, paraissaient aussi avoir disparu ; sa circonspection et sa prudence accoutumées avaient repris le dessus. Dans le peu de jours qu'elle resta encore à Lisbonne, non-seulement elle évita tout ce qui pouvait trahir sa haine contre le grand maître et les partisans qui l'avaient aidé à commettre le meurtre, non-seulement elle s'abstint de tout ce qui pouvait leur déplaire, elle leur donna même des témoignages de faveur, et leur fit des concessions de pure grâce. Quiconque ne connaissait pas le caractère de la reine, ou ne pouvait le pénétrer, tenait pour marques de bienveillance et de noble générosité tous les artifices dont elle couvrait sa haine mortelle envers João et ses amis.

Cependant il ne lui échappait pas qu'à la longue cette conduite serait pour elle aussi difficile que pénible. Avec tous ces témoignages de faveur, il ne lui était guère possible de ramener les adhérents de João, encore moins de faire changer le peuple ; ces faveurs donnaient plutôt aux partisans du grand maître plus d'importance aux yeux du peuple et aux leurs, et, en raison de l'autorité toujours croissante dont ce parti jouissait, c'était comme un hommage rendu par la reine, qui attestait sa faiblesse et sa détresse. En outre, elle pouvait chaque jour se sentir blessée par les preuves d'attachement que le peuple donnait au grand maître, et ne pas se considérer comme à l'abri des attaques de leur part. Elle résolut d'aller à Alemquer, bourg compris dans ses possessions, à huit legoas au nord de Lisbonne. Les grands de la cour, parmi eux le comte de Barcellos son frère, beaucoup de fidalgos, les employés de sa maison, tous les desembargadores et les ministres l'y suivirent. Les deux Juifs que le grand maître avait préservés du pillage, Judas et David, se réunirent aussi à son cortége, mais sous un déguisement.

Le grand maître resta à Lisbonne ; mais dans ces jours il montra l'intention de quitter le Portugal et de se rendre en Angleterre ; car ayant appris que deux vaisseaux anglais étaient à l'ancre dans le port de Lisbonne, et qu'ils feraient voile au plus tôt pour l'Angleterre, il ordonna de retenir son passage sur l'un d'eux. Le départ de Leonor de la capitale, le nombre inattendu d'adhérents qui formèrent son cortége, l'importance de quelques hommes qui, en cette occasion, passèrent du côté de la reine et l'accompagnèrent, paraissent avoir provoqué cette pensée d'exil dans l'âme du grand maître. Ses motifs et son véritable but sont douteux. Ceux qui veulent voir surtout dans João l'adroit politique prétendent qu'il feignit ce projet, et fit répandre ce bruit pour consulter les dispositions des Portugais, pour gagner de plus en plus et enflammer le peuple sans chef et sans appui, et entraîner à une résolution les esprits encore hésitant. Ceux qui connaissaient mieux le grand maître, dit Sylva, ne doutaient pas qu'il n'eût en effet le dessein de s'éloigner du Portugal ; et réellement il y avait des motifs qui le poussaient hors de son pays, comme aussi ces prétendus préparatifs d'exil servaient ses plans. Le parti de Leonor, par l'importance personnelle de quelques membres, comme par le nombre, était fort et puissant ; et plusieurs hommes, qui jusque-là s'étaient tenus près du grand-maître, le quittèrent, et passèrent du côté de la reine, comme Vasco Porcalho et Martim Anes de Barbuda, commandeur de son ordre, Garcia Peres Craveiro d'Alcantara, et autres. L'abandon le plus sensible pour le grand maître dut être celui du comte de Barcellos, qui maintenant travaillait dans l'intérêt de la reine, avec la même ardeur qu'il avait montrée auparavant contre elle, lorsqu'il s'agissait du meurtre du favori. Le crédit déjà si fort de la reine, en Portugal, était relevé encore par la puissance du roi de Castille, qui, appelé par elle à la secourir, était pressé par son propre intérêt, plus fortement encore que par le désir de porter assistance à sa belle-mère. Mais ce qui était encore plus à redouter pour le grand maître que la puissance des grands portugais et les forces plus imposantes du roi de Castille, c'était Leonor elle-même, ses ruses et son ardeur de vengeance. Cette passion était implacable, et la blessure faite au cœur saignait encore. La reine serait inépuisable en stratagèmes ; car elle avait à sa disposition tous les dons de l'esprit le plus subtil et toutes les séductions de la beauté. Le système de prévenances amicales maintenant adopté par la reine dans sa conduite envers le grand maître et ses adhérents, cachait un poison plus dangereux que la colère et la douleur qu'elle avait laissées éclater naguère sur le meurtre du comte ; il témoignait de son aptitude et de son habileté à jouer tout rôle qui lui convenait, de l'adresse et de la ruse qu'elle savait conserver dans sa fureur. Du vivant de Fernando, à l'instigation de la reine, qu'il n'avait jamais offensée, sur la simple inquiétude qu'il pût restreindre l'influence de la souveraine, João avait été renfermé, et un hasard seul l'avait sauvé du supplice qui lui était préparé. Que pouvait-il attendre maintenant, après avoir frappé au cœur une reine alors seule en possession du gouvernement, en tuant un amant qu'elle idolâtrait, qui avait encore plus de prix à ses yeux que l'éclat du trône, pour l'amour duquel elle n'avait pas craint de souiller la sainteté du mariage? Il semblait qu'il n'y eût de salut pour le grand maître qu'en s'éloignant au delà du cercle où pouvait frapper le bras de Leonor; et, lorsqu'il adopta ou feignit ce projet d'exil, la reine elle-même justifia de telles mesures de prévoyance, en s'efforçant de préparer sourdement la ruine de son ennemi avant qu'il partît.

À la nouvelle qu'il voulait s'embarquer, elle fit appeler auprès d'elle le patron du navire, chercha par des présents et des promesses à le gagner, et lui demanda, lorsqu'il aurait quitté le port avec le grand maître, de faire débarquer, sous quelque prétexte, son équipage à la côte d'Atouja. Alors la perte de João était certaine : s'il restait sur le bâtiment dépourvu d'équipage, il échouait avec lui; s'il le quittait, des soldats de la reine, apostés sur le rivage, devaient fondre sur lui, et, en cas de résistance, le tuer. Il paraît que l'Anglais accepta la proposition; car deux fois la reine envoya d'Alemquer à Atouja un fidalgo avec une troupe de soldats, dans la prévision du débarquement du grand maître. Mais la Providence en décida autrement.

Le bruit du projet de João avait rempli d'inquiétude les bourgeois de Lisbonne. Déjà ils voyaient en imagination tous les maux qui allaient se déchaîner sur eux, si leur ville devait tomber au pouvoir de la reine Leonor ou du roi de Castille. Leurs émeutes et leurs réunions factieuses pour empêcher le mariage de Fernando avec Leonor n'étaient pas encore oubliées. Bien des fois ils avaient blessé la reine par des propos méprisants et des outrages; ils avaient au contraire favorisé et soutenu sans déguisement le grand maître, lorsqu'il tua le comte d'Ourem. Irritée au plus haut point par cette conduite, la reine, à ce que l'on prétendait, avait proféré la menace de détruire Lisbonne, et de faire semer du sel sur l'emplacement désolé. La défiance et la crainte donnaient du crédit à ce propos. Les citoyens de la capitale ne redoutaient pas moins la vengeance du roi de Castille, dont ils s'étaient absolument refusés à planter les bannières et à reconnaître la succession au trône. Les offenses de la belle-mère du roi, le crime abominable qu'ils avaient commis sur leur évêque, Castillan de naissance, ne devaient leur laisser espérer aucun pardon. Ils n'attendaient d'appui et de salut que du grand maître, qui réunissait en lui prévoyance, énergie et autorité, et dont les sentiments étaient pour eux une garantie. Ils lui représentèrent les dangers qu'ils avaient à craindre de la vengeance de Leonor et du roi de Castille; déclarèrent leur volonté de le reconnaître pour leur souverain et défenseur, promirent de livrer à sa disposition les produits des alfandagas et almacens, toutes les caisses publiques de la ville; offrirent de le mettre aussitôt en possession de la ville et des forts, et assurèrent que les autres cités et localités du royaume imiteraient sans hésiter leur exemple. João encouragea les bourgeois, mais les remercia en termes affectueux de leurs offres, et consentit seulement à retarder son départ de quelques jours (était-ce pour compléter ses préparatifs, ou pour mettre de nouveau ces gens à l'épreuve?). Alors le peuple redoubla d'instances, de prières, se précipita après lui, lorsqu'il sortit à cheval, et l'entoura là où il s'arrêtait; on tenait les rênes de son coursier, on saisissait les bords de ses vêtements, on le nommait défenseur, protecteur.

Ces marques d'affection et de confiance, et plus encore les allocutions de quelques amis et partisans, dont le patriotisme était au-dessus du doute, et la prudence au-dessus de toute épreuve, déterminèrent ou parurent déterminer le grand maître à songer aux moyens de pouvoir rester en Portugal sans exposer trop fortement sa personne, et en même temps en servant activement le bien du royaume. Pour examiner cette question sous plusieurs faces, il appela auprès de lui Alvaro Paes et quelques-uns de ses adhérents les plus importants. « Vous pouvez, dit-il, peser de nouveau mûrement les circonstances, et songer au moyen le plus prompt et le plus sûr auquel je pourrais avoir recours pour ne pas allumer une guerre qui pourrait anéantir moi, les miens et le royaume. » La délibération fut longue ; enfin le mariage de la reine avec le grand maître parut devoir lever tous les inconvénients, et prévenir tous les embarras. Car le gouvernement appartenait à la reine pour un certain temps. Dans cet intervalle, Brites pouvait donner à son époux un fils qui d'après les traités serait élevé en Portugal ; alors le grand maître exercerait la régence avec la reine Leonor, et resterait lieutenant pour le royaume quand le prince aurait atteint l'âge exigé par la loi. La dispense pour ce mariage dans l'intérêt de la paix serait facilement obtenue du pape. La proposition déplut au grand maître, qui la combattit. Mais, comme tous y voyaient un excellent moyen de sortir d'embarras, il ne put résister plus longtemps aux instances de ses conseillers. « Quoique je considère la proposition comme malencontreuse et inutile, dit João en concluant, attendu que la reine, telle que je la connais, ne l'acceptera point, néanmoins, pour échapper au reproche d'avoir mis un point d'honneur personnel au-dessus de l'intérêt du royaume, je ferai ce que vous m'avez conseillé. » Là-dessus Alvaro Gonçalves Camello, dans la suite prieur de Crato ou de l'Hôpital, et Alvaro Paes furent choisis pour députés auprès de la reine. Le dernier était l'objet d'une haine à mort de la part de Leonor ; c'était un choix imprudent, si l'on visait au succès de l'ambassade, ou bien un trait d'adresse, si, comme le pense Sylva, le grand maître lui-même le dirigea afin d'indisposer ainsi Leonor contre l'objet de la mission par la personne qui en était chargée. João ne s'abusa pas dans sa combinaison. Les députés furent accueillis avec une bienveillance affectée par la reine ; mais leurs offres furent à l'instant rejetées de la manière la plus décidée.

Tandis que ces personnages étaient à Alemquer, la nouvelle que le roi de Castille s'approchait des frontières du Portugal excita une violente agitation parmi le peuple. Envoyer des messagers à la reine, cela parut inutile. « Que pouvons-nous attendre de là ? disait-on. « Qu'y a-t-il à faire, sinon de nommer le grand maître d'Avis défenseur du royaume ? » Tous le supplièrent de prendre cette charge, et João s'y montra enfin disposé. « Afin de se mettre à une œuvre si importante après un plus mûr examen, déclara-t-il, ils pourraient se rassembler le lendemain dans l'église de S.-Domingos, et y convoquer les principaux de la ville ; là tout le monde serait consulté pour savoir comment entreprendre la défense du royaume et quels moyens adopter. » La plupart des bourgeois s'y trouvèrent. Mais il n'y eut que peu de membres de la noblesse. « Je ne crains pas, dit le grand maître aux assistants, en restant ici d'exposer ma vie, mais bien de mettre les vôtres en péril. Néanmoins, puisque vous désirez que je partage avec vous les malheurs qui menacent le pays, je demeure ici, non point comme votre chef, ainsi que vous le demandez, mais comme votre compagnon, ainsi que j'y suis engagé ; car je me rendrais coupable du plus grand crime, si je payais votre amour par de l'ingratitude, et si, après que pour moi vous vous êtes exposés à tant de dangers, je ne vous assistais pas dans votre détresse. En raison des circonstances présentes, il faut examiner s'il vous convient que je parte ou que je reste, et si vous êtes d'accord sur ce que vous m'avez si souvent offert ; puis aviser aux moyens de défense, et tout de suite, car l'approche de l'ennemi réclame une prompte exécution, et ne nous laisse pas d'espace pour de longs discours. » L'assemblée, jusqu'alors silencieuse, répondit par de bruyantes acclamations, et la joie du peuple fut générale lorsqu'il vit que ses désirs et ses espérances étaient remplis. On chargea le grand maître des titres les plus pompeux et les plus honorables ; on le proclama « père unique de la patrie, seul protecteur de la liberté, gloire de la nation portugaise ! » et, au milieu de toutes les manifestations de joie et de dévouement, il fut choisi pour défenseur et régent du royaume, et investi d'un pouvoir illimité. Au milieu de l'ivresse générale du peuple et de ses partisans, João conservait sa présence d'esprit accoutumée. Il ne voulait pas devoir son élévation seulement à l'entraînement du moment, ni à une seule classe de la population, et il voyait bien que la plus grande partie de la noblesse manquait dans la réunion. Il ordonna donc de faire savoir à tout le monde, aux absents comme aux présents, qu'ils eussent à se réunir le jour suivant dans l'hôtel de la municipalité, pour prendre la dernière résolution dans cette affaire.

Il en arriva ainsi. Le grand maître exposa de nouveau à la nombreuse assemblée la difficulté de l'entreprise, et demanda des avis exprimés librement et sans flatterie. Quelques-uns confirmèrent le choix qui avait été fait; d'autres le désapprouvèrent avec convenance, en rappelant les misérables moyens que l'on possédait pour le soutenir. « Vouloir avec de si faibles ressources résister au roi de Castille, ce serait justifier la tyrannie qu'il exercerait ensuite. Si l'on redoutait les forces militaires encore inconnues de ce roi, que serait-ce donc lorsqu'elles se déploieraient, et que le roi appelé par sa belle-mère arriverait, non point en prince qui vient prendre possession d'un royaume qu'il regarde comme son bien, mais en maître irrité, armé pour tirer vengeance d'une nation rebelle. » Ces raisons et d'autres analogues, sous lesquelles beaucoup de membres de la noblesse cachaient seulement leur crainte ou leur inclination pour la cause castillane, irritèrent la multitude. Elle y vit une attaque contre le haut protecteur qu'elle avait déjà choisi, contre la puissante assistance dont elle se regardait déjà comme assurée, et pressa violemment les contradicteurs d'adhérer au choix du peuple. Les nobles firent des réponses évasives, tinrent des conciliabules séparés, se mirent à murmurer entre eux. Alors un tonnelier, Affonso Annes Penedo, s'avança audacieusement, la main posée sur son épée : « Quels soucis prenez-vous là, vous autres? s'écria-t-il. Hésiteriez-vous lorsqu'il s'agit d'adhérer à ce qui a réuni les suffrages de tous? Auriez-vous par hasard un autre que le grand maître d'Avis pour vous défendre contre la puissance de la Castille? Il est certain que vous n'êtes pas des Portugais. » Personne ne répondant, sa voix devint plus menaçante, son geste plus impérieux et plus emporté. « Que faites-vous? ou bien acceptez ce que l'on vous dit, ou bien dites ce que vous voulez. Dans cette affaire, je n'ai à exposer que mon cou; que celui qui ne veut pas donner son adhésion sache qu'il me le payera de sa tête. » La multitude répéta ces paroles que le tonnelier prêtait à ses passions, et les nobles effrayés reconnurent unanimement le grand maître comme défenseur et régent du royaume. Un acte officiel que l'on rédigea sur cette élection fut signé par tous (16 décembre 1383). Ils accordèrent à João un pouvoir qui ne différait guère de la puissance royale.

L'assemblée allait se séparer, lorsque arrivèrent les envoyés revenant d'Alemquer. Alvaro Paes félicita le grand maître sur son élection comme défenseur, et lui présenta la lettre de la reine conforme à la réponse verbale qu'elle avait faite. Sans l'ouvrir, et sans avoir parlé d'abord à Paes, João la déchira aux yeux de tous. Selon son intention, par cette rupture déclarée avec la reine, il gagna extraordinairement auprès du peuple, et par cette décision toute personnelle et cette déclaration spontanée de guerre, il put réparer à ses yeux la faiblesse qu'il avait montrée envers ses conseillers dans une chose désapprouvée par lui-même.

Lorsque João se fut relevé par cet acte et qu'il eut été appelé au commandement supérieur, il s'occupa immédiatement de dispositions qui avaient pour but de marquer sa nouvelle situation et sa dignité, et de les annoncer au dehors. Il ordonna de changer les armes royales, et les fit placer sur la croix de l'ordre d'Avis, de telle sorte que les deux extrémités seulement du symbole sacré restaient visibles. Dans les lettres officielles, les adresses et les ordonnances, il s'intitula : « D. João, par la grâce de Dieu, fils du très-noble roi D. Pedro, maître de l'ordre de chevalerie d'Avis, regedor et defensor des royaumes de Portugal et des Algarves, » et réunit ici, comme partout, avec adresse la dignité et les insignes de chef d'ordre et de régent du royaume.

Un objet plus important était le choix des premiers fonctionnaires de l'État. Il nomma pour ministres (do despacho) l'archevêque de Braga, D. Lourenço Vicente, et le futur archevêque de Lisbonne, João Affonso de Azambuja, pour chancelier mor le docteur João das Regras, légiste signalé, élève de Bartolo, qui était venu de Bologne à Lisbonne en 1382 (1). On admira la pénétration du jeune prince, qui lui avait fait distinguer de tels hommes. Jusqu'alors, à ce qu'il paraît, on l'avait seulement vu chevalier exercé, guerrier formé au maniement des armes et aux évolutions militaires; maintenant il montra dans le choix des employés de l'ordre civil le tact sûr de l'expérience, et le jugement éprouvé du politique; il considéra les devoirs d'une charge difficile et compliquée, et consacra toutes les capacités d'un homme, toute son activité à s'acquitter de sa tâche. Quoiqu'il fût appelé par les dangers d'une guerre instante et inévitable à diriger toute son attention sur les talents militaires, et à donner la prééminence à l'épée des batailles, sur le sceptre du gouvernement, néanmoins, même au milieu des combats, il ne négligea pas l'importance de l'administration civile, et, avant de choisir un général, il nomma avec grand soin les fonctionnaires civils depuis les premiers postes jusqu'aux derniers emplois. Il désigna aux places de desembargadores du palais João Gil, licencié en droit, et Lourenço Esteves le jeune, dont le père avait joui de la confiance du roi Pedro ; de vedores da fazenda, deux hommes signalés par leur activité, leur prudence et leur savoir, sans parler d'autres nominations. La place de corregedor de Lisbonne fut occupée par un marchand de la ville ; il en fut ainsi de la charge de tesoureiro des monnaies, et d'almoxarife des revenus royaux. Pendant que le defensor tirait les hauts fonctionnaires principalement des bourgeois de Lisbonne, poussé peut-être à cela par la reconnaissance et par les espérances qu'il fondait sur eux pour l'avenir, peut-être aussi par la supériorité de leurs lumières, il dirigea en même temps ses soins sur l'administration du système communal des villes, et institua à cet effet à Lisbonne un conseil composé de vingt-quatre membres, autorité qui, sous le nom de *casa dos veinte e quatro*, s'est conservée jusqu'à nos jours.

L'occupation des emplois publics par des partisans du defensor, et la crainte d'émeutes populaires, déterminèrent les serviteurs et les adhérents de la reine restés dans Lisbonne à gagner Alemquer. Beaucoup laissèrent leur fortune entre les mains d'amis et de parents, d'autres la cachèrent dans des couvents, comme fit la comtesse de Barcellos, qui enfouit son riche trésor sous le portail de l'église de S.-Domingos, où il fut trahi. Çà et là on trouva des sommes considérables, des bijoux et des objets précieux. Ce qui était apporté au régent, il le donnait à ses partisans. Comme quelques-uns désapprouvaient cela, et lui conseillaient de garder ces parts pour lui, Alvaro Paes lui dit : « Seigneur, voulez-vous recevoir de moi un conseil qui fera avancer vos affaires? répandez ce qui n'est pas à vous, promettez ce que vous n'avez pas, et pardonnez à celui que vous ne pouvez punir. » João suivit ces avis. Il donna les biens meubles et immeubles de ceux qui s'étaient éloignés avec la reine, ou qui tenaient pour le roi de Castille, à des personnes de son parti, à Lisbonne, et partout dans le royaume où l'on se déclara pour lui (1); distribua non-seulement

---

(1) Sylva, l. c., cap. 114.

(1) Comme raison de la confiscation des biens, il avait coutume de mettre dans les actes de donation : « Por quanto anda em nosso deserveço com João, que se chama rey de Castella. »

les places vacantes, mais encore celles dont la délivrance était prochaine, pardonna toutes les fautes, excepté la trahison et la violation de la foi jurée, même celles qui avaient été commises avant son élévation comme defensor; obligeant seulement les coupables, tant que durerait la guerre, à servir dans l'armée, tout équipés à cheval, et à leurs frais.

Par cette conduite, le defensor s'attacha beaucoup de monde; il augmenta son parti, mais sans grossir ses ressources pécuniaires, qui étaient insuffisantes : le trésor royal était épuisé comme le royaume. Les dépenses inutiles de Fernando et ses guerres continuelles avaient absorbé non-seulement les sommes laissées par le roi Pedro, mais encore tous les revenus sous son règne. Sans argent, Joâo ne pouvait se charger de la défense du royaume, ni se maintenir lui-même dans sa dignité de defensor. Les bourgeois de Lisbonne sentirent cela, et lui firent un présent de cent mille libras (1). Divers particuliers lui fournirent volontiers le prêt qu'il leur demanda, et les Juifs, outre leur part dans le présent dont il vient d'être parlé, lui prêtèrent encore soixante-dix *marcos* de prata (2). Le clergé contribua au don de la ville, et livra même les vases des églises dont on pouvait se passer. Dans les deux cent quatre-vingts *marcos* de prata qui entrèrent dans la caisse publique, somme considérable pour ce temps, la cathédrale de Lisbonne en fournit seule quatre-vingt-sept. Joâo fit remettre cette somme, avec neuf cents marcs d'argent qu'il avait réunis, à la garde du tesoureiro des monnaies, Micer Persival, qu'il nomma maintenant aussi son tesoureiro.

Joâo se mit à l'œuvre avec ces faibles moyens. Il n'était pas encore fort avancé dans sa carrière nouvelle et dispendieuse, que la guerre avait déjà dévoré l'argent remis à Micer Persival et les revenus courants; les dépenses surpassaient de beaucoup les recettes, et le régent dans sa détresse eut recours à ce détestable moyen financier, que l'ignorance des temps et les besoins toujours plus pressants pouvaient faire regarder comme la dernière ressource, l'altération des monnaies. Il fit frapper des libras auxquelles fut donnée la valeur des espèces courantes; mais qui ne contenaient que deux onças; cette réduction ne suffisant pas encore, on en fabriqua du poids d'une onça. On nomma celles-ci *libras* pour les distinguer des anciennes, appelées *librinhas* (1). Le régent suivit le même procédé avec les réaux d'argent; il en fit frapper à neuf dinheiros (*reaes de prata de ley de nove dinheiros*), dont soixante-douze formaient un marco; puis à six dinheiros (de ley de seis dinheiros), plus tard à cinq avec la même valeur, et enfin à un simple dinheiro; un de ceux-ci valait dix soldos de cuivre, il en fallait vingt pour faire une libra (2). Quelque funeste que soit toujours une telle altération, et si odieuse qu'elle fût en tout autre temps dans le Portugal, néanmoins, en raison de la conviction dont on était pénétré sur la nécessité indispensable de cette mesure, l'amour du peuple pour le defensor se manifesta encore dans cette circonstance; beaucoup de personnes portèrent au cou, comme des reliques ou des préservatifs contre les maladies, les premiers réaux d'argent qu'il fit paraître.

Une autre mesure financière non moins étrange et non moins grave fut la disposition qui permettait aux possesseurs d'argent en

---

(1) 1,000 dobras. Lopes, *Chron. d'el rey D. Joâo I*, Part. 1, cap. 49 et 50. *Elucidar. Supplem.*, p. 50. Sylva, l. c., t. I, cap. 195 et 196.

(2) Le marc d'argent ne valait alors que 2,600, le marc d'or 6,000 reis.

(1) Quelque chose d'analogue arriva en Castille sous le roi Enrique II.

(2) La monnaie de la plus faible espèce que fit frapper le roi Joâo Ier s'appelait seitis, en souvenir de la prise de Ceuta, selon quelques-uns, et seixtis, d'après d'autres, parce que chacune de ces pièces valait la sixième partie d'un réal. Sylva, t. I, c. 38. Joâo fit-il frapper des monnaies de cuir? L'auteur de l'*Elucidario* donne des raisons suffisantes pour la négative.

barre, de le faire frapper pour leur compte dans l'hôtel de la monnaie, sans qu'ils eussent rien à payer pour cela au trésor royal (*fazenda real*). Beaucoup de personnes investies de fonctions officielles et des particuliers firent usage de cette faculté. On cite entre autres João das Regras, le grand jurisconsulte, assez versé aussi, à ce qu'il paraît, dans les matières de finance, et qui, tout en servant avec ardeur la cause de son maître, songeait en même temps à ses propres intérêts.

Enfin le defensor demanda et obtint de tout le royaume un subside qui fut levé par des *sizas* générales.

Aussitôt qu'il se vit en possession des ressources nécessaires, il fixa le traitement des ministres, des employés et des serviteurs de sa maison. Il racheta tous les Portugais tombés dans les fers des Castillans, et se montra partout bienfaisant et libéral; car partout il lui fallait d'abord essayer de gagner les cœurs, avant de pouvoir armer les bras pour sa cause et celle du Portugal. Un seul homme pouvait encore détourner les esprits, comme il dépendait de lui de légitimer tous les actes du grand maître : c'était l'infant João, prisonnier en Castille. Cela ne pouvait échapper au grand maître, et il paraît avoir songé de bonne heure à faire ce qui était nécessaire pour conduire à un heureux résultat de ce côté. Vers ce temps, un escudeiro de l'infant, qui, par crainte d'être arrêté comme le prince, s'était enfui en Portugal, retourna sous un déguisement en Castille par attachement pour son maître. Ne pouvant parvenir à lui parler, il lui fit savoir par le confesseur du prisonnier ce qui était arrivé en Portugal, et comment le grand maître avait été forcé de se charger du gouvernement du royaume, tout en reconnaissant que le pouvoir appartenait à l'infant, et comment il défendait l'Etat pour celui-ci. « Là-dessus l'infant, dit la chronique, fit encourager le grand maître, par l'escudeiro, à persévérer dans l'entreprise commencée, s'il désirait le voir mis en liberté; car de toute autre manière il ne pouvait espérer sa délivrance. » Il lui aurait aussi fait cette déclaration par écrit. Il chargea l'escudeiro de dire à tous ses adhérents et serviteurs qu'ils pouvaient passer du côté du grand maître son frère; que de lui seul pouvait venir sa délivrance. En effet, lorsque l'escudeiro répandit l'objet de sa mission en Portugal, tous les amis de l'infant se tournèrent vers le defensor. Celui-ci alla plus loin : il fit peindre sur les bannières et les étendards l'image du prince renfermé dans un cachot et chargé de fers. En paraissant ainsi annoncer au monde l'intention de conserver le royaume à son frère, il s'attacha tous ceux qui étaient dévoués à l'infant, gagna par ces marques d'amour fraternel, d'abnégation et de désintéressement les cœurs des Portugais, excita la compassion pour le prisonnier, l'amour pour la maison royale enracinée dans le pays, la haine contre l'oppresseur étranger, et l'horreur des fers de la Castille.

Ainsi, en mettant habilement à profit les événements et les circonstances, et tournant les hommes à ses volontés, le grand maître affermissait de plus en plus ses pas au milieu des agitations et des orages desquels était sortie son élévation; mais, tout en appréciant la force et l'importance de la faveur populaire, il n'oubliait pas son inconsistance, et s'efforçait de plus en plus d'acquérir des partisans des classes supérieures. Un choix bien éclairé de fonctionnaires politiques et d'employés du palais l'entoura de puissants appuis, de lumières et de sages conseils. Avec eux il régla l'administration, et affermit l'ordre naissant. Pour les frais de la défense du pays, les besoins de sa maison et d'une libéralité obligée, telle que l'impose la situation d'un parvenu, étaient ouvertes les sources signalées plus haut. Presque tout ce qui avait été fait était le résultat de son impulsion, de sa prudence et de sa sagesse. Sa puissante individualité, par une force calme, mais irrésistible, avait attiré dans son cercle d'action bien des talents et bien des courages. Cette valeur personnelle et une bienveillance tout affectueuse lui donnèrent encore le plus rare de tous les biens, un véritable ami, placé au faîte de la fortune et au rang le plus élevé, Nuno Alvares Pereira, l'un des hommes les plus précieux qu'ait produits le Portugal.

§ 2. *Depuis la nomination du grand maître comme defensor et regedor du royaume jusqu'au bannissement de la reine Leonor en Castille.*

Soulèvements du peuple portugais en faveur du defensor; préparatifs contre le roi de Castille. — Après avoir joint solennellement à Tolède le titre de roi de Portugal à celui de roi de Castille, Juan pénètre en Portugal. — Son entrevue avec la reine Leonor à Santarem; elle renonce à la couronne de Portugal en faveur du roi et de la reine. — Juan et Beatriz prennent pied dans le royaume. — Situation et mesures de résistance du defensor. — Leonor rompt avec le roi, et conspire contre lui. — Juan la bannit à Tordesillas.

Quand la reine Leonor apprit que le grand maître avait été proclamé defensor et regedor du royaume, quand elle vit sa propre autorité faiblir à mesure que celle de ce prince grandissait, et qu'elle ne se trouva plus en sûreté dans Alemquer, elle résolut de se rendre à Santarem, l'une des plus fortes places du royaume, à quatorze legoas de Lisbonne, et sept à peine d'Alemquer. Se rappelant encore le soulèvement qui avait éclaté dans cette ville lorsque l'on s'était disposé à lever les bannières pour la reine Brites, elle chargea l'alcaide mor du lieu d'examiner d'abord l'état des esprits. Gonçalo Vasques de Azevedo, oubliant l'offense qu'il avait éprouvée jadis de la part de la reine, disposa favorablement les bourgeois pour elle, et lui prépara du côté des principaux de la ville un accueil affectueux.

Aussitôt après la nomination du grand maître comme defensor, la reine, redoutant les suites de cet événement, avait adressé des lettres aux commandants et aux principaux de son parti dans les diverses places du royaume, les sommant de faire proclamer sa fille, la reine Brites, comme héritière légitime du trône de Portugal, et de défendre ses droits contre l'audacieuse tentative du peuple, qui avait choisi le grand maître. En même temps elle écrivit à son gendre, le roi de Castille, de hâter sa marche pour châtier les rebelles dont la désobéissance était devenue opiniâtre non-seulement à Lisbonne, mais encore dans beaucoup d'autres villes et localités du royaume, où le grand maître comptait de nombreux adhérents, surtout parmi le peuple.

En effet le defensor régnait en réalité à Lisbonne; seulement la citadelle, dont la reine avait confié la défense au comte de Barcellos, alcaide mor de Lisbonne, était encore au pouvoir de Leonor. Elle était l'objet principal de l'attention du defensor, qui parvint enfin, à force de menaces et à l'aide de son parti nombreux dans la capitale, à déterminer une capitulation. Quand la délivrance parut impossible, la reine dit: « Quiconque aura la ville dans la suite possédera aussitôt la citadelle. »

Toutes ces circonstances, les lettres de Leonor, la remise de la citadelle, premier échec du parti royal aux yeux du peuple, l'attitude hostile du roi de Castille, témoignaient d'une excitation extraordinaire dans toutes les villes et tous les bourgs. Partout la population se divisait en partis, s'attaquant d'abord avec des paroles, bientôt par des voies de fait. A Lisbonne, la noblesse appelait dérisoirement les bourgeois, « le peuple du Messie qui viendrait, espérait-il, le délivrer du pouvoir de la Castille. » De son côté, le peuple flétrissait les nobles du nom de *traîtres* et de *schismatiques*. Aussi les principaux de toutes les localités eurent bientôt pour ennemi le plus terrible le bas peuple, qui, plein de ressentiment contre eux, combattait avec un emportement sauvage pour le défenseur qu'il s'était donné.

On vit des masses populaires, sans chefs, sans armes, et à peine couvertes de haillons, emporter en quelques heures des citadelles et des forteresses dont les rois avaient jadis tenté vainement pendant plusieurs mois la conquête avec des forces militaires imposantes. Ainsi furent prises Estremos et Portalegre. A Beja, dans un soulèvement provoqué par une sommation écrite de Leonor, de recevoir le roi de Castille dans la ville, l'amiral Micer Lançarote Pezagno, descendant du Génois auquel jadis le roi Diniz avait conféré la dignité héréditaire d'amiral, fut tué par le peuple, uniquement parce qu'il paraissait suspect d'opinions royalistes.

Des atrocités se commirent à Evora. Là, bientôt le peuple fit place à la populace. D'abord les bourgeois avec quelques grands se levèrent pour attaquer la citadelle, que l'alcaide mor de la ville avait occupée pour la reine. Comme cette forteresse par ses tours et ses murailles était difficile à prendre, l'on se servit d'un stratagème alors en usage ; on attacha les femmes et les enfants des assiégés sur des voitures que l'on conduisit non loin des créneaux, menaçant de les brûler sous les yeux de leurs époux et de leurs frères, si les assiégés ne se rendaient pas. Au milieu de clameurs effroyables, du feu fut apporté contre la porte. L'alcaide, voyant la fureur du peuple, remit la citadelle, sous la condition qu'il pourrait avec la garnison, sans subir aucune atteinte à son honneur, quitter la ville et la place. Aussitôt les ouvrages furent occupés, les logements saccagés, et tout livré aux flammes. Il ne restait plus que des ruines ; le but était atteint, mais la fureur n'était pas encore satisfaite. Tout frein étant brisé, chacun chercha de son côté l'objet de sa haine pour l'immoler. La vengeance, aussi aveugle que sanguinaire, frappa beaucoup d'innocents. D'abord on éloigna les principaux de la ville que l'on venait de prendre pour chefs, et pour lesquels on éprouvait maintenant une sorte d'horreur. Ils furent réduits à se réfugier à Lisbonne, et à prendre du service auprès du defensor, qu'ils suivirent par peur de la multitude déchaînée. Pendant le soulèvement, l'abbesse du couvent des Bénédictines, non loin d'Evora, s'était retirée avec ses sœurs dans la ville. Alors il paraît que d'une masse d'émeutiers sortirent ces cris : « Tuons la traîtresse abbesse, parente et servante de la reine ! » D'après d'autres témoignages, elle aurait laissé échapper des paroles de blâme sur les excès du peuple. Aussitôt la population en fureur se précipita vers la demeure de l'abbesse, et, ne l'y trouvant pas, courut à la cathédrale, où les sœurs entendaient la messe. A la nouvelle de ce péril, l'abbesse s'était réfugiée dans un bâtiment latéral, tenant devant elle le tabernacle où est gardé le saint des saints, et se croyant ainsi préservée par la protection céleste. En vain le doyen, tout le clergé intercédèrent pour elle ; les larmes, les gémissements lamentables de l'abbesse et de ses sœurs ne purent émouvoir cette masse sauvage. On lui enleva violemment le tabernacle ; on arracha l'infortunée hors de sa retraite, on la traîna par les nefs de l'église. Un misérable impudique osa lui retirer ses vêtements, et la dépouilla d'une main sacrilège. Ainsi nue et accablée d'outrages, elle fut chassée de la maison de Dieu, traînée à travers les rues jusque sur la place publique de la ville, où, frappée d'un coup à la tête, elle tomba morte. La férocité de ces sauvages s'exerça encore sur son corps privé de vie. La nuit suivante, quelques êtres conservant la crainte de Dieu ensevelirent secrètement le cadavre dans la cathédrale.

Ainsi les sommations de Leonor aux villes avaient justement amené le résultat contraire à ce qu'elle se proposait. Elles avaient partout réuni le peuple contre la reine ; elles l'avaient poussé à la résistance, à l'attaque, à tous les excès de la révolte. Quoique le defensor, comme homme et ami de sa patrie, dût exécrer ces atrocités du peuple, et déplorer le sort des malheureuses victimes, l'aversion des Portugais contre la reine hostile au pays, et contre le roi de Castille, ne pouvait lui déplaire. En voyant le danger s'approcher du dehors, il dut, pour l'exécution de ses plans et de ses mesures de défense, compter principalement sur cette aversion. Son pouvoir reposait sur ces sentiments populaires; le titre que le peuple lui avait donné annonçait la mission à laquelle il était appelé, et les espérances que l'on fondait sur lui. Dans le pays, le peuple serait bien devenu maître des opposants; mais l'orage qui du dehors s'approchait des frontières du Portugal, ne pouvait être détourné que par les armes que dirigerait un chef. Déjà des préparatifs devaient être faits; le defensor s'arma; le second acte de sa vie politique et active s'ouvrit.

Il écrivit aux villes et aux bourgs, que le royaume était sur le point d'être précipité vers sa ruine, que le roi de Castille était en marche pour en prendre possession, et pour soumettre les Portugais au sceptre castillan, au mépris des traités conclus, en violation de ses promesses solennelles; qu'un tel sort devait paraître à tous intolérable; qu'ils devaient plutôt s'exposer à la mort que de tomber dans le servage, et que lui se disposait à exercer aussitôt ses fonctions de régent pour la défense du royaume et de ses compatriotes; qu'il espérait remplir sa tâche avec l'aide de Dieu, et se trouver à l'avenir en état de les protéger; qu'il les priait donc de se déclarer en bons Portugais pour le Portugal, et de ne pas s'inquiéter des lettres que la reine et le roi de Castille leur adresseraient pour les détourner de ce devoir. Les lettres du defensor agirent puissamment sur le peuple; elles le réunirent et l'enflammèrent; bientôt il ne fut animé que d'une seule pensée, d'une seule volonté. Dans la ville populeuse de Porto, aussitôt que le contenu de l'adresse fut connu, la bannière fut levée pour le defensor.

En même temps João envoya une ambassade au roi d'Angleterre pour solliciter son assistance, et obtenir la permission d'enrôler des troupes dans l'île. « Que le roi accorde cette demande, déclarait le defensor, et si le Portugal devient libre par son épée, et se délivre de ses ennemis, tous les secours que les Portugais pourraient fournir ensuite en hommes et en vaisseaux seraient à son service. Si le duc de Lancastre, alors à Londres à la cour, voulait s'emparer des royaumes de Castille et de Léon, qui lui appartenaient du chef de son épouse, c'était maintenant le moment favorable, et tout le Portugal était prêt à le soutenir. » La requête fut admise; beaucoup d'Anglais, enchantés de l'aspect que prenaient les choses, offrirent et prêtèrent des sommes d'argent aux ambassadeurs. Des troupes furent aussitôt expédiées, ainsi que le besoin pressant les réclamait. Les lettres du roi au defensor contenaient en outre de grandes offres de services (1).

Cependant le roi de Castille avait aussi exprimé sa volonté de faire valoir par les armes ses droits à la couronne de Portugal. De même qu'à la nouvelle de la mort de Fernando il avait fait arrêter les frères de ce monarque, João et Diniz, ainsi maintenant il s'assura de la personne de son propre frère Alfonso Henriques, fils naturel du roi Enrique. Ce frère fut amené de Zamora dans Montalvan, et le roi lui déclara qu'ayant épousé Isabelle, fille du roi Fernando, quoique cette princesse fût née hors de mariage, néanmoins cette union pouvait donner lieu à des prétentions sur le trône de Portugal, au détriment du droit que lui-même avait acquis sur cet héritage par son mariage avec Brites. Que toutes mal fondées que fussent de pareilles prétentions, elles pourraient devenir un empêchement pour les siennes, et qu'afin de prévenir cette complication, il était nécessaire de le tenir en lieu sûr. Que si cette arrestation n'était pas autorisée par la pure prévoyance, du moins elle pouvait être légitimée comme une punition des lettres que le comte, ainsi que cela était maintenant connu, avait écrites sur cette affaire en Portugal. Le comte, étonné de cette fausse accusation, voulut se justifier; ce fut en vain. Il fut à l'instant remis à l'archevêque de Tolède, et emmené avec son épouse dans l'ancienne capitale de l'Espagne, où tous

---

(1) Sylva, pass. cité, cap. 186.

deux restèrent de longues années dans la captivité. Tous leurs biens dans les Asturies furent confisqués; le district d'Ureña passa à l'église d'Oviedo (1).

Ensuite le roi avec la reine assista au service funèbre célébré pour son beau-père dans la cathédrale de Tolède, changea dès le lendemain les vêtements de deuil pour la parure de fête, et parut dans la même église avec une pompe extraordinaire. Après qu'il se fut assis sur un trône magnifique, l'archevêque s'avança en costume de cérémonie, suivi du chapitre et du clergé, lui présenta la bannière sur laquelle les armes de Castille s'étalaient au-dessus de celles de Portugal, et la déposa aux pieds du roi. Il fallait l'agiter selon l'usage; ensuite le roi appela Vasco Martins de Mello, qui était venu en Castille avec la reine Brites, afin de le revêtir en même temps de la haute dignité d'alferes mor de Castille et de Portugal. Mais celui-ci répondit : « Qu'il remerciait grandement le roi pour l'honneur à lui réservé; mais qu'il ne pouvait l'accepter; car il était né vassal du roi de Portugal, et son guarda mor, et, comme la guerre pouvait s'élever entre les deux royaumes, il ne voulait point assumer sur lui la honte de porter les armes contre son seigneur naturel. » Le roi étouffa sa colère, et donna la dignité à un autre, qui aussitôt, au cri de : « Pour le roi de Castille et du Portugal ! » au bruit des fanfares, des trompettes, agita la bannière en la portant jusqu'à l'entrée de la cathédrale, puis monta un coursier tenu au dehors pour répéter la même proclamation dans les rues de la ville. Son cheval, ayant eu peur, s'abattit et déchira la bannière, ce qui fut regardé comme un malheureux présage. Après cette cérémonie, le roi reprit le deuil et se rendit de Tolède à Montalvan.

Là fut prise la résolution de pénétrer aussitôt en Portugal avec une armée pour assujettir ce royaume. Mais les conseillers se partagèrent lorsque le roi leur exposa son projet. Les uns, comme Pedro Fernandez de Velasco, seigneur de Breviesca, grand chambellan du roi, homme de grande prudence et dignité, d'une véracité et d'une franchise à toute épreuve, soutenaient que le roi devait tenir le traité conclu avec Fernando, parce qu'il l'avait juré; que pénétrer en Portugal avec des forces considérables, sans pouvoir prévenir les oppressions et l'effusion du sang, c'était semer la haine; y entrer avec peu de troupes, ce serait attirer des périls sur la tête du roi. Ils proposèrent à Juan d'envoyer une ambassade en Portugal, et de se montrer prêt à observer le traité. Si les Portugais désiraient à ces conventions une modification qui pût profiter à l'intérêt et à la gloire de leur État, alors il aurait à déclarer qu'il y était aussi disposé, autant que ce changement s'accorderait avec son honneur et ses droits, et qu'il attendrait leurs envoyés dans le voisinage du Portugal, à Salamanque. Ceux-ci conseillèrent d'accueillir avec déférence les observations, de montrer de la générosité, afin de gagner les esprits des Portugais; le roi pouvait faire observer à ses nouveaux sujets, que, d'après le traité, sa belle-mère était régente du royaume, et que lui-même était prêt à se conformer à cette disposition. Si les Portugais devaient se décider pour un autre mode de gouvernement, s'ils voulaient des nationaux pour les régir, alors le roi se conformerait à ces désirs, sans que pour cela ses droits en souffrissent. Les plus prudents parmi les conseillers du roi se rangèrent à cet avis. Ils ne doutaient pas que de cette manière les Portugais ne fussent calmés et gagnés, les intérêts de la Castille et du Portugal réunis, les vues du roi en définitive remplies. En effet le roi Juan serait vraisemblablement parvenu à la possession pacifique du Portugal s'il avait suivi ce conseil, tenu religieusement le traité conclu, et traité avec plus de ménagement ses adhérents. Car, si Leonor était odieuse au peuple, il ne paraissait pas exister de motif pour repousser la reine

---

(1) Pedro Lopez de Ayala, *Cronica del rey D. Juan el primero*. Madrid 1780, anno 1383, cap. 7. Sylva, t. III, cap. 200, p. 1111.

Brites, à laquelle on avait rendu hommage; mais le roi était jeune et sans expérience, orgueilleux et plein de présomption. L'opinion de ceux qui lui représentaient comme sans valeur et sans force obligatoire un traité attentatoire à son honneur et à ses droits, qui le poussaient à fondre aussitôt avec des troupes nombreuses sur un pays pris au dépourvu, « pour saisir son bien, » cette opinion répondait mieux au caractère et aux inclinations du roi (1). Le suffrage de l'évêque de Guarda, Affonso Correa, qui avait accompagné la reine Brites en Portugal, et avait acquis comme chancelier de cette princesse une autorité à la cour de Castille (2), donna un grand poids à ce système. Correa offrit de céder au roi le château du fort de Guarda, siége de son évêché, cita tous les grands et les personnages influents qui étaient ses amis, et promit au roi le meilleur accueil.

L'évêque prit les devants et courut à Guarda pour disposer les esprits en faveur du roi. Néanmoins il ne parvint pas à gagner le commandant de la citadelle, et même quand le roi, dans les premiers jours de janvier 1384, avec vingt-cinq à trente cavaliers de son escorte habituelle, suivis de près par quelques centaines de lances, entra dans la ville, et fut reçu par l'évêque et le clergé en procession, l'officier portugais resta encore immobile dans la forteresse, sans que l'on pût deviner pour qui il se déclarerait. Le roi l'amena enfin à une entrevue, mais sans pouvoir le décider à capituler, et l'alcaide mor se tint dans la citadelle tant que le monarque castillan ne quitta point Guarda. Les jours suivants arrivèrent à la cour royale plusieurs ricos homens et fidalgos de la comarca, auxquels le roi fit prêter serment de fidélité pour les citadelles et places qu'ils occupaient. Ils rendirent hommage à la reine et au roi comme son époux, sous la condition que les points arrêtés avec le roi Fernando dans le traité seraient observés. Le roi fut peu satisfait de cette réserve, les fidalgos furent encore moins contents du roi, qui sérieux et réservé jusqu'à la roideur, avare de paroles et plus encore de présents, se montrait absolument l'opposé de ce qu'il devait être pour déterminer un peuple étranger à une soumission volontaire, les Portugais à se courber sous le sceptre castillan. « Ils s'étaient rendus rapidement auprès du roi, ils ne tardèrent pas davantage à se dire qu'ils allaient le quitter, ce que firent dans la suite la plupart d'entre eux (1). »

Pendant que le defensor songeait plus à conquérir des cœurs que des villes et des forteresses, et s'applaudissait à chaque nouveau partisan qu'il gagnait, comme s'il eût remporté une victoire, le roi de Castille ne dirigeait son attention que sur l'assujettissement du Portugal par la force, et se laissait attirer toujours plus avant dans le pays. Vers les premiers jours de l'année 1383, la reine Leonor écrivit aux villes et aux bourgs du royaume qu'en vertu du traité elle avait pris la direction du gouvernement et y avait appliqué tous ses soins; mais qu'elle avait détourné son gendre de son projet de conquérir le royaume, et lui avait fait de fréquentes représentations à ce sujet (2). En même temps elle écrivit dans un sens tout différent au roi, et lui adressa des messages plus pressants encore, lorsqu'elle apprit son arrivée et celle de Brites à Guarda. Elle les excitait tous deux de nouveau à pénétrer dans le pays avec des forces militaires, et à venir conférer avec elle à Santarem; il fallait disait-elle, qu'ils frappassent des coups ter-

---

(1) Ayala, an. 1383, cap. 9. Nunes do Liāo, cap. 15. Sylva, t. III, cap. 201.

(2) Il perdit dans la suite l'évêché de Guarda pour avoir suivi la reine Brites, et fut dédommagé en Castille par l'évêché de Segovia. Colmenares, *Hist. de Segov.*, cap. 27, § 11, 12.

(1) Paroles d'Ayala, an. 1383, cap. 11.

(2) Les autres parties des lettres étaient remplies de plaintes contre le grand maître, qui avait tué le comte presque sous ses yeux, contre le déchaînement du peuple, sur les motifs de son éloignement de la capitale, etc.

ribles avant que les rebelles et leur chef, qui était le grand maître, acquissent plus de puissance; elle assurait que les places principales, les premiers personnages dans le royaume, ses frères et ses parents lui étaient dévoués, et que tous aspiraient après l'arrivée du couple souverain pour lui remettre leurs forteresses et leurs châteaux, comme ils lui avaient déjà donné leurs cœurs. Leonor voulait, cela était évident, que le roi la vengeât du grand maître et des adhérents de ce prince, des habitants de Lisbonne, par lesquels elle avait été si gravement offensée et outragée, et surtout des femmes de cette ville dont elle ressentait encore vivement le blâme et le mépris. Tant qu'elle n'aurait pas une tonne pleine de leurs langues, l'entendait-on dire, elle n'aurait pas tiré satisfaction complète de leurs insultes. Sa vengeance une fois rassasiée, le royaume apaisé par les armes de Juan, et ce monarque de retour en Castille, elle espérait ensuite diriger les choses selon son bon plaisir. Le roi Juan parut s'abaisser jusqu'à devenir l'instrument des projets de sa belle-mère; il marcha brusquement sur Santarem.

Les épreuves qu'il subit dans cette marche auraient dû lui servir d'enseignement : à Coïmbre, où un frère de la reine Leonor, le comte Gonçalo, était alcaïde mor, où un oncle de celui-ci, Gonçalo Mendes de Vasconcellos, se trouvait avec d'autres fidalgos, non-seulement il ne fut point accueilli par de tels alliés, il ne put même être admis dans la ville, à son grand étonnement ; car il s'était attendu à la réception la plus amicale de la part des parents de la reine, et il avait compté sur la remise de la ville et de la citadelle. Il éprouva un semblable mécompte à Thomar, où l'entrée du château lui fut refusée, après que le maître de l'ordre du Christ, neveu de la reine Leonor, eût abandonné sa résidence dans la ville à l'approche du roi. Comme Juan s'avançait vers Santarem, Leonor, après avoir délibéré avec les siens sur la manière de le recevoir, résolut de le saluer en avant de la ville, et de le faire loger dans le couvent des Dominicains établi en ce lieu. Avec toutes les manifestations d'une tristesse profonde, versant d'abondantes larmes, elle alla au-devant du couple royal. Toutefois la fureur de la vengeance s'était si fortement emparée de son âme, et l'égara si complètement, qu'oubliant toutes convenances elle s'abandonna aux emportements de sa passion, et se livra comme instrument à celui qu'elle se proposait de faire agir. A peine eut-elle salué sa fille et son gendre qu'elle éclata en plaintes contre le grand maître, et réclama vengeance. Le roi lui promit satisfaction. Cependant, la nuit arrivant, Leonor voulut retourner dans la ville; alors le roi, sans tenir compte de son opposition, la prit courtoisement par le bras à côté de son épouse, et la mena dans le couvent des Dominicains assigné pour le logement royal (1). Il confia la garde de la ville à deux cents soldats qui étaient arrivés avant lui.

Durant la nuit, on examina de plus près le plan de vengeance, maintenant le but unique de Leonor, moyen précieux pour le roi. Juan représenta à sa belle-mère que, pour le succès de l'entreprise, il fallait qu'un seul commandât et disposât des ressources; que deux gouvernants susciteraient du désordre, et trouveraient peu d'obéissance, qu'il serait utile à la reine Leonor elle-même de se dessaisir du pouvoir, afin que lui Juan se fortifiât, pour quitter ensuite le royaume affermi et rassuré, et que Leonor se trouvât alors en état de récompenser libéralement les vassaux fidèles, et de châtier les rebelles. La reine se rendit à ces raisons, malgré l'opposition de ses conseillers, qui lui représentaient « que le roi n'avait en vue que son propre avantage », et que d'ailleurs elle-même ne pouvait sans l'agrément des états du royaume renoncer au gouvernement qui lui avait été confié par le roi Fernando. » Elle soutint « qu'elle pouvait sans hésitation remettre le gouvernement à un gendre et à une fille,

---

(1) Sylva, t. III, cap. 205.

souverains naturels du royaume selon le droit et d'après la volonté du feu roi, » fit appeler le lendemain un tabellião, et renonça par acte authentique au Portugal, en faveur du roi et de la reine de Castille.

Ensuite Juan et Brites entrèrent dans la ville à la tête d'un nombreux cortége et de toutes les troupes; la citadelle et le fort d'Alcaçova furent remis au roi, qui aussitôt nomma deux Castillans de naissance pour y co mander, et, au grand mécontentement des Portugais, fit occuper par des Castillans tous les emplois vacants ou déclarés tels. Santarem, l'une des plus fortes places du royaume, abondamment pourvue de toute espèce de vivres, cœur du Portugal, point principal sur lequel était dirigée d'abord l'attention, Santarem fut choisi pour le siége de la cour, pour la résidence du gouvernement, le centre du rassemblement des forces militaires, qu'il tirait peu à peu de Castille; ce devait être un point de départ pour ses entreprises ultérieures. Des ministres et employés de la reine Leonor qui l'avaient suivie en ce lieu, il en conserva plusieurs, non pas que leur qualité de serviteurs de la reine les recommandât auprès de lui, mais à cause de leur expérience, et parce qu'il manquait pour le moment de Castillans propres à ces fonctions. Il ne fit que deux nouvelles installations, d'un procureur du roi ou de ses finances, et d'un fonctionnaire castillan, qui devait être adjoint au *corregedor da corte*. Mais Lourenço Annes Fogaça, chancelier mor, auquel le roi fit redemander les sceaux, pour y faire écarteler les armes de Castille avec celles du Portugal, et les lui rendre ensuite, s'éloigna sous un prétexte spécieux avec son *escrivão*, et passa au service du grand maître, qui employa ces deux hommes à des missions importantes, le premier en Angleterre, et l'autre à Porto. L'écusson fut partagé en deux moitiés, l'une portant les armes de Castille et de Léon, l'autre celles du Portugal et des Algarves; l'ensemble était entouré de l'exergue : *Joannes, Dei gratia, rex Castillæ, Leonis et Portugalliæ*. Dans les ordonnances et les décrets officiels, le roi s'intitula : D. João por graça de Deos rey de Castella, e de Leão, et de Portugal, e de Toledo, e de Galliza, etc. (1). Il exerça en Portugal, dans les parties qui le reconnaissaient ou son épouse, tous les droits et les actes de la puissance royale; il fit même frapper plusieurs espèces de monnaies avec les armes ci-dessus désignées, et les mit en circulation.

Quoique tenue dans une captivité dissimulée sous des dehors de courtoisie, Leonor se tint dans les meilleurs rapports avec le roi : elle lui donna beaucoup d'objets précieux qu'elle avait reçus de son époux. L'exemple de son dévouement au roi ne fut pas sans effet sur les classes supérieures. Beaucoup de grands et de nobles se rattachèrent à Juan; un grand nombre l'avaient déjà escorté à Santarem (1). La plus forte portion de la noblesse se rallia à son parti, ainsi qu'une quantité de châteaux et de forteresses dont les commandants appartenaient à l'ordre nobiliaire. Le roi envoya quelques fidalgos dans leurs possessions afin de prévenir par leur présence toutes tentatives de changements et de troubles. Ceux qui restèrent furent gagnés et attachés par des places dans l'armée et dans l'administration comme par un double lien. Sa propre expérience, comme celle de ses conseillers, lui avait recommandé une conduite nouvelle, et maintenant il essaya d'enlever aux Portugais l'opinion qu'il ne voulait installer dans les places que ses serviteurs et ses compatriotes; insensiblement le roi se vit en possession de beaucoup de villes et de localités par tout le royaume (2);

---

(1) Ils sont tous cités nominativement par Sylva, t. III, cap. 206.

(2) En Estramadura : Santarem, Torres Novas, Ourem, Leiria, Montemor o Velho, Feira, Penella, Obidos, Torres Vedras, Alemquer, Cintra. Dans Entre Tejo e Guadiana : Arronches, Alegrete, Amieira, Campo Major, Olivença, Portel, Moura, Mertola, et autres. Dans Entre Douro e Minho : Braga, Lanhoso, Guimaraens, Valença, Caminha, et autres. Dans Tras os Montes : Bragança, Vinhaes, Chaves, Monforte,

quelques-unes s'étaient déclarées pour lui-même avant son entrée en Portugal; plusieurs ne le reconnurent que plus tard.

Toutefois, quoique le roi de Castille comptât pour ses adhérents les commandants et les seigneurs de tant de forteresses et de châteaux, presque toutes les communes étaient dévouées au grand maître, et quelques-unes allaient si loin dans leur zèle pour lui, qu'elles déposèrent leurs alcaides mores, prirent les citadelles, et y plantèrent la bannière du defensor. Le roi se vit forcé de mettre des garnisons dans les places qui lui appartenaient, pour tenir le peuple en bride, et protéger les alcaides mores. Mais alors ces garnisons assaillirent et pillèrent les lieux et les cantons voisins qui s'étaient déclarés pour le defensor, et allumèrent ainsi le feu de la guerre sur tous les points du royaume. Partout le peuple se rassembla par haine contre la Castille, et pour sa propre défense, et il offrit joyeusement ses biens et son sang au chef qu'il avait élu.

Cependant le grand maître n'était pas resté oisif. Après qu'il eut, comme on l'a vu plus haut, adressé des lettres aux villes et aux bourgs du royaume, et qu'il se fut assuré des secours de l'Angleterre, il porta d'abord ses regards sur la capitale, avec laquelle il paraissait que le royaume dût être sauvé ou succomber. Dans la prévision d'un siège, il s'occupa de la pourvoir de munitions. Il chargea de ce soin Nuno Alvares Pereira, qui, à la tête de trois cents cavaliers et de quelque infanterie, avec son activité et son énergie accoutumées, réunit une quantité de vivres des alentours, et, malgré les obstacles opposés par l'ennemi, conduisit ses convois à Lisbonne. Le defensor fit aussi mieux fortifier la ville, parce que, se trouvant hors d'état d'opposer une armée en rase campagne à l'ennemi, il devait chercher protection et sûreté derrière des murailles.

Pendant ces dispositions, un événement inattendu procura d'abondantes provisions à la ville. Plusieurs bâtiments castillans chargés de vivres entrèrent dans la rade de Lisbonne, ou chassés par la tempête, ou amenés par la présomption de trouver déjà l'armée castillane à Lisbonne. Aussitôt que le grand maître en eut avis, il fit en toute hâte armer quelques vaisseaux pour attaquer les Castillans avant qu'ils s'aperçussent de leur erreur. Ces étrangers se rendirent sans résistance (février 1384), et pourvurent ainsi la ville des objets dont elle manquait le plus. Le peuple se réjouit de cette seule prise comme de la perte de l'ennemi. Il voyait dans cet heureux prélude un heureux augure pour la lutte qui s'engageait.

Irrité par cet accident, le roi Juan fit marcher vers Lisbonne mille cavaliers d'élite, conduits par le maître de Santiago, pour inquiéter la ville, intercepter les convois et ouvrir le siége. Ces hommes campèrent à Lumiar (8 février), une legoa de Lisbonne. Mais, en raison de l'insuffisance de leur nombre en face d'une ville si étendue, et de la faiblesse des troupes du defensor, il n'y eut entre les deux partis que des escarmouches insignifiantes et sans résultat. Au bout de quinze jours, le defensor, d'accord avec ses conseillers, résolut d'aller chercher dans leur camp les Castillans qui portaient le ravage autour de Lumiar et dans les cantons voisins. Le bruit s'en étant répandu, les Castillans quittèrent le camp en toute hâte, abandonnant non-seulement le butin qu'ils avaient enlevé, mais encore les vivres les plus nécessaires, et se dirigèrent en partie vers Alemquer, en partie sur Torres Vedras. On trouva encore « les marmites au feu, la viande à la broche (1). » Il n'avait manqué aux Castillans que le temps de manger.

S'ils devinrent ici un objet de risée, à Santarem au contraire ils provoquèrent la haine et l'horreur. D'abord ils se montrèrent inoffensifs envers leurs hôtes; mais bientôt

---

Montalegre, Mirandella, et autres. Dans Beira : Castello Rodrigo, Almeida, Penamacor, Guarda, Covilhão, Celorico, et autres. Sylva, pass. cit., p. 1016.

(1) Lião cap. 18.

ils firent les maîtres et les tyrans. Ils prenaient ce qui leur convenait, jetaient les propriétaires hors de leurs maisons, et les forçaient à s'exiler emportant à peine les choses les plus indispensables. Quand les hommes étaient ainsi expulsés, leurs épouses et leurs filles étaient retenues ou déshonorées. D'autres passaient la nuit les pieds et les mains garrottés. Toute opposition, toute résistance provoquait des menaces de mort. Enfin beaucoup d'habitants abandonnèrent leurs biens et leurs foyers, et s'enfuirent à Lisbonne ou dans d'autres parties du pays. Ceux qui restèrent livrés à toutes les vexations, à tous les mauvais traitements, aux tourments de l'oppression la plus cruelle, s'adressèrent par des lettres au defensor, implorant son assistance pour les délivrer d'un tel esclavage. Il entendit leurs plaintes, et ressentit leurs douleurs, mais sans pouvoir les soulager. Trop faible en troupes pour être en état de porter par terre des secours aux opprimés, les eaux basses ne lui permettaient pas d'amener des barques au delà du havre de Mugem, deux legoas de Santarem. Et d'ailleurs était-il entièrement sûr que la demande de secours ne fût pas en partie une ruse des Castillans?

Ainsi une troupe sans frein aliéna les esprits du roi, auquel la prudence recommandait de les gagner et de les attacher à lui par la douceur. Néanmoins la prépondérance était encore de son côté. Le peuple dans les villes et les bourgs aimait le defensor, et l'adorait pour ainsi dire; mais il était sans chefs tirés de son sein. L'organisation militaire de ce temps, loin de reposer principalement sur les hommes des classes inférieures, avait son point d'appui, sa virtualité dans les nobles et leur entourage, qui, se détournant du grand maître pour la plupart, suivaient le roi de Castille, ou, se tenant sur la réserve envers l'un comme envers l'autre, voulaient attendre le tour que prendraient les choses, et se décider selon leur plus grand avantage pour l'un ou pour l'autre. Certains fidalgos et grands servaient bien la cause du defensor; ainsi un Pereira déploya une fidélité inébranlable, une intrépidité à l'épreuve de tous les dangers, une énergie calme, un courage élevé, toutes les ressources d'un esprit inventif dans la défense de l'indépendance nationale ; mais aussi un comte Alvaro Pires de Castro, plein de ressentiment contre le roi qui retenait l'infant João prisonnier et loin du trône, et lui enlevait ainsi l'espoir de voir un neveu qui était son orgueil, et en même temps considérant d'un œil jaloux le grand maître, vraisemblablement rival heureux de l'infant, envieux peut-être aussi de l'importance du defensor qui effaçait la sienne, et à cause de cela opposé à son influence, tantôt se réjouissait des succès du roi, tantôt retombait dans ses inquiétudes, et craignait qu'un triomphe complet ne fermât pour jamais la porte des cachots sur l'infant infortuné. Que pouvait espérer le grand maître d'adhérents tels que ce seigneur? et quel petit nombre il réunissait s'il n'y comprenait pas aussi les incertains ! Le roi Juan, au contraire, ainsi qu'on l'a déjà remarqué, voyait la plupart des nobles et des grands du Portugal de son côté, et leur fidélité assez assurée; car ils avaient la perspective, en cas d'échec, de pouvoir suivre le roi dans son royaume de Castille. Quant aux fidalgos encore indécis et aux comtes ses parents, Leonor, en ce moment en très-bonne intelligence avec son gendre, lui promettait leur adhésion ; et, à l'instigation de Juan, elle écrivit en effet (1) à son frère Gonçalo Telles, comte de Neiva, et à son oncle Gonçalo Mendes de Vasconcellos, qui commandaient l'un dans la citadelle de Coïmbre, l'autre dans la ville. En raison de l'importance de ces deux postes, les tentatives furent répétées pour gagner les chefs, quoique le roi eût éprouvé déjà dans sa marche le mauvais vouloir de ces seigneurs à son égard.

Avant même l'arrivée de la réponse de Coïmbre, des discussions s'élevèrent entre

---

(1) Voyez le contenu des lettres dans Sylva, t. III, cap. 211.

Leonor et le roi. La grande diversité de leurs caractères, la tenue froide, réservée du roi, les allures décidées de la reine, ses manières trop libres aux yeux de son gendre pour une femme veuve depuis si peu de temps, les calculs froids de l'intérêt à côté des emportements de la vengeance, de telles oppositions devaient les éloigner plutôt que les rapprocher l'un de l'autre. Des besoins mutuels avaient pu seuls les réunir. Dans un moment où elle obéissait à la voix de la passion, au lieu de mesurer l'étendue du présent, Leonor avait trop donné au roi, pour ne pas s'en repentir bientôt, ou du moins pour ne pas attendre une reconnaissance sans fin pour une générosité sans bornes. Mais le roi Juan, qui ne considérait que l'objet même donné, et ne vit jamais autre chose dans la suite, aux espérances exaltées de la donatrice opposa une impassibilité qui pouvait être excusée par les véritables mobiles de la conduite de Leonor, tels qu'ils apparaissaient aux yeux de ce possesseur insensible, assuré maintenant de ce qu'on avait mis entre ses mains. Ainsi la plus légère cause pouvait amener une rupture. La place de président des Juifs, de rabbinado mor en Castille, était vacante. Leonor la demanda au roi pour Judas, jadis tesoureiro mor du roi Fernando, et qui était très-riche et l'un des affidés de la reine veuve. Le roi s'excusa, et sur la prière de son épouse il donna la place à David Negro, qui avait aussi joui d'un crédit extraordinaire auprès du roi Fernando. Si la générosité de Leonor envers le roi avait été inconsidérée, sa colère et son ressentiment ne connurent plus de frein. Elle éclata en plaintes violentes auprès de son entourage. « Si le roi, dit-elle, ne peut accorder une si faible chose, la première que je lui demande, à une reine, à une mère qui l'a comblé de bienfaits, qui même s'est dessaisie du gouvernement à son profit, quels témoignages de faveur puis-je espérer de lui? qu'avez-vous à en attendre? en vérité, le grand maître n'aurait pas agi ainsi, et vous ferez mieux d'aller le trouver, lui votre souverain naturel et légitime. Il sera pour vous plus gracieux. » En effet, plusieurs suivirent son conseil, et passèrent au service du grand maître. Leonor écrivit, dit-on, en secret aux villes, et nommément à Coïmbre, « qu'elles n'eussent point à se donner au roi, encore bien qu'elle leur en eût fait la recommandation par écrit; car toutes ses démarches avaient été le résultat de la contrainte (1). »

Cependant arriva de Coïmbre la réponse à la lettre précédente. Le comte Gonçalo disait « qu'il était disposé, ainsi que son oncle, à écouter l'exhortation qu'on lui avait adressée; mais que dans la ville régnaient des partis, qu'il n'avait pas assez de forces pour les dompter, qu'il faudrait donc que le roi s'avançât dans le voisinage avec une armée, afin d'amener par la crainte ce que ne pouvait produire l'inclination. » Sur cette déclaration, le roi Juan avec des troupes considérablement renforcées, et accompagné des deux reines, se mit en mouvement vers Coïmbre. En chemin, il reçut avis des manœuvres de Leonor, et la fit surveiller par des Castillans. Comme elle se plaignit de ces précautions, il répondit froidement « que c'était seulement pour sa sûreté à elle. » La reine se tut, mais dans son cœur bouillonnait la rage.

Arrivé devant Coïmbre, le roi prit avec les grands son quartier dans les couvents et les maisons environnantes sur la rive du Mondego, au delà du pont. L'armée s'abstint de tous les excès par lesquels elle s'était attiré la haine à Santarem, et elle évita toute hostilité contre la ville; souvent quelques grands castillans franchissaient les lignes et allaient s'entretenir et manger avec les comtes Gonçalo et Gonçalo Mendes. A chaque instant, le roi attendait la reddition; mais les commandants donnaient des réponses évasives. Il leur fit faire de brillantes promesses; ils se montrèrent incorruptibles, inaccessibles à la crainte devant les menaces. Enfin Juan

---

(1) Liâo, cap. 49. Sylva, t. III, cap. 212.

prit une attitude hostile, et l'on en vint à quelques escarmouches, mais qui ne décidèrent rien. Ainsi s'écoulèrent plusieurs jours. Le roi fut retenu, trompé, humilié par tous ces moyens dilatoires et cette résistance. Il soupçonnait des intrigues de la reine; bientôt il devait apprendre qu'elle avait tramé de noirs complots contre lui.

Le chagrin qui se lisait sur le visage de Leonor, le traitement outrageant qu'elle avait subi excitèrent la compassion. D'autres pouvaient songer, comme elle, aux moyens d'améliorer sa situation. Ainsi naquit dans l'âme de Brites de Castro, son amie, fille du comte Alvaro Pires de Castro, dame de la cour de la reine de Castille, la pensée de délivrer Leonor, ou peut-être celle-ci parvint à la provoquer (1). Préoccupée de craintes pour la reine opprimée, Brites conçut le projet, avec le secours d'un noble de la cour, Affonso Henriques, dont elle était tendrement aimée, de procurer la liberté à sa bienfaitrice. Elle demanda comme témoignage d'amour à son amant de délivrer, de concert avec son frère le comte Pedro de Trastamara, et d'arracher Leonor au pouvoir du roi, et de la conduire dans la ville; là, comme elle aurait suivi la reine, elle célébrerait son union avec Affonso. Quant au comte Pedro, Leonor, pour prix de sa délivrance, lui offrait sa main, et partagerait avec lui le gouvernement une fois qu'elle l'aurait ressaisi; car dans cette œuvre l'aideraient avec ardeur ses frères, ses parents et ses nombreux partisans. Affonso, joyeux de pouvoir témoigner son amour à Brites, promit son assistance la plus active, et entreprit d'obtenir le concours de son frère; Brites dut rendre compte de tout à la reine, si celle-ci n'était pas plutôt l'auteur ou la confidente de toutes ces menées. Les choses allèrent ainsi, et Affonso reçut la mission de gagner le comte Gonçalo, commandant de Coïmbre, à l'entreprise; celui-ci promit également son concours. Afin de tromper le roi, on feignit d'engager des négociations pour la capitulation de la ville, et Leonor, représentant à son gendre combien une entrevue d'elle et de son frère le comte Gonçalo serait utile et nécessaire, Juan parut approuver ce moyen; mais, craignant des embûches, il prit des mesures de précaution, afin que le comte pût parler à sa sœur sans l'enlever aux Castillans. Malgré toute cette prévoyance, la rusée Leonor parvint à s'entendre avec son frère. Après cette conférence, elle entretint le roi dans les plus vives espérances, tandis qu'elle arrêtait les dispositions nécessaires pour l'exécution du plan concerté. C'est ainsi que le comte Pedro avait tout préparé : soutenu par quelques conjurés, il voulait tuer le roi, saisir la reine Brites, se jeter avec Leonor dans la ville, et, après l'avoir épousée, se faire proclamer roi; ensuite on s'accommoderait avec le grand maître. Le comte Gonçalo ne savait rien du meurtre projeté du roi, du mariage de sa sœur et de l'élévation de Pedro au trône; avec lui il ne fut question que d'arracher Leonor des mains du roi, et de l'amener dans la ville. On n'en dit pas plus au moine franciscain qui, sous prétexte de ménager la capitulation de la ville, apportait les messages secrets du comte Gonçalo à la reine Leonor et au comte Pedro.

Le plan de la conjuration fut trahi par ce frère, mais bien contre sa volonté. Entretenant des rapports intimes avec ce David Negro, auquel le roi avait donné la place de grand rabbin, et craignant que celui-ci n'eût à souffrir avec sa famille de la translation de la reine dans la ville, il lui donna l'avis par écrit, « de quitter le camp du roi avant un jour fixé, et de venir dans la ville. »

---

(1) Lopes adopte la première opinion, Sylva se décide pour l'autre. Ce qui appuie la version du dernier, c'est le mariage projeté de la reine avec le comte Pedro de Trastamara, frère d'Affonso. La promesse de cette union pouvait avoir été faite par Brites sans en avoir préalablement conféré avec Leonor; Brites put bien présenter légèrement d'elle-même cette perspective. Elle connaissait la manière de penser de Leonor, et mesurait peut-être aussi les idées de la reine sur l'amour et le mariage d'après ses propres sentiments.

Le Juif, inquiet et défiant, soupçonna quelque mauvais dessein, et en s'engageant au silence il sut obtenir de son ami tout le secret. Le comte Gonçalo, à un signal donné dans la ville, devait faire la nuit suivante une sortie contre le camp castillan, et le comte Pedro, en opposant une résistance apparente avec ses guerriers, forcerait Gonçalo à la retraite et pénétrerait, dans la ville avec la reine et tout ce qui s'attachait à elle. Le frère ignorait, et le Juif n'apprit point que l'on dût revenir ensuite attaquer l'armée, tuer le roi, se saisir de la reine Brites. Mais les confidences reçues suffisaient bien pour qu'il les transmît à l'instant au roi. Juan, étonné de cette nouvelle, ne pouvait croire de telles choses du comte son cousin (1), qu'il n'avait jamais offensé. Dans ce doute, la reine Brites fut mandée pour donner son opinion. « Seigneur, répondit-elle, j'ai toujours redouté cet homme, depuis que je l'ai vu en rapports si intimes avec ma mère. » Aussitôt le roi donna l'ordre au comte de Mayorca, dans lequel il avait pleine confiance, de se tenir prêt avec ses gens à prendre ou tuer le comte Pedro, avec ceux qui le suivraient, dans le cas où cette nuit il ferait mine de s'avancer vers la ville. Les préparatifs et le mouvement dans le camp royal frappèrent l'attention d'un escudeiro auquel le comte Pedro avait confié son plan, et qui devait donner avis de tout ce qui se passait autour du roi; il crut le secret découvert et avertit son maître. Pedro et Affonso Henriques cherchèrent leur salut dans la fuite. Ils franchirent le pont et coururent vers la ville; mais, comme ils n'amenaient pas la reine, et que Gonçalo soupçonnait un piège, ils ne furent pas reçus, et restèrent au faubourg dans le couvent de Santa-Cruz. Cependant le roi, veillant armé dans sa chambre, avait attendu le signal de la ville, et ayant appris la fuite du comte et son séjour dans le faubourg, il avait fait passer à gué le Mondego à mille lances pour saisir le comte. Mais Pedro, averti encore à temps par le comte Gonçalo, échappa heureusement. Dans la même nuit encore, le roi fit arrêter le juif Judas, l'un des affidés de la reine Leonor, et Maria Pires sa femme de chambre, suspects de complicité. Au point du jour, ils furent amenés devant le roi, et en présence de la reine Brites, de l'infant de Navarre; du grand rabbin David et de l'escrivão da puridade, qui écrivit leurs déclarations, ils avouèrent le plan entier de la conjuration avec tous les détails. Le roi leu demanda s'ils persisteraient dans ces déclarations en face de la reine Leonor; ils répondirent affirmativement, et aussitôt Leono fut amenée. Quoique prisonnière, elle s'avança seule, et d'un pas ferme dans la chambre, sans crainte et avec une résolution virile. Le roi ordonna à l'escrivão de lire l déposition de Judas contre la reine. Elle l'é couta; puis, se tournant vers Judas, elle lu dit: « Tu mérites le nom que tu portes car tu m'as vendue. » Elle nia tout constam ment, et éclata en plaintes contre le roi Mais, sans se laisser émouvoir, il fit emmene Leonor dans sa chambre, et entra en déli bération avec ses conseillers sur le châti ment qu'il devait lui infliger. Quelques-un pensèrent que la culpabilité n'était pas asse démontrée pour que l'on osât frapper un belle-mère, de laquelle il avait reçu d grandes marques de bienveillance. D'autre déclarèrent que le roi devait l'éloigner non seulement de sa maison, mais du royaume car ici, quoique prisonnière, elle tramerai toujours contre lui des complots, avec d'au tant plus d'activité désormais qu'elle n'au rait plus rien à perdre. Ce dernier conse était plus conforme au caractère de Juan; le suivit, et relégua la reine dans un cou vent de nonnes à Tordesillas, sous les mur duquel plusieurs femmes de ce rang et d cette race terminèrent leurs jours comm Leonor, avant et après elle, pleurant leur fautes ou gémissant d'un châtiment no mérité.

---

(1) Le père de Pedro comte de Trastamara, le grand maître Fadrique, était fils du roi Affonso XI, et de dona Leonor Nunes de Gusman.

Leonor disparut ainsi de la scène où durant assez longtemps elle avait joué un rôle assez important et toujours digne d'intérêt. Trop séduisante, pour n'avoir pas dû attirer et enchaîner tous ceux qui s'approchèrent d'elle, trop active et trop habile pour ne pas entraîner beaucoup de monde dans son cercle d'action, elle exerça une telle influence sur son temps qu'elle mérite encore aujourd'hui notre attention, et nous excuse de lui avoir consacré quelques pages. Douée d'une grande beauté et de hautes facultés intellectuelles, elle eut à rendre grâce à son adresse, mais beaucoup à la nature, et plus encore à un heureux destin, qui lui mit la couronne royale sur la tête. Malheureusement cette haute faveur de la fortune ne lui suffit pas. Leonor voulut goûter de toutes les jouissances, même de celles que le devoir aurait dû lui interdire, et ainsi elle provoqua elle-même des peines, résultat de ses fautes, et de ses plaisirs coupables. Du sein de sa famille, à ses côtés, se dressa un vengeur de ses infidélités, qui tua presque sous ses yeux son amant et son complice. Son cœur saigna; mais, au lieu de se relever de la profondeur de sa douleur, purifiée et ennoblie par une expiation sanglante, elle n'aspira qu'à la vengeance. Sa passion ne changea que d'objet. La plante empoisonnée produisit de nouveaux fruits, et de même que naguère le relâchement de ses principes et son tempérament l'avaient livrée aux ardeurs de l'amour, maintenant, elle se laissa emporter aux fureurs de la haine. Mais, en s'occupant de satisfaire ce sentiment qui la dominait, elle perdit son pouvoir, ses droits incontestables et sa liberté extérieure. Aveuglée par la vengeance, elle abandonna ce qui lui était indispensable, et ce dont elle ne voulait pas en réalité se dépouiller. Car elle espérait ressaisir, intact et affermi, un bien qui, altéré, menacé, paraissait ne pouvoir être maintenu que difficilement par elle; mais ce bien une fois cédé, quoique sous condition, n'a guère jamais été restitué volontairement. Ce fut le même bras auquel elle remit le sceptre pour la venger, qui la dépouilla de ce sceptre, et lorsque revenue de son illusion elle comprit son erreur, l'humiliation de sa position, les vues du roi, et médita une vengeance sanglante, ce fut encore celui dont elle avait tramé la ruine, qui la renversa. Lorsque la reine, tombée, n'eut plus à commander que sur elle-même, elle montra une résignation pleine de dignité et une résolution virile. Il est à regretter que l'histoire n'ait pas jeté quelques regards dans la cellule de Tordesillas; elle nous aurait révélé peut-être l'état de son âme entre ces épaisses murailles.

Aussitôt que Leonor eut été emmenée à Tordesillas, le roi fit appliquer à la torture sa femme de chambre Maria Pires, afin d'apprendre d'elle où la reine avait déposé ses trésors et ses joyaux. D'après la déclaration de cette femme, on les trouva dans la maison d'un personnage important de Santarem, auquel la reine les avait confiés. Dans la joie de cette riche trouvaille, le roi accorda la liberté à la femme de chambre, et, sur l'intercession de David, Judas obtint son pardon.

§ 3. *Depuis le bannissement de Leonor du Portugal jusqu'à l'élévation du defensor sur le trône :*

Nuno Alvares Pereira, nommé chef militaire dans l'Alemtejo, remporte la première victoire. — Siége long et pénible de Lisbonne, et triste retraite du roi de Castille et de son armée. — Conspiration contre le grand maître. — Il est sauvé.

Délivré de ces dangers, libre de ces soucis, le roi porta maintenant son attention sur la guerre, dont nous allons aussi nous occuper. Cependant la complication des faits militaires et des chances des combats, l'abondance des exploits personnels et des entreprises communes des Portugais comme de leurs ennemis, en tant que ceux-ci agissaient sur le sol et la population de l'extrémité occidentale de la Péninsule, nous obligent à nous réduire aux événements décisifs et féconds en conséquences. On ne peut s'attacher qu'aux détails où se réfléchissent les traits distinctifs auxquels la marche des choses, l'esprit des efforts humains et leur action réciproque sous une direction supérieure ont donné un développement et un caractère. Des accidents secondaires peu apparents et servant toutefois à relier ensemble les faits générateurs auxquels sont attachées les destinées des peuples et des Etats, doivent être pris en considération; mais ici, dans l'histoire d'un règne où tant de choses se pressent et réclament une place, pour faire valoir leur droit et leur part d'honneur à la grandeur et à la gloire croissante du Portugal, alors que l'on ne dispose que d'un espace rigoureusement circonscrit, ils ne peuvent prétendre qu'à une indication passagère.

Lisbonne était et resta le but des efforts de la guerre; et, de même que le defensor réunit toutes ses ressources pour la conservation de la ville, le roi de Castille convoqua toutes ses troupes pour en faire la conquête. Ce dernier voyait dans la possession de cette capitale le triomphe définitif de sa cause, et le defensor le moyen unique, la seule espérance, la garantie exclusive de la victoire et du trône national. Dans la prévision d'un siège, le grand maître, ainsi qu'on l'a raconté, s'était efforcé de fortifier la place, et de la pourvoir suffisamment de vivres. Nuno Alvares Pereira, toujours son bras droit, l'avait servi activement dans cette tâche. Bientôt après, il fut obligé de partager ses faibles troupes, qui réunies paraissaient ne pouvoir faire tête aux forces de la Castille, et de les affaiblir en les divisant. Avec la flatteuse nouvelle que, dans le pays entre Tejo e Guadiana, beaucoup de Portugais s'étaient déclarés pour lui et avaient enlevé les châteaux à ceux qui voulaient tenir pour le roi de Castille, se répandit en même temps le bruit effrayant que le roi Juan avait ordonné à l'amiral Fernando Sanches de Toar, après l'armement d'une flotte destinée contre Lisbonne, de marcher par terre vers Alcantara, afin de se réunir avec le grand maître Juan Affonso de Gusman, comte de Niebla, avec Pedro Alvares Pereira, prieur de S.-João et d'autres seigneurs, pour attaquer les places déclarées contre la Castille, ravager le pays, puis faire sa jonction avec lui pour le siège de Lisbonne, but principal de leurs opérations. Déjà ces officiers castillans étaient tombés sur l'Alemtejo, et les localités pressées par leurs armes se tournèrent vers le defensor, et lui demandèrent un chef sous lequel elles pussent toutes concentrer leurs forces pour jeter l'ennemi hors du pays. On en proposa plusieurs, mais pour chacun d'eux s'élevèrent des difficultés. Aux yeux du defensor, nul ne parut plus propre à cette mission que Nuno Alvares, ou Pereira tout court, comme l'appelaient les Portugais; mais ce jeune homme, âgé seulement de vingt-quatre ans, était trop grandement honoré par la confiance du defensor, et élevé trop haut par son propre mérite et son importance personnelle, pour ne pas exciter l'envie, et João das Regras, cédant à des sentiments de malveillance qu'il partageait lui-même, combattit ce choix; il parla de la jeunesse et de l'inexpérience de Nuno dans les affaires de la guerre, de ses frères qui servaient dans l'armée castillane. Mais le defensor, sans s'arrêter à ces raisons, pénétrant plus au fond des choses, et confiant dans la jeunesse de Nuno comme dans la sienne propre, le nomma au commandement militaire de l'Alemtejo, et enjoignit aux commandants des châteaux et des places fortes de lui prêter obéissance. Sur sa demande, le defensor lui donna la faculté de se saisir des biens de ceux qui seraient contre lui et de les distribuer à d'autres, et de récompenser avec de l'argent et des concessions les sujets qui lui rendraient de bons services. Pereira fut même autorisé à conférer des châteaux et à exercer le pouvoir judiciaire, ainsi que le chef de l'Etat. En outre, le defensor lui permit de choisir quarante nobles parmi ses propres guerriers pour l'entreprise à laquelle il était appelé. Avec ces hommes d'élite, et quatre cents lances, auxquelles se joignirent beaucoup d'hommes notables d'Evora et de Beja, qui s'étaient réfugiés auprès du defensor, et se rattachèrent maintenant à Nuno Alvares, il marcha sur l'Alemtejo. Nous renonçons à regret au plaisir de le suivre dans cette expédition, de courir avec lui les hasards des combats, de partager ses triomphes, d'admirer le jeune héros, dans les situations si diverses et si difficiles où il allait se trouver. Nous ne pouvons qu'indiquer la direction de sa marche et de ses entreprises, qu'énumérer ses actions et ses vertus sans prétendre à les peindre.

Après qu'il eut mis ses guerriers à l'épreuve devant Setuval, qui lui ferma ses portes, et qu'il se fut assuré de leur vigilance et de leur fidélité, il leur fit élire dans leurs rangs un conseiller (un membre de chaque ville ou comarca), qu'il tint à ses côtés, nomma les officiers subalternes de sa petite armée, les employés de son entourage, le chapelain qui chaque jour lui célébrait la messe. Dès lors les siens l'appelèrent « seigneur (senhor), » titre qui jusqu'à ce jour n'avait été donné en Portugal qu'aux rois et aux comtes. Parvenu par Montemor à Evora, il adressa une convocation aux sujets de la province soumis aux devoirs militaires ; mais il n'en parut qu'un petit nombre. L'incertitude et la crainte retinrent les autres. Nuno Alvares ne compta en tout que mille hommes ; mais bientôt il porta sa division à trois cents cavaliers, cent besteiros (archers), et à plus de mille fantassins. Alors il apprit que les Castillans avaient rassemblé à Crato une infanterie de beaucoup plus nombreuse, et mille cavaliers d'élite, en partie d'un rang élevé, pour assiéger Fronteira. En dépit de leur supériorité, Pereira résolut de les attaquer. C'était la première rencontre avec l'ennemi, le premier combat de l'issue duquel dépendaient la direction de l'opinion publique et la confiance de ses guerriers en eux-mêmes. Mais ces hommes, surtout les nouveaux venus, découragés, abattus, hésitaient à marcher au combat contre un ennemi qui les surpassait en nombre, jusqu'à ce que les allocutions énergiques de Pereira les entraînèrent « à le suivre et à exposer leur vie pour le service du defensor. » Après que ses paroles les eurent ranimés, Nuno Alvares, à la tête de sa troupe, descend de sa monture, s'agenouille au pied de sa bannière, le regard attaché pieusement sur l'image de Jésus crucifié entre la sainte Vierge Marie et le disciple saint Jean, ayant au-dessus de lui saint George et saint Jacques, les mains étendues pour invoquer le Sauveur. Subjuguée par son exemple, toute la troupe se jette à genoux pour exhaler une fervente prière ; cet aspect fait couler d'abondantes larmes. Ensuite Pereira se lève, se coiffe de son casque, et saisit la lance que lui tenait un page ; il ne prononce plus que peu de paroles, exprimant sa confiance en Dieu et dans la valeur des siens ; puis le combat s'engage aux cris de : « Portugal et saint George, d'un côté, Castille et saint Jacques, de l'autre (avril 1334) : la cavalerie castillane, qui formait pourtant la force de l'ennemi, ne peut soutenir le choc de l'infanterie portugaise. Quantité de chevaux sont abattus, et les Castillans prennent la fuite en désordre ; beaucoup périssent, entre autres le grand maître d'Alcantara et plusieurs grands. Les conséquences de la victoire furent immenses. Nuno Alvares avait effrayé l'ennemi, et mis ses amis à l'épreuve ; le bruit de ses exploits retentit au loin, et beaucoup de Portugais, encore chancelants dans leurs sentiments, passèrent pleins de résolution sous sa bannière. Ensuite Arronches fut pris avec un riche butin en chevaux et en armes, et Alegrete occupée par le defensor. Après de si grands efforts, Nuno Alvares accorda quelques jours de repos à son armée épuisée de fatigues.

Mais lui-même infatigable, et, au milieu des conquêtes de châteaux n'oubliant pas la capitale, allait s'occuper d'ajouter aux moyens de défense maritime de Lisbonne, lorsqu'il courut le danger d'être pris dans le district de Cintra par la comtesse de Cea, que poussait l'amour pour la reine, ennemie passionnée de Pereira. Toutefois le complot fut trahi, et Nuno Alvares protégea généreusement son ennemie contre la vengeance que les siens voulaient exercer sur elle. Il semblait que ses ennemis ne le missent à l'épreuve, et n'attirassent des périls sur sa tête, que pour donner au noble jeune homme l'occasion de déployer ses vertus. Lorsque sa pénurie d'argent fut généralement connue, le roi saisit adroitement cette occasion, lui fit offrir par un tiers, riche Juif, mille dobras. Quelques-uns des siens lui conseillant de les prendre, Nuno Alvares répondit : « Si l'on savait que j'eusse accepté ces offres, qui certes ne sont pas faites à l'insu du roi, ma fidélité deviendrait suspecte, et un jour l'on pourrait dire, avec une apparence de vérité, qu'il y a quelqu'un envers qui je n'ai pas rempli mes devoirs. » Le Juif fut congédié sous un prétexte spécieux, et Nuno Alvares continua de se montrer invincible en courage héroïque, en stratagème, comme en fidélité et en loyauté. Il prit par ruse Montaras, place forte et importante, dans laquelle l'alcaide mor avait planté la bannière du roi de Castille ; et bientôt après, provoqué par les Castillans qui avaient des forces supérieures, il ne craignit point de sortir d'Elvas, et, leur faisant abandonner la campagne, il alla les braver jusque sous les murs de Badajoz derrière lesquels ils s'étaient retirés.

Cette audace d'un chevalier rebelle aux yeux du roi méritait un châtiment ; il fallait relever l'autorité faiblissante des Castillans, et avant tout soumettre l'Alemtejo révolté, qui était un obstacle pour toute entreprise ultérieure. Un grand effort devait d'un seul coup anéantir Nuno Alvares et courber l'Alemtejo sous le sceptre castillan. Pedro Sarmento, guerrier éprouvé, adelantado mayor de Galice, fut autorisé à choisir dans toute l'armée du roi autant de champions qu'il lui paraîtrait nécessaire. A la tête de six cents lances ainsi réunies, il fit sa jonction avec la garnison de Crato, dont le prieur offrit de l'accompagner, et s'avança contre Nuno Alvares. Celui-ci avait été informé par le defensor de la force de l'armée ennemie ; elle consistait en deux mille cinq cents lances, six cents ginetes (chevau-légers) et une bien plus grande quantité d'infanterie et de besteiros. Les noms les plus glorieux brillaient dans les rangs castillans. Nuno Alvares put à peine former cinq cent trente lances, et compter cinq mille fantassins et besteiros. Néanmoins il marcha au-devant de l'ennemi, et l'attendit non loin d'Evora un jour entier, ses troupes rangées en ordre de bataille, et lui-même se contenta pendant ce temps d'un morceau de pain et d'une gorgée de vin que lui offrit un soldat. Le lendemain parut Pedro Sarmento, déployant de si nombreux corps de troupes, que la ligne castillane enveloppait celle des Portugais, lui coupant à la fois les secours du côté d'Evora et tout moyen de retraite. Toutefois, au lieu d'une charge, Nuno Alvares reçut une invitation amicale à passer aux vainqueurs. « Enveloppé, sans espoir de secours, il ne pouvait, lui disait-on, se laisser égarer jusqu'à une folle témérité ; il valait mieux se tourner vers un parti qui lui convenait, embrasser le service d'un roi animé pour lui des intentions les plus bienveillantes. — Vous pouvez, déclara aussitôt Nuno Alvares, vous épargner de nouvelles tentatives. Je ne suis pas homme à changer une résolution que j'ai adoptée après une mûre délibération ; mais vous devez satisfaire au défi que vous m'avez adressé, tenir votre parole, autrement la honte de votre rétractation ou de votre crainte vous suivra partout. Comme vous êtes montés sur vos chevaux de bataille, et que je suis à pied, c'est à vous de m'attaquer, sinon vous n'avez qu'à mettre pied à terre, et je commencerai la charge. » Mais les Castillans n'avaient l'intention ni d'attaquer ni de se laisser attaquer eux-mêmes ; lorsque la nuit fut venue, ils se retirèrent peu à peu. Parvenus à un endroit éloigné, ils s'arrêtèrent, et Nuno Alvares, qui avait attendu deux jours et une nuit ses adversaires, ayant satisfait à son devoir, regagna Evora pour s'approvisionner de vivres; et, lorsque le lendemain il voulut chercher les Castillans, il apprit qu'ils avaient dépassé Viaña, faisant acte de courage en dévastant le pays. Pedro Sarmento se rendit avec six cents lances au siége de Lisbonne, où il fut reçu froidement par le roi (1). Nuno Alvares le poursuivit dans sa retraite, et, après avoir terminé glorieusement l'épisode de l'Alemtejo, il alla prendre pour longtemps un rôle dans le grand drame qui allait se jouer à Lisbonne.

Cette ville et ses alentours étaient devenus le théâtre de grands mouvements militaires. Le roi Juan, échappé heureusement à la conspiration, s'était avancé de Coïmbre sur Santarem. Après avoir tiré de Castille un nouveau renfort de mille cavaliers, le 10 mars 1384, il se mit en mouvement de Santarem, et pénétra dans la comarca de Lisbonne. A Arruda fut tenu un conseil, pour savoir s'il fallait assiéger Lisbonne ou pousser la guerre contre tout le royaume. Quelques-uns repoussaient le premier parti, parce que la peste avait éclaté dans l'armée, avait enlevé déjà le grand maître d'Alcantara avec plusieurs chevaliers, et devait exercer plus de ravages sur des hommes entassés dans un moindre espace; que le siége de Lisbonne n'amènerait pas de grands résultats, tant que le côté de la mer resterait accessible à cause de l'éloignement de la flotte castillane; que l'assujettissement des nombreux rebelles dans tout le royaume était plus conforme aux règles de la prudence, et d'une nécessité plus pressante que le siége d'une ville. D'autres furent d'avis que la conquête de la capitale entraînerait la soumission de tout le royaume; que tous les regards étaient dirigés sur ce point; que là le grand maître avait le noyau de son parti, ses adhérents les plus puissants; en outre la population accumulée manquerait de vivres en peu de temps. Le roi, qui partageait la première opinion, se décida néanmoins pour le siége de Lisbonne, parce que c'était l'avis de la majorité et des chefs les plus importants (1). Comme on lui conseillait de ne pas entreprendre le siége tant que la flotte castillane, dont on attendait l'arrivée, ne pourrait couper à la ville tous les secours et tous les convois du côté de la mer, il se tint quelque temps à Bombarral, Aldea près d'Obidos, puis s'approcha de Lisbonne jusqu'à Lumiar (6 mai), où il resta quelques jours, tandis que des troupes étaient répandues dans les villages environnants. L'annonce de l'équipement de la flotte castillane à Séville détermina le defensor à mettre en état les bâtiments qui étaient dans le port de Lisbonne, afin qu'ils empêchassent, conjointement avec ceux qu'il attendait de Porto, l'entrée des bâtiments ennemis, et défendissent le port. L'archevêque de Braga fut chargé par le defensor de présider à cet équipement, et il le poussa avec un zèle infatigable. A cheval, le costume épiscopal par-dessus son armure, et la lance à la main, il allait d'un point à un autre, animant tout le monde au travail. Si quelqu'un s'excusait comme étant prêtre ou engagé dans les ordres, le prélat disait: « Et moi aussi je suis prêtre, je suis engagé dans les ordres, et archevêque, ce qui est plus encore. » Il déployait la même activité sur mer, lorsque sa présence paraissait nécessaire à bord des navires, et en peu de temps sept vaisseaux, treize galères et une galerte furent équipés. Pour commandant de cette flotte le defensor nomma l'alcaide mor de Monsaras, Gonçalo Rodrigues de Sousa, et lui remit en procession solennelle l'étendard avec les armes royales, après l'avoir fait bénir dans la cathédrale. Le 14 mai, la flotte mit à la voile, et sortit du port pour se réunir aux vaisseaux de Porto.

Tandis que le roi Juan attendait à Lumiar l'arrivée de la flotte castillane, quelques-

---

(1) Sylva, t. II, cap. 125-135.

(1) Ayala, ann. 1384, cap. 7.

uns de ses capitaines avec leurs soldats poussèrent un jour des reconnaissances dans la vallée de Santa-Barbara, et gagnèrent la hauteur de S.-Gens (maintenant Nossa-Senhora do Monte), s'y postèrent, et, déployant leurs bannières, provoquèrent les habitants de Lisbonne par des railleries. Ensuite ils se tournèrent vers la porte Santo-Agoustinho, où le comte Alvaro Pires de Castro se trouvait avec une forte garde. Les Portugais firent une sortie, et mirent les Castillans en fuite. Les drapeaux des assiégeants furent traînés par les fugitifs dans leur course précipitée, quelques Castillans furent tués, d'autres pris, parmi lesquels un capitaine, que le defensor traita avec beaucoup d'égards et de distinction, car il lui envoya quelques-uns de ses propres vêtements de corps; à la grande différence du roi de Castille, qui en pareil cas malmenait fort les Portugais. L'heureuse issue de cette escarmouche, insignifiante en elle-même, par laquelle s'ouvrait le siège de Lisbonne, éleva grandement le courage et la confiance des Portugais.

Le même jour (26 mai) parut enfin l'armada castillane; le surlendemain, le roi fit dire par quelques fidalgos au defensor, qu'il envoyât quelques bourgeois et cavalleros aux tours de la porte S.-Antão, où lui-même voulait faire quelques protestations et déclarations avant que les hostilités s'engageassent. Mais le grand maître fit répondre aux envoyés « qu'ils eussent à s'éloigner à l'instant, ou qu'il saurait les y contraindre. » Les fidalgos n'obéirent qu'avec lenteur, attendant l'arrivée du roi. Celui-ci s'approcha bientôt avec toute l'armée, et se tint la plus grande partie du jour sur la hauteur d'Oliveta. Déjà il trouva un vif combat engagé entre les Castillans et les Portugais, et ne tarda pas à y prendre part lui-même; ainsi que le defensor; la ville était dans la plus violente agitation. Mais les Castillans, voyant le peu de résultats de leurs efforts et les pertes considérables que leur faisaient subir les Portugais, couverts par la ville, mirent fin à cet engagement (1).

Cependant, le 29 mai, la flotte castillane, composée de quarante vaisseaux et treize galères, entra dans le port de Lisbonne, et le lendemain le roi Juan, sans hésiter, établit son camp devant la ville. Son armée réunissait cinq mille lances, sans compter celles qui étaient à Santarem et en d'autres places, mille cavallos ginetes commandés par Alvaro Pires de Gusman, six mille besteiros et une nombreuse infanterie qui se grossissait chaque jour. Le roi fixa son quartier à côté du couvent de nonnes de l'ordre de Santiago da Espada (plus tard dos Santos o Velho), bâtiment en charpente autour duquel furent plantées beaucoup de tentes pour le monarque et pour les seigneurs; l'armée se logea dans les faubourgs, dans Alcantara et Campolide, et au delà dans la banlieue, dressant des lignes de tentes grandes et régulièrement disposées comme des rues, et qui par leur nombre et la multiplicité des écussons présentaient un brillant aspect. Les localités des environs étaient dévouées au roi; le camp se trouvait abondamment pourvu de vivres amenés par terre et par eau. On y voyait même en quantité des marchandises, des draps et des étoffes de soie dont on décorait les tentes. De forts postes de cavalerie faisaient une garde attentive, afin que personne ne pût sortir secrètement de la ville, et deux galères croisaient constamment devant Almada pour intercepter tout secours et tout convoi de ce côté. Le long de la ville, de Cataquefaras (Romolares) à la porta da Cruz, la flotte était rangée dans le meilleur ordre sur une seule ligne, et les vaisseaux attachés l'un à l'autre par un fort câble, afin qu'une seule barque ne pût se glisser dans les intervalles.

Ainsi Lisbonne était investie par terre et du côté de la mer. Elle était encombrée de monde, car beaucoup de gens de la comarca s'y étaient réfugiés avec leurs biens, et néan-

---

(1) Lião, cap. 28.

moins on n'y manquait pas de vivres, on en avait introduit autant que possible. Les murs de la ville étaient réparés, soixante-treize tours étaient remplies d'armes, de projectiles et d'une quantité de pierres. Les nombreuses troupes distribuées dans ces tours avec leurs chefs, avec leurs bannières flottantes, présentaient un spectacle brillant et animé. Des corps de cavaliers et d'arquebusiers surveillaient la ville, et chaque division militaire avait une cloche pour donner le signal convenu. Les habitants de Lisbonne étaient animés du meilleur esprit. Entièrement dévoués au defensor de leur choix, ils se montraient pleins de courage et de confiance en eux-mêmes, impatients de se mesurer avec les Castillans, et du haut des murs ils les provoquaient souvent par des railleries et des insultes. Un ordre admirable, institué par João, régnait dans tout ce qui regardait la défense de la place. Aucune classe ne se dérobait à de pénibles devoirs; au signal donné, prêtres et moines accouraient, montaient les gardes de nuit sur les tours, ou faisaient des rondes sur les murailles (1). Aux deux extrémités de la ville, l'on avait disposé sur le rivage deux fortes et grandes palissades, l'une du côté de Santos o Velho, où campait le roi, l'autre vers le couvent Santa-Clara, qui terminait le camp ennemi.

De cette manière, la grande et populeuse Lisbonne était bien fortifiée et défendue; sa population pleine de courage et d'espoir du triomphe, son commandant aussi capable de préserver la tête du royaume que digne de la tenir sous son autorité souveraine. Néanmoins sa tâche n'était pas facile. Du côté de la terre se déployait une armée considérable, ayant à sa tête le roi et la fleur des noblesses de Castille et de Portugal, abondamment pourvue de vivres et de toutes sortes de munitions, soutenue par une forte flotte qui enlevait à la ville toute espérance de secours et de convois du côté de la mer, et pleine d'une orgueilleuse confiance que lui inspirait la conscience de sa supériorité. Des doutes ne pouvaient s'élever que dans l'esprit d'un observateur libre de toute préoccupation, qui ne compte pas seulement le nombre, mais interroge aussi les sentiments régnant dans les cœurs, et à côté de l'action des forces humaines signale une impulsion plus haute. Quelques chevaliers ayant demandé à Fernando Alvares, guerrier formé par une longue expérience dans les guerres de France et d'autres pays, s'il lui paraissait possible que le grand maître d'Avis, avec de si faibles ressources, fût en état de défendre la ville contre la puissance du roi de Castille, qui se voyait soutenu par l'armée déployée sous ses yeux, et par la majorité des Portugais, ainsi que par quantité d'étrangers; le vieux capitaine répondit : « Messeigneurs, je suis vieux, et je ne suis pas sans quelque expérience ; j'ai vu bien des entreprises militaires qui, commencées avec une vive énergie et de grands moyens, ne purent pourtant réussir; d'autres, au contraire, qui semblaient faute de ressources ne pouvoir obtenir de succès, ont pourtant atteint le but; voilà tout ce que je puis vous dire. »

Le côté faible des assiégés était notoirement la marine, encore leurs vaisseaux étaient-ils absents. Le defensor attendait donc avec impatience la flotte de Porto, où il avait envoyé les navires de Lisbonne. Il avait chargé Ruy Pereira, par des pleins pouvoirs écrits, de prier les bourgeois de Porto de le seconder dans la défense de tout le royaume et d'eux-mêmes contre le roi de Castille, et de lui fournir des bâtiments, des vivres et des prêts d'argent. Les citoyens se montrèrent prêts à donner leur concours, et déployèrent beaucoup de zèle et d'activité. Ils recommandèrent le comte Gonçalo, qui était en possession de Coïmbre, comme commandant de toute l'armada. « Par son entremise on s'assurerait de cette ville importante, et cette nomination pourrait déterminer la garnison à les assister; et si le comte ne passait pas décidément au service du grand maître, du moins il lui conserverait de la reconnaissance pour une telle marque de distinc-

---

(1) Lopes, Part. I, cap. 116.

tion (1). » Conformément à ce conseil, Ruy Pereira, au nom du defensor, écrivit au comte, et lui fit remettre la lettre par l'abbé de Paço de Sousa, favori du comte. Les représentations de l'abbé décidèrent le comte ; toutefois il fit observer que Rodrigues de Sousa était déjà désigné pour commander les bâtiments de Lisbonne ; mais on lui répondit que ce capitaine était soupçonné de trahison, et de vouloir livrer la flotte portugaise entre les mains des Castillans. Alors Gonçalo, rassuré, déclara être prêt à embrasser le parti du grand maître, et à commander l'armada, si João lui donnait les domaines qui avaient appartenu à la reine Leonor. Cette réponse, transmise bien vite par Ruy Pereira et ses amis au defensor, mit celui-ci dans un grand embarras, parce qu'il avait déjà conféré les terres en question à Nuno Alvares Pereira. Mais ce dernier, informé de l'état des choses, joignant le désintéressement le plus absolu à la fidélité la plus entière, déclara «que, si cela pouvait être utile, il était prêt à abandonner non-seulement les domaines provenant de la reine, sœur du comte, mais encore tous les biens qu'il possédait (2). » Alors le defensor concéda au comte les terres dont la générosité de Nuno lui permettait de disposer de nouveau, et y joignit encore d'autres possessions et revenus.

Quand le roi de Castille apprit que l'armada de Porto était attendue à Lisbonne, il convoqua dans l'église dos Santos son almirante mayor, Fernando Sanchez de Tovar, et le capitano mayor de las naves, Pedro Afan de Ribera, avec leurs capitaines ; et, après leur avoir fait prêter serment sur un missel de garder le secret, il posa cette question : « Est-il plus convenable de combattre l'escadre portugaise sur le fleuve ou en pleine mer, » ajoutant qu'il délibérerait aussi sur ce point avec ses conseillers, dont trois étaient présents. L'amiral et les capitaines des galères se prononcèrent pour le combat en pleine mer, en donnant leurs raisons. « Mon opinion, dit le roi, est comme celle de ces fidalgos, et je veux qu'on la suive. » Après quelques instants de conférence, la délibération fut close. Alors se leva le grand chambellan du roi, Pedro Fernandez de Velasco, le même qui déjà par sa prudence, sa rectitude et sa franchise comme conseiller de son prince, s'est acquis notre estime, et il déclara qu'il ne s'agissait pas de savoir où l'on combattrait l'armada portugaise, mais si l'on en viendrait à un engagement avec elle ; que c'était là le point douteux, incertain ; que si le roi voyait dans le triomphe de sa flotte la conquête de la ville, lui-même au contraire pensait que dans ce cas la haine des habitants, qui auraient par suite de cette victoire à pleurer la perte de tant d'amis et de parents, s'accroîtrait au plus haut degré ; que leur fermeté dans la défense se transformerait en rage, et que leur inimitié deviendrait indomptable. Si le roi finissait par l'emporter, que lui servirait de régner sur les corps, quand les cœurs s'éloigneraient de lui ? La paix du royaume n'avait point pour appui le pouvoir du roi sur les vassaux, mais elle reposait sur l'amour des vassaux pour le roi ; c'était là la plus noble domination, et la base la plus nécessaire surtout à l'égard de nouveaux sujets. Les hommes qui maintenant venaient chercher la flotte castillane étaient résolus à vaincre ou à mourir, et il était pénible de lutter contre de tels adversaires. Velasco signalait enfin les fatales conséquences d'une défaite, et dans cette incertitude il recommandait un accommodement du roi avec le grand maître, en vertu duquel ce dernier aurait de la puissance dans le royaume, mais en laissant la souveraineté au roi. Juan, tout fier de la supériorité de ses forces maritimes, persista dans la résolution adoptée.

Le 16 janvier, deux galères fines voilières, que le roi avait envoyées à la découverte devant l'embouchure du Tejo, apportèrent l'avis de l'approche de l'armada portugaise. Les équipages castillans éclatèrent en transports de joie, comptant sur une facile vic-

---

(1) Sylva, t. III, cap. 223.
(2) *Idem, ibid.*

toire et sur la prise de possession de la ville aussitôt après. A Lisbonne, on était dans l'incertitude sur les causes de ces manifestations bruyantes sur la flotte ennemie. Un marchand patriote de Porto s'acquitta d'un audacieux message auprès du defensor. L'armada étant parvenue le 17 juin à Cascaes (cinq legoas de Lisbonne), il vint la nuit sur un esquif en apporter l'avis au defensor, et lui exposer en même temps les doutes des chefs sur la manière dont les vaisseaux entreraient dans le fleuve. Le defensor leur donna aussitôt les instructions nécessaires. Toutefois, sa joie fut quelque peu troublée par l'annonce que, si les galères du comte Gonçalo étaient bien équipées, les vaisseaux manquaient d'hommes et d'armes. La population de la capitale apprit aussi l'arrivée de l'armada avec un sentiment mêlé de joie et d'inquiétude : l'approche du secours découvrait justement l'imminence du danger, et la nuit se passa en de grandes agitations. Aux premières lueurs du jour, des hommes de toutes les classes, des femmes avec des enfants sur les bras se portèrent vers les églises pour implorer au pied des autels l'assistance du ciel contre un ennemi si proche et si redoutable. Le defensor lui-même offrit son sacrifice à Dieu, et courut du temple aux rives du Tejo afin de faire équiper ce qui restait de bâtiments pour soutenir l'armada; il monta en personne à bord du premier vaisseau qui fut mis en état, malgré les représentations des siens.

Cependant la flotte castillane, portant des renforts considérables en hommes, avait levé l'ancre à la naissance du jour, et s'était rangée en bataille devant Restello (1), la proue des vaisseaux tournée vers l'escadre portugaise. Devant les murs de Nossa-Senhora da Graça et S.-Vicente, le roi avait posté la cavalerie pour occuper les assiégés sur ce point, et les empêcher de prêter assistance à leurs frères.

A neuf heures du matin, au moment où arrivait la marée, on vit l'armada portugaise déployer ses voiles. En avant marchaient cinq vaisseaux, dont le plus grand portait Ruy Pereira avec soixante-dix cavaliers, et quarante besteiros; puis venaient dix-sept galères, et enfin encore douze vaisseaux. Le vent favorisait leur entrée. Lorsque Ruy Pereira vit la flotte ennemie à l'ancre, en homme plein d'audace et de présence d'esprit, il gouverna droit sur elle ; les quatre autres vaisseaux le suivirent. Mais les Castillans ne montrèrent aucune envie d'en venir aux mains avec lui; alors se détournant, il cingla encore vers Almada. Cependant les galères portugaises avaient pris la même direction; mais les navires castillans qui les voyaient à découvert et pouvaient maintenant les prendre sous le vent fondirent, le Don-Juan en avant, sur les galères. Pereira, craignant pour elles, et prenant aussitôt sa résolution, vira de bord et s'attacha aux gros vaisseaux. Trois bâtiments portugais se trouvèrent aux prises avec cinq castillans et une grande caracca. Il s'engagea un combat acharné, et bientôt les équipages des deux partis ne formèrent plus qu'une seule masse confuse qui, entraînée par le vent et la marée montante, fut poussée depuis Restello, où l'action commença, vers les gués d'Almada, et jusqu'à Cacilhas. Tandis que Pereira combattait comme un lion, les galères portugaises filèrent sans que la flotte castillane pût empêcher ce mouvement ou s'approcher d'elles. Enfin Pereira, ne pouvant plus supporter la chaleur, ouvrit son casque pour respirer ; à l'instant il fut atteint d'une flèche ennemie qui le renversa mort. Le vaisseau qui le portait tomba au pouvoir des Castillans, ainsi que les deux autres. Le mort du jeune héros fut profondément sentie par le grand maître, et pleurée par toute la ville; mais l'armada était sauvée. Elle fit voile sur Lisbonne comme vers un abri assuré, poursuivie à la vérité par les navires castillans, mais sans éprouver de dommages; car ceux-ci ne pouvaient atteindre les galères portugaises, qui elles-mêmes auraient été hors d'état d'a-

---

(1) Ainsi s'appelait ce lieu, où dans la suite fut fondé le couvent royal de Belem.

border les bâtiments ennemis, parce que chaque galère castillane avait à son côté un vaisseau chargé de troupes, qui en cas de nécessité lui prêtait assistance. Le grand maître contemplait du rivage avec une joie profonde les galères s'avancer à pleines voiles. Il lui avait été impossible de les secourir. Déjà il était monté avec quatre cents guerriers sur un gros bâtiment génois qui se trouvait dans le port; mais, ayant trop peu de lest et un trop nombreux équipage, il lui était difficile de gouverner; le vent contraire et la marée déjouèrent tous les efforts, et le forcèrent à descendre à terre avec les troupes. Les petits bâtiments et les barques qui l'avaient suivi, surchargés de monde, luttèrent aussi vainement contre les mêmes obstacles. Les galères arrivées devant la ville jetèrent l'ancre paisiblement depuis Tarracenas jusqu'à Porta do Mar. La flotte castillane retourna vers Restello toute triomphante, parce qu'elle avait enlevé trois bâtiments à l'ennemi. Mais l'armada portugaise pouvait aussi se féliciter d'une victoire; elle avait atteint son but, qui était de porter du secours à Lisbonne assiégée. La perte de trois vaisseaux fut le prix du triomphe sur des forces maritimes bien supérieures. La mort de Pereira causa une grande douleur; mais en même temps ce fut un objet d'orgueil pour les Portugais; elle laissait un glorieux souvenir de l'héroïsme lusitanien.

Tandis que le defensor faisait réparer l'armada pour la conduire contre la marine castillane, et alors que huit jours encore ne s'étaient pas écoulés depuis la grande bataille navale, il apprit que vingt et un vaisseaux castillans et cinq galères étaient venus faire leur jonction avec la flotte ennemie, qui maintenant comptait soixante et un vaisseaux, seize galères et une galeotte, outre les caraccas. L'inégalité trop frappante des forces détermina le defensor à renoncer à son premier plan (1); il dut se borner à la défense de Lisbonne. Il ne put même secourir Almada située en face de Lisbonne, et qui lui était si fortement dévouée.

L'importance d'Almada, par sa position élevée et sa forte citadelle, n'avait pas échappé au roi de Castille. Il l'avait fait attaquer diverses fois avec vigueur, mais sans succès. Les habitants, loin de se laisser ébranler par la crainte des attaques dans leur attachement au grand maître, parurent d'autant plus résolus à supporter les plus rudes épreuves pour lui et sa cause. Ils s'étaient pourvus de vivres pour six mois, mais bientôt ils éprouvèrent le manque d'eau; car il n'y avait qu'une citerne, et la place était encombrée d'étrangers, adhérents du grand maître, qui s'y étaient réfugiés, n'ayant pu gagner Lisbonne. Irrité de leur résistance obstinée, le roi résolut de pousser le siège en personne; mais un assaut général, qui fut livré sous ses yeux, n'eut pas de succès; toutes les tentatives ultérieures échouèrent également, et Juan revint dans son camp devant Lisbonne, abandonnant la continuation de ce malheureux siége à deux de ses capitaines; mais il promit de faire sentir aux habitants d'Almada le tranchant de son épée, quand bien même ils lui remettraient la place.

Le siége durait déjà depuis deux mois, et le manque d'eau devenait chaque jour plus pénible. Ne pouvant plus les abreuver, on précipita quarante chevaux du côté de la mer, du haut de la citadelle dans les fossés. On confectionna le pain, on fit cuire les aliments avec du vin; on buvait de l'eau de pluie qui avait été recueillie pendant l'hiver, toute troublée par les lessives des femmes et les dissolutions des corps d'animaux dont l'aspect et l'odeur provoquaient le dégoût. Cette eau même, il fallait se la procurer au dehors au péril de sa vie: car la nuit des hommes se laissaient descendre à des cordes pour la puiser dans le voisinage des ennemis, qui souvent fondaient sur eux. Malheureusement, dans cette déplorable situation, les assiégés ne pouvaient ni donner des nouvelles au grand maître, ni en rece-

---

(1) Ayala, ann. 1384, cap. 8. Lião, cap. 31, 32. Sylva, t. III, cap. 227.

voir de lui. Les feux d'alarme qu'ils allumaient la nuit lui annoncèrent bien qu'ils étaient réduits à de dures extrémités, sans dire pour cela jusqu'où elles s'étendaient; et une barque chargée d'armes et de projectiles que le defensor envoyait une nuit à Almada fut enlevée par les Castillans. Ainsi la détresse des assiégés croissait toujours; néanmoins leur courage ne s'abattit point. Un chevalier gascon de l'armée castillane, informé de la déplorable situation de la ville, amena attaché avec une corde, au pied des murailles, le regedor d'Almada qu'il avait fait prisonnier dans une escarmouche, exhorta les assiégés à se soumettre à leur légitime souverain, menaçant en cas de plus longue résistance de mettre à mort le regedor et les autres prisonniers; les habitants répondirent que le roi pouvait bien les tuer, mais que pour rien au monde ils ne remettraient la forteresse. Ils conseillèrent aussi au chevalier de s'éloigner avec son captif; mais le Gascon ne cessant pas ses exhortations, on lui décocha d'en haut une flèche qui l'étendit mort à terre. De même que dans Almada l'on songeait aux moyens de transmettre des avis au defensor, celui-ci à Lisbonne se tourmentait pour savoir comment il pourrait procurer des secours aux braves resserrés dans la place assiégée. Mais d'aucun côté on ne sortit d'embarras. Alors un homme venu de Porto avec l'armada, et qui était originaire d'Almada, déclara qu'il traverserait le Tejo à la nago, et irait porter à ses compatriotes les nouvelles dont le grand maître le chargerait. Il reçut des commissions verbales et par écrit, se jeta résolument de nuit dans le fleuve, et parvint heureusement auprès de ses concitoyens émerveillés. Le defensor demandait qu'on lui rendît compte de leur situation, et les encourageait à tenir aussi longtemps que possible. Ils lui représentèrent qu'épuisés ils ne savaient plus comment soutenir leur triste existence, et le hardi nageur revint la même nuit en traversant encore le fleuve. Au bout de trois jours, il reparut.

« Le grand maître avait appris leurs tourments avec une profonde douleur; mais, comme il n'entrevoyait nulle espérance d'un prompt secours, ils pouvaient se rendre au roi aux meilleures conditions possibles. »
Le brave citoyen porta encore un message à Almada; en sorte que son bras fendit six fois les flots du Tejo sur une largeur de plus de trois quarts de lieue. Enfin les Almadiens se montrèrent disposés à rendre la place; mais le roi ne voulait pas entendre parler de conditions; car la situation désespérée des assiégés ne leur permettait pas de résister plus longtemps. Après trois jours d'échange de messages, sur les prières de la reine, ils obtinrent du roi leur pardon; il leur laissa la vie et leurs propriétés. Le 4 août, la forteresse fut livrée au couple royal castillan, qui arriva sur une galère. Le roi mit garnison dans Almada, et revint au camp (1).

Maintenant il pouvait tourner exclusivement toutes ses forces contre Lisbonne, et menacer le grand maître de l'écraser; mais il préféra tenter les ruses et les trahisons pour pénétrer dans la ville. Au moyen d'intelligences secrètes avec don Pedro de Castro, fils du comte Alvaro Pires de Castro, on forma le plan de livrer Lisbonne entre les mains du roi. Comme Pedro était chargé de la garde des murailles depuis la porte Santo-Andre jusqu'à la porte Santo-Agoustinho, il pouvait conduire facilement l'exécution de ce plan. Mais il fut dénoncé avant le temps. A cette époque, João Lourenço da Cunha, premier époux de la reine Leonor, tomba dans une grave maladie, et dans sa confession il déclara au prêtre qu'il savait certaines choses que l'on tramait contre le grand maître et la ville, et, le confesseur ne voulant pas lui donner l'absolution à moins d'aveux complets, il fit appeler le defensor, et lui découvrit le plan entier de la conspiration, avec toutes les particularités, l'heure à laquelle on devait introduire les Castillans dans la ville (la nuit du 15 août), et le signal convenu. Aussitôt le defensor prit ses me-

---

(1) Lião, cap. 33. Sylva, t. III, cap. 220.

sures, et fit saisir D. Pedro et ses complices dans la même nuit. Lorsque ces faits se répandirent, le peuple demanda unanimement et à grands cris la mort de Pedro; néanmoins le defensor l'apaisa sans céder à ses volontés. Mais en échange, quelques jours après, il expulsa de la ville tous les serviteurs et les vassaux de Pedro, ainsi que quelques Galiciens et Castillans qui lui étaient dévoués, après avoir ordonné qu'on leur enlevât préalablement leurs armes (1).

Ainsi le roi échoua dans tous les moyens employés jusqu'alors contre Lisbonne, la persuasion, la ruse et la force ouverte. Il vit déjouer ce projet, comme la précédente tentative d'empêcher l'entrée de l'armada portugaise, et une nouvelle qu'il fit le 27 juillet, de s'emparer des galères portugaises par une attaque inattendue, et d'assaillir en même temps la ville du côté de terre (2). Pour forcer la ville à se rendre, il semblait ne plus lui rester qu'à l'affamer; moyen plus sûr, d'après les combinaisons humaines, mais non pas le plus glorieux pour des forces de terre et de mer si supérieures. La disette, qui commençait à se faire sentir dans Lisbonne, devant s'accroître par l'effet du double blocus, le roi ne doutait pas du résultat désiré de ses mesures; mais, tandis qu'il rêvait ainsi la perte de l'ennemi, de plus terribles fléaux se déchaînèrent sur lui. Une épidémie pestilentielle se répandit de plus en plus dans le camp des Castillans, et en peu de temps emporta beaucoup de monde, grands et petits; l'inquiétude et le découragement s'emparèrent des principaux Castillans. Afin de mettre un terme au siége, ils proposèrent au roi un accommodement avec le grand maître, et plus le danger grandissait, plus ils insistèrent à ce sujet. Le roi Juan céda enfin à leurs instances, et, après avoir obtenu un sauf-conduit du defensor, il envoya son camarero mayor, Pedro Fernandez de Velasco, qui possédait sa confiance, à la porte Santa-Catharina, où le grand maître voulut bien conférer avec lui. João demanda que la régence lui restât, en attendant que la reine Beatrix eût des enfants, promettant alors de s'en dessaisir volontairement. De son côté, le roi voulait nommer un Castillan, qui partagerait la régence avec le grand maître (1), idée que celui-ci repoussa décidément comme étant contraire aux devoirs par lui contractés envers ses concitoyens. Ensuite on se sépara. Le roi se vit trompé dans ses espérances; son orgueil fut cruellement blessé. Le prieur de S.-João, Pedro Alvares Pereira, se promit un plus heureux résultat d'une entrevue avec le grand maître, dont il se disait l'ami. Quel que fût le crédit du prieur auprès de sa personne, le roi offensé ne lui donna son agrément à cette démarche qu'après quelque temps, lorsque l'épidémie, toujours plus terrible, menaça de tout emporter dans le camp. La réponse du defensor fut la même qu'il avait déjà donnée à Velasco, et le roi de Castille, transporté de fureur, jura de ne point se retirer qu'il n'eût réduit Lisbonne par la famine ou par un assaut. Mais le prieur, d'autant plus blessé qu'il avait eu plus de confiance dans son pouvoir sur le grand maître, convaincu qu'il ne pouvait lui porter de coup plus sensible qu'en lui enlevant l'homme que la voix publique signalait comme son principal appui, son frère Nuno Alvares Pereira, essaya d'inspirer à celui-ci de la défiance contre le grand maître. Il écrivit à ce frère alors dans l'Alemtejo, que João traitait maintenant avec le roi de Castille, sans se souvenir d'un serviteur auquel il avait de si grandes obligations; qu'il resterait donc sous le poids de la disgrâce du roi. Nuno Alvares pénétra les vues perfides de ces lignes, et répondit : « Si le defensor, mon seigneur, fait un accommodement avec le roi, je le connais assez pour être assuré que les conditions seront fixées de manière à préserver son honneur

---

(1) Lião, cap. 34. Sylva, t. III, cap. 228.
(2) Sylva, t. III, cap. 229.

(1) Ayala, ann. 1384, cap. 9.

et celui des siens; mais je m'étonne que toi, après un si court séjour auprès des Castillans, tu saches déjà si bien prendre les intérêts de ces nouveaux alliés (1). »

Cependant, à Lisbonne, le manque de vivres conduisit bientôt à ressentir les horreurs de la faim, car les communications étaient coupées, et la ville se trouvait surchargée de monde : outre les citoyens, les troupes qui défendaient les murailles, et les équipages venus de Porto avec l'armada, elle renfermait beaucoup d'habitants des localités et comarcas voisines qui s'y étaient réfugiés par crainte de l'armée castillane. Les pauvres furent les premiers à éprouver les effets de la disette, et l'on résolut de les expulser de la ville, ainsi que tous ceux qui, sans porter les armes, diminuaient pour les défenseurs de Lisbonne les rations de vivres indispensables. D'abord ces malheureux bannis furent accueillis dans le camp castillan; mais, quand le roi apprit la cause qui les faisait chasser, il ordonna de repousser vers la ville ceux qui vinrent ensuite. Bientôt les riches se virent attaqués par le même ennemi que les pauvres; il n'était plus possible d'avoir du pain même pour beaucoup d'argent; on en fabriquait avec du marc d'olives, avec toutes sortes de racines. La faim se lisait sur les pâles visages des riches comme des pauvres; mais chacun oubliait sa propre misère, en entendant les gémissements des enfants, qui imploraient en vain la pitié des passants pour avoir du pain, et les plaintes déchirantes des mères, qui tombaient épuisées sur leurs nourrissons morts de besoin (2). Néanmoins, parmi tant de gens de toutes classes, il ne se trouva personne pour proposer au defensor de rendre la ville ou de traiter avec l'ennemi; on était retenu plus encore par la confiance en un tel chef que par la crainte de la vengeance du roi; on aimait mieux supporter les plus dures extrémités, et quand « la cloche donnait le signal, on saisissait les armes, et l'on se réunissait avec autant d'ardeur que si l'on se fût levé d'un festin. »

Au contraire, un grand abattement régnait dans le camp des Castillans, où la peste, commençant par les rangs inférieurs, avait atteint les grands, et frappait sans pitié de tous côtés. Bientôt elle éclata aussi sur la flotte. Les commandants des forces maritimes, comme les officiers des troupes de terre, conseillèrent donc au roi de lever le siège pour le reprendre dans un meilleur temps; mais il n'y consentit point, parce que, connaissant la situation désespérée de la ville, il espérait d'heure en heure voir arriver des propositions de capitulation. D'un autre côté, le defensor savait la grande mortalité qui était dans le camp, et attendait le départ de l'ennemi. Au milieu de ces hésitations et de ces espérances, la peste sévissait toujours avec plus de fureur, en sorte que chaque jour mouraient cent cinquante ou deux cents personnes; en peu de temps, l'on compta plus de deux mille morts parmi les meilleurs chevaliers, outre beaucoup de capitaines, trois grands maîtres de l'ordre de Santiago, et une quantité de personnages éminents, entre autres l'amiral de Castille, le camerero mayor du roi, Pedro Fernandez Velasco, déjà signalé par ses lumières et son éloquence (1). Des cadavres furent ouverts : on les couvrait de sel, et on les exposait à l'air dans des cercueils; ou bien on les faisait bouillir, afin de conserver les os que l'on transportait en Castille pour les déposer dans les tombeaux des ancêtres.

---

(1) Lião, cap. 35.
(2) Id., cap. 37.

(1) Ayala, ann. 1384, cap. 11. Les écrivains portugais rapportent, comme une particularité remarquable, que des nombreux Portugais qui se trouvaient dans le camp comme partisans du roi, ou comme prisonniers, aucun ne fut atteint de cette épidémie pestilentielle, même lorsque des Castillans, par excès de méchanceté ou pour faire une épreuve, eurent forcé des prisonniers portugais à se placer dans les lits des pestiférés.

Le roi Juan attendait toujours, dans l'espoir que la famine forcerait les assiégés à se rendre. Ceux-ci, au contraire, voyaient en imagination au premier moment les assiégés, épouvantés par la peste, abandonner le camp et se retirer. En vain, l'héritier du trône de Navarre, l'infant Carlos, qui se trouvait dans le cortége de son beau-père, lui répétait avec instance, « qu'il ne fallait pas tenter Dieu, qu'il devait lever le siége et quitter le Portugal, tandis que ses bataillons soutenaient la lutte contre le grand maître; et plus tard, quand la peste aurait disparu, revenir pour achever la conquête. » Tout en sentant la justesse de ces représentations, Juan persistait à soutenir, « qu'à raison de l'extrémité à laquelle la ville était réduite, il devait s'attendre chaque jour à la reddition. » Probablement il aurait encore sacrifié bien des victimes à sa funeste obstination, si le ciel n'avait eu pitié des Castillans comme des Portugais, et, en effrayant le roi par le danger de la compagne bien-aimée de sa vie, ne l'avait déterminé à lever ce siége fatal, à mettre un terme aux ravages de la peste, et relevé la population de Lisbonne de la profondeur de sa misère. Lorsque les premiers symptômes de la maladie régnante se manifestèrent sur la reine, le roi résolut enfin de quitter le camp; pour ne rien laisser aux Portugais qui eût de la valeur, il y fit mettre le feu le lendemain, et se mit en marche, le 5 septembre, pour Torres Vedras. En jetant un dernier regard de la hauteur sur la ville, il aurait dit: « Lisbonne, Lisbonne! puissé-je voir la charrue se promener sur ton emplacement! » Le siége avait duré près de cinq mois, du 6 mai, jour où le roi arriva à Lumiar, jusqu'au 3 septembre, que le camp fut abandonné.

A Santarem, où le roi s'était rendu de Torres Vedras le 14 octobre, il passa la revue de son armée qui se trouvait dans un état déplorable et presque fondue, désigna les commandants pour les places qui lui étaient dévouées, ainsi que les garnisons nécessaires, et avec ce qui lui restait de troupes franchit les frontières de la Castille. La marche offrait un bien triste aspect. Tous ceux qui emportaient avec eux les restes de leurs seigneurs ou de leurs parents, tombés victimes de la peste, étaient dans un certain ordre en avant du roi, séparés du reste des troupes. Chaque cadavre était porté par des bêtes de somme dans une bière tendue de noir, entourée des serviteurs à pied, tous vêtus de deuil, et suivie de ceux qui avaient accompagné le mort durant sa vie, à cheval avec ses bannières et ses armes. Ainsi défilait une longue suite de convois, et à la fin venait le roi triste et abattu. Il voyait devant lui, couché dans son cercueil, maint grand personnage de sa cour, maint chevalier valeureux qui naguère s'élançait avec lui, plein d'espoir, contre Lisbonne; à un père dans l'attente, à une mère ou à une épouse impatiente, au lieu d'un vainqueur radieux, il n'avait plus à présenter que de tristes restes, les ossements d'un guerrier mort sans gloire. Le châtiment céleste semblait être descendu sur le jeune souverain qui, cédant à ses propres volontés, avait fermé l'oreille aux conseils des sages. Sur la frontière de Castille, chaque convoi prit la route de sa destination; le roi se rendit à Séville, où la flotte se dirigea aussi le 28 octobre (1).

La joie causée par le départ du roi était grande à Lisbonne, « comme on pouvait l'attendre d'hommes qui reviennent de la mort à la vie, de la cruauté d'un dur esclavage à l'espoir de la liberté (2). » De ferventes actions de grâces furent adressées à la Divinité. Tous les prêtres et les hommes engagés dans les ordres, à leur tête l'évêque de la ville, João Escudeiro, revêtu de ses ornements sacerdotaux, portant le saint des saints, puis le defensor, la noblesse et la bourgeoisie, tous pieds nus, marchaient en procession solennelle, se dirigeant vers le couvent de la Sainte-Trinité, où le mestre

---

(1) Sylva, t. II, 241.
(2) Liāo, cap. 38.

Fr. Rodrigo de Cintra, de l'ordre séraphique, alors prédicateur ardent et renommé, et plus tard confesseur du roi João, dans un discours plein de feu, compara les événements tout récents avec les destinées miraculeuses de l'ancien peuple de Dieu, et sut élever les cœurs de ses auditeurs au plus haut degré d'exaltation (1).

L'heureuse nouvelle remplit de joie tous les amis du grand maître, et surtout Nuno Alvares Pereira, qui, en tous lieux, de loin comme de près, avait vécu, agi et combattu pour lui. On le vit maintenant sans crainte, et se confiant en Dieu, venir de Palmela sur un léger esquif, et descendre le Tejo en passant à travers la flotte ennemie, pour exprimer à son seigneur bien-aimé toute la satisfaction qu'il ressentait au fond de son cœur (2). En cette occasion il lui conseilla de se faire de nouveau prêter hommage par les chevaliers et les seigneurs de son parti, attendu que les dispositions de plusieurs fidalgos paraissaient suspectes. Alors le defensor les réunit dans le couvent de S.-Domingos, leur représenta combien le concert dans les actes était nécessaire pour la défense des places qu'il possédait et pour la conquête de celles qui se rattachaient au roi, et leur recommanda de délibérer sur une contribution à lever pour les frais de la guerre. On convint aussitôt de traiter cet objet dans les cortès qui devaient être convoquées à Coïmbre. Mais on procéda à la cérémonie de l'hommage dès le 6 octobre, dans le palais royal, où demeurait le grand maître. Tous les fidalgos et caballeros, les prélats et les autorités municipales réunis, jurèrent de reconnaître le defensor comme leur seigneur, de le servir et de l'assister contre le roi de Castille ; João, de son côté, promit de respecter leurs droits et leurs libertés, et de veiller à l'observation de la justice dans le royaume. Bientôt se justifièrent les prévisions de Nuno Alvares, qui se défiait de plusieurs fidalgos, et l'on vit combien quelques-uns se regardaient peu liés même par le nouveau serment d'hommage.

Immédiatement après, les habitants de Lisbonne occupèrent les soins du defensor. Ils avaient témoigné glorieusement de leur fidèle dévouement, supporté sans fléchir toutes les misères d'un long siège, exposé leur vie et leurs biens pour sa cause, et ils avaient acquis ainsi de justes droits à sa reconnaissance. Ce sentiment était si naturel au grand maître, qu'il n'avait pas besoin, pour s'y livrer, que la politique le lui recommandât ; mais la prudence lui conseilla d'exposer d'abord la chose aux grands et aux nobles. Avec leur agrément, il témoigna sa gratitude, selon ses expressions, autant que les circonstances et les ressources le permettaient, en affranchissant les citoyens de Lisbonne de plusieurs impôts municipaux, et du payement du droit de transit (portagem) ainsi que d'autres droits sur des marchandises qu'ils expédiaient vers un lieu du royaume, ou qu'ils introduisaient dans la ville pour les vendre ou pour leur propre usage. Sur leurs instances, il permit aussi que le château d'Alcaçova, placé sur la hauteur à côté du palais royal, fût abattu et rasé (1).

Ensuite, aussitôt que l'ennemi se fut retiré, le defensor s'occupa de se mettre en possession des places fortes dans le voisinage de Lisbonne. Avant tout il dirigea son attention sur Cintra ; mais l'entreprise échoua à cause d'une inondation extraordinaire et d'une terrible tempête. En revanche Almada ouvrit joyeusement ses portes au defensor, et Alemquer fut emportée d'assaut. Maintenant on passa au siège de Torres Vedras ; mais cette place, bien fortifiée, défendue par une nombreuse garnison et un

---

(1) Il prit pour thème ces paroles de Tobie, cap. 8, v. 17 : « Benedicimus te, Deus Israel, quia non contigit nobis quemadmodum putabamus ; fecisti enim nobiscum misericordiam tuam, et exclusisti a nobis inimicum persequentem nos. »

(2) Sylva, t. III, cap. 235.

---

(1) Lião, cap. 38.

vaillant commandant, le Castillan Juan Duque, brava toutes les attaques. Le mauvais résultat du siége, l'arrivée de tristes nouvelles, la prise du grand maître de l'ordre du Christ près de Torres Novas, l'incendie de plusieurs bâtiments dans le port de Lisbonne par deux galères castillanes entrées de nuit, et d'autres revers des Portugais, auraient pu déconcerter le defensor; mais, tout en les ressentant fortement, son regard n'en fut point troublé. Elevé au-dessus des vicissitudes de la guerre, il fit voir aux siens que de tels coups étaient naturels et inévitables, et les Portugais abattus sentirent ranimer leurs espérances, et se relevèrent au niveau du courage du grand maître.

Partout c'était le grand maître, sa présence d'esprit, sa volonté ferme et calme, son intrépidité et son infatigable énergie qui donnaient une force invincible aux adversaires du roi. Lui seul était leur point de réunion, l'âme de leurs entreprises, le nerf de leur résistance ; sans lui cette résistance était faible, isolée, nulle. Le corps si vigoureux du parti de l'opposition tombait sans force aussitôt que la tête lui était enlevée. Le roi Juan comprenait cela, et, n'osant plus marcher ouvertement, l'épée de chevalier à la main, contre son redoutable adversaire, il songea aux moyens de l'attaquer secrètement par derrière. Si le roi pouvait gagner sur lui-même de faire accomplir un meurtre par une main amie, il pouvait se flatter d'atteindre son but. Le grand maître, trop noble et trop généreux pour entretenir de la défiance contre son entourage, se livrait avec quelques personnes à un abandon que d'autres n'approuvaient guère ; à l'exception de Nuno Alvares, il ne pouvait compter sur les comtes et les fidalgos qui l'entouraient, ou du moins sur les Castillans, et le roi Juan pouvait bien connaître le propos que tenait la reine Leonor reléguée en Castille, « que toutes les dents branlaient au grand maître, à l'exception d'une seule. » Ce que la reine avait saisi avec la rapidité du coup d'œil féminin, le roi n'eut pas honte de le mettre à profit avec une perfidie atroce. Il écrivit en secret à Pedro, comte de Trastamara, « qu'ils étaient tous deux fils de frères, et n'avaient d'ennemi plus cruel que le grand maître, dont Pedro s'était fait le serviteur au lieu de le combattre. » Il invita le comte à embrasser le parti castillan, et à profiter de son séjour en Portugal pour tuer le grand maître, assurant que tout le passé serait oublié, et lui promettant une riche récompense. Il ajoutait qu'il pouvait s'entendre avec ses amis, auxquels il assurerait également de larges conditions. Le comte communiqua le secret au fils du comte Alvaro Pires de Castro, don Pedro, et à deux autres grands castillans du parti du defensor. Alfonso de Baeza et Garcia Gonzalves de Valdes se chargèrent de tuer João. D'autres promirent leur assistance, nommément Ayres Gonzalves de Figueiredo et le comte Gonçalo, frère de Leonor, que le grand maître, ainsi qu'on l'a vu, avait comblé de biens, et qui tout récemment lui avait rendu hommage de nouveau, ainsi que les autres.

Vers ce temps, les deux seigneurs nommés en dernier lieu s'étaient rendus suspects d'une autre faute envers le grand maître. Mais celui-ci cacha ses pensées et sa résolution, tandis que ses amis s'inquiétaient des conférences secrètes des traîtres. Le defensor, étant justement alors menacé d'une attaque de la part de l'ennemi, ordonna que tous les capitaines, avec leurs troupes, se réunissent le 8 janvier 1385, afin qu'il fût en état de faire la revue de ses forces. Les premiers qui parurent étaient par hasard le comte Gonçalo et Ayres Gonzalves ; par l'ordre du defensor, ils furent arrêtés dans sa tente. A cette nouvelle les conjurés regardèrent la conspiration comme découverte, et s'enfuirent bien vite vers les Castillans. Toutefois l'un d'eux, Garcia Gonzalves de Valdes fut pris en chemin, et, après avoir avoué dans les tortures la conjuration avec toutes ses particularités, fut condamné à être brûlé vif, et subit son supplice. Le comte Gonçalo et Ayres Gonzalves furent transportés à Evora ; les biens des fugitifs furent distribués parmi les adhérents du defensor (1).

Après avoir ainsi échappé encore une fois aux assassins, le grand maître continua quelque temps le siége de Torres Ve-dras, mais sans succès. Il le leva enfin, appelé par des événements plus importants. Le moment approchait où les cortès devaient se réunir afin d'agiter les questions les plus graves pour le grand maître et pour la patrie.

---

(1) Liào, cap, 42. Sylva, t. III, cap. 238, 239.

CHAPITRE II.

RÈGNE DU ROI JOAO Ier.

(De 1385 à 1432.)

§ 1. *Elévation de João au trône.*

Réunion des cortès à Coïmbre. — Elévation du grand maître sur le trône; ses premiers actes de gouvernement (Pereira connétable). — Demandes des cortès et résolutions du roi.

A l'approche du grand maître de Coïmbre, l'on sortit au-devant de lui en procession solennelle. Arrivé à la cathédrale, il fut reçu par l'évêque de Lamego (celui de Coïmbre était absent par hasard) dans le chapitre, et conduit dans la capella mor, tandis que l'on entonnait le Te Deum. Après qu'il eut fait sa prière, la noblesse rassemblée l'escorta jusque dans le palais royal d'Alcaçova, plus tard appliqué à l'université.

Il y avait une très-grande diversité d'opinions sur le but de la réunion des cortès, et de l'arrivée du defensor. Quelques-uns soutenaient que ses vues étaient de se parer de la couronne, que son zèle pour la défense du royaume prouvait seulement son ambition de régner. D'autres pensaient que, pour la conservation et la sûreté du royaume, il était nécessaire de peser les moyens de défense. Beaucoup étaient convaincus qu'afin de pouvoir continuer la guerre, il fallait établir des impôts, ce qui ne pouvait se faire sans le concours des cortès. Plusieurs croyaient enfin que le grand maître se chargerait de la régence pour remettre ensuite le pouvoir à l'infant João. Le defensor pouvait bien en effet avoir ce projet; mais le peuple se proposait de le faire proclamer roi dans ces cortès, ainsi que cela résulte clairement des pleins pouvoirs conformes, que toutes les villes et tous les bourgs qui n'étaient pas au pouvoir du roi de Castille avaient donnés à leurs députés. Car tous étaient de la même teneur que ceux donnés par écrit par les citoyens de Lisbonne à leurs procureurs; ils y déclaraient « leur conférer pouvoir de, pour eux et en leur nom, élever à la dignité de roi et seigneur de ces royaumes le très-noble seigneur D. João, maître de l'ordre de chevalerie d'Avis, lui rendre hommage comme à leur seigneur et roi, et recevoir de lui la promesse de maintenir et observer leurs droits et leurs priviléges (1). »

---

(1) Sylva. t. I, cap. 39.

Avant que les séances s'ouvrissent, les prélats, les fidalgos et les députés des villes agitèrent beaucoup dans leurs cercles les questions relatives au mode de défense et de gouvernement du royaume, et de l'élection d'un roi. Il se forma deux partis principaux, de vues et de tendances bien différentes. Aux uns une seule chose paraissait légitime, c'est que l'infant João, fils légitime de Pedro, et frère du feu roi Fernando, fût proclamé roi; tant qu'il était retenu en captivité, le maître pouvait gouverner le royaume; en cas de mort de cet infant, le sceptre devait passer à l'infant Diniz, ou au maître, ou à quiconque y aurait droit. Selon d'autres, les droits de João à la succession du trône, dans l'état de complication actuelle, ne feraient que provoquer la discorde, et amener la ruine du royaume. Ces idées étaient émises surtout par Martim Vasques da Cunha, fidalgo qui par son importance personnelle et ses adhérents jetait un assez grand poids dans la balance; il entraînait ses frères avec lui. La majorité des fidalgos et presque tout le peuple considéraient l'élection du grand maître à la royauté comme légitime, instante et nécessaire; João était prisonnier, sans espoir de délivrance; si néanmoins on l'élisait, alors sa captivité se prolongerait autant que sa vie, ou sa mort serait hâtée; car il était entre des mains qui tendaient à saisir la couronne de Portugal; s'il avait réellement un droit sur cette couronne, il l'avait perdu; car, au temps du roi Fernando, il avait porté les armes contre sa patrie; émigré et ennemi de son pays, il ne pouvait réclamer le pouvoir suprême. Ainsi s'exprimaient les opinions avant l'ouverture des cortès, et le defensor apprenait à connaître ses adversaires comme ses amis.

Lorsque les députés des trois ordres furent entrés en séance, on vit se lever le docteur João das Regras, qui était revêtu de la dignité de chançarel mor; c'était un homme profondément versé dans la jurisprudence, doué d'une vive pénétration, de beaucoup d'adresse, d'une éloquence entraînante, et jouissant d'une grande autorité (1). Il exposa dans un long discours que le royaume n'avait pas d'héritier légitime, que le peuple était autorisé à élire un roi, et personne n'était plus digne de ce choix que le grand maître de l'ordre d'Avis. L'orateur, entrant dans des développements proportionnés au sujet, essaya de prouver que Beatriz ne pouvait succéder au trône, attendu qu'elle n'était pas fille légitime du roi Fernando, parce que la reine Leonor avait été mariée antérieurement à João Lourenço da Cunha, lequel était lui-même allié au roi, et parce qu'enfin Beatriz était, comme tout le monde le savait, le fruit de l'adultère; que d'ailleur Beatriz et son époux, en pénétrant de force dans le Portugal, avaient violé le traité conclu avec le roi Fernando, et solennellement juré par eux, en vertu duquel la succession au trône était fixée à un certain temps et subordonnée à certaines conditions. Quant aux prétentions de l'infant João et de ses frères, fils du roi D. Pedro et d'Ignez de Castro, elles étaient sans fondement, parce que leurs auteurs n'avaient pas contracté un mariage légitime et n'auraient même pu le faire; car ils étaient parents, et dona Ignez avait tenu sur les fonts baptismaux l'infant Luiz né de don Pedro et de son épouse Constanza. Abstraction faite de ces empêchements légaux connus de tous, les infants, s'ils avaient possédé des droits au trône, les auraient perdus après s'être unis aux ennemis du royaume pour exercer les plus cruelles hostilités contre leur patrie. Ce qui avait déjà été produit contre les princes avant l'ouverture des cortès, l'orateur le releva maintenant avec plus de force,

---

(1) Parmi les ecclésiastiques présents se trouvaient l'archevêque de Braga, les évêques de Lisbonne, Lamego, Porto, Coïmbra et Guarda, le prieur de Santa-Cruz, et d'autres prélats. Ils sont cités nominativement, ainsi que la plupart des fidalgos et des procuradores des villes, dans les *Memorias* de Sylva, t. IV; *Collecção*, etc.; *Documentos* 7 et 8; et dans la continuation de la *Monarchia Lusit.* de Manoel dos Santos, Parte VIII, cap. 29 et 33.

y ajoutant encore le meurtre dont l'infant João s'était rendu coupable sur son épouse, les cruautés contre les Portugais, qu'il lui reprocha. « Par toutes ces raisons, dit-il en concluant, le trône étant vacant, les Portugais ayant la faculté et même le droit d'élire un roi, les lois primitives et fondamentales du royaume, que le roi Fernando n'a pu changer, excluant les étrangers, il n'y a personne qui mérite plus d'être élevé sur le trône, que le grand maître d'Avis; non-seulement il en est digne, mais encore le trône lui doit son existence; car pour le défendre il a fréquemment exposé sa vie, il n'a pris en main la direction des affaires que pour maintenir le royaume, et toujours il est prêt à sacrifier sa vie et sa liberté sans vouloir saisir le sceptre dans un autre but que pour l'affermir sur le sol lusitanien. »

Ni ces raisons ni l'autorité et l'éloquence du chancelier ne purent disposer Martim Vasques da Cunha et divers autres fidalgos ses alliés ou amis en faveur de l'élection du grand maître; non pas qu'ils méconnussent ses services et sa capacité, ou qu'ils eussent moins d'inclination pour sa personne; mais parce qu'ils étaient persuadés que le trône appartenait légitimement à l'infant João, et que l'on devait attendre sa délivrance ou sa mort; mais jusque-là le grand maître pouvait comme par le passé diriger la régence et soutenir la guerre. La haute considération dont jouissait Martim Vasques attira un assez grand nombre de voix à son avis, et son opposition donna lieu à des colloques animés, à des discussions orageuses. « Vous pouvez, s'écria-t-il dans une de ces séances, élire pour roi qui vous voulez, et je servirai l'objet de votre choix et l'assisterai dans la défense du royaume; mais jamais vous ne direz que j'ai voté pour le grand maître. » Une résolution si fortement prononcée contre le grand maître ne pouvait être combattue que par la décision non moins énergiquement exprimée en sa faveur par Nuno Alvares, et bientôt, dans les fractionnements et les divisions des cortès, les deux chevaliers formèrent les deux points extrêmes. Certes les paroles empreintes de passion qu'ils échangèrent, auraient entraîné à des actes graves, si la circonspection du grand maître n'avait su calmer les esprits irrités, si par de prudentes représentations il n'avait imposé la modération à Nuno Alvares, qui dans l'ardeur de son zèle pour son seigneur ne voyait que des amis ou des ennemis, chérissant ceux-là, détestant ceux-ci, et pouvait même transformer la salle des états en champ de bataille. Nuno Alvares déclara même une fois au grand maître que Martim Vasques étant le seul à faire de l'opposition et à entraîner d'autres dans cette voie, il était prêt, si le grand maître le voulait, à le tuer et à mettre ainsi fin aux débats. « Que Dieu vous en préserve! répondit le grand maître; Martim Vasques n'agit point par haine contre moi, mais par amour pour l'infant mon frère, et parce qu'il tient cela pour juste. » Nuno Alvares ne put néanmoins surmonter son ressentiment, et voyant un jour Martim Vasques, ses frères et ses parents se diriger vers le palais du defensor pour lui parler, il s'y rendit aussi avec une escorte et plus de trente escudeiros armés. Le grand maître, connaissant bien la nature fougueuse de Pereira, craignait quelque funeste éclat. Mais celui-ci entra paisiblement et avec courtoisie; Martim Vasques et les autres chevaliers s'éloignèrent peu à peu. Plus tard le defensor parla de cet incident à son chancelier, et lui exprima ses craintes; on s'entretint des vues de Martim Vasques. « Son amour pour votre frère, dit João das Regras, le rend aveugle aux raisons les plus claires. Mais la première fois que nous nous trouverons ensemble, je lui exposerai des choses que j'aurais mieux aimé cacher, et qui doivent porter le dernier coup à la cause de l'infant. »

Dans la prochaine séance, João das Regras se leva donc de nouveau, et parla avec plus de chaleur et d'entraînement. « Je ne comprends pas, dit-il, les choses étant aussi claires que je les ai démontrées, qu'il puisse y avoir encore du doute et de l'opposition; mais enfin, puisqu'il en est ainsi, je dois maintenant produire au grand jour des pièces originales que j'ai tenues secrètes jusqu'ici par considération pour les personnes qu'elles concernent, et qu'une contradiction obstinée, et l'importance de l'objet dont il s'agit ont pu seules me déterminer à découvrir. Les infants João et Diniz n'ont aucun droit au trône ni même à la fortune patrimoniale de leurs parents, attendu qu'ils ne sont pas nés pendant le mariage, et qu'ils n'ont pas été déclarés légitimes; cette assertion je vais maintenant l'appuyer sur des preuves écrites. » Aussitôt il produisit les actes relatifs à ce point (1). Ils firent une profonde impression sur les chevaliers jusqu'alors incrédules. Leurs yeux furent persuadés plus facilement que ne l'avaient été leurs oreilles. Martim Vasques lui-même fut le premier à se déclarer convaincu par les témoignages écrits. « Maintenant, messeigneurs, poursuivit le docteur, que je vous ai prouvé que l'héritier que vous teniez pour légitime, n'est rien moins que cela, et qu'il n'y a point de successeur légitime du trône, que vous reste-t-il à faire, sinon à élire celui qui s'est rendu le plus digne de la couronne par ses services? Entre autres qualités, il en est trois principales que l'on exige d'un bon roi : une haute naissance, la noblesse de l'âme et l'amour des sujets, de la patrie. Ces qualités brillent réunies dans le grand maître, plus que dans tout autre du royaume ; l'envie elle-même doit le reconnaître. Quant à la naissance, il est fils d'un roi; l'élévation de son cœur, il l'a montrée en pardonnant les offenses, en supportant les revers, en se sacrifiant sans hésiter pour les autres. Sa bonté et son amour pour les sujets, tous les assistants peuvent en rendre témoignage, car il n'en est aucun qui n'ait reçu de lui des dons et des bienfaits, et combien de fois n'a-t-il pas exposé sa vie pour la patrie! » L'orateur conclut en disant qu'ils devaient, en conséquence, aimer et honorer le grand maître à l'égal d'un père, et lui obéir comme à leur souverain ; qu'enfin ils pouvaient, au nom de Dieu, et d'un cœur satisfait, l'élire pour leur roi.

Si la production des pièces avait exercé une sorte de pouvoir magique sur l'esprit des chevaliers, maintenant l'éloquence du chancelier les subjuga complètement. Les plus chauds partisans de l'infant João furent eux-mêmes entraînés, et dans le moment de l'exaltation on résolut de faire connaître de suite au grand maître la volonté de l'assemblée. Tous les prélats, les fidalgos et les procureurs des communes se rendirent aussitôt au château royal. Le grand maître les remercia des sentiments d'amour qui les avaient poussés à lui destiner cette haute dignité; mais il déclara qu'il ne se sentait pas encore au niveau d'une telle élévation, et que l'irrégularité de sa naissance et son serment ne lui permettaient pas de l'accepter; qu'au reste il continuerait, tant qu'il vivrait, à se consacrer à la défense du royaume ; que s'il triomphait du roi de Castille, ainsi qu'il l'espérait avec la grâce de Dieu, il recueillerait comme simple chevalier un grand honneur ; si au contraire il succombait, sa disgrâce et sa faute seraient beaucoup moins graves que s'il était vaincu comme roi. Ils n'avaient donc qu'à s'occuper de l'argent et des troupes nécessaires pour la défense du royaume, et ne s'arrêter à rien autre chose.

Cette réponse remplit tout le monde de tristesse. On craignait que, sans le sceptre royal, l'épée du defensor fût d'un moindre poids, et que les vassaux lui montrassent moins de zèle et de fidélité. Pressés par l'ennemi qui approchait, et ne voyant nulle autre perspective de secours, ils renouvelèrent

---

(1) D'abord une prétendue lettre secrète du roi Affonso IV à l'archevêque de Braga, se trouvant alors à Rome pour obtenir par lui que le pape refuse la légitimation sollicitée par l'infant D. Pedro de son union avec D. Ignez de Castro; puis le refus du pape à la demande de l'infant; ensuite une lettre du roi Pedro, dans laquelle il prie Innocent VI de légitimer ses enfants nés d'Ignez, et une autre du même pape, dans laquelle il se propose de déclarer que ni ce mariage ni les enfants qui en sont issus ne sont légitimes.

leurs prières et leurs instances. Les maux de la patrie ne pouvaient trouver de soulagement que s'il était roi : sous sa protection ils espéraient vaincre, et braveraient tous les revers; il ne pouvait les abandonner, laisser tomber dans le servage un pays si florissant, que ses ancêtres avaient acquis avec leur sang. Ils lui offraient leurs biens, leur vie, promettaient de décider le saint-père à le relever de ses vœux et à lui permettre de se marier. Le grand maître, convaincu lui-même de la nécessité de son appui pour sa patrie, pénétré du sentiment de sa vocation intérieure et de ses propres forces, ne put résister à de telles prières et à toutes ces promesses : il céda. Toute l'assemblée s'abandonna à des transports de joie. Les yeux de Nuno Alvares étincelaient. Quoique d'ailleurs il se contînt assez bien, néanmoins dans cette heure de violente émotion il fut incapable de surveiller ses paroles : « Cette fois, l'entendit-on s'écrier, le grand maître mon seigneur est roi, à la satisfaction de Dieu ; au diable celui qui n'en est pas content. »

Le 6 avril, au milieu des acclamations du peuple, le defensor fut proclamé roi avec une grande solennité. Dans toutes les villes et les localités du royaume qui se rattachaient à lui, la joie éclata vivement, mais surtout à Lisbonne. Comme les citoyens de la capitale avaient le plus agi et souffert pour lui, ils se signalèrent encore maintenant par leur enthousiasme. Dans une procession pompeuse, ils ne cessaient d'élever au ciel leurs chants et leurs actions de grâces. De son côté, le nouveau souverain n'oublia rien de ce qu'il devait à la capitale, et de ce qu'elle pouvait attendre de lui. Il lui confirma tous les priviléges et les libertés qu'elle possédait, et accorda toutes les demandes qu'elle lui adressa dans les cortès ; sans en être prié, il étendit le district et la juridiction municipale, et lui attribua une quantité de bourgs et de villages. Il se montra de la même manière reconnaissant envers la ville de Porto, qui pour le dévouement et l'activité des secours avait rivalisé avec la capitale. Si Lisbonne s'était distinguée entre toutes les villes, par son zèle pour le grand maître, Nuno Alvares ne s'était pas moins signalé parmi les chevaliers. Nul ne l'avait surpassé ni même égalé en amour et en dévouement prêts à tout sacrifier, en fidélité inébranlable, en courage à toute épreuve, en actions d'éclat. A tant de vertus et de services, il joignait encore des capacités extraordinaires dans un âge déjà riche en hauts faits, plus riche encore d'espérances qui unissaient les deux contemporains par les liens d'une vive sympathie; car Nuno Alvares n'était que de deux ans plus jeune que le nouveau roi, et celui-ci avait à peine atteint sa vingt-neuvième année. João ne pouvait placer un plus digne sujet à côté du trône ; il confia donc au jeune héros le plus haut poste militaire, celui de connétable, et au plus sage de ses serviteurs le premier emploi dans la maison royale, celui de mordomo mor. En même temps le roi remplit les autres grandes charges de l'État et de la cour. Alvaro Pereira devint maréchal, Gil Vasques da Cunha alferes mor, João Fernandes Pacheco guarda mor, Affonso Furtado capitão mor do mar, Estevão Vasques Philipe anadel mor, João Rodrigues de Sa camareiro mor, João Gomes da Silva copeiro mor, Lourenço Anes Fogaça, alors en mission en Angleterre, chançarel mor, dont les fonctions furent remplies, en son absence, par le docteur João das Regras; Affonso Martins, jadis alcaide mor de Pombeiro, fut nommé escrivão da puridade, Lourenço Martins tesoureiro mor, etc.

Ensuite le roi ordonna aux cortès de poursuivre leurs travaux. Dans cette session, les citoyens de Lisbonne, qui naguère avaient surpassé tous les autres en zèle pour le grand maître, maintenant se signalèrent par les demandes incessantes qu'ils adressèrent au roi, et par cet esprit d'égoïsme local ternirent l'éclat de leur dévouement antérieur. Comme le roi, dirent les députés de la ville, connaissait le grand amour et le dévouement des habitants de Lisbonne supérieurs à tout ce que d'autres avaient pu faire, il pouvait aussi, en récompense de tant d'affection et de si éminents services, admettre comme membre permanent de son conseil un de leurs concitoyens qu'ils éliraient; et, dans le cas où il serait exigé aussi que quelques bourgeois d'autres villes fussent pris pour ce service, il pouvait choisir un des trois candidats qu'ils lui présenteraient; et à l'instant ils lui en présentèrent trois de Porto, trois de Coïmbre et un nombre égal d'Evora. En reconnaissance de leur attachement, ils prièrent encore le roi de fixer toujours la résidence de sa cour à Lisbonne, la meilleure ville du royaume, d'y établir le siége des autorités supérieures du pays, et de confier toujours le sceau royal à un sujet né dans ses murs; car le sceau ne pouvait être déposé qu'entre les mains les plus sûres. — Les procureurs des communes, en masse, demandèrent au roi, entre autres choses, de ne point admettre dans son conseil de serviteurs de la reine, de ne leur donner aucun emploi ni dans sa maison ni à Lisbonne, attendu que ces gens avaient presque tous manifesté leurs noires intentions. Ils lui désignèrent les hommes auxquels il devait confier les principales affaires du gouvernement (1). Ils demandèrent encore que le roi ne pût résoudre la guerre ou la paix sans leur concours : car ces questions regardaient tout le monde, et les rois précédents s'étaient conformés à une telle règle; le roi Fernando s'en étant écarté, il en était résulté de grands maux pour le royaume. Enfin on réclama pour que le roi ne pût contraindre personne à se marier contre sa propre volonté, ainsi que cela était arrivé, par l'effet de lettres royales, sous le roi Fernando et la reine Leonor; cette souveraine avait forcé beaucoup de femmes à s'unir à des hommes qui ne leur convenaient en aucune façon, et qui avaient dissipé leur fortune. Là-dessus le roi répondit que la guerre et la paix ne seraient jamais résolues qu'avec leur concours; qu'il ne forcerait jamais personne à se marier, et que dans le cas où, sur des instances pressantes, il écrirait de ces recommandations dont on se plaignait, chacun pourrait les regarder comme non avenues et faire ce qu'il lui plairait. Quant à son propre mariage, qui d'après leurs désirs n'aurait pas lieu sans qu'ils fussent consultés, il réclamait pour sa personne la même liberté demandée pour les sujets; toutefois il ne se marierait pas sans les en informer (1). Le roi repoussa avec raison une prétention qui limitait, avec tant d'inconvenance, sa liberté personnelle. Mais il dut souffrir que des barrières étroites fussent imposées à son pouvoir; ceux qui les fixaient l'avaient élevé sur le trône et pouvaient seuls l'y maintenir, son puissant adversaire ne s'était retiré que pour réunir contre lui de nouvelles forces plus puissantes. Le Portugal se vit bientôt menacé de plus grands dangers.

---

(1) D. João, évêque d'Evora, Ruy Lourenço, doyen de Coïmbre, Diego Lopes Pacheco, Vasco Martins de Mello, les docteurs João das Regras, Gil Docem, Martim Affonso et João Affonso de Azambuja; nous trouvons ces hommes bientôt après dans la suite du roi.

(1) Soares da Sylva, *Memorias*, t. IV. Collec. dos Documentos, Doc. 7, 8, et t. I, cap. 40, 43. Sousa, *Provas*, t. I, p. 340, num. 2, 3. Fern. Lopes, Cron. do senh. *D. João I*, P. I, cap. 174 et suiv.; P. II, cap. 1. Nun. de Lião, Cron. del rey *D. João I*, cap. 44-48. Ayala, Cron. del rey *D. Juan el primero*, ann. 1385, cap. 6.

§ 2. *Guerre avec la Castille. — Paix.*

Les places les plus importantes entre Douro e Minho tombent au pouvoir de João. — Combat près de Trancoso. — Bataille decisive d'Aljubarrota. — Ses conséquences immédiates. — Irruption du connétable dans l'Estramadura (combat près de Valverde), et soumission complète du Portugal septentrional par le roi João. — Arrivée du duc de Lancastre, et ligue de João avec lui. — Leur alliance. — Invasion concertée des alliés en Castille. — Elle est sans résultat. — Le duc se rend à Bayonne, et João continue à soumettre les places qui tenaient encore pour la Castille. — Alternatives de négociations et d'hostilités. — Paix de 1411.

Aussitôt que les cortès eurent achevé leurs travaux, le roi résolut d'aller à Porto afin de se diriger ensuite sur plusieurs places de cette comarca qui dépendaient encore du roi de Castille. Il pouvait lui paraître à propos de profiter de suite du zèle nouvellement ranimé de ses partisans, pour rattacher encore plus fortement à lui, par la joie que provoquerait sa présence, la population de Porto qui s'était déjà montrée si empressée à le soutenir. Avant de se mettre en route, il reçut la nouvelle qu'une grande partie de l'armada castillane était arrivée devant Lisbonne, et que le reste allait suivre; car, à peine de retour à Séville, le roi de Castille avait fait équiper plusieurs vaisseaux destinés à un nouveau siége de Lisbonne (1). Aussitôt le connétable offrit de marcher, avec des forces respectables contre l'armada; mais, d'après le conseil de son maître, il conféra d'abord avec les marins les plus expérimentés de Porto, et reconnut qu'à Lisbonne il ne pourrait rien faire d'utile pour le royaume et pour le roi. Se proposant maintenant de se rendre à Santiago pour satisfaire à la fois à sa piété et aux besoins de la guerre, il soumit avec son corps de troupes, qui se fortifia en route, plusieurs places dévouées au roi de Castille : Neiva avec sa citadelle, Viana où il perdit son alferes, Villa Nova de Cerveira et Caminha qui se rendirent volontairement. Enfin, quand le roi João parut lui-même dans le canton entre Douro e Minho, et joignit, selon les besoins du moment, ses forces avec celles du connétable, le parti castillan se trouva chaque jour serré de plus près. Partant de Porto, où il avait été reçu au milieu de pompeuses fêtes par les habitants, le roi s'empara de Guimaraens, et bientôt après de la citadelle, réduisit avec le secours du connétable le fort de Braga à se rendre après que la ville eut ouvert volontairement ses portes, et prit Ponte de Lima par stratagème (1). Les places les plus importantes entre Douro e Minho étaient ainsi au pouvoir de João; il revint par Braga sur Guimaraens. Bientôt le théâtre de la guerre s'étendit, et la lutte devint plus importante. L'heure décisive approchait. Un combat étonnant amena la fameuse bataille qui décida de l'indépendance du Portugal.

De Cordova, le roi Juan avait adressé à tous les chevaliers et à tous les grands de son royaume l'ordre de se réunir avec leurs forces, afin d'entrer de nouveau en Portugal. Tandis que lui-même voulait franchir les frontières de Castille par Badajoz, il détacha l'archevêque de Tolède, Alfonso Tenorio, et quelques vassaux sur Ciudad Rodrigo, afin qu'ils tombassent de là sur le territoire portugais, et y fissent les plus grands dégâts en ruinant les récoltes et arrachant les vignes. Bientôt quatre cents lances choisies, avec des ginetes, des besteiros et de l'infanterie entrèrent dans Ciudad Rodrigo. Parmi les chefs, hidalgos de haut rang, se distinguait surtout Juan Rodriguez de Castañeda, chevalier d'un grand courage, mais plein d'orgueil et de présomp-

---

(1) Ayala, ann. 1384, cap. 12.

(1) Ayala, ann. 1385, cap. 7. Lião, cap. 49, 50, 51.

tion. Assuré du triomphe, il rejeta toutes les représentations exposées par les autres capitaines contre une irruption sur ce point, leur montra combien la discorde divisait les fidalgos portugais de cette comarca et facilitait la victoire, et finit par inspirer à ses compagnons la même confiance qui l'animait. Ils s'avancèrent donc par Almeida, qui tenait pour la Castille, et Pinhel qui servait la cause du Portugal, vers Viseu, saccageant tout, pillant même les trésors et l'argenterie des églises. En effet les fidalgos portugais les plus considérables de ce canton, la plupart alcaides mores des places fortes, vivaient entre eux en haine et en hostilités, nommément Gonçalo Vasques Coutinho, et Martim Vasques da Cunha, avec ses frères. L'un d'eux, João Fernandes Pacheco, ressentant plus profondément les conséquences funestes et honteuses de leurs dissensions, qui amenaient l'ennemi jusque sous leurs yeux dévaster le pays où ils étaient nés, où ils possédaient des biens, fit des représentations à Vasques da Cunha, et parvint à le déterminer à une réconciliation. Malheureusement il n'obtint pas autant de succès auprès de Vasques Coutinho, qui ne put se décider à une entreprise faite en commun contre les Castillans, parce qu'il ne voulait pas combattre sous la bannière de son adversaire, son égal en naissance. Alors da Cunha, tout fier qu'il fût de ses nombreux vassaux, de l'assistance de ses puissants frères, et de l'étendue de ses domaines, se déclara prêt à suivre les ordres de Coutinho, et, dans l'intérêt du royaume et du roi, à renoncer à l'honneur du commandement, et à la gloire du succès que Dieu pourrait lui accorder. Un festin, auquel il prit place avec ses frères et Pacheco à côté de Coutinho, scella la réconciliation.

Ensuite on résolut d'attaquer l'ennemi. Avec trois cents lances rassemblées à la hâte, un peu d'infanterie exercée, et beaucoup de paysans des alentours étrangers au maniement des armes, on attendit les Castillans en ordre de bataille à une demi-legoa de Trancoso, par où ils devaient nécessairement passer. Ils parurent montrant quatre cents cavaliers d'élite, beaucoup de besteiros, et une nombreuse infanterie. Comme ils avaient pillé sans empêchement pendant plusieurs jours, ils traînaient quantité de butin, des troupeaux de bêtes à cornes, et plus de sept cents bêtes de somme chargées de toutes sortes d'effets, des hommes et des femmes réduits en captivité. Songeant surtout à de si riches dépouilles, les Castillans voulurent éviter l'ennemi ; mais les Portugais s'approchèrent de plus en plus, et ne laissèrent de choix qu'entre le combat et la fuite avec la perte des bagages. La honte du dernier parti fit adopter le combat (1). Les cavaliers castillans, à l'exception de deux cents ginetes montés, mirent pied à terre, se rangèrent lentement en bataille, et au signal des trompettes fondirent sur les Portugais, mais en désordre. La fermeté de la résistance soutint la fureur de l'attaque. Il s'engagea une lutte meurtrière, qui dura depuis le matin jusque dans l'après-midi (juillet 1385). Du côté des Castillans était la supériorité du nombre, à laquelle se joignait le stimulant de l'honneur et de l'humiliation en cas de défaite ; leur courage s'était enflammé tout d'abord, car avant l'action les paysans portugais avaient commencé à fuir, et s'étaient fait tuer par les ginetes castillans, ou avaient été rejetés sur la masse de leurs guerriers qui résistaient. Le noyau des Portugais, au contraire, soutenait le combat sans reculer, avec un admirable courage. Les deux partis annonçaient par leurs actes qu'il étaient résolus à vaincre ou à mourir ; l'action ne cessa pas avant que les cadavres des capitaines (le chef des ginetes seul échappa) et des quatre cents cavaliers d'élite couvrirent le champ de bataille, chaque escudeiro restant étendu à côté de son maître. Les ginetes, les pages qui gardaient les chevaux, et quelques fantassins

---

(1) « E con verguenza de esto ovieron de ir a pelear, » dit le Castillan Ayala.

qui s'enfuirent dans les montagnes, purent se soustraire à ce triste destin. Un seul hidalgo fut épargné (1) par l'épée de Gil Vasques, afin qu'il pût donner des nouvelles des morts. Ce qui paraît incroyable, c'est que, d'après le rapport des historiens portugais, à l'exception des paysans tués dans leur fuite, aucun Portugais ne périt dans cette action. Les vainqueurs regagnèrent leurs foyers tout glorieux, attribuant l'honneur du triomphe à Vasques da Cunha, qui avait immolé son amour-propre au bien général. Toutefois on n'oublia pas non plus João Fernandes Pacheco, qui, en joignant les mains des deux adversaires dans une franche réconciliation, avait ainsi ménagé l'entreprise commune. Son mérite fut hautement apprécié par le roi : car la semence répandue par ce seigneur devait produire des fruits abondants. Le combat de Trancoso, le plus caractéristique peut-être qui fût jamais livré entre Castillans et Portugais, amoindrit le pouvoir de la Castille, en détruisant une si noble portion de la fleur de sa noblesse, ébranlant la confiance des Castillans en eux-mêmes, et en enflant le courage des Portugais, dont l'orgueilleuse audace brava désormais tous les dangers (2); il affaiblit les premiers, releva ceux-ci dans l'opinion publique, et fut le prélude de la bataille décisive d'Aljubarrota, dans laquelle les rois devaient vider par les armes la question qui venait d'être débattue entre chevaliers.

Vers le temps où les corps de pillards castillans avaient pénétré de Ciudad Rodrigo en Portugal, le roi de Castille, partant de Badajoz, faisait franchir à son armée la frontière de Portugal, et plantait son camp devant Elvas, parce qu'on l'avait assuré que le manque de vivres réduirait aussitôt cette place à se rendre. Malgré l'approche de l'ennemi, Elvas laissa ses portes ouvertes, et la garnison sortait presque tous les jours pour en venir aux mains avec les Castillans. Trois semaines s'écoulèrent ainsi, et le roi fatigué d'un siége sans résultat, frappé de la nouvelle de la perte énorme subie à Trancoso, leva son camp, et prit la direction de Ciudad Rodrigo. Avant de se mettre en marche, il imprima encore une tache à sa mémoire, en faisant couper les mains à un citoyen d'Elvas qu'il renvoya ainsi mutilé, pour témoigner de la haine du roi de Castille contre la ville. Il aurait continué à exercer d'autres cruautés dans le voisinage d'Elvas, si le commandant de la place ne l'avait pas menacé d'user de représailles sur quatre-vingts prisonniers castillans. Néanmoins, avant d'arriver à Arronches, Juan fit encore mutiler de la même manière dix-sept prisonniers portugais, et marqua sa route par une suite d'atrocités de ce genre. Les Castillans eux-mêmes blâmaient une telle conduite, au moins comme imprudente. Elle entachait son nom, détournait de lui les esprits, et les provoquait à une vengeance qui pouvait être si facilement exercée par les Portugais.

A Ciudad Rodrigo, quoique sa résolution fût vraisemblablement prise, le roi Juan tint conseil avec les siens, pour savoir s'il devait pénétrer en Portugal, ou poursuivre la guerre d'autre manière. Quelques-uns étaient pour le premier parti, d'autres le combattaient; ceux-ci rappelaient au roi qu'il n'était pas encore entièrement guéri de sa maladie, lui représentaient la perte irréparable en guerriers expérimentés qu'ils avaient subie devant Lisbonne par l'effet de la peste, et à Trancoso par le fer de l'ennemi, le manque de chefs éprouvés, la jeunesse et l'inexpérience de ceux qui étaient dans le camp, les dangers à courir si l'on voulait les éprouver d'abord dans une grande bataille, la résolution du grand maître et de ses adhérents, la nécessité même où ceux-ci seraient placés de tout risquer dans une action décisive, l'accroissement de leur courage et de leur orgueil par suite des pertes des Castillans;

---

(1) Ayala cite aussi ce fait, *Cron.*, ann. 1385, cap. 8.

(2) E cobraron los de Portugal con esto e cou otras dichas que avian avido ante desto, esfuerzo e orgullo. Ayala, *Cron.*, ann. 1385, cap. 8.

la mauvaise disposition des garnisons castillanes dans les places portugaises à cause de l'arriéré de solde. Ils conseillèrent donc au roi de ne pas faire tout dépendre de l'issue d'un seul combat, de les laisser plutôt pousser la guerre avec des divisions séparées sur divers points du Portugal, et de retourner lui-même en Castille, afin de s'y procurer l'argent nécessaire pour eux et les garnisons établies en Portugal (1). Ce sage conseil n'obtint pas l'approbation du roi; il résolut, au contraire, d'entrer avec toutes ses forces en Portugal, et de livrer bataille au grand maître, pénétra aussitôt dans la comarca de Beira, enleva Celorico (21 juillet), et parut devant Coïmbre, où l'armée campa. Dans cette marche, il révolta encore tous les cœurs par sa cruauté, et, au rapport des historiens portugais, fit couper les mains ou la langue à des hommes sans armes, à des femmes, et même à de petits enfants. Les Portugais virent avec une horreur profonde le feu mis à beaucoup d'églises par l'ordre du roi, et lorsque Juan fit détruire de fond en comble et réduire en cendres l'ermitage de S.-Marcos, près du champ de bataille de Trancoso, comme s'il voulait anéantir la mémoire du combat de S.-Marcos, comme on l'appelait alors, il laissa ainsi un monument de sa misérable fureur de vengeance. Le Portugais attacha maintenant un orgueilleux souvenir au nom de Trancoso, et dès lors il pouvait en ce lieu être saisi d'un mépris profond pour le roi de Castille, comme il se sentait porté à honorer les chevaliers castillans qui étaient tombés glorieusement sur ce terrain. De Coïmbre, le roi marcha avec son armée vers Leiria, où les commandants de Santarem, Obidos, Alemquer, et autres places dévouées à sa cause, ainsi que les capitaines des vaisseaux en station devant Lisbonne, se réunirent à lui. A Leiria, Juan apprit que le roi de Portugal était dans l'intention de lui livrer bataille.

João n'avait reçu qu'à Guimaraens la nouvelle de l'entrée du roi de Castille en Portugal, venant de Badajoz; là il apprit aussi que quarante vaisseaux castillans, dix galères, douze grandes barques et cinq bâtiments plus petits, portant des vivres, étaient dans le port de Lisbonne. A cet avis il tint conseil avec le connétable, qui, impatient de se mesurer avec le roi de Castille, voulait livrer bataille aux Castillans pour mettre fin aux misères continuelles sous lesquelles gémissait le peuple par suite de ces continuelles invasions ennemies. « La puissance de la Castille est grande, sans doute, disait-il; mais plus grand encore est le pouvoir de Dieu, qui jusqu'alors nous a donné son assistance. » Tous deux s'accordèrent, et le roi se rendit à Porto pour rassembler des troupes. Après avoir rallié à lui plusieurs corps tirés de diverses places, il fit sa jonction dans Abrantes avec le connétable, qui lui amena de l'Alemtejo six cents cavaliers, deux mille fantassins et trois cents besteiros. Afin de bien reconnaître les sentiments des principaux de son armée, et de ne pas les mener au combat contrairement à leurs volontés, il les engagea à s'expliquer sur ce point. Valait-il mieux livrer à l'ennemi une bataille en rase campagne ou bien le harceler, attaquer des corps isolément en évitant un engagement général (c'est-à-dire, faire une guerra guerreada)? La plupart se prononcèrent contre une grande bataille, parce que les forces castillanes étaient de beaucoup supérieures à celles des Portugais; ils conseillèrent au roi de se diriger vers Alemtejo, et de faire une irruption en Castille du côté de l'Andalousie, tandis que Juan était entré en ennemi sur les terres du Portugal; ce monarque aussitôt quitterait le Portugal pour défendre son royaume, et le roi pourrait ensuite, par des marches et contre-marches, reculer un dénouement jusqu'à l'arrivée des secours attendus d'Angleterre, ou à la conclusion d'un accommodement. A cet avis le connétable opposa de nombreuses raisons, qu'il soutint avec chaleur; il dit qu'il y aurait lâcheté à le suivre, et montra comment ceux qui espéraient être défendus par le roi « per-

---

(1) Ayala, ann. 1385, cap. 11. Lião, cap. 51.

draient courage, et se donneraient à l'ennemi. » Il représenta ce que le roi avait promis aux citoyens de Lisbonne lorsqu'il leur avait demandé des troupes, et ce qu'ils devaient attendre de lui; que cette ville tomberait immanquablement entre les mains de l'ennemi, et que la trahison qui commençait à poindre, se montrerait à découvert, « si le roi de Portugal marchait sur Séville pour abattre quelques oliviers. » Les habitants de Lisbonne, qui avaient enduré tant de souffrances pour le roi et le pays, auraient une triste récompense s'ils étaient maintenant abandonnés, sans chef, sans troupes, sans défense, crevant de faim comme des chiens. Avec la chute de Lisbonne, la guerre serait terminée et le Portugal subjugué. Il était si nécessaire de ne pas laisser le roi de Castille parvenir jusqu'à Lisbonne, que, dût-on être réduit à des troupes plus faibles en nombre encore, il fallait aller à sa rencontre et lui livrer bataille là où on le trouverait. Le roi ne devait pas être détourné de l'heureux dessein qu'il avait conçu; quant à lui-même, rien ne pourrait le faire chanceler dans sa résolution. Ensuite il s'inclina devant le roi, et retourna dans son logement. Le lendemain, après avoir entendu la messe, le connétable fit sonner les trompettes, et partit avec sa division sans rien dire à son souverain ni à personne, marchant droit sur Thomar, où le roi de Castille devait venir. Le roi João fut surpris; on le pressa de châtier, comme il convenait, un tel dédain, une si condamnable indocilité. Mais il connaissait la nature de l'homme, tout ce qu'il y avait de sentiments nobles et purs sous cette rude enveloppe, et il n'écouta pas les conseillers. Il reproduisit même aux siens les motifs qui rendaient une bataille nécessaire, releva les espérances de victoire, et leur promit « que ceux qui maintenant l'appelaient ironiquement le roi d'Avis, bientôt le nommeraient en pleurant le roi de Portugal. » Il parvint à inspirer à tout le monde le désir d'en venir aux mains. Le connétable fut rappelé au plus vite, pour qu'il vînt donner son avis. Il répondit publiquement au conseiller royal qu'on lui avait dépêché, qu'il ne se souciait pas de plus longue délibération, et qu'il ne renoncerait point à sa résolution de ne point laisser avancer le roi de Castille sans lui livrer bataille, et ne reculerait plus d'un seul pas; qu'il priait donc le roi de lui laisser continuer sa route, car il était décidé à combattre seulement avec ces bons Portugais rangés autour de lui; que si son altesse voulait adopter aussi ce parti, il l'attendait à Thomar. On ne put déterminer Nuno Alvares à retourner en arrière, et il se félicita grandement en apprenant que le roi voulait se joindre à lui à Thomar. Quand cette réunion fut opérée, le roi passa l'armée en revue. Pour connaître la force et l'état de l'armée ennemie, le connétable fit saisir un escudeiro portugais appartenant aux rangs des Castillans, l'interrogea secrètement, et lui défendit, sous peine de mort, de dire au roi ou à tout autre la véritable situation des troupes ennemies; il lui ordonna au contraire d'en parler avec dédain, de prétendre « que cent lances portugaises valaient plus de mille lances castillanes. » L'escudeiro doit avoir contribué beaucoup par ses propos à encourager les Portugais. Cependant João avait envoyé un escudeiro dans le camp castillan, en apparence pour faire des représentations au roi, et le déterminer à la retraite ou le défier au combat, mais en réalité afin d'examiner les forces des Castillans. Le roi recommanda également à l'escudeiro, revenu sans avoir obtenu aucun résultat de sa mission officielle, d'amoindrir autant que possible les forces des Castillans aux yeux de ses compatriotes.

Ensuite l'armée portugaise en bon ordre, passant par Ourem (12 août), se dirigea sur Porto de Mos, où elle campa. Le 14 août, dès le matin, les trompettes donnèrent le signal de la marche. Le connétable entendit la messe avant le jour, reçut dans sa tente la communion avec tous ceux qui le souhaitèrent; et, aussitôt que le jour voulut poindre, il mena l'avant-garde sur une plaine éloignée d'une petite legoa, où fut livrée la bataille. Lorsque le roi se mit en mouvement avec l'arrière-garde, déjà Nuno Alvares avait pris une position avantageuse. L'armée occupait justement le chemin par où les Castillans devaient passer, rangée en ordre de bataille, le front vers Leiria, d'où l'on attendait l'armée ennemie. Après dix heures seulement se montrèrent les premiers Castillans, et le roi avait sagement mis à profit ce délai pour enflammer l'ardeur des siens, et conférer l'ordre de chevalerie à beaucoup de vaillants guerriers. Bientôt parurent des masses plus épaisses sur une longue étendue. Les brillantes armures, frappées par le soleil, brillaient d'un vif éclat, grossissant, multipliant les objets aux yeux des Portugais éblouis, qui ne pouvaient voir sans alarmes s'avancer ces nombreux escadrons. Mais le soleil, monté à l'horizon, donnant dans les yeux des Castillans, le vent et la poussière les frappant au visage, à l'heure de midi, au moment d'en venir aux mains avec les Portugais, ils firent un mouvement de conversion sur Aljubarrota du côté de la mer. Les Portugais croyaient déjà que les Castillans cherchaient à éviter une bataille, et l'on entendit des voix s'écrier : « Ils passent et ne veulent pas combattre! » Mais, après avoir franchi une assez bonne distance, ils firent halte, et tinrent conseil. Le roi était malade, on l'avait porté dans une litière ; appuyé sur un chevalier, il écouta les opinions de ses conseillers. Pedro Lopez de Ayala lui représenta que le jour déclinait déjà, et que le soldat n'avait rien bu, rien mangé, était fatigué par la marche, épuisé par la chaleur ; qu'en outre une grande partie des besteiros était restée aux bagages ; qu'étant bien équipés et formés en bon ordre, il pouvait les laisser passer la nuit en ce lieu ; que si l'ennemi abandonnait sa position pour les attaquer, ils seraient prêts à le recevoir; que s'il ne faisait pas de mouvement en avant, ce serait une preuve de la crainte qui le retenait ; que la nuit suivante beaucoup de Portugais, on devait s'y attendre, par crainte de la supériorité bien marquée des Castillans, quitteraient leurs drapeaux pour s'enfuir; que d'ailleurs le manque de vivres ne leur permettait pas de rester longtemps où ils se tenaient (1). A l'avis d'Ayala se rangea complétement un chevalier français d'une grande autorité, qui se trouvait comme envoyé du roi de France dans l'entourage du roi Juan ; c'était un vieillard qui avait acquis beaucoup d'expérience et de lumières dans de nombreux combats. Le roi parut se rendre aux raisons qu'il exposa. Mais les jeunes conseillers nommèrent lâcheté toute mesure de prudence et tout retard, et virent dans le droit présumé et dans la supériorité du nombre des Castillans des gages assurés de la victoire. D'autres détournèrent surtout d'une bataille. Quand bien même les Portugais seraient en petit nombre, ils combattraient en désespérés, n'ayant devant les yeux que la victoire ou la mort. Lutter avec des hommes animés de tels sentiments n'était pas acte de prudence, et un triomphe remporté sur des adversaires si faibles ne donnerait au roi aucun honneur, tandis qu'il y aurait une grande honte à être vaincu par eux; il pouvait continuer sa marche sur Lisbonne; les Portugais se disperseraient, et, avant qu'ils se rassemblassent de nouveau, Lisbonne et le royaume seraient entre les mains du roi. Le comte de Mayorca, d'origine portugaise, se trouva blessé de cette opinion, qu'il n'y aurait aucun honneur à triompher de quelques Portugais. Le sang portugais bouillonnait dans le vassal du roi étranger, et il persuada au roi que l'honneur exigeait de livrer bataille à l'ennemi. Ses raisons pouvaient être moins solides; mais elles agirent puissamment sur le jeune monarque, et entraînèrent irrésistiblement son ambition. La bataille fut résolue (2).

Depuis le point du jour, les Portugais étaient rangés en bataille. Il y avait dix-sept cents lances, dont plusieurs n'étaient pas convenablement armées, huit cents besteiros et quatre mille fantassins, faible réunion, mais telle qu'on pouvait l'attendre ; car la

---

(1) Ayala, ann. 1385, cap. 14.
(2) Lião, cap. 56.

plus grande partie du Portugal suivait ou devait suivre la bannière de Castille ; le roi João ne comptait qu'un petit nombre de fidalgos parmi ses adhérents, encore ces nobles étaient de moindre rang et possédaient peu de biens. En raison de cette faiblesse, le roi ne forma son armée que sur deux lignes. En avant était le connétable avec les escudeiros, pour le défendre, ainsi que sa bannière ; à l'aile droite le bataillon « des amants (ala dos namorados), » avec le drapeau vert, obligés, par leur serment, à défendre sans reculer le poste où ils étaient placés (1). L'aile gauche était composée de Portugais et d'étrangers ; il y avait entre autres quelques archers anglais, deux cents cavaliers en totalité, autant qu'on en comptait à l'aile droite. En arrière, des besteiros et des fantassins étaient disposés sur deux ailes, de manière à soutenir la cavalerie et à nuire à l'ennemi ; un espace moyen séparait l'avant-garde de l'arrière-garde, dont l'extrémité, formée de fantassins et de besteiros, pouvait se lier au premier corps. Là se tenait le roi avec sept cents lances, entouré de sa garde du corps ; là était la bannière royale avec la garde chargée de la défendre. L'arrière-garde s'appuyait aux bagages, où l'on voyait les pages avec les chevaux, les bêtes de somme avec les vivres et les valets. Des fantassins et des besteiros couvraient les derrières et les flancs de l'arrière-garde.

L'armée castillane était placée à deux portées de trait, d'après Lopes (2), l'autorité la plus certaine ; elle comprenait huit mille cavaliers, six mille lances et deux mille ginetes, huit mille besteiros et quinze mille fantassins, en tout trente-neuf mille hommes, nombre qui ne paraîtra pas exagéré, si l'on réfléchit que le roi, pour cette campagne importante, avait convoqué toute la noblesse de Castille et de Léon avec ses vassaux ; que l'infant don Carlos, beau-frère du roi, lui avait amené beaucoup de guerriers de la Navarre ; que la plupart des principaux fidalgos de Portugal, ceux qui n'étaient pas restés pour commander dans les places fortes, combattaient à côté de lui, et qu'en outre beaucoup de Français (Béarnais et Gascons) étaient à sa solde. La quantité de valets, les files de voitures, de bêtes de somme occupaient un espace à perte de vue, de sorte que la vieille légende, d'après laquelle l'armée de Castille aurait été forte de quatre-vingt-sept mille hommes, et celle de Portugal de onze mille, en tenant compte des pages, des valets, des conducteurs et charretiers, etc., ne paraît pas si incroyable (1). Ainsi, à l'avant-garde seulement, les Castillans purent placer seize cents lances, et à chaque aile sept cents cavaliers, parmi lesquels des nobles du plus haut rang et tous les fidalgos portugais qui se pressaient aux premiers rangs, afin de se montrer au roi Juan en vassaux fidèles et valeureux. Car tous ces guerriers si nombreux étaient complètement armés ; les brillants ornements, les magnifiques ciselures annonçaient le rang et la richesse des chevaliers espagnols et français. Tout paraissait se réunir pour décourager les Portugais, dont plusieurs manquaient d'armure complète. Mais leurs poitrines valaient des remparts d'acier, et dans leurs regards brillait une allégresse qui, dit mossem Jean de Monferrara au roi João, donnait l'assurance de la victoire, une allégresse que, dans les sept batailles rangées auxquelles il avait assisté, il n'avait jamais vue exprimée par quelques guerriers sur le point d'affronter de si épais escadrons couverts de fer et d'acier. C'était en effet sur cette joyeuse ardeur, sur cette noble confiance que le roi et le connétable comptaient principalement, et qu'ils s'étaient efforcés d'enflammer. Car tandis que celui-ci, parcourant à cheval les rangs de l'avant-garde, essayait de faire partager aux siens les sentiments qui l'animaient, les paroles entraînantes du roi et le feu de

---

(1) *Elucid.*, t. II, p. 168.
(2) *Cronica*, p. II, cap. 37.

(1) Liāo, p. 243.

ses regards répandaient un espoir assuré du triomphe, tous les doutes s'évanouirent, et l'heure du combat était attendue impatiemment. Le pouvoir de la religion et de la foi prêta aussi son secours; l'archevêque de Braga, revêtu de son costume sacerdotal, précédé de la croix, passa devant les rangs, annonçant l'absolution qu'Urbain VI avait accordée à tous ceux qui combattraient les schismatiques (c'est-à-dire les Castillans, adhérents de l'antipape Clement VII). Dans le camp castillan aussi deux évêques et quelques dominicains encourageaient au combat, promettaient l'absolution à quiconque dirigerait ses coups contre les Portugais, et donnaient également à ceux-ci le nom de schismatiques; mais les chefs des Castillans croyaient être si assurés de la victoire, qu'ils regardaient des allocutions aux troupes comme inutiles, traitaient les Portugais de téméraires et d'insensés pour oser attendre des adversaires si supérieurs. Ainsi l'armée, gonflée d'orgueil, s'avança contre les faibles divisions objets de ses dédains.

Des deux côtés les trompettes sonnèrent la charge, et les guerriers se précipitèrent aux cris de « Castille et Santiago ! Portugal et saint George ! » Bientôt l'avant-garde portugaise fut criblée de flèches lancées par les innombrables besteiros castillans. En même temps les ginetes castillans firent tous leurs efforts pour forcer la ligne des voitures des Portugais; mais ce fut en vain; elles étaient si habilement rangées qu'il n'y eut pas besoin de les protéger. Les Castillans remarquant que les Portugais combattaient à pied, ce qu'ils n'avaient ni attendu ni désiré, coupèrent à la hâte leurs lances pour les manier plus facilement; mais ils s'en repentirent plus tard. Bientôt l'on abandonna les lances, pour saisir les masses d'armes et les courtes et larges épées (estoques) alors en usage. Le combat était plus acharné autour de la bannière du connétable, à la place où dans la suite il fit construire l'ermitage de Saint-George. Il s'agissait pour les uns de la défense et de l'indépendance de la patrie, de son affranchissement du joug menaçant des Castillans; pour les autres, de l'assujettissement d'un petit peuple orgueilleux et rebelle, de la vengeance à tirer de défaites humiliantes, de pertes douloureuses. On espérait, avec la masse énorme de guerriers, écraser la poignée de Portugais, et en effet les rangs clairs et faibles de l'avant-garde portugaise ne pouvaient résister aux lignes étendues et profondes de la première division castillane; ils furent percés. Bientôt une large trouée livra passage à la plus grande partie des assaillants, la bannière de Castille vint flotter à côté de l'étendard du souverain de Portugal. Là se porta tout le poids de la bataille; redoublant d'efforts, les ailes de l'armée portugaise conduites, l'une par mem Rodriguez, l'autre par Antão Vasques, fondirent sur les Castillans qui avançaient, et se maintinrent vigoureusement entre les premières et les dernières lignes. Plus les Castillans étaient animés par leurs progrès, plus les ailes portugaises déployaient d'énergie pour les contenir, et les deux partis se heurtaient avec fureur, le choc retentissait avec un bruit effroyable. Les Castillans dirigeaient principalement leurs coups sur l'aile où se trouvaient les namorados, qui souffrit le plus. Lorsque le roi vit les premiers rangs enfoncés et le connétable serré de si près, il s'élança avec la bannière royale. « En avant, chevaliers ! l'entendit-on crier de sa voix puissante ; saint George, Portugal, je suis le roi ! » Son armure ne le distinguait pas des autres. Parvenu à l'endroit où son compagnon d'armes était comme accablé, il mit pied à terre, jeta sa lance, et se mit à jouer habilement et vigoureusement de la hache, « comme un chevalier qui brûle d'acquérir de l'honneur avec son bras (1). » « Le roi fit des prodiges de valeur, et abattit trois ou quatre des principaux adversaires, en sorte que tous le redoutèrent (2). » Il n'échappa qu'avec peine

---

(1) Lião, p. 254.
(2) Froissart, liv. III, cap. 21, dans la *Collec-*

au coup de la mort. Cependant la lutte devenait toujours plus sanglante, et la fureur des combattants allait toujours croissant. Alors, au fort de la mêlée, la bannière royale de Castille fut abattue; les Castillans virent disparaître le signe auquel ils se ralliaient; quelques-uns cédèrent, et l'on entendit crier : « les Castillans fuient, ils s'enfuient ! » C'était vrai. Lorsque le roi de Castille vit son étendard renversé, beaucoup des siens culbutés, d'autres saisir des chevaux où ils les trouvaient, s'élancer dessus et s'enfuir, il résolut aussi, avant la perte complète de la bataille, de sauver sa personne. Son mayordomo major, Pedro Gonzalves de Mendoza, qui, prévoyant l'issue de la bataille engagée contre son avis et celui des vieux chevaliers, ne s'était pas éloigné de ses côtés, pour l'assister en toute circonstance, l'enleva de la mule qu'il montait à cause de son état maladif, le plaça sur un cheval, et le mit hors de danger. En vain le roi l'engagea à ne point retourner au combat, en vain les fuyards l'avertirent que tout était perdu. « Je veux, dit Mendoza, mourir en combattant, afin que les femmes de Guadalajara ne puissent pas me reprocher d'avoir mené leurs maris et leurs fils à la mort, et d'être moi-même revenu sain et sauf. » Il courut donc se précipiter dans la mêlée, où il périt glorieusement en combattant.

Déjà une grande partie de la cavalerie castillane et de l'infanterie couvrait le champ de bataille; presque tous les Portugais qui en étaient venus les premiers aux mains avec les Castillans avaient succombé, lorsque le roi ordonna au connétable de courir à l'aide de l'infanterie de l'arrière-garde serrée de très-près. Là le grand maître d'Alcantara, Nuñez de Gusman avait pris en flanc avec sa cavalerie légère les archers portugais et l'infanterie qui protégeaient les bagages. Mais les Portugais se défendirent si vaillamment que la cavalerie du grand maître, loin de les entamer, subit elle-même des pertes. Elle préserva même ses ennemis d'un grand danger; car, si l'infanterie portugaise avait envie de fuir, elle l'en empêcha, et la réduisit à faire une résistance désespérée (1). L'apparition de l'invincible connétable au milieu des archers enflamma de nouveau leur courage; leur attitude était si menaçante, que la cavalerie castillane n'osa plus s'approcher. Ainsi l'arrière-garde des Portugais resta intacte, et les ailes purent avec toutes leurs forces achever la défaite de l'avant-garde castillane maintenant entièrement découverte (2). Les Castillans perdirent tout es-

———

(1) « E aun segund dicen, ovo otro danno, dit un témoin oculaire, le Castillan Ayala, que los peones de Portugal fuyeran, salvo por los de caballo de Castilla que estaban à sus espaldas de aquella parte, é non podian salir : e asi forzadamente se avian a defender é pelear. E esto es contra buena ordenanza que los antiguos mandaron guardar en las batallas, que nunca ome debe poner à su enemigo en las espaldas ninguna pelea por le dar lugar para foir. « *Cronica del rey D. Juan el primero*, ann. 1385, cap. 14. »

(2) Sur ce point les rapports des Castillans diffèrent de ceux des Portugais. Les premiers soutiennent qu'un fossé, un enfoncement empêcha les ailes de leur armée de venir au secours de l'avant-garde, qui, abandonnée et luttant seule contre l'avant-garde et les deux ailes des Portugais, avait eu du désavantage contre toutes ces forces réunies. « Los de la avanguarda, dit Ayala (*Chron.*, ann. 1385, cap. 14, p. 234), tenian grand aventaja, ca todos, con ayuda de los peones que tenian en las sus alas, peleaban con la avanguarda de Castilla sola : e los de las dos alas de Castilla non peleaban, ca non pudieron pasar las valles que tenian delante. » Le roi Juan Ier donne les mêmes raisons dans une lettre aux autorités municipales de Murcia (datée de Sevilla, le 29 août 1385, dans les *Discursos historicos* de Murcia de Francisco Cascales, p. 196), dans laquelle, annonçant la nouvelle de sa défaite, il en attribue la cause principale à la position défavorable de son armée : « 1° Un monte cortado, que les daba hasta la cinta; 2° la frente de su batalla una cava tan alta como un hombre hasta la

———

tion des *Chroniques françaises*, par A. Buchon, t. IX, p. 419.

poir et toute envie de combattre (1) ; et, lorsqu'en échappant aux coups du roi, ils virent de tous côtés leurs gens vaincus, et des files de leurs frères couvrant le champ de bataille, ils furent saisis de la crainte d'un funeste destin, et s'enfuirent. En peu de temps, les vainqueurs restèrent seuls sur le théâtre du carnage. Les fuyards s'échappèrent, chacun le mieux qu'il put, de diverses manières ; mais la plaine découverte offrait peu d'arbres ; la nuit en arrivant les favorisa davantage. Le lendemain, ils se virent en outre exposés aux poursuites des paysans, qui égorgeaient sans pitié les malheureux égarés et sans défense, là où ils les trouvaient ; les plus cruels envers eux furent les Portugais qui avaient combattu pour la Castille. Même dans les bras d'un parent, d'un ami, qui implorait grâce pour eux, les infortunés, grands ou petits, capitaines ou soldats, étaient immolés sans merci ; et Diego Alvares Pereira ne fut préservé ni par sa qualité de frère du connétable, ni par la protection du roi, qui l'avait remis à la garde d'Egas Coelho ; il fut massacré sous les yeux de son gardien. Les malheureux, désarmés, n'auraient pu trouver quelque sûreté, mais en tombant dans la captivité, qu'au milieu de l'armée des Portugais, qui, suivant l'usage de ces temps, resta plusieurs jours en position sur le théâtre de sa victoire.

Épuisé par de prodigieux efforts, le roi s'était étendu sur un mauvais banc pour se reposer jusqu'à ce qu'on lui amenât un cheval. Alors vint Antão Vasques de Almada avec la bannière royale de Castille qu'il agitait en dansant, et qu'il présenta au roi. João se prit à rire, et lui ordonna de la garder. Bientôt après, un page du roi amena un prisonnier castillan de Madrid, qui s'était déguisé pour ne pas être reconnu. Le roi le fit monter sur une mule, et parcourut avec lui le champ de bataille, pour apprendre de lui le nom des principaux Castillans restés morts sur le terrain. A la vue du cadavre d'un compagnon d'armes son ami, le chevalier castillan gémit profondément, s'excusant de remplir plus longtemps la pénible mission qu'on lui avait imposée. Le nombre des morts était très-grand ; on y comptait seulement deux mille cinq cents porte-lances (1). Les fantassins y figuraient en quantité proportionnelle. Beaucoup de gens de pied, qui avaient échappé à la défaite, trouvèrent encore leur ruine en chemin dans le long espace à franchir jusqu'à la frontière de Castille. Les principaux capitaines, les guerriers les plus valeureux de l'armée castillane, sortis

---

garganta ; 3° que la frente de su esquadron estaba tan cercada por los arroyos que la tenian al rededor, que no habia de frente de trecientas y quarenta à quatrocintas lanzas. » Le roi, qui se trouvait indisposé, qui se fit porter dans une litière, puis sur une mule, et qui s'enfuit des premiers du champ de bataille, avait-il vu cela de ses propres yeux, ou bien ses gens lui en avaient-ils rendu compte ? Les historiens portugais démentent cette circonstance d'un enfoncement dans le terrain ; ils disent que le champ de bataille était dégagé, offrait une surface plane, « como hoje se ve do mesmo lugar da batalha, » ajoute Nun. de Lião (p. 150). Au reste cette diversité des rapports n'affecte pas le fait principal tel qu'il est présenté ci-dessus, mais seulement son explication.

(1) On ne peut laisser passer une remarque faite en cette occasion par Froissart : « Voir (vrai) est que à cheval de première venue ils sont de grand bobant (orgueil) et de grand courage et hautain et de dur encontre à leur avantage, et se combattent assez bien à cheval. Mais si très tôt comme ils ont jeté deux ou trois dardes et donné un coup d'épée et ils voient que leurs ennemis ne se déconfissent point, ils se doutent (s'effrayent) et retournent les freins de leurs chevaux et se sauvent qui sauver se peut ; encore jouèrent-ils de ce tour et de ce métier là : car ils trouvèrent leurs ennemis durs et forts et aussi frais à la bataille que doncques que point en devant ne se fussent combattus en la journée dont ils en furent plus émerveillés et ébahis. Chronique, l. III, c. 21, dans la Collection des Chroniques nationales françaises, par J.-A. Buchon, t. IX, p. 419.

(1) D'après Fern. Lopes, Cron. del rey João, P. II, c. 37.

pour la plupart de la Castille, périrent à cette fatale journée ; leurs noms remplissent des pages entières dans les chroniques castillanes et portugaises. Toutes les familles de Castille se couvrirent de deuil ; pas une maison qui n'eût à pleurer un père, un seigneur, des fils, des frères, des parents.

Des nobles portugais, dont il n'y avait pas beaucoup à côté du roi, très-peu avaient succombé. Il ne périt environ que cent cinquante fantassins, encore ceux-ci ne restèrent pas tous sur le grand champ de bataille ; plusieurs furent tués plus tard dans un combat engagé pour l'argenterie et la chapelle du roi Juan, qu'un certain nombre de Castillans s'étaient obstinés à défendre.

Les vainqueurs se saisirent d'un riche butin en or, en argent et en objets mobiliers d'un grand prix, en armes et en chevaux ; car le roi et les grands s'étaient pourvus abondamment de toutes les commodités de la vie, non point pour une courte campagne, mais pour un long séjour dans un royaume où ils se proposaient de mener joyeuse vie à l'avenir, comme les nouveaux seigneurs de cette seconde patrie.

Telle fut l'issue de la bataille qui prit son nom du petit hameau d'Aljubarrota, situé non loin du théâtre de la lutte, et qui lui a donné une célébrité impérissable. Ce fut l'action la plus mémorable entre des armées chrétiennes sur la Péninsule. La supériorité incomparable des forces du parti vaincu ; la jeunesse des deux chefs victorieux, opposée à tant de guerriers signalés, éprouvés par des campagnes antérieures ; les courts instants qui suffirent pour décider l'action (une demi-heure), la grandeur du prix disputé (il s'agissait de deux royaumes et de l'indépendance du Portugal), toutes ces circonstances assurent à la bataille d'Aljubarrota l'intérêt de la postérité.

Tandis que le deuil s'étendait sur toute la Castille, on se réjouissait en Portugal. Lisbonne surtout était livrée à des transports d'allégresse ; « car la ville aimait le roi comme une mère son fils, et voyait en lui son ouvrage (1). » Ses citoyens l'avaient élu pour defensor, l'avaient déterminé à rester au milieu d'eux, et avaient contribué, plus que tous les bourgeois des autres villes, à l'élever au trône. Ils devaient craindre d'autant plus celui qui prétendait à ce trône, et dont la vengeance menaçait la ville de destruction. Leur destin était étroitement uni au sort du roi, la cité subsistait ou tombait avec lui. Les habitants de la capitale avaient donc suivi de leurs vœux ardents et de leurs vives alarmes le roi partant pour une lutte qui allait décider de leur existence politique comme de la sienne. Ils avaient, dans des processions solennelles et des prières publiques, imploré l'assistance du Très-Haut, et, dans les réunions des autorités municipales, des hommes pleins de lumières et de piété avaient pensé à profiter du moment de la noble exaltation du peuple pour détruire, par des défenses, d'anciennes coutumes choquantes et superstitieuses. Par un statut arrêté dans une assemblée dans la chambre de Lisbonne, le 14 août 1385 (jour de la bataille d'Aljubarrota), furent interdites, dans la ville et sa banlieue, toutes les sorcelleries, conjurations diaboliques, les signes magiques, interprétations de songes, prédictions, moyens surnaturels contre les maladies des hommes et des animaux, sous peine de bannissement de la ville et de son territoire (2). On défendit aussi les chants de nouvelle année (janeiras), de planter des mais (mayas), de jeter de la chaux aux portes le 1er janvier, etc. Quiconque, pour les mascarades de ces *janeiras* et de ces *mayas*, prêtait des habits, des parures ou des ani-

---

(1) Lião, p. 265.

(2) Dix-huit ans plus tard, 19 mars 1403, le roi rendit pour tout le royaume cette ordonnance : « Que personne, pour chercher de l'or, de l'argent et d'autres biens, ne se permette d'employer des baguettes divinatoires, de tracer un cercle magique, de regarder dans un miroir pour prédire l'avenir, sous peine de fustigation publique. « *Ordenaçoens do senh. rey D. Affonso V*, l. v, t. 42.

maux, devait les perdre. On proscrivit aussi, comme une pratique païenne, l'usage de s'arracher les cheveux à la mort d'un parent, quel que fût le degré de proximité du défunt ; l'infracteur de cette ordonnance devait payer trente libras, et garder le mort chez lui pendant huit jours. Deux fois par an, des enquêtes devaient être faites sur ce genre de délits. En même temps, l'on s'occupa sérieusement à mettre un frein à l'immoralité ; on prit des mesures sévères contre « un péché très-commun dans cette ville, le concubinage d'hommes mariés (barreguice), si pernicieux pour la ville, si abominable aux yeux de Dieu, si destructif pour les corps et pour les âmes. » Nul homme marié ne pouvait entretenir une *barregaa* sous peine de cinquante libras, pour la première infraction, de cent libras pour la récidive, et de la perte de tous ses biens meubles et immeubles, confisqués au profit de l'épouse légitime, en cas de persistance dans ce scandale. En outre, tout blasphème contre Dieu, la Vierge et les saints fut défendu, et l'on recommanda rigoureusement l'observation des dimanches et des fêtes (1). Ainsi l'inquiétude et la crainte servirent à la bourgeoisie de Lisbonne à réprimer la superstition et l'immoralité. Lorsque retentit la nouvelle de la victoire du roi, l'on répéta, dans l'effusion de la joie, ce qui avait été d'abord dicté par la crainte. Des hommes et des femmes de toutes les classes se rendirent nu-pieds en pèlerinage à Nostra-Senhora da Escada, alors lieu de dévotion le plus fréquente ; et, comme on avait fait des vœux solennels avant la bataille, maintenant, pour la commémoration éternelle de la victoire d'Aljubarrota, on institua une procession annuelle à Nostra-Senhora da Graça, et une prédication dans la cathédrale, où serait racontée la bataille merveilleuse et glorifié le triomphe. Bientôt suivirent les réjouissances. Les autres villes, même celles occupées par les Castillans, se joignirent aux manifestations générales. Le Portugal célébra la fête de sa résurrection.

Toutefois son indépendance n'était nullement à l'abri de tous les coups, et la lutte n'était pas arrivée à son terme. Le silence de mort qui régna en Castille après la défaite pouvait annoncer la méditation de la vengeance, et cette passion, plus violente encore que la convoitise d'une seconde couronne, pouvait amener de nouveau les dangers et les tempêtes sur le Portugal. Néanmoins, à un examen plus sérieux, on pouvait, d'après l'issue de la bataille d'Aljubarrota, prévoir la conclusion de la guerre. Le plus noble sang de la Castille avait été versé. L'épuisement et le découragement, suites nécessaires d'une telle catastrophe pour les Castillans, le juste sentiment d'orgueil, l'exaltation des Portugais sous la bannière triomphante de leur grand maître et de leur roi, tout cela donnait aux entreprises ultérieures une tendance vers une décision absolue, dont les causes nécessaires se manifestaient à tous les regards.

L'historien n'a besoin de marquer ce cours des choses que par de légères indications. L'intérêt faiblissant se relève parfois encore, moins par des événements importants que par des exploits qui, sans entraîner de grandes conséquences, attirent le lecteur par leur propre éclat et le mérite du merveilleux qui est en eux-mêmes.

---

(1) Sylva, *Memorias*, t. IV. Collecç. dos Documentos, Doc. 37. Fern. Lopes, *Cronica del rey D. João I*, P. II, cap. 4.

ÉPOQUE II, LIV. I, CHAP. II.

Conséquences immédiates de la bataille, événements qui la suivent.

Fuyant sans s'arrêter, accompagné seulement de quelques serviteurs, le roi de Castille malade arriva dans le milieu de la nuit à Santarem (onze grandes legoas d'Aljubarrota), abattu, épuisé de force et de courage. Là, ne se croyant pas encore en sûreté, quoique la ville et la forteresse fussent encore entre les mains des Castillans, dans la même nuit il monta sur une barque, avec un petit nombre de ses gens, et descendit le fleuve vers Lisbonne, et arriva dans le port le 15 août; il prit quelque repos sur un vaisseau, et le 17 août une galère, suivie de trois autres, le conduisit à Séville, où il eut soin de ne débarquer que de nuit, le 22 août (1). Lorsque, le lendemain matin, se répandit la nouvelle de l'arrivée du roi, avec les circonstances de sa fuite, de la ville entière s'élevèrent de bruyantes lamentations, qui se renouvelèrent chaque jour, et déterminèrent le roi, accablé d'humiliations, à transporter sa résidence à Carmona. Il afficha sa propre douleur en prenant des vêtements de deuil, et faisant mettre partout des tentures noires dans ses appartements.

Le lendemain de la bataille, le grand maître d'Alcantara, Nuñez de Gusman, suivant les traces de son maître, était arrivé aussi à Santarem avec les débris de sa cavalerie, et, n'y trouvant plus le roi, il avait aussitôt franchi le Tejo pour rentrer en Castille. A Santarem, tous les Castillans et les adhérents du roi, le commandant et la garnison de la place, environ trois mille cavaliers, avec un assez grand nombre de fantassins, se rallièrent à lui; Santarem et sa citadelle furent affranchies de nouveau.

Lorsque le roi de Portugal y entra, tous les Castillans étaient déjà partis. Pour satisfaire aux coutumes du temps, il s'était tenu trois jours et trois nuits sur le champ de bataille, jusqu'à ce que l'air, empoisonné par les exhalaisons des nombreux cadavres sous les rayons ardents du soleil, le contraignit à décamper. Ensuite il se mit en marche avec l'armée, se dirigeant par Alcobaça vers Santarem, tout couvert de gloire; il aurait pu aussi se charger de butin, mais il le dédaigna, ainsi que le connétable, et laissa à chacun ce qu'il avait enlevé. A Santarem, il fut reçu avec des transports de joie; la plus profonde émotion agitait surtout le grand maître de l'ordre du Christ, le prieur des chevaliers de Saint-Jean et le frère du connétable, Rodrigo Alvares Pereira, qui, tombés entre les mains de l'ennemi à la journée de Torres Vedras, avaient été gardés en ce lieu. Quand le roi apprit que les églises et les couvents étaient pleins de Castillans qui n'osaient pas les quitter, et qu'en outre une grande quantité de prisonniers étaient accablés de misère, manquant de vivres et même d'eau à boire, il ordonna de les laisser aller tous sans rançon, et de leur donner des saufs-conduits jusqu'à la frontière. En même temps, le roi mit à profit son séjour à Santarem, pour récompenser par des dons en argent, en terres et en châteaux, ceux qui s'étaient le plus signalés dans la bataille. Il proposa de décorer du titre de comte, le plus brillant qui pût parer un fidalgo, le héros auquel il devait le plus de reconnaissance, et qu'il chérissait le plus; mais le connétable ne voulut accepter cette distinction que si, durant sa vie, le roi daignait ne revêtir aucun autre de cette dignité. João le promit. Ainsi Nuno Alvares Pereira devint comte d'Ourem et propriétaire de toutes les maisons, les terres et les revenus qu'avait possédés le comte João Fernandes (1). C'était la

---

(1) Ayala, ann. 1385, cap. 15.

(1) L'acte de concession attribue au connétable : «....Comitatum de Ourem, cum omnibus terris, villis et locis, quas Joannes Fernandus de Andeiro habebat tempore suæ mortis, qualicumque modo... cum omni sua juridictione civili et criminali, mero et mixto imperio...

plus riche concession qu'un roi de la Péninsule eût jamais faite à un vassal qui ne fût pas son fils ou son parent (1). Les grandes qualités de Pereira et les services éclatants rendus par lui à son souverain parurent justifier et même commander une telle marque de gratitude. Le mérite généralement et publiquement reconnu du connétable le mit en général au-dessus de l'envie, et les bons citoyens louèrent le roi de sa munificence.

Cependant Pereira n'était pas homme à pouvoir se reposer sur ses lauriers. Le repos était pour lui la mort. Il ne vivait que par l'action, dans des entreprises et des exploits extraordinaires. Il résolut de profiter du moment où la Castille n'était occupée que de ses pertes et de sa douleur, laissait ses forces dans l'abattement de la terreur (2), pour répandre par de hardis coups de main l'effroi et les alarmes, jeter un nouvel éclat sur les armes des Portugais, et, en tenant en occupation la Castille méridionale, faciliter au roi João l'entier assujettissement du nord du Portugal. Dès le mois de septembre, il convoqua d'Evora les troupes de sa comarca, et, lorsqu'il eut rassemblé mille lances et deux mille fantassins, il fit connaître aux seigneurs castillans des cantons voisins et aux maîtres des ordres de Santiago et d'Alcantara son projet de pénétrer en Castille, afin qu'ils ne pussent dire qu'ils avaient été attaqués à l'improviste. Ils résolurent d'aller eux-mêmes au-devant des Portugais, et se mirent aussitôt sous les armes avec leurs troupes et les contingents des villes d'Andalousie. Mais, avant qu'ils eussent bien pris leurs dispositions, le grand maître avait déjà franchi la frontière portugaise, et enlevé Badajoz sans éprouver de résistance (2 octobre). A Garcia se présenta un trompette, qui au nom des seigneurs castillans le défia au combat, en lui présentant un certain nombre de fouets de la part de chacun d'eux. Le connétable les reçut avec la sérénité qui lui était particulière, fit remercier gracieusement les grands de Castille pour le défi qu'ils lui adressaient, et plus encore pour les fouets avec lesquels il espérait les châtier tous. Il donna cent dobras d'or au héraut. Ensuite il marcha sur Valverde, et, quoique les Castillans se fussent vantés de vouloir aller le chercher sur la frontière, il se trouva bientôt à quinze legoas dans la Castille, sans avoir eu d'engagement avec l'armée ennemie supérieure en nombre et manœuvrant aux environs, à laquelle s'étaient réunies les forces de toute l'Andalousie, avec les contingents de Séville et de Jaen, et des corps considérables d'auxiliaires aragonais. Une partie des Castillans ayant franchi la Guadiana, et le reste étant encore en deçà pour défendre le passage contre les Portugais, dans l'espoir de les défaire en ce lieu, le connétable s'avança contre les derniers. Bientôt sa petite troupe se vit enveloppée par une quantité immense d'ennemis ; on ne pouvait se faire jour que d'un côté. Le connétable pénétra les vues de l'ennemi, disposa aussitôt son avant-garde, les ailes et l'arrière-garde comme pour le combat, plaçant au milieu les voitures, les troupeaux de bêtes à cornes,

---

et cum omni dominio alto et baxo, cum omnibus redditibus, foris, etc... Sicut nos habemus de jure vel de consuetudine... et sicut ea habuerunt reges ante nos... et præcipimus omnibus habitatoribus in dictis villis, ut ei obediant et suis chartis et mandatis, et faciant pro illo sicut faciunt pro nobis... nihil nobis reservando nisi as alçadas, quas ab ipso venerint, quas mandamus ut veniant coram nobis, et correctionem quam mandamus ut corrigant nostri correctores in dictis terris. » Outre le comté d'Ourem, le connétable reçut du roi Villaviçosa, Borba, Evoramonte, Estremoz, Portel, Montemor Novo, Almada, Porto de Moz et plusieurs autres localités, Sacavem et les biens royaux, le serviço (les impôts) que les juges payaient dans Lisbonne, tous les revenus du roi dans la ville de Sylves et dans le bourg de Loule dans les Algarves. Sylva, *Memorias*, t. IV. *Collec. dos Documentos*, Doc. n. 28. Confirmation d'une concession antérieure, *Doc.* num. 29. — Sousa, *Provas*, t. III, pag. 515-518, num. 34, 35, 36.

(1) D'après Ayala, pass. cit., cap. 18. Cela se fit sur l'ordre du roi.

et les prisonniers, fit d'abord passer sa première division, puis alla prendre les deux autres corps, auxquels il fraya la même route à l'aide d'un combat acharné. Sur l'autre rive du fleuve l'attendaient encore dix mille Castillans, qui se retirèrent après un léger engagement. Il était manifeste que, malgré leur grande supériorité, les ennemis cherchaient à éviter une grande bataille décisive, pour laquelle l'occasion et le lieu se présentèrent plusieurs fois. La situation du connétable n'en était pas moins dangereuse, et un Nuno Alvares Pereira, soutenu par sa renommée et ses valeureux compagnons, pouvait seul s'en tirer avec la présence d'esprit et l'héroïsme qu'il déploya en cette circonstance. Il faut faire des efforts sur soi-même pour ne pas suivre cet homme extraordinaire pas à pas, observer ses mouvements, les saillies de sa pensée, les bondissements de son cœur, saisir ses idées soudaines ; on le verrait avec son avant-garde emporter une hauteur occupée par les Castillans, puis en enlever une seconde encore plus fortement gardée, précipiter d'une troisième un ennemi bien supérieur ; puis reprenant haleine après de si prodigieux efforts, voyant son arrière-garde compromise, courir à son aide, la dégager, et regagner au galop les rangs avancés ; apercevant du haut d'une colline escarpée de nouveaux escadrons amenés par les maîtres de Santiago et d'Alcantara, fondre sur ces masses énormes avec son avant-garde ; blessé, entouré de traits et de lances ennemies, il aperçoit de loin son arrière-garde sur le point d'être écrasée, il s'arrache aux adversaires qui le pressent, va sauver de nouveau ses guerriers menacés de destruction, ranime leur courage et disparaît. Un chevalier, détaché de la troupe en détresse à la recherche du chef qu'elle craint d'avoir perdu, le trouve à genoux entre deux rochers, les yeux dirigés vers le ciel, auquel il adressait une fervente prière ; à une faible distance, son page tenait sa monture et sa lance ; le chevalier lui peint la triste situation de ceux qui l'envoient, et n'obtint que cette réponse : « Il n'est pas temps encore ; il faut m'attendre un peu, jusqu'à ce que j'aie prié. » Un second messager lui rend compte du péril des siens, de la mort et des blessures d'un grand nombre ; le connétable ne dit rien, et continue sa prière ; au bout d'un certain temps, il se lève le visage tout resplendissant, va retrouver les siens, et leur inspire un nouveau courage ; ensuite, à la vue de nombreuses bannières ennemies flottant sur le sommet de la montagne, et dominées par l'étendard du grand maître de Santiago, il ordonne à son alferes d'aller planter son drapeau à côté de celui-ci, et lui-même se précipite aussitôt en avant à travers les masses qui naguère étouffaient sa petite troupe, et maintenant s'écartent de lui saisies de terreur ; bientôt, entraîné par l'ardeur du combat avec les ennemis qui s'enfuient, il trouve dans le grand maître un digne adversaire, jusqu'à ce que celui-ci, au moment où ses escadrons sont partout enfoncés, tombe avec son cheval frappé de mort. Sa chute et sa bannière renversée donnent aux Castillans le signal de la dispersion ; le connétable poursuit les fuyards jusque dans la nuit, et le lendemain avec ses compagnons héroïques il reprend, chargé de gloire, le chemin du Portugal. « Des fautes comme celle-ci sont dignes de grâce, » répondit le roi João à Nuno Alvares, qui implora son pardon pour avoir fait sans sa permission une invasion en Castille. Le nombre des Castillans convoqués contre le connétable doit avoir surpassé celui des guerriers qui combattirent près d'Aljubarrota (1). S'il y avait plus de soldats, on y comptait pourtant moins de chevaliers. Leur masse manquait de chefs, d'ordre, de concert, d'unité. En outre, la terreur de la défaite d'Aljubarrota pesait encore sur les Castillans, et paralysait leurs mouvements, tandis qu'à ce nom le Portugais brandissait

---

(1) « E esta fué una grand disaventura entre todas las otras que acaecieron en esta guerra despues que fué comenzada. » Ayala, ann. 1385, cap. 18, p. 240.

ses armes plein d'espérance et d'orgueil. Des lauriers impérissables appartiennent aussi au vainqueur de Valverde. Avant que la Castille pût se relever du coup d'Aljubarrota, elle fut frappée d'un second, qui fit couler moins de sang que le premier, mais agit aussi puissamment sur l'opinion publique; Valverde résonne aussi tristement aux oreilles du Castillan, est invoqué avec autant d'orgueil par le Portugais qu'Aljubarrota.

Le succès de l'invasion entreprise par le connétable donnait maintenant au roi la pleine liberté de ses mouvements, pour recueillir sans empêchement et avec rapidité les fruits de la victoire d'Aljubarrota. La flotte de Castille, qui jusqu'alors avait stationné devant Lisbonne, avait fait voile pour le Guadalquivir, le 13 septembre, avec les adhérents du roi réfugiés à bord, et la plupart des villes et des places qu'avait possédées Juan passèrent maintenant en peu de temps au pouvoir du vainqueur. Avec Santarem qu'il prit d'abord, il soumit bientôt toutes les forteresses de cette comarca. Les commandants avaient péri dans la bataille, ou avaient suivi le roi à Séville; d'autres demandèrent au roi João un sauf-conduit pour se retirer, et lui abandonnèrent leurs bourgs et leurs châteaux sans tirer l'épée. Les choses se passèrent de même dans les comarcas entre Douro e Minho et Tras os Montes, où quelques châteaux forts, et Chaves surtout, étaient encore entre les mains du parti castillan (1). Pour abattre toute résistance et soumettre les lieux encore indociles, le roi João partit de Santarem avec des troupes, marcha d'abord sur Leiria abandonnée par les Castillans, et trouva dans le château beaucoup de joyaux et d'objets précieux de la reine Leonor déposés en ce lieu; puis, prenant la route de Coïmbre et de Porto, il se dirigea contre Chaves, qui fut défendue pour la Castille par un fidalgo portugais. Le siège, commencé en janvier 1385, fut poussé jour et nuit avec une grande activité. Là, dans le voisinage de la Galice et de Léon, João avait l'intention de livrer bataille au roi de Castille, si celui-ci venait au secours de la place réduite aux abois, sinon d'aller avec le plus de forces possible réduire les localités rebelles des environs. A cet effet les villes de Lisbonne, Coïmbre, Santarem et autres furent sommées d'envoyer leurs contingents.

Tandis que João poursuivait les attaques sur Chaves, et attendait les secours demandés, d'un autre point s'ouvrit la perspective d'une assistance qui devait le remplir de joie, et inspirer à son adversaire de vives alarmes. Un chevalier anglais lui apporta la nouvelle que le duc Jean de Lancastre était sur le point de passer en Espagne, afin de faire valoir de nouveau, comme époux de l'infante Constanza, ses droits sur le trône de Castille. Les envoyés portugais que João, après sa nomination comme defensor, avait fait partir pour l'Angleterre, afin de s'assurer de l'amitié de ce pays, y prolongèrent encore leur séjour, et purent donner plus de poids à leurs démarches, lorsqu'ils apprirent l'élévation de João au trône, et, peu de temps après, sa victoire sur le roi de Castille. Leurs instances auprès du duc de Lancastre, pour qu'il mît à profit cet instant, et cherchât à s'emparer de la Castille, furent appuyées par les prières et les larmes de la duchesse. Presque aussitôt le ro d'Angleterre conclut une ligue avec João de Portugal (1), permit au duc de passer dans la Péninsule avec des troupes, et celu - c fit demander au roi de Portugal quelques bâtiments de transport. João reconnut l'importance d'une telle attaque sur le flanc de son adversaire, et donna aussitôt l'ordre d'équiper à Lisbonne douze vaisseaux et six galères (2).

Cependant partirent aussi de Lisbonne les

---

(1) Ayala, ann. 1385, cap. 17.

(1) Thom. Rymer, Fœdera, etc. ed. III, emend. studio G. Homes. Hagæ Com., 1739, vol. III, § 3, pag. 20.

(2) Lião, cap. 65.

troupes demandées par le roi ; le connétable accourut avec les siennes, et les assiégés de Chaves se virent attaqués avec vigueur et sans interruption par des forces considérables. Ils appelèrent Juan à leur secours ; mais lui-même leur conseilla de capituler. Après une résistance de quatre mois, Chaves se rendit ; la garnison se retira en conservant ses armes, mais poursuivie par les huées de la populace. Le roi concéda cette place au connétable.

De là João se tourna contre Almeida, passa la revue de l'armée sur les rives de la Velariça, reconnut qu'elle était maintenant plus nombreuse et mieux armée que les troupes par lui commandées à Aljubarrota, effraya Braganza qui leva la bannière pour lui, passa le Douro et prit Almeida, dont l'importance était grande : car cette place frontière, quoique située dans la plaine, était garnie de fortifications imposantes ; jadis le roi Juan de Castille, au temps du roi Fernando, l'avait assiégée vainement durant six semaines avec les plus puissants moyens militaires ; cette fois elle céda en quelques heures à des assaillants qui n'employèrent contre elle que la lance et l'épée.

Maintenant le roi franchit la frontière pour assiéger Coria ; les Portugais poussèrent leurs courses jusqu'à Plazencia et Galisten. Mais Coria, bien protégée par des murailles et des tours, et défendue par des troupes nombreuses, brava intrépidement toutes les attaques des Portugais (1). Dans leurs rangs régnaient la disette, le découragement et les maladies causées par le voisinage de l'Alagon, sur lequel le camp était établi. Après trois semaines d'efforts inutiles, le roi partit avec l'armée, et regagna le Portugal (1).

Pendant son séjour à Lamego, il reçut avis de l'arrivée du duc de Lancastre, qui, accompagné de son épouse Constanza, de leur fille Catharina et de la princesse Filippa, fille aînée du duc, de son premier mariage, était débarqué avec quinze cents lances et autant d'archers (2), à la Coruña (25 juillet 1386), avait été reconnu comme roi, après son entrée dans Santiago, et bien accueilli par la plupart des grands et des hidalgos de la Galice. Aussitôt que le duc eut foulé le sol castillan, une correspondance active s'engagea entre lui et le roi de Portugal. On convint d'une entrevue à Porto do Mouro, et le 2 novembre les deux princes conclurent une alliance de secours mutuels, dans la grande et magnifique tente que le roi João avait conquise sur son royal adversaire à la bataille d'Aljubarrota. Le roi s'obligea à aider le duc à s'emparer de la Castille, et celui-ci promit de soutenir João en Portugal. Avec deux mille lances, mille besteiros et deux mille fantassins, qu'il se chargea d'entretenir à ses frais pendant huit mois, le roi voulait aider en personne son allié à conquérir la Castille. De son côté le duc s'engageait, aussitôt qu'il serait en possession de ce royaume, à céder au roi de

---

(1) Ce fut là que le roi João, mécontent des services fournis par quelques chevaliers portugais, un jour en plaisantant à demi laissa tomber cette remarque : « Aujourd'hui nous aurions eu bien besoin des bons chevaliers de la table ronde ; s'ils avaient été avec nous, nous aurions pris la place. » Blessé par ces expressions, l'un des fidalgos présents, Mem Rodrigues de Vasconcellos, répondit aussitôt au roi : « Seigneur, ce n'étaient pas les chevaliers de la table ronde qui nous manquaient ici ; voilà Martin Vasques da Cunha, qui vaut bien Galaad, Gonçalo Vasques Coutinho, qui est aussi bon que Tristram, João Fernandes Pacheco, qui vaut bien Lancelot (et il continua ainsi ses comparaisons) ; enfin moi-même, je m'estime au niveau de Key ; les chevaliers ne nous ont donc point manqué, comme vous le disiez ; mais c'est le bon roi Arthur qui nous faisait défaut. » Là-dessus João dit qu'il n'avait pas excepté le roi, attendu que celui-là était aussi bon chevalier de la table ronde que chacun des autres ; ensuite il donna un tour ironique à la conversation, et la porta sur un autre sujet.

(1) Ayala, ann. 1386, cap. 5. Lião, cap. 66.
(2) Ayala, ann. 1386, cap. 6. D'après Fernando Lopes, deux mille lances et trois mille archers sur une flotte de cent quatre-vingts galères.

Portugal certaines localités avec leurs banlieues, et de lui rembourser les frais des armements et de la campagne ; le mariage de João avec la fille aînée du duc, la princesse Filippa, devait sceller l'union. Aussitôt les alliés se préparèrent afin de pénétrer de concert, avec leurs forces, en Castille, dans les premiers jours du printemps, comme on en était convenu ; en même temps se firent les apprêts des fêtes du mariage. Le royaume retentissait du bruit des armes et des préparatifs militaires ; on entendait en même temps, sur tous les points, des vœux et des félicitations ; on s'agitait, dans les églises et les maisons, pour disposer la consécration de l'œuvre pacifique. Le 11 février 1387 se célébra le mariage projeté, dans la cathédrale de Porto, avec une grande pompe ; puis le roi fit monter une maison à la reine, lui assigna les revenus nécessaires, et forma sa cour de nobles anglais et portugais.

Au milieu de ces dispositions, des fêtes et des tournois qui suivirent le mariage, le moment fixé pour attaquer la Castille était passé, et l'on se hâta d'ordonner le départ. La reine prit congé de son père et de son époux, et se rendit à Coïmbre, afin de surveiller les affaires du gouvernement, de concert avec les desembargadores et les prélats que le roi lui avait adjoints. Le 25 mars, João se mit en marche avec trois mille lances, deux mille besteiros et quatre mille fantassins, c'est-à-dire avec plus de troupes qu'il n'était obligé d'en fournir, par une sage prévision pour sa sûreté, dans le cas où une réconciliation du duc avec le roi de Castille amasserait tout à coup des dangers sur sa tête. Le duc ne comptait que six cents lances et un petit nombre d'archers, tristes débris des forces redoutables qu'il avait amenées en Galice, et qui s'étaient fondues en ces lieux par les épidémies, les combats et les embuscades (1). Après avoir passé le Douro sur un pont de bateaux, les alliés, laissant Alcanizes, première place castillane, s'avancèrent contre Benavente de Campos, grande ville entourée de murailles, à quatorze legoas de la frontière. Cependant le roi de Castille, privé de ses meilleurs guerriers par la dernière défaite, avait envoyé tout ce qu'il avait pu réunir de Castillans et de Français à Benavente, Villalpando, Valenza et vers d'autres points menacés ; et tout préoccupé de la défense de son royaume, ayant la conscience de son épuisement, il paraissait devoir éviter une bataille (1). Benavente, défendue par une forte garnison, opposa une résistance obstinée à l'armée portugaise, qui ne conduisait avec elle aucune artillerie de siège, et fut abandonnée au bout de huit jours par le roi João. En revanche, il soumit plusieurs lieux ouverts et quelques places entourées de murailles dans les cantons environnants, et parut devant Villalobos, qui était fortement occupée. Tandis que le camp était assis en ce lieu, il arriva que dix-huit chevaliers portugais, ayant à leur tête Martim Vasques da Cunha, égarés par un épais brouillard, donnèrent au milieu de quatre cents cavaliers castillans et d'une nombreuse infanterie. Aussitôt qu'ils se reconnurent, ils occupèrent une petite élévation dans la plaine, descendirent de leurs montures, qu'ils attachèrent autour d'eux, et se placèrent eux-mêmes au centre de ce cercle, serrés l'un contre l'autre et la lance au poing. Maintenant on se dit qu'il serait nécessaire de donner avis de leur situation à

---

(1) Ayala, ann. 1387, cap. 1, 2.

(1) « Por las quales razoues los de nuestro consejo, è los nuestros caballeros son de parecer, que al presente non diesemos la batalla à nuestros enemigos, sino que les ficiesemos guerra à la larga, etc. » dit le roi João lui-même, dans une lettre à la ville de Murcia (Cascales, *Disc.* VIII, cap. 17) ; et Ayala (dans la *Cron. del rey D. Juan el primero*, ann. 1386, cap. 8) : « E lo que fincò deste invierno estovo el rey de Castilla en ordenar todas las cosas que cumplian para defendimento del regno : cà el non tenia voluntad delo poner por batalla estonce ; mas solamente guerrear, é defender el regno. »

ceux du camp ; mais nul ne voulut se charger du message, chacun prétendit qu'il devait combattre. Alors un escudeiro, Diego Pires do Avellal, demanda « quelle serait l'action la plus digne d'éloges et la plus valeureuse : aider ici à soutenir le combat, ou bien traverser cette masse d'ennemis pour aller au camp chercher du secours ? » Toutes les voix s'accordèrent pour exalter le dernier parti. « Puisqu'il en est ainsi, reprit l'escudeiro, je vais l'embrasser. » Aussitôt il saute à cheval, et s'élance au milieu des ennemis. Mille traits sont dirigés contre lui ; aucun ne l'atteint. Couché sur son cheval, il perce les rangs ennemis, échappe sans blessure, et porte l'avis au camp. Cependant les Castillans avaient enveloppé l'élévation, où ils lançaient des nuées de traits ; mais ils n'atteignirent que les chevaux et les bêtes de somme, dont plusieurs tombèrent. On n'osait s'approcher de près, parce que les Portugais renvoyaient sur les plus braves les traits venus des Castillans. Ainsi quarante Castillans et beaucoup de chevaux furent tués, tandis que les Portugais perdirent un seul champion, qui fut frappé en quittant le cercle pour aller ramasser des traits. Peu à peu le brouillard s'était dissipé, et les Castillans virent une troupe s'avancer du camp sous la conduite du connétable ; ils se retirèrent bien vite. Bientôt après Villalobos se rendit.

Malgré cette conquête et quelques brillants exploits, le roi João ne put se dissimuler que cette campagne n'était ni heureuse ni glorieuse, et que de cette manière, avec de tels moyens, il n'atteindrait pas son but. Aucune des places dont on s'était approché, que l'on avait sommée, ne s'était rendue volontairement ; aucune des villes situées plus au centre du royaume ne se montrait disposée à reconnaître le duc pour roi. Enlever successivement les villes une à une, et soumettre ainsi le royaume, c'était une entreprise indéfinie, et d'ailleurs inexécutable avec les faibles forces dont les alliés disposaient : la petite armée, manquant de vivres, et atteinte par les maladies, s'amoindrissait chaque jour. Le roi de Castille au contraire, encore bien qu'épuisé pour le moment, régnait sur un grand royaume, et possédait en réalité de grandes ressources ; il pouvait facilement se relever. Ses relations d'amitié avec la France lui avaient déjà procuré de nombreux auxiliaires de ce royaume, et en ce moment même il attendait l'arrivée de mille cavaliers (1). Le roi savait tout cela, et le représentait au duc. « Il ne nous reste que deux voies, dit-il, ou bien lever plus de soldats en Angleterre, ou faire un accommodement avec le roi de Castille. » Le duc crut voir les meilleures chances dans le dernier parti. Déjà, lorsqu'après son débarquement il avait fait sommer par un héraut le roi de Castille de reconnaître ses droits sur ce royaume, Juan lui avait fait proposer, par une ambassade que le duc reçut dans Orense, un mariage du prince royal de Castille avec Catharina, fille unique de la duchesse Constanza, fille du roi Pedro de Castille ; ce projet, sans déplaire au duc, avait été mis de côté à cause de l'alliance avec le roi de Portugal ; mais il pouvait facilement être repris. Dans cet état de choses, on résolut de regagner le Portugal, sans toutefois rien faire qui annonçât l'intention de terminer la guerre. Les alliés, en opérant leur retraite, ne revinrent point sur leurs pas ; le 15 mai, ils passèrent le Douro à gué, non loin de Zamora ; harcelés par l'ennemi, ils parvinrent entre Salamanca et Ledesma, et, laissant de côté Ciudad Rodrigo, ils atteignirent Almeida, première place portugaise. Tandis que le connétable se tournait vers l'Alemtejo, pour protéger cette province, le roi entreprit un pèlerinage à Nostra-Senhora da Oliveira de Guimaraens, ainsi qu'il en avait fait vœu avant son irruption en Castille.

Le duc aspirait au moment de voir sa fille à Coïmbre. Sur sa route, il fut atteint à Trancoso par les envoyés du roi de Castille, chargés d'offres pacifiques. Le roi Juan fai-

---

(1) Ayala, ann. 1386, cap. 9 et 10.

sait de nouveau proposer au duc le mariage de sa fille Catharina avec l'héritier du trône de Castille, et promettait de céder à la princesse certaines villes et localités de la Castille en douaire, de payer au duc six cent mille francs d'or comme indemnité ; en échange, le duc et son épouse devraient renoncer à toute prétention sur la Castille, et déposeraient le titre royal dont ils s'étaient parés. Afin que l'on pût agiter de plus près les conditions, le duc était invité à se rendre à Bayonne, qui alors appartenait au roi d'Angleterre. Là des plénipotentiaires du roi de Castille pourraient conclure le traité en forme avec le duc. Il en fut ainsi. Après avoir fait une visite à sa fille à Coïmbre, le duc s'embarqua vers la fin de septembre à Porto avec sa famille, et au bout de quelques jours il était à Bayonne (1), assez loin du roi de Portugal pour être soustrait à son influence immédiate, suivant les vues du roi Juan. Fils et successeur d'un roi qui s'était saisi violemment de la couronne, Juan ne regardait pas sa dynastie comme assez affermie sur le trône de Castille pour être inébranlable contre les secousses dont la menaçait la branche encore subsistante de la maison renversée. Quoique le duc eût obtenu si peu de succès dans ses efforts pour soumettre la Castille, le roi Juan ne devait pas moins songer sérieusement à se réconcilier avec un dangereux rival, et, pour s'assurer d'une possession encore incertaine, il ne devait pas reculer devant les sacrifices. Son autre adversaire, le roi João, demandait seulement ce que le roi de Castille avait à peine occupé, un objet sur lequel il avait des droits bien douteux, et qu'après la malheureuse journée d'Aljubarrota, dans son état de détresse désespérée, il avait abandonné. João ne réclamait et ne pouvait pas réclamer la couronne de Castille ; si de la défense du Portugal il était passé à l'attaque des Etats de son ennemi, c'était seulement pour l'effrayer, afin de délivrer l'extrémité occidentale de la Péninsule, et d'en garantir la sécurité. Il exigeait et maintenait ce qui était à lui, ou ce qu'il appelait son bien, et, si on lui en laissait la jouissance incontestée, il cesserait aussitôt d'attaquer les possessions de son voisin. Quelques personnes lui conseillant d'épouser Catharina au lieu de Filippa, et lui faisant entrevoir la perspective de la couronne de Castille, il répondit, « que ce serait là un mariage gros de querelles; que le contracter, ce serait vouloir ne jamais sortir de la guerre ; qu'après avoir formé de tels liens on ne pourrait renoncer à une acquisition telle que le royaume de Castille, sans être taxé de lâcheté, et imprimer sur son front une flétrissure éternelle; mais que lui était résolu, après avoir triomphé de son ennemi, à continuer seulement jusqu'à ce qu'il eût repris ce qui lui avait été enlevé, et qu'il fût assuré de vivre en paix ; qu'alors il se consacrerait tranquillement à gouverner son royaume avec équité (1). » Dès ce temps le roi exprima la pensée qu'un mariage de Catharina avec le prince des Asturies pourrait accommoder la malheureuse querelle honorablement pour les deux partis (2), et maintenant João put voir paisiblement le duc se rendre à Bayonne avec de tels plans. Pour dot de sa fille Filippa, et comme indemnités des frais de la campagne de Castille, le duc céda au roi João toutes les places qui s'étaient déclarées pour lui en Galice, ou qu'il avait prises (3). Mais toutes ces places, après que le duc eut quitté l'Espagne, retournèrent sous le sceptre du roi de Castille, joyeuses d'obtenir leur pardon, et le roi João, peu disposé à faire valoir une acquisition à laquelle son droit était douteux et contesté, paraît y avoir renoncé. A la vérité, il prit peu de temps après Tuy et d'autres lieux de la Galice; mais, comme nous le verrons, c'était par un tout autre

---

(1) Ayala, ann. 1387, cap. 6. Lião, cap. 71.

(1) Lião, cap. 68, p. 306.
(2) *Ibidem*, p. 307.
(3) C'est ce que dit le Castillan Ayala, ann. 1387, cap. 7. Il est étrange que les historiens portugais n'aient pas signalé cette circonstance.

motif, et par des raisons bien différentes. Fidèle à son principe de se contenter de ce qu'il regardait comme nécessaire pour l'affermissement de sa domination, et comme lui appartenant, il se borna donc à rétablir le Portugal dans ses anciennes limites, et à lui rendre dans ce cercle son unité intérieure, et au dehors son indépendance complète.

Aussitôt que, dans les cortès appelées à Braga (1) dans l'automne de 1387, il eut conduit à fin plusieurs affaires du royaume, quand il eut obtenu des communes le consentement à de doubles *sizas* pour une année, afin de subvenir aux frais de la guerre, il marcha contre Melgaço, place forte sur la frontière de Galice, qui tenait encore pour la Castille (janvier 1388), et la réduisit à capituler après un siège de cinquante-trois jours (2) ; dans l'automne de la même année, il prit d'assaut Campo Mayor entre le Tejo et la Guadiana, à la suite d'un siège de quatre semaines qui fut interrompu à la vérité plusieurs fois par des hostilités engagées avec la place voisine de Badajoz. Le château résista encore, dans l'attente du secours de la Castille ; mais, n'en recevant pas, il se rendit également (1er novembre 1388).

C'est maintenant que se manifestent clairement la grandeur de la perte d'Aljubarrota et l'épuisement absolu qui en résulta. Quelques places fortes isolées en Portugal opposent une résistance d'un mois au roi João ; elles attendent leur délivrance, elles implorent de l'assistance de la Castille ; mais celui pour lequel elles luttent et sont prêtes à se sacrifier les laisse vainement espérer et prier. La force de son armée est brisée, les chefs les plus valeureux, les plus dignes de confiance sont tombés (1). Après ce coup terrible, le roi Juan découragé abandonne ses appuis en Portugal, et, lorsqu'il est attaqué dans son propre royaume, là encore il n'y a pas de rencontre, on ne voit pas d'assistance prêtée à ceux qui résistent. L'impuissance de la Castille continue de se montrer par de longues et pénibles négociations, par des armistices fréquemment renouvelés, et souvent rompus, par des traités peu sincères, et des violations de la paix conclue. Le souverain des Etats de Castille, après que la défaite d'Aljubarrota a ruiné toutes ses espérances sur le Portugal, en songeant à son vainqueur, n'ose plus aspirer à saisir une seconde couronne ; il lui faut un long temps pour guérir le mal qui le tourmente, et il laisse éclater son orgueil dans des réclamations exagérées. Mais il ne peut les soutenir qu'avec un entêtement rebutant; et, quand elles n'obtiennent aucune satisfaction dans les traités qu'il conclut, il a pour coutume de n'exécuter ces traités qu'en partie, et encore avec lenteur et répugnance, ou bien de les rompre avec tout l'empressement du mauvais vouloir. A la lecture insipide de ces négociations tant de fois reprises, et des événements secondaires si rarement dignes d'intérêt, on conçoit le dégoût dont les lenteurs d'une question de droit à laquelle les débats étaient réduits devaient remplir l'énergique João ; on partagerait ses répugnances.

---

(1) Lopes, P. II, cap. 131.
(2) Parmi les combats entre la garnison et les assiégeants, le défi porté par une femme de la place à une autre du camp, et leur duel excitèrent un vif intérêt. La dernière triompha.

---

(1) Ayala dit cela expressément dans plusieurs occasions, par ex. ann. 1388, cap. 3, p. 279, cap. 5, p. 289-290.

Armistices, négociations de paix, nouvelles hostilités; la paix de 1411.

Le roi venait de clore les cortès de Lisbonne (mars 1389) (1), quand des envoyés de Castille qui le cherchaient entre Douro e Minho lui demandèrent un armistice; il l'accorda. Après l'expiration du terme fixé, João résolut de soumettre Tuy en Galice. Un chevalier galicien, Payo Sorrodea, auquel la défense de la place avait été confiée, avait offert de la remettre au roi de Portugal, dans la vue de l'attirer au milieu des murs, et cela d'accord, à ce que l'on crut, avec le roi de Castille. João parut en effet devant Tuy; mais, soupçonnant une double trahison, il entreprit de soumettre la place par la force. Le bruit se répandant que le roi de Castille avait l'intention de secourir les assiégés avec une armée, João se fortifia en toute hâte; mais aucune troupe ne se montra, et les Portugais par un vigoureux assaut réduisirent Tuy à se rendre. Payo Sorrodea prêta le serment de vassal au vainqueur; mais aussitôt après il s'échappa secrètement, et courut rejoindre le roi de Castille (2).

Après la prise de Tuy, les mêmes envoyés castillans, le confesseur du roi de Castille et deux docteurs en droit revinrent en Portugal, pour faire prolonger la trêve précédente et l'étendre. A Monção, province d'entre Douro e Minho, fut conclu par l'intermédiaire de députés des deux partis un accommodement pour six années, par lequel le roi de Castille comme allié de la France, et le roi de Portugal comme allié de l'Angleterre, devaient accéder au traité arrêté entre les rois de France et d'Angleterre (3) pour eux et leurs alliés; mais, pour les trois années suivantes, les rois de France et d'Angleterre seraient invités à donner leur adhésion, comme alliés des parties respectives, à la convention intervenue entre les rois de Castille et de Portugal. En vertu de cette trêve, toutes les hostilités sur terre et sur mer cessaient entre les deux parties. Le roi de Portugal s'engageait à restituer Salvaterra et Tuy au roi de Castille, et celui-ci promettait d'évacuer Noudar, Olivença et Mertola dans l'Alemtejo, et Castello Rodrigo, Castello Mendo et Castello Melhor dans Beira. En garantie de ces engagements, le bourg de Sabugal et la ville de Miranda, qui étaient encore au pouvoir des Castillans, devaient être livrés à l'instant au prieur de Crato (1). Le traité fut ratifié par les deux rois.

Dès l'année suivante, des changements s'opérèrent en Castille, lesquels ne pouvaient rester sans influence sur les rapports entre les deux Etats voisins. Le roi Juan mourut des suites d'une chute de cheval, et laissa le royaume à son fils Enrique III. Pendant la minorité de ce prince, les affaires furent administrées par un conseil de régence composé d'un certain nombre de grands du royaume, et de procuradores des villes. Cette circonstance et la triste situation de la Castille rendaient plus désirable une paix avec le Portugal, et d'ailleurs, au trône de ce pays, le jeune Enrique, fils de la reine Leonor d'Aragon, première épouse de Juan, pouvait prétendre bien moins de droits que son père (2). Si défavorables que fussent les conditions présentées maintenant de la part des Portugais à l'ambassade castillane, Enrique, qui avait déjà renoncé au titre de roi de Por-

---

(1) *Mem. de Litt. Port.*, t. II, p. 69.
(2) Ayala, ann. 1389, cap. 5. Lião, p. 346.
(3) Conclu le 18 juin pour trois années, du 16 août 1389 au 16 août 1392.

(1) Ayala, ann. 1389, cap. 6, Fern. Lopes, Part. II, cap. 141. Sylva, *Memorias*, t. II, cap. 190, 191.
(2) Ayala, *Cronica del rey D. Enrique tercero*, ann. 1393, cap. 8.

tugal, se montra tout disposé à les accepter, afin de procurer à la Castille du repos et de la sécurité au moins du dehors. On ne put s'entendre pour une paix définitive; mais une trêve fut conclue pour quinze années, avec des conditions essentielles en harmonie parfaite avec celles de la précédente. Les prisonniers de guerre devaient être mis en liberté dans les deux royaumes. Un nombre déterminé de dominicains et de franciscains étaient chargés de les reconnaître et de les délivrer. Si quelqu'un, ayant de ces prisonniers dans sa maison, refusait de les livrer, on devait appeler le secours des autorités judiciaires, et si ce moyen restait sans résultat, le roi dans les Etats duquel se commettraient ces infractions était obligé à donner un ordre spécial pour la délivrance. Après l'expiration d'un délai de six mois, on devait payer pour un prisonnier retenu mille dobras cruzadas, dont la valeur, si elles n'étaient pas versées sous deux mois, était prise en biens. Le roi de Castille ne devait prêter assistance ni à la reine Brites, ni aux infants João et Diniz, ou à leurs héritiers, ou à quiconque voudrait élever des prétentions sur la couronne de Portugal. Pour gages de ce traité, le roi de Castille remettait en otages douze principaux hidalgos de son royaume, le roi de Portugal six personnages de même rang, et en outre le premier deux citoyens, le second un seul de chacune des principales villes de leurs Etats, qui tous les quatre ans seraient renouvelés. Ils étaient confiés au prieur D. Alvaro Gonçalves, pour qu'il les gardât dans le château de Santarem, dont il était alcaide mor (1).

Aussitôt tous les prisonniers castillans en Portugal furent mis en liberté; en Castille, on n'agit pas de même envers les prisonniers portugais. Ils furent cachés, ou retenus ouvertement, ou envoyés à l'étranger; beaucoup moururent dans la misère; en certains endroits, on maltraita même les moines investis des pouvoirs pour les recherches. Vainement le roi João se plaignit près de la cour de Castille. Trois années étant écoulées, et le roi de Castille apportant toujours les mêmes retards à l'accomplissement du traité, João déclara qu'il allait se procurer satisfaction du défaut d'accomplissement du traité, et qu'il saurait s'indemniser sur les biens et les localités de la Castille. Peu à peu le roi Enrique était arrivé à être chargé d'une dette de deux cent cinquante mille dobras, somme qui ne pouvait plus être compensée par des biens meubles, et pour laquelle il fallait une ville ou un bourg. Aussitôt le roi João, à l'aide d'un stratagème, fait saisir et occuper Badajoz, ainsi qu'Albuquerque (1), disant « que cela ne tendait pas à rompre le traité, mais qu'il voulait avoir un gage pour ses réclamations; qu'une fois satisfait sur ce point, il restituerait la ville. » Enrique fit engager de nouveau des négociations; mais en même temps se répandit le bruit qu'il se préparait à la guerre; des hidalgos castillans firent irruption en Portugal, et brûlèrent Viseu. A la vérité un mouvement en avant de João avec des troupes suffit pour les rejeter au delà des frontières; mais, à son retour à Coïmbre, le roi reçut la triste nouvelle que plusieurs de ses fidalgos, Martim Vasques da Cunha, João Fernandez Pacheco et ses frères, Gil Vasquez da Cunha, Egas Coelho et João Affonso Pimentel s'étaient tournés vers la Castille, et avaient remis au roi Enrique les châteaux et les bourgs qu'ils occupaient. Ils se croyaient négligés, pensaient que leurs grands services envers le roi et la patrie n'avaient pas été suffisamment reconnus et récompensés, considéraient d'un œil jaloux et mécontent le connétable que le roi avait comblé de biens, chargé de titres; en outre, chacun avait ses motifs particuliers de mécontentement à

---

(1) Ayala, pass. cit., ann. 1393, cap. 13. Liao, cap. 75. Sylva, pass. cit.

(1) Fern. Lopes, Part. II, cap. 197.

l'égard du roi, ou croyait les avoir. Les fidalgos furent reçus en Castille à bras ouverts, et dotés de possessions considérables par le roi (1). Les dispositions d'Enrique étaient affichées, il n'y avait plus à espérer de lui l'exécution des articles du traité.

Alors le roi de Portugal résolut d'enlever en Galice la ville de Tuy, la place frontière la plus importante, après Badajoz, pour le Portugal, au pouvoir duquel elle s'était trouvée déjà plusieurs fois ; il partit donc brusquement de Coïmbre, passa la revue de son armée à Ponte de Lima, où il compta quatre mille lances, outre une nombreuse infanterie, traversa de nuit le Minho avec une perte de cinq cents hommes, la plus grande dans toute la guerre, conquit Salvaterra, et courut assiéger Tuy. La place, serrée de près, appela le secours du roi de Castille. Enrique tint conseil avec les grands ; on arrêta un plan. L'infant Diniz devait prendre le titre de roi de Portugal, réunir autour de lui tous les Portugais qui résidaient en Castille, et pénétrer avec eux en Portugal. On se flattait de l'espoir que beaucoup de sujets portugais se rallieraient aussitôt à lui. Le roi Enrique entreprit, avec des forces assez considérables, de courir à la délivrance de Tuy ; en même temps le bruit fut répandu qu'il marcherait en personne pour livrer bataille à son adversaire. Le grand maître de Santiago fut chargé de réunir des troupes de partisans, et de pousser avec elles vers l'Alemtejo, tandis qu'une armada, qu'on allait équiper, ferait voile pour Lisbonne. Pendant que l'on espérait ainsi éloigner le roi de Portugal de Tuy, l'on encouragea les assiégés à la persévérance, en leur promettant de prompts secours. En effet les troupes castillanes se réunirent, et s'armèrent en toute hâte. Ruy Lopez de Avalos, adelantado de Murcia, se mit en mouvement avec un corps considérable pour délivrer Tuy, faisant courir le bruit que le roi allait suivre en personne. L'infant Diniz, à la tête de deux mille lances, marcha contre Beira. Une armada de vingt-sept vaisseaux et deux galères mit à la voile, du port de Santander en Biscaye, pour le Portugal ; une autre de treize galères et autant de vaisseaux, conduite par l'amiral Diego Hurtado de Mendoza, quitta Séville pour se réunir à la première dans le port de Lisbonne. Le Portugal paraissait menacé du plus grand danger. Cependant João, informé de tout, poursuivait sans s'inquiéter le siége, résolu à livrer bataille au roi de Castille, aux environs mêmes d'une ville castillane, disant : « Si je triomphe ici, comme je l'espère avec l'aide de Dieu, j'en livrerai une seconde au nouveau roi de Portugal, mon frère Diniz. » Nuno Alvares, qui était campé avec sa division à Monte Mor o Novo, fut appelé de ce côté. A la grande joie des assiégés, Ruy Lopez do Avalos accourut avec son corps, et le roi se félicita aussi, dans l'espoir d'une prompte décision. En effet Avalos s'approcha du camp portugais ; mais ce fut seulement pour s'éloigner de nouveau, sans avoir rien entrepris. L'infant Diniz, qui s'intitulait roi de Portugal, envahit avec les fidalgos portugais, dont les chefs étaient les fugitifs ci-dessus nommés, la province de Beira, où il exerça des ravages ; annonça, dans des lettres adressées à beaucoup de Portugais, comment la reine Brites lui avait abandonné ses droits sur le royaume, et qu'il espérait parvenir à cette possession avec le secours de la Castille ; il les sommait de le suivre comme leur roi, et promettait de grandes récompenses à ceux qui obéiraient. Mais personne ne se déclara pour lui. Au contraire le connétable écrivit à l'infant une lettre pleine de vives expressions de blâme, et le pria de l'attendre un peu, car il serait bientôt près de lui. Toutefois Diniz trouva prudent d'éluder une telle invitation, et, malgré les instances des Portugais, pour qu'il restât jusqu'à l'arrivée du connétable afin de se mesurer avec lui, il écouta les conseils plus prudents des Castillans, qui avaient conservé dans toute la vivacité de leurs souvenirs les leçons d'Aljubar-

---

(1) Lião, cap. 78.

rota et de Valverde; il regagna la Castille, où il ne put échapper aux traits de la raillerie (1). L'armada castillane seule paraît avoir été plus nuisible aux Portugais. Les historiens du Portugal prétendent qu'elle s'éloigna de Lisbonne sans avoir non plus rien entrepris; mais des écrivains disent que cinq galères castillanes triomphèrent de sept bâtiments portugais, en prirent quatre (en mai 1397), en mirent deux en fuite, et en coulèrent un à fond (2). Ce point même accordé, les grands préparatifs de la Castille furent bien loin de répondre à leur but, et ne purent même interrompre pour un instant le siége de Tuy; car il fut poursuivi sans relâche par le roi João, jusqu'à ce que la place se rendît à la suite d'une vive attaque. La garnison obtint la faculté de se retirer avec ses armes (25 juillet 1398). Beaucoup d'effets et d'objets précieux que l'on avait retirés de la ville et des environs dans la principale église devinrent la proie du vainqueur.

Par le triste résultat de cette campagne et la perte de deux importantes places frontières comme Badajoz et Tuy, le roi de Castille se trouva disposé à la paix. Il avait justement alors à sa cour un Génois habile et versé dans les affaires, messer Ambrosio de Marinis; il l'envoya auprès du roi de Portugal pour engager de nouveau des négociations de paix. L'envoyé proposa un armistice d'un mois ou de quinze jours, afin de faire décider, pendant ce temps, le débat par des arbitres choisis des deux côtés. João y consentit sans hésiter; parmi les Castillans on nomma Ambrosio de Marinis lui-même, et parmi les Portugais le connétable Pereira. Il semblait que l'on s'occupât sérieusement de la paix. Les envoyés se réunirent dans une petite île de la Guadiana, près d'Olivenza. Chaque parti arriva sous l'escorte de cinquante cavaliers armés, qui se tinrent à une certaine distance. Les négociations s'ouvrirent le 8 février 1399, mais se rompirent bientôt à cause des exigences immodérées que produisirent les Castillans (1).

Alors le roi de Portugal concerta une nouvelle invasion en Castille avec le connétable, pour s'emparer d'Alcantara. L'entreprise échoua, ce qui put ranimer plus que jamais, dans le cœur du roi, le désir de mettre fin à une pénible et funeste querelle. Dans ce but, l'archevêque de Lisbonne et le docteur Martim Docem allèrent à Ségovie, où se trouvait le roi Enrique; mais ils reçurent de ce monarque des conditions écrites, à l'acceptation desquelles ils n'étaient pas autorisés par leurs pouvoirs, et qui en effet semblaient contenir une provocation plutôt que tendre à un accommodement pacifique. Les Castillans, pour les pertes qu'ils avaient éprouvées par la rupture de la trêve de quinze ans, demandaient chaque année, tant que vivraient le roi Enrique et sa fille, quarante mille dobras du roi de Portugal; tous les ans l'équipement de dix galères, pour six mois, et de mille cavaliers, le tout aux frais du Portugal, tant que vivraient les deux rois; l'assistance personnelle du roi de Portugal dans la guerre avec les Maures, etc.

Afin d'entendre la voix de la nation sur une question qui, outre l'intérêt public, ne concernait pas moins la dignité de l'Etat que celle du roi, João appela les représentants à Santarem, et leur soumit ces conditions. Les cortès s'exprimèrent avec une haute convenance; ils dirent que l'on pouvait échanger place contre place, prisonnier contre prisonnier, congédier les otages, remettre les amendes; mais les conditions

---

(1) « Rey D. Diniz, aonde is? » lui criaient les valets et les garçons d'écurie, lorsqu'il passait pour se rendre à son château.

(2) Ayala, *Cron. del rey D. Enrique tercero*. Nota y supplemento, p. 582. Fernan. Perez de Gusman, Generaciones, Semblanzas, e Obras de los reyes D. Enrique III e D. Juan II, cap. 9, p. 589, à la *Cron.* du même, *del rey D. Juan II*. Valencia, 1779.

---

(1) Lião, cap. 80. Sylva, pass. cit.

blessantes furent rejetées avec indignation. On rédigea, dans le sens des déclarations des états, les pleins pouvoirs avec lesquels Docem retourna à Ségovie, et le roi Enrique rabaissa maintenant ses prétentions extravagantes, comme il les avait auparavant élevées. On conclut un traité, pour dix ans, à des conditions analogues à celles de la première trêve. Les localités et les prisonniers furent échangés de part et d'autre, et de nouveaux otages furent donnés à la place de ceux qui avaient été congédiés.

Ainsi finit la guerre ; mais la paix ne fut conclue formellement que onze ans plus tard. Toujours l'épouse d'Enrique, Catharina, sœur de la reine Filippa de Portugal, s'était prononcée pour cette conclusion, sans toutefois qu'elle pût voir son désir accompli pendant la vie du roi. Enrique mourut le 14 décembre 1407. Depuis, la reine, comme tutrice de l'héritier mineur du trône, et régente du royaume, jouit de plus d'influence en commun avec l'infant Fernando, et en profita pour fonder une paix durable entre les deux royaumes et les maisons unies par les liens de la parenté. Elle parvint à disposer une conférence de plénipotentiaires portugais et castillans sur les frontières des deux pays, entre Castello Rodrigo et San-Felices ; mais les Castillans élevèrent de nouveau leurs prétentions si haut, que les Portugais déclarèrent préférer vivre en guerre avec la Castille, plutôt que de consentir à une paix si désavantageuse et si humiliante. Ainsi l'on se sépara. La régente, animée d'un désir sincère de pacification, tenta vainement de renouer les négociations rompues ; le roi persista dans sa déclaration de ne plus vouloir envoyer d'ambassades, après tant de missions inutiles. A force d'instances, la régente le détermina encore à faire partir des députés pour la Castille ; mais il lui écrivit en même temps qu'il lui fallait une prompte décision pour la paix ou pour la guerre, et se montra profondément blessé des retards avec lesquels on l'avait retenu jusqu'alors, en lui présentant journellement des conditions injustes et irréfléchies. Les envoyés portugais avaient aussi à lutter vivement avec les conseillers royaux et avec la reine elle-même, qui, en qualité de belle-sœur du roi et de sœur de la reine de Portugal, désirait la paix, mais, comme régente et mère de l'héritier du trône de Castille, s'efforçait d'obtenir tous les avantages possibles pour son fils et pour le royaume. Enfin elle déclara, en présence de beaucoup de grands, aux envoyés portugais, « que pour la tranquillité de ses Etats, le bien de son fils et pour sa propre satisfaction, de concert avec l'infant Fernando, les conseillers royaux, les grands et les procuradores du royaume, elle avait agi de manière à leur faire obtenir la paix telle qu'ils la demandaient. » Le traité, conclu aussitôt, contint les principales conditions arrêtées dans la trêve, et en outre les articles suivants : Le roi de Portugal pardonne à ceux qui, au temps du roi Fernando, sont entrés au service de Castille, et après l'élévation de João au trône n'ont pas reconnu ce monarque pour leur souverain légitime ; il leur rend leurs biens patrimoniaux, et ces réfugiés ne perdent que les possessions relevant de la couronne. Toutefois cette grâce ne s'étend pas sur ceux qui, après avoir prêté hommage au roi, l'ont de nouveau abandonné. Le roi de Castille prend les mêmes engagements envers les vassaux castillans qui se sont échappés en Portugal et qui ont des biens en Castille. L'héritier du trône n'étant âgé que de sept ans, la reine et l'infant, les prélats et les grands du royaume signèrent la paix pour le roi, et s'obligèrent par serment à faire en sorte que le roi accomplît le traité et le signât aussitôt qu'il aurait atteint sa quatorzième année (1).

Un empêchement grave à un accommodement avait toujours été la prétention étrange et blessante, que le roi de Portugal s'engageât, avec un certain nombre de galères et de troupes, à soutenir le roi de Castille dans ses guerres contre les Maures.

---

(1) Sylva, t. II, cap. 192. Lião, cap. 81.

Chaque fois João repoussa cette exigence avec décision : « Si l'assistance, disait-il, doit être prêtée d'amitié, il n'est pas besoin d'obligations résultant d'un traité; car un service amical doit être libre; un secours imposé n'est plus une preuve de bienveillance, c'est l'effet d'une contrainte, un acte de servage. » Au reste il déclara plusieurs fois à la reine qu'elle pouvait se tenir pour assurée que, si la paix subsistait entre le Portugal et la Castille, il assisterait de toutes ses forces le roi de Castille contre les Maures, comme, en cas de nécessité, il s'attendait lui-même à la réciprocité de secours de la part du roi catholique, son voisin. Et en effet, quand peu de temps après la conclusion de la paix la régente, par une lettre amicale, lui demanda dix ou douze galères pour la guerre contre les Maures, plutôt dans le but d'éprouver ses sentiments, que par un besoin réel, le roi João se montra aussitôt prêt à se rendre à ses désirs. Plus d'une fois il offrit spontanément à la reine Catharina, et plus tard au roi Juan II, ses secours contre les Maures; on le remercia, en promettant d'agir avec lui en conséquence, ce qui jamais n'arriva (1).

Bientôt le roi João entreprit de combattre pour son compte, et avec ses propres armes, les infidèles en Afrique. Là, il semblait que tout prince chrétien fût libre de les attaquer; à Grenade, cette lutte était comme le droit et le devoir de la Castille seule. Mais il est assez vraisemblable que les prétentions des Castillans relatives au contingent exigé du Portugal, les négociations engagées et les débats élevés à ce sujet attirèrent d'abord ou du moins détournèrent plus souvent les regards du roi João sur les Maures.

§ 3. *Conquête de Ceuta.*

Motifs de l'expédition militaire. — Grands préparatifs, leur destination tenue secrète. — Inquiétudes des Etats voisins. — Mort de la reine Filippa. — Départ de la flotte. — Accidents. — Prise de Ceuta. — Importance de cette possession. — Qualités, exploits des infants Pedro et Henrique. — Retour du roi et de la flotte en Portugal.

La paix avec la Castille donna au Portugal la tranquillité dont il avait besoin, et permit au roi de se reposer des efforts extraordinaires du commencement de son règne. Maintenant il pouvait se livrer avec abandon à la joie que lui donnait la contemplation de sa famille. De ses fils, trois étaient parvenus à une jeunesse vigoureuse, Duarte, Pedro et Henrique, de dispositions et de facultés diverses, mais se ressemblant par leurs vertus éminentes, pleins d'amour et de vénération pour leur père, pleins de tendresse pour leur mère, dont l'âme était si élevée et si généreuse, tous trois animés de nobles sentiments, et doués d'un courage chevaleresque, susceptibles de la plus haute exaltation, transportés d'enthousiasme pour la gloire et la grandeur du Portugal. A la cour royale, comme dans le nombreux cercle de la famille, après cette paix si péniblement obtenue, on vit les fêtes succéder aux fêtes, les tournois aux tournois, auxquels furent invités même des chevaliers étrangers, pour donner occasion aux infants arrivés à la virilité de se signaler, et de se rendre dignes de la chevalerie à laquelle ils aspiraient. Mais tous les vains exercices des joutes, tout cet éclat, cette brillante apparence de combats simulés ne suffisaient pas aux infants. Ils désiraient ardemment se signaler dans une lutte sérieuse avec l'ennemi de la patrie ou du christianisme, et se montrer en dignes fils de leur illustre père. Mais nulle part ne s'ouvrait un champ pour leur valeur. Le Portugal vivait en paix avec la Castille, et une

---

(1) Lião, cap. 81, p. 391 et 392.

guerre contre Grenade, à laquelle le roi était assez enclin, ne pouvait être entreprise sans l'infant Fernando de Castille, qui tournait toute son attention sur la succession de l'Aragon.

Un jour que les infants et le comte de Barcellos traitaient ce sujet, João Affonso, veador da fazenda du roi, homme d'une haute prudence, en grande estime auprès de son maître, et qui assistait à l'entretien, leur signala la conquête de Ceuta comme le but le plus digne de leurs efforts, et comme un prix magnifique proposé à l'héroïsme chrétien. Il leur recommanda d'en parler avec le roi.

Cette idée tomba comme un puissant aiguillon dans l'âme des infants, et ils se hâtèrent de la communiquer au roi. Ils prièrent, ils obsédèrent leur père pour qu'il ne laissât point échapper cette occasion de servir Dieu et de leur ouvrir le champ de l'honneur. D'abord João sourit de ce projet; mais, en l'examinant, il le trouva plus digne d'attention, et s'y attacha toujours davantage. D'autres raisons encore le poussaient à une telle entreprise. « Suivant l'opinion commune, disait bien des années après l'infant Henrique à son frère Duarte, quand celui-ci fut monté sur le trône, on aurait fait l'expédition de Ceuta pour nous armer dignement chevaliers. Néanmoins, en considérant la grande prudence du roi João et son élévation d'âme, je pense que ce ne fut là qu'un pur prétexte ; car, après le service de Dieu, le principal motif fut, comme le répétait le roi, de ne pas laisser perdre dans ce royaume l'exercice des armes, qu'il regardait comme une garantie assurée de la couronne, et un gage d'accroissement pour l'Etat (1). »

Tandis que le roi, avec une sage circonspection, pesait les raisons pour et contre ce projet, il tenait compte en même temps des opinions et des vues des autres. Sans vouloir effrayer les infants ni les engager à renoncer à leur plan, mais afin d'éprouver leur zèle, pour entendre leurs raisons et se satisfaire lui-même, João leur opposait une suite d'objections et de difficultés. « Vous pensez peut-être, disait le roi, que mon hésitation à répondre, vient d'une espèce d'engourdissement, et que les fatigues des longues guerres que j'ai eu à soutenir, alors que mes forces étaient amoindries par l'âge, auront éteint mon ardeur guerrière. Mais vous vous trompez ; car je suis si éloigné de vouloir éviter ces fatigues que, si j'hésite, c'est pour me préparer d'autant plus sûrement contre elles. D'abord je voulais examiner, et c'est la première chose à reconnaître, si l'entreprise doit obtenir la faveur divine ; cela n'est pas douteux, puisqu'elle est dirigée contre les ennemis de Dieu. Ensuite j'ai considéré quels étaient les moyens d'exécution les plus sûrs. Parmi les nombreuses difficultés à surmonter, il en est cinq surtout qui m'ont frappé. D'abord les grands frais que l'entreprise exige, et les ressources bornées qu'offre le royaume. En vain j'appellerais le concours des communes épuisées par les guerres antérieures, elles ne peuvent plus fournir de contributions ; elles se plaindraient avec raison d'être forcées à payer des impôts pour une guerre qui n'est pas nécessaire comme la précédente. Un autre obstacle, c'est le manque de troupes. L'entreprise en réclame beaucoup, et le royaume n'en a guère ; pour en tirer de l'étranger, il faudrait de l'argent. Mais, quand bien même se trouveraient les hommes nécessaires, où prendre les vaisseaux pour le transport ? Il n'y en a point dans le royaume, et l'on ne peut s'en procurer au dehors qu'à force de peines et d'or. Et d'ailleurs ce serait une chose grave de laisser le royaume sans protection. Car, sous un léger prétexte, l'ennemi pourrait facilement rompre la paix conclue, profitant du moment favorable pour venger les pertes antérieures, et conquérir maintenant sans effort un royaume pour lequel il a soutenu si longtemps de pénibles luttes. Ainsi, pour enlever ce qui est

---

(1) Ruy de Pina, *Cronica do S. rey D. Duarte*, cap. 11, p. 107, dans la *Collecção de livros ineditos de hist. Portug.*, t. I.

loin de notre bras, nous perdrions ce que nous avons arraché au prix de tant de sang, et ce qui seul nous appartient. Voici une quatrième considération. La conquête de Ceuta facilitera la conquête de Grenade; mais ne serait-ce pas donner à l'ennemi les moyens d'augmenter ses forces, afin qu'il les tourne ensuite contre nous? Enfin, en supposant que tout nous réussisse, et que nous prenions la ville, comment nous y maintenir (1)? »

Le roi recommanda ces points aux méditations des infants, et attendit leur réponse; quoique découragés, ils opposèrent plusieurs raisons aux vues de leur père. L'infant Henrique s'exprima surtout avec une grande vivacité; c'est pourquoi, le lendemain, le roi le pressa d'exposer son opinion particulière relativement à la crainte que le roi de Castille n'enlevât Grenade, tandis que les Portugais iraient conquérir Ceuta. L'infant pria son père de se reporter au temps où il avait pris le titre royal, tandis qu'il ne possédait que la ville de Lisbonne sans les forts, et qu'il avait contre lui presque tout le royaume; puis avec l'aide de Dieu, et par la force de son bras, il avait acquis le royaume entier, en dépit de toute la résistance des grands de Portugal, et des efforts d'un adversaire puissant comme le roi de Castille. « Maintenant, ajoutait-il, encore bien que Grenade tombât au pouvoir de la Castille, le roi ne manquerait pas de forces, non-seulement pour se défendre contre toute attaque, mais encore pour prendre lui-même l'offensive. Il ne serait pas convenable de renoncer à la guerre contre les infidèles, parce que de cette guerre pourrait résulter un avantage pour le roi de Castille; car les Maures étaient des ennemis naturels, les Castillans seulement des ennemis occasionnels. La conquête de Ceuta ne détruirait pas la paix, elle l'affermirait au contraire, parce qu'un tel fait d'armes rehausserait la puissance et l'autorité du Portugal. La prise de Ceuta faciliterait en effet la conquête de Grenade. Mais, si le roi de Castille n'en ressentait pas de reconnaissance, l'acquisition d'un tel État ne se ferait pas sans peine, et sa conservation coûterait de grands efforts. Au reste Dieu, qui voyait tenter cette glorieuse entreprise dans l'intérêt de la vraie religion, veillerait toujours sur le roi, afin qu'il ne subît aucun dommage de la part de ses ennemis. »

Charmé de ces paroles de l'infant, le roi pressa dans ses bras ce fils bien-aimé, en lui donnant sa bénédiction paternelle. Il était résolu, dit-il, à exécuter l'entreprise avec l'assistance de Dieu, et Henrique ayant le premier provoqué cette décision, il pouvait la communiquer à ses frères. Le jour même, les princes accoururent à cheval au palais, pour rendre grâces au roi.

La première partie de la tâche était maintenant de se procurer les renseignements nécessaires sur la situation et l'état de la ville, ses ressources et ses ouvrages de défense, et cela secrètement, ainsi que le réclamait l'entreprise. Le roi choisit pour cela deux hommes excellents, le prieur de l'ordre des hospitaliers, Alvaro Gonçalves Camello, et Affonso Furtado, capitão mor do mar, le premier pour examiner la ville, le second pour passer en revue tout ce qui tenait à la marine. Afin de dissimuler l'objet de cette mission, on les envoya auprès de la reine Blanche de Sicile, veuve du roi Martin, pour proposer à la place de l'infant Duarte, héritier du trône, qu'elle désirait épouser, l'infant Pedro auquel on savait qu'elle ne voudrait pas s'unir. Les envoyés se tinrent sur leurs deux galères devant Ceuta, occupés à se pourvoir d'eau et d'autres provisions comme c'était alors l'usage, et mirent à profit leur station de ce jour pour remplir leur mission secrète. Leurs offres en Sicile ne furent pas accueillies, ainsi que l'on s'y était attendu. L'ambassade de retour en fit un rapport en forme au roi et à son con-

---

(1) Gesta regis Joannis de bello septensi... per Matth. de Pisano, dans la *Collecção de livros ineditos de historia Portugueza*, t. I, p. 15. Sylva, pass. cit., p. 1400.

seil réunis; puis elle remit en secret au monarque les observations recueillies à Ceuta.

Il restait maintenant à surmonter une difficulté bien grave pour Joâo. Il doutait que la reine donnât son consentement à une expédition volontaire de ses fils au delà de la mer; il savait d'un autre côté en quelle haute considération était Filippa auprès du peuple, et combien son adhésion serait un gage du concours du peuple (1); en outre il était bien éloigné de vouloir affliger une épouse déjà souffrante, et augmenter ses douleurs. Les infants parvinrent à triompher des objections de la sollicitude maternelle; non-seulement Filippa approuva le projet de ses fils, elle se chargea même de déterminer le roi à se rendre à leurs vœux. Encouragé par ces dispositions, Joâo découvrit maintenant à son épouse combien il désirait accompagner ses fils à la guerre. Filippa combattit cette résolution. « Autant le désir de vos fils me paraît légitime, autant le vôtre est peu convenable. Mes fils n'ont encore conquis aucun honneur, et doivent, pour arriver à la gloire, exposer leurs vies aux dangers; mais vous, vous avez assuré votre renommée, et obtenu plus d'honneur que tous les rois de votre temps. Il ne serait donc pas sage, sans y être obligé, d'exposer en une heure le prix de tant d'années de périls et de travaux. Votre âge avancé demande que vous vous occupiez plutôt du gouvernement du royaume et des affaires de cabinet, laissant à vos fils poursuivre ce que réclament leur âge et leur inclination. — Ces objections, répondit le roi, s'appliquent à celui qui ambitionnerait seulement un honneur terrestre; mais je suis poussé par la pensée que mes mains sont souillées de sang chrétien, à la vérité pour de justes causes, et que je ne serai purifié qu'après les avoir lavées avec le sang des mécréants, en affranchissant avec mon propre sang, pour le consacrer au Christ, un temple où aurait été invoqué le nom de Mohammed.» Subjuguée par de telles raisons, cette reine pleine de piété s'écria « qu'elle n'avait rien à dire contre le service de Dieu, qu'elle priait au contraire le Tout-Puissant d'assister le roi dans ses projets. »

Enfin Joâo désirait entendre l'opinion du connétable, sachant bien que si ce dignitaire si expérimenté dans la guerre, et d'une si grande autorité, n'approuvait pas la campagne d'Afrique, chacun jugerait prudent de l'abandonner, et montrerait peu de goût à la soutenir. Le roi trouva occasion d'en parler au connétable dans l'Alemtejo. Son avis devait être bientôt décisif.

Déjà trois années étaient écoulées depuis que Joâo avait parlé pour la première fois avec les infants de l'entreprise contre Ceuta, lorsque, pressé vivement par ces princes, il appela enfin son conseil à Torres Vedras à s'occuper de cet objet. Il exprima d'abord devant le connétable la crainte que ses conseillers, s'il leur soumettait ce plan, ne votassent contre, par crainte des dangers; Pereira pensa qu'il fallait porter la chose à leur connaissance, non point comme un projet douteux, mais comme un plan résolu, adopté, et le laisser lui-même opiner le premier.

Le roi commença dans cette réunion par faire promettre sous serment aux conseillers de garder le secret sur la communication qu'il allait leur faire, en s'efforçant d'excuser l'étrangeté d'une telle précaution; il exposa ensuite son projet, et pria le connétable de parler le premier là-dessus. Toutefois celui-ci ne prit la parole qu'après en avoir été prié aussi par l'héritier du trône, auquel il appartenait d'opiner le premier, comme étant le plus haut personnage après le roi. Alors Pereira déclara n'avoir que des grâces à rendre à Dieu, pour l'avoir conservé jusqu'au moment où il pourrait encore être témoin d'une si grande et si sainte entreprise, et en baisant la main du

---

(1) « .... Tantæ enim opinionis apud populum erat, quod solum illud recte factum videbatur, quod ipsa comprobasset. » Matth. de Pisano, l. c., p. 21.

roi il sollicita la permission d'y prendre part. Là-dessus l'infant Duarte dit « qu'un homme d'une si grande expérience, et si profondément versé dans la science de la guerre ayant exprimé un tel sentiment, il ne pouvait que se féliciter d'être arrivé à un âge où il était en état de porter les armes avec honneur et de servir le roi. » Duarte baisa la main du roi, et les autres infants répétèrent ses paroles en imitant son exemple. Après cela aucun des conseillers n'osa parler contre l'entreprise.

Convaincus que le succès de l'expédition dépendait absolument du secret, tous convinrent que, pour détourner les yeux du monde du véritable but, il fallait en simuler un autre. Il fut donc résolu que le roi, à cause des pirateries que les Hollandais s'étaient permises, et se permettaient journellement contre les Portugais, réclamerait satisfaction et des indemnités du comte de Hollande, ou déclarerait la guerre. Fernão Fogaça, veador de l'infant, fut aussitôt envoyé en ambassade en Hollande; mais en même temps on le chargea de révéler au comte les véritables vues du roi. Le comte se sentit extrêmement flatté par cette confiance, et joua parfaitement son rôle, d'accord avec Fogaça, dans l'assemblée publique où l'ambassadeur produisit les plaintes et les menaces de son maître. Les conseillers, se laissant prendre à l'air irrité du comte, le prièrent de considérer les dispositions du roi et de la nation portugaise, leurs rapports assurés avec la Castille, et de faire une réponse bienveillante. Au contraire il affecta un ton menaçant; mais en secret il fit à l'envoyé les protestations les plus amicales pour son souverain; dès ce moment cessèrent toutes vexations de la part des Hollandais.

Cependant le roi avait fait louer autant de grands vaisseaux que l'on avait pu s'en procurer sur les côtes de Galice, de Biscaye, d'Angleterre et d'Allemagne, et le bruit de l'équipement d'une armada portugaise parcourut tous les pays de la chrétienté, en grossissant les objets sur son passage. Plus l'au- torité du roi João était grande, plus étendue sa renommée, plus on s'enquérait partout avec curiosité de l'objet et du but de si puissants armements. Le roi fit répandre que ses fils Pedro et Henrique commanderaient la flotte, sans déclarer précisément qu'elle fût destinée contre la Hollande, quoiqu'il entrât dans ses vues que tout le monde le crût. Il chargea l'infant Henrique de lever des troupes dans Beira, le comte de Barcellos entre Douro e Minho; Porto fut désigné comme le lieu d'embarquement de ces forces. Les équipages des bâtiments devaient être tirés d'Estramadura, d'entre Tejo e Guadiana et des Algarves par l'infant Pedro, et partir de Lisbonne. Au prince Duarte, âgé de 22 ans, le roi confia l'administration de la justice et des revenus. Lui-même se chargea des soins de l'armada, et convoqua par des lettres les fidalgos et les seigneurs du royaume à se tenir prêts avec leurs gens pour la guerre sous la conduite des infants. Tout cela jeta le Portugal dans une grande agitation; toutes les pensées, tous les actes semblaient se mouvoir autour d'un point. L'excitation des esprits était d'autant plus vive que l'on cherchait à deviner la grande énigme, le véritable objet de tant d'efforts et de préparatifs. Peuple et noblesse s'épuisaient en conjectures [1]; ce qui paraissait le plus vraisemblable, c'était une expédition militaire contre la Hollande.

L'agitation du Portugal se communiqua même aux pays voisins. En Castille, on ne pouvait croire qu'une attaque contre la Hollande exigeât de si grands préparatifs; on craignait, en dépit de la paix avec le Portugal, pour la Castille même, et ce sentiment s'accrut encore, lorsque de Lisbonne quelques marchands génois écrivirent à leurs correspondants de Séville qu'au mi-

---

[1] On pensait à Naples et à la Sicile, où les infants épouseraient les reines veuves; à Jérusalem, parce que le roi voulait accomplir un vœu fait à la bataille d'Aljubarrota; quelques-uns parlaient d'une croisade contre l'antipape d'Avignon, etc.

lieu de la diversité d'opinions sur la destination de l'armada portugaise, les plus clairvoyants la croyaient dirigée contre Séville; qu'ils pouvaient donc d'après cela mettre secrètement leurs marchandises en sûreté. Après de longues délibérations à la cour de Castille, il fut résolu que la tutrice du jeune roi enverrait une ambassade en Portugal pour observer les dispositions du roi João, et le prier de renouveler le serment à prêter sur le traité de paix avec la Castille. L'empressement avec lequel le roi se rendit à cette demande, et le gracieux accueil que reçurent les ambassadeurs à la cour de Portugal dissipèrent tous les soupçons.

Quand le roi d'Aragon fut informé de ces circonstances en Castille, il ne douta plus que les vues de João ne se portassent sur l'Aragon, et, dans sa défiance contre le comte d'Urgel et les Aragonais eux-mêmes, il adressa également une ambassade au roi de Portugal, pour l'amener à une déclaration de ses intentions. Mais il fut aussi tranquillisé par João.

Si les princes chrétiens de la Péninsule avaient redouté les préparatifs du Portugal, maintenant que leurs inquiétudes étaient dissipées, le roi de Grenade tremblait d'autant plus à son tour. Toutes les offres par lui faites au roi João, quand celui-ci paraissait avoir besoin de secours étrangers, avaient été rejetées; d'un autre côté, jamais ce monarque n'avait voulu conclure une paix ou une trêve avec le roi maure qui les lui proposait. Les craintes du Maure paraissaient d'autant plus fondées que l'on ne signalait aucune mésintelligence entre le roi de Portugal et un prince chrétien, et que les cours de Castille et d'Aragon, comme on le savait à Grenade, avaient reçu des explications tranquillisantes de João sur ses armements. Dans de telles conjonctures, il parut prudent au roi de Grenade d'envoyer aussi des ambassadeurs à la cour de Portugal pour détourner le danger si menaçant. Là, ils représentèrent que, loin d'avoir jamais donné lieu à des hostilités, leur maître avait plutôt fait preuve de dévouement envers le roi, que les sujets des deux Etats s'étaient félicités des rapports faciles qui allaient être interrompus par les préparatifs du Portugal. En conséquence ils prièrent le roi d'éloigner la défiance élevée si récemment, et de leur donner certaines garanties, afin que le commerce entre les deux Etats se continuât comme par le passé. João répondit qu'il n'y avait pour le roi de Grenade aucun motif de défiance, et que le but des armements était tout autre que le roi de Grenade le pensait. Mais les envoyés ne se sentirent pas tranquillisés par de telles déclarations; suivant leurs instructions, ils s'adressèrent maintenant à la reine, sollicitant sa médiation auprès du roi. Filippa les éconduisit, en leur faisant observer « que, parmi les princes chrétiens, ce n'était pas la coutume que les femmes se mêlassent des affaires de leurs maris, encore moins des affaires de l'Etat; que pour ces matières ils avaient leurs conseillers; qu'ils devaient adresser leur demande au roi, et pouvaient être assurés, si elle était juste, d'obtenir satisfaction. » Voyant l'inutilité de toutes leurs peines, et des grandes promesses qu'ils firent à la reine, puis aux infants, pour une bienveillante médiation, les ambassadeurs s'en retournèrent forts mécontents. Les côtes de Grenade furent mises en état de défense.

Cependant l'armada de l'infant Henrique était prête à prendre la mer, et le roi l'avait appelée. On la vit s'avancer les voiles déployées, les flammes flottantes, brillamment équipée, montée par de nombreux équipages, portant toute la suite de l'infant revêtue de ses couleurs, les serviteurs de chaque seigneur parés des couleurs et des devises de leur maître; elle fut reçue aux acclamations de la joie publique par l'infant Pedro, qui était à bord de l'escadre réunie dans le port de Lisbonne. Parmi la quantité de nobles et de seigneurs qui accompagnaient l'infant Henrique, Ayrès Gonçalves de Figueiredo attirait les regards; parvenu à l'âge de quatre-vingt-dix ans, sans avoir été convoqué, il était venu se rallier à l'infant avec une foule d'escudeiros et de nombreux fantassins (1) ; image de l'enthousiasme, qui transportait alors tous les membres de la nation, même aux degrés les plus avancés de la vieillesse. La vaste renommée du roi, un besoin impérieux d'action, l'ardeur chevaleresque, l'esprit aventureux, entreprenant du siècle attirèrent même de contrées lointaines des chevaliers et des grands sous la bannière d'un prince célèbre dans les chants des nations, objet de l'enthousiasme général. Ainsi un baron et un duc allemands (leurs noms sont restés inconnus) vinrent offrir leurs services. Le duc s'en alla, parce que le roi ne voulut et ne put lui dire le but de l'expédition ; mais le baron resta, et rendit de signalés services avec quarante nobles, très-valeureux chevaliers. Outre ceux-ci, parmi les chevaliers étrangers se signalèrent trois seigneurs français et un riche Anglais, qui était venu avec quatre ou cinq vaisseaux, beaucoup d'archers et d'autres troupes pour se réunir à l'expédition.

Tout était prêt pour le départ, lorsqu'un triste événement dans la famille royale arrêta le cours de l'entreprise, et rendit même l'exécution douteuse. Du sein du mouvement du port, du tumulte et de l'agitation joyeuse sur la flotte et dans la ville, nous sommes transportés au lit de mort d'une femme qui, déjà séduisante par les grâces de sa personne, a su encore plus attirer les sympathies du politique et de l'homme par sa bienfaisante influence sur le roi, sur les dispositions et les entreprises de ce prince, et par les sentiments nobles et élevés qu'elle déposa et sut entretenir dans ses fils.

---

(1) Lorsque l'infant aperçut pour la première fois le vieillard, il dit, plein d'admiration : « Le repos conviendrait plus à votre âge que le service militaire. — Loin de moi de telles pensées, répondit le digne Figueiredo, tant que la chaleur vitale circulera dans mes membres, tant que les forces ne m'abandonneront pas, je ne cesserai pas de suivre le roi mon seigneur partout où il ira. » Matth. de Pisano, p. 32.

Pendant que le roi se trouvait à Sacavem avec la reine, quelques personnes moururent de la peste qui sévissait dans Lisbonne, et s'attaquait aux alentours. João convint donc avec son épouse de quitter aussitôt ce lieu, et prit la route d'Odivellas ; la reine s'arrêta encore quelques instants pour entendre la messe ; mais, dans l'église, elle fut atteinte de la peste, sans se laisser distraire au mal qu'elle éprouvait. La maladie se développa en peu de temps avec une telle force que les médecins déclarèrent tous les remèdes inutiles, et le roi ainsi que les infants prévirent que le coup fatal allait frapper. Sentant approcher l'heure de la séparation éternelle, la reine se tourna vers son époux, pour le prier de donner en sa présence à chacun de ses fils l'une des trois épées ornées d'or et de pierreries qu'il avait fait disposer pour leur service de chevaliers. Lorsque le lendemain tous furent réunis contre le lit de la reine, à côté duquel étaient posées les épées, surmontant ses souffrances, elle en saisit une et la présenta à l'aîné des princes en lui adressant ces paroles : « Mon fils, Dieu qui t'a destiné à être le successeur de ton père, veut aussi que tu gouvernes le royaume avec équité ; car sans équité il ne peut subsister. De même que des édifices auxquels on enlève les fondations s'écroulent aussitôt, ainsi les Etats doivent tomber en ruines, s'ils ne sont pas gouvernés avec justice. Prends donc cette épée, et songe que tu es né pour être roi un jour afin de protéger tes sujets et de ne pas les traiter en esclaves ; que tu ne dois te permettre que ce qui est accordé par le droit et l'équité, qui châtient les crimes seulement d'après la loi, afin que l'audace des coupables soit réprimée, que toute attaque des puissants contre les faibles soit repoussée, et qu'à chacun soit assuré ce qui lui appartient. » Duarte, saisi d'admiration, prit l'épée des mains maternelles, et promit de faire, selon ses forces, ce qu'elle lui ordonnait. Ensuite s'adressant à l'infant Pedro, elle lui dit : « Je te donne cette épée, afin que tu défendes les jeunes filles et les veuves, que tu as toujours protégées avec un si grand zèle, et qu'on ait pour elles le respect qui leur est dû ; car c'est le devoir d'un noble prince de défendre et d'honorer les femmes, auxquelles la nature a refusé la force, et n'a départi qu'une faible vigueur corporelle. » Elle présenta la troisième épée à l'infant Henrique avec cette allocution : « Aie toujours à cœur de prêter appui à ceux qui pour le bien de l'Etat exposent leurs personnes au fer et au feu, et n'hésite jamais à préférer une mort glorieuse à une vie molle et commode. » Henrique à genoux promit aussi de suivre les recommandations de sa mère. Avec toute la force que lui donnait encore l'amour maternel, elle pressa maintenant les infants Pedro et Henrique d'honorer et chérir leur frère Duarte, qui après la mort de leur père recueillerait la couronne, de le reconnaître pour leur souverain lui qui, par la volonté divine, avait reçu le premier la lumière, qui était si juste, si doux et si bienveillant, et qui les traiterait toujours comme ses compagnons dans la vie et ses amis. Ils le promirent, et maintenant elle les exhorta tous trois à se conserver à l'avenir l'amour qu'ils s'étaient jusqu'alors témoigné mutuellement; à penser toujours qu'ils avaient reposé sur un seul cœur de mère, dormi dans un seul berceau, qu'ils avaient reçu leur éducation, qu'ils avaient goûté les joies de l'enfance dans la même chambre. Le dixième jour de la maladie, l'infant Pedro, auquel sa mère avait recommandé les femmes et les jeunes filles, vint remplacer sa sœur Isabelle au lit de sa mère, et la pria de donner les biens qu'elle possédait à sa fille. Elle y consentit, et la donation se fit en forme en présence du roi ; en vain les infants supplièrent João de se retirer, afin de se dérober à l'aspect douloureux de son épouse mourante, et au danger de la contagion, il déclara ne pas vouloir abandonner dans la mort celle qui lui avait fait si bonne compagnie dans la vie, protestant qu'il la suivrait volontiers dans la tombe. Enfin les prières instantes, et les représentations des infants et de ses conseillers l'ébranlèrent ; après avoir pris congé de Filippa avec un profond déchirement, il passa le Tejo, et se rendit dans un petit endroit appelé Alhos Vedros.

Les pensées détachées de la terre et tournées vers la vie future, la reine dans ses derniers jours se livra à de pieuses méditations sur le néant des choses humaines ; le treizième jour, elle demande aux assistants : « Quel est donc le vent qui souffle si fort, et dont le choc ébranle le côté de la chambre ? — Le vent du nord, répondirent les infants. — Je crois, reprit-elle, que ce vent est très-favorable à votre départ, qui certainement aura lieu le jour de Saint-Jacques. » Il y avait encore huit jours jusque-là, et un si prompt départ paraissait impossible au milieu de telles circonstances. Comme il s'exécuta néanmoins ce jour-là contre toute attente, on vit dans ces paroles de la reine une prédiction sortie de ses lèvres mourantes. Sa fin approchait. « Je te remercie, Notre-Dame, dit-elle les yeux tournés au ciel et le visage rayonnant d'un doux sourire, d'avoir daigné visiter ta servante avant qu'elle s'échappe de cette prison. » Ensuite elle leva encore une fois les mains vers le ciel, les laissa retomber sur sa poitrine en les plaçant en croix, et rendit l'âme (1).

Une désolation inouïe frappa aussitôt le château royal, la ville et tout le pays. L'amour et le respect que les vertus de la reine avaient inspirés à tous les cœurs firent sentir cruellement la grandeur de sa perte, et verser d'abondantes larmes. Comme sa mort concorda justement avec une éclipse de soleil de près de deux heures, le peuple vit dans ce phénomène un signe de deuil du ciel sur la disparition de la princesse bien-aimée.

Unie dès l'âge de vingt-huit ans au roi João (2 février 1387) (2), Filippa était âgée de soixante-quatre ans lorsqu'elle mourut. Elle appartenait aux plus nobles créatures de son

---

(1) Matth. de Pisano, p. 33-35. Gomes Eannes de Zurara, cap. 44, Part. III de la *Cron. de Fern. Lopes.*

(2) Sousa, *Hist.*, t. II, p. 29.

sexe. Aussi éloignée dans son costume d'une vaine recherche de parure que d'un abandon inconvenant ou d'une négligence affectée, pleine de modestie dans ses gestes et dans son maintien, portant sur son visage la teinte et l'expression d'une chasteté virginale, tenant les regards abaissés comme le demandait la réserve du siècle, elle parlait peu et seulement selon que cela paraissait convenable ou nécessaire, toujours avec douceur et modestie; dans la dignité grave et la fermeté de ses paroles seulement on reconnaissait la princesse. La bienfaisance était le besoin de son âme et son devoir de chrétienne; son occupation de prédilection était d'éteindre les querelles, d'accommoder les différends, d'établir la paix entre ses vassaux, même au prix d'une partie de ses biens. Modérée dans la jouissance au point de ne se permettre que la satisfaction des besoins de la vie les plus indispensables, elle observait les prescriptions de l'Eglise sur le jeûne avec une telle rigueur, que, n'étant pas d'une constitution très-forte, elle mina sa santé. Plusieurs heures de la journée étaient consacrées à la prière et aux exercices de piété. Elle était tellement formée aux pratiques du culte divin, qu'elle se trouvait en état de donner des enseignements même à ses chapelains. Le reste de son temps était employé à des travaux d'aiguille et à l'éducation de ses enfants. Comme les femmes des classes inférieures, elle veillait aux détails de ménage et tenait les femmes de son entourage dans les mêmes habitudes. Modèle de modestie et d'économie domestique, elle distinguait aussi les femmes ornées de ces vertus, et les admettait dans son cercle. La reine s'appliquait surtout à l'instruction et à l'éducation de ses enfants; elle sut donner à leurs facultés un plus grand développement qu'il n'était alors d'usage dans les cours chrétiennes de la Péninsule, et cette culture intellectuelle unie à sa chasteté présentait pour les hautes classes un exemple admirable et qui ne resta pas stérile. Le maintien, les manières, le ton, le langage s'ennoblirent. La cour devint une école de belles manières, de bonnes mœurs et d'exercices élevés de l'esprit (1). Fallait-il s'étonner si au milieu de tels entourages, sous la direction et l'enseignement d'une si noble mère, grandirent cinq fils de roi qui, dans tous les siècles et dans toutes les cours, auraient été l'ornement et l'orgueil d'une famille souveraine? Et Filippa n'a-t-elle pas mérité d'occuper une place honorable dans l'histoire du peuple auquel elle a donné, élevé et formé de tels hommes?

A cause de la chaleur brûlante et de la corruption rapide des cadavres, les dépouilles de la reine furent aussitôt ensevelies, et dès le lendemain furent célébrées les funérailles. Après l'achèvement de la cérémonie, les infants avec les chevaliers qui les avaient assistés se rendirent à Restello (2) auprès du roi, et lui exprimèrent leur affliction en fondant en larmes. Enfin on demanda à ce roi désolé ce qu'il avait maintenant résolu relativement à l'entreprise contre Ceuta. Il répondit que sa douleur le rendait pour le moment incapable de penser à toute autre chose; que l'infant Duarte pouvait rassembler les conseillers royaux et aviser avec eux à ce qu'il y aurait à faire; qu'ils lui communiqueraient le résultat de leurs délibérations, et qu'il ferait ce qui lui paraîtrait le meilleur.

L'assemblée se divisa en deux partis. Les infants avec quatre conseillers se prononcèrent pour le départ, tel qu'il avait été réglé précédemment par le roi. « De si grands efforts, soutenaient-ils, ne devaient pas rester stériles, et la mort de la reine ne pouvait pas empêcher une entreprise dont le bruit déjà s'était répandu dans le monde. » Les autres étaient pour l'ajournement d'une expédition repoussée par de si tristes présages. En outre ils craignaient le développement plus rapide de la peste sur des masses d'hommes pressés. Fatigués des débats, les deux partis soumirent au roi leurs raisons contra-

---

(1) Liào, p. 417-418. Sousa, *Hist. gen.*, t. II, p. 31, où se trouve aussi imprimée son épitaphe, telle qu'elle fut donnée par le roi.
(2) Sur cet emplacement s'éleva plus tard Belem.

dictoires. Il se prononça pour le départ, et le fixa au quatrième jour, animant tout le monde de l'espoir du triomphe. La tristesse ne convenant pas au milieu du fracas des armes, il ordonna de déposer les habits de deuil et de se vêtir de couleurs claires, afin de raviver les yeux et les cœurs. Comme par l'effet d'un coup de baguette magique, on vit tout se transformer subitement : les infants, les grands et les chevaliers parurent en habits brodés d'or et d'argent et en brillantes armures, entourés d'un cortége éclatant; sur les vaisseaux rendus au mouvement flottaient des pavillons et des flammes coloriés; le son des trompettes annonça le réveil de l'ardeur guerrière et l'approche du départ. La troupe fut avertie par des hérauts de disposer ses armes et de se tenir prête.

Le quatrième jour, ainsi qu'il avait été fixé (23 juillet), le roi monta la galère commandée par le comte de Barcellos, et le lendemain fit jeter l'ancre près de Sancta-Catharina, pour hâter la réunion de toutes les troupes. Ensuite, le jour de Saint-Jacques (25 juillet), il se rendit sur son propre vaisseau, et ordonna au trompette de donner le signal ; il fut répété sur tous les bâtiments, et en peu de minutes tous les équipages mirent à la voile. Le roi avait pris le commandement supérieur, tandis que l'infant Pedro dirigeait les vaisseaux de ligne (1). Le gouvernement du royaume et la surveillance des jeunes infants avaient été confiés au maître de l'ordre d'Avis, Fernâo Rodriguez de Sigueira.

L'armada était considérable pour ce temps: elle comptait trente-trois gros vaisseaux de ligne, vingt-sept galères à trois rangs de rames, trente-deux à deux rangs et cent vingt bâtiments plus petits. La beauté de ce spectacle extraordinaire, le secret mystérieux de l'expédition à laquelle prenaient part tant de grands et de nobles, les infants si chers au peuple, l'héritier du trône, objet de ses espérances, et l'illustre monarque lui-même attirèrent de Lisbonne et des alentours des milliers de personnes qui se pressaient sur le port, et provoquèrent les réflexions les plus diverses, les sentiments les plus vifs et les plus passionnés (1).

Un vent favorable poussa la flotte en pleine mer (26 juillet), puis la chassa par delà le cap Saint-Vincent devant lequel les voiles s'abaissèrent avec respect, puis vers la baie de Lagos, où elle passa la nuit. A la naissance du jour (c'était un dimanche) (28 juillet), le roi, après avoir tenu conseil avec les siens, fit connaître ouvertement l'objet de l'expédition. Un prêtre exposa dans un sermon les vues du roi, et proclama en même temps la bulle que João avait obtenue du saint-père pour tous ceux qui prendraient part à la croisade contre les infidèles. Les guerriers se préparèrent à l'œuvre sainte par la communion ; puis la route fut continuée jusqu'à Faro, où il fallut rester jusqu'au 7 août arrêté par le calme. Le 9, un peu avant l'arrivée de la nuit, les Portugais signalèrent la côte mauresque. Le roi ordonna de tourner la proue des vaisseaux, ne voulant traverser le détroit que de nuit, et sans être aperçu, s'il était possible ; le 10 août après midi, il jeta l'ancre avec toute l'armada devant Algesiras, à la grande terreur des Maures de Gibraltar et des environs. Là il fut résolu que l'on marcherait contre Ceuta le 12 août. Déjà la flotte s'avançait vivement à pleines voiles sur la ville, quand un gros vent s'éleva et agissant de concert avec le courant dans le détroit chassa les vaisseaux de ligne vers Malaga, ne permettant qu'aux galères et aux petits bâtiments de gagner Ceuta. Troublés par l'apparition de ces étrangers, les habitants fermèrent les portes de la ville, et se pressèrent sur les murailles plutôt par curiosité que dans un but de défense.

Bientôt les alarmes des Maures devinrent

---

(1) Les commandants inférieurs, comme les principaux fidalgos de l'expédition. V. Matth. de Pisano, p. 38. Liâo, p. 422.

(1) « .... Quidam ad littora concurrere, et manus ad cœlum tendentes, a Deo pro suis victoriam exposcebant. » Matth. de Pisano, p. 39.

plus sérieuses, et Çala-ben-Çala leur chef, d'accord avec ses conseillers, trouva nécessaire d'appeler le secours des localités environnantes. Certains champions se permettaient, du haut des murailles, des attaques où l'on ne pouvait guère voir que des provocations, et qui servirent de prélude à une lutte plus sérieuse. Pour attendre les vaisseaux chassés vers Malaga, le roi se tourna vers le côté de la ville qui portait le nom de Barbaçote; les bâtiments faisant éprouver un long retard, il envoya au-devant d'eux l'infant Henrique, et résolut, aussitôt que toute la flotte serait réunie, de procéder au débarquement. Mais une violente tempête déjoua son plan, et João se vit obligé de chercher un autre ancrage, attendu que la disposition défavorable du lieu ne permettait pas à l'armada de s'y tenir (16 août). Tandis que les galères tournaient à grand'peine la pointe d'Almina, les vaisseaux de ligne, qui ne pouvaient se mouvoir aussi rapidement, croisaient sur la mer. Enfin la tempête se calma, et les vaisseaux de ligne cherchèrent à gagner la route d'Algesiras, où les galères étaient retournées; mais le courant les chassa une seconde fois vers Malaga. Les Maures se réjouirent de ce contre-temps qui faisait gémir les Portugais. Mais les prévisions des hommes furent trompées; ce contre-temps prépara aux infidèles la perte de la ville, et en facilita la prise aux chrétiens.

Les Maures, prenant le mouvement de la flotte pour un départ définitif, congédièrent les auxiliaires qui commençaient à leur devenir à charge; il y avait, à ce que l'on prétend, dix mille hommes, la plupart Numides, brigands avides de pillage et de combats (1). A la vérité les Portugais croyaient aussi que le roi, se voyant repoussé si loin de son but, allait retourner en Portugal; mais João n'était pas homme à s'effrayer des difficultés, à se laisser détourner de ses projets par des obstacles. Monté avec ses conseillers les plus intimes sur un esquif, qu'il fit maintenir à la portée de la flotte, afin que tous pussent l'entendre, il parla à ses guerriers des grands frais et des peines que cet armement avait causés; il leur dit comment son séjour à Barbaçote avait été par lui mis à profit pour reconnaître l'état de la ville et de la côte, et qu'ils pouvaient maintenant prononcer s'il fallait se diriger sur Ceuta ou sur un autre point. Dans les délibérations sur cet objet, il y eut trois opinions différentes. Les uns (tous les infants, le connétable, le maître de l'ordre des hospitaliers et quelques autres) déclarèrent qu'il serait contraire à l'honneur du roi de renoncer à la conquête de Ceuta; d'autres proposèrent la prise de Gibraltar. Un troisième parti demanda le retour en Portugal. João promit de faire connaître plus tard sa résolution; mais il ordonna que l'armada se tînt prête. Lorsqu'elle fut entièrement rassemblée, il descendit à terre (20 août), et, quand tous ses conseillers furent rangés autour de lui, il leur exposa combien il serait honteux d'abandonner le but des désirs si ardents de tant d'années, que l'on voyait si près, la grande Ceuta, pour aller enlever une bourgade insignifiante comme Gibraltar; qu'il ne retournerait pas en Portugal avant d'avoir soumis Ceuta. « Aujourd'hui même, s'écria João, je veux m'avancer, débarquer demain, et poursuivre l'entreprise jusqu'à ce que Dieu m'ait fait saisir mon but. »

Les conseillers, voyant le roi et les infants si résolus et si obstinés, n'osèrent plus faire d'objections. Mais un vif débat s'engagea maintenant sur le lieu le plus propre au débarquement. Le roi voulait établir le camp sur la hauteur d'Almina; tous s'élevèrent contre cet avis, parce que le côté de la ville qui regardait le désert était ouvert, que les Maures pourraient faire des sorties sans empêchement, attirer à eux des auxiliaires, et se pourvoir de tous les objets nécessaires. Aux yeux du roi, toutes ces raisons devaient céder devant sa conviction, que sur les hauteurs d'Almida, sans avoir besoin de fascines et sans tranchées, il n'aurait à combattre que les habitants de Ceuta, et ne se-

---

(1) Matth. de Pisano, p. 43.

rait point assailli par les auxiliaires. La suite montra la justesse du coup d'œil avec lequel le roi, avant le déchaînement de la tempête, avait examiné la situation de la ville. De même que cette tempête décida le départ des auxiliaires, ainsi le succès de toute l'entreprise fut dû peut-être au choix de ce poste favorable.

Le roi s'était préparé une excellente assistance. A Lisbonne même, l'infant Henrique avait demandé que si l'armada arrivait devant Ceuta, il lui fût accordé de descendre le premier à terre. Le père avait alors ajourné sa réponse ; maintenant, cédant aux prières du jeune prince impatient de combattre, il lui confia l'exécution d'une partie principale de l'entreprise. Ce jour-là João voulut encore jeter l'ancre près des bas-fonds, devant Ceuta. D'un autre côté, l'infant avec la division de l'armada qu'il avait amenée de Porto devait, dans la nuit suivante, gouverner droit sur la hauteur d'Almina, éloignée de mille pas environ du lieu de débarquement du roi, là jeter l'ancre, et au point du jour faire mettre ses gens sous les armes, afin de pouvoir, à un signal donné par le roi, débarquer aussi vite que possible. Tandis qu'à la vue de la plus forte portion de la flotte arrivant sur Ceuta les Maures accourraient pour empêcher le débarquement, l'infant pourrait sans obstacle gagner la côte, occuper Almina, et, en cas que les Maures se tournassent de ce côté pour le repousser, être soutenu par la division royale. Henrique répondit à la confiance honorable de son père avec une joyeuse ardeur.

Lorsque les habitants de Ceuta signalèrent l'approche de la flotte, les principaux d'entre eux coururent trouver Çalaben-Çala pour délibérer avec lui sur les mesures à prendre. Ce chef, doué de la circonspection de la vieillesse, pressentit une mauvaise issue à cette lutte. L'entreprise d'un roi hautement apprécié, qui avec de faibles troupes avait si souvent battu les armées de la Castille, et conquis pour lui-même en partie le Portugal, maintenant se trouvait en personne avec ses fils, la fleur de ses guerriers et une flotte nombreuse sur le point d'exécuter des plans tenus secrets avec une rare habileté, jusqu'au moment où il n'y avait plus à espérer de secours du dehors ; une telle entreprise devait remplir le vieillard de vives alarmes. Aussi résolut-il de s'enfuir cette nuit même, et des affidés, auxquels il confia ce projet, eurent beaucoup de peine à l'en détourner. Il ordonna de couvrir de troupes nombreuses le côté des murailles de la ville en face duquel la flotte avait jeté l'ancre, et de placer à toutes les fenêtres des maisons des flambeaux, afin de donner à Ceuta l'apparence d'une ville extrêmement peuplée. Cette disposition offrit aux Portugais un spectacle plus éblouissant qu'effrayant.

Au point du jour (21 août) on vit le roi revêtu d'un cotte de mailles, ceint de son épée, le casque en tête, aller de vaisseau en vaisseau, le visage rayonnant, encourageant tout le monde et enflammant l'espoir du triomphe. Il défendit de mettre le pied sur la côte avant que l'infant Henrique eût débarqué près d'Almina. Mais là tous les guerriers attendaient déjà le signal du débarquement, et d'autant plus impatiemment que le soleil lançait déjà des rayons plus ardents, et que les cris de guerre des Maures, sur le rivage, les défiaient au combat. Alors João Fogaça, veador du comte de Barcellos, ne pouvant plus supporter le retard, fit pousser sa barque vers la terre. Mais Ruy Gonçales, plus tard veador de l'infante Isabella, sauta le premier à terre, et fondit si impétueusement sur les Maures venus à sa rencontre, qu'ils ouvrirent une large place aux Portugais qui suivaient. Maintenant l'infant Henrique se jeta avec deux autres dans une barque, ordonna aux trompettes de donner le signal pour le débarquement général, et gagna le rivage suivi de nombreux guerriers, tandis que Ruy Gonçales, accompagné d'un chevalier allemand, engagé dans la lutte avec l'ennemi, jetait à terre un Maure d'une taille et d'une force extraordinaire ; ce qui parut d'un sinistre augure aux nifidèles. Duarte, se mettant sur une chaloupe, y reçut seulement quelques hommes, parce que les autres étaient retenus par la défense du roi qui, pendant ce temps, faisait des dispositions sur son armada, et fit gouverner rapidement sur Almina, où le combat devenait de plus en plus acharné ; car les ennemis s'y précipitaient en plus grande quantité de la ville, et fondaient avec impétuosité sur les Portugais. Les deux frères, Duarte et Henrique, se rencontrèrent et se reconnurent au milieu de la mêlée, et leurs efforts réunis parvinrent enfin à repousser l'ennemi et à occuper la hauteur d'Almina.

Là Henrique voulait attendre l'arrivée du roi, ainsi qu'il avait été ordonné par celui-ci ; mais Duarte lui montra le danger du retard, et les deux infants résolurent de conduire de nouveau contre l'ennemi leurs troupes débarquées. Ils furent reçus vigoureusement, et il s'engagea un combat plus sanglant que le premier. Au-dessus des Maures et des chrétiens s'élevait un combattant d'une stature extraordinaire, au teint noir, aux cheveux crépus, aux dents longues et blanches, aux lèvres épaisses, ressemblant aux Ethiopiens, et qui n'était pas originaire de Ceuta ; il marchait nu, sans autre arme que sa fronde, qu'il maniait avec une force terrible (1). Il atteignit Vasco Martins, fidalgo de la suite d'Henrique, qui resta d'abord comme pétrifié ; mais bientôt, recueillant ses forces, le chevalier chrétien s'élança au milieu des ennemis, et perça le redoutable Africain de sa lance. Les Maures, voyant tomber le puissant géant, se sentirent saisis d'effroi ; ils cédèrent un peu, et furent poussés avec plus d'ardeur par les Portugais. Bientôt mis en fuite et poursuivis, ils coururent vers la porte ouverte d'Almina, et se précipitèrent dans la ville, où entra aussi Vasco Martins, le premier des Portugais à pénétrer dans l'enceinte ennemie ; d'autres le suivirent aussitôt, car le trouble et le désordre des Maures ne leur permirent pas de fermer la porte. Les infants Duarte et Henrique entrèrent sans obstacle dans la ville, et, sur la proposition du premier, se saisirent d'un poste élevé. Cependant des vaisseaux d'Henrique quantité de cavaliers et de fantassins avaient débarqué, et s'étaient dirigés en partie vers Almina, en partie sur la ville pour soutenir les leurs ; l'infant étant suffisamment renforcé pour se regarder comme assuré d'un heureux résultat, ne voulut pas rester plus longtemps oisif à son poste, et laisser écouler le temps inutilement (il était près de midi). Il fut résolu d'occuper divers points de la ville, afin que les Maures n'eussent pas le loisir de se rassembler et d'arrêter un plan en commun. Duarte, déposant une partie de son armure à cause de la chaleur, gagna aussitôt la partie la plus élevée de la ville, appelée Cesto, et l'occupa ; Henrique s'avança dans le quartier principal, les autres se dirigèrent vers d'autres lieux, tous eurent à faire de pénibles efforts, parce que toutes les rues et les places étaient remplies de Maures.

Cependant ceux de la flotte du roi avaient depuis longtemps attendu le signal pour le débarquement, quoiqu'ils y fussent moins bien préparés qu'ils n'auraient dû l'être, et que le roi s'efforçât de rétablir un meilleur ordre. Quand ils virent les troupes descendre des vaisseaux d'Henrique par masses, et marcher sur Almina, les ennemis sur les murailles de la ville abandonner leurs postes et courir de ce côté, ils présumèrent qu'il y allait maintenant du sort de Ceuta. Quoique le roi ne fût pas encore de retour de sa longue inspection des vaisseaux ; l'infant Pedro pensa ne pas devoir tarder davantage, et en s'apercevant du départ de Duarte il fit donner le signal de se tenir prêts. Enfin le roi parut, et donna l'ordre de débarquer maintenant aussi vite que possible. « Oui, dirent quelques fidalgos qui avaient obsédé le roi, maintenant que la ville est prise, nous pouvons marcher et recueillir de l'honneur. » Et comme les fidalgos de l'armada royale déploraient la perte de

---

(1) Matth. de Pisano; p. 49, 50.

leur part de gloire, les soldats se plaignaient de voir échapper la portion de butin pour laquelle ils étaient venus. Le débarquement se fit rapidement, et le roi parut avec l'armée devant la porte orientale de la ville, où il fit faire halte, et les chefs avec leurs troupes se dispersèrent vers les diverses parties de la ville. Ils eurent encore une rude tâche à remplir; car toutes les rues et les places publiques étaient pleines d'ennemis qui combattaient pour les biens les plus chers, pour leurs femmes et leurs enfants, leur patrie et leur foi; mais la gloire de la journée appartint surtout aux infants Duarte et Henrique, et à la vaillante troupe du dernier. Les premiers ils mirent le pied sur le sol ennemi, brisèrent les premiers la résistance de leurs adversaires, qui avaient coutume d'exhaler toute leur furie, de réunir tous leurs efforts dans la première attaque. Henrique accomplit en ce jour des exploits qui tenaient du prodige, et plus d'une fois il s'exposa à des dangers d'où il semblait ne devoir sortir que par des miracles. Ainsi on le vit, la visière baissée et couvert de son bouclier, traverser cinq cents chrétiens qui fuyaient, s'avancer seul contre les Maures qui les poursuivaient, et attaquer ceux-ci avec une telle fureur, qu'il les contraignit à reculer; on vit alors les chrétiens fugitifs, qui le reconnurent, reprendre un nouveau courage, revenir à la charge, et imiter son exemple par la vigueur de l'attaque. La construction toute particulière des villes mauresques, leurs rues étroites et tortueuses peuvent seules expliquer comment un seul homme put résister à une telle masse de gens armés (1). Sans doute les autres chefs, le connétable Pereira, le maître de l'ordre du Christ, Lope Diaz, Pedro de Menezes, se montrèrent en cette occasion dignes de leur ancienne renommée militaire, et il est dit expressément du nonagénaire Figueiredo, qu'il porta ses armes toute la journée sans prendre de repos; mais l'histoire ne nous a pas conservé leurs services à Ceuta, attendu que le contemporain auquel nous devons surtout le récit de la prise de la ville appartenait à la suite de l'infant, et s'efforça de transmettre avant tout à la postérité les exploits de son maître, puis ceux de l'infant Duarte (1).

Vers le soir le combat cessa, et du côté des Portugais l'on résolut de se borner pendant la nuit à observer de près le château, pour l'attaquer le lendemain. Les soldats commandés pour cette garde remarquèrent qu'il n'y avait sur les murs dans l'intérieur du château ni postes ni apparence de garnison, et ils en informèrent le roi. Aussitôt João Vaz de Almada, qui avait l'emploi de porter la bannière de Saint-Vincent, la même qu'arborait la ville de Lisbonne, fut chargé de la planter sur la plus haute tour de la ville. Au moment où il se disposait à forcer la porte du château, deux hommes se montrèrent sur les murs, un Génois et un Biscayen. « Ne prenez pas tant de peine, crièrent-ils en castillan, nous allons vous ouvrir. » Ils étaient les seuls qui fussent restés. Çala-ben-Çala désespérant de la défense du château contre un tel ennemi, et ne pouvant s'attendre à une prompte délivrance, était sorti avec les siens, avec les femmes et les enfants et ses meilleurs effets, par la porte nord de la ville, se dirigeant vers les localités voisines. Vers sept heures, la ville fut entièrement vide de Maures; beaucoup avaient trouvé la mort, d'autres avaient pris la fuite. Des malades, des vieillards impotents, quelques femmes et quelques enfants qui ne purent quitter leurs demeures, ou qui ne voulurent pas se séparer de leur berceau, furent traînés sur les vaisseaux, ainsi que beaucoup d'infidèles pris dans le combat. D'après l'assertion des Portugais, il n'aurait péri que huit chré-

---

(1) Matth. de Pisano, p. 53. Lião, p. 446, 447.

(1) Sur les fixations du temps de l'expédition, *V.* surtout Francisco Leitão Ferreira, dans les *Noticias cronol. da Universidade de Coimbra,* p. 323 et suiv.

tiens. Le nombre des Maures tués n'est pas donné avec précision, et ne pouvait pas l'être ; mais on l'indique en général comme ayant été fort élevé ; la forte population de la ville, la soudaineté de l'attaque, la haine des soldats chrétiens contre les infidèles rendent ce fait très-croyable. Le butin en or, en argent et en autres objets précieux, fut considérable ; une immense quantité de marchandises tomba entre les mains des Portugais. Il y eut encore plus de dégât, que le soldat vainqueur ne fit de profit ; car sans songer que tous ces biens étaient à lui, dans sa fureur d'inimitié, il détruisit beaucoup de choses utiles et précieuses.

Toutefois, quand bien même on rabaisserait l'appréciation du butin offert en ce moment par la ville, l'acquisition de Ceuta était en elle-même d'une haute importance pour le Portugal, plus encore qu'elle ne put le paraître au premier aspect. La ville était grande et forte ; sa situation, ses rapports avec l'extérieur, sous le point de vue commercial et politique, donnaient à cette possession une grande valeur pour le présent, et lui assuraient une influence immense sur l'avenir prochain du Portugal.

Ceuta passait pour la ville la plus belle et la plus peuplée de la Mauritanie (1). Remarquable par ses édifices, ses mosquées et ses établissements scientifiques, elle était en outre entourée d'une campagne agréable et fertile, couverte d'innombrables maisons de plaisance. De vastes vignobles offraient de riches récoltes en raisins secs d'autant plus appréciés, que le vin était interdit aux mahométans. La ville était le siège d'une industrie très-variée ; les plus beaux ouvrages de ce temps, en cuir, soie et fer, se fabriquaient en ce lieu, et les derniers surtout s'exportaient au loin. Par sa situation, elle était un excellent marché pour l'Afrique et l'Europe, le grand entrepôt où Alexandrie envoyait ses tissus indiens et ses parfums, où l'Espagne, la France et l'Italie expédiaient leur superflu,

d'où elles tiraient les objets dont elles avaient besoin. Une prospérité extraordinaire était le fruit de ce grand commerce, qui à la vérité fut détruit pour un instant par la conquête et la domination des chrétiens, mais pouvait être facilement rétabli, si les Portugais avaient été mûrs pour de telles choses. Mais ceux-ci virent dans Ceuta le point ennemi d'où étaient sortis si souvent, dans les temps antérieurs, les nombreux essaims d'Arabes et de Maures qui avaient envahi l'Espagne méridionale et les Algarves, et porté la terreur dans ces contrées. Ces temps étaient passés maintenant, et ces invasions n'étaient plus à craindre ; néanmoins Ceuta faisait encore sentir en quelque sorte son pouvoir sur cette extrémité de la Péninsule. Les vaisseaux espagnols et portugais, comme les autres bâtiments chrétiens qui traversaient le détroit, devaient s'arrêter au port de Ceuta, et payer un certain droit maritime, une sorte de tribut d'ancrage, s'ils ne voulaient pas être traités en ennemis par les vaisseaux des Maures qui croisaient sur la côte. Et non-seulement Ceuta était ainsi posée hostilement en face du Portugal et de l'Espagne chrétienne ; toutes les fois que les Maures de Grenade étaient dans la détresse, ou pressaient vivement leurs voisins chrétiens, ils trouvaient promptement assistance et secours à Ceuta. Ceuta offrait toujours un abri assuré à l'ennemi des chrétiens défait et mis en fuite, et envoyait des guerriers avides de combats et de pillage, se mêler dans la lutte. Cette ville était nommée avec assez de raison la clef de la chrétienté et la terreur de l'Espagne.

La petite troupe héroïque de Portugais abattit cet épouvantail des derniers siècles. Le destin et le rôle de Ceuta se trouvèrent tout à coup merveilleusement changés. Entre les mains des Portugais, cette ville devint désormais la clef des Etats de l'Islam, la terreur des mahométans. A l'avenir, elle devait être le boulevard du christianisme sur la côte d'Afrique ; pour le roi João son conquérant, c'était une garantie que ses successeurs, en lutte perpétuelle

---

1) Leo Afric. III.

avec les infidèles, réuniraient toujours de nouvelles contrées à la foi chrétienne, et en même temps offriraient un théâtre pour les combats, une école d'exercices de chevalerie pour la noblesse guerrière de Portugal. « Dans cette entreprise, dit le roi, lorsqu'il s'agit ensuite de la conservation de Ceuta, j'ai eu en vue de servir Dieu, de rendre à l'Eglise de Dieu, à laquelle elle avait jadis appartenu, la ville si hostile à la chrétienté. Ceuta doit être conservée à la chrétienté, afin que d'autres princes chrétiens, ou des rois futurs du Portugal, se sentent entraînés, par l'imitation d'un saint zèle, à poursuivre la conquête de l'Afrique, et à arracher de nouveau des mains des infidèles des contrées que les chrétiens auraient déjà possédées. Ainsi les Portugais ne pourront, par l'effet de l'oisiveté qui suit la paix, tomber dans l'inaction et dans une mollesse efféminée, et perdre leurs forces et la pratique des armes. Ce que Carthage a été pour Rome, Ceuta le deviendra pour le Portugal. Chaque jour, mes cavalleiros me pressent de leur donner la permission de se rendre en des contrées étrangères pour s'y exercer aux armes ; maintenant ils ont Ceuta, où ils peuvent satisfaire ce besoin au grand profit du service de la Divinité, et sans de si grands frais, sans parler d'autres avantages résultant de cette possession. » Ce but fut atteint, et la première entreprise militaire du Portugal contre une puissance étrangère fut couronnée par le plus glorieux résultat.

C'était en même temps la première expédition maritime, le premier exploit sur un élément où le Portugais ne se sentait pas ferme; car sa flotte, incapable de se diriger, se laissa entraîner par le courant du détroit. Ceuta fut pour les Portugais le point de départ pour des conquêtes éloignées sur la côte d'Afrique, et la prise de cette ville, qui remplit de joie et d'admiration tous les Etats chrétiens de la Méditerranée, devait enfanter ensuite de vastes projets, de hardies entreprises, de prodigieux exploits ; un nouveau champ était ouvert, une nouvelle direction était donnée à l'esprit et à l'activité de la nation. Dès lors les Portugais ne parlèrent plus que d'expéditions maritimes, et Ceuta fut le premier anneau de la longue chaîne que des marins portugais tendirent autour de la côte d'Afrique, et dont le dernier, scellé d'or, se rattachait au paradis de l'Inde. Ainsi domine une plus haute pensée, se manifeste un esprit d'une plus haute portée dans la transformation de la mosquée mahométane en un temple chrétien, qui se fit aussitôt après la conquête, dans cette consécration par l'épée que le roi João donna à son fils en l'armant chevalier dans cette église ; et Henrique l'Illustre mérite et reçoit la dignité de chevalier à la pointe même de la partie du monde qui devait fonder son immortalité.

Le premier dimanche après la prise de la ville, la mosquée fut consacrée en grande pompe, et la première grand'messe fut célébrée par un certain nombre de prêtres qui se trouvaient auprès de l'armée. Un *Te Deum* accompagné par deux cents trompettes, outre les tambours et autres instruments, annonça par son retentissement le triomphe du christianisme sur l'Islam. Les sons de deux grosses cloches jadis enlevées par les Maures à Lagos, redemandées maintenant avec empressement par les naturels de ce lieu, et rendues à leur ancienne destination, provoquèrent dans la réunion des guerriers chrétiens une douce émotion et de pieuses pensées.

Après cette cérémonie, les infants se rendirent dans leurs demeures pour revêtir leurs armures; aussitôt ces trois jeunes princes, d'une taille imposante, d'une beauté mâle et d'un noble maintien, rentrèrent ensemble dans l'église, au bruit des fanfares, tout brillant de leur costume militaire, et suivis d'un long cortège de seigneurs et de fidalgos richement vêtus. Le roi João était profondément ému de ce spectacle : le souvenir de la fidèle compagne de sa vie, qui avait si ardemment désiré voir donner la consécration de chevaliers à ses fils sur lesquels elle fondait tant d'espérances, lui remplit les yeux de larmes. Après que le cortège fut parvenu dans l'église, l'infant Duarte, le premier, s'agenouilla devant le roi, tira l'épée que sa mère lui avait donnée pour cette solennité, la baisa et la présenta au roi qui lui en donna un coup avec le plat de la lame. La cérémonie se répéta pour les autres infants avec les mêmes formalités que pour Duarte, et, après avoir baisé la main de leur père en lui offrant l'hommage de leur reconnaissance, ils se mêlèrent aussitôt à leur suite pour conférer la dignité de chevaliers à des nobles, leurs compagnons, comme le roi l'avait donnée après eux à plusieurs autres. Ainsi l'infant Pedro arma chevalier Alvaro Vaz de Almada, sans pressentir que ce noble seigneur le suivrait avec une fidélité passionnée jusqu'à la mort. Le comte Pedro de Menezes reçut l'épée de chevalier des mains de Duarte, sur les instances de l'infant fut nommé par le roi commandant de Ceuta, et reçut la charge pénible et honorable de défendre avec une troupe petite mais choisie, qui lui fut laissée, une grande ville au milieu du pays des infidèles, et contre un ennemi irrité; de maintenir une conquête faite par les forces réunies d'une puissante armée de terre et d'une flotte considérable, dont le succès était dû à la surprise plutôt qu'à la supériorité des assaillants.

De Ceuta, le roi fit répandre le long des côtes de Castille la nouvelle de sa victoire sur les ennemis du christianisme, et la fit porter par une ambassade au roi d'Aragon. Ensuite il régla les affaires de la ville; recommanda au commandant de bien traiter les guerriers qu'il lui laissait, et à eux d'obéir à leur chef. « Il est surtout une injonction que vous devez toujours avoir présente à l'esprit, dit le roi en terminant ses adieux au comte; dans toute mesure que vous prenez, que le service de Dieu soit votre première préoccupation. Je vous laisse plein pouvoir de commander dans la ville, comme je ferais moi-même si j'étais présent; d'installer les fonctionnaires de la justice et les employés des revenus royaux, et de faire d'après votre conscience tout ce que vous jugerez profitable à la ville. Je ne reçois de vous serment d'hommage ni pour la ville, ni pour le château; car j'ai l'intention de vous confier non-seulement Ceuta, mais encore les autres villes de cette contrée, si Dieu daigne nous les donner. Je ne vous charge pas d'instructions plus étendues pour le moment, car je sais qu'avec la prévoyance dont Dieu vous a doué il ne vous sera pas difficile de juger combien je serais embarrassé pour vous conseiller (1). » Le roi exhorta encore le commandant, au moment de le quitter, à s'assurer les cœurs de ses chevaliers et de ses subordonnés. « Car, ajouta-t-il, la domination par la force n'est jamais très-sûre. Dès le commencement de mon action sur les choses du monde, j'ai usé de l'autre méthode, et par la grâce de Dieu je m'en trouve bien, comme vous le savez tous (2). » Là-dessus on se sépara (3); le 2 septembre 1415, l'ancre fut levée.

Arrivé à Tavira, le roi fit appeler ses fils auprès de lui pour les récompenser, dit-il, des grands services qu'ils lui avaient rendus dans cette campagne, excepté Duarte qui, en sa qualité d'héritier de ses Etats, ne pouvait rien recevoir de plus. Il éleva l'infant Pedro à la dignité de duc de Coïmbre, et l'infant Henrique à celle de duc de Viseu; le dernier, à cause de ses travaux pour l'équipement de la flotte, fut nommé en outre seigneur de Covilhâa. Tous ceux qui avaient servi le roi furent comblés par lui de présents, et congédiés à Tavira avec des expressions d'une bienveillante reconnaissance. Les vaisseaux étrangers reçurent largement le prix de leur fret, et cinglèrent joyeusement vers leur pays.

Ensuite le roi continua sa route jusqu'à Evora, où les infants João et Fernando qui, à raison de leur jeunesse, étaient restés en Portugal, attendaient l'arrivée de leur père.

---

(1) *Cronica do conde D. Pedro de Menezes*, escrita por Gomes Eannes de Zurara, cap. 7, dans la *Collecção de livros ineditos de hist. Portug.*, t. II.

(2) Pass. cit., cap. 2.

(3) *Voyez* les adieux touchants des Portugais près de partir à ceux qui restaient, *ibid*. cap. 10.

Avec leur gouverneur le maître de l'ordre d'Avis, tous les habitants de la ville, ils s'avancèrent au-devant du roi, et l'accompagnèrent, au bruit des hymnes que chantaient une troupe de femmes et d'enfants, au palais où l'infante Isabelle l'attendait entourée des nobles dames de la cour et de la ville. Il y avait des larmes dans tous les yeux. L'heureux retour de l'illustre père de la patrie, qui couronnait ses victoires antérieures par ce triomphe sur les infidèles; la vue de ses fils chéris, tous pleins de force et de fierté, dont les exploits à Ceuta semblaient justifier les plus brillantes espérances d'une nation belliqueuse; la présence de presque tous les guerriers, couverts de gloire, recevant les embrassements de leurs frères, de leurs pères, de leurs sœurs ou de leurs épouses, après une entreprise qui, d'abord par les mystères dont son but était enveloppé, avait éveillé tous les esprits et les avait remplis d'une certaine alarme, puis par sa direction inattendue et la rapidité de l'exécution (la traversée se fit à peu près en un mois, la prise de la ville en deux heures) (1) avait surpris tout le monde, par l'audace des exploits, par le petit nombre des victimes, répandait partout l'admiration et la joie; tout cela provoquait les émotions les plus variées, concourant toutes néanmoins à former un sentiment puissant, énergique, élevé, pénétrant, qui anima la nation pour longtemps. Le *Te Deum* entonné par les guerriers chrétiens dans la grande mosquée de Ceuta fut l'hymne d'allégresse du règne de João, chanté au déclin glorieux de sa carrière souvent agitée; il annonça au Portugal le siècle de sa grandeur. Quand le roi fit planter la bannière de Saint-Vincent sur le château de Ceuta, il ouvrit à ses Portugais une plus vaste perspective, et leur désigna un but plus élevé; de là leur regard plana par delà le *cabo de S.-Vicente*. Sur le promontoire Sacré (le *promontorium Sacrum* de l'ancien monde) se posa désormais l'infant Henrique, l'œil fixé sur les vagues agitées, sur l'immensité de la mer, et rêvant par delà un nouveau monde.

§ 4. *Possessions extérieures du Portugal et ses relations au dehors.*

Ceuta est maintenue. — Premières découvertes, établissements des Portugais. — Rapports des Portugais avec d'autres Etats chrétiens.

Jusqu'alors aucun roi portugais n'avait été en rapports aussi multipliés avec l'étranger que João. Ses vues d'abord si douteuses sur la couronne, la supériorité et l'hostilité de ses rivaux et de ses adversaires, le besoin d'assistance étrangère, sa position encore incertaine, même sur le trône, le poussèrent, le forcèrent à contracter des alliances, à chercher des appuis dans d'autres pays. Ses relations au dehors se compliquèrent et s'étendirent, lorsque peu à peu il s'affermit, prit une attitude plus imposante, et acquit de l'autorité parmi les souverains de l'Europe occidentale, quand il parvint à former des liens de famille avec des princes étrangers, à intéresser des maisons royales au maintien de sa nouvelle dynastie, enfin à éveiller dans son peuple un esprit d'entreprise qui, après avoir dompté la mer qui se brise sur la côte du Portugal, barrière naturelle de ce pays, remporté la première victoire à la pointe de l'Afrique, et posé le pied sur ce sol brûlant, marcha de découvertes en découvertes, jusqu'à ce qu'il parvînt à des possessions dont l'étendue fit oublier au monde la métropole qui s'oublia elle-même.

---

(1) Gomes Eannes de Zurara, pass. cit., cap. 10, pag. 243.

Ceuta est maintenue.

Les Maures ne pouvaient étouffer leur douleur sur la chute de cette place. Convaincus de son importance pour leurs pays d'Afrique, comme pour le royaume de Grenade, ils en ressentaient profondément la perte cruelle, et inquiétaient sans cesse la garnison chrétienne de la ville. Les infidèles, qui s'étaient enfuis de la place, et ceux qui formaient les peuplades voisines, ne lui laissaient pas un jour de repos, et cherchaient à lui faire tout le mal possible. Quoique le roi eût ordonné au commandant de la place, le comte de Menezes, de ne point s'avancer hors de la ville avec les siens, excepté en cas de nécessité impérieuse, ceux-ci ne pouvaient contenir leur indignation, lorsque des essaims de Maures entouraient les murailles et les provoquaient au combat par des insultes. Assez souvent les fidalgos portugais, avec la permission du commandant, faisaient une brusque sortie pour se venger de ces affronts, et assurer au courage des Portugais et à la valeur des chevaliers le respect qui leur était dû, et chaque fois les ennemis regagnaient leurs demeures en moindre nombre et rabaissés dans leur fierté. Dans ces luttes répétées, des chevaliers portugais accomplirent des exploits tels qu'on en raconte des plus beaux temps de la Grèce et de Rome. Les républicains de l'antiquité étaient entraînés par l'amour de la gloire et de la patrie et leur esprit belliqueux, les Portugais étaient enflammés en outre d'un saint zèle pour la foi chrétienne, appelés par la vocation de la chevalerie, animés par le sentiment de l'honneur, de la fidélité et du dévouement envers leur seigneur et leur roi. Ces faits d'armes ont bien mérité d'être conservés par ordre du roi Affonso V (1), et maintenant ils sont inscrits dans l'histoire du comte Pedro de Menezes comme des trophées rangés autour de son image héroïque, pour montrer ce que peut une faible troupe nourrie par des idées élevées, s'abandonnant pleinement à la direction d'un homme qui, doué d'une haute prévoyance, d'une forte intelligence et d'un grand courage, consacre ces qualités seulement à son devoir. Par ce chef héroïque et par cette troupe chevaleresque, Ceuta fut défendue et conservée contre les attaques incessantes et des essaims de Maures toujours renaissants.

Depuis l'année 1419, la ville se vit resserrée et menacée de plus près. Jusqu'alors elle n'avait pas été assiégée dans les formes, et les Maures ne s'étaient pas réunis en grandes masses pour la reconquérir ; ils espéraient, par des combats sans cesse renouvelés, détruire peu à peu les chrétiens, ou les forcer par la fatigue et l'épuisement à évacuer la place. Si elle ne fut pas investie dans les règles avec de grandes forces, comme le désiraient tous les Maures, c'est qu'outre les pertes générales en hommes et en vaisseaux qu'ils éprouvaient journellement de la part des chrétiens, parmi eux régnaient la division et la discorde. Mulei Buzaide et son frère Aco se disputaient la domination de Fez, et de l'autre côté le roi de Maroc avait à lutter contre un grand très-puissant de son royaume. Ainsi les dominateurs du pays, occupés chez eux, se trouvaient hors d'état d'employer leurs forces à reconquérir la ville. Comme, parmi les princes maures, le roi de Grenade sentait le plus vivement la chute de Ceuta, attendu qu'il se voyait maintenant privé de tous les secours qui lui avaient été fournis

---

(1) Par Gomes Eannes de Zurara, dans la *Cronica do conde D. Pedro de Menezes*, imprimée pour la première fois dans la *Collecção de livros ineditos de hist. Port.*, t. II. *L'Histoire de la conquête de Ceuta*, par le même auteur, forme la troisième partie de la *Cronica de D. João I*, par Fern. Lopes. Lisboa 1644.

(1) *Cron. do conde D. Pedro*, cap. 77, etc.

dans ses guerres continuelles avec la Castille, par les Etats de Maroc et de Benamarim, appuis de sa domination, il sollicita d'autant plus vivement ces princes de suspendre toute hostilité entre eux, et de tourner désormais leur haine et leurs armes contre les chrétiens, pour rétablir l'honneur de leur pays et de leur croyance. Par des ambassades continuelles, il les somma de se réunir et d'assiéger Ceuta. Lorsque enfin Buzaide eut tué son frère et rétabli le calme dans ses Etats, le roi de Grenade opéra la réconciliation du souverain de Maroc avec son vassal rebelle, au moyen de négociations avec Çala-ben-Çala, l'ancien seigneur de Ceuta, et les autres chefs des Maures, il tenta d'amener les choses au point que la souveraineté sur cette ville fût abandonnée à la couronne de Grenade, s'obligeant à entrer en campagne contre les chrétiens, avec toutes ses forces de terre et de mer.

Il parvint ainsi à réunir les Maures en masse, et à les pousser au siége de Ceuta par terre et par mer. Cependant après des attaques répétées, et des pertes considérables subies par les Maures, le siége fut levé, non pas que l'on renonçât à reprendre la ville, mais parce que l'on voulut rassembler de nouvelles forces plus considérables encore. En effet les Maures parurent avec des troupes bien plus nombreuses. Le peu de Portugais qui étaient dans Ceuta, poussés aux dernières extrémités, et désespérant de la défense de la grande ville contre un ennemi si supérieur, demandèrent au roi João des secours. Ils les reçurent avec l'infant Henrique, qui, suivi de l'infant João et du comte de Barcellos, amena quelques auxiliaires aux assiégés. Les efforts héroïques des deux chefs brisèrent dans un combat sanglant la force des infidèles, dont l'armée, réduite à un petit nombre d'hommes découragés, se retira en toute hâte. Au siége encore, les Portugais accomplirent des exploits qui tiennent du merveilleux. Mais tous les hauts faits des champions de la foi furent encore éclipsés par la valeur éclatante, l'audace, l'activité indomptable, la prudence et la sagesse de Pedro de Menezes, commandant de Ceuta, chéri et vénéré de tous, entouré de guerriers qui s'empressaient au-devant de ses ordres, et célébré comme le plus grand capitaine de ce temps (1). Il justifia ainsi, de la manière la plus glorieuse, la grande confiance que le roi lui avait montrée en lui remettant l'importante place de Ceuta.

Quand le roi João prit alors congé du comte, il promit de revenir au printemps suivant, avec l'aide de Dieu; « Car ce que j'ai fait, dit-il, n'est point la conquête même, ce n'est que le commencement (2). » Il ne revint pas, mais ses paroles étaient prophétiques, ainsi qu'il le sentait lui-même. Un autre vint; son digne et illustre fils se chargea de poursuivre la grande œuvre, et la continua glorieusement.

---

(1) Lião, cap. 97. Le comte était commandant de Ceuta depuis vingt-deux ans, « governando, » dit Zurara en signalant l'influence du cómte en peu de mots, « como cavalleiro, em que avia grande prudencia, e não menos ardideza, nunca sendo vencido, nem desbaratado. » *Cron. do conde D. Pedro*, cap. 40, p. 625.

(2) Gomes Eannes de Zurara, pass. cit., cap. 9.

L'infant Henrique.

Premières découvertes, établissements des Portugais. — Madeira et Porto-Santo. — Le cap Bojador est doublé.

A la prise de Ceuta, comme dans les transports ultérieurs de troupes des Portugais en Afrique, auxquels Henrique assista, il tira des prisonniers et des marchands maures des renseignements sur la côte occidentale et sur l'intérieur de l'Afrique (1). Les connaissances géographiques qui le dirigeaient dans ces conquêtes s'étendaient et se précisaient ainsi de plus en plus, et il sentait mûrir peu à peu les projets qui peut-être occupaient son esprit dès sa première jeunesse. Jeter de l'éclat sur lui-même et sur sa patrie (2) par la découverte de nouvelles contrées, acquérir au Portugal de plus vastes possessions et lui ouvrir de nouvelles ressources, donner au commerce plus d'extension et multiplier ses branches, en même temps mériter les louanges de la chrétienté et la reconnaissance de l'Eglise (3); c'était là le but élevé que l'infant s'était fixé, et le seul qui pût satisfaire son désir de renommée et de savoir, comme son zèle pour l'agrandissement et la gloire du Portugal. Avec l'amour ardent que ces passions allumaient en lui, avec la constance et la fermeté que réclamaient l'étendue et la difficulté du plan, l'infant s'appliqua dès lors à l'étude de la cosmographie et de l'astronomie (1), recherchant en même temps avec soin les traces des voyages maritimes antérieurs dont il trouvait des indications dans les écrits des anciens. Afin de pouvoir se livrer sans trouble à ces études, et se trouver en état de mieux diriger les entreprises auxquelles elles devaient le préparer, Henrique, après son retour de Ceuta, fixa son séjour dans les Algarves, au cap S.-Vincente, où dans la baie de Sagres il fit construire la villa de Terça-Nabal ou Tercena-Naval, appelée communément plus tard *Villa do Infante*, en face de l'élément dont la vue continuelle lui représentait sans cesse les flatteuses perspectives qu'il ouvre, comme les dangers à surmonter qu'il cache, sur lequel il cherchait la grandeur du Portugal, et fonda sa propre immortalité. Les revenus considérables de l'ordre du Christ, dont il avait la disposition comme grand maître, lui fournissaient d'abondantes res-

---

(1) De cette manière il eut des renseignements, non-seulement sur les pays des Alarves qui touchent au désert appelé par eux Sahara, mais même sur les contrées habitées par les Asenegi qui confinent aux nègres de Jalof, où commence la terre de Guinée, qu'eux-mêmes appellent Guinanha. *Da Asia de João de Barros e de Diogo de Conto*. Nova edição. Lisboa 1778, déc. I, liv. I, cap. 2.

(2) « ... Como muy leal vassallo dos reis e da coroa de Portugal, desejoso do acrecentamento, gloria, e louvor delles.» Ruy de Pina, *Cron. do S. rey D. Affonso*, cap. 144, dans la *Collecção de livros ineditos de hist. Portug.*, t. I, p. 486.

(3) Ce ne furent pas seulement des mobiles religieux qui poussèrent les infants à leurs entreprises contre les Maures en Afrique, tout pénétrés qu'ils fussent de sentiments de piété chrétienne et de respect envers l'Eglise; des considérations de prospérité pour le Portugal les dirigèrent dans leurs projets et leurs actions; on le voit par les expressions des infants João et Pedro, lorsque tous deux répondirent au roi Duarte, qui demandait leur avis sur la poursuite des conquêtes en Afrique. *V.* leurs réponses dans Ruy de Pina, *Cron. do S. rey D. Duarte*, cap. 17 et 19, et dans la *Collecção de livros ined.*, t. I; mais certes l'infant Henrique n'était pas le moins éclairé parmi ses frères.

(1) Barros, déc. I, liv. I, cap. 16. Damião de Goes, *Cron. do principe D. João*. Coimbra 1790 cap. 7.

sources pour mettre ses plans à exécution. Pourvu de ces moyens et de ces connaissances, doué d'un esprit audacieux, entreprenant, et d'une fermeté inébranlable dans la poursuite de ses projets, l'infant résolut de pousser la navigation portugaise vers le sud, et dans ce but d'envoyer annuellement deux à trois vaisseaux à la découverte. Sur la côte occidentale d'Afrique, où devaient d'abord tomber les regards d'Henrique, et à laquelle se rattachait l'expérience des marins, qui n'osaient pas trop s'éloigner du continent, le Cabo de Naô était le point extrême auquel on fût jusqu'alors parvenu. On n'osait pas aller au delà; une terreur transmise par les ancêtres arrêtait tous les navigateurs, parmi lesquels circulait cette espèce de proverbe : « Celui qui double le Cabo de Naô ne sait pas s'il reviendra jamais (1). » Les vaisseaux expédiés par l'infant parvinrent à passer le redoutable promontoire, à s'avancer soixante legoas plus loin, jusques au Cabo de Bojador; mais maintenant ce point resta aussi longtemps le terme de leurs courses. La fureur des vagues venant se briser sur le cap, détaché de quarante legoas à l'ouest en avant de la côte (2), et dépassé lui-même par des récifs dressés en mer à six legoas plus loin, glaçait d'effroi tous ceux qui s'en approchaient. En se hasardant ensuite sur l'Océan, on craignait de perdre la terre de vue. L'on revint, et on livra en route quelques combats aux Maures, pour rapporter à l'infant au moins un signe de victoire sur les ennemis des chrétiens. Les désirs d'Henrique restaient donc sans satisfaction.

Alors deux de ses courtisans, João Gonsalves Zarco et Tristão Vaz Texeira, qui à la prise de Ceuta avaient combattu valeureusement sous les yeux de l'infant, et dont le premier avait été armé chevalier par lui, offrirent de doubler le redoutable cap. Henrique leur fit équiper une chaloupe, et tous deux se mirent en mer en 1418. Mais avant d'atteindre la côte d'Afrique, ils furent assaillis par une violente tempête, et lorsque le temps redevint calme, ils se virent chassés bien loin de leur route, en vue d'une petite île à laquelle, en reconnaissance de leur salut, ils donnèrent le nom de Porto-Santo. Ils trouvèrent l'île fertile, pourvue de bonne eau vive et jouissant d'une température salubre. Ils revinrent contents de leur découverte, et la peignirent sous des couleurs si brillantes à l'infant enchanté et à leurs compatriotes, que beaucoup à leur exemple offrirent d'aller s'y fixer. Parmi ceux-ci se trouvait un écuyer de l'infant João, Bartolomeu Perestrello, auquel Henrique fit aussitôt équiper un vaisseau ainsi qu'à chacun des deux derniers explorateurs, les pourvoyant abondamment de plantes, de semences, et de tout ce qui était nécessaire pour une nouvelle colonisation. Perestrello emmena une chienne caniche qui mit bas en route, à la grande joie des marins; à leurs yeux, c'était d'un heureux présage pour la fertilité de la terre où ils allaient s'établir. Mais cette prétendue bénédiction devint bientôt un fléau. Les caniches se multiplièrent en peu de temps en telle quantité, qu'ils détruisirent toutes les demeures et les plantations dans l'île, et beaucoup de Portugais, fatigués d'efforts inutiles, retournèrent en Portugal; Perestrello se joignit à eux (1).

João Gonsalves et Tristão Vaz demeurèrent pour rechercher de plus près un objet qui depuis longtemps occupait leur attention. Une masse en forme de nuage, qui se dessinait dans le lointain à l'horizon, sans se partager ni changer de place, disposait les observateurs à la prendre pour de la terre. Voulant se fixer sur ce point, ils s'embarquèrent par une claire matinée sur quelques bâtiments qu'ils avaient construits dans l'île où le bois était en abondance, gouvernèrent vers l'objet de leur curiosité, et décou-

---

(1) « Quem passar o cabo de Nâo, ou tornara, ou nâo. »
(2) De là : *Bojador*, de *bojar*.

(1) Barros, dec. I, liv. I, cap. 2.

vrirent une île bien plus étendue, à laquelle ils donnèrent le nom de Madeira, à cause des forêts épaisses dont elle était couverte (8 juillet 1419). Lorsqu'ils rapportèrent cette heureuse nouvelle en Portugal, l'infant, avec l'agrément du roi, divisa l'île en deux *capitanias*, et donna l'une, où Gonsalves était d'abord descendu à terre près de la *Camara dos Lobos*, à ce brave navigateur, « *de juro e herdade;* » l'autre, appelée Machico, à son digne compagnon Tristão Vaz. Perestrello devint gouverneur de Porto-Santo.

Dans l'année suivante (1420), les deux explorateurs et Perestrello, se rendirent dans leurs capitanias abondamment pourvus de tout ce qui était nécessaire à un nouvel établissement. Gonsalves, qui de la *Camara dos Lobos* prit pour lui et sa famille le surnom de Camara, fonda, non loin de ce lieu, Funchal actuellement capitale de l'île. Comme l'épaisseur extraordinaire et l'étendue des bois dont cette île était couverte, opposaient de grandes difficultés à sa mise en culture, il fit mettre le feu à une portion de bois près de Funchal; le feu gagna tout autour, brûla, dit-on, durant sept années, et dévora presque tous les bois de l'île. La fertilité du sol dépassa toutes les espérances. La canne à sucre, transplantée de la Sicile en ce lieu, produisit à l'instant sur trois legoas de terrain, durant quelques années, plus de soixante milles arrobes (1), pour le cinquième de la récolte qui appartenait au grand maître de l'ordre du Christ. Les ceps de vigne qu'Henrique fit transporter de Chypre à Madeira ne profitèrent pas moins. Selon Cadamosto, le grain rendit soixante pour un, et les scieries que l'infant fit établir pour débiter le bois épargné par le feu, fournirent en abondance à la métropole et à d'autres contrées, les plus belles espèces de bois (2).

Quoique ces grands bénéfices ne se réalisassent pas aussitôt, et n'apparussent pas même d'avance à un œil ordinaire, ils ne pouvaient rester cachés à la perspicacité de l'infant, et devaient enflammer son zèle de plus en plus. Après la découverte des deux îles, nous remarquons aussi dans les voyages d'explorations un temps d'arrêt de douze années, dont la raison, à ce qu'il paraît, doit être cherchée seulement dans des difficultés extérieures qui entravaient l'esprit d'entreprise toujours tendu de l'infant. D'un côté Henrique avait à lutter avec les connaissances nautiques très-bornées, et le manque de moyens de navigation, de l'autre contre les préventions de l'opinion publique et les idées dominantes des Portugais, qui étaient contraires à ses expéditions. A la vérité la boussole perfectionnée au commencement du quatorzième siècle par Flavio Gioja, facilitait la navigation en pleine mer; mais l'aiguille aimantée n'offrait qu'une direction dangereuse tant que les marins, lorsqu'ils perdaient la terre de vue, ne savaient pas se servir des observations astronomiques pour déterminer le lieu où se trouvait leur vaisseau, et tant qu'ils n'avaient pas de carte marine pour leur indiquer leur position relativement aux pays connus, et la direction à prendre. L'infant reconnut la nécessité de former d'abord des marins instruits, et de leur faire acquérir les connaissances et les talents nécessaires. Il appela donc de Majorca le maître Jacome, « homme très-instruit dans l'art de la navigation, qui dressait des cartes et fabriquait des instruments, afin qu'il enseignât sa science aux Portugais (1). »

---

(1) Une arrobe est à peu près le quart du quintal.
(2) Barros, dec. I, liv. I, cap. 3. *As navegações de Luiz de Cadamosto*, cap. 4, dans la Collecção de noticias para a historia e geografia das nações ultramarinas.... publicada pela Academia real das sciencias. Lisboa 1812, tom. II, num. 1 et 2, p. 9.

(1) Barros, dec. I, liv. I, cap. 16. Francisco de Borja Garção Stockler (*Ensaio historico sobre a origem e progressos das mathematicas em Portugal*. Paris 1819, p. 16) place l'appel fait à Jacome en 1438, je ne sais sur quelle autorité.

L'infant avait-il conçu de lui-même les premières cartes hydrographiques, ce qui est assez vraisemblable (1), ou bien son frère Pedro lui en avait-il rapporté de ses voyages (2) (de 1424 à 1428), de Venise peut-être où on lui donna de grands témoignages de considération et de respect, où même on lui fit don des relations de voyages de Marco Polo en Asie (3)? Cela est incertain. Mais on ne peut guère douter qu'Henrique ne fît usage de cartes pour les voyages de découvertes par lui provoqués, s'il n'en tira pas même parti pour les premières explorations. Dans certaines de ces expéditions, lui-même voyait clairement ce qui restait obscur pour les marins ordinaires, parce que les connaissances spéciales étaient encore très-peu répandues. Il paraîtrait que la mission de maître Jacome était de répandre ces connaissances dans le domaine public. L'infant, pour ses propres recherches, devait vivement désirer l'assistance d'un homme d'un savoir et d'une expérience reconnus. Combinant ses efforts avec ceux de ce maître, il espéra diminuer les difficultés que l'état des connaissances des Portugais dans la navigation jetait sur sa route. Il trouva de grands obstacles dans l'opinion qui détournait ses compatriotes des voyages de découvertes. On les regardait comme stériles ou même funestes pour le Portugal. Les pays, disait-on, que l'infant faisait chercher, n'étaient que des déserts de sable comme ceux de la Libye, ainsi que pouvaient en donner l'idée les soixante legoas de littoral en avant du cap Bojador. De grandes sommes seraient inutilement dissipées, de nombreux marins sacrifiés, dont les veuves et les orphelins se trouveraient ensuite abandonnés à la misère. En supposant même que l'on découvrît des contrées aussi fertiles que les deux îles où déjà l'on s'était établi, en Portugal même il y avait assez de terre qui pouvait être cultivée et mise en valeur sans tant de dépenses et de dangers. Les rois antérieurs avaient appelé des étrangers dans le royaume pour le peupler; l'infant au contraire enlevait de Portugal les indigènes afin d'aller coloniser des déserts, au prix de peines et de fatigues inouïes. L'exemple de ces procédés supérieurs des anciens souverains venait encore d'être reproduit par son père lui-même, qui avait donné à exploiter les terrains nouvellement défrichés de Lavra près de Coruche à un Allemand, Lambert d'Orches, en l'obligeant à y faire venir des colons d'Allemagne (1).

Ces idées défavorables ne pouvaient maintenant ébranler l'infant dans ses convictions, ni éteindre son ardeur pour les voyages d'exploration; mais elles l'arrêtaient à chaque pas, et retardaient l'exécution de ses plans. Poursuivi sans relâche par les grands projets qui occupaient son esprit (2), il fit équiper un bâtiment en 1432, et en donna le commandement à son écuyer Gilianes, natif de Lagos, qu'il avait déjà envoyé à la découverte l'année précédente. Contrarié par le temps, Gilianes avait alors abordé aux îles Canaries, et en diverses attaques il avait fait prisonniers plusieurs habitants avec lesquels il revint en Portugal. L'infant montra peu de satisfaction de ces faits, et Gilianes, mécontent de lui-même, prit maintenant la résolution d'exposer dans ce second voyage sa vie à tous les dangers, et de ne pas reparaître devant l'infant avant de pouvoir lui apporter une nouvelle favorable et vivement désirée. Dans cette pensée, il quitta le sol de sa patrie, gouverna, secondé par une mer tranquille et un bon

---

(1) Garção Stockler, pass. cit., not. II, p. 99.
(2) *Memoria sobre dois antigos mappas geograficos do infante D. Pedro, e do Cartorio de Alcobaça*, par Antonio Ribeiro dos Santos, dans les *Memorias de litter. Portug.*, t. VIII, 2, p. 275 et suiv.
(3) *Ibidem*, p. 276.

(1) Barros, dec. I, liv. I, cap. 4.
(2) « Com tudo, porque sentia em si hum estimulo de virtuosa perfia, que o não leixava descançar em outra cousa. » Barros, *ibid.*

vent, sur le cap tant redouté, auquel on n'avait pas encore donné de nom, le doubla heureusement, et l'appela Bojador. Il trouva ensuite le pays inhabité, mais agréable, planta une croix sur le lieu du débarquement, prit dans un vase plein de terre diverses plantes qu'il trouva en ce lieu, et les rapporta dans sa patrie. Un accueil joyeux et honorable fut fait à l'heureux Gilianes à la cour de l'infant, qui voyait maintenant « atteint le but si longtemps désiré et poursuivi avec tant de peine, » et qui considérait dans les plantes apportées « un fruit et un signe de la terre promise (1). »

« Quoique cette navigation au delà du cap, dit Barros, ne passe plus aujourd'hui pour difficile, alors elle fut regardée comme un grand fait, et c'en était un en réalité ; on l'exalta à l'égal de l'un des travaux d'Hercule ; elle repoussait les fausses idées qui dominaient alors dans toute l'Espagne, et donna du courage à ceux qui jusqu'alors n'avaient pas osé poursuivre cette découverte. »

La joie d'Henrique sur cet heureux résultat de ses efforts fut partagée par son frère le roi Duarte. Un des premiers actes de gouvernement de ce monarque, fut de donner à l'infant une marque publique de reconnaissance pour ses services ; aussitôt après son avénement au trône (le roi João était mort le 14 août), il lui concéda pour la vie les villes de Madeira, Porto-Santo et Deserta. En vertu d'un acte du 21 septembre 1433 (2),

il abandonna ces îles à l'infant pour les posséder pleinement avec tous leurs revenus, et avec les juridictions criminelle et civile, sous la seule réserve que, dans les cas de condamnation à mort ou à la mutilation, l'appel devrait être porté à *la casa do civil* à Lisbonne (1). Dans un acte du 26 octobre de la même année (2), le roi attribue pour jamais à l'ordre du Christ « tous les biens spirituels » de ces îles (3).

Après ces faits, on pouvait s'attendre à une poursuite plus active des découvertes commencées ; mais bientôt après l'avénement de Duarte se produisirent des événements, son règne, si court, fut suivi d'agitations qui arrêtèrent l'infant et ses marins pour longtemps (4), et qui détournèrent aussi toute attention de ce spectacle.

---

(1) Barros, *ibid.*
(2) Sousa, *Provas*, t. I, p. 442, num. 23.

(1) L'acte suivant peut donner une idée plus précise du genre de la possession : « Damos lugar ao dito iffante D. Henrique, que elle passa quitar parte ou todo do dito foro aos que vierem aas ditas ilhas morar em sua vida do dito iffante porque no dito tempo lhe temos de todo feita merce com tonta que des pois da morte do dito iffante elles paguem o dito foro segundo em elle he conteudo, etc. »
(2) Sousa, *Provas*, t. I, p. 444, num. 25.....
« Rezalvando q fique pera nos e para a coroa de nossos regnos o foró o dizimo da todo o pescado q se nas ditas ilhas matarem e todollos outros direitos reaes. »
(3) Confirmé par le pape Eugène IV en 1445, par le roi Affonso V en 1449 et 1454. Sousa, *Provas*, t. I, pag. 443-445, num. 24, 25 et 26.
(4) Dam. de Goes, *Cron. do principe D. João*, cap. 8.

Rapports du Portugal avec d'autres Etats chrétiens pendant le règne de João Ier.

Relations avec la Castille, l'Aragon et la Navarre, la Bourgogne, la France et l'Angleterre.

Pendant que le Portugal, par ses entreprises d'outre-mer, s'efforçait d'étendre ses possessions, sa situation à l'égard de la Castille était toujours plus affermie par João Ier. La paix de 1431 fixa enfin des rapports si longtemps incertains entre les deux Etats et les deux maisons royales.

Dans le traité de 1411, il avait été établi que le jeune roi de Castille, pour lequel la régente et les grands avaient signé l'acte, aussitôt qu'il aurait atteint sa quatorzième année, le confirmerait de sa propre main (1). Les ambassades portugaises qui, dans l'année 1419, furent envoyées plusieurs fois à la cour de Castille pour demander l'exécution de cette promesse, rencontrèrent des difficultés et des obstacles (la reine si pacifique étant morte sur ces entrefaites), et revinrent sans avoir obtenu l'objet de leur mission, mais avec l'assurance d'une satisfaction toute prochaine (2). Enfin, sur les réclamations pressantes du roi João, un ambassadeur, Alonzo de Cartagena, doyen de Santiago, parut en Portugal où il resta une année entière, parce que João insistait toujours pour que la paix fût confirmée suivant la teneur du traité conclu antérieurement par la reine Catherine et l'infant Fernando. Après de longs débats, l'on convint que le traité aurait pleine valeur, jusqu'à ce que le roi de Castille fût parvenu à sa dix-neuvième année ; qu'alors, si une partie ne voulait plus observer la paix, après en avoir fait la déclaration, elle pourrait commencer la guerre, à l'expiration d'un délai de dix-huit mois (1). De cette manière, la paix fut solennellement proclamée dans les deux royaumes ; en réalité ce n'était qu'une trêve (2), qui fut transformée en paix formelle seulement au bout de plusieurs années. En 1431, trois ans avant l'expiration du délai fixé plus haut, le roi João fit représenter par une ambassade au roi de Castille combien il désirait maintenant, dans son âge avancé, voir le Portugal et la Castille assurés d'une paix durable, et les deux maisons royales alliées unies par les liens de l'amitié. Cette fois cette démarche eut plus de succès ; quelques grands de Castille auraient bien volontiers vengé la perte des leurs et la honte de la défaite d'Aljubarrota ; mais, dans le conseil du roi, on doutait si après la mort de Brites, qui n'avait point laissé de descendant, le jeune monarque avait encore un droit sur le Portugal. Une nouvelle lutte avec ce pays, tandis que Juan II soutenait en outre la guerre contre les rois d'Aragon et de Navarre et le souverain de Grenade, paraissait une chose excessivement grave (3). Dans ces conjonctures, le roi de Castille, d'accord avec ses conseillers et les procuradores des villes, se montra disposé à la paix. Le traité fut signé le 30 octobre 1431 à Medina del Campo, et le 17 janvier 1432 ratifié par le roi de Portugal à Almeirim. Les deux rois avec les héritiers de leurs trônes, les infants Henrique et Duarte, le jurèrent solennellement.

Entre le Portugal et la Castille devaient régner pour jamais paix et amitié. Le roi

---

(1) *Voyez* plus haut.
(2) *Cronica del senhor rey D. Juan II en Castilla y en Leon*, compilada por Fernan Perez de Guzman. Valencia 1779, in-fol. ; anno 1418, cap. 4 ; anno 1419, cap. 8 et 9. Sylva. *Memorias*, cap. 192.

---

(1) F. Perez de Guzman, anno 1423, cap. 2.
(2) Guzman, anno 1431, cap. 4.
(3) Guzman, anno 1431, cap. 25.

de Castille renonçait, pour lui et ses descendants, au royaume de Portugal et aux possessions de cette couronne. Les deux rois se restituaient réciproquement les villes et les localités qu'ils s'étaient enlevées l'un à l'autre dans cette guerre. Les prisonniers étaient aussi rendus de part et d'autre. Le pardon, la réintégration dans leurs biens et la liberté de séjourner dans les deux royaumes étaient accordés aux fidalgos et sujets déserteurs. Toutes les pertes qui pouvaient avoir été causées par cette guerre dans l'un ou l'autre royaume, qu'elles affectassent les biens ou les personnes, devaient être oubliées de part et d'autre, et ne donner lieu à aucune indemnité réciproque. Les fortifications construites, depuis l'invasion du roi de Portugal en Castille, sur les frontières des deux pays, devaient être rasées. Les Castillans pouvaient voyager en Portugal, y entrer, en sortir, exporter toutes les marchandises, à l'exception des articles prohibés, sans payer des droits plus forts que les indigènes. Les affaires civiles ou criminelles dans lesquelles les Castillans pourraient être engagés en Portugal, qu'ils fussent demandeurs ou défendeurs, devaient être traitées par les tribunaux du pays comme s'il s'agissait de Portugais. Quiconque s'enfuirait de Castille en Portugal avec un objet volé ou une épouse enlevée devait être livré. Les vaisseaux de Castillans ou de Portugais chargés de marchandises appartenant à des ennemis, ne pourraient être saisis ni par les uns ni par les autres, à moins qu'ils ne transportassent des troupes ennemies, ou qu'ils n'entrassent dans un port du pays ennemi ; sans parler de dispositions plus précises sur ce point. La violation de ces articles devait être soumise à la peine du parjure, sans que pour cela la paix pût être considérée comme rompue (1).

Ainsi le Portugal sortit triomphant et glorieux de la seconde grande guerre qu'il soutint pour son indépendance contre la Castille ; et, quand le roi de Castille jura la paix de 1431, il reconnut solennellement l'existence indépendante et inattaquable du Portugal ; le serment de João était la consécration intime, calme et authentique du triomphe arraché. La dignité du royaume fut relevée en face de la Castille comme aux yeux du monde ; le Portugais fut assuré dans ses droits comme le Castillan, la nouvelle dynastie affermie sur le trône, le maître de l'ordre d'Avis honoré comme roi parmi les têtes couronnées. Ce traité marquait la place de João au milieu des souverains.

La Castille étant en guerre avec l'Aragon et la Navarre (1), le roi João se présenta comme médiateur entre ces Etats, et se montra digne de ce beau rôle par la plus rigoureuse impartialité (2). Il était d'ailleurs en rapports plus intimes avec l'Aragon, par le mariage arrêté le 22 septembre 1428 (3) de son fils aîné Duarte avec l'infante Léonore, fille de Fernando IV d'Aragon, et par l'union accomplie vers ce temps (4) de l'infant Pedro avec Isabelle, fille du comte Jayme II d'Urgel et de l'infante Isabelle d'Aragon. L'union de sa fille Isabelle, princesse douée de qualités éminentes et d'une rare beauté, avec Philippe le Bon, duc de Bourgogne (10 janvier 1429) (5), l'attacha plus étroitement à

---

(1) Sylva, *Memorias*, etc., t. IV, *Collecç. dos doc.*, num. 36, p. 270-358, où sont insérées aussi plusieurs dispositions tirées de la paix de 1479. En outre, on trouve les principaux articles du traité dans les *Leis extravagantes* colligidas e

relatadas pelo licenciado Duarte Nunez de Lião, per mandado do.... rei D. Sebastião. Coimbra 1796, tit. II, de alguãs capitulações do assento das pazes entre os reis de Portugal e os de Castella, p. 711 et suiv.

(1) Guzman, ann. 1429, cap. 44, 45 ; ann. 1430, cap. 27.
(2) Guzman, ann. 1431, cap. 26.
(3) Sousa, *Hist. gen.*, t. II, cap. 7.
(4) Sousa, *ibid.*, cap. 2.
(5) Sylva, *Memorias*, t. IV, *Collecção dos documentos*, num. 24, 25 ; avec lesquels il faut toutefois comparer les fixations du temps de Sousa, *Hist. gen.*, t. II, cap. 4, p. 125.

cette maison princière alors si riche et si puissante. Mais cette alliance aurait suffi pour l'éloigner de la cour de France, si déjà ses liaisons avec l'Angleterre ne lui avaient pas aliéné le roi de France, et si la ligue contractée par le roi de Castille avec le souverain français n'avait pas fait de ce monarque un ennemi déclaré de João. Pour la première fois, la situation politique de ces quatre puissances de l'Europe occidentale se dessina plus nettement, et devint un pronostic significatif pour l'avenir.

Le commerce et les communications fréquentes, le besoin de secours étrangers, des mariages et des alliances de familles entre les maisons royales avaient rapproché de bonne heure le Portugal de l'Angleterre. Il s'agit tantôt de traités de commerce entre les deux États et de mesures de sûreté pour leurs négociants, tantôt de ligues politiques tendant à une assistance mutuelle, tantôt de mariages entre les deux familles royales. Les premiers rapports sont les plus importants pour le Portugal.

On saisit dès les premiers temps des traces de commerce avec l'Angleterre. Ces relations sont signalées quand des troubles, venant les interrompre, nécessitent des négociations publiques pour les renouer. Des Castillans qui se donnaient pour Portugais, et usurpaient, afin de soutenir cette fraude, les armes et les insignes de l'État auquel ils prétendaient appartenir, avaient exercé des violences sur des vaisseaux anglais. Les hostilités causées par ces actes entre des sujets anglais et des sujets portugais amenèrent un accord en vertu duquel furent nommés de chaque côté deux hommes désintéressés, qui devaient apprécier le dommage souffert et accommoder le différend. En même temps les Portugais demandèrent que les habitants de Bayonne (alors sous la domination anglaise) ou d'une autre ville maritime anglaise leur confiassent des vaisseaux pour l'expédition de marchandises et d'autres objets, attendu qu'ils ne possédaient pas de bâtiments en quantité suffisante, et promirent de payer un loyer plus élevé qu'à tout autre (1). Les débats dont il vient d'être question, sont signalés dans le premier traité de commerce entre le Portugal et l'Angleterre, dont l'acte a été conservé, comme les seuls qui aient troublé les rapports jusque-là pleins de bienveillance mutuelle entre les deux pays. Par l'histoire du roi Diniz, on sait comment le traité de commerce d'octobre 1308 suppose un accord antérieur entre les négociants portugais et anglais, qu'il eût été conclu dans les formes, ou qu'il se trouvât établi par la coutume; et comment ledit traité de commerce, sous la forme d'une lettre du roi d'Angleterre au roi Diniz, donnait aux marchands portugais des saufs-conduits et des garanties pour faire le commerce en Angleterre, circuler librement dans le pays, y entrer et en sortir, dans la supposition qu'ils n'introduiraient que des marchandises permises, et payeraient les droits d'usage. Le traité de 1308 paraît avoir été longtemps la base et la règle des transactions commerciales entre le Portugal et l'Angleterre. Des recommandations de marchands et de maîtres de navires des deux nations (2) ne servaient qu'à réveiller le souvenir du traité, bien loin de l'entraver ou d'indiquer qu'il tombait dans l'oubli; des violences isolées, dont une partie se rendit coupable envers l'autre (3), lui rendirent une nouvelle vigueur, en amenèrent l'application, et eurent pour conséquences d'en faire recommander publiquement et solennellement l'observation dans les deux royaumes (4). Les rois d'Angleterre continuèrent toujours de veiller au maintien de l'alliance d'amitié, prirent sous leur protection les marchands portugais, leurs vaisseaux, leurs marchandi-

---

(1) Rymer, *Fœdera*, etc., vol. I, P. 2, ad ann. 1293, p. 799, 789, 815 (édition de 1816).
(2) Par exemple en 1325. Rymer, *Fœdera*, etc., ed. III. Hagæ Com. 1739-1745, vol. II, P. 2, p. 134.
(3) Rymer, *ibid.*, II, 4, p. 146.
(4) Rymer, *ibid.*, II, 4, p. 158, ad ann. 1344.

ses et leurs biens (1), et s'efforcèrent de les préserver des dangers et des violences (2). En 1358 (20 octobre), la classe commerçante des villes maritimes portugaises, nommément Lisbonne et Porto, conclut avec le roi d'Angleterre un accord par lequel chaque partie s'obligeait à ne causer à l'autre aucun tort ou aucun mal sur ses vaisseaux et ses marchandises, ni sur sa personne, à permettre les libres communications par terre et par eau, comme à laisser entrer sans empêchements tous les vaisseaux et toutes les cargaisons de l'un des alliés dans les ports de l'autre; et, si l'une des parties trouvait des biens à elle appartenant parmi des objets enlevés par l'autre sur l'ennemi, ces biens devaient lui être rendus (3). Une perte que souffrirait une partie par le fait de l'autre devait être réparée par celle qui l'avait causée. En même temps les Portugais reçurent la permission de pêcher dans les ports et dans les eaux de l'Angleterre, moyennant le payement des droits d'usage (4). Après ce traité concernant exclusivement le commerce maritime du Portugal avec l'Angleterre, vingt ans s'écoulèrent, sans qu'une négociation ou un acte de ce temps indique le moindre trouble apporté aux relations amicales entre les deux pays et les deux familles royales. Au règne énergique d'Affonso IV, qui fut si profitable pour le commerce et l'industrie, se rattachèrent ces dix années dans lesquelles le roi Pedro, uniquement préoccupé de la prospérité de son pays, tint son bras étendu pour protéger le libre développement de l'activité nationale, « dix années comme le Portugal n'en avait jamais vues (1).» Le commerce eut à se féliciter de ses premières conditions d'existence, de la liberté et de la protection dont il jouissait, et l'intérêt bien entendu recommandait aux marchands et aux marins portugais de maintenir les bons rapports avec l'Angleterre. A l'avénement de Fernando, les traités se renouvellent et se reproduisent; il était, pourrait-on dire, l'homme des traités; et, d'après ces actes, il est difficile de savoir s'il se confiait moins aux autres que les autres ne croyaient en lui. Ces conventions nouvelles ravivent l'ancien traité, car elles le répètent textuellement, et ajoutent des conditions et des dispositions à ce qui est déjà établi simplement et implicitement, à ce qui s'entend de soi-même : ainsi les traités du 12 avril 1372 (2), du 27 novembre 1372 (3), du 16 juin 1373 (4) et du 15 juillet 1380 (5), dont le dernier put être causé par le changement de gouvernement survenu en Angleterre, et le premier renchérissant en précautions de toute espèce, contient déjà la disposition que chaque nouvel héritier du trône doit être tenu, dans la première année après son couronnement, de jurer publiquement et solennellement ce traité en présence de personnes dignes de confiance, d'en faire expédier des actes pour en remettre entre les mains de l'autre partie.

---

(1) « Suscepimus, » dit le monarque anglais dans une ordonnance pour les Portugais, « eosdem mercatores, naves, magistros, et marinarios.... in protectionem et defensionem ac salvam guardiam nostram, etc. » Rymer, *Fœdera*, etc., ad ann. 1325, vol. III, p. 79.

(2) Rymer, *ibid.*

(3) A cette disposition du traité se référait quatre ans plus tard le roi d'Angleterre dans une discussion sur des objets portugais que, dans la guerre avec les Français, les Anglais avaient enlevés à ceux-ci. Rymer, III, 1, p. 138.

(4) « Item que pessoners de la marismes et citees avantdites, puissent venir et pecher, franchement et sauvement en les ports d'Engleterre et de Bretaigne, et en touz les autres lieux et portz, ou ils vorront, paints les droits et les coutumes, a les seigneurs du pays. » Rymer, III, 1, p. 88.

(1) *Voyez* la première partie.
(2) *Renovatio antiquorum fœderum.* Rymer, IV, 3, p. 12.
(3) Rymer, III, 2, p. 208.
(4) Rymer, III, 3, p. 8.
(5) Rymer, III, 3, p. 103; et III, 3, p. 120.

Apres la mort de Fernando, et après l'élévation de João au trône, les communications entre les deux royaumes, les relations mutuelles entre les maisons royales devinrent fréquentes et de plus en plus variées. Antérieurement on avait bien songé à unir les deux dynasties par des mariages (1), et le roi Edouard III, en accordant une protection si profitable aux marins et aux marchands portugais, avait égard surtout aux rapports d'amitié qui existaient entre lui et le roi de Portugal (2); mais ce fut d'abord sous João Ier que des liens multipliés attachèrent étroitement les deux maisons et les deux Etats. L'ancien traité de commerce et d'alliance du 12 avril 1372, qui n'était lui-même qu'une extension du précédent, fut renouvelé le 15 avril 1386 (3); dans la même année encore (9 mai), une alliance défensive fut conclue avec le roi Richard d'Angleterre (4), confirmée solennellement l'année suivante (12 août) (5), et fortifiée encore le 16 février 1404 par Henri IV, successeur de Richard (6). Le mariage de João avec la fille du duc de Lancastre (2 février 1387) scella encore ces liens d'amitié avec la couronne d'Angleterre, garantit et affermit les traités de diverse nature qui existaient entre les Portugais et les Anglais. Les deux rois allèrent plus loin encore; car, à l'occasion d'une trêve que le roi de Portugal avait conclue avec la Castille, ils convinrent (7), dans chaque traité qu'une des deux parties arrêterait avec la Castille, de faire comprendre l'autre; et en effet, en 1404 (27 février), nous voyons le roi d'Angleterre compris dans la trêve conclue encore cette année entre le roi João et la Castille (1). Comme en ces circonstances un avantage réciproque réunissait les rois de Portugal et d'Angleterre contre la Castille, de même les conventions qu'ils arrêtaient ensemble pour eux et leurs sujets reposaient encore sur des intérêts mutuels, et les prenaient pour objet. Une prépondérance d'un Etat accablante pour les droits de l'autre ne se remarque nulle part dans toutes ces transactions. L'inégalité entre les deux puissances n'est pas non plus si grande dans ce temps. Quoique d'une étendue plus vaste, et contenant une population plus nombreuse, l'Angleterre ne tenait pas alors le rang élevé auquel elle aurait dû prétendre, parce que ses forces se tournaient contre elle-même, et elle saignait encore des blessures qu'elle s'était faites; d'ailleurs elle ne comprenait pas encore bien sa destination et le bonheur de sa position naturelle. Ce que le Portugal avait de moins en étendue et en population était largement compensé par sa situation à la pointe de l'Europe, avec les avantages d'un littoral très-développé et d'un continent, par l'unité de ce corps depuis sa formation, par la belle succession de ses princes, jusqu'alors très-capables, pour la plupart, le développement gradué, rarement interrompu de la force et de l'activité du peuple, l'attitude fière que donnaient au Portugais son indépendance valeureusement conquise, l'aspect d'un roi élu par lui, et qui se montrait digne du trône. João était le prince le moins disposé à livrer les avantages de son peuple ou les droits de son trône à un souverain étranger, ce souverain fût-il même le plus puissant.

---

(1) Rymer, II, 2, p. 138, ad ann. 1325; *ibid.*, p. 155, ad ann. 1326. Rymer, III, 1, p. 15, ad ann. 1347.
(2) Rymer, III, 1, p. 85.
(3) Rymer, III, 3, p. 200-202.
(4) Rymer, III, 3, p. 203.
(5) Rymer, III, 4, p. 15. Sylva, *Memorias*, etc., t. IV, *Collecção dos documentos*, num. 32.
(6) Sylva, *Collecção dos doc.*, num. 34.
(7) *Voyez* les correspondances entre les deux rois dans Sylva, *Collecção dos doc.*, num. 33 et 35.

---

(1) Rymer, IV, 1, p. 64 et 65.

§ 5. *Coup d'œil sur l'état intérieur du Portugal et le code de João Ier.— Mort du roi « d'heureuse mémoire. » — Vie et fin de son ami Pereira.— Caractère du connétable.*

Tandis que João s'appliquait aux relations extérieures comme aucun roi ne l'avait fait avant lui, et multipliait les liens de son royaume avec les autres Etats, le Portugal même, son administration, son bien-être et sa prospérité étaient l'objet principal de l'activité, le but des efforts du roi. Comme l'indépendance nationale était attachée à lui-même, il combattait donc pour elle en portant les armes pour se maintenir sur le trône. Cette lutte remplit la plus grande partie de la première moitié de son règne, et réclama toutes les forces de João comme du Portugal. Dans certains moments très-rares, où les armes se reposaient, le roi put déposer l'épée pour tenir le sceptre; mais alors même c'était encore pour disposer toutes les choses nécessaires à la guerre; aussi les propositions et les résolutions des diverses cortès de ce temps se rapportent principalement aux besoins de la guerre (1). Ce fut seulement après le succès de la lutte pour l'indépendance du Portugal, et après le rétablissement du repos, que le gouvernement put reprendre sa marche pacifique, et développer librement son action législative. Cependant João s'y montra plus lent qu'on n'aurait dû l'attendre d'un prince doué d'une spontanéité si vive, d'une intelligence si compréhensive, si prévoyante, d'une volonté si juste et si énergique. Si les actes du gouvernement, au temps de la guerre, étaient commandés par la nécessité des événements, maintenant aussi ils paraissent avoir été déterminés par les circonstances extérieures, n'être résultés nullement d'un sentiment profond des besoins de l'époque, et avoir tendu bien plus à corriger des inconvénients instants qu'à déraciner le mal. Des dispositions atteignant au fond des choses, d'une haute portée, comme les lois et les décisions royales sur les droits opposés et les limites du pouvoir et de la juridiction du souverain et de l'Eglise (1), apparaissent à peine çà et là isolément dans cette époque de calme. Rien n'annonce ici dans le roi cette haute prévoyance qui seconde, en la redressant, la marche naturelle des choses, sans prendre aucune initiative violente; et néanmoins la prospérité de l'Etat et le bien-être des Portugais dans la seconde moitié du règne de João, paraissent bien clairement résulter en partie de sa personnalité, qui, toujours agissante, s'appliquait comme la meilleure législation. Là où ne pouvait atteindre sa volonté, à laquelle l'affection publique faisait prêter une prompte obéissance, alors la confiance et le respect dont le roi jouissait poussaient le sujet honnête à ce bien, tandis que l'équité de João, qui le portait à la rigueur ou à la clémence selon les degrés de culpabilité, maintenait les uns par la crainte et les autres par la honte (2). João agissant ainsi à la fois comme

---

(1) *Voyez* les *Capitulos dos geraes offerecidos pelos povos do reino nas cortes.... em Lisboa.... em Coimbra.... em Viseu*, etc., dans les *Memorias para a historia das cortes que em Portugal se celebrarão*, orden. pelo vizconde de Santarem, Parte, II, reinado do senhor D. João I, p. 16-24. *Voyez* aussi *Memorias de litter. Portug.*, t. II, p. 67 et suiv.

(1) *Voyez* plus loin.
(2) Nulle part le roi João n'exposa plus ouvertement et plus dignement ses maximes de gouvernement à cet égard, que dans les adieux qu'il adressa, en quittant Ceuta, au commandant de la ville : « Que nunca poderia ser temido, de não fosse amado, dando-lhe porem castigo, onde comprise, com aquelle resguardo, que elle bem conheceria ser razão. Eassy lhe encomendou, que tevesse bom cuidado da outra gente mais pequena, aos quaes sempre

pouvoir législatif et comme pouvoir exécutif, et concentrant ces deux forces, le besoin de lois appropriées au temps se faisait moins sentir. En outre, par la conquête de Ceuta, l'attention et l'activité des Portugais étaient tournées au dehors, et se trouvaient entretenues et enchaînées de ce côté par de nouvelles entreprises de découvertes et d'établissements. On voyait s'ouvrir de nouvelles perspectives et de nouvelles sources de richesses. L'esprit et les bras étaient occupés de nouvelles choses, d'une manière toute nouvelle. Tout annonçait un profond changement dans tous les rapports. En face de ces transformations commençant à s'opérer, la législature se montrait incertaine, et, tandis qu'elle marchait lentement à leur suite, les événements et les innovations volaient à tire-d'aile. Elle ne pouvait les atteindre que bien tard. On peut indiquer ici, dans une revue très-rapide, les ordonnances et les dispositions plus importantes, afin de rendre ce qui lui appartient à cette époque de développement très-varié. Un exposé plus détaillé des lois plus fécondes doit être réservé pour la place où il recevra la lumière convenable de l'ensemble dont il fera partie, et qu'il devra éclairer à son tour.

Longtemps avant l'achèvement et la proclamation du premier recueil général de lois, le roi João avait en vue la composition et la rédaction d'un tel code (1), et ce recueil contient un assez grand nombre de lois qui attestent l'activité législative de ce monarque portée dans les branches les plus diverses de l'administration (2), et prouvent, par la place qu'elles occupent dans cette collection postérieure, le but auquel elles tendaient. D'autres dispositions du roi, comme celles sur des objets de la navigation (3), ne furent pas admises dans le premier code général, parce que, dans l'impulsion si forte donnée à la marine, probablement elles firent bientôt place à des ordonnances nouvelles ; une loi qui pénétrait dans le cœur de l'économie politique, et qui eut plus tard, comme on le verra, des conséquences de la plus haute importance, fut bien donnée et appliquée par le roi João, mais tant qu'il régna ne fut ni proclamée ni même rédigée par écrit, et se trouva seulement arrêtée en esprit, *lei mental*, pour être rendue formellement par son fils le roi Duarte dans les cortès de Santarem (8 avril 1434) (4). On trouve une importance non moins décisive dans l'accord du roi avec les prélats le 30 août 1427, la dernière *concordia* de cette époque, par laquelle furent accommodés les différends élevés depuis des siècles entre la puissance spirituelle et la puissance royale, et furent déterminés et bien fixés contradictoirement les limites et les droits des deux pouvoirs (5). Après de nou-

---

mostrasse de sy bom gasalhado, e os animasse, especialmente logo pelo primeiro começo, até que se fossem fazendo a seu senhorio ; caa se os assy trautasse, que se acharia com elles muito melhor que d'outra guisa ; caa nom soomente lhes faria coração, para lhe muito melhor obedecer, mais ainda lhe farca soportar quaesquer mingoas, e trabalhos, que lhe viessem : porque, disse ella, o senhorio per força nunca he muito seguro ; e este modo tive eu no começo de meus feitos, e com a graça de Deos achei me com elles, como todos sabees. » *Cronica do conde D. Pedro de Menezes*, cap. 9, dans la *Collecção de livros ineditos de histor. Port.*, t. II, p. 240.

(1) *Ordenaçoens do senh. rey D. Affonso V.* Coimbra 1792, prefação, p. 5.
(2) *Renseignements sur les lois rendues d'après les propositions des cortès et insérées dans les Ordenaçoens do rey Affonso V. Voyez* dans les *Memorias de litter. Portug.*, t. II, p. 67-79.
(3) Fern. Lopes, *Cron. do rey João I*, Part. II, cap. 127. Liāo, cap. 72.
(4) *Synopsis cronol. de subsidios..... para a historia da legislação Portug.*, por. J. Anastasio de Figueiredo, p. 26.
(5) *Ordenaçoens do S. rey D. Affonso V*, liv. II, tit. 7 dos artigos antre el rey D. Joham, e a clerizia, avec lesquels il faut comparer les

veaux ébranlements (1), le roi prit en cette circonstance l'initiative, et déploya une grande fermeté pour mettre un terme à tous ces débats et en prévenir le retour; cela s'explique par sa manière de penser, par l'énergie de sa volonté, et aussi par la situation du saint-siége, auquel en ce temps les prélats pouvaient à peine s'appuyer.

Sous le règne de João fut changée la chronologie jusqu'alors en usage. D'après l'exemple de l'Aragon (depuis 1358) et de la Castille (depuis 1383), le roi ordonna, par une loi du 15 août 1422, de quitter l'ère d'Auguste *(era de Cesar)*, employée depuis l'origine en Portugal dans tous les actes (1), pour compter le temps à partir de la naissance du Christ (2). Depuis on trouve cette ère dans toutes les pièces publiques, et à peine reste-t-il un exemple de l'emploi de la précédente (3). Ainsi, quand on trouve le mot *era* sans autre désignation, il faut entendre par là l'année de la naissance de Jésus-Christ (4).

Mort du roi João. — Sa mémoire.

Les actes du gouvernement des dernières années de João peuvent à peine être nommés. De nombreuses infirmités, augmentées par l'âge, le déterminèrent alors à remettre en grande partie le soin de l'administration publique à l'héritier du trône, que sa prudence et ses années mettaient d'ailleurs au niveau d'une si grande tâche. Nous trouvons donc déjà du vivant du père beaucoup d'affaires dirigées par l'infant Duarte, des concessions royales signées, et même des assemblées de cortès tenues par lui (2). Le roi pouvait en toute assurance confier l'œuvre de sa vie entre les mains de son fils, et celui-ci acquit encore, sous les yeux paternels, la seule chose qui pût lui manquer, l'expérience et la connaissance des affaires. Tandis que l'héritier du trône se préparait à sa mission future, le roi déposa le fardeau du sceptre et de la vie.

Pour le rétablissement de sa santé, João, d'après les conseils de ses médecins, s'était transporté à Alcochete, petit endroit dans une situation bien salubre, de la *Riba Tejo*, lorsqu'il se sentit faiblir de plus en plus, et d'après certains accidents, il pressentit sa fin prochaine. Il pria ses fils de le faire transporter à Lisbonne, où il s'éteignit peu de

---

capitulos imprimés dans la *Synopsis* citée ci-dessus. Quelques dispositions qui en font partie avaient déjà été prises dans l'année 1416. *Synopsis cronol.*, p. 19. Les détails trouveront leur place dans la suite.

(1) *Raynald*, ad ann. 1427, num. 19.

(2) N. de Lião, cap. 103 au commencement.

(1) Avant le douzième siècle, il ne se trouve en Portugal aucun exemple incontesté d'un acte daté de la naissance de Jésus-Christ.

(2) « Anno do nascimento de nosso Senhor Jesus Christo. » *Ordenaçoens do r. Affonso V*, liv. 4, tit. 66, où la date du 22 août doit être rectifiée et portée le 15 août. *Voyez* J. P. Ribeiro, *Dissertaçôes cronol. e criticas*, etc., t. II, p. 25, not. c. Sur le tout, *voyez* principalement Soarez da Sylva, *Dissertação sobre o numero era*. Dans les *Memorias* du même, t. IV, *Collecção dos docum.*, n. 19. *Elucidario*, etc., por Joaquim de Santa-Rosa de Viterbo, verb. *era* ; e particulièrement Ribeiro, pass. cit., cap. 4, p. 23-28.

(3) J. P. Ribeiro, *Observaçôes histor. e critic para servirem de memorias ao systema da diplomatica Portugueza*. Lisboa 1798, Observ. III p. 89.

(4) J. P. Ribeiro, *Dissertaçôes*, etc., l. c., p. 26.

temps après, le 14 août 1433 (1). Sa mort, comme celle de son épouse, fut signalée par une éclipse de soleil.

La nouvelle de ce triste événement répandit une douleur profonde, surtout parmi les habitants de la capitale, qui s'étaient attachés à João en proportion des grands sacrifices qu'ils lui avaient faits jadis, et qui avaient partagé toutes les joies et les souffrances de sa vie (2). Ce n'était pas seulement le monarque illustre qu'ils pleuraient; la population de Lisbonne, se livrant dans cet instant à la désolation d'une grande famille qui se voit privée de son chef, versait des larmes de désespoir sur la perte d'un père bien-aimé. Aucun roi n'avait encore laissé d'aussi poignants regrets (3).

Comme le cadavre ne pouvait être aussitôt reçu dans le tombeau que le roi s'était fait préparer dans le couvent de Batalha, à l'arrivée de la nuit il fut transporté, à la lumière de nombreux flambeaux, par ses fils et d'autres grands, dans la cathédrale, et déposé devant l'autel de S.-Vicente. Là il fut veillé jour et nuit par des prêtres récitant des prières, jusqu'au 25 octobre qu'on le plaça en grande pompe dans l'église du couvent de Batalha.

Ce magnifique édifice (4), le plus riche parmi les nombreuses églises (5) et les châteaux royaux (1) que João fit élever, devait être un monument impérissable de la grande bataille par laquelle fut décidée la pénible lutte contre la Castille, et gagnée pour la seconde fois l'indépendance du Portugal. De même que le roi João, par l'imposante construction qu'il ordonna, marqua la victoire d'Aljubarrota comme le point central et culminant de son règne, il plaça aussi, pour les deux autres époques de son gouvernement, des signes particuliers de souvenir dans les armes royales et les titres du souverain. Pour rappeler son élévation du siège de grand maître d'Avis au trône du Portugal, il ajouta la croix de l'ordre d'Avis à l'écusson de la couronne; et, en mémoire de la conquête faite en Afrique, à ses qualités officielles il ajouta celle de « seigneur de Ceuta (2). » João attachait un grand prix à la possession de Ceuta, comme la première ville qui eût été arrachée par la force aux Maures d'Afrique, dont elle était le plus fort boulevard, et qui eût fondé un siége épiscopal chrétien au milieu des infidèles (3); tandis qu'en Espagne les Maures maintenaient toujours le royaume de Grenade contre la Castille et l'Aragon (4).

---

(1) On a déjà remarqué comment, sous le règne de João, le 14 août avait été déjà signalé par la bataille d'Aljubarrota, puis par la victoire de l'infant Henrique à Ceuta.

(2) Fernão Lopes, *Cron. del rey João I*, liv. 2, cap. 2.

(3) N. de Lião, cap. 103, p. 502.

(4) James Murphy, *Plans, elevations, sections and views of the church of Batalha*, etc. London 1792, in-fol.

(5) L'église de Penhalonga, la première église dans l'ordre du temps de l'ordre des hiéronymites en Portugal, les couvents des franciscains à Carnota et Leiria, et d'autres.

(1) A Cintra, Lisbonne, Santarem, Almeirim, et autres lieux.

(2) Depuis son élévation au trône jusqu'à la conquête de Ceuta, il s'intitula : *Rey de Portugal e do Algarve*; il ajouta ensuite : *E senhor de Cepta*. Cette glorieuse adjonction fut conservée par les successeurs de João jusque sous Affonso V *l'Africain*, pour faire place à cette autre plus magnifique : *Rey de Algarve daquem et dalem mar em Africa*. Ribeiro, *Dissert.*, etc., t. II, append. VI, p. 207.

(3) Sur la demande de João, le pape Martin V, par une bulle du 5 mars 1421, fonda un siège épiscopal à Ceuta. Sylva, *Memorias*, t. IV, *Collecção dos docum.*, num. 38. Sousa, *Provas*, t. I, p. 369, num. 7. Le premier évêque fut l'Anglais Fr. Aymar, jadis confesseur de la reine Filippa.

(4) Sur une pierre tumulaire à Batalha, on

L'élévation de João du siége de grand maître au trône royal, sa lutte contre la Castille, et la conquête de Ceuta, les monuments principaux de son règne long et fécond en événements, ont déjà été exposés avec assez de détails, pour que, de la peinture générale des faits et des circonstances de son règne, ressortent suffisamment la manière de penser et d'agir de ce monarque, et que les traits isolés puissent se réunir pour former le tableau d'ensemble de sa vie et de son action publiques. Toutefois ce sont toujours ses vertus politiques, les qualités éminentes et la capacité supérieure du chef de parti, du chef du peuple, du général et de l'homme d'Etat, du gouvernant et du roi, qui frappent dans ce portrait, plutôt que ses vertus privées, appartenant surtout à l'homme, cette gratitude naturelle qui, sans attendre les demandes, s'empresse à offrir plus qu'on n'espérait (1), cette générosité un peu excessive qui, s'abandonnant au bonheur de donner, fournit ensuite à la réflexion matière de repentir (1), cette magnanimité royale qui, loin de punir les propos offensants des sujets, les excuse de son propre mouvement (2), et même étend le pardon sur ceux qui, égarés par d'odieuses promesses, en voulaient à sa vie. Assurément ce furent surtout ces vertus qui lui acquirent parmi les bons rois du Portugal le beau surnom de « *de bonne mémoire (de boa memoria)*. » C'est là surtout, avec les actes appartenant aux moments paisibles de son gouvernement civil, ce qui le caractérise. Quant aux hauts faits de la guerre et aux victoires sur la Castille, une partie de la gloire en revient aussi à un chevalier à l'âme grande et noble, qui lui avait consacré son cœur et son bras heroïques, et qui, s'étant souvent élancé avant lui dans les combats au-devant de la mort, le précéda aussi dans la tombe.

Nuno Alvarès Pereira. — Sa vie, sa mort et son caractère.

La vie publique de Pereira se mêle, comme l'action du roi, à l'histoire de ce temps, et assez souvent dans les tableaux présentés jusqu'ici les regards ont été attirés et fixés par l'existence loyale, énergique et les brillants exploits du connétable, tandis que les événements, dans leur marche précipitée, permettaient à peine que l'on jetât un coup d'œil rapide sur des faits particuliers. Cependant le connétable ne forme pas, comme le roi, le point central de ce règne; il agit souvent sur l'arrière-plan, il disparaît, se montre de nouveau, toujours en occupant le second rôle ; mais toujours excitant l'intérêt et faisant demander d'où il vient et où il va, quelle est sa vie, quelles sont ses pensées, sous quel point de vue cet homme peut être envisagé parmi ses contempo-

---

lit : « Dom. Joannes .... post generale Hispaniæ vastamen, primus ex christianis famosæ civitatis Septæ in Africa potentissimus dominus. » Sousa, *Histor. geneal.*, t. II, p. 15.

(1) « Dos serviços que recebia, era tão agradecido, que a muitos deu mais do que esperavão, sem aguardar que lho pedissem. » N. de Lião cap. 503, p. 104.

(1) Par exemple, dans la concession faite au connétable.
(2) *Voyez* la disposition du roi du 10 mai 1387, dans laquelle il pardonna aux bourgeois de Santarem qui, d'après une dénonciation des procureurs municipaux, tandis que le roi de Castille tenait cette ville occupée, avaient mal parlé du roi João, et défendit aux juges d'accueillir une accusation contre eux. Sylva, *Memorias*, etc., t. IV, *Collecção dos docum.*, n. 6.

rains? Il est certes assez grand et assez noble pour que l'on consacre encore quelques minutes à sa mémoire.

Alvaro Gonçalves Pereira, prieur de Crato, honoré de la haute considération de trois rois successifs, Alfonso IV, Pedro et Fernando, eut de plusieurs épouses trente-deux enfants, dont à sa mort il restait encore dix fils et dix filles. Nuno Alvares, né le 24 janvier 1360 (1), le trentième enfant, fut élevé dans la Quinta de Bom Jardim près de Certaã, vint dans sa treizième année à la cour du roi Fernando, et dès lors accompagna son père à la guerre contre la Castille. Là, par une réponse énergique, il excita l'attention de la reine Leonor, qui sollicita du roi la permission d'armer le jeune Nuno Alvares chevalier de sa propre main. Mais aucune armure ne pouvait s'adapter à cet adolescent, quand la reine, se souvenant que le maître de l'ordre d'Avis était à peu près de même âge (2), fit apporter l'équipement de celui-ci. Nuno Alvares reçut donc les premières armes de celui pour lequel il les porta plus tard si valeureusement, et des mains d'une femme qu'il devait combattre avec tant de résolution. Dès ce moment, le jeune escudeiro vécut à la cour royale, veillé et soutenu par son oncle et son directeur Martim Gonçales, qui dans la suite se signala par ses talents et son courage. Après la mort de son père, Pedro Alvares Pereira lui succéda dans la dignité de prieur, et fut nommé par le roi Fernando, fronteiro mor de l'Alemtejo, où Nuno Alvares son frère le suivit (3). Là

il trouva occasion de déployer ses grandes dispositions pour la conduite de la guerre et les affaires publiques. De ce poste il fut, comme on l'a vu, souvent appelé par le roi João, tantôt pour donner son avis, tantôt pour combattre. Il y revenait toujours, surtout depuis qu'il eut été doté de biens immenses dans cette province par la reconnaissance du roi.

Lorsque en 1393 la trêve conclue pour quinze ans procura du repos au connétable, il résolut de récompenser ceux qui l'avaient servi fidèlement à la guerre, comme le roi avait gratifié ses sujets dévoués. Il les appela un jour auprès de lui, les remercia, et leur distribua une partie des biens et des revenus que le roi lui avait conférés, en imposant à chacun des donataires l'obligation d'entretenir un nombre déterminé de guerriers, qui se rendraient à sa convocation toutes les fois que le roi aurait besoin d'eux. Cet acte fut loué par beaucoup de gens, blâmé par d'autres; il excita l'envie et la malveillance. Le docteur João das Regras représenta au roi que ce désintéressement apparent déguisait une ambition effrénée, que le connétable voulait se faire un parti, que si ce moyen ne lui réussissait pas pour ce but, du moins il se mettait par là sur le rang des infants. Il conseilla de retirer les domaines concédés à ce seigneur comme aux autres fidalgos, en l'indemnisant d'une autre manière. Par des raisons spécieuses et son langage insidieux, das Regras sut donner à l'avantage du roi une apparence de droit. João, auquel n'échappait ni ce qu'il y avait de grave à laisser tant de biens dans les mains de la noblesse, ni ce qu'il y avait de difficile et d'injuste à les en arracher, résolut de recouvrer les domaines en question par voie d'achat. Après qu'il eut gagné quelques fidalgos à ses vues, les nobles concessionnaires furent réunis en masse. Il les trouva pleins de bonne volonté; le connétable seul fit de l'opposition, et démontra son droit à ces possessions, ainsi que l'injustice des procédés actuels.

---

(1) Fern. Lopes, *Cron. do rey João I*, P. I, cap. 193.

(2) Le grand maître de l'ordre du Christ le tint dans ses bras tandis que le roi Pedro lui ceignait l'épée de chevalier, et lui donnait la bénédiction. Fern. Lopes, *Cron. d'el rei D. Pedro*, cap. 43, *Collecção de livros ineditos de hist. Port.*, t. IV.

(3) Sylva, *Memorias*, etc., cap. 118-122.

Le roi persistant dans son projet, Pereira se retira à Estremos. On racheta les domaines à Martim Vasques da Cunha et à son frère, à João Fernandes Pacheco, à Egas Coelho, et à quelques autres fidalgos. Ensuite ces chevaliers mécontents, aigris de ce traitement, passèrent, comme on l'a déjà raconté, en Castille, où ils furent bien accueillis et richement dotés par le roi. Mais le connétable appela ses gentilshommes auprès de lui, les invita à se rendre avec lui dans un autre pays, et les trouvant disposés à le suivre, distribua parmi eux tout son argent comptant. A cette nouvelle, le roi envoya successivement le doyen de Coimbra, le maître de l'ordre d'Avis, l'évêque d'Evora à Pereira, pour le détourner de ce projet; mais longtemps ces députés se fatiguèrent en vaines instances. A la fin le connétable promit d'y réfléchir encore, et de donner ensuite avis au roi. L'oncle de Pereira apporta enfin une réponse, par suite de laquelle le différend s'accommoda. Le roi recouvra les vassaux du connétable et des autres fidalgos, et dut à l'avenir avoir seul des vassaux. Ceux-ci étaient obligés de tenir prêts un certain nombre de guerriers, qui désormais seraient payés sur le trésor royal. Les terres du connétable qui lui appartenaient par droit d'hérédité *(de jure e herdade)* lui restaient comme par le passé; quant aux autres, le roi pouvait les faire revenir à la couronne par voie d'achat, moyennant un prix convenable; mais dans ce cas il était toujours obligé d'assurer aux fidalgos, pour leurs services, des récompenses et un traitement conformes à leur rang (1). Ainsi fut amenée cette fois une transaction sur un objet qui dans les règnes ultérieurs donna lieu à de tristes débats, à de violents ébranlements et à de profondes altérations dans les rapports de l'Etat.

Maintenant le connétable prit de nouveau part aux entreprises militaires, excepté lorsqu'il était empêché par des souffrances physiques, suites de ses fatigues extraordinaires. Alors il trouvait du soulagement à se livrer à des œuvres de piété, à faire construire des édifices religieux dans l'Alemtejo. Comme le roi, en mémoire de la victoire d'Aljubarrota, éleva le magnifique couvent de Batalha, de même le connétable fonda l'ermitage da Nossa-Senhora da Vitoria, consacré à la sainte Vierge. Lorsque après la conquête de Ceuta, où il avait aidé le roi de sa tête et de son bras, il revint dans sa retraite; sentant les progrès incessants de sa maladie, il prit la résolution de renoncer au commerce du monde, et de s'enfoncer dans le couvent des carmélites de Lisbonne. Après avoir obtenu la permission du roi (le royaume jouissait de la paix), partagé ses biens-fonds entre ses parents, distribué l'or et l'argent, les armes et les équipements parmi ses chevaliers et ses écuyers, ses provisions de vivres parmi les pauvres, fait remise de toutes les sommes qui lui étaient dues, et donné enfin tout ce qu'il possédait, il accomplit son projet le 15 août 1423. Sous le nom de Nuno qu'il porta désormais, il vécut dans la cellule qu'il s'était fait préparer avec la simplicité qui était dans son âme, appliqué uniquement à des actes de piété chrétienne; huit années s'écoulèrent ainsi, jusqu'à ce qu'il expirât à l'âge de soixante et onze ans, le jour de la Toussaint de 1431 (1). A ses funérailles solennelles dans la grande chapelle de la magnifique église des carmélites (*Nossa-Senhora do Vencimento do monte do Carmo*), auxquelles assistèrent le roi et les infants, toute la noblesse et le clergé, fut étalée une pompe telle qu'on n'en avait encore déployé que pour les membres de la famille royale (2).

---

(1) Sylva, *Memorias*, etc., cap. 144.

(1) Tam preclara siendo la vida del buen condestable, y tan santa su fim! *Garibay*.
(2) Sylva, *Memorias*, cap. 150.

En effet ces honneurs étaient payés à un homme qui avait rendu des services de roi au trône et à la patrie, et avait montré un caractère digne d'une couronne.

Nuno Alvares Pereira était de taille moyenne, d'une constitution vigoureuse; il avait les formes bien proportionnées, le visage plein, les yeux petits, mais vifs et brillants. Avant que les fatigues de la guerre eussent brisé ses forces, sa santé était robuste, dans sa vie il n'avait été que deux fois malade; mais ensuite il fut accablé de maux. Son intelligence était saine aussi, et sa volonté énergique. Il avait le coup d'œil prompt en campagne; il saisissait rapidement les fautes de l'ennemi comme les avantages de sa propre position. Son expression était nerveuse, plus concise qu'éloquente. Dans ses paroles comme dans ses actions, il allait toujours droit au but; de là la netteté et la constance de sa conduite. Son langage était épuré, ennobli par un tour chevaleresque dans les idées et une piété chrétienne; sa marche et sa tenue étaient fortifiées, assurées par une volonté naturellement ferme, par des sentiments de fidélité et de dévouement profondément enracinés. Animé par une rectitude de pensée simple, et parfois rude, par un sentiment incorruptible du devoir et une fidélité inviolable, Pereira était inaccessible à la séduction. Comme serviteur plus occupé d'être utile à son maître que de lui plaire, il lui était immuablement dévoué, quand bien même la faveur royale ne lui souriait pas, lors même que les procédés du souverain étaient blessants pour lui; toujours noble et magnanime, il protégea une ennemie qui en voulait à sa vie, contre la vengeance que ses gens se disposaient à tirer de cette femme; sans ambition, mais très-sensible sur le point d'honneur, il mettait au-dessus de la gloire la pureté de sa bonne renommée. L'exaltation de son âme le faisait vivre continuellement dans les projets audacieux, au milieu des périls et dans les vastes entreprises. Son audace semblait de la témérité, mais ce n'était là véritablement qu'une apparence; sa prévoyance et sa présence d'esprit avant et pendant le danger ne lui laissaient pas de regrets sur son premier entraînement. Là où ses armes ne pouvaient atteindre, où elles ne pouvaient agir avec assez de décision, il savait employer les stratagèmes. Inépuisable en ressources, il se montrait surtout habile pour enlever à son adversaire les fruits de la victoire; au moment où l'ennemi n'était point sur ses gardes, ou se reposait sur des lauriers déjà cueillis, tout à coup Pereira se présentait, et mettait à profit cette négligence pour exécuter un coup de main hardi, et l'on était frappé avant d'être revenu de la surprise de l'attaque. Par son activité en campagne, sa rapidité sur le théâtre du combat, il semblait être présent partout; tandis qu'on le croyait perdu sans ressource, il reparaissait terrible sur un autre point. Nul guerrier n'a considéré la mort en face avec plus d'intrépidité, et nul en effet ne pouvait être plus assuré devant la mort. Dans la plus grande chaleur du combat, il était près de Dieu, dont il implorait les secours dans une ardente prière. C'était un véritable héros chrétien. Aussi était-il pur de toute cruauté, dans un siècle où ce vice était inhérent à la vie guerrière; il se montrait toujours doux et clément. Il n'était pas autre en temps de guerre que dans la vie calme et paisible. De même qu'il savait gagner les affections de ses soldats et les attacher à lui au point que de leur part l'obéissance paraissait sans condition, et comme le connétable montrait de la sévérité seulement contre ceux qui oubliaient leurs devoirs, et la plus grande rigueur contre les sacriléges et les blasphémateurs; ainsi dans sa maison c'était un maître indulgent, plein de bienveillance, mais tout en maintenant un ordre inflexible, surtout dans l'accomplissement des devoirs de piété. En campagne, il avait coutume d'abandonner tout le butin à ses compagnons d'armes, gardant pour lui la renommée du désintéressement le plus absolu; de même durant la paix il était libéral au plus haut degré, habitué à distribuer aux pauvres le dixième de ses revenus et de ses traitements. Sa rigueur impitoyable contre les criminels envers l'Eglise, en temps de guerre, venait de son horreur naturelle pour tout ce qui devait révolter ses sentiments de piété ; car il observait les prescriptions religieuses avec le respect le plus craintif, et dans ses exercices de dévotion il semblait satisfaire au besoin plus encore que remplir un devoir. Il garda une fidélité inaltérable à son épouse Leonor de Alvim, conserva dans le mariage la pureté de mœurs qui le signalait auparavant, et fut en même temps le père le plus tendre. Il eut la douleur de voir descendre au tombeau avant lui sa fille unique (deux fils étaient morts précédemment), sa chère Brites, mariée depuis 1401 avec Affonso, fils naturel du roi, comte de Barcellos et premier duc de Braganza, et par l'effet de cette union l'ancêtre de la maison qui devait un jour occuper le trône de Portugal.

CHAPITRE III.

RÈGNE DU ROI DUARTE.

(De 1433 à 1438.)

Actes du gouvernement et lois du roi. — Duarte et ses frères. — Expédition malheureuse des infants Henrique et Fernando contre Tanger. — Efforts héroïques du premier. — Souffrances et mort du valeureux prince. — Mort du roi, son caractère et ses écrits.

Le roi João laissa le Portugal dans une paix profonde, et jouissant d'une prospérité qui était due à la sagesse du gouvernement autant qu'à l'activité nationale. Le peuple était plein de courage et d'ardeur pour les grandes entreprises, et paraissait marcher vers un avenir plus heureux encore, car la personnalité de Duarte autorisait les plus belles espérances. Néanmoins de sinistres prédictions étaient faites au successeur au trône, dont le court règne en effet vit de grands désastres. Le lendemain de la mort de João, au moment où Duarte allait être proclamé roi dans Lisbonne, son médecin, mestre Guedalha, Juif qui était très-considéré comme astrologue, lui conseilla de différer la cérémonie, parce que la disposition des astres annonçait des infortunes au roi. Duarte, au-dessus d'une telle superstition, ne s'arrêta point aux paroles de Guedalha, et celui-ci lui prédit que son règne comprendrait seulement peu d'années, lesquelles seraient pleines de revers (1). L'histoire a conservé d'autant plus soigneusement cette prédiction, qu'elle fut confirmée par la suite du temps.

De Lisbonne le roi se rendit à Cintra, où se trouvaient son épouse et ses enfants; les grands du royaume y rendirent hommage à son fils aîné (Affonso V), encore enfant, comme à l'héritier du trône. Affonso fut le premier fils de roi en Portugal qui, à l'exemple de ce qui se faisait en d'autres pays d'Europe, reçut le titre de *prince;* car jusqu'alors on avait nommé les fils aînés des rois de Portugal *infantes primogenitos herdeiros* (2).

Après que Duarte eut fait déposer les restes

---

(1) Ruy de Pina, *Cronica do senhor rey D. Duarte,* cap. 2, dans la *Collecção de livros ineditos de histor. Portug.,* t. I, p. 76.

(2) Ruy de Pina, pass. cit., cap. 5.

de son père dans le tombeau disposé pour eux à Batalha (25 octobre), avec une pompe jusqu'alors inconnue en Portugal (1), la peste éclatée en ce lieu, qui emportait beaucoup de monde, le détermina à partir même avant l'achèvement des funérailles, et à se tourner du côté de Leiria, où les députés des communes et du clergé, ainsi que les commandants des places fortes convoqués en cette ville, lui prêtèrent le serment d'hommage. Il avait l'intention de congédier ensuite les cortès; mais le comte d'Arrayalos opposa de si fortes raisons à ce projet, que le roi résolut de proroger leur réunion à Santarem. Là il accueillit avec une sympathie pleine d'amour leurs demandes et leurs propositions, et se sépara d'elles d'une manière qui dès son avénement au trône lui gagna tous les cœurs. On s'estimait heureux d'avoir retrouvé dans le fils l'excellent père que l'on venait de perdre (2).

Nous trouvons à peine indiqués dans les pièces imprimées, sources de l'histoire de Portugal, les objets qui furent traités dans ces premières cortès du règne de Duarte (3). Peu de lois de cette assemblée nationale ont été insérées dans le code affonsin (4).

Lorsque furent terminés les travaux des états, commença véritablement alors l'action gouvernementale du roi. « Il s'occupa aussitôt, dit son chroniqueur, d'affaires de justice et de finances, comme les plus importantes de l'Etat; voulant y mettre tous ses soins et la plus haute prévoyance, il consulta verbalement et par écrit beaucoup d'hommes les plus capables du royaume, et, après avoir recueilli leurs opinions et leurs conseils, il choisit ce qui lui parut le meilleur dans ce que chacun d'eux avait exposé. » Son code concernait la cour royale, ainsi que l'économie politique, dans les détails et dans l'ensemble. Dans la tenue de sa maison, il supprima tous les frais inutiles, et offrit aux grands et aux nobles de son royaume un modèle de simplicité; car il ne dépensait que cinq cents dobras pour ses vêtements personnels. Il établit que toujours un infant, un comte et un évêque seraient présents à la cour pour participer aux travaux de l'administration publique, et pour former un entourage permanent au roi; après un service de trois mois, chacun d'eux devait faire place à un autre personnage de son ordre, selon le tour de rôle, et s'éloigner de sa cour; ce règlement fut observé durant le règne de Duarte (1). Parmi certaines dispositions de ce roi concernant principalement l'économie politique, la loi qui réglait la succession des donatorios, (*lei mental*) incontestablement la plus importante et la plus féconde en conséquences, avait déjà été appliquée par le roi João, mais elle ne fut rédigée par écrit et formellement proclamée que sous Duarte. Quoiqu'elle agît aussitôt sur les rapports intimes de l'Etat, elle n'acquit que plus tard une signification peu commune, lorsque s'y rattachèrent des événements qui trouveront en elle leur explication et leur cause. Cette loi, ainsi qu'une autre de Duarte, qui expose et fixe les droits de la couronne (2), trouvera plus tard sa place naturelle et relative. Outre ces questions de détail, Duarte embrassa la législation dans son ensemble, et médita la publication d'un code général. La brièveté seule de son règne fut cause qu'il laissa l'œuvre incomplète, et ce fut son fils Af-

---

(1) *Voyez* la description des funérailles dans Pina, pass. cit., cap. 5.

(2) « .... Consolando ... se na morte do padre que perderom, com a virtuosa vida do filho que cobràram : por que todos davam muytas graças a Deos. » Pina, cap. 6.

(3) Sousa, *Provas*, t. I, p. 554. Il est question d'une disposition de ces cortès dans un acte du roi Duarte du 6 septembre de la même année, dans Sousa, *Provas*, t. III, p. 492.

(4) *Voyez Memorias de litter. Portug.*, t. II, p. 80.

---

(1) « Eassi de comprio em toda sua vida. » Pina, cap. 7.

(2) *Ordenações do Affonso V*, liv. 2, tit. 24.

fonso, grâce aux efforts prolongés de l'infant Pedro, qui recueillit l'honneur de donner son nom à la collection des lois.

En dirigeant son attention sur la législation et l'administration du royaume, Duarte ne restait pas étranger aux événements qui alors occupaient toute la chrétienté. Comme adhérent du pape Eugène IV, il envoya au concile qui devait se tenir à Ferrare, divers députés, son neveu le comte d'Ourem, l'évêque de Porto, Antão Martinz, en les faisant accompagner des docteurs Vasco Fernandes de Lucena et Diogo Affonso Manga-Ancha, du frère augustin João Thome, homme de hautes capacités et de grand savoir, que l'on nommait le second Augustin, et du franciscain mestre Gillobo, avec beaucoup de nobles. Lorsque le concile fut à sa fin, le pape donna plusieurs marques de sa reconnaissance au roi Duarte. Ainsi il permit que les rois de Portugal, à leur couronnement, reçussent l'onction sainte de la même manière que les souverains de France et d'Angleterre. A la vérité, déjà le pape Martin V avait accordé ce point aux rois de Portugal, à l'occasion de la présence de l'infant Pedro à Rome (1); mais les monarques n'avaient jusqu'alors fait aucun usage de ce droit honorifique (2). Au milieu du douzième siècle, une pareille prérogative aurait été d'une grande importance pour les rois de Portugal; dans le cours du quinzième, elle leur parut avoir peu de valeur.

Respectés et honorés au dehors, ils étaient assis maintenant sur un trône bien affermi. Déjà le premier roi de la nouvelle dynastie l'avait fondée sur des bases solides et durables. L'épée de João avait pour la seconde fois conquis l'indépendance du Portugal, et sous son sceptre le peuple et l'Etat s'étaient développés avec énergie. La patrie était devenue trop resserrée pour ses fils, et leurs regards ne trouvant pas de perspectives assez vastes en Europe, s'étaient tournés vers une partie du monde qui offrait à leur activité, et plus encore à leur imagination vigoureuse, une carrière étendue et attrayante. A la pointe de l'Afrique, le roi João avait d'abord planté la bannière portugaise, et avait ouvert là une route où étaient appelés à le suivre non moins glorieusement cinq fils héroïques laissés par lui au pays: Duarte l'éloquent, Pedro le voyageur, Henrique le marin, João le brave, Ferdinando le saint, comme les désigne l'histoire de ce temps.

Déjà Duarte et les infants Pedro et Henrique s'étaient montrés devant Ceuta en dignes fils de roi; ils avaient fait glorieusement leurs preuves de chevaliers, et en avaient reçu la consécration. Plus tard chacun d'eux chercha, ou trouva sans l'avoir cherchée, la place dans la vie publique, promise à ses capacités et à ses goûts, comme roi, comme politique et comme marin. D'abord se présente Henrique, quoiqu'il fût le plus jeune. Il lui semblait ne pouvoir jamais commencer assez tôt la grande œuvre qui se formait dans son esprit, et il s'y appliqua, obtint des résultats, parce qu'il la maintenait toujours fixe devant son regard, et qu'il la voulait avec toute la force de son intelligence et de sa volonté. Il trouva sur sa route des difficultés et des obstacles en quantité; mais le but qu'il s'était posé était hors du Portugal, au delà de la portée des connaissances, des efforts et des passions des autres, et, comme il était seul capable de se proposer ce but, il paraissait aussi seul en état de l'atteindre. Il se trouvait soutenu par sa position comme grand maître de l'ordre du Christ, qui lui offrait d'abondantes ressources, et ses premières entreprises, toujours les plus difficiles, se firent sous la protection d'un roi et d'un père sensible à tout ce qui était grand. Henrique fut le plus heureux parmi ses frères. Duarte et Pedro n'eurent pas moins d'élévation d'âme, mais ne furent pas également favorisés par la fortune. Le premier, appelé au trône par sa naissance, aurait, par ses sentiments et sa

---

(1) Sousa, *Hist. geneal.*, t. II, p. 73.
(2) Duarte Nunes de Leão, *Cronica del rey D Duarte*, cap. 4 et 5. Lisboa 1780.

sagesse, mérité de régner longtemps, et de jouir du bonheur qu'il répandait ; mais une mort prématurée l'enleva après un gouvernement trop court et rempli d'adversités. La vie et l'action publique de Pedro, qui ne se dirigeait qu'au bien, et se proposait pour but la prospérité du peuple, devaient être une lutte continue contre l'envie, la méchanceté et les intrigues ; sa mort tragique, le triomphe de l'esprit du mal. Sous sa régence orageuse s'accomplit encore la ruine du plus jeune frère, de l'infant Fernando (né le 29 septembre 1402), que l'histoire et la poésie nomment avec tant de raison, « le prince persévérant. » Son action et le destin de sa vie sont mêlés si intimement avec l'événement le plus important du règne de Duarte, l'expédition contre Tanger, que l'attention doit lui être consacrée immédiatement après ses frères Duarte et Henrique.

Ses belles proportions, la noblesse de ses traits et le feu si doux de ses yeux lui gagnaient tous les cœurs à la première vue. Dans un corps délicat et assez maladif vivait un esprit viril, mais qui était tourné vers un monde placé au-dessus des objets et des circonstances de la vie terrestre. La faiblesse de sa constitution ne l'empêchait pas d'appliquer une partie de son activité au service des armes ; mais on remarquait facilement qu'il satisfaisait ainsi au goût du siècle, plutôt qu'il ne cédait à son inclination ; car il s'adonnait plus volontiers aux études scientifiques, et se livrait surtout avec plus de charme aux pieuses méditations que cette époque n'éloignait pas des princes. Ses exercices religieux se partageaient entre la lecture d'écrits édifiants (qui sont cités dans son testament encore existant) et en pratiques pieuses, dans sa chapelle particulière. Il était pieux sans superstition, par conviction, et peut-être encore plus par cette attraction vers l'immatériel, ce besoin de l'infini que des âmes de feu de son espèce ressentent plus vivement et plus profondément que d'autres. L'esprit de religion qui pénétrait tout son être ouvrait son cœur à l'amour actif de l'humanité. Soulager les pauvres était pour lui une jouissance intime ; tout nécessiteux avait accès auprès de lui, et nul ne le quittait sans consolation. Il consacrait régulièrement la dixième partie de son bien à soutenir les malades, sans compter les dons extraordinaires de sa charité. Simple dans sa manière de vivre et dans la tenue de sa maison, ne se permettant de dépenses considérables que pour donner plus de pompe aux fêtes publiques et principalement aux solennités religieuses, ami de l'ordre et ponctuel dans l'économie domestique et dans les affaires, il pouvait avec un revenu borné exercer de grandes charités, tandis qu'il dédaignait tous les moyens de s'enrichir que les circonstances permettaient, mais que repoussaient sa hauteur de pensée et sa délicatesse de sentiment. Le roi son frère ne put le décider qu'à force d'instances à l'acceptation de la grande maîtrise d'Avis. L'infant ne se mêlait qu'à regret de l'administration du royaume, et recommanda très-rarement un des siens pour un emploi public. Si cela par hasard arrivait, l'on savait d'avance que le candidat ainsi appuyé ne se recommandait pas moins lui-même par sa capacité. De longs services auprès de l'infant valaient les meilleures lettres de recommandation. En le fréquentant, en l'approchant, on devenait meilleur, on s'ennoblissait. Comme lui-même avait des mœurs irréprochables, il appréciait au-dessus de tous ceux qui se distinguaient par la modestie de leurs actions (1). D'une chasteté, d'une pureté angélique d'âme et de corps, jamais il ne prononça une parole qui pût blesser en quoi que ce fût l'oreille la plus craintive. Aussi ne souffrait-il des autres aucun propos de ce genre. Enfin sa vie entière était l'application complète de sa simple devise : « *Le bien me plaît.* »

---

(1) Joam Alvares, *Cronica*, etc., cap. 1, *Vie du prince Constant*. Berlin et Stettin 1827. Ouvrage consciencieux d'un anonyme bien versé dans la littérature portugaise.

Comme on l'a dit, les revenus de Fernando étaient très-bornés. Outre sa résidence, que le roi lui donna, il possédait seulement les bourgs de Salvaterra et d'Atongia, que son père lui avait laissés ; plus tard il jouit de la dignité de grand maître d'Avis à lui conférée par Duarte (1). Si ses ressources suffisaient à peine à soutenir la dignité de son rang, et si ses frères aînés, en partie à cause de leurs entreprises d'Afrique, jouissaient de plus grands revenus, Fernando, avec sa manière de penser, ne s'en souciait guère ; il devait être plus affecté de ce que ses frères s'étaient rendus dignes aux yeux du monde de cette opulence par leurs exploits, et qu'ils avaient acquis en même temps une gloire impérissable. Mais ce n'était pas seulement cette réputation militaire qui l'excitait à rivaliser avec ses frères ; le plus grand stimulant pour lui, c'était le mérite qu'il voyait dans la lutte contre les infidèles, dans l'extension et l'exaltation du christianisme par des victoires sur les Maures. Les premières considérations pouvaient agir sur ses dispositions ; mais il était dominé par un mysticisme exalté, tel qu'en devaient produire sur cette nature sérieuse une imagination de feu, l'ardeur de la jeunesse et du climat, des pratiques continuelles de dévotion et des lectures quotidiennes d'ouvrages édifiants, l'éducation et la marche des idées de ce siècle. Son âme, dont les aspirations n'étaient jamais satisfaites, ne trouvait pas aussitôt son but ; elle le cherchait dans un lointain imperceptible.

Un jour, tandis que le roi séjournait à Almeirim, Fernando exprimait ses désirs en face du monarque. Il parla avec gratitude de tous les bienfaits dont Duarte l'avait comblé ainsi que les autres infants, et qui peut-être étaient au-dessus des ressources du pays. Mais, si le royaume avait été assez grand pour le berceau dans lequel ils avaient été nourris dès leur enfance, maintenant il était trop resserré pour les contenir dans leur développement. Lui-même, parvenu à la jeunesse, n'avait encore rien fait qui le rendît digne d'être appelé le fils d'un tel père, le frère de tels princes. Le repos qui régnait dans le pays, la paix avec les États voisins lui enlevaient toute occasion d'acquérir ce qui lui manquait. Duarte pouvait donc lui permettre d'aller près des cours étrangères pour gagner de l'honneur et des richesses. Aussitôt que le roi et le Portugal auraient besoin de lui, fidèle vassal, il reviendrait consacrer ses services à son frère et à sa patrie. Consterné de l'inquiétude et des désirs de son frère, Duarte lui fit des objections, et pria bientôt après l'infant Henrique de détourner Fernando de son projet. Mais Henrique, animé lui-même de l'esprit le plus ardent d'entreprises, exposa au roi d'une manière bien plus pressante les raisons pour lesquelles Fernando ne pouvait plus longtemps languir dans l'inaction. Il rappela Ceuta, les choses grandes et glorieuses qui s'étaient faites sous leur père, et signala toutes les causes d'excitation qui existaient en Afrique pour les infants et tout le Portugal ; il insista sur la nécessité de maintenir la noblesse et les troupes dans l'exercice des armes. Enfin il pria le roi de le laisser partir, lui et l'infant Fernando, pour aller combattre les infidèles en Afrique. Duarte lui représenta combien le moment était contraire à une telle entreprise, combien le peuple avait besoin du repos actuel pour recouvrer les forces qu'il avait perdues par les fatigues et les souffrances antérieures ; il cita les frais énormes qu'entraînait déjà le maintien de Ceuta. Henrique, qui maintenant poussait plus que personne à l'entreprise, et qui peut-être antérieurement l'avait provoquée, remarquant l'opposition du roi, essaya de gagner la reine, qui exerçait un grand empire sur son époux. Leonor, comme étrangère, se réjouit d'un rapprochement avec l'infant si influent, d'autant plus que des mésintelligences régnaient entre elle et l'infant Pedro, et qu'elle connaissait la tendresse du roi pour ses frères ; elle se montra très-sensible aux égards et aux avances d'Henrique, et embrassa ses plans avec

---

(1) Pina, cap. 10.

passion ; elle lui promit un concours de paroles et d'actions. L'infant parvint en outre à séduire dans l'intérêt de l'entreprise plusieurs personnages influents à la cour (1). Néanmoins il ne serait peut-être pas venu à bout de ses projets, si une circonstance nouvelle ne lui avait prêté secours. D. Gomes, Portugais de naissance, abbé à Florence, et plus tard prieur de Santa-Cruz à Coimbra, apporta dans ce temps, comme légat pontifical, une bulle de croisade contre les infidèles, que le roi Duarte avait fait solliciter du pape au concile de Ferrare, par le comte d'Ourem, afin de la faire proclamer au moment où les circonstances conseilleraient ou favoriseraient la guerre contre les Maures (2). Pour Henrique rien ne pouvait venir plus à propos. Il crut ou feignit de croire que c'était un message céleste, afin que pût être saisi maintenant sans opposition ce que Dieu lui avait concédé. Le roi ne put résister plus longtemps à son langage enflammé, à ses prières impétueuses ; il laissa échapper son consentement, mais avec répugnance et contrairement à sa conviction, car il se récria encore plusieurs fois en invoquant l'épuisement du peuple et de l'Etat.

On destina quatorze mille hommes à l'expédition, savoir : trois mille cinq cents cavaliers, cinq cents archers à cheval, deux mille archers à pied, sept mille fantassins, cinq cents artilleurs et autant de marins. Pour fournir les fonds nécessaires, les états du royaume furent appelés à Evora. Ils accordèrent à la vérité une somme considérable, qui fut aussitôt recouvrée ; mais le mécontentement que cela provoqua dans le pays, les plaintes du peuple qui s'élevèrent et pénétrèrent jusqu'au roi, remplirent ce prince de tristesse. Duarte avait de sinistres pressentiments sur l'entreprise ; il aurait volontiers tout contremandé, si les choses n'avaient pas été trop avancées (3).

Dans ce désaccord avec lui-même, il chercha du calme dans des conseils étrangers, ou plutôt une plus grande décision pour son esprit et une diminution de responsabilité, en appelant des suffrages importants et nombreux pour une expédition dont l'issue, telle qu'elle était à craindre, ne devait pas seulement être attribuée au roi. Dans une réunion des infants qu'il provoqua en août 1436 à Leiria, il leur exposa son dessein, développa ses motifs (1), et, tout agité de graves inquiétudes, il demanda aux assistants le développement de leurs vues (2). Les infants Henrique et Fernando, auteurs du plan, s'abstinrent de parler ; le comte d'Arrayolos s'imposa la même réserve, parce qu'il avait déjà reçu sa commission pour un commandement dans l'expédition. L'infant João exposa les raisons pour et contre l'entreprise, et remit la décision à la volonté du roi, pour ne pas le blesser, et d'un autre côté se garder d'exciter encore plus les infants déjà trop susceptibles d'entraînement. Le comte de Barcellos s'en référa aux raisons présentées par l'infant João contre l'entreprise, qu'il repoussa. L'infant Pedro, aussi éloquent qu'habile politique, la combattit avec plus de résolution. Il ne dissimula pas combien il était sensible aux procédés du roi, qui demandait maintenant aux infants leur avis, après avoir pris déjà sa résolution. Tout en prévoyant que son opinion provoquerait du mécontentement au lieu d'amener le résultat désiré, il ne fit pas moins tous ses efforts pour détourner le roi de l'entreprise. Mais le ton de don Pedro prouvait assez que c'était la chose en elle-même qu'il considérait, sans laisser percer le ressentiment des blessures faites à l'amour-propre. L'infant appuya son opinion de raisons si graves, et les développa avec une telle force de conviction ; il démontra si clairement les difficultés de l'expédition et, dans le cas le plus heureux, les faibles avan-

---

(1) Pina, cap. 12.
(2) Pina, cap 13.
(3) Pina, cap. 14. Lião, cap. 7.

(1) Ils se trouvent, tels qu'ils furent exposés, dans Sousa, *Provas*, t. I, p. 538.
(2) Pina, cap. 16.

tages qui en résulteraient pour le Portugal, l'impossibilité même de maintenir la conquête une fois faite ; il montra d'une manière si simple et si saisissante les conséquences funestes à redouter, si le Portugal sacrifiait ses forces et ses fils à cette stérile aventure, l'injustice à charger le peuple d'impôts pour courir après de telles chimères, que Duarte, dont l'esprit et le cœur étaient toujours ouverts aux conseils intéressant le bien de son peuple, et qui avait la plus haute idée des lumières de l'infant, commença à chanceler dans sa résolution. Il paraît qu'il n'était pas troublé seulement dans son jugement ; une corde de son âme, qui vibrait fortement en lui, l'ébranlait par ses sons discordants. Pour mettre fin à ses doutes et satisfaire l'opinion publique, ainsi que la voix intérieure dont il ne voulait pas étouffer les réclamations, Duarte se tourna vers le saint-père, et, par l'intermédiaire du comte d'Ourem, qui n'était pas encore de retour du concile, il fit poser cette question à Eugène IV et aux cardinaux : est-il juste de faire la guerre aux infidèles, et, pour cela, d'exiger des impôts du peuple ?

Bientôt après se manifestèrent la faiblesse et l'hésitation du roi. De Leiria, où il avait tenu conseil avec les infants, et pris la résolution de consulter le pape, il se rendit, en septembre 1436, à Torres-Vedras, où la reine mit au monde l'infante Leonor, qui devint plus tard l'épouse de l'empereur d'Allemagne Frédéric III. Là Duarte se prononça de nouveau pour l'entreprise par condescendance pour la reine, ou afin de tenir la parole donnée aux infants Henrique et Fernando. On regarda comme peu nécessaire d'attendre la réponse du pape, et quand enfin elle arriva (1) on ne daigna guère s'y arrêter, attendu que l'entreprise était déjà fort avancée. Chacun blâma le roi de ce que, dans une affaire déjà résolue en son esprit, il avait demandé les conseils de tels hommes, pour ne suivre ensuite que sa propre volonté (1).

Les préparatifs furent maintenant poussés avec ardeur. Les troupes des cantons du nord, qui étaient commandées par le comte d'Arrayolos, se rassemblèrent à Porto ; le point général de réunion était Lisbonne. Quand s'approcha le moment du départ (2), le roi se rendit dans la capitale, où des cérémonies religieuses, auxquelles il assista avec les infants, préparèrent, suivant l'usage, les croisés à l'expédition militaire. Duarte versa d'abondantes larmes en disant adieu à ses frères ; il ne devait pas revoir le plus jeune, qui n'occupait pas le dernier degré dans ses affections. Le 22 août 1437, la flotte prit la mer, et au bout de cinq jours on jeta l'ancre près de Ceuta. Déjà le comte d'Arrayolos était arrivé avec les vaisseaux partis de Porto.

L'infant, ayant fait le dénombrement des troupes, reconnut qu'il n'avait avec lui que deux mille cavaliers, mille archers et trois mille fantassins ; par conséquent il lui manquait huit mille hommes sur les forces promises. L'invraisemblance du succès et la grandeur des dangers manifestes de cette expédition avaient effrayé beaucoup de Portugais ; ils préférèrent se laisser frapper dans leur fortune, plutôt que d'exposer leur vie si inutilement. En outre, les sommes votées par les cortès ne suffisaient pas aux frais, et l'on n'avait point assez de vaisseaux pour le

---

(1) Elle se trouve dans Pina, cap. 20.

(1) « E deste erro se guardem muyto os reys e principes, como de certa queda de regnos e senhorios ; porque da culpa que el rey neste caso teve, vimos que a morte, com dolor e tristeza, segundo a opiniam dos mais, lhe deu despois a paga. » Pina, cap. 20. A une semblable remarque, Liaõ (cap. 9), l'ennemi des femmes, tel qu'il se montre souvent, ajoute : « E que em cousas publicas, e de emprezas de guerra, tomaõ parecer de molheres. »

(2) L'infant Fernando avait fait son testament un peu auparavant. Il se trouve dans les *Memorias* de Sylva, t. IV, *Collecçaõ dos docum.*, num. 22.

transport des troupes. L'impatience d'Henrique ne permettait pas d'attendre des bâtiments, ni de chercher à se procurer péniblement de l'argent; il craignait, au moindre retard, que toute l'entreprise n'allât se dissoudre. Mais maintenant, quand il considéra le faible nombre de guerriers avec lesquels il voulait provoquer et vaincre les maîtres de l'Afrique, il sentit l'étendue du péril. Il tint conseil avec les commandants, et tous furent d'avis qu'il fallait d'abord informer le roi de la situation des choses, avant de se lancer dans de tels hasards; mais l'infant était résolu à tout tenter, même avec les forces dont il disposait. « Dieu, dit-il, a sans doute ainsi ordonné les choses; plus nos moyens sont restreints pour exécuter l'œuvre de sa glorification, plus grands seront nos services et notre renom (1). » Henrique insista pour que l'on marchât sans différer sur Tanger.

Ensuite l'armée fut partagée. Henrique, à la tête de cinq mille hommes, suivit la route de terre par Tetuan, parce que la ligne directe sur Tanger était très-montagneuse et occupée par l'ennemi; Fernando, gêné par la maladie, conduisit le reste des troupes sur des vaisseaux. Le 13 septembre, le premier arriva devant Tanger, où il trouva Fernando avec les siens, opéra sa jonction avec son frère, longea quelque temps la côte, et alla planter son camp dans un endroit abondant en sources, couvert de jardins, en face du cap Espartel. Plusieurs jours s'écoulèrent dans les préparatifs d'une attaque sur la ville, et un combat de cinq heures, qui s'engagea le 20 septembre, n'amena aucun résultat. Dix autres jours se passèrent en escarmouches insignifiantes, tandis que l'on faisait venir de Ceuta de bonnes échelles, dont on manquait, et quelques grosses bombardes. Le 29 septembre se montra, sur une élévation en vue du camp, une armée ennemie de dix mille cavaliers et quatre-vingt-dix mille fantassins. Malgré la disproportion des forces, Henrique résolut, avec quinze cents cavaliers, huit cents archers et deux mille fantassins, d'en venir aux mains avec l'ennemi. Il sortit du camp, et se tint durant trois heures en face des Maures, sans que ceux-ci tentassent une attaque. Lorsque enfin Henrique donna le signal du combat, ils se retirèrent sur Serra, d'où ils étaient venus. Une autre fois les minces bataillons des Portugais se virent obligés par les ennemis, bien supérieurs en nombre, de rentrer dans le camp, et ainsi la fortune de la guerre présenta longtemps des alternatives, passant fréquemment et rapidement d'un côté à l'autre. Quoique très-nombreux, et grossis chaque jour par de nouveaux renforts, les Maures, à ce qu'il paraît, ne voulaient pas hasarder une bataille décisive avant que les divers corps qu'ils attendaient de loin et de près eussent joint l'armée principale. Henrique, au contraire, encouragé par les lâches hésitations de ces masses épaisses, et craignant encore une agglomération plus considérable, s'efforçait, avec ses légers escadrons, d'enlever sur l'instant tous les avantages possibles.

Cependant la situation des chrétiens devenait toujours plus pénible, le danger à chaque instant plus menaçant. Le 3 octobre, l'armée des Maures, après avoir rallié encore des forces considérables, cherchait à s'approcher de la ville. Henrique s'avança, attaqua vigoureusement les ennemis postés sur une hauteur, enfonça leurs rangs, et les contraignit à céder. Pendant ce temps les assiégés avaient remarqué que le camp des chrétiens était presque abandonné, et, ouvrant les portes de la ville, ils fondirent de ce côté. Mais quelques hommes restés dans les lignes les défendirent avec un courage prodigieux, et les Maures, après des attaques infructueuses, se retirèrent dans la ville, avec une grande perte. Ainsi la fortune s'était encore une fois déclarée pour Henrique et pour les siens. Mais des assauts et des périls comme les derniers ne pouvaient plus se soutenir, il fallait à la fin succomber.

---

(1) Pina, cap. 22.

On répara les échelles, on construisit une tour de bois, et une nouvelle attaque fut livrée à la ville; mais elle échoua, et Henrique sentit la douleur s'enfoncer dans son cœur, lorsqu'il vit peu à peu s'évanouir tout espoir de succès dans son entreprise. Il dissimula ses chagrins et ses alarmes; son visage exprimait la confiance et l'allégresse, et il paraissait résolu à poursuivre la lutte. Alors deux prisonniers almogaraves, qui avaient été amenés par quelques cavaliers du comte d'Arrayolos, dirent devant l'infant (9 octobre), que les rois de Fez, de Bellez, Lazurac et cinq gouverneurs, en outre les rois de Maroc et de Tafilète, chacun avec toutes ses forces, dont l'ensemble, suivant l'opinion des prisonniers, formait soixante-dix mille cavaliers, et une infanterie innombrable, marchaient contre les Portugais (1).

A cette nouvelle, l'infant fut en proie à de mortelles alarmes. Il tint un conseil de guerre. Dès le milieu du jour se montrèrent les Maures à cheval et à pied, et peu à peu leur multitude couvrit les hauteurs et les vallées. Aussitôt Henrique fit monter les marins portugais sur les vaisseaux et rentrer les guerriers dans le camp. Lui-même avec la cavalerie s'avança et occupa une forte position au-dessus du maréchal et du capitão Alvaro Vaz de Almada, qui protégeaient l'artillerie. Lorsque les nouvelles masses de Maures s'approchèrent de la ville, les assiégés firent une sortie, selon leur usage, en poussant des cris effroyables, et, réunissant leurs efforts à ceux de leurs alliés, fondirent sur l'artillerie. Ne pouvant résister à un tel choc, le maréchal, pour sauver sa vie, se retira; l'artillerie tomba au pouvoir de l'ennemi.

D'après la disproportion si prodigieuse entre les forces des deux côtés, il ne pouvait venir à l'idée de l'infant d'engager une action générale avec l'ennemi; mais son orgueil et son courage indompté ne pouvaient supporter les outrages des mécréants. A la tête de quelques hommes d'élite, Henrique fit encore une charge furieuse, et poussa les Maures jusques aux portes de la ville. Mais en revenant son cheval fut tué sous lui, et pour regagner le camp il lui fallut, au péril continuel de sa vie, se frayer l'épée à la main un passage à travers des masses épaisses d'ennemis. Maintenant ceux-ci se précipitèrent de tous côtés sur le camp, et l'attaquèrent avec une impétueuse ardeur. Mais ils furent grandement surpris de la résistance qu'ils rencontrèrent, et confondus des prodiges de courage de la petite troupe chrétienne encore réduite en nombre dans cet instant. Car tandis que l'infant Henrique, cédant à la supériorité de l'ennemi, s'ouvrait une route jusques au camp, beaucoup de ses guerriers avec leurs écuyers et leurs serviteurs, formant environ mille hommes, s'étaient retirés en toute hâte vers les vaisseaux.

Malgré tout son héroïsme, l'infant entrevoyait bien les périls et les maux qui l'attendaient lui et les siens, et il fut saisi d'une profonde douleur, en considérant les fidèles champions qu'il avait conduits à leur perte. Mais maintenant encore, il cacha cette douleur dans les replis de son âme, laissa percer l'espérance dans son regard, et communiqua son intrépidité à tous ses compagnons. Presque tous ceux qui étaient dans le camp se montrèrent prêts à tenter et à souffrir les dernières extrémités, et disposés, si leur mort était inévitable, à la faire payer cher à l'ennemi. Mais les plus courageux tombèrent dans l'abattement quand l'inventaire des ressources subsistantes montra qu'il n'y avait de vivres que pour deux jours, sans que l'on pût en tirer des vaisseaux.

Le même jour, les chefs des Maures se réunirent en conseil. Là on parla de la honte que de si grandes masses ne pussent écraser une poignée de chrétiens, de l'au-

---

(1) Liao, cap. 12. La *Chronique de Joam Alvares* (cap. 3) donne 39,000 cavaliers et 600,000 fantassins. Acta Sanctt. jun. 5, t. I, p. 568. Pina, cap. 29, compte 60,000 cavaliers et 700,000 hommes de pied.

dace dés Portugais qui étaient venus en si petit nombre chercher leur ennemi sur son terrain, dans l'espoir que les Maures épouvantés leur abandonneraient leurs demeures, et déserteraient leurs foyers. Plus longtemps les chrétiens resteront ici, dit-on, plus grande sera l'humiliation pour les peuples d'Afrique. Il fut résolu d'attaquer aussitôt les Portugais, de ne point les laisser se reconnaître, et de les passer tous au tranchant du glaive. En effet, le lendemain les Maures parurent en ordre de bataille, et s'avancèrent contre le camp des chrétiens (1).

Dans cette détresse, Henrique s'éleva au-dessus de lui-même. Des sentiments qui étaient restés cachés dans son âme prirent une puissance qui tout à coup pénétra et grandit tout son être; dans son exaltation religieuse, il s'adressa à la Divinité, implora son assistance dans une lutte soutenue pour le triomphe de la vraie foi sur l'erreur, et son pardon s'il avait faibli dans cette entreprise, s'offrant lui-même en sacrifice pour le salut de malheureux champions devenus ses compagnons d'infortune. Plein d'une haute inspiration, il s'élança sur son cheval, et courut au milieu des siens, les releva par l'énergie de son langage, les enflamma par le feu de ses regards. Ensuite les chrétiens dans le camp résistèrent pendant quatre heures à tous les assauts des Maures qui avaient dirigé toutes leurs forces sur ce point. Les assaillants suspendirent enfin leurs attaques, et comptèrent un grand nombre de morts et de blessés; les Portugais n'avaient perdu que quelques hommes.

Les infants avec leur troupe héroïque avaient accompli les choses les plus extraordinaires, s'étaient signalés par des exploits merveilleux; mais ils ne pouvaient se heurter contre l'impossible. Henrique, voyant que les vivres allaient être épuisés, que l'abord des vaisseaux était coupé, et que la valeur la plus héroïque ne pouvait plus ouvrir aucune voie de salut, parce que les ennemis étaient innombrables et combattaient dans leur propre pays, où ils pouvaient se procurer des vivres et de nouveaux renforts, prit de l'agrément de tous la résolution de quitter avec eux le camp dans la nuit suivante, de se frayer l'épée à la main, à travers l'ennemi, une route jusqu'à la côte, d'où chacun ensuite gagnerait les vaisseaux comme il pourrait. Un misérable parmi eux, le chapelain de Henrique même, Martim Vieira, trahit ce plan à l'ennemi, le fit échouer, et amena ainsi des maux indicibles sur ses compatriotes et ses frères.

Tandis que les chrétiens laissaient reposer leurs armes, et ne luttaient plus qu'avec les tourments de la faim et de la soif, les chefs des Maures tinrent conseil sur ce qu'ils devaient faire. La plupart étaient d'avis qu'il ne fallait pas pousser les Portugais aux dernières extrémités, que l'on devait plutôt tirer parti de leur situation désespérée pour arracher la restitution de Ceuta; qu'ainsi l'on se relèverait d'une perte sensible, on se vengerait en quelque sorte des chrétiens, on leur arracherait dans Ceuta la clef de conquêtes ultérieures et d'établissements en Afrique, on assurerait aux Maures paix et repos. Ensuite des masses d'infidèles entourèrent le camp en poussant des cris sauvages, comme s'ils allaient livrer l'assaut; mais, avant d'engager l'action, ils élevèrent la bannière de paix, et offrirent aux chrétiens une libre retraite moyennant la remise de Ceuta, la délivrance de tous les prisonniers maures, et l'abandon du camp avec toutes les armes, les chevaux et les effets. La nécessité décida les assiégés à céder, et après une courte délibération la proposition fut acceptée. Ruy Gomez da Sylva, alcaide mor de campo mayor, homme de beaucoup de prudence et de fermeté, et l'escrivão da fazenda du roi, Payo Rodriguez,

---

(1) « ... Lhe matarom e ferirom infinda gente, e os fezeram per força afastar dos combates e recolher a seus arrayaaes : e dos christaãos falleceron cinco ou seis, e alguns outros forom feridos. » Pina, cap. 31.

furent aussitôt expédiés au roi de Fez et aux autres princes maures pour conclure le traité.

Cependant un grand nombre de Maures, qui, fixés loin de Ceuta, ne savaient pas apprécier l'importance de cette place, et tenaient peu à sa restitution, ne se laissèrent point arrêter, par les négociations engagées, dans leur projet de faire encore une vigoureuse attaque sur le champ chrétien. Ils dirigèrent principalement leurs forces sur le côté qui était défendu par l'infant Fernando et sa division, et peu s'en fallut que, surmontant la résistance, ils ne pénétrassent dans l'enceinte. Mais la valeur indomptable des Portugais, qui déjà combattaient moins pour assurer leur vie que pour venger leur mort certaine, fit encore une fois désespérer les Maures de la victoire; ils se retirèrent avec beaucoup de morts et de blessés. Maintenant ils tentèrent de mettre le feu aux palissades; mais l'activité infatigable de Henrique conjura ce nouveau danger. À côté de l'infant se signala par-dessus tous, en cette occasion comme dans les combats précédents, l'évêque de Ceuta. Maniant la lance et l'épée comme le meilleur chevalier, il entraînait au combat contre les ennemis des chrétiens tous ceux qui le voyaient et l'entendaient, par la chaleur de ses saintes paroles, les promesses de la bulle de croisade qu'il déroulait sous les yeux des fidèles, et par la puissance miraculeuse du Saint des saints qu'il élevait pieusement pour le présenter à l'adoration des guerriers.

Le combat dura sept heures, durant lesquelles les Maures reçurent sept à huit fois des troupes fraîches; la petite troupe de chrétiens, sans aucun soulagement, sans pouvoir prendre de repos, ni respirer un instant, donna encore là un témoignage de la puissance de la force morale, lorsqu'elle reçoit une impulsion supérieure. Les Maures en éprouvèrent les effets et se retirèrent dans leur camp, sans pouvoir faire éprouver à l'ennemi les pertes qu'ils subissaient eux-mêmes. Tout était prodigieux dans le combat; d'après Pina, les chrétiens ne comptèrent qu'un mort, quoiqu'ils eussent beaucoup de blessés, tandis qu'au rapport des Alfaqueques (1), du côté des Maures, dans cette attaque et la précédente, il périt quatre mille hommes. Lorsqu'on vit un grand nombre de guerriers devenus impropres au service, on résolut de réduire l'enceinte du camp, et quoique le repos fût bien nécessaire à des corps fatigués d'une si longue lutte, on employa la nuit à ces travaux, pour réunir de nouvelles forces, afin de supporter les fatigues du jour. Les infants manièrent la pioche avec autant d'activité que les simples soldats. Mais le manque de vivres devenait toujours plus pénible dans le camp. On n'avait plus que de la chair de cheval, et pour la cuire on fit du feu avec les selles. Tourmentés d'une soif dévorante, les guerriers suçaient des morceaux d'argile humide, qu'ils trouvaient dans la terre! Un peu de pluie qui vint à tomber leur apporta quelque rafraîchissement, sans qu'ils pussent étancher leur soif.

Comme on plaçait son unique espoir du côté de la mer, on résolut d'en rapprocher le camp. En effet, les Portugais n'eussent point éprouvé tant de désastres, si ce parti eût été pris dès le commencement. L'infant encourut le reproche d'avoir agi contrairement au sage conseil de son frère aîné, aux ordres du roi. Au moment du départ de Lisbonne, Duarte, outre des instructions générales pour cette expédition, lui en avait remis une, écrite de sa propre main, dans laquelle il lui enjoignait surtout de placer son camp devant Tanger, et partout en Afrique, de manière qu'il touchât à la mer par deux points, et, si son monde ne suffisait pas pour cela, d'entretenir toujours les communications avec la mer, au moins

---

(1) C'étaient des hommes d'une rectitude reconnue, qui étaient employés comme intermédiaires pour le rachat des prisonniers. *Elucidario*, t. I, p. 84. « Nom façam Alfaqueques ssem mandado do corregedor e accordo dos homens boos. » *Cod. Affons.*, lib. v, tit. 49.

sur un point (1). En remettant cette recommandation écrite à l'infant, il l'avait prié instamment de la lire souvent, et de ne jamais l'enfreindre, et Henrique avait promis de lui obéir autant que possible. Il n'y avait aucune raison, à ce qu'il paraît, pour s'écarter de ces mesures de prévoyance, et beaucoup d'hommes graves attribuèrent les désastres de l'armée portugaise à cette désobéissance. Maintenant établir une telle communication avec la mer était une chose extrêmement difficile et périlleuse, sinon impossible.

Heureusement pour les Portugais, les Maures avaient éprouvé d'énormes pertes en morts, et avaient une quantité infinie de blessés. A Fez seulement, un Juif, qui était chirurgien, retira plus de trois mille flèches à des blessés transportés en ces lieux, ainsi que l'auteur de la chronique de l'infant Fernando l'apprit plus tard de la bouche même de ce Juif (2). Les Maures étaient donc aussi disposés à la paix, et après que les Portugais furent entrés en négociations avec eux, ils conclurent, le 15 octobre, un traité en vertu duquel les chrétiens pourraient s'embarquer librement, mais seulement avec leurs vêtements, abandonnant aux Maures leurs armes, leurs chevaux, et tous les objets du camp. Ceuta, ainsi que tous les prisonniers s'y trouvant, devait être remise à ses précédents possesseurs, et le roi de Portugal arrêtait une paix de cent ans par terre et par mer avec toute la Barbarie. L'infant Fernando était donné avec quelques nobles en otage jusqu'à la remise de Ceuta et des prisonniers; du côté des Maures, c'était le fils aîné de Çala-ben-Çala, seigneur de Tanger et d'Arzilla, l'un des plus puissants vassaux du roi de Fez.

Peu de jours après, Henrique apprit, à leur retour, des messagers de paix, qui avaient été retenus jusque-là comme prisonniers, que les Maures avaient conçu le projet de prendre tous les chrétiens prisonniers, si, usant des conditions de l'accord, ils entraient dans la ville pour s'embarquer. Il fit donc transporter les retranchements en toute hâte, près de la mer, afin d'opérer l'embarquement aussi vite que possible. Mais, en cherchant à gagner les vaisseaux, beaucoup de blessés furent pris, et environ soixante hommes de l'arrière-garde furent tués.

Le 20 octobre, c'était un dimanche, la flotte mit à la voile. Pendant trente-sept jours qu'ils étaient restés devant Tanger, les Portugais avaient assiégé les Maures vingt-cinq jours, et avaient été eux-mêmes assiégés douze jours par ces mécréants. Les chrétiens portent leurs pertes à cinq cents hommes; du côté des Maures, quatre mille doivent avoir succombé; il y aurait eu plusieurs milliers de blessés. Pour les pays vastes et peuplés des Maures, la perte était incomparablement plus faible que pour les Portugais, en raison de l'étendue si bornée de leur patrie, où se trouvaient encore des cantons peu garnis d'habitants. En outre, leur but avait été manqué; l'irritation des infidèles contre les chrétiens s'était accrue, leur passion de vengeance s'était enflammée.

Ainsi finit une entreprise qui, commencée avec plus d'ardeur et de courage que de prévoyance et de sagesse, au milieu de tristes pressentiments de l'observateur, provoqua une lutte où l'on vit d'un côté un énorme déploiement de forces, de l'autre de faibles moyens, mais une audace merveilleuse; et peut-être eut-elle une si triste issue parce que les prudents conseils du roi, dont on était éloigné, furent dédaignés; d'ailleurs on n'avait point mesuré froidement les ressources et les forces à la grandeur de la tâche et des obstacles. Cependant ce n'est là que le dénouement du premier acte de cette tragédie, dans lequel l'action s'engage et se déploie avec vivacité, avec

---

(1) Sousa, *Provas*, t. I, p. 533 et suiv. Pina, cap. 21, p. 138.

(2) Cap. 3. Outre les flèches que chaque Portugais portait sur lui, le magasin en contenait 300,000 qui furent toutes lancées.

violence. Dans un second acte se produisent les souffrances et les grandes épreuves de l'infortunée victime de cette expédition, qui ont acquis au prince Fernando le surnom de *Constant*. Là, comme ici, se manifeste cette tendance propre au moyen âge chrétien, d'assurer le triomphe du christianisme sur l'Islam. Car Henrique était aussi occupé de cette pensée ; mais dans cette âme forte s'agitaient en même temps une audacieuse ardeur d'entreprises et un besoin insatiable d'activité, qui étaient dirigés principalement sur la découverte de terres et de mers inconnus. Les sentiments religieux dominaient plus purs, plus intimes et plus exclusifs dans l'âme pieuse de Fernando. Ce n'est pas qu'il fût moins valeureux et moins entreprenant (il combattit toujours aux premiers rangs); mais la profondeur et l'énergie de sa foi chrétienne lui donnaient une pureté de sentiment, un amour de l'humanité, une patience et un dévouement dans les situations les plus pénibles, une abnégation, une élévation, un détachement des choses terrestres, qui le marquent de traits particuliers parmi ses frères, le présentent comme une des plus nobles figures du moyen âge dans le monde chevaleresque chrétien, et font bien comprendre comment la poésie s'efforça bientôt de l'attirer dans le cercle du merveilleux, comment cet adorable prince en imposa même à la jalousie nationale, quand Calderon célébra dans ses hymnes le héros et le martyr de la foi. Les destinées ultérieures de Fernando n'eurent plus aucune influence sur la marche de l'histoire de Portugal ; seulement la sympathie publique pour ses souffrances dans la captivité provoqua diverses tentatives pour le délivrer de ses fers. Il est mort pour sa patrie, et, si la vie d'un seul individu ne mérite une place dans les annales de sa nation qu'autant qu'il exerce une action sur elle, l'histoire de Portugal doit maintenant se taire sur Fernando. Mais ce noble martyr chrétien appartient à l'humanité, qui s'arrête volontiers à le considérer quelques instants. Au-dessus des peuples, au-dessus des États vivent et planent des souvenirs et de hautes pensées qui, sans tenir à aucun pays, à aucun temps, sont sacrés pour toutes les nations de la terre. Le peuple du sein duquel ils sont sortis ne consentira guère à les négliger dans ses fastes, et l'étranger, sans songer aux distinctions de races, peut se complaire à contempler la grandeur et la pureté de sentiments de quelque part qu'ils viennent.

Souffrances et mort du prince Constant.

Fernando s'était offert avec empressement comme otage, quoiqu'il prévît tous les tourments qui l'attendaient. Douze Portugais qui étaient à son service, parmi lesquels son secrétaire Joam Alvares, auteur de la Chronique de Fernando, le suivirent en captivité.

Le 22 octobre, Çala-ben-Çala se mit en devoir de transporter les otages portugais à Arzilla. Ils durent attendre deux heures sous la porte de la ville, où ils étaient exposés aux insultes et aux mauvais traitements de la populace, jusqu'à ce qu'enfin arriva le prince maure, et montés sur des bêtes de somme décharnées, épuisées par la soif, ils entreprirent leur pénible marche. Les insultes des passants ne discontinuaient pas. Aux éclats de joie des Maures fiers de leur triomphe se mêlait le ressentiment des pertes qu'ils avaient subies ; car il n'y avait pour ainsi dire aucune famille qui n'eût à pleurer la mort d'un de ses membres. L'irritation était d'autant plus grande, et l'infant, ainsi que les siens, devait maintenant en supporter les effets. Au coucher du soleil, les prisonniers arrivèrent à Arzilla, où ils furent tenus sous une surveillance active, sans pourtant éprouver de mauvais traitements.

L'infant Henrique avait fait retourner en

Portugal l'évêque d'Evora, le comte d'Arrayolos et les autres chefs ; lui-même se rendit à Ceuta avec l'intention d'y rester jusqu'à ce que fût effectuée la délivrance de son frère. Mais à peine y était-il arrivé (21 octobre) que les fatigues extraordinaires et le chagrin de la captivité de Fernando le livrèrent en proie à la maladie qui le retint au lit. Vers ce temps, l'infant João amena des troupes auxiliaires des Algarves à Ceuta. On tint conseil, et il fut résolu que João s'embarquerait avec le fils de Çala-ben-Çala, pour Arzilla, reprocherait aux Maures la violation du traité, offrirait l'échange de l'infant contre le jeune prince maure, et annoncerait, en cas de refus, qu'il allait délivrer son frère à main armée. Aussitôt l'infant prit la mer avec son escadre, et le 20 octobre atteignit la rade d'Arzilla. Mais, avant que pût s'engager la négociation proposée, une violente tempête força tout à coup João à lever l'ancre, et à se réfugier à travers les plus grands périls vers les Algarves. Ainsi échoua la première tentative des deux frères de Fernando pour l'arracher aux mains des Maures.

Cependant le roi Duarte avait aussi appris la malheureuse issue de l'expédition, et fut profondément affligé par le triste destin de son frère chéri. Pour le délivrer, il aurait volontiers abandonné Ceuta ; mais le désir de son cœur était sur ce point en lutte avec l'intérêt de l'Etat. Ayant besoin des conseils et des votes des états du royaume, il les convoqua au commencement de l'année 1438 à Leiria. Il leur exposa d'abord les motifs qui l'avaient poussé à cette entreprise contre les Maures (1), puis demanda aux cortès de lui communiquer leurs idées (cha-que député isolément et par écrit). Leurs déclarations peuvent se ramener à quatre opinions principales. Les infants Pedro et João, beaucoup de grands et la plus grande partie des procureurs des villes furent d'avis qu'il fallait délivrer l'infant Fernando, et abandonner sans hésiter Ceuta pour celui qui s'était montré prêt à sacrifier sa liberté et sa vie au salut de ses compatriotes en danger ; que la rupture du traité serait honteuse pour le roi et le peuple portugais. Au contraire, l'archevêque de Braga soutint, et rallia encore plus de voix que les infants à son opinion, que le roi, quand bien même il le voudrait, ne pouvait pas rendre Ceuta aux infidèles sans le consentement exprès du pape, et que, pour le salut de quelques hommes, les églises élevées et consacrées ne devaient pas être abandonnées aux souillures. D'autres pensaient qu'il fallait tenter de racheter l'infant en donnant une somme d'argent avec un grand nombre de prisonniers, ou bien le délivrer au moyen d'une croisade des rois chrétiens contre les infidèles ; que si ces deux moyens échouaient, l'on pourrait alors rendre Ceuta. Le comte d'Arrayolos soutint avec force que le roi ne pouvait, dans l'intérêt de son frère, renoncer à la possession de cette ville ; qu'un tel sacrifice ne devrait pas se faire même pour le prince héréditaire, s'il était captif. Les nombreuses raisons que donna le comte à l'appui de ses assertions, son autorité, et la haute considération dont il jouissait partout, même auprès du roi, lui gagnèrent la plupart des voix. La résolution des cortès fut donc que l'on ne devait pas rendre Ceuta, mais qu'il fallait s'occuper de procurer la liberté à l'infant par tout autre moyen.

Cette issue de la réunion des états causa une profonde affliction au généreux Duarte. Comme roi, il était satisfait ; mais ses sentiments de frère étaient d'autant plus froissés, qu'il avait trouvé peu de sympathie dans les autres. Il s'adressa maintenant au pape, au roi de France, à tous les princes avec lesquels il était en bons rapports, sollicitant leur assistance active ; mais il n'ob-

---

(1) Ces motifs, écrits par le roi Duarte lui-même, sont imprimés dans les *Provas* de Sousa, t. 1, p. 538. Le roi les exposa-t-il dans cette occasion, ou dans une autre ? cela est incertain ; mais sans aucun doute cela se fit postérieurement au départ des troupes ; peut-être Duarte voulait-il se justifier à ses propres yeux.

tint que des compliments de condoléance et des paroles de consolation (1). Les tentatives de Duarte et du roi de Castille pour délivrer l'infant au moyen d'une rançon furent tout aussi vaines ; il resta dans la captivité.

Pendant les sept mois que Fernando vécut à Arzilla, il fut presque toujours malade. Mais il supporta ses maux avec patience, continua sans interruption ses jeûnes et ses prières, exerçant en même temps sa charité envers les esclaves chrétiens qui se trouvaient en ce lieu ; il en fit racheter plusieurs secrètement par des marchands étrangers, vêtit et alimenta le reste (2). Sa situation devenait toujours plus triste. Lorsque Çalaben-Çala s'aperçut que les Portugais hésitaient dans l'accomplissement du traité, il fit notifier à l'infant qu'il pouvait conseiller à son frère le roi de Portugal de le délivrer par la remise immédiate de Ceuta, sinon que lui Çala-ben-Çala le livrerait, comme il y était obligé, au roi de Fez, le premier personnage de la nation. L'exécution suivit la menace le 25 mai 1438. Après une séparation touchante des Portugais qui restaient, l'infant, avec des serviteurs au nombre de dix personnes, entreprit le voyage de Fez ; ses gens étaient sur des bêtes de somme ; lui-même montait une vieille jument, maigre, déferrée, garnie d'une selle raccommodée et de misérables harnais. On voulait ainsi le livrer à la risée des Maures. Chaque endroit que les voyageurs devaient traverser était prévenu, et une tourbe de femmes et d'enfants les accueillait à leur arrivée avec des rires insultants et des injures. On chantait des espèces de satires sur eux, on leur lançait de la boue et des pierres, on leur crachait au visage ; ils étaient pourchassés comme des chiens, on leur jetait à manger comme à des animaux, et les plats qu'ils avaient touchés étaient brisés par les Maures au milieu d'atroces imprécations. Le prince supportait ces mauvais traitements avec une patience angélique, comme s'ils ne l'atteignaient pas. Au bout de six jours, les otages arrivèrent à Fez (le 31 mai), où ils furent conduits par une multitude menaçante dans un édifice fortifié (*Darsena*), et logés à l'étage supérieur dont on avait muré exactement toutes les fenêtres, de sorte qu'un rayon de lumière ne pouvait y pénétrer. Il fut rigoureusement défendu aux gens du commandant de parler ou de laisser parler aux prisonniers.

Ils se voyaient, pleins d'effroi, maintenant au pouvoir du monstre dont le nom les épouvantait dans le lointain, sous la main sanglante du féroce Lazurac, qui gouvernait l'État avec un pouvoir illimité, sous le nom du jeune Abdallah, que l'on appelait alors roi de Fez (1). Né d'un merine et d'une chrétienne, élevé parmi des hordes de brigands arabes, quoique le plus jeune de ses frères, il les avait tous soumis à force d'adresse et de méchanceté. Par ses intrigues, il enleva la domination aux deux fils aînés du roi de Fez Abu-Said, et porta sur le trône le troisième fils Abdallah, sans lui accorder autre chose que la libre jouissance du harem, lui donna sa sœur, la coquette Halu, pour épouse, et se maria lui-même à la sœur du roi, qui avait appartenu à bien d'autres. Il fit incarcérer ou décapiter des Maures influents, dépouilla les riches, fit occuper les emplois et les dignités par ses créatures, le rebut de la nation. Plein de défiance même envers les hommes les plus loyaux, épiant les faiblesses des autres, il abusait tout le monde en dissimulant sa véritable opinion pour en affecter une toute différente. Son caractère était un mélange de méchanceté et de ruse, d'hypocrisie et de cruauté. Aux yeux du peuple il passait pour un saint, parce que son art de dissimulation et sa profonde hypocrisie le mettaient en état d'en

---

(1) Pina, cap. 41.
(2) Joam Alvares, *Cron.*, cap. 4.

(1) *Cronica do conde D. Duarte de Menezes*, cap. 35, dans la *Collecção de libros ineditos*, etc., t. III.

imposer aux masses par de pieux discours et de sages sentences. En grand crédit auprès des basses classes, il était d'autant plus redoutable pour ceux qui le connaissaient et l'avaient en horreur. D'ailleurs les malheureux Portugais, odieux à tous, ne pouvaient trouver auprès de personne le moindre appui contre leur oppresseur. Le peuple voyait dans Lazurac le persécuteur des chrétiens, le véritable musulman; les meilleurs et les plus éclairés parmi les Maures devaient au moins souffrir ce qu'eux-mêmes n'auraient peut-être pas fait.

Les traitements envers les prisonniers devinrent toujours plus cruels. Après qu'ils eurent langui durant trois mois dans un cachot disposé spécialement pour eux derrière une porte garnie de nombreux verroux, ne devant les aliments qui soutenaient leur vie qu'à la charité d'un marchand chrétien de Majorca (qui plus tard fut soumis à d'atroces cruautés pour ces services rendus à des chrétiens), un matin le commandant du château entra dans le cachot, et les jeta tous dehors, afin de s'emparer de leurs effets que l'infant avait apportés dans l'excès de sa confiance en la parole de Çala-ben-Çala. On les dépouilla de leurs habits, pour en retirer l'argent qui s'y trouvait caché, et ainsi Fernando perdit les deux cents doublons qu'il conservait dans son pourpoint comme une dernière ressource. Ensuite on leur mit les fers aux pieds, et on les conduisit dans le jardin royal, où Lazurac occupait un beau palais; chacun d'eux reçut une pioche, et il leur fallut travailler jusqu'au coucher du soleil. Dix à quinze archers menèrent l'infant également chargé de fers au même endroit, les uns le poussaient, d'autres le piquaient avec leurs bâtons aiguisés. Quand les chaînes empêchaient l'infortuné de marcher assez vite, pressé, assailli par la multitude, il s'avançait péniblement, élevant avec résignation ses fers avec ses mains; présentant l'image de l'innocence aux prises avec l'outrage et la douleur. Ses gens, voyant ainsi traîner cruellement leur maître, se sentaient saigner le cœur, et versaient des larmes amères. « Vous voyez ce qui m'advient! priez Dieu pour moi! » Telles étaient les seules paroles que l'infant pût leur adresser, et ses fidèles serviteurs ne pouvaient exprimer la douleur de leur âme que dans leurs regards.

Le cortège déplorable arriva ainsi devant le palais du grand vizir. Lazurac était assis sur le seuil de marbre à l'entrée : « Comme les chrétiens sont des traîtres, dit-il, et que Ceuta ne m'a pas été donnée pour ta personne, tu es mon esclave, et je disposerai de toi selon ma volonté. Je t'ordonne maintenant de soigner mes chevaux. » L'infant répondit : « Les chrétiens n'ont commis aucune perfidie, et ne méritent pas le nom de traîtres. Je ferai ce que tu me commandes, et je ne regarde pas comme une honte d'obéir à tes ordres. » On donna aussitôt à l'infant un balai, un panier et une pelle, pour nettoyer l'écurie derrière les jardins. A l'arrivée de la nuit, on le ramena au cachot.

La plus grande douleur pour Fernando, aurait été d'être séparé des siens ; car c'était une consolation et un adoucissement de pouvoir partager leurs peines, de les exhorter à la patience et à la résignation. A côté de ses compagnons de misère, au milieu d'eux, le travail le plus rude lui devenait léger ; ainsi il trouvait une cause de satisfaction dans les grossières occupations par lesquelles les Maures avaient pensé le dégrader. Deux pains étaient la nourriture quotidienne pour chacun sans distinction ; jamais on ne donnait de viande ni de vin. Pour matelas les prisonniers avaient deux peaux de mouton, pour oreiller une botte de foin, pour couverture un mauvais manteau. La nuit, onze personnes étaient entassées avec l'infant, dans une chambre où il n'y avait place que pour huit, et souvent on ne leur permettait pas de sortir pour des besoins indispensables. Ainsi ils souffraient beaucoup de la malpropreté, de la vermine et de la faim. Au marchand charitable dont on a déjà parlé il fut défendu, sous peine de mort, de leur fournir quoi que ce fût; et les Maures qui auraient parlé avec eux auraient reçu cinq cents coups de fouet.

Un jour que le prince avec les autres prisonniers travaillait dans le jardin, Lazurac lui fit dire que le roi de Portugal était mort. A cette affreuse nouvelle, Fernando resta comme pétrifié; bientôt il revint à lui en pensant que l'on avait forgé ce rapport pour l'accabler sous le poids du chagrin. « Si cela était vrai, dit-il aux siens en se tournant vers eux, ce serait pour moi la plus grande perte qu'un homme puisse éprouver dans ce monde. Car dans le roi mon seigneur je possédais le frère le plus tendre, l'ami le plus véritable, l'appui le plus puissant. Je vous le dis, s'il est mort, ma captivité ne finira qu'avec ma vie. » Il en acquit trop tôt la certitude. Une lettre du grand écuyer du roi Duarte à Lazurac le convainquit, en même temps qu'elle était une preuve touchante des efforts de Duarte pour délivrer un frère chéri de ses fers. A la lecture de cette pièce, Fernando tomba par terre, où il resta privé de sentiment; puis il éclata en plaintes déchirantes. C'était comme un vaisseau abandonné sans espoir de salut à la fureur des vagues, après la rupture du dernier cordage qui l'attachait au rivage : à grand'peine et à la longue, les consolations de ses fidèles compagnons purent le ramener à un peu de calme; le temps seul opéra sur lui avec son action lente et continue; et les tourments mêmes que Lazurac faisait endurer à ses malheureux esclaves durent contribuer à faire diversion à la cruelle douleur de l'infant.

Lazurac tenait moins à l'acquisition de Ceuta qu'à obtenir une forte rançon pour l'infant; mais il dissimula ses intentions selon sa coutume. En mai 1439, Çala-Ben-Çala écrivit qu'il avait reçu du roi de Portugal l'engagement formel que Ceuta serait rendue, moyennant la délivrance de l'infant. Mais Lazurac sut traîner les négociations en longueur dans l'espoir d'avoir une somme considérable. Des lettres de Portugal, adressées à Fernando, furent interceptées; lui-même se vit chaque jour plus maltraité. On lui remit les chaînes, on enleva aux prisonniers en masse les mauvais habits dont ils avaient été couverts jusque-là, et à la place on donna à chacun d'eux un morceau du drap le plus grossier. Tous, réduits à une faible portion d'eau et de pain, furent renfermés de nouveau dans l'étroit cachot où, respirant un air empesté, ils avaient encore à souffrir horriblement de la malpropreté et de la vermine. Lorsqu'ils furent menés tous, à l'exception de l'infant, la veille de Noël, dans la rue pour tailler et briser des pierres, le peuple se précipita de tous côtés vers eux, les accablant d'insultes, en sorte que la garde de huit hommes se trouva impuissante à contenir cette multitude. Elle fut outragée, frappée, on lui cracha au visage, jusqu'à ce qu'enfin le capitaine lui ordonne d'abandonner les chrétiens à leur propre défense, et les malheureux ne furent ramenés qu'à une heure avancée de la nuit dans le sombre cachot qui maintenant leur parut un port de salut. Le lendemain, une multitude innombrable s'était rangée comme pour assister à un combat de taureaux; il s'agissait de voir encore les chrétiens menés au travail. Des enfants étaient élevés sur les épaules, des vieillards faibles étaient montés sur des ânes, des aveugles se faisaient apporter « pour entendre au moins le bruit des chaînes de ces chiens de chrétiens. » Les femmes des Maures elles-mêmes s'encourageaient mutuellement à frapper les malheureux à coups de fouet. Lorsque l'infant vit revenir les siens avec les mains sanglantes, et tout épuisés par les mauvais traitements, les larmes lui jaillirent des yeux. L'excès de sa douleur sur les peines de ceux « qui pour l'amour de lui supportaient tant de misère » engagea les dignes serviteurs à cacher leurs souffrances, à prendre même une contenance sereine. Ils sentaient bien que si Lazurac laissait l'infant dans le cachot, au lieu de l'envoyer travailler avec eux, ce n'était pas pour le ménager, mais parce qu'il savait « que sa seule consolation, son unique joie étaient d'être toujours réuni avec eux, même pour les ouvrages les plus grossiers. »

Quelques tentatives partant du Portugal pour enlever secrètement l'infant eurent pour conséquences de faire redoubler les rigueurs envers les malheureux prisonniers qui, vers la fin de février 1440, avaient été de nouveau appliqués aux travaux manuels dans les jardins royaux. Dès lors ils ne furent plus une seule heure du jour ou de la nuit à l'abri des mauvais traitements, et vécurent en des transes continuelles. Tantôt on leur annonçait qu'ils allaient être tous décapités, tantôt on les menaçait de les fouetter ou de les couper en morceaux. La compassion pour les chrétiens était un sentiment étranger aux Maures, même à leurs ulémas, honorés parmi eux comme des saints. Interrogés par Lazurac sur la conduite à tenir envers l'infant, ils se réunissaient chaque jour dans les mosquées pour aviser à de nouvelles tortures, tandis que le vizir par ses persécutions contre les Portugais acquérait le renom d'un digne môslim, zélé pour la foi et la dignité de son peuple. L'infant au contraire, sur qui tombaient les tourments et les souffrances, animé du véritable esprit du christianisme, priait Dieu chaque jour de prendre les infidèles en pitié, et d'ouvrir leurs yeux à la vraie lumière. Jamais on n'entendit de sa bouche une dure parole contre les Maures; il disait plutôt aux siens: « Vous croyez vous venger de ces Maures en leur souhaitant du mal; soyez certains que si ceux qui vous tourmentent mouraient, d'autres plus mauvais encore les remplaceraient. Mais, si vous vous vengez de vos persécuteurs, comment pourrez-vous attendre alors la récompense due à la patience et à la résignation? Montrez-vous en vrais chrétiens prêts à souffrir pour votre foi; priez Dieu qu'il conduise dans le sentier de la vérité les mécréants vos ennemis. Pour ma part, je vous assure qu'il m'est absolument indifférent s'ils m'appellent chien ou seigneur et roi. Leurs injures m'humilient aussi peu que leurs éloges pourraient m'élever; je ne demande, s'il plaît à Dieu, qu'à être libre parmi eux. » Cette douceur, cette grandeur évangélique de Fernando, son éloquence puisée à une source si pure parvenaient à calmer les ressentiments, et à transformer la haine en calme résignation.

Cette soumission à leur triste destinée semblait être leur dernier refuge, lorsque le rayon d'espérance, conservé jusqu'alors, d'une prochaine délivrance s'évanouit de nouveau. Le roi Duarte dans ses dernières volontés avait recommandé à son successeur l'affranchissement de l'infant comme un devoir sacré, et l'infant Pedro, qui pendant la minorité d'Affonso gouverna le royaume, mit tout en œuvre pour accomplir ce devoir. Il était soutenu par l'infant Henrique, qu'affligeait profondément le sort de Fernando, et tous deux préparèrent, en dépit de l'opposition du pape et au milieu des troubles qui régnaient en Portugal, la rupture des fers du captif, moyennant la remise de Ceuta. Mais Lazurac ne se portait pas sérieusement à ce projet. Le fourbe affecta un instant de la joie des assurances du régent; mais, contre toute attente, il fit subir de nouveaux tourments à l'infant. Les négociations furent renouées plusieurs fois par le Portugal, mais toujours sans résultat, et Fernando ne put se dissimuler que l'heure de la liberté ne sonnerait plus pour lui. De sombres nuages s'accumulaient sur sa vie. Souvent il était assailli par des songes dans lesquels des images effrayantes pesaient sur son esprit, et néanmoins lui qui était atteint de blessures si profondes ranimait encore le courage de tous ses compagnons, leur adressait des paroles d'amour et de consolation. Et quand il abandonnait ses vêtements pour couvrir des malheureux qui étaient nus, souvent lui-même ne gardait rien, afin de soulager les autres avec sa part; il soignait les malades avec la charité la plus dévouée, leur procurait des médicaments et des aliments, trouvait de la consolation et du calme à vivre en commerce avec les siens, faisait les adieux les plus tendres à ceux que l'on séparait de lui, et à leur retour les serrait dans ses bras avec amour. Lorsqu'il apprit que l'on se proposait d'enlever ses compagnons loin de lui, il leur dit: « L'homme par sa crainte ne peut échapper aux dangers qui sont suspendus sur sa tête; mais il peut, à l'avance, s'armer de résolution pour les supporter plus facilement. Et cependant ce que je ne puis m'empêcher de redouter, c'est une séparation que je ne me sens nullement la force de supporter. Dans votre compagnie, je puis résister à la peine; mais, privé de votre vue, jeté dans l'isolement, je dois inévitablement succomber dans un complet abandon. Je ne survivrai pas longtemps à une séparation qui m'éloignera de vous. C'est moi qui vous ai amenés dans cette captivité, où vous avez vidé avec moi le calice d'amertume jusqu'à la lie. Je vous ai choisis entre tous, parce que je savais que vos cœurs m'étaient dévoués, et qu'il y avait sympathie entre nous. Des années des plus dures épreuves m'ont démontré que je ne m'étais pas trompé sur ce point. Déjà, sur la route de Tanger, vous avez bien mérité de moi, mieux encore dans les combats que nous eûmes à soutenir dans le camp, et tout ce que vous m'avez témoigné d'amour ici dans notre captivité, est là écrit en caractères éclatants devant les yeux de mon âme. Si j'acquérais un royaume, et que je vous élevasse tous au rang de comtes, je ne croirais pas encore avoir payé le moins du monde les services qui m'ont été rendus. Cependant, dans l'état où je vis maintenant, chaque jour s'accroissent mes dettes et mes obligations envers vous; chaque jour grandissent vos mérites à mon égard, et je supplie Dieu et la sainte Vierge, qui voient le fond de mon cœur et mes souffrances, de vous réserver la récompense céleste, et de me décharger du fardeau d'une dette dont le poids m'accable. Pardonnez-moi pour l'amour de Dieu, et à mon insu je vous ai fait quelque offense. Quant à ce qui regarde les choses temporelles, je prie, je demande, j'ordonne que chacun de vous m'indique en particulier quel genre de vie il désire mener à l'avenir, si Dieu doit me rappeler d'ici, car je veux écrire tout cela au roi mon seigneur, à la reine et à mes frères, afin que vous receviez pour votre pleine satisfaction les emplois et les récompenses que vous désirez et méritez. J'ai assez de confiance en la reine et en tous ceux auxquels je suis uni par les liens du sang, pour me persuader que par amour pour moi ils récompenseront en vous les services que j'ai rendus; car tous mes services je vous les attribue. »

Ces paroles affectueuses de l'infant émurent tous ses gens jusqu'aux larmes. Ils assurèrent leur maître de leur amour désintéressé pour lui. « Comment pourrions-nous, ajoutèrent-ils, nous inquiéter des biens et de la fortune, après vous avoir consacré si volontairement notre vie? » Ainsi, dans ces épanchements d'une affection mutuelle, ces compagnons d'infortune éclairaient les ténèbres de leur cachot par des rayons d'amour. Cette consolation ne leur fut pas laissée longtemps.

Au commencement de mars 1442, Fernando avec les siens fut amené à la salle de justice, où Lazurac se trouvait avec plusieurs Maures. Le prince ne put entrer que pieds nus, sans qu'il lui fût permis de toucher le tapis sur lequel ces puissants moslims étaient assis. A côté de lui fut placé un Maure enchaîné, dont le corps portait les traces d'une cruelle flagellation toute récente; il avait été, disait-on, saisi avec des lettres de Portugal qui prouvaient son intention d'enlever l'infant. Après de longues circonlocutions, Lazurac demanda de Fernando une rançon satisfaisante pour lui et les siens, et le prince promit enfin cinquante mille doublons, ainsi que la délivrance de cinquante prisonniers maures. Le vizir s'exprima ironiquement sur l'exiguïté de la somme, et proféra d'effroyables menaces contre l'infant. Ensuite fut entendu le Maure enchaîné, et on le flagella encore si près de Fernando et des siens, que le bout du fouet les atteignait, que leurs vêtements et leurs visages furent arrosés de sang; puis le malheureux patient fut emmené pour être lapidé; deux des gens de l'infant durent assister au supplice; et il leur fut notifié que le même traitement leur était réservé; deux autres, entraînés aussi hors de la salle, devaient s'attendre à être décapités. « Préparez-vous tous, fit dire Lazurac par un renégat, à l'infant ainsi qu'aux autres prisonniers chrétiens, car le maître vous déclare qu'il doit vous arriver à tous comme à votre complice de Portugal, qui méditait de vous enlever. » Aussitôt le prince fut saisi et entraîné, sans que les siens pussent savoir en quel lieu.

On le ramena dans la prison, et les négociations continuèrent avec lui, au sujet de la rançon, jusqu'à ce qu'il fût arrivé à promettre cent cinquante mille doublons et cent cinquante prisonniers maures; ce qui parut contenter Lazurac. Néanmoins le sort de Fernando ne devint pas meilleur; on continua même à le traiter avec cruauté; on le sépara entièrement des autres captifs, sous prétexte qu'il n'était pas sous une garde suffisante. On le transféra dans un cachot au rez-de-chaussée dans l'intérieur du château royal; c'était une sorte d'effroyable loge où ne pénétrait aucun rayon de lumière, si resserrée qu'à peine un homme pouvait s'y retourner; un bloc de bois servait d'oreiller au prince, qui couchait sur le pavé. Cet affreux séjour était encore empoisonné par l'air corrompu qui, s'exhalant des chambres voisines des eunuques chargés de la garde de la porte du château, pénétrait dans le cachot. C'est là que l'infant dut croupir quinze mois, jusqu'à ce que l'ange de la mort le délivra. Le reste des prisonniers, en y comprenant les quatre que l'on avait emmenés comme pour les mettre à mort, mais qui avaient été reconduits ensuite, furent renfermés dans la prison que l'infant avait quittée. Il leur fallut exécuter les travaux les plus pénibles et les plus avilissants; et, contre la coutume des Maures, les prolonger bien avant dans la nuit. S'il n'y avait rien de nécessaire ou d'utile à faire, alors il leur fallait porter et rapporter du fumier d'un lieu à un autre, casser des pierres, etc., afin qu'ils ne pussent jouir d'un instant de repos. Les Maures étaient même invités à les maltraiter en passant. Si un prisonnier se permettait une dure parole envers un Maure, il était puni de cinq cents coups de fouet; s'il osait se porter à un acte de violence, il perdait une main ou un pied. Si les Maures entraient en campagne, les prisonniers restaient renfermés dans le cachot les fers au cou, aux pieds et aux mains. Deux onces de farine par jour servaient à soutenir leur misérable vie.

Le malheureux prince, arraché violemment aux affections qui jusqu'alors avaient seules allégé le poids de ses fers, tourmenté par le souvenir des maux de la veille, effrayé par la prévision de ceux du lendemain, tomba les premiers jours de son isolement dans un abattement dont il ne se releva que peu à peu pour prolonger quelque temps encore les misères de son existence. Cependant les siens trouvèrent moyen de lui adresser souvent en secret quelques paroles (il les reconnaissait au son de leurs chaînes), de lui offrir et de recevoir les adoucissements d'un amour mutuel et d'une sympathie réciproque. Ils firent en sorte qu'il pût avoir une lumière jour et nuit, pour lire dans son livre de prières, ce qui était son unique occupation; il se livrait à cet exercice autant que lui permettait la vermine dont il était rongé. Comme il priait la plupart du temps agenouillé, et qu'il dormait aussi dans cette position, à ses genoux se formèrent de forts calus, qui lui causèrent les douleurs les plus vives.

Fernando n'appartenait plus à la terre que par la souffrance; son âme, qui aspirait depuis longtemps à des sphères supérieures fut enfin complétement délivrée de l'enveloppe qui l'emprisonnait. Au commencement de juin 1443 (vers la fin de la sixième année de sa captivité) il fut atteint de la dyssenterie. Ses forces physiques, affaiblies par la misère, ne purent guère résister à la maladie, qui atteignit rapidement un degré menaçant. Les siens n'eurent pas la permission de le changer de lieu; à force de prières, de larmes et d'humiliations, tout ce qu'ils purent obtenir c'est que le médecin et les chrétiens veilleraient tour à tour auprès de lui. Le matin d' son dernier jour, son esprit parut jouir de l contemplation des images surhumaines don il était préoccupé; ensuite il resta calme jus qu'au moment où le soleil déclina, il se confessa encore une fois, et reçut la communion; puis, se tournant sur le côté droit, il dit : « Maintenant laissez-moi finir paisiblement. » Lorsqu'il rendit l'âme, le soleil était déjà descendu sous l'horizon.

Lazurac parut d'abord ne pas s'émouvoir à la nouvelle de cette mort; mais il ne put s'empêcher de dire aux assistants : « S'il pouvait exister encore quelque chose de bon parmi ces chiens de mécréants chrétiens, c'était certainement dans celui qui vient de mourir; s'il eût été Maure, il aurait mérité par ses vertus d'être honoré comme un saint; car jamais je n'ai entendu sortir de sa bouche un mensonge : toutes les fois que je l'ai fait observer la nuit, on l'a trouvé en ferventes prières. Enfin tous soutenaient qu'outre ses autres vertus il avait celle de la chasteté, et qu'il n'a jamais touché une femme. Vraiment son peuple s'est chargé de la responsabilité d'une grande faute, en le laissant mourir de la sorte. » *Mes ennemis peuvent me juger*, ajoute le chroniqueur de l'infant en répétant les paroles du Prophète.

Le médecin et le chapelain de l'infant restèrent renfermés auprès du cadavre jusqu'au lendemain soir; alors il fut apporté dans la prison ordinaire, où l'on amena de leur travail les gens de l'infant pour qu'ils lui retirassent les chaînes. Anéantis par la douleur, ils n'en purent venir à bout. Ils restaient là immobiles et sans voix, ressemblant à des morts plus qu'à des vivants; enfin leurs larmes se frayèrent un passage; ils éclatèrent en sanglots, se jetèrent à terre, s'arrachèrent les cheveux et la barbe, et poussèrent des gémissements en déplorant la perte irréparable qu'ils venaient de faire. Puis ils baisèrent les mains et les pieds du mort; et s'inclinant avec respect ils contemplèrent ces traits chéris, sur lesquels était répandue une sérénité céleste, reflet de la transfiguration chrétienne. Alors leur douleur s'adoucit, et s'exprima en plaintes touchantes. « A présent nous voilà orphelins, notre père nous a quittés. Combien de fois, ô notre bon maître, quand nous voulions vous persuader de fuir, combien de fois nous dites-vous : Si je pouvais obtenir seul la liberté, je ne l'accepterais pas, de crainte de préparer des dangers au moindre d'entre vous, et maintenant vous ne quittez pas seulement le moindre parmi nous, vous nous quittez tous. » Ils furent interrompus par les serviteurs de Lazurac, qui leur apportèrent l'ordre d'ouvrir le cadavre de l'infant et de l'embaumer. Cette opération était destinée à conserver le corps jusqu'à ce que l'on vît ce que les Portugais se proposaient de faire pour obtenir les restes du prince. Mais les captifs recueillirent soigneusement les entrailles et le cœur, les enterrèrent secrètement en marquant l'endroit par un signe, et recouvrirent le tout d'un tapis noir orné d'une croix. Ils gagnèrent la garde pour qu'elle les laissât venir chaque soir, au retour de leur travail, réciter en ce lieu l'office des morts. Celui qui leur avait été si cher dans la vie devint un saint pour eux après sa mort, et son souvenir fut consacré comme un objet de dévotion. Ils passèrent ainsi dix mois jusqu'à ce que l'on mêlât les serviteurs de l'infant avec les autres prisonniers; ce qui fit effacer la marque apposée dans la prison. Mais les fidèles adorateurs de leur maître exhumèrent maintenant les restes précieux enterrés par eux, et les cachèrent dans un autre endroit, jusqu'à ce que se présentât une occasion de rendre le cœur glacé depuis longtemps, au pays pour lequel il avait jadis battu si vivement. Le cadavre fut apporté près de la porte de la ville, et pendu par les pieds aux créneaux des murailles, nu et la tête en bas. Il resta ainsi quatre jours livré aux railleries atroces et aux outrages de la populace. En vue de ce spectacle abominable, les Maures donnèrent des tournois et célébrèrent des fêtes, comme s'ils avaient remporté une grande victoire. Ensuite les esclaves durent détacher le cadavre, et le mettre dans un cercueil de bois, qui fut fixé au même lieu sur deux poutres scellées dans le mur. On le laissa longtemps ainsi.

Le sort des compagnons de souffrances de Fernando devint toujours plus dur.

Cinq d'entre eux le suivirent en peu de semaines dans la paix du tombeau ; les autres, livrés à des tourments continuels, souvent en proie à de pénibles maladies, ne recouvrèrent leur liberté qu'après la mort de Lazurac. De ce nombre fut le secrétaire intime et chroniqueur de Fernando, Joam Alvares. Ce fidèle serviteur, qui a transmis à la postérité la vie et les douleurs de l'infant, rapporta le cœur de son maître dans sa patrie (1ᵉʳ juin 1451). Chargé par le roi Affonso V, à Santarem, avec un autre serviteur du prince, revenu en même temps, le frère de lait de Fernando, de déposer solennellement l'objet précieux, par lui conservé dans une boîte, dans les caveaux royaux de Batalha, où reposaient déjà deux frères de l'infant, il fut rencontré au milieu d'une foule en deuil, près de Thomar, par l'infant Henrique, qui, en qualité de grand maître de l'ordre du Christ, avait sa résidence en ce lieu, et qui se disposait alors à entreprendre un voyage. Henrique fit aussitôt retourner ses équipages, se réunit au convoi funèbre, et en déposant le cœur de Fernando il accomplit une cérémonie dont l'amour fraternel et la piété chrétienne lui faisaient un devoir. Vingt-deux ans après, le cadavre de l'infant fut aussi rapporté de la terre des infidèles dans sa patrie, où il fut enseveli avec la pompe religieuse, au couvent de Batalha, dans le même tombeau qui déjà renfermait son cœur.

Chagrin et mort du roi. — Son caractère. — *Ses écrits*.

Le roi Duarte avait précédé de cinq années l'infant Fernando dans la tombe. La pensée de son frère infortuné avait fini par être le tourment de sa vie, un remords qui déchirait son âme. Il se disait sans cesse qu'il avait permis et soutenu l'entreprise de Tanger contre sa propre conviction, contre l'avis du sage infant Pedro et de beaucoup de grands ; et ces reproches s'élevèrent toujours plus haut jusqu'à son dernier souffle. La douleur causée par les désastres de l'expédition fut rendue plus vive par les combats que se livrèrent dans son cœur l'amour fraternel et les devoirs de gouvernant, lorsque son désir ardent d'arracher l'infant à la captivité fut combattu par le pape, les prélats portugais et les états du royaume. Devait-il, pour la délivrance d'un prince faible et maladif, remettre la puissante Ceuta, la sentinelle avancée du Portugal, de l'Espagne chrétienne, le trophée glorieux des chrétiens, dressé dans le pays des infidèles par João son illustre père, le plus beau joyau de la couronne royale, l'ornement de la dynastie nouvelle? Ou bien fallait-il pour une ville d'outre-mer, possession incertaine, vouer aux affronts d'une servitude perpétuelle, ou au martyre le frère dans lequel il voyait une victime de son impardonnable faiblesse, la noble créature qui avait déployé dans les fers toute la grandeur de sa nature, et s'était montré tel que tous les rois de la terre seraient fiers de lui donner aussi le nom de frère (1)? Le doute et la lutte intérieure de Duarte devinrent encore plus cruels quand, ayant demandé l'avis de l'infant Henrique, celui-ci malgré son amour pour Fernando, mettant la grandeur du Portugal au-dessus de toute considération personnelle, se prononça contre la reddition de Ceuta, et fit entendre que son frère pourrait être délivré avec une rançon ou au moyen d'une croisade contre les Maures (2). Ainsi refoulé de tous côtés, l'amour fraternel s'enfonça d'autant plus profondément dans le cœur royal, et, d'après sa manière de penser, Duarte au-

(1) Pina, cap. 43.
(2) *Ibidem*.

rait renoncé à la couronne plutôt que d'abandonner le malheureux infant. Les obstacles à la délivrance de Fernando devenant chaque jour plus grands et plus nombreux, et tous les moyens étant successivement repoussés, Duarte sentit le chagrin ronger ses entrailles. Une fois encore l'amour fraternel l'emporta sur toute autre considération; un peu avant de quitter cette terre, dans ses dernières volontés, Duarte fit à son successeur un devoir d'obtenir la liberté de l'infant, et lui enjoignit, s'il ne pouvait arriver autrement à ce résultat, de rendre même Ceuta (1). Il fallait que Duarte fût bien dominé par la tendresse et la crédulité pour se livrer à l'espoir qu'après sa mort d'autres accompliraient une volonté que lui-même durant sa vie n'avait pas été en état d'exécuter. Comme pour récompenser ce tendre frère des sentiments doux et profonds qui remplissaient son âme, le ciel l'enleva à la terre, et lui épargna ainsi la douleur de survivre à Fernando, mort dans les fers. Le roi expira le 9 septembre 1438, d'après l'opinion généralement répandue, victime de la peste, qui lui aurait été communiquée par une lettre. Dans l'état de prostration où le chagrin l'avait réduit, il devait succomber aux attaques de toute maladie intense (2).

(1) Pina, cap. 44, p. 189.
(2) « ..... A teençom em que os mais se affirmaram, que a el rey causara sua morte, foy a desigual tristeza e continoa paixaam, que pella desaventura do socedimento do cerco de Tanger tomou; e nom pela teençom e empresa nom ser em sy sancta e boa e tal que por ella merecia a gloria e louvor que ja outros ouveram; mas por se non fazer, como devia : e porque el rey aquella hida dos infantes nom soomente a consentio sem o conselho que devera; mas ainda contra conselho e vontade dos mais e de moor auctoridade com que se nella aconselhou : e a lembrança desta culpa lhe deu tanta pena e tormento, que seu coraçom com rebates de door, que continoadamente recebia, se apostemou em tanto graao de que acabou sua vida. » Pina, cap. 43, p. 187.

Si certains hommes et certains princes paraissent choisis et comme prédestinés pour représenter surtout en eux le sort de l'humanité, pour rechercher le bien sans pouvoir l'atteindre, Duarte appartenait à cette classe. Comme l'entreprise contre Tanger eut une issue déplorable, de même son règne n'offrit, pour ainsi dire, qu'une suite de maux de toute espèce : la peste, qui poursuivait le roi partout, ne lui permit de s'arrêter nulle part; la famine; la captivité de ses beaux-frères, etc.... D'ailleurs son règne fut trop court pour que ses plans parvinssent à maturité, que ses efforts fussent couronnés de succès. Ses ordonnances et ses mesures de gouvernement restèrent donc pour la plupart à l'état de projets, ses entreprises ne furent que des essais. A peine y eut-il assez de choses accomplies pour donner une idée de l'existence et de l'action de Duarte. Néanmoins les Portugais le nomment un de leurs meilleurs rois, et l'histoire ne peut lui refuser une place honorable. Comme il ne lui fut pas donné de se peindre dans des actes et des événements, il est d'autant plus nécessaire de rassembler les traits épars que son chroniqueur nous a conservés.

Doué d'une constitution vigoureuse, Duarte par son extérieur annonçait plutôt la grâce et la bienveillance que la force et l'énergie; son œil doux, quoique vif, ses cheveux flottants, son visage rond et presque imberbe contribuaient beaucoup à lui donner cette expression. Suivant la coutume de ce temps, il avait employé une partie de sa jeunesse à des exercices physiques, et donné ainsi à son corps bien proportionné une agilité et une souplesse extraordinaires. Dans les joutes, dans les exercices des armes de toute espèce, il n'était surpassé par personne; dans l'art de l'équitation, il était supérieur à tous ses contemporains. Extrêmement bienveillant dans ses rapports avec les autres, plein d'amour pour ses frères, ayant pour son épouse une tendresse qui allait jusqu'à la faiblesse, juste envers tout le monde, et toujours occupé de maintenir l'équité, il était si attaché à la vérité, que sous son règne « la parole du roi » fut adoptée proverbialement comme l'expression de la plus haute confiance. Sa mère lui avait inculqué d'abord l'amour des sciences et le goût des travaux de l'intelligence; car cette admirable Filippa, de la maison de Lancastre, était par la culture de son esprit bien au-dessus des femmes de Portugal et d'Espagne de ce temps, et, comme on l'a déjà remarqué, elle avait exercé la plus heureuse influence sur l'éducation de ses fils. Le goût de Duarte pour l'étude fut éveillé et entretenu de bonne heure; sa nette intelligence, sa conception rapide et la rectitude de son jugement hâtèrent ses progrès, qui à leur tour l'enflammèrent d'une nouvelle ardeur. Son éloquence naturelle s'était perfectionnée par l'étude et la lecture, en sorte que plus tard il lui devint facile, par son élocution extraordinaire et ses manières insinuantes, de gagner et d'entraîner tous les cœurs. Pourvu d'un riche fonds de connaissances, il aimait le commerce des savants, et les attirait autour de lui. Ces impulsions extérieures, sa propre inclination et le désir de donner des enseignements à d'autres, nommément à ses courtisans (il le dit expressément à un endroit), le déterminèrent à se faire écrivain. Il semblait que, pressentant qu'il lui serait accordé peu de temps pour agir, il voulût étendre par ses écrits son influence au delà du tombeau.

De ses écrits, qui traitent d'objets très divers (1), l'ouvrage principal est toujours

« *le vrai Conseiller*, » que Duarte composa de plusieurs morceaux écrits par lui en diverses circonstances, qu'il augmenta de nouveaux chapitres, et dont il forma un ensemble, à la prière de son épouse, qui en fit sa lecture habituelle (1). Ce sont des vues sur les règles de la vie et des maximes de gouvernement tirées en partie de ses propres expériences et de ses méditations, en partie empruntées à des lectures antérieures, à des opinions ou à des principes du roi João Ier (2). La philosophie pratique (quelques principes empruntés aussi à la philosophie spéculative), la morale et la politique sont le champ où *le fidèle Conseiller* sème et moissonne. Il ne faut pas chercher ici de solutions en morale et en politique, pas plus qu'une idée profonde de ces sciences. La politique se fondant avec la morale conserve ici une noblesse dont elle s'est bien dépouillée en se séparant de cette compagne. On reconnaît aussi, dans *le fidèle Conseiller*, que l'homme a plus de part que l'écrivain dans sa composition. C'est l'œuvre

---

(1) Les plus importants sont : 1° *Leal conselheiro*; 2° *Livro da enssynança de bem cavalgar toda sela*; 3° *Livro da misericordia*. En voici de moindre étendue : 1° *Summario que sendo infante, deo a Francisco, para pregar do condestavel D. Nuno Alvares Pereira*; 2° *Regimento para apprender à jogar as armas*; 3° *Reposta, sendo prencipe, ao infante D. Fernando, sobre centas queixas que elle tinha de seu pai*; 4° *Padre nosso glozado*; 5° *De como se tira o demonio*; 6° *O que se toma dos parentes, patria, leite*; 7° *Ordenassoens sobre as causas domesticas, e a ordem que tinha no governo e despacho*; 8° *Hum tratado sobre as vallias do pam conforme as vallias do trigo i. e. se o alqueire de trigo vallese a tanto, valleria o pam a tanto, etc.*; 9° *De bom modo de emterpretar os livros*; 10° *Da maneira de ler os livros et autres*. Quelques mémoires du roi se trouvent imprimés dans Sousa, *Provas*, t. I, p. 529, *Collecção de algumas obras del rey D. Duarte*. Outre Sousa, *Provas*, t. I, p. 557 et 558, *voyez* en général sur les écrits de Duarte Barb. Machado, *Bibl. Lusit.*, t. I, p. 719 et suiv.

(1) *Annaes das sciencias, das artes e das letras*, por huma sociedade de Portuguezes residentes em Paris, t. IX, p. 92 et suiv., où se trouvent les renseignements les plus complets sur le *Leal conselheiro*, particulièrement sur le codex conservé à la bibliothèque royale de Paris, n° 70007.

(2) Par exemple, ce tableau symbolique des obligations d'un roi avec les mots : « Temor de mal reger; justiça com amor e temperança; contentar corações desvairados; acabar grandes feitos com pouca riqueza, etc. »

d'un homme chez lequel un cœur pur, noble et bienveillant s'unit toujours à un jugement droit et net, qui a de la séve et de la chaleur, et qui expose avec sincérité sur le papier ce qu'il a senti et conçu avec la puissance d'une nature impressionable et intelligente. De là ces principes salutaires et moraux, ces décisions sages qui rarement sont altérées par un mélange de dévotion obscure et de préjugés tenant à la faiblesse du temps. De là aussi ce langage clair, convenable et rude, qui trahit l'homme courageux, chez lequel la substance même de la chose l'emporte toujours sur la beauté de la forme, quoiqu'il fasse preuve de sa facilité d'expression (1). Rarement des locutions impropres dans le style de Duarte rappellent l'état où se trouvait la langue portugaise dans la première moitié du quinzième siècle. Ce n'est là qu'un tribut payé au siècle, dont aucun écrivain n'a pu s'affranchir. A Duarte appartient le mérite d'avoir donné la clarté et la facilité d'allure à un idiome encore incertain et chancelant.

---

(1) «.... Teendo, » dit le roi dans le prologue, « mais teéçom de bê mostrar assustacia do que screvia que a fremoza e guardada maneyra de screver. »

CHAPITRE IV.

RÉGENCE DE L'INFANT PEDRO PENDANT LA MINORITÉ D'AFFONSO V.

(De 1438 à 1447.)

§ 1. *Evénements depuis la mort du roi Duarte jusqu'à l'éloignement de la reine Leonor.*

La reine prend les rênes du gouvernement, et ménage l'union d'Affonso avec la fille de Pedro. — Irritation du comte de Barcellos. — Conjuration contre l'infant. — Cortès à Torres-Novas. — Le gouvernement partagé de nouveau entre Leonor et Pedro. — Mécontentement envers la princesse; on insiste au contraire auprès de l'infant pour qu'il se charge seul de la régence. — Discorde croissante entre Leonor et Pedro et les partis. — Conduite des infants João et Henrique. — Cortès à Lisbonne. — Pedro nommé pour gouverner seul. — Leonor, séparée d'Affonso, se rend à Almeirim, plus tard à Crato, appuyée par la Castille. — Partout elle se concerte avec les ennemis de Pedro, et trame des complots contre lui. — Le régent avec un corps d'armée devant Crato. — La reine fuit en Castille. — Ses derniers efforts. — Sa mort à Tolède.

Aux temps malheureux de Duarte succédèrent d'autres jours plus mauvais encore, et qui furent de plus longue durée. Les Portugais pleuraient avec raison la mort du roi qu'ils avaient tant aimé et vénéré à cause de ses vertus. Mais leurs larmes coulaient aussi en partie sur eux-mêmes ; ils étaient pleins d'alarmes en jetant un regard sur l'avenir le plus prochain. Un enfant de six ans était assis sur le trône, ou devait y être maintenu ; et, comme il y avait plusieurs prétendants à la tutelle du mineur, et à la régence durant la minorité, c'était encore un motif de nouvelles inquiétudes pour les amis de la patrie. Si ces prétendants avaient été unis par les liens de l'amitié, peut-être la discorde n'aurait pas éclaté entre eux aussi facilement à ce sujet ; mais, dès le temps de Duarte, cela était connu de tous ceux qui avaient intérêt à le savoir, ils vivaient ensemble en rapports hostiles. La perspective de la régence était d'autant plus triste : car, à ces époques, l'ambition et la convoitise des grands s'étaient toujours donné libre carrière et avaient recueilli de riches moissons ; et maintenant ces passions, par des causes de diverses natures, se trouvaient fortement irritées. Au milieu de circonstances si difficiles éclatait toute l'imprudence de la disposition de Duarte par laquelle son épouse était nommée pour administrer seule le royaume ; car cette femme était une étrangère, une Castillane. La dernière qualité suffisait bien pour que Leonor obtînt peu d'affection ; dans un temps où le souvenir des discordes et des luttes toutes récentes stimulait encore les rivalités et les haines nationales, elle la rendait odieuse. Mettre les rênes de l'Etat entre les mains d'une femme, tandis que l'on voyait si près du trône des hommes tels que les infants Pedro et Henrique, que le ciel semblait avoir créés pour porter des couronnes plus brillantes que celle de Portugal; confier le gouvernail à une étrangère, au milieu des périls qui entouraient le vaisseau de l'Etat, tandis que des Portugais de naissance, qui étaient l'orgueil de leur nation, les vaillants fils de João Ier, le sauveur de l'indépendance du Portugal, aspiraient à la gloire de leur illustre père; cela pouvait s'expliquer seulement par les moyens de captation d'une épouse à laquelle on avait coutume d'attribuer une influence funeste, depuis qu'on la considérait comme ayant poussé de toutes ses forces à la malheureuse entreprise contre Tanger (1). Car les désastres de l'expédition réclamant un coupable pour en supporter la responsabilité, le peuple n'hésitait pas à signaler la reine; si les efforts, la tentative en Afrique avaient été couronnés de succès, on n'en aurait point donné le mérite à Leonor.

Plus la désaffection était grande à l'égard de Leonor, plus les regards de tous se tournaient sur l'infant Pedro, l'aîné des oncles du mineur Affonso, que sa naissance et ses services plaçaient, après la reine, le plus près du jeune héritier du trône. Si ce prince vivait avec la régente dans un désaccord qui remontait au temps de Duarte (2), ce ne pouvait être un tort aux yeux du peuple; au contraire, cette circonstance le favorisait autant qu'elle nuisait à la reine. Ainsi Leonor et Pedro, dont l'union et le concert étaient si fortement recommandés par la situation de l'Etat, formaient deux centres opposés de partis hostiles dont les passions débordant le cercle de la cour, se répandirent bientôt sur tout le pays.

Le lendemain de la mort du roi, l'infant Pedro conduisit le jeune Affonso revêtu du costume royal, vers un échafaud qui avait été dressé entre le couvent du bourg de Thomar, où Duarte était mort, et le château royal, et, avec les marques du plus grand respect, il l'éleva sur un trône. Puis l'infant, s'adressant au peuple assemblé, parla des éloges qui revenaient au feu roi, des hautes espérances que donnait son fils et successeur, des consolations qu'un si grand trésor devait offrir à tous après une perte si cruelle, et les exhorta, en leur présentant Affonso comme leur roi et leur seigneur naturel, à lui prêter obéissance, et à reporter sur le fils l'amour qu'ils avaient eu pour le père; car ils lui devaient fidélité et dévouement, surtout en raison de sa tendre jeunesse et des vertus qui se développaient en lui. Ensuite l'infant s'agenouilla et baisa la main de son neveu; cet exemple fut suivi de tous les grands présents, et aussitôt Affonso fut proclamé roi par le peuple avec toutes les cérémonies accoutumées.

Avant même l'achèvement de toute cette solennité, Leonor fit appeler dans sa chambre l'infant Pedro et l'archevêque de Lisbonne, Pedro de Noronha, confident et parent de la reine, et devant eux, en présence d'autres grands et de tabelliaens publics, elle fit ouvrir et lire le

---

(1) « E nesta causa nom acrecenton pouca paixam a el rey em saber que publicamente o culpavam, que fezera isto sem prazer, nem consentimento de sy mesmo, forçado de rogos da rainha sua molher. » Pina, *Chron. do S. rey D. Duarte*, cap. 43, p. 187.

(2) Cette discorde avait sa cause dans une inimitié de famille. L'infant était marié depuis 1429 avec Isabelle d'Aragon, fille de Jayme II comte d'Urgel, et d'Isabelle, infante d'Aragon, fille du roi Pedro IV d'Aragon; mais la reine Leonor, fille du roi Fernando d'Aragon, ne pouvait oublier que ledit comte d'Urgel, après la mort du roi Martin, avait élevé des prétentions au trône d'Aragon; cependant le comte avait payé ces tentatives d'une captivité perpétuelle.

testament du roi. Entre autres choses, il était ordonné dans cet acte que la reine serait tutrice de son fils, et administrerait le royaume *in solidum*. Leonor fit aussitôt dresser acte de cette publication, et saisit les rênes du gouvernement sans trouver d'opposition.

Cependant quelques personnes de l'entourage de la reine pensaient assez noblement pour considérer le véritable intérêt de leur maîtresse, et se trouvaient assez dégagés de préoccupations pour reconnaître que les forces de Leonor étaient au-dessous d'une si grande tâche. Elles s'efforcèrent de la détourner de son projet. Le fardeau était bien lourd pour une femme; beaucoup d'hommes d'une grande prudence et d'un haut courage le regardaient même comme trop pesant. Toutes les vertus et les qualités qui ornaient la reine ne parviendraient pas à surmonter la résistance contre laquelle il lui faudrait se heurter. Les trois infants, doués tous de hautes capacités, jouissant d'une autorité imposante et de l'amour du peuple, se laisseraient difficilement gouverner par une femme, surtout une étrangère; en supposant même qu'ils ne fussent point poussés de leur propre mouvement à lui faire opposition, il ne manquerait pas de gens avides de changements, qui les entraîneraient à d'autres pensées et à d'autres actes. Quelles factions, que de troubles allaient s'élever dans le royaume! Déjà, en diverses villes, il se disait que le roi n'avait pas eu le droit de donner la régence à son épouse, et que le choix d'un régent appartenait seulement aux états du royaume. La reine devait donc prendre à cœur ces désaccords et déposer spontanément le pouvoir avant qu'une force extérieure ou sa faiblesse naturelle ne lui en imposât le sacrifice. « Qu'à vous, notre souveraine, dirent-elles en concluant, il vous suffise d'élever vos enfants et de prier Dieu pour l'âme du roi votre époux, c'est encore une grande et noble vocation (1) ! »

La reine, qui ne manquait pas de lumières ni de bonnes intentions, comprit toute la sagesse de ces conseils, et elle était prête à les suivre. Mais d'autres l'obsédèrent, qui, sous une apparence de sollicitude pour le bien de la maison royale, se livraient à la poursuite de leurs plans personnels, et ne s'occupaient qu'à diriger les résolutions de Leonor vers ce but. Ils remplirent la reine d'inquiétudes pour la vie de son fils, si elle abandonnait la régence à son oncle Pedro. « L'infant, en possession du pouvoir suprême et des affections du peuple, pourrait-il résister à la tentation de préparer les voies du trône à son propre fils? »

Vers ce temps arriva à la cour de Portugal une ambassade du roi de Castille adressée au roi Duarte, pour accommoder des différends élevés entre le Portugal et la Castille (1), au sujet du ressort de quelques siéges épiscopaux, sur des rapports mutuels des ordres de chevalerie, et sur les indemnités pour l'enlèvement de vaisseaux castillans. L'objet était assez important pour demander un examen sérieux de la part du Portugal, et, tandis que l'état inquiétant de la Castille, qui indiquait une guerre prochaine, rendait cette question très-délicate, la situation du Portugal réclamait justement ce qui manquait à la reine, de la prévoyance, de la décision et une application toute virile. Dans son embarras, elle pria l'infant Pedro de délibérer en commun avec son frère Henrique et les grands sur ce qu'il y avait à faire. Ces personnages se réunirent, et l'on résolut d'assembler les cortès pour prendre les résolutions nécessaires sur les affaires du royaume et sur la réponse à rendre à la Castille. D'après l'opinion de l'infant Henrique et des grands réunis, les lettres aux états devaient être signées par l'infant Pedro; mais, comme le prince s'en défendit, toutes les pièces relatives au gouvernement portèrent la signature de la reine, jusqu'à ce que dans l'assemblée des cortès fût adopté et introduit un autre règlement pour les affaires.

---

(1) Pina, l. c., cap. 3. Liâo, cap. 1.

(1) Pina, cap. 18 et 4.

Tandis que les grands du royaume, rassemblés à Thomar, attendaient la convocation des cortès, l'infant Pedro proposa de prêter serment au frère du roi, à l'infant Fernando, comme à l'héritier du trône, tant que le mariage futur d'Affonso n'aurait pas été béni par le don d'un fils. Ces précautions étaient nécessitées, selon Pedro, par la tendre jeunesse du roi, les dangers auxquels il serait exposé jusqu'à son mariage, et les doutes sur la succession du trône, qui pourraient naître de sa mort prématurée. Tous les personnages rassemblés se rangèrent à l'avis de l'infant, louant sa sagesse et ses bonnes intentions; aussitôt l'on prêta hommage à Fernando, et un acte solennel fut rédigé. Dès lors le frère d'Affonso s'appela « prince de Portugal. »

Cet hommage tranquillisa d'autant plus la reine Leonor, qu'il avait été proposé par l'infant Pedro. A de tels procédés il fallait répondre par des manifestations de même genre. En conséquence, la reine, par l'entremise de son confident, le docteur Ruy Fernandes, fit connaître à l'infant, « que son époux avait déclaré en face de son confesseur, que, voulant donner à l'aîné de ses frères une marque d'amour et d'estime, il exprimait le désir du mariage de l'héritier du trône avec Isabelle, fille de l'infant; que la reine, en conséquence, pour remplir les volontés du défunt, et donner en même temps elle-même un témoignage de ses sentiments d'amitié pour l'infant, non-seulement adhérait à ce projet, mais désirait même que l'union eût lieu aussitôt. » L'infant reçut cette nouvelle en versant des larmes de joie, et il exprima avec une émotion profonde sa reconnaissance envers la reine. Il demanda que l'on différât les fêtes du mariage jusqu'après les funérailles du roi, afin que fût satisfaite la juste douleur de la perte du monarque bien-aimé, et que nul éclat de joie ne vnt interrompre le deuil profond et général du pays (1).

La nouvelle de cette union répandit la joie parmi tous les loyaux sujets; les vues du roi leur paraissaient sages et bienveillantes, ses volontés sacrées. D'autres, guidés seulement par des vues personnelles, éprouvèrent un profond mécontentement; parmi eux surtout, le comte de Barcellos, Affonso, fils naturel du roi João, qui désirait de toute son âme voir marier le jeune roi avec sa petite-fille, Isabelle, fille aînée de l'infant João. Quoique le comte ne désapprouvât pas ouvertement l'union d'Affonso avec la fille de l'infant Pedro, il travaillait en secret et sans relâche à l'empêcher, et par l'entremise de l'archevêque de Lisbonne, son allié, adversaire de l'infant Pedro, conseiller influent de la reine, il essaya de déterminer Leonor à retirer son consentement. Instruit de ces manœuvres, et comptant peu sur la fermeté de la reine, l'infant se rendit auprès d'elle, et la pria, dans les termes d'une convenance respectueuse, de lui confirmer par écrit l'assurance verbale qu'elle lui avait donnée, du mariage du roi avec sa fille, à lui don Pedro. Elle dit à l'infant de rédiger pour elle une déclaration qu'elle remit au prince après l'avoir signée.

Vers la fin d'octobre fut enfin accomplie à Batalha, avec beaucoup de pompe, la cérémonie des funérailles, en présence de la famille royale et des grands du royaume. De là on se rendit à Torres-Novas, où furent appelés les états du royaume et les commandants des places fortes (alcaides-mores) (1). Tandis qu'ils se rassemblaient, Vasco Fernandez Coutinho, maréchal qui devint plus tard premier comte de Marialva, réunit presque tous les fidalgos présents dans une conjuration contre l'infant Pedro; ses principaux chefs étaient l'archevêque de Lisbonne, son frère Sancho de Noronha, et le prieur de Crato, Frei Nuno de Goes. Dans une église où les conjurés se rendirent secrètement, le maréchal tint un discours

---

(1) Pina, cap. 6. Lião, cap. 2.

(1) Vers la fin de 1438. *Memor. de litter. Port.*, t. II, 82.

aux assistants, représenta le gouvernement de la reine comme légal et légitime, peignit l'infant comme un hypocrite qui, sous le masque d'une équité rigoureuse, déguisait son avidité égoïste. « Le bas peuple seul, dit-il, s'attache à lui; mais ce peuple sans chef ne peut rien; à vous au contraire se rallieraient encore beaucoup de grands, même l'infant Henrique et le comte de Barcellos. L'assistance que vous avez prêtée à la reine finira par attirer sur vous honneurs et récompenses. » Tout l'auditoire applaudit à l'orateur, et jura l'exécution de l'acte que l'on adopta aussitôt sur la résolution prise en commun. Néanmoins plusieurs se dégagèrent bientôt, et passèrent du côté de Pedro (1). Furent-ils effrayés des dangers ou du crime, avaient-ils plus d'estime pour l'infant que d'affection pour la reine, le bien du pays eut-il plus de prix à leurs yeux que leur propre intérêt ? l'histoire se tait sur tout cela. Les motifs qui poussèrent les fidalgos à entrer dans la conspiration, puis à s'en éloigner, purent être fort divers, ainsi que les degrés de leur complicité. Mais tous sont atteints par un reproche, c'est qu'ils agitèrent d'abord dans l'ombre ce qui devait être l'objet d'une délibération publique, donnèrent ainsi un point de réunion et une plus grande influence aux esprits mal disposés, changèrent des divergences d'opinions inoffensives en divisions funestes, et surtout égarèrent la reine sur ses véritables intérêts. Lorsqu'elle fut informée de ces trames, comptant sur les promesses et sur le nombre des conjurés, elle conçut des espérances exagérées, dédaigna maintenant la médiation conciliatrice, et, quittant la voie de la prudence, elle entra dans des plans et des entreprises qui, si elles n'étaient pas condamnées par la voix de sa conscience, étaient au moins bien au-dessus de ses ressources et de ses forces. Livrée au mauvais esprit qui, sorti de la conspiration, répandit ensuite ses poisons dans les ténèbres, Leonor prépara elle-même sa ruine. Mais la culpabilité retombe sur ceux qui l'égarèrent, plus encore que sur elle, victime infortunée de tant de machinations.

Aussitôt que les infants, les grands et les députés des états eurent prêté hommage au roi, on commença dans les cortès à s'occuper de la régence pendant la minorité d'Affonso. Les opinions exprimées furent très-diverses; mais les motifs secrets qui les provoquaient étaient les mêmes dans la majorité. On proposait, non pas ce que réclamait le bien général, mais ce que chacun regardait comme avantageux à soi-même. Ceux qui n'avaient en vue que la prospérité et le repos du royaume, et s'attachaient à ce but, ne purent se faire écouter, et leur voix fut bientôt étouffée; car l'égoïsme, l'ambition et la vengeance faisaient entendre un langage plus énergique et plus passionné (1). Quoique Leonor persistât dans ses prétentions, poussée par les emportements des adversaires de l'infant, plutôt que par fermeté ou par conviction, elle avait néanmoins assez de perspicacité dans l'esprit, et de rectitude dans la pensée, pour prévenir les maux qui allaient résulter de sa discorde avec l'infant, et pour songer à les prévenir. Elle fit donc offrir par l'infant Henrique un accommodement amical à l'infant Pedro, qui accueillit ces ouvertures avec empressement. Après d'assez longues conférences, il fut convenu que la reine serait chargée de l'éducation de ses enfants et de l'administration de tous les revenus; que l'infant surveillerait l'administration de la justice, et porterait le titre de « defensor du royaume pour le roi. »

Autant Leonor se félicitait de cet arrangement, autant les conjurés se montrèrent mécontents d'elle, surtout le comte de Barcellos, qui n'avait pas renoncé encore au projet d'unir sa petite-fille au roi. On fit encore jouer tous les ressorts, et l'on amena la reine à penser qu'elle se trouvait dupée

---

(1) Pina, cap. 10.

(1) Pina, cap. 9.

par ses adversaires, que l'on avait porté atteinte à sa dignité et à son pouvoir, et violé les droits qui lui appartenaient comme mère du monarque actuel, épouse du feu roi, dont la dernière volonté l'avait créée régente. Ces raisons, développées avec adresse, flattèrent l'amour-propre de Leonor, et obscurcirent si complétement son jugement ordinairement si net, qu'elle s'imagina en effet être tombée dans une grave erreur. Alors on la pressa pour qu'elle persistât sans fléchir à vouloir gouverner seule, sans aucune participation d'une autre personne. Si par la suite elle ne pouvait s'appliquer à certaine branche des affaires, elle serait libre de la conférer, selon son bon plaisir, à ceux qui seraient prêts à remplir fidèlement ses intentions. Les loyaux conseillers! combien ils étaient préoccupés d'assurer le pouvoir à la reine, de la faire régner seule!

Lorsque Leonor commença de nouveau à chanceler dans les résolutions qu'elle avait adoptées pour gouverner en commun avec l'infant, d'un côté s'exprima la désapprobation des arrangements arrêtés, et de l'autre l'adhésion à cette transaction. Les deux partis se tinrent donc en face l'un de l'autre dans une attitude menaçante. Celui de la reine comptait la plupart des grands; ils demandaient qu'elle gouvernât seule, comme Duarte l'avait ordonné. Les adhérents de Pedro, auxquels se rattachaient les députés des communes, réclamaient la même chose pour l'infant, qui avait le plus de droits et le plus de capacités pour occuper un poste si difficile. La division devint plus tranchée, la discussion plus irritante. Alors deux députés de Lisbonne, hommes d'une grande autorité par leur situation et leur réputation de prudence, déclarèrent, au nom de leur ville et des autres communes du royaume, avec tout le respect convenable, en présence du roi : que son père n'avait pu nommer le régent pour le temps de la minorité du roi, attendu que ce droit appartenait seulement aux cortès; qu'un roi de Portugal n'était pas plus autorisé à une telle désignation, qu'à la nomination de son successeur, en cas d'extinction de sa dynastie.

Cet appel aux priviléges des états n'amena pas une conciliation; au contraire, la divergence d'opinions se manifesta de plus en plus, et avec un caractère plus décidé. Maintenant chacun pensa n'avoir plus à déguiser ses propres vues, et s'efforça de les faire prévaloir. Ainsi le langage des individus, comme celui des partis, devint plus violent et plus hardi. Alors l'infant Henrique put juger nécessaire, dans cet état de trouble et d'irritation, de se présenter comme médiateur, soit pour saisir le seul moyen, d'après lui, de conjurer l'orage et d'assurer le repos du royaume, soit pour ne pas laisser tomber entièrement la reine, à laquelle on le croyait plus attaché qu'à Pedro (1), et dont le parti semblait ne devoir pas tenir devant la faveur populaire déclarée pour l'infant aîné. Après quinze jours de délibérations avec les états du royaume et les conseillers royaux, Henrique amena une transaction qui fut publiée le 9 novembre 1438, par le moyen de l'escrivão da puridade.

Le gouvernement du royaume était divisé en six branches : l'éducation du roi et de ses frères ainsi que l'entretien et la direction de la maison royale, le conseil du roi, l'administration des revenus publics, la justice, la défense du pays et le système militaire, le soin de Ceuta. A la reine appartenait la surveillance de la personne du roi et de ses frères; elle nommait aux emplois de la cour, et, pour subvenir aux frais des maisons royales, une somme était assignée sur les revenus publics. Le conseil royal était composé de six membres, qui s'occupaient à tour de rôle, durant certaines périodes, des affaires à eux attribuées. L'ordre de succession entre eux était fixé par les cortès. Outre le conseil royal devaient se tenir en permanence près de la cour un prélat (évêque, ou l'abbé d'Alcobaça, ou le prieur de

---

(1) « E posto que alguns teveram, que elle fora sempre mais ynclinado a parte da raynha, que aa d yfante, etc. » Pina, cap. 15, p. 224.

Santa-Cruz), un fidalgo et un bourgeois, chacun élu par son ordre pour une année. Le prélat recevrait mensuellement deux cent mille reis de traitement, le fidalgo cent cinquante mille, le bourgeois cent mille. D'autres grands n'avaient pas le droit de venir à la cour. Toutes les affaires courantes devaient être traitées par les six conseillers et les trois membres des états, sous l'autorité de la reine, et avec le concours de l'infant; les actes seraient signés par la reine et l'infant. Si le conseil se partageait également sans que les voix pussent se réunir, l'affaire serait portée aux infants, aux comtes et à l'archevêque; ensuite la majorité des voix déciderait. Si la reine était d'accord avec l'infant, leur avis l'emporterait alors sur les opinions contraires du conseil. Toutes les questions concernant la fortune publique, autant qu'elles ne tomberaient pas dans le ressort des cortès, seraient traitées par la reine et l'infant; tous deux signeraient les ordonnances, dont les veedores da fazenda surveilleraient l'exécution. La direction du système judiciaire était remise au comte d'Arrayolos, fils du comte de Barcellos. — La défense du pays était placée sous l'autorité de l'infant Pedro, comme defensor du royaume; en temps de guerre, il devait être capitaine général (capitam geral), et exercer tout le pouvoir appartenant à cette qualité. — Le gouvernement de Ceuta était entre les mains de la reine et de l'infant, qui devaient exécuter les réformes que les cortès auraient adoptées pour cette possession. On établit avec précision, que les actes rédigés au nom du roi seraient signés en commun par la reine et par l'infant, et l'on désigna nominativement ceux qui porteraient seulement la signature de la princesse ou celle de Pedro. On fixa également les objets qui ne rentraient pas dans les attributions du conseil royal et des hauts fonctionnaires de l'administration des finances et de la guerre (1).

En même temps il fut établi que les cortès se réuniraient chaque année, composées, outre les infants, des archevêques, du prieur des hospitaliers, et de tous les conseillers du roi, de quatre prélats (1) (deux évêques et deux représentants des chapitres, élus par le clergé), cinq fidalgos (des diverses provinces du pays) et huit bourgeois (2) de Lisbonne, autant d'Evora, de Coïmbre et de Porto. Si une convocation plus prochaine était nécessaire, elle se ferait par l'autorité de la reine, avec l'agrément de l'infant (3).

Ces articles ne contentèrent aucun parti. Lorsqu'on les présenta à la reine, elle refusa de les souscrire; entraînée par de mauvais conseils, elle demanda surtout à gouverner seule. L'infant Pedro se trouva blessé avec raison, qu'on restreignît maintenant si fort le pouvoir dont on l'avait investi précédemment; néanmoins, toujours ami de la paix, il déclara « vouloir faire ce que son frère désirait. » Mais, quand Henrique rencontra une opposition obstinée dans la reine, Pedro, à son tour, regarda la transaction tout entière comme frappée de nullité. A la nouvelle de ces faits, les communes exprimèrent hautement leur mécontentement contre la reine, et se prononcèrent résolûment et sans partage pour l'infant. Elles lui firent dire par Lopo Antonio, devenu par la suite escrivão da puridade, « qu'elles étaient prêtes à exécuter tout ce qu'il ordonnerait;

---

(1) Nous regrettons de ne pouvoir citer ici textuellement toutes ces dispositions. Non-seulement elles marquent la situation de la reine relativement à l'infant; mais, ce qui est plus important, elles donnent un aperçu des rapports des pouvoirs entre eux, des attributions des diverses autorités. Citer ces dispositions ne suffirait pas encore. Pour bien les faire comprendre, il faudrait en outre donner de longs éclaircissements.

(1) Non pas deux, comme le prétend Pina, l. c., cap. 15, et comme le prétendent après lui Liâo et d'autres.

(2) Sousa, *Provas*, t. 1, p. 422-431.

(3) Pina, cap. 15, p. 224.

qu'il appartenait à lui de gouverner seul. » L'irritation du peuple était si menaçante, que les conseillers de Leonor eux-mêmes l'engagèrent à signer l'acte aussitôt. C'est ce qu'elle fit de suite, et sur son ordre les infants, les comtes et les prélats, ainsi que les députés du royaume apposèrent également leur signature. A l'exception de l'archevêque Pedro de Noronha, tous ensuite au pied de l'autel, en présence de notaires publics, jurèrent d'observer les dispositions adoptées; mais chacun de ceux qui prêtèrent serment et qui signèrent ajouta tant de restrictions et de réserves, qu'il trahissait l'intention de se délier autant que possible, afin de pouvoir agir à l'avenir selon sa volonté, sans se charger d'un parjure apparent.

Cependant le comte de Barcellos, qui avait juré comme les autres, ourdissait ses trames en secret, afin de pousser, malgré tous les obstacles à son plan favori, le mariage de sa petite-fille avec le roi. Un des plus grands empêchements était la déclaration que la reine avait remise entre les mains de l'infant pour assurer d'une manière authentique l'union de la fille de Pedro avec Affonso. Le comte essaya donc de déterminer la reine à faire redemander l'acte sous un prétexte spécieux, et Leonor, vaincue par tant d'obsessions, y consentit, tout en sentant l'indignité d'un pareil procédé; à la vérité, elle laissa voir toute sa répugnance. Le fils de ce seigneur déloyal, le comte d'Ourem, se chargea, de la part de la reine, de demander à l'infant la remise de l'acte, sous le prétexte que l'importance de l'objet réclamait l'adhésion des grands, surtout dans ce temps d'excitation. Pedro, étonné et indigné intérieurement de cette demande dont il devinait le but et le provocateur, fit voir au comte tout ce qu'il y avait d'inconséquence et de contradiction dans de tels procédés. « Toutefois, ajouta-t-il, afin qu'il ne puisse y avoir même apparence que j'ai pris ou que je garde de force ce qui m'a été offert spontanément et par d'honorables motifs, je remets l'acte à la reine, mais déchiré, en témoignage de la violation de la vérité envers moi. » Ensuite il tira la pièce d'une cassette, la déchira, et en donna les morceaux au comte.

Au milieu de toutes ces intrigues, les cortès avaient été closes à Torres-Novas, après avoir duré un peu plus d'un mois, et la reine se rendit à Lisbonne avec le jeune Affonso. Là enfin fut admise l'ambassade castillane; car jusqu'alors les agitations à la cour et dans les cortès avaient absorbé tout le temps et toute l'attention. Après plusieurs délibérations, on jugea plus prudent de s'abstenir d'un langage positif, en s'excusant sur la perturbation causée par la mort inattendue du roi; l'on promit de faire parvenir cette réponse par une ambassade envoyée à cet effet au roi de Castille. On avait découvert que la mission diplomatique remplie par les Castillans ne leur avait pas été donnée par leur roi, mais par les frères de Leonor, les princes aragonais qui, dans leurs démêlés avec le connétable Alvaro de Luna, cherchaient un appui en Portugal, et cette découverte avait bien pu recommander aux Portugais la circonspection dont ils usaient maintenant; en même temps elle devait rendre les intentions de Leonor suspectes aux yeux de ses adversaires.

La reine continuait à gouverner. Comme, en raison de ses couches prochaines, elle était hors d'état de s'appliquer à toutes les parties de l'administration, les affaires s'accumulaient chaque jour. L'encombrement causa bien des préjudices de diverses natures, qui donnaient un nouvel aliment au mécontentement du peuple. Ses plaintes s'élevèrent plus haut lorsque la reine se laissa entraîner par quelques-unes des dames de sa cour à des concessions qui chargeaient énormément le trésor royal, ou portaient atteinte au droit et à l'équité. Plusieurs en prirent occasion de s'adresser encore en secret à l'infant Pedro, afin qu'il mît un terme à de tels excès, en se saisissant des rênes du pouvoir. Mais Pedro leur enleva tout espoir de le voir se résoudre à ce parti (1) ; et, tout en avouant que les choses pourraient et devraient aller mieux, il excusa la reine, autant qu'il le put, sur la faiblesse toute naturelle à une femme; mais il fit valoir la bonne volonté de Leonor.

Tandis que la reine se trouvait à Olivete, où elle mit au monde l'infante Joanna, qui devint plus tard reine de Castille, l'infant Pedro demeurait à Lisbonne avec le roi. Là, dans un entretien avec plusieurs de ses confidents, il déclara qu'il allait abandonner la faible part qui lui avait été laissée dans le gouvernement, et voulait se retirer sur ses domaines. Quelques-uns l'approuvèrent, d'autres lui conseillèrent de se contenter de son lot dans le pouvoir, et de ne pas se retirer, d'autres encore le pressèrent de se saisir de l'autorité tout entière. Chacun cherchait à soutenir son opinion par des raisons. Enfin l'on se réunit à penser que l'infant devait faire ce que son frère João lui conseillerait. Tous deux se rendirent à l'ermitage de Nossa-Senhora do Paraiso, où plus tard fut bâti le couvent dos Santos o Novo. L'infant João, homme de beaucoup de résolution, pressa vivement son frère de saisir seul les rênes du gouvernement. Les motifs de son opinion étaient tirés en partie de la personne de la reine, qui, quoique vertueuse, comme femme et comme étrangère, livrée aux funestes influences de nationaux malintentionnés et de ses frères de Castille avides de changements, n'était pas au niveau de sa mission; en partie de la situation du royaume, qu'il n'était pas possible d'arracher d'une autre manière aux désordres actuels ; en partie de la position de Pedro lui-même, que sa naissance, la faveur du peuple, et les hautes facultés que Dieu lui avait départies, appelaient à saisir le gouvernail du vaisseau de l'État. João promit toute espèce d'assistance à son frère. Mais celui-ci craignait de livrer le royaume à la discorde et à la guerre civile, qui, funeste même pour de grands États, devait amener la ruine irremédiable du Portugal, cette chère patrie où il était né, où il avait grandi, pour le maintien de laquelle il avait versé tant de sang, supporté tant de fatigues et de souffrances. En vain João s'efforça de lever les scrupules de son frère. Pedro fut d'avis « que maintenant il ne devait donner lieu à aucune querelle, à aucun changement. Jusqu'aux premières cortès, encore assez éloignées, pensait-il, la reine elle-même pouvait être fatiguée du fardeau du gouvernement, et serait enchantée s'il se trouvait un moyen de mettre fin à la division entre eux, de manière que le royaume fût de nouveau régi en paix, comme il le désirait (1). » Pedro persista dans cette opinion, et les deux infants se séparèrent; l'aîné se rendit à Camarate, non loin de Santarem où demeurait la reine avec ses enfants.

Là, Leonor recevait journellement des nouvelles plus inquiétantes de Lisbonne, qui était agitée par des troubles et des émeutes. Des hommes trop personnels et trop corrompus pour la servir par leurs conseils, et trop lâches pour la soutenir par leurs actions, voulant s'assurer la faveur de cette reine à force de flatteries, lui rapportaient avec empressement les bruits qu'ils recueillaient, en leur donnant le sens qui pouvait le mieux servir leurs vues. Entourée de pièges et de voiles à travers lesquels elle pouvait à peine entrevoir la vérité, incapable d'ailleurs, à cause de son irritation croissante, de pouvoir la discerner, Leonor s'accoutuma, dans tout ce qui venait ou paraissait venir de l'infant Pedro, à présumer des vues suspectes et des desseins hostiles. Alors elle laissa libre carrière aux mouvements de haine qu'elle avait jusqu'alors contenus dans son cœur, ou qui ne s'étaient trahis que devant ses confidents, se dépouilla de sa douceur naturelle, des senti-

---

(1) « ..... Ou por sua dessymullaçam, ou por ser assy sua vontade. » Pina, cap. 19.

(1) Pina, cap. 22. Liào, cap. 4.

ments tendres inhérents à sa nature, même de toute réserve et de toute prudence; et elle éclata contre l'infant en paroles blessantes, qui furent bientôt suivies d'actes plus hostiles encore. Elle bannit de la cour trois jeunes demoiselles nobles, parce qu'elles paraissaient incliner vers l'infant. Malheureusement pour la reine, elles appartenaient à des familles considérables de Lisbonne; hommes et femmes de la capitale ne purent pardonner à Leonor un châtiment et une insulte subis par leurs concitoyennes coupables seulement d'estimer celui qui était un objet d'amour et de respect pour le peuple entier (1).

Comme si elle avait l'intention de provoquer contre elle la capitale du royaume, à des imprudences choquantes Leonor ajouta encore des vexations et des injustices. En vertu d'une disposition prise au nom d'Affonso, elle accorda au grand maître de la cour, gouverneur du roi, des faveurs odieuses et des recettes dans Lisbonne, par lesquelles toute la classe commerçante de cette ville se tint pour blessée dans ses droits. Alors le mécontentement, jusqu'alors contenu, éclata en un soulèvement. Les citoyens coururent à l'hôtel de ville pour délibérer sur les mesures à prendre. Des officiers de la reine s'étant glissés en ce lieu sans y être appelés, l'un d'eux fut jeté par la fenêtre. Maintenant les bourgeois, redoutant le châtiment d'une telle violence, portèrent leurs regards tout autour d'eux, cherchant un homme qui pût les protéger, et bientôt leurs yeux se fixèrent sur celui qu'ils étaient accoutumés à considérer comme l'adversaire de la reine. Les intérêts personnels blessés, et la terreur inspirée par la rigueur de la justice, acquirent à l'infant plus de partisans que ne pouvait le faire l'aversion à l'égard de la reine. De même que l'on avait agi secrètement contre elle jusqu'alors, maintenant on travailla ouvertement à lui arracher entièrement le pouvoir.

On renouvela les anciennes offres à l'infant, et on lui promit de le soutenir de toute manière. Jusqu'alors il avait repoussé toutes les invitations, tous les appels; mais maintenant que la reine proclamait hautement son mauvais vouloir et sa haine contre lui, d'une manière si insultante, à son tour il changea de conduite. Il accueillit gracieusement les propositions qui lui furent faites, et laissa voir clairement que leur exécution ne lui déplairait pas. Ses adhérents devinrent plus ardents et plus audacieux. D'un autre côté, l'irritation croissait contre ses adversaires. La crainte et l'espérance passaient alternativement d'un parti à l'autre, et agitaient les masses du peuple de mouvements divers, selon les vicissitudes de la fortune. Toute la population de Lisbonne était divisée en factions livrées à de violentes agitations. En vain la reine prit des mesures pour étouffer l'insurrection. Un haut dignitaire de la justice, jouissant jusqu'alors d'une grande autorité et de beaucoup d'influence, le comte d'Arrayolos, que la reine envoya à Lisbonne pour calmer les esprits, revint sans avoir aucunement atteint le but de sa mission.

Lorsque l'infant Pedro apprit ces événements à Camarate, il accourut à Lisbonne, résolu de mettre un terme au désordre général. Il fit aussitôt rassembler les principaux citoyens et employés de la ville, réprimanda sévèrement les émeutes et la rébellion par laquelle ils avaient offensé la reine, lui-même et tous ceux qui seraient appelés à régir l'Etat pour le roi. Ils devaient produire leurs griefs en sujets par des voies légales; si ces griefs étaient fondés, on les redresserait. Mais en se soutenant par la force, et en résistant aux autorités, ils encouraient des châtiments. Il leur démontra cela par beaucoup de raisons. Néanmoins bien des personnes étaient d'avis que l'infant n'exprimait pas ainsi sa conviction (1);

---

(1) Pina, cap. 23.

(1) « Mais, dit Pina (cap. 26), le jugement sur cette opinion est laissé à Dieu seul, qui le sait. »

car, dès le commencement, les mouvements de Lisbonne contre la reine n'avaient point paru lui déplaire. Les bourgeois cherchèrent à se justifier, et prièrent Pedro de ne pas leur refuser dans leurs besoins son assistance et sa faveur. On s'efforça de lui montrer que les divisions et les troubles dans le royaume venaient uniquement de ce que le pouvoir était partagé entre beaucoup de mains; si la reine ou lui seul gouvernait, la tranquillité et l'unité reviendraient. Après bien des explications de part et d'autre, l'infant conclut en recommandant aux bourgeois de maintenir la tranquillité dans la ville; dans les cortès toutes prochaines, ils pourraient exposer librement leurs vues et leurs désirs, qu'il appuierait lui-même s'il les trouvait justes et raisonnables. Là-dessus il prit congé d'eux, et se rendit de nouveau à Camarate.

La reine, voyant son impuissance contre les troubles, et combien de monde travaillait à lui enlever le gouvernement, écrivit à tous les fidalgos du royaume sur la fidélité desquels elle croyait pouvoir compter, qu'ils pourraient paraître dans les cortès prochaines avec des armes et une suite, afin qu'ils fussent en état de s'opposer à toute résolution que le peuple pourrait prendre contre elle. Comme il devait importer beaucoup à la reine que ces lettres parvinssent seulement aux mains de ses adhérents, elle dépêcha certains escudeiros dont elle se tenait pour assurée, dans les diverses comarcas, en leur donnant des instructions pour se rendre chacun dans un canton, et remettre en secret les lettres personnellement aux fidalgos. Mais les choses ne se passèrent pas si mystérieusement qu'elles restassent cachées à l'infant. Bientôt lui fut communiquée une de ces missives, qu'il montra au comte d'Arrayolos. Celui-ci courut aussitôt trouver la reine, lui exprima son étonnement sur une démarche qui pouvait amener de si grands maux sur le royaume et sur toutes les classes de l'Etat; il la conjura d'en prévenir les suites en enjoignant aussitôt aux fidalgos de ne pas s'arrêter à ce qu'elle leur avait écrit (1). Elle le promit, mais s'en tint à la promesse.

Hésitant entre ses conseillers, comme elle doutait d'elle-même, Leonor par une erreur se laissa entraîner à une faute plus grave encore, et, voulant réunir la ruse à la netteté, elle perdit l'effet de l'une et le mérite de l'autre. Le peuple, qui en général ne doute pas longtemps lorsqu'il s'agit d'apprécier la valeur morale de quelqu'un, fut prompt à se prononcer sur la reine, et son jugement fut d'autant plus sévère, qu'il s'était accoutumé à voir en elle son ennemi. Il méconnaissait même les nombreuses vertus, les excellentes qualités de la reine, et véritablement elle valait beaucoup mieux que sa réputation. Mais, comme la mauvaise opinion que l'on avait d'elle servait de ralliement à la portion la plus vicieuse du parti contraire et de levier populaire, Leonor pouvait maintenant à peine exercer une influence bienfaisante ou efficace, fût-elle animée des meilleures intentions et douée d'une fermeté virile. Ceux qui l'approchaient d'assez près pour être en état de l'apprécier l'estimaient davantage, mais ces personnes voyaient en même temps, et certainement avec peine, comme elle se laissait circonvenir par les ruses de quelques hommes influents, et combien la force lui manquait pour résister à la puissance de ce genre de séduction; tandis que toute son activité se brisait contre la défiance publique et l'incrédulité du peuple, le doute paralysait ses mouvements. Depuis que par ses lettres aux nobles elle avait appelé ou paru appeler aux armes une classe du royaume contre l'autre, tous les moyens de justification ou de réconciliation venus d'elle restaient sans résultat. Il n'y avait point de remède à espérer de la reine.

Dans ce temps, l'infant João, retenu malade à Alcochete, fit appeler son frère auprès de lui. Les troubles et les périls de la patrie occupaient son esprit même sur son

---

(1) Pina, cap. 27.

lit de douleur, et Pedro lui paraissait être l'unique sauveur. Les deux frères se livrèrent à un long entretien sur ce sujet. João exposa qu'il ne pouvait tolérer que tous les fidalgos se déclarassent si audacieusement contre Pedro; que, pour arrêter tant d'excès, il n'y avait qu'un moyen, c'était que Pedro fît enfin ce qu'il n'avait pas voulu encore; qu'il prît le titre de régent du royaume *in solidum*; que dans cette entreprise il pourrait compter sur lui, sur le comte d'Ourem, sur Lisbonne, et beaucoup d'autres appuis. Don Pedro appela Dieu à témoin qu'il avait toujours prétendu servir la reine fidèlement, mais qu'au lieu de reconnaissance il n'avait rencontré en elle que de la haine. Il voyait bien maintenant que, pour la sûreté de sa propre personne, il lui faudrait s'entourer d'une plus grande force; mais il craignait que les mouvements auxquels il se livrerait dans ce but, dans ce temps de faction, ne préparassent de grands maux au royaume; il persistait donc encore à vouloir attendre la réunion des cortès. « Si elles s'accordent à demander que je me charge de la régence, je suis prêt à le faire, mais de toute autre manière je m'y refuse. » L'infant João ayant exprimé la crainte qu'un retard ne refroidît le zèle des bourgeois de Lisbonne et d'autres, Pedro répondit : « Comme je sais que la reine a écrit aux fidalgos de son parti, pour qu'ils vinssent armés aux cortès, je vais comme defensor du royaume informer les villes et les bourgs de cette circonstance, et leur mander qu'ils se tiennent prêts pour tout mouvement ou tout changement qui pourrait avoir lieu. » Avec cette résolution, que João approuva, l'infant revint à Camarate.

De là au commencement de l'année 1439, il adressa des lettres aux villes et aux bourgs, en ayant soin qu'elles fussent délivrées toutes le même jour par tout le royaume. Elles excitèrent la plus grande agitation en tous lieux, et surtout à Lisbonne, où l'on cloua la pièce aussitôt aux portes de la cathédrale. Durant plusieurs jours, la multitude y afflua pour la lire, même la nuit à la clarté des lampes; c'était l'unique sujet des entretiens dans les rues et au foyer domestique. On ne pensait à la reine qu'avec indignation, parce que la pièce ainsi affichée parlait, à tort ou à raison (1), de troupes étrangères que Leonor voulait appeler à son aide. Le tour favorable qu'avaient pris les affaires des princes aragonais en Castille, et qui devait leur donner le courage et l'envie de soutenir leur sœur, menacée en Portugal, rendait cette assertion très-croyable. La ville de Lisbonne résolut de remercier l'infant pour son concours, et offrit de faire tout ce qu'il ordonnerait. Les autres villes du royaume suivirent l'exemple de Lisbonne.

De Camarate, avant de regagner ses domaines, Pedro se rendit à Sacavem pour s'entretenir avec le roi. Après avoir pris respectueusement congé de lui, il passa dans l'appartement où se trouvait la reine. Avec l'expression de la tristesse sur le visage, il se plaignit de la conduite de la princesse envers lui, rappela les services qu'il lui avait rendus, et parla de son désir d'en rendre de plus grands encore; mais, ajouta-t-il, la haine, l'outrage, l'humiliation avaient été sa récompense. Il prouva par les actes de Leonor ces dispositions envers lui, le tout en termes graves et pleins de dignité, et finit par déclarer : « que jusqu'alors il s'était montré tel que la reine l'avait voulu, mais que désormais il faudrait qu'elle le prît tel qu'il se trouverait. » En achevant ces mots, il s'éloigna sans lui baiser la main selon l'usage. La reine avait tout écouté avec un grand calme; l'éloignement rapide de Pedro ne lui laissa pas le temps pour une réponse. Néanmoins elle

---

(1) « Mas se o yfante ysto escreveo por ter dysso a esse tempo alguma certydam; ou o fez de yndustria por alvoroçar as gentes contra a raynha, e contra os que seguyam sua tençam, ysto fyque a deos e em sua conciencia, soomente he de crer, que o yfante o non faria sem causa. » Pina, cap. 29.

ressentit profondément l'irrévérence de l'infant. La nouvelle de ce petit événement parcourut le royaume avec la rapidité de l'éclair; amis et ennemis de la reine comme de l'infant en furent puissamment émus. La fermentation devint générale. Ne se croyant plus en sûreté à Sacavem, qui est si près de Lisbonne, contrairement à l'opinion de plusieurs personnes, qui lui conseillaient d'aller contenir par sa présence les esprits agités de la capitale, Leonor se rendit à Alemquer avec le roi et ses autres enfants.

Aussitôt que les bourgeois de Lisbonne apprirent cela, ils se rassemblèrent, et, afin de donner de l'ensemble à leurs mesures, dans ce temps de troubles et de factions, ils choisirent pour alferes un homme considérable, d'un caractère résolu, formé par l'expérience, signalé par de nombreux services, Alvaro Vaz de Almada, qui avait été nommé comte d'Arronches par le roi de France, chevalier de l'ordre de la jarretière en Angleterre, et dans sa patrie était revêtu de la dignité de capitan mor do mar. Dans une réunion des artisans et du bas peuple en général dans le couvent de S.-Domingos, une résolution fut prise et signée de tous, en vertu de laquelle ces gens s'engagèrent à demander dans les cortès prochaines que l'infant Pedro fût seul régent et defensor, et déclarèrent vouloir obtenir ce résultat même au péril de leur vie (1). La reine, à laquelle ce fait fut transmis à l'instant, écrivit à la ville pour la calmer. Mais la voix de la conciliation se perdit au milieu des cris passionnés des factions, et Leonor dut voir (si son regard allait si loin) que la faible impression produite sur quelques-uns par sa lettre, était entièrement effacée par les fautes et le zèle aveugle de ses adhérents (2). Toutes protestations pacifiques durent être regardées comme une dérision, quand l'archevêque de Lisbonne, proférant des menaces contre les citoyens, parut déclarer la guerre à la bourgeoisie en masse, arma ses gens, et mit son palais dans la ville en état de défense Lorsque en outre, par suite d'une enquête introduite contre lui, il fut convaincu de blasphème, la ville et le clergé du lieu lui saisirent ses revenus, et l'accusèrent à Rome. L'archevêque se vit forcé de quitter Lisbonne, et, n'étant accueilli nulle part en Portugal, il s'enfuit en Castille.

Maintenant Alvaro Vaz fut envoyé par la ville auprès de l'infant João, pour l'inviter à se rendre dans l'enceinte de la capitale; « sa présence était indispensable, en attendant que les choses fussent menées à une bonne fin. » Il se rendit à l'invitation, et s'employa très-activement à disposer les esprits en faveur de son frère Pedro (1). Le docteur Affonso Manga-Ancha, homme d'un esprit inquiet, ardent, d'un vaste savoir, exerça encore une action plus décisive. Il fut désigné comme orateur public dans l'assemblée communale, après que l'on fut convenu de la nécessité de demander l'infant Pedro pour régent unique, même avant les cortès s'il était possible; « on pouvait au moins, était-il dit dans la péroraison du discours, lire les intentions des auditeurs sur leurs visages; on devait compter sur l'infant João. » Ensuite la plus grande partie des bourgeois se rassembla dans la camara, sans connaître en général l'objet de la réunion, et, dans un discours très-passionné, Alvaro Vaz peignit de vives couleurs les fautes du gouvernement de la reine, et prouva par le droit canon et le droit civil, par l'Ancien et le Nouveau Testament, ainsi que par l'histoire profane, que le gouvernement des femmes devait être repoussé. Il n'était pas difficile de produire des motifs de recommandation pour l'infant Pedro. « On devait, dit l'orateur en concluant, forcer l'infant à prendre la régence, s'il la refusait par modestie. » Quelques adhérents de la reine firent de vains efforts pour refroidir les esprits enflammés par l'éloquence d'Alvaro. Les délibérations

---

(1) Pina, cap. 32, p. 250.
(2) Pina, cap. 33.

(1) Pina, cap. 34.

longues et orageuses se terminèrent par cette résolution solennelle : L'infant doit gouverner seul, jusqu'à ce que le roi Affonso soit en état de régner. Si l'infant meurt avant ce temps, alors succéderont dans la régence, aux mêmes conditions, et suivant l'ordre et les droits de leur naissance, d'abord l'infant Henrique, puis l'infant Joâo, l'infant Fernando, s'il peut être délivré de la captivité, le comte de Barcellos, les comtes d'Ourem et d'Arrayolos, fils du dernier. Tout le respect convenable devait être observé envers la reine Leonor, comme veuve du roi Duarte et mère d'Affonso (1).

Cette résolution fut présentée d'abord à l'approbation de l'infant Joâo, qui lui donna son adhésion pleine et entière. Le lendemain, dans l'église de Santo-Spirito, après avoir entendu la messe avec les gens de l'assemblée, il leur exposa plus longuement le but d'une telle mesure, promit aux bourgeois son assistance, et les exhorta à mépriser toutes les menaces de leurs adversaires. Encouragés par cet appui, tous se pressèrent le matin suivant pour apposer leur signature. « L'artisan était aussi avide d'inscrire son nom, que s'il s'était agi d'accroître son honneur et sa fortune, si les maux du royaume avaient dû être par là complétement guéris (2). » Lorsque la résolution fut communiquée à l'infant Pedro, il remercia les bourgeois en termes qui le liaient, promit d'accepter la régence, et d'accomplir les conditions. Les autres villes et bourgs adoptèrent la convention de Lisbonne dans ce qu'elle avait d'essentiel. De son côté la reine déclara de toute nullité la résolution, qui d'ailleurs lui fut présentée respectueusement par la ville, attendu que cette résolution avait été adoptée sans le concours des trois ordres ; elle en demanda la révocation. L'infant Henrique, dans sa réponse à la ville, exprima aussi son mécontentement ; toutefois il ne blâma pas le fond de la résolution, mais bien la marche que l'on avait suivie ; car la ville s'était arrogé le droit appartenant seulement aux trois ordres réunis. Pour lui, il remettait son vote personnel aux prochaines cortès, dans lesquelles on pourrait délibérer et résoudre ce qui serait utile au bien du roi et de l'Etat. Le plus mécontent fut le comte de Barcellos ; quelle que fût sa réserve ordinaire, à la reception de cet acte, il ne put dissimuler l'amertume de ses sentiments. Ce n'était point l'attachement à la reine, ni la crainte de voir la domination de Pedro entraîner des maux pour le royaume, qui rendaient le comte opposé à l'élévation de l'infant ; mais, d'après le jugement de tout le monde, et comme la suite le démontra, c'était uniquement et absolument parce que son avantage personnel pouvait en souffrir. Les calculs de sa convoitise se promettaient bien plus de la douceur ou de la faiblesse de la reine régente, que de l'équité ferme et sévère de Pedro (1). Les adhérents de la reine, dans les rangs desquels il figurait, l'estimaient peu ; ses adversaires n'en faisaient pas un grand cas. Mais les gens sensés, malgré la diversité de leurs vues et de leurs désirs, devaient respecter Henrique ; un esprit de parti étroit, incapable de saisir la haute position de l'infant, pouvait lui reprocher de la froideur pour son frère, parce que, s'attachant aux droits de la constitution, il se croyait obligé à protéger la reine dans la possession du gouvernement. Leonor, tenant dans sa faible main le sceptre qui avait pour elle tant de charmes, et dont le poids aurait dû lui paraître ac-

---

(1) « Forma do acordo sobre o regimento. » Pina, cap. 27.
(2) Pina, cap. 38.

(1) « E nom era por syngular afeiçam que tevese aa reynha ; nem por sentir que em ser o yfante dom Pedro regedor era perda ou dano do reino ; mas soomente segundo juyzo comum e especieaes, que se despois seguiram, era com respectos de seu interesse particullar ; de que per ventura lhe dava mais esperança, a brandura da raynha governando, que o rigor o justiça do yfante regendo. » Pina, cap. 39.

cablant, ne pouvait exciter que la compassion (1).

Cependant elle ne se borna pas à la déclaration qu'elle avait donnée à la ville sur la résolution qu'on lui avait communiquée ; en apprenant qu'on voulait lui enlever le gouvernement pour le remettre à l'infant Pedro, elle écrivit aux fidalgos tenus pour ses adhérents, qu'ils ne devaient pas assister aux cortès prochaines, et qu'il fallait s'excuser aussi bien que possible ; mais ils enverraient des déclarations suffisantes pour faire savoir qu'ils n'accéderaient et ne se conformeraient à rien de ce qui serait adopté dans cette assemblée. Les fidalgos suivirent cette recommandation, mais la mesure n'atteignit point son but. L'assemblée des cortès ne suivit pas moins sa marche, et les fidalgos ne purent entièrement refuser l'acceptation des résolutions. « Car, dit Pina, quoique dans ce temps les fidalgos eussent une grande valeur, néanmoins elle n'était pas telle qu'ils pussent s'opposer à la volonté des fils et petit-fils du roi João, desquels dépendaient le royaume et toutes ses affaires (2). »

Il y avait donc d'autant moins de chances pour une entreprise que tentèrent dans ce temps certains nobles de Lisbonne en faveur de la reine. De concert avec plusieurs fidalgos du parti de Leonor, l'alcaide mor de Lisbonne, Affonso de Cascaes, occupa le château de la ville avec ses gens, et y plaça des gardes jour et nuit. Cette attitude hostile de l'alcaide mor en face de la ville, les démonstrations offensantes et les menaces des gardes provoquèrent les citoyens ; ils résolurent d'attaquer le château, et de le réduire en leur puissance. L'infant João, considérant la gravité d'une telle lutte dans la capitale, essaya de la prévenir, et, d'accord avec les bourgeois, il choisit pour médiatrice l'épouse de l'alcaide, Maria de Vasconcellos, dame de noble naissance. Mais son fils, jeune homme ardent et ambitieux, dominé plus que son époux par des sentiments hostiles, lui fit rapporter du château une réponse qui rejetait toute conciliation. João apprit en même temps, de la bouche de Maria, combien la reine était irritée contre l'infant Pedro, et disposée à supporter tous les tourments du monde, plutôt qu'à souffrir qu'il administrât le royaume. Pour convaincre João qu'elle n'était pas ainsi exaspérée contre Pedro par amour pour le pouvoir, elle se montrait disposée à se résigner, si João lui-même voulait s'en charger. En faveur de ce prince, elle était prête à renoncer à ses droits ; en même temps elle exprimait le désir qu'Affonso épousât Isabelle, fille de João, et honorât son père dans cet infant. João se prit à rire de ces paroles. « Le ciel nous préserve, dit-il, arrivé à ce point de sa réponse aux propositions de Maria, le ciel nous préserve que, parmi les fils du roi João, qui ont été élevés et ont grandi dans un tel amour et une si parfaite union, soit répandue la semence de la discorde pour les séparer. Je craindrais la punition de Dieu, et la honte parmi les hommes, si j'accueillais même la pensée d'accepter le gouvernement du royaume, tandis que j'ai deux frères aînés doués de hautes capacités, comme le sont les infants Pedro et Henrique. L'honneur que la reine avait réservé à ma fille est certes à mes yeux le plus haut que je puisse désirer, si la situation des choses était toute autre ; mais j'aimerais mieux voir ma fille tomber dans la débauche (que Dieu détourne ce malheur !) que de la faire marier contre la volonté et l'honneur de l'infant mon frère, qui m'est dévoué avec un amour sincère, comme je lui appartiens entièrement moi-même. Au reste, dites à la reine qu'elle peut me considérer comme son fidèle serviteur. Qu'elle ne poursuive pas des projets d'où ne sortirait aucun bien ni pour elle ni pour le royaume ; il faut lui conseiller ce qui peut lui procurer de la prospérité et du repos. » Là-dessus l'infant s'éloigna. Pour cette noble abnégation qui lui faisait sacrifier la satisfaction de l'orgueil paternel, le plaisir de voir la tête de sa fille parée de la cou-

---

(1) Pina, cap. 40.
(2) Pina, cap. 41.

ronne royale, au sentiment du devoir et à l'amour fraternel, la Providence parut lui avoir réservé une récompense. Par la suite Isabelle devint l'épouse du roi de Castille Juan II, la mère de la grande Isabelle, ornement du trône castillan, et l'aïeule de tant de rois et d'empereurs.

Les bourgeois, voyant l'obstination de l'alcaide mor à défendre le château, l'investirent de manière que personne ne pût y entrer ni en sortir. Affonso de Cascaes, manquant de vivres et n'espérant pas de secours, se vit bientôt réduit à se rendre, et s'enfuit vers la reine. Ensuite Leonor, toujours égarée par de funestes conseils, et troublée par le faux bruit que l'infant Pedro voulait l'assiéger dans Alemquer, et l'entraîner de force avec le roi aux cortès de Lisbonne, fit mettre le lieu en état de défense, ordonnant de rétablir les murailles et d'y amener des troupes. En paraissant ainsi confirmer ce que l'on avait dit si souvent, qu'elle attendait des auxiliaires étrangers, et l'assistance de ses frères les infants d'Aragon, elle ne fit pas moins de tort à elle-même et à sa cause.

La sympathie qu'elle avait encore trouvée jusque-là dans beaucoup de personnes se refroidit de plus en plus, lorsque l'on vit sur quelle pente glissante elle hasardait ses pas, combien elle était aveuglée par la haine et la vengeance, égarée par de mauvais conseils, insoucieuse de la dignité de reine, comment elle étouffait les sentiments de tendresse naturels à son sexe, pour s'engager plus avant dans les détours de la ruse et des intrigues. Quand elle observa que l'infant Henrique, si dévoué qu'il lui fût d'ailleurs, relativement à la régence se prononçait pour Pedro, elle essaya de le remplir de soupçons contre l'infant aîné, et de rompre les liens d'affection qui unissaient si étroitement les frères. Dans cette vue, elle écrivit en secret de sa propre main, à Henrique, une lettre dans laquelle elle le prévenait que son frère Pedro, « pour rencontrer moins d'obstacles dans sa route vers le pouvoir, et régner avec une puissance absolue, avait l'intention, comme elle le savait de source certaine, de se saisir de la personne de son frère Henrique, le seul dont il redoutât de l'opposition dans le royaume, en sorte que sa vie n'était pas en sûreté. » Mais, avant que l'infant Henrique reçût la lettre, Pedro, averti de ce message, courut aussitôt à Soure, et s'assura de l'amour accoutumé de son frère, sans lui rien dire de la lettre. Au milieu de toutes les agitations du temps, l'apparition de Pedro et l'effusion de ses sentiments n'eurent rien d'étrange pour Henrique. Deux jours après le départ de Pedro arriva la lettre de la reine. Etonné de son contenu, Henrique courut aussitôt après son frère, qu'il trouva à Coimbra. « Vois, frère, ce que m'écrit la reine, dit-il en lui montrant la lettre ; mais, afin que tu saches combien je me défie de toi, je viens me remettre entre tes mains. » Pedro sourit, embrassa son frère, et dit avec l'expression de l'amour le plus profond : « Frère, je ne m'étonne pas que de tels temps et de tels desseins produisent un fruit si nouveau. » Il lui avoua ensuite qu'il avait été informé de la lettre, et qu'il s'était rendu à Soure pour lui préparer l'accueil qu'elle méritait. « Les chaînes qui doivent t'attacher ici sont l'amour et l'estime que je t'ai toujours montrés, et que tu mérites si bien de ma part. » Et en effet Pedro retint son frère quelques jours à Coimbra, en le comblant de témoignages de tendresse.

A ces entrevues était présent le comte de Barcellos. L'on traita en commun des affaires de l'Etat, et à la fin l'on décida de faire prier la reine par le comte d'assister en personne aux cortès qui devaient s'ouvrir le dernier jour de novembre. Parvenu à Alemquer, le comte représenta à Leonor combien sa présence était nécessaire au milieu des états du royaume, afin que l'on pût adopter des résolutions sur plusieurs objets importants, tels que la régence du royaume, le schisme des papes et la délivrance de l'infant Fernando. Mais la reine rejeta cette requête, si préalablement on ne révoquait le choix de l'infant, qui devrait faire sa renonciation ; si les fidalgos n'étaient pas dégagés des serments prêtés à l'un et à l'autre parti, afin qu'ils pussent librement délibérer et adopter ce qui servirait les intérêts de la reine et du royaume. Au retour du comte qui rapportait cette réponse, l'infant dit : « Ce qui a été résolu par les communes sans ma participation, elles ont le pouvoir de le révoquer, si elles le jugent à propos. C'est pour cela justement que la présence de la reine est nécessaire, afin qu'elle et ceux qui se rangent à sa volonté puissent donner leur avis sur ce qui leur paraît juste et raisonnable, et à cela je ne m'opposerai pas. Quant à ce qui concerne le serment des fidalgos, la reine peut être assurée que nul des fidalgos que je compte parmi mes adhérents n'a pris de ces engagements sacrés à cet égard (1). » Ensuite le comte de Barcellos, qui ne prenait part aux conférences sur les intérêts de la patrie, que pour les faire servir à son but personnel, et en entraver les effets, quitta Coimbra, se rendit à Guimaraens, rassembla autour de lui plusieurs grands et des fidalgos, et les détermina à se donner mutuellement parole de ne point aller aux cortès, mais quel que fût le parti auquel serait attribué la régence, et sous quelque forme qu'on l'établit, de maintenir en toutes circonstances leurs propres droits et de travailler à leur agrandissement.

Cependant l'infant don Pedro s'était mis en route pour Lisbonne afin d'assister aux cortès convoquées en cette ville. Pour la direction des affaires plus importantes, qui concernaient la ville, ou qu'elle faisait suivre, avait été choisie une commission de douze citoyens, qui après de longs débats s'était accordée pour déclarer : « que l'infant Pedro devait être aussitôt nommé unique regedor sans aucun collègue, en attendant que le roi eût atteint l'âge requis pour gouverner lui-même. » Cette résolution fut proclamée dans le réfectoire de S.-Domingos à toute la bourgeoisie, et approuvée de tout le monde sans opposition. On l'avait ensuite communiquée par des députés à l'infant Pedro, en le priant de faire le lendemain son entrée dans Lisbonne, après avoir juré préalablement d'occuper aussitôt la régence seul et sans collègue. L'infant remercia les bourgeois de leurs bonnes intentions, mais déclara « qu'il n'agirait pas selon son devoir, s'il prenait ainsi les rênes du pouvoir, sans condition, sans l'agrément préalable de ses frères, de son neveu et des états du royaume qui avaient été convoqués pour décider ce point; qu'en cette circonstance l'empressement ne lui paraissait pas nécessaire; que l'on pouvait attendre les cortès, dont la réunion était si prochaine; ce qu'elles résoudraient devrait ensuite s'exécuter. » De tels scrupules parurent inopportuns aux députés; ils avaient déjà le consentement écrit des villes et des bourgs investis du droit de voter. L'infant João était présent à Lisbonne, et partageait leurs désirs; l'infant Henrique ne mettait pas d'opposition, ainsi qu'ils le savaient. « En conséquence, ajoutèrent-ils, nous vous en prions, seigneur ! ne refusez pas plus longtemps ce que nous vous offrons avec de si justes raisons, et ne donnez pas occasion à des émeutes et à des déchirements auxquels il serait très-difficile et peut-être impossible de mettre un terme dans la suite (1). »

Ainsi pressé par les bourgeois, assailli par leurs prières, Pedro mit l'offre encore une fois en délibération avec les siens. Cédant aux instances générales, il fit son entrée le lendemain dans la ville. Quoiqu'il se fût refusé d'avance à toute réception solennelle, l'infant João alla au-devant de lui au bruit des acclamations de la joie publique, avec tous les fidalgos et les principaux de la ville. Le jour suivant, qui était la Toussaint, à l'issue de la messe, l'infant prêta solennellement serment dans la cathédrale, entre les mains de l'évêque d'Evora, de vouloir gouverner légalement et fidèlement au nom du roi, jusqu'à ce que celui-ci pût saisir les rênes du pouvoir; puis de déposer l'autorité sponta-

---

(1) Pina, cap. 44.

(1) Pina, cap. 45.

nément et sans condition entre les mains du roi, et de le servir toujours en bon et fidèle vassal.

Les états du royaume ne furent ouverts que le 10 novembre dans un long discours que le docteur Affonso Manga-Ancha prononça devant l'assemblée, au nom de l'infant João, présent, mais malade; il essaya de démontrer par le bon sens, le droit religieux et le droit séculier, et par l'histoire, que les femmes ne devaient pas régner, que le gouvernement en commun de deux régents était nuisible, qu'il ne devait y avoir qu'un seul maître, que l'infant Pedro était seul propre à ce rôle en Portugal. Tous les assistants applaudirent l'orateur. Aussitôt fut prise une résolution formelle sur l'élection de l'infant; acte en fut rédigé par quatre notaires employés de la chancellerie royale, et tout le monde le signa sans contestation; le seul comte d'Arrayolos s'y refusa, et jamais ne nomma l'infant régent; mais il exécuta ponctuellement les ordres venus de cette autorité, plus que certains autres qui avaient signé.

Les infants et Pedro en son nom propre, les comtes, les fidalgos et les procureurs des communes informèrent la reine par des lettres spéciales à Alemquer de la résolution adoptée, la prièrent en même temps très-instamment et très-respectueusement de l'approuver, et d'amener le roi à Lisbonne, afin que ses états pussent lui rendre hommage, selon leurs désirs, et qu'en sa présence pussent être traitées quelques questions concernant le bien du pays. L'infant Pedro, que nous nommerons désormais régent, envoya dans ce but à la reine un député, le grand maître de sa maison (*governador de sua casa*), homme très-intelligent, qui jouissait de toute sa confiance. Leonor, très-abattue, le reçut, et lui répondit, d'après le conseil de ceux qui l'entouraient, que si le choix de Pedro était révoqué, et que l'on donnât la régence à elle-même, alors elle se rendrait dans la ville avec le roi, sinon qu'elle n'irait pas. Là-dessus on dépêcha des ecclésiastiques à la reine pour la décider, par des motifs religieux, à se rendre aux désirs de l'assemblée ; mais ce fut en vain; Leonor persista dans sa première décision. Les infants en furent affligés, le peuple se montra irrité. Enfin l'infant Henrique, s'étant transporté à Alemquer, vint à bout d'amener la reine à ce que l'on voulait. Elle parut confirmer l'opinion de certaines personnes à son égard, que si de mauvais conseillers ne l'avaient pas égarée, en suivant sa propre impulsion elle aurait pris une meilleure route.

Le lendemain, l'infant Henrique entra dans Lisbonne avec Affonso et la reine. Le roi fut reçu avec de grandes solennités, et conduit au palais d'Alcaçova. Affonso et les infants étaient seuls à cheval, les comtes et les autres seigneurs marchaient en avant à pied. Ensuite le régent enleva le jeune roi de cheval avec les marques d'un profond respect, et toujours, durant sa régence de dix années, en toute occasion il montra les mêmes sentiments, qui allèrent toujours en croissant à mesure qu'Affonso avançait en âge. Il exigeait des autres les mêmes procédés envers le roi.

Après que le roi eut été élevé sur le trône dans l'assemblée des états (10 décembre 1439), Manga-Ancha tint en son nom un discours solennel, dans lequel il approuva et confirma le choix de l'infant pour régent, recommanda à tous de lui prêter obéissance comme à lui-même. Aussitôt que l'orateur eut fini, le régent, se mettant à genoux, baisa la main du roi et de la reine, et remit au roi le sceau secret de l'État, comme signe du pouvoir suprême. Cela fait, Affonso revint trouver sa mère, ainsi que les infants l'avaient promis. Ensuite le régent fit appeler les députés des communes et quelques conseillers royaux dans la salle des états, et, se tenant debout au milieu d'eux, il leur parla avec la dignité qui lui était propre, disant : « qu'en raison de la charge difficile qu'on lui avait confiée, il devait faire de lui-même un autre homme. » Il leur donna aussi des avertissements pleins de sagesse et de prudence, fit espérer des distinctions et des marques de faveur, au nom du roi, à ceux qui se montreraient justes et soumis aux lois ; menaça, au contraire, de châtiments ceux qui suivraient une route opposée ; demanda qu'on lui obéît, qu'on l'aimât, qu'on le soutînt et défendît au prix des biens et du sang, comme lui-même était disposé à exposer pour eux sa fortune et sa vie, s'ils avaient besoin de lui. Un député des villes exprima au nom de l'assemblée le dévouement général au régent ; sur quoi celui-ci, se découvrant la tête, témoigna de sa reconnaissance.

Tous les différends paraissaient donc accommodés, les opinions divergentes ramenées vers un but commun ; l'harmonie semblait rétablie, l'union et le calme allaient sans doute rentrer dans le royaume, sous le sceptre du sage et bienveillant Pedro. Maintenant se trahit néanmoins un désaccord qui ne détruisit pas encore tout concert, parce que les bons principes avaient le dessus, et que leur triomphe tout récent les rendait pour le moment inattaquables. Le comte de Barcellos n'était nullement content des derniers événements, et, pour se procurer de l'influence sur le gouvernement et affaiblir le pouvoir de Pedro, il projeta certains articles de capitulation, à l'observation desquels le régent devait être obligé. D'après ces articles toutes les affaires importantes étaient soustraites à sa décision, et réservées aux cortès qui devaient se rassembler tous les ans. Mais les procureurs des communes, auxquels le comte montra son projet, refusèrent de faire des changements à ce qui avait été déjà résolu et confirmé par le roi. Toutefois le mauvais succès de cette tentative ne pouvait ramener au repos un homme du caractère du comte, ou l'écarter de son but. Il rêva de nouveau aux moyens d'acquérir de l'influence par la force ou l'adresse, et, si l'histoire pouvait le suivre dans tous les sombres détours de sa politique, probablement elle saisirait en lui l'auteur secret des nouvelles mésintelligences entre la reine et le régent, peut-être même la cause dernière de toutes les vexations qui suivirent l'infant jusque dans la tombe, et de toutes les calomnies qui s'efforcèrent encore de souiller sa mémoire.

Ce que l'histoire nous apprend de cet homme ne nous autorise pas au moins à étouffer un tel soupçon.

Les cortès touchaient au terme de leurs travaux, quand un député de Porto, dans une réunion des fonctionnaires municipaux dans la camara de Lisbonne, fit entendre : « que les cortès avaient laissé de côté les points les plus importants, sans lesquels les questions résolues amèneraient peu de résultats utiles. » Les assistants se tournant alors vers lui tout attentifs, il dit : « qu'il était d'avis que le roi ne devait pas rester au pouvoir de la reine, ni être élevé par elle. » Il indiqua les inconvénients d'une éducation dirigée par une femme, surtout lorsqu'il s'agissait d'un roi ; les dangers qui étaient à redouter, de la part de la reine ouvertement irritée, pour le régent et pour tous ses adhérents, si la haine gravée par une mère au fond du cœur de son enfant laissait des impressions assez profondes pour se produire énergiquement dans un âge plus avancé ; enfin les frais qu'entraîneraient pour le royaume les cours séparées du roi et du régent. » Les bourgeois furent frappés de ces idées, comme de lumières soudaines, et ils les communiquèrent aussitôt aux autres procuradores, qui, le même soir, dans une réunion, convinrent de demander que le roi restât auprès du régent. Aussitôt ils firent prier Pedro d'en délibérer avec les infants. Mais Pedro pressa vivement les bourgeois de renoncer à cette requête. « Il lui paraissait plus convenable que le roi restât avec son frère auprès de la reine pour donner à leur mère des consolations et du calme, et à lui-même plus de sécurité en l'affranchissant d'une trop grande responsabilité. Dans tous les accidents qui peuvent menacer la vie d'un tendre enfant, un coup funeste venant frapper ce prince, certaines personnes n'ajouteraient-elles pas encore au poids de sa douleur par les soupçons qu'elles ne manqueraient pas d'exprimer contre lui? D'ailleurs, surchargé des travaux pénibles que lui imposaient ses fonctions, il ne pourrait consacrer au jeune roi le temps nécessaire ; enfin il voudrait échapper à la haine qui atteint si facilement un gouverneur lorsqu'il ne réprime pas suffisamment les penchants déréglés de la jeunesse. » — « Seigneur, répliquèrent les bourgeois, quiconque connaît bien votre jugement si sain et votre grand savoir, peut dire sans se tromper que vos pensées ici ne sont pas conformes à vos paroles. Nous sommes décidés à l'exécution de ce que nous vous proposons, comme nous l'étions pour ce que nous avons déjà vu accomplir. » Ensuite ils développèrent plus longuement leurs raisons, et Pedro, qui ne pouvait ou ne voulait pas en opposer de plus solides, promit de faire ce qui serait pour le mieux aux yeux des infants. D'accord avec les procuradores et les principaux personnages de la cour, il fut à la fin résolu : « que, laissant de côté les dispositions antérieures sur ce point, le roi resterait auprès du régent (1). » Pedro jugea plus convenable que la reine et lui-même demeurassent ensemble, afin que la mère élevât son fils, et que l'oncle l'aidât en cas de besoin ; disant qu'il s'appliquerait si bien à la satisfaire, qu'elle ne pourrait plus douter de la droiture de ses intentions, et que tout malentendu serait prévenu à l'avenir. La proposition fut approuvée de tous, excepté de la reine. Elle était déchirée par une lutte intérieure. Devait-elle, mère pleine d'amour, renoncer à cet enfant si tendre, son orgueil, sa joie, son unique consolation dans ses souffrances ? ou bien fallait-il qu'elle suivît en dépit d'elle-même toutes les impulsions d'un homme dont elle avait été jadis la souveraine et la reine, et que maintenant elle haïssait de toute son âme ? Et que de soucis rongeaient son cœur maternel, lorsqu'elle songeait à l'ambition qu'elle supposait dans cet homme odieux, et aux périls qui menaçaient la vie de son enfant ! Devait-elle abandonner ce jeune roi à son bon ou à son mauvais destin, ou bien suivre son maître en captive, afin de pouvoir étendre la main protectrice d'une mère au-dessus de la tête menacée ? Ces questions qui agitaient douloureusement son âme, la reine les posa à ses adhérents (1) ; sur leurs représentations, elle se résigna enfin à remettre ses fils au régent, mais sans vouloir elle-même le suivre. Après avoir entendu la messe après minuit à Santantonio, sa résidence actuelle, elle fit retirer ses enfants du lit, serra dans ses bras Affonso encore tendre et faible, et laissa tomber ces paroles, interrompues par des torrents de larmes et des sanglots : « Fils et souverain, que Dieu dans sa miséricorde daigne te préserver et te sauver la vie, afin que je ne te perde pas aussi, comme j'ai déjà perdu ton père ! » Avec cette triste invocation la reine prit congé de ses fils, profondément émue et pleurant comme s'il s'agissait de leurs funérailles, et qu'elle ne dût jamais les revoir. Affonso consola sa mère par de douces paroles, et avec un calme et un sang-froid bien au-dessus de son âge. La reine avec ses filles se dirigea vers Cintra. Mais le régent et son frère João se transportèrent aussitôt à Santantonio, et amenèrent le roi et le prince à Lisbonne, où ils firent monter à chacun sa maison. Ce sang-froid qu'Affonso avait montré au moment si troublé des adieux, il le conserva dans sa séparation de sa mère. Quoiqu'il eût pour elle et qu'il conservât toujours un profond amour, il ne laissa jamais échapper un signe de haine contre le régent, comme s'il avait enseveli à jamais au fond de son cœur les plaintes de sa mère contre Pedro, et tous les mouvements de sa propre indignation. Il ne loua et ne blâma les actes de Pedro ni d'aucun autre (2).

Cependant la reine n'abandonna pas maintenant encore ses espérances. Elle se plaignit auprès de ses frères et sœur, les infants d'Aragon et la reine de Castille, de l'injustice qu'elle avait subie, en réclamant de l'assistance. Mais les infants, qui sentaient l'in-

---

(1) Pina, cap. 50.

(1) Pina, cap. 51.
(2) Pina, cap. 51.

certitude de leur propre position en Castille, ne purent accorder d'autre secours que des représentations et des prières qu'ils adressèrent en faveur de leur sœur aux infants de Portugal, et ceux-ci leur en firent sentir aussitôt l'inconvenance. Leonor, sachant que dans son entourage à Cintra, il y avait des personnes qui notaient ce qui s'y passait pour le transmettre au régent, se rendit à Almeirim, où, sans empêchement et affranchie de surveillance, elle pouvait entretenir ses intelligences avec la Castille. Ce changement de résidence de la reine inquiéta le régent, qui prit quelques mesures de prévoyance. Craignant qu'elle ne parvînt enfin à pousser ses frères à la guerre contre le Portugal, et que le peuple, dans son inconstance et sa peur des hostilités, ne changeât la constitution actuelle de la régence, Pedro contracta des liaisons secrètes avec le connétable de Castille Alvaro de Luna et les alliés de ce puissant favori, le grand maître d'Alcantara et les adversaires des infants aragonais en Castille. Par là, non-seulement il attira le roi de Castille dans ses intérêts, mais, au jugement des gens habiles, il porta en même temps un coup terrible à la puissance des infants d'Aragon, qui désormais se trouvèrent ainsi embarrassés dans tous leurs mouvements (1).

La reine se sentait extrêmement gênée dans Almeirim, surtout par le voisinage du régent. A cette époque, ses adhérents la décidèrent à entrer au moins en apparence en accommodement avec Pedro. Elle affecta, dans leur entrevue, des sentiments d'amitié, et dit au régent « qu'elle voulait s'assurer le repos de l'âme, et désirait oublier tout le passé. » Pedro se montra fort satisfait, et tout le royaume, partageant sincèrement sa joie, célébra la nouvelle de la réconciliation comme une fête à la concorde générale. Le comte de Barcellos au contraire s'en affligea, quoiqu'il fût convaincu du manque de sincérité de la reine en cette circonstance.

Mais il craignait que l'union, d'abord apparente, ne finît par devenir réelle; l'esprit et l'autorité de Pedro étaient pour lui aussi redoutables qu'odieux. Il persuada donc à la reine de changer sa résidence actuelle pour celle de Crato, où, soutenue de toutes manières par le prieur de ce lieu, elle pourrait poursuivre son but avec moins de gêne et plus de sûreté. Le prieur ne répondit pas d'abord à ce que l'on attendait de lui; mais, à force d'adresse et de raisons spécieuses, le comte parvint à le gagner à son plan. Le régent, qui, aussitôt après l'accommodement avec Leonor, l'avait laissée ainsi que ses gens communiquer librement avec chacun, ne soupçonna point encore de mauvais desseins. Le comte, au contraire, songeait aux moyens de résister aux dangers que la rupture inévitable avec le régent devait attirer sur la reine et son parti, et il conclut avec le roi de Navarre et les infants d'Aragon un traité en forme, d'après lequel on se promit réciproquement d'adopter les amis et de combattre les ennemis les uns des autres, et de se prêter une mutuelle assistance armée. Lorsque ce traité fut publié, il provoqua une violente indignation dans tout le royaume. Les infants Henrique et João, irrités surtout des démarches du comte, lui en firent de vives représentations, mais en vain. Son fils Affonso, comte d'Ourem, qui se rangeait dans le parti de Pedro, blâma la conduite de son père, et donna même à entendre que, si l'on en venait à des hostilités, il soutiendrait le régent contre le comte de Barcellos. Des gens plus pénétrants prétendaient à la vérité que, dès le commencement de ces mésintelligences, le père et le fils s'étaient entendus pour s'attacher, le premier à la reine et l'autre à l'infant Pedro, afin que, de quelque côté que la fortune se déclarât, le vaincu trouvât un appui dans le vainqueur, que chacun tirât de son parti tous les avantages possibles, et que tous deux en définitive partageassent une ample moisson. En outre, on croyait que le comte de Barcellos entrait en ligue avec des

---

(1) Pina, cap. 56.

ennemis extérieurs, afin de pousser le royaume à de dures extrémités où l'on aurait besoin de sa personne et de sa maison. Les motifs qui pouvaient avoir décidé la reine à de tels actes ne parurent pas assez puissants; elle était entraînée par une impulsion venue du dehors (1).

Tandis que Leonor se trouvait encore à Almeirim, et faisait mettre en sûreté ses riches joyaux et ses objets précieux dans le château d'Albuquerque, appartenant à l'infant aragonais Henrique, on vit arriver à Santarem, où se tenait le roi, une nombreuse ambassade du roi de Castille, qui fut accueillie solennellement comme la première sous ce règne (octobre 1440). Elle était chargée de présenter des plaintes sur des dommages causés par les Portugais aux Castillans sur terre et sur mer, et de réclamer la réintégration de la reine Leonor dans le gouvernement, en insistant beaucoup sur ce dernier point. Les ambassadeurs demandèrent au nom de la reine que le roi Affonso lui permit d'aller en Castille, attendu qu'elle désirait ne pas rester dans le royaume où se préparaient tant de maux. La crainte d'une guerre avec la Castille, qui pouvait facilement amener le peuple à rendre la régence à la reine, était présentée comme un épouvantail; et, pour produire par ce moyen une impression plus profonde et plus durable, les envoyés, sous un prétexte plausible, sollicitèrent du régent la permission d'exposer personnellement leurs propositions dans les villes et les localités, comme devant les principaux personnages du royaume. Pedro rejeta avec raison cette étrange requête d'un ton plein de mesure, et prit quelques jours de réflexions pour la réponse à faire. Pendant ce délai, il tira de tous les grands absents des avis écrits sur l'objet en question (conduite qu'il observa pendant toute la durée de son gouvernement dans les circonstances graves), soumit les opinions écrites des présents comme des absents à un mûr exa-

men, et choisit ce qui lui parut le plus convenable. Voici ce qui fut déclaré aux ambassadeurs : « Relativement aux dommages que les Portugais auraient causés aux Castillans, des arbitres seraient nommés de part et d'autre; en ce qui concerne la reine, le roi enverrait en Castille un ambassadeur avec une réponse satisfaisante. » En effet, un diplomate se rendit à la cour de Castille; mais il avait pour instruction secrète de traîner la chose en longueur. Le régent avait appris confidentiellement de l'un des ambassadeurs castillans, l'évêque de Coria, que leur mission venait de la reine et des infants d'Aragon, et n'était nullement approuvée du roi, qui, au contraire, donnait son agrément à la régence actuelle en Portugal. Cette découverte donna une allure plus décidée à Pedro, et l'éclaira sur l'attitude roide et presque menaçante prise par l'ambassade en face de lui. Au nom du roi Affonso, il fit prier la reine très-instamment, quoique avec des formes respectueuses, de renoncer à son projet d'aller à l'étranger. Mais Leonor, fortifiée dans ses idées par quelques-uns des envoyés, qui la poussaient de plus en plus à de l'opposition, persista dans son dessein. Les ambassadeurs ne se contentèrent pas des paroles données par le régent; ils déclarèrent avoir de leur roi pour instruction de ne point retourner en Castille sans une réponse précise à leurs propositions et sans un ordre exprès de leur cour. A l'appui de leurs assertions, ils firent présenter au régent, deux jours plus tard, une recommandation royale écrite dans ce sens. Il ne pouvait échapper à Pedro que de telles pièces ne pouvaient être fabriquées en si peu de temps que dans Almeirim, où, selon toute apparence, on s'était procuré de Castille le sceau et le seing du roi pour remplir ensuite arbitrairement les feuilles blanches (1). Voulant s'éclairer là-dessus avec certitude, Pedro s'adressa bien vite au connétable Alvaro de Luna qui, sans vivre alors à la cour, était néanmoins en intelligence se-

---

(1) Pina, cap. 60.

(1) Pina, cap. 62.

crète avec le roi, et prouva aussitôt au régent, par une lettre de la main de Juan II, que ce prince n'avait jamais rien ordonné de la sorte. Alors le régent, prenant plus d'assurance, enjoignit aux ambassadeurs « de quitter le royaume et la cour du roi son maître, attendu qu'ils avaient reçu la réponse à laquelle ils devaient s'attendre. » Néanmoins ils ne s'éloignèrent pas très-rapidement, et se trouvaient encore à Santarem lorsque la reine partit pour Crato.

On avait essayé en vain de détourner la reine de ce voyage. L'infant Henrique, pensant que le prieur de Crato en était un des principaux provocateurs, lui en fit adresser des reproches, et lui ordonna de venir à l'instant se justifier en personne auprès du régent, et de servir désormais fidèlement ce prince ainsi que lui-même. Egalement en danger s'il refusait à l'infant Henrique l'obéissance obligée, et s'il rompait la parole donnée à la reine et au comte, le prieur s'excusa de son défaut de comparution sur son grand âge, et se fit justifier par son fils auprès du régent, auquel furent données des assurances de la fidélité du père et du fils. Mais ce n'étaient là que des feintes. Car le fils, Fernam de Goes, après avoir rempli la mission que lui avait donnée le prieur, se rendit directement auprès de la reine pour s'entendre secrètement avec elle.

La veille de la Toussaint (1440), Leonor, avec ses confidents les plus intimes, quitta le château d'Almeirim par une porte secrète, accompagnée des fils du prieur et de leur escorte, et, à l'arrivée de la nuit, elle entra dans Crato. Cette démarche de la reine avait été précédée d'une lutte pénible ; le frère Dominicain João, vieillard d'une grande autorité par son savoir, sa sagesse et la pureté de sa conduite, confesseur de la reine, consulté par elle, l'en avait dissuadée avec tant de chaleur que ses avertissements parurent des inspirations d'en haut, et qu'en peignant le destin qui attendait Leonor ses paroles semblèrent des prédictions du ciel (1). La reine fut entraînée par la parole qu'elle avait donnée, par les allocutions de ses compagnons, par la puissance du moment décisif ; mais les paroles du vieillard se gravèrent si fortement dans son âme, que plus tard, dans l'exil, aux heures de la souffrance, elles tourmentèrent l'infortunée, qui se reprochait de les avoir dédaignées.

Aussitôt que le régent eut acquis la certitude du départ de la reine, il en informa ses frères ainsi que les grands, les villes et les bourgs du royaume, les sommant en même temps de se préparer pour servir le roi et défendre le royaume : car il était persuadé que la reine n'aurait pas hasardé cette démarche isolément, si elle ne croyait pouvoir compter sur une active assistance du côté de la Castille et même du Portugal. Afin de maintenir dans l'obéissance les comarcas dont il se défiait, il mit à leur tête les infants Henrique et João, ainsi que d'autres personnages capables et sûrs. En même temps il écrivit de sa main à la reine, la pria de revenir, et se montra prêt, dans cette supposition, à suivre ses ordres. Il profita aussi du séjour prolongé des ambassadeurs castillans à Santarem pour se justifier lui-même, et pour agir par leur entremise dans ce sens sur la reine. Mais, à peine arrivée à Crato, Leonor expédia dans tout le royaume des lettres rédigées à l'avance à Almeirim, dans lesquelles elle excusait son changement de résidence, se plaignait de la dureté de l'infant, blâmait la manière de gouverner de ce prince, demandant qu'il lui restituât la régence. En faisant entrevoir dans cette demande la menace d'une guerre inévitable et de toutes sortes de désastres, elle espérait rendre l'effet de ses lettres plus puissant. Mais partout elles furent mal accueillies ; çà et là les messagers qui les portaient furent maltraités. Le régent, blessé profondément des calomnies répandues ainsi contre lui, adressa pour sa justification une lettre à Lisbonne comme « à la capitale du royaume. » Bientôt après, des courriers et des lettres interceptés lui révélèrent le projet de la reine et du prieur, d'appeler des troupes de Castille en Portu-

---

(1) Pina, cap. 64.

gal, de pourvoir les places fortes d'armes et de vivres tirés de l'étranger, et de provoquer même des insurrections dans le royaume. Quoique déjà l'hiver fût arrivé, il résolut, de concert avec les infants, de s'emparer de vive force de Crato et des autres forteresses, et prit aussitôt les dispositions nécessaires. Un édit rendu par lui au nom du roi ordonna en même temps à tous ceux qui étaient allés à Crato, de s'en éloigner dans le délai de dix jours, sous peine de mort et de la perte des biens; on n'exceptait que vingt personnes appartenant à l'entourage de la reine. Comme la place n'était pas suffisamment garnie de troupes et pourvue de vivres, et que le comte de Barcellos, ainsi que les autres fidalgos de Beira, ne remplit pas ses promesses d'en fournir, Leonor tomba dans un grand embarras. Elle pria l'infant João de laisser faire des approvisionnements dans le district qu'il administrait; mais, sa demande ayant été rejetée, se voyant coupée dans ses communications avec les localités voisines, et trompée par ses adhérents et ses alliés, elle parut n'avoir plus d'espoir que dans l'assistance de la Castille. Avec ses joyaux, elle acheta le secours d'un certain nombre de chevaliers castillans; mais ces étrangers, pillant et ravageant les cantons limitrophes de Portugal, attirèrent sur eux les malédictions du peuple, et augmentèrent encore l'irritation contre la reine. Maintenant le régent hâta son départ avec un corps de troupes considérable de Santarem pour Avis, où il devait se réunir avec l'infant João et les comtes d'Ourem et d'Arrayolos, fils du comte de Barcellos.

En chemin, il apprit jusqu'où s'étendaient la vengeance et les intrigues de la reine. De concert avec le roi et la reine de Castille, les rois de Navarre, d'Aragon et de Naples, elle avait sollicité le pape de refuser la dispense demandée pour le mariage du roi Affonso avec la fille du régent. Eugène IV, qui ne voulait pas contrarier tant de têtes couronnées, trouva un moyen évasif, en donnant en secret et verbalement (*vivæ vocis oraculo*) aux ambassadeurs du régent la permission pour le mariage, qui ne fut accordée que plus tard dans une bulle officielle. Le régent apprit en même temps avec joie que ces envoyés avaient obtenu du pape, pour l'ordre d'Avis, l'exemption envers celui de Calatrava; pour l'ordre de Santiago en Portugal, l'exemption envers celui d'Uclès en Castille; et que les rois de Castille étaient menacés des peines de l'Eglise les plus graves s'ils continuaient à protester là-contre. Pedro attachait un prix d'autant plus haut à cette condescendance du pape, que son père et son frère les rois João et Duarte avaient jadis sollicité très-vivement, mais toujours vainement à cet égard, à cause de l'opposition obstinée de la Castille.

Arrivé dans Avis, il se réunit aux infants et aux deux comtes, et délibéra avec eux des mesures ultérieures à prendre. Sur la proposition de João il fut résolu, avant d'engager le siége de Crato, d'inviter encore Leonor, avec tout le respect dû à la veuve et à la mère d'un roi, et des protestations d'obéissance, à revenir dans ses possessions. Mais, apprenant que les infants avaient l'intention d'assiéger Crato, et que le comte de Barcellos ne se montrait pas plus disposé que les autres fidalgos à la défendre, elle résolut de se mettre aussitôt en route pour la Castille, et ne retarda son départ que pour se donner l'apparence d'une femme persécutée, qui, effrayée au bruit de la marche hostile du régent, s'enfuyait du royaume de crainte d'être prise. Elle espérait ainsi faire paraître le régent coupable aux yeux des Portugais, et le rendre odieux. Le 29 décembre 1441, au point du jour, elle abandonna Crato, accompagnée de plusieurs de ses adhérents qui ne devaient plus revoir leur patrie (le prieur mourut dès l'année suivante à Zamora). Ceux qui restaient, hors d'état de maintenir longtemps la place contre une armée de douze mille hommes, pourvue d'une nombreuse artillerie, la remirent au régent, qui en confia la défense à l'infant João. Henrique de Castro fut élevé, au nom du roi, au poste de prieur de Crato (1).

Le comte de Barcellos, auteur de tant de troubles à la cour comme dans le royaume, tenta encore de résister. Afin de concerter les mesures à prendre contre lui, et d'étouffer les mouvements que les fidalgos du parti de Leonor, avaient excités dans Beira, le régent courut avec des troupes nombreuses dans cette comarca, eut des conférences avec son frère à Lamego, et résolut de passer le Douro avec leurs forces réunies, et d'exercer ses fonctions de defensor du royaume. Le comte avait conseillé à la reine de rentrer en Portugal; mais, accusant l'indifférence des frères de Leonor, il l'abandonna lorsqu'il se vit serré de près lui-même. Menacé par les forces de l'infant, il voulut relever le courage abattu de ses guerriers avec des forfanteries et par un mépris affecté de son adversaire; il fit donc signifier par son fils, le comte d'Ourem, au régent, « de ne pas tenter le passage du Douro, car il ne le souffrirait pas. » Pedro fut si indigné de cette bravade, que le comte d'Ourem, craignant pour l'honneur et la position de son père, le fit prier instamment de céder; mais ce fut en vain. Ensuite le régent prit des dispositions pour transporter ses troupes au delà du fleuve, sur un pont de bateaux, et le comte de Barcellos se mit en mouvement avec son monde, pour défendre le passage par la force : alors le comte d'Ourem supplia Pedro de s'arrêter en attendant que lui-même eût fait encore une tentative pour ramener son père à l'obéissance. Le régent loua le jeune comte pour l'activité de la sollicitude filiale avec laquelle il s'efforçait de sauver son père. «Car, parmi les nombreuses vertus que possédait l'infant, dit son chroniqueur, se trouvait dans un haut degré la puissance de commander à sa colère; et il se laissait facilement émouvoir par les prières et la médiation des personnes douées de bons sentiments. » Sur les vives représentations de son fils, le vieux comte, décidé par le danger manifeste plus que par la persuasion, résolut d'aller à Lamego, où il fut reçu gracieusement et honorablement par les infants, qui allèrent à sa rencontre en avant de la ville. Les vieilles rancunes semblaient avoir disparu; le peuple se réjouit en voyant les embrassements répétés, en entendant les expressions réciproques de réconciliation et d'amour qui dans cet instant repoussaient ou déguisaient les mauvais sentiments, et l'archevêque de Braga, qui était présent, entonna d'une voix haute le commencement du psaume : « Ecce quam bonum et quam jucundum, habitare fratres in unum, » qui dans l'union entre ces seigneurs, semblait donner une garantie de la paix et du repos du royaume. Après qu'ils furent entrés dans la ville (fin de février 1441), ils s'entretinrent de leurs affaires, et Pedro écouta avec bienveillance les excuses du comte, qui promit « de lui obéir désormais, de reconnaître la régence, de ne plus suivre ni servir la reine. » L'archevêque de Lisbonne, beau-frère du comte, qui vivait dans l'exil en Castille, devait être réintégré dans sa dignité; sans parler d'autres marques de faveur que le régent dispensa au comte. En même temps, l'on convint de disposer aussitôt le mariage ou au moins les fiançailles du roi avec la fille du régent. Les cortès, convoquées bientôt après à Torres-Vedras, approuvèrent unanimement cette union, et accordèrent dans ce but une somme d'argent considérable. Le roi entrait dans sa dixième année lorsque ses fiançailles furent célébrées à Obidos (15 août 1541).

Vers ce temps, le régent fit encore une tentative, par l'entremise du comte de Barcellos, pour se réconcilier avec la reine, qui vivait à Madrigal. Mais, confiante plus que jamais dans la puissante influence que ses frères exerçaient en Castille, après qu'ils eurent expulsé de la cour leur puissant ad-

---

(1) Pina, cap. 70-74.

versaire le connétable Alvaro de Luna, elle persista dans ses anciennes prétentions. Cependant, au milieu des espérances dont elle se berçait, elle tomba dans la pauvreté et la détresse. Ce qu'elle avait apporté de riches joyaux de Portugal, elle le donna pour lever et nourrir des troupes avec lesquelles ses frères l'entretenaient dans des pensées ambitieuses, tandis qu'en réalité ils employaient les soldats ainsi réunis pour leurs propres intérêts en Castille (1).

Le roi de Castille lui prêta un secours plus spontané, mais sans efficacité, en envoyant de fréquentes ambassades en Portugal pour appuyer les réclamations de la reine, tantôt avec des prières, tantôt avec des menaces. Ces moyens produisirent peu d'effet sur le régent, et rendirent la cause de la reine plus mauvaise encore auprès du peuple. Pedro se montra encore assez disposé à rendre à la reine toutes ses possessions, si elle rentrait dans le royaume, et à lui faire remettre l'éducation de ses enfants. Mais, dans les cortès d'Evora en 1442, il fut résolu à l'unanimité par les trois ordres que la reine devait être déchue de tous droits à ce qu'elle possédait dans le royaume, et que tout retour devait lui être interdit, en partie à cause des troupes étrangères qu'elle avait appelées de Castille, comme ennemie du pays, en partie à cause du mauvais vouloir et de la haine qu'elle montrait contre les principaux du royaume, sur lesquels elle pensait à se venger avec l'aide future de son fils.

Les infants d'Aragon prirent un ton plus menaçant que le roi de Castille, en adressant au régent une ambassade (la dernière, disaient-ils), composée de personnages importants de Castille, qui avaient dans leur suite des hérauts et des trompettes pour épouvanter le peuple portugais. En cas de réponse négative, elle devait aussitôt défier le royaume « à feu et à sang, » suivant l'expression de Nunez do Lião (1). A l'instigation des infants, les cortès de Castille avaient accordé une somme d'argent pour soutenir la reine de Portugal dans ses réclamations.

Pedro, ne sachant jusqu'où s'étendaient les moyens et les vues des infants, n'était pas sans inquiétudes. Il semblait n'avoir plus de choix qu'entre une guerre ouverte et une retraite honteuse. Pour gagner du temps, reconnaître les dispositions du peuple et des grands, et se décharger de la responsabilité, il déclara aux ambassadeurs que la chose était trop grave, et qu'il ne pouvait faire de réponse sans consulter le royaume; qu'ils pouvaient donc attendre les résolutions des cortès qu'il allait convoquer à cet effet. Les ambassadeurs furent d'autant plus contents, que leur véritable dessein était de semer l'inquiétude et la crainte dans le pays (2). Cependant, sur l'ordre de Pedro, qui vraisemblablement pénétrait leurs vues, et songeait à bien faire ressortir leurs menaces par des démarches décidées, les infants Henrique et João se rendirent dans leurs comarcas, mirent les places en état de défense, et prirent des dispositions comme si la guerre était déjà déclarée. Toutes les relations de commerce avec la Castille furent interrompues. Après que le régent eut mis devant ses yeux, selon sa coutume, les opinions écrites des principaux du royaume, il partit ainsi que l'ambassade castillane pour Evora, où se rassemblaient les états (janvier 1442).

Lorsque les ambassadeurs produisirent leurs insolentes demandes dans les cortès, l'assemblée fut saisie d'une profonde indignation; on demanda la guerre. Après mûre délibération, on résolut de tout abandonner aux lumières et à la prudence du régent. Avec l'agrément des procuradores, et après avoir reçu l'avis des grands absents, le régent répondit : « qu'il ne pouvait se rendre aux désirs des ambassadeurs; qu'une guerre

---

(1) Pina, cap. 77.

(1) Pina, cap. 12.
(2) Pina, cap. 79.

entre des proches parents et des amis lui serait bien pénible ; mais que si le roi la commençait injustement, elle ne durerait pas longtemps, car lui-même irait recevoir le roi sur les champs de bataille, et ne l'attendrait pas entre les murs d'un appartement. Qu'il espérait de la justice de Dieu sortir victorieux de cette lutte, comme son père avait fini par triompher dans une semblable. » Là-dessus, le régent congédia les ambassadeurs qui, malgré leurs menaces précédentes, ne déclarèrent pas la guerre.

C'était dans le fait une pitoyable comédie que la manière dont cette ambassade avait été conduite de la part de la Castille (1). Les plaintes que la reine éleva près de ses frères, et le triste résultat de cette manœuvre diplomatique dont on avait conçu de si hautes espérances, déterminèrent les infants aragonais à une nouvelle tentative ; en faisant présenter au régent des réclamations semblables par les cortès de Castille, ils pensaient bien leur donner plus de poids. Quoiqu'en Portugal on eût été désabusé par ce qui venait de se passer, et que les menaces castillanes eussent perdu toute leur force par leur vanité ouvertement reconnue, néanmoins la nouvelle ambassade produisit assez d'effet pour que le régent offrît, sans pourtant y être obligé, de rendre à la reine sa dot et son douaire, et tout ce qu'elle possédait dans le royaume, en tant que cela ne se rattachait pas aux biens de la couronne, et, de plus, de donner à ses serviteurs deux mille doublons en or, comme indemnités. Après le retour de l'ambassade, le roi de Castille réunit les grands du royaume en un conseil auquel assistèrent aussi les infants et la reine Leonor. On posa la question, s'il fallait déclarer la guerre ou maintenir la paix, et les avis furent partagés. Alors le comte de Haro se leva, et démontra par des raisons frappantes, que les traités subsistants entre la Castille et le Portugal ne permettaient pas au roi d'engager une guerre pour les intérêts de la reine Leonor, si étroits que fussent les liens de parenté entre les deux maisons ; qu'il ne pouvait intervenir dans cette affaire que d'une manière officieuse. Beaucoup de seigneurs présents adhérèrent à cet avis ; ensuite le comte se tourna vers la reine, en disant : que l'attachement dont il avait fait preuve pour elle et pour ses frères devait lui garantir ses bonnes intentions ; qu'elle était engagée dans une funeste erreur, si elle se promettait des succès d'une invasion en Portugal, où elle aurait à combattre la volonté des infants portugais, qui étaient chéris du peuple ; qu'elle recueillerait la haine, bien loin d'attirer à elle les esprits, si elle pénétrait dans le royaume qu'elle voulait gouverner, le fer et le feu à la main, sans considérer les lourds sacrifices qu'elle arracherait à la Castille. Tandis que l'infant Pedro serait soutenu par le connétable de Luna et le grand maître d'Alcantara ses alliés en Castille, les infants d'Aragon seraient-ils assez puissants pour faire la guerre en Portugal et en même temps tenir tête à leurs ennemis en Castille ? Les Portugais étaient vaillants, fidèles, et hostiles à tout joug étranger ; quoique partagés en factions, réunis bientôt par une seule volonté en face de l'ennemi commun, ils seraient animés par un seul esprit. En supposant même le Portugal conquis, les Castillans le laisseraient difficilement sous le gouvernement d'Affonso ou de la reine elle-même. D'ailleurs le roi ici présent, qui, cédant aux instantes prières de la reine et de ses frères les princes aragonais, avait envoyé la dernière ambassade, était opposé à une guerre qui était si peu réclamée par son honneur et celui du royaume. « En conséquence, concluait le comte, voici mon avis, princesse : acceptez, dans l'intérêt de votre repos, toute proposition équitable qui vous est faite de la part du Portugal ; et, dans le cas contraire, soyez assurée que vous aurez à recueillir plus de pertes et de mortification (1). » Les

---

(1) Pina, cap. 80.

(1) *Voyez* tout le discours dans Pina, cap. 80.

représentations d'un homme aussi éclairé que généreux et sincère, furent goûtées de beaucoup de membres de l'assemblée et du roi lui-même ; Leonor dut s'y conformer et se soumettre aux circonstances devenues impérieuses. On envoya encore en Portugal une ambassade chargée de demander, au nom de la reine, une somme considérable pour soutenir elle et les siens. Pour examiner cette nouvelle réclamation, le régent voulut rassembler les cortès. Mais, avant qu'elles fussent convoquées, Leonor mourut.

Ses derniers jours avaient été remplis d'amertume. La nouvelle élévation du connétable Alvaro de Luna avait eu pour résultat immédiat la chute des infants d'Aragon, et Leonor, regardée de mauvais œil par le roi et par la reine, avait quitté la cour et s'était retirée à Tolède. Là elle tomba dans une si grande détresse, qu'il lui fallut soutenir son existence au moyen de dons en argent et en vivres que lui offrirent quelques prélats castillans et quelques nobles dames. Accablée par le renversement de ses espérances, abandonnée par la cour royale, réduite à vivre de la charité des particuliers, enfoncée dans une obscure et sombre misère, elle voyait en Castille se fermer toute perspective d'un meilleur avenir, et l'oubli s'étendre sur elle. Alors elle se sentit attirée de plus en plus vers le pays auquel elle avait dû jadis une plus brillante existence, et, afin de pouvoir y rentrer, elle essaya d'obtenir sa réconciliation avec le régent, par la médiation du comte d'Arrayolos. Elle ne voulait plus retourner en Portugal en reine, pour achever sa vie dans ses domaines; elle aspirait seulement à y paraître comme une sœur puînée du régent, dont les volontés seraient sa loi, toute disposée à se contenter de ce qu'il daignerait lui accorder. Pedro, dont le cœur n'était pas fermé aux sentiments de tendresse et de conciliation, prenait déjà des dispositions pour répondre aux désirs de la reine, lorsqu'on lui apporta la nouvelle de sa mort, arrivée à Tolède le 19 février 1445.

Cette mort si brusque et inattendue fit naître le soupçon que Leonor avait été empoisonnée. Ceux qui voyaient dans Pedro l'adversaire de la reine, sans considérer la nature de l'homme, osèrent lui imputer un crime qui, dans un temps où la reine était redoutable par sa puissance, aurait pu être au moins avantageux au régent, mais maintenant qu'une malheureuse femme délaissée sans secours implorait son assistance et sa pitié, eût été inutile autant qu'atroce. Une telle action était d'ailleurs entièrement étrangère à ses sentiments et à sa manière de se conduire. Aussi nulle âme élevée ne se sentit gagnée par l'ombre du soupçon (1). Mais le bruit se répandit que le connétable Alvaro de Luna, se servant d'une femme de Jehescas, qui avait accès près de la reine Leonor, lui avait fait donner du poison, de crainte qu'elle ne pût introduire de nouveau dans Tolède l'infant Henrique d'Aragon, qui en avait été chassé. Ce bruit trouva d'autant plus de crédit, que, quinze jours après, la sœur de Leonor, la reine Maria, mourut également de l'effet du poison, à ce que l'on prétendit, administré par les manœuvres de Luna (2).

Sur un esprit tel que celui de Pedro, la mort de Leonor et les tristes vicissitudes du sort de cette princesse durent faire une impression profonde. Il devait y être d'autant plus sensible, frappé dans ces dernières années par de rudes coups, qui renversèrent plusieurs membres des plus chers de sa famille. En juin 1443, il apprit que son infortuné frère Fernando avait succombé à ses souffrances; et cette nouvelle était d'autant plus douloureuse, qu'elle faisait apparaître les effroyables circonstances au milieu desquelles le prince était descendu dans la tombe. Une année à peine était écoulée depuis qu'une mort prématurée avait arraché à ses côtés le plus jeune de ses frères, son bien-aimé João (fin d'octobre 1442), prince doué de qualités excellentes et de nombreuses

---

(1) Pina, cap. 84.
(2) Pina, cap. 85.

vertus, qui, tant qu'il vécut, brûla d'un zèle admirable pour la prospérité et la gloire de sa patrie. Sa perte fut considérée comme une calamité publique; elle fut donc profondément ressentie, et pleurée par beaucoup de monde. Elle fut plus cruelle encore pour Pedro; la conformité de goûts, d'idées et de principes, avait fortifié le lien d'amour fraternel qui les unissait. Abattu par la douleur, le régent approcha des portes du tombeau, ayant toujours l'image de João dans le cœur. Après la mort de ce digne frère, il reporta l'amour qu'il lui avait tant de fois témoigné durant sa vie sur ses enfants, sur lesquels il exerça une surveillance paternelle. La fille aînée, Isabelle, remarquable par sa beauté et ses vertus, fut mariée au roi Juan II de Castille. De cette union naquit Isabelle, plus tard épouse de Fernando le Catholique. La seconde, Beatriz, épousa le frère du roi Affonso, le prince Fernando, dont elle eut Manoel, qui dans la suite monta sur le trône de Portugal. La troisième fille, Filippa, mourut sans avoir été mariée. Au fils de l'infant, Diego, le régent donna aussitôt la grande maîtrise de Santiago et la dignité de connétable, avec tout ce que son père avait possédé. Mais Diego mourut très-jeune, dès le commencement de l'année 1443. Ensuite le roi Affonso conféra au fils aîné du régent, Pedro, à la demande du père, la charge de connétable. Mais le comte d'Ourem y éleva des prétentions, comme à une dignité héréditaire qui lui appartenait du chef de son aïeul Nuno Alvares Pereira. En vain le régent lui représenta que le roi l'avait conférée à son fils, rappela la concession toute récente de Braganza et du château d'Outeiro que le comte venait de recevoir, lui fit sentir que par la mort de son père, décédé dans un âge fort avancé, il se trouvait en possession d'un duché et de trois comtés, ce qui formait d'immenses domaines dans un petit Etat comme le Portugal, qu'il devait donc laisser l'épée de connétable aux mains du jeune prince qui la tenait. Le comte, dominé par la convoitise, et blessé d'un refus qui dérobait une proie nouvelle à son avide ambition, conçut un si profond ressentiment contre le régent, qu'il ne se présenta plus chez lui tant qu'il gouverna, et ne reparut même plus à la cour du roi. Ce ne fut point assez : sa haine implacable poursuivit Pedro sans relâche par des calomnies et des trames odieuses, et, ne se trouvant pas encore apaisé par la mort sanglante de son ennemi, il voulut souiller la plus précieuse partie de son héritage, la pureté de sa mémoire ; bien plus, il attaqua la bonne renommée de sa fille, s'il ne l'empoisonna pas elle-même.

§ 2. *Evénements depuis la mort de la reine Leonor jusqu'à la mort de l'infant Pedro.*

Pedro, se préparant à remettre le gouvernement à son neveu Affonso parvenu à l'âge de quatorze ans, est supplié solennellement par le jeune roi, dans l'assemblée des états, de continuer à gouverner comme précédemment. — Les manœuvres de ses ennemis déterminent l'infant à prendre son congé. — Ses défenseurs. — Pedro est noirci et persécuté par le duc de Braganza et le comte d'Ourem. — Expédition contre l'infant et fuite du duc. — Considération dont jouit l'infant. — Le comte d'Abranches. — Vaine tentative de la reine pour réconcilier son père et son époux. — Le roi marche avec une armée contre son oncle. — Bataille sur l'Alfarrobeira, et mort de l'infant. — La reine Isabelle tombe malade. — Sa mort. — Caractère de Pedro.

Lorsque Affonso eut atteint sa quatorzième année, âge fixé par la coutume de l'Etat pour l'époque de la majorité politique, le régent résolut de lui remettre le gouvernement. Dans une assemblée solennelle des états du royaume, qu'il avait convoqués à cet effet à Lisbonne au commencement de l'année 1446, se fit cette cérémonie; le régent, à genoux, présenta au roi le sceptre de la justice, symbole du pouvoir supréme. Ensuite Affonso se rendit dans son appartement, où les infants et beaucoup de grands le suivirent. Lorsque Pedro se fut entretenu quelque temps en ce lieu avec le roi sur la manière dont il devait gouverner à l'avenir, celui-ci, après l'avoir écouté avec beaucoup d'attention, pria l'infant de vouloir bien encore manier le pouvoir en son nom, comme précédemment, jusqu'à ce que lui-même fût en état de le faire; car il craignait, seul et sans assistance, de n'avoir pas encore les forces nécessaires pour une tâche si difficile. Trois jours après, dans une nouvelle assemblée, le docteur Diogo Affonso Manga-Ancha, qui, au nom de Pedro, avait prononcé un discours d'adieu, fut chargé maintenant d'exposer aux assistants les vues et les résolutions du roi. Affonso déclara, par la bouche de l'orateur, que son oncle avait déposé le pouvoir entre ses mains, peignit les services que l'infant avait rendus au trône et à l'État, et au tribut d'éloges si bien mérités il joignit l'expression de la plus vive reconnaissance. Pour rendre un digne hommage à ses services, le souvenir devait être inscrit et conservé dans les actes publics, « comme un témoignage sincère et manifeste des obligations qu'Affonso et ses descendants avaient contractées envers l'infant. » Il remercia son oncle pour les bons enseignements qu'il lui avait donnés, pour l'amour et le sincère attachement qu'il lui avait toujours montrés. Comme maintenant il n'avait pas encore l'âge et l'expérience pour se diriger seul, et pour gouverner le royaume; qu'il avait besoin d'un homme grave qui l'instruisît et le soutînt, et que nul dans le royaume entier n'y était plus propre sous tous les rapports que l'infant don Pedro, spontanément et sans aucune impulsion étrangère, il l'avait choisi afin qu'il gouvernât avec lui le royaume, jusqu'à ce que lui-même fût capable de régner seul. Il ordonna donc à chacun de prêter pleine et entière obéissance à l'infant. En même temps le roi fit confirmer son mariage avec la fille de son oncle par les grands et les députés des communes qui étaient présents, représentant cette union comme l'objet de ses plus vifs désirs, et les fiançailles célébrées à Obidos pendant sa minorité, maintenant qu'il avait atteint sa majorité, comme l'œuvre de son libre choix (1). Mais l'étoile de Pedro qui se relevait allait bientôt pâlir !

Ses adversaires, le comte de Barcellos, depuis 1443 duc de Braganza, le fils de celui-ci Affonso, comte d'Ourem, l'archevêque de Lisbonne, et leurs adhérents, apprirent avec un dépit secret que l'infant allait de nouveau être chargé du gouvernement. Le duc s'était même beaucoup agité, pour empêcher cela, dans l'assemblée des cortès. Mais le jeune roi, étant encore trop fortement attaché à son oncle par l'amour et la reconnaissance, suivait sans préoccupation la bonté naturelle de son cœur. Cependant les ennemis de Pedro, et surtout le duc et le comte d'Ourem, travaillaient en secret et sans relâche à indisposer Affonso contre son oncle, et ils surent à force d'insinuations odieuses exciter la défiance contre lui. Enfin ils déterminèrent le flexible adolescent à demander à l'infant de se démettre maintenant de la régence, parce que maintenant il désirait gouverner seul. Pedro, auquel n'avait pas échappé le changement dans les dispositions du roi, et qui connaissait que des influences étrangères s'étaient mises en jeu, répondit « qu'il ferait cela plus volontiers qu'on n'avait pu le faire croire au roi : car lorsque dans les dernières cortès il s'était refusé à reprendre le pouvoir pour la seconde fois, et qu'il y avait été néanmoins forcé, il avait bien vu que Dieu avait accordé au roi assez de lumières et de capacités pour gouverner seul et sans assistance étrangère. Comme c'était maintenant la volonté du monarque, il le priait, en saisissant les rênes du gouvernement, d'accomplir en même temps son mariage, attendu qu'il avait l'âge requis, et que l'État ainsi que l'honneur réclamaient cette union. »

---

(1) Pina, cap. 86.

Le roi accéda de suite à cette demande ; on fixa le moment de la célébration du mariage, et l'on prit les dispositions nécessaires. Mais, à l'instigation des ennemis de l'infant, surtout de l'archevêque de Lisbonne, qui avait de nuit des entretiens avec le roi, Affonso, sans s'occuper des conventions arrêtées avec son oncle, lui demanda de se dessaisir du gouvernement avant le moment fixé ; car il désirait, ainsi que son honneur et sa dignité le demandaient, gouverner quelque temps seul avant de se marier. Pour ne pas causer de plus grands maux, Pedro renonça de suite au pouvoir, et s'abstint à l'instant de tout acte relatif au gouvernement. Au mois de mai 1447, le roi monta sa cour à Santarem, et célébra en même temps son mariage avec la fille de l'infant, sans y étaler la pompe et la joie que le père de la fiancée aurait désirées.

Après que le duc de Braganza eut rempli le roi de soupçons, il s'occupa maintenant de rendre l'ex-régent suspect aussi aux yeux du peuple et de le placer sous un jour odieux. Suivi d'une troupe armée, il se mit en mouvement de Chaves, se rendit à Porto, Guimaraens, Ponte de Lima, et autres lieux de cette comarca, déposa partout les adhérents de Pedro des places qu'ils avaient obtenues du roi, les outragea et les expulsa comme traîtres au pays, et, affectant des craintes d'hostilités de la part de l'infant, il plaça dans ces localités et ces châteaux des corps de gardes, comme si le roi avait déjà déclaré la guerre à son oncle. L'infant fut saisi de douleur et d'indignation lorsqu'il eut avis de ces faits : car il avait attaché le plus haut prix à la loyauté de ses sentiments, à sa fidélité inaltérable, que maintenant l'on suspectait si méchamment. Mais le coup le plus cruel lui fut porté lorsque, par d'odieuses manœuvres, on lui refusa le seul moyen de se défendre, de sauver son honneur, et de démontrer l'injustice commise envers lui ; on lui interdit l'accès auprès du roi.

Dans ce temps, à la cour du roi s'agitait un fidalgo portugais, revêtu du titre de protonotaire pontifical, jeune homme d'une grande habileté dans les affaires, acquise pendant son séjour à la cour de Rome, doué de certaines connaissances scientifiques, d'une élocution grande, prompte et facile, d'une grande finesse et d'un art profond de dissimulation ; c'était un sujet dévoué au comte d'Ourem et au duc de Braganza. Ils le firent venir à la cour, lui fournirent toutes les informations nécessaires, et là, sous le prétexte de suivre les affaires dont il était chargé pour Rome, il jeta très-activement des semences de discorde entre l'oncle et le neveu. Son zèle apparent pour la cause de Pedro, l'attachement qu'il feignait pour sa personne séduisirent celui-ci. L'homme du monde habile devint bientôt le commensal de l'infant, son compagnon habituel à la chasse et à la maison. Ensuite il se glissa secrètement auprès du roi ; car son coup d'œil rapide et pénétrant, son esprit inventif avaient déjà su saisir et préparer les moyens suffisants pour faire fructifier dans le cœur jeune et ouvert du roi les germes de défiance et de soupçons, qui déjà y avaient été jetés contre son oncle. Il devint facile au politique artificieux de faire croire au roi que Pedro méditait quelque mauvais dessein contre son neveu, pour dominer seul, et élever ses fils ; car il se donnait auprès d'Affonso pour un grand admirateur et un partisan dévoué de l'infant, qui lui avait donné des preuves multipliées de faveur. Mais, ajoutait-il, en bon Portugais et fidèle vassal, il se regardait comme lié par des devoirs plus impérieux envers le roi qu'à l'égard de l'infant. Personne ne nuisait donc plus alors à la cause de l'infant que cet habile artisan de discordes. Il circonvint le jeune roi, et le domina de telle sorte, qu'il put produire sur lui toutes les impressions qu'il désirait. Ce fut lui aussi qui détermina le roi à se rendre à Torres-Novas pour conférer avec le comte d'Ourem. Là fut poursuivie l'œuvre si bien préparée par le protonotaire. Le comte représenta au roi combien il serait défavorable à son honneur que l'infant se tînt à la cour ; que chacun, croyant que celui-ci gouvernait seul, n'obéissait qu'à lui, et le respectait plus que le roi. Pour ces motifs et pour d'autres encore fournis par le comte, il fallait éloigner l'infant de la cour; et, afin que cela parût moins choquant, le roi pouvait, au lieu de retourner à Santarem, faire notifier à son oncle cette résolution par un autre. Le roi pensa bien que le congé devait être donné à l'ex-régent, mais non pas de la manière proposée, qui lui semblait entachée de lâcheté et d'ingratitude, et il déclara vouloir annoncer lui-même à l'infant son éloignement. Lorsque le dessein du roi fut communiqué à Pedro, auquel il fut dit en même temps qu'Affonso, en cas de désobéissance, avait ordonné de réunir les troupes de la comarca, il résolut sagement de faire librement ce qu'il aurait été contraint d'exécuter. Cachant sous une apparente sérénité la douleur qui rongeait son cœur, il parut devant le roi. « Seigneur, dit-il, j'ai rempli pendant dix années, de mon mieux, selon mes lumières et mes forces, les fonctions qui m'avaient été confiées par vous et par l'Etat; durant ce temps j'ai appliqué peu d'attention à mes possessions, et, comme chacun le sait, cette absence m'a fait subir de grandes pertes dans ma fortune. Par la grâce de Dieu, vous avez atteint l'âge et acquis les capacités nécessaires pour gouverner votre royaume et un plus grand encore; permettez-moi donc de me retirer maintenant, et de consacrer mes soins à mes possessions. Si une affaire importante nécessitait ma présence, faites-moi appeler; vous reconnaîtrez dans cette circonstance, comme en toutes choses, que j'ai plus d'amour pour vous que tous vos vassaux et serviteurs, et que je les surpasse tous en fidélité et en obéissance. » Le roi fut charmé de cette demande, qui lui épargnait le désagrément de signifier un congé à son oncle. La joie d'être tiré d'embarras, la vue de l'homme qu'il avait considéré tant d'années avec amour et respect, les sentiments puissants qui, dans ce moment si grave, s'échappèrent librement d'un cœur égaré, mais encore préservé de la corruption, ébranlèrent fortement le jeune homme, et le rendirent en quelque sorte à lui-même.

Avec une émotion qui ne paraissait pas feinte, il donna le congé désiré, vit avec douleur s'éloigner le noble prince profondément blessé, et ordonna de lui donner l'assurance solennelle qu'il approuvait et confirmait tout ce que l'infant avait fait au nom du roi durant tout le temps de la régence (1).

Vers la fin de juillet, l'infant quitta Santarem avec ses fils et ses serviteurs, et se rendit à Coimbra. Aussitôt que ses adversaires virent le champ libre, ils vinrent à la cour; c'étaient le comte d'Ourem, l'archevêque de Lisbonne et le comte Sancho, avec d'autres de leur parti, et, maintenant que l'obstacle redouté était éloigné, ils poussèrent l'œuvre commencée avec plus d'audace. Sourds à la voix de la conscience, et sans crainte de la justice divine, ils poursuivirent leur victime sur toutes les voies et par tous les moyens que la haine, la passion de la vengeance et la méchanceté peuvent imaginer. Affonso, cet adolescent, indignement trompé, devint leur instrument; parlant toujours de son intérêt et de celui du royaume, ils tendirent vers le but de leurs passions et de leurs combinaisons hypocrites. Ils persuadèrent au roi, sous le prétexte d'une amélioration dans l'administration de la justice et des revenus publics, et d'une garantie plus grande pour sa propre vie, d'enlever toutes leurs places aux serviteurs et aux adhérents de l'infant, et pour cela ils lui produisirent de faux témoignages attestant que l'un aurait prévariqué dans un jugement, un autre aurait malversé les deniers publics, un troisième aurait cherché à donner du poison au roi, chacun selon l'occasion que pouvait lui offrir son emploi. A force de menaces ou de récompenses, ils déterminèrent des personnes étrangères à faire la déposition qui leur était demandée, engagèrent les serviteurs de la reine Leonor à augmenter la gravité de leurs plaintes contre l'infant, en y mêlant des accusations inouïes, et mirent enfin le comble à leurs calomnies empoisonnées, en arrêtant une liste de faits dont ils vou-

---

(1) Pina, cap. 89.

..t charger l'infant; ils s'efforcèrent d'y montrer que, par ambition, il avait fait mourir le roi Duarte, qu'il avait ordonné d'administrer du poison à sa belle-sœur Leonor et à son frère João, etc. Des témoins subornés devaient confirmer chaque article. Les persécuteurs de Pedro savaient bien que pendant sa vie il serait toujours à craindre. Ils connaissaient son autorité auprès du peuple, l'amour et le dévouement qu'avaient pour lui les communes, qui voyaient en lui la victime de ses bons sentiments; l'énergique appui que lui donnaient des fils pleins de force et d'ambition; la puissante impression, facile à renouveler, que sa personne produisait sur un roi jeune et sensible, et enfin le pouvoir pacifique, mais irrésistible, que la reine sa fille, douée de vertus douces et attractives, devait peu à peu gagner sur le roi, pouvoir qui deviendrait complet et absolu, si un gage de leur amour venait resserrer les liens qui unissaient les deux époux. Les ennemis de Pedro se hâtèrent donc de le pousser aux dernières extrémités, et des insinuations vagues et des calomnies ils passèrent à des accusations ouvertes et capitales. L'infant fut dénoncé comme empoisonneur, fratricide et régicide.

Quand l'infant Henrique apprit, dans les Algarves, comment son frère Pedro était calomnié et persécuté, il partit pour Lisbonne, où le roi se rendit aussi de Santarem. Il chercha bien à défendre l'infant, mais non pas avec la ferme résolution et l'énergie qu'il devait à son noble frère, que le monde attendait de lui, et qu'il lui était possible de déployer (1). Qu'avait-il à craindre, lui si indépendant, qui n'avait de responsabilité qu'envers lui-même? Les plus graves dangers que pût courir le soutien déterminé de son frère pouvaient menacer également le défenseur tiède et indolent. L'archevêque de Lisbonne et le comte d'Ourem, avec d'autres de leur parti, qui craignaient sa haute importance dans le royaume, et la confiance dont il jouissait auprès du roi, le rendirent suspect au crédule Affonso, le représentèrent comme le complice de Pedro, et l'accusèrent des mêmes crimes.

Le comte d'Abranches, Alvaro Vaz de Almada, se montra plus résolu et plus énergique. Comme partisan déclaré de l'infant Pedro, et adversaire du comte d'Ourem, dans le temps où il revint de Ceuta à la cour, il ne fut pas accueilli par les grands ainsi que le méritaient ses services envers le pays et le roi. Soulevé peut-être par un sentiment d'orgueil personnel, il défendit avec un courage intrépide et une noble générosité l'honneur et la conduite de Pedro, devant le roi et la cour, en public comme dans les cercles intimes, dénonça avec une grande audace les calomnies empoisonnées, les manœuvres odieuses, les faux témoignages avec lesquels on poursuivait l'infant. Vainement ses ennemis pressèrent le roi de ne pas écouter le comte, et de le bannir du royaume. Affonso, qui avait souvent entendu dire à l'infant Henrique, que le comte était le chevalier le plus valeureux et le plus habile au maniement des armes de toute l'Espagne, et qui avait un goût déclaré pour de grandes entreprises militaires, se réjouit beaucoup au contraire de pouvoir s'entretenir avec le guerrier tant vanté. On imagina donc une ruse pour décider le comte à s'éloigner de lui-même. Quelques-uns de ses amis convinrent de lui conseiller en secret, et pour ainsi dire clandestinement, de quitter la cour, afin de ne point assister à une délibération publique du roi avec les grands, parce que là il devait être arrêté à cause de ses rapports avec l'infant Pedro. Mais le comte répondit avec une généreuse assurance : « Amis, en considération des services que j'ai rendus à la maison de Portugal, ce sont des châteaux et des domaines qui devraient m'être donnés, et non point des fers; malgré tout ce que vous

---

(1) D'après Pina, cap. 90, p. 362. Nuno de Liâo le reprend plus rudement : « Mas elle, ou pella sequidão de sua condição, ou frialdade o fez tão remissamente, sen do tempo, em que pudera atalhar grandes males, se quizera, que não montou nada sua vinda, nem fez officio de irmão. » Cap. 16, p. 169.

pouvez me dire à ce sujet, je n'éviterai ni de conseiller ni de servir le roi, auquel j'ai toujours été fidèle. Si pour le motif que vous me dites on doit agir contre moi, certes, dans la défense de mon honneur et de l'innocence de Pedro, je me montrerai digne de l'ordre de la Jarretière dont je suis chevalier. Avec la grâce de Dieu, mon bras ne restera pas oisif, et ceux qui prétendent s'attaquer à moi descendront, je l'espère, dans la tombe, avant que je me trouve dans un cachot; ne pleurez donc pas ma perte; par une mort honorable, je me perpétuerai glorieux et respecté dans la mémoire des hommes. » L'heure de la réunion approchant, le comte mit un brillant vêtement par-dessus sa cuirasse, et parut ainsi dans le palais. Ses ennemis, étonnés de son intrépidité et de son audace, dissimulèrent leur dépit. « Comme un homme paraissant menacer plutôt que craindre pour lui-même, » il se présenta dans l'assemblée, à laquelle assistait le roi avec beaucoup de grands et les principaux ennemis de l'infant, s'exprima sur ce prince et sur lui-même avec d'autant plus d'énergie, que son calme était plus réfléchi, sa conviction plus puissante, et démontra la fidélité et la loyauté de Pedro par des raisons si saisissantes, que personnne ne put les combattre; il conclut par cette déclaration : « Tous ceux, de quelque ordre qu'ils fussent, qui auraient prétendu le contraire devant le roi, seraient de misérables traîtres; je suis prêt, avec la permission du roi, à les combattre à ciel découvert, moi seul contre trois des meilleurs d'entre eux à la fois. » Affonso entendit avec une satisfaction et une bienveillance manifestes le comte parler ainsi, à la grande mortification de ses ennemis. Ces hommes perfides, pour l'enlever à l'influence redoutée de l'infant Henrique et du comte d'Abranches, l'emmenèrent bien vite à Cintra.

Ensuite Henrique et le comte visitèrent l'infant Pedro à Coimbra, et s'entendirent avec lui sur les moyens d'arrêter les trames ourdies contre lui. Là ils apprirent aussi qu'à l'instigation du comte d'Ourem et de ses adhérents le roi avait interdit de Cintra, sous des peines sévères, à tous les fidalgos et grands du royaume, de visiter l'infant et de communiquer avec lui. Affonso fit même signifier à l'ex-régent qu'il était exclu de la cour, qu'il se gardât d'y paraître sans un ordre royal, ou de quitter ses domaines, le tout sous des peines très-graves. En vain les infants, profondément affligés de cet ordre outrageant, députèrent-ils auprès du roi un commandeur de l'ordre du Christ pour justifier le banni; on sut détourner l'effet de cette mission, et l'on prépara de nouveaux filets pour enlacer l'infant.

Bientôt après, des messagers royaux apportèrent l'acte d'un accommodement ménagé par le roi, qui ordonnait et garantissait la paix entre le duc de Braganza et l'infant Pedro, et ils demandèrent à ce dernier d'apposer son nom et son sceau à la droite du seing royal, ainsi que devait faire le duc de l'autre côté. Par le choix des messagers, qui étaient ses ennemis, et par des passages de l'acte qui blessaient son honneur, Pedro pénétra bientôt les vues perfides de ses persécuteurs; dans le cas où, en raison des passages offensants pour lui, il refuserait de signer, on voulait l'accuser de rébellion, et justifier ainsi auprès du roi tout châtiment qui tomberait sur le coupable. Et en effet, dans le moment même où s'expédiait l'acte en question à la cour, un ordre par écrit était adressé aux villes et aux grands du royaume, de se préparer à la guerre, afin que, si l'infant ne répondait pas à la sommation, on pût à l'instant entrer en campagne contre lui. Contre l'attente de ses ennemis, Pedro signa et déjoua ainsi leurs plans. Il ne fut plus question d'observer le traité; mais on avisa bientôt à de nouveaux moyens de trouver l'infant coupable et de le renverser. On l'accusa de rassembler des armes et des vivres dans ses châteaux et ses forteresses. Pedro démontra que cette opinion était sans fondement; néanmoins on enleva à ses adhérents les places fortes qu'on leur avait confiées. On déposa les fonctionnaires des hauts emplois de la justice et des finances, qui lui étaient affectionnés, et qui jusqu'alor étaient restés en place. Le roi retira au fils même de l'infant la dignité de connétable, qu'il donna, non point au comte d'Ourem, mais à l'infant Fernando, afin d'adoucir un peu le coup de sa disgrâce. Enfin ses persécuteurs se réjouirent dans leur perversité d'avoir trouvé une ruse qui devait anéantir l'objet de leur haine. Le roi lui fit réclamer les armes qui étaient gardées dans l'arsenal de l'infant à Coimbra, depuis que son fils le connétable était revenu de son expédition de Castille, où il était allé pour appuyer le roi Juan II contre les infants aragonais. S'il livrait les armes, il se dépouillait des moyens de défense contre ses ennemis, et, s'il refusait de les remettre, il donnait au roi le droit de punir sa désobéissance, et fournissait à ses adversaires une occasion désirée d'éteindre leur soif de vengeance dans son sang. Pedro pénétra leurs desseins, et s'excusa auprès du roi avec des raisons solides. Mais Affonso insista d'une manière d'autant plus absolue sur sa demande; enfin Pedro déclara « que, dans les circonstances actuelles, il ne pouvait et n'osait donner les armes; car le roi n'en avait pas besoin contre ses vassaux, encore moins contre ses ennemis. En conséquence, puisque son innocence et ses anciens services ne le protégeaient pas contre ses persécuteurs devant le roi, il priait son souverain de lui laisser quelque temps ses armes de fer pour la défense de son honneur et de sa vie. » Après ces représentations et d'autres analogues, il faisait au roi les propositions les plus admissibles; mais ce fut en vain; Affonso persista dans sa réclamation.

La perfidie infatigable avec laquelle on poursuivait sans relâche un prince d'un si grand mérite devait révolter toutes les nobles âmes, et lui susciter des défenseurs animés d'un assez grand courage pour faire tête à ses ennemis et ouvrir les yeux au roi aveuglé. Ainsi le fils du duc de Braganza, frère du comte d'Ourem, le comte d'Arrayolos, à la nouvelle des outrages que subissait l'ex-régent, quitta Ceuta, où il était commandant, et parut tout à coup à la cour afin de ménager, en ami sincère de l'infant et en fidèle serviteur du roi, la réconciliation de ces deux princes. Son père et son frère, ennemis implacables de Pedro, n'ayant pu le détourner de son projet, le calomnièrent aussi auprès d'Affonso, et empêchèrent tout entretien du roi avec le commandant de Ceuta. Mais le loyal et intrépide chevalier, en dépit de tous les obstacles, ne se lassa pas d'avoir recours à tous les moyens pour amener l'infant à la cour, où il pourrait lui-même démontrer son innocence. Enfin les calomniateurs employèrent un stratagème qui leur réussit; ils répandirent le bruit que les Maures s'approchaient en force, et le noble comte se vit obligé de retourner à son poste, douloureusement affecté du triste sort de son ami. Il ne revint en Portugal qu'après la mort de Pedro.

Beaucoup de sujets s'efforcèrent encore de rétablir l'union entre le roi et l'infant. Mais Affonso était tellement circonvenu par les ennemis de Pedro, que tout accès était fermé à la vérité, et peu à peu parut s'effacer dans son esprit le souvenir des services de son oncle, et s'éteindre la dernière lueur de foi dans son innocence; car on ne s'était pas lassé de remplir cette âme jeune et faible de fausses idées et de calomnies empoisonnées. C'était là ce qui affligeait le plus l'infant; comme il voyait, dans l'erreur où l'on retenait Affonso captif, la source de sa mésintelligence avec ce monarque, de ses outrages et de ses persécutions, il attendait de la vérité seule la lumière pour éclairer la loyauté de ses sentiments, et faire entrevoir la seule perspective à la réconciliation désirée (1). Pour démontrer la vérité au roi abusé, l'infant lui écrivit plusieurs fois par son confesseur, essaya de l'éclairer sur le but et les odieux moyens de ses conseillers, qu'il le pria d'éloigner, et il exprima les sentiments que lui inspiraient la conscience de son innocence, de l'accomplissement rigoureux de ses devoirs dans le service de l'Etat, de sa fidélité inviolable et de son amour pour son

---

(1) Pina, cap. 95, p. 372.

neveu. Si ces lettres parvenaient au roi, elles ne devaient pas manquer de produire leur effet; les outrages que l'on avait fait subir à son oncle affligeaient Affonso; il était évident qu'ils ne venaient pas de lui, mais que des obsessions continuelles en avaient arraché l'autorisation à sa faiblesse. Toutefois, si le malheureux infant s'était flatté que le cœur d'Affonso battait encore pour lui, il se vit enlever cette dernière consolation. Comme l'assurèrent dans la suite quelques personnes dignes de foi, on supposa de fausses lettres, qui étaient bien propres à créer l'inimitié entre l'oncle et le neveu. Une comparaison ultérieure des pièces supposées avec des lettres d'une réalité incontestable a démontré qu'Affonso, dans cette fausse correspondance, prenait le ton d'un roi irrité contre un vassal infidèle, tandis que, dans les lettres dictées par lui-même, il tenait le langage d'un fils à son père (1).

Les choses en étaient venues au point que, suivant l'opinion de chacun, il ne restait plus qu'à en appeler à la décision de l'épée. Toutes les calomnies, toutes les manœuvres n'avaient tendu depuis assez longtemps qu'à ce but; c'était le dernier moyen choisi par les ennemis de Pedro, après que tant d'autres avaient échoué ou produit peu d'effet. Comme ils avaient les premiers nourri des pensées de guerre, ils furent les premiers à saisir le glaive.

En octobre 1448, le roi, après s'être rendu de Cintra à Lisbonne, appela le duc de Braganza à la cour, où, d'après le comte d'Ourem, sa présence était devenue nécessaire. Celui-ci informa secrètement son père qu'on allait en venir à la guerre, parce qu'il avait persuadé au roi de faire marcher aussitôt des corps de troupes contre l'infant. Celui-ci fut averti de suite par son espion que le duc, tout en pouvant prendre un autre chemin, se proposait de traverser les domaines de Pedro sans sa permission, afin que, si ce dernier tolérait ce mépris de son autorité, la honte d'une telle lâcheté retombât sur lui; que, s'il s'opposait au passage, il fût accusé d'avoir violé la paix. L'infant résolut d'empêcher la marche du duc, et, dans cette vue, il se rendit à Penella. Aussitôt que l'avis en fut parvenu à Santarem, où le roi se tenait, plusieurs fidalgos quittèrent la cour pour consacrer leurs bras à l'infant auquel ils avaient déjà voué leurs cœurs. Le comte d'Atouguia et ses fils furent les seuls qui l'abandonnèrent, malgré l'étendue de leurs obligations envers Pedro. Toutefois cette désertion lui causa moins de douleur que la tiédeur de son frère Henrique, dans lequel, en ce moment critique, il plaçait sa plus grande confiance, dans l'amour et la haute considération duquel il espérait trouver son plus ferme soutien. Il fit savoir à Henrique, à Thomar, sa situation, ainsi que les projets et les vues du duc, pria son frère de le soutenir de son pouvoir et de son autorité dans les rudes épreuves qu'il méritait si peu, et lui communiqua son plan de s'opposer au passage du duc. Henrique répondit : « qu'il lui ferait dire au plus tôt ce qui lui paraîtrait le mieux dans cette affaire et dans les circonstances actuelles. » Comme on le pressa de questions, il dit: « que l'infant ne devait rien entreprendre, avant qu'il ne lui eût parlé lui-même; » et il se préparait à l'aller trouver, à ce que rapporta le messager (1). Tandis que Pedro attendait l'arrivée de son frère, il apprit que, sans lui en donner avis, il était parti pour aller joindre la cour à Santarem (2). On comprend la douleur qui dut lui percer le cœur à cette nouvelle. Quelques-uns pensèrent que le roi avait appelé l'infant Henrique à la cour pour affaiblir le parti de Pedro. D'autres assurèrent qu'Henrique avait prétexté un tel ordre pour ne pas faire cause commune

---

(1) Pina, cap. 95, p. 375.

(1) Pina, cap. 96.

(2) « E nom sei como esta virtude de piedade falleceo neste pryncepe pera seu irmão, pois em seu coraçam todallas outras parecia que sobejavam, » ajoute Pina avec une certaine piété.

31*

avec son frère, qui était résolu à repousser la force par la force (1).

Cependant Pedro fit plusieurs démarches pour empêcher la guerre d'éclater; mais il se convainquit bientôt qu'elle ne pouvait plus être évitée, et il s'arma maintenant avec toute la rapidité et l'attention que les circonstances exigeaient, et qui dans le moment décisif étaient inhérentes à son énergie active et à sa prudence pleine de calme. Le duc se prépara aussi; mais il trouva les siens peu disposés au combat, surtout contre l'infant Pedro. On s'occupa d'autant plus activement à pousser le roi à une mesure rigoureuse contre l'infant. Sur un ordre royal furent aussitôt arrêtés tous les payements qui lui étaient assignés, saisis tous les revenus qu'il tenait de la cour. Il lui fut ordonné de ne pas arrêter dans sa marche le duc, qui allait au secours du roi. Pedro remontra au messager l'injustice de cet ordre; et ne put contenir son mécontentement, tout en tenant un langage qui pouvait bien être pardonné au grand vassal maltraité envers un prince trompé par de fausses informations, à l'oncle envers le neveu qu'il avait obligé par de nombreux services. Mais ses paroles furent torturées, détournées de leur sens, empoisonnées. « Il n'était pas vassal du roi de Portugal, lui fit-on dire, mais sujet et serviteur du roi de Castille, et, de même qu'il avait expulsé du royaume la reine Leonor, il saurait bien aussi comment se conduire avec le fils de cette princesse. » Ces propos et d'autres du même genre, que l'on prêta à l'infant, furent aussitôt consignés sur des notes, et répandus dans le royaume, afin d'exciter le peuple contre Pedro. Enfin, au commencement d'avril 1449, un messager du roi dut aller exprimer l'étonnement de son maître sur les mouvements de l'infant, et lui signifier « qu'il eût à retourner à Coïmbre pour ne pas quitter cette ville sans une permission royale, et à laisser le passage libre au duc; lui déclarant, en cas de refus, que l'on procéderait aussitôt contre lui avec la rigueur méritée par une telle désobéissance. » L'infant savait bien que répondre; toutefois il se tint à ces termes généraux : « Le roi pouvait donner les mêmes ordres au duc qui avait engagé la querelle; quelque différence qu'il y eût d'ailleurs entre les deux adversaires, ils étaient au moins égaux sur ce point, et le roi ne devait pas interdire à l'un ce qu'il tolérait dans l'autre; si le duc venait pacifiquement, lui Pedro le recevrait en frère; autrement son sang royal ne lui permettait pas de souffrir une telle offense et un tel dédain. »

A la nouvelle que le duc continuait sa marche, Pedro se mit aussi en mouvement de Penella avec ses troupes, s'arrêta près de l'aldea de Villarinho, rangea ses soldats en ordre de bataille, et leur peignit dans une vive allocution les injustices qu'il avait subies, s'efforçant en même temps de justifier sa démarche. Le duc ne croyait pas que Pedro oserait avec si peu de monde s'opposer aux ordres du roi, lorsqu'il apprit qu'il se tenait à quelques legoas de là comme disposé au combat. Mais ce seigneur ne trouva dans ses chevaliers ni l'envie ni le courage d'engager ainsi les hostilités; car ils s'étaient mis en route avec des intentions pacifiques pour accompagner le duc à la cour, sans songer à une rencontre sérieuse au moins avec l'infant, que plusieurs favorisaient en secret, et qu'ils étaient prêts à servir. Le vieux duc ne voulut pas exposer leur vie et leur honneur, et résolut de retourner sur ses pas; mais il en fut empêché par le bruit faussement répandu que l'infant avait enlevé les bâtiments et rompu les ponts du Mondego.

---

(1) Ainsi parle le chroniqueur Pina, qui s'abstient de toute remarque ultérieure; Nuno de Lião, au contraire, qui déjà dans une autre occasion a blâmé la conduite d'Henrique envers son frère, laisse ici carrière à sa sensibilité et à son libre jugement. Il est certain qu'Henrique en cette occasion ne fit pas usage de son autorité et de son influence, comme il le pouvait et le devait. Ses motifs restent encore incertains.

Maintenant il se proposa de mettre secrètement en sûreté sa personne, appela auprès de lui quelques personnes de son entourage, leur communiqua son projet, et leur recommanda de se glisser hors du camp l'une après l'autre. Lui-même s'en éloigna à cheval, à la faveur de la nuit, accompagné seulement de deux personnes. Ses troupes, saisies de terreur quand le matin elles se virent abandonnées, suivirent les traces de leurs chefs. Les guerriers de Pedro se divertirent beaucoup de cette dispersion, et voulaient poursuivre les fugitifs. « Laissez-les courir maintenant, dit l'infant à ses gens, et je remercierai Dieu que les choses se soient passées ainsi. »

A Covilhão, le duc rassembla son monde avec beaucoup de peine, et reconnut qu'il avait fait des pertes considérables. A l'instigation du comte d'Ourem, ces gens, qui faisaient une honteuse retraite, furent reçus avec une pompe triomphale, comme s'ils avaient remporté une glorieuse victoire dans un combat acharné. Mais on représenta au roi l'affront que le duc s'était attiré comme s'il avait été fait à lui-même.

Lorsque l'on traita de ces faits dans le conseil royal en présence d'Affonso, l'infant Henrique parut un instant vouloir agir pour son frère. Beaucoup de sujets, qui n'osaient pas se présenter isolément contre des hommes si puissants, déjà se réjouissaient à l'idée de voir dans Henrique un puissant champion du prince persécuté, sous la protection duquel ils espéraient pouvoir manifester en faveur de Pedro tout ce qu'ils se sentaient obligés de comprimer en eux-mêmes. Mais cet espoir s'évanouit. Henrique ne voulut pas ce qu'il pouvait et devait; ceux-ci ne pouvaient pas ce qu'ils voulaient, et ainsi il arriva que l'innocent persécuté, haï seulement de quelques-uns (parce qu'ils voyaient en lui l'adversaire décidé de leur égoïste convoitise), que beaucoup chérissaient, et que tous estimaient, ne trouva pas un seul défenseur. Des hommes sages et considérables, dit Pina, qui étaient au courant des affaires, pensaient qu'Henrique dans ces tristes jours n'assista pas l'infant Pedro avec l'amour sincère et le zèle actif qu'il devait consacrer à un ami et à un frère ; car, sans aucune atteinte à la fidélité envers le roi, il aurait pu sauver son frère d'une mort cruelle, préserver sa glorieuse maison d'un flétrissant désastre, et en même temps il aurait bien mérité du roi, en l'empêchant de se souiller du sang d'un prince innocent, son oncle, et pour ainsi dire son père par les soins et l'éducation qu'il en avait reçus. Henrique ne se prononçant pas plus résolûment pour l'infant, fit ressortir sa culpabilité aux yeux du roi, et laissa le champ libre au duc, dont les paroles empoisonnées trouvèrent un accueil plus facile. Tout ce qui devait soulever l'horreur fut maintenant mis en œuvre pour emporter le cœur d'Affonso. La fuite de la mère du roi fut représentée comme un bannissement, la pauvreté dans laquelle elle était à la fin tombée, sa mort à Tolède, comme l'ouvrage de l'infant. Les sœurs du roi, les petites infantes, les serviteurs des deux sexes de la feue reine, que l'on appela maintenant de tous les points, durent venir émouvoir le roi par leurs larmes et leurs plaintes, implorer sa justice et vengeance contre l'infant. Dans son indignation de si grands méfaits, Affonso fit un appel à la guerre contre le coupable. Un second ordre royal enjoignit à tous ceux qui se tenaient près de l'infant de le quitter dans un certain délai sous des peines sévères. Pour soulever le peuple contre lui, on répandit qu'il se préparait, d'accord avec la Castille, à se saisir du roi et à s'emparer du royaume, puis, s'il pouvait prolonger son règne, à mettre de lourds impôts sur le pays, etc...

Tandis que Pedro recevait avis à Coïmbra de tous ces actes et de tous ces armements, et jetait de tristes regards sur l'avenir qui recouvrait l'issue de ces trames, une lettre lui fut remise de sa fille Isabelle, épouse du roi, dans laquelle elle l'informait : « que, dans une réunion tenue à son intention, il avait été résolu que le roi irait l'assiéger, et, s'il le prenait, en punition de son crime, le condamnerait à la mort, ou à une captivité perpétuelle, ou bien au bannissement; que, dans ce but, le roi marcherait contre lui le 5 mai. » La reine pouvait avoir adressé cette lettre à son père de l'aveu du roi; car elle aimait son époux avec tant de tendresse, et désirait si vivement conserver intact l'amour qu'il avait pour elle, que, dans les affaires de son père, elle ne fît rien contre la volonté du roi. La lettre fut présentée ouvertement à l'infant. Il lut sa sentence avec calme et sans altération de visage, s'informa ensuite avec plus de sérénité que d'abattement de la santé et des occupations du roi son maître, et, la réponse ayant été favorable, il en exprima une joie sincère. Il se mit gaiement à table, puis se retira dans sa chambre, où il appela aussitôt les principaux personnages de son entourage. Tous s'effrayèrent en apprenant le contenu de la lettre, et l'infant ne contint pas plus longtemps les sentiments qui ébranlaient son âme. Les bras et les mains étendus, les regards dirigés au ciel, suivant sa coutume lorsqu'il parlait dans une situation de ce genre, il se tourna vers les assistants : « Je dois me plaindre à Dieu et aux hommes des persécutions qui ont été accumulées sur moi contre toute justice et avec tant d'inhumanité. Entre le bannissement, la prison et la mort, je choisis le dernier parti comme le plus honorable, et celui qui doit me donner le plus de tranquillité. Car Dieu ne permettra pas que le fils légitime de João, qui jadis s'est montré avec honneur dans les contrées étrangères, qui a rendu des services et accordé des bienfaits à tant de monde, s'en aille maintenant dans sa vieillesse, poursuivi par la nécessité et la honte, mendier une humiliante aumône; ou qu'à l'âge de cinquante-sept ans il sente le poids des chaînes sur son corps débile. Jusqu'alors, dans mes propres affaires, comme dans celles des autres que je devais diriger, j'ai toujours été bien conseillé; dans cette dernière épreuve de ma vie, puissé-je recevoir les meilleurs avis ! Je vous prie donc de bien peser les circonstances, ainsi que ma position personnelle, et de me transmettre demain votre opinion. La mienne est de marcher aussitôt au-devant du roi, et de le prier de m'accorder justice et satisfaction de mes persécuteurs. Si cela m'est refusé, il me suffira de finir ma vie en chevalier. Mais maintenant comme toujours je déclare qu'en tout j'ai agi en bon et fidèle vassal et serviteur du roi mon seigneur. »

Le lendemain, dans une réunion, les fidalgos exposèrent leurs vues, qui pouvaient se ramener à trois opinions principales. L'infant pouvait se fortifier à Coimbra, afin d'être en état d'y soutenir un long siège. Le temps finirait par éclairer le roi, ferait reconnaître l'innocence de l'infant, et amènerait des circonstances favorables pour ce dernier. D'autres regardaient le siège comme une chose dangereuse, et conseillaient à l'infant de franchir le Douro avec ses troupes, pour opérer sa jonction avec ses partisans et avec le connétable; vivant en sûreté dans ces contrées, il parviendrait à démontrer son innocence. Enfin le comte d'Abranches pensait que l'infant n'avait pas assez de troupes pour ces deux plans, et qu'il s'exposerait à des affronts et à des périls. Il serait plus honorable, suivi de ses guerriers, de s'approcher paisiblement du roi, pour le prier de l'entendre, de même que ses adversaires, afin qu'il pût prouver son innocence. Si le moyen échouait, alors il fallait « que, dans leur défense en rase campagne, ils tombassent comme de nobles hommes et de vaillants chevaliers. » Chacun développa ses raisons (1). Le conseil du comte convenait le mieux à la manière de penser de l'infant; il résolut de le suivre. Dans ces jours, sur le penchant de sa ruine, Pedro montra cette sérénité inaltérable, ce calme de l'âme, témoignage et récompense de l'innocence, et qui sont propres au grand homme dans une telle situation. Quoique sentant

---

(1) Voyez les détails plus précis dans Pina, cap. 110.

chaque instant le rapprocher de sa dernière heure, et occupé de ce qui devait inévitablement le conduire à une conclusion fatale, il jouit encore des plaisirs de la chasse, et assista aux réunions du soir de son épouse et de ses filles, prenant part aux distractions paisibles, aux doux entretiens, comme il avait coutume de le faire dans les temps heureux de calme et de sécurité.

Quelques jours après, il appela seul auprès de lui, dans sa chambre, le comte d'Abranches. « Je suis fatigué, lui dit-il, de lutter péniblement pour ma vie, mon honneur et mes biens, et résolu, s'il ne m'est pas fait justice, d'aller au-devant de la mort. Quoique j'aie à me louer des nombreux amis qui m'accompagneraient volontiers dans cette dernière marche, c'est à vous que je me confie surtout, vous mon frère dans l'ordre de chevalerie de la Jarretière, mon élève, vous doué d'un cœur si noble, et d'une si grande force d'âme. Voulez-vous, le jour où je succombe, être mon compagnon dans la mort? sinon, quand j'aurai disparu, il n'y aura plus pour vous ni honneur ni sécurité. — Seigneur, répondit le comte, pour la grande satisfaction dont j'ai toujours joui, et que je goûte à vivre et à mourir dans votre service, il n'y a pas besoin de beaucoup de paroles, et je vous remercie du fond du cœur de m'avoir choisi pour un tel acte. Si Dieu veut que votre âme sorte de ce monde, la mienne la suivra aussitôt, et si, dans l'autre monde, des âmes peuvent recevoir des services d'autres âmes, la mienne accompagnera toujours la vôtre pour être à ses ordres. «Afin de sceller et consacrer solennellement la promesse, les deux chevaliers se firent donner la communion par un prêtre, le docteur Alvaro Affonso, qui fut appelé à cet effet. L'infant recommanda au prêtre de garder le secret; ce fut seulement la mort qui le délia de son engagement (1). »

Tandis que le comte d'Abranches et plusieurs autres encore de l'entourage de l'infant, subjugués par sa grandeur d'âme, restaient enchaînés à son malheureux destin, étaient prêts à embrasser la mort pour lui et avec lui; à la cour du roi, tout restait dans le silence; la crainte des puissants adversaires de Pedro avait ici lié les langues. Une seule voix se fit entendre, celle de la reine, la digne fille de Pedro. Douée de toutes les vertus tenant à la tendresse, ayant conservé dans toute leur pureté les affections naturelles au cœur d'une femme, elle était d'autant plus tourmentée par la lutte que se livraient en elle les deux sentiments les plus puissants et les plus manifestes, l'amour pour son époux et l'amitié pour son père. L'obéissance que lui imposaient le mariage, la prudence, et même les leçons jadis gravées dans son cœur par son père, rendaient encore le combat plus pénible. Enfin la conviction de l'innocence de l'infant et la crainte de l'indignation toujours croissante du roi, ainsi que du danger toujours plus menaçant, durent amener une décision. Alors Isabelle, baignée de larmes, vint se jeter aux pieds du roi, et avec toute la sincérité d'une âme profondément remuée, elle lui représenta tout ce que l'amour pour un père et un époux, la foi dans l'innocence et la loyauté de l'infant, le soin de l'honneur et de la dignité du roi purent lui dicter. Affonso, la relevant avec tendresse, l'assura que la rébellion de son père exigeait de telles rigueurs, et protesta néanmoins que, par amour pour elle, si l'infant implorait son pardon, il le traiterait de manière à contenter une fille et une épouse si chère.

Avec l'agrément d'Affonso, la reine écrivit cela aussitôt à son père. Les conseillers furent d'avis unanime qu'il devait se rendre à l'appel qui lui était fait. Mais il regarda tout cela comme un piège que lui tendaient ses ennemis pour l'amener à l'aveu de fautes qu'il n'avait jamais commises. Enfin, par les représentations de ses amis, l'infant se laissa déterminer à solliciter son pardon du roi dans une forme approuvée de tous. En même temps il écrivit à la reine, et

---

(1) Pina, cap. 112.

signala plusieurs points par lesquels sa sûreté devait être garantie. Le roi hésita quand il eut lu la lettre de Pedro ; il parut se repentir de ce qu'il avait accordé ; et la reine, ayant eu l'imprévoyance de lui montrer la lettre de son père, dans laquelle se trouvaient ces mots : « Je fais cela, senhora, pour vous complaire et vous être agréable, sans qu'il me paraisse juste d'agir ainsi, » Affonso en prit occasion de retirer sa parole, et déchira de suite la lettre par laquelle l'infant avait sollicité de lui son pardon. « Puisque ce repentir, dit-il, est affecté et ne vient pas du cœur, je ne veux pas renoncer à ce que j'ai commencé contre l'infant. » Il était clair que le roi, dans l'exaltation d'un sentiment qui lui était devenu étranger, et surtout ému par les larmes de son épouse, avait pris une résolution pour la révocation de laquelle il cherchait plus tard un prétexte. Il en trouva dans les expressions de la lettre, qui l'auraient difficilement entraîné à des hostilités et à une guerre ouverte, si les ennemis de Pedro ne l'avaient pas excité sans relâche contre ce prince, s'ils n'étaient point parvenus à faire naître dans l'esprit d'Affonso l'idée qu'il accordait à la reine une influence plus grande qu'il n'était juste et convenable (1). La dernière circonstance avait appris aux ennemis de Pedro que ce prince n'avait qu'un appui à la cour, celui de la reine, mais que c'était toujours un puissant secours. Les grâces de sa personne, ses vertus qui, se développant toujours avec plus de charme, compensaient ce que le temps enlevait à la beauté de son visage, pouvaient, par l'action qu'elles exerçaient sur le roi, ruiner facilement toutes les espérances et tous les plans des adversaires de l'infant. Par ces motifs, ils songèrent aux moyens d'éloigner aussi souvent que possible le roi de son épouse, en lui représentant les rapports continus avec elle comme propres à l'efféminer et à énerver ses forces physiques et intellectuelles. Des médecins durent appuyer cette idée. La tentative diabolique de rendre suspecte même la fidélité d'Isabelle, en faisant arrêter le camareiro mor du roi comme prévenu d'avoir déclaré son amour à la reine, échoua contre la conviction inébranlable d'Affonso sur l'innocence de son épouse, la modestie et la chaste loyauté du grand chambellan, qu'il éleva dans la suite au rang de comte de Monsanto. Toutefois les conjurés avaient réussi dans leur dessein principal, en décidant le roi à la guerre ouverte contre l'infant. Affonso fit des dispositions pour l'assiéger dans Coimbra, ne connaissant pas le dessein de Pedro de quitter cette ville. Les ressources considérables nécessaires pour une telle entreprise, et qu'il était difficile de se procurer, retardèrent néanmoins le départ du roi, et beaucoup de personnes pensèrent qu'une année s'écoulerait facilement en préparatifs, ce qui aurait probablement sauvé l'infant s'il était resté dans Coimbra. Le roi et ses conseillers se réjouirent d'autant plus à la nouvelle que Pedro se préparait à quitter Coimbra pour marcher vers Santarem. Le moment tant souhaité paraissait enfin arrivé, de renverser entièrement l'objet d'une haine implacable.

Le 5 mai, jour où, selon la lettre de la reine, Affonso voulait se mettre en mouvement, l'infant quitta Coimbra ; son armée s'augmenta jusqu'à mille cavaliers et cinq mille fantassins. Deux bannières, portant chacune les mots *justiça*, *vingança*, d'un côté, *lealdade* de l'autre, flottaient en avant, et annonçaient le but et les sentiments des troupes. Pedro s'exprima dans le même sens, dans le discours qu'il adressa le lendemain à ses guerriers : « Il marchait seulement comme fidèle serviteur du roi son maître, afin de lui demander et d'en obtenir justice. » Et toujours, d'après cette pensée, il recommanda aussi à ses guerriers, dans cette expédition, de respecter les propriétés d'autrui, et de n'offenser personne. Au couvent de Batalha, Pedro visita le tombeau royal, dans lequel étaient déposés les

---

(1) Pina, cap. 113 et 114.

restes de son père et de sa mère, plongea son regard avec une émotion profonde dans la tombe ouverte destinée pour lui; et, saisi d'un triste pressentiment, il laissa éclater sa douleur sur le destin funeste qui bientôt allait jeter aussi son cadavre dans ce sépulcre vide. Il ne prévoyait pas que ses ennemis lui refuseraient même la dernière demeure que son père lui avait destinée, et que ses dépouilles seraient déposées par des mains mercenaires dans le sein de la sépulture commune.

Arrivé à Rio-Major, cinq legoas de Santarem, il tint conseil avec les siens pour décider s'il devait aller plus loin, ou bien solliciter d'abord du roi un sauf-conduit pour une entrevue avec lui. Les plus prudents conseillèrent de retourner à Coimbra; car il avait satisfait à son honneur en s'avançant jusque sous les yeux des ennemis sans qu'ils lui eussent opposé de résistance. Affonso l'appelant comme vassal à Santarem, il était perdu s'il obéissait, et il aurait le même sort s'il se montrait résolu dans la désobéissance, et confirmait le reproche de rébellion tant de fois répété. On lui montra par des raisons concluantes tous les périls d'une marche vers Lisbonne (1). Néanmoins il prit ce dernier parti, non point qu'il comptât sur de l'assistance dans la capitale, mais parce qu'il se flatta de l'espérance que ses adversaires, en apprenant la faiblesse de son armée, l'attaqueraient avant d'entraîner le roi si loin; car il frémissait à l'idée d'une rencontre hostile avec son souverain. S'il n'était pas attaqué, alors son intention était de retourner à Coimbra.

Aussitôt que le roi eut avis des vues de Pedro sur Lisbonne, il y envoya une division de troupes, pour s'assurer de la ville, et il se mit aussitôt en mouvement de Santarem avec une armée bien ordonnée de trente mille hommes, la plus grande, croyait-on, qui eût été réunie jusqu'alors en Portugal (1). L'infant avait établi son camp près de Castanheira, quand il apprit que le roi était en marche contre lui; il quitta cette position parce que la défense en était trop difficile, et il se dirigea en apparence vers Lisbonne; car ses soldats commençaient à déserter, et il voulait les retenir sous les drapeaux par la perspective d'une plus grande sécurité dans cette ville. Il arriva ainsi à la petite rivière d'Alfarrobeira, où il choisit, au-dessus du bourg d'Alverca, une position très-favorisée par la nature, qui pouvait être défendue avec une poignée de soldats contre beaucoup de monde. Là il résolut d'attendre le roi, toujours soutenu par l'espoir que son aspect rappellerait à son neveu ce qu'il avait été jadis pour lui et pour le royaume. Il ne pouvait non plus renoncer entièrement à croire à l'assistance fraternelle de l'infant Henrique. Mais, si tout cela lui manquait, alors il voulait tomber en ce lieu, honorablement et non sans vengeance. Le 20 mai, l'armée royale joignit l'infant, et se campa de telle sorte que ce prince était complétement enveloppé avec sa troupe; toutefois personne ne répondit à la sommation des hérauts royaux d'abandonner le parti de l'infant; au contraire, plusieurs guerriers quittèrent les étendards du roi pour passer du côté de l'infant. Tandis que, de part et d'autre, on faisait des dispositions pour l'attaque et pour la défense, quelques archers du roi, qui se tenaient cachés derrière des arbres, près de la rivière, tirèrent sur le camp de l'infant, et blessèrent ou tuèrent plusieurs guerriers. Des espingardeiros royaux, qui se tenaient sur une hauteur voisine, firent de même. Alors Pedro ordonna de pointer quelques bombardes vers cette hauteur, et de faire feu. Par la maladresse d'un bombardier, une pierre alla s'enfoncer à côté de la tente du roi. On cria que le roi était atteint. Il y

---

(1) «..... Porque a cidade segundo tudo andava revolto, jà nom era a madre que o cryara segundo elle dizia e confiava, mas que a avya d'achar muy yrada, bem guardada madrasta contrasy, etc.» Pina, cap. 117.

(1) Pina, cap. 119, p. 419.

eut un terrible soulèvement contre l'infant; et, sans attendre l'ordre pour l'attaque, les soldats royaux, emportés par la colère et la vengeance, s'élancèrent en désordre sur le camp ennemi, où ils pénétrèrent par plusieurs points. La petite troupe de l'infant n'était pas en état de résister à une telle attaque. Beaucoup de soldats s'enfuirent. Afin de faire tête au danger là où il était le plus grand, Pedro descendit de cheval, et courut en avant; ses fidèles chevaliers tentèrent en vain de le retenir; il s'élança par-dessus les cadavres et les blessés au milieu du combat, répandant la terreur et la mort, jusqu'à ce que, frappé au cœur par une flèche, il tomba, et bientôt après rendit l'âme (20 mai 1449). Le besteiro qui l'avait tué fut connu; il appartenait à ceux qui, on l'assura, avaient été postés par les ennemis de Pedro, pour viser de leur embuscade l'odieux infant, et l'abattre. Ainsi fut accomplie l'œuvre commencée par des perfides qui n'avaient pas osé se dresser debout pour attaquer leur adversaire en face.

De l'autre côté du camp, le comte d'Abranches combattait vaillamment les assaillants, lorsqu'un page vint en pleurant lui apprendre que l'infant était tué. Saisi de douleur à cette affreuse nouvelle, il ne laissa point abattre son courage, ordonna au page de ne pas révéler cette mort, courut à toute bride à sa tente, y prit un peu de pain et de vin pour soutenir ses forces épuisées, puis traversa rapidement le camp, où l'ennemi pénétrait par tous les points. Bientôt, reconnu par les royalistes, il se vit attaqué de tous côtés, et engagé dans une lutte acharnée. Mais sa lance renversait tout ce qu'elle atteignait, et, lorsqu'il fallut la quitter, il abattait à chaque coup d'épée ce qui était devant lui. Les armes et les mains teintes de sang ennemi, épuisé par des efforts prodigieux, le comte s'écria enfin d'une voix haute : « Mon corps, je le sens, n'en peut plus; et toi, mon âme, es-tu retenue encore? » En prononçant ces mots, il tomba par terre, non pas vaincu, mais fatigué de vaincre, laissant échapper par mille blessures son âme intrépide, qui, maintenant délivrée, put suivre celle qu'elle avait promis d'accompagner toujours fidèlement. Un guerrier, qui durant la vie du comte s'était dit son ami, lui coupa la tête, qu'il alla porter au roi, pour mériter par cet exploit la dignité de chevalier. Le frère naturel du héros obtint du roi, à force de prières, la permission d'ensevelir le tronc mutilé sur le champ de bataille. Le cadavre de Pedro resta au delà du jour encore nu et découvert sur le lieu du combat; dans la nuit, quelques simples soldats le portèrent sur un bouclier dans une misérable hutte, où il demeura durant trois jours parmi d'autres cadavres en putréfaction, exposé à tous les regards, au grand scandale de tous ceux qui auraient voulu que l'on honorât la branche même retranchée de l'arbre royal. On avait persuadé au roi qu'il avait gagné une grande et périlleuse bataille, et que le cadavre du vaincu devait rester quelque temps comme un trophée sur le théâtre de la lutte (1).

Aussitôt après la mort de Pedro, Affonso ordonna de suivre une enquête sur les accusations de violation de la foi et de haute trahison portées contre l'infant. Dans le même but on entendit les fidalgos prisonniers de son parti, et l'on examina ses papiers, que l'on saisit dans le camp. Mais, à leur grande mortification, ses ennemis n'y trouvèrent rien qui pût leur servir à ternir la pureté de ses sentiments et à rendre sa loyauté suspecte (2).

Isabelle fut consternée à la nouvelle de la mort de Pedro. Elle sentit son cœur pénétré d'une violente douleur; car elle perdait un père, objet de sa tendresse, et dont elle savait apprécier l'esprit élevé, l'âme grande et noble; puis, revenue de ces premiers transports, elle éprouva une grande terreur, en considérant combien il serait maintenant facile à ceux dont la haine était transportée

---

(1) Pina, cap. 117-123.
(2) Pina, cap. 127. N. de Liāo, cap. 22.

sur elle, de la séparer du roi, à quels dangers, à quels tourments sa vie était désormais exposée, après que son plus ferme soutien était tombé, que s'était retirée toute protection dont l'avait couverte jusqu'ici la crainte inspirée par l'infant (1)! Les inquiétudes d'Isabelle n'étaient que trop fondées. Les conspirateurs implacables craignaient que l'amour du roi pour son épouse ne pût faciliter à la reine les moyens de venger sur eux la mort de son père. Alarmés pour leur influence, même pour la sûreté de leur vie, ils conseillèrent au roi de se séparer d'une femme qui, pleine de ressentiment contre lui, amasserait des orages contre le royaume, et menacerait même la tête de son époux. On lui proposa un nouveau mariage. Les nombreuses raisons données à l'appui de ces projets furent appuyées par des passages et des opinions de théologiens et de savants. Néanmoins cette fois Affonso, convaincu de la pureté, de l'amour et des nobles sentiments de son épouse, suivit l'impulsion de son propre cœur, résolut même d'aller la visiter, et lui offrir des consolations. Isabelle, prudente et réservée, bien conseillée d'ailleurs par sa première femme de chambre, contint les sentiments qui soulevaient sa poitrine, afin de ne pas attirer de plus grands outrages à la mémoire de son père, et préparer encore plus de calamités pour elle-même et pour sa famille. Son frère avait été pris dans la bataille. Suivie d'un cortége et dans une tenue commandée par les convenances envers un époux et un père, elle parut avec ses femmes devant Lisbonne, et fut reçue par le roi, sorti à sa rencontre, avec un respect et des égards, tels qu'on n'en avait encore montrés à aucune reine de Portugal. Les visages et les paroles ne trahirent rien de ce qui naguère avait remué les esprits et ébranlé tout le royaume (2).

Mais, à l'étranger, où nulle considération n'imposait de contrainte, le blâme se manifesta hautement. Aussitôt après la mort de l'infant, ses ennemis, à Lisbonne, avaient arrêté un manifeste plein d'accusations et d'outrages que le roi adressa au pape et à plusieurs rois et princes, afin de se justifier aux yeux du monde. Les réponses ne furent pas conformes à ce que l'on désirait. Toutes les cours, sans exception, où l'infant s'était fait connaître par ses voyages, louèrent ses vertus et son mérite, blâmèrent sans déguisement la conduite du roi, lui signalèrent les passions et les artifices de ses conseillers, et l'excusèrent en quelque sorte par sa jeunesse, qui ne pouvait se passer d'une direction étrangère (1). Le duc de Bourgogne et son épouse Isabelle, sœur du malheureux infant, envoyèrent en Portugal un ecclésiastique plein d'autorité et de savoir, qui fit en leur nom de graves reproches au roi sur sa conduite envers Pedro, demanda que l'on déposât les dépouilles mortelles de l'ex-régent dans le tombeau préparé pour lui par son père, le roi João, dans la chapelle royale; et, cette requête n'ayant pas été aussitôt approuvée, réclama le cadavre même pour le transporter en Bourgogne, où il recevrait les honneurs de la sépulture. Craignant que ces tristes restes ne fussent enlevés, Affonso les fit exhumer de l'église d'Alverca, où quelques gens du peuple les avaient ensevelis sous un escalier, et les fit transporter dans le château d'Abrantès, où ils furent gardés (2). Mais le prêtre bourguignon prononça publiquement à Evora trois discours, dans lesquels il démontra l'innocence et la loyauté de l'infant, accusa ses dénonciateurs et persécuteurs de trahison et d'hostilité envers le roi, et découvrit les manœuvres et les iniquités qui avaient réduit l'infant à se vouer à la mort, et même à la chercher. L'envoyé insista sur la réintégration des enfants de Pedro dans leurs biens et leurs

---

(1) Pina, cap. 126.
(2) Pina, cap. 128.

(1) Pina, cap. 124-129.
(2) Pina, cap. 124 et 129.

dignités. Durant quelque temps, le roi s'y refusa par égard pour le duc de Braganza et le comte d'Ourem ; mais enfin il relâcha le prisonnier Jayme, et lui permit de consacrer ses soins à ses frères et sœurs. Sur les prières de la reine, il accorda aussi le pardon à tous ceux qui avaient combattu dans l'armée de l'infant, à l'exception de quatre bourgeois de Lisbonne qui furent bannis à Ceuta (1455).

Dans la même année, la reine vit enfin accorder aux précieux restes de son père les derniers devoirs refusés si longtemps, toujours sacrés pour la piété filiale, plus encore dans cette époque. Lorsque Isabelle eut mis au monde, le 3 mai 1455, l'infant João, et que le petit prince eut reçu les hommages solennels des trois ordres comme héritier légitime du trône, elle profita de l'heureuse disposition où cet événement mettait son époux ; et, soutenue par les représentations instantes du pape et de plusieurs rois, elle obtint d'Affonso que l'on rendît les honneurs convenables aux restes de l'infant Pedro. Un immense cortége de prélats et de prêtres inférieurs, de nobles dames, de chevaliers et de grands, conduit par l'infant Henrique, accompagna le cadavre depuis Abrantès jusqu'à la sépulture royale à Batalha ; ce fut un adoucissement aux peines du fils du mort, le connétable Pedro, qui, persécuté par le duc de Braganza, errait en banni dans la Castille, et une grande mortification pour ce duc et le marquis de Valença, qui s'étaient prononcés contre ces hommages funèbres rendus à l'infant, et qui du moins ne vinrent pas troubler la cérémonie par leur présence.

Ce fut la dernière joie que goûta la reine, une douce satisfaction, qui probablement lui coûta la vie. Car à peine Isabelle était arrivée avec le roi à Evora, au retour des funérailles, elle tomba tout à coup malade, et mourut. Le public attribua cette mort brusque et inattendue au poison préparé, disait-on, par les mêmes hommes qui dans les funérailles à peine célébrées voyaient une victoire de la reine sur eux-mêmes, et craignaient encore de l'influence d'Isabelle sur le roi de plus graves conséquences pour l'avenir (1).

Les ennemis de Pedro n'avaient rien négligé pour manifester leurs desseins et justifier les soupçons. Comme s'ils craignaient que le monde ne pût flotter dans le doute sur les motifs de leur haine contre l'infant, aussitôt après sa mort ils se firent adjuger par le roi les localités et les domaines que l'infant leur avait constamment refusés comme administrateur consciencieux du royaume, pour ne pas aliéner les biens de la couronne d'une manière irrévocable. Ainsi le duc de Braganza reçut le bourg de Guimaraens, qu'il avait en vain demandé à l'infant ; il aurait même obtenu de la facilité du roi la ville de Porto, si les habitants ne s'étaient pas opposés à une telle concession (2).

« Certes, dit le chroniqueur Pina à cette occasion (3), et il nous fournit en même temps le texte aux peintures précédentes, l'infant Pedro agit toujours comme il devait, et fut loué pour cela de tous les princes de son temps. Il ne lui manqua rien que d'être roi ; car, en sa qualité de régent, il ne lui fut pas accordé de mener les choses à conclusion, comme cela était nécessaire. Il fit tout pour pacifier le royaume, pour éviter le scandale, la haine et l'envie, sans pouvoir y échapper. On réussit enfin à amener sa chute et sa mort. » Trop noble et trop grand pour opposer la ruse à la ruse et la violence à la violence, il devint la victime d'une cabale formée depuis des années, qui méditait toujours de nouveaux artifices et de nouveaux coups, et, se tenant toujours à couvert, atteignit d'autant plus sûrement son but, que le roi, inviolable, se fit leur instrument, leur fournit son nom pour prétexte, leur servit à la fois pour l'attaque et pour la défense. Une telle arme entre les mains

---

(1) Pina, cap. 137. « Como quer que para ysso ouve muytas conjecturas, e presunçoões, porem da certa verdade deos he o sabedor. »
(2) Pina, cap. 129.
(3) Pina, cap. 46.

d'une haine implacable devait nécessairement abattre l'infant à la fin, malgré toute sa constance et son sang-froid. Toutefois il tint ferme, attaché au droit et à la justice, jusqu'à ce qu'il fût frappé par un destin contraire. La lutte de ces facultés supérieures contre un sort si inflexible excite puissamment l'intérêt; et, même après que l'infortuné est descendu dans la tombe, les regards s'arrêtent encore quelques instants sur son image, et cherchent à saisir les traits qui distinguent cette noble existence.

L'infant Pedro.

Son caractère, son tour d'esprit et son développement intellectuel.

Pedro était élancé, maigre, mais bien proportionné. Son regard plus doux affaiblissait l'impression de crainte produite au premier aspect par sa haute taille, son visage long et fortement accentué. Dans cet œil, comme dans sa chevelure et sa barbe blonde et frisée, il y avait quelque chose d'étrange pour les Portugais. Sa démarche était calme et mesurée, son expression annonçait le sang-froid et la tranquillité d'esprit acquis par l'empire sur lui-même et la maturité de l'expérience de la vie. Son langage était digne, nerveux, allant droit au but; un organe insinuant adoucissait encore ici l'aspérité de formes que cette netteté rigoureuse découvre si souvent. S'il était transporté par la colère, son aspect avait alors quelque chose d'effrayant; mais bientôt la bienveillance reprenait son empire. Son costume était celui d'un homme qui, tout en ayant la conscience de sa valeur intérieure et de sa dignité, ne dédaigne pas la forme qui attire ou surprend le premier jugement du monde. Extrêmement retenu dans les jouissances, fidèle à la pureté de ses sentiments, il s'abstint avant le mariage de tout rapport défendu avec les femmes, et même quand il fut marié il observa les jours de fête cette continence que son siècle honorait, et qu'il réclamait des chrétiens scrupuleux. Pour ennoblir les plaisirs de la table, il abandonna la coutume des rois et des princes portugais, de manger seuls et retirés, invitait des convives, faisait faire pendant le repas des lectures utiles, et provoquait des entretiens sur des questions scientifiques. Comme tous les hommes qui ont constamment devant les yeux le prix et l'emploi de la vie, il était avare du temps; il ne laissait passer aucun jour sans avoir fait quelque travail ou accompli quelque bonne action (1); et dans l'étendue des devoirs qu'il s'imposait, comme dans les bornes étroites et la rapidité de la vie humaine, il lisait la nécessité de compter les heures de la journée, et d'appliquer à chacune sa tâche. Son temps et son travail étaient réglés; il en était de même de toute son existence. Sa nature toute particulière exigeait cela; et, par un exercice constant, il acquit une manière d'être toujours mesurée et uniforme. De toutes les facultés de son esprit et des dispositions de son âme, nulle n'avait la prédominance. Le propre de sa nature consistait surtout en ce que la force et la vivacité étaient égales, que l'esprit, le cœur et la force de volonté concouraient vers un même but dans une harmonie parfaite. Pedro n'appartenait donc pas à ces hommes qui, à leur première apparition, subjuguent les regards, et savent conquérir de suite sur les autres un hommage absolu à leur mérite et à leur valeur. Ce fut

(1) « Fez sempre huma muy louvada professam do tempo, que nunca em seus dias lhe passou sem benefycio ou louvor, teve pera dodalas consas oras certas e lemytadas que nunen traspassou. » Pina, cap. 125.

seulement dans une suite de situations et de rapports au milieu desquels il fut jeté que se déployèrent avec éclat les vertus et les talents dont il était doué, et peu à peu l'on apprit à le connaître, à l'estimer, à le chérir, à l'honorer. Ensuite il n'excita pas encore l'enthousiasme; mais la puissance calme et continue de sa nature se saisissait peu à peu de l'esprit et de l'âme de l'admirateur et de l'ami, et c'est ainsi qu'un Alvaro Vaz de' Almada courut avec lui à la mort. Son activité morale et intellectuelle était réglée par une crainte de Dieu grave et sincère. Ce sentiment avait été éveillé de bonne heure et entretenu par une éducation qu'avait surveillée avec la plus tendre sollicitude une mère véritablement pieuse, la meilleure institutrice de la jeunesse.

Les voyages et les études scientifiques surtout agirent puissamment sur le développement de ses facultés innées. Les voyages entrepris dans un âge mûr offrirent à son esprit une infinité d'observations et de points de comparaison, agrandirent son horizon, et lui donnèrent l'expérience, le tact, la prévoyance et l'aplomb. Accompagné de quelques fidalgos et de quelques serviteurs, il quitta le Portugal en 1424, pour visiter la terre sainte, et pour aller voir quelques cours et contrées étrangères; il voyagea quatre années en Europe, en Asie et en Afrique (1). L'illustre nom de son père et son mérite personnel lui valurent partout un bon accueil, nommément à la Porte ottomane et à la cour du sultan de Babylone. A son retour, il fut reçu avec distinction par le pape Martin V, à Rome. Parmi les marques de la faveur pontificale qui lui furent données sans qu'il les sollicitât, on cite la bulle qui accorde aux rois de Portugal le droit de se faire sacrer de la même manière que les rois de France et d'Angleterre. Dans cette même bulle, le saint-père exalte le savoir et les vertus de l'infant. Plus tard, nous voyons Pedro à la cour de l'empereur Sigismond, et doté par ce prince de la Marca Trevisana pour ses exploits contre les Turcs et les Vénitiens; puis aux cours de Danemark, d'Angleterre, berceau de sa mère, de Castille et d'Aragon, partout accueilli avec distinction (1). Riche d'expérience et d'observations, il revint de ses voyages, alors la meilleure école de l'homme d'Etat. S'il ne s'arrêta pas aux surfaces, s'il ne se borna pas à saisir seulement l'extérieur de la vie humaine et de la vie civile, c'est qu'il avait de la pénétration naturelle, et s'était livré antérieurement à des études scientifiques. Une profonde connaissance de la langue latine (2) lui avait ouvert le monde intellectuel et la vie politique des anciens Romains. Par la traduction écrite de plusieurs de leurs écrivains (3), il avait éveillé son imagination, et, par l'imitation de ces modèles éternels, il était parvenu à être classique lui-même dans son idiome maternel; par des exercices sur la langue mesurée comme sur la prose libre (4), il avait développé ses propres facultés, et marqué les productions de son esprit d'une empreinte particulière. C'est avec cette intelligence cultivée et forte d'expérience qu'il parvint à la régence, dans un âge de maturité (il avait quarante-six ans lorsque mourut le roi Duarte);

---

(1) Aussi le proverbe dit de lui : « O infante D. Pedro vio as sete partes do mundo. » Il y a une relation romanesque de ce voyage : *O Auto das sete partidas do infante D. Pedro*, 1554, in-4°.

(1) Pina, cap. 125.
(2) « Foi bem latinado. » Pina.
(3) De ses traductions, on ne peut citer que *de Officiis*, de Cicéron, et *de Re militari*, de Végèce.
(4) Comme son opuscule ascétique : *Virtuosa benfeytoria*; ses *Coplas* du *Concioneiro geral*, imprimées dans Sylva, *Memor.*, *Collecção*, t. IV. Dans la belle lettre qu'il écrivit, le 6 janvier 1434, au roi Duarte, en lui envoyant une traduction du livre de Cicéron *de Amicitia*, son esprit noble et vigoureux, sa sensibilité profonde et son amour fraternel s'expriment d'une manière touchante. Sousa, *Provas*, t. I, p. 432.

malheureusement il lui fallut appliquer presque toutes ses ressources à une triste lutte avec des passions basses, qui détournèrent sans cesse son activité. Mais là où il pouvait se dégager de ces débats, le maintien de la justice, le bonheur et la prospérité des Portugais furent le but de ses ordonnances et de ses mesures; et, en dépit de toutes les odieuses calomnies par lesquelles ses adversaires le poursuivirent sans relâche, le peuple ne se laissa pas abuser sur la bonté de ses vues, et lui donna des marques publiques de sa reconnaissance.

Lorsque l'infant, dans les cortès de Lisbonne de 1439, eut supprimé l'aposentadoria, si lourde pour Lisbonne (l'établissement temporaire de la cour royale), et eut ordonné l'élévation d'un palais royal (estaos) pour la résidence du roi, les citoyens par gratitude voulaient lui ériger une statue au-dessus de l'entrée principale de l'édifice; ils le consultèrent sur la pose qu'ils devaient lui donner. Pedro leur répondit tristement, et comme si ses regards pénétraient l'avenir : « Si dans la joie du service que je vous ai rendu et des bienfaits que je songe à répandre sur vous, il vous plaît d'élever ici ma statue, je vois arriver des jours dans lesquels vos fils la renverseront et lui feront sauter les yeux à coups de pierres. Que Dieu m'accorde maintenant quelque satisfaction; car à la fin je n'attends de vous rien autre chose que ce que je dis, et peut-être pis encore (1). »

Pedro laissa de lui un monument plus beau et plus durable, à la vérité sous un nom étranger, mais qui doit lui attirer d'autant plus de gloire; car l'histoire, qui dégage la vérité, lui attribuera ce que lui a longtemps refusé l'opinion trompée par ce nom emprunté.

§ 3. *Ordenaçoens du roi Affonso V.*

Ce qui les amène. — A quelles sources elles sont empruntées. — Leur contenu. — Leur forme et leur division. — Durée de leur application.

Par l'impulsion du régent fut accompli et publié le premier recueil législatif général, qui est connu sous le nom de *Ordenaçoens do senhor rey D. Affonso V*. Depuis longtemps se faisaient sentir le manque d'un code général, le besoin d'une réunion bien coordonnée de toutes les lois en vigueur, et plus fortement encore, sans qu'on s'en rendît bien compte, la nécessité d'une plus grande unité, d'une plus parfaite harmonie dans la législation. A partir d'Affonso II, qui depuis la première assemblée politique à Lamego donna les premières lois générales (1), ses successeurs jusqu'à João Ier avaient continué à rendre des lois en si grand nombre et de nature si diverse, qu'il serait difficile d'en faire la revue. Dans le long espace d'environ deux siècles, nécessairement beaucoup de dispositions des anciens foraes vieillissaient et tombaient en désuétude, plusieurs règlements et décisions des cortès précédentes étaient modifiées ou entièrement abolies par des assemblées postérieures, le droit coutumier enfin subissait de nombreuses révolutions. Il en résultait inévitablement des doutes continuels et des débats sans cesse renaissants, des embarras fréquents pour les juges, de grandes difficultés quand il fallait rendre un jugement; un vaste champ était ouvert à l'arbitraire et aux intrigues (2). Noblesse

---

(1) *Voyez* au règne de ce monarque.

(1) Pina, cap. 72 et 125.
(2) « ..... E acharia, que pela multiplicaçom

et communes se réunirent donc dans les assemblées des cortès sous João Ier, pour demander que le roi opérât une réforme, « afin que les doutes et les contradictions disparussent, et que les autorités judiciaires pussent sans empêchement rendre la justice suivant les lois. » João, toujours prêt à combattre le mal qui lui était signalé, et à rechercher le bien de son peuple, alla au-devant des désirs des cortès, et chargea du travail relatif à la réforme le corregedor près la cour royale, João Mendes. Toutefois diverses perturbations en empêchèrent l'accomplissement durant la vie du roi. Son fils Duarte recommanda au corregedor de continuer ce travail; mais Mendes mourut en s'y livrant, et le roi se vit obligé de le confier à un membre du conseil royal, le docteur Ruy Fernandes. Après quelques années, Duarte laissa le royaume au mineur Affonso, au nom duquel Pedro fut chargé de gouverner. Sur l'ordre de Pedro, Ruy Fernandes poursuivit son œuvre, et, aussitôt qu'elle fut achevée, la soumit, d'après la demande du régent, à une révision et à un examen souvent renouvelés, auxquels furent appelés les corregedores de la ville de Lisbonne, le docteur Lopo Vasques et les desembargadores Luiz Martin et Fernam Rodrigues. Elle subit certaines corrections encore, jusqu'à ce qu'elle reçût la forme sous laquelle elle fut publiée (1) (très-vraisemblablement en 1446.).

Les sources d'où fut tirée la collection affonsine sont en partie indigènes et nationales *(fontes internas)*, en partie étrangères *(fontes externas)*, introduites sur le sol portugais, trop aride pour ajouter aux moyens bornés dont on disposait et parfois les remplacer. Aux premières appartiennent les *lois générales*, les *capitulos* des cortès, les *foraes* et le *droit coutumier;* aux secondes, le *code Justinien* avec les *gloses*, les *siete partidas* et le *droit canon*. Les *accommodements* des rois Diniz, Pedro et João Ier avec le clergé, quoique se rattachant en quelque sorte à la première catégorie, d'après leur substance doivent être plutôt classés avec les *fontes externas*.

La législation des périodes antérieures, étant fragmentaire et isolée, celle qui nous occupe ne pouvait être représentée que sous un tel esprit dans l'histoire. Les lois des premiers temps étaient communément l'œuvre de besoins pressants ou de circonstances impérieuses, c'étaient les manifestations persévérantes d'une nationalité qui se développait, c'étaient des coutumes empreintes de la vie civile; souvent c'était un inconvénient signalé par le roi ou par ses conseillers, un tort, une injustice qui appelait une disposition, une loi à l'existence; rarement des principes solides ou des vues profondes dans l'économie politique y donnaient lieu. Les choses exerçaient leur puissance, des événements et des relations transitoires dominaient la législation et provoquaient des lois. Maintenant ces lois détachées de ce qui les avait entourées naturellement, séparées des influences de leur temps et des circonstances, perdent leur sens originaire et leur signification particulière; elles sont altérées et faussées si l'on veut les plier à des applications systématiques. La proportion de bon sens et d'expérience qu'elles dénotent disparaît complètement au point de vue d'un âge tout différent; on n'est plus alors frappé que de leur aspect étrange, que de leur absurdité. Il faut donc leur laisser leur place dans leur temps; et cette situation leur enlève moins de leur véritable nature qu'elles n'en perdraient à être unies avec beaucoup

---

dellas se recreciaõ continuadamante muitas duvidas, e contendas em tal guisa, que os julgadores dos feitos eraõ postos em taõ grande trabalho, que gravemente e com gram dificuldade os podiaõ direitamente desembargar. » *Ordenaçoens do rey Affonso V*, t. I, au commencement.

(1) *Ordenaçoens do rey Affonso V*. Coimbra 1792. *Prefaçáo*, p. 5 et liv. I, au commencement; liv. v, tit. 119, § 31. — J. Anastasio de Figueiredo, *Synopsis cronol. de subsidios*, t. I, p. 33 et 34.

de lois antérieures et postérieures, pour former un savant ensemble qui ne serait qu'apparent. Lorsque l'état civil du peuple et les relations politiques acquièrent plus de consistance, de cohésion et d'accord, alors seulement la législation doit nécessairement tendre vers l'unité et l'uniformité; l'impulsion est donnée au gouvernement par une seule main; lorsqu'il peut être question d'un code général, alors seulement l'objet permet et réclame un exposé spécial, et il est aussi facile que naturel de ramasser les fils divers qui ont été rompus dans les temps antérieurs et sont tombés çà et là, pour les rattacher et faire une seule trame. Nous suivons cette marche.

La partie constitutive des *Ordenaçoens Affonsinas* est formée des lois générales qui ont été rendues par les rois portugais depuis le règne d'Affonso II jusqu'à celui d'Affonso V. Seulement la *carta de foro* qu'Affonso Ier donna aux mourros foros de Lisbonne, Almada, Palmela et Alcacer, et qui fut incorporée dans la collection (1), remonte à une époque antérieure.

Immédiatement après ces lois, il faut signaler le nombre de celles qui, rendues dans les cortès, furent insérées plus tard dans la collection d'Affonso. Déjà les cortès de la première période (2) fournissent de riches matériaux aux compilateurs. Les réunions des états furent encore plus nombreuses sous João Ier (3); mais leurs travaux et leurs résolutions concernaient en général des besoins instantanés et passagers, et offrirent peu de matériaux aux rédacteurs du code affonsin (4). Du règne si court de Duarte ne sont passées dans les *Ordenaçoens* que quelques décisions des cortès de Leiria en 1484.

Les dispositions tirées des *foraes* ne se trouvent qu'en très-petit nombre dans la collection affonsine, et ne pouvaient y entrer qu'à de bien faibles proportions. Combinées d'après les besoins particuliers d'une commune, et sorties de circonstances toutes locales, elles ne pouvaient, d'après leur nature, répondre facilement et s'accommoder aux rapports politiques généraux tels que ceux-ci s'étaient formés dans le cours du temps. Certaines lois générales rendues plus tard par les rois limitèrent des dispositions et des règlements des droits locaux, et beaucoup de nouvelles institutions civiles qui trouvaient leur raison dans le développement ultérieur et l'affermissement du pouvoir royal, dans l'organisation mieux coordonnée des tribunaux et l'administration plus régulière de la justice, fixèrent aux *foraes* communaux une valeur inférieure, enlevèrent plusieurs sortes d'affaires à leur pouvoir, et en général resserrèrent le cercle de leur action. L'homme de la commune devint de plus en plus sujet de l'État. A la vérité il ne renonça pas volontiers à certains droits et à certaines jouissances qui lui étaient devenus chers, et lutta quelque temps contre les nouvelles institutions (par exemple, l'introduction des *juizes da fora*). Mais, lorsqu'il vit sa propriété et son droit assurés, plus assurés même qu'auparavant, et qu'il se fut familiarisé avec les nouvelles relations, il devint plus indifférent à l'égard des anciennes, dont l'esprit et la vie se retirèrent peu à peu, et dont les formes ne pouvaient plus longtemps l'attacher; il laissa donc mourir l'un après l'autre les statuts communaux déjà privés de vigueur. D'ailleurs les cortès, fréquemment convoquées dans les temps ultérieurs, offraient assez d'occasions et de moyens d'exprimer publiquement les besoins, les désirs et les plaintes des communes, et d'indiquer les remèdes à leurs maux. Mais, comme en ces réunions les communes se présentaient à côté des communes par leurs députés, leurs propositions ne pouvaient tendre qu'à des objets de bien public. Les intérêts locaux d'une commune isolée durent céder la place, ou du moins

---

(1) Liv. II, tit. 99.
(2) *Voyez* antérieurement sur les assemblées des cortès jusqu'à la mort de Fernando.
(3) Citées dans les *Memor. de litter. Portug.*, t. II, p. 67-79. Les douteuses, p. 119-121.
(4) *Ibidem.*

ils ne purent empiéter sur les droits des autres. Comme les communes isolées se perdirent ici dans leur ensemble, qui devint une partie organique du corps politique, ainsi les droits locaux sous ce rapport disparurent dans les résolutions des cortès. Cette révolution était déjà commencée lorsque fut rédigé le code affonsin, et nous explique pourquoi dans ce code n'ont été admises que très-peu de dispositions tirées des droits locaux.

Mais on fit des emprunts bien autrement importants au droit coutumier. Déjà longtemps avant la séparation du Portugal et de la Castille, dans ce dernier royaume, à côté du *fuero juzgo* un droit coutumier était en vigueur (1) ; il en fut de même dans l'extrémité occidentale de la Péninsule, après qu'elle se fut détachée. Les foraes mêmes, tels qu'ils furent donnés peu à peu aux localités, contenaient en grande partie des dispositions du droit coutumier, et, parallèlement à ce droit écrit (dans ce temps appelé spécialement *foros* et *foraes*), marchait encore un droit non écrit (sous lequel on comprenait les *costumes* et *usos*), qui dans les foraes est tantôt supposé droit auxiliaire et complémentaire, tantôt est nommé expressément et placé à côté du *foral* (2). Dans les confirmations royales des *foraes*, le droit coutumier (*costumes*) et l'usage traditionnel (*usos*) sont expressément cités et confirmés dans la règle (1). Les coutumes étaient en partie en vigueur dans tout le royaume, ou bien elles étaient propres à des cantons isolés, même à certaines localités seulement. Plus tard on les écrivit, par exemple au temps d'Affonso III, quand les foraes se multiplièrent fort, que les communes s'élevèrent, sentirent leur puissance, et apprirent à connaître leurs droits ; mais en même temps parurent un plus grand nombre de lois générales, qui assez souvent attaquaient les droits locaux et coutumiers. Les *costumes* d'une application générale furent en grande partie insérées dans le *Livro das leis e posturas antigas*, qui maintenant encore est conservé dans les archives royales. Les *costumes* des localités isolées furent incorporées dans les cahiers (*cadernos*) ou collections qui servaient de codes aux communes, et en tête desquels se trouvait ordinairement le foral du lieu ou du district ; les coutumes suivaient, et à celles-ci étaient souvent annexées quelques lois générales que l'autorité municipale avait fait transcrire pour son usage (2). Comme des endroits isolés adoptaient les foraes d'autres localités, il en était ainsi pour les *costumes* et *usos* (3). Dans des cas douteux, une commune en consultait aussi une autre pour apprendre à connaître l'usage et les procédés de celle-ci à cet égard (4). Les *costu-*

---

(1) Dans une concession qu'Ordogno Ier fit à l'église de S.-Salvador d'Oviedo en 857, il est question d'un châtiment appliqué à un certain délit : *sicut est usus terræ* (*Espagna sagr.*, t. XXXVII, p. 323), et dans le quatrième chapitre du concile de Léon, où il s'agit de la peine pour le brigandage, *more terræ* (*Espagna sagr.*, t. XXXV, p. 341).

(2) Dans le foral que l'évêque de Viseu donne aux habitants de Couto-da-se en 1251, il dit ce qu'ils doivent payer, *secundum consuetudinem terræ*. Dans le foral de Portel (1262), il est dit : *Outorgamos a todos os povoadores de nosso castello de Portel..... foros, e costumes da cidade de Evora. Memor. da Acad. real*, t. VII, p. 356.

(1) Dans le foral de Sylves de 1266 : *Forum, usum et consuetudines civitatis Ulixbon, excepta jugada de pane*, etc.

(2) *Collecção de livros ineditos de hist. Port.*, t. IV, p. 529. *Voy.* aussi comme exemples les annexes au foral de Guarda, t. V, p. 399 et suiv.

(3) Ainsi la commune de Gravão adopta les coutumes d'Evora dans son droit local : *Estes son foros e costumes e usos e joyzos devora, que nos deron en alcaçar pera os de garvan. Collecção*, etc., t. V, p. 380.

(4) Entre autres choses, la commune de Gravão consulta l'autorité municipale de Lisbonne sur certains rapports légaux entre les Maures

mes ajoutées aux droits locaux n'étaient en partie que des éclaircissements ou des extensions (parfois aussi des restrictions) des dispositions y contenues ; c'étaient néanmoins assez fréquemment de nouvelles dispositions et des règlements (1). Elles ont une bien plus grande compréhension que les foraes auxquels elles sont annexées (2). De temps en temps, les coutumes particulières étaient soumises, sur l'ordre du roi, à une révision, et elles étaient tantôt confirmées, tantôt modifiées par les corregedores chargés de cette opération (3). Quant à sa substance, le droit coutumier originaire était en grande partie tiré des lois wisigothes, modifié de mille manières par les influences des relations de temps, de situation et de développement du peuple. Sorti aussi de la vie de ce peuple, mêlé à tous ses rapports, ce droit pouvait être surtout appelé intime, national; et en effet il paraît longtemps comme un miroir où se réfléchit l'image de la nationalité sous le point de vue du droit (1). Toutefois le droit coutumier ne put pas non plus résister aux vicissitudes du temps et aux enseignements nouveaux, et, bien qu'il se conserve et se maintienne encore un assez long espace dans ses traits fondamentaux et dans les matières d'équité, dans la procédure au moins il cède à l'action puissante des formes romaines. Dès la fin de la période antérieure se manifesta l'influence du droit romain sur la marche des affaires devant les tribunaux, et, dans le temps subséquent, où se trouve l'adoption de diverses dispositions du droit coutumier dans la collection affonsine, à peine lui-même peut-il prendre place dans les sources purement indigènes; il forme plutôt la transition aux sources étrangères.

Parmi ces dernières était au premier rang le code Justinien avec les explications des glossateurs. Déjà vers la fin de la période précédente avait paru sur la scène en Portugal, un homme auquel ses études dans les hautes écoles étrangères et sa renommée de grand légiste qui le précédait, préparèrent un accueil honorable à la cour de Fernando, lorsqu'il revint dans sa patrie. Les changements qui s'opérèrent bientôt après par l'effet de la mort du roi, ouvrirent une vaste et brillante carrière à João das Regras, à ses hautes capacités et à ses profondes connaissances. Ainsi que nous l'avons vu, il exerça une influence décisive sur l'élection du maître de l'ordre d'Avis comme roi de Portugal, et une assez grande encore sur la personne même de João assis sur le trône. Das Regras fut appelé par le roi aux emplois les plus hauts et les plus importants, et consulté dans les affaires les plus graves du gouvernement. Tout cela fit grandir l'autorité de la science des lois et surtout des connaissances en droit romain, car assurément das Regras n'avait pas étudié le droit de son pays à Bologne; et cette circonstance seule

---

et les chrétiens, et reçut une réponse authentique, à laquelle était ajouté : « Que assi se usa en nossa villa antre os Crischaos e os Mouros, etc. » *Collecçáo*, t. v, p. 391.

(1) Dans les foros de Santarem, par exemple, on lit au titre des costumes : « Aqui se começan os costumes, e os usos da vila de Santarem, e de seos termhos, que nom som todos na carta. »

(2) Ainsi, dans la *Collecão* citée ici, le foral de Santarem ne contient que dix pages, tandis que les coutumes de cette ville en remplissent trente-huit; le foral de S.-Martinho de Mouros n'a que deux pages, et les coutumes de ce lieu en comprennent vingt-cinq.

(3) Le droit coutumier de S.-Martinho de Mouros, par exemple, sur l'ordre du roi, est appliqué par le corregedor Affonso Anes, tantôt confirmé, tantôt fixé avec plus de précision, ou bien reçoit une adjonction, est même augmenté de dispositions entièrement nouvelles; le tout ensuite, sur l'injonction du corregedor, est rédigé par le tabellião geral da comarca do Meyrinhado, scellé du sceau royal de cette comarca, et signé par le corregedor. *Collecção*, etc., t. IV, p. 594 et 607.

(1) *Voyez* les costumes et usos de Santarem dans la *Collecção de livros inéditos*, t. IV, p. 541 et suiv.

expliquerait déjà comment le droit romain, sous ce règne, put acquérir toujours plus d'influence et de virtualité. João das Regras a-t-il traduit dans la langue de son pays le code Justinien, avec les explications d'Accursius et de Bartolo, ainsi que le prétendent beaucoup d'écrivains portugais (1), d'après une donnée peu sûre de Duarte Nunes de Lião (2)? Cela ne peut se prouver ni par la Chronique de Fernão Lopes, presque contemporain, qui n'en dit rien, quoiqu'il fût conduit tout naturellement à faire mention de ce travail de João das Regras (3), ni même par une seule trace conservée de cette traduction, malgré toutes les recherches entreprises par les Portugais dans les archives de Portugal (4). Das Regras ne put avoir non plus une influence immédiate sur la rédaction du code général, car il était déjà mort (probablement vers 1404), lorsque le roi João, à la demande des états, ordonna ce travail. Il ne peut y avoir contribué que d'une manière indirecte, comme étant le chef tout-puissant, l'exemple imposant des nombreux légistes, licenciés et docteurs en droit, qui sous le règne de João occupèrent les hauts emplois de l'Etat (5), devant tous plus ou moins leur importance et leur situation à la connaissance du droit romain qu'ils cherchaient à étendre par goût et par intérêt. Mais on ne peut s'étonner fort, au milieu de ces circonstances, si un examen du code affonsin prouve que parmi les lois nationales beaucoup de titres n'étaient qu'une transcription ou une pure traduction littérale des lois impériales et des paragraphes des Institutes de Justinien, avec les diverses gloses d'Accursius et de Bartolo.

Les *siete partidas* doivent ici trouver place comme établissant un point de rapprochement avec les deux sources étrangères. Cette législation s'était incorporé en grande partie, comme on l'a déjà remarqué, le code Justinien et les Décrétales pontificales, et elle ne pouvait paraître étrangère sur un sol où les deux plantes apportées du dehors commençaient à s'acclimater. Ainsi, depuis que sous le roi Diniz elle avait été traduite dans la langue vulgaire, des passages entiers en étaient passés dans les lois portugaises; et c'est ainsi que bientôt, par la Castille, le droit romain et le droit canon pénétrèrent dans le code portugais.

Déjà on a montré le droit canon s'introduisant en Portugal, où il fut en vigueur. Son influence sur le recueil affonsin se manifeste partout où l'esprit des Décrétales peut trouver à percer, et même là où des prétentions inadmissibles du clergé sur le domaine de la puissance temporelle ont été repoussées, où des conflits entre les pouvoirs spirituel et royal ont été accommodés d'une manière constitutionnelle; dans les *concordias*, en dépit de toute la résistance des rois, les tendances hiérarchiques, auxquelles le droit canon offrait un but et un point d'appui, trouvent moyen de se produire avec une force prédominante. Ces *concordias* mêmes des rois Diniz et Pedro, auxquelles vient s'ajouter la *concordia* du roi João, dans laquelle se manifeste avec le plus d'énergie cette résistance du trône, furent insérées dans les *Ordenaçoens* du roi Affonso V (1).

---

(1) *Manoel de Faria e Sousa, Europa Portug.*, t. II, part. 3, cap. 1, p. 325. Diogo Barbosa Machado, *Bibliotheca Lusit.*, t. II, p. 732 et autres.

(2) *Cron. do r. João*, cap. 99, et dans son ouvrage : *de vera reg. Portugal. Genealogia*.

(3) *Cron. do rey João*, part. 1, cap. 176.

(4) Déjà Pascoal Jose de Mello Freire exprime cette plainte dans son *Hist. jur. civil. Lusit.*, p. 77 : « Nondum curiositatem meam ita potui explere, ut Justiniani codicem a tanto talique viro cum Accursii, et Bartholi, quas probaverat, interpretationibus, patrium in sermonem translatum viderem. » Quoiqu'il adopte sans reflexion cette donnée comme exacte, elle est combattue par Jose Anastasio de Figueiredo dans les *Memor. de litter. Port.*, t. I, p. 291 et suiv.

(5) *Voyez* une suite d'exemples dans les *Memor. de litter. Port.*, t. I, p. 289.

(1) Liv. II, tit. 1-7.

Moins les lois puisées à des sources si diverses pouvaient se fondre en un tout harmonique, moins les équivoques, les contradictions apparentes ou réelles pouvaient être évitées, plus se faisait sentir l'insuffisance de lois empruntées à des systèmes différents, plus il parut nécessaire que les législateurs eux-mêmes établissent des règles d'après lesquelles, dans les cas douteux ou d'une solution un peu difficile, les différents codes dussent être appliqués suivant le degré de leur valeur. Les *Ordenaçoens* d'Affonso donnent l'instruction suivante.

Si dans une loi du royaume, ou dans l'usage de la cour royale, ou dans le vieux droit coutumier du pays, il y a des dispositions sur un cas, il faut procéder en conséquence, quand bien même les lois impériales (c'est-à-dire romaines) contiendraient sur un tel cas d'autres dispositions ; car là où une loi du royaume décide, toutes les autres lois ne sont pas prises en considération. Mais, si la loi du royaume ne parle point, alors le droit romain et le droit canon décident. S'il arrive que les lois impériales contredisent les lois canoniques, alors, en matières séculières comme en affaires spirituelles, les dernières sont appliquées, si le cas est de telle nature, que l'application des lois impériales entraînerait un péché contre l'Eglise (1). Mais, si ce n'est point là le cas dans une affaire temporelle, alors il faut suivre les lois impériales, quand bien même les lois canoniques contiendraient des dispositions contraires sur ce point. Si le point n'est déterminé ni par une loi du royaume, ni par la coutume et l'usage, ni par les lois impériales et les Décrétales pontificales, alors les gloses d'Accursius annexées aux lois impériales doivent être suivies. Et si rien n'est fixé par ces gloses, alors c'est l'opinion de Bartolo qui décide, encore bien que les autres docteurs y soient contraires (1). Mais, si un cas ne rentre dans aucune de ces appréciations, il doit être soumis à la décision du roi. Non-seulement cette autorité vide l'affaire pendante, mais encore elle peut rendre une loi pour chaque cas semblable (2).

Quant à la division de la collection affonsine, les auteurs de ce travail paraissent avoir pris pour modèle, dans la distribution et l'ordre des matières, le recueil des Décrétales de Grégoire IX ; car sous ce rapport il y a de grandes ressemblances entre les deux compilations. Le tout est divisé en cinq livres, dont le premier renferme les dispositions légales sur les autorités supérieures et inférieures de la justice et des finances, de la guerre et de la maison royale ; le second, la juridiction, les personnes et les biens des ecclésiastiques, les revenus royaux et leur location, la juridiction des donatarios, et enfin les rapports des Juifs et des Maures tolérés ; le troisième, les actes judiciaires et la procédure ; le quatrième, les contrats, les espèces de succession, les tutelles et testaments ; le cinquième, les délits et les peines (3).

---

(1) Les législateurs eux-mêmes citent en exemple : « Pode se poer exemplo no possuidor de maa fe, que segundo as leys imperiaaes per trinta annos possoindo sem titulo, prescrepue a cousa alhea, e segundo direito canonico, o possuidor de maa fe nom pode prescrepuer per nenhuũ tempo se em tal caso se guardassem as leys imperiaaes, guardandoas necessariamente trazeria pecado ao possuidor, o que nom devemos a consentir, majormente que em tal caso devemos necessariamente obediencia ao padre santo, e aa santa igreja, de que os canones procedem, etc. » Livro II, tit. 9, 2.

(1) Car, continue le législateur, nous sommes certains que ce fut là toujours l'usage au temps de notre père et de notre aïeul, et il nous paraît aussi, comme nous l'avons déjà entendu répéter par plusieurs lettrés, que généralement son opinion est plus sage que celle de tout autre docteur, et qu'autrement, ainsi que l'expérience nous le montre clairement, il y aurait une grande confusion pour ces desembargadores.
(2) *Codigo Affons. V,* liv. II, tit. 9.
(3) Outre le recueil même, voyez *Prefação,* p. 6 ; et *Synopsis cronol. de subsidios para a historia, etc.,* t. I, p. 34 et suiv.

Quant à la forme observée dans les titres des cinq livres, voici les principes qui dominent : Les titres dont les sources sont une loi territoriale antérieure, un chapitre des cortès, des articles de droit coutumier, etc., commencent par une courte introduction historique dans laquelle sont cités le roi qui a rendu la loi, convoqué les cortès, et le lieu où l'assemblée a été tenue; puis vient la source elle-même avec les termes de l'auteur. S'il y a plusieurs lois ou chapitres, alors une explication historique forme la transition de l'un à l'autre. A la source se rattache la confirmation absolue du roi Affonso V, en cas qu'il ordonne tout simplement de la suivre; ou bien il y a des explications, des corrections, des développements ou des limitations, si un changement a été jugé nécessaire. Mais les titres sous lesquels de nouvelles lois ont été données au nom d'Affonso, par exemple celles qui ont été empruntées par les compilateurs au droit romain, sont rédigés dans le style législatif, tel qu'il fut généralement en usage dans les codes portugais postérieurs; quoique dans ces derniers recueils on fasse précéder alors les lois de remarques préliminaires. Toutefois cette forme, pratiquée pour les quatre derniers livres, n'a point été adoptée pour le premier, dans lequel presque toutes les lois sont rédigées en langage législatif, sans citations historiques. La raison ne peut s'en donner avec certitude. Vraisemblablement le premier livre vient d'une autre main, peut-être de ce João Mendes qui avait été d'abord chargé du travail par le roi João (1). Son successeur Ruy Fernandes, renonçant à la méthode de Mendes, procéda d'une manière qui lui était plus commode, et qui, sans répondre quant à la forme et au langage à la législation actuelle, a bien mérité des explorateurs ultérieurs de l'histoire : car l'ancienne coutume de faire précéder les lois de l'exposé des circonstances, des motifs et des causes qui les ont provoquées, du but que l'on poursuivait, et des maux qu'elles devaient prévenir; la franchise naturelle avec laquelle tout cela se fait révèle souvent à l'observateur des situations, le conduit sur des traces, sur des impulsions, qui sans cela seraient pour lui restées voilées et cachées. Et le législateur postérieur lui-même peut-il toujours se passer de ces indications et de ces révélations?

Ce qui prouve que le recueil affonsin fut mis en vigueur (on a voulu élever des doutes à ce sujet), c'est qu'on voit s'y référer l'assemblée des cortès, ouverte en 1481 à Evora, et close en 1482 à Viana d'Apar d'Alvito (1). Cependant il ne fut pratiqué que peu de temps; car, dès le règne de Manoel, un nouveau code général fut publié et introduit. Ensuite le code affonsin tomba dans un tel oubli, qu'il ne fut livré à l'impression qu'après trois cent quarante-six années, en 1792 (2). Néanmoins il reste toujours comme une source de la plus haute importance de l'histoire intérieure du Portugal, et de la connaissance de la législation de ce pays; le monument le plus durable et le plus beau de l'infant Pedro et de sa régence.

---

(1) *Prefação*, p. 8. *Synopsis*, p. 91.

(1) *Prefação*, p. 10, où sont donnés les passages relatifs à ce sujet.

(2) A Coimbra. Na real *imprensa da universidade*. Por resolução de s. magestade de 2 de setembro de 1786. Sur le nombre et la valeur des manuscrits dont se servirent les éditeurs, etc., *voyez*, outre la *Prefação* déjà citée plusieurs fois, la *Synopsis cronol. de subsidios para a historia da legisl. Port.*, por J. A. de Figueiredo, p. 39-42.

CHAPITRE V.

RÈGNE DU ROI AFFONSO V.

(De 1448 à 1481.)

CONQUÊTES ET DÉCOUVERTES DES PORTUGAIS EN AFRIQUE. — GUERRE D'AFFONSO AVEC FERNANDO ET ISABELLE POUR LE TRONE DE CASTILLE. — MALHEUREUX VOYAGE DU ROI EN FRANCE. — PAIX ENTRE LA CASTILLE ET LE PORTUGAL. — MORT D'AFFONSO.

§ 1. *Affonso en Afrique.* — *Conquêtes des Portugais sur la côte septentrionale de l'Afrique, et découvertes sur la côte occidentale.*

Les Portugais ont les regards fixés sur l'Afrique. — Préparatifs d'une expédition militaire contre les Maures. — Affonso met à la voile avec une flotte pour Alcacer. — Conquête de cette ville. — Duarte de Menezes y est laissé pour commandant. — La place est assiégée par le roi de Fez, qui se retire. — Nouveau siège aussi vain que le premier. — Malheureuse entreprise d'Affonso contre Tanger. — Expédition plus désastreuse encore de l'infant Fernando contre cette ville. — Affonso fait une course vers Arzilla. — Mort du comte de Viana, Duarte de Menezes. — Le roi revient en Portugal (1464).

Les temps du règne d'Affonso différèrent essentiellement de ceux de la régence. Durant cette dernière époque, les agitations et les intrigues des grands, leur acharnement à poursuivre Pedro par les manœuvres de la perfidie et par la violence, réclamaient l'attention. Des individus seulement se présentaient en avant, et agissaient sur la scène ou en partie derrière le théâtre. La masse de la nation restait calme, ou si une partie se laissait entraîner dans les factions, ce n'était qu'un ordre isolé, la noblesse, ou les communes, ordinairement la seule bourgeoisie d'une ville. Sous le règne d'Affonso, au contraire, c'est la nation qui s'avance sur le premier plan, avec la somme des forces les plus énergiques; et ces forces ne sont pas mises en mouvement les unes contre les autres, où pour réagir sur l'intérieur du royaume : elles sont dirigées principalement au dehors, sur les contrées étrangères plus éloignées. Les Portugais qui ne se consacraient pas à la navigation et aux voyages d'exploration, Affonso les conduisit à des conquêtes sur la côte d'Afrique, puis à des luttes contre la Castille, qui ne voulait pas reconnaître ses prétentions au trône.

Aucun roi portugais avant Affonso V, et nul après lui, n'a fait des conquêtes plus importantes en Afrique, et Affonso V a bien mérité le surnom d'Africain qui lui fut donné. Sous lui, on peut le dire, le drame de l'histoire nationale se joua non pas en Portugal, mais en Afrique, puis en Castille et un épisode, ou plutôt une scène, se passe même sur le sol de la France. Mais l'Afrique est la terre promise d'Affonso V, l'objet de ses désirs, de ses plans favoris et de ses rêves. Là vit son esprit, alors même que sa personne reste en Portugal ; dans sa patrie, il n'est qu'un hôte. C'est là le reproche dont le roi peut-être atteint, que l'Afrique soit le théâtre de sa gloire. Mais aussi, sous son règne, son peuple éleva bien haut le nom portugais dans cette partie du monde. Dans les brillants exploits accomplis sur cette scène se réfléchissent le pieux zèle pour la foi chrétienne, l'esprit hardi d'entreprise, les sentiments héroïques qui alors animaient toute la nation et principalement la noblesse et la chevalerie. Certes ce fut cet esprit enthousiaste qui entraîna les Portugais et leur roi à ces entreprises, plutôt que les calculs de la politique, encore bien qu'ils parussent fortement les conseiller. Car ces voyages, en occupant les humeurs inquiètes, et jetant au dehors les ferments d'agitations et de discordes, rendaient en même temps les Portugais plus familiers avec un élément qui ouvrait une grande et immense carrière à l'ardeur d'entreprise et de découvertes déjà éveillée, et impatiente dans le cercle rétréci de la métropole. Les traversées fréquentes en Afrique devinrent pour le Portugais une école de navigation et d'hydrographie. En passant en Afrique, il apprit dans la suite à gouverner vers les Indes si lointaines. Pour ces expéditions de si long cours les conquêtes et les possessions sur la côte septentrionale de l'Afrique devinrent de nouvelles échelles, des points de repos et d'appui ; et, poussant toujours plus loin les ennemis qui le pressaient, le Portugais transformait leurs positions et leurs forteresses en lieux de refuge assurés pour ses compatriotes, si, à leur retour de longs voyages, ou dans leurs courses, ils étaient assaillis par quelque désastre. Sous tous ces rapports, les conquêtes des Portugais sur la côte septentrionale de l'Afrique provoquent et méritent l'attention, encore bien qu'elles n'exercent d'abord qu'un triste effet immédiat sur le Portugal ; car, par l'argent et le sang qu'elles coûtèrent, elles affaiblirent les forces du royaume. Les conséquences plus éloignées de ses entreprises étaient aussi peu saisies et pressenties, que les causes déterminantes étaient entrées dans le cercle des combinaisons humaines.

Un événement qui changea l'extrémité orientale de l'Europe agit puissamment sur la pointe occidentale de cette partie du monde. Lorsqu'au milieu du quinzième siècle Constantinople tomba entre les mains des Ottomans, le saint-père Nicolas V appela les princes européens à une croisade générale contre les infidèles. Il trouva peu de sympathie. On vit combien était relâché le seul lien qui dans le moyen âge avait uni les peuples et les princes de la chrétienté européenne. Des objets tout autres occupaient maintenant l'Europe chrétienne. Mais, à son extrémité occidentale, la chute de Constantinople excita le souverain d'une petite contrée à une entreprise qui à la vérité ne tendait pas à reprendre la capitale de l'empire grec, mais à refouler et affaiblir les infidèles. Longtemps se conserva dans son élévation en Portugal cet esprit pieusement chevaleresque qui, dans la plupart des contrées de l'Europe, avait cédé à d'autres tendances, ou bien avait dégénéré en humeur querelleuse et sanguinaire également funeste au peuple et au prince. Ici il se combinait encore avec l'exaltation d'un peuple agité par une surabondance de force juvénile, avec un sentiment qui nourrissait cet esprit, et en recevait en même temps des aliments. Quand bien même des intelligences plus étendues et plus prévoyantes parmi les nobles et les grands du Portugal se seraient proposé un autre but que celui poursuivi par l'ardeur chevaleresque, un roi dont l'ambition irréfléchie se précipitait par delà toutes les combinaisons d'un siècle plus calme, un prince aux yeux duquel conquérir c'était régner, combattre les infidèles, c'était servir Dieu, aurait toujours entraîné avec lui son peuple impressionnable.

Tandis que, dans les autres pays, l'appel du pape ne rencontrait pas d'échos, le roi de Portugal promettait d'entretenir à ses frais douze mille guerriers pendant un an, équipait des vaisseaux, et faisait les préparatifs nécessaires pour une expédition si éloignée, avec des dépenses considérables qui provoquaient des plaintes assez vives parmi le peuple (1). L'insuffisance de ses propres moyens, et la tiédeur des autres princes, sur le concours desquels Affonso avait compté, retardèrent seules l'exécution de l'entreprise. Le roi ne se dissimulait pas ce qu'elle avait de périlleux, et la perte certaine à laquelle il se précipitait, s'il s'engageait seul dans une lutte contre les Turcs. D'un autre côté, le marquis de Valença, secondé par ses adhérents, poussait sans relâche le roi à cette expédition, selon l'opinion de quelques personnes, pour séparer Affonso de son épouse; car ce seigneur, comme principal provocateur de la mort du malheureux infant Pedro, redoutait Isabelle. Cependant des événements s'accomplirent, qui réclamaient plus d'activité dans les préparatifs des Portugais. Des pirateries qui vers ce temps avaient été exercées par des Français sur des cargaisons portugaises, et qui provoquèrent des plaintes publiques des négociants portugais auprès d'Affonso, réclamèrent tout d'abord la protection de la flotte royale. Enfin se produisit une troisième cause d'une entreprise maritime qui, toujours attrayante pour les Portugais, paraissait cette fois indispensable. A la nouvelle que le roi de Portugal se préparait à une expédition lointaine contre les Turcs, le roi de Fez, voulant mettre à profit l'absence du monarque chrétien, s'avança à la tête d'une armée contre Ceuta. Il leva bientôt le siège de cette ville, parce qu'il la trouva mieux préparée à la défense qu'il ne l'avait présumé; mais il se retira avec le projet bien arrêté de revenir immédiatement avec une plus forte artillerie et des troupes plus nombreuses pour ramener la place sous le joug de l'Islam. Pour le belliqueux Affonso, qui brûlait du désir de signaler le commencement de son règne par une action d'éclat, c'était là une invitation bien attrayante. L'audacieux prince maure méritait un châtiment; le devoir et l'honneur commandaient de mettre Ceuta à l'abri. Un triomphe sur le roi de Fez paraissait aussi glorieux qu'assuré, et une nouvelle conquête dans le pays des infidèles aussi probable qu'avantageuse.

Affonso était résolu à répondre à cet appel venu d'Afrique, lorsqu'une suite d'événements dans la famille royale vint entraver l'exécution de son plan. Le 3 mai 1455, la reine, ainsi qu'on l'a déjà vu, avait mis au monde le prince João, auquel les trois ordres du royaume rendirent solennellement hommage comme à l'héritier du trône. Aux fêtes de la cour et aux réjouissances dans tout le royaume sur ce joyeux événement, et au mariage de la sœur du roi l'infante Joanna, célébré bientôt après avec le roi de Castille Enrique IV, succédèrent, comme on l'a déjà rapporté, les funérailles publiques de l'infant Pedro, père de la reine, suivies de trop près de la mort de la malheureuse reine (2 décembre 1455), qui fut ensevelie en janvier 1456. Dans la même année, le roi fit exhumer les restes de sa mère, la reine Leonor, morte à Tolède, les reçut solennellement avec les grands et les prélats du royaume à Elvas, et les fit déposer à Batalha, à côté du cercueil du roi Duarte (1).

Lorsque Calixte III appela les princes d'Europe à une croisade contre les Turcs (2), il envoya un savant portugais, l'évêque de Sylves, avec une bulle au roi de Portugal (3). Affonso se montra prêt maintenant encore à tenir la promesse faite précédemment, et poussa les préparatifs nécessaires avec ardeur. Afin de procurer à l'argent portugais

---

(1) « Nam sem grandes lamentaçoens do reyno. » Ruy de Pina, *Cron. do S. rey D. Affonso*, cap. 135.

(1) Pina, cap. 136 et 137.
(2) Raynald. cont. Baron. an. 1456, VIII.
(3) Pina, cap. 138.

plus de valeur dans les pays étrangers où sa marche le conduirait, il fit frapper de l'or le plus fin des cruzados (d'ouro subido), qui surpassa de deux degrés en poids (sinon en valeur nominale) les ducats, monnaie analogue dans les autres Etats chrétiens (1); car, au temps de son père et jusqu'alors, il n'avait été frappé en Portugal d'autre monnaie d'or que des *escudos* d'un titre inférieur (*d'ouro baxo*), qu'ailleurs on n'acceptait qu'à regret et avec une grande perte (2). De même qu'il songeait aux moyens de se procurer légitimement de l'argent pour l'entreprise, le roi pensa aussi à rallier sous son étendard des hommes dont la valeur donnât de la considération aux armes portugaises à l'étranger. Ses regards tombèrent d'abord sur Pedro, digne fils du malheureux infant, qui jadis avait occupé glorieusement le poste éminent de connétable de Portugal (3), et qui maintenant supportait non moins honorablement son infortune; proscrit et banni sur le sol castillan, il y vivait dans la pauvreté; dépouillé de tout emploi, privé de patrie, sans biens et sans revenus, il semblait encore n'avoir rien perdu; son courage était au-dessus de l'adversité; par ses paroles et ses actions, il ne démentit jamais sa dignité intérieure, et jamais il ne laissa échapper une plainte ni contre les misères qu'il endurait, ni contre les hommes qui les avaient amassées sur sa tête (4). Cette élé-

vation détermina le roi à rappeler le proscrit dans sa patrie. Affonso était jaloux de compter un pareil homme parmi les guerriers qui l'accompagneraient dans l'expédition résolue, et l'invita à y prendre part. Le duc de Bragance lui-même, qui jadis avait arraché au roi la promesse de ne pas accorder la rentrée de Pedro durant la vie et malgré la volonté du duc, cessa de s'y opposer, attendu qu'après la mort de la reine ses craintes avaient disparu, et que la promesse du roi avait perdu beaucoup de sa signification.

Pedro, à ce qu'il paraît, recouvra toutes ses possessions, fut réintégré dans la dignité de grand maître de l'ordre d'Avis (quant à la charge de connétable, Affonso l'avait donnée à son frère Fernando), et servit désormais le roi avec fidélité, jusqu'à ce qu'il fût appelé de Ceuta à Barcelone par le renom des Catalans (1). Tout en réunissant les forces dispersées du Portugal, Affonso s'efforçait en même temps de s'assurer de l'assistance de princes étrangers. Supposant dans tous les princes chrétiens les sentiments et les convictions qui l'animaient, il comptait sur leurs secours, et il envoya un fidalgo de sa cour, Martim Mendes Berredo à son parent le roi de Naples, pour le prier de fournir des renforts à l'armée portugaise lorsqu'elle passerait en Sicile et en Apulie. Mais Berredo ne trouva ni à Naples ni dans le reste de l'Apulie le concours espéré. Après avoir achevé les préparatifs avec des frais extraordinaires, Affonso en informa la plupart des princes chrétiens, et les invita à une croisade en commun. Nulle part ne se montra une volonté sincère. Le roi ne put se dissimuler plus longtemps qu'avec ses forces seules, sans autre appui que celui de quelques

---

(1) Pina, cap. 138. *Elucidario*, supplem., p. 32. Les cruzados valaient alors seulement 400 reis; plus tard ils s'élevèrent à 600, et enfin à 640. Les rois João II et Manoel firent aussi fabriquer des cruzados. Sousa, *Hist. geneal.*, t. IV, p. 220.

(2) C'est pourquoi le roi Manoel les supprima. L'escudo valait 90 reis. *Elucid.*, I, p. 414.

(3) Alors il avait comme connétable une garde du corps de 100 besteiros. Sousa, *Hist. gen.*, t. II, p. 84.

(4) « .... Que com muyta pacyencia de grandes necesydades e desaventuras, que em seu desterro soportava, e com huma louvada temperança, que em suas fallas e obras pera el rey, e pera o reyno sempre teve, obrygou e comoveo

el rey pera o retornar em seus reynos, el lhe fazer aquela honra e mercee, que elle por muytas causas merevia. » Pina, cap. 138.

(1) Sousa, *Hist. gen.*, t. II, p. 86 et suiv. Pina, cap. 151. Lião, cap. 33.

étrangers, il n'était pas au niveau d'une telle entreprise, qu'il conduirait ses Portugais à une perte infaillible, s'exposerait lui-même à des humiliations, et provoquerait encore le mécontentement des autres princes chrétiens (1). Alors seulement la chose fut examinée attentivement sous tous les aspects, et l'on remontra au roi tous les périls que l'entreprise pourrait susciter au Portugal, à l'intérieur comme au dehors. On lui conseilla de gouverner son pays dans la paix et la justice, et d'ajourner la croisade jusqu'à ce que les autres princes chrétiens se joignissent à lui. On lui signala l'Afrique, « s'il voulait céder à l'impulsion de sa piété chrétienne, et se montrer en véritable rameau de l'arbre royal; là était le même ennemi des chrétiens à combattre, et il y avait plus de gloire et d'avantages à gagner avec plus de sûreté. » Les regards d'Affonso furent tournés sur Tanger, et l'on résolut de diriger une attaque sur cette ville avec une armée de vingt-cinq mille combattants, sans compter les marins (1457). Peu de temps après, à Lisbonne, où la plupart des troupes devaient être rassemblées et embarquées, la peste éclata, et Affonso s'enfuit à Estremoz. Là, de nouvelles plaintes sur des pirateries exercées contre ses sujets par des Français le déterminèrent à ordonner l'équipement d'une flotte de vingt vaisseaux et d'autres bâtiments pour la protection des côtes et des marchands du Portugal. Les troupes, avec beaucoup de nobles à leur tête, étaient sur le point de mettre à la voile, lorsqu'une lettre du commandant de Ceuta, le comte d'Odemira, fit tout suspendre. Le comte demandait des secours contre le roi de Fez qui se préparait au siége de Ceuta. Aussitôt quelques seigneurs furent détachés avec des troupes au secours de la ville, en attendant qu'Affonso, qui bouillait d'impatience de se mesurer avec le roi des Maures, conduisît l'armée en personne. Alors, à ce qu'il paraît, on ne songea plus à la protection du commerce maritime portugais, on plutôt on négligea un danger moins grave. Comme l'on vit que Ceuta n'était plus menacé, on revint au projet précédent contre Tanger, pour l'abandonner bientôt, et en adopter un autre sur Alcacer Ceguer, lorsque le commandant de Ceuta, qui connaissait mieux la situation, la partie faible et les moyens de défense de la puissance maure, recommanda au roi une attaque sur cette ville, en lui donnant les raisons les plus palpables. A cause de la continuation de la peste à Lisbonne, il fut résolu que le roi s'embarquerait à Setuval, le marquis de Valença à Porto, l'infant Henrique dans l'Algarve. Le dernier jour de septembre 1458, Affonso, après avoir entendu la messe et reçu la communion pour se préparer à la sainte lutte contre les infidèles, se rendit en procession solennelle au port de Setuval avec son frère Fernando, Pedro fils de l'infant Pedro, beaucoup de grands et de fidalgos, doubla le cap S.-Vicente, le 3 octobre, avec quatre-vingt-dix voiles, et débarqua près de Sagres, où l'infant Henrique attendait le roi, et traita magnifiquement ses hôtes. Après que les vaisseaux sortis du Mondego, de Porto et d'autres lieux, se furent réunis à la flotte royale près de Lagos, là, dans un discours plein de chaleur qu'il tint au milieu de ses escadrons, le roi exposa ses vues sur Alcacer, loua le zèle qu'ils avaient montré jusqu'alors, et l'enflamma encore par des promesses. Le 17 octobre, Affonso quitta le port de Lagos avec deux cent vingt voiles (1); et, comme un vent contraire ne lui permit pas d'atteindre Alcacer, il jeta l'ancre sur la rade de Tanger, pour attendre les vaisseaux qui manquaient encore. La vue de la puissante Tanger exalta l'imagination d'Affonso; la

---

(1) Pina, cap. 138.

(1) Deux cent quatre-vingts d'après la *copia das merces*, qua fez el rey D. Affonso V. Dans Sousa, *Provas*, t. II, p. 18. D'après le même titre, l'équipement de la flotte, avec les vingt mille hommes coûta 115,000 dobras.

conquête d'une telle ville parut seule une digne tâche pour son courage, un glorieux trophée des exploits qu'il allait accomplir, et il aurait aussitôt cédé à son entraînement, si, dans le conseil de guerre tenu à cet effet, l'on n'avait pas opposé les raisons les plus solides à cette entreprise faite dans le moment. On gouverna donc sur Alcacer, et le débarquement fut opéré si rapidement, que l'on peut à peine dire qui sauta le premier à terre. Cinq cents Maures à cheval, et un plus grand nombre de fantassins qui voulurent s'opposer à la descente, furent si vigoureusement attaqués par les chrétiens, qu'ils se retirèrent en partie dans la ville, en partie dans les montagnes. Aussitôt les machines de siège et l'artillerie furent débarquées, et, comme les troupes même, disposées pour l'attaque. Ensuite le roi, couvert d'une brillante armure, monté sur un ardent coursier sicilien, donna le même soir l'ordre d'investir la ville, mais seulement pour l'apparence, afin d'apprendre à connaître le mode de défense des Maures. Ils montrèrent du courage et de la vigueur, et avec leurs flèches et leurs armes à feu ils firent beaucoup de mal aux chrétiens; de leur côté, ceux-ci se portèrent à l'attaque avec un si impétueux élan, que le roi ni les infants ne purent les retenir. Bientôt une partie des parapets fut renversée; cavaliers et fantassins pénétrèrent irrésistiblement par l'ouverture. Mais, en dépit de tous leurs efforts, ils ne furent pas en état de briser la porte de fer puissamment gardée.

Lorsque l'infant Henrique vit l'ardeur et la résolution de ses guerriers, il accourut, quoique la nuit fût déjà venue, avec la bannière déployée, et, par ses paroles, il enflamma les siens de plus en plus. Le roi et l'infant Fernando, voyant aussi leurs bataillons animés de la même ardeur, firent donner le signal du combat, qui aussitôt fut engagé avec une telle impétuosité et une si grande émulation entre tous les soldats, que chacun d'eux semblait prétendre à décider l'action. Le roi les exaltait surtout par sa présence et son exemple : son courage audacieux bravait tous les dangers, et ses exhortations poussèrent les combattants à des prodiges de valeur.

Vers minuit, l'infant Henrique fit tout à coup décharger une grosse bombarde, et causa par là aux Maures plus de peur que de mal. Ils désespérèrent de leur salut, et, faisant mille promesses, ils implorèrent la pitié de l'infant. « Le roi, répondit Henrique, n'est venu ici que pour servir Dieu, et non point pour avoir vos biens ou vous arracher des rançons. Sa volonté est donc que vous vous retiriez avec vos femmes, vos enfants et vos effets, et que vous abandonniez la ville avec tous les prisonniers chrétiens. » Les Maures sollicitèrent le temps d'y réfléchir, et une suspension des hostilités pendant la nuit, mais en vain. L'infant pressa d'autant plus l'attaque. Alors ils demandèrent seulement une heure; cela leur fut aussi refusé; on leur déclara même que tous, sans distinction d'âge ni de sexe, seraient passés par le glaive, si la ville était emportée de vive force. Là-dessus les Maures se rendirent, et envoyèrent aussitôt des otages dans la tente du roi. Le combat fut suspendu. Le lendemain, les habitants maures, avec leurs femmes et leurs meilleurs effets, quittèrent la ville sans éprouver de vexation, car l'infant avait garanti leur sûreté.

Vers midi, le roi, avec les infants et les nobles, fit son entrée processionnellement à pied dans la ville, se rendit à la mosquée, qui, transformée en temple chrétien, fut appelée Nossa-Senhora da Misericordia, et fit sa prière devant l'autel dressé à cet effet. Tous les guerriers adressèrent leurs actions de grâces à Dieu pour la conquête d'une ville, qui, « si l'on considère ses fortes murailles et ses tours, l'étendue de sa population, et en même temps la facilité avec laquelle elle avait été prise, paraît avoir été soumise par la main et la grâce de Dieu, plutôt que par la puissance et la force des hommes (1). »

_____

(1) Pina, cap. 138.

La place de commandant d'Alcacer, qui était sollicitée par beaucoup de guerriers, fut confiée par le roi au fils naturel du comte Pedro de Menezes, Duarte, « dans lequel étaient réunies toutes les qualités d'un commandant habile, » ajouta Affonso en lui donnant des éloges sur sa conduite (1). Et en effet ce choix était excellent. Petit, mais bien proportionné, d'une extrême tempérance dans les jouissances de la table, Duarte était toujours prêt à supporter les plus rudes épreuves, de sorte qu'il semblait s'y complaire, les rechercher même alors qu'il n'y avait pas nécessité. Il ne trouvait de plaisirs et de délassement que dans des exploits chevaleresques, « comme un sujet qui a manié les armes dès le berceau (2). » Les fidèles services qu'il rendit au roi et à l'Etat, et ses exploits militaires l'élevèrent dans la suite au rang de comte (3). Sa puissance sur lui-même, sa gravité naturelle, qui rarement était interrompue par un sourire, mais surtout son jugement sain et sa haute intelligence, le rendaient propre au commandement. Son chroniqueur ne manque pas de faire observer combien Duarte, « dès l'enfance, avait eu la tenue et l'air d'autorité d'un souverain (4). » En même temps il avait une âme pleine de feu et de sentiments élevés, était ami de la vérité et de la justice, animé d'une piété sincère, rigide observateur des lois divines. « Aussi, ajoute Pina, fut-il toujours soutenu par l'assistance de Dieu ; car, dans tant de combats livrés à l'ennemi, jamais il ne fut vaincu. » Ainsi Duarte conserva et défendit glorieusement ce que le roi Affonso avait conquis et lui avait confié comme au plus capable. D'autres, qui s'étaient signalés à la prise de la ville, reçurent du roi en récompense la dignité de chevaliers. Affonso lui-même, en souvenir de son triomphe, se para du titre de *senhor d'Alcacer*, qu'il joignit à ceux des rois de Portugal (1).

Après avoir pourvu la ville d'une garnison, d'armes et de vivres, le roi se rendit par mer à Ceuta. Lorsque pour la première fois il contempla cette ville, la grande, la puissante, la magnifique Ceuta, que son aïeul le roi João avait conquise aussi dans une croisade, il reporta sa pensée sur son propre trophée, sur Alcacer, que les Maures eux-mêmes appelaient la petite (*Cacer el seguir*) comparativement à l'autre Alcacer, à laquelle ils donnaient le surnom de grande (*Cacer el quebir*) (2), et il sentit s'abattre le sentiment d'orgueil que lui avait inspiré sa conquête. De l'exaltation du triomphe il tomba dans une triste méditation, il se sentit humilié. La petite Alcacer ne pouvait plus remplir les vastes champs de son imagination ; dans son ardeur de gloire, il aspira dès lors à de plus grandes choses (3).

A la nouvelle du siége d'Alcacer, le roi de Fez s'était mis rapidement en mouvement au secours de la place. En apprenant qu'elle avait succombé, il était retourné aussitôt à Tanger, afin de rassembler des troupes plus

---

(1) Lião, cap. 29.

(2) *Cronica do conde D. Duarte de Menezes*, de Ruy de Pina, cap. 3, dans la *Collecção de livr. ined. de hist. Portug.*, t. III.

(3) Le titre émané là-dessus du roi Affonso, du 6 juillet 1460 (il se trouve imprimé à la fin de la chronique dont il est ici question, p. 372-376), rapporte avec éloges comment Duarte avait été assiégé deux fois à Alcacer par le roi de Fez, durant cent sept jours, avait essuyé trois mille deux cents coups de bombarde, défendu Alcacer en vaillant chevalier, fait beaucoup de sorties de la ville, et, avec l'aide de Dieu, avait triomphé de l'ennemi.

(4) « .... Tal, que quasi do berço começou de er authoridade, e representação de senhoria. »

(1) Les titres, dans leur ensemble, furent maintenant : « Dom Affonso per graça de Deos rey de Portugal, e do Algarve, senhor de Ceuta e d'Alcacer em Africa. » Pina, cap. 139.

(2) João de Sousa, *Vestigios da lingua Arabica em Portugal*, p. 18.

(3) « .... Ficou triste e pensoso ; porque a parecer dos que az viram, tam pequena cousa nam encheo a grandeza e bondade de seu coraçam, e sospirara por outra mayor. » Pina, cap. 139.

nombreuses, pour aller assiéger à son tour la ville soumise par les chrétiens. Cela décida Affonso à faire réunir encore de nouvelles armes et de nouveaux approvisionnements dans Alcacer. Ensuite on lui conseilla de ne pas s'arrêter plus longtemps en Afrique, et de retourner dans son royaume. D'autres craignaient que le roi, par son éloignement, n'eût l'air d'éviter le danger, et l'engagèrent, dans l'intérêt de son honneur, à provoquer aussitôt le prince maure à une bataille. Si le défi était accepté, Affonso avait assez de forces pour se flatter d'obtenir la victoire; sinon, il pouvait regagner ses Etats sans redouter le blâme des Portugais et des étrangers. Passionné pour l'honneur et plein d'ardeur, Affonso se décida pour le dernier parti, et envoya deux députés à Tanger avec une lettre de provocation pour le roi de Fez, qui, informé déjà du but de cette mission, fit tirer des bombardes sur les bâtiments portant les hérauts (13 novembre). Ceux-ci retournèrent, et le roi maure, avec trente mille cavaliers et une infanterie innombrable, marcha contre Alcacer, où l'attendaient déjà huit alcaides avec leurs troupes. Parvenu sous les murailles, il fit canonner vivement la place, qui fut attaquée en même temps par des arquebusiers de Grenade. Mais les Portugais reçurent vigoureusement les assaillants, dont un grand nombre fut tué ou blessé. Le premier jour, Affonso s'approcha de la ville pour la secourir; mais il se convainquit bientôt qu'il ne pouvait tenir tête à un ennemi si supérieur en nombre, qui tenait Alcacer investie du côté de la mer et de la terre, et il retourna bien vite en Portugal, pour y réunir des troupes fraîches et amener des secours efficaces à la ville pressée par l'ennemi. Cependant les Maures continuaient à canonner vivement les chrétiens, sans pourtant causer autant de mal qu'ils se flattaient d'en faire; leur perte à eux-mêmes était assez grave. Afin de faire porter leurs coups plus sûrement au centre de la ville, les barbares firent venir une de ces énormes bombardes que les Portugais, au temps du roi Duarte, avaient abandonnées dans leur camp devant Tanger, et dans laquelle ils mettaient leur plus grand espoir, parce qu'elle lançait des masses de quatre quintaux. Mais, malgré tous les efforts, ils durent voir que les murs de la ville n'étaient pas ébranlés le moins du monde, et que les chrétiens s'y tenaient sans crainte. L'armée maure, au contraire, tomba peu à peu dans le découragement, et le peu de résultat de leurs peines engagea beaucoup de barbares à déserter de jour comme de nuit, en dépit de la peine de mort appliquée impitoyablement à ceux que l'on saisissait.

Vers ce temps parut devant Alcacer Luiz Alvares de Sousa, que le roi Affonso avait expédié vers les assiégés avec des nouvelles encourageantes. De la mer il lança sa lettre dans la ville avec une flèche, et Duarte, par le même moyen, informa le roi de son manque absolu de poudre et de vivres, demandant d'une manière pressante une prompte assistance. Par un surcroît de précautions, il avait écrit la lettre en français; malheureusement la flèche tomba dans le camp maure, où se trouva quelqu'un pour traduire la missive. Ce renseignement venu de la main du commandant lui-même répandit la joie parmi les Maures. L'on convint que le roi de Fez ferait sommer par son merin le commandant d'Alcacer de se rendre. A la sommation fut jointe la lettre interceptée. Lorsque Duarte reçut ce message, il le lut seul, et en cacha le véritable contenu aux fidalgos. « Les lâches Maures, dit-il, qui sont entièrement perdus, font des propositions de paix; mais je vais leur répondre. » Alors il écrivit au merin une lettre pleine de menaces et d'ironie. « Tu sais que mon maître n'a pas confié cette ville à moi, à ses fidalgos et à la garnison pour te la rendre, ainsi que tu le penses, mais afin que nous la défendions, comme nous la défendrons en effet contre toi et ton roi, contre tous les rois maures du monde, s'ils voulaient marcher contre nous. Sois persuadé que nous sommes résolus dans notre défense, non-seulement à supporter le mal que tu nous causes, et qui est bien faible en raison de ta lâcheté, mais tout autre bien plus grand encore, même la mort. Mais, afin que tu puisses reconnaître si ces paroles viennent de la bouche ou du cœur, que tes Maures s'avancent plus près que jusqu'alors, et comme ton roi, à ce que j'apprends, fait fabriquer des échelles pour escalader les murailles et nous combattre, dis-lui que je veux lui épargner cette peine. Car, s'il y a en lui et en toi du courage pour cette attaque, je ferai placer entre les tours un certain nombre d'échelles que nous avions apportées ici pour la prise de la ville, et alors tu pourras ordonner aux tiens de monter dessus, et tu verras quelles forces nous consacrons au service de notre roi, au triomphe de notre foi et au maintien de notre honneur. Pour cette faveur, si vous voulez l'accepter de nous, nous ne vous demandons que de vous montrer moins faibles et moins lâches que jusqu'ici, car le triomphe sur de tels hommes ne donne ni gloire ni honneur. »

Quand cette lettre fut lue dans la tente du roi, elle excita en lui, comme en tous les merines et les alcaides présents, de l'étonnement, de l'indignation et de l'effroi. L'assemblée s'agita tumultueusement; mais l'alcaide de Tanger, considérant avec calme la disposition des chrétiens, représenta que ce courage intrépide des assiégés pourrait faire payer cher aux Maures leurs tentatives; que la peinture des maux et de la disette éprouvés par les chrétiens, dans la lettre interceptée, avait été exagérée, pour exciter d'autant plus le roi à presser l'envoi des secours promis; car il était difficile de croire qu'une ville à peine enlevée sous les yeux du roi aurait été laissée sans vivres suffisants. Ces observations d'un merin si grave et si considéré, les premières atteintes du froid et l'arrivée du mauvais temps, le manque de projectiles, le découragement des Maures, qui, heureux seulement dans les brusques attaques, se laissaient bientôt abattre dans une lutte prolongée contre des difficultés accumulées, leur

dépit de l'échec honteux d'une entreprise à laquelle ils avaient marché pleins d'espérances orgueilleuses, tout cela les poussa à la résolution de triompher de l'ennemi par un assaut général, et d'abattre la ville comme d'un seul coup. L'attaque eut lieu. Mais Duarte, qui soupçonnait les vues des Maures, rassembla toutes ses forces et celle de ses gens, et repoussa les assaillants avec une vigueur peu commune. Les assiégeants subirent une perte considérable, et comme ils quittèrent les drapeaux en grand nombre, que d'ailleurs il n'y avait plus de munitions de guerre, la lutte cessa, après que les Maures eurent lancé huit cent dix grosses masses de pierres dans la ville.

Quelques chrétiens aussi avaient péri, et un assez grand nombre étaient blessés. Déjà le manque de vivres était plus sensible, et l'on ne savait pas combien de temps encore l'armée de siège resterait devant la ville. Duarte avait en vain demandé des secours au commandant de Ceuta. Alors il convint avec les fidalgos de tuer leurs chevaux pour avoir de la viande et en même temps épargner les fourrages. Toutefois on résolut auparavant de faire encore une sortie avec les chevaux, que les Maures croyaient déjà dévorés. En effet, l'on n'en comptait plus que trente, qui furent confiés au fils du commandant, Henrique de Menezes, tandis que Duarte sortait à pied avec une troupe choisie de fidalgos pour recueillir des fourrages. Les Maures, comme l'on s'y était attendu, quittèrent leur camp et se préparèrent à l'attaque, lorsque, sur un signe convenu que donna Duarte, son fils avec les chevaux et les cavaliers richement équipés fondit avec impétuosité sur l'ennemi. Alors s'engagea le combat le plus acharné que l'on eût vu dans toute la durée du siège (1). Le jeune Henrique fit les premières

---

(1) Dans ce combat, Martim de Tavora, fils de Pero Lourenço de Tavora le Vieux, seigneur de Mogadouro et resposteiro mor du roi João Ier, apercevant son ennemi mortele

preuves d'une valeur héroïque, et fit pressentir le grand général que l'on admira ensuite en lui. La vue des chevaux supposés morts depuis longtemps, leur beauté, et le magnifique équipement des cavaliers surprirent les Maures; à leurs yeux le nombre se décupla. Cette fois encore la perte des mécréants fut considérable, et leurs prêtres, voyant la constance inflexible et le courage toujours ravivé des chrétiens, conseillèrent ou de livrer à la ville de continuels assauts, jusqu'à ce que tous eussent péri, ou de lever le siège. Le roi adopta le dernier parti, en promettant d'amener, au printemps prochain, contre la ville une armée plus forte du double (2 janvier 1459). C'était un signe de l'affaiblissement de l'esprit guerrier des Maures, qu'ils missent toute leur confiance uniquement dans le nombre de leurs champions. Le siège avait duré cinquante-trois jours; il avait coûté la vie à douze cents Maures, mais seulement à quelques chrétiens.

Aussitôt que l'ennemi se fut retiré, l'on pensa à réparer les fortifications. L'on commença les travaux avec la plus grande activité et un ordre parfait (22 mars 1459), et Duarte servant encore ici d'exemple, y consacra ses forces comme les derniers ouvriers. Comme on donna aux constructions plus de force et d'étendue, on ne les vit achevées que vers la fin de juin, lorsque déjà s'était répandue la nouvelle des grands préparatifs du roi de Fez. Des corps de troupes considérables s'étaient approchés déjà pour empêcher les travaux, et avaient obligé le commandant de la ville à de fréquentes sorties. Duarte, incommodé par l'ennemi, résolut enfin de l'éloigner par une attaque inattendue avec toutes ses troupes. Mais le plan secret dont s'entretenaient deux postes, la nuit, sur la muraille, fut entendu d'en bas par un Maure qui comprenait la langue portugaise, et se trouva ainsi trahi. Les alcaides qui arrivaient à ce moment, enchantés de cette nouvelle qui promettait une victoire facile sur Duarte et la reprise d'Alcacer, ne songèrent plus qu'aux moyens de se saisir le plus sûrement de la garnison une fois éloignée, et de la ville laissée sans défense, quand leur dessein fut révélé à son tour. Informé de tous ces apprêts et prévoyant avec tristesse la destruction probable de Duarte et de ses Portugais, ainsi que la perte de la ville, un prisonnier chrétien de Lagos entreprit de gagner un Maure avec lequel il vivait dans une étroite amitié, lui ouvrit une perspective magnifique de récompenses et d'honneurs, et lui persuada de donner avis, la nuit, au commandant de la ville du danger qui le menaçait. Duarte, qui justement se disposait à sortir, prit ses précautions. Il ne tenta que des sorties avec de petits corps, et les Maures, qui partout avaient placé des embuscades, s'aperçurent bientôt que leurs desseins étaient trahis. Alcacer resta aux chrétiens, et Duarte avec ses troupes fut sauvé. Le Maure auquel il dut son salut, Azinede, fut comblé de présents par le roi Affonso, et dans la suite encore par João II; en Portugal il reçut le nom de Mafamede Alcaceri (1).

Le bruit des armements extraordinaires du roi de Fez, imposait au commandant d'Alcarer une surveillance continuelle. Le 2 juillet 1459, le Maure parut en vue de la ville avec une armée immense fournie par des populations diverses, que suivaient d'innombrables convois de chevaux et de bêtes de somme; aussi loin que l'œil pouvait atteindre, le pays était couvert de troupes ennemies, et à cet aspect le plus intrépide

---

Gonçalo Vaz Coutinho, en danger extrême de périr au milieu des Maures, accourut « comme un tendre frère » exposer sa vie pour secourir Coutinho, et, par son courage, l'arracha des mains des Maures. Coutinho, ému par cette belle action, et disposé à la réconciliation, demanda à Martim de Tavora comment ils allaient maintenant vivre ensemble. « Comme par le passé, » répondit Tavora; et en effet leur ancienne inimitié continua. Liâo, cap. 30, p. 239.

(1) Pina, cap. 142. Liâo, cap. 31.

parmi les Portugais ne pouvait se défendre de vives inquiétudes. Duarte releva l'ardeur des siens et distribua les postes. Le roi de Fez disposa ses troupes tout autour de la ville pour l'attaque, et fit amener en même temps une quantité de machines et d'artillerie de siége. Dans les combats qui ne tardèrent pas à s'engager, les Maures rencontrèrent une résistance tellement inattendue, et perdirent tant de monde, qu'ils n'osèrent plus s'approcher, et mirent tout leur espoir dans les bombardes, qui tiraient sans interruption nuit et jour sur la ville. Cependant d'un côté se multipliaient les moyens de défense, de l'autre les moyens d'attaque. A la nouvelle de ces événements, le roi Affonso fit charger en toute hâte des bâtiments de troupes, d'armes et de vivres. Beaucoup de fidalgos importants répondirent à son appel; d'autres se rallièrent spontanément, jeunes gens et hommes faits, poussés par des mobiles divers. D'un autre côté, à la joie des Maures, arrivèrent les grandes bombardes, qui, à cause de la difficulté des transports, et de leur énorme poids, avaient été longtemps retenues; et bientôt, par les ravages que causèrent leurs décharges, elles jetèrent la terreur parmi les assiégés. Çà et là, les parapets s'écroulaient avec les murailles de la ville, et toujours s'approchait de plus en plus l'inévitable nécessité de lutter homme contre homme; alors ce devait être une lutte absolument inégale entre quelques guerriers non remplaçables, et des masses nombreuses qui revenaient d'instants en instants avec des forces nouvelles. Mais toute crainte restait étrangère à l'âme héroïque de Duarte. Les dégâts étaient réparés avec autant de rapidité que possible, et le commandant savait toujours entretenir et ranimer les espérances des siens. A la fin, les Maures désespérèrent de toute réussite et d'eux-mêmes; et, comme le nombre énorme des consommateurs causa de la disette dans leur camp, alors s'éleva le désir d'abord timide, et bientôt hautement avoué, de lever le siége. Le départ fut résolu. Mais Duarte et ses fidalgos ne se contentèrent pas d'a-

voir montré une valeur et une constance invincibles. Le commandant fit un acte qui toutefois n'ajouta pas à sa gloire. Il écrivit au merin une lettre pleine d'ironie insultante sur la lâcheté de ce magistrat et du roi, les défiant encore à de nouveaux combats. Tous deux s'enflammèrent de colère, et vraisemblablement la vengeance maure se serait éteinte dans des flots de sang chrétien, s'il avait été possible aux chefs de souffler leur courage et leurs passions dans ces masses énormes maintenant inertes et abattues. Le 24 août, le roi leva le siége, qui avait duré cinquante-trois jours, et pendant lequel deux mille quatre cent cinquante-six pierres avaient été lancées dans la ville. Les Maures durent faire des pertes immenses; du côté des Portugais, il ne périt que vingt-cinq hommes (1).

Lorsque l'année suivante Duarte de Menezes vint en Portugal avec l'agrément du roi, laissant pour un instant ses fonctions à son neveu Affonso Tellez, en récompense de ses services au royaume et au roi, il fut nommé comte de Viana. Son séjour prolongé donna de fréquentes occasions à Affonso de s'entretenir dans ses idées favorites sur la guerre et les conquêtes en Afrique; car rien au monde n'attirait plus fortement ses sympathies (2). Une nouvelle expédition fut résolue, avec deux mille cavaliers et un nombre proportionné de fantassins. Affonso voulut passer en personne à Ceuta, et « de là pousser la guerre sur tous les Maures, en général plus qu'en roi. » En vain, dans un conseil tenu à cet effet, tous les grands le détournèrent de ce projet; dédaignant tout conseil, il ne suivit que sa passion de conquête. Déjà de grandes sommes avaient été employées en préparatifs, quand Affonso fut attaqué par une maladie grave qui le conduisit aux portes du tombeau. Mais l'accomplissement de son plan ne fut que retardée, et même les plaintes assez

---

(1) Pina, cap. 142.
(2) Pina, cap. 142.

hautes qui furent élevées dans les cortès de Lisbonne (1460) sur les dépenses trop considérables du roi ne purent le faire renoncer à son projet. Enfin il l'exécuta en 1463 (1).

Deux fidalgos portugais qui avaient été à Tanger, à leur retour firent observer au roi que, d'après leur propre examen, il serait facile d'escalader les murs de cette ville. Cette communication excita une grande joie dans Affonso (2), et le confirma plus encore dans ses idées. Pour les mettre en œuvre plus sûrement, il convint secrètement avec son frère que celui-ci solliciterait la permission d'entreprendre une expédition en Afrique; sous ce prétexte, le roi assisterait ensuite lui-même à la campagne. Cependant ce plan secret fut divulgué avec tant d'imprudence, qu'il parvint aux oreilles des Maures en Afrique, et les habitants de Tanger, effrayés plus que tous les autres, commencèrent aussitôt à faire des préparatifs de défense. Duarte, entendant parler de ces choses à Alcacer, recommanda au roi de préparer avec plus de prévoyance et de discrétion une entreprise dont l'imprévu pouvait seul assurer le succès. Mais la voix de la prudence trouvait rarement accès auprès d'Affonso, et dans ce moment surtout Duarte avait peu de chances d'être écouté; car le roi se laissait prendre aux insinuations du comte de Villareal, qui, allié de Duarte, n'en était pas moins jaloux de son importance, rendait suspects ses conseils, et l'accusait de tendre par des voies détournées, et aux dépens des autres, à faire tourner sur lui seul l'honneur et les avantages. Appelé selon ses désirs à faire partie de l'expédition, le comte se déclara prêt à supporter pour le roi l'esclavage et jusqu'à la mort. Il demanda seulement que, dans un tel cas, on se souvînt de lui et de ses fils, et Affonso, au grand désavantage des biens de la couronne, accorda préalablement les demandes illimitées et inconvenantes que le comte produisit aussitôt (sans doute pour faire briller son désintéressement à côté de l'égoïsme prétendu de Duarte).

En 1463, le comte de Villareal partit de Lisbonne, et, chemin faisant, rallia autant de troupes que possible pour préparer et soutenir l'entreprise. On était convenu que, le jour où le roi paraîtrait devant Tanger pour faire escalader les murs du côté de la mer, le comte s'avancerait par terre à un endroit fixé devant la place, pour appuyer les assaillants et repousser tous les secours qui seraient amenés du dehors aux Maures. Le départ du roi se retarda au delà du jour convenu, et le comte, se voyant hors d'état de retenir ses soldats, étrangers pour la plupart, les congédia. Lorsque enfin le roi prit la mer le 7 novembre 1463, des vents contraires arrêtèrent ses vaisseaux; il n'arriva qu'au bout de deux jours à Lagos, où il reçut le comte d'Odemira et l'almirante. Au mépris des avertissements de marins expérimentés, il leva l'ancre tandis que soufflaient violemment des vents contraires. Quand enfin la tempête se déchaîna, on lui conseilla de se réfugier dans le port de Sylves. Mais, loin de déférer à cet avis, il ordonna de tourner la proue au vent, et de poursuivre la route. L'orage se déchaîna toujours avec plus de fureur, et les vagues soulevées semblaient vouloir atteindre les nuages. La flotte allait périr. Pour sauver leurs vies, la plupart jetèrent brusquement tous leurs effets à la mer; Affonso seul ne souffrit pas que par crainte on allégeât son vaisseau. Alors le bâtiment d'Affonso de Vasconcellos avec son chargement considérable s'enfonça, et l'équipage ne fut sauvé que par un miracle. Mais beaucoup de Portugais distingués trouvèrent leur tombeau dans les flots, lorsqu'une caravelle coula bas avec une cargaison précieuse. Cependant le roi

---

(1) Les frais d'équipement de trois cent trente-huit bâtiments portant vingt-trois mille hommes s'élevèrent à 135,000 dobras. Sousa.

(2) « Certamente en não poderia escrever com quanta ledice el rey ouvia aquelles seus criados as novas daquelle feito de Tanger, e tanta era sua ledice que ja lhe parecia o feito acabado. » *Cron. do conde D. Duarte de Menezes*, cap. 129, p. 317.

avec son frère, luttant contre la tempête et les vagues, avait été poussé dans le détroit, seul et loin de ses compagnons d'infortune. Lorsqu'il s'approcha d'Alcacer, Duarte de Menezes reconnut le vaisseau royal à la bannière, et gouverna au-devant de lui, pour aller rendre hommage à son maître. Ensuite Affonso s'avança vers Ceuta, où entrèrent peu à peu les vaisseaux isolés et mal dirigés, après avoir subi d'énormes avaries. Le duc de Braganza, ses fils et beaucoup de fidalgos, qui avaient échappé comme par miracle à l'effroyable tempête, descendirent à terre pieds nus et en chemise, et entreprirent ainsi un pèlerinage vers Santa-Maria d'Afrique, église fondée par l'infant Henrique.

A Ceuta, Affonso déclara que, malgré ces contrariétés, il était résolu à marcher contre Tanger, et se rendit aussitôt à Alcacer, où il fit prendre la mer à douze galères, montées par des hommes choisis, qu'il plaça sous les ordres de Luiz Mendes de Vasconcellos, marin très-expérimenté, pour attaquer la place maure du côté de la mer; il voulait conduire en personne l'entreprise par terre. Duarte employa les raisons les plus puissantes pour le détourner de l'attaque par mer, dont il démontra l'incertitude et les périls. Vasconcellos ne mit pas moins à la voile, et le roi, prenant la route de terre, se rendit avec l'infant Fernando et ses bataillons devant Tanger. Aux approches de la ville, les hommes montés sur les galères trouvèrent la mer si houleuse, qu'ils ne hasardèrent pas pour le moment un débarquement. Mais les Maures, prévenus de tout à l'avance, donnèrent les signaux convenus, et mirent le feu aux bombardes placées sur les murs. Les Portugais qui avaient suivi la route de terre, prenant cette décharge pour une indication que les troupes venues par mer avaient pénétré dans la ville, poussaient déjà des cris de joie sur la rapidité du succès. Mais ils furent bientôt convaincus de leur erreur. Leur joie se changea en tristesse, et plus leur cœur s'était gonflé à l'idée du triomphe, plus leur abattement fut profond. Affonso seul resta semblable à lui-même, toujours plein de courage et d'espoir. Après s'être avancé avec ses escadrons de cavaliers jusqu'en vue de la ville, il la contempla quelque temps; puis recula, et, se tournant vers les siens, il leur dit : « Vous ne m'avez pas laissé ajouter foi au comte Duarte; si je l'avais écouté, peut-être l'expédition aurait mieux tourné. » Néanmoins les faits accomplis ne rendirent pas le roi plus sage, et les leçons de l'expérience furent perdues pour lui. Après comme avant l'événement, Affonso dédaigna tout conseil étranger qui n'était pas conforme à ses inclinations et à ses vues, ne cédant qu'aux impulsions de son goût pour les combats et les conquêtes, à l'entraînement de son courage héroïque, plein de feu, mais sans direction, et prépara ainsi de plus cruels désastres (1).

Le roi s'était replié sur Alcacer, d'où il avait gagné Ceuta. Désespérant pour le moment de la conquête de Tanger, il fixa son attention sur Arzilla, mais se vit arrêté dans l'exécution de ses desseins sur cette ville par l'arrivée des froids rigoureux. Cependant l'infant Fernando, de l'aveu d'Affonso, avait fait reconnaître plusieurs fois les fortifications de Tanger; et, comme on n'y avait trouvé aucun changement, il résolut de tenter une nouvelle attaque sur la ville, mais sans en rien faire savoir à son frère, afin d'exécuter l'entreprise avec plus de rapidité et de secret, et assurément aussi pour recueillir seul l'honneur d'une si brillante conquête. Car toujours sa gloire pâlirait s'il combattait sous un autre, cet autre fût-il le premier dans le royaume. Comment Fernando pouvait-il supporter cet affaiblissement dans l'éclat de son étoile, lui fils légitime d'un roi, comme Affonso, élevé depuis le berceau à côté de son royal frère, le seul infant du royaume, revêtu deux fois du titre de duc, comptant des comtes au nombre de ses vassaux, seigneur et commandant de beaucoup de localités et de places fortes,

---

(1) Pina, *Cron. do S. rey Affonso V*, cap. 149.

grand maître et chef suprême des brillants et nombreux chevaliers compris dans les ordres du Christ et de Santiago, après le roi le premier du royaume (1). L'entreprise fut agitée dans une assemblée convoquée par l'infant. Fernão Tellez ayant demandé préalablement si l'infant avait la permission du roi et les troupes nécessaires, le comte d'Odemira, qui espérait obtenir de l'infant quelques commanderies, fit une violente sortie offensante pour Tellez, et Fernando ayant paru l'approuver, ce fut une indication significative pour ses flatteurs. Toutefois l'infant reconnut l'importance de la seconde question, et recueillit les idées des assistants sur les forces exigées par une telle tentative. La plupart se raillèrent de la lâcheté des Maures; mais il n'en fut pas ainsi du comte de Viana, qui, dans une lutte prolongée et de fréquentes communications avec eux, avait appris à les connaître, et acquis assez d'expérience. « Seigneur, dit Duarte, je ne sais pas comment ces seigneurs comprennent ce qu'ils conseillent, si quelques-uns regardent vingt hommes, d'autres cent au plus, comme suffisants. Je ne suis pas un poltron; mais je vous assure que je ne voudrais pas me lancer avec cinq cents hommes dans la tentative. Trois mille hommes en état de porter les armes, qui demeurent à Tanger, ne se laisseront pas si facilement jeter hors de leurs maisons et d'une telle ville, arracher leurs biens, leurs femmes et leurs enfants, et traîner en esclavage; d'autant moins que ces Maures ne sont pas des paysans tenant des bâtons de berger, mais des citadins bien armés, pleins d'audace, animés par un courage féroce. La mort de leurs femmes et de leurs enfants ne les effraye pas, car ils ont vu souvent une telle catastrophe. Réfléchissez donc à ce que vous faites. » Ces représentations étaient bien fondées et fort sages; néanmoins on n'en tint nul compte.

La majorité bien décidée des voix, d'accord avec l'ardeur juvénile et la passion de gloire de Fernando, leva tous les scrupules et fortifia complaisamment la détermination de l'infant. L'entreprise fut résolue. Deux fidalgos (ceux dont il a déjà été question) le firent savoir au roi, qui sur-le-champ dépêcha un capitaine pour retenir l'infant, jusqu'à ce que lui-même l'eût rejoint, et de suite Affonso se mit en marche vers Tanger avec une troupe choisie. Par des montagnes impraticables, il parvint dans les environs de la ville; mais il ne rencontra pas l'infant, et néanmoins s'abandonna encore à l'espoir que le prince avait déjà pénétré dans Tanger. Il fut bientôt désabusé, et revint tristement à Alcacer, épuisé, ainsi que ses guerriers, par les difficultés extraordinaires de la marche. L'infant, surpris par la nuit, s'était placé dans une embuscade à deux legoas de la ville, pour exécuter son plan le lendemain. A la nouvelle de la retraite et du mécontentement du roi, il se replia sur Alcacer, violemment irrité contre Duarte, comte de Viana, qu'il accusait d'avoir trahi le secret au roi; l'infant fut rudement réprimandé par Affonso, pour avoir osé, sans son aveu, se lancer dans une tentative si périlleuse (1).

Cet échec n'effraya pas Fernando. Tandis qu'Affonso était allé à Gibraltar pour une entrevue avec le roi de Castille, le comte d'Odemira engagea l'infant, demeuré dans Alcacer, à tenter encore une fois la conquête de Tanger, d'autant plus honorable pour lui que le roi y avait moins de confiance; on pourrait, ajouta-t-il, tenir éloigné Duarte de Menezes. Le comte regardait cet illustre héros, comme les êtres vains et médiocres considèrent tout ce qui s'élève au-dessus du vulgaire, d'un œil défavorable, avec l'envie dissimulée d'une âme étroite et basse, et redoutait son opposition autant qu'il jalousait l'accroissement d'autorité que donnerait à ce chef la part éventuelle qu'il pren-

---

(1) *Cron. do conde D. Duarte de Menezes*, cap. 144.

(1) Pina, cap. 152.

drait à l'entreprise. Mais le frère du roi était toujours facile à surprendre, pourvu qu'on lui montrât des lauriers, et qu'on lui persuadât qu'ils étaient destinés seulement à parer son front. L'infant arracha la permission d'Affonso, qui avait peu d'espoir dans le succès; à cause de Duarte, il cacha ses desseins, et le 19 janvier 1464 il se mit en marche contre Tanger, avec sa troupe, qui, pressentant une mauvaise issue, le suivit dans le silence de l'abattement (1).

Avant le lever du jour, les premières échelles furent appliquées à une partie des murailles choisie avec précaution. Bientôt les Portugais, emportés par leur ardeur, et contrairement aux instructions, montèrent en trop grand nombre, et s'embarrassèrent les uns les autres. Alors un poste de garde, qui voulait se défendre, se jeta en reculant dans la ville, où il poussa des cris d'alarme. Pour consterner les habitants, les chrétiens crièrent encore plus fort. Les violentes clameurs, le retentissement des trompettes, le bruit des armes furent pour les Maures un affreux réveil. Ils accoururent en masse, et bientôt s'engagea un combat sanglant. Comme les chrétiens, animés par l'infant, continuaient toujours à grimper sans pouvoir pénétrer par la porte d'une tour, comme ils l'avaient espéré, la foule s'accumula sur ce point, et bientôt, ainsi entassée, elle se gêna dans ses mouvements et ne fut plus en état d'agir. Déjà toute la ville était sous les armes, et le point menacé se trouva vivement éclairé par un grand feu, que l'alcaide Benaamet fit allumer. Dans la presse, beaucoup de Portugais furent précipités des murailles; d'autres, voulant se retirer, trouvèrent que les Maures avaient renversé les échelles. Les chrétiens se virent sans espoir de salut entourés par l'ennemi, qui aussitôt fit un grand carnage parmi eux. Pendant quelque temps l'infant avait cru entendre le cri de triomphe des siens, et il leur avait toujours envoyé de nouveaux renforts. Lorsque enfin il apprit leur détresse, il saisit une échelle formée de divers morceaux, pour monter lui-même à leur secours. On le retint à grand'peine. « Trop souvent, lui criait-on, Tanger avait été le tombeau des infants portugais, il devait se conserver pour le royaume. » Les représentations et les prières de ses compagnons d'armes le décidèrent à regagner Alcacer (1). De trois cents chrétiens qui tombèrent au pouvoir de l'ennemi, deux cents furent immolés, et cent restèrent prisonniers; c'était une troupe de guerriers d'élite, la plupart de haute naissance; le moindre parmi eux était encore plein de courage et de mépris de la mort. Il ne leur manquait que le sang-froid, la prudence et la discipline. Lorsque après la victoire les Maures cherchèrent parmi les cadavres si Duarte, comte de Viana, s'y trouvait, un vieillard jouissant d'une haute estime auprès des infidèles leur dit : « Ne cherchez pas ici le comte Duarte; car, au grand désordre des chrétiens, j'ai bien vu qu'il n'était pas venu avec eux (2). »

Quand le roi fut revenu de Gibraltar à Ceuta, on lui conseilla de renoncer à des entreprises ultérieures en Afrique, où le sort lui était contraire, et de retourner plutôt dans sa patrie, pour faire jouir ses vassaux du repos et de la paix. Mais Affonso, méconnaissant sa véritable vocation, voulut d'abord faire des courses sur le territoire d'Arzilla, dans l'espoir de conquérir cette

---

(1) Une comète avec une forte queue, qu'ils aperçurent au ciel, effraya en outre ces esprits superstitieux. « Noite mà, para quem te apparelhas, » dit Gomez Freire, vaillant fidalgo. Cette locution vécut encore longtemps comme proverbe parmi les Portugais.

(1) Cinq ans plus tard, l'infant Fernando se mit encore une fois à la tête d'une entreprise contre l'Afrique, prit avec une flotte et des troupes nombreuses la ville d'Anáfe, et la ruina, parce que, d'après l'étendue de la place, il ne pouvait y laisser une garnison suffisante. L'année suivante, il mourut à Setuval (18 septembre 1470), âgé seulement de trente-sept ans. Pina, cap. 160 et 161.

(2) Pina, cap. 153.

ville. Il se mit aussitôt en marche, mais des pluies tombant par torrents et l'énorme quantité de Maures toujours croissante, qui ruinait les chemins, déjouèrent son plan, et Affonso revint à Ceuta plein de dépit de n'avoir pu, selon ses désirs, en venir aux mains avec l'ennemi. Alors quelques cavaliers maures l'attirèrent dans les montagnes de Benacofu, où résidait la population la plus belliqueuse de l'Afrique. Duarte, qui justement se trouvait à Ceuta pour traiter une affaire avec le roi, fut invité par lui à l'accompagner, quoiqu'il n'eût avec lui ni chevaux, ni armes, ni soldats. Il obéit, quoique avec répugnance et découragement. Il voyait déjà en imagination le monarque téméraire attiré dans une embuscade et entouré par les Maures altérés de vengeance. Pour lui-même il s'attendait au sort le plus cruel. Accablé de tristesse, saisi de sombres pressentiments, il était préoccupé de la prédiction sortie de la bouche de l'abbé de Cerzeda, étranger d'origine, qu'il périrait sous un autre chef. Dès ce moment, il annonça hautement que cette expédition serait pour lui la dernière. Avec huit cents cavaliers et quelques fantassins, le roi pénétra de nuit dans la montagne, à travers des difficultés extraordinaires pour les piétons, et plus encore pour les chevaux. Les Maures cachèrent leurs femmes et leurs enfants dans les gorges des montagnes, et s'avancèrent en grand nombre et avec résolution. Beaucoup furent blessés ou tués; il tomba aussi un certain nombre de Portugais : car des deux côtés on rivalisait de vaillance, et la fureur des Maures ne se signalait pas moins que le courage des chrétiens. Tandis qu'Affonso s'engageait dans les montagnes plus que ne le commandait la prudence, quelques Maures le suivaient à cheval, paraissant rechercher la paix plutôt que le combat. Le roi s'arrêta et demanda s'ils voulaient se ranger parmi les siens; ils répondirent qu'il leur fallait un délai pour conférer avec les leurs, qui se tenaient en grande quantité sur une colline voisine. La réponse ne venait point, Affonso avec sa cavalerie occupa une hauteur escarpée. Le comte de Villareal se tenait à une certaine distance avec son escadron, isolé et soutenu seulement par son courage. Bientôt on se battit avec fureur, et le comte, par son habileté militaire et sa valeur, éclipsa tous les guerriers. Mais dans la victoire la troupe des Portugais se fondait de plus en plus. Les essaims de Maures, soutenus par les hommes sortis de la montagne grossissaient à vue d'œil. On les entendait d'une voix effrayante crier aux chrétiens : « Dites à votre roi que nous ne voulons pas de paix avec lui, mais une guerre sanglante; qu'il sache, par notre tête et notre barbe, que voici maintenant l'heure de notre vengeance. » Ensuite, au moment où le roi descendait de la hauteur avec ses quatre cents cavaliers, ils le chargèrent avec impétuosité. En vain il rejeta trois fois les assaillants, surpassant tous les siens en vaillance. La supériorité des forces ennemies devenait toujours plus irrésistible, la situation des Portugais plus désespérée et plus effrayante. Alors un certain nombre de chrétiens, oubliant leur devoir, abandonnèrent la bannière royale, le roi leur chef, et cherchèrent leur sûreté dans la fuite. « Soyez retenus par la honte, cria Duarte de sa voix puissante, et ne quittez pas votre roi et son étendard. » Mais ce fut en vain. Maintenant on presse Affonso de se dégager au moins de la montagne et de gagner la plaine. Dans ce moment critique, toutes les pensées de salut se portèrent sur l'homme dont on avait si souvent dédaigné les avis, et l'on espéra sous sa direction sortir de la détresse, ou du moins en finir avec honneur, si toutefois un perfide conseiller du roi n'eut pas le dessein de vouer à une perte certaine le chef militaire envié et détesté. Duarte fut appelé (1), et chargé par le roi de rester là près des Maures, dont il connaissait les ruses de guerre, et de mener

---

(1) Dans cet instant, il doit avoir dit à Diogo da Silveira : « Si ce qui m'a été prédit est vrai, voici maintenant ma dernière heure. »

contre eux le corps des combattants. « Seigneur, répondit le comte, je ne désirais pas dans ce moment recevoir de vous une pareille mission, principalement parce que je n'ai pas ici près de moi mes propres troupes : car ces hommes, qui en votre présence ne suivent pas vos ordres, obéiront encore moins aux miens. Néanmoins, puisqu'en cela vous voyez votre service, j'irai volontiers au-devant de tout danger, même de la mort. » Là-dessus le roi s'éloigna. Mais Duarte avait eu de trop justes prévisions, car presque tout le monde l'abandonna. Bientôt son cheval de bataille fut tué sous lui, il reçut lui-même une blessure. Un page fidèle, quittant sa propre monture pour la lui donner, tomba frappé à côté de lui, payant de sa vie le dernier service rendu à son maître. Lorsque le comte Duarte vit toute espérance évanouie, se tournant vers son beau-frère le comte de Monsanto, qui l'avait aidé à monter à cheval, il le pria de sauver sa vie; « Pour moi, ajouta-t-il, il n'y a plus de salut. Que Dieu conserve les âmes qu'il a créées, je me recommande à sa main (1). » Bientôt après le héros tomba en combattant, et fut tellement haché en morceaux par les Maures, que l'on ne trouva plus de lui qu'un doigt, relique sainte, qui dans la suite fut conservée dans le couvent des franciscains de Santarem (2).

Ainsi finit le comte, véritable chevalier dans la plus belle expression du temps. Au courage personnel et à la valeur du guerrier, il joignait le coup d'œil, la prudence et le sang-froid du commandant, et ces talents étaient embellis par les vertus les plus attayantes. Son mérite éclatait si vivement à tous les yeux, que l'histoire se contente de citer quelques-unes de ses paroles ou de ses actions, pour montrer le héros tout entier et le loyal sujet; car l'élévation de l'âme et le dévouement se peignent dans son langage et dans sa conduite. « Sa mort fut beaucoup pleurée, mais pas encore autant qu'elle méritait de l'être (1). » Tout le monde n'était pas capable de le comprendre et de l'apprécier; sa franchise avait blessé beaucoup de gens, l'éclat de ses services et de ses exploits en avait rempli d'autres de jalousie et d'envie. Néanmoins, en dépit de l'amour-propre blessé et de l'odieuse malveillance, le mérite imposant se fit reconnaître, calme et triomphant, commanda l'estime et attira la sympathie. Bien des yeux versèrent des larmes sur le noble martyr.

A travers mille dangers, après des pertes multipliées, le roi s'était retiré, poursuivi sans relâche jusqu'au pied de la chaîne de montagnes. Plus d'une fois le comte de Villareal avait repoussé d'un bras vigoureux les attaques ennemies, et détourné les coups dirigés contre son maître; et Affonso, lorsqu'il le revit, lui dit avec raison : « Toute ma confiance, comte, repose aujourd'hui sur vous. » Parvenu à Ceuta, le roi prit les mesures nécessaires pour les possessions d'Afrique, puis revint en Portugal, où il célébra la fête de Pâques à Evora (1464) (2).

Les années s'écoulaient, mais l'Afrique restait toujours le but des désirs et des plans d'Affonso. Le roi négligeait ce que les Portugais faisaient sur la côte occidentale de cette partie du monde (3); la pointe septentrionale, fortement peuplée, était pour lui une excellente lice pour la vaillance chevaleresque, un vaste champ pour de brillants exploits et de glorieuses conquêtes. Ici, en peu de mois pouvait être gagnée une renommée dont l'éclat se répandrait au loin

---

(1) *Cronica do conde D. Duarte de Menezes*, cap. 154. Pina, *Cron. do S. rey Affonso V*, cap. 156.
(2) Lião, cap. 35.

(1) Pina, pass. cit.
(2) Pina, cap. 157.
(3) « E como todo los principaes a major parte da vida gastarom nas obras de sua inclinaçao, veio el rey D. Affonso a se descuidar das cousas deste descubrimento, e celebrar muito as da guerra de Africa. » Barros, *Da Asia*, dec. 1, liv. II, cap. 2.

sur la chrétienté. Là, au contraire, sur des sables brûlants, dans ces déserts arides, l'étranger n'avait à lutter qu'avec la nature, peut-être avec des hordes fugitives et sauvages; et le marin qui descendait à terre quittait les privations, les fatigues et les dangers d'une mer inconnue, pour les échanger contre les périls et les souffrances qui l'attendaient sur une côte désolée, inexplorée. A tant d'efforts et de sacrifices, il n'y avait pas de terme à prévoir, on ne pouvait même fixer aucun but certain. Mais devant l'esprit de l'infant Henrique se présentait ce but, et à lui seul il apparaissait si clair, qu'il était en état d'en mesurer la hauteur et d'en apprécier l'importance, que son ardeur s'entretenait à ce foyer. Devant son imagination disparaissaient les fatigues de la navigation, les solitudes des côtes, et même les longs espaces de temps qu'il fallait traverser avant de toucher au terme. Sa vie ne s'étendit pas jusque-là; il laissa sa tâche à remplir à sa patrie, convaincu que son nom n'en serait pas moins immortel (1).

Découvertes des Portugais après le doublement du cabo Bojador jusqu'à la mort de l'infant Henrique.

Après que Gilianes eut doublé le cabo Bojador, l'infant envoya, dès l'année suivante (1434), son échanson Gonçalves Baldaya, en compagnie de Gilianes, avec deux vaisseaux, pour poursuivre les découvertes. Ils naviguèrent environ trente milles par delà le cap, et débarquèrent dans une baie à laquelle ils donnèrent le nom d'*angra dos Ruivos*. Sur la côte, on ne trouva point d'hommes, mais bien des pas de chameaux et des chemins foulés, qui semblaient indiquer des passages de caravanes. Le manque de vivres força les marins à regagner le Portugal. L'année suivante (1435), ces mêmes Portugais furent encore envoyés dans cette direction par l'infant, et, dépassant l'angra dos Ruivos, ils entrèrent dans un golfe, puis ils mirent à terre deux jeunes pages de la cour de l'infant, avec des chevaux, pour explorer le pays. Ceux-ci rencontrèrent dix-neuf hommes à peau noire, avec lesquels ils engagèrent un combat. Les barbares lançaient leurs petits javelots avec tant d'adresse, que les pages, dont l'un avait été blessé au pied, se retirèrent vers la côte, qui de cet incident reçut le nom d'*angra dos Cavallos*.

Cependant en Portugal survenaient des événements qui eurent pour conséquences une plus longue interruption de ces voyages maritimes. Les désastres du règne de Duarte, nommément la triste captivité de l'infant Fernando, la mort du roi lui-même (1438), les orages de la régence pendant la minorité d'Affonso, affectaient trop directement l'infant Henrique, pour qu'il ne dût pas tourner de ce côté toute son attention, et y prendre une part sensible. Peut-être ces circonstances réclamèrent même de temps en temps les ressources que jusqu'alors il avait consacrées exclusivement à des travaux d'exploration, et qui, après les dépenses considérables des derniers voyages, avaient besoin d'un repos de quelques années pour se refaire de leur épuisement (2). En 1441, le calme fut si complétement rétabli, que l'infant put s'abandonner de nouveau à ses plans favoris.

Il fit équiper un petit vaisseau, et le confia au maître de sa garde-robe, Antão Gonçalves, homme encore très-jeune, en lui recommandant, dans le cas où il ne pourrait recueillir aucun renseignement sur la côte, de charger son vaisseau de peaux de chiens de mer. Gonçalves avait rempli ses instruc-

---

(1) « .... Como a causa e primeiro inventor de tanto bene. » Pina, cap. 144, p. 488.

(2) « .... Pelo que qu:z, segundo se pode crer, poupar estes cinco annos, por dantes ter feytas muytas despezas nestas navegaçoens, para dalli por diante proseguir mais a sua vontade em suas altas, e reaes emprezas. » Goes, *Cron. do principe D. João*, cap. 8, p. 12.

tions, lorsqu'arriva Nuno Tristão sur un autre bâtiment envoyé par l'infant, et tous deux engagèrent de concert un combat avec une troupe de nègres, auxquels ils firent des prisonniers. Comme après cette victoire Antão Gonçalves fut armé chevalier par Nuno Tristão sur la côte, le lieu où se fit cette cérémonie reçut le nom de *porto do Cavalleiro*. Gonçalves amena en Portugal les prisonniers nègres, les premiers que l'on y vit (1). Mais Nuno Tristão poursuivit son voyage et découvrit un cap auquel, à cause de sa teinte blanche, il donna le nom de *cabo Branco*. Quoiqu'il trouvât en ce lieu des traces de pas d'hommes et quelques filets de pêcheurs, la direction irrégulière de la côte et la force des courants, ainsi que la réduction de ses provisions de bouche, le déterminèrent à retourner en Portugal.

Les rapports favorables que les deux marins firent de leurs découvertes, les nègres qu'ils présentèrent comme témoignages parlant à l'appui, décidèrent bientôt l'opinion publique sur ces voyages maritimes. Si jusqu'alors on avait blâmé l'infant d'employer de si grandes sommes à des entreprises stériles, maintenant on l'exalta comme celui qui avait ouvert le premier de nouveaux chemins aux Portugais pour acquérir de la gloire et des trésors, et qui, plus que nul autre prince des temps antérieurs et présents, méritait l'amour et la haute estime du peuple, puisqu'à ses propres frais, et sans fouler ses compatriotes, il leur avait cherché une nouvelle carrière (2). La vue du butin et des esclaves excitait encore plus fortement les esprits, en sorte que toute la population du royaume fut enflammée du désir de poursuivre cette route de la Guinée (3). L'infant vivait dans ce temps à Terçanabal, et, comme tous les vaisseaux revenant de leurs voyages de découverte étaient déchargés à Lagos, les habitants de ce bourg furent les premiers à solliciter de lui la permission de naviguer pour leur compte vers ces contrées, promettant de payer à l'infant, sur leurs profits, ce droit que lui avait accordé le roi. Le plus considérable parmi ces gens était un escudeiro nommé Lançarote, d'abord gentilhomme de la chambre de l'infant, institué par celui-ci almoxarife de Lagos; puis venaient Gilianes, le même qui d'abord avait doublé le cabo Bojador, et quelques autres, tous hommes estimés. Ils armèrent six caravelles, qui toutes, d'après l'ordre d'Henrique, furent placées sous le commandement supérieur de Lançarote, nommé capitão mor, et arrivèrent la veille de la Fête-Dieu (1443), à l'île des Hérons *(ilha das Garças)*, où ils prirent une quantité de ces oiseaux pour leur nourriture; et ensuite, dans une attaque sur les îles Nar, et dans des courses sur les îles et les côtes voisines, ils firent prisonniers un grand nombre de nègres avec lesquels ils revinrent en Portugal.

Dans la même année (1443) (1), un bourgeois aisé de Lisbonne, Diniz Fernandes, avec la permission de l'infant, équipa un vaisseau, dépassa le Sénégal, où il fit plusieurs nègres prisonniers, et découvrit un grand cap, auquel il donna le nom de *cabo Verde*. Des temps orageux ne lui permirent pas de le doubler, et le forcèrent à regagner le Portugal.

L'année suivante, un Vénitien, Luigi de Cadamosto (2), qui voulait se rendre en

---

(1) Goes, *Cron. do principe D. João*, cap. 8, p. 15.
(2) Barros, dec. 1, liv. I, cap. 65.
(3) Barros, *ibid*.

(1) Contrairement à l'assertion de Barros qui place la découverte du cabo Verde en 1445, nous suivons Goes, *Cron. do principe D. João*, cap. 8, p. 17, et Cadamosto, à l'arrivée duquel dans cet endroit, d'après ce qu'il dit, le cap était découvert depuis un an. *Navigações de Luiz de Cadamosto* dans la *Collecção de noticias para a hist. e geogr. das nações ultramarinas que vivem nos domínios Portuguezes*. Lisb. 1812, t. II, n. 1, 2, p. 49, cap. 34.
(2) Abréviation de Casa da Mosto; parfois aussi on l'appelle Luigi da Mosto.

Flandre, fut déterminé par des vents contraires à jeter l'ancre non loin du cabo S.-Vicente. Cet homme, âgé seulement de vingt-deux ans (1), doué d'un esprit entreprenant, et aspirant à de hautes destinées (2), fit bientôt connaissance avec l'infant, qui le détermina à prendre part aux voyages de découverte des Portugais. Sur une caravelle que l'infant fit équiper, et qu'il plaça sous la conduite d'un certain Vicente Dias de Lagos, Cadamosto quitta la côte de Portugal le 22 mars 1445 (3). On poussa jusqu'à l'embouchure de la Gambie. Ce qui est plus important que les découvertes dues à ce voyage, c'est le rapport inappréciable qu'en fit Cadamosto dans une seconde expédition en 1446, le seul qui se soit conservé de l'époque de l'infant Henrique (4).

———

(1) Né à Venise, probablement en 1422.

(2) « .... Pois todos os meus pensamentos erão de exercitar a minha mocidade, trabalhando por todos os modos possiveis em adquirir cabedaes, para depois com a experiencia do mundo, em idade mais avançada, poder alcançar alguma occupação honrosa; » et à un autre passage: « Desejoso de ver mundo, e cousas que ninguem da nossa nação ainda tivesse visto, esperando tambem conseguir honra e interesse. » Cadamosto. l. c., cap. 1, p. 5-7.

(3) Ramusio (*Navigazioni viaggi raccolti*, t. I, p. 105) a donné par erreur l'année 1445; les données chronologiques de Cadamosto lui-même démontrent cette erreur, et sont d'accord entre elles et avec d'autres dates non douteuses, si l'arrivée de Cadamosto en Portugal est reculée de dix années. Comparez la *Collecção de noticias*, etc., t. II, *Introducção*, p. xj, xij. A cela est conforme aussi l'exact Goes, *Cron. do principe*, cap. 8, p. 17.

(4) Ainsi nous avons encore à déplorer la perte de l'*Historia dos descobrimentos do infante D. Henrique*, que l'infant écrivit ou fit écrire, et qui était encore conservée au temps de Fr. Luiz de Sousa (« Este livro enviou o infante a hum rei de Napoles, e nos o rimos na cidade de Valencia de Aragão entre algumas peças da recamera de duque de Calabria, ultimo descendente por linha masculina de aquelles principes, que alli veio acabar com o titulo e cargo

La même année que Cadamosto fit son premier voyage, l'infant expédia encore à la découverte un autre vaisseau sous la conduite de Gonçalo de Cintra, vaillant cavallero. Gonçalo avait dépassé le rio d'Ouro de quatorze milles environ, lorsqu'il fut tué avec plusieurs de ses compagnons par les Maures, dans une baie qui reçut en conséquence le nom d'*angra de Gonçalo de Cintra*. Ce malheur détermina l'infant à faire armer en même temps, l'année suivante, trois caravelles, dont il confia le commandement à Antão Gonçalves, Diogo Affonso et Gomes Pirez. Ils devaient essayer de convertir à la foi chrétienne les habitants du pays le long du rio d'Ouro, ou au moins de conclure un traité d'amitié avec eux; mais, n'ayant pu réussir ni dans l'une ni dans l'autre de ces tentatives, ils regagnèrent leur patrie. Toutefois un certain João Fernandes resta de son plein gré, pour étudier de plus près le pays et le peuple des Asenegi, dont il comprenait la langue, et donner là-dessus des renseignements à l'infant. Sept mois étaient déjà écoulés depuis le retour des trois caravelles, lorsque l'infant, avide d'apprendre quelque chose sur le destin et les découvertes de Fernandes, expédia encore trois bâtiments. Ils furent séparés par la tempête, et ce fut seulement en revenant qu'ils rencontrèrent l'intrépide observateur. Pendant son espèce de déportation volontaire, il avait su engager de si bons rapports avec les sauvages, qu'ils

———

de vice-rei. » *Hist. di S. Domingos*, part. I, liv. VI, cap. 15); la perte des rapports d'Affonso da Cerveira, qui visita divers havres et plusieurs places en Afrique, et se trouvait facteur à Benin au temps du roi Affonso V: dans lesquels rapports Gomes Eanes de Azurara puisa principalement ce qu'il nous apprend sur ce objet dans les Chroniques des rois Duarte et Affonso. Enfin ces Chroniques elles-mêmes ont disparu, et il en est resté seulement ce que le chroniqueur Ruy de Pina a trouvé bon de conserver. *Voyez l'Introducção* citée plus haut, p. ix; et Barros, dec. 1, liv. II, cap. 1.

furent affligés de son départ. Quelques-uns d'entre eux s'en allèrent avec lui pour l'accompagner et commercer avec les Portugais, et Antão Gonçalves, commandant d'un vaisseau, reçut d'eux neuf nègres et un peu de poudre d'or. Malgré ces bonnes relations, il donna au cap situé en ce lieu le nom de *cabo do Resgate*. L'infant sut apprécier les quatre-vingt-dix prisonniers amenés par Gonçalves de son voyage, ainsi que la poudre d'or qu'il lui présenta; mais ce qui le réjouit bien davantage, ce furent le salut de Fernandes et les notions pleines d'intérêt qu'il lui communiqua sur les hommes et les pays qu'il avait vus. Fernandes était le premier qui eût pénétré dans l'intérieur de l'Afrique, et qui, poussé par la noble passion de la science, eût supporté toutes les fatigues et toutes les privations. Lorsqu'il vint à bord du vaisseau portugais, par le teint et le costume il ressemblait à un Asenegi, mais il était bien portant et vigoureux, malgré les misérables aliments avec lesquels il avait soutenu sa vie (1).

A son premier voyage, Cadamosto avait rencontré un Génois nommé Antonio de Nolle, qui, avec la permission de l'infant, s'était également mis en course allant à la découverte; il s'était réuni à lui, et ils avaient continué de concert leur route jusqu'à la Gambie. De l'agrément d'Henrique, tous deux entreprirent sur deux caravelles, auxquelles l'infant en joignit une troisième, un second voyage l'année suivante (1446). Battus par une tempête, ils découvrirent les îles du Cap-Vert, et nommèrent la première qu'ils aperçurent Boavista; une seconde, Santiago et S.-Filippe, parce qu'ils y abordèrent le jour de ces saints; une troisième, Mayo, en l'honneur du mois dans lequel ils firent cette découverte. Ensuite Cadamosto doubla le cap Vert, gouvernant vers l'embouchure de la Gambie, qu'il remonta sur une certaine étendue pour examiner le pays environnant, puis fit voile vers la rivière de Rha, allant trouver le prince de ce pays, appelé Casamansa par les Portugais, découvrit le cap auquel il donna le nom de *Caboroxo*, parvint enfin à l'embouchure du *rio Grande*, et visita les îles de Bissago. Comme son interprète ne put s'entendre avec les habitants de ces contrées et de ces îles, et que toute communication avec eux parut impossible, Cadamosto reprit la route du Portugal (1).

Pendant les voyages de découverte de Cadamosto, des navigations vers la côte occidentale d'Afrique étaient entreprises par d'autres dans les mêmes vues. Dès le mois d'août 1445, des habitants de Lagos, de l'aveu de l'infant, avaient fait sortir quatorze vaisseaux, sur lesquels Henrique avait donné le commandement supérieur à Lançarote, dont il a déjà été question, comme à un marin expérimenté et heureux. La flotte avant son arrivée au cap Vert eut à subir divers accidents, et plusieurs bâtiments revinrent. Mais Lançarote, avec quelques caravelles, poursuivit sa route et fit cinquante-neuf prisonniers seulement sur l'île de Tider; jusqu'alors aucun capitaine de vaisseau n'en avait ramené en si grand nombre en Portugal.

L'année suivante (1446), Nuno Tristão fut envoyé par l'infant, avec une caravelle, afin de poursuivre les découvertes d'Alvaro Fernandes, neveu du gouverneur de Madeira, qui, avec une caravelle sortie de cette île, avait poussé jusqu'au *cabo dos Mastos* (ainsi appelé de quelques palmiers desséchés qui de loin ressemblaient à des mâts). Tristão pénétra jusqu'au rio Grande. En remontant ce fleuve dans une chaloupe, il tomba au milieu de treize canots que montaient quatre-vingts nègres armés, fut environné et assailli par une grêle de flèches empoisonnées. Tristão opéra sa retraite avec ses compagnons; mais le poison agit si rapidement, que la plupart de ceux-ci mouru-

---

(1) Barros, dec. 1, liv. I, cap. 10.

(1) *Navigação segunda de Luiz de Cadamosto*, pass. cit., p. 59-72.

rent avant d'arriver à bord. Blessé lui-même et saisi de violentes douleurs, il ne tarda pas à rendre l'âme. Quatre nobles élevés à la cour de l'infant et quelques autres hommes importants, dix-huit personnes y compris les simples marins avaient péri, et des sept autres qui revinrent à bord, deux encore moururent par accident. Le vaisseau, conduit miraculeusement comme par une main invisible, revint seul avec le teneur de livres et quatre jeunes gens dont aucun n'entendait rien à la navigation, et, au bout de deux mois, il entra sans câbles ni ancre à Lagos (1).

Alvaro Fernandes fut plus heureux que Nuno Tristão; dans la même année, il fit voile encore une fois pour la Guinée, et navigua cent legoas par delà le cap Vert. Son premier exploit fut une attaque sur les nègres d'un village, dont il tua le vaillant chef de sa propre main pour effrayer les autres. Désireux de pousser plus loin que ses devanciers, Fernandes gouverna jusqu'à l'embouchure d'une rivière que les Portugais nommèrent plus tard Tabite, puis parvint à une pointe de terre où il pensait débarquer; mais il en fut bientôt empêché par cent vingt nègres armés. Comme il avait déjà été blessé sur cette rivière par une flèche empoisonnée, et ne s'était préservé de la mort qu'en appliquant de prompts remèdes, Fernandes se contenta pour le moment d'avoir reculé les découvertes des Portugais plus loin que les précédents navigateurs, et revint en Portugal, où il fut reçu honorablement et richement récompensé par l'infant Henrique et son frère Pedro. Les distinctions et les présents dont Fernandes fut comblé provoquèrent plus d'émulation que l'infortune de Tristão n'inspira de terreur; car, dans la même année encore, dix bâtiments, dont une caravelle de l'évêque d'Algarve, se dirigèrent vers la côte occidentale d'Afrique, sans toutefois répondre par leurs succès aux espérances alors si vivement excitées (1). Ce point extrême atteint par Fernandes ne fut pas dépassé du vivant de l'infant Henrique (2). Les Açores furent-elles trouvées par les Portugais dans la même année, ou quelques années plus tard? Il est assez difficile de décider cette question; mais ce qui est certain, c'est que S.-Miguel appartenait aux Portugais dès 1447: car, cette année-là, le roi Affonso V accorda aux habitants de cette île de ne pas payer de dîme sur les objets qu'ils importaient en Portugal (3).

Les derniers temps de l'infant Henrique furent occupés par ses exploits à la conquête d'Alcacer. Il mourut à Sagres, le 13 novembre 1460 (4), dans sa soixante-sep-

---

(1) Barros, dec. 1, liv. I, cap. 4.
(2) Barros (dec. 1, liv. I, cap. 16) se trompe en plaçant encore dans le temps de l'infant la découverte de la sierra Leona par Pedro de Cintra. Cadamosto, qui a décrit le voyage de Pedro de Cintra (Navigação do capitão Pedro de Cintra, Portuguez, escrita por messer Luiz de Cadamosto, dans la *Collecção de noticias, etc.*, t. II, p. 73), dit expressément.... : « Duas caravellas armadas, que el rei de Portugal mandou depois da morte do sr. infante D. Henrique, cujo capitão era Pedro de Cintra, escudeiro do dito senhor, etc. »
(3) Goes, *Cron. do principe D. Joam*, cap. 8, p. 19.
(4) D'après Barros (dec. 1, liv. I, cap. 16), il ne mourut qu'en 1463. Pina (*Cron. del rey D. Affonso V*, cap. 137) et Goes (*Cron. del rey D. Manoel*, part. I, cap. 23; et *Cron. do principe D. João*, cap. 17) placent sa mort en 1460. Leur donnée est confirmée incontestablement par un acte de concession du roi Affonso V, du 8 décembre 1460, transmis par Sousa (*Hist. gen.*, t. II, p. 111), qui l'avait tiré de la *torre do tombo*, dans lequel acte les îles de Madeira, Porto-Santo et d'autres, qui appartinrent à l'infant Henrique jusqu'à sa mort, sont données à l'infant Fernando. Au reste, quand des écrivains allemands, qui ont traité spécialement de l'histoire des découvertes, comme Saalfeld dans son Histoire du système colonial des Portugais, et W. Ticlcke, dans l'Aperçu historique de la géographie et de

---

(1) Barros, dec. 1, liv. I, cap. 14. Goes, pass. cit., cap. 8, p. 19.

tième année (il était né le 4 mars 1394). Ses restes furent ensevelis d'abord dans l'église de Lagos ; mais l'année suivante ils furent transportés à Batalha, et déposés dans le tombeau qui leur était destiné dans la chapelle du roi João Ier.

Henrique avait fait les premiers pas, les plus difficiles, dans la nouvelle carrière qu'il s'était efforcé d'ouvrir à son peuple. Luttant sans relâche avec les difficultés que l'ignorance, les préjugés et l'étroitesse des idées jetaient sur son chemin (1), non-seulement il était parvenu à les surmonter, il avait même converti le blâme en éloge, l'opposition en zèle ardent et actif pour ses plans, et de son goût personnel pour les voyages de découverte et les entreprises maritimes, il avait fait la passion de son peuple. Lorsqu'il fut arraché au monde, ses vastes projets n'étaient exécutés que pour une très-faible partie; mais il laissa les pressentiments et les perspectives de sa vie aux Portugais comme une propriété nationale. L'impulsion qu'il avait communiquée à leur esprit était trop puissante pour qu'elle pût se ralentir et se suspendre ; et le génie d'Henrique dirigea encore les Portugais dans leurs lointains voyages, lorsque son œil était éteint depuis longtemps. La direction donnée aux efforts du peuple assura les fruits de la riche semence que l'infant avait jetée. Par les découvertes et les magnifiques acquisitions auxquelles ils conduisirent, le Portugal, si petit, gagna le commerce du monde, pénétra dans les rapports intimes et les relations extérieures des Etats européens bien plus avant qu'il n'aurait pu y entrer, avec une puissance beaucoup plus grande, par la guerre et la politique. L'infant avait jeté les bases de cette grandeur, l'esprit pénétré de sa devise : *talent de bien faire.*

Expédition d'Affonso contre Arzilla. — Conquête de cette ville et prise de Tanger.

Ce fut un bonheur pour l'œuvre de découverte d'Henrique qu'il en eût confié la poursuite au peuple et non pas au roi. La tendance et le but d'Affonso étaient tout autres, et sa situation lui permettait de disposer des forces du royaume et des bras des habitants. Il les dirigea bientôt encore du côté où ses penchants l'entraînaient, vers l'Afrique maure.

Avant tout, son œil était dirigé vers Tanger. N'étant pas encore suffisamment armé pour la conquête d'une place si puissante, il résolut, d'après les conseils de son entourage, de marcher immédiatement sur Arzilla, sans pourtant renoncer à son plan sur Tanger. Dans ce but, le roi envoya plusieurs fois à Arzilla son escrivão da fazenda, Pedro de Alcaceva, qui possédait toute sa confiance, et Vicente Simões, marin expérimenté, qui, en feignant de suivre des affaires de commerce, examinèrent l'état des choses et des lieux, pour reconnaître où et comment il conviendrait le mieux de débarquer et de prendre pied dans le pays, quelles forces navales, quelles troupes seraient nécessaires. Ils rapportèrent les renseignements désirés, et aussitôt Affonso fit équiper des bâtiments et une armée de trente mille hommes. L'armement touchait à sa fin

---

ses progrès par les voyages de découverte, etc., écrivent l'année de la mort de l'infant d'après 'Histoire des découvertes et conquêtes des Portugais, par J. F. Lafitau, cela peut encore être ardonnable..... si seulement ils n'avaient pas rit en outre que l'infant était mort dans la troisième année du roi João II, qui ne monta sur e trône qu'en 1481! c'est une petite erreur de ingt années!

(1) « E posto que nos principios deste descurimento houve grandes difficuldades, e foi mui urmurado, como atrao dissemos, teve tonta onstancia, e fè na esperança, que lhe o seu esirito favorecido de Deos promettia, que nunca esistio deste descubrimento (em quanto pode). » arros, cap. 16.

lorsqu'arriva en Portugal la nouvelle qu'un corsaire anglais, le capitaine de vaisseau Faucombridge, neveu du comte de Warwick, qui dans ce temps dominait en Angleterre, avait enlevé dans le canal douze bâtiments portugais qui faisaient voile pour le Portugal chargés de marchandises. Irrité de cet affront plus encore que de la perte, excité par les grands auxquels il demanda leur avis, Affonso voulait envoyer contre les Anglais la flotte alors tout équipée, en partie pour venger l'insulte faite à son pavillon, mais visant surtout, par le déploiement d'une force imposante, à détourner de semblables pirateries, sur lesquelles les marchands portugais élevaient des plaintes continuelles. Le commandant de la flotte était déjà nommé par le roi, quand on apprit que le comte de Warwick avait péri dans une bataille (14 avril 1471), et que le roi Edouard IV gouvernait l'Angleterre en paix. Au lieu d'une flotte hostile, on jugea plus convenable d'envoyer une ambassade en Angleterre; mais en même temps on permit aux Portugais de se dédommager sur les propriétés anglaises; et ils causèrent tant de dommage aux Anglais, que le roi Edouard lui-même envoya des plénipotentiaires en Portugal, par lesquels fut amenée la restitution réciproque des biens enlevés, et conclue enfin entre les deux Etats une alliance (29 mars 1472) qui dura jusqu'à la réunion du Portugal avec l'Espagne (1).

On avait déjà repris le plan d'une expédition en Afrique, et dans ce but l'armada fut portée jusqu'à quatre cent soixante-dix-sept voiles, parmi lesquelles beaucoup de gros vaisseaux et de galères. On comptait vingt-quatre mille guerriers, et les forces totales, en y comprenant les marins et les serviteurs, montèrent à trente mille hommes (2). Pour commandant de la flotte équipée à Porto, le roi nomma le duc de Guimaraens, Fernando; et comme lieutenant du royaume pendant son absence, le duc Fernando de Braganza (1), parce que l'héritier du trône, contre l'avis de la plupart des grands, avait obtenu de son père la permission de prendre part à l'expédition. Comme s'il était appelé à conquérir plus qu'à gouverner, Affonso, comptant sur une absence prolongée, laissa les rênes du pouvoir aux faibles mains d'un vieillard, et enleva en outre au royaume le bras vigoureux de l'héritier de la couronne, pour longtemps si les événements tournaient au gré de ses désirs, pour toujours si le sort était absolument contraire.

Le 15 août 1571, l'armada rassemblée, grossie par la jonction de l'escadre de Porto, quitta Lisbonne, et au bout de deux jours entra dans le port de Lagos, où l'attendaient les vaisseaux de l'Algarve; le lendemain, le roi signala Arzilla comme le but de l'expédition. Ensuite il descendit avec les siens en procession solennelle vers la mer, et mit à la voile au bruit des fanfares. Une brise légère poussa la flotte vers Arzilla, où elle arriva dans la nuit du 20 août. Dans le conseil que l'on tint sur le débarquement, il fut résolu que le comte de Monsanto et le comte de Marialva, chacun avec ses troupes, descendraient à terre au point du jour, et qu'à leur apparition sur la rade le roi se mettrait en mouvement avec tout son entourage et les machines de siège nécessaires, afin que le même jour le camp pût être planté, toute issue fermée aux assiégés et tout secours intercepté.

Les deux comtes remplirent si bien leur mission, qu'à la naissance du jour ils parvinrent tous deux sur la rade avec leurs chaloupes. Mais là ils se virent arrêtés, car place choisie pour le débarquement étai difficile, et les vagues se brisaient contr

---

(1) Rymer, *Fœdera*, v, 3, p. 24.
(2) Pina, cap. 162.

(1) D'après le plein pouvoir cité par Sous (*Hist. gen.*, t. v, p. 159), qui l'a tiré des archives de la maison de Braganza, il faut rectifier Goe dans sa *Cron. do principe João*, cap. 21.

un écueil; la rame ne pouvait servir, parce que la mer enflée à cette heure par un vent violent s'élevait en masses menaçantes. Le roi et le prince ne montèrent pas avec moins de résolution le transport qui les attendait, et, servis par de vigoureux rameurs, ils coururent intrépidement au-devant du danger, là où les comtes étaient ballottés par les flots. Les gens de la flotte, voyant l'impétuosité et l'audace du roi, se jetèrent aussi dans des esquifs qui pouvaient s'approcher vers la côte, suivirent à l'envi leur maître, luttant contre la fureur des vagues et du vent, et mirent tant de constance dans leurs efforts, qu'ils finirent par toucher la terre. Mais ce ne fut pas sans pertes, car une galère et plusieurs transports s'enfoncèrent avec deux cents personnes, parmi lesquelles se trouvaient huit fidalgos et plusieurs cavalleiros (1).

Aussitôt que l'armée eut débarqué, le roi ordonna de planter le camp, et de l'entourer de palissades et de fossés; à cause de la tempête, l'artillerie de siége ne put être débarquée, et l'on se vit réduit à canonner les murs de la ville avec deux petites bombardes seulement. Néanmoins ils s'écroulèrent deux places, mais furent aussitôt réparés vec une grande activité par les assiégés, ui firent subir des pertes aux chrétiens. 'ailleurs les Maures, si nombreux et ien armés qu'ils fussent, n'opposèrent aucune résistance. Le quatrième jour, quelues Portugais de la troupe du comte de onsanto, qui formait le poste touchant u château, aperçurent plantée sur une tour ne bannière semblable à un signal de paix. nsuite l'alcaide de la ville demanda un sauf- onduit pour négocier avec le roi. On lui romit toute sûreté. Mais, pendant ces com- unications réciproques, quelques chefs ortugais, qui regardaient comme une hon- o que le roi voulût gagner la place par les égociations au lieu de s'en saisir par les

(1) Pina, cap. 164. Goes, cap. 23. Liāo, ap. 40.

armes, assaillirent la muraille sur le point où elle était en partie écroulée, et l'enlevèrent brusquement. Les assiégés qui, en raison de la négociation engagée, ne s'attendaient pas à une telle attaque, accoururent et se défendirent aussi bien que possible; mais les Portugais, résolus à périr plutôt que de reparaître devant le roi sans avoir le prix de la victoire, repoussèrent les Maures dans la ville; et les uns par le sacrifice de leur vie, la plupart en répandant leur sang, ouvrirent à leurs compagnons d'armes qui s'élançaient derrière eux la route par laquelle ils pénétrèrent dans la ville avant que le roi en fût informé. A cette nouvelle, Affonso demanda bien vite son casque (pour les autres armes, il les portait toujours), et courut avec le prince vers la brèche. La trouvant trop étroite pour livrer passage à la quantité de guerriers nécessaires, le bruit et les clameurs de la ville paraissant réclamer de rapides et puissants secours, il fit appliquer aux murs quelques échelles qui avaient été apportées à terre, et aussitôt une foule de Portugais escaladèrent l'enceinte. Quelques-uns coururent bien vite aux portes pour les ouvrir, et le roi fit son entrée dans la ville avec le prince. Surpris et incapables de résister à de tels efforts, les Maures se retirèrent, les uns dans la mosquée, les autres dans le château. Affonso ordonna de placer une forte garde devant le temple et la forteresse, et pensa immédiatement à rendre les plus vives actions de grâces à la Divinité pour un si magnifique début dans la carrière des triomphes où il entrait.

Le château et la mosquée étaient encore au pouvoir de l'ennemi. Le roi chargea le comte de Monsanto de les observer, et lui recommanda surtout d'occuper avec le plus grand soin la porte secrète, *porta da treiçāo* comme on l'appelait, afin que les Maures ne pussent s'échapper par cette issue. Lui-même s'avança devant la mosquée; mais il trouva la porte si fortement barricadée, qu'il se vit obligé de la faire briser par des sapeurs. Aussitôt beaucoup de chrétiens firent irruption; mais les Maures résistèrent avec un courage désespéré; accablés sur ce point, ils se retirèrent dans la nef. Là le combat se ralluma plus furieux qu'auparavant. Un courage inouï, un mépris admirable de la mort animaient ces hommes déjà vaincus dans leur sanctuaire, et quelques malheureux seulement survécurent à cette dernière lutte. Ceux-ci avec les femmes et les enfants, qui s'étaient cachés dans les enfoncements de la mosquée, furent menés, sur l'ordre d'Affonso, dans le camp des chrétiens.

Parmi les fidalgos tombés à l'assaut de la mosquée s'était signalé entre tous João Coutinho, comte de Marialva, qui fut pleuré par le roi, le prince et toute l'armée; car ce jeune homme « par des qualités éminentes faisait pressentir qu'un jour l'Etat aurait en lui le sujet le plus distingué dans les armes comme dans le conseil (1). »

Après la prise de la mosquée, afin que les assiégés ne pussent recevoir du secours du dehors, on tourna les armes contre le château, bien fortifié et bien pourvu de toutes sortes de munitions, dans lequel les principaux Maures s'étaient retirés. Avant que les échelles pussent être appliquées, beaucoup de fidalgos avec leurs lances et leurs armes s'élevèrent sur les murs et sur les tours avec une promptitude extraordinaire et une audace admirable. D'autres, malgré la pesanteur de leur corps et de leur armure, se firent tirer avec des cordes fort minces, pour s'élancer sur la muraille, dans les tours et la cour du château, au combat qui les attendait sur tous les points. La quantité des morts et des blessés, chrétiens et maures, dont les divers théâtres de la lutte étaient couverts, donnaient un effroyable témoignage de la constance héroïque des uns et de la fureur désespérée des autres. On ne mettait les pieds que dans le sang et sur des cadavres. On compta plus de deux mille Maures tués dans la ville et le château; le nombre des prisonniers dépassa cinq mille, parmi lesquels se trouvèrent deux femmes de Mulei-schah, une fille et un fils, tous deux encore enfants (1). Les chroniques ne donnent pas le chiffre des chrétiens tués; s'il avait été faible, elles n'auraient point passé ainsi sur un tel avantage. Des nobles tombés dans le château, elles ne nomment qu'Alvaro de Castro, comte de Monsanto, camareiro mor du roi, « l'un des premiers dans le camp et à la cour, en guerre comme en paix, par sa valeur, la rapidité de son coup d'œil, sa pénétration et sa prudence (2). » Affonso et le prince sortirent sains et saufs du combat, quoiqu'ils eussent partagé presque tous les dangers de leurs compagnons d'armes. A côté de son père, le jeune João, alors âgé de dix-sept ans, avait donné les preuves les plus brillantes de valeur chevaleresque et d'une âme héroïque. Le sang des infidèles et les dentelures à son épée furent considérés par les Portugais comme de glorieux insignes qui le rendaient digne du trône auquel il était appelé.

Aussitôt après la prise du château, le roi se rendit à la mosquée, où il fut reçu par son capellão mor et par de nombreux prêtres au milieu des hymnes de triomphe et du chant des psaumes. Après de pieuses actions d grâces offertes à la Divinité devant les restes du comte de Marialva, que l'on avait surmontés d'une croix, le roi, jugeant le lieu e le moment les plus propres à la circonstance procéda au cérémonial accoutumé pour l'ar mement solennel du prince en qualité d chevalier. Tenant son épée nue à la main, i

---

(1) Pina, cap. 164.

(1) Les premières furent plus tard échangée contre les restes de l'infant Fernando; mais l fils resta sept années prisonnier, et dans c temps apprit si bien le portugais, que dans l suite les Maures le nommèrent le Portugais Affonso l'envoya, à ce que les Portugais sou tiennent, sans rançon à son père, lorsque celui ci fut devenu roi de Fez. Marmol, IV, c. 5 Lião, cap. 42.

(2) Pina, cap. 165.

parla d'une voix haute au prince agenouillé de la dignité et des devoirs du chevalier (1). « Mon fils, dit-il en terminant, plaise à Dieu de te faire devenir un aussi vaillant chevalier que l'était le comte de Marialva dont tu vois ici le cadavre couvert de blessures qu'il a reçues aujourd'hui pour le service de Dieu et pour le nôtre. » Après cela, le roi arma encore chevaliers plusieurs guerriers qui s'étaient signalés ce même jour,. Les chrétiens morts furent inhumés dans la mosquée, après qu'elle eut été consacrée à sainte Marie (*Nossa-Senhora da Assumpção*). Les cadavres des Maures, on les enterra au dehors de la ville. Pour commandant d'Arzilla, le roi nomma le comte de Valença, Henrique de Menezes, fils de l'ancien commandant d'Alcacer, Duarte de Menezes.

Ainsi, après avoir été deux cent vingt ans soumise aux Maures, cette ville tomba au pouvoir des Portugais. On trouva cinquante prisonniers chrétiens et un riche butin (2), que le roi distribua parmi les vainqueurs sans rien réserver pour lui-même. Arzilla était l'une des meilleures possessions des Maures en Afrique, ornée d'édifices imposants, florissante par le commerce et même par la culture des sciences, et contenait des arsenaux d'armes ainsi que des établissements militaires. Ses habitants avaient souvent causé de grands dommages aux chrétiens de Ceuta et d'Alcacer. Sous le sceptre portugais, sa population s'accrut, non-seulement par la garnison et une garde permanente pour la frontière, mais encore par les nombreux marchands qui s'y fixèrent pour faire le commerce avec le reste de l'Afrique. Comme le territoire d'Arzilla était en outre très-fertile, la ville atteignit une grande prospérité (3).

---

(1) *Voyez* tout le discours dans Goes, cap. 27.
(2) Le butin fut évalué, d'après Pina, cap. 165, à 50,000 dobras d'ouro; d'après Goes, cap. 26, au delà de 800,000 dobras d'ouro; et d'après Lião, cap. 40, à 700,000.
(3) Goes, cap. 22. Lião, cap. 41.

Tandis que les Portugais prenaient Arzilla, le seigneur de cette ville, Mulei-schah, combattait un merin qui s'était saisi de toute la puissance du roi de Fez. A la nouvelle de l'expédition d'Affonso, Mulei s'était mis aussitôt en marche avec son armée pour sauver la ville menacée; mais il en apprit la chute dès Alcacer Quebir, ainsi que la captivité de ses femmes et de ses enfants. Là-dessus il envoya une ambassade à Affonso, et demanda un sauf-conduit pour venir en personne négocier avec le roi. La requête de Mulei fut accordée, et il se rendit avec treize cents cavaliers à une portée de canon de la ville. Mais, retenu par la défiance naturelle aux Maures, il n'osa pas, malgré toutes les assurances d'Affonso, s'approcher davantage pour une entrevue personnelle. Ainsi, au moyen de négociateurs, une trêve de vingt années fut conclue par écrit, et une convention fut arrêtée sur les possessions des deux parties, mais seulement en ce qui concernait le plat pays; car chaque partie restait libre d'attaquer et de prendre les localités murées, et cela ne devait nullement être regardé comme une violation de la trêve. Maintenant Mulei retourna combattre le merin de Fez, et devint lui-même dans la suite souverain de ce royaume.

Le roi Affonso était encore occupé de régler les affaires d'Arzilla afin de retourner ensuite en Portugal, lorsqu'il lui fut rapporté par deux Maures que les habitants de Tanger, redoutant le sort d'Arzilla et la vengeance qu'Affonso voudrait peut-être tirer maintenant des cruautés exercées sur son oncle Fernando et sur d'autres Portugais, avaient abandonné la ville en silence avec tous leurs effets. Le renom de place imprenable par sa force dont jouissait Tanger, sa population nombreuse et guerrière rendaient cette nouvelle incroyable; néanmoins elle fut confirmée, et Affonso envoya aussitôt le fils du duc de Bragança, João, plus tard marquis de Montemar, à la tête d'une troupe considérable de cavalerie et d'infanterie, vers Tanger, où elle arriva le 28 août (quatre jours après la prise d'Arzilla) (1). Bientôt après, le roi fit aussi son entrée avec le prince, à la grande joie des troupes, mais sans en éprouver lui-même. Songeant aux fers honteux qu'avaient portés en ce lieu l'immortel infant et les plus nobles de son peuple, il lui aurait plu de pénétrer dans Tanger en vainqueur des Maures et vengeur de leurs atrocités, l'épée à la main, plutôt que de porter ses pas maintenant dans une ville sans habitants, abandonnée lâchement par l'ennemi, tombeau vide de tant de nobles portugais.

Là encore, la mosquée fut transformée en une église chrétienne, et l'évêché de Tanger confié au prieur de S.-Vicente de Lisbonne, qui déjà en portait le titre. Le *guarda mor* du roi, Ruy de Mello, qui devint plus tard comte d'Olivenza, reçut la dignité de commandant. Après l'acquisition d'Arzilla et de Tanger, Affonso prit le titre de : « rey de Portugal, e dos Algarves daquem, e d'alem mar em Africa (2), » notifia au pape et aux princes chrétiens sa victoire sur les infidèles, et mit à la voile avec le prince le 17 septembre pour Lisbonne.

Tous deux furent reçus dans cette ville au milieu des transports d'une joie indicible et avec de grandes pompes. Les trente-cinq jours de leur absence, remplis par des victoires sur les ennemis des chrétiens et par de magnifiques conquêtes dans une partie étrangère du monde, étaient, aux yeux du roi et de ses peuples, les plus glorieux de son règne. Tanger, surtout, paraissait le plus beau fleuron de la couronne qu'Affonso s'é-

---

(1) Pina, cap. 167.
(2) Dans les ordres expédiés en Afrique : « Dalem e daquem mar. » Pina, cap. 167. Ribeiro, *Dissert. cron. e criticas*, t. II, append. VI, 207.

tait tressée en Afrique. A la vérité, le territoire de cette ville n'était pas aussi fertile que maint autre canton dans l'Afrique mauresque ; mais quelques vallées bien arrosées, dans le voisinage de Tanger, offraient d'excellents pâturages coupés par des vignobles et des plants d'oliviers. La ville était importante par son étendue et ses édifices, ses arsenaux et ses fortifications, même par ses écoles où l'on cultivait les sciences. Son antique renommée, qu'elle conservait depuis les temps des Romains, lui donnait encore dans l'opinion publique une position plus haute qu'elle ne la méritait en réalité (1). Tanger, Arzilla et Alcacer, avec les petites localités et les cantons qu'Affonso avait soumis au sceptre portugais, formaient en eux-mêmes une possession importante; mais ils étaient en même temps pour le Portugal et l'Andalousie, même pour tout le sud de la Péninsule, une sorte de boulevard contre la puissance maure. Aussi les conquêtes d'Affonso en Afrique répandirent la joie la plus vive, même parmi la population chrétienne de l'Andalousie.

La gloire militaire qu'il avait gagnée en Afrique aurait bien pu satisfaire Affonso, et il aurait dû maintenant se contenter de gouverner son royaume dans la paix et la justice. Mais son regard, toujours inquiet lorsqu'il était dirigé sur l'intérieur de son royaume, s'élançait bientôt par delà ces étroites limites. Des plans ambitieux attirèrent le roi vers la Castille, enlevèrent à la patrie les bras les plus vigoureux de ses vassaux et les meilleures ressources de tout le peuple, sans dédommagement ni profit, et même servirent à sa propre ruine.

---

(1) Goes, cap. 30. Lião, cap. 41.
(2) Pina, cap. 167.

§ 2. *Le roi Affonso en Castille.*

Son entrevue avec le roi Enrique IV, et ses fiançailles avec Juana après la mort d'Enrique. — Affonso élève des prétentions au trône de Castille, et se prépare à les faire valoir. — Négociations avec Fernando et Isabelle de Castille. — Affonso cherche à s'assurer de l'aide du roi de France. — Il se met en marche, avec une armée, sur la Castille. — Affonso et Juana proclamés, à Plasencia, rois de Castille et de Léon. — Le roi de Portugal se met en possession de Toro et de Zamora. — Situation respective de Fernando et d'Affonso. — Vaine tentative d'accommodement; les choses prennent une tournure grave pour Affonso. — Trahison sur le pont de Zamora. — Plusieurs grands castillans se détachent d'Affonso. — Perte de la forteresse de Burgos et de diverses places. — Après l'arrivée du prince João, bataille de Toro. — Conséquences immédiates de cette journée (1476).

Le roi Enrique IV de Castille s'était marié deux fois ; la première, étant encore prince héréditaire (en 1440), avec Blanca, fille du roi Juan de Navarre ; mais cette union, de l'agrément du pape, avait été dissoute pour cause de stérilité (à la fin de 1453), et le roi épousa ensuite (1) quand il fut monté sur le trône, après la mort de son père, en 1454, Joanna, fille du roi Duarte de Portugal (née en mars 1439). Au commencement de l'année 1462, la reine mit au monde une fille, qui reçut le nom de Juana, et plus tard fut appelée la excelente Señora, par d'autres même la Beltraneja, lorsqu'au temps des factions soulevées contre Enrique IV certains propos la faisaient fille de Beltran de la Cueva, favori du roi, très-bien accueilli de la reine. Aussitôt après la naissance de cette princesse, le roi convoqua les cortès, et lui fit prêter hommage comme à l'héritière du trône. L'archevêque de Tolède la tenait dans ses bras ; l'infant Affonso et l'infante Isabelle, frère et sœur du roi, lui baisèrent la main, ainsi que tous les prélats, seigneurs et députés des communes, sans aucune opposition. Lorsque la faiblesse de caractère d'Enrique engagea néanmoins les grands ambitieux à étendre leur pouvoir aux dépens de l'autorité royale, ils jetèrent les yeux sur le frère consanguin du roi, Alfonso, que le roi Juan II avait eu de sa seconde épouse, Isabelle de Portugal ; c'est à lui qu'ils rattachèrent leurs vœux et leurs plans. Dès l'année 1460, ils demandèrent au roi que l'infant fût déclaré héritier du trône, et Alfonso s'engagea, dans sa douzième année, à épouser un jour la princesse Juana. Après l'insolente parodie par laquelle les grands qui la jouèrent se déshonorèrent plus qu'ils n'humilièrent le roi qu'ils voulaient livrer au mépris public, ils proclamèrent formellement Alfonso pour roi. La mort prématurée du prince (5 juillet 1468) dans sa quinzième année contraria les plans des grands, sans mettre un terme aux désordres du royaume. Quelques-uns des rebelles revinrent à l'obéissance ; la plupart des anciens adversaires du roi, après la mort d'Alfonso, cherchèrent un nouveau point de réunion, et le trouvèrent dans l'espoir de porter au trône de Castille la sœur consanguine d'Enrique (née en 1451), qui portait le nom de sa mère. Ils lui offrirent la couronne, et elle fut proclamée reine dans plusieurs villes ; mais la prudente Isabelle, guidée par de bons conseils, refusa ces propositions tant que vécut son frère. Celui-ci pressé, menacé par des grands hostiles, faible et irrésolu, se laissa entraîner à un arrangement, par lequel Isabelle fut déclarée héritière de la couronne, mais en s'engageant à ne pas se marier sans l'agrément du roi. Ainsi l'infortunée Juana fut sacrifiée par son père, qui lui avait naguère fait prêter hommage. Le cœur de cette princesse fut pour le roi une sorte d'enjeu dans les par-

---

(1) *Voyez* le contrat de mariage dans Lião, cap. 44 et suiv. *Provas*, t. I, p. 648.

ties qu'il engagea, soit avec les grands de son royaume, soit avec des princes étrangers.

Dès l'année 1464, lorsque, dans une entrevue à Gibraltar avec Affonso V, il lui demanda des secours contre les grands, qui voulaient porter alors le prince Alfonso sur le trône de Castille, Enrique avait offert au roi de Portugal la petite Juana, âgée de deux ans, pour future épouse du prince João, tandis que celui-ci, d'après le vœu même d'Enrique, devait s'unir à l'infante Isabelle ; ces deux monarques avaient déposé leur engagement mutuel pour cette alliance entre les mains de l'évêque d'Evora (1). Mais Enrique n'était pas assez maître de lui, ni des circonstances, pour pouvoir tenir une telle promesse, et le roi de Portugal ne pouvait se déguiser l'inconvénient d'être mêlé inévitablement dans les troubles de Castille. Quand bien même cette face des choses lui eût échappé, les sages représentations que lui firent à ce sujet les cortès rassemblées, lorsque sa sœur la reine de Castille sollicita personnellement en Portugal du secours contre la prépondérance des grands en Castille, devaient exciter chez lui des réflexions de diverse nature, et Affonso fut alors assez prudent pour éluder, sous un prétexte spécieux, toute intervention de ce genre (2). Quand plus tard, Isabelle, contre la volonté d'Enrique, épousa l'héritier de la couronne d'Aragon (18 octobre 1469), lorsque l'année suivante le successeur au trône de Portugal se fiança (3) à la fille de Fernando, frère bien-aimé d'Affonso V, Enrique vit avec une grande joie le frère du roi de France Louis XI, le duc de Guyenne, solliciter la main de Juana ; toutefois son espérance de trouver dans les fiançailles de Juana, faites à Lozoya en octobre 1470 (4), un appui en France, fut déjouée par la mort prématurée du duc. Précédemment le roi Enrique, irrité du mariage de sa sœur avec Fernando d'Aragon, avait déclaré frappé de nullité le serment d'hommage qui lui avait été prêté ; il voulut de nouveau faire considérer sa fille comme unique héritière légitime du trône. En cette qualité, il l'avait fiancée au duc de Guyenne ; c'est encore revêtue du même titre, qu'il l'offrit maintenant au roi Affonso V. Il y eut entre les deux rois un fréquent échange d'ambassades à ce sujet, et, par l'entremise du grand maître de Santiago, Enrique et Affonso eurent entre Elvas et Badajoz une entrevue, à laquelle assistèrent aussi des députés de Fernando et d'Isabelle dans le dessein de s'opposer par des représentations au mariage projeté. En effet, les embarras et les difficultés que cette union préparait au roi Affonso apparurent en si grand nombre, les craintes pour le repos de l'un comme de l'autre royaume étaient si fondées, et, en raison du puissant parti sur lequel Isabelle s'appuyait en Castille, « la guerre était si certaine, et la victoire si douteuse, » que le roi de Portugal, tant que vécut Enrique, ne put se résoudre à entrer dans les idées de ce monarque (1) ; enfin la mort d'Enrique détermina Affonso à se fiancer avec Juana, et à soutenir par les armes les droits de cette princesse en Castille. Maintenant il se vit appelé et obligé même à une intervention active. Suivant des historiens portugais contemporains dignes de foi, et même d'après de graves écrivains castillans, le roi, dans son testament, avait déclaré la princesse Juana pour sa fille, et unique héritière de tous ses Etats, et institué pour exécuteurs de ses dernières volontés le cardinal Mendoza, comte de Plasencia et de Benavente, et le marquis de Villena ; selon les mêmes historiens portugais, il avait nommé le roi Affonso gouverneur de ses Etats, en le priant de se charger de les administrer, de prendre la tutelle de Juana, et d'épouser cette chère fille. Le testament fut apporté par des per-

---

(1) Pina, cap. 154. (2) Pina, cap. 158.
(3) Resende, *Cronica del rey D. Joam II.* Coimbra 1798, cap. 4.
(4) Hernando del Pulgar, *Cronica de los reyes catolicos D. Fernando y D. Isabel.* Valencia 1780, cap. 2, not. A.

(1) Pina, cap. 171.

sonnes de confiance, dans le mois de décembre, au roi Affonso à Estremoz (1), où il se trouvait alors. En même temps, dans une lettre adressée au roi de Portugal, le marquis de Villena l'invita publiquement à épouser Juana, fille du feu roi, légitime héritière de ses États, à se charger du gouvernement, et à s'intituler roi de Castille et de Léon. Il l'assura de l'assistance de beaucoup de grands et de quatorze villes et bourgs considérables (2). Plusieurs caballeros castillans lui offrirent en secret leurs bras et leur fortune.

Sans perdre un instant, Affonso tint conseil avec les grands rassemblés de son royaume et les princes sur les offres qui lui étaient faites. Aucun des assistants n'en fut plus vivement agité que João, l'héritier du trône. La perspective d'une domination qui réunirait peut-être un jour le Portugal, la Castille et Léon sous son sceptre, excita fortement les sens du jeune prince et occupa son esprit. Il prit à part ceux des grands auxquels il se fiait le plus, leur découvrit son désir de voir le roi se rendre à l'appel qui lui était fait, leur communiqua ses espérances, exposa ses plans, seulement pour déterminer ces fidalgos à conseiller au roi de se livrer sans retard et avec énergie à l'entreprise. Il voulait réparer par des mouvements prompts et d'autant plus sûrs le mal, qui selon lui avait été causé par les précédents retards. Le retentissement de tous ces sentiments, qui longtemps après encore pouvait se reconnaître dans son âme, témoigne de la force avec laquelle ils l'avaient jadis ébranlée. Car, lorsque Affonso était déjà descendu dans la tombe, João blâmait souvent encore (mais toujours avec le respect filial qu'il n'avait cessé de montrer à son père) la négligence du roi et les vues courtes de ses conseillers, qui l'avaient empêché d'accueillir les premières propositions du roi de Castille pour le mariage d'Affonso avec Isabelle, et de João lui-même avec Juana. Par l'un ou par l'autre de ces moyens, pensait-il, les rois de Portugal seraient devenus les souverains de l'Espagne (1).

Malgré l'ardeur de l'héritier du trône pour l'acceptation des offres de la Castille, la disposition de la plupart des grands à lui complaire, et l'inclination du roi pour ce parti, néanmoins quelques grands, mûris par l'âge et l'expérience, ne s'en laissèrent point imposer; ils exprimèrent leurs sollicitudes pour le vrai bien du royaume, et avec une franchise pleine de dignité exposèrent les motifs de leur conviction. L'archevêque de Lisbonne, Jorge, pria le roi et le prince de réfléchir aux difficultés de l'entreprise, à son incertitude, aux désavantages, aux dangers même qu'elle attirerait sur le Portugal. Le duc de Braganza surtout, Fernando II (jadis comte d'Arroyolos), s'exprima sans hésitation, et avec une connaissance profonde des choses et des hommes mis en jeu. « Ceux qui engagent maintenant le roi à commencer la guerre, dit-il entre autres choses, l'archevêque de Tolède, le duc d'Arevalo, Pedro Giron, les fils du grand maître Juan de Pacheco, sont les mêmes qui ont répandu dans toute l'Espagne, dans tous les États de la chré-

---

(1) Beaucoup de choses prouvent l'existence du testament (quoique Pulgar, *Cron. de los reyes catol.*, parte I, cap. 11, ne veuille pas s'en occuper, et, par des motifs faciles à saisir, passe avec une rapidité extraordinaire sur ce point important pour l'Espagne); néanmoins, comme il paraît n'être point parvenu à la postérité, nous ne pouvons, pour la justification des assertions ci-dessus mentionnées, citer que la lettre adressée au roi de Portugal par le marquis de Villena aussitôt après la mort d'Enrique, et dont Goes, cap. 42, nous donne le contenu. Tout en tenant compte des écrivains castillans, l'exposé ci-dessus est tiré principalement de Pina, cap. 173; Liāo, cap. 48, p. 345; et Damião de Goes (*Cronica de principe D. João*. Coimbra 1790, cap. 41), qui donne les renseignements les plus détaillés.

(2) Pulgar, an. 1475, cap. 7. Damião de Goes, cap. 42.

(1) Pina, cap. 173.

tienté, que sa nièce n'avait aucun droit à la succession du trône en Castille, qu'elle n'était pas fille d'Enrique, les mêmes qui ont déposé ce monarque, et déchiré le royaume par la discorde. D'où savaient-ils que Juana n'était pas l'héritière légitime? et maintenant où ont-ils pris leurs raisons de croire qu'elle ait cette qualité? Si Fernando et Isabelle avaient eu la volonté et la puissance de satisfaire la convoitise insatiable de ces hommes, leur conviction sur l'illégitimité de la naissance de Juana serait restée la même. Ce n'est point le zèle pour le roi et le bien général qui les dirigeait et les dirige aujourd'hui, mais seulement un égoïsme passionné; leur zèle sera contenu dans les limites de la générosité d'Affonso, l'assistance qu'ils ont promise sera réglée de la même façon; en comptant sur de tels hommes, le roi épuiserait et abandonnerait son royaume florissant, pour aller, lui étranger, renverser une prétendante au trône dans sa patrie, une princesse qui pouvait s'appuyer sur des grands puissants en Castille et sur des maisons souveraines ses alliées, autour de laquelle une invasion ennemie (faite par les Portugais odieux aux Castillans) rallierait tous les amis de la patrie, même les plus divisés jusqu'alors, en faveur de laquelle enfin la voix du peuple se prononçait de plus en plus (1). » Isabelle étant la nièce du duc, le roi, dont la résolution était bien arrêtée, regarda l'opinion de ce seigneur comme partiale et suspecte, quelles qu'en fussent la sagesse et la sincérité; et les conseils de Fernando, comme les observations et les avertissements de l'archevêque de Lisbonne, ne produisirent aucun effet; peut-être seulement déterminèrent-ils le roi à envoyer en Castille, avant de prendre un parti définitif, son camareiro mor, Lopo de Albuquerque, plus tard comte de Penamacor, pour reconnaître le nombre, la force et les dispositions de ses adhérents, et s'assurer de leur obéissance envers le roi. Comme Albuquerque rapporta des renseignements satisfaisants et les meilleures promesses des partisans de Juana, le roi Affonso pensa que tout était suffisamment préparé en Castille, et résolut de s'y rendre sans retard (janvier 1475).

Aussitôt tous les grands, les prélats, les fidalgos et les caballeros, tous les hommes du Portugal obligés au service militaire furent convoqués au commencement de mai à Aronches, d'où l'on se proposait de pénétrer en Castille. Mais préalablement Affonso, sur les représentations de quelques-uns de ses conseillers, envoya Ruy de Sousa, homme de cour, fin, délié, prudent, et en même temps ferme et intrépide, comme ambassadeur auprès de Fernando et d'Isabelle, qui se trouvaient alors à un tournoi à Valladolid, et leur fit exposer ses réclamations et ses droits, ainsi que ses résolutions. Avant que des deux parts on en vînt aux armes, il proposa l'accommodement suivant : « De confier le gouvernement du royaume aux mains de personnes capables et bien puissantes, jusqu'à ce que des arbitres aient décidé à qui la succession du trône appartenait légitimement. » Fernando et Isabelle se montrèrent prêts à se soumettre à la décision d'arbitres; mais en attendant ils ne voulurent en aucune façon se dessaisir du gouvernement et des pouvoirs qui étaient en leur possession (1). Toutes les représentations et les citations de droit produites de part et d'autre n'amenèrent aucun résultat; chaque partie notifia sa ferme résolution de persister dans le parti déjà pris, et tout le monde fut convaincu que dans cette question ce ne serait point une sentence arbitrale, mais seulement la force des armes qui prononcerait.

Pendant qu'en Portugal les préparatifs militaires se poursuivaient avec ardeur, Affonso songeait à gagner le roi de France, et à le déterminer, par une attaque à

---

(1) Goes, pass. cit., cap. 44. Pina, cap. 173 et 174.

(1) Pulgar, parte II, cap. 9 et 10.

l'orient, à occuper en même temps Isabelle et le roi d'Aragon (auquel Louis aurait volontiers arraché Perpignan), et à favoriser par des mouvements opérés de son côté l'invasion qui serait faite du Portugal en Castille. Dans ce but, Affonso chargea un ambassadeur d'aller notifier son union avec Juana comme héritière du trône de Castille, au monarque français, et de lui exprimer le désir de renouveler les anciens liens qui attachaient la France avec la Castille, dont il avait pris le gouvernement. Louis XI n'était pas homme à se laisser arrêter par une promesse déjà faite par lui à Fernando et Isabelle comme rois de Castille (1) (le 23 septembre 1475) ; il n'en était pas moins disposé à s'engager d'une manière tout opposée envers leur adversaire, s'il y voyait plus d'avantage. Il conclut maintenant une ligue avec le roi de Portugal (2) (21 décembre 1475). Dans le même temps où partait son ambassadeur pour la France, Affonso, dans la prévision d'une longue absence, prenait les mesures nécessaires pour le gouvernement du royaume dans cet intervalle. Les dispositions furent arrêtées par lui, de l'avis des conseillers les plus graves, à Evora (au commencement d'avril), approuvées par le prince (à Portalegre, le 25 avril), lues en présence d'une assemblée solennelle de prélats, de seigneurs séculiers et de députés des villes dans Aronches (au commencement de mai) et jurées par le prince. João fut nommé régent durant l'absence d'Affonso, et investi de pleins pouvoirs pour tous les actes de l'autorité suprême (3). Quelque flatteuse que dût être pour le prince une telle confiance de la part du roi et des états, il se chargea du fardeau des affaires, par déférence envers son père, et par la conviction que le bien de l'Etat réclamait de lui ce sacrifice, plutôt que par inclination (1) ; car il lui fallut se vaincre pour accepter les occupations paisibles et peu brillantes de régent, au lieu de se lancer dans la glorieuse carrière où le prix du combat était la couronne de Castille. Mais le devoir le domina, et il s'efforça de plier sa vie à ce sentiment; la preuve en est dans son excellent gouvernement pendant l'éloignement d'Affonso, et même dans plusieurs dispositions que le roi prit avant son départ, et que lui dicta pour ainsi dire le prince João par suite de sa sollicitude prévoyante pour la dignité du trône et la prospérité du pays. Connaissant la générosité sans bornes du roi, et prévoyant les actes multipliés où elle l'entraînerait dans un avenir très-rapproché, ainsi que les funestes conséquences qui en résulteraient pour la couronne, João détermina son père à rendre une loi, en vertu de laquelle seraient frappées de nullité toutes ses concessions et ses donations dans le cours de cette guerre, lorsqu'elles dépasseraient un revenu annuel de dix mille reaes, à moins que le prince n'y ait donné son consentement par sa signature (2).

Après avoir rendu cette loi ainsi que diverses ordonnances d'Aronches, le roi se mit en marche avec son armée. Fortifié par divers corps qui le joignirent en route, à son entrée dans Piedra Buena il comptait cinq mille six cents cavaliers et quatorze mille fantassins (3). Les armes et l'artillerie, les tentes et les chevaux de guerre, tout était dans le meilleur état. De Piedra Buena, où il avait accompagné l'armée pour prendre encore quelques mesures, le prince retourna vers le Portugal. Les troupes s'avancèrent contre Plasencia. En avant marchait l'adail mor (4), avec quelques chevau-légers pour

---

(1) Dumont, t. III, part. II, p. 46.
(2) Sousa, *Provas*, t. II, p. 8. Pulgar, parte II, cap. 20. Goes, cap. 47.
(3) *Voyez* les dispositions plus précises, comme l'allocution du roi au prince, et le serment de celui-ci, dans Goes, cap. 47 et 48.

(1) Goes.
(2) Goes, cap. 48. Lião, cap. 50.
(3) Son entretien coûta en treize mois 275,00, dobras. *Copia das merces, etc.*, in Sousa, *Privas*, t. II, p. 19.
(4) L'adail, nommé dans les premiers temps

éclairer la route; puis venait le maréchal Fernando Coutinho, avec un détachement de soldats suffisant pour l'exercice de sa charge (la préparation des logements). Il était suivi du chef des gardes du corps à cheval du roi, Vasco Martinz Chichorro, avec sa troupe en ordre. Immédiatement après paraissait l'avant-garde, dont le commandant était le camareiro mor du roi, Lopo de Albuquerque; derrière cette division étaient les transports. Puis s'avançait le corps d'armée du roi, avec la bannière du royaume, près de laquelle le roi se trouvait le plus souvent, et d'où il ne s'éloignait que par instants sous l'escorte de quelques personnes et du page chargé de porter l'étendard avec la devise, pour passer la revue de l'armée. L'arrière-garde était conduite par le duc de Guimaraens, en qualité de connétable, et de chaque côté du corps principal se déployaient deux ailes, dont les chefs étaient les comtes de Faro, Penella, Monsanto et Loule. Le roi fit ainsi son entrée dans Plasencia, où il était attendu par Juana, par le duc et la duchesse d'Arevalo, le marquis de Villena, le comte d'Ureña et d'autres seigneurs castillans de son parti, et reçu en grande pompe et au bruit des acclamations de joie. Un jour Affonso et Juana montèrent sur un échafaud richement décoré, qui avait été dressé sur la place du marché de la ville, et là, en présence du peuple assemblé, et des grands de Portugal et de Castille, ils se firent marier avec les pratiques et les solennités accoutumées, puis rendre hommage, comme souverains de Castille et de Léon, par tous les assistants et par des fondés de pouvoirs au nom des absents. Des actes authentiques furent expédiés sur tous ces faits. Dans un manifeste que publia Juana l'avant-dernier jour de mai dans Plasencia, aussitôt après son mariage avec le roi, elle exposa longuement ses droits au trône de Castille, et s'expliqua ouvertement sur une circonstance, qui alors était le sujet de beaucoup d'entretiens en Europe (1). Toutefois le roi ne consomma pas le mariage, parce que la dispense pontificale qu'il avait sollicitée à Rome à cause de sa parenté avec Juana, et dont Fernando et Isabelle cherchaient à empêcher la délivrance, ne lui était pas encore parvenue.

Aussitôt que Fernando et Isabelle furent informés, par leurs espions, qu'Affonso et Juana étaient mariés et avaient pris le titre de « rois de Castille et de Léon, » à leur tour ils se firent appeler rois de Castille et de Portugal, et ajoutèrent les armes de Portugal sur l'écusson castillan. En même temps les Castillans se préparèrent à faire des irruptions hostiles en Portugal, et Affonso se vit réduit dès Plasencia, à renvoyer avec leurs corps de troupes l'évêque de Beira, comme *fronteiro* de la comarca de Beira, et Pedro de Albuquerque, pour défendre Sebugal et Alfayates. Entre les habitants de la province entre Douro e Minho et les Galiciens, la guerre s'alluma plus sanglante que jamais, et fut poursuivie sans interruption, avec un acharnement impitoyable et des ravages de barbares, jusqu'à ce que la paix générale entre le Portugal et la Castille y mît un terme.

De Plasencia, le roi avec son armée s'avança sans empêchement jusqu'à Arevalo, qui lui offrit des approvisionnements de vivres en abondance. Pendant son séjour en cette ville, il vit arriver à lui beaucoup de

---

zaga, était le guide de l'armée; il entrait aussi dans ses fonctions, en cas d'irruptions rapides et de courses sur le territoire ennemi, de diriger les troupes légères des Almocadens. Sa charge dura jusqu'au règne de João III. *Elucidario*, t. I, p. 52; et *Vestigios da lingua Arabica em Portugal*, verb. *adail*.

(1) Le manifeste, d'une grande importance à cause de l'exposé historique des faits relatifs à la succession au trône, en raison de la notoriété de ces faits cités devant le tribunal de l'opinion publique, était forcé en quelque sorte, malgré la partialité de la rédaction, à ne pas trop s'écarter de la ligne de la vérité. *Voyez* dans Lião, cap. 51. Zurita, *Anales*, t. IV, lib. XIX, cap. 28; et Sousa, *Provas*, t. II, p. 60-71.

Castillans importants. Juan de Ulloa, hidalgo castillan, lui écrivit de Toro qu'il était prêt à lui remettre cette ville, mais que son frère Rodrigo de Ulloa défendant le château pour le roi Fernando, le secours des Portugais lui était nécessaire. Affonso mena donc aussitôt une division de son armée vers Toro, et fit attaquer le château. Comme le commandant était absent, son épouse dirigea la défense avec un courage et une résolution qui excitèrent même l'admiration de l'ennemi. Un assaut allait être livré, lorsque cette femme héroïque se vit hors d'état de se maintenir plus longtemps, et livra le château au roi; mais en réservant sa propre liberté, et en stipulant pour la garnison la faculté de se retirer avec ses effets. L'alcaidaria mor de la ville et du château fut donnée à Juan de Ulloa.

Le roi de Portugal fut mis de la même manière en possession de Zamora. Juan de Porras, premier hidalgo de la ville, fut gagné et entraîna avec lui son beau-frère l'alcaide mor de Zamora, maréchal de Castille, Alfonso de Valenza, d'une famille puissante, alliée même de loin à la maison royale de Castille. Le roi Affonso fut invité à venir à Zamora, et, lorsqu'il y fit son entrée avec Juana, il fut reçu en grande pompe par l'archevêque de Tolède, l'adversaire le plus ardent et le plus opiniâtre de la reine Isabelle, et par beaucoup de Castillans influents qui s'y étaient rendus. Aussitôt que le roi eut pris formellement possession de la ville, il retourna à Toro (1).

Cependant le roi Fernando avait réuni à Valladolid une armée qui, jointe aux corps de troupes qu'Isabelle avait levés dans la contrée de Tolède, à la revue de Tordesillas (19 juin) comptait quatre mille hommes de grosse cavalerie, huit mille chevau-légers et trente mille fantassins (2). Le roi marcha en bon ordre le long du Duero, contre Toro, et rangea ses troupes en bataille devant cette ville, dans l'intention de se mesurer ici avec l'ennemi. Mais les Portugais, affaiblis par les garnisons jetées dans les places qui s'étaient livrées, se postèrent dans la ville, et Fernando, qui pénétra les vues d'Affonso, après avoir attendu en vain cinq heures en ce lieu, résolut d'y planter son camp. Se flattant encore d'un accommodement avec son adversaire, il échangea avec lui des messages, mais sans résultat. Enfin il le fit défier à un combat singulier. Affonso demanda qu'à cet effet des otages fussent donnés de part et d'autre, et proposa Isabelle et Juana, puisque l'on avait pris les armes pour la cause de ces deux princesses. Si cette condition était refusée, il déclarait être prêt à une bataille. Fernando ne voulut pas reconnaître l'égalité de valeur dans les deux otages, et fit des propositions qui rabaissaient la dignité de Juana. Alors Affonso, offensé, refusa le duel et demanda la bataille (1). Vers ce temps l'alcaide de Castronuño, Petro de Mandaña, amena au roi de Portugal trois cent cinquante cavaliers, et lui offrit, dans le cas où il ne voudrait pas en venir aux mains avec Fernando, de forcer celui-ci à lever son camp avant l'expiration de cinq jours. En effet Mandaña, opérant de concert avec un autre corps de troupes qui manœuvrait dans les environs, occupa une position telle, qu'il coupa tous les convois de vivres au roi Fernando. Tout à coup la disette se fit cruellement sentir dans le camp castillan. S'imaginant qu'ils étaient livrés avec préméditation par leurs chefs à la famine, les soldats se soulevèrent en criant à la trahison, et Fernando se vit obligé de lever le camp et de se retirer. Il se tourna vers Medina del Campo; et il y mit une telle hâte, et tant de désordre se répandit parmi les chefs et les soldats, qu'au jugement de tous les guerriers expérimentés, portugais et castillans, si Affonso les avait poursuivis, et avait su tirer parti de son avantage, il au-

---

(1) Pina, cap. 179, 180. Pulgar, part. II, cap. 20, 21.
(2) Pulgar, p. II, cap. 23. Goes, cap. 54.

(1) Goes, cap. 55 et 56. Lião, cap. 53. Pulgar, p. II, cap. 23.

rait entièrement détruit son adversaire, et mis un terme à la guerre.

Isabelle, vivement préoccupée de l'honneur de son époux, et jalouse de la renommée militaire du roi, fut indignée de cette retraite; à peine en eut-elle reçu la nouvelle à Tordesillas, elle courut à Medina del Campo, et là elle blâma énergiquement ceux qui avaient conseillé un tel mouvement au roi, ou ne l'en avaient pas détourné; elle représenta même à Fernando la honte d'une telle fuite (1). A ce profond chagrin se joignirent encore en ce temps les inquiétudes que causait à la reine le manque d'argent; le trésor que le roi Enrique avait déposé à Ségovie était épuisé. Isabelle résolut donc avec son époux de lever un impôt en Castille. Mais, lorsqu'on leur fit remarquer que par cette mesure les esprits qu'ils cherchaient à gagner et à calmer seraient éloignés et agités, ils abandonnèrent le projet, et obtinrent du clergé de pouvoir prendre à titre d'emprunt la moitié de l'argent de l'Eglise, et de l'employer à leurs besoins. Avec les sommes considérables qu'ils réunirent de cette manière, la guerre put être poursuivie contre les prétendants ennemis.

Fernando, jusqu'alors assez malheureux dans cette campagne, n'avait pu nuire que fort peu à son adversaire. Ce qui avait fait plus de mal à celui-ci, c'étaient les mouvements des grands castillans du parti de Fernando, qui avaient paralysé les bras et les forces sur l'assistance desquels Affonso avait compté en Castille. A l'instigation de Fernando, le grand maître de l'ordre de Santiago, comte de Paredes, guerroya contre les vassaux et les sujets du marquis de Villena, en sorte que beaucoup de gens de ce seigneur passèrent du côté du roi de Castille, et plusieurs localités se rendirent à Fernando sous la condition d'être incorporées à la couronne. Le comte exerça des hostilités semblables sur les terres des neveux du marquis, le grand maître de Calatrava et le comte d'Ureña, et ces partisans d'Affonso, ainsi que d'autres en Castille, se trouvant ainsi vivement pressés, se virent hors d'état de fournir à l'armée portugaise les cinq mille lances qu'ils avaient promises. Quand ils furent requis par Affonso de prêter un tel secours, ils s'excusèrent sur la nécessité de défendre leurs propres terres, en assurant toutefois qu'ils étaient prêts à servir le roi de Portugal, quand ils pourraient avoir la liberté de leurs mouvements (1).

D'un autre côté, la situation de Fernando avait empiré sous plus d'un rapport. Cette brusque levée du camp sans motif pressant en apparence, sa retraite peu glorieuse, avaient produit une impression défavorable sur ses adhérents et sur les gens indécis parmi les Castillans; bien des esprits étaient devenus plus timides, au contraire ceux qui tenaient pour Juana avaient senti se relever leur courage. Au milieu de ces circonstances, le cardinal Pedro de Mendoza, de l'aveu de Fernando, essaya d'amener le roi de Portugal à l'accommodement du débat relatif au trône. Il lui laissa les conditions de la paix à fixer lui-même. Dans l'assemblée qui fut tenue par Affonso pour délibérer sur cet état des choses, les Portugais se prononcèrent pour la paix. Ils ne se dissimulaient pas qu'ils combattaient seulement pour les intérêts d'Affonso et non pour la cause du Portugal, et cette conviction n'était pas propre à les roidir contre les difficultés de cette campagne, et à étouffer les regrets de leurs foyers. Les Castillans du parti d'Affonso, au contraire, désiraient la guerre. Car, si le roi de Portugal triomphait, ils attendaient de lui les plus brillantes récompenses, l'accomplissement même de leurs souhaits les plus extravagants; s'il succombait, ils ne craignaient pas de beaucoup plus grands maux que ceux dont ils étaient menacés en ce moment. Pour Affonso, inquiet de n'avoir pas les cinq mille lances qu'il s'était promises et du faible appui qu'il trouvait en Castille, il n'était pas éloigné d'un arrangement pacifi-

---

(1) Goes, cap. 57.

(1) Goes, cap. 57.

que. Il demanda la cession de la Galice et des villes de Toro et de Zamora au Portugal, le payement d'une certaine somme pour les frais de la guerre, la réintégration de ses partisans castillans dans leurs droits, charges et possessions, enfin oubli entier de tout le passé. Ces conditions ne parurent point dures à Fernando et à ses conseillers, et le prince les aurait acceptées, si Isabelle n'y avait pas refusé si décidément son adhésion. Elle se montra prête à indemniser sa rivale avec des sommes considérables; mais rien ne put la déterminer à consentir à ce que des domaines de la Castille fussent retranchés de la couronne pour être réunis au Portugal. Les négociations engagées se rompirent, et la lutte recommença d'autant plus acharnée (1).

Durant ces négociations, Fernando avait reçu de tristes nouvelles de Burgos. Les bourgeois de cette ville, qui lui étaient dévoués, étaient poursuivis chaque jour par l'alcaide du château, Juan de Zuñiga, neveu du duc d'Arevalo, qui dans ses sorties les frappait avec le fer et le feu. Déjà trois cents maisons des principales rues situées le plus près du château étaient devenues la proie des flammes. D'un autre côté l'évêque de Burgos, Luis d'Acaña, avec ses cavaliers, ne faisait pas moins de mal aux citoyens. L'annonce de ces faits était d'autant plus accablante pour le roi Fernando, que Burgos avait une haute importance comme capitale de la Castille. La plus grande partie du royaume suivait facilement son exemple. Fernando envoya donc, sans perdre un instant, un corps de troupes considérable au secours des bourgeois. Mais il lui fallut marcher en personne avec de grandes forces vers Burgos, et alors les gens de l'évêque, qui se maintenaient dans l'église fortifiée de Santa-Maria la Blanca, furent réduits à se rendre après une défense désespérée. Le château résista encore; mais serré de près par les assiégeants, et menacé de manquer de vivres, Zuñiga pressa le duc d'Arevalo de lui envoyer de prompts secours, disant que s'il ne pouvait compter sur cette assistance dans le délai fixé, il lui faudrait évacuer la forteresse. A cette nouvelle, le roi de Portugal se mit en marche de Toro avec son armée, bien réduite par les maladies, les combats, et par le retour de beaucoup de Portugais dans leur patrie, et, après avoir fait sa jonction dans Arevalo avec l'archevêque de Tolède et le marquis de Villena, il s'avança jusque sous les murs de Penafiel, où il s'arrêta quelques jours pour attendre des renforts.

Cependant Isabelle, toujours active à surveiller les desseins de ses adversaires, s'était rendue de Valladolid à Palencia, afin de pouvoir observer et arrêter tous ses mouvements; et, tandis qu'Affonso se tenait à Penafiel, elle répandit ses propres troupes dans les châteaux et les bourgs des alentours pour protéger les paysans et entraver l'ennemi. Alors le comte de Benavente, contrairement aux conseils d'amis expérimentés, voulut avec quatre cents lances sortir du château mal fortifié de Baltanas, non loin de Penafiel, et aller braver l'armée d'Affonso. En dépit de la valeur héroïque avec laquelle, à la tête de sa troupe, il lutta contre l'ennemi depuis le lever jusqu'au coucher du soleil, il lui fallut en définitive céder à la supériorité des forces. On accorda libre retraite à sa troupe désarmée; mais le comte lui-même fut déclaré prisonnier (1), au grand chagrin d'Isabelle et de Fernando, qui le tenaient en haute estime, et pouvaient difficilement se passer de son bras vigoureux. Le roi Affonso revint à Penafiel, incertain s'il devait maintenant marcher au secours du château de Burgos. Malgré la faiblesse des troupes qui l'occupaient et ses mauvaises

---

(1) Pulgar, p. II, cap. 26. Pour plus de détails, voyez Goes, cap. 58.

(1) Par la médiation de la duchesse d'Arevalo, le comte fut mis plus tard en liberté, sous la condition que pendant cette guerre il ne servirait plus Fernando.

fortifications, il n'avait pris ce château qu'après avoir fait des pertes considérables, et Isabelle, qui maintenant lui interceptait les convois et lui causait toutes sortes de maux, devait être encore bien plus redoutable pour lui, réunie aux troupes de Fernando devant Burgos. Les Castillans qui se trouvaient parmi ses conseillers ne négligeaient pas de lui faire sentir l'importance de la possession de Burgos. Mais les Portugais, fatigués de la guerre, représentèrent qu'en pénétrant plus avant le roi exposerait grandement sa personne, sans que l'acquisition de Burgos pût compenser de tels périls, et lui conseillèrent de se replier sur Arevalo, Toro ou Zamora, pour être plus près du Portugal, et se trouver en état d'en tirer plus facilement des secours. La nouvelle que Zamora serait réduite à se rendre à Fernando, si elle n'était pas bientôt délivrée, décida la question. Le roi marcha de Penafiel vers Arevalo; il détacha le comte de Penamacor au secours de Zamora, et le suivit bientôt après.

Quand Isabelle apprit que le roi de Portugal ne menaçait plus son époux à Burgos, et s'était retiré vers Arevalo, elle revint à son tour à Valladolid, et distribua des troupes dans les cantons environnants. Mais avec son adresse accoutumée elle sut tirer avantage de la retraite de son adversaire. En représentant ce mouvement comme une fuite, elle provoqua des doutes sur le courage militaire d'Affonso, vertu dont le siècle pouvait le moins pardonner l'absence; et elle profita de cet instant de déclin de la considération du monarque portugais pour détacher secrètement de lui les Castillans qui s'y étaient ralliés. Avec un coup d'œil vif et pénétrant, une activité infatigable et une rare habileté, elle sut étendre les fils dont elle enlaça les esprits hésitants de ses propres adversaires pour les attirer à elle. Elle obtint un si beau succès, qu'en peu de temps elle gagna et lia étroitement à sa cause beaucoup de personnes considérables, beaucoup de villes et de bourgades, qui se déclarèrent pour elle, quelques-unes aussitôt, d'autres plus tard. Ocaña passa la première de son côté; les habitants expulsèrent tous les adhérents du marquis de Villena, et ouvrirent les portes aux troupes de Fernando. Isabelle remit la ville au grand maître de Santiago, Rodrigo Manrique, et, en récompensant un partisan zélé, elle l'attacha d'autant plus fortement à sa cause, puisqu'il devait se consacrer à la défense d'une place qui devenait sa propriété, et en même temps la reine acquérait une renommée de désintéressement et de généreuse gratitude. En effet, le grand maître se montra dès lors le plus ardent et le plus redoutable adversaire du marquis; car lorsque celui-ci, après la perte d'Ocaña, voulut venir au secours de son marquisat avec les troupes que lui donna le roi Affonso, il trouva ses domaines dévastés, beaucoup de localités entre des mains étrangères, et, ce qui lui fut le plus pénible, beaucoup de ses serviteurs avaient quitté leur poste. Dans cette situation, il écrivit à Affonso : « Que s'il était le roi de Castille, il se rendrait aux vœux de ceux qui l'appelaient dans ce royaume, et ne suivrait pas le conseil de gens qui, indifférents pour son honneur et ses intérêts, n'aspiraient qu'à rentrer en Portugal, pour y vivre selon leurs convenances et s'y occuper de leurs propres affaires; qu'il atteindrait rapidement et sûrement son but en marchant droit sur Madrid, où il trouverait des troupes, de l'artillerie et des approvisionnements de guerre; que là il serait en même temps dans le voisinage des terres du grand maître de Calatrava, d'où il pourrait tirer toutes les choses nécessaires. » Ces propositions déplurent naturellement aux conseillers d'Affonso. D'après eux, en tenant Burgos, Valladolid, Medina del Campo, on était en même temps maître du royaume. Les plans du marquis leur paraissaient trop vastes et trop périlleux, et Affonso, malgré sa disposition à embrasser des partis hasardeux, et son penchant à ne suivre que sa propre opinion, se rangea néanmoins à l'avis de ceux qui voulaient rapprocher le trône de Castille de leurs frontières, afin que l'éclat en rejaillît sur eux, et que cependant ils pussent se mettre à l'abri des dangers derrière les murs des châteaux de leur pays. Le roi communiqua les vues de son conseil au marquis, et, pour apaiser un partisan qui avait fait de si grands sacrifices, essaya par de brillantes promesses d'adoucir l'amertume d'une telle réponse. Mais le marquis fut saisi d'indignation en recevant la lettre; ce coup l'ébranla, et dès ce moment il songea aux moyens de se réconcilier avec Isabelle (1).

Cependant les affaires d'Affonso prenaient une tournure de plus en plus grave. Les frais considérables de la guerre et la générosité du roi, commandée par les circonstances, et qui ne trouvait dans son caractère aucune limite, avaient épuisé le trésor royal et englouti les revenus ordinaires du pays. Dans la détresse où l'on était réduit, on eut recours à des emprunts auprès des particuliers, et en même temps on mit la main sur la caisse des orphelins, non sans provoquer les murmures éclatants du peuple, qui voyait d'un œil mécontent Affonso ruiner le Portugal pour acquérir la Castille. Alors le prince seul offrait de l'appui et des consolations aux Portugais. A la vérité, il fallait que João se donnât bien des peines pour satisfaire les besoins de son père au dehors, besoins qui surpassaient de beaucoup les ressources du Portugal. Mais les précautions par lui prises pour épargner le plus possible les sujets en levant sur eux des tributs si onéreux, laissaient entrevoir la manière dont il comprenait ses devoirs envers son père, et pressentir la conduite qu'il tiendrait plus tard dans l'accomplissement de ses obligations envers le pays. Le premier soin de João, aussitôt qu'il prit lui-même les rênes du gouvernement, fut de procéder, avec la piété d'un fils respectueux et l'amour d'un père pour son pays, à l'extinction des dettes d'Affonso. Ainsi le fils allégea en quelque sorte le poids des sacrifices que le père avait imposés aux Portugais. En même temps par l'activité infatigable, la prudence et les soins scrupuleux avec lesquels il administrait la justice, le prince s'attira les respects et l'estime de tous. Sous l'abri des lois et d'une administration vigoureuse, le peuple ressentit moins l'oppression du présent, et se consola par la perspective d'un meilleur et prochain avenir sous l'héritier du trône. João se montra surtout le bienfaiteur du pays en rejetant au delà des frontières un ennemi actif et avide de vengeance. Le roi avait enlevé la fleur de la population virile, les meilleures armes et les moyens de défense les plus efficaces; le Portugal aurait été livré sans défense aux dévastations des Castillans, si le prince n'avait pas étendu les bras pour le protéger. Les Castillans et les Galiciens s'étaient jetés sur les cantons limitrophes du Portugal, pillant et massacrant sur leur passage; mais João était nuit et jour l'épée sur le flanc, sans pour cela négliger les travaux pacifiques de l'administration, et, selon les expressions de la Chronique, « il combattait, non pas comme un jeune homme et un novice, » mais en vaillant chevalier qui aurait éprouvé son courage dans une longue lutte, et acquis son expérience dans les vicissitudes de la guerre. Son mérite fut d'autant plus grand que ses moyens étaient plus bornés; contre un ennemi très-nombreux, il ne se borna pas à la défense, il prit bientôt l'offensive, et porta la guerre sur les frontières de son royaume, dans les États de son adversaire (1).

Affonso, satisfait du concours prêté par ce fils, héros à la guerre, et si habile dans le gouvernement, aimait à le consulter, et João possédait la confiance du roi comme du peuple. Depuis son séjour à Zamora, Affonso s'était efforcé de gagner à sa cause les bourgeois de la ville, ainsi que la gar-

---

(1) Pulgar, part. II, cap. 30. Goes, cap. 64.

(1) Pina, cap. 182.

nison du château et des tours du pont sur le Duero. Non-seulement il avait pardonné à ceux qui avaient agi contre lui, il avait même essayé de les attacher à sa personne par des présents, et il avait comblé de récompenses ceux qui lui étaient demeurés fidèles. Dans le sentiment de sa magnanimité et de sa générosité prodigue, il se tint pour assuré des Castillans autant que des Portugais, et il laissa rentrer beaucoup de ses anciens sujets dans leur patrie. Une quantité plus grande encore regagna le Portugal sans consulter le roi. Affonso choisit cette suspension momentanée des opérations de la guerre pour appeler le prince à une entrevue à Zamora, et João, aussitôt qu'il eut pris les mesures nécessaires pour le gouvernement et la défense du royaume durant son absence, accourut à Miranda sur le Duero, où le roi voulait envoyer au-devant de lui une troupe de cavaliers pour l'escorter. Mais il fallut songer à toute autre chose; un courrier du roi apporta la nouvelle que le commandant du pont du Duero, gagné par Fernando, avait le projet de se saisir du prince lorsqu'il passerait le fleuve; en conséquence João se dirigea aussitôt vers Guarda.

Affonso avait confié le poste important du pont près de Zamora à un neveu de Juan de Porras, Francisco de Valdes, après lui avoir fait d'abord prêter serment de fidélité. Valdes avait été élevé à la cour de la reine Isabelle; mais dans la suite il avait quitté ce service, plutôt pour plaire à son oncle que par sa propre impulsion. Isabelle, tenant compte de ces circonstances, essaya mystérieusement de regagner Valdes et de l'entraîner à livrer le pont. Le secret n'était connu que de la reine, de son époux, du cardinal d'Espagne, et d'un moine qui servait de négociateur. La trame s'ourdissait au moment même où le prince João était invité par son père à se rendre à Zamora, et Valdes, retardant à dessein la remise du pont, se prêta au plan tout à coup arrêté, et se chargea de saisir João au moment où il se trouverait entre les deux tours élevées à l'extrémité du pont; puis, soutenu par les troupes qu'Isabelle tenait prêtes à Villalpando, de s'emparer de la ville. Il y avait beaucoup d'obstacles à cette entreprise; car le roi Affonso se trouvait lui-même à Zamora, il avait auprès de lui de bonnes troupes castillanes et portugaises, et de plus était en possession du château. Isabelle appela donc le secours de son époux, qui dirigeait le siège de Burgos. D'après le conseil de la reine, il affecta une maladie qui ne lui permettait pas de recevoir des visites, remit secrètement la poursuite du siège à son frère naturel, à son oncle et au connétable de Castille, qui avaient été mis dans le secret avec peu de personnes, partit de nuit à cheval, suivi seulement de deux guerriers, et parvint le lendemain à Valladolid où la reine l'attendait.

Dans la nuit même où la conspiration lui avait été dénoncée, Affonso l'avait reconnue, et Valdes d'après les dispositions du roi de Portugal avait deviné que tout était découvert. Aussitôt il en informa la reine, et demanda de prompts secours. Comme il s'attendait pour le lendemain à une attaque de la part d'Affonso, durant la nuit il fit élever en silence entre les tours du côté de la ville une muraille dont les premiers rayons du jour arrêtèrent les travaux. Juan de Porras parut avec cent cavaliers devant la porte de la tour et demanda à être introduit. On lui répondit par les cris : « Castille, Castille ! Vivent le roi D. Fernando et la reine D. Isabelle, souverains d'Espagne! » Et en même temps une grêle de flèches et de pierres tomba sur les cavaliers. Affonso accourut avec un corps de troupes, ordonna d'attaquer la porte, et, y trouvant de la résistance contre toute attente, il commanda d'y mettre le feu. Bientôt elle devint la proie des flammes, mais sans qu'il en résultât l'avantage espéré. Les Portugais, s'avançant à travers le feu, furent stupéfaits en apercevant maintenant l'ouvrage de maçonnerie tout fraîchement élevé, bien garni de troupes et d'artillerie. Un furieux assaut resta sans succès. Les Castillans, bien abrités, couchèrent par terre bon nombre d'assaillants, et les Portugais continuèrent vainement leurs attaques jusqu'au soir. Affonso, tout bouillonnant de colère, encourageait continuellement les siens à l'attaque; enfin l'archevêque de Tolède, lui faisant considérer la quantité de monde déjà perdu sans que le moindre avantage fût obtenu par cette lutte inégale si longtemps soutenue, le détermina pourtant à la cesser. Ces événements avaient jeté dans la ville la terreur et la confusion, qui furent poussées la nuit suivante au dernier degré quoique alors la lutte parût terminée. Au bruit du tocsin se mêlaient les cris de trahison! trahison! et les gémissements des femmes et des enfants venaient encore ébranler les cœurs des bourgeois. Les plus courageux mêmes se laissèrent alarmer. Les hidalgos castillans, craignant de tomber entre les mains de Fernando, et de se trouver livrés à sa vengeance, prièrent le roi Affonso de ne point abandonner la ville. « Maître du château, entouré de troupes nombreuses et bien disposées, il pouvait regarder sa sécurité comme entière, surtout s'il voulait expulser de la ville quelques hommes suspects. Un mur élevé rapidement pourrait protéger la place du côté du pont, mieux encore que le pont n'était à l'abri du côté de la ville. » Mais, au milieu de la confusion générale, on n'écouta pas ce que la prudence conseillait; on embrassa le parti qui paraissait le plus sûr pour le moment; d'ailleurs Affonso commençait à concevoir de la défiance à l'égard des Castillans (1). D'après l'avis de l'archevêque de Tolède et des seigneurs portugais, il quitta la ville à minuit avec la reine, les fidalgos et le prélat, sans se laisser arrêter par les plaintes et les gémissements de ceux qui ne pouvaient le suivre, et se rendit à Toro, d'où à l'instant il adressa à son fils l'ordre de lui amener autant de troupes que possible, attendu qu'il était résolu à faire décider la question par une bataille.

Au point du jour, le roi Fernando entra en brillant équipage dans Zamora; et les Portugais qui, n'ayant pu quitter la ville au moment du brusque départ d'Affonso, ni obtenir leur admission dans le château, s'étaient réfugiés dans la principale église, sollicitèrent du vainqueur la liberté de se retirer; il la leur accorda. Ils se dirigèrent sans empêchement vers Toro. Mais les biens du commandant du château, le maréchal Alfonso de Valenza, de Juan de Porras et d'autres adhérents d'Affonso, furent confisqués. Résolu à ne point quitter Zamora qu'il ne fût maître du château, Fernando fit amener en quantité de l'artillerie et des munitions de guerre, pour donner à l'attaque toute la vigueur nécessaire (1).

Cependant le duc de Villa-Hermosa, frère naturel de Fernando, avait fait investir la forteresse de Burgos et intercepté tout convoi, tout secours du dehors, même toute nouvelle de la situation du roi de Portugal, dans lequel la garnison plaçait tout son espoir. Les amis et les parents des assiégés, qui se trouvaient dans le camp castillan, cherchaient par une médiation pacifique, ou par une exagération des dangers, à déterminer les gens de la place à capituler. Mais Juan de Zuñiga résistait avec une constance inébranlable. Lorsque la détresse et la misère devinrent intolérables dans la forteresse, que beaucoup de guerriers furent réduits à l'inaction par leurs blessures, que la mauvaise nourriture eut engendré des maladies, que les murs se trouvaient ouverts sur deux points, que les assiégeants toujours croissant en nombre se précipitaient pleins d'audace à l'assaut, que tout espoir et toute perspective de secours eut disparu, alors seulement Zuñiga, d'accord avec toute la garnison, se déclara prêt à capituler si on leur accordait la faculté de se retirer librement avec armes et bagages où il leur plairait. Les chefs des troupes de siége n'osè-

---

(1) Pina, cap. 186.

(1) Pina, cap. 184-186. Goes, cap. 66-70. Lião, cap. 54, 55. Pulgar, cap. 34.

rent pas prendre sur eux de concéder des conditions si avantageuses à l'ennemi; mais ils consentirent à une suspension d'armes, jusqu'à ce que la reine eût prononcé. Isabelle accourut aussitôt de Valladolid, et accorda aux assiégés ce qu'ils avaient demandé. Elle était encore occupée à Burgos à régler les affaires de la ville et de la citadelle, lorsqu'elle reçut la nouvelle que le roi de France avait pénétré avec quarante mille hommes dans le Guipuscoa, et assiégeait Fuenterabia; ce n'était pas qu'un prince comme Louis XI fût pressé de tenir la promesse faite à Affonso avant l'invasion de celui-ci en Castille; mais il voulait profiter de la sanglante querelle des deux prétendants à la couronne de Castille pour acquérir une place importante, et peut-être encore marcher à d'autres conquêtes. A l'instant la reine envoya le comte de Salinas avec des troupes au secours de Fuenterabia, et somma toutes les communes, tous les chevaliers de la Biscaye, du Guipuscoa et des Asturies, de se réunir au comte, et de lui obéir comme au roi lui-même. Deux fois Louis attaqua Fuenterabia sans pouvoir la prendre, conclut ensuite un armistice pour une année avec Fernando, et revint en France. Ainsi un tel allié devint funeste au roi de Portugal : car Fernando et Isabelle, après la conclusion de ce traité, se trouvèrent maintenant délivrés d'un voisin dangereux au moins pour l'instant, et tranquilles de ce côté.

Vers ce temps deux grands castillans jusqu'alors liés au roi de Portugal s'en détachèrent, et ce fut pour lui une perte bien sensible; car leur exemple pouvait entraîner d'autres, et leur puissance accroissait les forces de l'ennemi. Grâce à l'intercession de Pedro de Zuñiga, qui avait toujours conservé les mêmes sentiments pour la reine Isabelle, cette princesse pardonna au duc d'Arevalo, père de Pedro. Le duc fut réintégré dans ses domaines; il perdit seulement Arevalo (car ainsi le voulait la politique de la reine), et dut prendre désormais le titre de duc de Plasencia, place qui lui appartenait. Pedro ménagea encore la réconciliation de la reine avec le grand maître d'Alcantara qui, abandonnant aussitôt le service d'Affonso, passa du côté d'Isabelle.

Le maréchal Alfonso de Valenza, commandant du château de Zamora, montra plus de constance. Les plus brillantes promesses auxquelles Fernando eut secrètement recours, après de vaines attaques sur le château, ne purent l'ébranler. Le siège fut donc poursuivi, tandis que des combats s'engageaient à chaque instant entre les troupes d'Affonso et celles de Fernando, aussi longtemps que le premier se tint à Toro et le second à Zamora. Enfin Affonso, s'étant avancé avec ses meilleures troupes afin d'enlever un convoi d'artillerie que Fernando faisait venir de Medina del Campo pour le siège du château de Zamora, et ayant appris non loin de Zamora que ce convoi était déjà parvenu à sa destination, irrité d'avoir vu manquer encore le coup qu'il méditait, et plein de confiance dans le corps d'élite alors sous ses ordres, fit défier par un héraut le roi Fernando à une bataille. D'après le conseil du duc d'Alba, Fernando refusa, et Affonso, fatigué d'attendre inutilement, revint à Toro. La reine Isabelle fut violemment irritée de cette circonstance; elle savait que les troupes de Fernando étaient nombreuses et bien équipées, et que c'étaient seulement les lâches dispositions du cortège de son époux qui avaient détourné ce prince de se rendre à l'appel de son rival. Excessivement sensible sur la question de la dignité et sur le point d'honneur des princes et des guerriers, craignant en outre que cet affront ne nuisît à sa cause et à celle de Fernando, elle écrivit aussitôt de Valladolid à son époux; et, après lui avoir fait sentir ainsi qu'à ses conseillers la honte de leur conduite et le mécontentement qu'elle en éprouvait, elle pria Fernando « de se préparer à l'instant pour aller chercher Affonso à Toro; afin d'assurer le résultat de cette expédition, elle lui enverrait autant de troupes qu'elle pourrait en rassembler. » L'effet suivit les paroles; le lendemain, le cardinal Mendoza reçut ordre de se mettre en marche sur Toro avec toutes les forces qui se trouvaient dans Valladolid et dans les environs, et peu de jours après deux mille Galiciens, fantassins et cavaliers convoqués par la reine, entrèrent dans Valladolid pour fortifier les rangs de Fernando sur le champ de bataille. Lorsque tout fut réuni et mis en ordre, le roi avec l'armée bien équipée marcha contre Toro, et à peu de distance de cette ville il envoya défier le roi de Portugal. Cette fois Affonso ne répondit pas à l'appel, au moins pour le moment, à cause du peu de forces qu'il avait réunies autour de lui; car la plupart des soldats s'étaient dispersés pour se préparer à la bataille que le roi songeait à livrer aussitôt qu'il aurait été joint par le prince João, attendu de jour en jour avec des auxiliaires. Mais il promit au héraut « d'aller au plus tôt trouver le *prince d'Aragon* à Zamora. » Là-dessus Fernando se retira pour aller reprendre le siége (1).

Vers la fin de janvier 1474 arriva enfin à Toro le prince João tant désiré. Profondément irrité de la conspiration découverte du pont sur le Duero, à laquelle il avait échappé assez à temps, et peu disposé à laisser une telle trahison sans châtiment, parvenu à Guarda il avait aussitôt convoqué les états du royaume (2), et résolu, d'accord avec eux, d'appeler autant de troupes que possible, pour aller à leur tête en personne soutenir le roi. Afin de subvenir aux frais, outre les revenus ordinaires du royaume, on leva des emprunts sur toutes les fortunes (non sans provoquer les plaintes du peuple), et, avec l'agrément du clergé, l'argenterie non consacrée fut tirée des églises et des couvents (3).

─────────
(1) Goes, cap. 72, 73.
(2) Goes seul mentionne la convocation des cortès. Pina dit simplement : « Volveosse logo aa cidade da Guarda, onde teve conselho, em que se detrymynou dar se socorro a seu padre, etc. » Cap. 187. Ribeiro (dans les *Memor. de litter. Port.*, t. II, p. 92) nomme Lisbonne comme le lieu de cette réunion d'états.
(3) Elle fut remplacée après la mort d'Affonso par le roi João.

Après avoir réglé les affaires intérieures du royaume, garni et assuré les frontières, confié pour le temps de son absence le gouvernement à son épouse Leonor et à un conseil qu'il lui adjoignit (1), le prince se mit en marche avec son corps d'armée, conquit et saccagea sur sa route S.-Felizes, qui tenait pour Fernando, et conduisit habilement son monde à Toro, où tous les regards et toutes les espérances étaient tournés sur lui.

Il dut être le bienvenu auprès de son père qui, depuis l'établissement de ses quartiers à Toro, jouait le rôle d'un chevalier gardien des frontières, plutôt que d'un puissant roi (2), et qui, maintenant disposant de forces suffisantes, ayant à ses côtés un fils plein de courage et de talents militaires, se félicitait de pouvoir risquer une bataille : car dans la situation actuelle, c'était l'unique et dernier parti qui lui restait, et après le défi de Fernando l'honneur chevaleresque lui en faisait un devoir. Malgré l'accroissement considérable de ses forces, le roi devait tenir singulièrement à l'appui des grands castillans; et il songea aux moyens de s'assurer complètement de ses partisans, d'entraîner les irrésolus par de nouvelles promesses, de ramener ceux qui s'étaient détachés. Mais Affonso se vit cruellement trompé. Le duc d'Arevalo, dont le changement de dispositions lui était encore inconnu, déclara « que pour rien au monde il n'abandonnerait de nouveau Fernando et Isabelle, ses véritables souverains, qu'il était plutôt résolu à s'opposer à quiconque voudrait leur nuire, même au roi Affonso s'il continuait à leur faire la guerre. Cette réponse, de la bouche de l'homme qui avait surtout excité le roi à s'unir avec Juana et à commencer la guerre en Castille, ébranla Affonso. Une mortification nouvelle lui était préparée par le marquis de Villena. Ce seigneur, plein de rancune contre le roi qui avait dédaigné le conseil

─────────
(1) *Voyez* l'acte dans Sousa, **Provas**, t. II, p. 195.
(2) Pina, cap. 187.

donné par lui de marcher sur Madrid, et sur le point de se jeter maintenant dans les bras de ce même Fernando qu'il voulait précédemment chasser du royaume, répondit froidement « qu'il ne se rendrait pas auprès d'Affonso, parce qu'il était occupé à défendre ses domaines, afin qu'ils ne lui fussent pas entièrement arrachés (1). »

Ainsi se détachaient successivement du roi les hommes comme les localités en Castille, et les dernières défections des grands furent pour lui les plus pénibles. Les châteaux et les forteresses tombaient par des circonstances qui ne pouvaient toutes leur être attribuées; mais, plus que sur des murailles et des tours, Affonso avait compté sur les grands qui l'avaient appelé en Castille et lui avaient promis des secours continuels. Leur choix avait été l'effet d'une volonté libre; la crainte de la vengeance de Fernando et l'espoir de la reconnaissance d'Affonso semblaient devoir affirmer cette volonté et la rendre inébranlable. Lorsque néanmoins elle chancela, quand elle eut complétement changé, Affonso éprouva la douleur d'une confiance trompée, et de plus une perte incalculable. Ce n'était pas seulement un château et une forteresse qui lui étaient enlevés, c'étaient les ressources du plat pays, les nombreux appuis qu'offraient les places des domaines de ces grands dont il se voyait privé, et qui allaient fortifier l'ennemi; des corps entiers le quittaient pour porter les armes contre lui au nom de Fernando et d'Isabelle. La valeur personnelle de l'un de ces grands, les talents militaires de l'autre, leur tête comme leurs bras se consacraient désormais au service de ses adversaires. Et quelle impression devait produire une telle désertion sur les armées portugaise et castillane, sur le peuple de Castille et de Portugal! combien elle devait agir sur l'opinion publique qui, moins active peut-être dans la paix, donnait toutefois dans la guerre une impulsion puissante! Malgré tout, Affonso était résolu à marcher contre l'ennemi avec l'archevêque de Tolède, le seul grand castillan qui lui fût resté fidèle. Le plan fut arrêté, quinze jours après l'arrivée du prince, de s'avancer avec toutes les forces disponibles contre Zamora, pour délivrer le château ou livrer bataille à Fernando.

Le jour fixé Affonso, laissant une garnison pour la défense de la ville et de la personne de la reine, se mit en mouvement, et, arrivé devant Zamora, prit avec le prince son quartier dans le couvent des Franciscains au delà du Duero, en face de la ville. Le camp fut planté non loin du fleuve, et par des fossés et de hauts parapets protégé contre les attaques du côté du pont. Cette position était malheureusement choisie pour le but de l'entreprise, la délivrance du château ou une bataille. Le château, situé de l'autre côté et complétement investi, né pouvait attendre le moindre secours de l'armée portugaise, et le roi Fernando lui-même comptait si pleinement sur l'approche d'un autre corps portugais en deçà du Duero, qu'il recommanda aux siens la plus grande vigilance sur ce côté de la ville, particulièrement sur le point qui regardait le château. Si l'armée voulait tenter une attaque sur la ville, un coup d'œil rapide montrait que peu de monde suffirait pour défendre le passage du pont. Au reste, une bataille ne pourrait guère s'engager : car les Castillans avaient peu d'envie de s'isoler d'une ville qui les couvrait pour aller au delà du pont attaquer le camp bien retranché des Portugais (1). Cependant une tentative de réconciliation fut faite encore une fois. Des personnages dominés par des vues pacifiques, parmi lesquels se distinguait le cardinal Mendoza, firent en sorte que des plénipotentiaires nommés des deux côtés se réunissent dans une île du Duero pour ménager un accommodement; mais ce fut en vain. Isabelle était disposée à donner à la reine Juana la plus riche dot d'une infante castillane, au roi Affonso une indemnité con-

---

(1) Goes, cap. 74.

(1) Pulgar, cap. 41. Goes, cap. 76.

sidérable ; mais le tout en argent seulement, quelque pesante que fût une telle charge pour la Castille. Nul domaine, pas un village ne devait être arraché à la couronne. Affonso persista dans ses prétentions, et la négociation se rompit encore. Au bout de quinze jours, le roi fit lever le camp, après que l'armée eut beaucoup souffert par les pluies et par le froid, et il prit la direction de Toro. Fernando le suivit en bon ordre, mais si lentement, qu'Affonso avait déjà franchi, sans être attaqué, les montagnes entre Zamora et Toro, quand son ennemi arriva au pied de cette chaîne. Fernando aurait volontiers donné le nom de fuite à la retraite d'Affonso, et, content de l'honneur d'avoir suivi si loin le fugitif, il aurait à son tour regagné sans péril ses quartiers. Mais le cardinal le fit changer d'opinion : car, ayant atteint le sommet de la montagne d'où il pouvait apercevoir le pays jusqu'à Toro et les mouvements de l'ennemi, il ne tarda pas à se convaincre que les Portugais, bien éloignés de chercher l'abri des murailles, s'exerçaient à des manœuvres militaires, attendant une occasion pour signaler leur courage.

Sur les représentations de Mendoza, Fernando continua de pousser en avant avec l'armée. Aussitôt que les premiers Castillans se montrèrent sur les crêtes de la montagne, les Portugais, répandus pour la plupart dans la campagne, coururent à leurs rangs, et en peu d'instants se trouvèrent en ordre de bataille. L'avant-garde était formée par les troupes royales tirées du Portugal et par quelques cavalléros castillans, sous le commandement de Ruy Pereira, seigneur de Feira. A ce corps touchait immédiatement le comte de Faro avec ses propres troupes et une autre division que le roi lui avait confiée. A la gauche de l'avant-garde se trouvait le prince avec l'élite de l'armée, que suivait l'évêque d'Evora, Garcia de Menezes, avec ses gens, tous deux escortés de nombreux arbalétriers (besteiros) et mousquetaires (espingardeiros). Le centre, avec la bannière royale, était sous les ordres du roi; à la droite du monarque marchait l'archevêque de Tolède avec toutes ses troupes, auxquelles se rattachait une partie des gens du duc de Guimaraens et du comte de Villareal, qui étaient restés pour garder Toro. L'arrière-garde était commandée par le comte de Monsanto, João de Castro. Enfin l'infanterie était divisée en quatre corps, et placée du côté du fleuve. A l'armée castillane; les gardes du corps royaux ouvraient la marche; puis venaient les troupes de Galice, les guerriers d'Olmedo, de Medina del Campo, Valladolid, Salamanca, Ciudad-Rodrigo et Zamora. La bannière royale de Castille et Léon était confiée au mayordomo mayor. Pour le roi, après que toute l'armée fut mise en ordre, il se tint dans une petite division de l'arrière-garde, entouré des meilleures troupes, afin de trouver là de la sûreté si les siens éprouvaient des revers. Le reste de l'armée était distribué en dix divisions, quatre grandes et six petites ; les premières formaient l'aile gauche, et les autres, l'aile droite du corps royal. Lorsque le prince João s'aperçut que Fernando détachait une de ces six petites divisions, qui pourrait en cas de nécessité porter promptement du secours aux autres, il sépara aussi une troupe légère pour la même destination. Ensuite les deux armées s'approchèrent, préparées à l'attaque, et un héraut de Fernando appela le roi de Portugal au combat. « Dites au prince de Sicile, répondit Affonso, que maintenant est arrivé le moment de l'attaque, et qu'il ne s'agit plus de défis (1). »

Aussitôt sonnèrent les trompettes des Portugais, et quoique l'approche du soir, d'épais nuages et une forte pluie missent des obstacles à toute entreprise, João, sur le commandement du roi, attaqua les six petites divisions des Castillans. Le mot de ralliement des Portugais était saint George, les Castillans invoquaient saint Iago. Ces derniers reçurent l'ennemi vaillamment; mais séparés en plusieurs corps, tandis que les escadrons du prince, la fleur de la no-

---

(1) Goes, cap. 77. Lião, cap. 57,

blesse portugaise, formaient une masse compacte soutenue par des mousquetaires et de l'artillerie (1), ils ne purent longtemps résister à des charges impétueuses. Les Castillans commencèrent à fuir; beaucoup furent tués; quelques-uns blessés, le reste se réfugia dans le corps où se trouvait le roi. Sur ce point s'était porté le roi Affonso, que suivit le comte de Faro avec ses gens. Le roi combattait en avant en vaillant chevalier sans craindre aucun danger. Lorsque après trois heures de lutte la victoire était encore douteuse, les chefs des quatre grosses divisions des Castillans accoururent au secours des leurs. Aussitôt s'avancèrent aussi l'archevêque de Tolède et le comte de Monsanto avec toutes leurs troupes pour soutenir les Portugais, et derrière eux marchèrent le duc de Guimaraens et le comte de Villareal. Alors s'engagea une lutte sanglante et acharnée; enfin les Portugais accablés par la supériorité du nombre de leurs ennemis, et ne pouvant diriger leurs chevaux effrayés par la mousqueterie castillane, furent mis en désordre, et laissèrent la bannière royale engagée. Presque tous les regards furent maintenant dirigés sur cet étendard; il était couvert par des milliers de lances et d'épées, car chacun aspirait à saisir ce trophée. Mais l'alferès Duarte de Almeida le défendit avec un dévouement si admirable qu'il acquit ainsi plus de gloire qu'il n'aurait pu le faire en enlevant un drapeau ennemi. Comme il était impossible de le lui arracher, on lui coupa la main droite. Alors il le saisit de la gauche; celle-ci étant frappée à son tour, il tint la bannière avec les dents et avec ses membres mutilés, jusqu'à ce que couvert de blessures innombrables il tomba au pouvoir des Castillans. Conduit à Zamora, il recueillit au milieu des ennemis ce tribut d'estime et d'admiration que méritaient sa valeur et sa fidélité héroïque. Fernando honora ses armes en les faisant suspendre comme des trophées dans la chapelle de la cathédrale de Tolède. Sa patrie, au contraire, laissa l'escudeiro sans fortune mourir dans une pauvreté plus grande encore que celle qu'il avait supportée avant la perte de ses mains; car cette mutilation qui lui valait l'estime de ses compatriotes et des étrangers, et lui assurait un glorieux souvenir dans la postérité, le privait cruellement des moyens de gagner sa subsistance.

La bannière conquise fut confiée à la garde de deux chevaliers castillans. Gonçalo Pirez, escudeiro portugais, la voyant transporter après la bataille, se sentit violemment indigné d'un tel affront, et, soutenu par quelques-uns de ses compatriotes animés des mêmes sentiments, il chargea brusquement les Castillans avec tant de fureur, qu'il parvint à enlever en présence de toute l'armée ennemie l'étendard à celui qui le portait, en précipitant ce chevalier de sa monture. Pirez aussi après cet exploit resta dans la même détresse où il languissait auparavant. Toutefois João, parvenu au trône, lui assura un traitement annuel; et l'écusson de chevalier qu'il lui donna, en ajoutant à son nom le titre de *bandeira*, rappela au moins glorieusement son exploit et son dévouement patriotique.

Les deux rois avaient quitté le champ de bataille avant que l'action fût décidée, mais par des motifs bien différents. Fernando, renfermé au milieu de sa garde de sûreté éloignée d'une legoa du corps principal, eut à peine appris la défaite de ses six petites divisions, et le danger où se trouvait l'étendard royal, qu'il pensa tout d'abord à mettre sa personne plus à l'abri encore, fit recommander au cardinal de Mendoza et au duc d'Alba de tirer le meilleur parti possible des circonstances, et, couvert par son escorte, il se dirigea rapidement sur Zamora, où il arriva sain et sauf dans la nuit, sans que lui, ni aucun de ses compagnons pût savoir si les Castillans avaient gagné ou perdu la journée.

Fernando savait seulement qu'il s'était enfui, sans tirer l'épée, d'une bataille où son royal adversaire maniait le glaive avec une

---

(1) Pina, cap. 191, p. 560.

valeur chevaleresque (1). Durant trois heures, celui-ci avait combattu aux premiers rangs de son armée, et la victoire était encore indécise. Mais l'approche de nouvelles troupes ennemies bien supérieures en nombre brisa la résistance des Portugais. Et maintenant Affonso, voyant tomber la bannière royale, n'ayant plus à ses côtés que quelques fidèles, après la défaite du corps qu'il dirigeait, ne recevant aucun avis sur le destin de son fils et des guerriers de ce prince, apercevant toute issue du côté du pont de Toro fermée par l'ennemi, n'ayant à rencontrer sur ce point que la captivité ou la mort, considérant sa cause perdue et lui-même réduit aux dernières extrémités, voulut se précipiter au milieu des ennemis pour terminer sa vie là où était à ses yeux le tombeau de son honneur. Quelques prélats et chevaliers qui l'avaient suivi partout dans la bataille parvinrent à grand'peine à le détourner de cette résolution. Le chemin de Toro et le passage sur le pont en cet endroit étant très-peu sûrs, Affonso se tourna vers Castronuño, où il fut accueilli en ami par le commandant Pedro de Avendaño, qui dans la suite lui rendit de si importants services.

A la fin, le prince resta seul sur le champ de bataille en vainqueur après la défaite du corps principal. Jusqu'au moment de cette défaite, João avait poursuivi les six divisions battues par lui; à l'annonce des revers du roi, il rappela ses guerriers trop acharnés à la poursuite de l'ennemi, mais ne réussit pas entièrement à les ramener. Ensuite, avec tous ceux de ses gens qu'il put rassembler autour de lui, et les hommes qui, par suite de la dispersion du corps sous les ordres du roi, s'étaient ralliés de son côté, il occupa une forte position sur une hauteur. Le reste des Portugais s'enfuit vers Toro en suivant le Duero; mais presque tout fut tué ou pris; quelques-uns seulement gagnèrent la ville. D'autres se jetèrent dans le fleuve pour le descendre à la nage, mais ils se noyèrent; et il se trouva plus tard que les flots avaient englouti plus de monde que l'épée n'en avait détruit (1). En faisant allumer des feux et sonner les trompettes, le prince parvint à rallier autour de lui pendant la nuit les hommes qui manquaient à sa propre troupe et beaucoup de soldats du corps royal, errant çà et là dans l'isolement, en sorte qu'il forma bientôt une forte division avec laquelle il était résolu d'attaquer au point du jour une masse de Castillans postés si près de lui, que les deux partis pouvaient s'entretenir ensemble; mais les Castillans, qui savaient leur roi en sûreté dans les murs de Zamora, redoutant une attaque pour le lendemain, abandonnèrent peu à peu leurs positions, et s'en retournèrent par les montagnes de Zamora, chacun suivant le mieux qu'il pouvait les traces de Fernando, sans que le cardinal de Castille et le duc d'Alba fussent en état de retenir ces gens impatients d'aller retrouver leur roi. Ces deux chefs n'eurent plus d'autre parti à prendre que de faire aussi leur retraite en silence. Ce départ furtif des Castillans accéléré par la peur, et opéré avec toutes les précautions de la

---

(1) Pina, cap. 191. Goes, cap. 78. Lião, cap. 58. En lisant le rapport que Pulgar (cap. 45) donne sur la bataille de Toro, et qui d'ailleurs s'accorde sur les points essentiels avec les chroniqueurs portugais, chacun est amené nécessairement à se demander où était donc le roi Fernando lorsque l'on se battait pour sa cause? Pulgar, en raison de sa position personnelle auprès d'Isabelle et de son époux, est excusable de n'avoir pas répondu à cette question. Son amour de la vérité devait lui clouer les lèvres.

(1) La perte des Portugais n'est donnée ni par les chroniqueurs portugais, ni par Pulgar. Andres Bernaldez, dans son Histoire manuscrite des rois catholiques, dit (cap. 22) : « Autant qu'on peut le savoir, il y eut douze cents hommes tués de l'armée d'Affonso. » D'après une lettre du roi Fernando, du 9 mars, que Zuniga a insérée dans les *Anal. de Sevilla*, año 1476, on voit que la bataille se donna dans le champ de Pelayo Gonzalez, à une legua de Tolède.

honte, devait pourtant être remarqué; mais l'obscurité de la nuit et la pluie empêchèrent le prince de poursuivre les fuyards. Lorsque les premiers rayons du jour éclairèrent le théâtre de la lutte de la veille, João vit sa troupe en bon ordre et enflammée de l'ardeur du combat; mais point d'ennemis. Selon l'usage de la chevalerie, il voulait rester trois jours et trois nuits sur le champ de bataille. Mais l'archevêque de Tolède, en l'assurant qu'une nuit passée avec les armes victorieuses à la main, trois heures même dans cette position, satisfaisaient au devoir des chevaliers (1), lui persuada de quitter le champ de bataille. Aussitôt qu'il eut fait transporter à Toro les blessés et les prisonniers, le prince se mit aussi en marche enseignes déployées, et fit son entrée dans la ville dans l'attitude orgueilleuse d'un vainqueur. La joie répandue par son arrivée fit place encore à de tristes impressions; car ici c'était un père, là un frère ou une épouse qui pleuraient leurs pertes, et d'ailleurs tous les esprits étaient en proie à une triste incertitude sur le destin du roi. Le prince surtout, qui du champ de bataille avait détaché des émissaires dans toutes les directions, tomba dans l'accablement; et le duc de Guimaraens qui était resté à Toro pour commander la garnison, et dont les inquiétudes douloureuses sur le roi étaient égales à son amour pour ce souverain, adressa les plus amers reproches à tous ceux qui l'avaient abandonné dans la bataille. Enfin un messager du roi apporta la nouvelle de son salut. Toute la ville poussa des acclamations; les cloches furent mises en branle, et les trompettes sonnèrent des fanfares (1).

Mais peu à peu les esprits furent livrés encore aux craintes qu'inspirait la situation présente du roi. Sa défaite avait ébranlé ses forces, et plus encore l'opinion que l'on avait de sa puissance. On le vit bien par les événements suivants, qui empirèrent encore pour lui l'état des choses. Fernando, revenu pour continuer le siége du château de Zamora, rencontra bien encore la résistance la plus opiniâtre, et chaque tentative sur la fidélité du commandant échoua comme toute attaque sur les murailles de la place; mais Alfonso de Valenza, ayant appris l'état désespéré des affaires du roi, remit la forteresse à des conditions favorables. Vers ce temps plusieurs châteaux castillans qui jusqu'alors tenaient pour Affonso retombèrent au pouvoir des Castillans. Le grand maître de Calatrava et le comte d'Ureña se réconcilièrent avec Fernando, et le roi de Portugal ne conserva plus que l'archevêque de Tolède, qui le soutint fidèlement de sa tête et de son bras tant qu'il fut à son service. Mais ce prélat fut lui-même obligé de quitter le roi quand il apprit que ses propres domaines étaient ravagés par les Castillans. Affonso lui donna, pour l'escorter, l'évêque d'Evora avec des troupes, et se sépara tristement d'un prélat dont les conseils et l'assistance lui auraient été maintenant si nécessaires. Par une marche habile, l'archevêque évita un gros corps de cavalerie que Fernando avait détaché pour l'enlever, et atteignit heureusement Alcala de Henares. Maintenant le prince se trouva seul à côté du roi. Alors on apprit que les Castillans se répandaient en Portugal sans rencontrer de résistance, et João dut se mettre à la tête d'une petite division de l'armée pour aller bien vite au secours de son pays accablé de maux. Les talents militaires, la prudence et le sang-froid qu'il déploya en cette circonstance, firent l'admiration de ses ennemis autant que de ses sujets, et Fer-

---

(1) Car la résurrection de Notre-Seigneur s'était accomplie avant trois jours entiers: « Por comparaçam que trouxe da resurreycam de nosso Senhor, que foy despois da morte tres dias nam todos enteiros, mas porque tomou de tres dias tomando a parte por todo. » (Pina, cap. 191, p. 562.) Trait caractéristique de l'extinction des sentiments chrétiens et chevaleresques du moyen âge.

(1) Goes, cap. 80. Lião, cap. 59.

nando et Isabelle eux-mêmes manifestèrent plus d'une fois qu'ils faisaient plus de cas de la prudence active du prince que de l'ardeur intrépide et emportée du roi (1). Maintenant, tandis que son fils maniait avec une égale habileté le sceptre et l'épée, Affonso alla porter le ravage dans la comarca de Salamanca, et força Fernando de lever le siége de Canta la Piedra pour venir planter son camp dans ces cantons dévastés. Revenu à Toro, Affonso poursuivit ensuite ses irruptions « en capitaine des frontières plutôt qu'en roi. Ses conseillers ne purent l'en détourner, et il ne voulut sur ce point suivre l'opinion de personne (1). »

§ 3. *Affonso en France.* — *Sa fin en Portugal.*

Les offres de Louis XI déterminent Affonso à se rendre en France pour avoir une entrevue avec le roi. — Leur rencontre à Tours. — Ambassade au pape. — Affonso va visiter le duc de Bourgogne. — Mort du duc. — Affonso, trompé dans les espérances conçues du roi de France, veut aller en pèlerinage à Jérusalem, et résigne le gouvernement à son fils. — Ayant renoncé à son projet, il retourne en Portugal. — Cependant les dernières places en Castille sont successivement perdues. — Paix perpétuelle entre les deux royaumes. — La terçaria de Moura. — Juana prend le voile dans un couvent. — Derniers temps d'Affonso. — Son caractère.

Vers ce temps Alvaro d'Ataide, qui jadis avait été envoyé par Affonso au roi Louis XI, revint de France avec des lettres pleines d'offres amicales et d'assurances de secours empressés. Louis, qui était en débats avec le roi Juan d'Aragon, voyait avec une joie secrète la guerre allumée entre Affonso et Fernando, qui de la sorte ne pouvait assister son père en Aragon. Le roi de Portugal, toujours sincère, donna une foi entière aux protestations de Louis, quoique celui-ci après sa vaine attaque sur Fuenterabia eût conclu une trêve avec Fernando, et il résolut de se rendre lui-même en France pour s'assurer de l'assistance du roi. Ce fut une malheureuse résolution, qui toutefois doit moins retomber sur le roi que sur l'ambassadeur qui la détermina, Alvaro Ataide, dont la pénétration n'allait pas aussi loin que les vues du vulgaire, et que le jugement public prononcé sur Louis n'amena pas à plus de prévoyance. « Car, dit un homme bien perspicace dans ces matières, qui prit part lui-même aux négociations (2), si ceux qui ménagèrent ici l'alliance avec le roi de Portugal avaient été sages, ils se seraient mieux instruits des rapports antérieurs avant de conseiller à leur maître un voyage si nuisible à ses intérêts. »

Aussitôt qu'Affonso eut pourvu de troupes et de vivres les places qui lui étaient dévouées en Castille, et qu'il en eut nommé les commandants, surtout pour Toro et l'importante Canta la Piedra, il partit pour le Portugal avec la reine au commencement de juin 1476. Juana se rendit à Guarda, Affonso à Porto, afin de faire les préparatifs nécessaires pour s'embarquer. En même temps il appela le prince et l'infante Brites, ainsi que les grands séculiers et les prélats du royaume, pour avoir leur opinion sur son projet. Leurs avis furent partagés, et s'écartèrent de ses idées. Il n'en persista pas moins dans son dessein. Il ne sentait pas combien il compromettait son autorité royale dans ce voyage. Il remarquait à peine que son pouvoir était borné; à ses yeux, il était le premier et le plus puissant des princes. Placé tout à côté du roi de France, l'exiguïté de ses forces

---

(1) Goes, cap. 83.
(2) Philippe de Comines, *Chroniques de Loys XI*, chap. 93.

(1) Goes, cap. 87.

ressortait davantage, et se présentant, d'après les suppositions du public, en suppliant devant Louis, Affonso avouait lui-même sa faiblesse, et manifestait son besoin d'assistance. Les honneurs que lui ferait rendre son hôte royal rehausseraient celui-ci plus que le prince solliciteur. Si des secours lui étaient prêtés, il tombait dans la dépendance, et s'il essuyait un refus il perdait toute considération, et se trouvait exposé aux dédains et au mépris. L'amitié apparente qui aux yeux du monde régnait entre les deux souverains se changerait en inimitié, et aux illusions de la crédulité succéderaient les ressentiments de la confiance trompée. Mais comment Affonso, avant comme après l'ambassade, put-il croire à un roi qui n'était que ruse et fourberie? ou bien le monarque de Portugal ignorait-il seul ce qui était connu de tout le monde? Etait-il présumable que pour lui seul Louis se transformerait? Des réflexions telles que devait en provoquer le caractère bien connu de Louis XI n'occupèrent point, à ce qu'il paraît, l'esprit d'Affonso.

Sa résolution était prise. Pedro de Sousa fut député auprès du roi de France pour lui exprimer le désir d'Affonso de s'aboucher personnellement avec lui (août 1476). Le roi quitta le port de Belem avec une escadre de seize vaisseaux et cinq caravelles portant deux mille deux cents soldats et quatre cent quatre-vingts fidalgos pour le service du roi, et qui avait coûté trente-huit mille dobras (1). Il gouverna sur Ceuta, dont le commandant tout récemment avait glorieusement repoussé des attaques des Maures et des Castillans. De Ceuta, l'escadre fit voile pour Marseille, mais dut aborder à Collioure, à cause des vents contraires. De là Affonso renvoya les vaisseaux en Portugal, fut reçu par un député du roi de France, qui lui fit donner ce qui était nécessaire pour un voyage par terre, et se mit en route pour Perpignan où il entra au milieu des pompes et des fêtes. Là, comme en d'autres villes de France par où il passa, pour lui faire honneur on ouvrit les prisons et l'on mit les prisonniers en liberté. De Perpignan, Affonso fit demander à Louis par un ambassadeur de fixer un lieu pour leur entrevue. On choisit Tours en Touraine. Affonso prit sa route par Narbonne et Montpellier, et, quittant à Nîmes l'ancienne voie romaine, il se dirigea par Pont-Saint-Esprit vers Lyon, reçut en avant de cette ville la visite du duc de Bourbon, et à Roanne les premières félicitations solennelles sur le sol français, que lui apporta une députation envoyée par le roi Louis. Lorsque enfin Affonso s'approcha de Tours, le roi Louis, prétextant un pèlerinage, quitta cette ville, mais chargea les courtisans qui restaient (parmi lesquels se trouvait l'historien Comines) et les autorités municipales de préparer au roi de Portugal une réception solennelle, telle qu'on pourrait la faire à un roi de France visitant pour la première fois une ville française. Cinq jours après l'arrivée d'Affonso à Tours, Louis rentra dans son château près de cette ville pour aller de là visiter son hôte royal dans son logement. Affonso voulait aller au-devant de lui jusque dans la rue ou au moins jusque sur l'escalier; mais Louis lui avait donné pour le service d'honneur deux des principaux seigneurs de sa cour, qui surent empêcher cette démarche avec les plus adroites prévenances. A l'annonce que le roi était dans la rue, la courtoisie d'Affonso devint plus inquiète, il voulut sortir; mais ce fut en vain. Les deux seigneurs de l'école de Louis enlacèrent si habilement Affonso dans les filets de leurs humbles politesses, qu'il ne sut comment se dégager, et lorsque enfin il tenta de s'arracher de force au cercle de leurs obsessions et se disposa même à se retirer, alors ils prièrent leur prisonnier « de ne pas s'éloigner de cette chambre; car ils ne rempliraient pas leur devoir si le prince agissait contrairement à

---

(1) *Copia das merces*, etc., in Sousa, *Provas*, t. II, p 18.

leurs recommandations. » Quelle impression Affonso dut-il éprouver en se sentant ainsi retenu sur le sol étranger ! Lorsque Louis fut entré dans la salle destinée à l'entrevue, alors seulement les courtisans laissèrent Affonso libre dans sa chambre, et les deux rois se saluèrent au milieu de la salle, leurs toques à la main, les genoux fortement pliés. Maintenant le rusé Louis s'empara complétement du pieux et sincère Affonso : tandis qu'il le tenait embrassé, élevant les regards vers le ciel, il adressa de grandes actions de grâces à la mère de Dieu et à saint Martin (1), de ce qu'ils avaient accordé à un homme humble comme il était une faveur si haute, puisqu'un si grand roi, qu'il avait toujours si ardemment désiré voir et traiter en ami et en frère, venait visiter son royaume et sa maison. Il lui dit qu'il pouvait considérer la France comme son propre royaume. Ensuite les deux rois se retirèrent dans une chambre avec le comte de Penamacor, camareiro mor d'Affonso, pour traiter des points qui avaient amené le roi de Portugal en France. Voici le résultat des délibérations : il était nécessaire qu'Affonso allât en personne demander au duc de Bourgogne, son cousin, de l'assistance contre la Castille; et comme ce souverain serait peut-être empêché, par sa guerre avec le duc de Lorraine, de fournir des secours, il fallait en obtenir au moins l'assurance que le roi Louis n'aurait à craindre aucune attaque de la part du duc, et pourrait soutenir d'autant plus vigoureusement le roi de Portugal; afin que chacun pût, libre de tout scrupule, lui prêter assistance, Affonso obtiendrait du pape la permission d'épouser sa nièce la reine Juana, de laquelle il avait tiré son titre. Enfin, comme les forteresses en Castille seraient acquises maintenant avec de l'argent plutôt que par les armes, Louis, qui le savait, fournirait les sommes nécessaires; et de plus sa propre personne et toutes les forces de son royaume seraient à la disposition d'Affonso. Accablé par tant de bienveillance et de générosité, celui-ci exprima sa reconnaissance avec effusion. Les deux rois ne se séparèrent que très-tard dans la nuit; ensuite Louis fit prier son hôte d'accepter au moins cinquante mille écus en or afin qu'il pût appeler auprès de lui une belle dame, ainsi que c'était d'usage dans son royaume. Affonso déclina poliment ces deux offres (1). La passion de porter deux couronnes pouvait l'entraîner à compromettre sa dignité royale à l'étranger; mais sa dignité morale ne se laissait altérer par aucun écart de galanterie.

Conformément aux conventions, une ambassade formée de Français et de Portugais fut envoyée à Rome, et Affonso lui-même partit pour aller trouver le duc de Bourgogne. Suivant des routes à peine frayées, couvertes de neige, par un froid glacial, il arriva devant Nancy, où Charles se trouvait campé en face du duc de Lorraine. Tous deux s'embrassèrent sur la rivière couverte de glace. Le duc, informé des desseins d'Affonso, l'éclaira sur le caractère du roi de France. Il représenta celui-ci comme un homme sans vertu et sans foi. Pour donner plus de crédit à sa peinture, il ne voulait lui citer qu'un fait : tandis que Louis engageait Affonso, cet excellent roi uniquement préoccupé de paix et d'amitié, à se rendre en ce lieu, au même moment il envoyait derrière lui de nombreuses troupes pour soutenir le duc de Lorraine. Mais, ajouta Charles de Bourgogne, je fais si peu de cas du roi de France, qu'avec ce seul page (dit-il en lui en montrant un) je n'hésiterais point à lui livrer bataille, et je remporterais la victoire. Cependant, comme le roi tenait une alliance avec Louis pour avantageuse et désirable, lui aussi se décidait pour ce parti afin de se montrer agréable à son hôte, et promettait, non-seule-

---

(1) « .... A monseor sam martym. » Pina, cap. 159, p. 570.

(1) Pina, cap 196.

ment de maintenir entre eux paix et amitié véritables, mais encore de tenir tous les engagements que sur la demande d'Affonso il contracterait envers le roi de France. Ensuite Affonso partit pour Paris, où Louis l'avait invité à se rendre.

Peu de jours après cette entrevue du roi de Portugal avec le duc de Bourgogne, les corps de soldats du roi de France dont Charles avait parlé, et des troupes plus nombreuses encore du duc de Lorraine s'avancèrent contre le Téméraire. Celui ci, avec une armée plus faible, exténuée par la faim et le froid, quitta son camp pour livrer bataille à l'ennemi. Cette armée fut battue avec une grande perte, et le duc périt en fuyant (1).

La nouvelle de sa mort accabla de tristesse et d'inquiétude les Portugais qui étaient en France. Toutes leurs espérances s'engloutissaient dans sa tombe. Le duc, tant qu'il vivait, leur paraissait garantir en quelque sorte l'appui de Louis; sa mort délivrait celui-ci de la crainte que jusqu'alors lui avait inspirée un tel adversaire, le laissait libre d'oublier ses promesses relativement au Portugal, et lui permettait d'appliquer désormais toute son attention et son adroite activité aux avantages que lui offraient des contrées dépourvues de maître et de seigneur. Que pouvait espérer maintenant Affonso d'un Louis XI? Cependant celui-ci continua son rôle, présenta toujours de brillantes perspectives au monarque portugais, et le pria d'établir son séjour à Paris. Affonso resta dans cette capitale jusqu'au mois de mai, tandis que le roi de France poursuivait la guerre, et exécutait ses plans d'envahissement (1).

Cependant les ambassadeurs qui avaient été envoyés à Rome afin d'obtenir les dispenses pour Affonso avaient rencontré de grandes difficultés; le beau-frère de Fernando, le roi de Naples et le représentant de ce prince avaient travaillé contre eux. L'état incertain de la Castille et la situation souvent changeante des prétendants au trône de ce pays embarrassaient la décision du pape; une sentence trop hâtée pouvait empirer les choses, et, quoique à Rome on regardât l'appui de Louis comme très-douteux (2), néanmoins on voulait se montrer bienveillant envers lui; d'ailleurs on avait divers motifs de plaintes contre le roi d'Aragon, cousin de Fernando (3). Sixte IV retardait donc en attendant du temps la meilleure solution. Alors arriva la nouvelle de la mort du duc, qui paraissait mettre le roi de France en état d'exercer plus librement son pouvoir, et de soutenir avec plus de vigueur les prétentions d'Affonso au trône de Castille. Le pape proposa un expédient (4). La dispense serait accordée, non pas au roi Affonso sollicitant en son nom seul, mais si le roi de France lui assurait son assistance entière, et se chargeait de l'installer en Castille (5).

---

(1) Pina raconte la fin du duc en s'écartant de la narration ordinaire : « Querendo salvar se por huma ponte jà hum pedaço da peleja, achou contrarios que a guardavam. Dos quaaes pellejando sem ser entam conhecido, a hum domyngo bespora dos reis-magos do ano de myl e quatrocentos e setenta e sete, foy morto e despois se conheceo no campo per os synaaes de seu corpo que hum seu fisyco delle deu, e tambem per huma cellada rica que hum seu page trazia, junto da qual pareceo que jazia, como jazia o corpo do dito duque. » Cap. 198.

(1) Pina, cap. 198.
(2) Pina, cap. 199.
(3) Pulgar, cap. 57.
(4) « .... Hum meo, que mais verdadeiramente foy crara denegaçam. » Pina, *ibidem*.
(5) Pina, cap. 199. D'après Pulgar, cap. 57, p. 108, le pape, sans faire mention de l'époux, accorda à Juana la permission de se marier avec tout parent jusqu'au quatrième degré. Cette dispense fut tenue si secrète à Rome, que deux à trois personnes seulement en savaient quelque chose. Il fut défendu sous peine d'excommunication de la faire connaître avant qu'elle eût été communiquée aux rois de France et de Portugal. Plus tard, quand les circonstances eurent changé, le pape la supprima. « El papa acordó de dar otra bula, en laqual declaró que la primera bula habia seydo impetrada, no le faciendo

Aussitôt qu'Affonso connut cette réponse rapportée par les ambassadeurs de retour à Paris, il la fit communiquer par le comte de Peñamacor au roi Louis, qui se trouvait à Arras. On convint d'une entrevue des deux rois dans cette ville. Après avoir attendu quelques jours dans l'abbaye des chanoines réguliers, qui lui avait été assignée pour logement, Affonso reçut du roi des phrases où le refus était pallié par la douceur et la politesse des expressions. Là-dessus il se sépara de Louis (1). Il avait des motifs d'en vouloir à ce prince, mais plus encore à lui-même; car il pouvait difficilement échapper au reproche intérieur d'avoir abandonné follement le gouvernement paisible de sa patrie pour chercher à se saisir du pouvoir incertain et environné de périls dans un pays étranger, d'être descendu de son trône héréditaire pour aller mendier l'assistance d'un prince rusé et sans foi, afin de conquérir au dehors un royaume qui pouvait toujours lui échapper.

D'Arras, Affonso s'était dirigé avec sa suite vers Rouen, où il resta une grande partie du printemps dans l'espoir de pouvoir s'embarquer; puis il descendit à Honfleur, où des vaisseaux furent équipés pour le recevoir. Mais déjà il ne pouvait se défendre de l'inquiétude que le roi de France l'arrêtât et le livrât à ses ennemis Fernando et Isabelle (1). Ses affaires en Castille empiraient de plus en plus; toutes ses peines, tous ses efforts en Portugal, en Castille, en France, en Bourgogne, à Rome, n'avaient amené aucun résultat. Lorsqu'il vit toute espérance évanouie, toute heureuse issue fermée, qu'il fut désabusé et humilié par de rudes expériences, qu'il eut perdu toute confiance dans les autres comme en lui-même, il conçut en secret le projet de renoncer au monde, et de s'en aller, sous le costume de pèlerin et incognito, s'agenouiller sur le saint sépulcre à Jérusalem (2). Préoccupé de cette pensée, le roi avait coutume en ces jours de visiter un ermitage non loin de la ville, ordinairement au point du jour. Le 24 septembre, avant le lever du soleil, il sortit à cheval avec deux valets et deux écuyers, et, lorsqu'il fut éloigné d'une demi-journée, il renvoya l'un des écuyers à Honfleur, avec la clef d'un coffre d'où il devait tirer quatre lettres et les remettre d'après les suscriptions. La première était adressée au roi de France. Affonso l'informait, non sans laisser échapper quelques reproches, du serment qu'il avait fait, après la mort de son épouse, de vivre exclusivement pour Dieu, aussitôt que le prince héréditaire aurait atteint l'âge requis pour le gouvernement, et recommandait à la grâce du roi les serviteurs portugais restés en France. Dans une autre lettre au prince João, il le sommait de se faire aussitôt rendre hommage comme roi; dans une troisième épître, il engageait les états à obéir à son fils comme à leur souverain légitime (3); enfin,

---

relacion verdadera de la persona con quien aquella doña Juana habia de casar, ni de otras circunstancias que en la impetracion de la bula se requerian, e debian ser declaradas: por en de que la revocaba, e dava por ninguna.» Pulgar, parte II, cap. 85.

(1) Pina donne ici un beau témoignage de son impartialité: « E tam mal despachado como a desaventura do tempo ordenon: porque assy como vivendo o duque de Borgonha el rey de França por ganhar sua paz, ajudara de necessydade a el rey D. Affonso, assy por sua morte achando muyta da sua terra desacupada, pera a poder cobrar nem curou disso, nem foy muyto de culpar el rey de França por mayores promessas que fizera; porque pera dar jente e dinheiro a rey estranho, com que pera ysso ganhasse reinho de empresa tam duvidosa, e leixar perder e nom cobrar sua propria terra, o direito e razam que o a isso obrigasse seria escuro e maão d'achar. » Cap. 200.

(1) Comines, cap. 93.
(2) Pina, cap. 202.
(3) « Que não puzessem duvida a jurar o principe por suo rey, e senhor, que sua tenção era trocar as cousas do mundo pelas de Deos, e o hir servir na cidade de Jerusalem; cousa que tinha de muytos dias cuydada, e assentada com-

il ordonnait à ses serviteurs de suivre le comte de Faro jusqu'à ce qu'ils fussent de retour dans leur patrie.

Une douleur indicible saisit les Portugais restés à Honfleur, quand ils apprirent le projet du roi, dont la bonté avait exalté leur dévouement jusqu'à la passion; maintenant séparés de ce maître si attentif à leurs besoins, ils se voyaient éloignés de leur patrie, et abandonnés à la merci d'un prince étranger, de Louis XI. Avant même la remise des lettres du roi, des courriers à pied et à cheval avaient été dépêchés après Affonso, et les lettres ayant indiqué la direction prise par le fugitif, au bout de dix jours on le trouva endormi dans l'auberge d'un village. Pour ne point se signaler, le roi couchait et mangeait en commun avec ses serviteurs. Néanmoins un noble normand le reconnut, fit assembler la commune pendant la nuit, et surveiller sans bruit la maison. En même temps, des messagers coururent porter au roi de France et aux Portugais l'heureuse nouvelle, qui amena aussitôt le comte de Faro et d'autres seigneurs portugais auprès de leur roi. Leurs prières et leurs représentations, jointes à une lettre encourageante du roi de France, déterminèrent Affonso à renoncer à son projet (1). Toutefois il ne voulut pas revenir à Honfleur, monta à bord d'un bâtiment dans un port voisin, et, se réunissant aux siens, qui s'étaient embarqués à Honfleur, il gagna Cascaes.

A son arrivée en Portugal, Affonso trouva son fils déjà couronné. Conformément aux lettres adressées au prince et aux états, João avait pris le titre royal, et s'était assis sur le trône (10 novembre 1477) (1). Quatre jours après vint la nouvelle que son père avait quitté la France (il avait mis à la voile dès le mois d'octobre), pour retourner en Portugal. João se trouvait en ce moment dans le palais royal (paço de santos) à Lisbonne. Se promenant le long du fleuve avec le duc de Bragança et l'archevêque de Lisbonne, Jorge da Costa, cardinal de Portugal, il leur demanda comment il leur semblait qu'il dût recevoir son père? Le duc, plein de franchise, et tout dévoué à Affonso, répondit: « Comment, seigneur, pourriez-vous le recevoir, sinon comme votre roi, votre souverain et père? » João se tut, puis, ramassant une petite pierre comme dans un mouvement de colère, il la lança violemment contre le courant du fleuve. A cette vue le cardinal, dont le regard avait une pénétration profonde, et qui connaissait bien le caractère de l'héritier du trône, murmura tout bas à l'oreille du duc: « Voyez-vous cette pierre que le roi jette avec tant de violence? je vous assure qu'elle ne m'atteindra pas la tête. » En effet, le cardinal quitta bientôt après le Portugal et se rendit à Rome (2).

João alla au-devant de son père, et le trouva déjà à Oeyras. Se mettant à genoux, il lui baisa la main, et là, en présence de tous les assistants, il renonça au titre royal. L'empressement avec lequel João déposa le sceptre qu'il avait saisi d'après l'ordre paternel, engagea Affonso à proposer que le prince continuât à porter la couronne et à

---

sigo depois do falecimento da raynha sua mulher, e que por a não ter comprida, como o promettera, e votara, lhe sahirão ao contrario todos os negocios que commettera contra seu voto, esquecendolhe o serviço de Deos, e saude de sua alma pela vão, e inutil desejo de reynar, pondo tanto fogo, e tanta terra entre christãos, das quaes culpas, e pecados queria antes que morresse começar de dar conta a Deos e dellas fazer emmenda para depois de sua morte vir ante seu divino juizo com menos carga do que o faria morrendo nas vagas, e ondas das vaidades do mundo, em que até então andara envolto. » Goes, cap. 97.

(1) Pina, cap. 202. Pulgar, pass. cit.

(1) Sur la conduite du prince à la nouvelle de l'abdication d'Affonso, *voyez* Goes, cap. 97.

(2) Lião, cap. 63. Pina, Resende, et Goes ne rapportent pas ce trait caractéristique. *Voyez* au contraire Sousa, *Hist. gen.*, t. v, p. 423, et les écrivains cités par lui.

régner en Portugal, tandis que lui-même se contenterait des Algarves et des places conquises en Afrique, où il méditait de poursuivre la guerre contre les infidèles. Sur le refus de João, Affonso entra dans Lisbonne en roi régnant. La réception pompeuse qui lui fut faite ne pouvait déguiser le triste rôle qu'il jouait maintenant dans son royaume, après la malheureuse campagne de Castille et le malencontreux voyage de France, et tout observateur devait reconnaître combien le roi avait perdu dans son pays, qu'il y était devenu même un personnage surabondant. Au milieu de circonstances bien plus difficiles qu'Affonso n'en avait subies encore, et durant son absence, son fils avait tenu le gouvernail de l'État avec plus d'habileté et de vigueur que le père; et, tandis que João autorisait de plus grandes espérances, Affonso, par le déplorable résultat de ses dernières entreprises militaires et de ses négociations, avait bien rabaissé sa capacité dans l'opinion publique.

Le succès aurait pu faire oublier aux Portugais contemplant la couronne de Castille sur le front de leur roi, quels pénibles sacrifices cette acquisition leur avait coûtés; mais maintenant ils ne pouvaient se dissimuler qu'ils avaient versé leur sang pour la gloire et l'ambition d'Affonso, et non pour l'honneur et la prospérité du Portugal, jamais pour la dignité du trône national. Néanmoins, quoique Affonso eût beaucoup perdu aux yeux des Portugais, il lui restait encore de la puissance et de l'autorité dans ses États héréditaires; mais, en Castille, ses derniers adhérents comme les dernières places se détachèrent coup sur coup tandis qu'il s'arrêtait en France. Aussitôt qu'il s'aperçut de l'impuissance du parti d'Affonso, et qu'il apprit la nullité des résultats du voyage en France, l'archevêque de Tolède, comme le marquis de Villena, par la médiation du roi Juan d'Aragon, s'était réconcilié avec Fernando. De tant de villes et de châteaux, il n'était resté au roi de Portugal que Toro, Canta la Piedra, Siete Igrejas, Covillas et Castronuño, que les commandants défendirent avec une fidélité, une constance qui excitèrent pour elles-mêmes une bien plus grande sympathie que la cause et la personne auxquelles elles se consacrèrent. La ville de Toro fut surprise de nuit, grâce à la trahison d'un prêtre qui, ayant reconnu le seul endroit accessible, introduisit par là les Castillans. Pendant le tumulte de l'invasion de la cité, le comte de Marialva avait quitté la place avec ses troupes, pour se jeter dans le château de Castronuño. De ces points et de Canta la Piedra, la reine craignait que des secours n'arrivassent à la citadelle, dont Maria Sarmiento, femme d'un rare courage et d'une admirable grandeur d'âme, avait pris la défense; et la présence de Fernando étant nécessaire en Biscaya, elle accourut en personne, avec toutes les troupes qu'elle put réunir, de Medina del Campo à Toro, pour obtenir, autant que possible, la possession de la citadelle par le moyen des négociations. Mais ses flatteries et ses promesses, qui avaient si souvent séduit les hommes, échouèrent contre la fermeté et les sentiments chevaleresques de Maria, qui sur la tour de son château se sentait aussi grande qu'Isabelle sur son trône. « Je suis restée dans ce château, répondit-elle à la sommation de la reine, avec la même obligation qui était imposée à mon mari Juan de Ulloa, et ce n'est pas à moi que votre altesse doit réclamer la forteresse, mais du roi Affonso au nom duquel je l'occupe. » Frappée de ces paroles, Isabelle tenta de gagner son adversaire par la générosité; mais ce fut en vain. Enfin, irritée d'une telle obstination, elle ordonna d'attaquer le château avec vigueur. Un assez grand nombre de chevaliers périrent de part et d'autre. Maria, attendant toujours des secours de Portugal, resta inébranlable. Lorsque enfin elle désespéra de toute assistance, que les vivres manquèrent, que les hommes de la garnison furent tués ou mis hors de combat, elle écouta enfin les prières les représentations de son frère, le comte de Salinas, et remit la place. Mais elle stipula, « que tous ceux qui avaient pris part avec elle pour le Portugal, seraient comme elle réintégrés dans tous leurs biens et revenus, leurs charges et leurs droits, et qu'elle pourrait aller où il lui plairait.» Fernando et Isabelle rendirent intérieurement hommage à la fidélité et à la constance de Maria, quelque funestes qu'elles eussent été pour eux, et dans la suite ils comblèrent cette dame de présents.

Ensuite, des circonstances pressantes réclamant la reine ailleurs, Fernando fit entreprendre en un jour par ses nombreux bataillons les siéges de Siete Iglesias, Canta la Piedra, Covillas et Castronuño. La première place se rendit au bout de deux mois et fut détruite. Canta la Piedra résista trois mois avant d'ouvrir ses portes. La garnison put se retirer librement en Portugal avec armes et bagages; mais les ouvrages de fortifications furent rasés, et la place ouverte fut rendue à l'évêque de Salamanca, auquel elle appartenait. Maintenant les Castillans entourèrent Castronuño et Covillas de lignes plus épaisses.

Sur ces entrefaites, le prince João avait fait marcher deux corps d'armée contre la Castille, l'un par Badajoz, l'autre par Ciudad Rodrigo; les comarcas de ces villes étaient livrées à de sauvages dévastations. Le théâtre de la désolation s'étendit, et l'on vit s'allumer une guerre plus cruelle et plus sanglante que le Portugal n'en avait encore soutenue contre la Castille. Aucune créature vivante ne fut épargnée, et tout ce qui pouvait être consumé fut livré aux flammes. D'abord le grand maître de Santiago vint avec des forces considérables s'opposer à l'ennemi, protégeant de son mieux les cantons ravagés. La nécessité appela même Fernando et Isabelle, qui étaient occupés sur d'autres points du royaume, et tous deux se chargèrent du rôle de commandants des frontières. Le grand maître commandait à Ciadud Rodrigo, le roi devant Castronuño, la reine à Badajoz. De là ils détachèrent leurs escadrons au delà des frontières, pour venger les maux que les cantons castillans limitrophes avaient soufferts de la part du Portugal, et des ruisseaux de sang, des tourbillons de fumée signalèrent la route des cavaliers castillans.

A Covillas et Castronuño, les seules places de Castille qui tinssent encore pour le Portugal, toutes les attaques et toutes les peines restaient sans effet sur Pedro de Avendaño (1), hidalgo léonais, audacieux, calme, vigilant, au coup d'œil rapide, d'un esprit fin et rusé, fertile en stratagèmes. Lui qui jadis, dans les débats du roi Enrique avec l'infant Alfonso, avait réduit à lui payer tribut les plus puissantes cités de Castille et de Léon, Burgos, Avila, Salamanca, Segovia, Valladolid, Medina del Campo et d'autres places environnantes, possédait les moyens d'entretenir et de solder trois à quatre cents cavaliers, ainsi qu'une nombreuse infanterie, même de prendre à son service beaucoup d'hidalgos et d'escudeiros, avec lesquels il soutenait la cause du roi de Portugal, comme jadis il avait combattu pour le prince castillan Alfonso. Non-seulement il défendit avec le plus grand succès Castronuño et Covillas, mais par ses sorties et ses ravages il était encore la terreur des environs, et Fernando, qui voyait avec indignation ces places seules au pouvoir de l'ennemi, tandis que lui-même était en possession tranquille du reste du pays, poursuivit obstinément le siége, mais sans succès, jusqu'à ce qu'enfin des murmures s'élevèrent enfin même parmi ses troupes. Déjà il avait pris le parti de se retirer, ayant vu s'évanouir aussi l'espoir de réduire par la disette de vivres le commandant à capituler; car celui-ci, en ordonnant de nourrir les porcs dans le château avec du pain d'orge, trompa les espions castillans, et fit croire ainsi qu'il était dans l'abondance. Enfin Avendaño se laissa décider à un accommodement, moins par les représentations de ses amis et de ses parents, qu'en considération de la quantité de morts et de malades

---

(1) Sur le nom d'Avendaño ou Mendaño, *voyez* Pulgar, p. 122, note a.

qu'il comptait parmi ses gens. Le consentement à la capitulation des deux places et le dégagement du serment de fidélité qu'Avendaño avait prêté durent être demandés au roi Affonso, qui était alors encore en France. L'on accorda au commandant de sortir enseignes déployées, et de traverser ainsi la Castille pour se rendre à Miranda do Douro, en Portugal, suivi de ses guerriers avec leurs chevaux, leurs armes et leurs bagages; et toute cette route devait se faire aux frais de Fernando jusqu'à Miranda do Douro. Si les défenseurs de Covillas et de Castronuño voulaient revenir en Castille, tous leurs biens leur seraient restitués. Fernando s'obligeait à payer à Pedro de Avendaño deux millions de reis pour les frais de guerre. Si dures et si peu honorables que fussent ces conditions pour le roi de Castille, il les accepta parce qu'il regardait de la sorte la guerre comme terminée. Le roi Affonso donna son acquiescement après avoir perdu Toro, la place la plus importante pour lui; et Avendaño, à la tête de ses guerriers, précédé de sa bannière flottant avec orgueil, quoique vaincu traversa le camp ennemi, les villes et les bourgs de la Castille, avec toutes les allures d'un triomphateur, pour gagner Miranda. Tant qu'il n'eut pas atteint ce point, les deux places de Castronuño et de Covillas furent occupées en son nom par Rodrigo de Ulloa.

Fernando se flattait maintenant de régner sans contestation en Castille avec Isabelle; mais cette espérance fut encore trompée. Les irruptions hostiles recommencèrent de part et d'autre quand le monarque portugais fut revenu de France. Affonso songeait à renouer encore des liaisons en Castille, afin de pouvoir pénétrer dans ce royaume; et, une fois la dispense du pape obtenue, il pensa même à consommer en Castille son mariage avec la reine Juana. Beaucoup de grands de ce royaume lui promirent leur assistance. Mais le prince comptait peu sur des promesses dont l'expérience lui avait montré la valeur équivoque. Il luda de nouvelles alliances, empêcha même en secret le mariage de son père, qui promettait bien à celui-ci une nouvelle postérité, mais, d'après la situation actuelle des choses, nul accroissement de domaines, et menaçait plutôt d'amoindrir et de ruiner les possessions de la couronne de Portugal (1). João pouvait désirer le repos pour un royaume qui devait être bientôt le sien. Par les hostilités si longtemps prolongées entre le Portugal et la Castille, les souverains avaient été jetés dans une suite de complications et d'embarras, les sujets étaient tombés dans la détresse et l'oppression. Les peuples semblaient ne pouvoir plus supporter les charges et les maux de la guerre. Dans les deux États on manquait d'hommes, d'argent, et de moyens de subsistance. Ceux qui devaient cultiver les champs étaient obligés de prendre les armes, et rarement revenaient à la charrue. Les terres ensemencées étaient dévastées par les soldats; les moissons, tous les fruits, brûlés. Ce que la terre produisait pour l'entretien de la vie était détruit, jusqu'à ce qu'enfin amis et ennemis se trouvèrent réduits à la plus affreuse misère (2).

Néanmoins, les motifs et les provocations de guerre se renouvelaient sans cesse. Beaucoup de grands de Castille, l'archevêque de Tolède à leur tête (3), cherchaient en secret à persuader au roi Affonso de rentrer en Castille avec la reine Juana, et lui promettaient de se réunir à lui. Ces trames ne restaient point cachées à Fernando et Isabelle, et tous deux au sein de leur prospérité étaient rongés d'inquiétudes. Ils ne pouvaient oublier que Juana vivait encore, qu'elle avait reçu des hommages en Castille, avait été proclamée reine par quelques sujets, que beaucoup espéraient et désiraient la voir sur le trône de Castille, qui, d'après leur opinion réelle ou suppo-

---

(1) Lião, cap. 65.
(2) Pina, cap. 206.
(3) Pulgar, cap. 79.

sée, lui avait été arraché violemment au mépris de tous les droits. Le couple royal castillan désirait donc une issue prompte et pacifique à cette malheureuse lutte, non moins ardemment que l'héritier du trône de Portugal; le roi Affonso lui-même aspirait à la conclusion de tous ces débats, car les derniers événements avaient bien rabaissé ses prétentions et ses espérances.

Des négociations de paix furent engagées des deux côtés dans le plus grand mystère. Dans une conférence de la reine Isabelle avec l'infante portugaise Brites, sa tante maternelle, belle-mère de João, à Alcantara, les deux dames s'entendirent sur la paix qui devait être traitée ultérieurement, et conclue en Portugal (1). Découragé par ses dures épreuves, et d'ailleurs peu favorisé, comme il pouvait bien le sentir lui-même, dans de telles négociations, Affonso confia la conduite de ses affaires à son fils, plus actif, plus vigilant et plus habile; et celui-ci, aidé du baron d'Alvito, João Fernandez da Silveira, fondé de pouvoir du roi Affonso, arrêta le 4 septembre 1479 le traité d'Alcacevas, avec le plénipotentiaire du roi de Castille, le docteur Rodrigo Maldonado (2). Juana fut choisie pour victime. Comme si sa liberté personnelle était aussi douteuse que la légitimité de son droit de succession au trône (aux yeux des contractants), les deux partis disposèrent arbitrairement de sa personne ainsi que de son royaume, et l'infortunée qui, en sortant de sa patrie, était venue en Portugal en fiancée du roi, pour chercher abri et secours dans les bras de son époux, vit maintenant cet époux lui-même se réunir avec ses ennemis pour la déclarer déchue de son héritage et de sa position, et prononcer qu'elle avait perdu tout droit à la couronne et même à la liberté. En vertu du traité d'Alcacevas, Affonso et Juana déposèrent le titre de roi et reine de Castille et de León, et désormais Juana ne pouvait plus s'intituler reine, ni même princesse ou infante. Pour affermir la paix entre la Castille et le Portugal, l'infant Affonso, fils du prince héréditaire João de Portugal, devait plus tard épouser l'infante Isabelle, fille de Fernando et d'Isabelle. Aussitôt après les fiançailles, Juana serait tenue en garde (terçaria) (1) dans la localité de Moura, pour y rester jusqu'à l'accomplissement réel du mariage. Car Juana aussi serait fiancée, et même avec l'infant Juan, fils de Fernando et d'Isabelle, aussitôt que ce petit prince aurait atteint sa septième année (2). Mais si, parvenu à l'âge de quatorze ans, il ne voulait pas l'épouser, alors Juana serait libre de quitter sa retraite forcée avec ses papiers et une somme d'argent assez considérable. Pour la durée de la *terçaria*, le roi de Portugal donnait en otage le duc de Viseu, qui au bout d'un an serait remplacé par Manoel, son frère. Juana se rendrait aussitôt à Moura, ou entrerait dans l'un des cinq couvents de l'ordre de Santa-Clara, entre lesquels elle aurait le choix. Après l'année d'épreuve, elle ferait solennellement profession, ou bien retournerait en *terçaria* à Moura, ou elle resterait avec l'infant Affonso et l'infante Isabelle sous la surveillance de Brites, jusqu'à l'entière exécution des stipulations du traité. L'infante Brites, et, après la mort de celle-ci, sa sœur Filippa, le duc de Viseu, Diogo et son frère Manoel, fils de Brites, avec leurs alcaides et cavalleiros, s'engageaient pour la terçaria, et nommaient les employés et les gardes à établir à cet effet. Ni le roi Affonso, ni le prince João ne pourraient visiter ces gardiens. Au reste, la paix conclue jadis, en 1431 (3), par le roi João Ier avec Juan II de

---

(1) Pulgar, cap. 85.
(2) Non pas le docteur Juan Diaz de Madrigal, comme le dit Pulgar. *Voyez* Zurita, *Anal.* lib. XX, cap. 38.

(1) *Elucidario*, verb. *terçaria*.
(2) *Per palavras de futuro*, dans la quatorzième année, *per palavras de presente*.
(3) *Voyez* à cette époque.

Castille, servit de base au traité actuel (1). On y ajouta : que toutes les localités que les rois de Castille et de Portugal s'étaient enlevées réciproquement dans cette guerre seraient restituées à leur maître antérieur, et que les fortifications nouvellement élevées sur les frontières des deux Etats seraient rasées. Fernando et Isabelle pardonnaient à tous les Castillans qui depuis la mort du roi Enrique jusqu'à la conclusion de cette paix avaient embrassé et défendu le parti d'Affonso, et leur rendaient leurs places, leurs revenus, leurs emplois et bénéfices. Quelques nouvelles dispositions furent déterminées par les découvertes des Portugais. Aux rois de Portugal était assuré pour jamais tout ce qu'ils avaient découvert et ce qu'ils découvriraient depuis le cabo de Nâo et Bojador jusqu'aux Indes inclusivement, avec toutes les mers environnantes, les côtes et les îles pour le commerce et la pêche, ainsi que Madeira, les Azores, Flores et les îles du Cabo-Verde, de même que les conquêtes dans le royaume de Fez. Les Castillans ne pouvaient commercer dans ces parages et ces îles sans la permission du roi de Portugal. Les îles Canaries, au contraire, étaient affectées aux souverains de Castille, qui se réservaient en outre la conquête de Granada (2).

Vers la fin de septembre 1479, cette paix perpétuelle fut proclamée en Portugal et en Castille. Il ne resta plus à l'infortunée Juana d'autre choix qu'entre la captivité à Moura et la cellule du cloître. Comme les derniers temps de sa liberté s'étaient écoulés dans la douleur, elle choisit le couvent. Les yeux baignés de larmes et au milieu des gémissements des siens, elle déposa le titre de reine, le costume royal, toute sa parure, et, couverte désormais des sombres vêtements de Santa-Clara, elle ne fut plus appelée que dona Juana. Ce ne fut point assez pour ces puissants politiques d'enlever la couronne à la vierge royale, ils dépouillèrent encore son front de dix-sept ans de son plus bel ornement, firent tomber sous les ciseaux sa magnifique chevelure; ils arrachèrent de ses côtés les fidèles serviteurs auxquels l'attachaient les liens de la reconnaissance, les seuls êtres qu'elle pût encore aimer. Seule maintenant, le cœur déchiré, enveloppée dans son deuil, elle entra sous les murs de Santa-Clara de Santarem. L'année d'épreuve s'écoula, et Juana persista dans son dessein. Se trouvant inévitablement en rapports immédiats avec les Castillans ses ennemis, elle craignait pour sa vie (1). Lorsque la veille de sa prise solennelle d'habits, ses serviteurs des deux sexes, admis dans le couvent, poussèrent des cris déchirants, comme si le lendemain elle devait être ensevelie, et que la novice parut chanceler dans sa résolution, le prince João accourut et la fortifia par des paroles de consolation et d'espérance. Le 15 novembre 1480, en présence du prince, des envoyés de Castille, et de tous les grands et prélats de la cour de Portugal, elle prit l'habit en observant le cérémonial que prescrit la règle de l'ordre de Santa-Clara. Avec un dévouement et une résolution qui émurent beaucoup d'assistants jusqu'aux larmes, elle se couvrit du voile noir comme d'un linceul sous lequel elle ensevelit toutes les espérances de sa jeunesse et ses rêves les plus doux. La jeune fille dont jadis les grands de Castille, Isabelle elle-même, avaient humblement baisé les mains en lui rendant hommage comme à leur reine et leur souveraine, s'inclina maintenant elle-même en toute humilité devant une pauvre sœur, sa supérieure (2).

---

(1) Pina, cap. 206, p. 590.
(2) Pina, cap. 206. Pulgar, cap. 91. Zurita, lib. xx, cap. 34, 35. Lião, cap. 66.

(1) Pina, cap. 208.
(2) « E na execuçam destas cousas porque a necessydade d'outras muytas assy o requeria, e soo o pryncipal ministro era o princype; porque el rey D. Affonso de muyto anojado e envergonhado de las, de todas se escusou e as leixou ynteiramente aa desposiçam e ordenança do filho, a cuja vontade el rey na quelle tempo

C'étaient Affonso et João qui l'avaient réduite à cette extrémité. Le roi n'avait pourtant joué qu'un rôle passif dans tout ce drame ; mais l'infant y avait fait sentir vivement son action. Affonso avait abandonné entièrement à son fils les négociations et les dispositions du traité. Depuis le renversement humiliant de ses plans, découragé, mécontent de lui-même, honteux de ses échecs et de ses affronts, tourmenté même par sa conscience qui lui reprochait d'avoir enchaîné à lui le destin d'une femme, sans lui accorder maintenant la protection de mari, de chevalier et de roi qu'il lui avait promise ; livré à des regrets amers au lieu de songer aux moyens de faire disparaître la cause de ses chagrins par une résolution plus ferme, et d'ailleurs oubliant sur le trône l'activité et l'énergie qu'il avait montrées en campagne, Affonso, accablé par le sentiment de son incapacité, se détournait de toutes ces tristes pensées, ce qui pouvait ajouter toujours à la masse de ses torts. Le prince, au contraire, se sentant doué d'une énergie plus grande et d'un esprit plus entreprenant, plein de la vigueur et de l'activité de la jeunesse, exerçant en conséquence une influence décisive sur un père irrésolu, aussi ambitieux que celui-ci, mais moins scrupuleux dans le choix des moyens, et impitoyable dans la poursuite de son but, conduisit seul du côté du Portugal les conférences et les négociations, et, en sacrifiant l'infortunée Juana à ses plans d'agrandissement, il préparait de loin la réunion des couronnes de Castille et de Portugal sur la tête de son propre fils ; mais une main supérieure donna aux choses une autre direction. L'ambition avait semé dans l'iniquité, et se flattait de recueillir ; mais, lorsque tout semblait sourire à ses désirs, la faux de la mort vint frapper la plante qui donnait tant d'espérances, et le deuil s'étendit sur les joyeuses perspectives d'un brillant avenir. Ce prince, en faveur duquel elle avait dû

échanger la couronne contre un voile de nonne, Juana, de la fenêtre du couvent de Santarem, put encore le voir, bientôt après le mariage avec l'infante de Castille, et tandis que retentissaient les bruits joyeux de cette fête célébrée avec une pompe jusqu'alors inconnue, tomber de son cheval, reçu dans les bras de quelques fidèles serviteurs, et ses restes inanimés recueillis sur une misérable couche de paille, déposés dans la hutte d'un pauvre pêcheur. La vie ne revint point dans ce corps glacé, et la couche de paille fut son lit de mort. Ce coup terrible anéantit João, qui vit tomber son unique consolation, le seul objet de son orgueil ; avec ce fils chéri allaient être ensevelis ses joies les plus douces, ses plans ambitieux et toutes ses espérances.

Dans la famille royale de Castille, il n'y eut non plus ni joie ni prospérité. L'infante Isabelle, en dépit de la reine désolée, voulait de son propre mouvement, prendre le voile qui avait été imposé par la force sur le front de Juana ; il fallut les prières maternelles les plus instantes pour la conserver au monde ; mais ses jours ne furent pas nombreux, elle mourut dès l'année 1498. Le seul héritier mâle de l'Espagne, le prince Juan, qui était déjà marié, mais sans avoir d'enfants, mourut à la fleur de son âge, dans la même année 1498. Isabelle vit la branche masculine, qui seule pouvait continuer la poursuite de ses plans, et prolonger la gloire et l'éclat de sa race au delà de son tombeau, arrachée et détruite, et une autre appelée à l'hérédité du trône.

Juana avait pris l'habit de religieuse, et le prince portugais, conformément aux stipulations du traité, avait remis son fils Affonso, âgé de cinq ans, à la garde de l'infante Brites à Moura. Néanmoins l'infante Isabelle était encore en Castille. Beaucoup de seigneurs castillans et des envoyés se trouvaient à Moura ; mais quelques-uns d'entre eux élevèrent des scrupules, et parlèrent de nouvelles conditions. Alors le prince, emporté par son esprit prompt et envahissant, prenant sur lui seul l'accomplissement du

---

mostrou ser muyto inclinado e subgeito. » Pina, cap. 207, p. 595.

traité, comme il en avait seul poursuivi la conclusion, prit une mesure qui, portant bien l'empreinte de son caractère, pouvait donner aux États voisins et aux grands de son pays un avertissement pour l'avenir ; fatigué des détours et des retards calculés des seigneurs castillans, il écrivit de sa propre main sur un papier le mot *paix*, et sur l'autre *guerre*, et, quand les grands des deux royaumes furent rassemblés pour traiter de la remise de l'infante, il fit présenter ces deux billets aux Castillans, en leur signifiant qu'ils eussent à en choisir un à l'instant au nom de leurs souverains. S'ils prenaient celui qui portait *guerre*, il en serait content ; car pour lui la guerre était préférable à une paix qui enfanterait bien des hostilités. S'ils désiraient la paix, ils devaient à l'instant amener l'infante et la livrer. Les deux mots firent merveilles. Les ambages cessèrent. Les envoyés comme dispensés de toute discussion promirent unanimement de remettre la princesse.

Une décision si tranchante, une manière d'agir si prompte à heurter de front les obstacles, attiraient les regards sur l'héritier du trône seul, et durent donner au roi Affonso la triste conviction qu'il se survivait à lui-même. Depuis que Juana, *l'excellente Senora*, comme on la nommait généralement, était ensevelie dans les murs de Santa-Clara de Santarem, de sombres pensées avaient enveloppé l'esprit d'Affonso. On ne le voyait plus que soucieux, recueilli en lui-même, mélancolique et presque toujours dans l'isolement. Aucun éclair de gaieté ne brilla plus sur son front, ne pénétra plus sa vie. Le chagrin avait miné ses forces physiques ; il était plus souvent sujet à des maladies. Au printemps de l'année 1481, le père et le fils se rencontrèrent à Beja, et s'entretinrent longtemps seuls. Le roi voulut vers la fin de l'année convoquer les cortès à Estremoz, et transmettre le gouvernement au prince, pour aller ensuite terminer ses jours comme laïque dans le couvent de Varatojo, près de Torres Vedras. Il avait jadis fondé cette maison religieuse dans un lieu isolé, pour satisfaire sans trouble les besoins de son cœur, loin du commerce et du bruit du monde, dans le voisinage de la mer, dont la perspective sans limite élève si facilement les regards vers l'infini, et par la puissance des élancements de l'âme conjurer le trouble et les agitations désordonnées de son intérieur. En même temps, le roi espérait apaiser de son vivant la mésintelligence qui se manifestait déjà entre l'héritier du trône et la maison de Braganza, et qui menaçait d'éclater d'une manière redoutable après sa mort (1). Mais, dès le commencement d'août, Affonso fut saisi d'une fièvre ardente à Cintra. João courut de Beja auprès de son père, mais le trouva dans un état désespéré. Le roi mourut le 28 août 1481 dans la même maison où il était né. Ses restes furent déposés dans le couvent de Batalha.

Coup d'œil sur la personne d'Affonso.

Affonso, plus chevalier que général, et plus guerrier que roi, méritait bien comme homme d'attirer les affections. Ses mœurs étaient pures ; sa tempérance à table, sa vie régulière, la fidélité qu'il garda à son épouse, sa conduite sans tache après qu'il fut devenu veuf dans la vingt-troisième année de son âge (1), lui gagnèrent la haute estime de tout le monde. Ami des sciences, il honora ceux qui les cultivaient, et les appelait auprès de lui. Il fut le premier roi portugais qui eût une

—————

(1) « .... Sendo aquella ydade de mayores pongimentos e alteraçoões da carne, tendo pera ysso muyta desposiçam e despejo, foy despois acerca de molheres muy abstinente, ao menos cauto. » Pina, cap. 213.

(1) Zurita, *Anal.*, lib. xx, cap. 45.

bibliothèque dans son palais, et paraît sur ce point avoir imité son oncle le roi Alphonse de Naples, et l'infant Pedro. Son intelligence avait été cultivée d'une manière remarquable. Ce qu'il disait, ce qu'il écrivait était si bien pensé et ordonné qu'on l'aurait cru l'œuvre d'une longue méditation et d'un art exercé. Un organe agréable ajoutait du charme et de l'autorité à ses paroles. Toutefois, son esprit était plus lucide que profond, son imagination plus vive que forte; il se laissait facilement aller à des sentiments tenant à la faiblesse (1), et entraîner par des élans passionnés. Il croyait encore penser avec rectitude, tandis que ces émotions obscurcissaient son intelligence, et le raisonnement s'appliquant au désir lui donnait l'apparence d'une combinaison de l'esprit. De là cette confiance d'Affonso dans son propre jugement et ses lumières, qui lui laissait difficilement suivre le conseil des autres, quand ce conseil contrariait sa propre volonté (2). Sans avoir de profondeur dans l'esprit, avec sa vue nette il aurait pu saisir la tâche que lui imposait le pouvoir suprême, et la remplir dignement à une époque peu exigeante; mais il lui manqua pour de tels travaux le goût et la persévérance. Il ne possédait pas assez de force de volonté pour diriger son esprit avec fermeté sur les affaires du gouvernement, et pour repousser de ce champ des méditations calmes et froides les impulsions des sentiments irréfléchis, les séductions de projets caressés par la fantaisie. Les vertus qui le rendaient digne d'amour dans la vie privée, manquant de règle et de mesure, produisirent tout autre effet dans un prince assis sur le trône, et devinrent souvent funestes à lui-même et au pays. Sa figure était imposante, son corps admirablement proportionné, et néanmoins son extérieur nuisait à son autorité royale. La douce aménité de son entretien qui manquait de dignité, son abandon qui dégénérait en familiarité inconvenante, donnaient aux gens peu réservés la hardiesse de franchir les limites du respect, de hasarder des demandes étranges, et Affonso craignait ensuite d'opposer un refus (1). Généreux et reconnaissant jusqu'à la prodigalité, il distribua souvent sans motifs suffisants et sans qu'il y eût de services à récompenser, les biens et les trésors de la couronne, ne voyant dans ces ressources qu'un moyen de satisfaire son goût de profusion et sa libéralité, et sans tenir compte des bornes que lui imposaient la destination des domaines de l'Etat et son devoir envers le trône et le pays (2). Sa bienveillance, qui lui faisait toujours voir les autres sous le jour qu'ils adoptaient, et l'empêcha de profiter des rudes enseignements d'épreuves trop souvent répétées, ne lui permit pas non plus de remarquer combien son inclination à fréquenter des religieux pleins de piété et de vertus le rendit souvent le jouet des hypocrites, et combien le roi et le pays eurent à expier les faiblesses de l'homme.

Affonso poursuivit surtout deux objets longtemps avec ardeur; la couronne de Castille, et la possession des places fortes dans l'Afrique maure. Ce qu'il y avait en lui de force, il l'appliqua à la réalisation de

―――――

(1) Avec cette nature était d'accord son grand amour pour la musique; « sans avoir reçu aucune leçon, il avait un goût bien sûr dans cet art, » dit Pina, *ibid*.

(2) « Foy tam confiado de seu saber, que com difyculdade queria estar per alheers conselhos se contradiziam sua vontade, especialmente nas cousas da guerra dos mouros, em cujo prosseguimento foy sempre tam aceso e inclinado, que acerca disso todo seu apetito lhe pareciam vivas rezooes. » Pina, cap. 213.

(1) Pina, *ibid*.

(2) « E na nobreza e liberalidade teve sem medyda tanta parte, que mais propriamente se podia dizer prodigo que verdadeiro liberal, especialmente nas cousas da Coroa e reyno, deque sem grandes merecimentos nem muyta necessydade, mas por soos mannas e praticas, que com elle os grandes husavam, a desguarneceo e mynguou em pouca parte. » Pina.

ces plans favoris. S'il ne fit point preuve en cela de sagesse de politique et de roi, du moins il signala la valeur personnelle du guerrier, à laquelle il s'était formé, exercé de préférence à toute autre qualité. Si la prospérité de son peuple avait été aussi bien son but, si son énergie, qui n'était pas bien remarquable, s'était arrêtée sur ce point, au lieu d'aller s'exercer hors du royaume pour y user ses forces et celles de l'Etat, il eût été le bienfaiteur de son peuple. Au reste, si la situation du royaume fut encore supportable malgré de si grandes pertes à l'étranger et de telles dissipations à l'intérieur, c'est une preuve des ressources immenses de la nation, de la simplicité de ses besoins, et aussi des relations qui commençaient à faire affluer des richesses du dehors. Toutefois, la Providence veillait sur le Portugal, et à un Affonso V elle donna pour successeur João II. Le changement fut brusque et violent, et l'équité regrette l'équilibre; mais le monde ne s'agite que par les oppositions, et l'immobilité de l'aiguille dans la grande balance des choses humaines serait la fin de la vie.

« La mort d'Affonso, dit Nunez do Liâo (1), fut pleurée par les grands plus que par les petits; car les grands reçurent de lui beaucoup de dons et de concessions; les petits en obtinrent peu de justice; ils furent même accablés par des impôts continuels que nécessitaient les guerres où le roi se laissait entraîner. Son fils au contraire, le roi João, fut aimé des petits, et détesté par les grands. » Les pages suivantes expliqueront ce dernier sentiment.

---

(1) *Cronica del rey Affonso V*, cap. 69, p. 466.

HISTOIRE
DE PORTUGAL

DEPUIS L'AVÈNEMENT DE JEAN II JUSQU'A NOS JOURS.

Alphonse V eut pour successeur Jean II, en 1481.

En 1483, le duc de Bragance est arrêté et condamné à mort par des commissaires que le roi avait nommés pour lui faire son procès. Ce prince voulut assister lui-même à l'instruction de cette affaire; conduite qui fait penser que la haine qu'il portait au duc eut au moins autant de part à sa condamnation que les crimes qu'on pouvait lui reprocher. Le marquis de Monté-Mayor et le comte de Faro, ses frères, se retirent en Castille avec ses enfants. Le marquis est condamné par contumace et dégradé de la dignité de connétable.

1484. La conjuration, peut-être chimérique, du duc de Bragance en produisit une réelle. Le mécontentement des grands s'était converti en une haine déclarée contre le roi, depuis la mort du duc qui avait toujours eu beaucoup d'amis. Plusieurs conspirèrent contre la vie de Jean II pour mettre sur le trône le duc de Viseu, son cousin germain, fils du feu infant don Ferdinand et frère de la reine. Quelques-uns d'entre eux furent même sur le point d'exécuter leur exécrable dessein, un jour qu'ils montaient l'escalier du palais derrière le roi; mais ce prince, qui avait été averti, se tenait sur ses gardes; il se retourna à propos et les déconcerta d'un regard. Le duc de Viseu est poignardé par le roi. Les autres conjurés, au nombre desquels étaient l'évêque d'Evora et Ferdinand de Menezes, son frère, périssent sur l'échafaud ou dans les prisons, ou s'échappent par la fuite. Le jeune don Emmanuel, duc de Béja, frère du duc de Viseu, est appelé à la cour où il est créé grand-maître de l'ordre de Christ et connétable de Portugal.

Azainor, ville des côtes d'Afrique, se met sous la domination des Portugais, à condition de conserver l'exercice libre de la religion mahométane.

1487. Les Portugais font une expédition contre les Maures d'Afrique sur les côtes de la Méditerranée.

Jean II fait punir de mort plusieurs Juifs et apostats, que la crainte de l'inquisition de Castille et d'Aragon avait fait réfugier dans ses États. Mais, comme le nombre en augmentait tous les jours, il prend le parti de leur laisser la liberté de se retirer où ils voudraient, excepté en Afrique, où ils auraient augmenté le nombre des ennemis du nom chrétien. Il en fait conduire un grand nombre en Orient à ses frais.

1489. Les Portugais s'emparent de Gratiosa, en Afrique; mais Muley-Xeque, roi de Fez, étant venu les y assiéger, on fait un traité dont la principale condition était qu'ils rendraient cette ville. Un riche négociant de Tavira, nommé Pierre Pantoja, avait prêté pour cette expédition une somme considérable que Jean II lui fit rendre avec les intérêts; et, sur son refus, le roi ordonna de doubler l'intérêt autant de fois que Pantoja le refuserait, en sorte qu'il fut obligé de l'accepter par une suite de sa générosité même.

Bemoi, roi des Jolafes, dans la Nigritie, vient à Lisbonne où il se fait chrétien et se rend tributaire de Jean II, dont il implorait le secours pour remonter sur son trône. Bemoi promettait, à ce prix, de faire recevoir la religion chrétienne dans ses états, et d'ouvrir le chemin de la Libye aux Portugais. Mais tous ces projets s'évanouirent par la mort de ce prince africain. Il fut tué sur la mer par ceux mêmes que Jean II avait chargés d'aller le rétablir sur le trône.

Pierre de Norogna est fait marquis de Villareal.

États d'Evora, où l'on impose de nouveaux subsides pour rétablir les finances épuisées par les guerres d'Afrique et par les entreprises d'Éthiopie.

1490. Don Alphonse, prince héréditaire de Portugal, épouse l'infante Isabelle de Castille, fille aînée des rois don Ferdinand et dona Isabelle. Ce mariage fut célébré à Evora à cause de la peste qui ravageait Lisbonne; elle obligea bientôt la cour à se retirer à Viana pour s'y livrer aux divertissements qui accompagnent ces sortes de cérémonies. Les Portugais furent indignés de ce que le roi parut dans ces fêtes avec un habit à la française. Mais on ne peut vraisemblablement attribuer à une cause si légère l'empoisonnement de ce prince qui fut très malade après avoir bu d'une eau qui causa la mort à plusieurs de ses courtisans qui en avaient bu avec lui. Il ne voulut pas qu'on fît aucune recherche à ce sujet.

Le pape Innocent VIII confère les grandes-maîtrises de Saint-Jacques et d'Avis à l'infant don Alphonse. L'intention de Jean II était de transmettre par ce moyen à sa postérité ces deux dignités, dont la puissance était devenue si considérable qu'elle était redoutable au souverain même.

1491. Le jeune Alphonse meurt à Santarem d'une chute de cheval, sans laisser d'enfants de son mariage avec Isabelle qui retourne en Castille. Malgré l'extrême douleur que cette perte causait à Jean II, il voulut assister aux funérailles de l'infant où il eut le chagrin d'entendre les vœux que le peuple formait publiquement pour le duc de Béja, au préjudice duquel le roi voulait faire passer le sceptre à George, son fils naturel, qu'il avait eu d'Anne de Mendoza, demoiselle d'une illustre naissance.

Ferdinand de Menezes, gouverneur de Ceuta, surprend Targa, ville sur la côte méridionale d'Afrique, et s'étant joint ensuite aux gouverneurs de Tanger et d'Alcacer il s'empare de Canice, place que les Africains regardaient comme imprenable.

1492. Jean II sollicite inutilement auprès du pape Innocent VIII la légitimation de don George, son fils naturel; mais il obtient pour ce jeune prince des bulles de provision pour la grande-maîtrise de Saint-Jacques et pour celle de l'ordre d'Avis. Il confie son éducation à Jacques Ferdinand d'Almeida, et lui forme une maison dans la vue d'attacher un grand nombre de seigneurs à sa personne et à sa fortune.

1492. Jean II fait solliciter inutilement la légitimation de don George, son fils naturel, auprès du pape Alexandre VI, successeur d'Innocent VIII.

Fondation de l'hôpital de tous les saint à Lisbonne. Le roi fait bâtir en même temp une nouvelle maison pour les religieuses d

Saint-Jacques, dont il confie l'administration à Anne de Mendoza, son ancienne maîtresse. Ces religieuses ou chanoinesses de Saint-Jacques sont établies en Espagne et en Portugal depuis l'an 1312 environ. Elles y ont huit maisons destinées à recevoir les veuves et les filles orphelines des chevaliers. Elles portent comme eux la croix de l'ordre, et s'adonnent au service des pèlerins. Le mariage leur est interdit depuis l'année 1480, mais la maison de Santos, en Portugal, et celle de Barcelone, en Catalogne, ont conservé à cet égard leur ancienne liberté.

On peut rapporter à cette année la conversion du roi de Congo et d'une partie de ses peuples qui furent baptisés par les instructions des missionnaires que Jean II y envoya sur le même vaisseau qui reconduisit Zacuta, ambassadeur du roi africain.

[L]es vues des Portugais étaient alors tell[em]ent tournées vers l'Afrique que Jean II [r]ejeta les offres de Christophe Colomb qui, [c]ette année même, alla découvrir le Nou[v]eau-Monde pour les rois Ferdinand et Isa[b]elle.

1493. Ce ne fut qu'au retour de Colomb [q]ue Jean II commença à s'apercevoir de la [f]aute qu'il avait faite en méprisant les offres [d]e ce navigateur.

Excité par le bruit que faisaient les nou[v]elles découvertes, il équipa une flotte qu'il [d]estinait pour le Nouveau-Monde ; mais cet [a]rmement occasione un différend avec le [r]oi de Castille qui avait pris les devants et [s]'était fait attribuer par le pape le droit de [c]onquête sur tous les pays découverts et à [d]écouvrir dans le Nouveau-Monde. On a [r]ecours à la décision du saint-siége, qui li[m]ite la navigation des deux couronnes par [l]a fameuse ligne qu'on a nommée *la ligne de [dém]arcation*.

Le roi fait baptiser les enfants des Juifs [q]ui s'étaient retirés dans ses États, après [a]voir été chassés de la Castille et de l'Ara[g]on. On embarqua une grande partie de ces [e]nfants pour peupler l'île de Saint-Thomas, [s]ur la côte d'Afrique. D'autres auteurs di[s]ent que Jean II chassa absolument les Juifs ;

mais il paraît avoir été assez habile politique pour profiter des fautes de ses voisins, bien loin de les imiter. Ce prince est attaqué d'une maladie de langueur qui le conduisit peu à peu au tombeau, mais qui lui laissa pendant quelque temps assez de force de corps et d'esprit pour pouvoir gouverner par lui-même. Il redoubla d'activité à cet égard, et l'un de ses premiers soins fut de faire rendre l'argenterie que son père avait enlevée aux églises, et de remettre les dépôts des mineurs, dont il s'était servi dans les guerres de Castille. Il fait construire une forteresse proche de Cascaes et une autre de l'autre côté du Tage pour défendre l'entrée du port de Lisbonne.

1494. Colomb ayant été contraint de relâcher à Lisbonne au retour de son second voyage des Indes, Jean II s'abouche avec lui et est excité plus que jamais par ses récits à entreprendre quelque navigation au Nouveau-Monde. Il envoie à ce sujet une ambassade en Castille, et les deux couronnes tracent de concert une nouvelle ligne, qui déclivait de celle qu'Alexandre VI avait marquée, et qui fût appelée par cette raison *ligne de démarcation*. Quelques auteurs disent que le roi de Portugal délibéra dans son conseil s'il ferait arrêter Colomb pour l'empêcher d'aller en Espagne ; mais ce fait n'a aucune vraisemblance, puisque Colomb avait déjà donné connaissance aux rois catholiques de ses découvertes en Amérique.

Grande disette en Portugal. Comme elle n'était occasionée que par l'avidité des monopoleurs, il fut facile au roi d'y remédier en permettant l'entrée des grains d'Espagne, qui ramena tout à coup l'abondance et fit retomber le blé à son prix ordinaire.

Jean II, sentant ses forces diminuer de jour en jour, se décharge du gouvernement sur des ministres, se réservant néanmoins la décision des affaires graves et importantes, dont il se faisait rendre compte par des magistrats qu'il appelait tour à tour. C'est de là qu'est venu le tribunal du palais.

1495. Mort de Jean II, le 25 octobre.

C'est en parlant de lui qu'un Anglais disait à Henri VII que ce qu'il avait vu de plus rare en Portugal était un roi qui commandait à tous et à qui personne ne commandait : éloge que les princes méritent plus rarement qu'on ne pense. Jean II avait fait un testament par lequel il voulait appeler au trône George, son fils naturel. Mais, sur les représentations de Faria, son secrétaire, qui recevait ce testament, il changea d'avis, et laissa le sceptre à Emmanuel, son cousin-germain, auquel il appartenait de droit. Et, dans le cas où Emmanuel mourrait sans enfants légitimes, Jean II lui substituait George, auquel il légua la ville de Coimbre, avec tous les honneurs et prérogatives dont avait joui l'infant don Pèdre, duc de ce nom.

1496. Rappel des enfants du duc de Bragance. Emmanuel chasse les Maures et les Juifs réfugiés dans ses États. On prétend qu'il n'usa de cette violence, si contraire à la saine politique, que pour complaire aux rois de Castille, parce qu'il avait dessein d'épouser l'infante Isabelle leur fille, veuve de l'infant don Alphonse de Portugal.

1497. Emmanuel épouse, à Valence d'Alcantara, l'infante Isabelle de Castille, qui devient peu après ce mariage héritière présomptive des couronnes de Castille et d'Aragon par la mort du prince don Jean son frère, fils unique des rois catholiques.

Le temps accordé aux Juifs pour sortir de Portugal étant expiré, le roi réduit en esclavage ceux qui y étaient restés et leur fait enlever leurs enfants, depuis l'âge de quatorze ans et au-dessous, pour les faire baptiser. Cette nouvelle violence les réduisit à un tel désespoir que plusieurs d'entre eux firent périr leurs enfants.

Vasquez Gama part, par ordre d'Emmanuel, pour continuer les découvertes faites aux Indes sous les règnes précédents. Vasquez partit pour cette glorieuse, mais dangereuse navigation, accompagné de Paul Gama son frère, de Nicolas Coello et de Gonsalve Nugnez, qui n'emmenèrent avec eux que cent-soixante hommes, soldats ou matelots, tant on avait encore peu de confiance en ces découvertes, qui ouvrirent de si riches contrées aux Portugais.

1498. Emmanuel, après s'être fait prêter un nouveau serment de fidélité dans les États assemblés à Lisbonne, passe, accompagné d'Isabelle, en Espagne, où ils étaient appelés par les rois catholiques, qui voulaient les faire reconnaître héritiers des couronnes de Castille et d'Aragon. Isabelle meurt à Saragosse, après y être accouchée de l'infant don Michel dont la faible complexion annonçait assez que la succession de Castille et d'Aragon regarderait bientôt l'archiduc Philippe, qui avait épousé l'infante Jeanne, seconde fille des rois catholiques.

1499. Le dérèglement des ecclésiastiques était tel en Espagne, qu'Emmanuel, de concert avec les rois catholiques, envoya à ce sujet une ambassade au pape Alexandre VI. Mais ce pontife, dont la vie était si scandaleuse, n'était guère propre à réformer le clergé. Il parut étonné de ce que les ambassadeurs espagnols lui dirent, et les renvoya vers leurs maîtres avec de belles promesses et quelques présents.

Vasquez Gama revient en Portugal, après avoir abordé au Mozambique et à Calicut, et avoir poussé la navigation jusque près d Goa. Paul, son frère, était mort dans c voyage.

1500. Emmanuel, après avoir récom pensé Vasquez Gama, fait partir une nou velle flotte pour les Indes, sous le comman dement de Pierre-Alvarez Capral, qui touch au Brésil dès le vingt-quatrième jour de s navigation, en voulant s'éloigner de la côt de Guinée pour éviter les écueils qui s' rencontrent. Capral, après avoir planté un colonne dans cette terre inconnue, en fi partir un vaisseau pour donner avis de s découverte à Emmanuel, et continua s route pour les Indes où il fit alliance ave les rois de Cochin et de Cananor.

Mort de l'infant don Michel. Emmanuel pour se distraire de la double perte qu' avait faite en si peu de temps de sa femm et de son fils, épouse dona Marie, troisième fille des rois catholiques, qui lui apportait à peu près les mêmes espérances qu'Isabelle.

1501. Il envoie une flotte au secours des Vénitiens attaqués par les Turcs. Don Jean de Menezes, qui commandait cette flotte, avait ordonné de prendre en passant le château de Masal-Quivir, sur la côte d'Afrique; mais les infidèles, ayant aperçu la flotte, firent venir du secours d'Oran, et obligèrent les Portugais de se rembarquer sans avoir pu attaquer la place. L'arrivée de la flotte portugaise à Corfou, où était celle des Vénitiens, contraint Bajazet à se retirer.

1502. Naissance de l'infant don Jean.

Emmanuel fait le pèlerinage de Saint-Jacques en Galice pour se préparer par cet acte de dévotion à une expédition qu'il prétendait faire en personne l'année suivante contre les Maures d'Afrique. La peste qui survint l'empêcha d'exécuter ce projet. La flotte portugaise fait une tentative inutile sur Targa, dans le détroit de Gibraltar.

Vasquez Gama était parti une seconde fois pour les Indes, où ses expéditions se bornèrent à canonner la ville de Calicut, pour faire repentir le zamorin, ou roi de cette contrée, des mauvais traitements qu'il avait faits jusqu'alors aux Portugais par le conseil des marchands maures, qui craignaient de partager avec les Portugais les profits immenses qu'ils faisaient dans ce royaume.

1503. La peste qui ravagea cette année le Portugal était une suite d'une disette qui y avait régné l'année précédente et qui ne fit qu'augmenter cette année à cause des pluies continuelles qui firent pourrir toutes les semences. Emmanuel, ne pouvant passer en Afrique comme il l'avait projeté, donne ordre aux gouverneurs d'Arzyle et de Tanger de s'emparer d'Alcacar-Quivir, d'où les Maures faisaient des courses continuelles contre les chrétiens. Les généraux portugais, n'ayant pas assez de troupes pour attaquer cette ville, tâchèrent de s'en saisir par surprise; mais leur dessein fut éventé.

L'infant don Jean est reconnu successeur de la couronne dans les États de Lisbonne. Naissance de l'infante Isabelle, qui épousa dans la suite l'empereur Charles-Quint. Le roi réforme l'ordre de Christ dans un chapitre assemblé à Lisbonne.

Retour de Gama. Alphonse et François d'Albuquerque partent pour les Indes à la tête d'une escadre de six vaisseaux.

1504. La mort d'Isabelle, reine de Castille, engage Emmanuel à faire fortifier ses frontières du côté de ce royaume, menacé de quelque révolution à cause des prétentions que Ferdinand formait sur la régence au préjudice de l'archiduc Philippe, son gendre.

Emmanuel envoie de nouveaux missionnaires au royaume de Congo, gouverné alors par un prince qui avait reçu au baptême le nom d'Aphonse. Ce prince avait été sur le point de se voir enlever la couronne par son frère Aquitime, attaché à l'ancien culte des idoles, et qui avait dans son parti la meilleure partie des grands, les prêtres et, ce qui est bien plus fort encore, tous les vieux préjugés des habitants.

Jean de Menezes, gouverneur d'Arzyle, a plusieurs avantages sur les Maures d'Afrique, après avoir détruit tous les vaisseaux qu'ils avaient dans le port de Larache, d'où ils croisaient sans cesse sur le détroit de Gibraltar.

Grands tremblements de terre en Portugal. La reine accouche sur la fin de l'année de l'infante dona Béatrix, qui fut mariée dans la suite à Charles, duc de Savoie.

1505. Emmanuel obtint une croisade pour la guerre sur les côtes d'Afrique, où le gouverneur d'Arzyle eut quelques avantages cette année contre les Maures des montagnes de Zara. Mais, d'un autre côté, les établissements que les Portugais formaient aux Indes étaient menacés par Campson, soudan d'Égypte. Ce prince y était excité sous main par les Vénitiens, qui, depuis la navigation des Portugais, voyaient diminuer considérablement leur commerce des épiceries qu'ils allaient chercher en Égypte pour les distribuer dans toute l'Europe. Campson se ligue avec le roi de Calicut qui était devenu l'ennemi des Portugais aussitôt qu'ils avaient paru dans ces contrées. Lopez Suarez, l'un de leurs amiraux, qui croisait alors sur ces côtes, y prend la ville de Cangranor, dont il ne fit brûler qu'une partie à cause des chrétiens qu'il y trouva. Ces chrétiens, dont la doctrine et les usages différaient assez considérablement de ceux de l'église catholique, se faisaient appeler *chrétiens de saint Thomas*, parce qu'ils disaient tenir leur religion de cet apôtre dont on prétend que le corps fut trouvé quelques années après dans la ville de Méliapour.

1506. Une peste violente oblige la cour à se retirer à Abrantès, où la reine accouche de l'infant don Louis.

Grande émeute à Lisbonne contre les juifs nouveaux convertis qui y furent massacrés par le peuple, au nombre de plus de deux mille. Cet horrible désordre fut excité par le fanatisme de deux religieux dominicains qui voulurent venger sur tous les juifs l'imprudence qu'un d'eux avait eue de s'élever contre un prétendu miracle qui, disait-on, s'opérait tous les jours dans l'église de Saint-Dominique. Tout le miracle consistait en un cristal placé sur un crucifix, qui réfléchissait par ce moyen les rayons du soleil. Mais le peuple, irrité de ce qu'un juif avait osé le détromper sur un objet qui flattait sa superstition, lui fit payer cette témérité de la vie. Les deux religieux profitèrent de cet instant de fureur pour exciter la populace à étendre sa vengeance sur tous les autres juifs ; et le massacre dura pendant trois jours entiers. Le roi envoya à Lisbonne deux commissaires qui firent punir du dernier supplice les deux religieux avec leurs principaux complices ; et, pour rendre la punition aussi étendue que l'avait été le crime, la ville entière fut dégradée de ses principaux privilèges.

Emmanuel fait construire sur la côte d'Afrique Castillo-Réal pour servir d'asile aux vaisseaux portugais.

François d'Almeida, qui était parti dès l'année précédente pour les Indes avec la qualité de vice-roi, y fait plusieurs établissements dans les royaumes de Quiloa, de Cananor, de Narsingue et de Cochin. La plupart de ces établissements lui coûtèrent des combats qui furent autant de victoires auxquelles Laurent d'Almeida, son fils, eut beaucoup de part, surtout contre les Calicutiens, anciens ennemis des Portugais. Ce dernier prend possession des îles Maldives et de Ceilan.

François Gnaïe, qui était aussi parti l'année précédente pour reconnaître les côtes orientales de l'Afrique, bâtit une forteresse à Sofala qui, suivant quelques auteurs, est l'ancienne Ophir, d'où Salomon et les autres rois de la Judée tiraient tant de richesses par le commerce. Cet établissement donna occasion aux Portugais de trafiquer dans le Monomotapa, riche royaume dont celui de Sofala n'était qu'une dépendance.

1507. Le roi de Portugal envoie des ambassadeurs à Rome pour engager le pape à former une ligue contre les Turcs et contre le soudan d'Égypte. Cette négociation ne réussit point.

Don Emmanuel ne s'occupa dès lors qu'à la conquête des Indes, où le roi de Cananor venait de mourir. Son successeur tenta inutilement de se soustraire à la domination des Portugais. Emmanuel tenta aussi de nouvelles conquêtes en Afrique. Il chargea Jean de Menezes d'assiéger la ville d'Azamor, située dans le royaume de Maroc. Ce Portugais était accompagné dans son expédition d'un Maure que les Méquinois avaient autrefois reconnu pour leur roi et qu'ils avaient ensuite déposé. Mais la place opposa tant de résistance qu'il fallut en abandonner le siège.

Alphonse d'Albuquerque, qui venait d'être nommé vice-roi des Indes orientales, songeait à faire quelque expédition d'éclat pour inspirer la terreur aux Barbares. Dans cette vue, il attaqua l'île d'Ormuz, située à l'entrée du golfe Persique. Il surprit et conquit l'île et la ville avant d'arriver au lieu de sa résidence ; le port d'Ormuz était un des plus importants de l'orient.

La reine accouche de l'infant don Ferdinand.

1508. Zejam, prince maure, seigneur de Méquinez, vint en Portugal pour offrir au roi don Emmanuel de lui livrer la ville d'Azamor, qu'il occupait dans le royaume de Maroc, si on voulait y envoyer une flotte et des troupes. Séduit par cette promesse, le roi chargea don Jean de Menezes d'aller s'emparer de cette place. Mais c'était un piège que le perfide Zejam tendait à la crédulité des Portugais. Ce Maure avait mis une forte garnison dans Azamor, et il se rendit à la tête d'une forte armée aux environs. Menezes, outré d'une telle trahison, marcha avec sa petite troupe contre ces barbares et leur tua treize cents hommes. Mais comme les Maures survenaient de toutes parts et qu'il était près d'être accablé par le nombre, il se retira sur ses vaisseaux avec peu de perte des siens ; il se posta proche le détroit de Gibraltar, à la vue des places que les Portugais possédaient en Afrique.

Le roi de Fez, à la tête d'une armée de plus de cent mille hommes, assiége la ville d'Arzyle où les Portugais n'avaient qu'une faible garnison sous les ordres de Vasquez Contigno, comte de Borba. Les Portugais, après une vigoureuse résistance, furent forcés d'abandonner la ville aux ennemis et de se renfermer dans le château. Emmanuel, à cette nouvelle, se mit en marche avec une armée nombreuse ; mais il n'était encore qu'à Tavira lorsqu'il apprit que les flottes espagnole et portugaise avaient agi avec tant d'intelligence et de succès qu'elles avaient forcé les Maures d'évacuer la ville et de se retirer avec précipitation. Emmanuel offrit des sommes considérables à Pierre Navarro et à Ramire de Guzman, Espagnols qui avaient agi si heureusement en cette occasion par les ordres de leur roi don Ferdinand. Ils les refusèrent, en disant qu'ils étaient assez récompensés par la gloire que les armes de leur prince avaient acquise.

Les Portugais faisaient toujours de nouvelles tentatives pour étendre leur commerce dans les Indes. Maîtres d'Ormuz, ils voulurent encore s'emparer de Malaca, île située vis-à-vis de Sumatra, que quelques-uns croient être la Chersonèse d'or des anciens. Jacques Siquiera fut chargé de cette expédition ; mais elle ne put réussir alors, parce que le roi de cette île, prévenu des desseins des Portugais qui venaient à lui sous les dehors d'alliés et d'amis, les força de se retirer. Vers le même temps le roi de Calicut, de Cambaye et le soudan d'Égypte mirent en mer une flotte pour combattre leurs ennemis communs. Laurent Almeida, fils unique du dernier vice-roi, remporta d'abord quelque avantage, et fut tué ensuite dans un combat où les Portugais fort inférieurs en nombre furent défaits. Le père vengea la mort de son fils et releva la gloire des armes portugaises par deux victoires consécutives. Il s'empara de Dabul, ville riche et puissante sur la côte de Malabar ; il la pilla, la réduisit en cendres et en fit égorger les habitants. Fier de ses succès, il vint triomphant à Cochin, capitale du royaume de ce nom dans l'Asie, où était Albuquerque qui venait de lui succéder dans la vice-royauté, et il le fit arrêter. Cette violence, qui annonçait un séditieux et un usurpateur, pouvait avoir des suites fâcheuses ; heureusement Ferdinand Contigno, envoyé par le roi, accommoda cette affaire et détermina Almeida à se rendre en Portugal.

1509. La reine Marie accouche à Evora d'un infant nommé Alphonse, qui fut depuis cardinal.

Albuquerque, nouveau vice-roi des Indes, et Contigno, commandant des troupes portugaises, attaquèrent avec tant d'impétuosité la ville de Calicut, capitale du royaume de ce nom, sur la côte de Malabar, en Asie, qu'ils se rendirent maîtres de la place et du château. Ils égorgèrent un grand nombre d'habitants, et pénétrèrent jusqu'au palais où ils trouvèrent des richesses que les Portugais pillèrent avec le désordre qui naît de l'avidité. Les Maures, d'abord effrayés et dispersés, eurent le temps de se rallier, et vinrent fondre sur leurs ennemis qui étaient sans armes et chargés de dépouilles. Cette attaque imprévue fut fatale aux Portugais; Contigno, leur commandant, fut tué avec les principaux officiers. Albuquerque, leur vice-roi, fut dangereusement blessé.

Almeida, ancien vice-roi, le plus grand homme de guerre du Portugal, le conquérant de l'Afrique et des Indes, retournait couvert de gloire à Lisbonne, pour y jouir de la considération et des honneurs dus à son nom fameux, à ses longs et importants services, à ses victoires sans nombre; prêt à doubler le cap de Bonne-Espérance, il ordonne à une partie de son équipage de débarquer pour aller chercher des rafraîchissements. Les Cafres habitants de la côte prennent querelle avec les Portugais; Almeida descend pour soutenir ses gens, et il est aussitôt atteint d'un coup de flèche qui lui donne la mort. Plusieurs officiers de distinction périssent aussi dans cette funeste rencontre.

1510. Jacques Sigueira se rend à Sumatra, île considérable à l'opposite de Malaca, sous l'équateur. Il fait alliance pour le roi de Portugal avec plusieurs princes dont les États étaient situés dans la partie occidentale de cette île. Les Portugais étaient toujours occupés à étendre leurs conquêtes dans les Indes. Albuquerque avait à réparer la honte de sa dernière expédition; il tourna ses armes contre l'île et la ville de Goa, tandis que les naturels du pays étaient occupés à une guerre contre le roi de Narsingue. Les habitants de Goa, surpris par les Portugais, leur ouvrirent les portes de la ville; mais ces derniers n'en furent pas longtemps en possession. Hidalcan, souverain de Goa, s'étant présenté avec ses troupes, ses sujets se soulevèrent et chassèrent les Portugais; mais Hidalcan ayant été obligé de marcher une seconde fois contre le roi de Narsingue, Albuquerque se présenta de nouveau devant Goa à la tête d'une bonne flotte et emporta cette place d'emblée. Il fit passer au fil de l'épée une partie des citoyens, et imprima tant de terreur par sa cruauté que tous les insulaires vinrent en foule demander grâce et se soumettre. Hidalcan, après avoir perdu une partie de ses troupes pour défendre son pays, se vit obligé de céder aux Portugais les îles de Goa, Choran, Divar et le territoire de Salsète.

Jacques Mendez de Vasconcellos vint se joindre à Albuquerque avec cinq vaisseaux nouvellement arrivés de Portugal. Ce renfort mit le vice-roi en état de faire respecter ses ordres par ses officiers dont plusieurs se mutinaient, et de rétablir la discipline parmi ses troupes. Ce vice-roi retourna à Cananor, d'où il repartit bientôt avec sa flotte pour faire redouter les armes portugaises le long des côtes des royaumes de Cochin et de Calicut, où il s'empara de plusieurs postes considérables.

Fernandez d'Altayde, homme célèbre par sa naissance et par son courage, gouverneur de Safi pour le roi don Emmanuel, avait fait beaucoup de mal aux Maures des environs en voulant les contraindre de reconnaître la domination portugaise. Les Africains d'Azamor, d'Alméedine et d'autres endroits firent une ligue pour reprendre Safi. Fernandez reçut du secours et attendit avec intrépidité l'armée des barbares, qui, beaucoup supérieurs en nombre, mais moins aguerris et moins disciplinés, furent repoussés et obligés de se retirer avec précipitation.

1511. Albuquerque tente de nouvelles entreprises et fait de nouvelles conquêtes. Il débarque dans l'île de Malaca, défait les habitants, et les oblige de se ranger sous la domination portugaise. Cette expédition, aussi glorieuse que rapide, fit trembler les rois de l'Orient. Ceux de Siam, de Sumatra, s'empressèrent d'envoyer féliciter le vice-roi sur le bonheur de ses armes et de lui demander sa protection. Hidalcan profita de l'éloignement d'Albuquerque pour tâcher de chasser les Portugais de Goa. Rebel, gouverneur de cette ville, jeune homme imprudent et présomptueux, s'alla jeter de lui-même dans les piéges des ennemis et y périt avec Manuel d'Acugna. Vasconcellos vint au secours de Goa : sa prudence et son activité la défendirent ; mais ce capitaine habile fut sur le point de succomber par les embûches d'un traître. Rosalcam, officier au service des Portugais, demanda des troupes pour chasser les ennemis ; il les combattit en effet, et en triompha ; mais il tourna aussitôt ses armes contre Goa, voulant exterminer les Portugais qui étaient hors d'état de lui résister. Heureusement il arriva un secours inattendu qui fit échouer le projet du perfide Rosalcam.

Uteti-Mutéraya, négociant de Malaca, forma une conspiration contre les Portugais, fut découvert et eut la tête tranchée. Patecatir, autre marchand très riche, brûlait d'amour pour la fille d'Uteti-Mutéraya ; il voulut, à sa persuasion, tirer vengeance d'Albuquerque, et fut lui-même arrêté prisonnier.

1512. Albuquerque se rend à Cochin, où il réprime la licence dans laquelle vivaient les Portugais, enivrés de la gloire de leurs armes.

Patecatir, échappé de sa prison, vient à bout de former une faction puissante ; mais les Portugais, ayant pris les armes, le forcent de fuir avec toute sa famille dans l'île de Java.

Hidalcan fit de nouveaux efforts dans l'île de Goa, et il éprouva encore la supériorité des Portugais dans un combat où Albuquerque remporta la victoire. Ce vice-roi s'empara de Benastarin, forteresse où le traître Rosalcam s'était renfermé. Il y avait dans le château cinquante Portugais qui s'étaient rendus mahométans ; le vainqueur les fit horriblement mutiler, afin d'inspirer la terreur à ceux pour qui les lois de la religion et de l'honneur n'étaient pas un frein suffisant. Il fait bâtir une forteresse à Calicut, avec la permission du prince de ce pays. Les armes des Portugais ne prospéraient pas moins en Afrique. Ils y remportèrent plusieurs avantages contre le roi de Fez et ses partisans.

La reine Marie accouche à Lisbonne du prince Henri, qui fut dans la suite cardinal et roi de Portugal.

1513. Le roi de Fez mit sur pied une nouvelle armée, sous les ordres d'Ali-Baran et d'Almandarin. Ces troupes ravagèrent les terres de ceux qui étaient du parti des Portugais, et vinrent ensuite camper près de Tanger. Edouard de Menezes, gouverneur de cette place, marcha contre les rebelles ; et, quoique inférieur en nombre, son détachement soutint leur attaque avec tant de valeur qu'il les mit en déroute, leur tua six cents hommes et fit trois cents prisonniers.

Plusieurs des Maures, vassaux et tributaires du roi de Portugal, ne pouvant supporter le joug accablant sous lequel les gouverneurs les faisaient gémir, tentèrent de s'en délivrer, mais leur révolte fut presque aussitôt réprimée ; ils n'en devinrent que plus malheureux. Il s'éleva encore dans Almédine une faction en faveur du roi de Fez. L'alcaïde de Safi reçut alors un renfort de Portugal, et entreprit de soutenir le parti du roi don Emmanuel. Les Maures envoyèrent contre les Portugais un détachement de six cents cavaliers et de mille fantassins qui le força de reculer.

L'armée du roi de Maroc s'avança en même temps vers Safi. Le gouverneur de cette place fit une sortie dans laquelle il tua plusieurs des ennemis et leur fit beaucoup de prisonniers. Les Portugais, encouragés par ce succès, se rassemblèrent et s'avancèrent en bon ordre : l'action fut vive. Les Maures, supérieurs en nombre, pénétrèrent jusqu'au centre des ennemis, et étaient près de triompher, lorsque Barriga, général portugais, s'élance vers Jahomazende, général Maures, l'âme de tous les mouvements, l'attaque, le combat et le renverse d'un coup de lance ; le sort de la bataille ne fut plus alors douteux. Les barbares, ayant perdu leur chef, se laissèrent vaincre par la frayeur, prirent la fuite et n'osèrent même résister aux Portugais qui les poursuivaient. Les Maures demandèrent et obtinrent la paix, à condition qu'ils rentreraient sous le joug et qu'ils paieraient tribut au roi de Portugal.

Nunno Fernandez d'Atayde, général portugais, surprit aux environs de Safi l'armée du roi de Maroc; il enleva les gardes avancées et répandit la terreur. Le roi de Maroc se retira avec précipitation, abandonnant son bagage et laissant beaucoup de prisonniers, parmi lesquels se trouva une des principales femmes de ce roi. Les Portugais firent du dégât aux environs de Xiatime et vers le mont Atlas; ils attaquèrent Taulé, place située dans le territoire de Xiatime. Les habitants usèrent de stratagème pour leur défense; ils portèrent une grande quantité de ruches à miel sur leurs remparts; ils y mirent le feu; aussitôt des essaims sans nombre de mouches se jetèrent sur les Portugais et les obligèrent de s'éloigner. Dans le même temps, Barriga fut atteint et blessé d'un coup de flèche. La place était de trop peu d'importance pour qu'ils s'obstinassent à la prendre; ils en levèrent le siége. Il y eut encore quelques combats sanglants, mais qui n'apportèrent aucun changement.

Le roi de Portugal équipa une flotte, sur laquelle il fit embarquer seize mille fantassins et plus de deux mille chevaux, avec de l'artillerie, des munitions et tout ce qui était nécessaire; il en confia le commandement au duc de Bragance, son neveu, et lui donna des ordres pour réprimer les mouvements séditieux des mahométans de Fez et de Maroc. Les Portugais débarquèrent à Mazagan; ils s'avancèrent en ordre de bataille et campèrent devant Azamor; ils en pressèrent le siége avec vigueur. Les habitants, hors d'état de se défendre, sortirent de la place pendant la nuit; il n'y eut que les juifs qui en donnèrent avis aux assiégeants. Le butin fut immense. Les villes d'Almédine et de Lita se rendirent tributaires. Le roi d'Espagne et le roi de Portugal, son gendre, firent alors un accommodement entre eux, et un partage au sujet de leurs prétentions sur les conquêtes d'Afrique. Les Portugais se prévalaient d'une certaine concession des papes, et prétendaient avoir seuls le droit de conquérir le royaume de Fez. Le roi de Portugal avait envoyé en 1511 un ambassadeur à Alphonse, roi de Congo, pour l'exhorter à être fidèle à l'alliance qu'ils avaient contractée, et pour l'engager à maintenir la religion chrétienne dans ses états. Alphonse envoya à son tour un ambassadeur en Portugal avec le prince Henri, son fils, et plusieurs jeunes gentilshommes qu'il fit instruire de la langue latine et de la portugaise. Il remercia don Emmanuel de ses témoignages d'amitié, et rendit un édit pour manifester les grandes obligations qu'il lui avait. Ce prince fit aussi partir une ambassade pour porter ses hommages au pape.

1514. Don Tristan d'Acunha, avec une suite nombreuse de gentilshommes, va porter au pape les hommages du roi de Portugal et lui rendre compte des progrès de la religion et des conquêtes des Portugais dans les Indes orientales et en Afrique. Cet ambassadeur offre de magnifiques présents, parmi lesquels étaient une panthère apprivoisée et un très grand éléphant. Le pape, en reconnaissance, accorde au roi de Portugal le tiers et le sixième des revenus de toutes les églises et de tous les monastères de son royaume pour tout le temps qu'il ferait la guerre aux Maures; mais don Emmanuel se contenta d'accepter environ un million payable en trois ans.

Hélène, reine des Abyssins, envoya en Portugal un ambassadeur avec un morceau de la vraie croix, et donna à examiner sa profession de foi, craignant d'être involontairement dans l'erreur.

Nunno Fernandez d'Atayde, gouverneur de Safi, et don Jean de Menezes, gouverneur d'Azamor, célèbres généraux, font des incursions sur les terres des Maures. Menezes surprend les habitants de Benacafiz; il pille ce village et y fait mettre le feu, après avoir emmené 180 prisonniers. Dans le même temps, don Bernard Emmanuel se jeta sur Tafuz; mais, à la nouvelle de l'arrivée des Portugais, les Maures s'étaient sauvés de l'autre côté de la rivière qui traverse ce lieu, et s'étaient réunis en corps d'armée. Don Bernard marche à eux, fait beaucoup de prisonniers et dissipe le reste de ces barbares. Il revient dans Tafuz, ou il trouve une grande quantité de munitions de bouche, beaucoup de troupeaux, de chevaux et de chameaux. Nunno Fernandez d'Atayde médite de surprendre le chérif dans son palais, à Tednest, ville peuplée et dans une situation agréable. Il rassemble secrètement des troupes, et se met en marche par des chemins détournés ; mais le chérif, averti à temps, se sauve. Les Portugais tuèrent un grand nombre des gens de sa suite; ils entrèrent dans Tednest qui n'osa résister, et en emportèrent un butin considérable.

Ces courses fréquentes des Portugais déterminent les rois de Mequinez et de Fez à venir les attaquer dans Azamor. Don Jean de Menezes, Nunno Fernandez d'Atayde et Javentafuz se réunissent pour combattre ensemble les Maures : ils étaient bien inférieurs en nombre, mais ils avaient pour eux la confiance de leur fortune et leur expérience. Les Portugais s'avancent en bon ordre contre les barbares, qui étaient campés en rase campagne. Cette attaque imprévue les étonne, les épouvante; ils fuient. Ceux qui osent résister sont taillés en pièces. Deux mille sept cents Maures restent sur le champ de bataille. Il y en eut un plus grand nombre de blessés ou fait prisonniers. Le butin fut considérable. Les généraux chrétiens le cédèrent à Javentafuz et à ses gens. Le roi de Mequinez rassemble de nouvelles troupes et veut assiéger Azamor. Javantafuz se retire à Safi, et a la précaution de faire tarir les puits à trois lieues à la ronde. Ce fut ce qui obligea le roi de Mequinez de sortir de ces lieux qui manquaient d'eau. Cependant Javentafuz va trouver les principaux Maures de Xerquie, il leur représente la mauvaise foi du roi de Méquinez, et combien il leur serait avantageux de mériter par quelque action éclatante l'amitié des Portugais. Ses discours font impression. Les Maures se rangent sous ses drapeaux; Javentafuz les mène contre le roi de Mequinez, proche de Taxarote. Ils l'attaquent, ils mettent son armée en déroute, et lui-même est obligé de fuir, laissant beaucoup de morts et de prisonniers, avec des troupeaux nombreux et de riches dépouilles.

Le comte d'Alcoutin, gouverneur de Ceuta, fit aussi quelques irruptions sur les terres des Maures.

Don Jean de Menezes, célèbre général portugais, meurt le 15 mai dans Azamor dont il était gouverneur.

Ce général emporte avec lui dans le tombeau l'estime de son roi, des Maures et des Portugais. Il alliait la douceur au courage, l'enjouement de l'esprit au talent des affaires. Il cultivait l'étude des sciences et des arts ; il était partisan de l'astrologie judiciaire, défaut ordinaire de son siècle ; il s'adonnait à la poésie, mais sans passion, et il aimait les femmes sans leur sacrifier ses devoirs.

George d'Albuquerque fut nommé gouverneur de Malaca ; son premier acte d'autorité fut de donner au roi de Campar une place éminente qui était bien remplie par Ninachetuen. Ce malheureux vieillard, sensible à cet affront, fait dresser un échafaud qu'il orne de fleurs et de parfums, il allume un bûcher de bois odoriférant, et, après avoir harangué le peuple sur l'injustice des Portugais, il se précipite dans les flammes.

1515. Les Portugais remportent encore différents avantages contre les Maures. Javentafuz, le plus mortel ennemi des Maures ses compatriotes, était l'âme de cette expédition. Il apprend que plusieurs familles s'étaient rassemblées au pied des montagnes nommées *Claros*; il demande des troupes aux généraux portugais. Loup Barriga et don Alphonse, frère du comte Mira, se joignent à lui; ils vont attaquer les ennemis, les défont, massacrent tout ce qui ose résister, emmènent beaucoup de prisonniers avec un butin considérable et beaucoup de troupeaux.

Don Jean Coutinha, fils du comte de Borba, sort d'Arzyle à la tête d'un détachement pour réprimer les Maures habitants des montagnes de Farraleo, qui commettaient de fréquentes hostilités dans les possessions des Portugais. Il rencontre les Alcaydes de Laroz et de Moley, ayant des troupes près de quatre fois supérieures en nombre ; cependant il ose les combattre, leur tue deux cents hommes et leur enlève quatre-vingt dix chevaux.

Les Maures confédérés avec les Portugais étaient beaucoup inquiétés par le chérif. Ils demandent d'être protégés par le gouverneur de Safi, qui leur envoie Loup Barriga avec des troupes. Défaite de l'armée du chérif. Il est obligé de fuir, après avoir laissé beaucoup de monde sur le champ de bataille.

Nunno d'Atayde, gouverneur de Safi, médite la conquête de Maroc. Il fait avertir les Maures confédérés de se tenir prêts pour une expédition qui leur sera également glorieuse et utile. Cependant il reçoit avis que le chérif est dans le château d'Amagor avec une faible garde. Il envoie un détachement pour l'y surprendre ; mais le chérif, instruit de sa marche, envoie contre les Portugais un corps de troupes : le combat est vif et dure jusqu'à la nuit. Le chérif a le temps de se sauver avec l'élite de ses gens. La place est emportée d'assaut. Les vainqueurs y font un carnage terrible ; plus de mille femmes et enfants sont passés au fil de l'épée. On emmène une multitude de prisonniers, les autres habitants s'étant sauvés dans les rochers et les bois. Le butin est immense en bestiaux de toute espèce et en toutes sortes de provisions de bouche. Les Portugais ne gardèrent que les captifs, et abandonnèrent les dépouilles aux Maures confédérés. Nunno d'Atayde, poursuivant son projet, assemble une armée et entreprend d'attaquer Maroc ; mais il fut bientôt obligé d'abandonner ce dessein. Les Maures firent une sortie. Combat sanglant dont l'avantage fut égal de part et d'autre. Les Portugais et leurs alliés se retirèrent.

Le roi don Emmanuel, voulant étendre sa domination dans l'Afrique, ordonne la construction d'une forteresse dans l'endroit où la rivière de Mamora se décharge dans la mer ; il fait équiper une flotte nombreuse, et la remplit d'ingénieurs, d'ouvriers et de troupes. Les rois de Fez et de Méquinez ne virent point sans inquiétude ces travaux ; ils les troublèrent. Les Portugais, accablés par le nombre, furent défaits dans plusieurs attaques ; enfin, manquant de provisions, de secours, et hors d'état de résister, ils furent contraints de retourner à Lisbonne.

Dans les Indes, les Portugais poursuivent leurs conquêtes. Albuquerque arme une flotte pour aller soumettre Terunca, roi d'Ormuz, et fait demander à Hidalcan, souverain de Goa, et au roi de Narsingue, une place forte dans leurs États pour y mettre garnison portugaise ; ces princes lui envoient en réponse de magnifiques présents et leurs excuses de ne pouvoir satisfaire à ses demandes. Albuquerque remet à un autre temps la décision de cette affaire. Il était tout occupé de l'expédition d'Ormuz. Il fait dire au roi Terunca qu'outre le tribut auquel il était assujéti envers le Portugal, il voulait encore s'assurer de sa fidélité en faisant bâtir dans la ville une citadelle avec des maisons pour les marchands portugais. Hamed, favori de ce prince et l'appui de sa couronne, voulut empêcher cette entreprise ; mais Albuquerque le fit enlever et le condamna à avoir la tête tranchée. Sa mort rétablit la soumission et le calme. Terunca fournit sans murmurer tous les matériaux nécessaires à la construction de la forteresse, où l'on mit une bonne garnison et toute l'artillerie qui était dans la ville. Albuquerque fit conduire à Goa trente princes de la race royale. Ce vice-roi reçoit à Ormuz une ambassade du sophi de Perse pour le féliciter de ses conquêtes.

Le roi de Campar, qui était à Malaca, est

convaincu de trahison, et condamné à mort.

Albuquerque, malgré les services importants et sans nombre qu'il avait rendus à la cour de Portugal, ne put échapper aux soupçons. Don Emmanuel fait partir une flotte de treize vaisseaux, commandée par Lopès Suarès d'Alvarenge, qui vient pour remplacer Albuquerque dans sa place de vice-roi des Indes. Il était alors malade à Goa ; cette nouvelle lui donna le coup de la mort. Cet homme célèbre avait l'âme grande, le génie pénétrant, l'esprit vif, le caractère doux et bienfaisant. Il était habile général et politique adroit ; la justice, le mérite, les vertus trouvaient en lui un protecteur assuré ; le crime, le parjure le redoutaient comme un implacable vengeur. Sa mort excita les regrets des Portugais et des Indiens. Don Emmanuel fut obligé lui-même de rendre justice à son zèle, à sa fidélité, à son attachement pour son service. Il combla son fils naturel de ses bienfaits, et lui fit prendre le nom d'Alphonse que portait son père.

Il y eut à Lisbonne des réjouissances au sujet de la naissance de l'infant don Edouard.

1516. François Ier envoie une ambassade en Portugal, voulant engager don Emmanuel dans une confédération contre leurs ennemis communs ; mais ce prince, ayant ses forces divisées et craignant d'offenser le nouveau souverain d'Espagne, refuse de se liguer avec la France.

En Afrique, les Portugais font une guerre continuelle aux Maures. Le roi de Fez, incommodé surtout par les chrétiens habitants d'Arzyle, forme le projet de s'emparer de cette place. Il assemble une nombreuse armée avec laquelle il en fait le siège. Jean Coutinho, commandant de la garnison, soutient l'attaque, et donne le temps au roi de Portugal de lui envoyer un renfort de troupes. A la nouvelle de leur arrivée, le roi de Fez, qui avait déjà perdu beaucoup de monde, se retire avec précipitation, laissant une partie de son bagage.

Révolte des Maures du territoire de Vleiambran ; ils attaquent ceux d'Oleydemeta, alliés du Portugal. Ces derniers demandent du secours. Alvarez d'Atayde, qui avait succédé dans le gouvernement de Safi après la mort de Nunn Fernandez son parent, va, à la tête d'un parti, combattre les rebelles qui s'étaient réfugiés dans les montagnes appelées *Montes claros*. Ils n'attendent point son arrivée ; Rah-Beuxamut, leur chef, les entraîne avec lui dans sa fuite. Les Portugais se saisissent de ce qui est dans l'habitation des ennemis et emmènent plusieurs prisonniers, parmi lesquels on distinguait *Hoté*, femme du chef des Séditieux, et remarquable par l'éclat de sa beauté.

Atayde triomphant marche sans défiance ; la chaleur l'oblige de faire halte avec ses troupes aux environs d'Algoz. Cependant Rah-Beuxamut, animé par le désespoir de voir sa femme entre les mains de ses ennemis, rallie les Maures, et arrive par des chemins détournés dans l'endroit où les Portugais étaient arrêtés. Il se précipite contre eux à la tête de ses gens, déterminés comme lui à vaincre ou à mourir. Il profite de leur surprise et de leur désordre, il les enfonce ; il parle aussitôt en vainqueur aux Xerquiens, qui étaient des Maures confédérés avec les Portugais ; il les engage par l'honneur, par Mahomet, par leur religion, à abandonner le parti des chrétiens. Les Maures se laissent persuader. Les Portugais veulent encore faire des efforts de courage. Atayde leur donne l'exemple et les enflamme ; mais il est atteint d'une flèche qui le tue. Sa mort est suivie de celle des autres généraux qui veulent le venger. Ce n'est plus qu'un carnage affreux. Peu de Portugais échappent de cette déroute. Beaucoup sont prisonniers. Rah-Beuxamut doit à l'amour sa victoire. Il délivre sa femme pour laquelle il avait combattu. Il emporte un butin considérable. Les Maures, alliés des Portugais, suivent les étendards du vainqueur.

Le roi don Emmanuel fut tenté, en apprenant cette triste nouvelle, d'abandonner la guerre d'Afrique, si dangereuse par l'inconstance naturelle et la perfidie des Maures, et qui d'ailleurs épuisait le Portugal d'hommes et d'argent. Il considérait qu'une seule journée malheureuse détruisait l'ouvrage et les succès d'une longue suite de travaux. Mais Javentafuz, ce Maure si dévoué aux Portugais, détourna le roi de son dessein; il lui promet de rétablir l'alliance des Maures rebelles; enfin, à sa persuasion, ce monarque se détermine à continuer la guerre d'Afrique; il nomme général, à la place d'Atayde, Nuno Mascarenhas.

Les chérifs assemblent les Maures, et leur font observer que dans le royaume de Sus il y a une vallée de quinze lieues en carré, d'une situation agréable, dont la terre fertile était le repaire d'animaux féroces. Ils les engagent à défricher ce lieu, à y jeter les fondements d'une ville, et à y construire plusieurs autres habitations. Leur projet est approuvé. Les Maures commencent à bâtir la ville de Tarudant.

1517. La reine dona Marie meurt le 7 mars à Lisbonne, âgée de 35 ans. Ses vertus, son cœur bienfaisant, sa piété, la firent regretter du roi et de tout le royaume.

Don Emmanuel fait solliciter le pape d'engager les princes chrétiens à former une ligue contre les Turcs, dont la puissance devenait de plus en plus formidable.

La guerre d'Afrique se poursuit; le roi ordonne l'armement de soixante vaisseaux, et charge Diègue Lopez de Sequeira d'aller attaquer la ville de Targa, à dix lieues de Ceuta. Les gouverneurs d'Arzyle, de Tanger et de Ceuta devaient lui fournir des troupes pour cette expédition. La mésintelligence des généraux empêcha la réussite du projet. Don Pèdre de Menezes, comte d'Alcontin, gouverneur de Ceuta, ne voulut point servir en sous-ordre, et retourna avec son armée dans son gouvernement. Sequeira, mal secondé, n'entreprit point le siége; il se rendit à Arzyle, d'où il fit des incursions sur les terres des ennemis; il s'empara du village nommé Aryana; il fit quelques prisonniers, enleva du bétail et retourna en Portugal. Les gouverneurs d'Arzyle et de Tanger réunissent leurs forces; ils se jettent sur la campagne d'Alexarife, proche Alcaçar-Quivir; ils surprennent les Maures, en massacrent plusieurs, en font d'autres prisonniers, et emmènent une grande quantité de troupeaux. L'alcayde d'Alcaçar poursuit les Portugais; mais leur bonne contenance l'oblige de se retirer.

Javentafuz, ce Maure si attaché aux intérêts du roi de Portugal, va en Afrique et emploie tous les moyens pour faire rentrer dans l'obéissance les Maures qui s'étaient séparés. Il trouve beaucoup d'obstacles par la révolte des habitants de Dacilda. Nuno Mascarenhas, gouverneur de Safi, envoie don Pèdre, son frère, à la tête d'un détachement qui les oblige de recevoir le joug.

Le roi de Fez conduit une armée nombreuse contre la ville de Safi. Le gouverneur de cette place demande à la cour de Portugal un renfort de troupes avec des munitions. Ces secours, étant arrivés heureusement, firent changer de résolution les ennemis.

Ferdinand Perez Auduade avait abordé à la Chine avec huit vaisseaux; il lui fut permis d'entrer dans le port de Canton avec deux vaisseaux seulement; il laissa le reste de sa flotte dans l'île de Talucou. Thomas Perez alla trouver l'empereur, à titre d'ambassadeur du roi de Portugal. Il y eut une alliance et un traité de commerce entre le Chinois et les Portugais. Après le départ d Ferdinand, Simon, son frère, aborda à Can ton; il détruisit bientôt à la Chine la bonn opinion que Ferdinand y avait laissée de Portugais. Ceux qui l'accompagnaient s conduisirent avec tant de violence et d fierté que les Chinois les poursuiviren comme des pirates. Thomas Perez revin alors à Canton; il fut arrêté comme un en nemi avec toute sa suite; l'empereur le co damna à périr dans les prisons.

Alphonse Martin de Melo se présenta aus à la Chine, trompé par la foi du premi traité et ignorant ce qui s'était passé d puis. Il fut investi par la flotte des Chino et accablé par le nombre. Cependant Me se sauva sur son vaisseau; mais les autr qui l'accompagnaient furent pris. Les Portugais captifs furent massacrés par les vainqueurs. Il fallut du temps aux Portugais pour regagner la confiance que Simon Auduade leur avait fait perdre, tant est important le choix de ceux qui doivent représenter une nation. Enfin les Chinois permirent aux Portugais de commercer avec eux et de bâtir une ville à Macao, à vingt lieues de Canton, où un gouverneur portugais et un Chinois mandarin devaient faire observer une exacte police.

Don Jean Sylveira renouvelle un traité d'alliance entre le roi de Portugal et celui de Cambaye.

1518. Don Emmanuel, roi de Portugal, avait formé le dessein d'abdiquer la couronne et de se retirer dans l'Algarve avec les revenus de cette province et ceux de la grande-maîtrise de Christ, qu'il réservait pour continuer la guerre d'Afrique; mais il changea de résolution, apprenant les trames secrètes que le prince don Jean formait contre son service; il résolut même de se remarier; il fit demander et obtint l'infante dona Éléonore, sœur du roi d'Espagne. L'archevêque de Lisbonne donne la bénédiction aux deux époux.

En Afrique, les chérifs faisaient tous leurs efforts pour enlever aux Portugais les Maures qui leur étaient attachés. Boagaz, un de ces chefs, allié du roi de Portugal, fut surpris par un parti des ennemis; ses villages furent saccagés; Tuc tomba au pouvoir des vainqueurs.

Les Portugais, voulant tenter une nouvelle expédition contre les Maures, donnèrent dans une embuscade, proche d'Accalayde, et y perdirent beaucoup de monde.

Don Alvar Noronha, envoyé à Azamor en qualité de gouverneur, apprend qu'un camp de barbares n'est pas loin de lui; il fond sur eux à la pointe du jour, en fait un grand carnage et emmène beaucoup de prisonniers.

Vasco Fernandez, sous-lieutenant, n'est pas moins heureux contre une autre garde de Maures campés à trois lieues d'Azamor. Ces avantages engagent plusieurs peuplades à se mettre sous la protection des Portugais.

Ces Maures alliés voulurent signaler leur zèle contre ceux d'Euxovie, ennemis du Portugal, et demandèrent des secours que leur donna le gouverneur d'Azamor; les ennemis étaient en plus grand nombre qu'on ne le croyait; les Maures ne voulurent point les attaquer et se retirèrent; les Portugais, quoique beaucoup inférieurs, osèrent résister: ils forcèrent les Barbares de se retirer, mais ils perdirent, dans cette action sanglante, plusieurs de leurs officiers et leurs plus braves soldats.

1519. Les Portugais continuent leurs expéditions en Afrique. Don Alvar de Noronha, gouverneur d'Azamor, fait une nouvelle incursion contre les Maures d'Euxovie, les surprend, en massacre un grand nombre, emmène beaucoup de prisonniers, et leur enlève quantité de troupeaux avec un butin considérable.

Parmi les captifs étaient plusieurs femmes de considération, dont la garde fut confiée à Antoine Leytan, gentilhomme portugais, qui eut la cruauté de couper les mains et les pieds à une de ces femmes pour lui arracher des bracelets et des cercles d'argent qu'elle portait comme des ornements de son rang. Une avarice si horrible ne demeura point impunie. Le coupable n'obtint la vie qu'à la sollicitation des autres gentilshommes; il fut dégradé de noblesse et de son état, et envoyé prisonnier en Portugal.

Don Alvar de Noronha fortifie son parti de celui des Maures alliés, auxquels il abandonne le pillage de la ville de Siner dont il se rend maître. Il faisait conduire à Azamor les captifs et les troupeaux, lorsque les Maures se rassemblent et viennent attaquer les Portugais dans leur marche; mais ces derniers, faisant bonne contenance, obligèrent les ennemis de se retirer.

Vasco Fernandez fait aussi de nouvelles incursions contre les Maures d'Euxovie. Don Alvar force d'assaut la ville d'Umbié, fait un grand carnage des mahométans, livre cette place au pillage, et emmène beaucoup de prisonniers sans avoir perdu dans cette action un seul Portugais.

Don Alvar poursuit un détachement de Maures qui couraient la campagne aux environs d'Azamor, il les surprend et les taille en pièces. Balzoba, leur chef, forme une nouvelle troupe avec laquelle il vient attaquer les vainqueurs dans leur retraite; un cavalier maure se précipite sur don Alvar et le renverse sans sentiment. Les Portugais volent au secours de leur capitaine, écartent les ennemis et les dissipent malgré la supériorité de leur nombre. Plusieurs hordes de Maures, étonnés de tant de courage et de succès, vinrent se mettre sous la protection et l'alliance des Portugais.

Don Jean de Courtinho, gouverneur d'Arzyle, s'empare de la ville de Négros, où il fait un riche butin et quelques prisonniers. Les officiers portugais étaient animés de la même émulation; ils ambitionnaient tous l'honneur de signaler leurs armes contre les Maures. Don Emmanuel de Mascarenhas, qui était à Ceuta, entreprend d'arrêter un Maure célèbre, appelé Aroaz, qui commettait beaucoup d'hostilités. Il marche contre lui avec une troupe de Portugais d'élite, il défait son parti et emmène un butin considérable avec plusieurs captifs à Ceuta.

Aroaz fut tué dans une autre action par un soldat portugais. Les Maures de Garabie se soulèvent contre le roi de Portugal leur allié. Nunno Mascarenhas fait assassiner l'officier du roi de Fez qui avait porté les Maures à la révolte; il marche contre eux, en tue un grand nombre, détruit leurs habitations, et force enfin ces barbares de revenir eux-mêmes demander grâce, et de rentrer dans le parti des Portugais, après avoir exigé des otages pour sûreté de leur fidélité.

Après la conquête du royaume de Malaca dans les Indes par les Portugais sous le commandement du célèbre Albuquerque, un capitaine, nommé Abreu, alla avec quelques vaisseaux à la découverte des îles Moluques. Il aborda, après quelque temps de navigation, dans l'île de Java, ensuite dans l'île de Banda. Une tempête dispersa sa petite flotte, et jeta un de ses vaisseaux, commandé par le capitaine Serran, dans les îles Lucopines, où ce vaisseau se brisa contre un rocher. Serran et tous les hommes de l'équipage se sauvèrent à terre avec leurs armes. Des pirates infestaient ces côtes; les Portugais, échappés aux dangers de la mer eurent à se défendre contre ceux de l guerre, ou plutôt du brigandage. Ils s tiennent cachés en embuscade, et voien une bande de ces corsaires qui descend e se jette dans l'île pour attaquer les malheu reux qui avaient fait naufrage. Serran pro fite du moment où ces brigands sont éloi gnés du rivage, et court avec les siens pou s'emparer de leurs vaisseaux. L'île était dé serte; les pirates eussent péri de faim et d misère; ils supplièrent les Portugais d leur faire grâce et de vouloir bien les rece voir, leur promettant de les conduire dan une île voisine où ils trouveraient ce qui leu était nécessaire et d'où ils pourraient ga guer le continent. Serran les admit dans l vaisseau; ils le firent en effet aborder dan l'île d'Amboine, où les habitants de Ruente les reçurent avec humanité. Les Portugais par reconnaissance, aidèrent ce peuple con tre une nation voisine, son ennemie. A bruit des exploits des Portugais, Boleife roi de Ternate, une des îles Moluques, en voie des ambassadeurs à Serran et l'invite venir à sa cour.

Boleife était en guerre contre Almanzo roi de Tidore; mais ce dernier, appréhen dant les Portugais dont le parti de son en nemi était soutenu, demanda la paix, e pour la cimenter, il offrit à Boleife sa fill en mariage: ce qui fut accepté. Le roi d Tidore accabla ses bienfaiteurs de présen et, pour leur donner des marques plus sen sibles de sa reconnaissance, il les engage à rester dans son île et à y bâtir une for teresse. Ils y étaient invités par l'espéranc d'un commerce lucratif tel que celui du gi rofle et de la noix muscade; mais les Sarra ins, appréhendant de perdre leur crédit ans les Moluques par la concurrence des ortugais, empoisonnèrent le roi qui les rotégeait. Ce souverain recommanda en ourant à la reine d'observer fidèlement 'alliance des Portugais.

1520. Les Corsaires de Tetuan infesaient, depuis quelques années, les côtes de euta, de Larache et de Gibraltar. Gomez e Silva, gouverneur de Ceuta, ordonne à es deux fils, André et Michel de Silva, 'aller avec deux brigantins donner la chasse ces pirates, tandis qu'il était avec un détahement de cavalerie le long des côtes pour ondre sur ces brigands s'ils venaient à débarquer.

Michel s'avance en mer, et attaque ces orsaires qui le reçoivent avec valeur et iennent même à l'abordage. Le père, spectateur du combat, crie à son autre fils de ecourir son frère. Il y vole avec tant d'acvité et d'intrépidité, qu'il massacre la pluart des Maures qui étaient sur le brigantin. es corsaires fuient : Michel suit une de urs galiotes, et la fait échouer sur la côte is-à-vis l'endroit où Gomez de Silva était vec son corps de cavalerie. Ceux d'entre s barbares qui débarquent sont faits prinniers ; les autres sont noyés. Les Porgais se rendent maîtres de la galiote. Cette ictoire fut également honorable pour le ère et les deux fils.

Gomez fit encore quelques autres excurons afin d'arrêter le brigandage des aures. Il les repoussa jusqu'à Tetuan, en a plusieurs, et fut lui-même blessé d'un up de lance, mais sans danger. Ce gouverneur mande à don Emmanuel, roi de ortugal, que, pour empêcher les hostilités es corsaires de Tetuan, il fallait faire bâtir ne forteresse à l'embouchure du fleuve ui traverse cette ville. Le roi goûte ce nseil : il fait armer huit vaisseaux, et en onne le commandement à don Pedre de ascarenhas qui se rendit à Ceuta sous rétexte de secourir Arzyle contre le roi de ez. Don Jean de Coutinho profite de l'arvée de son beau-frère pour faire des courses dans les montagnes de Benamarez, surprend des Maures qu'il emmène prisonniers, et s'empare de leurs troupeaux.

Ben-Adujar, vassal du roi de Fez, toujours opprimé, toujours poursuivi par son souverain, se met sous la protection des Portugais. Norousa lui donne le commandement des Maures de Xerquie, avec lesquels il fait plusieurs expéditions heureuses sur les terres du roi de Fez. Ce maure envoya Feret, son frère, en Portugal pour assurer don Emmanuel de sa fidélité ; mais il se repentit bientôt de trahir ses compatriotes, et, voulant réparer vis-à-vis d'eux sa désertion, il offrit au roi de Fez de livrer tous les chrétiens qui lui étaient confiés par les gouverneurs portugais. Cependant Norousa, connaissant l'inconstance naturelle des Maures, et ayant quelque défiance de la bonne foi de Ben-Adujar, lui refusa des troupes qu'il demandait. Antoine de Leytan, gouverneur de Mazegan, agit avec plus de sécurité, et lui accorda un détachement de cavalerie et d'infanterie. Ce Maure perfide, étant arrivé près des terres du roi de Fez, découvrit son projet à Feret, son frère, qui lui en fit un crime, et qui l'engagea du moins à renvoyer au gouverneur les chrétiens qu'il avait confiés à sa garde.

Ben-Adujar suivit ce parti ; après quoi il alla avec les Maures se remettre entre les mains du roi de Fez. Ce souverain, outré de ne point avoir des Portugais pour victimes de sa vengeance, accusa le Maure de trahison et lui fit couper la tête ainsi qu'à son frère.

Javentafuz, ce Maure qui avait donné tant de preuves de son attachement et de sa fidélité pour les Portugais, fut pourtant soupçonné d'entretenir des intelligences secrètes avec le roi de Fez ; mais il se justifia pleinement de ce reproche vis-à-vis le roi don Emmanuel qui lui rendit sa confiance. Javentafuz fit éclater de nouveau son zèle en réduisant les Dabidiens, qui venaient de se révolter, à rentrer avec les Maures de Xiatim au service des Portugais.

Vasco Fernandez Cesar avait eu ordre de croiser avec un vaisseau de guerre sur la côte d'Afrique, depuis le détroit de Gibraltar; il attaqua deux galiotes mauresques et les fit échouer. Les Maures, pour se venger, arment six autres galiotes, et viennent à sa rencontre proche de Marbella. Vasco essuie un rude combat, dans lequel il remporte l'avantage par l'habileté de sa manœuvre, en sorte que les Maures sont obligés de se sauver sur les côtes d'Afrique. Vasco veut encore les poursuivre; mais le défaut de vent l'arrête; il est contraint de relâcher à Malaga pour faire panser ses blessés et radouber son vaisseau.

Dans les Indes, Antoine Corréa fait voile vers le Pégu; il aborde à Martabas, ville maritime du royaume; pays abondant en or, en pierres précieuses, en bois de senteur, en fruits et grains de toute espèce. Corréa fait un traité d'alliance avec le roi de Pégu, qui permet aux Portugais de commercer librement dans ses États. Ce capitaine fait charger ses vaisseaux de marchandises et retourne à Malaca.

Tandis que cet officier portugais était au Pégu, il y eut du tumulte dans le royaume de Pacen, situé dans l'île de Sumatra. Un seigneur du pays venait de massacrer son souverain et les Portugais établis dans Pacen. Don Garcie de Sala, gouverneur de Malaca, fait armer un vaisseau, et envoie Manuel Pacheco avec ordre de croiser aux environs de Pacen pour empêcher les vivres d'y aborder. La famine ne tarda point à se faire sentir dans cette ville.

Pacheco, tenant depuis du temps la mer, manqua d'eau fraîche, et envoya cinq Portugais sur un esquif pour en chercher. Ces hommes furent attaqués par trois fustes de Pacen; que Zudamec, capitaine javois, commandait. L'action fut vive. Les cinq Portugais vinrent à l'abordage dans la fuste où était le capitaine; ils attaquèrent avec tant d'activité et de fureur leurs ennemis, qu'ils en tuèrent plusieurs et forcèrent les autres de se sauver dans deux fustes où ils se jetèrent avec précipitation. Ce coup de vigueur, où la valeur avait triomphé si puissamment du nombre, étonna tellement le roi de Pacen qu'il demanda la paix aux Portugais sous les conditions qu'ils voulurent lui prescrire.

Le roi de Biutane fit quelques hostilités qui engagèrent don Garcie de Sala d'armer contre lui. Antoine Corréa fut chargé de cette expédition. Ce capitaine attaque une forteresse que ce roi occupait sur le fleuve Muar; il s'en rendit maître et y mit garnison; il fit voile vers la ville de Pades, défi l'armée qui voulait l'empêcher de débarquer, entra dans la ville, la saccagea et f mettre le feu à plus de cent vaisseaux qu étaient dans le port de cette place. Le roi de Biutane fut obligé de se tenir enfermé dan sa capitale.

La reine de Coulam voulait extermine les Portugais et les chrétiens qui étaie dans ses États. Elle s'était liguée avec un autre reine; elles parvinrent à mettre su pied une armée assez nombreuse et firent l siège de la citadelle dont les Portuga étaient maîtres. Le gouverneur, Hector R deric, fait avertir Alexis Meneseil, gouve neur de Cochim, de la situation où il s trouve; il reçoit des secours qui forcent l deux reines à demander la paix.

1521. La reine dona Éléonore accouch à Lisbonne de l'infante dona Marie. Charle duc de Savoie, fait demander par ses a bassadeurs l'infante dona Beatrix. Le r don Emmanuel consent à cette alliance. promet à sa fille cent cinquante mille cre sades en dot. Un des ambassadeurs épous la princesse par procuration, au nom de so souverain.

L'infante s'embarque le 9 d'août, et a rive le 9 de septembre à Villefranche d Nice, où le duc son époux la reçoit av beaucoup de magnificence.

En Afrique, Javentafuz cherchait toujou de nouvelles occasions de donner des preuv de son zèle et de son attachement pour les Po tugais. Ce Maure demande des troupes gouverneur de Safi; on lui fournit un dét chement conduit par don Rodrigue de Noro ha. Javentafuz avait posté aux environs d villages d'Oley-Motaha, à la tête de cinquan hommes, Brasen, l'un des principaux Maures de Dabide. Un seigneur de ce pays, nommé Muley-Idris, vient avec des montagnards attaquer le poste gardé par Brasen ; il le surprend et massacre cet officier avec toute sa troupe. A cette nouvelle, Javentafuz se met en chemin pour aller consoler Azu, son ami, frère de Brasen ; il ne se fait accompagner que de quatre officiers maures, dont deux le poignardent ; les deux autres, qui veulent le secourir, sont aussi égorgés.

Le roi Emmanuel regrette dans Javentafuz un allié fidèle, brave, entreprenant, qui avait toujours les armes à la main pour étendre ou pour conserver ses conquêtes. La mort de cet homme célèbre fit bientôt connaître l'importance de ses services.

Le détachement des Portugais reprend la route de Safi, accompagné des Maures de Garabie, leurs alliés. Ces derniers, supérieurs en nombre, emportés par une cupidité cruelle et perfide, se jettent tout à coup sur les Portugais pour leur enlever leurs chevaux et leurs armes, en tuent plusieurs, en font d'autres prisonniers, et chargent de fers le commandant don Roderic de Noronha.

Ceux qui échappèrent à la fureur de ces brigands vinrent jeter l'alarme dans Safi. Don Nuno Mascarenhas assemble aussitôt des troupes et court à la vengeance contre les Garabiens ; il les rejoint, en massacre cent cinquante, en met six cent cinquante aux chaînes ; il leur enlève leur butin, avec un grand nombre de bestiaux.

Le gouverneur d'Arzyle, don Juan de Coutinho, fait une excursion contre les Maures des environs de cette place, s'avance jusqu'à Tinlan, surprend plusieurs de ces barbares, en tue un grand nombre, fait beaucoup de prisonniers, et retourne à Arzyle avec un riche butin.

Hamet Laroz, gouverneur d'Arcacer, vint se présenter devant Arzyle pour tirer engeance des Portugais. Le gouverneur ortit et envoya au devant deux officiers avec es détachements.

Alvar Nunez, un de ces officiers, se laissant trop aller au feu de son courage, attaque les Maures ; il leur fait lâcher pied, quoiqu'avec peu de monde, les poursuit imprudemment, et est accablé par le nombre des ennemis qui retombent sur lui et le massacrent avec quelques autres de sa suite. Coutinho, animé par cet échec, attaque l'arrière-garde des ennemis, en égorge plusieurs et fait des prisonniers.

Don Henri de Menesol, gouverneur de Tanger, remporta aussi plusieurs avantages sur les Maures, habitants des montagnes de Farrobo.

Simon d'Acunha, commandant d'une flotte, a ordre de croiser dans le détroit de Gibraltar pour donner la chasse aux vaisseaux étrangers ennemis du Portugal, et pour réprimer les corsaires de Barbarie.

Quatre bâtiments anglais s'emparèrent d'une tartane portugaise que Vasco Fernandez César, monté sur un bon vaisseau, leur reprit, après un combat assez vif, vers le détroit de Gibraltar.

Il y eut une affreuse disette dans la Barbarie et aux environs. Des Maures, pressés par la famine, vinrent en Portugal, sous prétexte de vouloir embrasser le christianisme. Mais leur ferveur ne dura que pendant le temps du fléau qu'ils fuyaient.

Le roi don Emmanuel meurt le 13 de décembre d'une fièvre épidémique qui faisait beaucoup de ravage dans Lisbonne. Il est inhumé dans le monastère de Bélen, que ce prince avait bâti pour le lieu de sa sépulture. Ce monarque fut surnommé *le Grand*.

Il mérite une place distinguée dans les fastes du Portugal par l'éclat de son règne et par les conquêtes qu'il fit dans les Indes et en Afrique.

Il montra toujours beaucoup de zèle et d'attachement pour la religion. Il ambitionnait la gloire des armes ; il était magnifique dans sa cour, généreux, juste, laborieux, aimant les devoirs de la royauté, en remplissant toutes les fonctions avec exactitude. Il se rendait affable et accessible à tous ses sujets. Il chérissait ses peuples en père ; il se fit une étude de leur bonheur et de leur alliance. Il eut beaucoup de goût pour les lettres; il honorait, il récompensait les talents, la science et le mérite. On peut lui reprocher la sévérité avec laquelle il traita les juifs établis dans ses États; ce qui dépeupla sensiblement son royaume, et le priva des fruits de l'industrie de cette nation active et commerçante.

Emmanuel eut pour successeur au trône l'aîné de ses fils, don Jean III du nom, qui fût proclamé roi le 19 de décembre.

Sigueira, vice-roi des Indes, se rend à Ormuz et fait partir plusieurs officiers pour différentes expéditions. Il envoie Alexandre de Menezès à Cochim, Georges d'Albuquerque à Malaca, Raphaël Perestrel à la Chine, Jacques-Ferdinand Begie, Nunès et Manuel de Macedo sur les côtes de Diou, Antoine Brito aux Moluques.

Ce dernier fait construire une forteresse dans l'île Ternate. Cependant, le roi de Tidore arme contre les Portugais; la reine de Ternate, sa fille, régente de cette île pour le jeune prince son fils, joint ses armes à celles de son père.

Brito n'attend pas les ennemis; il vole avec sa troupe au palais de la reine, enlève le roi et les princes ses frères, et les enferme dans la citadelle comme des otages de sa sûreté.

Idalcan ne voyait pas sans peine les Portugais maîtres de Goa, dont il était souverain; il résolut de rentrer dans cette place. L'occasion lui paraissait favorable, parce que Sigueira en avait affaibli la garnison pour fortifier Ormuz. Mais Crisnera, roi de Narzingue, avertit le vice-roi des projets d'Idalcan, et, appréhendant pour lui-même son ambition; il leva une armée afin de l'arrêter dans son entreprise. Il y eut entre ces deux princes indiens un combat fort rude près de Goa.

Le roi de Narzingue fut vainqueur; il enleva plusieurs provinces à Idalcan, entre autres celle de Balagate dont il mit les Portugais en possession.

Les Portugais avaient une forteresse dans le royaume de Colombo, dans l'île de Ceylan, d'où ils incommodaient beaucoup les insulaires.

Lopez Brito, gouverneur de cette citadelle, autorisait le brigandage de la garnison. Les Ceylanais s'assemblèrent en force et assiégèrent les Portugais, qui de leur côté entreprirent une sortie dans laquelle ils firent un carnage horrible des habitants, n'épargnant ni le sexe ni l'âge, et mettant tout à feu et à sang. Les Ceylanais viennent en plus grand nombre pour tirer vengeance de leurs ennemis. Mais Alexis de Menezès, gouverneur de Cochim, apprenant le danger de Brito, lui envoie un secours de cinquante hommes qui favorisèrent une nouvelle sortie des Portugais. Les Indiens fuient; les éléphants, sur lesquels il y avait des combattants, effrayés ou blessés par l'artillerie, se renversent; les Portugais profitent de ce désordre et font un massacre effroyable. Le roi de Colombo, appréhendant une révolution dans ses États, demanda la paix et l'obtint facilement.

Les Portugais firent encore d'autres expéditions. Antoine Correa, par l'ordre du vice-roi, chassa de l'île de Baharem Mochri, qui en était seigneur. Il revint à Ormuz comblé de gloire et de richesses.

Édouard de Menezès arriva avec quinze vaisseaux à Batticala, pour prendre possession de la vice-royauté des Indes; et Georges Sigueira, ayant rempli le temps de sa commission, se disposa à partir pour Lisbonne. Cependant les sultans d'Ormuz forment une conjuration contre les Portugais, les surprennent sans défense et en tuent soixante au milieu de la nuit. Don Garcie Coutinho, gouverneur de la citadelle, averti par le tumulte, fait une sortie et tire une cruelle vengeance des Indiens. Le massacre fut général dans toutes les villes dépendantes de Terunca, roi d'Ormuz.

Le vice-roi envoie au secours des Portugais des troupes et des vaisseaux. Il y eu sur terre et sur mer des combats dans lesquels la valeur des Portugais triompha d nombre des ennemis. Terunça s'était laiss aller par faiblesse aux conseils perfides de Xeras. Ce ministre infidèle, voulant se justifier d'avoir été l'auteur de la révolution, fit massacrer le roi d'Ormuz par Xamire, son confident; et il engagea le peuple à élire à sa place Patra Mahometxa, fils de Zeifadin.

1522. Don Jean III, roi de Portugal, commence à régner par des bienfaits. Il comble d'honneurs et de grâces les seigneurs qui ont été le plus attachés au feu roi son père. Il confirme à la nation les mêmes avantages dont elle jouissait sous le dernier règne. Il donne ses soins aux progrès de la navigation; il protége surtout celle des Indes orientales.

Des ambassadeurs de l'empereur viennent le féliciter sur son avènement à la couronne.

Ce roi apprend que des corsaires français croisaient sur les côtes de Portugal; il envoie Jean de Silveira en France pour demander la restitution des prises faites sur les Portugais, offrant de rendre pareillement ce qui avait été enlevé aux Français, afin de conserver la bonne intelligence entre les deux nations. François Ier charge Honorat Caïs d'aller en Portugal avec des instructions pour donner toute satisfaction à don Jean et pour cimenter l'union des deux puissances.

On conseille au roi de Portugal d'épouser la reine dona Éléonore, sa belle-mère, qui était demeurée veuve assez jeune, afin de gagner par ce mariage le douaire immense qui lui avait été donné; mais le scandale d'une telle alliance déplut à don Jean.

D'ailleurs, cette reine parut désirer de revenir en Castille avec l'infante dona Marie sa fille dont elle était accouchée après la mort du roi don Emmanuel. L'empereur son frère envoya pour demander et accompagner ces princesses le comte de Cabra, l'évêque de Cordoue et le docteur Cabreto.

Don François de Coutinho, comte de Marialva et de Loulé, eut l'honneur de marier dona Guimar, sa fille unique, la plus riche héritière de l'Espagne, avec l'infant don Ferdinand, suivant les intentions du feu roi et l'agrément du prince régnant; don Jean de Lancastre, marquis de Torres-Novas, eut la témérité de faire opposition à ce mariage, ce qui indisposa le roi et lui attira sa disgrâce. Ce mariage ne fut pas heureux. Ferdinand, sa femme, deux fils qu'ils eurent et Coutinho, moururent dans l'espace de quatre mois, en 1534. Les biens immenses de cette succession furent alors réunis à la couronne.

Le roi fit demander au pape Adrien une dispense pour l'infant don Louis, à qui il venait de donner le prieuré de Crato.

Il chargea don Louis de Silveira de traiter du mariage de la princesse Isabelle, sa sœur, avec l'empereur Charles-Quint.

En Afrique, Mendez-Zacoto se rend à Azamor, dont il avait été nommé gouverneur. Il apprend à son arrivée qu'Alimimez, Maure puissant d'Euxovie, voulait joindre ses troupes à celles du roi de Fez; il part aussitôt pour rompre cette confédération. Il surprend plusieurs troupes de Maures d'Euxovie, en tue un grand nombre et fait six cents prisonniers, parmi lesquels étaient une femme d'Alimimez et deux de ses enfants. Il remporte un butin considérable qu'il distribue parmi les Maures alliés. Mendez rencontra une autre troupe de barbares. Ils venaient de s'emparer d'une barque castillanne à la barre d'Azamor, et, après avoir égorgé neuf matelots, ils emmenaient trois captifs. Les Portugais se jettent sur ces pirates, en égorgent sept et se saisissent de cinq autres que Mendez, à la sollication de ses troupes, fait pendre en punition de leur perfidie et de leur brigandage.

Dans les Indes, le vice-roi Édouard de Menezès envoie de nouveaux secours aux Portugais d'Ormuz, et donne le commandement de la citadelle à don Rodrigue de Noronha. Il propose un accommodement à Xeras qui avait fait périr le roi Terunca dans la dernière révolution; le calme est rétabli dans la ville.

Xeras sait gagner par des présents considérables les bonnes grâces du vice-roi, et gouverne en maître dans Ormuz. Il se défait impunément de Xamire et de Norandin, les deux hommes les plus attachés aux Portugais.

Georges d'Albuquerque, gouverneur de Malaca, force le roi de Bintam à quitter les armes qu'il avait prises contre les Portugais.

Don Garcie Henriquès, cousin d'Albuquerque, va, par son ordre, à la découverte des îles de Banda, où la noix muscade et le macis croissent en abondance.

Dans les Moluques, Antoine Brito rappelle, pour tranquilliser le peuple, la reine de Ternate dans ses États, et rétablit le roi son fils. Il soulève les habitants de cette île contre ceux de Tidore.

1523. La reine doña Éléonore, veuve du roi don Emmanuel, passe en Castille auprès de l'empereur son frère, mais sans emmener avec elle l'infante doña Marie, sa fille. Ce ne fut qu'avec beaucoup de répugnance que le roi et tout le royaume virent cette princesse sortir du Portugal. Elle fut accompagnée des infants don Louis et don Ferdinand, du duc de Bragance et d'autres personnes de distinction. Elle se rendit à Valladolid, accompagnée du comte de Cabra, de l'évêque de Cordoue et d'autres députés qui l'étaient venus recevoir sur la frontière des deux royaumes. L'empereur alla au devant de cette reine, sa sœur, jusqu'à Medina del Campo.

Hector Silveira est nommé amiral des Indes.

Les habitants de Calicut insultent les Portugais et les poursuivent jusque dans le port de Cochim. Édouard de Menezès, vice-roi des Indes, n'arrête point ce brigandage; son indifférence enhardit plusieurs autres peuples à se soulever.

Le roi des Dachem attaque la citadelle de Paçem dont il se rend maître. Les royaumes de Paçem et de Daru tombent bientôt au pouvoir du vainqueur. Les rois détrônés sont obligés de se sauver à Malaca.

Le roi de Bintam reprend aussi les armes; il envoie Laqueximène, son général, avec des vaisseaux pour insulter Malaca. Georges d'Albuquerque, gouverneur de cette place, veut prévenir les Indiens; il met des vaisseaux en mer pour aller à leur rencontre. Une tempête horrible disperse la flotte des Portugais; Laqueximène surprend les vaisseaux dispersés par l'orage, les attaque l'un après l'autre, et en triomphe facilement.

Ce succès engage le roi de Bintam à suivre son projet contre Malaca. Il se ligue avec le roi de Pam et l'engage à exterminer les Portugais qui étaient dans son port. Plusieurs sont massacrés; mais Antoine Brito et Sanche Henriquès ayant rassemblé leur monde repoussent avec avantage les ennemis; ils montent ensuite sur leurs vaisseaux et fuient à Malaca.

Cependant le roi de Bintam met sur pied une armée de vingt mille hommes, dont il donne le commandement à Avelar, Portugais renégat, avec ordre d'assiéger cette ville par terre, tandis que Laqueximène l'attaquerait par mer.

Le gouverneur de Malaca fait avec la garnison une vive sortie dans laquelle il disperse les Indiens, en massacre un grand nombre et oblige l'armée à se retirer.

Le gouverneur envoie aussitôt Alphonse de Sousa se poster à l'entrée du port de Bintam pour empêcher toute communication avec la ville. La famine s'y fit bientôt sentir; les habitants, chassés par le besoin, furent obligés de se répandre dans les campagnes et de s'exposer aux poursuites des Portugais.

Sousa tire une vengeance plus terrible du roi de Pam. Il brûle les vaisseaux qu'il trouve dans le port, il égorge six mille Maures, emmène un plus grand nombre de captifs et assiége Patane, où, s'étant saisi du roi de Pam, il le fait brûler dans des joncs.

Témoins de cette cruauté, les habitants de la ville fuient épouvantés dans les montagnes voisines. Sousa descend à terre et ruine la place de fond en comble, laissant des traces durables de vengeance. Les Indiens pleins d'effroi n'osèrent de longtemps faire des entreprises contre Malaca.

Le roi de Tidore, fatigué par les Portugais, recherche leur amitié et demande la paix, offrant une somme considérable en tribut; Antoine Brito refuse ces offres et fait mourir deux cents Tidoriens qu'il avait pris. Cette exécution sanglante porte la terreur dans les Moluques; tous les souverains de ces îles et des environs s'empressent de se mettre sous la protection des Portugais.

1524. La découverte des Moluques excita des contestations entre l'empereur et le roi de Portugal. L'Espagne prétendit que ces îles se trouvaient dans la partie du Nouveau-Monde qui lui appartenait, suivant le partage fait par le pape Adrien VI : titre aussi singulier que le différend ! On nomme de part et d'autre des géographes pour arbitres; mais ils ne purent s'accorder. Enfin, Charles V, qui avait besoin de secours d'argent, céda ses prétentions pour un million de ducats.

Don Jean envoie des ambassadeurs en Castille afin de conclure son mariage avec l'infante Catherine, sœur de l'empereur. Cette princesse se rendit en Portugal où le roi son époux vint la recevoir à Crato, et la conduisit en pompe à Lisbonne. L'Espagne et le Portugal renouvelèrent à cette occasion leurs anciens traités de paix et d'alliance.

Édouard de Menezès, vice-roi des Indes, était d'une avarice insatiable et d'un caractère faible et timide qui nuisaient beaucoup à la réputation et aux affaires des Portugais; c'est pourquoi le roi nomma, pour rétablir dans ces contrées la gloire de la nation, le célèbre Lopez Vasquez de Gama qui y avait pénétré le premier. Il partit avec quatorze vaisseaux; mais, comme il était fort avancé en âge, on lui donna pour l'accompagner Henri de Menezès, Pierre de Mascaregnas et Lopez de Sampajo, substitués l'un à l'autre pour se succéder dans la place de vice-roi. La présence de Gama rétablit l'ordre et la tranquillité; on connaissait son courage, son exactitude, sa justice. Il se fit craindre autant que respecter des Indiens. Il envoya don Jérôme de Sousa donner la chasse aux pirates de la côte de Malabar. Les habitants de Calicut n'osèrent plus continuer leur brigandage.

Gama, accablé d'infirmités et épuisé par ses longs travaux, meurt à Cochim le 24 de décembre. Henri de Menezès lui succède dans la vice-royauté, suivant les ordres du roi de Portugal qui ne furent ouverts qu'après la mort de Gama.

Le nouveau vice-roi fait mourir à Cananor le Maure Mamelex, homme puissant et inquiet dont les Portugais avaient beaucoup souffert.

Le roi de Calicut proposa au vice-roi un traité de paix; mais sa perfidie était trop connue pour se fier à ses serments. Menezès rejeta tout accord avec lui, et résolut de pousser vivement la guerre contre ce souverain. Il alla jusque vers le port de Coulète, le plus beau du royaume de Calicut, où il vit quarante vaisseaux bien armés et vingt mille Maures aux environs sous les armes. Le vice-roi n'avait que quelques petits bâtiments et des barques remplis d'Indiens et de Portugais bien inférieurs en nombre. Cependant il osa livrer combat sur terre et sur mer, et il se conduisit avec tant de prudence et d'intrépidité qu'il défit presque entièrement les ennemis.

En Afrique, les chérifs se réunissent pour aller en force attaquer Saphim et les Maures alliés des Portugais. Garcie de Melo, gouverneur de la place, assemble ses troupes, et leur propose d'aller prévenir les ennemis. On applaudit à son conseil. Il vole au devant des infidèles, engage une action; mais, accablé par le nombre, il est vaincu et obligé de se retirer, laissant beaucoup de morts et de prisonniers, parmi lesquels est son fils, outre plusieurs autres gentilshommes et officiers portugais, qui sont conduits dans le château de Tiuf au royaume de Sus.

Les chérifs retournent triomphant à Maroc, et prennent le titre de rois d'Afrique. Cet orgueil soulève contre eux le roi de Fez; il arme pour les combattre et les humilier. Les chérifs sont encore vainqueurs de leur ennemi et le mettent en fuite près de la rivière de Gudelebi. Ce nouvel avantage augmente beaucoup la puissance des chérifs, ils s'emparent de Tafilet dans la Numidie, ils mettent sous le joug les royaumes de Maroc, de Sus, ou de Tarudente, à l'exception des places possédées par les Portugais.

1525. L'empereur Charles V envoie des ambassadeurs en Portugal pour négocier son mariage avec l'infante dona Isabelle, sœur du roi don Jean. Un des ambassadeurs épousa la princesse par procuration, et l'évêque de Lamego leur donna la bénédiction nuptiale.

Dans les Indes, le vice-roi Menezès passe à Cananor, il y donne des témoignages de son amour pour l'ordre et pour la justice; il empêche les vexations que les Portugais exerçaient contre les Indiens. Les Maures et les rois de Cananor et d'Ormuz lui envoient de magnifiques présents qu'il distribue aussitôt aux hôpitaux; tant de désintéressement et de vertu le fait craindre et respecter des Indiens.

La famine se fait sentir dans la ville de Calicut, bloquée par les Portugais. Simon de Menezès coule à fond soixante barques malabares, et empêche toute communication dans cette place. Les mahométans de Dabul s'étant soulevés éprouvent la vengeance des Portugais.

Le roi de Bintam fait faire des courses aux environs de Malaca. Deux bateaux portugais, montés par cinquante hommes, sous les ordres d'Alvarès Brito et de Balthasar-Roderic Rapoze, rencontrent Laqueximène et le roi de Draguin, gendre du roi de Bintam, qui commandaient une flotte sur laquelle il y avait huit mille hommes, dans le dessein d'aller attaquer le roi de Lingue, allié des Portugais.

Les deux bateaux osent résister à cette flotte; ils essuient une décharge d'artillerie, et, n'ayant pas été endommagés, les cinquante hommes s'avancent et accrochent plusieurs fustes; ils montent dedans, tuent ceux qui les manœuvrent ou les font noyer; ces deux bateaux se dégagent ensuite et pénètrent triomphants dans le port de Lingue. Laqueximène retourne à Bintam; il n'a pas plus de succès dans ses autres entreprises contre les Portugais.

Le roi de Calicut veut forcer la citadelle de sa capitale et en chasser les Portugais, quoiqu'il eût peu auparavant fait un traité de paix avec le vice-roi. Il était excité à ce siége par un renégat sicilien, ingénieur de profession, qui mit en usage toutes les ruses de son art sans pouvoir réduire ce château défendu par don Juan Lema, gouverneur. Le vice-roi envoya des troupes au secours de la citadelle. Les Maures de Calicut se mettent en devoir de les empêcher de passer. Combat dans lequel les Maures sont défaits.

Le roi de Calicut craignant les suites de cette victoire, demande la paix; elle lui est refusée. Cependant la citadelle de Calicut est démolie par les ordres du vice-roi, qui a dessein de bâtir une autre forteresse à Diou. Idalcan, seigneur de Diou, se joint au roi de Calicut pour empêcher l'exécution de ce projet; mais les autres princes indiens ses voisins ne virent pas cette ligue sans inquiétude, et se réunirent pour la rompre.

1526. L'empereur et l'infante Isabelle de Portugal se rendent le 10 de mars à Séville, où l'archevêque de Tolède leur donne la bénédiction nuptiale.

Depuis la double alliance contractée entre les deux souverains, le Portugal jouit d'une paix profonde jusqu'en 1534.

Pendant cet intervalle, il y eut un horrible tremblement de terre qui ruina les environs de Lisbonne.

Don Jean établit dans ses États le redoutable tribunal de l'inquisition pour contenir dans la crainte et le respect les juifs, les mahométans et les autres ennemis de la religion catholique.

Les Portugais ne virent pas sans effroi cette nouvelle juridiction; mais leur opposition ni leurs remontrances ne purent faire désister le roi de sa résolution.

Dans les Indes, Antoine Brito et Garcie Henriquès, qui avait été nommé son successeur, furent sur le point d'en venir aux mains à Ternate, pour le gouvernement des Moluques.

Henri de Menezès, troisième vice-roi des Indes, meurt le 2 janvier à Cananor. On ne trouva pas dans ses coffres de quoi faire les frais de ses funérailles, preuve de son désintéressement. La justice, la valeur, la probité, rendront toujours sa mémoire recommandable parmi les Portugais et les Indiens.

Le choix du nouveau vice-roi tombait sur don Pèdre Mascaregnas; mais comme il était pour lors fort éloigné, on confia, en attendant son retour, le commandement à Sampajo qui lui était substitué suivant les dispositions du roi.

Sampajo était un ambitieux. Il promit de rendre la vice-royauté, et fit tout ce qu'il crut capable de s'y affermir; il chercha à faire quelque coup d'éclat, afin de se montrer digne du rang qu'il voulait conserver. Il va trouver Tello à l'embouchure du fleuve Bacanor; il attaque douze mille Malabares campés sur le rivage et les défait. Il part ensuite pour Goa. François de Sea refuse d'abord de le reconnaître et de le recevoir; mais enfin ce gouverneur, apprenant le droit que Sampajo avait de commander, lui ouvre l'entrée de la ville, et va, par ses ordres, faire bâtir une citadelle à Sonde, ville maritime de l'île de Java; ce vice-roi envoie en même temps Georges de Menezès aux Moluques, et ordonne à Alphonse Melo de croiser dans les environs des îles Maldives; il nomme Simon de Sousa amiral des Indes; et, pour lui, il passe à Ormuz, où il réconcilie Jacques Melo, commandant de la citadelle, avec Xeras.

Rodric de Lima, que le feu roi Emmanuel avait envoyé vers l'empereur d'Éthiopie, arrive après un long voyage, avec Zagazubus, ambassadeur de cet empereur. Sampajo les fait embarquer pour le Portugal. Le roi reçoit à Coimbre l'ambassadeur éthiopien qui lui présente, de la part de son maître, une couronne d'or et d'argent avec deux lettres en langues abyssine, arabe et portugaise. L'ambassadeur, ayant obtenu la confirmation de l'alliance que l'empereur d'Éthiopie demandait à entretenir avec le Portugal, se rendit en Italie, accompagné de François Alvarez, pour rendre son hommage au pape comme au chef de la chrétienté.

Les Portugais poursuivent leur projet de conquête de la ville de Diou, place forte et la capitale de l'île du même nom.

Sampajo reçoit du roi de Portugal de nouveaux ordres qui le maintiennent, comme il avait demandé, dans la vice-royauté, au préjudice de Mascaregnas.

Les Portugais font des établissements dans le Brésil, une des plus riches contrées de l'Amérique, et qui devint encore plus importante par les découvertes que l'on y fit dans la suite de mines d'or et de diamants.

1527. Mascaregnas s'avance vers Goa pour y prendre possession de la vice-royauté que Sampajo avait usurpée; mais ce dernier fait armer plusieurs vaisseaux pour arrêter en chemin son rival. Antoine Silveira, chargé de cette commission, amène Mascaregnas à Cananor, et l'enferme dans une prison. Sampajo fait subir le même sort à ses partisans.

Un traitement si dur et si injuste révolta la plupart des officiers portugais. Simon de Menezès, commandant de la citadelle de Cananor, rendit la liberté à Mascaregnas, et le proclama vice-roi des Indes. Christophe de Sousa qui tenait par ses richesses et par ses qualités personnelles un rang distingué appuya le parti de Mascaregnas. Cette scission pouvait être funeste aux intérêts du roi de Portugal; c'est pourquoi l'on convint de nommer des arbitres pour juger des droits des deux prétendants à la vice-royauté. Sampajo gagna et entraîna les suffrages des arbitres qui décidèrent en sa faveur.

Mascaregnas appela de cette sentence au roi de Portugal, et partit aussitôt pour faire valoir ses droits.

Georges de Menezès se rend dans l'île de Ternate, dont le gouvernement lui est remis par Garcie Henriquès. Il était venu des Espagnols dans les îles de Tidore et de Gilolo. Menezès engagea leur capitaine, Martin Ignignez, à s'établir à Ternate et à agir d'intelligence avec les Portugais. Mais le roi de Gilolo, envisageant sa sûreté dans la division des deux nations rivales, empêcha leur union.

Laurent Vasquez va dans l'île de Bornéo, et obtient la permission d'y commercer. Laurent fit présent au roi de l'île d'une tapisserie représentant le mariage du roi d'Angleterre, Henri VIII, avec la tante de l'empereur.

Le roi de Bornéo, étonné de voir des figures tracées par un art qu'il ne comprend point, regarde les Portugais comme des enchanteurs qui peuvent donner la vie à ces figures pour le perdre; il leur rend la tapisserie, et ne veut point souffrir de Portugais dans son île.

Georges de Menezès et Garcie Henriquès prirent querelle. Garcie s'empara de la forteresse de Tidore où il enferma Menezès; le roi de l'île et un capitaine espagnol le mirent en liberté. Les Portugais se partageaient déjà en deux partis. Cette guerre civile pouvait entraîner la perte des Moluques. Pour la prévenir, le gouverneur de Malaca envoie à Ternate Gonzalve d'Azevedo avec un détachement de troupes. Cet officier rétablit l'ordre et la tranquillité dans l'île.

1528. Sampajo continue dans les Indes à faire les fonctions de vice-roi; il donne le commandement de la citadelle de Cananor à Juan Deze, et l'envoie croiser sur les côtes de Malabar.

Ce brave officier fait la chasse aux Maures de Calicut et de Cambaye. Il leur tue beaucoup de monde, coule à fond une grande quantité de leurs barques; il pénètre jusqu'à Mangalor où il porte le fer et le feu, et emmène à Cananor plusieurs prisonniers dont il tire une forte rançon.

Alphonse Melo passe à l'île de Ceylan, et en fait retirer les Calicutiens qui l'assiégeaient; il rend le seigneur de Cabeare, à qui appartenait la pêche des perles, tributaire du roi de Portugal.

Sampajo s'attache surtout à déplacer les partisans de Mascaregnas son rival. Il donne le gouvernement de Malaca à Pierre de Far, et celui des Moluques à Simon de Sousa. Ce vice-roi quitte Cochim et va passer l'hiver à Goa. Antoine de Mirande, amiral des Indes, fait voile vers le cap de Guardafui; sa flotte est dispersée par une horrible tempête; le vaisseau de l'amiral est poussé au loin et rencontre un galion turc très armé. Combat dans lequel le feu que les Turcs avaient mis à une grande voile de l'amiral est reporté par le vent dans le galion qui s'embrase à l'instant. Le bâtiment avec tout l'équipage périt au milieu des flammes, excepté quelques hommes qui, s'étant jetés à la mer, reçurent du secours des Portugais.

L'amiral rejoint sa flotte; il prend la route de Caxen, port situé sur la côte d'Arabie, où il s'empare de vingt vaisseaux appartenant aux Maures. Il fait quelques autres expéditions et se rend à Ormuz. On y vend pour soixante mille ducats les prises faites pendant la campagne.

L'amiral se met en mer le 22 août, il prend la route de Diou. Une tourmente le jette à Chaul et disperse ses vaisseaux. Don Lopez Mesquita qui commandait un de ces bâtiments est jeté près de Diou, et rencontre un navire ennemi monté de deux cents hommes d'équipage. Lopez n'avait que trente hommes sur son bord. Cependant il ose attaquer le galion, il l'accroche, saute dedans, l'effort des vagues les sépare; les Portugais sont environnés par les ennemis beaucoup supérieurs en nombre; Lopez ne balance point, il se précipite sur eux avec sa troupe aussi déterminée que lui. Beaucoup de Maures tombent sous ses coups et beaucoup d'autres sont blessés; ils demandent grâce, et se rendent esclaves.

On songea pour lors à sauver le bâtiment qui était endommagé; Lopez fait monter son frère et seize hommes dans une barque, avec l'or, l'argent et les effets les plus précieux; la flotte de la ville de Diou rencontre cette barque et l'amène au roi de Cambaye.

Ce souverain exerce sur les Portugais toutes sortes de tourments pour les faire renoncer à leur religion ; mais ils souffrent avec courage et meurent tous chrétiens fidèles. Lopez plus heureux arrive à Chaul, où l'on vend les marchandises dont le vaisseau était chargé.

Mendoce, gouverneur de la citadelle d'Ormuz, fait partir pour le Portugal Antoine Terniec pour rendre compte au roi de ce qui se passait dans les Indes. Terniec va par mer à Bassora, ville de l'Arabie, à l'embouchure du golfe Persique; il s'engage ensuite par terre dans le désert entre Bassora et Alep, ayant pour guide un pilote qui se servait de la boussole afin de reconnaître son chemin dans ces vastes plaines où il n'y a aucune habitation. Terniec et son compagnon étaient montés sur des dromadaires et coururent de grands dangers, ayant autant à craindre les attaques des Arabes que celles des tigres et des lions.

Ce voyageur passa d'Alep à Tripoli, dans la Syrie, d'où il s'embarqua pour Chypre, alla en Italie et se rendit ensuite par terre en Portugal. Il fit voir que l'on pouvait aller de Lisbonne à Ormuz par terre, en trois mois de temps.

La guerre se renouvelle dans les Moluques. Le roi de Tidore s'unit au roi de Gilolo et aux Espagnols pour chasser les Portugais de Ternate. Menezès, commandant de la citadelle, est pressé par la famine ; cependant Azevedo vient au secours de Ternate. On négocie un accommodement.

Les Portugais qu'Alphonse de Melo conduisait à Sonde s'étant arrêtés à Paleacarte se révoltèrent et voulurent brûler leurs vaisseaux. Melo prévint les funestes suites de ce complot. Il se remit en mer et continua sa route. Une tempête disperse sa flotte et brise le bâtiment que cet officier montait. A l'approche du danger, il se sauve dans une barque avec soixante-quatre hommes de son équipage. Après avoir erré quelque temps le long de la côte, ils furent recueillis par des pêcheurs qui les conduisirent à Cuqueira où commandait un Maure vassal du roi de Bengale.

Melo servit ce Maure dans une guerre qu'il avait contre ses voisins et lui fit remporter la victoire. Le Maure, perfide et ingrat, livra Melo aux bramines, prêtres sanguinaires qui l'immolèrent à leurs pagodes. Les autres Portugais furent rachetés par les soins du vice-roi.

Sousa partit de Cochim pour aller à Malaca. Il fut jeté par les vents dans la baie d'Achem. Les habitants tuèrent Sousa, et le roi de ce pays mit tout en usage pour exterminer les Portugais dans l'île de Sumatra. Il s'unit contre eux avec le roi de Daru.

En Portugal, le roi, mécontent de la conduite de Sampajo, lui ôta la vice-royauté des Indes, et donna cette charge à don Nunez d'Augara, homme de considération, qui mit à la voile le 18 avril avec neuf vaisseaux et un galion ; il emmenait huit mille soldats et un nombre de gentilshommes portugais. Il était accompagné de Simon d'Acugna, son frère, grand amiral des Indes, de don Pèdre d'Acugna, nommé gouverneur de Goa, de don Garcie de Sa, commandant de Malaca, et de plusieurs autres officiers principaux.

La flotte portugaise eut à essuyer plusieurs tempêtes. Un vaisseau périt avec la moitié des hommes de l'équipage, les autres furent fort endommagés.

Le vice-roi aborde au port de Zanzibar, île peuplée et abondante en sucre ; il se rendit ensuite à Monbaze, ville que les Portugais attaquèrent et pillèrent.

Cependant Sampajo était à Goa, où il rétablissait les affaires des Portugais. Il s'était ligué avec Idalcan pour combattre le roi de Calicut. Il remporta la victoire dans un combat naval contre Cutial de Tanor, général des Calicutiens ; il prit d'assaut la ville de Porca, et y fit un butin immense.

1529. Sampajo sort de Goa, d'où il se rend à Chaul pour faire une expédition contre les habitants de Diou, qui venaient sur des fustes attaquer les Portugais. Halissa, homme de mer et capitaine habile, commandait la flotte des Indiens. Sampajo l'attaque et remporte une victoire complète. Il charge Antoine Silveira d'aller croiser sur les côtes de Cambaye. Cet officier prend une forteresse que les ennemis avaient sur la rivière de Négotane et fait un massacre horrible de la garnison; il rencontre Halissa qui était à la tête de trois à quatre mille cavaliers; il les combat avec avantage, il répand ensuite l'effroi et la désolation dans le plat pays. Les habitants de Tanor viennent eux-mêmes se mettre sous le joug, offrant un tribut de quatre mille ducats au roi de Portugal.

Silveira retourne triomphant à Chaul avec les dépouilles remportées sur les vaincus.

Les Espagnols et les Portugais étaient sur le point de se disputer les armes à la main la possession des Moluques; mais Charles-Quint, par les sollicitations d'Isabelle de Portugal qu'il avait épousée et de Catherine sa sœur, mariée à don Jean, roi de Portugal, donna une renonciation solennelle de ses droits et de ses prétentions, moyennant une somme de trois cent cinquante mille ducats par forme de dédommagement. Depuis ce temps jusqu'en 1583 les Portugais demeurèrent paisibles possesseurs de ces îles abondantes en toutes sortes d'épiceries.

On découvrit dans Malaca un complot formé par Sanaye-Raye, juge de la ville, pour livrer cette place au roi de Dachem. Les Portugais punirent de mort les auteurs de la conjuration et le calme fut rétabli.

Raix Bardodin, gouverneur de Basarem, excite une révolte. Simon d'Acugna veut réduire ce rebelle qui offre de rendre la citadelle à condition qu'il lui sera permis d'en sortir avec sa femme, ses enfants et ses biens. Simon est d'avis d'accepter ces propositions; mais ceux qui l'accompagnent s'y opposent, disant qu'il faut punir ce séditieux pour contenir ceux qui voudraient suivre son exemple; cependant une maladie épidémique et la famine font beaucoup de ravage parmi les Portugais; Simon d'Acugna est obligé de se retirer. Il meurt lui-même dans son vaisseau, après avoir vu périr presque tous les gens de son équipage.

Nuncz d'Acugna, vice-roi des Indes, quitte Ormuz pour se rendre à Goa. Sampajo lui remet le commandement et se dispose à partir pour Lisbonne. Sampajo avait de l'ambition et sacrifiait tout à sa passion; mais il était excellent général et digne de commander.

Tout le temps de sa vice-royauté fut marqué par des succès et par des monuments de son zèle et de son économie. Il avait fortifié et embelli Goa, Ormuz, Chul et Cananor; il avait pris un nombre prodigieux de vaisseaux sur les Malabares; il laissa au nouveau vice-roi une flotte de cent trente-six voiles. Mais ses services signalés n'empêchèrent point que le roi de Portugal ne le punît sévèrement de ses injustices et de sa conduite séditieuse. Ses grandes richesses suffirent à peine pour satisfaire à la réparation à laquelle il fut condamné envers Mascaregnas, son rival, et la patrie.

1530. D'Acugna ayant été reconnu vice-roi dans les Indes ordonne les préparatifs nécessaires pour le siége de Diou. Cependant il parcourt la côte de Cambaye, et s'empare de Deman dont les habitants fuient à son approche. Il attaque les peuples d'une île voisine qui demandent à se retirer avec la permission d'emporter une partie de leurs biens; d'Acugna ne veut leur faire aucun quartier: il attaque ces insulaires, en triomphe et fait passer le plus grand nombre au fil de l'épée. Ces succès l'engagent à s'approcher de Diou, mais il est repoussé avec perte.

Il se retire en donnant ordre à don Pèdre de Saldagne de croiser sur la côte de Cambaye. Le vice-roi assiège et prend Baçaim sur la côte de Malabar.

1531. Le vice-roi, ayant rassemblé une armée formidable, met à la voile, se disposant à attaquer la ville de Diou. Badur, roi de Cambaie ne crut pas pouvoir défendre cette place contre les efforts réunis des Portugais; il la leur abandonna. D'Acugna en donna aussitôt le gouvernement à Antoine de Silveira avec une forte garnison.

Le roi de Cambaye était alors en guerre

avec la reine de Sanga et l'empereur du Mogol. Il demanda la paix aux Portugais; elle lui fut accordée à condition qu'il abandonnerait à perpétuité et sans retour ses prétentions et ses droits sur Baçaim, sur Diou et sur quelques autres places de la côte. Badur consentit à ce qu'on exigeait de lui; mais lorsqu'il fut délivré de ses ennemis, il reprit les armes contre les Portugais et tenta de rentrer dans Diou. Le vice-roi accourt à la défense de cette place, Badur va à sa rencontre avec une flotte nombreuse; combat sanglant dans lequel le roi est vaincu, il est tué d'un coup de lance en voulant se sauver à la nage. La mort de ce souverain et la défaite de sa flotte affermirent les Portugais dans leurs conquêtes.

Le Portugal jouissait depuis plusieurs années des douceurs de la paix, fruit d'un bon gouvernement.

La tranquillité publique fut troublée au commencement de cette année par un ouragan terrible qui désola les campagnes.

On fait encore mention d'horribles tremblements de terre, dont Lisbonne et plusieurs autres villes voisines furent très endommagées pendant le mois de février. Ces tremblements durèrent huit jours et renversèrent beaucoup d'églises, de palais et plus de quinze cents maisons dans la capitale. Trente mille personnes périrent sous les ruines.

Santarem, Almerin et d'autres villes, bourgs et villages, s'abimèrent avec leurs habitants dans les entrailles de la terre entr'ouverte.

Le roi, la reine, les infants, furent obligés de camper en pleine campagne sous des tentes.

Un débordement affreux des eaux du Tage inonde la moitié du Portugal et met le comble aux calamités de ce royaume.

1532. Les Maures font le siége de Santa-Cruz au cap d'Aguière en Afrique.

1533. Simon Gonçalez de Camera, gouverneur de l'île de Madère, arme six vaisseaux pour secourir la ville de Santa-Cruz; il chasse les Maures du cap d'Aguière et fait rétablir les fortifications de la place endommagées par les ennemis. Les Maures reviennent une seconde fois assiéger cette ville et sont encore obligés de se retirer. Ils s'en emparent à une troisième attaque.

Le roi de Portugal, sachant que Saint-Thomas avait prêché et était mort aux Indes-Orientales, charge le vice-roi de faire faire des informations sur le lieu de la sépulture et sur le détail de la vie de cet apôtre.

1534. Le chérif Hamet, roi de Maroc, se présente devant la ville de Safi avec une armée nombreuse. Cette place était bien fortifiée et défendue par don Louis de Loureyro, commandant aussi brave qu'expérimenté. Les assiégés firent diverses sorties dans lesquelles ils massacrèrent une grande quantité de Maures; ils rendirent leurs efforts inutiles; enfin ils obligèrent les ennemis de se retirer. Les femmes portugaises se distinguèrent dans ce siége, partageant avec les hommes les travaux et les dangers.

Les Maures, maîtres de la ville de Santa-Cruz, au cap d'Aguière, firent prisonniers le gouverneur, don Gultière de Mouroi, avec ses deux enfants, don Louis et dona Mencia. Le chérif destina Mencia pour son sérail et la força de professer la religion mahométane.

Le roi de Portugal fournit à la sollicitation de Charles-Quint deux vaisseaux dont il donne le commandement à Antoine de Saldagne, avec ordre de joindre la flotte espagnole armée pour rétablir le roi de Tunis, détrôné par le corsaire Barberousse.

1535. L'infant don Louis, frère du roi de Portugal, s'embarque pour l'expédition contre Tunis avec l'élite de la noblesse portugaise. L'empereur le combla d'honneurs et lui donna beaucoup de marques d'amitié. L'infant montra dans tout le cours de cette guerre une valeur conduite par la prudence.

1536. Le pape Paul III donne, à la prière de don Jean, roi de Portugal, une bulle pour ériger un tribunal d'inquisition dans la ville d'Evora. On fit grand inquisiteur le père don Diègue de Silva, confesseur du roi et évêque de Ceuta. On établit dans la suite d'autres tribunaux d'inquisition à Lisbonne et à Coimbre, qui furent indépendants les uns des autres jusqu'en 1547. Enfin le cardinal don Henri, frère du roi, et qui monta sur le trône, fut le premier inquisiteur général.

1537. Les Portugais s'étaient tellement répandus depuis les Moluques dans le golfe arabique, qu'ils se rendirent maîtres de la mer et qu'ils empêchèrent toute communication et tout transport de marchandises des Indes et de Calicut en Égypte. Sinan-Bacha, gouverneur de ce royaume, en porta ses plaintes au grand-seigneur, lui représentant le tort que cela faisait à la province et à son empire. Il reçut aussitôt des ordres d'armer sur mer et d'aller chasser les Portugais des ports d'où ils arrêtaient la liberté de la navigation. En effet, Sinan équipa une flotte de 80 bâtiments sur lesquels il fit embarquer beaucoup de troupes, d'artillerie, de vivres et de munitions de guerre, et il alla former le siége de Diou, place importante défendue par Antoine Silveira, gouverneur, avec 600 Portugais.

Sinan fit pendant trois mois une attaque très vive; mais il éprouva tant de résistance et de pertes qu'il fut obligé de lever le siége.

1538. Garcie de Noronha succède à d'Acugna dans la place de vice-roi des Indes. Ce dernier partit pour le Portugal; il tomba malade en doublant le cap de Bonne-Espérance, et mourut. Sa perte fut sensible au roi don Jean III qui le regardait comme un ami, un excellent général, un grand politique, un sujet zélé pour ses intérêts et pour la gloire de sa nation.

Nous sommes dans les beaux jours du Portugal : jamais ce royaume ne fut plus riche, plus puissant, plus tranquille. Ce règne est peu fécond en évènements, parce que la sagesse du souverain savait maintenir l'ordre au milieu des troubles qui l'environnaient, et prévoir tout ce qui aurait pu altérer le repos public. Ce prince avait la connaissance des hommes; il avait le talent de les placer et de les employer. C'est à ce choix des ministres et des généraux que le Portugal dut sa bonne administration en Europe et ses succès continuels dans les autres parties du monde.

Sinan-Bacha ayant surpris la confiance du roi d'Aden, allié des Portugais, le fit périr dans les supplices; il s'était ensuite emparé de la ville d'Aden et l'avait livrée au pillage. Il voulut attirer dans son parti le roi de Calicut; mais ce monarque, le plus puissant des Indes, rejeta les offres de cet homme perfide et cruel, et s'unit au contraire aux Portugais pour combattre les Turcs. Silveira, gouverneur de Diou, reçut un renfort du vice-roi, et, après la levée du siége, il poursuivit encore les infidèles dont il tua un grand nombre.

Sinan-Bacha fut obligé d'abandonner toute son artillerie, ses blessés, ses bagages et prit la fuite. Il descendit à Suez, et de là se rendit à Constantinople pour tâcher de fléchir l'indulgence d'un despote qui ne pardonnait guère des conseils imprudents et des entreprises malheureuses ou mal concertées.

1540. Don Jean, roi de Portugal, fait ériger en métropole la cathédrale d'Evora qu'il détache de la métropole de Lisbonne. Ce prince demande au pape des hommes apostoliques pour porter la lumière de l'Évangile dans les pays orientaux. Paul III choisit parmi les jésuites François Xavier et Simon Rodriguez, qu'il lui envoya, le premier, avec le caractère de légat *à latere* pour les provinces d'orient, et le second pour le Portugal.

En Afrique, le roi de Maroc assiége Safi avec une armée de cent mille hommes. Les assiégés reçoivent des secours de la ville d'Azamor, ils détruisent dans une sortie les magasins des ennemis et leur tuent beaucoup de monde; le chérif se retire après un siége de six mois, il attaque le royaume de Sus dont son frère occupait le trône. L'armée du roi de Maroc est arrêtée dans le défilé de la montagne de Boibon, entre Tarudente et Maroc, par les troupes du chérif de Sus. Elle fuit, abandonnant le roi de Maroc et son fils. Le vainqueur traita généreusement son frère et son neveu que la fortune avait mis en son pouvoir.

Mulei-Ceïdan, fils aîné du chérif qui venait de perdre la bataille, veut faire sa paix avec les Portugais, leur rendre leurs captifs et implorer leur secours; mais le chérif de Sus représente les suites fâcheuses d'une telle démarche : les deux frères se reconcilièrent et s'unirent contre les Portugais.

Noronha, vice-roi des Indes, meurt à Goa. Don Alvarès, son fils, conduit en Portugal deux ambasadeurs du roi de Cotta. Ils offrent à don Jean de lui remettre la couronne de leur maître après sa mort, s'il ne laissait point d'enfants. Ces ambassadeurs apportèrent avec eux une image de leur roi et prièrent don Jean de la couronner comme un témoignage de sa dépendance et un hommage que ce souverain voulait lui rendre.

Étienne de Gama fait les fonctions de vice-roi des Indes, en attendant Alphonse de Sousa, nommé à cette dignité. Gama jouissait de biens considérables qu'il employa pour augmenter les établissements des Portugais. Il embellit la ville de Goa, et y fonda un collège pour l'instruction de la jeunesse et pour la conversion des idolâtres.

Il envoie Christophe de Gama, son frère, établir la tranquillité dans Cochim. Christophe remporte plusieurs avantages contre le roi de Porca et fait un traité d'alliance avec lui.

1541. Martin Alphonse de Sousa passe aux Indes en qualité de vice-roi; il emmène avec lui François Xavier qui prêche l'Évangile aux infidèles, et convertit beaucoup d'idolâtres.

Gama fait armer une flotte avec laquelle il comptait faire une entreprise sur le port de Sus, mais il ne réussit point.

Claude, roi d'Éthiopie et d'Abyssinie, mande à Gama du secours contre le roi d'Adel. Il charge Christophe, son frère, de cette commission. Christophe va trouver Élisabeth, mère du roi d'Éthiopie, et l'engage à le suivre à la tête de ses troupes; les Abyssins se rangent en foule sous les étendards de la mère de leur souverain.

Christophe conduit au combat son armée devenue nombreuse, et lui fait remporter plusieurs victoires.

1542. Le roi d'Adel ayant perdu successivement plusieurs batailles contre les Abyssins, soutenus par les Portugais, se réfugie avec les débris de son armée sur une haute montagne. Christophe de Gama, général des Portugais, tient ce roi comme assiégé pendant plusieurs mois. Les Turcs vinrent donner du secours à leur allié. Gama remporta quelques avantages contre l'ennemi; enfin, accablé par le nombre, il fut blessé et fait prisonnier. On le conduisit au roi d'Adel, qui, après l'avoir accablé d'outrages, lui trancha lui-même la tête.

Les Portugais échappés au carnage se rallient et se retirent sur une montagne avec la reine Élisabeth.

Le roi d'Éthiopie rassemble un corps de huit mille hommes, se met à la tête des Portugais et les mène contre le roi d'Adel, qui était sur le bord du Nil avec treize mille combattants. Ce prince défait l'armée ennemie. Il trouve des richesses immenses et beaucoup de munitions dans le camp des vaincus. Le roi d'Adel est tué d'un coup d'arquebuse. Parmi les prisonniers étaient beaucoup d'esclaves chrétiens à qui on rendit la liberté. L'empereur combla de bienfaits les Portugais qui l'avaient délivré d'un rival formidable; il en fixa plusieurs dans l'Éthiopie, et le pape y envoya un patriarche pour cette nouvelle colonie chrétienne.

Don Antoine de Faria, capitaine portugais, fait différentes expéditions contre les corsaires indiens. Il pénètre jusque dans l'île de Calemphi à la Chine. Il était sorti toujours victorieux d'une multitude de combats; il fut submergé par la tempête au milieu du cours de ses prospérités, vis-à-vis des ruines de Couxinacani.

1543. Les Portugais étendent leur commerce jusqu'au Japon, dont ils avaient fait nouvellement la découverte.

Alphonse de Sousa, vice-roi des Indes, médite de se signaler par une expédition contre la ville de Baticœla, dans le royaume de Canara. La reine de cet État refusait de payer le tribut auquel elle était engagée et donnait retraite aux pirates dans ses ports.

Le vice-roi remporta une victoire qui le rendit bientôt maître de Baticœla. Il se contente d'augmenter le tribut, à quoi la reine se soumet.

Les Portugais étaient divisés entre eux dans les Moluques; ils révoltèrent les princes et les peuples de ces îles par leur cruauté. Le soulèvement fut général contre cette nation qui prétendait maîtriser toutes les autres. Il n'y eut que ceux qui purent se réfugier dans la citadelle de Ternate qui purent échapper au massacre. Les habitants de Ternate, ne pouvant réduire ces Portugais, abandonnèrent leur ville et y mirent le feu.

Cependant Antoine Gahan est envoyé par le roi pour rétablir la tranquillité dans les Moluques. Gahan remporte l'avantage dans plusieurs combats contre le roi de Tidore et ses alliés. Après avoir fait sentir sa supériorité, il demanda la paix, rétablit la sûreté du commerce et punit sévèrement les Portugais qui étaient coupables. Ses victoires, sa modération, sa justice, lui concilièrent l'estime et la confiance des peuples. Plusieurs rois de ces îles demandèrent son amitié et voulurent même embrasser le christianisme. Les rois de Butuan, de Pimilaram, dans Camiguin, furent les premiers à donner l'exemple.

Les habitants de l'île de Macazar, ceux de Ternate et des autres îles Moluques, demandèrent aussi à se faire instruire dans la religion chrétienne.

Les prêtres mahométans mirent tout en œuvre pour arrêter l'établissement du christianisme. Ils obtinrent de plusieurs souverains des édits pour le proscrire; mais ces défenses ne servirent qu'à lui faire faire des progrès plus rapides.

Georges de Castro vint remplacer Galvan dans le gouvernement des Moluques. Ce nouveau gouverneur fit regretter son prédécesseur. Il révolta les habitants de Ternate par sa fierté, par son avarice et ses autres défauts; il replongea cette ville dans le désordre. Il se saisit de la personne de Cachil-Aëris, roi de Ternate, et l'envoya prisonnier à Goa. Le vice-roi lui fit rendre la liberté; mais ce prince ne s'en servit que pour persécuter les chrétiens de son île.

L'empereur Charles V demande et obtient pour épouse du prince don Philippe son fils la princesse Marie, fille du roi de Portugal.

Le roi fait venir à Lisbonne don Édouard, son fils naturel, et lui fait une maison, mais ce prince, âgé de 28 ans, est presque aussitôt attaqué d'une cruelle maladie qui l'entraîne au tombeau. Il était archevêque de Brague, et fort instruit dans les lettres.

1544. Dans les Indes, Alphonse de Sousa fait plusieurs armements pour contenir les peuples tributaires du Portugal. Ce vice-roi détruit les temples de Pagodes, et répan au loin la lumière de l'Évangile. Antoine Payva est attiré par le commerce dans l'île de Macazar; le zèle de la religion l'anime, il prêche la foi chrétienne et convertit le roi de Jupa.

Idalcan, roi de Cambaye, remporte un victoire contre Azedecan, un de ses vassaux il reçoit à ce sujet une ambassade du vice roi qui le félicite de ses succès.

Idalcan abandonne aux Portugais les ter res de Salsette et de Bardes, situées proch Goa et leur livre les richesses de son enne mi vaincu. Méale, héritier du royaume d Décan, dont Idalcan était en possession, ré clame l'appui du vice-roi pour rentrer dan ses États; mais Alphonse de Sousa l'amus par des promesses, et le retient à Goa. L vice-roi voulait, par cette conduite politi que, ne point offenser Idalcan, son allié mais le maintenir dans la crainte.

1546. Don Juan de Castro remplace Al phonse Martin de Sousa dans la vice-royaut des Indes.

Mamoud, roi de Cambaye, rompt la paix qu'il avait jurée avec les Portugais. Il leur demande la restitution de la ville de Baçaim et des îles voisines ; il envoie en même temps des troupes pour s'en emparer, mais son armée est défaite. Ce roi, suivant les conseils de Sophar, son ministre, attend l'occasion de se venger. Il attire dans son parti [p]lusieurs souverains de l'Inde. Tout étant [é]tant prêt pour ses desseins, il charge Sohar de faire le siége de la citadelle de [D]iou. Mascaregnas, gouverneur, se prépare [à] une bonne défense ; Sophar est tué devant [l]a citadelle : Rumecan, son fils, prend la [c]onduite du siége et le presse avec fureur. [L]es femmes portugaises se distinguèrent [d]ans la défense de cette forteresse par un [c]ourage héroïque. Le roi de Cambaye envoie de nouvelles troupes sous les ordres de [C]ontjecan, son premier ministre. Tous les [b]astions de la citadelle sont détruits, sans [q]ue l'intrépide Mascaregnas veuille se rendre. Ferdinand de Castro, fils du vice-roi, [p]érit sous les ruines d'une tour, beaucoup [d]'autres braves Portugais sont tués dans [u]ne sortie. Les gouverneurs des places des [e]nvirons envoient des secours aux assiégés. [E]nfin le vice-roi lui-même résolut de faire [l]ever le siége de Diou qui durait depuis huit [m]ois. Il arriva avec une flotte nombreuse [d]evant la place. Il commandait un corps de [so]ldats d'élite avec lesquels il entreprit de [for]cer les ennemis dans leurs retranchements. Les Portugais remportent une victoire complète : la ville de Diou, Goya, [G]audar et autres villes situées sur la côte, [so]nt saccagées.

Le vice-roi fit rétablir la citadelle de [D]iou. Il reçut à Goa les honneurs du triom[ph]e, ce qui fit dire à la reine de Portugal : *[D]on Juan de Castro a vaincu les ennemis en [hé]ros chrétien et triomphé en héros païen.*

1547. Les Maures font en Afrique le proj[e]t de raser Azamor, et d'attaquer ensuite [M]azagan où était renfermé Louis de Lou[re]yro, commandant portugais. Le chérif [en]voie trois caciques à Azamor pour em[pê]cher toute communication avec cette ville et Mazagan ; mais le général portugais prévient leurs desseins, attaque ces caciques et les fait prisonniers. Les Maures reviennent à la charge, et sont repoussés avec perte.

Amubendaub se met, par ordre du chérif, à la tête de six mille hommes et de la jeunesse de Maroc ; il attire Loureyro dans une embuscade, tue son fils, défait les Portugais, en massacre un bon nombre et emmène quantité de prisonniers. Cependant Loureyro s'échappe ; le roi de Portugal, apprenant cette victoire des Maures, donne ordre de bâtir une citadelle à Alcassar, il invite l'empereur Charles-Quint à concourir avec lui à élever cette forteresse qui était autant pour la sûreté de l'Andalousie que pour la défense du Portugal.

L'empereur envoie au roi le cordon de l'ordre de la Toison-d'or. Idalcan, roi de Cambaye, trouble la tranquillité des Portugais dans les Indes ; il fait des incursions sur les terres de Salsete. Don Juan de Castro, vice-roi, envoie don Diègue d'Almeyda pour le combattre, et lui-même il arme une flotte avec laquelle il se rend à Surate ; il jette du secours dans Diou, il brûle les vaisseaux qui étaient dans le port de Patane, et donne l'alarme aux habitants de Dabul. Il combat et tue Calabatecan, général du roi de Cambaye.

Le roi d'Achem était un ennemi non moins implacable des Portugais. C'était un ambitieux qui, d'esclave du roi de Pedir, s'était élevé jusque sur le trône de son souverain, et avait envahi les royaumes d'Achen et de Pacem. Il avait de nombreuses flottes avec lesquelles il s'était emparé de presque tout le commerce. Il incommodait beaucoup la ville de Malaca. Un Sarrasin, homme hardi et cruel à qui ce roi donnait toute sa confiance, entreprend d'aller surprendre le port de Malaca : les habitants le repoussent avec perte ; mais l'ennemi brûle les vaisseaux qui sont dans le port ; ils mutilent horriblement plusieurs pauvres pêcheurs et se retirent en insultant le gouverneur. Simon de Melo veut tirer vengeance de cet affront.

Il arme une flotte dont il donne le commandement à Juan Soarès. Les Portugais rencontrent les Achenois dans la rivière de Parlès, au royaume de Queda. Ils remportent une victoire complète. Le vice-roi fait une expédition sur les terres d'Idalcan, pour réprimer l'orgueil de ce prince indien. Le roi de Campar, allié des Portugais, chasse les Turcs d'Aden et demande du secours au gouverneur d'Ormuz pour se soutenir contre leurs efforts. Don Payo Norogna est chargé de lui conduire des troupes; mais il fuit à la vue des ennemis et les laisse entrer en possession d'Aden. Cette lâcheté affaiblit beaucoup la haute idée que les Indiens avaient des Portugais. Le vice-roi en fut vivement affecté. Il vit avec chagrin que les Portugais laissaient altérer les vifs sentiments d'honneur et de gloire qui les avaient rendus si supérieurs dans les Indes. La prospérité et l'intérêt commençaient à corrompre leur mœurs. Ils s'affaiblissaient tandis que leurs ennemis s'aguerrissaient. Ce vice-roi fit plusieurs sages règlements pour prévenir la décadence de sa nation; mais la mort l'enleva le 6 juin au milieu de ses projets de réforme. On ne trouva dans ses coffres que des instruments de pénitence, et peu d'argent. Il était dur à lui-même et charitable envers les malheureux. Doux, affable dans la société, il montrait beaucoup de courage et d'intrépidité dans les combats. Les intérêts de son roi lui étaient plus chers que sa fortune; il était désintéressé, généreux, fidèle à sa parole. Don Juan de Castro, voulant secourir Diou, et manquant d'argent pour équiper une flotte, emprunta une somme considérable des habitants de Goa, leur donnant sa moustache pour sûreté. On s'empressa de lui prêter ce qu'il demandait sur un pareil gage, et il ne manqua point de le retirer par un prompt remboursement.

1548. La vice-royauté des Indes est donnée à Garcie Sa. Idalcan, roi de Cambaye, envoie un ambassadeur à ce nouveau vice-roi et demande à faire alliance avec lui. De Sa donne le gouvernement de Diou à Martin Correa. Il subjugue les sujets du roi de Tanor révoltés contre leur souverain, parce qu'il voulait embrasser la religion chrétienne.

Le père Diègue Bernard, dominicain, vient avec six de ses compagnons à Goa pour y bâtir une église et introduire l'inquisition dans cette ville.

Un gouvernement sage, ferme et juste fit respecter et craindre le vice-roi. Les souverains de Calicut, de Cananor et plusieurs autres princes indiens recherchèrent son amitié.

Un certain Bislala, favori du roi d'Ormuz, se soulève contre son maître. Il assemble une armée; il bat en plusieurs rencontres les Ormuziens et les Portugais. Il porte le carnage et l'épouvante dans toute l'île. On ne pouvait réduire ce rebelle par la force ouverte; on gagna un de ces scélérats qui vendent leur audace et leurs crimes; il va dans le camp de Bislala, obtient sa confiance, et le poignarde. L'armée des séditieux se dissipe par la mort de leur chef, le calme est rétabli.

Les rois de Pégu et de Siam se déclarent la guerre; leurs divisions étaient causées par un éléphant blanc, objet de leur culte, que possédait le roi de Siam, et que Brama, roi de Pégu, voulait avoir. Brama march avec toutes les forces de son empire contre le royaume de Siam, y porte la désolation; il force son ennemi à lui demander la paix et à lui donner tous les ans une fille comm une espèce de tribut. Le Siamois refuse d tenir son traité, et Brama revient avec un armée formidable pour assiéger Odia, o son ennemi était renfermé avec soixant mille hommes. Mais il ne peut forcer cett ville et fait une tentative également inutil contre Camambée; il est contraint de s retirer.

Ximindo, un des sujets de Brama, forme une conspiration et s'empare de Pégu Le roi, aidé des Portugais, assiége les séditieux, les défait et les livre à la fureu des soldats; mais Ximindo échappe à s vengeance.

Ximi, autre ambitieux, assassine Bram

dans son palais de la ville de Zatan, et se fait proclamer roi. Les Portugais sont forcés par les factieux de se réfugier dans la ville d'Ova. Ils reviennent avec Ximindo à Pégu. Ximindo attaque l'usurpateur, le fait prisonnier, l'égorge et usurpe à son tour la couronne. Mandaragri, gendre de Brama, chasse Ximindo et met sa tête à prix.

Mandaragri se voyant paisible possesseur du trône entreprend des conquêtes; mais, tandis qu'il était hors de ses États, un roi voisin vient assiéger Pégu. La reine s'enferme dans la forteresse avec trente-six Portugais qui osent soutenir les efforts des assiégeants et donnent le temps au roi de Pégu de venir avec son armée et de faire retirer l'ennemi.

1549. La mort enleva Garcie de Sa trois mois après qu'il exerçait la vice-royauté dans les Indes. On nomma pour le remplacer, en attendant le vice-roi que la cour enverrait, George Cabral, gouverneur de Baçaim, homme distingué par sa naissance et par ses talents. Il apprit avec une sorte de chagrin son élévation, et il n'accepta cette nouvelle dignité que par les instances de Lucrèce Frallo, son épouse.

Les rois de Pimienta et de Calicut unissent leurs forces contre le roi de Cochim. Combat dans lequel le roi de Pimienta est tué.

Le roi de Cochim est vainqueur et poursuit les fuyards; six mille Naïres se rallient et pénètrent dans Cochim où ils portent l'alarme. Les habitants ne tardent point à sentir la supériorité que le nombre leur donnait contre leurs ennemis; ils appellent à leur secours la garnison portugaise de la citadelle, ils fondent sur les Naïres et les massacrent tous.

Le roi de Calicut rassemble ses vassaux pour venger la mort de son allié. Le vice-roi se dispose en même temps à secourir le roi de Cochim. Il amène six mille Portugais à une armée de quarante mille hommes que ce souverain commandait, et s'engage à investir l'île de Bardela où était une partie des ennemis. Les princes, vassaux du roi de Calicut, ne voulurent point hasarder une action contre les Portugais. Ils le forcèrent de demander la paix. Le vice-roi exigea qu'ils s'abandonnassent à sa discrétion, et ne leur accorda que quelques jours pour se déterminer. Pendant cet intervalle, don Alphonse de Noronha arrive avec le titre de vice-roi, et Cabral lui remet aussitôt le commandement et la gloire de terminer une campagne si heureusement commencée. Le roi de Calicut est obligé de céder le royaume de Pimienta pour obtenir la paix.

1550. Après la mort du pape Paul III, don Jean, roi de Portugal, agit auprès de l'empereur, et, à Rome, auprès des cardinaux, pour élever le cardinal Henri, son frère, au souverain pontificat. La faction du cardinal Jean-Marie Dumont l'emporte; il est élu pape sous le nom de Jules III. Le roi, ayant appris son exaltation, lui députe don Antoine de Lancastre, grand-maître de l'ordre de Christ, pour le complimenter.

Le trône du royaume de Congo est vacant par la mort du roi Jacques. L'aîné de ses fils lui succède; mais, haï de ses sujets, il est tué; il laisse après lui deux frères, entre lesquels le peuple, les Portugais et les grands se partagent.

Celui que le peuple couronne est égorgé par les Portugais, et celui qu'ils élèvent à la souveraineté est massacré par le peuple. La postérité du roi Jacques est éteinte; les Portugais sont regardés comme les auteurs de ces troubles et chassés du royaume.

Le sceptre passe aux mains de Henri, frère de Jacques. Ce prince fait une expédition contre les Anxicains et réduit ce peuple qui avait voulu secouer le joug, mais il périt après sa conquête. Il avait laissé la régence de ses États à Alvare, jeune homme de vingt-cinq ans, qui se fit aimer du peuple et qui mérita d'être proclamé roi.

Alvare rappelle les Portugais dans son royaume et rétablit la discipline chrétienne dans le clergé.

Don Alphonse de Noronha, vice-roi des Indes, envoie des secours au roi d'Ormuz, pour l'aider à chasser les Turcs de Catifa. Antoine de Noronha, chargé de cette expédition, la fait réussir.

Les habitants des Moluques se soulèvent contre les Portugais sans pouvoir en triompher.

Le roi de Cota demande du secours au vice-roi, et parvient à vaincre le roi de Ceita son ennemi. Le vice-roi refuse de partager les dépouilles immenses qu'il enlève aux vaincus. Quatre mille Portugais descendent sur la côte du royaume de Calicut, combattent et défont trente mille hommes que le roi de cet État leur oppose; ils font beaucoup de ravages, emmènent grand nombre d'esclaves, emportent un riche butin et retournent triomphants à Cochim.

1552. Le roi de Portugal demande et obtient en mariage pour le prince don Jean, son fils, l'infante dona Jeanne de Castille, fille de l'empereur. Charles charge don Philippe de régler cette affaire. La princesse est conduite avec un cortége brillant à Barreyra où le roi et le prince son fils vinrent au devant d'elle et l'emmenèrent ensuite à Lisbonne.

Les Turcs, honteux d'avoir été chassés de Catifa par les Portugais, engagent Pirbec, corsaire fameux, d'aller assiéger Mascate. Il se rend maître de cette place, et de là il se présente avec une armée de seize mille hommes devant Ormuz, où don Alvarès de Noronha commandait une garnison de 900 Portugais qui lui suffirent pour rendre inutiles les efforts des assiégeants. Pirbec se retire dans l'île de Queixume, et y ravage les châteaux de quelques seigneurs ormuziens.

Un corsaire turc croisant sur la côte de Malabar bat et fait prisonnier Manuel Rodrigues Coutinho; mais cet officier portugais est presque aussitôt vengé et délivré par Gilles Fernandès Carvalho.

Le vice-roi demanda douze mille ducats au père du roi de Ceylan, et, en ayant été refusé, il le fait jeter dans une prison. La femme de ce captif eut assez de courage et d'adresse pour délivrer son mari. Les Portugais ne purent s'empêcher d'admirer cette femme forte, et de blâmer l'avarice et la dureté du vice-roi.

François-Xavier, l'apôtre des Indes, meurt le 2 de décembre dans l'île de Sancian, à la vue de la Chine.

1553. Pirbec, ce corsaire qui avait si bien servi les Turcs contre les Portugais, vint à Constantinople pour rendre compte de son expédition; mais on lui reproche d'avoir épargné les ennemis, il est puni de mort. Le grand-seigneur donne à Moradobec le commandement de sa flotte dans les Indes; don Diègue de Noronha l'oblige de se retirer, et fait quelques prises contre ce corsaire, avec lesquelles il rentre dans Ormuz.

Alvarès Cabral retourne, par ordre du roi de Portugal, à Goa. Il était suivi de quatre vaisseaux; il avait sur son bord le célèbre don Louis de Camoens, qui a chanté dans sa Lusiade les conquêtes des Portugais aux Indes.

Il fait déposer don Diègue d'Almeida, gouverneur de Diou. Il punit Bernardin de Sousa des violences qu'il avait exercées dans les Moluques. Il rétablit partout l'ordre et la justice qui sont les principes d'une bonne administration. Cabral arme une flotte pour défendre le roi de Cochim contre le roi de Pimienta. Il remporte une victoire qui ne lui coûte qu'un seul homme.

1554. Le prince don Jean de Portugal meurt le 2 janvier à Lisbonne, et le 20 du même mois la princesse dona Jeanne sa femme accouche de l'infant, qui fut appelé Sébastien, parce qu'il était né le jour de ce saint. Ce nom ne devint que trop fameux par les malheurs que ce prince éprouva et par ceux qu'il occasiona au Portugal : l'empereur Charles-Quint rappelle la princesse dona Jeanne, sa fille, en Espagne, et lui confie la régence de son royaume pendant l'absence du prince don Philippe.

Le roi de Portugal fait armer une escadre pour aller en course contre les pirates. Il en donne le commandement à don Pèdre d'Acugna, homme expérimenté. D'Acugna, étant dans la baie de Tavila, aperçoit le corsaire Xaramet Arraëz qui avait huit galères; le Portugais était inférieur en forces; cependant il n'hésite pas d'attaquer son ennemi, il en triomphe et l'amène prisonnier dans le port de Lisbonne.

Dans les Indes, Mamoud, roi de Cambaye, prince sanguinaire, est assassiné par celui de ses pages en qui il avait le plus de confiance. Sa mort occasionne des dissentions dans son royaume. Il laisse un fils jeune encore qui hérite de sa couronne. Un des officiers de ce prince trouble les Portugais dans la ville de Diou; ils s'en vengent avec éclat en faisant beaucoup de ravages dans la ville; les ennemis sont obligés de demander la paix.

Le grand Turc ôte à Miradobec le commandement de sa flotte pour la donner à Alechelubic. Ce général attaque les Portugais auprès de Mascate; il est entièrement défait, et ne se sauve de la captivité qu'en allant échouer sur les côtes de Daru.

1555. Don Pèdre Mascaregnas est nommé vice-roi des Indes : il était gouverneur de l'infant don Juan; mais sa sévérité déplaisait au jeune prince, et le roi, par faiblesse pour son fils, l'éloigna, en paraissant vouloir lui donner des marques d'estime et de onfiance.

Ce vice-roi arrive à Goa; il a la douleur de voir échouer un vaisseau de sa flotte, commandé par Melchior de Sousa, qui périt vec tout l'équipage.

Don Juan de Sylva entre dans le port de oa avec six vaisseaux, et plusieurs prises u'il avait faites sur les Calicutiens.

Le vice-roi envoie le père Gonçalez Roriguez, jésuite, et quelques autres missionnaires, en Abyssinie, pour engager le ouverain de cet empire à s'unir avec 'église romaine; le patriarche et le clergé mpêchèrent l'empereur de reconnaître le aint-Siège, et de rien changer à la religion u pays.

Plusieurs seigneurs mécontents d'Idalan, roi de Cambaye, engagent le vice-roi e leur rendre Meale, prince indien, qui ivait obscurément dans Goa. Ils offrent de l'élever sur le trône de Visapour, et de donner aux Portugais les terres de Concan. Meale est proclamé roi. Les Portugais font une invasion dans les terres de Ponde. Cette ville est prise; Mascaregnas y met garnison; mais ce vice-roi est arrêté par la maladie au milieu de ses succès. Il meurt à Goa après un gouvernement de dix mois.

L'infant don Louis, jeune prince d'une grande espérance, finit sa vie dans le même temps, en Portugal.

Don François Barretto, succède à la vice-royauté des Indes. Le feu consume dans le port de Goa dix grands vaisseaux. Le vice-roi répare cette perte et poursuit l'entreprise de son prédécesseur. Il confirme à Meale le titre de roi de Visapour; il donne le gouvernement de Ponde à Ferdinand Monroi, et il se met en possession des terres de Concan. Il charge Norogna de lever des contributions. Idalcan envoie Xacolim, un de ses ministres, pour s'opposer aux Portugais; Norogna défait Xacolim. Meale est proclamé roi dans le Visapour; mais son règne fut de peu de durée. Trahi par ceux-mêmes qui l'avaient couronné, il fut livré entre les mains d'Idalcan son ennemi et son rival. Le roi de Visnaga se joint à celui de Cambaye pour dissiper la faction de Meale. Les Portugais ne peuvent se soutenir à Ponde et à Concan. Le vice-roi fait retirer ses troupes.

Alvarès Sylveira, avec quelques vaisseaux portugais, ravage les côtes de Calicut et emmène beaucoup de bâtiments ennemis. Il force la reine d'Olala de payer un tribut. Il porte la désolation dans ses États, brûle les villages, pille les villes, détruit les temples, des Pagodes, et finit la campagne par le sac de Mangalor. Le Zamorin demande à traiter de la paix.

Les Portugais éprouvent quelques revers dans l'île de Ceilan.

1556. Don Juan Peixote, homme hardi et expérimenté, part du port de Goa avec deux galiotes. Il aborde pendant une nuit dans l'île de Suanquem, dont le roi et les habitants étaient ennemis déclarés des Portugais. Il entre dans la ville sans obstacle, et y fait un carnage affreux du souverain et d'un grand nombre de citoyens. Il emmène beaucoup de captifs et des richesses immenses à Goa.

Le roi de Bassora s'adresse au vice-roi Barretto, pour qu'il le délivre ou le venge de l'oppression des Turcs. Barretto charge don Alvarès de Sylveira de cette expédition et lui donne vingt vaisseaux bien armés; mais presque toute la flotte est fracassée par la tempête dans le port même de Bassora. Sylveira est obligé de se retirer sans rien entreprendre.

Michel Rodriguès, plus heureux, signale les armes portugaises dans les ports d'Idalcan. Il se saisit d'un vaisseau chargé de marchandises allant à Daboul, et monté par douze cents hommes. Il répand la terreur et la désolation dans les États de ce prince et en rapporte des richesses considérables.

Idalcan lève une armée nombreuse pour arrêter le progrès de ses plus terribles ennemis. Le vice-roi lui oppose des troupes qui l'empêchent d'agir.

Barretto arme une flotte, et va visiter les places que les Portugais occupaient au nord de Bazain. Il s'empare sur son chemin de la montagne et de la forteresse d'Azarim. La ville de Manora passe sous la domination portugaise.

Le roi de Cinde demande au vice-roi du secours contre un souverain avec qui il était en guerre. Un détachement portugais est commandé pour l'aider à vaincre son ennemi. Don Pedro Barretto est chargé du commandement; mais lorsqu'il est au port de Tata, où le roi de Cinde tenait sa cour, il apprend que ce prince a fait la paix, et qu'il veut renvoyer les Portugais sans les dédommager des frais de leur armement : Barretto débarque avec ses troupes, attaque la ville, la pille et la ravage. Les habitants des rivages voisins du fleuve Indus étaient accourus en foule pour arrêter la ruine de Tata. Mais des troupes aguerries et disciplinées n'eurent point de peine à dissiper cette multitude confuse. Barretto revint avec un butin considérable.

1557. Nazer Maluco, général d'Idalcan, se jette avec une armée dans les terres de Bardes et de Salsette. Le vice-roi marche contre lui, l'attaque dans la campagne de Ponde, et le met en fuite.

Don Louis Ferdinand de Vasconcellos amène de Portugal à Goa cinq vaisseaux et de nouvelles troupes. L'arrivée de ce secours engage le roi de Cambaye à demander la paix.

La guerre se rallume dans les Moluques. Edouard de Sâ, gouverneur portugais, inquiète le roi de Ternate, et soulève les peuples par son caractère dur et fier. Les habitans de Ternate et ceux de Tidore unissent leurs armes pour s'affranchir de la domination des Portugais.

Edouard de Sâ livre aux Indiens un combat sur mer, et en triomphe; mais également détesté des siens comme de ses ennemis, il est massacré par les Portugai dans le sein de la victoire. Antoine Pereira Brandam prend possession du gouvernement jusqu'à ce que le vice-roi e dispose.

Don Jean III, roi de Portugal, meurt l 6 juin, âgé de 55 ans. Il laisse pour suc cesseur de sa couronne Don Sébastien, so petit-fils, âgé seulement de trois ans. L reine Catherine d'Autriche, aïeule de c jeune prince, est chargée de la régence d royaume.

Don Jean rendit ses peuples heureux p son amour pour la paix, par la protectio qu'il accorda au mérite et aux talents, p l'accueil qu'il fit aux sciences et aux ar Il eut à un degré éminent la connaissance d hommes. Il fit toujours un choix heureux ceux qu'il chargea d'une partie de son a torité, et à qui il accorda sa confianc Économe dans sa dépense, il était génére quand il fallait récompenser les servic rendus à la patrie. Il eut pour la religi un zèle constant, actif, fervent. Il étab l'inquisition dans ses États, pour y conserv la pureté de la foi, ne prévoyant point l persécutions et les abus de ce terrible t bunal. Il envoya des missionnaires porter l'évangile dans les contrées de l'Amérique, de l'Afrique, de l'Asie, où ses généraux avaient étendu sa domination. Ce roi introduisit la réforme parmi les moines. Il érigea en métropole l'évêché d'Evora, et en évêchés les églises de Mirande, de Leiria, de Portalegre. Il établit des évêques aux îles du Cap-Vert, à Cochin, à Malaca ; il fonda des hôpitaux pour les pauvres, un asile pour les veuves des officiers et des soldats morts en combattant les infidèles d'Afrique, et une retraite honnête pour les filles de condition.

Don Juan publia des lois sages, dictées par l'équité, attentif à éloigner la guerre du Portugal, il était toujours prêt à repousser la violence, et il embellit ses États de plusieurs monuments et édifices utiles ; il fortifia les principales villes de son royaume ; il fit réparer les grands chemins, construire des aqueducs ; ce fut lui qui rétablit l'Université de Coïmbre, et qui donna un nouveau lustre à l'ordre du Christ en réunissant à la couronne les domaines de celui d'Avis et de Saint-Jacques. La mort de ce grand roi, de ce père commun de la patrie, fut pleurée par tous ses sujets.

Don Constantin de Bragance est nommé vice-roi des Indes, par la reine régente du Portugal. Il part le 7 d'avril du port de Lisbonne avec quatre vaisseaux et six mille hommes. Barretto lui remet à Goa le commandement et repasse en Portugal.

1558. Le vice-roi envoie des commandants et des troupes dans toutes les places occupées par les Portugais dans les Indes. D. Payo de Norogna réprime les hostilités du roi de Cananor.

Les Portugais, attirés par le commerce, rent différents établissents dans le Brésil. Is bâtissent de petites villes qu'ils appelèent *Capitenies*, dont on peut remarquer inq principales : la première, nommée Itamacara ; la seconde, Fernambuco ; la troisième, Illeos ; la quatrième, Port-Assuré ; a cinquième, Saint-Vincent. Les Brésiliens, euples sauvages et féroces, n'ont que très peu de communication avec les Portugais. Don Thomas de Sousa, envoyé par le roi pour gouverner les colonies du Brésil, amène des missionnaires qui prêchèrent sans succès l'Évangile à ces nations idolâtres. Ce gouverneur fonda une ville, connue sous le nom de Saint-Sauveur, et la fortifia ; elle est située près d'un port vaste et commode, dans le golfe qu'on appelle la baie de tous les Saints. Ce fut dans cette place que le gouverneur et un grand nombre de Portugais vinrent faire leur résidence. Les Jésuites y bâtirent une église. Don Édouard d'Acosta obtint, après Thomas de Sousa, le gouvernement des Portugais dans le Brésil.

Don Sébastien, placé dès la plus tendre enfance sur le trône du Portugal, a pour gouverneur don Alexis de Menezès, et pour précepteur dom Louis de Camera, jésuite. Ces instituteurs s'appliquèrent à inspirer à leur auguste élève un vif amour pour la gloire, beaucoup de piété, un zèle fervent pour la religion ; mais trop de haine contre les ennemis de la foi.

1559. Don Constantin de Bragance, vice-roi des Indes, arme une flotte considérable dans le dessein d'aller réduire la ville de Deman dans le royaume de Cambaye. À son approche les habitants de cette place fuient, avec leurs femmes et leurs enfants, dans les forêts voisines. Le vice-roi entre dans la ville ; il fait purifier la principale mosquée, et célébrer une messe en action de grâces.

Le roi de Cambaye lève une armée pour inquiéter les Portugais dans les travaux qu'ils faisaient pour fortifier Deman.

Moniz Barretto, brave officier, entreprend avec cinq cents hommes d'aller attaquer les ennemis qui étaient postés à deux lieues de la ville. Il profite d'une nuit obscure, il marche à travers des chemins difficiles et détournés. Une partie de sa troupe s'égare ; il se trouve à la pointe du jour avec cent-vingt hommes seulement, vis-à-vis du camp des Cambayens ; il s'y jette avec impétuosité ; il porte partout le carnage et l'épouvante. Abexim, général ennemi, croit que c'est toute l'armée qui vient l'attaquer; il se retire avec précipitation sur une montagne, livrant une partie de ses troupes au fer des Portugais pour sauver l'autre. Cependant voyant de dessus les hauteurs la poignée d'hommes qu'il avait combattus, il descend avec précipitation pour se venger; les compagnons de Barretto qui s'étaient égarés, viennent le joindre, et le font triompher une seconde fois.

Le vice-roi ayant fortifié Deman, il en donne le gouvernement à D. Diegue de Norogna; il rappelle les habitants, leur accorde plusieurs priviléges, et fait alliance avec le roi Sarcette pour assurer sa conquête. Il charge D. Pedre d'Almeida, commandant de Bazaim, de s'emparer de l'île de Balzar. Les insulaires n'osent lui résister; le vice-roi vient en même temps prendre possession de l'île, où il établit Alvarez Gonçalez Pinto pour gouverneur.

Louis de Melo continue de ravager les côtes de Malabar. Les rois de Cananor et de Calicut arment treize vaisseaux. Le capitaine portugais, au lieu d'éviter le combat, cherche au contraire à l'engager, quoiqu'il fût beaucoup inférieur en forces; mais son expérience et sa valeur le remplissaient de confiance. L'action est vive, les Portugais, les Malabares, confondus dans les vaisseaux, se battent avec acharnement; enfin, Louis de Melo remporte la victoire. Les ennemis se retirent avec beaucoup de perte.

Le vice-roi envoie le courageux Melo au secours des Portugais attaqués dans le Cananor par les Malabares. Ces derniers étaient comme des désespérés, le combat dura douze heures avec furie; les Portugais sont encore vainqueurs, et Manuel Vasconcellos se rend, par ordre du vice-roi, dans l'île de Ternate, afin de contenir les habitants sous l'obéissance du roi du Portugal.

Les Turcs attaquent les ports de l'Arabie, les plus proches de la Perse. Ils assiégent la forteresse de Baharem. Rax Movado, gouverneur de cette place, demande du secours à Antoine Norogna, gouverneur d'Ormus. La garnison portugaise veut aller au combat et ses chefs ne peuvent la contenir. Les Turcs, supérieurs en nombre, repoussent les Portugais après en avoir tué beaucoup. A cette nouvelle, Antoine Norogna vient lui-même tirer vengeance des infidèles : il les force de se réfugier à Bassora, sur le golfe Persique.

Catherine reine, régente de Portugal, érige, avec le consentement du pape, deux évéchés, l'un à Cochin et l'autre à Malaca, sous la métropole de Goa.

Nouvelle révolte des Malabares; ils ont l'avantage en plusieurs occasions; ils prennent la citadelle de Balzar, et la détruisent. Don Diegue de Norogna sort de Deman, les poursuit et les combat dans la plaine de Vaypim. Les Portugais en font un terrible carnage; ils repoussent le reste des ennemis jusque dans les forêts. Ils remportent un butin immense et emmènent beaucoup de prisonniers à Deman.

1560. Un des rois de l'île de Ceilan exerçait beaucoup de cruautés contre ses voisins et contre les Portugais. Le vice-roi, dans le dessein de tirer vengeance de c souverain, arme une flotte considérable; i fait voile vers la capitale des Etats de c prince, située au nord de l'île; la ville es prise d'emblée et livrée au pillage. Les vain queurs font un carnage affreux des habi tants; le fils du monarque est fait prison nier. Le roi s'était réfugié dans les bois, demanda la paix, et l'obtient aux condition de payer tous les ans un tribut au roi d Portugal comme son vassal; de lui céde toutes ses prétentions sur l'île Manar, voi sine de son royaume, et de laisser à ses su jets la liberté d'embrasser le christianism

Le vice-roi prend possession de l'îl Manar, y fait construire une forteresse, y met bonne garnison, avec dix vaisseau bien armés pour donner la chasse aux co saires.

Parmi les dépouilles que les Portug emportèrent de leurs expéditions, il trouvait une dent d'un singe blanc fort vénération parmi les peuples idolâtres l'île de Ceilan. Ils lui attachaient un mér et un prix infinis. Le roi de Pegu envoya des ambassadeurs au vice-roi, offrant de payer trois cent mille écus de cette dent. Mais Constantin, par un louable désintéressement, fit détruire en leur présence cet objet d'un culte superstitieux.

Le roi de Cambaye entreprend de rentrer en possession de la ville de Deman, dont les Portugais s'étaient emparés. Don Diégue de Norogna, gouverneur de cette place, trop faible pour résister par la force ouverte, a recours à l'artifice ; il fait prévenir par une fausse confidence Cedemecan, beau-frère du roi de Cambaye, et seigneur de Surate, que les préparatifs de ce souverain tendent à le dépouiller de ses Etats après la prise de Deman. Cedemecan ajoute foi à ce projet qui n'était point sans vraisemblance, et, pour l'empêcher, il va trouver le roi de Cambaye, son beau-frère ; il lui offre ses services, et l'attire à un repas avec ses principaux officiers. Cedemecan avait donné des ordres pour faire assassiner ce prince et tous les officiers de sa suite ; il se jette ensuite sur son armée qu'il dissipe : ainsi, Norogna se délivra d'un ennemi formidable, sans avoir rien fait pour sa défense.

Chinguiscan, fils et successeur du roi de Cambaye, vole vers Surate pour venger la mort de son père. Norogna fait partir aussitôt dix vaisseaux, et fait dire au roi de Cambaye et à Cedemecan, chacun en particulier, que c'est pour eux qu'il a armé.

Cependant Chinguiscan est obligé d'abandonner le siége de Surate, pour retourner dans ses États où un roi de ses voisins était entré les armes à la main ; il demanda la paix à Cedemecan, et l'un et l'autre font des présents et des remerciements à Norogna, comme à leur allié et leur protecteur. Ce gouverneur meurt de maladie à l'âge de quarante-quatre ans, à Deman. Les Portugais regrettèrent beaucoup cet homme recommandable par sa valeur, par sa politique, et plus encore par son attachement à ses devoirs, et par son désintéressement.

1561. Plusieurs princes malabares se liguent ensemble pour s'emparer de la citadelle occupée par les Portugais dans la ville de Cananor.

Le vice-roi des Indes fait armer dix vaisseaux, dont il donne le commandement à don François d'Almeida, avec ordre d'aller attaquer l'ennemi. Combat près de l'île de Primbalan, dans le royaume de Conchim ; la flotte confédérée est défaite. Martin Alphonse de Miranda revient avec de nouvelles forces, et achève de dissiper tous les vaisseaux ennemis. Conchim et Cananor sont mis en sûreté.

Le roi de Bassora, allié des Portugais, demande du secours contre les Turcs ; le vice-roi lui envoie vingt et un vaisseaux commandés par Sebastien de Sâ.

Cedemecan, seigneur de Surate, offre aux Portugais de leur livrer cette place, s'ils veulent le défendre contre les poursuites de Chinguiscan, roi de Cambaye. Le vice-roi fait partir quatorze vaisseaux sous les ordres de don Antoine de Norogna et de Louis de Melo. Ces braves capitaines font des prodiges de valeur ; à la tête de cinq cents Portugais, ils mettent en fuite vingt mille Malabares ; ils délivrent Surate. Cedemecan refuse alors de remettre cette ville, suivant ses promesses, dans la crainte de soulever ses sujets. Cependant il ne peut empêcher leur révolte ; ils le chassent, et le livrent à Chinguiscan, qui le fait mourir. Caracen, beau-frère de Cedemecan, lui succède dans Surate ; il se rend tributaire de Chinguiscan pour obtenir la paix.

Dans les Moluques, le roi de Ternate est forcé d'abandonner ses États aux Portugais, et se retira à Malaca, où il mourut peu de temps après. Manuel de Vasconcellos prend possession de ce royaume pour le roi de Portugal.

Les Portugais répriment les hostilités du roi de Tidore et du prince de Gylolo.

Constantin de Bragance, ayant fini le temps de sa vice-royauté, retourne à Lisbonne, et a pour successeur don François Contigno, comte de Redondo. Ce dernier arrive à Goa avec cinq vaisseaux.

1562. Le chérif Abdala et son fils, élevé

depuis peu sur le trône de Mauritanie, viennent, à la tête d'une armée de quatre-vingt mille hommes, assiéger Mazagnan en Afrique. Catherine, régente de Portugal, envoie deux mille hommes à Alvarez, gouverneur de cette place. Les Portugais font un grand carnage des Maures dans différentes sorties, et opposent une si vigoureuse défense qu'ils forcent enfin les ennemis à se retirer.

Dans les Indes, le roi de Calicut arme puissamment sur mer pour faire la guerre aux Portugais. Le vice-roi sort du port de Goa avec une flotte de cent quarante vaisseaux; il dirige sa route vers Teracol. Le roi demande la paix au comte de Redondo, et l'obtient en payant une somme considérable.

1563. Les Portugais semblaient devenir d'autres hommes lorsqu'ils avaient passé la ligne; ils étaient, dans leur patrie, efféminés, adonnés aux plaisirs, ensevelis dans l'oisiveté; mais, dans les Indes, ils étaient braves, intrépides, avides de gloire, capables de soutenir les plus grandes fatigues; ils se signalaient chaque jour par des exploits nouveaux.

A Ceilan, Raju, fils de Madune, et roi de cette île, met sur pied une armée de trente mille hommes, dans le dessein de forcer la forteresse de Colombo, dont Balthasar Guedez de Souza était gouverneur. Les Portugais repoussent les assiégeants. Raju, ne pouvant enlever Colombo, marche vers Cota. Balthasar Guedez sort avec une partie de la garnison, s'empare de plusieurs défilés, se met en embuscade et attaque les ennemis, qui, surpris et épouvantés, n'osent soutenir le combat. Don Diègue de Melo accourt en même temps, de l'île de Manar, dont il était gouverneur, au secours de ses compatriotes, et oblige Raju de se réfugier dans ses États, désespéré d'être contraint de fuir avec une armée nombreuse, qui ne pouvait résister à la valeur intrépide d'une poignée de Portugais.

1564. Don François Contigno, comte de Redondo, vice-roi des Indes, meurt presque subitement sur la fin de février. C'était un homme courageux, actif, spirituel, généreux, bienfaisant. Le célèbre Louis de Camoëns, le plus grand poète portugais, avait été condamné à une prison, ensuite à un bannissement, par François Barretto; Constantin de Bragance lui rendit la liberté et honora ses talents sublimes; Contigno, plus sensible encore au mérite de ce grand homme, l'honneur de sa patrie, le combla de ses bienfaits. Camoëns célébra son protecteur dans ses poésies lyriques.

Don Juan de Mendoça, gouverneur de Malaca, prend le commandement jusqu'à l'arrivée du vice-roi.

Dominique Mesquita, officier portugais, avait maltraité plusieurs marchands malabares; le roi de Calicut porta ses plaintes au gouverneur, qui obligea l'officier à restituer ses prises et à payer tout le dommage qu'il avait causé. Mais une Mauresse, dont le mari avait été tué par Mesquita, ne respire que vengeance contre les Portugais, et y excite tous les Maures de Cananor. Le roi de cette ville soutient la révolte; il fait mettre le feu à trente vaisseaux qui étaient dans le port, et assiége la citadelle, défendue par don Payo de Norogna.

Mendoça envoie André Souza et six vaisseaux au secours des Portugais de Cananor. La guerre se ranime dans le Malabar. Don Antoine de Norogna, qui avait été gouverneur d'Ormus, arrive à Goa en qualité de vice-roi.

Les Portugais s'intéressent à l'expédition contre le Penon de Velez de Gomère, forteresse qui servait de retraite aux pirates d'Afrique. François Barretto sort de la baie de Lisbonne avec le grand galion de Portugal, huit galères et quatre caravelles, montées par l'élite de la noblesse portugaise et par un grand nombre d'officiers; il va joindre la flotte espagnole.

1565. Une escadre portugaise, composée de sept vaisseaux, et commandée par don Pedre de Sylva Menesez, rencontre, près de la rivière de Canaroto, le corsaire Murimuja, Maure de nation, fameux par ses exploits dans les mers des Indes. Ce pirate, ayant sous ses ordres dix-sept vaisseaux, attaque les Portugais. L'action est vive. Les Portugais, d'abord maltraités, viennent avec fureur à l'abordage. Ils coulent à fond deux vaisseaux ennemis, en prennent cinq, et tuent le corsaire lui-même avec cinq cents de ses soldats. Cette victoire coûte trois cents hommes aux Portugais. Le reste de la flotte ennemie se sauve, à force de rames, dans la rivière de Pudepatan. La vengeance les ramène au combat avec de nouvelles troupes; mais ils sont encore défaits et obligés de fuir avec une perte considérable.

Don Paul de Lima Pereira, capitaine fort appréhendé des Malabares, s'avance avec quatre vaisseaux au secours de Cananor. Il rencontre dans sa route, près de Baticala, le pirate Canatole, Malabare, qu'il attaque et qu'il met en fuite; mais cet officier portugais, blessé et ayant son équipage fort endommagé, se retire à Goa pour s'y rétablir.

Cependant, les Barbares forment une armée très nombreuse, et pressent vivement le siége de Cananor. André de Souza, officier de distinction, meurt les armes à la main. Norogna, gouverneur de la place, fait différentes sorties, dans lesquelles il tue beaucoup de Malabares. Assaut général dans lequel les ennemis perdent beaucoup de monde. Les Portugais font des prodiges de valeur, et forcent enfin une armée considérable d'abandonner le siége de Cananor.

Gonçalez Pereira, et Alvarez Paës de Sottomajor, viennent avec de nouvelles troupes dans cette place. Ils portent le ravage et l'épouvante aux environs; ils mettent le feu dans une ville et dans une forêt qui appartenaient à Aderrajao, chef des Malabares. Ces expéditions rendent les Portugais redoutables.

La guerre n'était pas moins vive dans l'île de Ceilan. Le tyran Raju avait médité la perte des Portugais pour se rendre maître de toute l'île; il attaque pendant la nuit la forteresse de Colombo; mais il y trouve tant de résistance qu'il se retire en laissant cinq cents hommes des siens morts sur la place.

1566. Raju, ayant été défait à Colombo, veut se venger sur Cota, et, pour parvenir à s'emparer de cette ville, il entreprend de détourner la rivière qui passait dans les fossés de la forteresse. Pierre d'Acide, gouverneur, envoie contre les travailleurs un détachement commandé par un religieux nommé François de Nazaret. Les ennemis sont surpris, et une grande partie périt par le fer des Portugais.

Cependant Raju poursuit son projet contre Cota; George de Melo engage le roi de Candea de porter la guerre jusque dans les états de Raju, afin de faire une puissante diversion. En effet, ce roi ravage le pays du tyran; il désole ses campagnes, détruit ses forêts, met le feu à la ville de Chilao, sans pouvoir arracher Raju au siége de Cota, qu'il continue de presser avec violence.

Don Diègue d'Atayde, gouverneur de Colombo, sort avec la garnison et tombe sur l'armée de Raju, dans le temps qu'elle était occupée à un assaut; les assiégés font en même temps un feu terrible sur les ennemis. Raju force un poste et massacre tous ceux qui le défendaient. Atayde et le roi de Cota se précipitent au milieu du danger; les Portugais repoussent enfin les assiégeants. Raju, abandonné des siens, est obligé de fuir à Ceïta-Vaca.

Le gouverneur de Cota proposa au vice-roi de ruiner les fortifications de cette place, qui employait beaucoup de monde pour sa défense, et de réunir ses forces à Colombo, ce qui fut exécuté. On y donna un asile au roi de Cota, afin de le mettre à couvert des poursuites de Raju.

Les Mogores, peuples de l'Indostan, viennent insulter la ville de Deman. Jean de Sousa, gouverneur de cette place, rassemble les Portugais des environs, et repousse ces nouveaux ennemis.

1567. La reine de Mangalor fait prendre les armes à ses sujets pour chasser les Portugais de ses États, et elle entreprend de faire bâtir une forteresse dans sa capitale, ville située non loin de la mer, sur une rivière qui la baigne de deux côtés.

Le vice-roi vole au secours des Portugais enfermés dans Mangalor ; il part de Goa avec sept galères, deux gallions et cinquante fustes, et emmène avec lui de bonnes troupes et des officiers de réputation.

La reine se prépare à une bonne défense. Les Portugais, campés aux environs de la ville, s'abandonnent à une confiance aveugle, et se laissent surprendre par les ennemis, qui en font un grand carnage. La reine veut profiter de cet avantage ; elle mène ses troupes victorieuses contre la citadelle occupée par les Portugais; mais ceux-ci se rallient, ils recommencent le combat, et reprennent la supériorité : la reine est obligée de fuir sur les montagnes voisines, et le vice-roi fait augmenter les fortifications du château ; il y met une forte garnison, et revient à Goa, où ses affaires le rappelaient.

1568. Don Sébastien reçoit du cardinal Henri, son oncle, les rênes du gouvernement. Ce prince signale le commencement de son règne par son exactitude à faire observer les lois, par son amour pour la justice, par son zèle pour la religion et son ardeur pour la gloire. Il se livre à des exercices guerriers, il brave les dangers, il s'endurcit à la fatigue, il fuit le repos et les plaisirs tranquilles. Sébastien se prépare à réaliser ses idées de conquêtes contre les Infidèles, et à l'espèce d'héroïsme que le jésuite Camera, son précepteur, avait fait naître dans son âme, naturellement grande et fière. Il établit de nouveaux colléges pour l'éducation de la jeunesse. Le Portugal jouissait depuis longtemps des douceurs de la paix, et s'enrichissait par le commerce et par les trésors des Indes. Heureux Sébastien, s'il eût su maintenir ses États dans cet état de grandeur, de richesse et de puissance !

Dans les Indes, le roi d'Achem veut rentrer dans Malaca, ville qui lui avait été enlevée par les Portugais. Il attire dans son parti les princes de l'Orient; il engage même le sultan de lui fournir des troupes pour sa conquête, lui faisant espérer que les Turcs pourraient s'emparer du commerce immense que les Portugais faisaient dans les Indes,
au Japon et à la Chine. Le roi d'Achem reçoit en effet des secours considérables de la Turquie. Il s'avance avec une flotte de trois cents voiles et vingt mille hommes contre la ville. Don Louis Pereira, gouverneur, se met en état de défense. Le vice-roi lui envoie quelques renforts. Les ennemis attaquent la ville pendant trois jours, sans relâche ; mais, n'ayant gagné aucun poste, et ayant déjà perdu quatre mille hommes, le roi d'Achem abandonne le siége.

Le vice-roi fait une expédition dans l'île de Salsette, et punit les habitants des cruautés qu'ils exerçaient contre les chrétiens.

Gonçalès Pereira Marramaqne pénètre dans l'île d'Amboine et la soumet au pouvoir du roi de Portugal. Cette île était habitée par les Utimas et les Ulensivas, deux nations différentes. La licence des Portugais souleva bientôt ces insulaires. Gexalio, un des chefs de l'île, les combat et les oblige de se retirer sur leurs vaisseaux.

Don Diègue Lopez Mesquita, gouverneur de Ternate, homme avare et cruel, fait mourir plusieurs parents de Mesquita, roi de cette île ; ce tyran assassine ce souverain lui même. Guichil Babu succède à son père, avec le désir de le venger. Il lève des troupes, se ligue avec les rois voisins, arme ses sujets, abolit dans ses États la religion chrétienne, et poursuit avec violence les Portugais.

Norogna, ayant fini le temps de sa vice-royauté, retourne en Portugal, et meurt en route, regretté de son roi, qu'il servit avec zèle et affection; et pleuré des Portugais et des Indiens, qu'il gouverna avec douceur et avec équité.

1570. Le pape et le roi d'Espagne invitent don Sébastien, roi de Portugal, d'entrer dans la ligue pour défendre la république de Venise, menacée par Sélim II, empereur des Turcs. Mais le roi de Portugal, en témoignant beaucoup de zèle pour servir l'Église, refusa de contribuer à la confédération, parce que ses États avaient été fort endommagés par la peste, et qu'il était d'ailleurs obligé de pourvoir à la défense des côtes de son royaume ; cependant il promit de prendre part, l'année suivante, à cette guerre, si la situation de ses affaires le permettait.

1574. Don Sébastien, roi de Portugal, avait puisé dans les instructions de ses gouverneurs et de ses précepteurs le goût de la chevalerie et le désir de signaler ses armes contre les Infidèles. Il avait formé dans Lisbonne une troupe de jeunes militaires, avec lesquels il se plaisait à faire ses exercices guerriers.

Il se laisse enfin aller à son ardeur, malgré les représentations de la reine dona Catherine, son aïeule, et du cardinal Henri, son oncle. Il passe, avec quelques vaisseaux et peu de monde, en Afrique, sous prétexte de visiter les places que les Portugais possédaient sur ces côtes; mais, en effet, il méditait quelque action d'éclat. Il fit plusieurs courses dans le pays ; il osa même attaquer les Maures, qui étaient beaucoup supérieurs en nombre ; il les combattit avec intrépidité, et remporta sur eux quelques avantages qu'il célébra comme des victoires éclatantes. De retour à Lisbonne, ce prince ordonna les préparatifs d'un grand armement. Cependant son conseil s'efforçait de le détourner de ses projets de conquête, qui pouvaient lui être aussi funestes qu'au Portugal ; mais ce prince ne voulait prendre d'avis que de sa passion et de Martin Gonçalès de Camera, frère de son confesseur, qui flattait son inclination.

1576. Muley-Mahamet a recours à l'Espagne pour remonter sur le trône des royaumes de Fez et du Maroc, et n'ayant pu rien obtenir de don Philippe, il passe à Ceuta ; il s'adresse à don Sébastien, roi de Portugal, dont il connaissait l'humeur guerrière et le goût pour la chevalerie. Il promet au Portugal les ports d'Arzile et de Larache, si le roi veut le remettre en possession de ses États.

Don Sébastien saisit avec joie l'occasion qu'il attendait de se signaler contre les Maures d'Afrique.

Ce monarque engage don Philippe, son oncle, de le seconder. Le roi d'Espagne lui donne rendez-vous à Guadaloupe, et s'efforce de le détourner de l'expédition téméraire qu'il projetait en Afrique, n'ayant ni les forces, ni l'expérience nécessaires pour y réussir. Mais plus on montrait à Sébastien d'obstacles dans son entreprise, plus il la trouvait digne de lui, et plus il s'obstinait dans ses projets de conquête. Enfin le roi de Portugal obtint de don Philippe qu'il lui donnerait cinquante galères et 5,000 hommes.

1577. Don Sébastien continue avec activité ses préparatifs pour la guerre d'Afrique. Il lève des impôts sur ses peuples, sur le clergé ; il emprunte aux Juifs, il augmente le prix de la monnaie ; faibles ressources pour les frais d'une telle expédition ! Il fait enrôler des troupes en Italie et en Allemagne ; il arme une flotte.

Moluc offre au roi de Portugal de lui céder quelques places, voulant détourner l'orage qui menaçait ses États ; mais Sébastien rejette avec hauteur ces propositions. Il n'aspirait qu'à la gloire de triompher des Maures. La reine Dona Catherine, son aïeul, qui mettait le plus d'opposition à ses projets de conquête, dont elle craignait les suites malheureuses, mourut sans pouvoir l'en détourner. Le cardinal Henri, oncle du roi, cessa de combattre les sentiments de Sébastien et se retira de la cour.

Dom Philippe, roi d'Espagne, voyait avec une secrète satisfaction l'imprudente valeur du prince son neveu, qui allait s'exposer à un danger certain ; et comme Sébastien n'avait point d'enfants, il espérait pouvoir réunir son royaume à l'Espagne. Il combattit d'abord par bienséance son projet, et y applaudit ensuite par politique.

Don Philippe envoya en Afrique François Aldana, officier espagnol, qui avait connu particulièrement Moluc, pour examiner l'état des forces de ce prince. Aldana passa ensuite en Portugal et représenta au roi les dangers auxquels il voulait s'exposer. Sébastien retint à son service cet Espagnol afin de le guider dans le pays ennemi.

La noblesse portugaise fit en corps ses représentations et ne put rien obtenir de Sébastien. Don Antoine d'Acuhna, seigneur de la première distinction, qui arrivait d'Afrique après avoir combattu sous les ordres de Muley-Mahamet et avoir été fait prisonnier par Muley-Moluc, insistait sur le nombre des troupes de ce prince. « Don Antoine, lui répondit le roi fatigué de son récit, il me semble que la frayeur vous a fait exagérer les forces des ennemis. » « Non, sire, dit d'Acuhna ; prêt à combattre et à périr pour votre service, je ne crains la multitude des Maures que pour le succès de vos armes. »

Mort de l'infante dona Marie, fille du roi don Emmanuel et de la reine dona Éléonore.

1578. Don Sébastien nomme vice-roi des Indes don Louis d'Atayde, habile général, qu'il aurait dû retenir auprès de lui. Il donne le commandement de son armée à don Diègue de Sousa, homme d'État, mais sans expérience pour la guerre. Le cardinal Henri refuse la régence du royaume pendant l'absence de son neveu ; elle est donnée à un conseil. Les troupes, et à leur tête l'imprudent Sébastien, s'embarquent au port de Lisbonne le 25 du mois de juin.

L'armée était d'environ quinze mille hommes, dont deux mille Castillans, et la flotte de cinquante vaisseaux et de cinq galères, outre beaucoup de bâtiments de transport. Le roi arrive au port de Lago dans l'Algarve, où il reste quatre jours ; il se rend ensuite à Cadix et reçoit de grands honneurs et des fêtes du duc de Médina-Sidonia. Il passe ensuite à Tanger où il débarque avec un corps de troupes ; le reste de la flotte va l'attendre à Arzile ; don Sébastien ne tarde pas d'y arriver. Il trace son camp entre la ville et la mer.

Muley-Moluc avait assemblé une armée plus de six fois supérieure en nombre aux Portugais. Il s'avance en bon ordre et vient se poster à une lieue d'Alcaçar-Quivir en présence de l'armée chrétienne. Il y a plusieurs escarmouches dans lesquelles les Maures remportent quelques avantages. Don Sébastien quitte son camp ; il mène par terre ses troupes vers Larache. Le capitaine François d'Aldana va le trouver et lui présente de la part du duc d'Albe un casque que Charles-Quint avait porté et une lettre qui l'engageait de ne s'attacher qu'à la prise de Larache. Cependant Muley-Moluc suit le roi dans sa marche, il s'arrête près du gué de la rivière de Luco pour en défendre le passage. Le roi se dispose aussitôt à combattre. Le chérif Muley-Mahamet veut en vain détourner le roi de donner la bataille avec des forces si inégales à celles de l'ennemi. Don Sébastien rejette ce conseil prudent, mais qu'il regardait comme honteux à sa gloire. Il ordonne le combat ; la multitude des Maures triomphe de la valeur et de l'intrépidité des chrétiens. Le carnage devient général ; don Sébastien, plus soldat que roi, se trouve partout, affrontant les plus grands dangers. Il est fait prisonnier par une troupe de Maures qui se l'arrachent les uns aux autres et sont prêts d'en venir aux mains. Un des généraux ennemis voyant cette rumeur, accourt, se fait jour au milieu des mutins ; il leur crie : *Quoi ! lorsque Dieu vous donne la victoire, c'est pour un prisonnier que vous vous égorgez !* Et, plus barbare que ses soldats, il porte sur le malheureux Sébastien un grand coup de cimeterre qui le renverse mourant de son cheval ; les autres Maures achèvent de le tuer.

Trois rois périrent dans cette journée cruelle : Sébastien, sur le champ de bataille, par le fer de l'ennemi ; Moluc, dans sa litière, par la maladie, et le chérif Mahamet se noya, dans la rivière de Mucacen, en fuyant. Huit mille chrétiens furent massacrés ; il y en eut un grand nombre de blessés et de captifs, très peu se sauvèrent. Cette victoire coûta plus de dix-huit mille hommes aux Maures. Muley-Hamet, frère de Moluc, est élu roi par les Alcaydes. Les seigneurs portugais rachètent leur liberté. Le corps de don Sébastien est transporté en Portugal. Le cardinal don Henri est élevé sur le trône après la mort de son neveu. Il prend le titre de prêtre-roi.

1579. Les Portugais engagent leur roi de se marier, prévoyant et craignant les suites malheureuses d'un interrègne. Don Philippe, au contraire, fait solliciter le pape par son ambassadeur, de ne point accorder de dispense à ce roi, qui était en même temps prêtre, archevêque et cardinal. En effet, le souverain pontife se sert de différents prétextes pour éviter de rendre réponse.

Don Henri assemble les États à Lisbonne. Il nomme cinq régents du royaume pour gouverner le Portugal après sa mort.

Don Philippe emploie la négociation, et se dispose à faire agir une armée, afin de déterminer les Portugais en sa faveur.

Don Antoine, prieur de Crato, fils naturel de l'infant don Louis, un des prétendants à la couronne de Portugal, se fait un parti; l'Angleterre et la France promettent de l'appuyer.

Don Henri le déclare bâtard, incapable de succéder, rebelle à l'État, et l'exile. Il éloigne aussi de la cour le duc de Bragance, qui avait le plus de droit au trône comme mari de doña Catherine, fille de l'infant don Édouard et petite fille du roi don Emmanuel.

Les autres prétendants étaient le duc de Savoie, fils de la princesse Béatrix, sœur cadette de l'impératrice, et le duc de Parme, qui avait pour mère Marie de Portugal, fille du prince Édouard, et sœur aînée de la duchesse de Bragance. Catherine de Médicis, reine de France, se mit aussi sur les rangs, comme issue d'Alphonse III, roi de Portugal, et de Mathilde, comtesse de Boulogne. Le pape même voulait tirer avantage de ce que la couronne était sur la tête d'un prêtre. Il réclamait le trône comme la dépouille d'un cardinal et un fief du saint Siége. On n'eut aucun égard à ces prétentions étrangères.

Le roi de Portugal envoie au chérif Muley-Hamet don François d'Acosta, pour traiter du rachat des captifs. Le chérif ne veut rien recevoir pour la rançon du duc de Barcelos, fils aîné du duc de Bragance; il le met en liberté après l'avoir comblé d'honneurs et de bienfaits.

1580. Les États de Portugal s'assemblent à Almerin. Le roi don Henri déclare que la succession à la couronne ne pourrait regarder que don Philippe, roi de Castille, son neveu, et doña Isabelle, duchesse de Bragance, sa nièce, et qu'il désirait de les accorder par la voie d'accommodement, pour assurer la tranquillité du royaume.

Don Henri tombe malade et meurt. Ce prince, archevêque, grand inquisiteur, cardinal et roi, avait des mœurs sévères et beaucoup de zèle pour la religion; il était scrupuleux, indécis et timide avant que de prendre un parti; mais ferme et constant dans le plan qu'il avait arrêté. Ce fut lui qui donna la forme aux inquisitions du Portugal.

Les cinq régents prennent les rênes du gouvernement, et se mettent en devoir de nommer le successeur à la couronne, suivant les intentions du feu roi.

Don Antoine, prieur de Crato, parcourt le Portugal, cherchant des partisans pour soutenir ses prétentions; il écrit au Brésil, aux Indes et aux îles Tercères de se déclarer pour lui. Ce jeune prince, emporté et violent, fait assassiner, par Antoine Suarez, son domestique, le grand prévôt de l'hôtel, qui le traversait dans ses entreprises. Les régents firent arrêter et punir de mort l'assassin. Don Antoine est proclamé roi par la populace à Santaren, à Lisbonne, à Setubal.

Cependant le roi d'Espagne soutient par la force ses prétentions à la couronne. Don Antoine veut envain se défendre. Le duc de Bragance reconnaît le roi d'Espagne pour son souverain. Les Portugais, qui osent résister, sont défaits sur mer. Lisbonne ouvre ses portes aux Espagnols: la flotte portugaise passe sous leur domination.

Don Philippe est élu roi dans la capitale. Don Antoine fait encore des mouvements pour défendre ses droits. Le roi d'Espagne met sa tête à prix.

Dans le même temps que la guerre désolait le Portugal, la peste et la famine y faisaient de grands ravages.

De 1585 à 1836.

Philippe II se fit proclamer à Lisbonne où il vint en personne prendre le sceptre que le duc d'Albe lui avait conquis. Au reste, l'illégitimité d'Antoine une fois reconnue, il avait des droits incontestables, puisqu'il était fils d'Isabelle, sœur de Jean III. Ils lui furent toutefois contestés par deux imposteurs qui parurent dans la même année (1585). L'un était fils d'un potier ou fabricant de tuiles du village d'Alcasova; l'autre était né dans l'île de Tercère d'un tailleur de pierres, nommé Alvarez. Ces deux prétendants, pour s'accommoder probablement à la fable qui faisait vivre Sébastien dans la pénitence au fond d'un désert, parurent l'un et l'autre en habit d'ermite. Le premier était accompagné d'un intrigant qui se donnait pour évêque, et il recommandait *le roi Sébastien* à la charité de ses sujets. Quelques paysans séduits firent des aumônes; mais pour arracher une couronne au puissant Philippe II il fallait plus que les secours de quelques paysans. Le faux Sébastien et son complice furent arrêtés et conduits à Lisbonne. Celui-ci fut pendu; *le roi* fut envoyé aux galères.

Ce triste résultat ne découragea nullement Alvarez; mais il s'y prit d'une autre manière; comme il ressemblait, dit-on, au vrai Sébastien, et qu'il avait les cheveux blonds comme ce prince, bien des gens s'y trompèrent, mais à ceux qui voulaient le traiter comme roi, il disait avec un ton de bonhommie, qui les confirmait davantage dans leur opinion, qu'il n'était que le fils d'un pauvre tailleur de pierres, et qu'on se méprenait. Comme, au surplus, il menait une vie en apparence très austère, on crut qu'il ne refusait que par humilité de se laisser reconnaître. Lorsqu'il vit chacun bien accrédité, Alvarez usa d'un nouveau stratagème; il se levait souvent à minuit, et là, dans des prières ferventes qu'il adressait au ciel, et qu'il avait soin de faire à haute voix pour qu'on les entendît, il s'écriait : ô mon Dieu ! faites que je puisse me découvrir à mes sujets et recouvrer le royaume de mes pères. Ce grossier artifice réussit à Alvarez, et peu de temps après son secret fut su de tout le monde; de sorte que chacun accourait en versant des larmes de joie auprès du bon roi Sébastien. Il avait ramassé un millier d'enthousiastes : l'archiduc Albert, vice-roi de Portugal, envoya contre lui un corps de troupes; celles de l'imposteur se dispersèrent au premier choc. Arrêté dans sa fuite, Alvarez fut conduit à Lisbonne, jugé, condamné et exécuté.

Douze ou treize ans s'écoulèrent sans qu'il fût plus question de Sébastien. Au bout de ce temps (1598) il en parut un troisième à Venise, et l'identité de celui-ci n'a jamais été ni bien reconnue ni contestée avec un plein succès. Tous les Portugais qui se trouvaient dans cette ville et qui avaient connu Sébastien prétendirent le retrouver dan cet inconnu. Conduit devant des juges nommés pour informer, il soutint qu'il était Sébastien; le son de voix, la taille, les trait du visage étaient tout-à-fait les mêmes. I dit que les Maures qui l'avaient fait prison nier ne l'avaient pas reconnu.

Il fit voir sur son corps certains signe qu'on avait remarqués sur celui de Sébas tien; il parla aux membres du sénat d certaines particularités dont le sénat lu avait autrefois fait parler en secret par se ambassadeurs. Ses réponses furent si pré cises que les juges le remirent en liberté mais l'ambassadeur de Philippe exigea qu'o l'expulsât de Venise. Arrêté à Florence, i fut conduit à Naples où on l'exposa aux in sultes de la populace; puis on lui rasa le cheveux et on le mit aux galères. Philipp le craignait encore : il le fit conduire e Espagne et jeter dans une prison où il mou rut, dit-on, empoisonné. Plusieurs historien et notamment Herrera dans son histoire g´ nérale d'Espagne, conviennent que les Po tugais s'obstinaient à regarder le proscrit comme leur roi, le vrai Sébastien.

Le Portugal, devenu province espagnole, n'a plus d'histoire particulière jusqu'au moment où il brisa le joug. Ce moment ne pouvait venir sous Philippe II, tyran soupçonneux et cruel, qui regardait comme coupables ceux dont il se méfiait, et qui pouvait, de sa colère, écraser le Portugal révolté. Sous Philippe III, prince inepte, indolent, mais dur et sans talents d'aucune espèce, plusieurs seigneurs portugais avaient déjà travaillé sourdement à détruire le pouvoir espagnol en lui ôtant l'appui de l'opinion; sous Philippe IV qui monta sur le trône en 1621, et qui, aux vices de son père, joignait l'inexpérience, l'incurie et l'amour exclusif des plaisirs; sous ce prince, livré à un ministre inhabile, qui manquait de prévoyance pour empêcher le mal et le talent pour le guérir, l'occasion semblait devoir se présenter plus propice : les Portugais l'attendirent, et lorsqu'elle vint ils ne la laissèrent pas échapper.

La domination espagnole fut loin d'être favorable à la monarchie portugaise; et, dans cette longue période de soixante ans (1580 à 1640), la prospérité de cette dernière, déclinant rapidement, finit par s'anéantir tout-à-fait. On eut dit que les trois Philippes, prévoyant que ce royaume échapperait à leurs successeurs, cherchaient systématiquement à l'affaiblir au point de le laisser sans puissance quand ils le rendraient à ses anciens rois. Ce fut surtout dans les colonies d'Afrique et d'Asie que ce résultat devint rapidement sensible. S'il le fut moins dans le Brésil, c'était parce que ce vaste pays n'avait pour habitants que quelques hordes sauvages, qui n'avaient pas d'intérêt à détruire quelques établissements qui s'étaient formés sur la côte. Encore Philippe III laissa-t-il les Hollandais s'emparer, en 1624, de San-Salvador et, par conséquent, du Brésil.

Vers le milieu du XVIe siècle, la domination des Portugais s'étendait depuis Columbo dans l'île de Ceylan, jusqu'à Diou, à l'entrée du golfe de Cambaye. Bassaim, Daman, Chaul, sur la côte de Malabar, étaient devenus des places considérables de commerce. Daman eut même une citadelle très forte, qui, sur la fin du siècle suivant, vit échouer tous les efforts du fameux Aurengzeb pour s'en rendre maître. Les villes de Bombay et d'Onore importantes, la première par son excellent port, la seconde par la qualité supérieure du poivre que son territoire produit, étaient aussi au pouvoir des Portugais qui, possesseurs des points principaux de la côte occidentale de la presqu'île, voulurent planter leur drapeau sur la côte orientale, et passèrent le détroit de Manasa pour s'aller établir à Négapatnam, à Méliapour, à Masoulipatnam.

C'était sur la cîme d'une montagne voisine de Méliapour que les Portugais prétendaient avoir découvert le tombeau de l'apôtre saint Thomas; aussi avaient-ils entouré Méliapour de remparts et décoré son intérieur de palais, d'églises et de colléges. Les ruines de Méliapour ont fourni des matériaux pour les constructions de Madras. De la côte de Coromandel à Malacca, la distance n'était pas très grande; les Portugais l'avaient franchie, et de Malacca où ils s'établirent, ils allèrent visiter chez eux les Chinois. Des pirates s'étaient rendus maîtres de Macao, les Chinois appelèrent les Portugais à leur secours; les pirates furent expulsés et l'empereur par reconnaissance permit aux Portugais d'ériger un comptoir dans l'île de Macao. De là, dit Mafféi, sortirent les navigateurs qui, remontant au nord, trouvèrent le Japon.

Cinquante ans avaient suffi aux Portugais pour fonder un empire dans l'Inde; il fallut moins de temps pour le renverser. Plusieurs causes réunies contribuèrent à sa chute. Ils avaient trop peu de troupes pour garder une telle étendue de côtes, et leurs établissements se trouvaient situés à de si grandes distances l'un de l'autre qu'ils ne pouvaient se secourir mutuellement. Les gouverneurs, de même que les vice-rois qui résidaient à Goa, sachant que leurs fonctions devaient cesser au bout de trois ans, employaient ce temps d'une manière plus avantageuse à leurs intérêts personnels qu'à l'intérêt général.

Afin que les autres n'éclairassent pas de trop près leur conduite ils fermaient les yeux sur tous les abus, et, pourvu qu'ils s'enrichissent eux-mêmes, ils souffraient que chacun pût s'enrichir. Aussi l'histoire de la domination portugaise durant cette période de décadence ne se compose que du récit des malversations communes des administrateurs. La race des Almeida, des Albuquerque, des Silveira, des Mascarenhas semblait éteinte; la soif de l'or avait pénétré partout et formé des marchands : les guerriers avaient disparu.

Sébastien ou pour mieux dire le cardinal-régent, avait peuplé Goa de religieux ou d'inquisiteurs. Ce n'était pas en condamnant au supplice de malheureux Hindous qu'on faisait chrétiens malgré eux, que François-Xavier avait fait de nombreux prosélytes. Henri successeur de son neveu, n'améliora pas le sort des Hindous. Aussi ce gouvernement qui avait compté pour vassaux plus de cent rajàhs de la péninsule, détesté des Hindous, des Juifs et des Musulmans et destitué de forces militaires, devait tomber à la première secousse.

Mais de toutes les causes qui entraînèrent la ruine des Portugais dans l'Inde, la plus active, la plus efficace, ce fut le renversement du système d'administration qu'Emmanuel avait commencé, que Jean III poursuivit, que Sébastien négligea et que Philippe II et ses successeurs proscrivirent. D'abord ces derniers voulurent priver le Portugal de sa puissance en tarissant la source de sa richesse, afin de le tenir plus facilement dans la soumission ; d'un autre côté, les Espagnols possesseurs des Philippines pouvaient faire seuls le commerce du Japon, de la Chine, de Malaca et de tout l'Archipel indien ; ils ne devaient pas souffrir que le commerce rival de l'Inde fleurît dans la main des Portugais. Non-seulement Philippe les accabla d'impôts, mais encore il les empêcha d'acquérir les moyens de les payer par le commerce de l'Orient. Les Chingulais les expulsèrent de leur île, les Persans s'emparèrent d'Ormuz, les Moluques devinrent la proie des Hollandais. Au lieu de quinze ou vingt vaisseaux qui allaient tous les ans de Lisbonne à Goa, Philippe n'en laissait partir que trois ou quatre, encore choisissait-il pour ces expéditions les plus mauvais bâtiments de ses ports. En un mot, il voulait que le Portugal perdit ses établissements de l'Inde, sans qu'on pût l'accuser lui-même d'être l'auteur du mal. Telle fut toujours sa politique : nuire à ses ennemis en cachant la main qui les frappait. Quand la maison de Bragance monta sur le trône, elle trouva le commerce de l'Inde complétement ruiné, et les querelles qu'elle eut à soutenir en Europe l'empêchèrent de le relever. Elle n'avait d'ailleurs ni marins ni vaisseaux, et quand il lui fut possible d'équiper une flotte, la puissance hollandaise, montée au plus haut point, rendit ses tentatives infructueuses.

Le comte duc d'Olivarès avait mécontenté par son administration les seigneurs, les prélats, les nobles et le peuple. Les Catalans furent les premiers qui tentèrent de briser le joug. Soutenus par la France, ils mirent en déroute l'armée royale ; et comme ils avaient d'abord donné à leur pays un gouvernement républicain et qu'ils s'aperçurent que ce gouvernement les conduisait à leur ruine en passant par l'anarchie, ils proclamèrent Louis XIII comte de Barcelonne. Richelieu ne permit pas à son maître de prendre ce titre, il ne voulut qu'assurer la conquête du Roussillon. Mais pour embarrasser le roi d'Espagne, et entretenir la révolte en Catalogne, il y envoya plusieurs corps de troupes auxiliaires. Les Portugais profitèrent de l'occasion que la Providence semblait leur offrir. Le clergé la noblesse, le peuple, réunis par un intérêt commun, proclamèrent Jean duc de Bragance pour leur souverain sous le nom de Jean IV.

Cette révolution eut lieu sans trouble, sans secousse, sans effusion de sang ; il n'y

avait dans le Portugal qu'une seule opinion, un seul vœu, un seul sentiment qui éclata par les marques les moins équivoques de l'allégresse publique, ce qui fit dire à un Castillan qui se trouvait à Lisbonne : Se peut-il qu'un si beau royaume ne coûte qu'un feu de joie à l'ennemi de mon maître? Jean était né en 1604. La nature ne lui avait pas donné un grand courage ; et sans sa femme Léonore de Guzman (de la maison espagnole de Medina-Sidonia) qui avait tout ce qui lui manquait à lui-même, et qui le mit malgré lui à la tête de ceux qui le faisaient roi, les conjurés auraient dû se donner un autre chef. Le comte-duc cacha cet évènement aussi longtemps qu'il le pût au roi Philippe, mais après la bataille de Villa-Viciosa gagnée par les Portugais sur les troupes espagnoles, le ministre ne put garder plus longtemps le silence ; mais, conservant toujours son caractère, il dit au roi du ton d'un homme qui prend en pitié celui dont il parle : le duc de Bragance est devenu fou ; il s'est fait proclamer roi de Portugal ; cela raportera douze millions de ducats à V. M. Philippe, qui était déjà prévenu contre son ministre, répondit qu'il fallait mettre fin à ces désordres, et peu de jours après le ministre fut disgracié ; mais le Portugal ne fut pas reconquis.

1641. Le duc de Bragance, porté par une révolution sur le trône de Portugal, règne sous le nom de Jean IV. La couronne lui appartenait suivant les droits de sa naissance ; mais le marquis de Villareal et le duc de Camina, issus dans un degré plus éloigné des anciens rois de Portugal, ne purent voir leur souverain dans un prince qui avait été leur égal. L'archevêque de Brague, François de Castro, grand inquisiteur, et plusieurs autres seigneurs, qui tenaient par leur fortune et leur reconnaissance aux Espagnols, excitèrent le marquis et le duc de se mettre à la tête d'une conspiration. Le jour du massacre est fixé. On devait, le 5 août, exterminer la famille royale, égorger ses partisans, et livrer Lisbonne au feu et au fer des Espagnols. Cependant le marquis d'Ayamonte, castillan, et parent de la reine, l'informe du nom et du dessein des conjurés. Aussitôt le roi de Portugal les fait arrêter, et les condamne à périr sur un échafaud ; on ôte dans la prison la vie à l'archevêque de Brague et au grand inquisiteur.

Le Portugal s'unit à la France par un traité de confédération ; les Hollandais y sont admis.

Les Tercères refusent d'abord de reconnaître Jean IV, roi de Portugal ; mais ces îles y sont ensuite forcées.

Don Georges Mascaregnas prête au nouveau souverain le serment de fidélité de la part des États du Brésil. Ce monarque est pareillement reconnu dans les Indes orientales.

1642. Le roi d'Espagne occupé de la révolte de la Catalogne, et en guerre contre les Français et les Hollandais, laissa au roi de Portugal le temps de s'affermir sur le trône.

Les États assemblés à Lisbonne confirmèrent le droit du duc Bragance à la couronne. On publia dans l'Europe un manifeste, où l'on fit voir l'usurpation de l'Espagne et sa tyrannie contre les Portugais.

Toutes les puissances de l'Europe, excepté Philippe IV, l'empereur et le pape, reconnurent Jean IV pour légitime souverain. Les Hollandais conclurent même avec ce monarque une trêve de dix ans ; mais ils ne furent pas exacts observateurs de leur traité, et firent encore diverses tentatives contre les possessions des Portugais dans l'Amérique et les Indes Orientales.

L'Angleterre et la France fournirent de puissants secours au roi de Portugal. Louis XIII, marcha lui-même à la tête d'une armée vers les Pyrénées pour faire diversion en sa faveur.

1643. Le roi de Portugal profitait des disgraces de l'Espagne et cherchait encore à l'affaiblir par ses conquêtes.

Une armée portugaise, commandée par le comte d'Obidos, s'empare de Valverde, petite ville dans l'Estramadure, et rassure par cette prisa Olivença, place importante de Portugal.

Mathias d'Albuquerque succède dans le commandement de l'armée au comte d'Obidos ; il force la tour de Mexia, petit bourg, le château d'Alconchel et Ville-Neuve-del-Freno, place très-fortifiée.

Les Portugais ravagent les frontières de la Galice et les frontières contiguës à la province de Tra-os-Montes.

Tanger, sur la côte de l'Afrique, reconnaît la domination du Portugal.

1644. Jean IV envoie une armée, sous les ordres de Mathias d'Albuquerque, sur les frontières de l'Estramadure. Le roi d'Espagne lui oppose le marquis de Torrecuse, à la tête d'un corps de troupes. Ce dernier attaque Onquella, et est repoussé avec perte. Les Portugais s'emparent de Montijo, de Membrillo, de Ville-Neuve, de Barca-Rota ; ils battent les Castillans.

Alvarès d'Abranches, général des Portugais dans la province de Beira, entre dans la Castille ; il attaque Fontaine-Guinal, ville opulente, qu'il livre au pillage et à la fureur du soldat. Il détruit Zarca, place forte, où les Castillans avaient des liaisons par leur commerce avec les habitants.

On a vu comment les Portugais avaient établi un grand empire dans les Indes. Il est à propos de rassembler ici les principaux traits du tableau intéressant de leurs conquêtes et de leurs travaux dans les régions éloignées. Après avoir conquis les îles de Madère, des Tercères et de Saint-Michel, avoir parcouru les côtes méridionales de l'Afrique, s'être emparés des îles du Cap-Vert, avoir construit le fort de la Mine dans l'Éthiopie occidentale, soumis sous leur puissance les îles du Prince et de Saint-Thomas, s'être établis dans les royaumes de Congo et d'Angola, avoir élevé plusieurs forts dans l'une et l'autre Guinée, ils doublèrent le Cap de Bonne-Espérance, découvrirent l'île de Saint-Laurent, et subjuguèrent sur les côtes orientales de l'Afrique les royaumes de Sofala, de Mozambique et de Melinde ; ensuite ils passèrent la mer Rouge, parcoururent le golfe Persique, franchirent les embouchures de l'Inde et entrèrent dans le pays qui porte ce nom. Ils s'arrêtèrent d'abord à Calicut, à Cochim et dans les places voisines, où, sous le prétexte du commerce, ils établirent leur domination. Ils enlevèrent l'île d'Ormus dans le golfe Persique, aux rois du pays, et l'île de Goa dans l'Inde à Idalcan. Chaul, Daman, Bazaim, Cananor, et toute la côte du Malabar tombèrent sous leur puissance. L'île de Ceilan reconnut leur pouvoir. Ils conquirent Malacca dans la Chersonèse d'or, par delà l'embouchure du Gange. Ils triomphèrent des Perses, des Turcs, des Arabes, des Maures, et combattirent avec des forces bien inférieures les rois de Bengale, d'Aracan, de Pégu, de Siam. Les Moluques subirent leurs lois. Ils bâtirent la ville de Macao dans la Chine ; ils introduisirent leur commerce dans le Japon, et rendirent enfin tributaires tant de royaumes, de provinces, d'îles et de pays, que leurs États formèrent bientôt un empire plus vaste et plus étendu que n'avait été l'empire romain.

Les rois d'Espagne, en usurpant la couronne de Portugal, devinrent les maîtres de ces vastes pays ; mais la plupart secouèrent leur joug dès qu'on y eut appris la nouvelle de la révolution par laquelle Jean IV était remonté sur le trône de ses ancêtres. Le Mozambique, le royaume de Monbaze, les villes de Diou, de Daman, Bazaim, la grande Capitainie de Chaul, les forteresses d'Onor, de Bracalor, de Mangalor, de Cananor, de Camgranor, la ville et citadelle de Cochim, de Coulam, de Negapatnam, de Meliapour, et la plus grande partie de l'île de Ceilan, avec plusieurs villes, citadelles, forteresses, reconnurent le nouveau roi de Portugal pour leur prince légitime. Jean IV, à l'exemple de ses prédécesseurs, y envoya un vice-roi, des commandants, des gouverneurs, des troupes, des munitions, enfin tout ce qui était nécessaire pour conserver sous son obéissance ces villes, ces forteresses et ces royaumes ; il voulut que le vice-roi se tînt toujours à Goa, où les rois et les princes indiens envoyaient leurs tributs et leurs ambassadeurs lorsqu'ils avaient à traiter de quelques affaires avec les Portugais. (*Histoire générale du Portugal*, par *M. de la Clede*).

1645. Les Portugais battent les Espagnols commandés par le marquis de Terracuse, et les forcent de lever le siège d'Elvas.

Le comte de Sirvela, ambassadeur du roi d'Espagne, attaque à force ouverte, dans les rues de Rome, Monteiro, ambassadeur du nouveau roi de Portugal, et veut l'assassiner. Il manque son projet odieux, et est obligé de sortir des terres du pape.

Malgré la trève qui devait faire cesser toutes hostilités, les Hollandais inquiétaient vivement les Portugais dans le Brésil. Ces derniers remportèrent plusieurs avantages contre eux, ils reprirent plusieurs forts de la capitainie de Fernambuco.

En Afrique, don Gaston Coutigno, gouverneur de Tanger, défait dans plusieurs rencontres les Maures ennemis. Almocandem-Abraham Moçaba, un de leurs principaux chefs, est tué.

1646. Les Portugais et les Hollandais ne cessent de s'attaquer dans le Brésil ; mais, désavoués en quelque sorte par leur gouvernement, aucun des deux partis ne reçoit des renforts assez considérables pour le faire triompher.

Une riche flotte portugaise est submergée dans les Indes par la tempête.

États assemblés à Lisbonne. Le roi corrige beaucoup d'abus dans l'administration e la justice et des finances. Il impose de ouveaux tributs. Jean IV met son royaume ous la protection de la Sainte-Vierge arie.

1647. Les Portugais, commandés par phonse de Melo, remportèrent quelques vantages contre les Castillans sur les bords e la Guadiana.

Rodrigue de Castro force la place de aint-Félix. Ce général défait dans une emuscade les Espagnols qui faisaient des inursions sur les frontières du Portugal.

Un assassin nommé Lelte, portugais, forme un complot contre la vie du roi de Portugal ; mais il est découvert et puni sur un échafaud par un supplice proportionné à son crime.

Le roi envoie une flotte dans le Brésil, sous les ordres d'Antoine Tellez de Menesès, comte de Villapora. Les Portugais ravagent jusqu'à Rio Grande les possessions des Hollandais.

Don Gaston de Coutigno, gouverneur de Tanger, réprime les Maures en Afrique.

1648. Le marquis de Leganès, à la tête d'une armée castillane, assiège Olivença, place forte, dont Jean de Menesès, portugais, était gouverneur. Une vigoureuse défense rebute les assiégeants et force Leganès de se retirer à Badajoz.

Sanche-Emmanuel fait aussi une tentative inutile contre Alcantara, ville de l'Estremadure portugaise.

Naissance de l'infant don Pedro, le 26 avril.

Les Portugais livrent des combats aux Hollandais dans le Brésil, pour les chasser de leurs possessions ; ils les attaquent pareillement dans le royaume d'Angola, où ce peuple industrieux s'emparait de tout le commerce et empêchait celui des autres nations. Le roi de Portugal donne ordre à Salvador Correa de Saà, gouverneur de Rio-Janeiro, de construire un fort à Quicombo dans le royaume de Benguela, voisin de celui d'Angola. Ils s'emparent de la ville de Loanda, occupée par les Hollandais ; cette conquête les rend maîtres de Benguela et de l'île de Saint-Thomas ; ils chassent les Hollandais du royaume d'Angola ; ils font rentrer toute cette côte australe de l'Afrique sous la domination du roi de Portugal.

Don Philippe de Mascaregnas, vice-roi des Indes, y soutenait avec non moins de succès les affaires des Portugais.

1649. Combat entre les Espagnols et les Portugais aux environs de Talavera. Les Portugais restent maîtres du champ-de-bataille. Cette action n'a point de suite.

La Morlé, gouverneur de la ville de Chaves, fait une incursion dans le territoire de Vimbra ; les Espagnols le poursuivent lorsqu'il s'en retournait chargé de butin ; ils taillent en pièces son détachement. La Morlé est fait prisonnier et meurt de ses blessures.

L'ambassadeur de Portugal sollicitait la France de se liguer contre l'Espagne ; mais la reine régente ne voulut accorder que quelques troupes, moyennant une somme considérable, trop onéreuse au gouvernement pour qu'il pût y consentir.

Le pape Innocent X refuse, à la sollicitation de la faction espagnole, de donner des provisions aux évêques nommés par le nouveau roi de Portugal.

Etablissement d'une compagnie de commerce occidental.

Dans le Brésil, le général Baretto, Portugais, défait six mille Hollandais aux environs d'Arecisse.

1650. L'armée navale, qui était demeurée attachée à la maison des Stuarts après la mort de Charles I, que les Anglais firent périr sur un échaffaud, était poursuivie par la flotte de Blac, général de la république. Cette armée, ayant pour chefs le prince Robert et son frère Maurice, neveux du feu roi d'Angleterre et fils du comte Palatin du Rhin, vient se réfugier, après de longues courses, dans le port de Lisbonne. Blac ose les y poursuivre ; mais, malgré les menaces de cet Anglais, le roi de Portugal protége les princes qui étaient venus chercher un asile dans son royaume. Il arme une flotte contre les ennemis et les force de s'éloigner. Les Anglais surprennent les vaisseaux portugais à leur retour du Brésil, et enlèvent quinze bâtiments chargés de marchandises.

Il y eut sur les frontières d'Espagne et de Portugal quelques expéditions de peu d'importance.

Les Hollandais et les Portugais, amis et unis par un traité en Europe, se poursuivent avec acharnement dans le Brésil pour la défense de leur commerce.

1651. Les Castillans firent, au commencement de la campagne, quelques incursions dans la province d'Alenteyo ; mais les Portugais réprimèrent leurs courses. Albuquer que tomba à l'improviste sur Salvatorre ; i démolit le château et livra la ville au pillage.

Don Théodose, infant de Portugal, alor âgé de dix-sept ans, sortit de Lisbonne san le consentement du roi, et vint sur les fron tières de la province d'Alenteyo, dans l dessein de se signaler contre les Castillans cette démarche téméraire, et contraire l'autorité souveraine, fut fort désapprouvé par le roi, qui rappela son fils et l'éloign des affaires. Le jeune prince en conçut tan de chagrin, qu'il tomba dans une maladi de langueur dont il fut bientôt la victime.

1652. Les Espagnols font des courses e ravagent le pays aux environs d'Olivença e de Telena. Les Portugais, sous le comman dement de Quesné et de Lamaricot, user de représailles en insultant les Castillan jusque sous les murs de Badajoz. Il y eu quelques combats entre différents détache ments, mais sans actions décisives.

La trève conclue par les Hollandais et le Portugais, par rapport aux Indes orientale étant finie, la guerre se ralluma dans cet partie du monde entre ces deux nations. y avait alors beaucoup de confusion et un espèce d'anarchie dans Goa à cause du ra pel de Philippe Mascaregnas, vice-roi, et la mort du comte d'Aveira, qui était par pour le remplacer. L'archevêque de Goa deux autres officiers portugais partagère entre eux l'administration, foulant les hab tants et les commerçants par toutes sort d'exactions. Ils osèrent même refuser reconnaître et renvoyer en Portugal d Vasco Mascaregnas, comte d'Obidos, que roi avait nommé vice-roi. Don Juan cr devoir alors dissimuler cette injure par crainte de causer une sédition ouverte da Goa. Cependant les Hollandais profitère de cette division pour s'emparer de la fo teresse de Caliture, dans l'île de Ceilan, marchèrent contre la ville de Colombo. cette nouvelle, les Portugais se réunisse en corps d'armée sous les ordres de Figueir habile capitaine, qui repousse les ennemis et leur reprend plusieurs postes, entre autres le fort d'Angrotola.

Les Portugais remportèrent encore plusieurs victoires contre le roi de Candea.

Mort de l'infant don Théodose,

1653. Albuquerque, général portugais, battit, aux environs de Badajoz, un corps de cavalerie castillanne.

Le nouveau roi de Portugal se soutenait moins par ses propres forces que par la faiblesse des Espagnols. Ce souverain avait plus à craindre de ses sujets mêmes que des ennemis. L'évêque de Coimbre, l'un des principaux ministres de Jean IV, forma une conspiration pour livrer le roi et le Portugal à l'Espagne. Mais ce noir complot fut découvert, par ce bonheur, qui fit donner à Jean IV, le surnom de *Fortuné*. Le factieux prélat fut enfermé, ses complices furent livrés aux supplices.

Les Portugais remportent plusieurs avantages contre les Hollandais dans l'île de Ceilan et dans le Brésil.

1654. Les Portugais font des incursions dans l'Estramedure espagnole; ils prennent les bourgs de Matamoros et de Sainte-Anne aux environs de la ville de Sciarès, et y font un butin considérable. Albuquerque force le château d'Oliva, où il met garnison.

Les Castillans ravagent par représailles la campagne de Monseras.

Sigismond, gouverneur d'Arecisse pour les Hollandais, est forcé, après une multitude de combats, de rendre cette place importante à François Baretto. Les Portugais devinrent, par la prise de ce fort, paisibles possesseurs de tout le Brésil et du commerce.

Les Hollandais cherchèrent à se dédommager de la perte du Brésil par leurs conquêtes dans les Indes orientales. Ils s'attachèrent principalement à établir leur domination dans l'île de Ceilan.

1655. Les Portugais remportèrent quelques avantages contre les Espagnols, dans les petites guerres qui se faisaient sur les frontières. Soarès de Costa, commandant du château de Salvaterre, dans le gouvernement de Penaenacor, massacra un parti espagnol commandé par Alphonse de Sande, qu'il avait attiré sous prétexte de vouloir livrer la forteresse par trahison.

Les Hollandais combattent avec succès dans les Indes; ils s'établissent dans l'île de Ceilan, et pressent avec vigueur le siège de Colombo, la seule place qui restait aux Portugais dans cette île.

1656. Les Hollandais deviennent entièrement maîtres de l'île de Ceilan par la prise de Colombo, que Coutigho, commandant de cette place, leur abandonne, après un siège long et meurtrier.

Mort de don Jean IV. Ce prince eut des vertus. Pieux, affable, généreux, bienveillant, juste, il mérita la couronne et la porta avec grandeur et dignité. Il fut plus politique que guerrier. Il eut pour successeur Alphonse VI, l'aîné de ses fils, âgé pour lors d'environ treize ans. Le feu roi avait nommé par son testament la reine, son épouse, régente du royaume pendant la minorité.

1657. Alphonse VI, roi de Portugal, né violent et d'un esprit faible, était peu capable de soutenir avec honneur le poids de la couronne. Mais la reine sa mère, régente de l'État pendant la minorité de ce prince, avait un génie mâle et propre aux affaires, un zèle vigilant, beaucoup de prudence et de sagesse. Elle contint les mécontents, elle confondit les projets que les grands formaient pour s'emparer de l'autorité, et réprima les efforts des Espagnols qui, sous le commandement du duc de Saint-Germain, firent une invasion dans le Portugal, et enlevèrent Olivença, sans pouvoir porter plus loin leurs conquêtes.

Les Etats généraux déclarèrent la guerre aux Portugais, voulant se venger de la perte du Brésil, d'où les Hollandais avaient été chassés.

1658. La régente de Portugal profita des victoires des Français contre l'Espagne, et fit assiéger Bradajoz et Alcanisa dans l'Estramedure. Philippe IV envoie, pour réprimer les entreprises des Portugais, don Louis de Haro, grand-ministre, mais général sans expérience et sans talent. Cependant les Espagnols eurent quelques succès au commencement de la campagne; ils défirent dans une action deux mille Portugais, ils délivrèrent Badajoz et Alcanisa. Don Louis fatigua l'armée portugaise dans sa retraite; il se saisit du poste de Nitiosa, et assiégea Elvas, place importante, dont la perte pouvait entraîner celle du Portugal.

En Afrique, le comte don Ferdinand de Menesès, gouverneur de Tanger, fait des courses contre les Maures, et remporte plusieurs avantages.

Dans les Indes orientales, les Hollandais enlèvent aux Portugais, après plusieurs tentatives, Jafanapatan, place importante dans l'île de Ceilan; ils s'emparent en même temps de Negapatan, ville forte bâtie par les Portugais sur la côte de Coromandel au royaume de Tanjaours.

1659. Les Portugais, animés par leur reine, et plus encore par la crainte d'être exposés à la vengeance des Castillans, se rassemblèrent en un corps d'armée considérable pour faire lever le siége d'Elvas; le comte de Cantanhede les commandait. Ils attaquèrent don Louis de Haro dans ses lignes; ils mirent ses troupes en déroute; le général espagnol fut le premier à abandonner le champ de bataille. Plus de six mille ennemis furent tués; les vainqueurs firent mille prisonniers, parmi lesquels étaient quatre grands d'Espagne. L'artillerie, la caisse militaire, l'étendard de Charles-Quint, un butin immense, tombèrent aux mains des Portugais. Elvas fut délivré.

Les Espagnols forcèrent la ville de Monças et le fort de Portella de Vez sur les frontières de la Galice, faibles dédommagements de la perte qu'ils venaient de faire proche Elvas.

Dans les Indes, les gouverneurs portugais apprenant que les Hollandais négociaient avec le roi de Calicut pour l'engager à assiéger Cochim, envoyèrent des troupes et des munitions dans cette place; ainsi que dans les forteresses de Coulan et de Cangranor; et, par cette précaution, ils firent évanouir les projets des Hollandais.

1660. La maison de Bragance ne se vit pas sans effroi, exposée à toute la vengeance de l'Espagne, délivrée de tous ses ennemis: elle s'efforça de fléchir cette puissance par des offres avantageuses; elle proposa de ne retenir le Portugal que comme un fief de la Castille, de payer un tribut annuel d'un million, de s'engager à fournir un certain nombre de troupes et de vaisseaux de guerre au premier ordre du roi d'Espagne; et réduisant encore ses prétentions, elle se soumit de ne retenir que le petit royaume des Algarves et le Brésil, en payant une somme à l'Espagne. Philippe rejeta des propositions si avantageuses; et traitant le roi de Portugal comme s'il en eût été déjà vainqueur, il consentit seulement d'accorder par grâce, à la maison de Bragance, son ancien patrimoine et la vice-royauté de Portugal. Louise de Guzman, régente du royaume, et qui en était l'âme et le soutien, répondit que son fils ne pouvait devenir simple particulier après avoir été roi, et que le sort des armes déciderait de sa fortune.

Les Portugais se préparèrent à la guerre; ils y étaient animés par leur haine contre les Castillans, et par la crainte de la servitude et de la vengeance d'une nation rivale.

Le fameux comte de Schomberg, qui s'était signalé dans les guerres de la France contre l'Espagne, était alors à la tête des troupes portugaises. Il s'appliquait à les discipliner, et à leur montrer l'art de la guerre.

Philippe chargea don Juan d'Autriche de la conquête du Portugal. Ce prince s'avança avec une armée nombreuse sur les frontières, attendant le succès d'une flotte commandée par le duc de Veraguas, qui devait assiéger Lisbonne par mer. Mais une tempête affreuse combattit pour les Portugais, et força les Espagnols de se retirer.

L'Espagne, épuisée d'argent et de matelots, ne put remonter sa marine; ce qui donna le temps à a régente de Portugal de se mettre en état de défense, d'armer sur mer, et d'engager la Hollande à suspendre ses hostilités contre ses États, et la France et l'Angleterre à les secourir, malgré les engagements que ces puissances avaient pris avec l'Espagne.

1661. Les Portugais, attaqués en même temps par deux armées, battirent, en plusieurs occasions, celle que commandait le duc d'Ossone du côté de la Galice; ils lui firent lever le siége d'Almeyda et de Valence d'Alcantara; ils défirent un autre corps de roupes près de Peralles, et prirent la foreresse de Béthen.

Don Juan d'Autriche, du côté de l'Estreadure, leur enlève trois places. Le comte e Cantanhede vint échouer devant Aronhes; mais les succès des Espagnols ne urent pas assez décisifs pour réduire le Porugal à demander la paix. La reine régente onna l'infante au roi d'Angleterre, malgré es intrigues du roi catholique, qui offrait ce souverain une princesse protestante. 'infante apporta en dot à son mari quatre illions et la ville de Tanger. L'Angleterre t consentir la Hollande à traiter avec le ortugal, aux conditions, de la part des ollandais, d'abandonner leurs prétentions ur le Brésil; et, de la part du roi Alhonse VI, de céder à la république les onquêtes qu'elle avait faites dans les Indes rientales.

1662. Les Castillans, commandés par on Juan d'Autriche, font le siége de orba; ils somment don Rodrigue d'Acugna erreira, gouverneur du château, de se endre; à son refus, ils prennent la ville 'assaut. Ce malheureux gouverneur est endu, par ordre de don Juan, avec deux utres capitaines. La place et les environs ont livrés au pillage. Ce traitement engage es gouverneurs de Juremena, de Beyra, de Iontfort, et de plusieurs autres places, à e point faire une longue résistance. Après ette expédition, l'armée castillanne se reira à Badajoz.

La reine régente remet les rênes du gouvernement entre les mains d'Alphonse VI, son fils Cependant elle n'abandonna point entièrement le soin des affaires. Le jeune roi, dominé par des passions violentes et livré à des gens du peuple, dont il soutenait l'insolence, était peu capable de veiller, dans ces temps de crise, à la conservation du trône, attaqué par un ennemi formidable.

1663. Les Portugais, n'ayant pu engager l'Espagne à des conditions de paix raisonnables, résolurent de décider leur sort par une bataille; ils étaient commandés par le comte de Schomberg, et soutenus par des troupes françaises et anglaises; ils défirent les Castillans. Don Juan d'Autriche se retira avec les débris de son armée à Badajoz.

Les vainqueurs rentrèrent dans Évora, que l'ennemi avait pris avant le combat. Don Juan d'Autriche fit une entreprise sur Elvas, et n'y réussit point.

Le duc d'Ossone vit ses efforts échouer pareillement contre Almeyda, dans la province de Beyra.

Ces avantages affermirent le trône de Portugal. L'Espagne était trop épuisée par ses pertes pour faire un nouvel armement.

Le roi éloigna la reine, sa mère, de Lisbonne, et l'obligea de se retirer dans un couvent. Il changea les ministres et les seigneurs prudents que cette princesse avait mis en place. Il ne voulut prendre conseil que de ses passions effrénées et de ses indignes flatteurs. Cette conduite rendit son gouvernement odieux et tyrannique.

1664. Les Portugais profitent de la victoire pour affaiblir leurs ennemis; ils brûlent Cevaldo, où l'armée espagnole avait ses magasins. Valence d'Alcantara ne peut résister à leurs armes. Ils défont l'armée du duc d'Ossone, qui assiégeait Castel-Rodrigo. Ils avaient principalement à redouter l'expérience et le génie de don Juan d'Autriche; mais ce prince, traversé dans ses opérations par la reine d'Espagne, sa belle-mère, quitte son armée, et est envoyé en exil.

1665. Le marquis de Caracène, successeur de don Juan d'Autriche dans le commandement de l'armée espagnole, fait lever le siège de Badajoz aux Portugais. Le prince de Montesarchio leur enlève cinq vaisseaux de guerre ; mais ils se dédommagèrent bien amplement de ces échecs par la fameuse bataille que le célèbre comte de Schomberg et les Français leur firent gagner, le 17 juin, dans les plaines de Villaviticosa, contre l'armée du marquis de Caracène. Le roi d'Espagne ne put survivre à cette disgrâce.

Alphonse VI élève à la plus haute faveur le comte de Castel-Melhor, jeune ambitieux, qui ne laisse au roi qu'une apparence d'autorité. Ce prince fait consister sa gloire et ses plaisirs à commander une troupe de braves et de libertins, et de commettre avec eux toutes sortes de désordres et de violences, pendant la nuit, dans les rues de Lisbonne et dans les lieux de débauche.

Le comte de Castel-Melhor, premier ministre du roi, a une entrevue, à Salvaterra, avec l'ambassadeur d'Angleterre, pour négocier la paix entre l'Espagne et le Portugal.

Cependant les Portugais, commandés par Schomberg, poursuivent leurs conquêtes. Ils ravagent l'Estremadure, et enlèvent plusieurs places aux Espagnols.

1666. Le comte de Schomberg est nommé gouverneur général de la province de l'Alenteyo. Il met à contribution le comté de Niébla, dans l'Andalousie, et soumet Saint-Lucar, sur la Guadiane.

Dans les Indes, don Jean Nugnès d'Acugna, vice-roi, mourut dans le temps qu'il se préparait à une grande expédition contre les Arabes. D'Acugna avait réparé, par une sage administration, les malheurs qu'on avait essuyés pendant la guerre contre les Hollandais. Ce vice-roi fut remplacé par trois gouverneurs.

Le roi, à la sollicitation du comte de Castel-Melhor, veut forcer l'infant, son frère, d'épouser mademoiselle de Bouillon, nièce du maréchal de Turenne; mais l'infant refuse constamment cette alliance.

Louise de Guzman, reine de Portugal, meurt, le 27 février, dans un couvent de Lisbonne. Cette princesse, née espagnole, mit, par son courage, ses vertus et son génie, la couronne sur la tête de son mari,
et la conserva dans la maison de Bragance. Elle fut un modèle de force et de courage dans la prospérité, et un exemple de modestie et de constance dans les disgrâces qu'elle éprouva de la part du roi son fils. Elle réunit les vertus des deux sexes.

Le roi épouse mademoiselle d'Aumale; fille du duc de Nemours.

L'infant, mécontent des traitements qu'il éprouvait de la part de son frère ou plutôt de Castel-Melhor, son ministre, se retire de la cour.

1667. Alphonse VI souleva toute la nation par sa démence et ses fureurs. Il était incapable d'application; il vivait éloigné de la reine; il maltraitait l'infant son frère, les délices et l'espoir du Portugal. Il s'abandonnait aux conseils imprudents de Castel-Melhor, son premier ministre. La reine se refugie dans un monastère, protestant qu'elle n'a point été la femme du roi. Enfin le mécontentement public éclate, et, par une révolution étonnante et subite, l'infan don Pèdre est déclaré régent du royaume, et laisse à son frère le nom de roi, quoiqu ce prince signât son abdication. Don Pèdre régent du Portugal, règne en effet sous c titre, qui lui est confirmé par les états assem blés à Lisbonne, et confine son frère au îles Tercères. La reine se fait séparer d roi, l'accusant d'impuissance; son mariag est déclaré nul par le chapitre de Lisbonne elle épouse, sans quitter la qualité de reine le régent, son beau-frère, au moyen d'un dispens qui lui est accordée par le cardina de Vendôme, son oncle, légat *a latere* e France.

Le pape confirma cette dispense par u bref.

1668. Le roi d'Angleterre charge l comte de Sandwich, son ministre plénipotentiaire à la cour de Madrid, de press la conclusion de la paix entre l'Espagn et le Portugal. Le traité est enfin arrêté la cour de Madrid reconnaît le Portug pour libre et indépendant : elle retranch de ses armes celles de la couronne de Po tugal.

L'Espagne ne retint que la ville de Ceuta, qui n'avait point suivi la révolution de 1640. Ainsi se termina la guerre cruelle qui durait epuis vingt-six ans.

1669. Le pape avait refusé au Portugal, ans le temps de sa division d'avec l'Espagne, des bulles pour l'élection de ses 'vêques ; mais cette monarchie ayant été econnue libre et indépendante, la cour de ome ne fit plus de difficulté de recevoir les mbassassadeurs de Portugal, et d'accorder es bulles qui lui étaient demandées.

1670. Don Pèdre, régent ou plutôt roi de ortugal, met tous ses soins à rétablir le ommerce, à réformer les abus et à jeter es fondements d'un gouvernement sage et orissant.

1671. Le comte de Castel-Melhor, qui vait été premier ministre et favori d'Alhonse VI, vint à la cour de Madrid, pour ngager la régente à rétablir ce roi détrôné ; ais l'Espagne était trop accablée pour tener une pareille entreprise.

1672. Le Portugal réparait dans le calme, es malheurs de la guerre, et voyait avec laisir l'Espagne, sa rivale, s'épuiser et 'affaiblir par de nouveaux combats et par e nouvelles pertes.

1673. Don Pèdre alla, avec la reine son pouse, prendre les bains d'Obidos. On déouvrit, pendant son absence de Lisbonne, ne conjuration contre la maison de Braance, dont on accusa les Espagnols : François de Mendoce, et Antoine Cavidé, qui taient les principaux auteurs de ce complot, furent arrêtés et punis avec leurs comlices. Cependant l'ambassadeur et la cour 'Espagne se justifièrent d'avoir eu la oindre connaissance de cette conspiration. .e marquis de Gorca, ambassadeur de Porugal à Madrid, est insulté par la populace ; l demande satisfaction, et comme on tardait le venger, il se retira. La reine régente nvoya aussitôt à Lisbonne faire réparation u prince régent, de l'insulte que son amassadeur avait reçue.

1674. Les états de Portugal appréhendant es suites de la dernière conjuration, ordon-

nèrent une levée de quinze mille hommes, et un régiment pour augmenter la garde du prince régent ; mais la crainte étant passée, on licencia la plus grande partie de ces nouvelles troupes.

1675. Le Portugal était le seul état tranquille au milieu des autres puissances chrétiennes. Il ne fut pas même sollicité de prendre part à ces querelles qui divisaient l'Europe.

1678. Don Juan d'Autriche avait envie de faire épouser à Charles II, roi d'Espagne, l'infante de Portugal, alors héritière du trône. Il entama à cet effet une négociation à la cour de Lisbonne ; mais l'antipathie des Portugais contre les Espagnols, et plus encore la crainte de donner à l'Espagne un titre pour prétendre un jour de réunir les deux couronnes, fit échouer le projet du ministre espagnol.

1679. L'infante de Portugal était destinée au duc de Savoie, par préférence au roi d'Espagne ; mais une mort précipitée enleva cette jeune princesse, et rompit le nœud d'union qui était projeté entre les deux puissances.

1681. Il se fit à Lisbonne un nouveau traité de paix entre l'Espagne et le Portugal au sujet de la ligne de démarcation, pour régler et déterminer les limites, depuis si longtemps contestées, des colonies espagnoles et portugaises qui sont établies le long de la rivière de la Plata dans l'Amérique méridionale.

1683. Alphonse VI meurt dans la prison, où il était enfermé depuis dix-sept ans.

Le régent, son frère, lui succède et est couronné roi de Portugal sous le nom de Pierre II.

La reine de Portugal mourut la même année, ne laissant qu'une fille, qui fut reconnue princesse de Portugal.

1687. Le roi de Portugal épouse en seconde noces Marie-Sophie Élisabeth de Bavière, fille de Guillaume de Bavière, électeur palatin du Rhin, et d'Élisabeth Amélie, fille de George, landgrave de Hesse [d'Armstad.

1694. Charles II se vit obligé de demander du secours au roi de Portugal, qu'il avait lui-même traité de rebelle. Cette démarche mit le sceau à l'humiliation de l'Espagne. Pierre II consentit à fournir quelques régiments, mais à condition qu'ils ne seraient employés que pour combattre les Maures en Afrique.

1701. Le roi de Portugal fait avec la France et l'Espagne un traité d'alliance offensive et défensive contre la maison d'Autriche et ses alliés; mais cette union ne subsista pas longtemps.

1702. L'amirante de Castille, traître à sa patrie et à son souverain, trouve un asile à Lisbonne, et dispose le roi de Portugal à se joindre aux ennemis de l'Espagne.

1703. L'archiduc, second fils de l'empereur Léopold, prétendant au trône d'Espagne, avait été couronné roi à Vienne sous le nom de Charles III. Il s'avance vers le Portugal, et fait avec Pierre II un traité d'union, lui promettant l'Estremadure et la Galice pour prix des secours et des services qu'il en attendait.

La cour de Madrid apprenant la nouvelle de cette alliance, déclare la guerre au Portugal, et ne désigne Pierre II, que sous le nom du duc de Bragance.

C'était à la perfidie de l'amirante de Castille que l'on attribuait l'inconstance des Portugais. Ce seigneur fut condamné à perdre la tête, et exécuté en effigie.

1704. L'archiduc se rendit à Lisbonne avec une flotte formidable, suivi de huit mille anglais. Le roi d'Espagne porte le ravage dans le royaume de Portugal. Pierre II n'est pas longtemps à se repentir d'avoir allumé la guerre dans ses états; mais ses alliés étaient devenus ses tyrans, et ne lui permettaient point d'agir suivant ses sentiments. On prétend que le roi prit tant de chagrin de sa démarche imprudente, qu'il tomba dans une noire mélancolie, dont il eut même l'esprit affecté et dérangé.

1705. Le prince du Brésil, régent du royaume pendant la maladie du roi son père, accable de mépris l'Amirante et ses partisans, et refuse de prendre leurs avis. Il seconde les desseins des Allemands et des Anglais, et leur donne des troupes pour ravager l'Estremadure espagnole, dont ils conquirent les principales places.

Mort de Pierre II, le 9 décembre, à l'âge de 58 ans.

Ce prince, généreux, affable, bienfaisant, juste, vertueux, fit le bonheur de ses sujets. Il aimait les sciences, il accueillait le vrai mérite. On le vit toujours appliqué au soins de l'administration. Il avait l'esprit vif solide et propre aux affaires.

Le prince de Brésil, son fils, lui succèd sous le nom de Jean V.

1706. Les puissances de l'Europe envoient à Jean V des ambassadeurs, pour l féliciter sur son avènement à la couronne Ce prince demeure attaché au parti des al liés contre l'Espagne et la France.

Les Portugais et les Anglais, au nombr de quarante mille, entrèrent dans l'Estre madure, prennent Alcantara et cinq mill hommes de la garnison espagnole, forcen Ciudad-Rodrigo, Salamanque, le post d'Espinas, et marchent vers Madrid, où il pénètrent sans trouver de résistance. Le Castillans fidèles à leur roi, n'osaient éclater; mais ils détruisaient en détail les sol dats qui avaient l'imprudence de s'écarter Les généraux anglais et portugais fire une grande faute en s'arrêtant à Madri Leur armée s'énerva par le repos et la dé bauche; et à peine la moitié échappa-t-ell des maladies et des embuches des citoyen lorsque, réveillés par l'activité de Ph lippe V, les généraux abandonnèrent M drid. Ils ne purent empêcher Philippe d leur enlever Alcala, où ils avaient renfer leurs munitions et leurs malades. Ils se r tirèrent de la Castille n'étant plus en état s'y soutenir.

1707. Les succès des alliés commenc rent à se ralentir. Le marquis de Bay, q commandait l'armée Espagnole contre l Portugais de l'Estremadure, leur enle Ciudad-Rodrigo et le duc d'Ossone Jerpa.

Le maréchal de Berwick, à la tête d

Français, défit entièrement l'armée des alliés à la fameuse journée d'Almanza. Presque tous les Portugais qui faisaient partie de l'armée, furent tués ou faits prisonniers.

1708. Les rois d'Espagne et de Portugal conviennent d'empêcher les hostilités contre les laboureurs et les vignerons des frontières des deux états.

L'archiduchesse Marie Antoinette, seconde fille de l'empereur Léopold et sœur de l'archiduc, épouse Jean V.

1709. Le marquis de Bay défait Milord Gallowai, le 7 mai, dans la campagne de la Gudina sur la frontière de Portugal, et enlève aux Portugais, le premier juin, le château d'Alconchel.

1710. L'archiduc, conduit par la victoire à Madrid pour la seconde fois, attendait, pour continuer ses conquêtes, que l'armée portugaise vînt fortifier son parti; mais le marquis de Bay, général espagnol, s'empara des passages, et empêcha les Portugais de pénétrer. Il donna le temps, par cette belle défense, au comte d'Aguilar et à Balthasar Patinho, marquis de Casthelar, de rassembler une armée dans la Castille. Le duc de Vendôme vint en prendre le commandement. L'archiduc fut dès-lors contraint d'abandonner Madrid.

1711. Le marquis de Bay, général espagnol, ne peut empêcher les Portugais de faire la conquête de Mirandado-Duero capitale de la province de Tra-los-Montes. Ce général porte sa vengeance sur Elvas, qu'il bombarde.

Les Portugais éprouvèrent une plus grande disgrâce dans le Brésil de la part des Français. Dugué-Trouin le plus grand homme de guerre de son temps, attaque et prend Rio-Janeiro, ville extrêmement opulente, et cause une perte de plus de vingt-cinq millions à la colonie portugaise.

1712. Le roi de Portugal se vit forcé de rester dans l'inaction, parceque les troupes anglaises, qui étaient dans ses états, avaient reçu ordre de garder la neutralité et d'engager les Portugais à ne point la violer.

La reine Anne d'Agleterre voulait par-là obliger les alliés d'observer la suspension d'armes qu'elle avait conclue avec la France sans leur participation.

1713. Le roi de Portugal apprit avec inquiétude les négociations de paix que l'Espagne faisait; il craignit de se voir seul exposé au ressentiment de cette puissance : mais Anne, reine d'Angleterre, qui était alors l'arbitre des querelles des souverains de l'Europe, lui promit de le faire comprendre dans le traité général. l'Espagne et le Portugal convinrent de se restituer leurs conquêtes réciproques.

1715. Le traité de paix entre l'Espagne et le Portugal fut signé le 12 février. Les articles principaux furent que l'Espagne rendrait le château de Nondar avec son territoire, l'île de Verdejo et la colonie du Saint-Sacrement; et que le Portugal rendrait Albuquerque et Puebla avec leurs territoires, et qu'il lui serait payé six cent mille écus pour l'assiento ou l'introduction des nègres.

1718 Le Portugal jouissait de la paix, sans prendre aucune part aux agitations des autres états de l'Europe.

1723. La peste, occasionnée par la sécheresse de l'air, enlève plus de quarante mille personnes dans la seule ville de Lisbonne.

Les récoltes furent toutes brûlées en Espagne et en Portugal.

1725. Le pape Benoît XIII fait rendre dans le concile national de Latran un décret, par lequel il enjoint aux inquisiteurs d'Espagne et de Portugal de communiquer aux accusés enfermés dans les prisons du Saint-Office, les crimes qui leur sont reprochés, afin que les prisonniers puissent se défendre par le ministère d'un avocat. Le pape assujéttit encore les juges de l'inquisition par un autre décret, à communiquer leurs arrêts au conseil du roi, et à les faire confirmer avant que de pouvoir les mettre à exécution.

1728. Le roi de Portugal négocie avec l'Espagne une double alliance, en demandant l'infante d'Espagne pour le prince du Brésil, et proposant l'infante de Portugal pour le prince des Asturies. Cette négociation réussit au gré des deux souverains.

1729. Au commencement de cette année, leurs majestés catholique et portugaise se rendirent dans l'île de Pégon, dans la rivière de Caye, à une lieue de Badajoz, où elles firent l'échange des deux princesses. Le mariage du prince des Asturies fut béni le 19 janvier, par le cardinal Borgia à Badajoz; et le même jour le cardinal d'Almeida, patriarche de Lisbonne, bénit à Elvas celui du prince de Brésil. Les deux monarques eurent ensemble plusieurs entretiens particuliers.

1735. Un évènement de peu d'importance fut sur le point d'allumer la guerre entre l'Espagne et le Portugal. Les domestiques de M. Cabral de Belmonti, ambassadeur Portugais à Madrid, arrachèrent un criminel des mains de la justice. L'ambassadeur négligea de faire excuse de cette violence. D. Joseph Patinho, premier ministre, fit enlever les domestiques coupables dans la maison même de l'ambassadeur.

La cour du Portugal se plaignit de cet affront, et fit la même insulte à l'ambassadeur d'Espagne qui résidait à Lisbonne.

Philippe V envoya aussi-tôt des troupes ver les frontières du Portugal. La cour de Lisbonne interposa pour lors la médiation de l'Angleterre et de la Hollande.

La France se rendit aussi arbitre dans cette querelle, qui fut enfin terminée à la satisfaction des deux partis.

1747. Le roi de Portugal, qui était resté tranquille et neutre au milieu des feux de la guerre, dont il était environné, offrit sa médiation pour rétablir la paix entre les puissances belligérantes. Il voulut d'abord rapprocher par un traité particulier de pacification l'Espagne et l'Angleterre. Mais Ferdinand VI ne voulut point trahir la cause commune, ni abandonner la France; il refusa de se prêter à un accommodement, à moins qu'il ne fut général avec tous ses alliés.

1750. Traité conclu le 13 janvier, entre le roi d'Espagne et le roi de Portugal, pour terminer les différens survenus entre les deux puissances dans les Indes Occidentales.

On célébra un auto-da-fé à Lisbonne, dans lequel périrent plusieurs victimes de l'intolérance du tribunal de l'inquisition.

Jean V, roi de Portugal, meurt le 31 juillet, à l'âge de 61 ans, regretté de ses sujets, dont il avait fait le bonheur par un gouvernement sage et prudent, et par ses vertus généreuses et patriotiques. Il a pour successeur son fils don Joseph de Bragance.

1756 et suiv. D'affreux tremblemens de terre causèrent les plus grands désastres en Portugal. Le tiers des édifices de Lisbonne fut renversé, et plus de trente mille habitans périrent dans ce bouleversement de la nature. L'Afrique fut encore plus ébranlée que l'Europe. Une peuplade entière d'Arabes s'abîma dans le sein de la terre entr'ouverte. Les villes de Fez et de Mequinez furent presque entièrement ruinées.

On découvrit une conspiration contre la vie du roi. Plusieurs seigneurs de la famille Tavora furent livrés aux supplices.

Les Jésuites sont chassés du Portugal.

JOSEPH Ier.

Joseph-Emmanuel, né le 6 juin 1714, était fils aîné de Jean V et de Marie-Anne-Joséphine-Antoinette d'Autriche. Il avait épousé, le 19 janvier 1729 Marie-Anne-Victoire, fille de Philippe V, roi d'Espagne, d'abord fiancée à Louis XV, roi de France, et renvoyée à son père en 1725. La mort de Jean V, arrivée le 31 juillet 1750, le rendit souverain du Portugal. En montant sur le trône, il prit le titre de *très-fidèle ;* que le pape Benoît XIV avait donné à son prédécesseur, par son bref du 31 avril 1749, et que les rois de Portugal ont depuis continué de porter. Il éloigna immédiatement des affaires le père de Gaspard de Gouvea ou Govea, religieux franciscain, qui en avait eu la principale direction dans les dernières années du règne du feu roi, et auquel on reprochait, non sans fondement, d'avoir laissé introduire de nombreux abus dans le gouvernement et le plus grand désordre dans les finances et dans l'armée.

Joseph Ier conserva, pour ministre des affaires du royaume Pierre da Motta Silva, qui avait occupé ce poste important sous Jean V, et qui seul avait le titre de secrétaire d'état.

Ce ministre était malade, à la mort du feu roi, et le corps de ce prince, d'après les lois du royaume, ne pouvait être livré pour les obsèques que par un secrétaire d'état. La reine mère avait de l'attachement pour la comtesse de Daun, épouse de Carvalho, qui avait déjà exercé des fonctions diplomatiques, et qui devint depuis si célèbre sous le nom de marquis de Lombal, elle le recommanda à son fils pour remplir ces formalités. Joseph Ier le nomma secrétaire d'état le 3 ou le 4 août 1750, et lui confia le département des affaires étrangères et de la guerre ; la place de secrétaire d'état de la marine et du commerce, restait encore vacante, l'abbé Diego de Mendoza de Cortéréal fut choisi pour la remplir.

A cette époque, la cour de Lisbonne était livrée à la dissipation et le désordre le plus complet régnait dans toutes les parties de l'administration. Le revenu de la couronne s'élevait de 25 à 30 millions qui ne suffisaient pas pour les dépenses, auxquelles on ne pourvoyait la plupart du temps que par des expédients. Ce désordre, était poussé au point qu'au décès de Jean V, malgré les sommes énormes entrées dans les caisses publiques pendant les vingt-trois années qui avaient précédé sa mort, le trésor ne put fournir aux frais des funérailles du monarque, et le crédit était tellement nul, qu'on fut obligé de recourir à un riche particulier pour y pourvoir.

On n'évaluait la force armée du Portugal qu'à seize mille hommes de troupes, braves, mais mal disciplinées et mal vêtues, et cette évaluation était encore trop forte : la marine royale ne comptait que quatorze à quinze vaisseaux de ligne. Les sciences et la littérature n'étaient pas dans un état plus florissant. « A peine sait-on en Portugal qu'on
» y imprime quelque ouvrage, écrivait en
» 1751, une personne fort éclairée qui résidait à Lisbonne. Les Portugais les plus
» versés dans la littérature de leur pays, ne
» connaissant qu'une petite partie de ce qui
» s'y passe. Les imprimeurs et les libraires
» ne conservent aucune note des ouvrages
» qui s'impriment : et un livre qui se vend
» chez un libraire est presque toujours
» ignoré de ses confrères et, souvent même
» de celui qui le vend. Les Portugais
» n'ont pu encore parvenir à faire un ca-
» talogue exact de leurs livres, et ne
» possèdent aucune bibliothèque publique, etc. »

Les premiers actes du règne de Joseph

donnèrent de grandes espérances et justifièrent les choix qu'il avait faits. La capitation de 50 livres par tête établie au Brésil sur tout les Nègres, sous le règne précédent, fut abolie par un décret du 3 décembre 1750, et remplacée par une contribution annuelle de 100 arrobes d'or, offerte par les habitants ; et un autre décret du même mois, en diminuant de moitié les droits sur les sucres et les tabacs du Brésil, en encouragea la culture et en augmenta la consommation. La fameuse loi somptuaire que Jean V avait rendue contre le luxe, le 24 mai 1749, et qui avait porté un coup funeste aux manufactures et au commerce étranger, fut modifiée par un alvara du 24 avril 1751 ; une ordonnance du mois de juillet suivant permit à toutes les nations d'introduire en Portugal les marchandises des Indes ; des vaisseaux de guerre furent armés, et protégèrent la navigation contre les corsaires d'Alger et de Salé. Peu de jours avant la mort du feu roi, ces forbans avaient poussé l'audace jusqu'à venir mouiller à quelques lieues de Lisbonne. C'était surtout à Carvalho, qui ne tarda pas à prendre sur l'esprit du roi Joseph une très grande influence, qu'on devait presque toutes ces mesures et d'autres encore qu'il serait trop long d'énumérer ; car chaque jour voyait paraître de nouveaux règlements, dont plusieurs prouvent que leur auteur descendait dans des détails beaucoup trop minutieux. En cherchant à relever le commerce de sa patrie, par des mesures qui n'atteignaient pas toujours le but, ce ministre actif et présomptueux s'attachait à abaisser les grands, et par des actes de rigueur auxquels ils n'étaient pas accoutumés, il leur fit sentir, mais peut-être avec des formes trop acerbes, qu'ils devaient se soumettre aux lois qui gouvernaient les autres citoyens ; aussi leur haine contre lui augmenta-t-elle de jour en jour.

Le cardinal d'Acunha, grand-inquisiteur, mort au mois de décembre 1750, n'ayant pas été remplacé immédiatement, on crut d'abord que cette importante dignité ne serait pas rétablie, et que l'auto-da-fé du 8 décembre 1750, où cinq personnes avaient été brûlées, pourrait bien être le dernier du règne de Joseph. Un édit avait ordonné, il est vrai, qu'à l'avenir aucune exécution n'aurait lieu sans le consentement de la cour, sous les yeux de laquelle on devait mettre tous les jugements rendus, pour y être confirmés ou annulés. Mais le 24 septembre 1752, une personne fut encore brûlée dans un auto-da-fé. On doit cependant reconnaître que l'influence de l'inquisition était sensiblement diminuée, et qu'elle ne reprit jamais, sous le règne de Joseph, celle qu'elle avait eue précédemment.

La nation portugaise, autrefois si active et si entreprenante, avait laissé passer tout le commerce entre les mains des étrangers et surtout des anglais qui s'étaient pour ainsi dire approprié la prodigieuse quantité d'or que le Brésil fournissait annuellement au Portugal, et qui ne fesait qu'y passer. Le gouvernement de Joseph entreprit de mettre un terme à ces exportations qui n'avaient jamais été que tolérées. Au mois de janvier 1752, des officiers anglais furent arrêtés chargés de matières d'or qu'ils portaient à bord d'un vaisseau de guerre de leur nation, qui était au moment de mettre à la voile, et on parut décidé à en agir de même toutes les fois que de semblables extractions se renouvelleraient. Les négociants anglais établis en Portugal portèrent des plaintes à leur cour, et lord Tyrawley qui déjà avait résidé en Portugal pendant onze ans, en qualité d'envoyé extraordinaire, arriva à Lisbonne au mois de mars suivant. Il parvint, après quelques mois de négociations, à obtenir la restitution des matières saisies, et les choses furent à peu près rétablies dans leur ancien état.

Un édit de la même année (1752) fit cesser un abus nuisible à la population du Brésil. Les pères de famille de cette colonie, pour se débarrasser de leurs filles, les envoyaient dans les couvents de Portugal avant l'âge de raison, et les forçaient ensuite au célibat. Ils furent obligés d'obtenir auparavant l'autorisation du roi, et cette autorisation ne s'accorda qu'avec beaucoup de réserve.

En 1753, Joseph Ier réunit à la couronne, par un édit, plusieurs fiefs qui en avaient été démembrés dans les possessions portugaises en Afrique et en Amérique ; il augmenta ainsi les revenus de l'état et accorda pour dédommagement des pensions annuelles et des titres aux seigneurs dépossédés. Cet édit avait fait des mécontents ; celui qui créa, l'année suivante, une compagnie pour le commerce exclusif de la Chine et des Indes, commerce permis jusqu'alors indistinctement à tous les citoyens, excita également des clameurs, Félicien Velho Oldenbourg, négociant de Lisbonne, fut mis à la tête de cette compagnie, dont il était à la fois le chef, le directeur et le caissier, avec des priviléges très étendus.

Malgré tous les soins que le gouvernement portugais paraissait donner au rétablissement du commerce et de l'industrie, ses finances étaient dans un si déplorable état que les troupes de terre et de mer, et les employés même de la maison du roi n'étaient pas payés et qu'il fallut recourir à un emprunt, lorsque Joseph voulut se rendre à Salvatierra au mois de janvier 1754. Les dilapidations de toute espèce et les frais qu'entraînait l'opéra italien que ce prince, passionné pour la musique, avait fait venir de Gênes, ne contribuaient pas peu à augmenter le déficit.

Pour mettre un terme aux discussions qui existaient entre le Portugal et l'Espagne sur la limite de leurs possessions respectives en Amérique et en Asie, le gouvernement de Jean V avait signé le traité de Madrid, du 3 janvier 1750. Entraîné par un enthousiaste nommé Gomez Pereira qui représentait le Paraguai comme couvert de mines d'or, il avait consenti, par une des clauses de ce traité, à donner en échange des Sept-Aldées, situées entre le bord septentrional de l'Ybiari et le bord oriental de l'Uruguai, la colonie du Saint-Sacrement, avec la navigation de la rivière de la Plata. Le 16 septembre 1751, Joseph chargea Gomez Freire de Andrada, gouverneur et capitaine général du Rio-Janeiro, etc., gouverneur de Minas Geraes, de s'entendre avec les commissaires nommés par l'Espagne sur l'exécution du traité de 1750. Ils éprouvèrent de la part des peuplades indigène, qu'on voulait faire changer de maître, une résistance opiniâtre qui fut attribuée aux conseils des jésuites dont les missionnaires étaient parvenus à civiliser les Indiens, et à établir parmi eux une espèce de république tributaire des couronnes d'Espagne et de Portugal ; mais soumise d'ailleurs aveuglément à ces pères. Carvalhos qui n'aimait pas ces religieux, dont les talents et l'ambition lui portaient ombrage, profita de cette circonstance pour les discréditer auprès du roi. François-Xavier de Mendoça, frère de ce ministre, nommé en juin 1731 gouverneur du Maranhan et du Grand-Para, fut envoyé en 1753 en Amérique avec un corps de troupes et des instructions très sévères, qui paraissaient dirigées plutôt contre les jésuites que contre les Indiens, considérés par la cour de Portugal comme de dociles instruments que les premiers dirigeaient à leur gré. Nous verrons plus tard quel fut le résultat des rapports envenimés que Mendoça adressait à sa cour. Au mois de mars 1754 la place de grand inquisiteur restée vacante pendant plus de trois ans fut donnée à Nuno da Silva Telleo sans qu'on apportât néanmoins aucun changement aux restrictions imposées précédemment au tribunal redoutable dont il fut établi le chef. Le 14 août de la même année fut marqué par la mort de la reine douairière de Portugal et par l'accroissement du crédit de Carvalho qui fit créer, au mois de mai ou de juin 1755, la compagnie dite du Grand-Para à laquelle on attribua le commerce exclusif du Maranhan. Les négociants portugais que ces priviléges lésaient ayant voulu se plaindre furent mis en prison ou exilés.

Le 1er novembre 1755, un tremblement de terre épouvantable qui se fit ressentir à

Lisbonne, à Porto et dans les Algarves dont on éprouva des secousses à Madrid et dans d'autres villes d'Espagne répandit la consternation dans tout le Portugal. Ce fut surtout à Lisbonne que ses ravages furent plus marqués ; la plupart des édifices de cette ville, et entre autres le Palais-Royal, furent renversés; plus de douze mille individus, parmi lesquels on doit citer le comte de Pesalada, ambassadeur d'Espagne, furent écrasés sous les décombres ; le roi lui-même eut à peine le temps de se sauver avec sa famille. Ce fléau destructeur dura plusieurs mois, et, dans ce long intervalle, peu de jours s'écoulèrent sans qu'on ne ressentît de nouvelles secousses. A cette calamité s'en joignirent d'autres qui réduisirent les habitants à la plus affreuse misère. Le feu consuma leurs effets les plus précieux, les eaux du Tage s'élevèrent à une hauteur prodigieuse et se débordèrent avec tant d'impétuosité qu'après avoir submergé un grand nombre de bâtiments, elles inondèrent les campagnes voisines; des pluies continuelles tombèrent pendant plusieurs jours avec une abondance effrayante, et des voleurs, profitant de ces tristes évènements, se répandirent par bandes nombreuses et dépouillèrent les nombreux habitants de ce qu'ils avaient pu sauver des débris de leur fortune. Les mesures les plus énergiques furent prises pour venir au secours des infortunés qui avaient pu échapper à ce désastre, et pour réprimer les désordres. Des patrouilles dont les chefs étaient autorisés à arrêter et à punir sur-le-champ, et sans procès, les malfaiteurs et les vagabonds qui se trouvaient dans les rues à une heure indue, et des gibets plantés aux environs de Lisbonne, et où deux cents cadavres étaient attachés, en répandant un effroi salutaire, assurèrent la tranquillité publique.

A la première nouvelle de ce funeste évènement, les rois de France, d'Espagne et d'Angleterre, s'empressèrent d'offrir au souverain du Portugal des secours de toute espèce; mais il ne crut pas en avoir besoin et les refusa, quoique plusieurs écrivains aient avancé le contraire. Les secousses étant devenues plus rares au commencement de 1756, les habitants qui, jusque-là avaient campé hors de la ville, commencèrent à se rassurer et à regagner les débris de leurs anciennes résidences, et le gouvernement s'occupa d'un plan général de construction de la capitale. Au mois de février 1756, le ministère portugais annonça l'intention de faire rebâtir l'hôtel des douanes, que le tremblement de terre de l'année précédente avait détruit complètement, et qu'on avait remplacé momentanément par des baraques en bois. Pour subvenir aux frais, Carvalho fit imposer par le roi un nouveau droit de 4 p. 100 sur toutes les marchandises venant de l'étranger, et cet impôt fut maintenu malgré les vives réclamations du ministre d'Angleterre à Lisbonne, dont l'exemple ne tarda pas à être suivi par les autres ministres étrangers en Portugal. Nous verrons plus tard que le produit de cet impôt ne fût pas appliqué à la destination pour laquelle il avait été créé. Ce qui augmenta l'indignation des Anglais, ce fut de voir les Portugais, dans l'état de détresse où les avait réduit le tremblement de terre, avoir recours pour s'habiller à une étoffe de laine non teinte qui se fabriquait dans quelques provinces du royaume. Le roi lui-même les encouragea par son exemple, suivi bientôt par une partie de la noblesse, paraissant en public vêtu de cette étoffe, quoique grossière et à vil prix. Ces commencements d'industrie ne se soutinrent pas, et le Portugal continua d'être comme auparavant tributaire de l'Angleterre.

Le 3 mai 1756, le roi voulant récompenser l'activité et le zèle que Carvalho avait déployés après le tremblement de terre, le nomma secrétaire d'État pour les affaires du royaume, place devenue vacante par la mort de Pierre du Motta (novembre 1755). Il se trouvait ainsi de droit à la tête du ministère : il y était de fait depuis longtemps. Carvalho se donna un collaborateur complaisant, en faisant confier à don Luis d'Acunha (4 mai), le portefeuille des affaires étran-

HISTOIRE DE PORTUGAL.

gères et de la guerre qu'il résigna en sa faveur. Au mois de juin de la même année, il y eut à Evora un auto-da-fé où vingt-neuf hommes et trente-trois femmes furent condamnés à la prison perpétuelle et à d'autres peines très graves ; deux personnes y furent brûlées.

Au mois d'octobre 1756, les priviléges accordés à la compagnie générale d'agriculture des vignes du Haut-Douro, créée par Alvara, du 10 septembre précédent, furent rendus publics. L'établissement de cette compagnie a eu pour résultat de changer un terrain auparavant en partie inculte en l'un des cantons les plus peuplés du Portugal ; mais il s'y glissa d'abord des abus, et des intérêts privés se trouvèrent lésés. Cet état de choses produisit, le 23 février 1757, un soulèvement qui inquiéta le ministère, et qui aurait pu avoir des suites fâcheuses si l'on n'eût pris des mesures aussi fortes que sévères contre les révoltés. Un corps de troupes fut envoyé sur les lieux ; plusieurs des plus coupables furent punis de mort, d'autres furent condamnés aux galères ou à la déportation, et le *juge du peuple* de Porto, après avoir été ignominieusement cassé, fut condamné à un an de prison. L'administration de la compagnie, qui avait été un instant suspendue par une ordonnance du 19 mars 1757, reprit ses fonctions le 17 mai suivant.

Nous avons déjà vu que les Indiens du Paraguay avaient opposé une résistance opiniâtre à l'exécution du traité des limites du 13 janvier 1750, et qu'on avait imputé leur conduite aux instigations des Jésuites. D'après les renseignemens fournis par les commissaires que les deux couronnes d'Espagne et du Portugal avaient envoyés en Amérique, sur la conduite hostile de ces missionnaires, et d'après les rapports de Mendoça, gouverneur du Maranhan et du Grand-Para, qui s'attachait à peindre les Jésuites sous les couleurs les plus odieuses, on leur retira l'administration temporelle sur les Indiens. Quelques uns d'entre eux furent même arrêtés et envoyés comme prisonniers à Lisbonne, où ils arrivèrent au mois d'août 1757. Dès le mois de juin précédent, le gouvernement avait fait imprimer en français et en portugais, et répandre avec profusion la *Relation abrégée concernant la république que les religieux nommés Jésuites, des provinces du Portugal et d'Espagne, ont établie dans les pays et domaines d'outre-mer de ces deux monarchies, et de la guerre qu'ils y ont excitée et soutenue contre* les armées espagnoles et portugaises, etc. Au mois d'octobre de la même année, pour ôter aux Jésuites l'influence qu'ils tiraient des confessionnaux et de leurs liaisons à la cour, le roi, irrité de leur conduite au Paraguay, et des prédications sinistres qu'on leur attribuait sur les causes du tremblement de terre de 1755, les expulsa tous de son palais, et choisit pour son confesseur le provincial des franciscains. Tous les membres de la famille royale imitèrent cet exemple en prenant des confesseurs dans les autres ordres religieux. Ce fut dans ces circonstances, et le 20 du mois d'octobre, que mourut l'infant don Antoine, oncle du roi ; le 18 octobre 1757, et le 10 février 1758, le pape adressa au pape Benoît XIX deux représentations énergiques pour demander que les membres de la société de Jésus fussent ramenés à la pureté de leur institution primitive, et le souverain pontife, par un bref du premier avril de cette dernière année, nomma le cardinal Saldanha réformateur et visiteur général des jésuites du Portugal et des autres possessions de Sa Majesté très-fidèle.

La nomination du cardinal Saldanha, dont la sévérité et les liaisons avec Carvalho étaient connues, répandit la consternation parmi les membres de la société. Le 15 mai, ce prélat les déclara coupables de commerce illicite, leur défendit de le continuer, et leur ordonna, sous peine d'excommunication, de remettre sous trois jours aux subdélégués qu'il désigna tous les livres et papiers concernant leurs différens trafics dans toutes les parties du monde, avec defense de les continuer à l'avenir. Il fut en même temps ordonné aux particuliers qui avaient des relations d'intérêts avec eux de déclarer la nature et l'étendue de ces intérêts. Le 7 juin suivant, le cardinal Emmanuel, patriarche de Lisbonne, leur ôta le pouvoir de prêcher et de confesser dans toute l'étendue de la patriarchale.

Après avoir d'abord refusé d'obéir, les jésuites de Portugal prirent le parti de se soumettre; ceux qui habitaient le Brésil obéirent immédiatement aux mêmes injonctions qui leur furent faites par les délégués du cardinal réformateur. Pendant que les procédures s'instruisaient avec activité, des pamphelets officiels présentèrent les jésuites aux yeux du public, comme ayant usurpé la liberté, la propriété, le gouvernement temporel et la cure perpétuelle des Indiens, et de s'être approprié le commerce exclusif de ces indigènes. Les marchandises qui se trouvaient dans leurs magasins de Lisbonne furent sequestrées, et le supérieur de la maison professe de cette capitale en fut exilé à soixante lieues. Tous les esprits étaient attentifs à l'issue de ce grand procès qu'on n'aurait pas osé entreprendre quelques années auparavant, lorsque, le 3 septembre 1758, sur les onze heures et demie du soir, le roi fut blessé au bras et à l'épaule droite de deux coups de braquemart qu'on avait tirés sur la chaise dans laquelle il se trouvait avec un seul domestique, à sa sortie d'Alcantara et à une demi-lieue de Belem. Ce prince rentra immédiatement à Lisbonne, et rendit, quelques jours après (7 septembre), un décret qui donnait à la reine les plus amples pouvoirs pour gouverner le royaume jusqu'à son rétablissement. Les ministres cachèrent soigneusement l'assassinat du roi, même aux ambassadeurs étrangers, sans doute afin de découvrir plus sûrement les auteurs; ce ne fut que le 9 décembre que le roi de Portugal fit connaître officiellement le danger qui l'avait menacé, par un édit qui promettait des récompenses à ceux qui dénonceraient les coupables. Le corps diplomatique ne reçut que le 15 la communication de cet évènement. Le 13, une ordonnance avait défendu de sortir du Portugal sans le passeport d'un commissaire désigné spécialement à cet effet, et le même jour trois des premiers seigneurs du royaume, Joseph Mascarenhas, duc d'Aveyro; François d'Assise, marquis de Tavora père, et Jérôme d'Ataide, comte d'Atonguia, son gendre, furent arrêtés comme auteurs présumés de l'assassinat du roi. La marquise de Torosa mère fut conduite en même temps dans un couvent, et les jésuites, qu'on chercha à présenter comme ayant participé au complot, ou du moins comme l'ayant connu et approuvé, furent cernés par des troupes dans leurs couvents et reçurent défense de communiquer avec les séculiers. Le 12 janvier 1759, le tribunal de l'*inconfidence* déclara criminel de lèze-majesté et condamna à mort les trois seigneurs désignés ci-dessus, ainsi que la marquise douairière de Tavora, ses deux fils dont l'un n'était âgé que de vingt-un ans, et quelques autres complices plus obscurs; ils furent tous exécutés le lendemain 13, et le 17 un édit confirmatif de la sentence du 12, en défendit à jamais la révision. Le provincial, quatre procureurs de la société de Jésus, les anciens confesseurs du roi et d'autres jésuites, parmi lesquels nous citerons le père Malagrida; furent jetés en prison, sous prétexte qu'ils s'étaient proposés d'ameuter le peuple si le roi avait été tué. Des arrestations eurent également lieu parmi les grands et dans les classes inférieures. La terreur était à son comble, lorsque, le 19 janvier, le roi envoya aux évêques de son royaume un mémoire intitulé: *Erros impios*, où sont assemblées et réfutées les erreurs qu'on accusait les jésuites de répandre parmi les peuples. Le mois suivant, le juge des trahisons fit saisir et vendre leurs biens. La haine violente que Carvalho, nommé comte d'Oeyras, le 7 juin 1759, n'avait cessé de manifester contre eux, leur faisait attribuer les crimes les plus atroces. Il les peignait, aux yeux du roi comme des hypocrites dangereux, d'une ambition sans bornes, dont la morale était fort relâchée, et à qui tous les moyens étaient bons pour acquérir du crédit et des richesses ; il les accusait enfin d'avoir conseillé l'attentat commis contre sa personne, et les rendait responsables des maximes erronnées ou séditieuses répandues dans les livres imprimés en Italie et en Allemagne, il y avait plus de cent-cinquante ans, par quelques-uns de leurs confrères ; Joseph partagea bientôt toutes les préventions de son ministre. Après avoir supprimé les collèges des jésuites, la direction général des études fut confiée au principal d'Almeida, le 7 juillet 1759, et il fut ordonné qu'à l'avenir elles seraient conduites par les prêtres ordinaires. Cette mesure décisive n'était que le prélude d'une mesure plus décisive encore, et le 3 septembre suivant, le roi rendit une loi qui prononçait l'expulsion des jésuites de tous ses états.

Bientôt après, ces religieux, qu'on arracha des prisons pour les entasser sur les bâtiments, furent transportés en Italie, et plus tard (25 février 1761), les biens qu'ils possédaient dans les états du Portugal furent réunis à la couronne.

En faisant connaître à la cour de Rome l'assassinat du roi, le ministère portugais avait annoncé au Saint-père que les jésuites y avaient pris part indirectement. Il avait laissé entrevoir son dessein de les expulser du royaume, et avait demandé que le tribunal de Conscience (*meza da consciencia*) pût juger, et même punir de mort, les ecclésiastiques qui seraient reconnus complices de cet attentat, et qu'il jouît à l'avenir de cette juridiction. Le pape chercha à calmer les ressentiments du roi de Portugal dans une lettre particulière qu'il lui écrivit ; et dans un bref du 2 août 1759 qui l'accompagnait, il autorisa ce souverain à faire juger, par telles personnes qu'il voudrait, les jésuites entrés dans la conspiration contre sa personne ; mais sans que ce consentement pût s'étendre à perpétuité et à tous les jésuites qu'on ne pouvait soupçonner d'y avoir participé sans aucune exception. Lorsque ce bref parvint à Lisbonne, l'expulsion des jésuites était déjà consommée : le ministère portugais refusa de le recevoir et profita d'une circonstance qu'il avait fait naître pour manifester son mécontentement d'une manière plus éclatante.

Le 6 juin 1760, Marie-Françoise Élisabeth, princesse du Brésil, fille du roi, épousa l'infant don Pierre, son oncle. Des réjouissances publiques eurent lieu à cette occasion, et les hôtels de tous les ambassadeurs et ministres étrangers furent illuminés à l'exception de celui du cardinal Acciaioli, nonce du pape, près de Sa Majesté Très Fidèle. Ce nonce, qui depuis long-temps avait à se plaindre des procédés du ministère portugais à son égard, avait cru devoir agir ainsi parcequ'il n'avait pas reçu l'avis officiel de ce mariage, donné cependant à tous les autres ministres. Sans entrer dans aucune explication avec lui, et sans daigner même en souffrir aucune, le ministère lui intima, le 14 juin, l'ordre de sortir du royaume dans le terme de quatre jours, et cet ordre était à peine donné, que, sans respecter la double qualité de cardinal et d'ambassadeur, la maison du nonce fut investie par de la cavalerie et de l'infanterie, dont le chef, pénétrant dans son appartement, fit entrer de force ce prélat dans une chaise qui le transporta en Espagne. Pendant que cette scène inconvenante se passait à Lisbonne, de vives discussions avaient lieu à Rome entre les ministres du pape et le commandeur d'Almada, ambassadeur du Portugal près du Saint-Siège, et proche parent du Calvalho : le départ de cet ambassadeur en fut la suite.

Le 4 août, trois édits du roi, en rappelant tous ses sujets des états ecclésiastiques, ordonnèrent à ceux du pape de sortir des domaines du Portugal. Tout recours en cour de Rome, pour les bulles et dispenses furent en même temps défendus, à moins d'une permission expresse : l'entrée de toutes les marchandises des états romains fut interdite, et tous ceux qui pouvaient en avoir chez eux, durent en remettre l'inventaire dans les dix jours, sous peine de confiscation. L'ordre de sortir du Portugal dans les vingt-quatre heures, donné plus tard à l'auditeur de la nonciature, établit une rupture complète entre les deux cours.

Les mesures que le comte d'Oeyras, (car c'est lui qui, sous le nom de Joseph Ier, gouvernait despotiquement le royaume), avait fait adopter contre la cour de Rome et contre les jésuites, qu'il cherchait, par des négociations, à faire proscrire dans les autres cours de l'Europe, étaient au moins très sévères : elles atteignirent tous ceux qui avaient pu lui résister, quelle que fut leur naissance. Les grands seigneurs reçurent, au mois de juillet 1760, la défense de rendre visite aux ministres étrangers : les prisons se remplirent de détenus, les exils se multiplièrent. Les frères naturels du roi, dont l'un était grand inquisiteur, et l'autre, archevêque de Braga, ne furent pas à l'abri des violences du ministre, et reçurent tous deux, sous des prétextes frivoles, l'ordre de sortir de Lisbonne.

Quoiqu'il résultât de l'état du chargement de la flotte du Grand-Para, arrivée à Lisbonne, le 28 mai 1759, que le commerce du Maranhan avait diminué de deux tiers depuis qu'il se faisait par compagnie, le comte d'Oeyras en fit instituer une nouvelle, le 30 juillet de la même année, sous le titre de *Compagnie générale de Pernambouc et Paraiba*.

Au mois d'Août 1759, une flotte anglaise, commandée par l'amiral Bascawen, avait surpris et brûlé, sous les canons du fort de Lagos, quelques vaisseaux français aux ordres de M. de la Clue. La cour de Versailles se plaignit vivement de cette violation du droit des gens, et le comte d'Oeyras se détermina à en demander satisfaction à la cour de Londres, qui envoya, au commencement de 1760, Lord Kinnoul à Lisbonne pour faire la réparation qu'on avait exigée ; mais elle fut incomplète, la valeur des vaisseaux illégalement capturés n'ayant pas été rendue, et les coupables n'ayant pas été punis.

Le désir de faire de la ville de Lisbonne une des plus belles capitales du monde par la disposition de ses rues et la régularité de ses maisons, fit rendre le 15 octobre 1760 un édit qui ordonna la démolition de tous les édifices qui avaient échappé au terrible tremblement de terre de 1755. Malgré quelques murmures, cet édit reçut son exécution. Quoique les secousses qui se firent ressentir par intervalles, et notamment le 31 mars 1761 causassent quelques ravages, le ministère par une constance digne d'éloges, ne se laissa point abattre par l'effroi qu'elles inspirèrent, et une autre Lisbonne sortit plus belle des cendres de l'ancienne capitale.

Le 12 février 1761 une convention conclue entre l'Espagne et le Portugal combla les désirs de cette dernière puissance, qui n'avait jamais pu dissimuler les regrets que lui avaient causé la cession de la colonie du Saint-Sacrement. D'après la convention cette importante possession lui fut restituée, et les limites en Amérique et en Asie furent rétablies dans le même état où elles étaient avant le traité de 1750 qui demeura comme non avenu.

Le 25 juillet 1760 un édit avait créé une intendance générale de police ; au mois d'avril de l'année suivante fut fondé le collège royal des nobles où cent jeunes *fidalgos* établis dans l'une des maisons qui avaient appartenu aux jésuites, durent recevoir une éducation conforme à leur naissance.

Le 21 août 1761 la princesse du Brésil, fille du roi, donne naissance au prince de Beira qui reçoit les noms de Joseph-François-Xavier. Joseph Ier en fit part directement au pape, et sa lettre semblait annoncer le désir d'une réconciliation ; mais quoique la réponse du saint-père fût conçue dans les termes les plus affectueux, cette correspondance ne produisit, pour le moment, aucun résultat, parce que le comte d'Oeyras ne le désirait pas. Ce ministre vindicatif semblait avoir oublié le père Gabriel Malagrida qui languissait depuis plusieurs années dans les prisons, lorsqu'on se convainquit bientôt que la haine qu'il portait aux jésuites était toujours implacable et qu'elle n'était que trop bien servie. Les interrogatoires qu'on avait fait subir à ce religieux et la confrotation des témoins produits contre lui, n'ayant pu fournir aucune preuve de sa participation à l'assassinat du roi, il fut remis au tribunal de l'inquisition qui le déclara hérétique par ses doctrines, ses révélations, ses visions et les faux principes qu'il soutenait, et le condamna en conséquence à être livré à la justice séculière qui prononça contre lui un second jugement en vertu duquel il fut étranglé et brûlé dans l'*auto-da-fé* du 20 septembre 1761, où trente-trois personnes figurèrent avec lui, mais dont aucune ne subit la peine capitale. Le plus simple examen des ouvrages, des interrogatoires et des réponses de Malagrida prouve jusqu'à l'évidence que ses erreurs et le ridicule de quelques-unes des propositions qui motivèrent sa condamnation, doivent être attribués à l'imagination exaltée d'un vieillard en délire, qui, jusqu'à son emprisonnement, avait été considéré comme rempli de vertus et employé avec succès dans les missions de la province de Maranhan.

Depuis quelques années, l'Angleterre et la France se faisaient une guerre opiniâtre, lorsque, par suite du pacte de famille conclu le 15 août 1761, et des agressions multipliées que la première de ces puissances avait commises contre l'Espagne sans y être aucunement provoquée, celle-ci lui déclara la guerre au mois de décembre de la même année. Le ministère portugais craignait, dans cette circonstance, de ne pouvoir conserver longtemps la neutralité, qu'il lui était difficile de faire respecter, à cause de l'état déplorable où se trouvait réduit le royaume, dont les forces réglées ne s'élevaient pas à vingt mille hommes, d'ailleurs mal payés, mal vêtus, sans armes et surtout sans discipline. Déterminé à ne pas se prononcer contre l'Angleterre, s'il ne pouvait rester neutre, il sollicita son appui, aussitôt qu'il eut appris les préparatifs hostiles de l'Espagne. Il venait d'obtenir l'assurance d'une puissante protection, lorsque les ministres de France et d'Espagne à Lisbonne, lui présentèrent conjointement, le 16 mars 1762, un mémoire dans lequel ils demandaient que le Portugal se joignît à eux dans cette lutte, et déclaraient que les troupes espagnoles entreraient sur le territoire portugais sans autre avis ni consentement, et qu'il resterait au choix de S. M. T. F. de les considérer comme amies ou comme ennemies. La fierté avec laquelle cette sommation menaçante fut reçue par le ministère portugais étonna les cours alliées, auxquelles il déclara le premier la guerre le 18 mai, lorsqu'il eut appris qu'une armée espagnole, commandée par le marquis de Sarria, avait pénétré en Portugal, et s'était emparée sans obstacle de la province de *Tra-los-Montès*. Dès le 12 du même mois, les ministres des deux couronnes avaient quitté Lisbonne. Les recrues se levaient avec tant d'activité, qu'au 1er mai le nombre des troupes était de quarante-quatre mille huit cent hommes. Une partie des secours promis par l'Angleterre était déjà arrivée, sous les ordres de lord Lowdon, le reste ne tarda pas. Le comte de la Lippe-Schauenbourg, le prince de Mecklenbourg-Strelitz, et quelques autres officiers marquants, furent aussi envoyés à Lisbonne par la cour de Londres.

Le comte de la Lippe reçut du roi de Portugal le titre de maréchal-général, avec une autorité absolue sur ses troupes, et carte blanche pour toutes les opérations. Il s'occupa d'abord à réformer les débris encore subsistants de l'armée portugaise, en créa une nouvelle, composée de trente-trois bataillons d'infanterie et de vingt-six escadrons de cavalerie, restaura les fortifications des places frontières, et présida à la construction de la citadelle de la Lippe à Elvas, regardée comme un chef-d'œuvre de construction militaire. Mais cette guerre se borna à quelques combats de détachements et à la retraite inattendue de l'armée espagnole, qu'on attribua, soit au manque de vivres, soit à une maladie épidémique; elle provenait plutôt de la désunion des généraux espagnols, fomentée par celle de la cour de Madrid, où la famille royale, à l'exception du roi, était contraire à l'invasion du Portugal.

Toutes les puissances belligérantes ayant un égal désir de la paix, des préliminaires entre la France et l'Espagne d'un côté, la Grande-Bretagne et le Portugal de l'autre, furent sigés à Fontainebleau, le 3 novembre 1762, et suivis de la paix définitive entre les deux puisances, qui fut signée à Paris, le 10 février 1769. Par ce traité, ceux de 1668, de 1715 et de 1761, entre l'Epagne et le Portugal, celui de 1713 entre cette dernière puissance et la France, et en général tous les traités qui existaient avant la guerre furent renouvelés, et les choses devaient être remises au même état où elles étaient avant les hostilités ; par conséquent le saint Sacrement dont les Espagnols s'étaient emparés, et qui ne lui fut restitué qu'au commencement de 1764.

L'année 1763 n'offrit aucun autre évènement remarquable ; car nous ne comptons pas dans ce nombre les difficultés qui s'élevèrent entre le Portugal et l'Espagne, relativement à l'alternative pour la signature du traité définitif de paix et les discussions qui eurent lieu entre les cours de Lisbonne et de Londres, au sujet des frais que cette dernière avait faits pour secourir le Portugal pendant la guerre qui venait de se terminer. Ces frais portés à une somme énorme, furent réclamés avec instance ; mais les Anglais durent transiger, parce que le ministère portugais, qui avait pensé que les secours fournis étaient gratuits, éleva toutes sortes de difficultés.

Le 24 avril 1764, le roi de Portugal rendit un décret par lequel il réservait à sa connaissance les cas d'excommunication foudroyée contre les tribunaux, magistrats, ministres ou officiers de justice ; et au mois de juillet de la même année, les évêques reçurent la défense d'ordonner aucun prêtre sans un décret spécial du souverain.

Le roi créa, en 1764, l'École de navigation, établissement digne d'éloges et dont le besoin se faisait sentir.

Au mois d'avril 1765, la fameuse bulle du pape *Apostolicum pascendi munus*, confirmative de l'institut des jésuites et des bulles et brefs que les parlements de France avaient fait lacérer et brûler publiquement, étant parvenue en Portugal, le procureur-général de la couronne fit, à ce sujet, un réquisitoire virulent, dans lequel il repoussa avec énergie les prétentions qui y étaient émises sur la juridiction ecclésiastique ; ce réquisitoire servit de texte à une loi qui déclarait la bulle obreptice et nulle. Une ordonnance du mois de septembre de la même année accorda, à tous les sujets du Portugal, la liberté de la navigation à la baie de Tous-les-Saints et à Rio-Janéiro ; et le mois de novembre suivant vit paraître une loi très importante sur le commerce et la culture des vins en Portugal ; d'après cette loi, une grande partie des vignes fut arrachée, afin d'augmenter la valeur des vins.

Le 19 mars 1766 eut lieu, avec une pompe extraordinaire, l'ouverture du nouveau collège des nobles.

La mort des évêques de Viseu et de Portalègre avait rendu ces siéges vacants : le roi sans se concerter avec Rome, nomma de sa propre autorité les nouveaux sujets qui devaient les remplir, et d'après une décision d'une junte présidée par le comte d'Oeyras, et où assistèrent l'archevêque d'Evora, plusieurs magistrats et des membres du clergé séculier et régulier. Ils furent autorisés, au mois de juin, à prendre, avant leur confirmation par le pape, le gouvernement de leur diocèse et à entrer en possession des revenus. Cette démarche hardie pour le Portugal fut suivie, au mois de juillet, d'une loi qui restreignit les legs pies faits au préjudice des héritiers naturels ; et d'une ordonnance rendue au mois de novembre, qui ôta à la juridiction ecclésiastique, la compétence sur ce qui concerne les mariages et la main-morte.

Le 3 août 1766, mourut l'infant Emmanuel, frère du roi ; le 26 décembre fut conclue une convention de commerce entre le Portugal et le Danemark ; et, le 13 mai

1767, la princesse du Brésil accoucha d'un prince qui fut nommé Jean-Marie-Louis-Joseph-François-Xavier-Antoine-Dominique-Raphaël.

Le 28 août de cette dernière année, une loi défendit à toutes personnes de demander et de recevoir des lettres de confrérie, association, privilége du général des jésuites ou de ses délégués, sous peine d'être considéré comme criminel de lèse-majesté.

Le roi de Portugal, prince zélé pour la religion, voyait avec peine la scission qui régnait entre lui et la cour de Rome ; cependant, subjugué par son ministre, dont les vues étaient différentes, il ne répondit que par des expressions générales de respect au bref que le pape lui adressa, au mois de septembre, pour amener une réconciliation. La suspension de la bulle de la croisade, faute de renouvellement, privait le trésor d'un revenu considérable, et un grand nombre de mariages ne pouvaient être célébrés faute de dispense; mais ces inconvénients n'arrêtaient pas le comte d'Oeyras, qui, tout en continuant de négocier avec la cour de Rome pour satisfaire son souverain, employait tous ses efforts pour déterminer la France et l'Espagne à se réunir au Portugal, afin de faire assembler un concile général, qui mît des limites à l'autorité des papes. Les cabinets de Versailles et de Madrid étaient, à cette époque, extrêmement irrités contre le saint Père, qui avait fulminé un bref contre quelques édits de l'infant, duc de Parme, relatifs à la discipline ecclésiastique. Ce bref fut supprimé en Portugal, par ordonnance du 30 avril 1768 ; une ordonnance du 2 du même mois avait déjà supprimé la bulle *In cœna Domini*, publiée par Pie V, en 1568, et admise jusqu'à ce moment dans les États de Sa Majesté Très Fidèle, quoique proscrite en France, dès 1580, par arrêt du parlement de Paris. Le 5 avril, un édit proscrivit l'*Index expugnatoire*, que les jésuites avaient, dans le temps, fait adopter par l'inquisiteur général, et y suppléa par la création d'un bureau de censeurs royaux.

Le 16 janvier de cette année, un décret apporta quelques modifications à la culture des vignes et au commerce économique des vins de la province de Douro ; et, vers la même époque, des malfaiteurs tirés des galères, et des filles de mauvaise vie, furent transportés au Brésil pour augmenter la population de la colonie de *Matto-Grosso*; un règlement, du 4 juillet, contre les gens de main-morte, fit rentrer dans les mains des particuliers laïques ceux de leurs biens acquis et réunis en contravention aux lois du royaume. Mais la mesure qui signala surtout l'année 1768, fut le décret du 2 mai, qui déclara nuls et non avenus les rôles conservés à la chambre des comptes, de la répartition des sommes considérables que les *nouveaux chrétiens* payèrent sous le règne de don Sébastien, pour se délivrer des vexations auxquelles ils étaient exposés par des délations, sous prétexte d'avoir judaïsé. On désignait sous le nom de nouveaux chrétiens tous les individus qui descendaient des Maures ou des Juifs, à quelque époque que remontât cette origine, et quoique leurs ancêtres et eux-mêmes professassent la religion catholique ; cette mesure, aussi juste que politique, fait honneur au ministère de Pombal.

Le Portugal, quoique en paix avec l'empereur de Maroc, vit cependant, au commencement de 1769, l'un de ses établissements d'Afrique, celui de Mazagan, attaqué par ce souverain, à la tête d'une nombreuse armée. Le gouverneur portugais, hors d'état de résister, après avoir négocié quelque temps, prit le parti de faire sauter les fortifications de la place, le 1ᵉʳ mars, et se sauva avec la garnison et les habitants, qu'on transporta ensuite à l'embouchure du fleuve des Amazones, où ils formèrent la colonie de *Saint-Jean-de-Macapa*. Une trêve d'un an fut signée, au mois de septembre, entre le Portugal et le Maroc.

La jurisprudence du Portugal avait depuis longtemps besoin d'une grande réforme ; elle fut opérée par la loi célèbre du 18 août 1769, qui ne conserva du droit romain que les seules lois conformes au droit naturel. Dans les procès civils, et purement temporels, le droit canonique ne fut plus en vigueur; les commentaires d'Accurse et de Bartolo ne firent plus autorité, et, dans les cas non prévus par les lois portugaises, on dut suivre celles de la nation, qui, dans cette matière, se rapprochaient le plus des mœurs et des usages du Portugal.

Par son édit du 4 septembre, le roi Joseph chercha à donner plus d'activité aux manufactures de ses États, en restreignant l'exportation des laines; l'édit publié le 26 du même mois fit cesser les désordres que causaient les accusations de concubinage; d'après cet édit, les célibataires ne purent être cités que pour un concubinage scandaleux, et les gens mariés eurent seuls le droit de parler en justice des plaintes réciproques de leur infidélité. Une autre loi encore plus nécessaire, en interprétant celle du 25 juin 1765, mit les héritiers légitimes à l'abri des caprices des testateurs et de la cupidité des gens de main-morte.

Le tribunal de censure, ayant condamné au feu, le 3 avril 1769, un livre trouvé dans les papiers de l'évêque de Coïmbre, et intitulé : *Thèses, maximes, exercices et observances spirituelles* de la jacobéa ou du jacobisme; la secte des *jacobéos*, *jacobites* ou *béats*, dont il était comme le cathéchisme, et qui avait fait de grands progrès dans toutes les classes, fut poursuivie avec sévérité, et tous les ouvrages infectés de jacobisme furent supprimés par une sentence que le même tribunal rendit le 24 juillet suivant.

Par une contradiction qu'on ne saurait expliquer, les quatre proportions contenues dans le *Mémoire sur les libertés de l'église gallicane* furent censurées par un édit du 2 mai, qui parvint à Rome au moment où le cardinal Ganganelli venait d'être élu pape, sous le nom de Clément XIV (19 mai). Cet édit fut très agréable au souverain pontife, qui n'éprouva pas une moins vive satisfaction de la loi rendue le 12 juin suivant, pour autoriser trois bulles de Benoît XIV contre les violateurs du secret de la confession, dont la procédure et le châtiment furent attribués au Saint-office. Quoique Clément XIV n'ignorât pas que sa nomination n'avait pas obtenu l'assentiment de la cour de Lisbonne, parce qu'il avait été moine avant de parvenir au cardinalat, il chercha à préparer les voies de réconciliation avec cette cour, en nommant, au mois de décembre, le prélat Conti, son neveu, pour y résider en qualité de nonce. Le 4 du même mois, le roi de Portugal, en sortant avec toute sa cour du château de Villaviciosa pour chasser dans le parc, fut assailli par un ancien soldat d'artillerie vêtu en paysan et armé d'une massue; ce prince ne reçut qu'une légère contusion à la main, parce qu'il eut l'attention de pousser son cheval contre l'assassin. Ce dernier fut arrêté, et comme il résulta de ses interrogatoires et des renseignements qu'on recueillit sur son compte, qu'il était depuis long-temps privé de raison, on se borna à l'enfermer dans une maison d'aliénés. Le pape écrivit, à cette occasion, le 29 janvier 1770, une lettre circulaire à tous les évêques de la chrétienté, et les termes dans lesquels elle était conçue, annonçaient que la bonne intelligence ne tarderait pas à être complètement rétablie entre le Saint-Siège et la cour de Lisbonne. Le nonce Conti arriva en effet dans cette capitale, le 28 juillet, et les honneurs avec lesquels on l'accueillit, furent tellement extraordinaires, que le pape fit frapper une médaille pour consacrer la réconciliation des deux couronnes. Il avait précédemment élevé à la dignité de cardinal don Paul de Carvalho, frère du comte d'Oeyras; mais ce prélat avait cessé de vivre lorsque le bref qui le nommait parvint à Lisbonne. Le 22 août, la nonciature fut rétablie, en apparence, sur le même pied qu'avant sa rupture, et les communications furent rouvertes par un édit du 25 du même mois.

Le *rétablissement* de la bonne harmonie entre le Portugal et le Saint-Siège, combla les vœux du roi très-fidèle, et valut au comte d'Oeyras le titre héréditaire de marquis de Pombal (17 septembre 1770), qui plaça ce ministre dans un rang distingué parmi la première noblesse du royaume. Un édit du 30 du même mois, enjoignit aux maîtres d'école de mettre entre les mains de leurs élèves le *catéchisme de Montpellier*, et deux édits du 7 novembre suivant, défendirent l'entrée des chapeaux étrangers, et établirent une semblable prohibition pour la porcelaine et la faïence, en exceptant seulement celle des Indes et de la Chine importée sur des vaisseaux portugais. Le dernier acte remarquable de l'année 1770, fut une loi du 23 novembre, qui réforma l'abus introduit dans l'ordre judiciaire, dont les offices passaient des pères aux enfants, d'après un droit supposé appelé *consuétudinaire*.

14 janvier 1771, mort de Marie-Françoise-Dorothée, fille du roi. Un bref du pape Clément XIII, du 23 août 1766, concernant la réforme des couvents de religieuses du royaume, fut imprimé et publié le 25 février 1771, et ne tarda pas à être mis à exécution; au mois de novembre, la bulle de la *croisade*, dont le nouveau pape avait autorisé le renouvellement, fut publiée en grande cérémonie et reçue par tous les Portugais avec un vif enthousiasme. Pour favoriser l'industrie de ses sujets, Joseph fit revivre l'arrêt de 1749, qui défendait l'entrée dans les domaines du Portugal de toutes les étoffes de laines étrangères; et par un édit du 23 février, il suspendit l'effet de celui de 1766, qui forçait tous les particuliers à recevoir en paiement les actions des compagnies privilégiées; les étrangers en avaient été exceptés dès l'année 1768. Deux lois du mois de décembre, réprimèrent les fraudes qui avaient lieu sur les vins de Porto, exceptèrent des droits d'entrée les chapeaux fabriqués dans toutes les manufactures du royaume et des domaines du Portugal, et les firent ainsi participer au privilège dont jouissaient déjà les fabriques de Pombal. On doit remarquer qu'à cette époque on n'imprimait à Lisbonne aucune espèce de gazette.

Un édit du mois de mars 1772 exempta de toute redevance les terrains défrichés, et deux autres édits du 13 du même mois, réglèrent l'administration du collège des nobles, où il fut défendu, au mois de novembre, de donner des leçons de mathématiques. L'enseignement de cette science étant restreinte à l'université de Coimbre, cette université venait d'éprouver une réforme complète à laquelle le marquis de Pombal avait présidé comme lieutenant-général du roi. Pour préparer les esprits à l'importante révolution qu'il méditait depuis long-tems, ce ministre l'avait fait précéder par la publication de l'*Histoire abrégée* de cette université, où l'on opposait l'ancienne splendeur de cet établissement à l'état de décadence dans lequel il était tombé; décadence attribuée aux intrigues et aux innovations des jésuites, qu'on accusait d'avoir été funestes aux sciences et aux beaux-arts. L'histoire de tous les peuples qui ont confié le soin de l'éducation aux membres de la compagnie de Jésus, démontre le peu de fondement de cette accusation qu'on ne peut attribuer qu'à la haine que leur portait le ministre portugais. Quoiqu'il en soit, il paraît que plusieurs de ces réformes furent faites avec discernement, et qu'on doit le louer de les avoir entreprises. Il ne mérite pas moins d'éloges pour les réglemens qu'il fit publier le 10 novembre 1772, afin de répandre l'instruction élémentaire dans les possessions portugaises de toutes les parties du monde. Au mois de mars de cette année, l'union qui existait entre les cours de France et de Portugal, les détermina à revêtir leurs agens diplomatiques, respectifs, du caractère d'ambassadeurs; ils ne portaient précédemment que celui de ministres plénipotentiaires.

Une loi du 16 janvier 1773 déclara libres et habiles à posséder toutes sortes d'emplois les esclaves nègres, mulâtres ou blancs qui prouveraient que leur mère, leur aïeule et leur bisaïeule avaient été dans l'esclavage; ceux qui ne pouvaient faire cette preuve que jusqu'à la seconde génération, devaient servir jusqu'à leur mort, à moins qu'ils ne fussent nés depuis la publication de cette loi. Pour améliorer le sort des habitants de l'Algarve, le roi de Portugal rendit, le même jour, un édit pour réformer l'abus qui s'y était introduit depuis long-temps de céder des terres et autres biens pour en tirer un intérêt usuaire. Le 18 janvier, fut créé un office de juge de *fora* (de dehors) et des orphelins, au bourg de Lagoa; et le même jour, un édit retrancha les droits excessifs qui se prélevaient dans cette province pour le transport des blés, farines, seigles, etc., et les assimila à ceux qu'on percevait à Lisbonne sur les mêmes grains. Le 16 juin, fut rendue une loi qui compléta, avec celle du 2 mai 1768, l'entière abolition des distinctions qui existaient entre les anciens et les nouveaux chrétiens, et établit entre eux une égalité parfaite. Un édit du mois de décembre 1774, étendant encore les dispositions des deux lois ci-dessus, défendit d'employer la qualification de nouveau chrétien à l'égard des juifs convertis. Une loi du 9 juillet établit les règles à suivre pour le partage des successions, et un édit du 14 octobre suivant, en interprétant et développant cette loi, mit des bornes à la subdivision infinie des propriétés, considérée comme un des plus grands obstacles à la culture et au défrichement des terres. Une autre loi du 24 juillet remédia aux abus qui s'étaient introduits dans l'administration des fondations pour œuvres pies.

L'abolition entière de la compagnie de Jésus ayant été ordonnée par une bulle, fulminée le 21 juillet 1773, par le pape Clément XIX, des mesures très sévères furent prescrites par un édit du roi de Portugal, le 9 septembre, contre les individus affiliés à cette société, qui oseraient en porter encore l'habit ou tenir des assemblées ou conventicules. Par les ordres de ce prince, un *Te Deum* fut solennellement chanté à cette occasion dans toutes les églises de Lisbonne, et une illumination générale, ordonnée par le parlement et par le patriarche, dura trois nuits consécutives. Le Portugal se trouvant en paix avec toutes les puissances, une réforme eut lieu à la fin de cette année dans les troupes portugaises.

Une loi du 15 janvier 1774 fit des réformes considérables dans toutes les parties de l'administration des possessions portugaises en Asie. Les tribunaux établis à Goa furent cassés, et l'on pourvut à une meilleure administration de la justice. Toutes les lois antérieures à l'établissement de la junte des finances, du 10 avril 1769, furent abrogées, à l'exception de celles qui étaient favorables aux hôpitaux et relatives à l'agriculture et au commerce, et la formation d'un code indien fut annoncée. Un alvara du même jour conserva le sénat (hôtel-de-ville) de Goa dans ses priviléges, et statua sur la forme de procéder pour l'élection des officiers de ce tribunal et de son président qui dut être choisi parmi les *fidalalgos*.

Un alvara du 30 avril exempta du droit d'entrée et de sortie les tabacs du Brésil, et deux autres, l'un du 17 mars et l'autre du 12 juin, prescrivirent les mesures pour encourager la pêche sur les côtes d'Algarve et l'agriculture de la province d'Alentéjo. Une loi du 20 juin, commentée par une décision du tribunal *da casa de supplicaçao*, du 18 août, défendit toutes poursuites par exécution contre les débiteurs reconnus insolvables, et ordonna la mise en liberté de ceux qui étaient détenus dans les prisons.

Le roi étant tombé malade dans le courant de ce dernier mois, la chute du marquis de Pombal parut certaine; mais ce prince se rétablit bientôt, et son ministre conserva la direction générale des affaires, et continua de braver la haine publique. Il ne ménagea pas plus qu'auparavant les grands dont les hôtels, par un préjugé dangereux et contraire aux lois du royaume, étaient regardés comme une espèce d'asile pour les criminels; il leur enleva cette immunité, et fit rendre, au mois de décembre, un édit qui donnait plus d'étendue au commerce intérieur du royaume, en permettant la libre circulation d'une province à l'autre des denrées et marchandises crues ou fabriquées dans le pays, sans qu'elles fussent soumises à aucun droit et sans qu'il fût nécessaire d'avoir de sauf-conduit. Ce fut cette même année que l'établissement des Portugais à Benguela, sur la côte d'Afrique, ayant paru susceptible d'un commerce plus étendu, fut érigé en un gouvernement particulier et indépendant.

Le 6 juin 1775, eut lieu, avec une magnificence et une pompe extraordinaire, l'inauguration de la statue équestre du roi de Portugal. Cette statue en bronze placée au milieu de la place du Commerce à Lisbonne, et pour laquelle on avait employé 84,032 livres de métal, avait vingt pieds huit pouces de haut. L'officier portugais du corps du génie qui l'avait fondue, sans avoir devant les yeux aucun modèle en ce genre, avait, pour ainsi dire, deviné les procédés les plus compliqués et les détails immenses d'une entreprise aussi difficile. Il fut récompensé par le garde de brigadier aux doubles appointements, et on lui donna en outre la croix de l'ordre du Christ avec une pension de 200,000 reis, ou 1,250 livres tournois.

Le 19 du même mois, une loi ôta aux mineurs aux enfants de famille, la liberté de se marier sans le consentement des parents ou des tuteurs, et détermina les faits qui devraient être désormais réputés rapts de séduction, imposant pour ce crime de nouvelles peines, surtout contre les nobles, qui n'avaient pas été jusqu'alors soumis aux actions judiciaires.

Le ministère portugais avait envoyé des forces assez considérables au Brésil ; pour augmenter encore ses moyens dans ce pays, il avait ordonné, à Minas-Geraes, une levée de mille hommes ; mais une partie des habitants de ce gouvernement s'enfuit dans les montagnes, pour se soustraire à un enrôlement auquel ils n'avaient pas encore été assujétis et qui ne produisit qu'un petit nombre de soldats. L'île Sainte-Catherine, clé du Brésil méridional, fut approvisionnée en munitions de toute espèce, et les commandants portugais, soit qu'ils en eussent reçu l'ordre ou l'autorisation tacite, soit qu'ils agissent de leur propre mouvement, commettaient chaque jour de nouvelles hostilités contre les établissements espagnols. Ces hostilités avaient lieu en Amérique pendant que les négociations amiables pour arrêter définitivement les limites du Brésil étaient suivies entre les cours de Lisbonne et de Madrid. Cette dernière refusa de les continuer (février 1776) lorsqu'elle apprit la violation de son territoire et de son pavillon, elle demanda une satisfaction convenable avant d'accepter la médiation de la France et de l'Angleterre, à laquelle le marquis de Pombal proposait de soumettre les différends qui existaient entre les deux cours, et elle arma de son côté pour obtenir par la force la réparation des griefs dont elle se plaignait.

Le ministère portugais ayant consenti à donner satisfaction à l'Espagne, et ayant adopté les changements faits par la cour de France à celle qu'il avait proposée, les négociations furent reprises un instant à Madrid entre l'ambassadeur de Portugal et les ministres espagnols; mais le marquis de Pombal ayant fait naître des difficultés, et de nouvelles hostilités ayant été commises sur le Rio-Grande par les Portugais, ces négociations furent définitivement rompues, et la cour d'Espagne exécuta la résolution qu'elle avait prise précédemment.

Au mois de novembre 1776, une flotte espagnol considérable, chargée de troupes, d'armes et de munitions, fit voile pour l'Amérique, sous le commandement de don Pédro Cevalos, et bientôt toutes les places dont les Portugais s'étaient emparées tombèrent au pouvoir des Espagnols qui se rendirent maîtres de l'île importante de Sainte-Catherine et de la colonie du Saint-Sacrement. Nous verrons sous le règne suivant comment ces différents furent aplanis.

Au mois de janvier 1776, un alvara interprétant l'édit du dixième rendu en 1762, étendit cet impôt sur tous les biens acquis par les communautés religieuses :

les hôpitaux et autres institutions pieuses, comme si cette extension avait été sous-entendue. Un édit du mois de juillet suivant interdit à l'avenir l'entrée des ports du Portugal aux bâtiments des colonies anglaises de l'Amérique septentrionale, alors en révolte ouverte contre leur métropole, et ordonna en même temps à tous ceux qui pouvaient s'y trouver, d'en sortir dans l'espace de huit jours, sans pouvoir emporter, en s'en allant, ni armes, ni munitions de guerre, sous peine d'être confisquées. L'exécution rigoureuse de cette mesure, déjà si rigoureuse par elle-même, fit tomber entre les mains des Anglais plusieurs navires appartenant aux Américains, qui s'en vengèrent en faisant main basse sur tous les navires portugais qu'ils purent rencontrer.

Pombal pressait avec activité les préparatifs nécessaires pour balancer les forces considérables que les Espagnols avaient envoyées en Amérique ; mais le pouvoir était au moment de lui échapper. Au commencement du mois de novembre, le roi tomba de nouveau malade, et son état ne tarda pas à inspirer des craintes sérieuses. Le 23, il déclara la reine, son épouse, régente du royaume, et le 20 février 1777, se sentant à toute extrémité, il désira être témoin du mariage de l'infante Marie Françoise Bénédictina, sa fille, avec le prince de Beira, son petit-fils ; il fut célébré le lendemain dans son appartement, et, le 24, Joseph Ier cessa d'exister.

Ce prince n'avait eu que trois filles de son mariage avec Marie-Anne-Victoire, fille de Philippe V. roi d'Espagne.

1° Marie-Françoise-Élisabeth, née le 21 décembre 1734, et mariée le 6 juin 1760, à don Pèdre, son oncle, frère de Joseph.

2° Marie-Anne-Françoise-Josèphe-Rite-Jeanne, née le 8 octobre 1736 ;

3° Marie-Françoise-Bénédictine, née le 25 juillet 1746, mariée le 21 février 1777, à Joseph-François-Xavier, son neveu, prince du Brésil, né le 21 août 1761, et fils de don Pèdre et de Marie-Françoise-Élisabeth.

1777. Pendant la régence de la reine douairière, le crédit de Pombal avait paru fort affaibli, quoique cette princesse se fût bornée à soumettre au roi son époux les propositions de ce ministre, et à les signer ensuite sur l'approbation que Joseph Ier ne manquait jamais de donner. Pombal continua de paraître à la cour, et, après la mort de ce prince, conserva le poste qu'il occupait précédemment ; mais la haine que lui portait la reine Marie et surtout son époux, et celle, qu'à leur exemple, manifestaient tous les grands seigneurs portugais, rendaient sa position infiniment difficile, et désagréable pour un caractère aussi fier que le sien. Elle le devient encore plus, lorsque la reine eut mis en liberté ou rappelé tous ceux qu'il avait fait exiler ou renfermer dans les prisons pendant le cours de son long ministère, et qu'il se vit exposé à se trouver fréquemment en présence de ses nombreuses victimes. Après avoir tenu tête à l'orage pendant quelque temps, il se détermina, le 4 mars 1777, à donner la démission de tous ses emplois ; elle fut acceptée : on lui accorda avec empressement la permission de se retirer à Pombal, comme il l'avait demandé. La reine lui conserva néanmoins son traitement de secrétaire d'État, et elle y joignit même une commanderie de l'ordre du Christ.

Le vicomte Ponte-Lima fut nommé immédiatement secrétaire d'État au département des affaires intérieures du royaume, seule place qu'occupait véritablement le marquis de Pombal. Le jour même de la démission de ce dernier, le prince de Beira prit le titre de prince du Brésil ; l'infant don Pierre, mari de la reine, jouissait déjà, suivant la loi, du titre et des honneurs de roi, sans cependant partager avec son épouse l'exercice de l'autorité supérieure.

De tous les Portugais exilés sous le règne de Joseph, les jésuites furent les seuls que la reine ne rappela pas. Plusieurs de ces religieux, qui se trouvaient en Italie, s'étaient cependant hâtés de rentrer dans leur patrie, aussitôt que la nouvelle de la mort du roi leur fut parvenue : on ne les repoussa pas ; mais ils furent obligés de se retirer dans le monastère de Bélem, pour y vivre sous les ordres du supérieur, et sans pouvoir conserver leur habit.

Peu de temps après son avènement au trône, la reine Marie avait été attaquée de la rougeole ; cette maladie retarda la cérémonie de son acclamation jusqu'au 13 mai. Elle y parut avec un sceptre d'or à la main, et son époux, placé à sa gauche, y assista en particulier ; mais sans prêter, comme les autres Portugais, le serment de fidélité. Ce ne fut que dans les premiers jours du mois de juin suivant qu'il annonça officiellement aux autres souverains, qu'il avait pris le titre de roi.

Nous avons vu que les hostilités continuaient toujours en Amérique entre les troupes espagnoles et portugaises.

D'après les vives instances de Marie, la reine douairière consentit à entamer directement des négociations avec le roi d'Espagne son frère ; et le traité préliminaire de Saint-Ildephonse en fut le résultat. Ce traité signé le 1er octobre 1777, et ratifié le même mois, régla toutes les contestations existantes et fixa les limites des deux États en Amérique ; le Portugal céda à l'Espagne la colonie du Saint-Sacrement, avec la navigation exclusive des rivières de La Plata et de l'Oraguai, et l'île Saint-Gabriel, et renonça aux droits qu'il pouvait avoir sur les îles Philippines, Mariannes, etc. ; de son côté, l'Espagne restitua l'île Sainte-Catherine et la partie du continent qui l'avoisine.

Dès les premiers mois de son règne, Marie ne se borna pas à rendre la liberté aux Portugais de toutes les classes qui encombraient les prisons ; elle accorda même à plusieurs des distinctions et des récompenses.

Dans le mois de mai et de juin 1777, elle déclara, par des décrets spéciaux, le marquis d'Alorna, gendre du marquis de Tavora, don Nuno et don Manuel de Loréna, qui avaient été impliqués dans la conspiration du 3 septembre 1758, innocents du crime qu'on leur avait imputé, et elle les réintégra dans leurs droits, honneurs et prérogatives. Les deux derniers furent même élevés au grade de maréchaux de camp, et pourvus de commandements ; et la marquise de Tavora, maîtresse de Joseph, obtint, au mois de septembre, la permission de sortir du couvent où elle avait été enfermée pour le reste de ses jours. Ces diverses mesures mécontentèrent la reine-mère qui refusa d'admettre en sa présence les seigneurs qui venaient d'être réhabilités, et manifesta, à cette occasion, le désir de s'éloigner de Lisbonne pour se rendre en Espagne. Au mois de juillet 1777, Marie avait supprimé le tribunal de l'*Inconfidence*, espèce de chambre ardente établie par Pombal, et instrument aveugle de ses vengeances. Elle rendit ensuite solennellement au nonce, peut-être sans trop de prudence, tous les droits anciennement attachés à sa place, et elle supprima plusieurs impôts onéreux à la classe du peuple, entre autres celui qui existait sur le sol de Sétuval.

Au mois de septembre 1777, un alvara mit des restrictions au monopole que la compagnie de Porto exerçait sur les vins ; et un décret du 5 janvier de l'année suivante supprima la compagnie du Grand-Para et du Maranhan, dont l'octroi venait d'expirer, et accorda à tous les Portugais la liberté de commercer dans les contrées qui avaient été soumises précédemment au privilége exclusif de la compagnie. Le traité de Saint-Ildephonse fut confirmé, le 11 mars 1778, par le traité d'amitié, de garantie et de commerce, signé par les mêmes plénipotentaires, à la maison de plaisance du Pardo. Ce traité expliqua tout ce que les traités précédents renfermaient de dispositions peu claires ; il établit, entre les deux nations, une garantie réciproque de leurs possessions dans l'Amérique méridionale et une alliance intime, et leur assura tous les priviléges, franchises et exemptions, dont jouissaient les nations les plus favorisées dans leurs domaines respectifs de l'Europe. L'île d'Annobon, sur la côte d'Afrique, et celle de Fernando-Po, dans le golfe de Guinée, furent cédées à l'Espagne par l'article 13. Le cabinet de Versailles voulut profiter des dispositions de l'article 17 qui réservaient l'accession à la France, pour faire déclarer le Portugal contre l'Angleterre, avec laquelle elle était en guerre ; mais le gouvernement Portugais s'y refusa le premier et continua de garder la neutralité.

Le 21 avril suivant, les cours de France et de Portugal signèrent un traité qui abolissait le droit d'aubaine en faveur de leurs sujets respectifs. Ce fut cette même année que Jean de Bragance, duc de Lafoens, parent de la reine, qui avait été forcé de sortir du Portugal sous le règne précédent, et qui avait acquis dans ses voyages une grande variété de connaissances, rassembla les hommes instruits que possédait Lisbonne, et plaça cette association sous la protection de Marie, qui lui donna une existence légale sous le nom d'*Académie royale des sciences de Lisbonne*. Ces nouveaux académiciens ne se bornèrent pas à la destination que semblait indiquer le nom de leur institut ; ils étendirent leur activité à des travaux approfondis sur la langue et l'histoire nationale, et les premiers mémoires qu'ils publièrent eurent pour objet d'améliorer l'agriculture et de donner une direction à l'industrie.

Depuis la chute du marquis de Pombal, on avait publié contre lui les pamphlets les plus virulents. Celui qui l'avait le plus offensé fut un mémoire de François-Joseph Caldeira-Galbardo-Mendanha, à son retour de l'exil auquel il avait été condamné sous le règne précédent. Pombal y répondit avec non moins de virulence ; mais la reine, sur l'avis de son conseil, ordonna, par un édit du 3 septembre 1779, la suppression des deux mémoires ; les originaux furent brûlés en présence des juges du procès, et les avocats qui les avaient signés furent condamnés à la prison.

Au mois de juin 1780, M. de Nesselrode, arrivé à Lisbonne, remit aux ministres portugais la déclaration de l'impératrice de Russie en faveur du commerce en général et de la navigation des puissances neutres ; mais toujours constants dans leur système de neutralité, ils refusèrent de s'en départir en y accédant. Les négociations à ce sujet ayant été reprises en 1782, le Portugal accéda purement et simplement à l'association du nord, par la convention du 13 juillet de cette année, qu'elle signa avec la Russie. Les cours de Versailles et de Madrid accusaient néanmoins le Portugal de partialité envers l'Angleterre. Elles firent même à ce sujet des représentations très énergiques qui produisirent leur effet, et, par décret du 30 août, S. M. T. F. défendit d'admettre dans ses ports les corsaires de quelque puissance que ce fût, ou les prises qu'ils pourraient faire ; cette défense s'étendit aux vaisseaux de guerre, quoiqu'elle ne fût pas formellement exprimée dans le décret, et ils ne durent plus être admis à l'avenir dans les ports de Portugal en station permanente.

Le marquis d'Alorna, dont l'innocence avait été proclamée le 17 mai 1777, ne cessait d'adresser des requêtes à la reine et à son époux, pour demander la révision du procès de la famille Tavora, et de l'arrêt du tribunal de l'*inconfidence*, du 12 janvier 1759. Cette révision, longtemps différée, fut enfin ordonnée par un décret que rendit la reine, le 10 octobre 1780, et des commissaires furent nommés à cet effet. Les jésuites, malgré toutes leurs démarches, et quoique fortement appuyés par le roi, ne purent obtenir la faveur de se laver des odieuses imputations qu'on avait fait peser sur eux, et d'être enfin jugés légalement.

L'auteur des *Mémoires du marquis de Pombal*, que nous citons quoique son animosité contre ce ministre doive le rendre suspect, rapporte que la reine, tourmentée par ses scrupules, ne put supporter la lenteur que les commissaires nommés par ell étaient forcés de mettre dans une infor mation si compliquée et où tant de témoin devaient figurer, et que, le 3 avril 1781 elle fit rassembler les juges-commissaires, au milieu de la nuit, et leur commanda, d'une voix troublée, de prononcer leur sentence avant de se séparer. Après avoir délibéré pendant cinq heures, ces magistrats convoqués avec tant de précipitation, déclarèrent innocents, à la majorité de 75 contre 3 tous les individus, tant morts que vivants, qui avaient été exécutés ou mis en prison d'après la sentence du 12 janvier 1759. Le procureur-général de la couronne appela de cette décision ; les ministres firent, dit-on, agir le prince du Brésil, qui représenta à sa mère le danger de revenir sur la chose jugée, en s'exposant à remuer tant de passions et d'intérêts, l'inconvenance d'entacher la mémoire du feu roi, et surtout l'imprudence de réhabiliter de grands coupables ; car on ne pouvait se dissimuler que, parmi ceux qui avaient été condamnés, plusieurs étaient accablés sous le poids des preuves qui s'élevaient contre eux. La reine se rendit aux nécessités de la politique. Mais son confesseur revint si souvent à la charge, et effraya tellement son imagination en lui peignant sa responsabilité devant Dieu, qu'elle résolut de faire examiner de nouveau la fatale affaire. Le conseil opposa, comme la première fois, à l'influence du confesseur celle de l'héritier de la couronne ; la voix de celui-ci l'emporta encore. Mais, froissée entre les scrupules de sa conscience et la crainte de compromettre la sûreté de l'État, Marie tomba dans une noire mélancolie.

L'apologie de son ministère que Pombal avait publiée en répondant au mémoire de aldeira, et qui avait été condamné par l'édit du 3 septembre 1779, servit de prétexte pour le faire interroger sur divers chefs d'accusation formés contre lui ; il fut jugé unanimement criminel et digne d'un châtiment exemplaire. Le 25 août 1781, la reine rendit en conséquence un décret dans lequel elle déclara qu'écoutant plus la clémence que la justice, et en considération de ses infirmités et de son âge, elle lui faisait grâce des peines corporelles qui devaient lui être infligées, sans le décharger des restitutions, indemnités et autres réclamations civiles que pourraient former contre lui les parties lésées ; et en lui enjoignant de se tenir éloigné de la cour au moins à la distance de vingt lieues, jusqu'à nouvel ordre. Le décret de condamnation du marquis de Pombal n'aurait peut-être pas été rendu si la reine douairière de Portugal n'eût cessé d'exister le 15 janvier 1781. Ce ministre, jugé si diversement pendant sa vie, et sur lequel on n'est même pas encore complètement d'accord, termina ses jours dans sa terre de Pombal, le 8 mai 1782 ; sa mort fit peu de sensation.

Les préliminaires de paix entre la France, l'Espagne et l'Angleterre, ayant été signés le 20 janvier 1783, et l'indépendance des États-Unis d'Amérique ayant été reconnue, la reine de Portugal autorisa le 15 février suivant la libre entrée dans ses ports des bâtiments américains, après avoir aboli le décret du 4 juillet 1776 et l'édit du conseil des finances du 5 du même mois.

La crainte des corsaires de l'Angleterre avait déterminé la reine de Portugal à reculer les négociations relatives à l'accession de la France au traité du 11 mars 1778. Cette crainte n'existant plus après la paix générale, l'acte d'accession fut signé à Madrid le 16 juillet 1783, par les plénipotentiaires de la France, de l'Espagne et du Portugal. L'union qui régnait à cette époque entre les cours de France et de Portugal faillit être un instant troublée par un évènement dont nous croyons devoir rendre compte.

Les Portugais prétendaient avoir la propriété exclusive de la côte occidentale d'Afrique depuis Saint-Paul-de-Londo jusqu'au cap de Bonne-Espérance ; et c'était en se fondant sur cette prétention qu'ils avaient détruit violemment en 1784 un établissement que l'empereur d'Allemagne avait formé en 1776 dans la baie de Lagoa, peu éloignée de la pointe méridionale de cette partie du monde. Les mêmes motifs les avaient déterminés à s'emparer en 1783 de l'établissement français de Cabinde, sur la côte d'Angola et à y élever un fort ; mais la cour de Versailles, qui n'admettait leur droit exclusif que jusqu'à la baie Rouge, qui soutenait que depuis cette baie jusqu'au cap de Bonne-Espérance, les côtes étaient *concurrentes*, et qui tirait annuellement de la côte d'Angola dix à douze mille nègres, c'est-à-dire les trois cinquièmes de ceux qui étaient à Saint-Domingue, ne se vit pas déposséder tranquillement. Elle chargea le chevalier Bernard de Marigny de rétablir les choses dans l'état où elles étaient, et l'autorisa même à employer la force s'il en était besoin ; elle négocia en même temps à Lisbonne pour obtenir le redressement du grief dont elle se plaignait. Pendant ces négociations, M. de Marigny arriva à Cabinde, et le commandant portugais, se trouvant hors d'état de résister, signa le 21 juin 1784 une convention par suite de laquelle les retranchements qui avaient été élevés furent démolis. La connaissance de cette convention produisit une vive sensation sur l'esprit de la reine et du peuple portugais ; mais la cour d'Espagne, qu'un double mariage, celui de l'infant don Juan de Portugal avec la princesse Charlotte-Joachime d'Espagne et celui de l'infante Marie-Anne-Victoire de Portugal avec le prince don Gabriel, infant d'Espagne, avait liée encore plus étroitement avec la maison de Bragance, intervint dans cette discussion. Elle fut soumise à son arbitrage au mois de décembre 1784, et fut terminée à l'amiable.

Le 25 novembre 1783, la reine rendit un décret pour encourager le commerce et la navigation de ses sujets, et le 8 novembre 1785 pour empêcher ou du moins pour diminuer l'exportation de l'or du Portugal ; elle défendit par un autre décret la circulation dans ses États des monnaies étrangères comme valeur numéraire. Un troisième décret du mois de février de l'année suivante interdit l'importation de bas de soie blancs, en permettant seulement celle des bas de soie noirs.

Le 30 janvier 1786 une convention relative à la traite des noirs sur la côte d'Ambris fut signée entre le Portugal et l'Angleterre.

Des dissentions assez sérieuses troublaient à cette époque la cour de Portugal. La confiance que la reine accordait à M. de Sá avait excité la jalousie des ennemis de ce ministre, dirigés par M. Dangeja, favori du roi don Pèdre et chef de la cabale appuyée par le comte Ponte de Lima, et ils employaient tous les moyens pour le renverser. Sa mort, arrivée le 9 mai 1786, les délivra de cet adversaire ; mais ils perdirent bientôt leur principal appui, le roi don Pèdre, après avoir essuyé deux attaques d'apoplexie, les 16 et 17 du même mois, ayant terminé sa carrière le 25.

Quoique ce prince fût d'un esprit borné, et qu'il s'attachât à contrarier les goûts et les vues de la reine, elle ne l'en regretta pas moins très vivement. Elle ne l'avait pas quitté un seul instant dans ses derniers moments et lui avait prodigué les marques de la plus tendre affection. Lorsqu'elle l'eut perdu, sa santé s'altéra sensiblement ; elle parut disposée à la retraite, refusa de s'occuper des affaires, et ne fut plus accessible que pour son confesseur et pour don Juan de Bragance, duc de Lafoens. Elle s'éloigna même quelque temps de Lisbonne et confia, pendant son absence, l'expédition des affaires au prince du Brésil, son fils aîné qu'elle avait admis précédemment au conseil et qui en paraissait digne par les qualités qu'il manifestait.

Le 2 août 1786, la reine, qui avait repris les rênes du gouvernement ; prohiba l'introduction des rubans larges venant de l'étranger ; elle nomma le même mois, inquisiteur général l'archevêque de Thessalonique, son confesseur, qui possédait toute sa confiance. Ce prélat, d'une naissance obscure et connu d'abord sous le nom de frère Ignace de Caétan, avait été tiré de l'obscurité d'un cloître par le marquis de Pombal.

Le 21 août 1787 il fut admis au conseil comme le prince du Brésil, et au mois de septembre suivant la reine lui conféra u pouvoir absolu sur tous les tribunaux du royaume, ce qui l'assimilait à un secrétaire d'État.

Le 11 septembre 1787, le Portugal et la Sardaigne supprimèrent réciproquement le droit d'aubaine par une convention qui établit une parfaite égalité à l'égard des successions entre leurs sujets respectifs.

On découvrit vers cette époque, à Goa, une conspiration dans laquelle entraient un grand nombre de familles indiennes irritées ce qu'on avait remis en vigueur le tribunal de l'inquisition. Elle fut étouffée facilement près l'arrestation du maréchal de camp oriega, qui en était le chef.

La mort du roi don Pèdre n'avait pas ait disparaître tous les germes de dissenion. La cour était partagée entre M. de into et le confesseur de la reine, d'un ôté, et M. de Mello, ministre des affaies étrangères et Ponte de Lima, de l'autre. ls cherchaient mutuellement à se renverser; ussi, pendant ce conflit, toutes les autoriés se croisaient et tâchaient de se nuire; s affaires étaient mal administrées, le mitaire, la marine, les colonies présentaient tableau le plus déplorable; les vols et les ssassinats se multipliaient et se commetient publiquement dans Lisbonne, et le ombre des moines augmentait prodigieument. De temps à autre, quelques actes onçaient aux Portugais qu'un ministère gulier les gouvernait encore. Il créa, au ois de juillet 1788, une nouvelle chambre commerce pour l'inspection de toutes les manufactures, la gestion de l'impôt, pour s aquéducs, les teintureries, les faillites et navigation mercantile; et le même mois, comte de Povolidi, président du sénat et ambellan de l'infant don Juan, perdit sa ce et eut ordre de ne plus paraître à la ur pour avoir fait charger de fers et meten prison le juge du peuple qui lui fait des représentations. Cet acte de vigueur duisit un excellent effet.

Le 5 septembre 1788 le Portugal perdit fant don Gabriel, prince du Brésil et itier présomptif de la couronne, qui mourut des suites de la petite-vérole. Cet évènement causa une douleur profonde à la reine et une consternation générale parmi les Portugais, qui avaient fondé les plus belles espérances sur le règne de ce prince, et qui craignaient de voir un infant d'Espagne les gouverner un jour, l'épouse du prince de Beira, son frère, n'ayant pas encore donné des signes de nubilité.

Depuis ce moment, madame d'Ariaga et le confesseur de la reine prirent le plus grand ascendant sur l'esprit de cette princesse et furent regardés comme les maîtres absolus du royaume et les dispensateurs de toutes les grâces. L'infant don Juan, qui venait de quitter le titre de prince de Beira pour prendre celui de prince du Brésil, n'avait aucune part à la direction des affaires.

La mort de l'archevêque de Thessalonique, arrivée le 29 novembre, détruisit cette espèce de ligue; elle délivra M. de Mello d'un adversaire redoutable, causa au prince du Brésil une joie qu'il manifesta un peu trop ouvertement, et amena quelques changements dans le cabinet de Lisbonne. Au mois de décembre 1788, le comte de Villanova fut nommé grand-maître de la maison de la reine, en conservant le département des finances; et, sur la demande faite à l'article de la mort par le feu confesseur, M. de Pinto obtint le portefeuille des affaires étrangères, en remplacement de M. de Mello, qui passa à la marine, où il avait été précédemment : M. de Siabra fut chargé du département de l'intérieur. Ces nouveaux ministres montrèrent plus de condescendance à l'héritier présomptif du trône, et le 24 décembre il assista, pour la première fois, au conseil. Il ne se passa rien de remarquable dans les premiers mois de l'année 1789. Au mois de mars, cinq décrets furent rendus au nom de la reine pour favoriser l'importation des blés étrangers en Portugal; pour défendre de hausser le prix des loyers des maisons, qui étaient portés à un taux excessif; pour encourager les constructions dans le quartier neuf de Lisbonne; pour empêcher qu'à l'avenir on ne pût conserver plus d'un emploi, etc. Le 19 juin, une loi réforma l'organisation des trois ordres militaires, dont la reine était grande-maîtresse, et dont le prince du Brésil fut créé commandeur; il fut décidé peu de temps après, par un édit, que les officiers élevés au grade de maréchaux de camp et de lieutenants-généraux seraient regardés comme nobles (Fidalgos); et, le 29 novembre, un décret institua une junte pour l'examen de l'état actuel et l'amélioration temporelle des ordres religieux.

Dès son origine, la révolution française excita en Portugal une défiance extrême. Le 19 décembre 1789, la reine fit défendre dans tous ses ports aux officiers et aux matelots des navires marchands français, de descendre à terre avec l'habit et la cocarde nationale et au mois de mars de l'année suivante, une lettre pastorale du cardinal-patriarche, enjoignit à tous les curés de prémunir leurs paroissiens contre les principes désorganisateurs qu'on cherchait à introduire, et de leur recommander l'obéissance qu'ils devaient à leur souverain.

Cette lettre produisit l'effet qu'on devait attendre sur l'esprit d'un peuple aussi religieux et aussi dévoué à ses souverains que l'étaient les Portugais.

Au mois de janvier de la même année, fut créée l'Académie militaire pour les aspirants aux corps du génie et de l'artillerie, et, le mois de mars suivant, un décret sur la succession de l'*Infantado*, abrogeant une loi du roi Jean IV, déclara les filles habiles à en hériter. Le but de ce décret important avait été de prévenir toute espèce de doute et de discussion, tant pour la succession aux biens de l'*Infantado* que pour la succession à la couronne, dans le cas où le prince actuel du Brésil serait venu à mourir sans enfants. Les craintes que l'on avait conçues à ce sujet n'étaient pas dénuées de fondement, puisque la princesse, sa femme, n'avait encore donné aucun signe de nubilité. Ce décret venait à peine d'être rendu que la nubilité de la princesse se déclara, à la grande satisfaction de la famille royale et de tous les Portugais.

La famille de Tavora renouvela à cette époque (mars 1790) ses démarches pou obtenir la révision de son fameux procès; mais elles furent vaines, la reine ayan montré une opposition invincible.

Les discussions qui avaient lieu entr l'Espagne et l'Angleterre, et les armement considérables de la première causaient d vives inquiétudes au cabinet de Lisbonne qui craignait de ne pouvoir conserver la neu tralité; mais la paix conclue, le 28 octobre entre ces deux puissances, dissipa entière ment ses alarmes.

La situation intérieure de la France e inspirait de très sérieuses à la Cour du Po tugal, et elle était disposée à suivre, à c égard, l'exemple d'une grande partie d cabinets de l'Europe. L'ambassadeur d France à Lisbonne lui ayant fait connaîtr le 6 janvier 1791, le changement du pavi lon français, elle annonça, il est vrai, qu serait admis dans tous ses ports; mais el se prémunit contre la contagion en faisa arrêter tous les Français vagabonds ou co trebandiers, et tous ceux qui se perm taient des propos indiscrets contre la religi ou le gouvernement.

Malgré les instances réitérées de l'amb sadeur français, on laissa sans réponse communication qu'il avait faite, le 7 octo 1791, de l'acte constitutionnel et de son ceptation par le roi Louis XVI. La nouv de la suspension de ce souverain, aprè 10 août 1792, produisit une grande eff vescence en Portugal, et ce cabinet, s se mettre positivement en état de gue avec la France, déclara qu'il ne connais plus désormais ses ambassadeurs. Il a déjà fait jeter dans les prisons ou renvoye Portugal plusieurs Français qui cherch à troubler la tranquillité publique en pandant leurs principes par des propos dacieux contre la religion ou la monarc et surtout au moyen des loges de francs-çons qu'ils cherchaient à introduire, et le gouvernement proscrivit sévèrem

Depuis le commencement de l'année 1791, [la] reine manifestait une tristesse excessive, elle paraissait menacée en même temps [d'h]ydropisie. Son état ne tarda pas à em[pir]er, et, au mois de janvier 1792, sa rai[son] fut altérée à un tel point, que le prince [du] Brési[l], qui, par un respect qui fait hon[ne]ur à sa piété filiale, mais qui doit paraître [ex]cessif, avait laissé l'autorité entre les [ma]ins des ministres, se vit obligé de déclarer, [pa]r un édit du 10 février de la même an[né]e, que sa mère ne pouvant tenir les rênes [de l]'État, il signerait désormais toutes les [dép]êches. Cette mesure ne fut suivie d'au[cun] changement dans le ministère, et toutes [les] affaires continuèrent d'être traitées, [com]me auparavant, au nom de la reine. Le [doc]teur Willis, qui avait obtenu des succès [dan]s le traitement de l'aliénation mentale [du] roi d'Angleterre George III, fut appelé [à L]isbonne, où il arriva le 20 mars 1792; [ma]is, après quelques mois de séjour, il ju[gea] sans doute que la maladie de la reine [éta]it incurable, puisqu'il retourna en An[glet]erre au mois d'août suivant,

[L'un] des premiers actes de l'autorité du [pri]nce régent, c'était le titre que venait de [pre]ndre le prince du Brésil, fut le rétablis[sem]ent du conseil de guerre (juin 1792) sur [les] mêmes bases qu'il avait eues autrefois.

[S]ans se mettre en état d'hostilité décla[rée], même après l'assassinat de Louis XVI, [le c]abinet de Lisbonne persista dans son [us]age d'entretenir des relations avec les [age]nts de la république française. Vainement [le] gouvernement révolutionnaire envoya-[t-il] à Lisbonne le sieur Darbaud avec le [titr]e de secrétaire de légation (mars 1793); [cet] agent, après avoir obtenu une audience [du m]inistre des affaires étrangères, Pinto, ne [put] parvenir à faire recevoir ses lettres de [cré]ance, et se vit obligé de retourner en [Fra]nce au mois d'avril suivant. Le Portugal [n'] avait, dit-on, adhéré au traité de Pil[nitz] (26 ou 27 août 1791), en supposant [tout]efois que ce traité ait réellement existé, [con]tinua de fournir à l'Angleterre et à l'Es[pag]ne les secours auxquels il s'était engagé par les traités précédents, et gardant le silence sur les affaires intérieures de la France, il n'admit dans ses ports ni les vaisseaux de guerre, ni les corsaires de cette nation.

Pour se venger, le gouvernement français fit courir sus aux vaisseaux portugais, dont un grand nombre fut amené dans les ports de France et déclaré de bonne prise.

Malgré l'assistance qu'il donnait aux ennemis de la France, le cabinet de Lisbonne craignant de voir s'augmenter de plus en plus les pertes qu'avait déjà éprouvées son commerce, chercha, au mois d'août 1794, à rétablir la bonne intelligence par l'intermédiaire du consul d'Amérique en Portugal; mais comme il prétendait en même temps ne pas rompre ses liaisons avec les coalisés, et continuer à leur envoyer les renforts qui avaient été stipulés précédemment, cette tentative n'eut pas de suite. Le ministre Luiz Pinto de Souza ne réussit pas mieux à obtenir la neutralité du Portugal, qu'il demanda par une note du 24 janvier 1795. Le 28 juillet suivant (10 thermidor an 3), le comité du salut public parut montrer quelque désir de rapprochement, en publiant un arrêté relatif à la restitution des marins portugais détenus en France, sous la condition que le Portugal en agirait de même à l'égard des marins français, qui pourraient se trouver prisonniers dans les États de S. M. T. F. Cette offre indirecte ne produisit aucun résultat, quoique le chevalier Antoine d'Aranjo d'Azevedo, envoyé extraordinaire de Portugal à La Haye, eût écrit au ministre de la république dans la même résidence que *sa cour n'ayant jamais regardé la France comme son ennemie, il n'existait aucun Français prisonnier en Portugal*, et qu'il avait reçu ordre de déclarer que tous ceux qui s'y étaient rendus y avaient trouvé liberté et protection.

La cour de Lisbonne, inquiète sur sa position en voyant que la Toscane, la Prusse et surtout l'Espagne, s'étaient retirées de la coalition et avaient fait la paix avec la république française, essaya sans succès, au mois de novembre 1795, d'entamer de nouvelles négociations par l'intermédiaire de M. de Souza, son ministre à Venise, et elle se détermina, au mois d'octobre de l'année suivante (1796), à envoyer à Paris le chevalier d'Aranjo, son ministre près les Provinces-Unies. Des conférences eurent lieu entre ce plénipotentiaire et les ministres du directoire; mais elles cessèrent le 13 avril 1797, parce que M. d'Aranjo n'avait pas de pouvoirs suffisants pour accorder tout ce que le Directoire exigeait. Elles furent cependant reprises quelques mois après, et, le 10 août 1797 (23 thermidor an 5), cet envoyé signa avec Charles Delacroix, ministre des relations extérieures du Directoire, un traité de paix et d'amitié déclaré commun avec la république batave. L'article 3 de ce traité porte restitution réciproque de tout ce qui a pu être conquis; d'après l'article 4, aucune des puissances contractantes ne pourra fournir de secours aux ennemis de l'autre sous quelque prétexte que ce soit, et nonobstant toute convention, patente ou secrète; l'article 5 interdisait aux parties contractantes la faculté d'admettre dans leurs grands ports plus de six vaisseaux de guerre appartenant à chacune des puissances belligérantes, et plus de trois dans les petits, défendait absolument l'admission des prises et des corsaires, etc.; d'après les articles 6 et 7, les limites des Guyanes française et portugaise devaient suivre le cours de la rivière nommée par les Portugais Calouene, et que les Français appellent Vincent-Pinson, depuis son embouchure dans l'Océan, au-dessus du Cap-Nord, à environ 2 degrés de latitude septentrionale jusqu'à sa source; depuis ce point, une ligne droite devait être tirée vers l'ouest jusqu'au Rio Branco. Le cours entier de la rivière de Vincent-Pinson devoit appartenir en toute propriété à la République française, conformément à l'article 8, et l'article 9 fixait le sort des habitants des pays qui pouvaient changer de domination; un traité de commerce devait être négocié entre les parties contractantes, et leurs vaisseaux de guerre et de comm devaient, en attendant, être réciproqueme admis sur le pied de la nation la plus favo risée, suivant les articles 10 et 11; les in munités et priviléges anciens étaient rétabl par les articles 12, 13 et 14; l'article 1 prescrivait la restitution réciproque de prisonniers; et enfin, conformément à l'ar ticle 17, le traité devait être ratifié dan deux mois à compter du jour de la si ture.

Un article secret imposait au Portug l'obligation de payer à la république fra çaise une indemnité de dix millions de franc

Ce traité, ratifié par la France, ne l'aya pas été par le Portugal dans le délai fix fut annulé par le Directoire, qui ordon en même temps l'arrestation du chevali d'Aranjo, malgré sa qualité de plénipote tiaire; et, quoiqu'il fût à cette époque ass sérieusement malade, on l'enferma au Te ple, après s'être saisi de sa correspondan avec sa cour et de tous ses autres papier Le 31 décembre 1797, le marquis d Campo, ministre d'Espagne, à Paris, r clama au nom de tout le corps diplomatiq contre cette violation du droit des gen qui n'était motivée par aucun prétexte, le chevalier d'Aranjo, mis en liberté, retour immédiatement en Hollande. Le 21 av 1798, il écrivit au Directoire (de Bos près Harlem), qu'il avait reçu de sa co les pouvoirs nécessaires pour reprendre l négociations et conclure un traité avec république française. M. de Pinto confirr ces dispositions du cabinet de Lisbon dans une lettre qu'il adressa, le 26 du mêm mois, au ministre des relations extérieur de France; mais le Directoire refusa traiter avec M. d'Aranjo, et ne consentit recevoir à Paris don Diégo de Noronh nouveau ministre plénipotentiaire que cabinet de Lisbonne avait proposé par l'i termédiaire de la cour d'Espagne, que so la condition expresse que l'ancien traité 1797 serait considéré comme non avenu. avait demandé, en outre, que M. de N ronha eût des pouvoirs suffisants pour co sentir à un agrandissement du territoire de la Guyane française, à l'introduction des draps français en Portugal, et à une augmentation de contributions. La cour de Lisbonne n'admit pas cet *ultimatum*, et M. de Noronha qui s'était rendu à Paris sans être autorisé à l'accorder, fut obligé de s'en retourner, sans avoir même pu ouvrir un commencement de négociation. Le 14 novembre suivant, la cour de Lisbonne fit parvenir au *Directoire* un contre-projet, par l'intermédiaire du cabinet de Madrid : le Directoire ne daigna seulement pas y faire de réponse. Ce fut dans ces circonstances que M. de Pinto voyant que le Directoire ne tenait aucun compte de la médiation de l'Espagne, accepta, le 6 mars 1799, la proposition que MM. Jubié, Basterrèche et compagnie, négociants à Paris, avaient faite au commandeur Jacinto Fernandez Bandecia, banquier de la cour de Portugal, de servir d'intermédiaire pour le rétablissement de la paix. Tout en prétendant qu'il voulait s'en tenir à l'exécution littérale et complète du traité du 10 août 1797, sous le prétexte nouveau qu'il ne pouvait être altéré en aucune manière, parce qu'il était devenu une loi de l'État, le Directoire y apportait des modifications très importantes ; de son côté, le Portugal proposait des modifications à ce même traité, qu'il annonçait vouloir adopter en entier. Ce prélude de négociation n'avait produit aucun résultat, lorsque le Directoire fut renversé, le 9 novembre 1799 (18 brumaire an 8), et que Buonaparte fut mis, ou plutôt se plaça lui-même à la tête des affaires, sous le titre de premier consul. La maison de commerce Jubié, Basterrèche et compagnie, servit encore d'intermédiaire ; le gouvernement français consentit à adopter intégralement le traité du 10 août, en portant à seize millions l'indemnité pécuniaire fixée précédemment à dix millions.

Le degré de puisssance auquel s'était élevée la France, et les liaisons intimes qui existaient entre cet État et l'Espagne, avaient fait concevoir des craintes sérieuses au gouvernement portugais ; elles augmentèrent encore lorsque l'Espagne, abandonnant le rôle de médiateur, eut donné l'ordre au duc de Frias, son ambassadeur à Lisbonne, de quitter cette résidence, ce qu'il fit le 19 février 1801, et eut enfin déclaré formellement la guerre au Portugal, le 28 du même mois. Le prince régent envoya alors en France (mars 1801) Antoine d'Aranjo d'Azevedo, son ambassadeur près la république batave, pour traiter de la paix avec le gouvernement français. Ce plénipotentiaire arriva à Lorient, le 11 mai suivant, sur une frégate portugaise ; il ne lui fut pas permis de se rendre à Paris, ainsi qu'il le demandait, et il n'obtint même que comme une faveur spéciale d'exposer l'objet de sa mission et les propositions de son souverain au contre-amiral Decrès, alors préfet maritime à Lorient. Les conditions imposées par le premier consul étaient fort dures : il exigeait que le Portugal mît un embargo sur tous les vaisseaux anglais, et qu'il leur interdît à l'avenir l'entrée dans ses ports ; qu'il souffrît des garnisons moitié françaises et moitié espagnoles dans les provinces d'Entre-Douro-et-Minho, Tra-os-Montès et Beira ; qu'il remît enfin les vaisseaux portugais qui avaient concouru au blocus de Malte et de l'Égypte, et payât en outre une indemnité de vingt millions. M. d'Aranjo protesta que le prince régent préférerait la perte de son royaume à des stipulations aussi humiliantes, et il laissa entrevoir clairement qu'il pourrait bien se retirer au Brésil s'il était trop pressé. Pendant ces négociations, les gouvernements de France et d'Espagne avaient déjà envahi le Portugal ; ce royaume était comme abandonné à lui-même et sans espoir d'obtenir assistance du dehors. La Grande-Bretagne, sa puissante alliée, occupée à cette époque de son expédition d'Égypte, ne pouvait lui fournir de troupes, et quelques régiments d'émigrés français étaient les seuls auxiliaires étrangers que le Portugal pouvait opposer aux forces réunies de la France et d'Espagne.

Les mois de mars et d'avril se passèrent en préparatifs. S. M. C. réunit pendant ce temps ses troupes dans la Galice, la Castille et l'Estremadure, et le général Saint-Cyr fut envoyé de France pour résider auprès du général espagnol et concerter les opérations de la campagne, tandis qu'une division de troupes françaises, suivie d'une nombreuse artillerie, franchissait les Pyrénées sous les ordres du général Leclerc. Le prince de la Paix, persuadé qu'il n'y avait aucun péril à courir et que le succès n'était pas douteux, montra des dispositions guerrières et se mit à la tête des troupes espagnoles.

Dans cette position critique, le gouvernement portugais organisa deux armées dont l'une fut chargée de défendre les provinces au delà du Douro, et l'autre celles qui sont situées au midi de ce fleuve et au delà du Tage. Un émigré français, le lieutenant général marquis de la Rozière, commandait la première, et le lieutenant général, Jean Forbes de Skillater, était à la tête de la seconde.

Quoique l'Espagne eût déclaré la guerre le 28 février 1801, cependant, comme ses préparatifs n'étaient pas terminés à cette époque, ce ne fut que le 20 mai suivant que le prince de la Paix, pénétrant dans l'Alentejo, à la tête de l'armée espagnole, fit investir et sommer immédiatement Elvas, et plaça son camp entre cette place et celle de Campo-Major, qu'il avait fait investir également. A peine la nouvelle de l'envahissement du territoire portugais fut-elle parvenue à Lisbonne, que M. de Pinto, ministre des affaires étrangères de Portugal, se rendit en toute hâte avec des pleins pouvoirs de son souverain au quartier-général de Badajoz, où se trouvaient le prince de la Paix et Lucien Buonaparte, frère du premier consul et ambassadeur de France près la cour d'Espagne. Ce fut vainement que le ministre portugais demanda une suspension d'hostilités pendant la durée des conférences; les troupes espagnoles continuèrent d'avancer. La lâcheté de deux officiers avait déjà fait tomber en leur pouvoir les places d'Olivença et de Jeromentha. Ils furent bientôt maîtres d'Arronches et de tout l'Alentejo, à l'exception d'Elvas; et Campo-Major ayant capitulé le 5 juin 1801, les Portugais jugèrent prudent de se retirer derrière le Tage. La situation du Portugal paraissait désespérée; car tandis que l'Alentejo était ainsi occupé par l'ennemi, un autre corps espagnol menaçait de pénétrer dans les Algarves par Ayamonte, une division de l'armée française allait entrer dans le Beira, et des corps nombreux de la même nation s'avançaient rapidement et devaient se diviser en deux colonnes, dont l'une aurait suivi le cours du Tage jusqu'à Lisbonne, pendant que l'autre devait côtoyer le Douro jusqu'à Oporto.

Dans ces circonstances critiques, M. de Pinto, qui n'avait pas quitté le quartier-général des ennemis, et qui n'avait pas cessé d'avoir des conférences avec le prince de la Paix et Lucien Buonaparte, conclut à Badajoz, le 6 juin 1801, deux traités de paix séparés avec l'Espagne et la France. D'après ces traités, le Portugal dut fermer tous ses ports aux Anglais, céder à perpétuité à l'Espagne Olivença et tout son territoire jusqu'à la Guadiana, fournir une indemnité pour toutes les prises que ses vaisseaux et ceux de la Grande-Bretagne avaient faites pendant la guerre, et pour tous les frais de la campagne; les limites de la Guyane française durent suivre le cours du Rio Arawari, en tirant une ligne droite depuis sa source jusqu'au Rio Branço. Par un article secret du traité particulier conclu avec la France, le Portugal s'obligea en outre à payer à cette dernière puissance, une contribution de vingt millions de francs. L'Espagne et le Portugal ratifièrent ce traité, le 14 du mois où il avait été signé; mais le premier consul, mécontent d'apprendre qu'on n'y avait pas stipulé l'occupation, par les armées combinées, des provinces d'Entre-Douro-et-Minho, de Tra-os-Montès et de Beira, et soupçonnant que son frère, dont il connaissait l'avidité, s'était laissé séduire par l'or des Portugais (et cela paraît assez probable), refusa d'envoyer sa

HISTOIRE DE PORTUGAL.

ratification, et donna l'ordre aux troupes françaises de pénétrer seules en Portugal. Il fit cependant proposer en même temps au prince de la Paix de renouer les négociations avec la Cour de Lisbonne, par l'intermédiaire de l'Espagne. M. Cypriano Ribeiro Freire, anciens secrétaire de M. de Pinto, se rendit en conséquence à Madrid, et après quelques conférences, ce plénipotentiaire signa avec Lucien Buonaparte, le 29 septembre 1801 (7 vendémiaire an 10), le traité de paix de Madrid. Presque toutes les clauses de ce traité furent calquées sur celles du traité du Badajoz; mais l'article 4 étendit jusqu'au fleuve des Amazones une partie des limites de la Guyane française. Ces limites furent rétablies comme dans le traité de Badajoz, par un article secret des préliminaires conclus à Londres deux jours après (1er octobre 1801), entre la France et l'Angleterre, confirmé le 27 mars 1802, par le traité d'Amiens qui rendit à l'Europe une paix dont elle ne devait pas jouir longtemps.

La paix conclue en 1801 et ratifiée par le traité d'Amiens l'année suivante ne se fit qu'à des conditions onéreuses pour le Portugal. Il lui en coûta une partie de l'Alentejo. Jean avait stipulé, ou pour mieux dire on avait stipulé pour lui qu'il resterait neutre; le premier consul l'accusa d'accorder des secours aux flottes anglaises qui allaient attaquer les possessions espagnoles en Amérique. Il exigea de Jean qu'il fermât sur-le-champ ses ports aux Anglais, et qu'en même temps il leur déclarât la guerre. Jean se conforma à la première injonction, éluda la seconde et par cette conduite équivoque il ne satisfit ni la France ni l'Angleterre; et tandis qu'une flotte anglaise bloquait le port de Lisbonne, une armée franco-espagnole cernait cette ville du côté de terre (1807). Le régent placé entre ces deux ennemis également puissants, prit le parti de s'enfuir au Brésil, après avoir établi une junte de gouvernement.

On prétend que les Anglais favorisèrent son départ. Bonaparte, devenu empereur, proclamait dans ses bulletins que la maison de Bragance avait cessé de régner. L'armée française entrait à Santarem au moment où la famille royale sortait des eaux du Tage. Le régent arrivé au Brésil publia un manifeste dans lequel il se déclarait l'allié et l'ami de l'Angleterre, annulant tous les traités qu'il avait faits avec Bonaparte, comme œuvre arrachée par la violence. On sait que le Portugal fut immédiatement envahi et subjugué, mais que malgré cet évènement presque inévitable, le régent au Brésil continua d'être regardé comme chef du gouvernement portugais par toutes les puissances étrangères qui envoyèrent leurs ambassadeurs à Rio-Janeiro.

Cependant les Portugais défendirent leur indépendance. Fortement soutenus par les Anglais, ils obligèrent les Français à évacuer le Portugal. Une seconde invasion dirigée par Masséna eut lieu et ne fut pas plus heureuse; après divers succès qui en une guerre ordinaire auraient été décisifs et qui ne produisirent aucun résultat favorable, le général français évacua le Portugal une seconde fois. Les Portugais avaient organisé des guérillas de même que les Espagnols, et le célèbre Wellington, se faisant un formidable rempart d'artillerie dans des positions presque inexpugnables, usait les forces des Français qui presque toujours manquaient de vivres, parce que partout où ils portaient leurs pas ils trouvaient le pays ruiné.

La reine étant morte le 20 mars 1816, le régent prit le titre de roi sous le nom de Jean VI. L'année précédente il avait érigé le Brésil en royaume, et dans ce nouveau royaume il avait rendu les lois les plus sages, s'appliquant surtout à favoriser l'industrie et le commerce, appelant de tous les pays de l'Europe des artistes et des ouvriers auxquels il offrait des primes et des privilèges, protégeant spécialement la littérature et les sciences et adoucissant l'esclavage des nègres. Ferdinand VI rendu à l'Espagne épousa une fille de Jean VI, et l'infant don Carlos, aujourd'hui prétendant à la couronne et frère de Ferdinand, épousa une sœur de la reine d'Espagne. Les colonies espagnoles s'étant insurgées à cette époque, Jean, qui voulait garantir le Brésil de la contagion fit établir un cordon de troupes sur la rive gauche de Rio de la Plata à compter de Monte-Video ; mais les idées nouvelles franchirent cet obstacle et fermentèrent dans le Brésil où elles firent même explosion en 1817 ; mais elles furent alors réprimées.

Les Portugais, qui supportaient difficilement le gouvernement d'un régent étranger, le duc de Beresford, sollicitaient le retour en Europe de la famille royale. Jean se disposait à se rendre à ce vœu, lorsqu'il apprit que le Portugal venait d'adopter (1820) la constitution espagnole de 1812 avec quelques modifications ; cette nouvelle apportée et répandue au Brésil mit tous les esprits en fermentation, et Jean fut obligé de donner aux Brésiliens avant son départ la constitution que l'insurrection avait imposée à la métropole. De retour dans le Portugal (1821), il s'appliqua très habilement à ramener les Portugais à l'ancien état de choses et il y réussit au bout de deux ans. Il n'en fut pas de même au Brésil, les idées prétendues constitutionnelles s'enracinant de plus en plus, le Brésil se déclara état indépendant et se sépara de la métropole. Un article de la constitution nouvelle disposait formellement que les deux couronnes ne pourraient se placer sur la même tête. En conséquence celle du Brésil érigé en empire fut donnée à l'infant don Pedro.

Jean VI parvenu à un âge avancé et dévoré de soucis fut atteint dans les premiers jours du mois de mars 1826 d'une attaque d'apoplexie foudroyante à laquelle il succomba le 10. Ce prince, dit-on, aimait la justice, avait des mœurs pures et un grand fonds de religion, mais il était d'un caractère faible et timide, cherchant à éluder les difficultés plus qu'à les vaincre.

Son fils aîné don Pedro lui succéda de droit au Brésil et en Portugal ; Pierre Ier au Brésil, Pierre IV en Europe. Dès que la mort de son père lui fut connue, il promulgua pour le Portugal une charte constitutionnelle (29 avril 1826) ; mais en même temps il abdiqua en faveur de sa fille Marie II, née en 1829, de son mariage avec une archiduchesse d'Autriche, fille de François Ier. Don Miguel, frère de Pierre IV, fut nommé par lui régent du Portugal, et ce prince garda ce titre jusqu'en 1828 que, s'emparant du trône de sa nièce, il se fit proclamer souverain. Nous n'entendons pas nous ériger en juges de sa légitimité ; mais c'est à lui-même que nous nous en rapportons. En acceptant de son frère la régence du royaume pendant la minorité de la *reine Marie*, ne protestait-il pas bien évidemment contre sa prétention future ?

Cependant une révolution nouvelle arrivée au Brésil en 1830 força Pierre Ier à renoncer à la couronne qu'il transmit à son fils Pierre II ; il revint en Europe, et avec le secours des Anglais, il parvint, trois ans plus tard, à reconquérir pour sa fille le trône de Portugal ; don Miguel, contraint de fuir, se sauva à Gênes, d'où il gagna Rome. Pierre, prenant alors la qualité de régent, rendit aux Portugais la constitution qu'il leur avait déjà donnée en 1826. Mais ce nouveau régime n'a duré que jusqu'en 1836. Pierre étant mort dans l'intervalle, sa fille Marie a été forcée d'accepter la première constitution de 1820, que la garde nationale de Lisbonne venait de proclamer, à peu près comme la reine Christine l'a été en Espagne, d'accepter de la main de *quelques soldats* révoltés celle de 1832.

FIN.

TABLE DES MATIÈRES.

INTRODUCTION. — Des anciennes limites du Portugal, et du gouvernement de ce pays peu de temps avant sa séparation de la Castille.   Page 1

PREMIÈRE ÉPOQUE.

DEPUIS L'ORIGINE DE L'ÉTAT PORTUGAIS JUSQU'A L'EXTINCTION DE LA LIGNE LÉGITIME DE LA MAISON DE BOURGOGNE, OU DEPUIS LE GOUVERNEMENT DU COMTE HENRIQUE JUSQU'A LA MORT DU ROI FERDINANDO.

LIVRE PREMIER.

DEPUIS L'ORIGINE DU ROYAUME JUSQU'A LA CONQUÊTE ET A L'ENTIÈRE INDÉPENDANCE DES ALGARVES, ÉPOQUE OU LE PORTUGAL OBTINT DES FRONTIÈRES PERMANENTES; OU DEPUIS LE RÈGNE DE HENRIQUE JUSQU'A LA FIN DU RÈGNE D'AFFONSO III.

Temps des conquêtes. — Première culture du pays et formation des communes. — Commencement des querelles entre le haut clergé et les rois.   7

CHAPITRE PREMIER. Le Portugal sous Henri de Bourgogne.   7
Henrique, comte de Portugal (*comes Portugalensis*). — Il épouse la fille naturelle d'Alfonso VI, et obtient avec elle le pays situé entre le Minho et le Douro. — Après la mort du roi, il profite des troubles qui agitent la Castille, aspire ouvertement à l'indépendance et exerce en Portugal un pouvoir illimité. Sa mort.   *Ib.*
CHAP. II. La veuve de Henrique régente de Portugal.   13
Thérèse se charge de la régence.— Elle prend le titre de reine. — Elle élève des prétentions sur des terres situées au delà du Minho. — Guerre avec sa sœur Urraca, puis avec Alfonso VII. — Relations de Thérèse avec le comte Fernando Peres. — L'infant Affonso Henriquez soutient, les armes à la main, son droit au trône contre sa mère et son favori.

— Donation à l'archevêque de Braga.   13
CHAP. III. Règne d'Affonso Ier.   21
§ 1er. Depuis son avénement jusqu'au temps où il prit le titre du roi : *Affonso infans, princeps, rex*. *Ib.*
Affonso Henriquez gouverne sous le titre d'infant. — Une trêve termine la guerre avec la Castille. — Fondation de Leiria pour protéger le pays contre les invasions des Sarrasins. — Guerre contre l'empereur d'Espagne. — L'infant abandonne les places fortes de la Galice; mais, après la guerre, il prend le titre de *princeps*. — Il s'avance avec une armée dans l'Alemtejo. — Victoire d'Ourique. — Affonso prend le titre de roi.   *Ib.*
§ 2. Affonso couvoque les cortès, et s'oblige lui et ses descendants à payer un tribut annuel au saint-siége.   26
§ 3. Les cortès de Lamego.   27
Objets de leurs délibérations et de leurs déci-

TABLE DES MATIÈRES.

sions. — Successibilité au trône. — Conditions de la perte et de l'acquisition de la noblesse. — Lois pénales. 27

§ 4. Affonso Ier et ses successeurs s'obligent à payer un tribut au pape. 29

§ 5. Conquêtes d'Affonso Ier sur les Sarrasins. 31
Prise de Santarem. — Siége et prise de Lisbonne. Priviléges accordés aux chrétiens. — Situation des Maures à Lisbonne. — Essor donné à la marine. — La prise importante de Lisbonne est suivie de celle d'Alcacer do Sal et de Beja. — Prise adroite d'Evora, capitale de l'Alemtejo. *Ib.*

§ 6. Adoption des anciens ordres de chevalerie en Portugal et fondations d'ordres nouveaux. 37
Les templiers. *Ib.*

§ 7. Chevaliers de Saint-Jean. 42

§ 8. Chevaliers d'Avis. *Ib.*

§ 9. Derniers temps du règne d'Affonso Ier. 43
Guerre malheureuse avec le roi de Léon. — Affonso est fait prisonnier. — Il est obligé de restituer les villes de Galice. — Nouvelles guerres contre les Sarrasins. — Grande victoire remportée sur eux à Santarem. — Fondation de l'ordre des chevaliers de Saint-Michel. — Au lieu du vieux roi, le jeune et vigoureux Sancho prend le commandement. — Il conduit les chevaliers portugais contre Séville. — Les Sarrasins attaquent le Portugal par mer et par terre. — Première victoire navale des Portugais sous le commandement de Fuas Roupinho. — Marche du Miramulim avec une nombreuse armée de Maures d'Afrique et d'Espagne. — Siége de Santarem. — Affonso se hâte de secourir cette ville et se réunit à son fils. — Dernière victoire du roi ; il meurt le 6 décembre 1185. 45

§ 10. Coup d'œil sur le règne et les qualités du roi Affonso Ier. 50

Chap. IV. Règne de Sancho Ier. 52

§ 1er. Conquêtes de Sancho. *Ib.*
Quoique brave, habile à la guerre et victorieux, le roi s'occupe surtout de procurer à son pays les bienfaits de la paix. — Il profite cependant de l'arrivée d'une flotte de croisés à Lisbonne, pour assiéger Sylves avec leur secours. — Conquête de cette ville et d'autres villes des Algarves en 1189. — Il ajoute au titre de *rex Portugaliæ : et Algarbii*, mais retranche ce mot après la perte de cette ville en 1191. *Ib.*

§ 2. Services de Sancho envers sa patrie. 56
Des épidémies et des disettes ravagent et dépeuplent le Portugal. — Les Sarrasins profitent de la malheureuse situation du pays pour y faire une invasion. — Sylves est de nouveau perdu. — Un grand nombre de Portugais sont emmenés en esclavage par les infidèles. — Au milieu de cette misère, Sancho Ier acquiert, par les encouragements qu'il donne à l'agriculture, le surnom d'*el Lavrador*, et celui d'*el Poblador* par le soin qu'il porte à la construction et à la population des bourgs et villages, comme par les droits qu'il accorde à une foule de communes. — Il fait des donations aux ordres de chevalerie, et les attache ainsi à sa cause. 56

§ 3. Querelles de Sancho Ier avec les évêques de Coïmbre et de Porto. — Empiétements du pape Innocent II. — Mort du roi, le 27 mars 1211. 59

§ 4. Testament de Sancho. 63

Chap. V. Règne d'Affonso II. 67

§ 1er. Querelles d'Affonso II avec ses sœurs. *Ib.*
Elles prennent possession des terres que Sancho leur a assignées dans son testament. — Le roi de Léon les soutient de ses armes. — Elles implorent le secours d'Innocent III. — Conduite des juges commissaires du pape. — Continuation de la guerre. — Arrêt définitif du pape. *Ib.*

§ 2. Des croisés allemands et flamands aident le Portugal à conquérir Alcacer do Sal. 71

§ 3. Services que le roi Affonso II a rendus à la législation du Portugal. 74
Il accorde des franchises à plusieurs communes. — Cortès de Coïmbre en 1211. — Premières lois générales depuis les cortès de Lamego. — Leur contenu. — Règlements pour les fonctionnaires de la maison royale. *Ib.*

§ 4. Querelles d'Affonso avec le clergé. 77
Plaintes de l'archevêque de Braga contre le roi — Il lance l'anathème contre lui. — Le prélat s'enfuit du royaume. — Intervention du pape Honorius III et renouvellement de l'excommunication. — Le roi emporte son anathème au tombeau en 1223. *Ib.*

§ 5. Comment l'Eglise et le clergé portugais sont devenus riches et puissants. 79
Il y a peu d'églises diocésaines en Portugal jusque vers le milieu du sixième siècle. — Fondation d'une quantité de petites églises et de couvents du temps des Wisigoths. — Le nombre s'en multiplie après l'éloignement des

TABLE DES MATIÈRES.

Sarrasins. — Les fondations pieuses restent biens temporels. — Dons fréquents faits à l'Eglise. — Motifs, nature et valeur de ces dons sous les rois de Léon et dans les premiers temps du royaume de Portugal. — Confusion dans l'état des propriétés. — La vie religieuse devient de plus en plus à l'ordre du jour. — *Deo-Votœ*. — *Emparedadœ*. — Rapport des *familiares* envers les couvents. — Exigence des *herdeiros* et commencement de leurs persécutions. — Accroissement constant des propriétés de l'Eglise. — Introduction de la dîme ecclésiastique à la fin du onzième siècle. — Extension des priviléges personnels du clergé. 79

Chap. VI. Règne du roi Sancho II. 88

§ 1er. Conduite de Sancho pour obtenir la paix et pendant la paix. *Ib.*
Il termine les différends avec le clergé. — Il fait un arrangement avec l'archevêque de Braga. — Traité du roi avec ses tantes. — Il donne à plusieurs provinces des *foraes*. *Ib.*

§ 2. Conquêtes de Sancho. 90
Elvas, Serpa, Jurumenha, Aljuster, Aronches, Mertola, Cacella, Ayamonte et Tavira, se soumettent au roi. — Services rendus par les chevaliers de Saint-Jacques et notamment par le commandeur d'Alcacer, Payo Perez Correa. — Le commandeur conquiert avec des Portugais, et pour le comte du Portugal, plusieurs places dans les Algarves. — Sancho justifié du reproche d'inactivité et d'inexpérience militaires. *Ib.*

§ 3. Discussions de Sancho avec le clergé. 93
Plaintes de l'évêque de Porto. — Convention avec lui. — Violente accusation de l'archevêque de Braga, qui se plaint au pape. — Menaces de celui-ci, qui obligent le roi à céder. *Ib.*

§ 4. Déchéance du roi. 96
La noblesse portugaise. — Les princes de la famille royale, Affonso et Ferdinando. — Vie chevaleresque de l'infant don Pedro, oncle du roi. — Influence de Mecia sur le roi; est-elle réellement son épouse? — Mécontentement général exploité par les grands et les prélats pour amener la chute du roi. — Leurs plaintes au saint-siége. — Bulle menaçante du pape. — Les prélats et les députés partent pour Lyon. — Innocent IV déclare Sancho déchu du trône, et donne la couronne à Affonso, comte de Boulogne. — Comment ce prince s'est recommandé au pape, et le serment qu'il dut prêter à Paris avant son avénement. — Son arrivée en Portugal. — Fuite de Sancho en Castille. — Sage conduite d'Affonso pour se concilier les esprits. — Sancho, quoique secouru par une armée castillane, est obligé de céder aux armes spirituelles du comte. — Quelques commandants des places fortes combattent encore pour Sancho, entre autres l'énergique et rusé Pacheco, gouverneur de Celorico, et Freitas, gouverneur de Coïmbre, dont la fidélité suit le roi jusqu'au tombeau. 96

Chap. VII. Règne d'Affonso III. — Règne d'Affonso considéré sous trois points de vue : sa conquête des Algarves, son administration et ses querelles avec les prélats. 106

§ 1er. Conquête des Algarves. *Ib.*
Anciennes limites du pays. — Sancho Ier s'intitule roi des Algarves. — Conquêtes de Sancho II. — Affonso III prend Faro et d'autres places des Algarves. — Les Portugais passent la Guadiana. — Guerre de la Castille avec le Portugal. — Celui-ci obtient la propriété des Algarves; la Castille en a la jouissance. — Une des conditions du traité entre les deux rois est le mariage d'Affonso III avec Brites, fille naturelle d'Alfonso le Savant. — Les enfants issus de ce mariage ne sont reconnus par le pape qu'après la mort de la comtesse Mathilde. — Nouveau traité entre les deux rois au sujet des Algarves. — Le roi de Portugal promet de fournir cinquante lances pour l'armée de Castille. — Le petit Diniz chez son aïeul à Séville. — Le roi de Castille renonce à toutes ses prétentions sur les Algarves. — Institutions d'Affonso III dans ces contrées. *Ib.*

§ 2. Administration d'Affonso III. 114
Attention qu'il accorde à l'agriculture, à la construction des villages, à leur population et aux lois. — Beja Melgaço. — Les cortès de Leiria en 1254. — Réclamations des villes de Santarem et de Porto. — Lois nouvelles relatives à la sûreté des personnes et des propriétés. — Fondation des foires annuelles. — Fixation du prix des marchandises et des biens. — Funestes variations dans le cours des monnaies. — Donations du roi aux ordres chevaleresques. — Sa mésintelligence avec eux. *Ib.*

§ 3. Discussions d'Affonso avec le haut clergé. 120
Espérances des prélats trompées. — Ils se plaignent des empiétements du roi sur leurs droits et priviléges. — Sept évêques portent à Rome

TABLE DES MATIÈRES.

leurs doléances aux pieds du pape. — Grégoire X publie une bulle d'exhortations au roi. — Affonso en élude l'effet, rassemble les cortès et promet des améliorations ; mais le pape les attend vainement. — Bulle remarquable du 4 septembre 1275. — Grégoire X meurt, et la courte durée du pontificat de ses successeurs sauve le roi, qui en profite pour gagner du temps. — Jean XXI monte sur le trône pontifical ; il envoie un légat en Portugal, qu'Affonso amuse par de vaines audiences. — Le légat Nicolas, frère franciscain, publie enfin devant une nombreuse assemblée la bulle d'excommunication, en 1277.—Dans la même année, Jean XXI meurt. — Le roi, sur son lit de mort, promet d'exécuter les ordres du saint-siège sans conditions. — L'excommunication est levée. — Affonso III meurt le 16 février 1277. 120

CHAP. VIII. Les communes dans les premiers siècles du royaume. 123
Observations préliminaires. Ib.
§ 1er. — La population dispersée se réunit en communes. 124
Le pays dévasté par les guerres avec les Maures. — Premiers vestiges de défrichement. — Propriétés dispersées. — Magasins de blé et maisons isolées. — Les herdades, aldeas, selleiros, etc. — Le coireleiros et le pobrador du roi. — Des hameaux et des villages s'élèvent près des fleuves, des forteresses, des couvents et des villes. — Les bourgs, les villages et les villes ceints de muraille. — Les communes des campagnes, comme celles des villes, sentent le besoin des lois écrites et d'institutions fixes. 124
§ 2. — Franchises locales appelées *foraes*. 128
Qui les accordait. — Les lois des Wisigoths tombent de plus en plus en désuétude.—Quel en est le motif. — Formation et composition de ce code. — Son but et sa tendance. — Différences des *foraes* à cet égard. Ib.
§ 3. — Organisation extérieure des communes. 132
Leur position vis-à-vis du roi ou des seigneurs. — Classes de citoyens des bourgs et d'hommes des communes. — Peoes. — Cavalleiros. — Fidalgos et villaos. — Leurs droits. — Infançoens. — Visinhos. Ib.
§ 4.—Obligations des membres des communes. 136
Fonctions imposées par la guerre. — Défense des bourgs. — Apellido, azaria, fossado. Ib.
§ 5. — Système des impôts. — Taille. 139
§ 6. — Administration juridique. 145
Quelques dispositions dans les *foraes* sur des discussions de droit entre des bourgeois — Personnel de la juridiction. — Tribunal. — Actes juridiques. — Administration pénale. — Crimes et châtiments. Ib.
Officiers de justice. 146
Lieu du jugement. 147
Procédure. Ib.
Lois pénales. — Crimes et châtiments 149

LIVRE II.

DEPUIS LE RÈGNE DU ROI DINIZ JUSQU'À LA MORT DE FERNANDO.

CHAPITRE PREMIER. Règne du roi Diniz. 156
§ 1er. — Diniz jusqu'à son avénement. Ib.
Naissance et éducation de Diniz. — Il a, comme prince royal, une cour particulière. — Son avénement. — Sa mère est éloignée des affaires. — Son mariage avec Isabelle d'Aragon. Ib.
§ 2. Relations extérieures. 159
Le roi est entraîné par sa querelle avec son frère Affonso dans les dissensions qui troublent la Castille. — Part que prend Diniz aux discussions touchant les droits au trône dans ce pays. — Il fait conclure, en qualité de médiateur et d'arbitre, la paix entre la Castille et l'Aragon, et contribue à rétablir la tranquillité dans ce royaume. 159
§ 3. — Affaires intérieures. — Administration de Diniz. 161
Il parcourt plusieurs fois le royaume. — Culture du pays, travaux des mines, commerce, navigation, puissance maritime. Ib.
§ 4. Rapports du roi Diniz avec les deux hautes classes, le clergé et la noblesse. 166
A. Le clergé. 167
Débats et traités du roi avec le clergé. — Les quatre *concordias* du roi Diniz. — Histoire des lois d'amortissement. — Tandis que Diniz met d'une part des limites aux empiéte-

TABLE DES MATIÈRES.

ments du clergé, il accorde, de l'autre, aux églises et couvents sa protection contre les oppressions des héritiers de leurs patrons (*herdeiros*). 167

B. La noblesse considérée sous le rapport de la propriété foncière. — Les ordres de chevalerie. 176

Les *inquiriçoes*. — La noblesse étendit et agrandit, sous les premiers rois de Portugal, ses possessions territoriales, qu'elle avait déjà acquises en partie sous les rois de Léon. — Divers genres de propriétés nobles, et priviléges qui y sont attachés. *Solares, coutas, honras, behetrias.* — Extension excessive des droits seigneuriaux, et mesures des rois pour y mettre des bornes. — Histoire des premières *inquiriçoes*. — Enquêtes que Diniz fait faire. Abus découverts. — Le roi abolit tous les *honras* qui avaient été fondés ou étendus depuis 1290. *Ib.*

Les ordres de chevalerie. 182

L'ordre de chevalerie de Santiago en Portugal obtient un maître particulier. *Ib.*

Les templiers et les chevaliers de l'ordre du Christ. 185

Accroissement des propriétés des templiers depuis Affonso Ier. — Exemptions et priviléges accordés à l'ordre par les papes. — Obligations des chevaliers envers les rois de Portugal. — Conduite sage de ceux-ci à l'égard des chevaliers. — Conduite exemplaire de l'ordre. — Le roi Diniz est invité par le pape à se rendre à Vienne. — Il y envoie quelques plénipotentiaires. — Les templiers portugais se dérobent au danger par la fuite, et le roi séquestre toutes leurs propriétés. — Union de Diniz avec les rois de Castille et d'Aragon. — Le pape proclame la suppression de l'ordre des templiers en faveur des rois de Castille, de Portugal et d'Aragon. — Diniz adresse des reproches au frère Stéphane, administrateur des biens de l'ordre. — Les chevaliers reparaissent en Portugal. — Fondation de l'ordre des chevaliers du Christ, ou plutôt rétablissement de l'ordre du Temple sous ce nom. — Diniz rend à l'ordre les propriétés séquestrées, et lui donne en outre Castromarim, comme devant être la résidence de l'ordre. — Nouvelles ordonnances et institutions. *Ib.*

§ 4. — Les dernières années du roi. 194

Mésintelligence avec l'infant Affonso. — Renouvellement des hostilités entre le père et le fils.

— Médiation de la reine Isabelle. — Réconciliation. — Maladie de Diniz. — Ses dernières ordonnances et ses dernières paroles. 194

CHAP. II. Règne d'Affonso IV. 201

§ 1er. Affonso IV convoque les cortès. *Ib.*

Les cortès d'Evora, 1325. — Mésintelligence et réconciliation entre le roi et son frère naturel. — Union entre les familles de Portugal et de Castille. *Ib.*

§ 2. Participation d'Affonso IV dans la victoire de Salado remportée sur les Sarrasins. 204

Grand armement du roi de Maroc pour faire une invasion dans l'Espagne chrétienne. — Les rois de Castille et de Portugal se réunissent pour leur défense mutuelle. — Siége de Tarifa. — Une tempête détruit la flotte castillane. — Les rois chrétiens marchent avec leur armée contre les forces réunies de Maroc et de Grenade. — Victoire de Salado. — Pertes énormes des Sarrasins. — Le roi de Portugal refuse sa part du butin. *Ib.*

§ 3. Assassinat d'Inès de Castro. 208

Mort d'Affonso IV. — Regard jeté sur lui comme homme et comme roi. *Ib.*

CHAP. III. Règne du roi Pedro Ier. 212

§ 1er. Conduite du roi au sujet d'Inès de Castro. *Ib.*

Traité entre les rois de Castille et de Portugal. — Le roi de Castille livre les assassins d'Inès. — Pedro en fait exécuter deux d'une manière cruelle. — Aventures de Pacheco. — Le roi jure qu'il était marié par l'Église avec Inès. — Deux témoins l'attestent par serment. — Annonce solennelle et publique du mariage. — Doutes des contemporains. — Le corps d'Inès, paré des insignes de la dignité royale, est conduit avec un cortége nombreux de Coïmbre à Alcobaça. *Ib.*

§ 2. Les cortès d'Elvas, en 1361. 216

Plaintes et réclamations des cortès. — Résolutions du roi. — Règlements pour les hauts fonctionnaires. *Ib.*

§ 3. La conduite de Pedro Ier présentée par des traits particuliers. 221

§ 4. Pedro, à l'exemple de ses ancêtres, augmente le trésor royal. 224

§ 5. Conduite de Pedro Ier envers la Castille. 225

Il conserve la paix avec ce royaume malgré les discordes auxquelles donne lieu la succession au trône de Castille. — Mort du roi. *Ib.*

CHAP. IV. Règne de Fernando. 227

§ 1er. Situation florissante du Portugal à l'avé-

HIST. DE PORTUGAL, I. 37

TABLE DES MATIÈRES.

nement de Fernando. — Caractère de ce prince. 227

§ 2. Prétentions de Fernando à la couronne de Castille. 230
Son alliance avec les rois d'Aragon et de Grenade pour combattre le roi Enrique. — Quoique secouru par ses alliés, Fernando conduit la guerre avec mollesse et sans intelligence. — Traité subit avec son ennemi. — Il repousse l'infante Leonor d'Aragon, sa fiancée, et s'engage à épouser l'infante Leonor de Castille. — Il perd des sommes considérables qui étaient placées en Aragon. — Epuisement du trésor après la guerre. — Altération des monnaies et autres mesures nuisibles. *Ib.*

§ 3. Mariage de Fernando et de Leonor Telles. 234
Le roi arrache Leonor Telles à son mari pour l'épouser. — Sédition à Lisbonne. — Leonor monte sur le trône. — Comment elle se forme un grand parti. *Ib.*

§ 4. Nouvelle guerre avec Enrique de Castille. 236
Fernando s'allie avec le duc de Lancastre contre le roi de Castille. — Celui-ci, irrité, cherche cependant d'abord à conserver la paix ; puis, voyant l'inutilité de ses efforts, il envahit le Portugal avec une armée. — Fernando va au-devant de l'ennemi. — Incendie d'une partie de Lisbonne. — Le légat du pape offre sa médiation, et parvient à faire conclure une paix dont le roi de Castille dicte les conditions. — — Entrevue des deux rois sur le Tage. — Leurs relations avec le roi d'Aragon. — L'infante Béatrix est fiancée au fils naturel du roi de Castille. *Ib.*

§ 5. Intrigues de la reine. 239
La reine amène l'infant João à immoler sa femme et propre sœur de Leonor Telles. — Horribles illusions de l'infant. *Ib.*

§ 6. Guerre de Fernando avec le roi Juan Ier de Castille. 242
Le roi de Portugal promet la main de sa fille Béatrix au fils de Juan Ier, et déclare cependant la guerre à celui-ci peu de temps après. — L'exilé Andeiro négocie secrètement un traité entre Fernando et le duc de Lancastre. — Conférences d'Andeiro avec le roi dans la tour d'Estremoz. — Juan Ier et Fernando arment sur terre et sur mer. — La flotte portugaise est battue par celle de Castille. — Arrivée des Anglais à Lisbonne. — L'infante Béatrix est fiancée au fils du comte de Cambridge. — Conduite des Anglais en Portugal. — Conduite coupable de la reine avec Andeiro, et emprisonnement d'Azevedo et du grand maître de l'ordre d'Avis par ordre de Leonor. 242

§ 7. Issue de la guerre avec la Castille, et mort du roi. 246
Les rois de Portugal et de Castille sont en présence avec leur armée ; mais ils concluent la paix sans en venir aux mains. — Conditions de la paix. — L'infante Béatrix est fiancée à l'infant Fernando de Castille. — Bientôt le roi offre la main de Béatrix, promise au fils, au roi Juan Ier, qui l'accepte. — Célébration solennelle du mariage de Juan avec l'infante. — Mort de Fernando. *Ib.*

CHAP. V. Coup d'œil rétrospectif sur la constitution politique du Portugal depuis l'avénement du roi Diniz, jusqu'à l'extinction de la branche légitime de Bourgogne. 250
Eléments prédominants dans l'Etat, leurs rapports. — Les *ricos homens*. — Le roi, ses conseillers et les dignitaires de sa cour. — Le roi et les états du royaume. — Le pouvoir religieux en lutte avec le pouvoir royal. — Action plus grande de la royauté sur le droit civil. — Influences qui favorisaient l'extension du pouvoir royal. *Ib.*

Les *ricos homens*. — Leurs priviléges quant à l'affranchissement d'impôts. — Fréquentes *inquirições* qui sont dirigées de plus en plus contre la juridiction seigneuriale. — Conflit entre la justice des seigneurs et la juridiction royale. — Dernières dispositions prises à ce sujet par le roi Fernando. — Autres priviléges et caractères particuliers des *ricos homens*. *Ib.*

Officiers de l'Etat et de la couronne. — Homens d'el rei. — Clericos e fysicos d'el rei. 259
Le roi. — La succession au trône. 263
Le roi et les cortès. 265
Propositions générales des communes du royaume. 273
Le roi et le clergé. — Débats du roi avec l'évêque de Porto. — Plaintes des cortès contre le clergé. — Adresse d'Affonso à ce corps. — Dernier accommodement dans cette époque entre le roi Pedro et les prélats. 274
Introduction du droit canon. 281
Extension et affermissement de la juridiction royale. — *Juizes da fora*. 287

TABLE DES MATIÈRES.

Les corregedores.	288
Introduction du droit romain.	291
Procédure.	296
Fondation de l'université de Coïmbre.	297
Transition à la seconde époque. — Etat du royaume après la mort de Fernando, quant à l'agriculture, le commerce maritime et la navigation. — Législation de Fernando sur ces branches. — Première assurance maritime.	302

DEUXIÈME ÉPOQUE.

DEPUIS L'EXTINCTION DE LA BRANCHE LÉGITIME DE BOURGOGNE JUSQU'A LA CLOTURE DU MOYEN AGE, OU DEPUIS LA MORT DU ROI FERNANDO JUSQU'A LA FIN DE JOAO II.

LIVRE PREMIER.

DEPUIS LA MORT DE FERNANDO JUSQU'A LA FIN DE JOAO Ier.

Les temps de l'interrègne et de la régence. — Elévation de João au trône, guerre et paix avec la Castille. — Premières conquêtes et découvertes sur la côte d'Afrique.   307

CHAPITRE PREMIER. Les temps de l'interrègne et de la régence jusqu'à l'élévation de João Ier au trône.   309

§ 1er. Depuis la mort de Fernando jusqu'à la nomination du maître de l'ordre d'Avis comme *defensor* et *regedor* du royaume.   *Ib.*
La reine Leonor administratrice du royaume. — Malheureuses tentatives pour procurer la couronne de Portugal à la reine de Castille Beatriz. — Meurtre du comte d'Ourem à Lisbonne. — Soulèvement de cette ville en faveur du maître de l'ordre d'Avis. — Eloignement de la reine à Alemquer. — João nommé defensor et regedor du royaume par suite d'un violent mouvement populaire. — Ses premières ordonnances, ses ressources et ses mesures financières.   *Ib.*

§ 2. Depuis la nomination du grand maître comme defensor et regedor du royaume jusqu'au bannissement de la reine Leonor en Castille.   329
Soulèvements du peuple portugais en faveur du defensor; préparatifs contre le roi de Castille. — Après avoir joint solennellement à Tolède le titre de roi de Portugal à celui de roi de Castille, Juan pénètre en Portugal. — Son entrevue avec la reine Leonor à Santarem; elle renonce à la couronne de Portugal en faveur du roi et de la reine. — Juan et Beatriz prennent pied dans le royaume. — Situation et mesures de résistance du defensor. — Leonor rompt avec le roi, et conspire contre lui. — Juan la bannit à Tordesillas.   329

§ 3. Depuis le bannissement de Leonor du Portugal jusqu'à l'élévation du defensor sur le trône.   341
Nuno Alvares Pereira, nommé chef militaire dans l'Alemtejo, remporte la première victoire. — Siége long et pénible de Lisbonne, et triste retraite du roi de Castille et de son armée. — Conspiration contre le grand maître. — Il est sauvé.   *Ib.*

CHAP. II. Règne du roi João Ier.   358
§ 1er. Elévation de João au trône.   *Ib.*
Réunion des cortès à Coïmbre. — Elévation du grand maître sur le trône; ses premiers actes de gouvernement (Pereira connétable). — Demandes des cortès et résolutions du roi. *Ib.*

§ 2. Guerre avec la Castille. — Paix.   364
Les places les plus importantes entre Douro e Minho tombent au pouvoir de João. — Combat près de Trancoso. — Bataille décisive d'Aljubarrota. — Ses conséquences immédiates. — Irruption du connétable dans l'Estramadura, combat près de Valverde, et soumission complète du Portugal septentrional par le roi João. — Arrivée du duc de Lancastre, et ligue de João avec lui. — Leur alliance. — Invasion concertée des alliés en Castille. — Elle est sans résultat. — Le duc se rend à Bayonne, et João continue à soumettre les places qui te-

TABLE DES MATIÈRES.

naient encore pour la Castille. — Alternatives de négociations et d'hostilités. — Paix de 1411.   364

Conséquences immédiates de la bataille, événements qui la suivent.   376

Armistices, négociations de paix, nouvelles hostilités ; la paix de 1411.   385

§ 3. Conquête de Ceuta.   390

Motifs de l'expédition militaire. — Grands préparatifs, leur destination tenue secrète. — Inquiétudes des Etats voisins. — Mort de la reine Filippa. — Départ de la flotte. — Accidents. — Prise de Ceuta. — Importance de cette possession. — Qualités, exploits des infants Pedro et Henrique. — Retour du roi et de la flotte en Portugal.   *Ib.*

§ 4. Possessions extérieures du Portugal et ses relations au dehors.   407

Ceuta est maintenue. — Premières découvertes, établissements des Portugais. — Rapports des Portugais avec d'autres Etats chrétiens.   *Ib.*

Ceuta est maintenue.   408

L'infant Henrique. — Premières découvertes, établissements des Portugais. — Madeira et Porto-Santo. — Le cap Bojador est doublé.   410

Rapports du Portugal avec d'autres Etats chrétiens pendant le règne de João Ier. — Relations avec la Castille, l'Aragon et la Navarre, la Bourgogne, la France et l'Angleterre.   415

§ 5. Coup d'œil sur l'état intérieur du Portugal et le code de João Ier. — Mort du roi « d'heureuse mémoire. » — Vie et fin de son ami Pereira. — Caractère du connétable.   420

Mort du roi João. — Sa mémoire.   422

Nuno Alvares Pereira. — Sa vie, sa mort et son caractère.   424

Chap. III. Règne du roi Duarte.   429

§ 1er. Actes du gouvernement et lois du roi. — Duarte et ses frères. — Expédition malheureuse des infants Henrique et Fernando contre Tanger. — Efforts héroïques du premier. — Souffrances et mort du valeureux prince. — Mort du roi, son caractère et ses écrits.   *Ib.*

Souffrances et mort du prince Constant.   441

Chagrin et mort du roi. — Son caractère. — Ses écrits.   450

Chap. IV. Régence de l'infant Pedro pendant la minorité d'Affonso V.   454

§ 1er. Evénements depuis la mort du roi Duarte jusqu'à l'éloignement de la reine Leonor.   *Ib.*

La reine prend les rênes du gouvernement, et ménage l'union d'Affonso avec la fille de Pedro. — Irritation du comte de Barcellos. — Conjuration contre l'infant. — Cortès à Torres-Novas. — Le gouvernement partagé de nouveau entre Leonor et Pedro. — Mécontentement envers la princesse, on insiste au contraire auprès de l'infant pour qu'il se charge seul de la régence. — Discorde croissante entre Leonor et Pedro et les partis. — Conduite des infants João et Henrique. — Cortès à Lisbonne. — Pedro nommé pour gouverner seul. Leonor, séparée d'Affonso, se rend à Almeirim, plus tard à Crato, appuyée par la Castille. — Partout elle se concerte avec les ennemis de Pedro, et trame contre lui des complots. — Le régent avec un corps d'armée devant Crato. — La reine fuit en Castille. — Ses derniers efforts. — Sa mort à Tolède.   *Ib.*

§ 2. Evénements depuis la mort de la reine Leonor jusqu'à la mort de l'infant Pedro.   482

Pedro, se préparant à remettre le gouvernement à son neveu Affonso parvenu à l'âge de quatorze ans, est supplié solennellement par le jeune roi, dans l'assemblée des états, de continuer à gouverner comme précédemment. — Les manœuvres de ses ennemis déterminent l'infant à prendre son congé. — Ses défenseurs. — Pedro est noirci et persécuté par le duc de Braganza et le comte d'Ourem. — Expédition contre l'infant et fuite du duc. — Considération dont jouit l'infant. — Le comte d'Abranches. — Vaine tentative de la reine pour réconcilier son père et son époux. — Le roi marche avec une armée contre son oncle. — Bataille sur l'Alfarrobeira, et mort de l'infant. — La reine Isabelle tombe malade. — Sa mort. — Caractère de Pedro.   *Ib.*

L'infant Pedro.   490

Son caractère, son tour d'esprit et son développement intellectuel.   *Ib.*

§ 3. Ordenaçoens du roi Affonso V.   501

Ce qui les amène. — A quelles sources elles sont empruntées. — Leur contenu. — Leur forme et leur division. — Durée de leur application.   *Ib.*

Chap. V. Règne du roi Affonso V. — Conquêtes et découvertes des Portugais en Afrique. — Guerre d'Affonso avec Fernando et Isabelle pour le trône de Castille. — Malheureux voyage du roi en France. — Paix entre la Castille et le Portugal. — Mort d'Affonso.   509

§ 1er. Affonso en Afrique. — Conquêtes des Por-

tugais sur la côte septentrionale de l'Afrique, et découvertes sur la côte occidentale. 509
Les Portugais ont les regards fixés sur l'Afrique. — Préparatifs d'une expédition militaire contre les Maures. — Affonso met à la voile avec une flotte pour Alcacer. — Conquête de cette ville. — Duarte de Menezes y est laissé pour commandant. — La place est assiégée par le roi de Fez, qui se retire. — Nouveau siége aussi vain que le premier. — Malheureuse entreprise d'Affonso contre Tanger. — Expédition plus désastreuse encore de l'infant Fernando contre cette ville. — Affonso fait une course vers Arzilla. — Mort du comte de Viana, Duarte de Menezes. — Le roi revient en Portugal (1464). *Ib.*
Découvertes des Portugais après le doublement du cabo Bojador jusqu'à la mort de l'infant Henrique. 526
Expédition d'Affonso contre Arzilla. — Conquête de cette ville et prise de Tanger. 531
§ 2. Le roi Affonso en Castille. 537
Son entrevue avec le roi Enrique IV, et ses fiançailles avec Juana après la mort d'Enrique. — Affonso élève des prétentions au trône de Castille, et se prépare à les faire valoir. — Négociations avec Fernando et Isabelle de Castille. — Affonso cherche à s'assurer de l'aide du roi de France. — Il se met en marche, avec une armée, sur la Castille. — Affonso et Juana proclamés, à Plasencia, rois de Castille et de Léon. — Le roi de Portugal se met en possession de Toro et de Zamora. — Situation respective de Fernando et d'Affonso. — Vaine tentative d'accommodement; les choses prennent une tournure grave pour Affonso. — Trahison sur le pont de Zamora. — Plusieurs grands castillans se détachent d'Affonso. — Perte de la forteresse de Burgos et de diverses places. — Après l'arrivée du prince João, bataille de Toro. — Conséquences immédiates de cette journée (1476).
§ 3. Affonso en France. — Sa fin en Portugal. 557
Les offres de Louis XI déterminent Affonso à se rendre en France pour avoir une entrevue avec le roi. — Leur rencontre à Tours. — Ambassade au pape. — Affonso va visiter le duc de Bourgogne. — Mort du duc. — Affonso, trompé dans les espérances conçues du roi de France, veut aller en pèlerinage à Jérusalem, et résigne le gouvernement à son fils. — Ayant renoncé à son projet, il retourne en Portugal. — Cependant les dernières places en Castille sont successivement perdues. — Paix perpétuelle entre les deux royaumes. — La tercaría de Moura. — Juana prend le voile dans un couvent. — Derniers temps d'Affonso. — Son caractère. *Ib.*
Continuation de l'histoire du Portugal jusqu'à nos jours. 573

FIN DE LA TABLE DES MATIÈRES.

www.ingramcontent.com/pod-product-compliance
Lightning Source LLC
Chambersburg PA
CBHW050102230426
43664CB00010B/1411